ENCYCLOPÉDIE
DES
SYMBOLES

CW01024235

ENCYCLOPÉDIE
DES
SYMBOLES

*Édition française établie sous la direction
de Michel Cazenave*

La Pochothèque
LE LIVRE DE POCHE

L'édition française de l'*Encyclopédie des symboles*
s'est appuyée sur le texte allemand de Hans Biedermann
(éditions Knaur), dont le titre original
est *Knaurs Lexikon der Symbole.*

Traduction de l'allemand : Françoise Périgaut,
Gisèle Marie et Alexandra Tondat.

Relecture du manuscrit : Jean-Philippe de Tonnac.

Textes complémentaires et réaménagement des articles :
Michel Cazenave, avec la collaboration de Pascale Lismonde.

———————

Nous remercions les Éditions Garzanti
d'avoir mis à notre disposition l'iconographie rassemblée
pour l'édition italienne du *Knaurs Lexikon der Symbole.*
LE LIVRE DE POCHE

ISBN : 978-2-253-13024-6 – 1ʳᵉ publication – LGF

SOMMAIRE

AVERTISSEMENT

Pour faciliter la lecture du volume et permettre une approche aussi cohérente que possible, nous avons procédé à des renvois systématiques d'une rubrique à l'autre – dès lors qu'ils se justifiaient ou s'imposaient –, en marquant d'un astérisque les termes concernés (par exemple : Athéna* signifie : voir aussi à l'entrée Athéna). Par ailleurs, en fin de volume figure un double index : le premier recense plus de quatre mille symboles, termes, auteurs ou figures symboliques particuliers, et indique les pages où le terme est, sinon présenté, au moins évoqué, ou lorsque diverses variantes de ses significations sont développées. Le second mentionne tous les livres, textes et manuscrits auxquels il est fait référence dans cette encyclopédie.

INTRODUCTION
par Michel Cazenave

Disons-le d'emblée : on ne trouvera pas dans ces pages une définition du symbole. Ce qui peut sembler paradoxal pour un ouvrage dont la vocation, avouée par son titre, est d'en faire la recension encyclopédique. Mais la raison d'un tel choix s'imposera avec la force de l'évidence quand on aura compris que définir le symbole serait revenu à rallier de manière trop exclusive tel ou tel courant des sciences humaines contemporaines, telle ou telle position de la tradition hermétique, telle ou telle philosophie religieuse – tous courants, toutes positions, toutes philosophies qui ont toujours eu tendance à annexer le symbole pour le réduire à leur visée fondamentale propre. Chacun sait bien d'ailleurs que le symbole n'est pas appréhendé, compris, « expliqué » dans les mêmes termes, selon la même logique et à partir des mêmes présupposés, par Freud ou par Jung en psychanalyse, par Dumézil ou Walter Otto dans la science des religions, par Karl Barth ou Balthasar von Urs à l'intérieur du christianisme.

Or notre volonté affirmée était de tenir compte aussi bien de Freud que de Jung, sans oublier Jacques Lacan ou Mélanie Klein ; aussi bien de la théorie de la tripartition de Dumézil, pour les mythologies ou les rites indo-européens, que des acquis de l'ethnologie et de l'histoire des religions parfois la plus récente ; aussi bien du structuralisme pur de Lévi-Strauss que du « structuralisme figuratif » tel que l'a défini Gilbert Durand. Autrement dit, nous avons eu le constant souci d'accueillir les découvertes et les éclairages de toutes les écoles et de tous les systèmes d'hypothèses dès lors que, devant un ensemble symbolique donné, ils apportaient des éléments adéquats de compréhension.

Il ne faudra pas non plus chercher dans ces pages des synthèses toutes faites qui tenteraient de forcer à l'harmonie des approches, cherchant à les rendre éventuellement complémentaires les unes des autres : on s'en avisera au fil de la lecture, si on ne l'avait déjà constaté par ailleurs, Freud et Lévi-Strauss sont antinomiques sur de nombreux points – comme le sont Éliade et Dumézil, comme le sont Jung et Guénon.

En revanche, chacun découvrira la part qui l'intéresse à travers le buissonnement de sens qui lui est offert, buissonnement qui permet au lecteur, selon son humeur ou son envie, de faire ou non un choix – et, s'il le fait, de toujours l'effectuer au terme d'une réflexion, d'une méditation, d'un exercice de l'imagination qui l'auront entraîné sur telle ou telle pente, et, en même temps, l'auront amené à considérer le symbole comme une image vivante avec laquelle il faut développer un dialogue.

On ne sera pas surpris non plus de constater que nombre de rubriques sont traversées par des contradictions profondes que nous n'avons jamais essayé d'aplanir, de masquer, ou même de gommer. Car notre constant souci a été le respect de l'unicité des choses : chercher à éclairer pourquoi, dans un long processus historique, le serpent a d'abord été maternel avant de devenir un symbole phallique, ou pourquoi encore, selon le même mouvement, il a été primitivement androgyne, pour finalement le redevenir (ou le demeurer « dans son essence ») quand il est par exemple apparu dans l'alchimie, pourquoi donc cette recherche ne répondait pas, ne pouvait pas répondre à la question : « Quel est *ce* serpent qui apparaît dans *mon* rêve ? Quelle est la signification, quelle est *la visée de sens* du serpent Vaisuki dans la mythologie de l'Inde ou du serpent Python qui gardait la Delphes antique avant l'arrivée d'Apollon ? » A chaque fois, en effet, d'autant de science que nous soyons bardés, c'est à une herméneutique qu'il convient de se livrer en prenant le symbole comme son propre horizon, dans son contexte singulier, selon les conditions particulières d'apparition qui sont sans cesse les siennes.

Sans compter que, dans une interprétation jungienne par exemple (dont Biedermann, à l'origine, s'est assez largement inspiré, orientation que nous avons respectée tout en la complétant plus que largement par l'ensemble des disciplines que nous avons indiquées), tout archétype est toujours susceptible, selon les lieux et les époques, de se manifester sous de multiples symboles, tous différents les uns les autres – de la même façon qu'un symbole apparemment identique peut renvoyer à son tour à plusieurs archétypes. Tout devient alors affaire d'évaluation, de sympathie, d'intuition autant que de considération rationnelle du tissu dans lequel tel symbole se détache.

Une seule théorie, on le voit, si elle est assez complexe, c'est-à-dire assez proche et respectueuse du matériau qu'elle étudie, ne peut jamais rendre compte d'une vérité qu'elle voudrait univoque – parce que le symbole, justement, n'est jamais univoque par lui-même, il n'est pas universel par nature, et n'acquiert de sens qu'à mesure qu'il s'*individue*.

Ne pas entendre ces indications exposerait chacun au risque de se laisser entraîner sur deux voies qui, bien que très différentes l'une de l'autre, sont sans doute aussi fausses – elles sont, on s'en rend compte facilement, comme des tentations permanentes de l'esprit : soit admettre sans discussion l'hypothèse qu'il existe un sens général et universel de tout symbole (toute pierre dressée est une métaphore du phallus, en quelque lieu, en quelque temps, en quelque culture qu'on la trouve), soit se perdre dans une « forêt des symboles » à quoi peut inviter la polysémie apparente du sens pour, ensuite, d'appel en appel, de renvoi en renvoi, naviguer indéfiniment dans un système d'analogies où, selon la célèbre boutade, « tout est dans tout – et réciproquement ». Ainsi en serait-il de l'or : le fait qu'il soit sorti des entrailles de la terre, donc de celles de la Mère, donc des eaux nourricières, semblera expliquer pourquoi il est aussi l'or des fleuves, et par conséquent l'or du Rhin – mais comme il est le fils de la Mère, il est donc aussi masculin ; comme masculin, phallique ; comme phallique, solaire ; comme solaire, paternel ; comme paternel, spirituel. L'or peut donc être le soleil de l'esprit qui se cache dans les eaux, comme il peut être, selon son exact contraire, la lumière qu'enfante la nuit – qui est celle des entrailles de la terre –, et que le serpent, ou le dragon, doit garder jalousement. Mais, comme le serpent est phallique et garde la caverne évidemment féminoïde, l'or devient ophidien, et le serpent spirituel doit être celui qui veille sur les eaux maternelles. Et ainsi de suite, *ad libitum*, selon la fantaisie, l'habileté ou l'ampleur de la culture de l'interprète…

En fait, dans chacune des deux voies, à vouloir trop signifier, le symbole ne veut plus rien dire en dernière analyse : il se dilue peu à peu dans sa surcharge de sens, ou bien se contredit lui-même dans son universalité prétendue. Combien de pierres sacrées connaissons-nous qui sont d'abord les symboles d'une grande déesse lunaire !

C'est ici, certainement, qu'il faut prêter le plus d'attention à ce que l'on devrait en toute rigueur appeler le « mauvais usage du comparatisme » – une utilisation sans précautions et sans références aux contextes, qui permet d'imposer des homologations de figures entre religions, mythologies ou cultures totalement différentes. Par exemple, il ne suffit pas de relever qu'Ishtar est une déesse de la guerre, dont la hiérogamie introduit à la souveraineté dans les vieilles civilisations de Mésopotamie, et que la déesse suprême des anciens Celtes d'Irlande remplit à peu près les mêmes fonctions dans la Verte Érin, sous les figures de Brigit, de Morrigane ou de Bodb la Corneille, pour en conclure à un schéma général qui transcende toutes les différences – Sumer et Babylone n'ayant été, à l'évidence, à aucun moment en contact avec Tara, avec Usnech ou avec Emain Macha dans le royaume d'Ulster. Autrement dit, une homologie de fonction ou de structure n'entraîne pas forcément une homologie de sens, encore moins une homologation directe des scénarios mythiques mis en jeu. Dès qu'on trouve de telles correspondances – qui renvoient certainement, comment peut-on le nier ? à une universalité de l'esprit humain –, la bonne question à se poser consiste à se demander quelles sont les variations perceptibles dans de tels scénarios, et quelle est la signification profonde de ces différences reconnues. Une homologie n'est jamais une *identité* et, dans la diversité avouée de ses manifestations, une structure nous en dit toujours beaucoup plus quant au sens dont elle s'habille que si nous nous contentions, comme on le fait trop souvent, de vouloir constater le fait qu'elle est pérenne. Une structure, un archétype, un invariant mythique – ou de quelque autre manière qu'on veuille l'appeler – n'est jamais, finalement, qu'une catégorie de l'imagination, et si ces catégories peuvent former des grammaires très subtiles, il n'en reste pas moins que le sens du symbole se révèle dans le jeu, dans la dialectique essentielle, dans le pouvoir de différenciation qui se fait jour sans arrêt entre l'*a priori* de l'archétype et la singularité affirmée de sa révélation sensible.

Pour prendre un autre exemple, mais qui est familier, que gagnerions-nous soit à faire de l'arbre une image intemporelle et toujours identique à elle-même à travers les continents et les millénaires, soit à l'inscrire dans tel ou tel réseau de correspondances, en sorte qu'il pourrait indifféremment signifier tout et son contraire – un sexe et l'autre, le ciel et la terre, la mort et la vie ? N'est-il pas bien plus intéressant, après avoir repéré qu'il est en effet, dans beaucoup de cultures, la figure du pouvoir féminin originaire, de noter qu'il finit tout autant par représenter le masculin au terme de longues évolutions successives, où sa verticalité lui fait manifester l'image même du phallus ? N'est-il pas non plus préférable de constater que si sa longévité en fait le symbole de choix d'une certaine éternité, ses feuilles qui tombent à l'hiver l'instituent tout autant comme figuration de la mort, tandis que sa ramure qui reverdoie au printemps nous incline à l'idée d'un long temps circulaire et à la conception du retour éternel ? Et, après avoir relevé qu'il est au fondement même de l'idée de la croix (qui est d'ailleurs à son tour, selon le point de vue théologique que l'on adopte, l'arbre de la vie comme l'arbre de la mort – si ce n'est des deux en même temps selon le scénario de « mort et renaissance »), de constater qu'il peut aussi bien être l'axe du monde sur lequel tient l'univers, comme l'arbre Skambha des *Védas*, et encore plus que cet axe, le surdéterminant d'un point de vue mythologique, la représentation globale du cosmos tout entier, tel que les hommes le vivent et tel que l'animent les dieux, ainsi le frêne Yggdrasil des anciens Scandinaves ? Enfin, après avoir noté que s'il s'élève d'un élan de la terre qu'explorent ses racines vers le ciel où frémit sa cime, de relever qu'il peut être aussi bien l'*arbor inversa* de l'alchimie ou l'arbre renversé de la *Bhagavad Gita* dont les racines puisent aux principes célestes et dont les feuilles sont autant de manifestations terrestres dans l'ordre de la *maya* ? En d'autres termes, n'est-il donc pas plus intéressant de penser que cette polysémie ne correspond pas à une synthèse indifférenciée dont on dégagerait les divers sens comme on sortirait les lapins d'un chapeau, mais qu'elle répond à des règles précises, s'enchaîne et se déploie selon des processus repérables, se constitue en autant de sens singuliers, qu'elle s'inscrit dans des cultures, dans des systèmes religieux, bref, dans des interprétations du monde qui traduisent les négociations singulières de l'âme avec les mystères qu'ont toujours été, et que continuent à être encore aujourd'hui, le problème des origines, le problème de la fin, le problème du Sens qui pourrait être celui de la vie qui est la nôtre – de la Vie en général et de la simple existence d'un univers dont nous nous efforçons de penser qu'il ne nous est peut-être pas totalement incompréhensible ?

Dans cette tentative d'affirmer que, au sens le plus strict du mot, il y a bien un *cosmos*, c'est-à-dire une existence réglée, ordonnée, et au moins partiellement intelligible, au lieu d'un simple *chaos*, on sait toute la place prise par l'entreprise scientifique depuis maintenant trois siècles. Il n'est pas question de le nier, au contraire, et la constitution de la science est sans doute l'un des plus grands honneurs de l'homme. Il n'en reste pas moins, toutefois, que, par nature pourrait-on dire, la science ne peut répondre aux problèmes ultimes de l'esprit. Elle ne peut pas dire pourquoi l'univers existe, car elle a précisément besoin que l'univers existe déjà pour pouvoir elle-même exister. Une science est toujours la science de quelque chose. Et comme elle s'est interdit, par sa constitution et sa construction historiques, de prendre en compte quelque finalité que ce soit, elle reste aussi démunie que d'autres formes de connaissance devant l'énigme qui agite l'âme humaine depuis sans doute ses débuts, la fameuse question : non seulement *pourquoi*, mais aussi *pour quoi* sommes-nous ici comme nous sommes, dans ce monde comme il est ?

Cette question, tout simplement, n'a pas de sens pour la science – ce qui ne signifie aucunement que la question n'a pas de sens en elle-même.

C'est précisément là que le symbole intervient. Selon son étymologie : *sum-bolon*, il est chargé de faire pont, d'appréhender une réalité de « l'Un » qui ne peut néanmoins se dire que d'une façon voilée – étant entendu que, dans une telle perspective, cet Un est aussi notre propre condition de possibilité. Pris dans cette acception, le symbole est alors conçu comme un médiateur, la face visible de l'invisible, la manifestation de ce qui est à l'origine de toute manifestation. D'où son double mouvement, de remonter vers et d'introduire à cette unité dont il procède et, en même temps, d'exprimer cette unité en autant de révélations, d'apparitions, d' « événements de l'âme » qu'il fait de fois apparition.

Bien entendu, personne n'est obligé d'adhérer à cette façon de voir, d'admettre le pouvoir cognitif de l'imagination qu'elle implique et suppose, et l'on peut décider qu'il n'y a là que de l'illusion à laquelle on ne succombera pas. La position est acceptable. Pour notre part, nous voulions simplement montrer que le symbole devait aussi s'inscrire dans une procédure rationnelle introduisant à une science qui serait une science méta-physique de l'Un, en même temps que, par nature, une science du singulier sans cesse apparaissant.

On ne s'étonnera donc pas si, par une profonde nécessité logique, beaucoup des développements de ce dictionnaire finissent par renvoyer à des prises de position proprement philosophiques, ou par déboucher sur différentes mystiques, qui sont autant d'expériences concrètes, en même temps que spirituelles, de ce que le symbole recèle en son sein, et qu'il peut seul exprimer.

Au total, tel qu'il se présente, ce travail devrait aiguiser d'autant la curiosité du lecteur et, surtout, l'inciter à réfléchir à son tour sur des figures qui, finalement, demeurent toujours, par essence, énigmatiques – et que chacun, au bout du compte, est tenu d'interpréter, c'est-à-dire aussi de « ré-inventer », selon les propres registres de son imagination. C'est là que gît le plus certainement l'inépuisable richesse du symbole et son pouvoir de paradoxe : le fait qu'il soit *vivant* pour celui qui l'étudie, qu'il semble comme donné depuis toujours et pourtant toujours recréé, de sorte qu'il ne cesse jamais de prendre une coloration et une signification particulières.

Un mot encore. Diriger la traduction, puis l'adaptation en langue française, d'un dictionnaire comme celui de Hans Biedermann ne pouvait être une mince affaire.

D'abord, la culture et l'esprit d'un auteur de langue allemande ne sont pas, on le sait, ceux d'un public français. Il fallait donc déjà « réajuster » le texte tout en cherchant à rester au plus près de l'original.

Nous osons espérer que nous n'avons pas failli à cette tâche.

Dans une seconde étape, il a bien fallu tenir compte des caractéristiques concernant les centres d'intérêt, les traditions intellectuelles, et parfois philosophiques, qui différencient les deux pays – notamment dans l'approche, dans l'évaluation, dans la compréhension du symbole. Nous avons donc dû compléter l'exploration de certains thèmes, parfois la diversifier, ou franchement ajouter même, dans certaines occasions, des entrées et des motifs dont l'absence aurait sans doute paru étrange à un lecteur français féru de symbolisme.

A

ABEILLE Peu d'animaux ont un rôle aussi important en symbolique. On récoltait déjà le miel* des abeilles sauvages aux époques les plus reculées de l'humanité. Les hommes découvrirent très tôt qu'ils pouvaient, pour la sauvegarde de leur propre espèce, tirer avantage de l'élevage des abeilles : le miel ne servait pas seulement à sucrer et à faire fermenter les boissons, il était aussi utilisé pour fabriquer des médicaments. La cire servait de son côté à confectionner des bougies ; elle fut utilisée ensuite pour faire fondre les métaux « à cire perdue » et c'est avec elle qu'on momifiait les cadavres en Égypte. On possède aujourd'hui la preuve que les Égyptiens pratiquaient l'apiculture dès 2600 av. J.-C., et l'abeille formait dans le royaume de Basse Égypte un symbole hiéroglyphique. — L'apiculture ne se développa guère en Inde où il est d'usage de récolter le miel sauvage, mais c'est par contre en Chine une tradition fort ancienne. Comme le nom abeille (*feng*) a une sonorité très proche du mot désignant le titre de comte, l'abeille y est souvent associée à l'idée d'ascension sociale. Elle évoque par ailleurs davantage le jeune amoureux venant butiner auprès des jeunes filles en fleur qu'elle n'est le symbole du zèle. Dans les contes chinois ou européens, les abeilles aident à choisir la bonne épouse. — En Occident, l'abeille est parfois appelée « oiseau* de Marie* » ou « oiseau de Dieu » et elle est le symbole de l'âme*. Lorsqu'un individu voit une abeille en rêve, c'est en fait sa mort prochaine qu'il aperçoit sous la forme d'une âme qui s'enfuit en bourdonnant. Mais lorsqu'une abeille entre dans la bouche d'un mort, il revient à la vie. L'expression *Bienenweg* (« chemin des abeilles ») désignait chez les Germains l'air dans lequel flottent les âmes des morts. Les habitants de l'espace méditerranéen avaient une conception étrange de la vie des abeilles ; ils les croyaient asexuées et pensaient qu'elles naissaient de charognes, n'avaient pas de sang et ne respiraient pas. Ils leur prêtaient toute une série de qualités humaines : le courage, la pudeur, le zèle, la propreté, la capacité de vivre en harmonie à l'intérieur des ruches assimilées à des États, et des dons artistiques (« oiseaux des muses »). Les prêtres et les prêtresses d'Éleusis étaient appelés des abeilles. Lorsque les abeilles hibernaient, on pensait qu'elles mouraient, c'est pourquoi elles étaient aussi un symbole de résurrection. — Le christianisme n'a pas manqué non plus de comparer l'abeille avec l'homme : l'abeille infati-

1. *Représentation d'une abeille dans un hiéroglyphe égyptien.*

2. *Abeille, symbole de la déesse mère : revers d'une drachme (413-394 av. J.-C., Milet).*

Le miel : miniature
(XIVe s., « Theatrum Sanitatis »).

Ruches avec abeilles : miniature
(XIIIe s., « Exultet », Salerne).

gable devint ainsi l'exemple de l'ardeur au travail pour le bien de la communauté. Saint Ambroise compare l'Église à une ruche et les fidèles pieux à des abeilles qui récoltent sur chaque fleur* ce qu'il y a de meilleur sans jamais succomber au péché d'orgueil. On croyait à cette époque que les abeilles ne vivaient que du parfum des fleurs, et elles étaient ainsi considérées comme le symbole de la pureté et de l'abstinence – Bernard de Clairvaux associe l'abeille à l'Esprit-Saint. Dans le monde profane, l'abeille est un symbole royal car on a longtemps pensé que la reine* des abeilles était un roi*. La fleur de lys française était peut-être à l'origine une abeille représentée de façon très stylisée. — La douceur du miel devint le symbole des dons oratoires de saint Ambroise et de saint Jean Chrysostome (« bouche d'or »). Elle symbolisait également le Christ et la clémence divine, tandis que le dard de l'abeille, source de blessures, évoquait au contraire la séparation des élus et des damnés au moment du Jugement dernier. On pensait que les abeilles n'engendraient pas elles-mêmes leur descendance et que leurs œufs provenaient de ce qu'elles récoltaient sur les fleurs (cette idée date de l'Antiquité) ; l'abeille était le symbole de la Vierge* Marie*. — Les bestiaires du Moyen Âge décrivent aussi « la finesse et la délicatesse des rayons de cire, la régularité des alvéoles que les abeilles dessinent avec de la cire solide et emplissent avec le miel qui coule goutte à goutte de la rosée qu'elles sont allées quérir sur les fleurs... L'usage régulier du miel profite au roi comme à l'homme de la rue. C'est non seulement une source de plaisirs, mais aussi un aliment précieux pour la santé ; il est doux au palais et guérit les blessures. L'abeille n'a certes guère de force, mais elle a pour elle la puissance de la sagesse et l'amour de la vertu » (Unterkircher). — « Les abeilles s'affairent à rechercher l'or des fleurs, pour emplir de miel leur empire de cire ; l'union des cœurs est un fruit dont la douceur peut aussi nous combler » (Hohberg, 1675). — En héraldique, l'abeille est souvent représentée en groupe, comme sur l'emblème de la famille corse des Bonaparte où elle symbolise l'ordre et l'ardeur. Dans l'Égypte ancienne, le roi de Basse Égypte était le « favori des abeilles », tandis que le jonc était associé au roi de Haute Égypte.

ABÎME L'abîme (venant du grec *abismos* avec un a privatif) désigne ce qui n'a pas de fond, correspondant de la sorte à l'*ungrund* de maître Eckhart ou au *grundlos* de Tauler dans la mystique chrétienne de Rhénanie : ce qui n'a pas de fond, ce qui n'a pas de fondement d'être soi-même le fondement dans l'« éclatante obscurité » de l'être. — On trouve ainsi dans presque toutes les mythologies un abîme primordial où toutes choses sont indifférenciées et d'où elles vont apparaître dans un état informe de chaos* : la théogonie, ou création des dieux, et la cosmogonie, ou création de l'univers, auront pour tâche de différencier ce chaos et d'amener le monde à devenir un cosmos*, c'est-à-dire un Tout composé de parties séparées et mises dans leur bon ordre. — Au départ conçu comme un gouffre, l'abîme en acquerra rapidement toutes les connotations négatives, renvoyant de ce pas au mythe de l'avalage par les monstres qui en gardent l'ouverture, et à la figure de la mauvaise mère* toute puissante qui, telle la Tiamat des anciens Akkadiens, doit être vaincue par le héros Marduk pour que puisse s'instaurer le bon ordre des dieux, l'ordonnancement de la terre* et la loi qui gouverne les hommes. — Dans un puissant couple d'opposés*, loin de désigner seulement les puissances infernales, les risques de régression et de mort et le gouffre de la psychose où se perd l'aliéné (par confusion avec l'abîme maternel : Freud et Jung sont tous deux d'accord sur ce thème, même s'ils ne l'interprètent pas de la même façon), l'abîme, qui peut être alors tout autant celui de la profondeur que celui de la hauteur qui s'élève au-dessus des cieux, peut aussi renvoyer au mystère insondable de la divinité dans son ineffable unité. Selon la profondeur, et dans la ténèbre de Dieu, c'est l'*ungrund* ou le *grundlos*, c'est le gouffre où gît la déité (*deitas*) tout au fond de nos cœurs pour ouvrir au « sans-fond ». Selon la hauteur, et au-dessus de la lumière*, dans la « Lumière des lumières », c'est le Dieu si transcendant qu'on ne peut le nommer tel qu'on le découvre, par exemple, dans

la gnose musulmane du chiisme. Ce couple d'opposés suppose cependant une conjonction* fondamentale, puisque la plus profonde immanence et la plus pure transcendance y désignent la même réalité divine, de même que la ténèbre et la Lumière des lumières se rejoignent pour donner naissance au thème du « soleil* de minuit » (voir Midi) qui signe l'apparition de la conscience bienheureuse. L'identité de ces deux abîmes renvoie par ailleurs à l'idée que le début et la fin sont la même chose, que toute descente de l'âme sur la terre est suivie de sa remontée, et que la déité, en fin de compte, retirée dans son intime splendeur, échappe à toutes les catégories spatiales et temporelles sous lesquelles on essaie de la figurer, ou sous lesquelles on essaie de figurer le pèlerinage* de l'âme* dans sa quête.

ABRAHAM Patriarche biblique, Abraham vécut, d'après les récits de l'*Ancien Testament*, vers 1800 ou 1400 av. J.-C. (selon les repères chronologiques utilisés). Il s'agit probablement d'un berger et chef de tribu vivant dans la région d'Hebram, autour duquel de nombreuses légendes se sont formées. Le nom 'Abram ou 'Ab-raham signifie : « le père est au-dessus des autres » ou, « il est au-dessus des autres car il est lié au père ». Abraham est considéré comme le fondateur d'Israël, qui devint, en raison de sa vocation et de son alliance avec Dieu, le porte-parole salvateur, « le roc où le peuple fut taillé » (*Isaïe* LI, 1). « Les nombres qui ponctuent la vie d'Abraham – 75 ans (l'exode), 100 ans (la naissance du fils promis), 175 ans (la mort) – sont des valeurs idéales qui ne correspondent pas au temps réel...

Abraham sacrifie Isaac : miniature (XIIIe s., Haggadah dite « des têtes d'oiseaux »).

Abraham tient en ses bras les âmes des Justes (XIIIᵉ s., détail du portail de la cathédrale Notre-Dame, Reims).

Si Abraham n'avait pas eu la foi, l'histoire religieuse de l'humanité aurait pris un tout autre cours... C'est en raison de sa fonction particulière qu'Abraham, de préférence à un autre, est choisi par Dieu, qu'il est chargé de transmettre son message à la communauté et qu'il devient alors responsable de tous » (Schilling, cité par J.-B. Bauer, 1959). Le *Nouveau Testament* indique en guise de commentaire que c'est la descendance spirituelle et morale qui importe, et non

Le sacrifice d'Abraham : intérieur d'une patère en verre gravé (IVᵉ s., Leningrad, L'Ermitage)

celle qui s'opère par le sang, comme le prêche saint Jean-Baptiste (*Matthieu* III,9) : « Ne vous avisez pas de dire en vous-mêmes : « Nous avons pour père Abraham ». Car je vous le dis, Dieu peut, des pierres que voici, susciter des enfants à Abraham ». On a vu dans ces paroles le signe que Dieu n'est pas lié au peuple d'Israël et peut aussi bien choisir des pierres mortes (les païens) pour en faire ses descendants. — Dans la tra-

dition islamique, Abraham fut tué par le roi Nemrod* car une prophétie avait alerté ce dernier sur la naissance d'un enfant qui porterait ce nom et qui serait supérieur aux dieux et aux rois*. Abraham fut conçu par l'ange* Dschibril ou Djibril (Gabriel) et sa mère le tint quinze ans durant caché dans une caverne* où il fut nourri par les doigts d'Allah : il reçut ainsi de l'eau*, du lait*, du jus de dattes et du lait caillé jusqu'à ce qu'il soit en âge de quitter la caverne et d'aller à la rencontre du Créateur. On trouve une thématique analogue dans les légendes juives (E. ben Gorion, 1980).
— Le « sein d'Abraham » est un symbole de sécurité pour l'homme qui a mis sa confiance en Dieu et se trouve ainsi sous la tutelle d'un patriarche. De nombreuses statues de l'époque romane et des débuts du gothique montrent le père biblique originel tenant sur ses genoux un drap sur lequel sont assises, tels des petits enfants, les âmes des véritables croyants. Alors que le mot « sein » est généralement associé à la féminité et au giron de la mère*, on trouve souvent en Occident l'image du « sein du patriarche », du père* originel qui, ayant bénéficié, sur terre, d'une très grande fortune et reçu, en particulier, en signe de bénédiction, une vaste descendance, est traité avec un respect tout particulier au paradis* (cette idée n'apparaît cependant pas dans la religion juive des origines). La typologie médiévale, qui voit dans l'*Ancien Testament* l'anticipation symbolique des événements du *Nouveau Testament*, accorde une place toute particulière à Abraham. Sa décision d'accepter le sacrifice de son fils Isaac pour répondre au souhait de Dieu est considérée comme le signe précurseur du sacrifice du fils de Dieu, Jésus-Christ. Voir Lazare.

ACACIA Souvent confondu en symbolique avec le robinier ou le mimosa, il est en raison de son bois dur et solide un symbole de la victoire sur la mort. Il est associé, dans la symbolique maçonnique*, à la légende d'Hiram Abif (Churam Abi), le bâtisseur du temple* de Jérusalem, assassiné par trois de ses compagnons qui voulaient être initiés à ses secrets de constructeur. Hiram ayant refusé d'accéder à leur requête, ils le tuèrent successivement d'un coup de règle, d'un coup d'équerre* et d'un coup de maillet qui l'acheva. Ils l'enterrèrent alors à la nuit et plantèrent à cet endroit une branche d'acacia. Le défunt est censé depuis lors se perpétuer à travers chaque nouveau maître, et la branche d'acacia symbolise l'esprit de jeunesse qui doit triompher de la mort, ainsi que la phase de renaissance à la lumière* de l'esprit qui se produit après la mort symbolique dans le processus d'initiation*. Ce symbole orne les annonces nécrologiques des francs-maçons et l'on en met également quelques branches dans la tombe* du défunt. La botanique ne joue ici aucun rôle : « La branche d'acacia ou le chardon posés sur le cercueil évoquent les branches de laurier et les rameaux qui ornaient la tête de notre vénéré père et que nos frères, au sommet de la montagne (c'est-à-dire sur le tertre funéraire), ont cueillis... » (Baurnjöpel, 1793). — Dans le même sens d'immortalité, ou de la dureté d'un bois qui peut braver sans dommage la suite des temps et des générations, il faut signaler que l'arche* d'alliance, chez les Hébreux, était réputée avoir été fabriquée avec de l'acacia avant qu'on la recouvrît d'or (*Exode* XXXVII, 1-4), et que certaines légendes prétendent que la couronne d'épines du Christ avait été faite d'acacia en annonce de sa résurrection et de sa royauté spirituelle.

ACTÉON La figure d'Actéon pourrait constituer, dans la mythologie grecque, un avertissement adressé aux mortels de ne point trop se rapprocher de la sphère des dieux. Élevé par le centaure* Chiron, le chasseur Actéon arriva par hasard à l'endroit, non loin de la ville d'Orchomène, où Artémis* (en latin Diane*) se baignait avec ses nymphes dans la fontaine* Parthénios. Au lieu d'être saisi d'une peur sacrée et de se détourner aussitôt, il demeura pour observer la scène qui ne devait être perçue par aucun œil humain. La déesse de

Actéon se métamorphosant en cerf dans le monde nocturne de Diane, divinité lunaire : gravure de 1678.

la Chasse, furieuse, le transforma en cerf* et il fut aussitôt déchiqueté par ses propres chiens* de chasse*. Pour comprendre cette scène, il ne faut pas oublier que, membre de la famille royale de Thèbes, Actéon est le neveu de Sémélé, amante de Zeus, qui périt foudroyée d'avoir regardé le dieu, comme elle le lui avait demandé, dans la splendeur de sa gloire ; il est donc aussi le cousin du fils de Sémélé, Dionysos*, dieu de la souffrance, du sacrifice et du démembrement. Autrement dit, Actéon renvoie sans doute à la notion de *mysterium tremendum*, de mystère terrifiant, telle que l'avait dégagée le philosophe Rudolf Otto à propos de la notion de sacré : on ne peut découvrir l'essence de la divinité (ici symbolisée par la nudité d'Artémis), qu'à ses risques et périls – et on risque toujours d'en être foudroyé comme l'avait été Sémélé, ou les anciens Hébreux qui osaient porter la main sur la sainte arche* d'alliance. Ce thème d'Actéon n'est pas sans renvoyer non plus à la « vision de la femme nue » telle qu'elle était pratiquée dans certains cercles hermétiques ou tantriques de la « main gauche » (c'est-à-dire selon la voie de l'énergie sexuelle), épreuve décisive, à la fois psychique et spirituelle, où le candidat à l'initiation* devait surmonter l'épreuve de découvrir dans toute sa puissance l'essence du féminin surréel (J. Evola, *La Métaphysique du sexe*). Le démembrement et le déchiquetage par les chiens renvoient alors au déchirement psychique et à la disparition de la personnalité consciente dans le gouffre de la folie : « Il existe beaucoup de gens dont on peut affirmer qu'ils sont fous, et qui font l'expérience du divin, et je ne contesterai pas l'authenticité de leur vécu, car je sais que ce genre d'expérience nécessite courage et solidité pour qu'on puisse lui résister. C'est pourquoi j'ai pitié de ceux qui en ont été anéantis, et je ne leur ferai pas l'outrage de prétendre qu'ils auraient trébuché sur un simple obstacle psychologique ». (C.G. Jung, *La Vie symbolique*). D'après Plutarque, un homme dissimulé sous une peau de cerf aurait été, au Iᵉʳ siècle, chassé et tué sur la montagne* d'Arcadie, le Lycaon.

ADAM ET ÈVE Dans les mythes de nombreux peuples et de nombreuses cultures, de tradition biblique ou non, Adam et Ève* restent le symbole du couple originel et marquent les débuts de l'humanité. La création de ce couple géniteur de l'humanité actuelle est souvent précédée de diverses tentatives afin de donner vie à des êtres qui trouvent grâce aux yeux de Dieu. L'idée selon laquelle l'humanité, dans les premiers temps de son existence, se serait

Adam et Ève : gravure du XVᵉ s.

Adam et Ève : peinture sur verre roumaine.

vu retirer l'immortalité en raison d'une faute ou d'un sacrilège, est également très répandue. Dans le récit de la *Bible* sur le paradis*, la faute commise par le couple originel est de n'avoir pas, dans sa présomption, respecté le « tabou » institué par Dieu et de s'être laissé convaincre par le serpent de manger le fruit défendu (voir Pomme) qui poussait sur l'arbre de la connaissance du Bien et du Mal. — La version selon laquelle Adam et Ève auraient été créés avec de la terre et de la glaise rejoint un mythe de l'Égypte antique selon lequel Chnum, le dieu à tête de bélier*, façonna toutes les créatures à l'aide d'un tour de potier. — La version la plus connue de la Création biblique, selon laquelle Dieu aurait créé Adam avec de la terre et aurait ensuite formé Ève à partir du flanc d'Adam (ou de sa côte), ne correspond pas tout à fait à ce qui est dit à ce propos dans la *Genèse* (I, 27) : « Homme et femme il les créa ». En fait, la *Bible* admet simultanément deux traditions, l'une dite yahviste et l'autre elohiste, où se côtoient le thème d'un homme primordial et celui d'un être originel qui aurait été androgyne*. Dans cette seconde version, le premier homme et la première femme ne sont que les deux moitiés de l'androgyne qui se sont séparées. Dans son explication ésotérique et mystique des traditions de la *Bible*, la cabbale hébraïque a proposé pour sa

La création d'Adam et Ève : miniature (XIIᵉ s., Bible du Panthéon, Bibliothèque Vaticane).

part le thème d'un Adam Kadmon, d'un « homme primordial », archétype* de toute l'humanité à venir dont nous devons retrouver la réalité et la vérité spirituelles dans nos propres existences. Dans une conjonction* temporelle d'opposés*, cet Adam Kadmon est aussi l'*anthropos teleios*, l'homme final auquel nous tendons, qui nous restaurera dans notre gloire et notre véritable condition. À certains égards, Adam Kadmon peut être comparé à Purusha, le « grand homme » primordial de la tradition hindoue à partir duquel est composée la Création. Jung voit pour sa part dans ces deux images conjointes des figures du Soi, de l'archétype recteur de la psyché qui se confond avec l'*imago Dei*. À travers le processus d'individuation, le but

de tout homme et de toute femme dans leur vie serait de réaliser cette image de l'homme spirituel en contact étroit et vivifiant avec la réalité du divin. Pour l'étude des symboles, le plus important, néanmoins, est que le couple originel, représentant l'humanité tout entière, exerce une influence sur le libre-arbitre de l'homme qui, pour laver ses péchés et atteindre la délivrance, doit toujours considérer la faute commise envers Dieu. Chez Origène (185-254), Adam symbolise l'esprit et Ève (*Chawwah*, la mère des vivants) l'âme*. — Dans les scènes de la crucifixion, le crâne d'Adam est souvent représenté au pied de la croix*, en référence à la légende selon laquelle la croix aurait été taillée dans le bois de l'arbre* du paradis. D'après l'*Évangile* apocryphe

Adam et Ève mangent le fruit défendu et sont chassés du Paradis : miniature (XIIᵉ s., Bible du Panthéon, Bibliothèque Vaticane).

de Nicodème et la *Legenda Aurea*, le Sauveur aurait, après sa mise au tombeau et sa « descente dans le royaume des morts » (autrefois appelée « descente aux enfers* »), ouvert les cachots où étaient retenus les prisonniers du monde souterrain, et il aurait ainsi délivré Adam et Ève des ténèbres de la mort lors de sa propre résurrection. Le Christ est d'ailleurs souvent présenté dans certaines traditions chrétiennes, particulièrement à tendances ésotériques (par exemple chez Jacob Boehme, dans le *Mysterium magnum*), comme le second Adam qui vient délivrer l'humanité de la faute de son ancêtre, de la même façon que la vierge* Marie* a été classiquement conçue comme la seconde Ève qui écrasait la tête du serpent* tentateur à la parole de qui elle avait succombé la première. — Les légendes juives du Moyen Âge prêtent à Dieu le raisonnement suivant pour expliquer la création d'Ève à partir de la côte d'Adam : « Je ne veux pas la créer à partir de la tête afin qu'elle ne dresse elle-même pas trop la tête ; ni à partir de l'œil pour qu'elle ne regarde pas ce qui se passe partout ; ni avec l'oreille pour qu'elle ne prête pas l'oreille à tout ; ni avec la bouche pour

Le sarcophage d'Adonis : xylographie (1499, « Hypnerotomachia Poliphili »).

qu'elle ne parle pas trop ; ni avec le cœur pour qu'elle n'ait pas trop de fougue ; ni avec la main pour qu'elle ne veuille pas tout attraper ; ni avec le pied pour qu'elle n'aille pas partout ; mais à partir d'un morceau du corps vierge et invisible même lorsque l'homme est nu. Et en donnant forme à chacune des parties du corps, Il dit : « Sois une femme pieuse, sois une femme vertueuse ». Certains ont cherché récemment à expliquer ces paroles de la *Bible* en établissant un lien symbolique entre le croissant* de lune* et la côte ; mais c'est plus probablement le nombre variable d'un individu à l'autre des « côtes flottantes » (*costae volantes*) qui a fait naître l'idée selon laquelle Dieu a créé Ève à partir de la côte qui, pour cette raison, manque à l'homme.

ADONIS Personnage de la mythologie antique, Adonis est le symbole de la beauté des jeunes hommes. Il s'impose dès le monde syrien et phocéen (*Adon*, le maître), où il est l'un des « dieux morts et ressuscités », un dieu qui représente ce qui croît chaque année de nouveau ; on le retrouve ensuite dans le monde grec. Amant d'Aphrodite* (en latin Vénus*), il fut tué selon les versions par un cochon* sauvage ou par un sanglier* furieux, tandis que selon d'autres traditions, il aurait été tué par le dieu Arès (en latin Mars*) qui s'était transformé en animal. De son sang* fleurirent des anémones et des adonis tandis que son âme sombra dans l'Hadès (voir Au-delà). La déesse de l'amour implora Zeus de ne laisser Adonis qu'une partie de l'année

Aphrodite pleurant sur le corps d'Adonis (École de Fontainebleau, XVIe s. Musée d'Alger ; dépôt au Musée du Louvre).

dans le monde souterrain afin qu'il puisse revenir auprès d'elle au printemps. Cette prière fut exaucée, et l'on célébra la renaissance de la nature et de la jeunesse par des fêtes et des chants, ainsi que par la création de petits « jardins d'Adonis ». Adonis est l'équivalent dans la mythologie grecque du dieu sumérien de la végétation Dummuzi (en araméen : *Tammuz*), l'amant de la déesse Inanna, puis d'Ishtar*. Dans de nombreuses religions et cultures, le cycle annuel de la végétation est symbolisé par des divinités qui disparaissent dans le monde souterrain pour en resurgir périodiquement.

AGATE Dès l'Antiquité, cette pierre précieuse particulièrement recherchée était mise en relation, en fonction de sa teinte, soit avec la Lune* soit avec la planète Mercure*. Dans ses veines, l'homme crut reconnaître des figures issues du monde des dieux et accorda à la pierre des pouvoirs magiques : elle était censée mettre fin aux orages, empêcher les fleuves* de déborder de leur lit, porter chance à ceux qui pariaient et avoir une action aphrodisiaque auprès des femmes. Le *Physiologus* des origines de l'époque chrétienne raconte que les pêcheurs de perles* attachaient un morceau d'agate à une ficelle et la laissaient tomber dans l'eau. « L'agate se dirige alors vers la perle et ne bouge plus ». Des plongeurs peuvent ainsi suivre le fil et venir s'emparer de la perle, laquelle symbolise Jésus-Christ, alors que « l'agate correspond à saint Jean car il nous a montré la perle spirituelle par ces mots : Voyez, ceci est l'agneau* de Dieu qui porte les péchés du monde ». — Au Moyen Âge, Lonicerus pensait à la richesse de couleurs des veines de l'agate lorsqu'il écrivit que si on la posait sur la tête de personnes endormies, celles-ci auraient des rêves variés. Selon Jean de Mandeville, elle conférait à ceux qui la possédaient esprit et dons oratoires. Le pseudo Albert le Grand (1581) écrit à propos de l'agate à veines noires qu'elle aide à surmonter les malheurs, « donne des forces au cœur, transforme l'homme violent en un être agréable, joyeux et apprécié de tous, et aide à vaincre l'adversité ».

ÂGE D'OR L'âge d'or désigne une époque, antérieure aux débuts de l'ère historique, où l'humanité vivait dans la proximité du monde divin et disposait

Le Paradis perdu :
gravure (~1580, J. Amman)

d'un grand savoir. On retrouve ici l'idée qui est à l'origine des mythes du paradis* perdu ou de l'île* engloutie de l'Atlantide*, c'est-à-dire l'assurance que l'homme avait, en des temps plus anciens et avant la « faute » (arrogance, cueillette des fruits interdits) qui entraînerait la perte de ses connaissances, un accès direct aux sources du savoir. D'un point de vue philosophique, le monde est généralement perçu avec beaucoup plus d'intensité et de profondeur durant l'enfance que lors des étapes ultérieures de l'évolution personnelle, au cours desquelles l'homme aborde les divers phénomènes de manière rationnelle et objective. Chacun sera d'accord pour dire que si les hivers de son enfance étaient plus romantiques et plus enneigés qu'« aujourd'hui », alors les mystères et les miracles des époques passées pouvaient être d'une nature plus exceptionnelle que les événements du monde contemporain. À cela s'ajoute l'idée d'une évolution cyclique de l'histoire de l'humanité au cours de laquelle chaque nouvelle époque marque un éloignement plus grand par rapport au monde divin, et que vient clore une catastrophe (déluge*, fin du monde* – c'est le cas non seulement sur le territoire européen, mais aussi dans le

Mexique ancien). C'est cette vision de l'âge d'or, aux commencements de l'humanité, que rapportent Hésiode (vers 700 av. J.-C.) et, quelques siècles plus tard et sous une forme poétique, Ovide (Publius Ovidius Naso, 43 av. J.-C.-17) dans ses *Métamorphoses.* Ces textes envisagent avec pessimisme le vieillissement d'un monde qui, au sortir de l'époque innocente de sa jeunesse, entre dans l'« âge de fer » caractérisé par d'impitoyables luttes pour la survie. Les auteurs complètent ce tableau en exprimant le vœu de voir l'humanité revenir à cette époque où l'homme était proche des dieux ; le retour à un tel paradis est annoncé par Virgile (Publius Vergilius Maro, 70-19 av. J.-C.) avant même le début de l'ère chrétienne. Ces doctrines et ces théories de type eschatologique reviennent périodiquement influencer quelques groupes marginaux qui annoncent la venue d'une époque où l'homme connaîtra à nouveau l'existence qui était la sienne au paradis. Cet âge d'or ainsi proclamé à l'avance, peut aussi bien aller d'une conception théologique très élaborée – comme celle de Joachim de Fiore (1130-1202) qui prévoit, après le règne du Père qui correspond à l'*Ancien Testament,* et celui de son Fils Jésus-Christ qu'initient les récits des *Évangiles,* un troisième royaume qui sera celui de l'Esprit-Saint ou Paraclet – à des affirmations fidéistes qui trouvent leur justification dans une lecture quasi littérale des Écritures (cf. les Témoins de Jéhovah).Voir Vierge.

AGNEAU L'agneau est un symbole de pureté et de candeur. Les Israélites égorgeaient un agneau pour les Pâques juives, la Pessah. L'image du berger* divin qui conduit son peuple comme un troupeau, et l'image du serviteur de Dieu que l'on compare à « un agneau traîné à l'abattoir » (*Isaïe* LIII, 7) ont donné lieu à la métaphore du *Nouveau Testament,* qui compare Jésus à un « bon berger » recherchant ses agneaux égarés. Saint Jean (*Évangile* I, 29) décrit ainsi la rencontre entre saint Jean-Baptiste et Jésus : « Le lendemain, il voit Jésus qui vient vers lui et il dit : Voici l'agneau de Dieu qui enlève le péché du monde ». L'*Apocalypse* de saint Jean (XIV, 1) parle également de l'agneau triomphant : « Et je vis : L'agneau était debout sur la montagne de Sion ». Dès les catacombes romaines, l'agneau de Dieu (en latin *agnus dei*) est un symbole du Christ ; mais cette représentation fut interdite dans l'art byzantin par le concile de Trullo, au XVIIe siècle. Pour l'église romaine, l'agneau pascal est au contraire, avec le drapeau* qui rappelle la victoire sur la mort (voir Labarum), l'un des symboles les plus courants de la Résurrection. On sculpte même des agneaux de cire bénie comme porte-bonheur. L'agneau sacrificiel évoque ceux qui ont souffert le martyre, comme l'agneau entouré de loups* que l'on peut voir représenté dans la catacombe romaine de Saint-Prétexte. L'*Ancien Testament* rapporte qu'Abel avait sacrifié l'un des agneaux dont il était le berger, et l'agneau est devenu l'attribut de saints comme sainte Suzanne ou sainte Agnès (ce prénom est issu du mot latin *agnus*), ou encore saint Wendelin, le patron germanique des bergers. Les « pastorales », ou représentations théâtrales qui apparurent à l'âge baroque, donnent une image totalement idéalisée de la condi-

1. et 2. L'agneau mystique : miniatures des XVe et IXe s.

Le Bon Pasteur : miniature (VIIIe-IXe s.)

tion de pâtre, et jouent dans certaines métaphores érotiques sur l'innocence réputée de l'agneau (se reporter par exemple au premier don Juan* espagnol, celui de Tirso de Molina : *L'Abuseur de Séville*).

AHASVÉRUS Il apparaît dans le *Livre d'Esther* de la *Bible* comme le roi des Perses Xerxès Ier (486-465 av. J.-C.) « dont l'empire s'étendait de l'Inde à l'Éthiopie, soit sur cent vingt-sept provinces » (I, 1). Dans les légendes populaires, ce nom désigne cependant la figure symbolique du « juif errant » qui, tel le peuple juif dispersé sur la terre après la destruction du Temple*, doit parcourir sans cesse tous les pays du monde. Il est présenté dans la religion chrétienne sous les traits d'un cordonnier de Jérusalem condamné à ce destin pour avoir refusé à Jésus, au cours de son chemin de croix, de se reposer sur un banc ; il est depuis lors damné et obligé d'errer à travers le monde jusqu'au jour du Jugement dernier. Les bûcherons tyroliens ont coutume de tailler une croix sur la surface des arbres qu'ils viennent d'abattre pour procurer un gîte à l'éternel voyageur (dans une autre version, cet usage permettrait aux « femmes du bois », c'est-à-dire aux esprits naturels féminins de la forêt* poursuivis par le « Chasseur fou », de trouver un abri). Voir Caïn.

Portrait du juif errant appelé Ahasvérus : estampe populaire française (1616, Bibliothèque Nationale, Paris).

L'aigle tenant en son bec un serpent, sur un cactus, emblème du Mexique : miniature.

Aigle sur une branche de pommier : peinture de Hsin-lo-shan-jen.

AIGLE Le « roi* des oiseaux » qui descend du ciel* pour s'abattre sur la terre* est surtout connu comme un symbole de puissance et de combativité ; ainsi, l'aigle est avant tout un symbole héraldique que l'on retrouve sur de nombreux emblèmes nationaux et autres armoiries où il est souvent représenté par souci de symétrie avec deux têtes (l'aigle double). L'Antiquité lui attribuait le pouvoir de regarder le soleil* sans ciller, et d'évoluer dans des régions du ciel inaccessibles à l'homme. Un texte babylonien dont on ne possède malheureusement plus aujourd'hui que des fragments, relate l'ascension vers les cieux du roi Etana porté par un aigle. — Dans la Rome d'après Jésus-Christ, il devint de coutume, lors de l'enterrement de l'empereur*, de laisser s'envoler un aigle tandis que l'on incinérait le corps du défunt car l'aigle symbolisait l'âme du mort s'acheminant vers les dieux. Dans la ville de Palmyre en Syrie, l'aigle était adoré comme figure du dieu du Soleil. On disait qu'il pouvait rajeunir tel le phénix* (en plongeant par exemple trois fois dans l'eau ; en tant que symbole du baptême il est représenté sur les fonts baptismaux.). Son envolée vers les Cieux était d'ailleurs associée par les premiers chrétiens à l'Ascension du Christ. Le soleil, par l'action bienfaitrice de sa lumière spirituelle, était également censé le rajeunir (« L'aigle, quand ses ailes ne peuvent plus le porter, retrouve jeunesse et élan à la flamme du soleil », Hohberg, 1675). Tueur de serpents* et de dragons*, l'aigle est le symbole de la victoire de la lumière* sur les forces obscures ; c'est pourquoi il est représenté dans de nombreuses traditions (sur l'emblème du Mexique notamment) tenant dans son bec des serpents. Sur certains vitraux gothiques l'aigle emporte dans les airs ses enfants encore incapables de voler afin qu'ils apprennent à regarder la lumière du soleil. Dans l'iconographie chrétienne, il est associé à saint Jean l'évangéliste mais également au prophète Élie montant aux Cieux ou à Jésus ; les différentes significations qu'il peut revêtir (force, régénération, contemplation, sagacité, noblesse) sont donc presque toujours positives et c'est pourquoi il était considéré dans l'Antiquité comme l'attribut

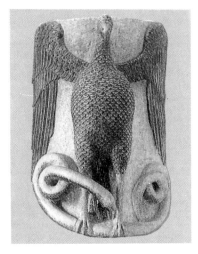

L'aigle, symbole de l'évangéliste Jean : fragment d'un ambon en pierre du XIIIe s.

de Jupiter*. À l'époque chrétienne, il symbolisait la puissante vertu de la justice, mais aussi le péché d'arrogance, apparemment en raison de son regard fixé vers le lointain qui semble ignorer tout ce qui l'entoure. Dans la symbolique maçonnique*, l'aigle à deux têtes, représenté avec une couronne posée sur les deux têtes à la fois, et tenant à l'horizontale entre ses serres une épée, est le symbole du trente-troisième degré du rite écossais (devise : *Deus meumque ius*,

c'est-à-dire : Dieu et mon droit). — *Quauhtli* (aigle) est aussi le nom du quinzième des vingt signes journaliers du calendrier aztèque : il tient ici lieu de présage et confère à ceux qui sont nés sous ce signe à la fois des qualités de guerriers et une tendance au vol et au crime. Dans les milieux guerriers aztèques, l'expression « aigle et jaguar » désigne deux ordres militaires qui distinguent les troupes d'élite incarnant sur terre la dualité (voir Couples d'opposés) des forces polaires célestes (le soleil* et les étoiles*) ; sur les décorations étaient donc représentés le plus grand oiseau et le plus grand prédateur terrestre du Mexique. La déesse Cihacoatl (la femme aux serpents*) était aussi appelée Quauh-Cihuatl, la femme-aigle ; elle portait une couronne en plumes d'aigle et était la patronne des femmes mortes en couches (mettre un enfant au monde était considéré comme un acte guerrier par lequel on donnait au monde un nouveau prisonnier). — Dans la Chine ancienne, l'aigle était également symbole de force et de solidité (*ying*, aigle, se prononce de la même façon que le mot chinois signifiant héros). L'aigle assis sur un rocher était l'image parfaite du combattant solitaire, l'aigle assis sur un pin* celle de la longévité dans toute sa force et son caractère immuable. L'image de l'aigle se battant avec un serpent trouve son origine dans le mythe indien du « roi des oiseaux », Garuda. Celui-ci est en fait la monture de Vishnou*. Apparenté aux serpents (nagas), il en est tout autant l'adversaire résolu, formant avec ceux-ci un

Aigle et serpent : revers d'une didrachme (413-406 av. J.-C., Agrigente).

Aigle bicéphale, emblème des tsars de Russie.

Aigle sur l'écu d'un chevalier teutonique : gravure du XVIe s.

couple d'opposés qui, selon les systèmes de lecture, peut être interprété comme la dualité du ciel* et de la terre*, du haut* et du bas, du jour et de la nuit*, de l'esprit et de la matière. Il est à noter que, dans cet esprit, et dans le cadre de l'ancienne royauté cambodgienne, Garuda symbolisait la souveraineté* à caractère solaire, alors que les serpents renvoyaient explicitement à un pouvoir d'essence lunaire. Le même thème du combat entre l'aigle et les serpents se retrouve également dans l'emblème de la capitale aztèque Tenochtitlan (aujourd'hui Mexico). — L'aigle était aussi un symbole de la domination chez les Huns d'Asie Centrale (Hsiung-nu). Il est d'autre part étroitement lié aux pratiques chamaniques, aussi bien en Sibérie que dans le monde amérindien. Lorsqu'il veut soigner un patient, le chaman part en effet à la quête de son âme* égarée (c'est la perte de l'âme qui provoque la maladie), dans une transe induite par la danse*, le chant ou des plantes hallucinogènes. C'est l'aigle qui guide le vol du chaman à travers l'espace, et la plume d'aigle, par métonymie (la partie pour le tout), est souvent considérée comme une très puissante médecine, car elle emporte le mal avec elle. — L'aigle est avec le lion* l'animal le plus souvent représenté dans l'héraldique européenne, mais toujours d'une façon très stylisée, obéissant à un souci de symétrie et fort éloignée de la réalité. Les qualités héroïques qu'on lui attribue ont incité de nombreux souverains à le choisir comme emblème – ainsi les rois allemands, les ducs de Bavière, de Silésie et d'Autriche, les comtes de la Marche de Brandebourg ou encore les rois de Pologne. Des problèmes de symétrie et les difficultés rencontrées pour représenter un aigle sur une surface plane ont très tôt conduit à le dessiner avec deux têtes ; on trouve ainsi en Orient, dès l'Antiquité, l'image de l'« aigle à deux têtes » qui devint notamment à partir de 1433 l'emblème de l'empereur du Saint-Empire romain germanique. À la chute de l'empire en 1806, l'aigle à deux têtes devint le symbole de l'empire d'Autriche (il le resta d'ailleurs jusqu'en 1919), ainsi que de la Russie tsariste (jusqu'en 1917) et du royaume serbe, et il constitue encore aujourd'hui une partie de l'emblème national albanais. On suppose que ce symbole bicéphale est à rapprocher de la double fonction revêtue par les souverains, à la fois « Empereurs du Saint-Empire romain germanique » et « Rois d'Allemagne ». L'historien en science héraldique A.G. Böckler établit en 1688 un lien entre les mots allemands désignant respectivement l'aigle (*Adler*)

Armoiries avec aigles dans la représentation de la Messe de Maximilien Ier de Habsbourg : gravure (1453, H. Weiditz).

*Aigle bicéphale
dans une représentation
allégorique du
Saint Empire Romain
Germanique : gravure
(1510, H. Burgkmair).*

et la noblesse (*Adel*), et cette observation lui inspira l'adage suivant : « De l'aigle impérial vient la noblesse allemande ; si l'aigle n'était pas, point de noblesse non plus. L'aigle impérial protège la noblesse, de l'ombre de l'aigle profite seule la noblesse ». Böckler explique par ailleurs : « L'aigle est, au sein de la volière royale, le seul oiseau qui puisse regarder le soleil sans détourner les yeux, qui ne manque jamais sa proie et qui soit capable de rajeunir ; il est celui qui vole le plus haut et ceux qui étudient les oiseaux le considèrent depuis toujours comme le signe de la victoire. La première chose que vit Romulus alors qu'il se trouvait encore sur la colline de l'Aventin était un aigle et il comprit que c'était là un signe du destin ; c'est pourquoi à la tête de son armée se trouvait toujours un aigle en guise de bannière. Il existe six espèces d'aigles se nourrissant de leurs proies vivantes, et les espèces inférieures s'attaquent aux charognes. L'aigle ne représente pas la majesté impériale en personne, il est l'emblème de l'empire romain. L'aigle dessiné sur fond d'or montre à Dieu la personne dont l'étoile brille d'un éclat particulier, et qui répand le calme et inspire le respect ». Dans le même ordre d'idée de la majesté royale, l'aigle a toujours symbolisé en Perse, que ce soit avant ou après la conversion à l'Islam, la puissance de la souveraineté ainsi que la force invincible ou la promesse de victoire. C'est sous ce signe qu'il apparaît dans les rêves ou les songes oraculaires, et il renvoie dans le mazdéisme classique à l'idée de la puissance divine sans laquelle aucun roi ne peut se prétendre légitime. — La psychologie voit dans le symbole de l'aigle un « être ailé

et puissant évoluant dans le ciel bleu de l'esprit » (Aeppli), et l'apparition de l'aigle au cours d'un rêve est considérée comme une chose positive. Il convient cependant de s'interroger lorsque des pensées, en rapport avec l'aigle, surgissent à divers moments de la vie quotidienne et remettent en question le cours de l'existence, qui se trouve alors sous l'emprise de la « passion dévorante de l'esprit ». Cela explique également que l'aigle soit devenu le symbole de Jean, l'évangéliste le plus proche du monde spirituel. Pour ceux qui se tiennent sous le signe de l'aigle, il n'est plus de place pour les compromis souvent inévitables de la vie concrète. — Les bestiaires du Moyen Âge comparent l'aigle à Adam*. Le « roi des oiseaux » se meut dans les sphères les plus hautes des cieux, mais il se laisse tomber sur terre dès qu'il y aperçoit une proie. De même, Adam était à l'origine tout proche du Ciel, jusqu'à ce qu'il aperçoive le fruit défendu qui l'attira sur terre.

AILE Les ailes ne sont pas seulement le signe distinctif des anges dans le domaine chrétien, elles caractérisent aussi les génies, les êtres démoniaques, les fées et les esprits dans de nombreuses cultures européennes anciennes. En tant qu'attribut de l'oiseau*, l'aile exprime l'appartenance au domaine céleste (voir Ciel), l'élévation au-dessus du monde humain grâce à la légèreté de la plume*. Ce qui importe d'un point de vue symbolique n'est pas de construire une figure capable de voler au sens physique du terme, mais de marquer la capacité du corps à quitter le sol terrestre et s'élever dans les airs. Les chérubins, qui appartiennent à la catégorie la plus

1. et 2. Scène sacrificielle et procession en présence du dieu ailé Ahura Mazdah : gravure (XIXᵉ s., relief du tombeau d'Artaxerxès II, Persépolis).

3. Ailes : «Une seule ne suffit pas» : gravure de 1702.

déesse de la victoire Niké (en latin *Victoria*) ou encore la déesse du bonheur éphémère Fortuna*. Dans l'iconographie médiévale de l'Église orthodoxe, saint Jean Baptiste, le précurseur du Christ, est figuré avec des ailes de même qu'en Occident le *Doctor angelicus*, saint Thomas d'Aquin, et, plus rarement, saint Vincent Ferrer (en raison de son amour du prochain digne de celui des anges). Les diables en revanche ont non pas les ailes légères de l'oiseau, mais les ailes en peau de la chauve-souris*. À l'époque romantique, les elfes* étaient souvent dessinés avec des ailes de libellule et de papillon*. Voir aussi Icare, Amour. – Platon (427-347 av. J.-C.) explique dans *Phèdre* que les ailes ont la force de «soulever le corps au-dessus de la terre et de le conduire là où se tient la race des dieux». C'est à peu près la même idée que l'on retrouve dans le taoïsme où les adeptes qui atteignent à l'immortalité par différentes techniques d'ascèse ou à la suite de leur Grand œuvre alchimique, se voient pousser des plumes* qui leur permettent de s'envoler et de

haute des anges, sont ainsi généreusement dotés d'ailes. Selon Ezéchiel, ils auraient quatre visages et quatre ailes (tétrapteryx) et se tiendraient sur des roues recouvertes d'yeux* et d'étoiles* : ils forment ainsi le char royal de Dieu. *L'Apocalypse* de saint Jean les décrit comme des êtres pourvus de six* ailes. Le nombre des ailes varie selon les différents ouvrages du Moyen Âge. — Les personnifications antiques sont également souvent représentées avec des ailes comme par exemple Cronos* et la gagner comme des oiseaux les contrées de l'éternelle félicité. — Comme dieu des voyageurs qu'il protège dans leurs pérégrinations, mais aussi comme voyageur lui-même et comme messager des dieux, Hermès*, aussi bien que, plus tard, le Mercure* latin, est pourvu de petites ailes aux talons qui lui permettent de traverser les cieux et de bondir par-dessus les montagnes. — Parmi les animaux fabuleux, ceux qui sont pourvus d'ailes se caractérisent par leur légèreté et leurs étroites relations avec le ciel* (Pégase*). En héraldique, les ailes signifient que l'on désire « s'élever par des actes vertueux et louables que l'on se situe déjà au-dessus des autres » (Böckler, 1675).

AIR L'un des quatre éléments fondamentaux avec la terre*, l'eau* et le feu*, l'air est d'essence masculine et gouverne trois signes du zodiaque* auxquels il imprime son caractère de légèreté, de ductilité et d'intelligence active : les Gémeaux, la Balance* et le Verseau. Renvoyant, par l'intermédiaire du vent* qui y devient le vent de l'esprit, à l'image du souffle qui anime toutes choses et participe à la création, il est aussi la marque d'un psychisme ascensionnel pour lequel tout est mouvement – agitation s'il n'est pas domestiqué, renouveau et principe de la quête s'il est compris dans son essence. D'autant que, remplissant l'espace qui sépare la terre des cieux, il en est aussi l'agent de liaison et renvoie par là à l'idée de l'âme* du monde qui est le réceptacle de l'esprit et anime l'univers sensible.

AIRAIN Alliage de cuivre* et de différents métaux (dont l'étain), l'airain, qu'on connaît de nos jours sous le nom de bronze, arrive au troisième rang des métaux précieux, après l'or* et l'argent*. Dans sa *Théogonie*, en effet, Hésiode, dans sa vision des « quatre âges du monde », évoque l'époque de l'âge d'or, temps de Cronos*, qui disparaît à l'avènement de son fils Zeus à qui correspond l'âge d'argent. Prométhée* dérobe alors le feu divin dont il fait cadeau aux hommes : c'est le début de l'âge d'airain, lequel s'achèvera par le déluge* pour entrer dans l'âge de fer où nous nous trouvons actuellement. — Les hommes de l'âge d'airain ne songeaient qu'aux travaux d'Arès (le Mars* latin), et ne mangeaient pas de pain. Leurs bras étaient invincibles et « leur cœur au métal

rigide ». — D'une dureté et d'une incorruptibilité remarquables, l'airain est donc, par excellence, le métal de la fabrication des armes : on ne compte d'ailleurs plus les boucliers, casques, épées ou javelots, et plus tard les canons, fabriqués en airain. D'autant plus que, pour ajouter aux fracas des batailles, ce métal guerrier résonne terriblement. D'où les innombrables métaphores : « J'entends l'airain tonnant de ce peuple barbare » quand le canon, devenu « bouche d'airain », foudroie les remparts ou les champs dévastés, tel que le décrit Voltaire. — Effrayant pouvoir sonore dont les dieux grecs savaient tirer parti : le sol de l'Olympe – couvercle du Ciel – était d'airain : Zeus, le dieu qui lance les éclairs*, y fait rouler son char* à grand fracas, figurant ainsi le tonnerre*. C'est aussi l'un des sept métaux qui entrent dans la fabrication de la fameuse porte du baptistère de San Giovanni à Rome, premier siège de la Papauté, et que Dante décrit comme étant la porte du Purgatoire* : les gonds sur lesquels pivote cette porte sont d'airain et c'est un son bien étrange et tout à fait unique qui accompagne ainsi les âmes pénitentes... L'airain donne encore de la voix dans nos cloches et « Retentissant dans sa haute demeure / Sous le marteau sacré tour à tour chante et pleure, / Célébrant l'hymen, la naissance et la mort » (Lamartine). De ce fait, l'airain ponctue aussi le temps, dont il devient l'interprète impitoyable qui égrène les heures du haut des clochers ou au cœur des horloges : « Toutes blessent, la dernière tue ». — On « bâtit sur de l'airain », on écrit « les insultes sur l'airain » (et les bienfaits sur le sable), les « cœurs d'airain » sont impitoyables et le « front d'airain » qui ne rougit jamais demeure impénétrable. D'où l'attribution à l'airain d'une certaine immortalité : le volcan Etna rejette la sandale d'airain du philosophe Empédocle après l'avoir englouti dans son cratère, signifiant ainsi que sa doctrine des éléments* et des cycles lui survivrait à jamais. Quant à la « biche au pied d'airain » parfaitement infatigable, elle demeure éternellement hors d'atteinte des chasseurs - de même que le cheval d'airain du berger Gygès lui permettra de conquérir l'anneau* qui le rend invisible et lui donne le pouvoir (Platon). — L'airain, métal de guerre, peut néanmoins se montrer protecteur : dans la *Bible*, le « serpent* d'airain » fabriqué par Moïse et planté au sommet d'une pique, guérit des morsures des vrais serpents ceux qui, blessés, le regardent ; de même les cornes d'airain de l'autel des holocaustes innocentent les criminels qui s'en saisissent. Même s'il est alors signe de salut, l'airain apparaît encore dans des situations extrêmes, puisque les hommes y sont déjà frôlés par les ombres des morts... Métal sacré des rituels dans les instruments de culte comme les vases et les coupes de libations, métal des sacrifices (les couteaux d'airain), mais aussi toit des temples et des édifices religieux, image de la voûte céleste des Grecs et des Égyptiens, l'airain nous transporte dans un autre âge que l'air du temps altère en un nostalgique vert-de-gris, cependant qu'il n'y a pas de meilleure caisse de résonance pour la gloire que le palais d'airain de Fama*, la déesse latine de la Renommée : « Entièrement fait d'airain sonore, dit Ovide, ses murs répètent ce qu'ils entendent. » Il faut rappeler à ce propos que l'airain est fait de cuivre, métal solaire, et d'étain, métal jupitérien ; le Soleil* et Jupiter* étant en astrologie* porteurs de renommée.

ALCHIMIE *(SYMBOLES ALCHIMIQUES)*

L'alchimie est loin d'être seulement un « art de fabriquer de l'or » exercé par des « charlatans » : c'est bien plus une spéculation à caractère ésotérique visant à ennoblir l'âme, qui s'est développée hors de l'Église et qui se servait, pour illustrer des raisonnements et des pratiques de nature hétérodoxe, d'images liées au monde du laboratoire (encore qu'il y eut certainement beaucoup d'alchimistes anciens qui cherchèrent effectivement à synthétiser les métaux précieux). Jusqu'à Carl-Gustav Jung, l'alchimie n'était envisagée que dans la perspective de l'histoire des sciences et considérée comme un « précurseur erroné de la chimie », sans que personne ne s'intéresse à la dimension psychologique et spirituelle de cette doctrine. En son cœur se trouve en effet le désir d'élargir l'empire de la lumière* spirituelle en rédimant de manière systématique le monde de la matière, perçue comme une chose terreuse, lourde et obscure ; cet objectif est donc fort proche de celui de la gnose de la fin de l'Antiquité. On trouve à foison dans les manuscrits alchimiques du haut Moyen Âge et dans les ouvrages d'enluminures de la Renaissance des images symboliques et allégoriques qui nous semblent extraordinaires

1. Androgyne, pélican, lion, serpent, l'arbre de l'or et du Soleil.

2. La décomposition (« putrefactio ») en tant que présupposé de l'ascèse.

confuses ; ces images n'ont pas pour but d'informer les profanes, mais d'inciter à la méditation ceux qui connaissent tout le système théorique qui se cache derrière elles. On fait subir à la matière première (*materia prima*) diverses purifications dans le but d'obtenir la pierre* de la sagesse (*lapis philosophorum*) dans toute sa pureté ; lorsque l'on possède cette pierre, on peut, entre autres

1. Cercle, triangle, étoile de David, et mercure-or.

2. Symboles des éléments et des planètes, étoile de David.

choses, fabriquer de l'or et de l'argent* – les métaux du Soleil* et de la Lune* – à partir de métaux non précieux et mettre au point une médecine universelle. De nombreux symboles rapprochent la doctrine alchimique de la Rose-Croix comme de la franc-maçonnerie. Née, d'un point de vue historique, en Égypte, et particulièrement dans l'Alexandrie hellénistique, l'alchimie s'est transmise aux Arabes et aux Persans, avant de gagner, au Moyen Âge, la chrétienté. Conçue comme une doctrine de salut qui passait par la manipulation des éléments, mais aussi par la méditation (l'association y est toujours présente, fût-ce d'une manière implicite, entre l'oratoire et le laboratoire), l'alchimie connaît son apogée en Europe avec Paracelse (1493-1541), puis avec son élève Gherard Dorn (seconde moitié du XVIe siècle). La liaison avec l'astrologie y est clairement affirmée, à partir de la découverte faite par l'homme du secret intérieur où se réconcilient sa condition naturelle et son essence spirituelle. L'alchimie est encore l'une des occupations principales du grand savant Isaac Newton (1642-1727), l'inventeur de la gravitation universelle, qui y trouve en partie le fondement et l'illustration de cette idée. — Il existe par ailleurs une très riche alchimie chinoise, particulièrement taoïste, qui cherche à définir, pour reprendre la formule d'André Breton, « un certain point de l'esprit d'où la vie et la mort, le réel et l'imaginaire, le passé et le futur, le communicable et l'incommunicable, le haut et le bas, cessent d'être perçus contradictoirement », point extrême où se rassemblent et se ressemblent les contraires et où il est possible d'accéder à son corps de lumière. C'est alors la rentrée dans le Tao, dans « la Mère* des dix mille choses », ou comme l'écrit Peng

Xiao, le moment où « on a parfait sa forme corporelle pour entrer dans le Sans-Forme ». Autrement dit, on est devenu un immortel en sortant de la sphère du yin* (le féminin) et du yang* (le masculin), et en unissant le plomb* noir (yin et essence de l'Un) avec le grand yang pour donner le cinabre* : on a « purifié la non-existence merveilleuse qui est dans l'existence véritable ». Toute l'alchimie taoïste repose sur l'idée de la conjonction* des opposés (yin et yang, chaud et froid, sec et humide, etc.) que l'on doit d'abord réaliser si on veut la dépasser pour découvrir la source ultime et « sans nom » de toutes choses. Ainsi doit-on unir le plomb et le mercure* (le *mercurius* occidental), qui sont tout aussi bien le dragon* et le tigre*, ou le yin et le yang. Cette conjonction suppose d'ailleurs que, non seulement on a conjoint les deux éléments opposés, mais qu'on a réalisé la conjonction de leur propre structure intérieure. Selon le principe du Taï-ghi-tu*, tout élément contient en effet son contraire, le yin contient le yang, et réciproquement – et l'alchimiste taoïste doit savoir les convertir l'un dans l'autre : « Le yin qui est dans Li est le Feu ; le yang qui est dans Kan est l'Eau... Le yin dans Li est le Mercure et l'Essence ; le yang de Kan est le plomb et le Souffle » (Shang-yang-tseu), ce qu'on traduit de la sorte en remplaçant chaque mot par son équivalent symbolique : « Le féminin qui est dans Li est masculin ; le masculin qui est dans Kan est féminin... Le féminin dans Li est le masculin (mercure) et le féminin (essence) ; le masculin de Kan est féminin (le plomb) et masculin (le souffle). » Toute chose à ce stade est elle-même et son contraire, on arrive à une *coincidentia oppositorum* (une coïncidence des opposés) parfaite qui renvoie elle-même à l'unité la plus profonde de la réalité « antérieure au monde » et de la « réalité postérieure au monde », du transcendantal et du phénomène, du céleste et du terrestre, du principiel et de l'humain, c'est-à-dire, en fin de compte, de la source inconditionnée et du Sans-Forme avec l'existence mortelle des hommes et le royaume des formes : « Les alchimistes taoïstes, dit Isabelle Robinet, affirment à leur façon la même vérité que lorsque les bouddhistes disent que le samsara* est le nirvana*, et inversement » (*Introduction à l'alchimie intérieure taoïste*). — Parmi les principaux motifs alchimiques surtout occidentaux, on peut citer : l'aigle, l'androgyne, l'argent, le caducée, le crapaud, le dragon, la licorne, le lion, la lune, l'or, le paon, le pélican, le pentagramme, le phénix, le pigeon, le plomb, la quintessence, Saturne, le Soleil, Sulphur et Mercurius, etc. (*Se reporter à tous ces mots*).

ALEXANDRE LE GRAND Le roi de Macédoine Alexandre III (356-323 av. J.-C.) est, plus encore en Orient qu'en Europe, le symbole du souverain et du chef guerrier intrépide qui n'hésite pas à aller jusqu'aux limites de l'humain. Le conquérant de la Perse et le vainqueur de Darius

Alexandre le Grand à la tête de ses soldats : miniature bulgare du XVᵉ s.

Alexandre le Grand avec une corne de bélier : monnaie (IVᵉ s. av. J.-C.)

III (*cf.* la mosaïque d'Alexandre à Pompéi), le fondateur de la ville d'Alexandrie qui visita le sanctuaire de Zeus Amon (Jupiter* Amon) à Siwa et auquel furent accordés des honneurs normalement réservés aux dieux, celui enfin qui défit le nœud* gordien, a beaucoup inspiré les auteurs de mythes orientaux et occidentaux. Le *Roman d'Alexandre*, qui resta fort populaire jusqu'au Moyen Âge, fut écrit à l'époque hellénistique par celui qu'on appelle le Pseudo-Callisthène ; il raconte les actions fantastiques du héros et de ses hommes dans la lutte contre les sauvages* aux frontières du monde civilisé. Le *Chant d'Alexandre*, rédigé à Byzance au Moyen Âge, en est une version poétique et étoffée. On trouve dans l'*Ishander-nameh* perse la paraphrase complète de certaines versions syriennes du roman. L'« homme aux deux cornes* » (voir Bélier – les cornes sont l'attribut de Zeus Amon), aussi appelé *Sulkharnaï* dans les régions islamiques d'Arabie et dans le territoire ouigour d'Asie intérieure, a fait l'objet de nombreuses légendes : « Dans des temps très anciens, en Orient/ Dans la ville de Misir/ Vivait un homme appelé Sulkharnaï,/ Vieux de mille ans... ». On raconte qu'il traversa le long pont de la vie, escalada une haute montagne et (tout comme le héros des mythes sumériens Gilgamesh) explora les profondeurs des océans pour y trouver le secret de la longévité. Il aurait également fait reverdir l'arbre* de la vie, aurait parcouru le monde des ténèbres et serait monté dans les cieux à l'aide d'une corbeille portée par des aigles*. — Les légendes juives lui reprochent sa démesure et sa présomption sacrilèges, et relatent qu'il dut finalement lui aussi se soumettre aux limites fixées à l'homme et à son existence éphémère (il mourut d'un accès de fièvre tandis qu'il se trouvait à Babylone*). Le long chemin qu'il parcourut pour atteindre les limites des terres habitées évoque, dans les légendes islamiques, l'effort du héros qui va jusqu'au bout de lui-même. Mohammed voit dans Alexandre « le type même du roi juste et pieux. Ses actes conduisent à la conversion ou à la punition des incroyants... Sa grandeur est un cadeau qui lui a été attribué de manière arbitraire par Allah » (Beltz, 1980). Dans les *Gesta Romanorum* (vers 1300), c'est au contraire le caractère éphémère de la gloire d'Alexandre qui est mis en avant : « Hier il opprimait la terre, aujourd'hui c'est elle qui l'oppresse ; hier le monde entier ne suffisait pas à Alexandre – aujourd'hui, trois ou quatre aunes de tissu sont bien assez pour lui ».

ALOÈS   Cette plante qui appartient à la famille des liliacées est souvent appelée « agave » dans les livres sur les symboles, anciens et récents. L'aloès est aussi utilisé sous ces deux noms comme médicament destiné à combattre la constipation ; son amertume symbolise la pénitence et la souffrance. Il servait aussi autrefois à fabriquer des pommades et est réputé pour empêcher la putréfaction. Comme l'aloès, dont la croissance s'étend sur des années, ne donne des fleurs qu'une seule fois, il est également considéré comme le symbole de l'Immaculée Conception, événement unique dans l'histoire de l'humanité.

ALPHA ET OMÉGA   La première et la dernière lettre de l'alphabet grec, créé selon la légende par les déesses du Destin, les Moires (Parques*), sont un symbole de Dieu, source et fin du cosmos*, issu de l'époque hellénique. Cette symbolique repose sur des paroles rapportées dans la *Bible*, comme par exemple : « Je suis le premier et le dernier ; moi excepté, il n'y a pas de dieux » (*Isaïe* XLIV, 6). Dans l'image que les hommes se faisaient du monde à la fin de l'Antiquité, les lettres, les sons et les mots représentaient l'ensemble des éléments de la Création, et les lettres avaient également valeur de nombres* (cela vaut aussi bien pour les lettres grecques que pour celles de l'alphabet hébraïque). Cette idée ouvrit la voie aux spéculations cosmogoniques les plus diverses, et ces théories constituent en particulier le cœur de la « gnose spéculative » dans l'ésotérisme juif (la cabbale). Dans l'*Apo-*

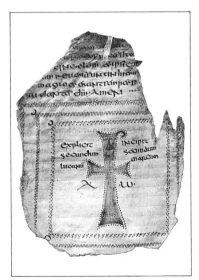

La croix avec les lettres alpha et oméga : miniature (VIe-VIIe s., Évangile).

Monogramme avec les initiales grecques du nom du Christ : bronze, IVe s.

Amazonomachie. Les héros grecs combattent les légendaires femmes guerrières :

calypse de saint Jean (I, 8), le Créateur, « le Seigneur Dieu » (« Il est, Il était et Il vient »), se désigne lui-même comme l'alpha et l'oméga. Ces deux lettres sont souvent utilisées pour décorer les tombes chrétiennes pour indiquer que le défunt connaît en Dieu son origine et son but dernier. Au Moyen Âge, l'alpha et l'oméga sont souvent représentés sur l'auréole du maître du Jugement dernier, à droite et à gauche de sa tête.

AMAZONES Ce peuple légendaire de guerrières est devenu, dans la langue actuelle, le symbole de l'agressivité féminine. Une légende raconte qu'un peuple de femmes, issu de la famille des sarmates et de celle des capédociens, vivait autrefois sur les rives du fleuve Thermodon et n'entretenait avec les hommes des tribus voisines que des relations occasionnelles, destinées uniquement à assurer la reproduction. Elles délaissaient leur descendance masculine qui s'employait à les servir ; elles se lançaient dans de vastes campagnes guerrières, montées sur leurs rapides chevaux* et armées de flèches*, d'arcs* et de haches doubles*. D'après l'historien Diodore de Sicile, la partie occidentale de l'Afrique du Nord aurait également été occupée par des Amazones qui se lancèrent dans de grandes conquêtes en direction de l'Égypte et jusqu'en Asie Mineure. Certaines légendes grecques racontent qu'elles furent régulièrement vaincues par des héros masculins (Héraclès*, Thésée, Bellérophon et Achille) et payèrent de leur vie leurs excès. D'autres légendes font des Amazones les enfants de l'inceste, filles du dieu de la guerre Arès et de la nymphe Harmonie*, la fille qu'il eut de la déesse de

l'amour Aphrodite*. Elles offriraient selon cette vue l'exemple d'une conjonction* des opposés, du masculin et du féminin, de la guerre et de l'éros, sous la figure de femmes mettant en action et assumant leur bisexualité. Elles sont alors sujettes à des transes et des extases qui les rapprochent des ménades de Dionysos*, dieu qui leur est parfois rattaché. Leurs relations avec les hommes y sont singulièrement changées, et c'est dans une de ces crises de possession que Penthésilée, reine des Amazones, fait déchirer Achille – scène reprise par Kleist au début du XIXe siècle dans la pièce du même nom. Ces enseignements ne furent dégagés de la légende que d'une manière tardive et on continua longtemps à envisager les Amazones à partir de la seule signification originelle de leur nom : « celles qui n'ont qu'une mamelle », le sein droit leur ayant été enlevé pour rendre leurs mouvements plus libres dans le maniement de l'arc* et de la lance. Aucun événement historique réel ne semble pouvoir expliquer ce mythe, même s'il n'était pas rare que les femmes participent aux combats chez de nombreux peuples de l'Antiquité. Ces tribus présentaient également une structure matriarcale (voir Mère) où le nom et les biens se transmettaient du côté maternel. L'orientation « épique » d'une organisation sociale jugée par les Grecs contraire à la nature et barbare, a pu contribuer, pour une large part, à faire des Amazones le symbole d'une féminité avide de guerres et ennemie des hommes. — L'orateur attique Lysias (environ 450-380 av. J.-C.) décrit de la façon suivante les Amazones et leur destin : « Alors qu'elles régnaient sur de nombreux

détail d'un cratère attique à volutes (Ve s. av. J.-C.).

peuples et avaient asservi les tribus voisines, elles entendirent parler de la Grèce et de sa grande renommée. Pleines d'espoir et avides de gloire, elles se mirent donc en contact avec des peuples belliqueux et partirent en guerre contre Athènes. Mais elles s'y virent confrontées à des hommes valeureux, et leur courage ne suffit pas à dépasser les limites de leur sexe. C'est ainsi qu'elles périrent, punies de leur impulsivité, tandis qu'elles rendirent notre ville à jamais célèbre pour le courage de ses guerriers... Parce qu'elles convoitaient injustement la renommée que d'autres avaient gagnée au combat, elles ont perdu de façon fort juste leur propre réputation. » Il s'agit probablement là d'un mythe spécifiquement athénien destiné à mettre en garde les hommes contre une trop forte influence des femmes dans la vie publique – comme c'était, pensait-on, le cas notamment à Sparte. Voir Walkyries.

AMBRE (en grec *electron*) L'ambre est une résine fossile provenant de conifères qui poussaient il y a des millions d'années sur l'emplacement actuel de la Baltique. Dès le néolithique, l'ambre était utilisé pour fabriquer des bijoux ; on le recherchait jusque dans des régions fort lointaines au prix de longs trajets (les routes de l'ambre). Le philosophe grec Thalès de Milet (vers 600 av. J.-C.) connaissait déjà la faculté de l'« electron » d'attirer des objets légers lorsqu'on le réchauffait en le frottant (c'est de là que vient notre concept d'« électricité »). Cette propriété de l'ambre, sa combustibilité et sa couleur jaune en firent un matériau recherché – et « exotique » dans tout le bassin méditerranéen. On prê-

tait aux bijoux en ambre des pouvoirs d'amulettes : on disait qu'ils permettaient de chasser les esprits et les êtres démoniaques. Aujourd'hui encore, on lui attribue parfois le pouvoir de dissiper les maux de tête et les mauvais rêves. Les morceaux d'ambre jaune et poli sont perçus comme des « rayons de soleil* solidifiés » ; les hommes de l'Antiquité y voyaient les larmes de Phaéton, le fils d'Hélios. L'astro-symbolique associe l'ambre à la planète* Mercure*. — L'ambre était importé jusque dans la Chine ancienne. Le nom chinois *hu-po* signifie « âme de tigre* » car on croyait alors que lorsque cet animal mourait, son âme s'enfonçait dans la terre et devenait de l'ambre.

AMBROISIE Composée à partir du miel*, l'ambroisie peut se présenter comme un parfum* aux vertus curatives et c'est d'elle que se servent les Olympiens pour donner l'immortalité aux héros. Se présentant aussi comme une nourriture ou un breuvage, elle est l'apanage dans l'*Iliade* et dans les mythes primitifs des héros et de leurs différents coursiers divins (Bellérophon, etc.). Il faudra attendre l'époque classique pour que l'ambroisie devienne le breuvage des dieux eux-mêmes, telle qu'on se la représente aujourd'hui.

ÂME La conception confuse de l'existence d'une âme chez l'homme semble être apparue dès le paléolithique, lorsque l'homme de Néanderthal ou celui de Cro-Magnon commencent à enterrer rituellement leurs morts : préparer le défunt, c'est déjà affirmer, fût-ce d'une façon obscure, une quelconque survie dans l'Au-delà*. Il faudra très longtemps pourtant pour que cette intuition se précise. Alors que la religion égyptienne, dès le IIIᵉ millénaire av. J.-C., pose clairement l'existence de l'âme – signe distinctif d'abord du pharaon, étendu ensuite aux nobles, puis finalement à tout homme quel qu'il soit – à travers le périple du défunt vers l'enfer* de rédemption (*Amenti*) ou celui de damnation (*Douat*), cette destination ultime étant conditionnée par le rituel de la « pesée du cœur » (voir Balance et Autruche), les Hébreux conçoivent encore longtemps le domaine de l'Au-delà comme un royaume indistinct, et Homère, dans l'*Iliade*, décrit les héros disparus qui ont gagné l'Hadès comme des sortes de fantômes. L'âme est ainsi longtemps décrite comme une ombre* avant que, en partie sous l'influence des traditions égyptiennes, un renversement ne se produise en Grèce avec Pythagore* puis avec Platon qui veut faire de l'âme une réalité de plein droit. Distincte du corps qu'elle anime, l'âme représente la partie immortelle de l'homme, détentrice de la Vérité et que les Dieux peuvent inspirer. Sous l'aiguillon du désir et de l'amour (Éros), elle peut s'enflammer pour le Beau et commencer cette ascension spirituelle qui l'emmènera jusqu'à la contemplation (*Epopteia*) du royaume éternel de la connaissance. Avant d'atteindre à cette unité de vue, et à sa propre unité de principe, l'âme a toutefois d'abord été considérée comme multiple par essence. L'Égyptien est ainsi doté de sept âmes distinctes (dont le cœur, l'esprit, l'ombre, le nom, etc.), tandis que les tribus sibériennes ou certains peuples d'Afrique noire continuent à professer aujourd'hui que chaque personne humaine est dotée de plusieurs âmes. En s'organisant autour d'un schéma sexuel symbolique, cette pluralité de l'âme s'est transformée en dualité dans la religion juive où le principe masculin et le principe féminin de l'âme doivent s'unir et se métamorphoser réciproquement pour atteindre à leur unité spirituelle, *ruah*, l'esprit. Certains mystiques chrétiens du Moyen Âge reprendront le même genre de distinction à travers le couple d'*animus* et d'*anima* - que Carl Gustav Jung redécouvrira pour sa part dans l'exposition de sa psychologie analytique : l'*anima* y est l'archétype contrasexuel, donc féminin, intérieur à l'homme, et l'*animus* son équivalent masculin pour la femme. — Suivant une

autre tendance philosophique, cette multiplicité de l'âme sera intériorisée dans son concept même, et donnera naissance à ses diverses propriétés (Platon, *La République*). On retrouve, à la suite d'Aristote, le même principe de spécification interne dans la pensée scolastique qui distingue soigneusement entre l'âme végétative (celle des fonctions du corps), l'âme sensitive qui préside aux processus de perception et l'âme rationnelle, ou raisonnable, dont relèvent la connaissance et la réflexion. — Grâce à sa structuration par le genre (masculin/ féminin), ou par la hiérarchie (âme terrestre, âme céleste ; âme des organes ou âme de l'intelligence supérieure), l'âme a un pouvoir de liaison qui la pose en intermédiaire entre plusieurs réalités de type différent. Comme la définit Platon dans le *Timée*, elle est un mixte du Même et de l'Autre, de l'intelligible et du sensible : « L'âme est dans le corps, et l'esprit est dans l'âme. » C'est à partir d'une telle conception que se développera plus tard l'idée d'une imagination créatrice, organe de connaissance de l'âme, qui construit métaphysiquement son monde propre dans ce qu'il est convenu d'appeler le platonisme perse. Ce monde est l'*alam-al-mithal*, il est le « pays du non-où » (*Nâ-kojâ-Abâd*), ce qu'Henry Corbin a proposé en français comme le « monde imaginal » (*mundus imaginalis*). — Réalité subtile ainsi rattachée à l'homme, l'âme en est pourtant foncièrement indépendante : ce n'est pas elle qui dépend de l'homme, mais l'homme qui dépend d'elle pour continuer à vivre. *Anima* en latin, d'où dérive le mot français âme, c'est bien elle en effet qui lui donne animation. Nulle surprise de ce fait si l'âme peut quitter notre enveloppe corporelle et effectuer ses propres voyages. Au pire, elle se fera voler par quelqu'un d'autre ou ira s'égarer dans les « enfers », ce qu'on appelle la « perte d'âme » : dans les populations sibériennes ou amérindiennes, c'est le chaman qui est alors chargé d'aller la récupérer et de la ramener à son patient. De même, le sommeil et, à un autre degré, le phénomène de la transe sont considérés chez ces peuples comme la perte temporaire de son âme – ce qui explique d'ailleurs pourquoi c'est généralement dans la transe que le chaman opère : son âme quitte alors son corps pour s'envoler à la recherche de l'âme perdue du malade dont il s'occupe. Au mieux, elle s'enlèvera dans les

royaumes célestes, et tandis que le corps grossier demeure sur terre en transe, en syncope ou en catalepsie, l'âme gravit les échelons des mondes spirituels et angéliques vers la vision dernière ou la révélation de Dieu (*Livre de l'Ascension du prophète Isaïe*, etc.). C'est dans un tel contexte que s'établit souvent la différence entre le corps terrestre proprement dit et le corps subtil que nous possédons tous, corps subtil qui se définit comme « corps spiritualisé », ou comme « esprit corporalisé ». L'alchimie s'est d'ailleurs largement attachée à cette notion et, reprenant sur le fond les vues mêmes du *Timée*, a tenté de décrire les étapes par lesquelles le corps célébrait ses noces* avec l'âme afin de devenir ce « corps incorporel » que venait visiter l'esprit. C'est le grand élève de Paracelse, Gerhard Dorn, qui, à la fin du XVIe siècle, a le mieux synthétisé et exposé cette conception dans son œuvre majeure, le *Theatrum Chymicum*, où il explique qu'après avoir réalisé l'*unio mentalis*, l'union du corps et de l'âme sous la puissance de l'imagination vraie (*imaginatio vera*, par contraste avec l'*imaginatio phantastica*, caractéristique de notre organisation purement matérielle), l'adepte doit réaliser le mariage de cette « âme-corps subtil » avec la puissance de l'Esprit dans l'*unio spiritualis*. —
Avant même de donner lieu à de telles spéculations, et dès qu'elle a été isolée chez les Grecs comme principe unitaire, l'âme a toutefois toujours été dotée d'un pouvoir particulier de personnification. C'est ainsi que, dès la période classique, puis surtout hellénistique, les figurations symboliques de l'âme se sont multipliées : tout d'abord à travers l'histoire de Psyché rapportée bien plus tard par Apulée – où se retrouve le thème de l'âme éveillée à la vraie vie par le baiser de l'amour – puis à travers celle d'Ariane*, la fille de Pasiphaé*, qui, s'étant enfuie de Crète en compagnie de Thésée à qui elle a permis d'affronter le Minotaure au cœur du labyrinthe* (voir aussi Dédale), est abandonnée par l'Athénien sur le rivage de l'île de Naxos. C'est là qu'aborde un jour Dionysos*, dont elle devient la compagne lors d'un mariage* sacré (hiérogamie). Ainsi l'âme abandonnée est-elle sauvée par le dieu du Délire qui est aussi le seigneur du cycle de la mort* et de la renaissance. Le « Seigneur des âmes » est d'ailleurs le titre que l'on donne à Dionysos. —

« Éros et Psyché » :
tableau de Gérard François
(1770-1837). Musée du Louvre.

Non seulement l'homme a une âme, d'après une telle conception, mais il existe aussi une « âme du monde » (Platon, *Timée*) dont chaque âme particulière est le reflet. Cette âme du monde est une *anima movens*, c'est-à-dire que c'est grâce à elle que tournent les sphères* célestes et que la vie se répand sur la terre, en même temps que la puissance de l'amour* qui rappelle l'homme à sa condition initiale. Elle est souvent symbolisée par Aphrodite* qu'incarne au ciel la planète Vénus* (Plotin, *Ennéade III*). « Nous célébrons la chaîne aux mille noms de Celle qui est née de l'écume, et la grande source royale d'où ont jailli tous les immortels Amours... Eh bien, Déesse, car partout ton oreille est attentive, soit que tu enserres le vaste ciel où tu es l'âme divine du monde éternel, soit que tu habites l'éther au-dessus des circonférences des sept* cercles*,... écoute, ô Souveraine, dirige le cours de mon existence... » (Proclus, *Hymne à Aphrodite*). Voir aussi Sophia. — La légèreté de l'âme a souvent été soulignée par les poètes grecs, jouant du double sens du mot de *psyché* (l'« âme » en grec) qui signifie aussi papillon*. — Par extension, et dans le vocabulaire moderne, l'âme a fini par désigner le principe autour duquel s'ordonne un objet (l'âme d'une statue est le noyau central sur lequel on applique le plâtre), ou bien la réalité impalpable par où s'explique le fonctionnement d'un mécanisme (l'âme d'un canon est cet endroit vide où l'on coulait autrefois la poudre, tandis que l'âme d'un soufflet consiste dans la soupape qui fait entrer l'air dans l'instrument et l'y retient en s'abaissant). — Alors que la science du XIXᵉ siècle avait cru faire un sort à cette notion, on la voit resurgir, transformée, à travers la psychanalyse qui signifie littéralement : « analyse de l'âme ». Il est à noter que Freud en personne s'est beaucoup servi de cette notion, usant du terme allemand de *Seele*, même si ses traducteurs français ont généralement préféré rendre ce mot par l'expression d'appareil psychique, qui n'a évidemment pas la même signification ni la même portée. Si Freud parlait toutefois surtout de l'âme dans une acception d'abord culturelle, Carl Gustav Jung, quant à lui, en a fait comme la pierre angulaire de son édifice théorique. L'âme désigne chez lui, simultanément, l'ensemble du conscient et de l'inconscient, c'est-à-dire la totalité psychique humaine, l'inconscient collectif très largement conçu comme une « âme du monde » (phénomènes de synchronicité, notion de psychoïde, etc.), et enfin la figure particulière de l'*anima* qui, assumée et intégrée par l'homme, tend à un phénomène de personnification symbolique. L'âme est constituée chez lui par un couple d'opposés* du corps et de l'esprit dont elle est chargée de faire la médiation : « C'est un aspect caractéristique de l'homme occidental que d'avoir, à des fins de connaissance, scindé le physique et le spirituel. Dans l'âme, toutefois, ces opposés coexistent. C'est là un fait que la psychologie doit reconnaître. Une réalité psychique est à la fois physique *et* spirituelle. Ces conceptions se meuvent toutes dans ce monde intermédiaire qui nous apparaît comme trouble et confus parce que chez nous l'idée d'une *réalité psychique* n'est pas courante pour le moment, bien qu'elle exprime notre véritable sphère vitale. Sans âme l'esprit est mort, de même que la matière... » (*Commentaire sur le mystère de la Fleur d'or*). Les types psychologiques que Jung a dégagés deviennent alors autant de propriétés de l'âme (perception, intuition, raison et sentiment comme capacité d'évaluation), cependant qu'il distingue, hiérarchiquement, quatre plans successifs de l'âme, qui vont de l'âme la plus proche de la terre, personnifiée par Ève (voir Adam), jusqu'à l'âme la plus proche de la source divine dont elle est une épiphanie, la Sophia*, en passant par les deux figures intermédiaires d'Hélène* (Hélène de Troie, mais aussi celle du gnostique Simon le Magicien et de Goethe dans *Faust*) et de la Vierge* Marie*.

AMÉTHYSTE   Cette pierre précieuse* recherchée, variété violette ou bleue pâle du quartz, était symbole de la modestie, de la paix intérieure et de la piété, mais elle était aussi associée à la force purifiante de l'esprit. Depuis l'Antiquité jusqu'à une époque récente, on racontait qu'elle protégeait de l'ivresse (en grec, *a-methysios* signifie « non ivre »). Éduard Mörike écrit en 1853 dans *L'Histoire de la Belle* que l'améthyste « chasse de l'esprit la lourde brume du vin et fait en sorte que le buveur soit aussitôt touché par la grâce ; c'est pourquoi ces messieurs des mondes religieux et profane ont coutume de la porter au doigt ». Sa teinte violette*, couleur de la « pénitence », en fit un matériau très utilisé pour fabriquer des couronnes de roses de grande valeur. Les ouvrages traditionnels où sont présentées les différentes pierres l'associent à Saturne* et affirment qu'elle protégerait du poison et du mauvais sort. Elle apparaît dans des doctrines ésotériques plus récentes comme la pierre précieuse qui correspond le mieux en raison de son éclat froid et mystique à l'« ère du Verseau ». Voir Étoiles.

AMOUR   Amour ou *Cupido*, en grec *Éros*, est l'incarnation antique de l'amour impromptu, sous sa forme taquine et gaie. Il est essentiellement représenté comme un garçonnet nu, avec des ailes* sur le dos, des flèches* et un arc* ; il lance ses flèches dans le cœur* des hommes et des dieux pour faire naître en eux l'amour. Fils du dieu de la Guerre Mars* (en grec Arès*) et de Vénus* (en grec Aphrodite*), il répand tant de désordre que sa mère est souvent obligée de le tenir enfermé ou de le châtier. À l'époque hellénistique, il était souvent représenté par groupes, et l'on trouve ainsi, par exemple sur les peintures

Chevalier frappé par la flèche
d'Amour : gravure du XVIe s.

Le triomphe d'Amour : gravure
(XVe s., « Les Triomphes », Pétrarque).

murales de Pompéi ou sur les céramiques contemporaines, des ribambelles de petits Amours ou Éros. Ils apparaissent dans l'imagerie chrétienne comme des anges* aux traits enfantins et servirent de modèles aux chérubins des époques baroque et rococo. — Dans le conte antique d'Amour et de Psyché, le dieu de l'Amour est en revanche un beau jeune homme qui inflige au début nombre de tourments à celle qu'il aime mais lui apporte en fin de compte le bonheur idéal (*L'Âne d'or* d'Apulée, IIe siècle.). En fait, les amours de Psyché et d'Éros, c'est-à-dire de l'âme* elle-même embrasée par la puissance de l'amour, en se heurtant à la volonté d'Aphrodite puis, après de multiples épreuves, se faisant reconnaître par Zeus le roi des dieux, indiquent les étapes par lesquelles doit passer l'âme emportée par le désir pour se purifier peu à peu et rejoindre l'âme du monde que représente la déesse, sous les auspices de l'esprit et de la divine Justice que symbolise le grand Zeus. Ce scénario est, à l'évidence, un scénario initiatique dont la principale leçon est d'indiquer comment l'âme doit se détourner d'un désir purement terrestre pour accéder à un amour qui est manifestation de son origine et de sa nature spirituelle. — L'Amour renvoie ainsi à l'explication qui en est proposée par Platon dans le *Ban-*

quet. Fils d'Aphrodite, en effet, il peut être l'enfant de l'*Aphrodite Pandemia* (Aphrodite populaire), et il incarne alors le désir dans ce qu'il a de plus terrestre et grossier, ou de l'*Aphrodite Ourania* (Aphrodite céleste), qui est celle qui manifeste et s'identifie à l'âme du monde : l'amour est alors ce mouvement qui s'empare de l'âme pour lui donner le désir de contempler la Beauté. — Par ailleurs, dans sa *Théogonie*, l'Amour se présente chez Hésiode comme de génération spontanée, apparaissant aussitôt que la Terre (*Gaïa*) est issue du chaos* ou de l'abîme*. Il est le premier né des dieux, avant même Ouranos, le ciel étoilé, le fils incestueux de la « Terre aux larges flancs » et avant même Aphrodite qui ne naîtra que plus tard de la semence d'Ouranos répandue sur les flots. Éros représente ici un principe cosmogonique d'où sont issues toute vie et toute possibilité de relation entre les êtres. D'une certaine façon, Ouranos en personne, puis toutes les généalogies des dieux, ne peuvent apparaître et s'unir à leurs mères ou à leurs parèdres que parce que, précisément, Amour existe déjà. Dans une leçon assez proche quant au fond, la théologie d'Orphée* enseigne qu'il n'y avait à l'origine que la Nuit* et le Vide. La Nuit (équivalente du chaos, mais chaos générateur, ténèbre originelle du sans-forme où s'enfantent

toutes les formes), engendre alors un œuf* cosmique. Lorsque cet œuf se casse pour s'ouvrir, Éros en sort tandis que les deux morceaux séparés de la coquille constituent respectivement le ciel et la terre. Éros est ainsi le premier fils de « l'inconditionné », c'est-à-dire sa première manifestation, occupant le cœur même de la création toute entière.
— Lorsqu'il parle des Amours, quelque huit à dix siècles plus tard, Proclus, l'un des derniers grands néoplatoniciens, reprend l'autre leçon du *Banquet*, qui fait

Amours personnifiant la puissance de l'amour : gravure de 1647.

d'Éros l'enfant de *Poros* (l'expédient) et de *Penia* (la pauvreté). Il ne s'agit plus alors d'expliquer le double caractère de l'amour, passion « animale » ou céleste, mais plutôt de comprendre ce mystère de la condition humaine partagée entre la nécessité de sa survivance terrestre, et donc de sa reproduction, et la suprême nostalgie de sa constitution spirituelle. Comme fils de Penia, et en tant que tels démunis, les Amours n'aspirent plus qu'à retrouver la demeure perdue d'Aphrodite vers laquelle ils entraînent les âmes : « Les uns, de leurs flèches intellectives, tirent sur les âmes afin que, touchées par les pointes qui soulèvent les désirs, elles aspirent à voir le palais flamboyant de leur Mère » – tandis que, comme fils de Poros, ils trouvent le moyen d'exister sur terre, ils poussent les âmes à s'incarner et assurent les générations qui se succèdent sans fin : « Les autres, selon les vouloirs de leur Père et ses desseins qui écartent le mal, s'élançant pour augmenter par les naissances le monde sans limite, suscitent dans les âmes le désir d'une existence terrestre. D'autres, enfin, veillent sans cesse sur les chemins très variés des

unions qui fondent les mariages, afin que, malgré une naissance mortelle, ils rendent immortelle la race des hommes voués au malheur. » Néanmoins, dans les diverses tâches, continue le philosophe poète, « ils ont tous à cœur l'œuvre de la Cithéréenne, mère de l'Amour » (*Hymne à Aphrodite*). C'est une dramaturgie de l'existence qui est ainsi mise en place, où se lit en filigrane le double mouvement qui fait émaner les âmes particulières de l'âme du monde, et rechercher cette âme du monde par toutes les âmes particulières. — La religion chrétienne va, bien entendu, faire apparemment disparaître cette conception de l'amour – qui refleurira pourtant sous les auspices de la déesse Minne chez les trouvères allemands du Moyen Âge (les *Minnesänger* : ceux qui chantent le désir), qui se rendent symboliquement en pèlerinage sur le *Venusberg* (le mont de Vénus ou d'Aphrodite), où la déesse a sa demeure. — Par ailleurs, dans une sorte de transaction entre les conceptions antiques et l'idéologie chrétienne de l'amour, dans le recueil médiéval des *Gesta Romanorum* (vers 1300), le dieu de l'Amour est décrit sous l'apparence d'une statue à quatre *ailes*. Sur la première, on peut lire ces mots : « Le premier amour est puissant et fort. Pour l'être aimé, il subit sans rechigner toutes les peines et les soucis du monde. » Sur la deuxième : « L'amour véritable ne cherche pas celle qui lui convient, il donne tout ce qu'il est. » Sur la troisième : « Le véritable amour adoucit les chagrins et les peurs, et il ne recule pas devant eux. » Et sur la quatrième enfin : « La loi du véritable amour affirme qu'il conserve toujours la jeunesse et jamais ne vieillit. »

Aphrodite et les Parques punissent Amour : gravure florentine (XVᵉ s.).

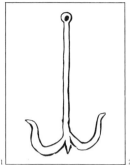

1. et 2. Ancres : graffitis des catacombes protochrétiennes de Sousse (Tunisie) et de Priscilla (Rome).

3. Camée protochrétien avec ancre, croix, poissons et colombes.

ANCOLIE   (nom scientifique : *aquilegia vulgaris*) Elle était probablement consacrée chez les Germains à la déesse Freya et elle est représentée sur les peintures murales du Moyen Âge comme l'attribut de la Vierge* Marie*. Autrefois réputée pour ses propriétés médicinales (elle était utilisée pour combattre la jaunisse), elle était censée guérir de l'avarice.

ANCRE   Cet instrument utilisé par les navigateurs de la Méditerranée fut dès l'Antiquité considéré comme un symbole des dieux de la Mer*. L'ancre assurait stabilité et sécurité, et c'est ainsi qu'elle devint l'image de la confiance. Elle était dessinée sur les tombes de l'époque pré-chrétienne pour indiquer le métier du défunt et distinguer les tombeaux des navigateurs ; aux débuts de l'ère chrétienne, elle devint en raison de sa forme en croix un symbole secret de la délivrance (*crux dissimulata*). La barre transversale (« l'éponge de bois ») située sous l'anneau auquel était nouée la corde rappelle beaucoup la forme d'une croix, et seule la partie inférieure de l'ancre vient rompre cette ressemblance. Dans l'art mortuaire chrétien, l'ancre est souvent flanquée de poissons* ou de dauphins* symboliques. L'ancre apparaît également comme attribut des saints (Clément de Rome, Nicolas – patron des marins –, Placide, Jean Népomucène, entre autres), ainsi que sur divers emblèmes, en particulier de villes portuaires ; c'est également l'emblème de la ville de Solingen dont le patron saint Clément est mort en mar-

tyre, noyé, le cou pris dans une ancre. — Elle inspira ces vers au poète baroque W.F. v. Hohberg (1675) : « Lorsque le marin sent venir l'orage, il jette l'ancre et s'immobilise. Ainsi, lorsqu'une âme puise sa force dans l'amour de Dieu, ni les peines ni la peur ne peuvent l'en faire bouger. »

Paire d'ancres avec colombe et olivier : pierre tombale paléochrétienne (IIIe-IVe s., catacombes de Priscilla, Rome).

ANDROGYNE   L'androgyne, l'homme - femme, l'être aux deux sexes, est souvent appelé aussi hermaphrodite*, mais cette seconde expression désigne en réalité plutôt un être situé entre les deux sexes. Dans les anciens ouvrages de symbolique, les deux termes sont utilisés le plus souvent indifféremment. Si l'androgyne évoque, de nos jours, un être au sexe indéterminé, les cultures antiques envisageaient, sous une seule figure, une

Androgyne, créature du symbolisme alchimique : gravure de 1617.

nature féminine associée à une nature masculine, tel Zeus, le dieu tout-puissant dans l'hymne d'Orphée : « Zeus est masculin, Zeus est une femme immortelle... » Les mythes antiques racontent souvent qu'aux débuts de la Création existait un être originel qui fut divisé en deux parties complémentaires. D'après des légendes juives et l'une des versions de la Genèse, il aurait été lui-même un androgyne avant qu'Ève* n'en soit extraite et ne devienne un être à part entière. — Du point de vue des sciences humaines, et particulièrement de la psychologie analytique de C.G. Jung, cette conception a été rattachée au thème central de la totalité de l'âme* et de l'être humain, puisque la tension entre les deux pôles n'a pas toujours revêtu une signification sexuelle, et qu'elle peut aussi être interprétée selon d'autres couples d'opposés* dont les images sexuelles ne seraient que les signifiants. Dans l'imagerie alchimique notamment, l'androgyne incarne les deux éléments originels que sont Sulphur* et Mercurius (mot à mot « le soufre et le mercure », au sens figuré « ce qui brûle et ce qui coule ») : ils sont présents dans la matière originelle qui constitue le point de départ du Grand Œuvre et, après qu'une série de purifications a permis d'obtenir la « pierre* de la sagesse » ils représentent la totalité idéale. Parmi les figures divines de l'Asie (Shiva*-Shakti) et des mers du Sud apparaissent égale-

ment des êtres androgynes, symboles de la réunion des contraires (en latin *coïncidentia oppositorum*) en une unité autonome et parfaite ; ces figures sont soit constituées de deux corps masculin et féminin mis côte à côte, soit représentées sous la forme d'hommes ayant une poitrine de femme. On rencontre parfois en Occident des images de dieux habillés en femmes ou de déesses et de saintes barbues (voir Barbe). La figure de l'androgyne exprime toujours le retour à l'unité originelle, à la totalité du monde maternel et paternel dans sa perfection divine, où se dissolvent toutes les oppositions (voir Père et Mère). — Les *Métamorphoses* d'Ovide racontent l'histoire d'Hermaphrodito dont le corps était à jamais fondu dans celui de la nymphe des sources* Salmacis ; tous ceux qui venaient se baigner dans la source étaient alors transformés à leur tour en « hermaphrodites ». Ce thème a assez frappé l'imagination humaine pour être largement traité à travers les siècles et les changements de culture : Pierre Le Loyer au XVIᵉ siècle, Tristan l'Hermite au XVIIᵉ siècle, l'exploitent encore ouvertement dans leurs œuvres, et l'image de l'androgyne fera un retour en force dans la poésie romantique, mais surtout symboliste. — On parle aussi couramment de « l'androgyne » de Platon dans le dialogue du *Banquet*, le présentant comme l'origine de l'amour* et de l'attraction que les humains ressentent les uns pour les autres. En fait, il s'agit là de la conception développée par Aristophane que Socrate ne reprend pas à son compte, la vérité et l'amour résidant à l'évidence pour lui dans le discours de Diotime, l'étrangère de Mantinée, qui en fait le principe grâce auquel les âmes finissent par contempler l'idée même de la beauté au royaume intelligible. D'autre part, il ne s'agit pas réellement d'androgynes, mais d'êtres originels dont certains sont réellement androgynes et donnent naissance à des hommes et à des femmes qui garderont la nostalgie les uns des autres lorsqu'ils auront été séparés, mais dont d'autres sont d'un seul sexe, ce qui explique pourquoi, une fois la séparation accomplie des deux moitiés, certaines personnes ne peuvent aimer sur la terre que leur complémentaire du même sexe.

ÂNE   L'âne fait partie des animaux à la signification symbolique très contradictoire. Dans l'Égypte ancienne, il était

1. Âne dressé tenant une sphère (l'incrédulité de la philosophie envers l'astrologie) : gravure de 1517.

2. Le Christ juché sur un âne entre dans Jérusalem : miniature arménienne de 1397.

le plus souvent associé au meurtrier d'Osiris, Seth (*Sutech*), et on dessinait dans le hiéroglyphe de l'âne un couteau planté dans son épaule afin d'ôter à ce mauvais présage son pouvoir magique. En Grèce, le dieu Dionysos* est représenté chevauchant un âne ; les Romains voyaient en lui un attribut du dieu de la Fécondité Priape et il apparaissait également dans le cortège qui suivait la déesse Cérès. Il était présenté au contraire dans nombre de récits et de fables comme un être ridicule et une gravure du Palatin se moque des chrétiens taxés d'« adorateurs d'un âne crucifié » (homme à la tête d'âne). C'est dans la même acception générale que le roi légendaire Midas était réputé avoir des oreilles d'âne. En fait ces oreilles lui avaient été imposées par Apollon* afin de le punir de son mauvais goût lorsque Midas, faisant fonction d'arbitre entre le dieu et le silène Marsyas, inventeur de la flûte, lors d'un concours musical, avait donné la palme à Marsyas. Beaucoup plus tard, dans le roman d'Apulée, *L'Âne d'or*, le héros Lucius est transformé en âne pour ne pas avoir respecté la majesté d'Isis*, et ce n'est qu'après un long parcours initiatique où il expie sa faute, qu'il retrouve sa forme humaine en mangeant des roses*, les fleurs de la déesse. — La *Bible* rapporte pour sa part l'existence de l'âne prophète Bileam (*Nombres* XXII) qui comprenait mieux la volonté de Dieu que l'homme ; Jésus entra dans Jérusalem sur le dos d'un âne. La célèbre image de Noël où le bœuf et l'âne entourent le berceau de l'enfant Jésus est tirée du pseudo-« évangile de saint Matthieu ». Des interprètes ultérieurs ont vu dans l'âne l'incarnation des païens tandis que le bœuf correspondrait aux juifs. À une certaine idée de l'âne, symbole de l'humilité et de la douceur, s'oppose une conception tout autre qui voit en lui l'image de la bêtise, de la paresse, de l'obstination et de la luxure sans bornes. Sur les statues romanes, l'âne et le bouc symbolisent l'inertie et la débauche. « Bêtise » signifiait aussi au Moyen Âge le manque de foi et c'est pourquoi l'apôtre Thomas, qui avait douté de la résurrection de Jésus, et le judaïsme (la « Synagogue ») sont représentés accompagnés d'ânes. Certains tableaux montrent par ailleurs un âne s'agenouillant devant une hostie sacrée tenue par saint Antoine de Padoue ; cette scène rappelle la figure de l'âne Bileam de l'*Ancien Testament* qui sait reconnaître la marque de Dieu. — Le *Physiologus* des débuts de l'ère chrétienne prête à l'âne sauvage une coutume étrange selon laquelle le père arrache les parties génitales de ses ânons de sexe

La fuite en Égypte :
gravure (~1470, M. Schongauer).

La Nativité :
gravure (~1470, M. Schongauer).

masculin pour en faire des eunuques, ce qui aurait donné aux Perses l'idée de la castration. Le commentaire de ce récit est le suivant : il vaut mieux concevoir dans l'ascèse des « enfants spirituels » car la « nouvelle semence » de nature elle-même spirituelle qui en est issue, formée dans l'abstinence et la maîtrise de soi, donne naissance à l'âme sauvée qui fait de l'homme le fils de Dieu. C'est dans une perspective identique que les ascètes chrétiens qui se retiraient dans le désert d'Égypte pour y mener une vie de méditation et de macération, reçurent l'onagre comme symbole – l'onagre étant un âne sauvage, et comme tel séparé de la vie civilisée où l'âme pourrait se perdre. — Un usage judiciaire obligeait au Moyen Âge les conjoints infidèles à chevaucher publiquement un âne. À la fin du XVIᵉ siècle, le dominicain Giordano Bruno (1548-1600) qui finira sur les bûchers de l'Inquisition pour ses idées hétérodoxes, réhabilite la figure de l'âne où il voit le résumé de la sagesse cachée que nous sommes tenus de faire venir au jour.

ANGE Comme l'« angélologie » appartient plutôt à la théologie qu'à la symbolique, nous nous contenterons ici simplement de quelques remarques. Issus à l'origine des croyances astrales des Assyro-babyloniens qui se répandirent dans toute la sphère sémitique, et qui furent ensuite reprises par les Hébreux dans la nouvelle perspective d'un monothéisme absolu qui leur fit perdre leur statut de divinités naturelles et inférieures pour les mettre au service du seigneur unique (les *malechim* évoqués dans l'*Ancien Testament*), les messagers de Dieu étaient appelés en grec *angeloi* (en latin *angeli*) et étaient alors considérés comme la personnification de la volonté divine ; plus tard, ils furent considérés comme les membres d'une armée et d'une cour célestes (voir Ciel) et on les classa en différents groupes et en ensembles hiérarchiques (chérubin, séraphin, *throni, dominationes, principatus, potestates, virtutes, archangeli, angeli*). Ce plan des différentes tâches célestes remonte à Denys l'Aréopagite (environ 500) ; il donna ainsi naissance à la vision médiévale du monde perçu de façon symbolique comme une coupe sphérique et il lui fournit par là même une base théologique. D'après ce modèle, les chérubins et les séraphins sont responsables du mouvement premier (*primum*

Séraphin : miniature
(IXᵉ s., Sacramentaire de Drogone).

mobile) et de la sphère des étoiles* fixes,
les *throni* de celle de Saturne*, les *dominationes* de Jupiter*, les *principati* de
Mars*, les *potestates* du Soleil*, les *virtutes* de Vénus*, les *archangeli* de Mercure* et les *angeli* de la Lune*, le corps
céleste le plus proche de la terre. Les
images orientales de génies et d'êtres
surnaturels représentés sous la forme
d'êtres humains influencèrent l'iconographie chrétienne et cela explique que
les anges y soient figurés, à partir d'une
certaine époque, avec des ailes* (aux
débuts de l'époque chrétienne, on évitait au contraire de les représenter ainsi,
sans doute pour empêcher toute confusion avec d'autres personnages comme
Niké/ Victoria, Gloria et Agatha Tyché,
la « bonne fortune » de l'empereur*, qui
se présentaient de la même façon). Vers
le IVᵉ siècle apparurent les images
d'anges représentés avec une auréole
(voir Nimbe) et des ailes, portées par
des fidèles vêtus de blanc et tenant à la
main des bâtons de messagers, du lilas*,
des branches de rameau*, des épées*
de flammes* (pour combattre le
Diable*), des encensoirs, des drapeaux*
ou des trompettes (pour annoncer le
Jugement dernier). Au Moyen Âge et au
début de la Renaissance, les anges sont
de plus en plus souvent figurés comme
des êtres androgynes* ou comme des
jeunes filles. De même, c'est au XIIᵉ siècle
que l'on commença à représenter les
anges de façon symbolique par une tête
ornée d'ailes (pour montrer que les

1. *L'archange Gabriel
annonce à Marie
la naissance de Jésus :
gravure (XVᵉ s., Maître E.S.)*

2. *L'archange Michel
combat Lucifer :
gravure
(1480, M. Schongauer).*

*1. La Trinité sur le trône divin,
entourée des Anges et des Séraphins :
miniature du XIVᵉ s..*

*2. Anges : miniature
(manuscrit de l'Apocalypse du XIVᵉ s.).*

*3. « Primum mobile » :
gravure (série des Tarots dits d'A. Mantegna).*

*4. Apparition de Dieu escorté par les Séraphins :
miniature (Xᵉ s., Apocalypse du Beatus de Liébana).*

anges n'appartiennent pas au domaine de la chair) ou encore par des enfants (symbole de l'innocence); cette seconde tendance trouva son apogée dans les angelots idylliques de l'époque baroque. — Les chérubins sont souvent représentés avec des épées de flammes pour symboliser leur tâche de gardiens du paradis* fermé tandis que les serviteurs figurés auprès du trône de Dieu sont des séraphins. On trouve aussi fréquemment des images de l'archange Gabriel dans les œuvres représentant l'Annonciation à Marie, de Michel luttant contre le dragon, d'Uriel devant le tombeau vide de Jésus-Christ et enfin, à l'époque baroque, des anges de l'échelle* de Jacob ; ils sont souvent représentés comme indiquant le chemin aux âmes après leur purification au purgatoire et les conduisant au Ciel. L'ange gardien personnel (en particulier celui d'enfants) apparaît surtout au XIXᵉ siècle. (Voir Livre [Rasiel] et Mort). Il représente d'une certaine façon la voix intérieure de la conscience, elle-même inspirée par l'amour et l'esprit de Dieu. Cette figure reçoit sans doute sa plus belle illustration dans le *Soulier de satin* de Paul Claudel où l'on voit son ange gardien intervenir auprès de doña Prouhèze afin de la rappeler à sa vocation spirituelle : « Salut, ma sœur bien-aimée ! Bienvenue, Prouhèze, dans la flamme ! / Les connais-tu, à présent, ces eaux où je voulais te conduire ? – Ah ! Je n'en ai pas assez ! Encore ! Rends-la moi donc enfin, cette eau où je fus baptisée ! (...) – Demandes-tu que je te rende à l'ancienne vie ? – Non, non, ne me sépare plus jamais de ces flammes désirées ! Il faut que je leur donne à fondre et à dévorer cette carapace affreuse, il faut que mes liens brûlent, il faut que je leur tienne à détruire toute mon affreuse cuirasse, tout cela que Dieu n'a pas fait, ... cette idole, cette abominable poupée que j'ai fabriquée à la place de l'image vivante de Dieu dont ma chair portait le sceau empreint ! »

ANIMAL   Le thème de l'animal est si riche en symbolique, qu'on ne peut en faire le tour ici. Le mieux est donc de se reporter à la rubrique consacrée à chaque animal pris en particulier. Il n'en reste pas moins que la symbolique thériomorphe (à forme d'animal) est comme par principe chargée de certaines valeurs que l'on peut tenter d'explorer. Aussi loin qu'on remonte, et dans la préhistoire, jusqu'au paléolithique

supérieur – c'est-à-dire au moment où apparaissent les figurations créées par la main de l'homme –, l'animal est présent et, aux tout débuts, antérieur même à la représentation humaine. Il est alors relié à la zone du sacré, quoiqu'on ait beaucoup discuté de la façon dont il s'y inscrivait : soit comme totem* des tribus préhistoriques primitives, soit comme image vectrice de rituels magiques de chasse*, soit enfin, selon les thèses plus récentes d'André Leroi-Gourhan qui sont aujourd'hui considérées comme les plus convaincantes parce qu'appuyées par des études statistiques poussées, parce que l'animal, à travers certaines figurines privilégiées comme le cheval* et le bison, organisait l'espace mental et psychique selon un couple d'opposés* fondamental à double connotation sexuelle et religieuse – le cheval incarnant le principe du masculin et le bison celui du féminin. — D'une façon plus générale, et aujourd'hui encore, toute figure thériomorphe renvoie à ce qui est plus qu'humain, à ce qui dépasse l'homme de toutes parts en lui indiquant une réalité plus haute, si ce n'est divine, ou une réalité plus basse, voire démoniaque. Le thème de l'animal semble donc s'organiser selon un axe vertical dont la créature humaine occuperait le milieu, selon un axe du haut* et du bas qui correspond tout autant à une géographie du ciel* et éventuellement du paradis*, qu'à une géographie de l'abîme* ou du gouffre et vraisemblablement de l'enfer*. Ces valeurs ne sont d'ailleurs jamais données *a priori*, et seul le contexte et la dynamique des images ou des symboles où apparaît une figure animale peuvent renseigner sur son orientation psychique et spirituelle. Le serpent*, par exemple, peut être selon les cas masculin ou féminin, il peut être le déguisement du Diable* ou la figure de la sagesse, il peut signifier le phallus qui s'érige mais aussi le sein* de la terre* mère*, il peut être le déroulement du monde dans sa multiplicité comme l'indication de sa totalité unifiée, il peut enfin symboliser, comme en alchimie*, la *materia prima*, source de toute création et son stade initial, ou le but au contraire auquel tend cette création et son stade terminal. Il représente alors une *coïncidentia oppositorum*, une « coïncidence des opposés », où tous les contraires se fondent dans une réalité indistincte au-delà des spécifications sexuelles, spatiales et temporelles. Il convient donc, dès qu'on examine un symbole animal quel qu'il soit, de le situer dans le réseau des significations et des différents autres symboles dans lesquels il est toujours pris, de le situer aussi précisément dans le stade de l'histoire où il fait apparition, pour pouvoir être en mesure de l'interpréter correctement.

ANKH *(CROIX DE VIE)* L'ankh est pour l'Égypte antique la croix symbole de « la vie ». Il s'agit d'une « croix-tau » en forme de T au sommet de laquelle on aurait rajouté une boucle servant de poignée (en latin *crux ansata*). Les dieux et – dans le cas de la religion solaire du pharaon Akhenaton – les rayons de Soleil*, sources de vie, tendent cette poignée à l'homme ; mais elle est aussi représentée isolément sur certaines images illustrant la poursuite de la vie après la mort du corps. Aux débuts de l'époque copte, l'ankh était utilisée en Égypte comme symbole de la vie éternelle que le Sauveur offrit à l'homme en sacrifiant sa propre vie. En raison de sa forme évoquant celle d'une clé, elle est aussi appelée « clé de la vie » ou « clé du Nil ». Divers groupes ésotériques en ont fait leur emblème au cours des dernières années.

ANNEAU L'anneau, symbole traditionnel de l'éternité, est la manifestation, dans l'ordre de la réalité, du symbole du cercle* et de son idée de perfection. Le port d'un anneau en fer* était considéré, dans l'Antiquité grecque et romaine, comme un honneur qui n'était accordé qu'aux citoyens particulièrement méritants. Seuls les prêtres de Jupiter*, puis plus tard les chevaliers* et les sénateurs, avaient le droit de porter un anneau en or* (l'ancêtre de l'anneau épiscopal). L'anneau était aussi, comme le légendaire anneau de Salomon*, associé aux puissances magiques (voir Hexagramme). Aristote (384-322 av. J.-C.) mentionne un oracle selon lequel le tintement de deux anneaux qui ont d'abord été accrochés à des fils est interprété comme une disposition à l'action. Ce sont également des anneaux suspendus au-dessus d'un alphabet qui auraient révélé, en désignant certaines lettres, le nom des conspirateurs qui avaient comploté contre l'empereur Valens (328-378). Macrobe, à l'époque de la chrétienté encore primitive (vers 400), rapporte l'existence d'un anneau orné des symboles du poisson*, de la colombe* et de

Échange des anneaux entre la dame et l'amant : miniature du XVe s.

l'ancre (voir Croix). L'anneau du pape, appelé « anneau du pêcheur », toujours rompu après la mort de l'un des successeurs de Pierre, représente l'apôtre Pierre lui même en tant que pêcheur au filet* (*Luc* V, 4). L'anneau symbolisait au Moyen Âge les fiançailles et le mariage* (voir Nœud). Ornés de pierres précieuses*, les anneaux constituaient tout autant des amulettes qui étaient censées protéger contre les maladies, comme l'anneau orné de cornaline le faisait par exemple contre les hémorragies. Les anneaux dits « de convulsion » guérissaient de la paralysie. Portés comme amulettes, les anneaux devaient enfin protéger de presque toutes les tentations. La littérature occulte, depuis Agrippa de Nettesheim (1486-1535), donne sans cesse de nouvelles recettes pour fabriquer des anneaux aux pouvoirs magiques et secrets. L'anneau rompu signale un vœu qui n'a pas été tenu, et la perte d'un anneau, selon la croyance populaire, est le signe d'un désastre imminent. La chevalière, à l'origine, ornée de symboles héraldiques* reçus en héritage, avait pour fonction, par son sceau*, d'authentifier un document et de justifier des droits de propriété. On dépouillait autrefois les mourants de leurs anneaux pour les délivrer de leur condition terrestre. Cette coutume remonte à l'Antiquité, où il fallait enlever ses anneaux lors de cérémonies sacrées car on considérait qu'ils entravaient la liaison avec le monde de l'Au-delà. Le haut Moyen Âge germanique attachait beaucoup de valeur aux anneaux de parure (« l'anneau des Niebelungen »), car la bénédiction tout autant que la malédiction leur étaient indissolublement liées. Ces anneaux d'or*, confiés aux eaux du Rhin et gardés par des puissances féminines, renvoyaient en effet à une survalorisation du double thème de la femme et de l'or, et donc, d'une certaine façon, à celui de la femme solaire source et gardienne des richesses, qui s'opposait radicalement à l'idéologie guerrière des anciens peuples germains et scandinaves. — Dans l'Antiquité, deux anneaux étaient particulièrement fameux, dont la forme circulaire évoquait avant tout l'idée du destin et du lien établi, à l'intérieur de sa forme, entre les dispositions de l'âme humaine et la vocation de l'homme. Tyran de Samos, Polycrate était si riche et comblé par la fortune que, pour conjurer le mauvais sort, il jeta dans la mer (dissolution dans l'inconscient), l'anneau qu'il possédait. Cet anneau fut avalé par un poisson, un pêcheur prit le poisson et l'offrit à Polycrate qui rentra ainsi en possession de son anneau : un sacrifice* extérieur, celui d'un « signe de richesse », ne sert pas à grand-chose, les dieux ne s'y laissent pas prendre, et Polycrate fut en effet poursuivi par la suite par le malheur jusqu'à être vaincu en bataille et tué par ses ennemis. Dans la *République*, d'autre part, Platon raconte l'histoire de l'anneau magique que trouva le berger Gygès dans des circonstances étranges. Cet anneau avait le pouvoir, si on le faisait tourner en dedans, de rendre son possesseur invisible. D'une redoutable puissance, il se révéla cependant maléfique dans le mauvais usage qu'en fit son nouveau propriétaire - indiquant de la sorte que l'âme humaine, en se tournant vers elle-même, nous arrache à notre condition, pourvu que nous établissions un juste rapport avec elle qui l'écarte de toute tentation de puissance, c'est-à-dire de son ultime dévoiement. — En Chine, l'anneau de JADE *pi*, symbole royal et céleste, s'oppose au JADE *tseng* de forme carrée et symbole de la terre. Cet anneau qui consiste en un disque plat et mince est troué en son milieu d'un espace vide et lui-même rond par où passe l'influence du ciel pour se répandre sur la terre (conception de la bonne royauté), et qui renvoie fondamentalement à ce vide essentiel qui permet à toute chose d'exister. Dans ce sens, l'anneau *pi* est la figuration du moyeu autour duquel se construit et se tient la roue*, et donc de la vacuité qui occupe dans le taoïsme le centre de tout être et de toute création, qui en est à la fois à la source et à la fin. — Pour ce qui est de l'anneau dans l'art héraldique, Böckler écrivait en 1688 : « Les anneaux qui apparaissent dans les blasons illustrent souvent l'honneur, la fidélité et une infinie persévérance. Quand un sujet reçoit un anneau de son prince, c'est la marque d'une immense grâce qui lui est faite. Aristote relatait déjà la même chose, à savoir que les Carthaginois faisaient présent d'autant d'anneaux qu'ils avaient remporté de victoires, et que l'anneau constituait un signe de noblesse ». L'art héraldique introduisit aussi l'anneau dans les armoiries comme marque de la dignité épiscopale, mais les anneaux d'or et d'argent, généralement ornés de pierres précieuses, apparaissent également dans les armes de certaines villes ou de certaines familles. Les *Gesta Romanorum*, recueil de récits du Moyen Âge (vers 1300), rapportent l'histoire d'un roi et de ses trois fils, dont l'un était particulièrement chéri par son père. Il devait hériter d'un anneau orné d'une splendide pierre précieuse, dont le père fit faire des copies pour ses deux autres fils. « Selon la volonté du père, chacun des trois était persuadé qu'il allait détenir le véritable anneau, orné de la pierre précieuse. L'un deux s'étant rendu compte de la supercherie proposa : « Nous allons tester ces anneaux pour savoir lequel sera vraiment capable de chasser la maladie. Ce sera celui-là le plus précieux. » Deux des anneaux restèrent bien sûr sans effet, et ce fut l'enfant préféré qui hérita de la puissance sacrée. L'interprétation symbolique que l'on fait de ce récit est d'habitude la suivante : « Les trois frères évoquent les trois rameaux de l'humanité ; le premier, représenté par le fils préféré, est composé des fils de Dieu qui reconnaissent l'incarnation du Christ ; les deux autres rameaux sont les Juifs et les Sarrasins. Il est dès lors manifeste que le peuple chrétien est chéri par Dieu entre tous. C'est pourquoi le Père lui a transmis l'anneau qui rend la vue aux aveugles, qui écarte la maladie, qui exorcise le Diable et qui peut encore effectuer bien d'autres miracles. Cet anneau est la foi... » Parmi les légendes juives rassemblées par E. ben

Gorion, on trouve la parabole des deux pierres précieuses (des deux religions juive et chrétienne) à l'aspect apparemment semblable. Mais le « père au ciel » doit se déclarer en faveur de l'une des deux, et il élit à nouveau le peuple d'Israël. C'est ce thème qui servit de modèle au *Nathan le Sage* de Lessing (1729-1781).

ANNÉE *(GRANDE)* La Grande Année désigne une conception cyclique de la vie de l'univers, étroitement reliée aux calculs de l'astrologie*. Le phénomène de la précession des équinoxes, très tôt connu dans l'Antiquité, et selon lequel le Soleil* habite tour à tour dans les douze constellations du zodiaque (c'est-à-dire se lève lors de l'équinoxe du printemps dans un ordre inverse à celui de l'année astrologique : alors que se suivent par exemple, les signes des Poissons*, du Bélier* et du Taureau*, le soleil a occupé successivement le Taureau, le Bélier puis les Poissons), a montré en effet qu'il fallait à peu près 25920 ans pour que le soleil revienne occuper la même place, décrivant de la sorte ce que l'on a appelé un cycle cosmique. Cette Grande Année (*magnus annus* en latin) se divise elle-même en douze « mois cosmiques » de 2160 années solaires normales, chacun de ces « mois » correspondant à la traversée par le soleil de l'un des signes du zodiaque. La naissance du Christ, selon les spéculations traditionnelles, correspondrait ainsi à l'entrée dans le mois des Poissons, d'où l'adoption de ce symbole par les premiers chrétiens, et l'accent mis sur la figure de Jésus comme pêcheur des âmes*, ainsi que l'acrostiche formé sur son nom : *Ichthus-Ichthys* signifiant « poisson » en grec, mais étant aussi les initiales de *Iesos-Christos-Theou-Uios-Soter* : « Jésus-Christ, fils de Dieu, sauveur ». Saint Augustin appelle, dans ses *Confessions*, le Christ *piscis levatus de profundo* : « le poisson tiré de la profondeur ». Cependant que diverses spéculations contemporaines s'appuient sur l'entrée dans l'ère du Verseau pour annoncer et préparer en même temps l'éclosion d'une nouvelle spiritualité qui irait de pair avec une mutation « mentale » de l'humanité (mouvement du *New Age*, etc.).

ANTÉCHRIST Dans la langue moderne, ce terme désigne de façon allégorique une personne ou une force hostiles à l'Église ou à la vie en général. L'incarnation du Mal sous une forme

La barque de saint Pierre et l'Antéchrist : gravure (1494, A. Dürer).

personnelle, c'est-à-dire comme l'adversaire du Christ lors du combat final qui aura lieu avant le Jugement dernier, a son origine dans des théories dualistes plus anciennes (voir Gog et Magog). L'adversaire du Christ est aussi appelé en allemand *Widerchrist* – *wider* signifie « envers », « contre » – et on trouve chez Luther l'expression *Endechrist* – *Ende* signifie la « fin », ce qui est bien sûr à rapprocher de l'épisode du Jugement dernier. Les membres de la secte essénienne de Qumran, sur les bords de la mer Morte, relatent dans divers ouvrages le combat entre les « fils de la lumière* » et Belial, le maître des ténèbres (en hébreu, *Belija'al* signifie la « méchanceté »). Le terme d'Antéchrist fut ensuite utilisé pour désigner ceux qui persécutaient les chrétiens (par exemple l'empereur* Néron) ou diffusaient des doctrines hérétiques. Saint Irénée de Lyon (IIe siècle) écrit à propos de l'Antéchrist qu'il viendra sur la terre, investi des pouvoirs du Diable*, pour détruire les images des divinités (Idoles*) et se faire lui-même adorer comme Dieu ; dix rois* lui donneront le droit de poursuivre l'Église. Il s'ins-

Saint Antoine le Grand dans le désert : gravure du XIXᵉ s.

tallera dans le temple de Jérusalem* et y exercera son pouvoir pendant trois ans et six mois, jusqu'à ce que le Seigneur apparaisse sur des nuages* et le précipite avec tous ses fidèles dans les feux* de l'enfer*. Son nom a donné lieu à maintes spéculations qui se réfèrent toutes à la « prophétie des 666 » dans l'*Apocalypse* de saint Jean (voir Nombres). D'après une légende juive, un Antéchrist du nom d'Armillus serait né de l'union charnelle d'esprits mauvais païens avec la statue de marbre d'une splendide vierge. À partir du XIIIᵉ siècle, il n'est pas rare de trouver, chez les réformateurs et les fondateurs de sectes, ce terme appliqué à la papauté, présentée ainsi comme l'institution de l'Antéchrist. L'incunable (non daté et sans indication d'origine) *Des Entkrist Leben* (« Vie de l'Antéchrist », vers 1480) et la *Chronica* de Sébastien Franck (1536) sont d'un grand intérêt pour l'étude actuelle de l'histoire culturelle. L'Antéchrist apparaît aussi très souvent dans les légendes populaires liées aux batailles de la fin des temps, au cours desquelles on le retrouve à la tête des troupes du Diable (voir Fin du monde).

ANTOINE   Saint Antoine le Grand (251-356) est aussi appelé Antoine l'Ermite. C'est la première figure, dans l'histoire du monachisme du désert, dont l'existence soit prouvée historiquement. De nombreux tableaux illustrent la tentation de saint Antoine par les troupes du Diable* – et c'est précisément cette scène qui l'a élevé au rang de symbole. Sa biographie raconte qu'il se retira dans une caverne* pour y mener une existence solitaire consacrée à la prière et à la méditation. Le diable vit dans ce mode de vie agréé par Dieu un véritable défi et il tenta de le détourner de ses saints principes, tout d'abord en lui envoyant des femmes d'une extraordinaire beauté, puis des esprits malins, mais sans succès. Alors qu'il avait déjà 90 ans, saint Antoine partit dans le désert pour y rencontrer un ermite vieux de 110 ans, Paul, et c'est un loup* qui lui montra le chemin. Lorsque l'ermite décéda, saint Antoine enterra lui-même le bienheureux et devint après sa propre mort l'image parfaite de l'homme pieux qui ne cède à aucune tentation. Il est fêté le 17 janvier. La *Légende dorée* de Jacques de Voragine, rédigée vers 1270, relate de nombreuses légendes de saint Antoine au caractère symbolique : « Un frère s'était isolé du monde, mais pas complètement, et il conserva secrètement une partie de son bien. Saint Antoine lui dit : « Va et achète de la viande ». Et il alla acheter de la viande ; mais tandis qu'il marchait, des chiens* se jetèrent sur lui et le mordirent. Saint Antoine lui dit alors : « Celui qui dit adieu au monde sans vouloir renoncer aux biens du monde, est attaqué et lacéré par des diables ». — Il ne faut pas confondre Antoine le Grand (ou l'Ermite) avec saint Antoine de Padoue (1195-1231) dont la légende raconte qu'il aurait prêché devant les poissons* et qu'un âne* aurait mis genou à terre lorsqu'il s'avança vers lui, l'hostie sacrée à la main. Saint Antoine de Padoue est considéré comme le patron des animaux et, selon des croyances populaires, il aiderait à retrouver des objets perdus lorsqu'on l'implore avec une ferveur sincère.

APHRODITE   Déesse d'origine orientale et plus particulièrement chypriote, Aphrodite (voir aussi Vénus), dont le nom vient apparemment d'un Aphro-déti antérieur à l'arrivée des Grecs, était l'amante d'Adonis* (le « Seigneur » en langue sémitique), dieu de la végétation

Naissance d'Aphrodite ; détail du Trône Ludovisi (ve s. av. J.-C.).
Musée des Thermes de Rome.

et du cycle annuel des saisons en tant que symbole de mort et de renaissance.
— Survivante d'une ancienne déesse-mère* aux cultes parfois orgiastiques, et à qui étaient attachés des collèges de prostituées* sacrées (à Chypre, bien sûr, mais aussi par exemple au mont Eryx en Sicile, d'où le culte à Rome de la Vénus Erycine), Aphrodite n'a pas facilement trouvé sa place parmi les douze grands dieux olympiens. En liaison sans doute avec des traces de son culte d'origine, Hésiode, dans sa *Théogonie*, place sa naissance tout à fait à part de celle des autres dieux classiques : lorsque Cronos* se révolta contre son père Ouranos, le Ciel* étoilé, qui ne cessait de copuler avec sa mère-amante Gaïa dans le ventre de qui il renvoyait à mesure sa progéniture, il le châtra avec l'équivalent d'une faucille*. Toute la semence d'Ouranos se répandit alors sur la mer où elle forma de l'écume : de cette écume naquit Aphrodite. — Déesse de l'Amour, Aphrodite est l'épouse du dieu forgeron Héphaïstos, mais on retient surtout d'elle ses aventures avec Arès, le dieu de la guerre (voir Mars), avec qui elle forme un couple d'opposés* entre éros et thanatos*, ou avec Hermès* (Mercure*), dieu de l'échange et du voyage. Elle aura une fille d'Arès, Harmonie (voir Musique), et un enfant androgyne* d'Hermès, Hermaphrodite*. — Dès

l'époque grecque classique (v^e et IVe siècles av. J.-C.), Aphrodite présente un double visage : Aphrodite « populaire » (*pandemia*), qui assure la reproduction et la continuité de la race, et Aphrodite « céleste » (*ourania*) qui appelle l'âme* à regagner son origine divine. Dans cette position médiane qui la fait tenir à la fois des mondes terrestre et céleste, Aphrodite en vient à être elle-même conçue comme la figuration de l'âme du monde, thème qui sera repris par les néoplatoniciens tardifs. À la suite de la politique religieuse des Lagides en Égypte après la conquête d'Alexandre le Grand*, Aphrodite aura de plus en plus tendance à être assimilée à Isis*, d'autant qu'elles sont toutes les deux des déesses à connotation marine, dans un mouvement syncrétique qui trouvera son apothéose dans *L'Âne d'or* d'Apulée (125-vers 180), où la déesse égyptienne devient la « Mère aux mille-noms » et transforme chacune des anciennes grandes déesses en l'un de ses aspects ou l'une de ses dénominations : « Les Phrygiens premiers-nés des hommes, m'appellent Mère des Dieux, déesse de Pessinonte (voir Cybèle) ; les Athéniens autochtones, Minerve cécropienne (voir Athéna) ; les Cypriotes baignés des flots, Vénus paphienne, etc. » Déesse de l'amour spirituel qui convertit le désir sexuel et terrestre, dans la même assi-

milation à Isis qui l'apparente à la Vierge*
Marie* (le cantique marial *Regina Caeli*
reprend l'une des anciennes arétalogies
d'Isis), Aphrodite se transforme enfin en
la puissance de Sophia*, et c'est ainsi
qu'on la voit apparaître, en plein XIXᵉ
siècle, dans la philosophie religieuse
d'un Soloviev (*Le Sens de l'amour*).

APOLLON   L'un des douze grands
dieux de l'Olympe, Apollon est le fils de
Zeus et d'une mortelle, Latone. Il est le
frère jumeau* d'Artémis*, déesse de la
Lune* comme il est le dieu du Soleil* –
surtout dans les développements qu'ont
donnés à sa figure aussi bien les philosophes platoniciens que stoïciens. De
même qu'Artémis semble être la synthèse d'une divinité grecque et d'une
divinité orientale, Apollon semble lui
aussi avoir syncrétisé plusieurs figures
d'origines diverses, dont l'une, nordique,
le rattache étroitement aux régions
hyperboréennes dans lesquelles il
accomplit des séjours réguliers en compagnie de sa mère et de sa sœur. — Le
sanctuaire le plus important d'Apollon
se trouve à Delphes où officiait autrefois
l'oracle de la Terre* sous la garde du ser-
pent* Python. Apollon tue le serpent et,
vraisemblablement à la place du culte
d'une déesse-mère*, institue son propre
centre oraculaire où continue cependant
d'officier la « pythie » (l'ancien nom de

Delphes est *Pytho*). Apollon est alors
rétabli comme dieu de la divination, puis
de l'enthousiasme (de l'inspiration par
les dieux), et finalement de la musique*
et de la poésie – l'une n'allant jamais sans
l'autre à l'époque antique. — Alors que
ses voyages d'Hyperborée à Delphes ou
à Délos se faisaient dans un char* que
traînaient des cygnes*, Apollon avait
aussi comme animaux emblématiques le
loup* (dans certaines versions de sa
légende, sa mère Latone était venue à
Délos sous la forme d'une louve et ce
sont des loups qu'il enverra en Crète
pour nourrir son fils Miletos), et le cor-
beau* qui rappelle ses facultés de divination. — Caractérisé par le chiffre sept*
qui le renvoie aux sept notes de la
gamme, Apollon, comme la musique qu'il
patronne ainsi, n'est pas, comme on a
souvent voulu le croire, le dieu de la
lumière* et de la clarté intangibles : il est
beaucoup plus, en fin de compte, celui
de l'harmonie qui se construit à partir
de ses éléments opposés et du rythme
conquis sur le désordre du monde. —
À la suite des auteurs latins, on a longtemps parlé d'un Apollon gaulois et, par
extension, d'un Apollon celte. Les
recherches effectuées à ce sujet ne sont
pas venues conforter cette thèse, et cette
conception semble beaucoup plus relever d'une volonté des Romains de rechercher des correspondances à tout prix
entre leur panthéon et celui des populations qu'ils avaient conquises.

ARAIGNÉE   La valeur symbolique de
l'araignée est généralement négative ; elle
peut être occasionnellement une créature rusée qui joue les pires tours aux
humains, comme dans les fables des
Anansi d'Afrique occidentale qui revêtent très souvent un caractère facétieux.
On éprouve d'habitude un sentiment de
répulsion envers une créature tissant sa
toile* à seule fin d'y capturer des
mouches et des moucherons qu'elle
paralysera de son venin et dont elle
sucera ensuite le sang*. Dans un contexte
chrétien, elle est le « méchant » adversaire de la « bonne » abeille* et demeure
le symbole des instincts coupables qui
vident les hommes de leur sang. Dans
la croyance populaire, elle peut passer *a
contrario* pour une manifestation de
l'âme*, c'est-à-dire que l'âme d'un rêveur
peut, sous la forme d'une araignée, quitter son corps par la bouche ouverte du
dormeur et y revenir par le même chemin (on racontait la même chose à pro-

*Apollon, bronze du Péloponnèse
(VIᵉ s. siècle av. J.-C. Musée
d'archéologie du Pirée).*

La mort d'Arachné et sa transformation en araignée qui continue à filer et à tisser le fil : gravure (XVe s., « De claris mulieribus », Boccace).

pos du lézard*). On ne doit pas tant rapprocher le proverbe « araignée du matin : chagrin ; araignée du soir : espoir », de l'animal lui-même que de son activité de fileuse : tourner le rouet le soir est un loisir reposant, tandis que la personne qui est dans l'obligation de filer dès le matin doit vendre du fil pour renflouer la caisse de la maison au lieu de s'occuper de son foyer. Dans de nombreuses régions alpines, l'araignée porte-croix est considérée, à cause du signe qu'elle porte sur le dos, comme une créature bienfaisante et comme un symbole de chance et on ne doit évidemment pas la tuer. En Chine, elle est l'annonce du bonheur imminent, par exemple du retour du « fils prodigue ». L'araignée qui descend le long de son fil est d'autre part mise en relation avec l'attente d'une joie qui va venir du ciel. — Dans les *Métamorphoses* d'Ovide, la déesse Athéna, d'ordinaire si juste, est décrite comme une créature jalouse et furieuse qui envie Arachné (en grec « araignée »), une princesse lydienne et une tisseuse remarquable, pour son habileté. Lorsqu'Athéna vit qu'Arachné avait représenté sur une tapisserie les aventures amoureuses des dieux de l'Olympe d'une manière si parfaite que la déesse elle-même n'aurait pu la surpasser, elle déchira cette tapisserie et métamorphosa l'orgueilleuse princesse en araignée, animal qu'elle détestait entre tous, et qui alla se cacher peureusement dans sa toile (voir Quenouille). — Dans le monde indien, en revanche, l'image de l'araignée est très valorisée. La structure de sa toile y renvoie en effet aux différents modes de manifestation de l'Être, sans compter que cette toile est filée comme l'aurait fait aux débuts un divin artisan : elle renvoie de ce fait à l'idée

de la maya, c'est-à-dire à ce jeu des formes auxquelles nous nous laissons prendre dans notre existence quotidienne, formes certes réelles au plan des phénomènes, mais en fin de compte illusoires au regard de l'Absolu. C'est pourquoi aussi le fil de l'araignée est classiquement comparé au fil du yogi qui, au cours de sa méditation, s'élève peu à peu vers sa libération finale. — Du point de vue de la psychanalyse, l'araignée est généralement considérée comme un symbole de la maternité dévorante, de la mère castratrice ou franchement cannibale. Par extension, elle dénote cette féminité profonde dont les hommes ont si souvent et si spontanément la terreur (gynophobie), et elle emblématise la femme fatale, à la limite du vampire, qui vide le mâle de ses forces et le menace de destruction – comme le héros de *L'Homme qui rit* de Hugo qui aperçoit « au centre de la toile, une chose formidable, une femme nue... »

ARBRE Avec ses racines plantées dans la terre* et ses branches dirigées vers le ciel*, l'arbre incarne au même titre que l'homme l'« être des deux mondes » et la Création qui unit le haut* et le bas*. De nombreuses cultures anciennes adoraient certains arbres ou des bois* tout entiers qui étaient censés abriter des êtres surnaturels (dieux, esprits élémentaires). Plus encore, l'arbre était souvent considéré comme l'axe du monde* autour duquel s'assemble le cosmos* – ainsi le frêne* *Yggdrasil* chez les Germains du Nord ou encore l'arbre sacré *Ceiba* ou *Yaxché* des Mayas du Yucatan, qui pousse au centre du monde et porte les couches du Ciel (dans chacune des quatre régions du monde se trouve un

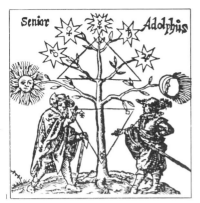

*1. L'arbre des planètes avec
deux alchimistes.*

*2. L'arbre de la connaissance,
au paradis chrétien, représenté
comme symbole de la mort.*

arbre coloré de la même espèce qui soutient le firmament). On trouve la même idée avec l'arbre *Kien-mou* des Chinois qui touche par ses branches et ses racines, les unissant par son tronc, aux cieux et aux sources souterraines où se tapit la mort. Cette image a souvent été reprise par la spéculation philosophique et la méditation spirituelle : l'arbre devient alors le symbole de la création tout entière, il emblématise en même temps la structure ontologique du monde et de l'homme comme on peut le voir dans le *Livre de l'arbre et des quatre*

oiseaux d'Ibn' Arabi, le mystique soufi musulman, où l'ascension de l'arbre est l'ascension des cieux vers la vision de l'Unique : « La main de l'Un m'a planté dans le jardin* de l'éternité », y déclare cet arbre mystique. — On sait le rôle tabou des arbres du paradis* ; pour les bouddhistes, l'arbre pipal (*ficus religiosa*) à l'ombre duquel Gautama Bouddha reçut l'illumination, est le symbole du « grand éveil ». L'Égypte antique vénérait les sycomores où la déesse Hathor puisait une boisson et une nourriture fortifiantes qu'elle donnait aux morts ou plus exactement aux oiseaux qui abritaient leurs âmes (*ba*). Le dieu sumérien de la végétation Dummuzi (*Tammuz*) était adoré comme arbre de la vie. Les habitants de la Chine ancienne vénéraient le pêcher (voir Pêche) et le mûrier tandis que les druides celtes célébraient le chêne* – le chêne était également un arbre sacré chez les Germains qui l'associaient au dieu du Tonnerre* et chez les Grecs pour qui il était l'attribut du roi des dieux, Zeus. On trouve ainsi chez presque tous les peuples anciens des arbres sacrés, en partie réels, en partie idéalisés et élevés au rang de symboles cosmiques. — Dans le christianisme, l'arbre est le symbole de la vie bénie de Dieu ; le déroulement de son cycle annuel est associé à la succession de la vie, de la mort et de la résurrection, et l'arbre mort ou celui qui ne donne plus de fruits incarne le pécheur. C'est avec le bois de l'« arbre de la connaissance » du paradis qu'aurait été construite la croix* du Christ, et la croix elle-même devint alors pour les croyants l'arbre de la vie. Elle est souvent représentée avec des branches et des feuilles et considérée comme l'arbre de Jessé, cet arbre décrit par saint Matthieu qui, en s'élevant de la bouche ou du nombril de Jessé endormi, porte toutes les générations et se termine par une fleur où se reposera l'Esprit du Seigneur. À travers les cultes consacrés à certains arbres et leur signification symbolique transparaissent enfin les restes de religions naturelles plus anciennes pour lesquelles les arbres étaient des êtres véritables habités par des nymphes ou des elfes, qui possédaient leur propre âme et avec lesquels l'homme entretenait une relation particulière. On peut en voir une illustration dans la coutume qui consiste à accrocher des images de saints sur certains arbres ou encore dans l'arbre de Noël, symbole consolateur en plein cœur de

Marie, la Trinité et l'« arbre de vie » : miniature de ~1350.

l'hiver de la *verdure* et de la renaissance, aujourd'hui presque partout répandu dans le monde. — Mais l'« arbre de la vie » est surtout incarné par Marie*, qui fut bénie par l'Esprit-Saint et offrit au monde le Sauveur. D'anciens lieux saints et centres de pèlerinages* villageois entretiennent à l'époque moderne la tradition des « vieux arbres sacrés » ornés des symboles de Marie. L'évêque Ezzo de Bamberg voit dans la croix l'arbre béni : « Ta branche portait la charge céleste. C'est sur toi que fut versé le sang suprême. Ton fruit est sucré et doux au palais ». On trouve dans l'Occident chrétien de nombreuses légendes dans lesquelles des arbres, des branches ou des rameaux morts recommencent à verdir par l'effet de la grâce divine. L'« arbre-croix » recouvert de petites pousses, souvent représenté dans les sculptures du Moyen Âge, est lié à la symbolique de la résurrection que l'arbre incarne à travers la perte de ses feuilles, le repos hivernal et sa renaissance au printemps. — Une légende juive raconte que le père* originel Abraham* plantait partout où il allait des arbres qui ne se développaient pourtant pas de façon satisfaisante ; seul l'un d'entre eux, au pays de Canaan, grandit rapidement. Il permettait à Abraham de savoir si une personne croyait en Dieu ou si elle se livrait à l'adoration des idoles. L'arbre étendait ses branches au-dessus du croyant et le protégeait de son ombre*, mais il se détournait des autres, leur refusait son ombre et dirigeait alors ses branches vers le Ciel. Abraham, toutefois, ne s'écartait pas du pécheur et le guidait au contraire vers la foi véritable. « Adam*, en mangeant le fruit de l'arbre de la connaissance, a introduit la mort en ce monde. Mais lorsqu'Abraham vint, il guérit le monde à l'aide d'un autre arbre ». La légende de l'arbre porteur du salut est probablement à rapprocher de la symbolique chrétienne de l'arbre-croix qui est ainsi intégrée dans le monde de l'*Ancien Testament*. Le texte du *Physiologus*, aux débuts de l'ère chrétienne, relate l'existence de l'arbre indien *Peridexion* sur lequel les colombes* viennent picorer tandis que le serpent* ne peut s'en approcher et fuit son ombre. Il incarne le Sauveur, le « véritable arbre de la vie » qui nourrit de ses fruits les croyants et dont le Diable* ne peut s'approcher. Cet

L'arbre de Jessé : miniature du XIIe s.

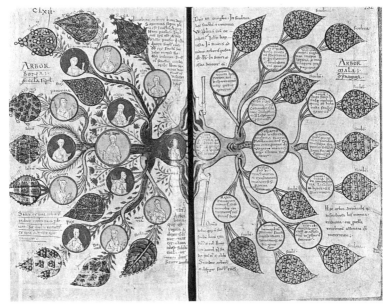

L'arbre du bien et du mal : miniature (XIIe s., « Liber floridus »).

arbre est appelé dans le *Bestiarium* médiéval *Perindens* (du latin *perinde* : de la même manière – d'où : qui se ressemble toujours) ; il protège du dragon* les colombes qui vivent dans son ombre. — On retrouve dans la mythologie islamique l'arbre Zoqqum qui se situe totalement à l'opposé des arbres du paradis retrouvé : les pécheurs damnés à l'issue du Jugement dernier se nourrissent de ses feuilles et de ses fruits. « Mais ses branches pleines d'épines et ses fruits amers gonflent dans leurs corps comme du minerai fondu » (Beltz, 1980). Le jardin du nouveau paradis est plein d'arbres à l'ombre bienfaisante et aux fruits délicieux offerts aux croyants véritables. — On trouve également dans l'Islam un autre arbre religieux traditionnel, à savoir l'arbre du monde sur les feuilles duquel les noms de tous les hommes sont inscrits ; lorsqu'une feuille tombe par la volonté d'Allah, elle est ramassée par l'ange* de la mort Israfil qui vient ensuite chercher sur terre ceux qui doivent mourir. Il faut enfin signaler le symbole particulier de l'arbre inversé qui pointe ses racines vers le ciel et déploie sa ramure sur la terre, que l'on trouve aussi bien dans les plus vieux textes de

l'Inde (*Rig-Véda*) que dans l'imagerie alchimique. L'arbre indique dans ce cas l'origine céleste de l'homme et l'invite, en se libérant de ses attaches terrestres, à redécouvrir en lui, derrière le voile de l'illusion, ce ciel intérieur qui participe par essence du ciel divin lui-même. Comme Laurentius Ventura l'écrit dans l'un des traités du *Theatrum Chymicum* : « Les racines de ses minerais sont dans l'air et leurs sommets dans la terre. Et quand on les arrache de leurs lieux, on entend un son terrible et une grande frayeur s'ensuit », cependant que la *Chandogya-upanishad* déclare qu'il y a « un *asvattha* » (une sorte de palmier, un *ficus religiosa* qui est le siège des dieux), qu'il y a donc « un asvattha impérissable, les racines en haut, les branches en bas, dont les hymnes du Véda sont les feuilles ; celui qui le connaît, celui-là connaît le Véda. Ses branches se développent en hauteur et en profondeur, poussant sur les gunas ; ses bourgeons sont les objets des sens ; par en bas, ses racines se ramifient, liées aux actes, dans le monde des hommes ». On retrouve à peu près la même conception dans la cabbale hébraïque, particulièrement dans le *Zohar* qui parle d'un arbre de vie qui

La croix du Christ fabriquée avec le bois de l'«arbre de la connaissance» : miniature du XIᵉ s.

croît de haut en bas (voir aussi Mort et Figue). — La comparaison entre l'homme et l'arbre a, semble-t-il, toujours existé, et a hanté l'imagination, soit que l'homme soit transformé en arbre (voir par exemple à Laurier, mais on en trouve encore le cas dans la littérature contemporaine avec les personnages des « Ents » dans le *Seigneur des Anneaux* de J.R.R. Tolkien), soit que l'arbre se transforme en homme ou en femme, comme il en est allé de la figure d'Hélène* de Troie qui était à l'origine le platane* sacré de Sparte. Symbolique d'une imagination ascensionnelle par son fût qui s'élance vers le ciel (G. Bachelard), l'arbre l'est tout autant d'une digestion alchimique par ses racines qui plongent dans la terre pour y trouver leurs aliments (G. Durand). En fait, l'arbre est toujours ambivalent, et il ne faut donc pas s'étonner de le trouver alternativement doté d'une essence féminine et d'une essence masculine. Au-delà de la division facile qui fait de son tronc un symbole du phallus et de son intérieur, ou des cavités qui s'y creusent, une image de la matrice, l'arbre était du genre féminin dans la langue latine avant d'évoluer et de devenir du genre masculin au Moyen Âge dans les langues romanes qui ont succédé au latin. Il semble bien, en fait, que l'arbre soit puissamment synthé-

tique, et qu'on ne puisse jamais l'interpréter dans l'absolu, mais seulement dans le contexte précis où il apparaît et qui indique seul l'orientation de sens et les valeurs qui lui sont attribuées.

ARC Sans doute l'une des premières armes inventées après le harpon, la lance ou la fronde de la préhistoire, l'arc va vite se charger d'une signification polymorphe qui en fait l'un des symboles majeurs de l'ingéniosité et de l'activité des humains. Pour s'en servir, en effet, il faut allier la force physique pour le tendre et l'adresse qui permet de viser juste (*métis*, ruse, adresse). D'autre part, sa courbure pourvue d'une corde en fait l'archétype de l'instrument de musique*, c'est-à-dire de la lyre. À ce titre, son frémissement a souvent été comparé au cri ou au chant du rossignol* ou de l'hirondelle*. Tous ces sens se retrouvent dans le passage de l'*Odyssée* d'Homère* où l'on voit Ulysse tendre le grand arc de son palais lors de la scène des prétendants : « Ulysse tendit alors lentement le grand arc et en fit vibrer, de sa main droite, la corde qui chanta belle et claire comme un cri d'hirondelle. » (voir Flèche). L'arc enchanté, tel l'Arc-qui-ne-faut (qui ne manque jamais sa cible) dans l'épisode où Tristan* et Iseut se retrouvent dans la forêt du Morois, est l'héritier d'une très ancienne conception d'origine celte qui associe le don de la chasse* à celui de la musique. L'arc est d'autre part l'un des principaux symboles de la pensée indienne. Il est l'arme d'Arjuna dans la *Bhagavad-Gita* car l'arc dont la flèche*, assimilée à l'éclair, va

Détail du chasseur à l'arc ; relief du palais du Sargon (Assyrie, VIIIᵉ s. av. J.-C. Musée du Louvre).

toucher le centre de la cible, est l'arme des rois par excellence. C'est dans ce sens métaphorique que la syllabe sacrée *om* (ou *aum*) par laquelle a été effectuée la création, et qui manifeste l'Inconditionné suprême, est elle-même, à la fois, l'arc mystique qui projette l'homme vers le Brahman, et la flèche qui, décochée par l'arc humain, transperce le voile de la maya pour atteindre à l'ultime réalité. Emblème aussi de Vishnou* dans son aspect destructeur, l'arc demande, pour pouvoir être manié, la purification du cœur et la justesse de l'attitude. C'est sous cet aspect qu'on le retrouve dans tout l'Extrême-Orient, et particulièrement au Japon où l'art du tir à l'arc est considéré comme profondément chevaleresque et constitue l'une des voies principales de la discipline du guerrier, le Bushido.

L'arc-en-ciel après le déluge, signe tangible de l'alliance : mosaïque (XIIᵉ s., cathédrale de Monreale).

Iris, la déesse ailée, tient l'arc-en-ciel : gravure de 1647.

ARC-EN-CIEL Cette configuration céleste était le signe, pour de nombreuses cultures anciennes, de la bienveillance divine. La *Bible* (*Genèse* IX, 11) l'interprète comme le signe de Dieu indiquant que le déluge était terminé. De la même façon, les « cavaliers de l'Apocalypse » sont souvent représentés sur un arc-en-ciel. Dans la Grèce antique, Iris, la déesse vierge de l'arc-en-ciel, était la messagère qui transmettait à la terre les ordres de Zeus ou d'Héra ; on la représentait avec des ailes* et le caducée*.

Ses vêtements étaient constitués de perles de rosée, « irisées » et étincelantes. C'est de son nom que vient l'iris de l'œil, à l'éclat « irisé ». Il faut peut-être aussi interpréter le pont* du nom de *Bifröst*, dans la cosmologie germanique, comme l'image d'un arc-en-ciel à moins que ce ne soit de la voie lactée*. La symbolique chrétienne du Moyen Âge interprétait ainsi les trois couleurs dominantes de l'arc-en-ciel : le bleu* représentait le Déluge*, le rouge* la conflagration universelle qui menaçait sans cesse le monde et le vert* une nouvelle terre. Pour Gottfried de Viterbe (vers 1125-1192), les sept* couleurs de l'arc-en-ciel sont à l'image des sept sacrements chrétiens et des sept dons du Saint-Esprit, à moins qu'elles ne symbolisent la Vierge* Marie*, qui unit la terre* au ciel*. L'ancienne Chine considérait l'arc-en-ciel comme le signe de l'unification du yin* et du yang*, et parfois, par extension, comme un symbole de la « luxure extraconjugale » ; l'arc-en-ciel était souvent représenté par un serpent* à deux têtes, et il était irrévérencieux de le désigner du doigt. L'ancien Pérou, sous l'empire inca, associait pour sa part l'arc-en-ciel au soleil* sacré : « Il apparaissait, comme emblème, dans les armes des rois Incas » (Garcilaso de la Vega, 1539-1616). La croyance populaire européenne associe souvent l'arc-en-ciel à l'annonce de richesses à venir ou à la découverte d'un trésor* (à l'endroit précis où l'arc-en-ciel touche la terre). Les pièces d'or celtiques étaient appelées des « petites clefs d'arc-en-ciel ». Dans l'ancienne Java, le symbole de l'arc-en-ciel était aussi un serpent

*Le trône du ciel repose
sur l'arc-en-ciel :
miniature (XIVe s.,
manuscrit de l'Apocalypse).*

à deux têtes : l'une de ces têtes buvait l'eau de la mer du nord, que l'autre tête rejetait dans la mer du sud. L'arc-en-ciel est enfin assimilé à l'arc d'Indra dans la mythologie de l'Inde tandis que le bouddhisme l'associe au serpent* dans l'image de l'escalier du Bouddha qui s'appuie sur deux nagas, ou serpents à sept têtes. L'idée qui s'exprime là est celle de la circulation universelle de l'énergie et de la possibilité d'atteindre aux divinités supérieures par la réunion de la terre et du ciel.

ARCHE (du latin *arca*, caisse ou malle). Selon la Bible, l'arche constitue pour le patriarche Noé* et sa famille ainsi que pour divers couples d'animaux, l'embarcation du salut. Sur le plan symbolique, l'arche constitue, à l'image du baptême, le moyen pour le croyant de résister aux tempêtes du monde et de ne pas se noyer dans l'océan de l'impiété : « L'arche, c'est l'Église ; Noé est le Christ, la colombe l'Esprit-Saint, la branche d'olivier la bonté divine » (Jean Chrysostome, vers 360 av. J.-C.). — L'une des branches

*Embarquement des animaux
sur l'arche de Noé : gravure de 1438.*

*Arche : « Elle ne sombre pas,
elle est élevée » : gravure de 1701.*

britanniques de la franc-maçonnerie se nommait la *Royal Ark Mariners* (les « marins de l'arche royale »). Dans des instructions destinées aux « sœurs » de l'association (Bauernjöpel, 1793), l'image de l'arche est commentée de la façon suivante : elle représenterait « le cœur humain entraîné en tous sens par les passions comme le bateau emporté par le déluge ». La « discipline d'arcane » représente alors le savoir secret abrité lui aussi comme par des planches de bois,

Représentation de l'Arche de Noé : miniature (IXᵉ s., Apocalypse du Beatus de Liébana).

la tradition à laquelle les non initiés ne peuvent avoir accès. — L'« arche d'alliance » que les israélites emportent dans leur exode est aussi appelée « arche du salut ». Elle consiste en un coffret où est censée reposer l'énergie divine, et sa charge numineuse est telle que quiconque ose porter la main dessus tombe instantanément foudroyé. Le passage de l'arche comme navire à l'arche comme réceptacle du secret fondamental est assuré par une chaîne d'images qui va du vaisseau à la barque*, et de la barque – aussi bien la barque des morts que la nacelle qui sauve le futur héros que l'on y a déposé (voir Moïse) – à la double notion de cercueil et de berceau, c'est-à-dire du passage réciproque entre la mort et la vie, entre la terre et l'Au-delà. C'est sans doute pourquoi, en psychanalyse, l'arche est souvent, de même que la maison, un symbole du sein maternel, où l'on vient trouver refuge (voir Mère, Caisse*).

ARCHÉTYPE   Du point de vue spirituel, l'archétype est la forme à la fois intelligible et mystique selon laquelle se développent les réalités de l'âme, et qui représente l'explication dernière et le sens ultime, mais caché, des événements qui se produisent dans l'histoire humaine. Passible d'une démarche herméneutique qui en ferait apparaître la vérité intérieure, l'archétype (*asl*) est ainsi, dans la mystique et la prophétologie musulmanes, le cœur réel de toutes choses qui ne se dévoile qu'après qu'on a dépassé la réalité exotérique (*zâhir*) et qu'on atteint à la réalité cachée, à la réalité ésotérique (*bâtin*) à travers les procédures du *ta'wil*, ou interprétation et recherche spirituelles, qui reconduit chaque chose à sa source « en désoccultant le caché et en occultant l'apparence » (H. Corbin). — Considéré dans la tradition néoplatonicienne et chez les premiers Pères de l'Église comme le modèle intelligible de toute existence manifestée, et créé en tant que tel dans le plan de la pensée divine, l'archétype est devenu, dans la psychologie analytique de Jung, « l'équivalent pour la psyché de l'idée platonicienne ». Loin d'être, comme on le présente trop souvent, une image primordiale (une *urbild*) que l'on retrouverait partout et toujours identique à elle-même dans les mythologies, les rêves ou les délires des hommes, l'archétype représente chez Jung une « forme vide » de l'inconscient qui apparaît à travers des images archétypiques lorsqu'elle se remplit de divers matériaux empruntés à la culture ou à l'Histoire au moment de sa manifestation. En tant que tel, l'archétype est en fait irreprésentable et assume une fonction proprement épistémologique de « donneur de sens » qui structure toute expérience possible de l'homme. Il est, de ce point de vue, un « transcendantal », une condition *a priori* de la connaissance à travers le déploiement de l'imagination (*Imaginatio vera, non phantastica* : « imagination vraie, et non pas fantastique », comme aimait à le répéter Jung par référence à la tradition alchimique et à la distinction opérée par Platon entre l'imagination commune, aussi appelée vulgaire, et l'imagination créée par l'enthousiasme divin). L'archétype se donne à lire dans les symboles, ces images qui font pont entre le sensible et l'intelligible, et qui ne peuvent être déchiffrés que dans le lieu propre de l'âme*.

ARGENT Ce métal « précieux » comme l'or* est généralement associé à la Lune* ou aux divinités lunaires et il est un peu moins apprécié que l'or (« La parole est d'argent, le silence est d'or »). Au Mexique, on l'appelait « l'excrément blanc* des dieux » ; il y passait pour être, ainsi que tout autre de ses équivalents terrestres, une excrétion du dieu de la Lune. Dans les textes alchimiques, l'argent est généralement désigné par le nom de la déesse Luna. La croyance populaire le considère d'autre part comme un métal qui chasse les démons. On dit que les prêtres romains enfouissaient des statuettes d'argent à la frontière de l'empire pour se protéger contre les peuples barbares qu'ils jugeaient menaçants. Lorsqu'on déterra les statuettes, les Goths, les Huns et les Thraces fondirent sur l'empire. On attribuait aux balles d'argent dont on chargeait les fusils, le pouvoir de blesser ou de tuer les sorcières* du temps lorsqu'on tirait dans les nuages* qui apportaient l'orage.

ARIANE Ariane est la fille du roi* de Crète, Minos, et de Pasiphaé*, elle-même fille du soleil*. Elle est donc aussi la demi-sœur du Minotaure, l'enfant à tête de taureau* issu de l'union de la reine avec le taureau blanc de Neptune. Lorsque Thésée vient d'Athènes pour affronter le Minotaure et le tuer, c'est Ariane qui, à l'initiative de Dédale*, lui fournit le fil qui lui permettra de ressortir du labyrinthe* où se cache le monstre. Elle s'enfuit alors avec Thésée qui, lors

Les noces d'Ariane et de Dionysos. Détail d'un cratère en provenance du trésor de Derveni (IVᵉ s. av. J.-C. Musée archéologique de Thessalonique).

de son retour vers Athènes, l'abandonne sur le rivage de l'île de Naxos, où elle va demeurer longtemps solitaire. Puis un jour, Dionysos* aborde dans l'île et s'unit à Ariane en un mariage* sacré (*hieros gamos*). Il semble en fait qu'il s'agisse là d'une reprise tardive de mythes bien plus anciens. Ariane, en effet, ou sous son autre nom d'Ariadné, est sans doute à l'origine une déesse crétoise de la végétation en l'honneur de qui on exécutait à Cnossos des danses sacrées. Elle était l'amante du Dionysos crétois (*Di-wo-no-so-jo*), lui-même génie de la végétation. Sous l'influence du syncrétisme dionysien (voir Orphée, Déméter, Bacchus) qui transforma peu à peu le dieu en « Seigneur des âmes* » et maître de la mort* et de la renaissance, Ariane devint la figuration de l'âme humaine en quête de l'amour (éros) qui la révélerait à elle-même. Ce thème, devenu prédominant dans les derniers siècles av. J.-C., est ensuite demeuré assez fort pour inspirer un opéra à Richard Strauss (*Ariane à Naxos*), mais surtout pour hanter la conscience de Nietzsche (1844-1900) dans sa quête d'une nouvelle morale et d'une nouvelle humanité. Ariane apparaît en effet dans son œuvre à la fois comme principe personnifié de l'Éternel Féminin, incarnation de la vie sur cette terre et dans la mort, figure de la nuit mystique, mémoire et sagesse divines (voir Sophia), et enfin éternité. Elle chante à Dionysos dans le *Gai Savoir* : « Mistral, chasseur de nuées, / tueur de tristesse, balayeur du ciel, / ô Mugissant, que je t'aime ! / Ne sommes-nous pas d'un même Sein / le couple premier-né, au même sort / éternellement promis ?... »

ARMA CHRISTI (*ARMES DU CHRIST*) C'est ainsi que l'on appelait à l'époque baroque les objets liés aux souffrances du Sauveur et à sa mort sur la croix. Les instruments de douleur étaient considérés comme de puissantes armes qui permettaient de combattre le péché et d'extirper de l'âme humaine toutes les racines du mal par la simple contemplation des souffrances du Christ. Parmi ces « armes » figuraient, outre la croix* elle-même : le marteau*, les clous* et la pince, le fouet et la lance, un bâton garni d'une éponge, la couronne* d'épines et une main* qui gifla Jésus au cours de sa Passion. Ces *arma christi* étaient notamment au XVIIIᵉ siècle attachées comme breloques aux chapelets afin de rappeler le

ARMAGEDDON Lieu symbolique de la guerre menée par les forces sataniques contre les croyants à la fin des temps (voir Gog et Magog), l'Armageddon de l'*Apocalypse* correspond en réalité aux restes de la ville antique de Megiddo, en arabe Tell el-Mutesellim, située à l'est de Haïfa. Ce territoire était peuplé depuis les débuts de l'époque du bronze et formait une zone intermédiaire entre les sphères d'influence égyptienne et syro-babylonienne ; il a été à plusieurs reprises le théâtre de grandes batailles. L'armée de Thoutmès III y vainquit par exemple en 1478 av. J.-C. une coalition syro-palestinienne ; en 621 av. J.-C., Josias, roi de Judée, essaya d'y arrêter les troupes du pharaon Necto qui se dirigeaient vers Babylone, mais son armée essuya une défaite cuisante et il trouva lui-même la mort dans ce combat. Les ennemis de l'Égypte durent verser en pénitence « cent demi-quintaux d'argent et un demi-quintal d'or », ce qui impressionna visiblement les auteurs de la *Bible*, à tel point qu'ils choisirent Megiddo-Armageddon comme le lieu de la bataille eschatologique finale.

ARTÉMIS Sœur jumelle d'Apollon*, et donc née comme lui des amours de Zeus avec la mortelle Latone selon la tradition homérique, elle accompagne son frère quand il tue le serpent* Python à Delphes de même qu'elle le suit régulièrement dans ses séjours en Hyperborée. — En réalité, il semble qu'Artémis ait fini par synthétiser plusieurs divinités différentes et, à certains égards, contradictoires. Son nom même paraît provenir d'une « Artimul » lydienne, déesse-mère* de la végétation et de la fécondité. C'est là l'aspect de la grande Artémis d'Éphèse, elle-même localisée en Asie mineure, dont on connaît la statue culturelle recouverte d'une multiplicité de seins* (Artémis polymaste) ou, selon des interprétations plus récentes, de testicules de taureaux*, renvoyant de la sorte à une interprétation encore plus complexe de l'image de la mère. Artémis présidait aussi, à Éphèse, à l'existence d'un collège de prostituées* sacrées (hiérodules) attachées à son temple. En tant que déesse de la fécondité, on finit parfois par la confondre avec Ilithye, la protectrice des accouchements. — Une seconde strate en fait la déesse de la Lune* comme Apollon est le dieu du Soleil*. Alors qu'Homère ne lui connaissait pas encore cet aspect, celui-ci s'affirme au Ve siècle av.

1. « Arma Christi » représentées dans la « Pietà » de Lorenzo Monaco (1404).

2. Christ sur l'arbre de la rédemption chargé des instruments de la passion : gravure de 1485.

chemin de croix du Christ ; on les trouve également à la même époque sur les crucifix qui devinrent par là des symboles de la délivrance.

En tant que chasseresse, Artémis nourrit par ailleurs une grande prédilection pour les cerfs en tant que gibier mais elle apparaît aussi dans le rôle d'Artémis Callisté, du nom de Callisto, sa compagne transformée en ourse* pour échapper à la poursuite de Zeus. En relation avec l'ours, Artémis était d'autre part révérée en Attique, où elle était Artémis Brauronia, et où ses prêtresses portaient le nom de *harktoi*, les petits ours. Peut-être y a-t-il là la survivance d'un ancien couple d'opposés* formé par l'ours et le cerf, équivalent à ceux du sanglier* et du cerf ou du taureau (bison) et du cheval* ?

ARTHUR Souverain des Chevaliers de la Table ronde, Arthur est le fils adultérin d'Uther Pendragon et de la belle Ygerne que Pendragon induit en erreur en prenant, grâce à Merlin*, les traits de son mari. Historiquement il serait inspiré d'un roi réel du Pays de Galles qui aurait vécu au tournant du Vᵉ et du VIᵉ siècle et qui aurait pris la tête de la résistance autochtone contre la conquête de la Grande-Bretagne par les Angles et les Saxons ; devenant de la sorte comme un héros national dont la mémoire s'est ensuite transmise de génération en génération, le roi Arthur a été rapidement pris dans un mouvement de mythologisation qui, à travers l'œuvre de Geoffroi de Monmouth (*Historia Regum Britanniae*, début du XIIᵉ siècle), a abouti à ce qu'on appelle la « matière de Bretagne » et au cycle du Graal*. — Élevé à part de la cour et des hommes, mais placé sous la protection de Merlin qui avait déjà présidé à sa conception, Arthur accède à la royauté, dans un scénario évident d'initiation* et de reconnaissance de la souveraineté*, en arrachant à un roc l'épée Excalibur, forgée en Avallon (le pays des pommes*, autrement dit l'Au-delà*). Il épouse la reine Guenièvre et fonde la « confrérie » de la Table ronde où aucun chevalier n'a préséance sur l'autre, et que certains textes décrivent comme tournant par elle-même, en en faisant par là même le microcosme du ciel dont les sphères* tournent sans cesse autour de la terre. Alors que certains de ses chevaliers partent à la conquête du Graal (Perceval et Gauvain), Arthur découvre que sa femme le trompe avec Lancelot, l'un des plus valeureux héros de la Table ronde. Il faut noter qu'Arthur se comporte généralement comme un « moteur immobile » : ce n'est pas lui qui agit, mais les chevaliers qui l'entourent, renvoyant de la

Artémis polymaste : copie romaine de la statue originale de l'Artémision d'Éphèse. Musée de Selcuk (Turquie).

J.-C., particulièrement chez Eschyle qui l'associe même à Hécate. Cette figure d'Artémis va prendre de plus en plus d'importance, et devenir dominante à l'époque romaine (voir Diane). En tant que déesse de la Lune, elle va toutefois s'attacher une divinité taurique des bords de la Mer noire, vestige probable d'une autre déesse-mère, mais sous son aspect noir* et terrifiant : cette Artémis est en effet une déesse marquée par la cruauté, et qui réclame des sacrifices humains (sacrifice d'Iphigénie par Agamemnon à Aulis). Elle est par ailleurs, comme la lune, pure et froide. Déesse de la virginité, elle change en cerf* et fait dévorer par ses chiens* le chasseur Actéon* qui l'avait surprise au bain*. De même elle est la patronne de tous les héros à la chasteté affirmée (Hippolyte). Elle est enfin une déesse de la chasse, munie d'un arc* d'or* et de flèches* avec lesquels elle parcourt les bois et les montagnes : « Donne-moi de revêtir une tunique à franges, qui ne me descendra que jusqu'aux genoux, pour ne point m'embarrasser à la chasse. Que vingt nymphes viennent me servir aux heures où je cesserai de percer les lynx et les cerfs, et prennent soin de mes chiens fidèles » (Callimaque, *Hymne à Artémis*).

sorte à l'antique conception de la royauté chez les Celtes où le roi* inspirait mais ne menait pas le combat. Soumise à l'usure du temps comme toute institution humaine, même si elle est d'inspiration spirituelle et marque la manifestation du domaine surnaturel dans l'ordre des affaires terrestres, la royauté d'Arthur ne peut que s'épuiser peu à peu. Lorsque, dans la quête du Graal, le jeune Galahad, fils de Lancelot, a pris la place de Perceval ; lorsque Lancelot lui-même a poussé jusqu'au bout, dans son amour pour Guenièvre, toutes les vertus de la « chevalerie terrestre », ouvrant ainsi la voie de la « chevalerie célestielle » à son enfant ; lorsque la quête du Graal est enfin menée à son terme, la royauté d'Arthur ne peut plus que décliner. Dans un puissant parallèle entre la destinée du monde et celle de la communauté arthurienne, c'est une véritable fin de l'univers qui se produit au moment de la mort du roi, succombant dans la bataille où il affronte les armes de son fils incestueux, Mordret, qu'il a eu de sa demi-sœur Morgane. À cause de cet inceste*, c'est bien toute la société qui est déréglée, c'est le crépuscule qui tombe sur l'humanité. Le cycle du Graal et de l'histoire commencée avec la passion du Christ se clôt sur cette mort : tandis qu'Arthur est enterré à la « Chapelle Noire », on jette son épée dans le lac avoisinant où une main s'en saisit et l'entraîne au fond des eaux - dans un contrepoint évident de cette main qui, autrefois, en jaillissant du ciel, s'emparait du Graal. Certaines versions font état par ailleurs, au-delà de la mort, d'un voyage d'Arthur vers l'île d'Avallon, dans une barque* où vient le chercher Morgane en compagnie de ses suivantes.

ARUM   (aussi appelé gouet ; en botanique *Arum maculatum*). Cette plante bulbeuse, dont les fleurs présentent une forme phallique frappante, était autrefois communément appelée « pine de curé ». Son bulbe était utilisé pour combattre l'engorgement et les maux d'estomac. Malgré la forme de ses fleurs, elle symbolisait au Moyen Âge la Vierge* Marie*, probablement en raison de son nom proche du nom biblique d'Aaron. On a également dit à propos de sa fleur qu'elle « se dresse vers le ciel tel un lys* ». On pensait que son tubercule aidait à combattre la mélancolie et « incitait » les sécrétions nuisibles du corps à « s'échapper ».

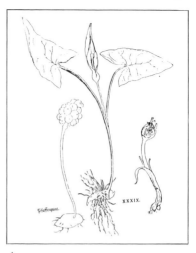

Arum,
symbole de la descendance de Marie
(1543, « New Kreuterbuch », L. Fuchs).

ASPHODÈLE   Cette plante liliacée aux feuilles vert sombre et aux fleurs blanchâtres poussait selon la légende antique sur les prairies du monde souterrain et réjouissait l'âme des morts. Elle était consacrée aux déesses Déméter* et Perséphone : d'après les mythes portant sur le monde de l'Au-delà*, ses bulbes tenaient lieu de repas aux morts retenus dans l'Hadès, mais les vivants en mangeaient également lors des périodes de pénurie et ils étaient réputés guérir les empoisonnements. Ses grappes de fleurs de couleur pâle, appelées en latin *hastula regia*, servaient à décorer les portraits des dieux. Selon une tradition ancienne qui se perpétue encore aujourd'hui, l'asphodèle est dans les pays méditerranéens un symbole de deuil ; les hommes de l'Antiquité croyaient qu'elle faisait fuir les mauvais esprits et l'associaient à la planète* Saturne*.

ASTROLOGIE *(SYMBOLES ASTROLOGIQUES)*   L'astrologie est, de façon générale, une théorie basée sur des analogies ou des correspondances, qui met en relation les événements macrocosmiques avec ceux du monde humain et tente d'expliquer les influences qui s'exercent sur l'homme par le mouvement des astres et le calendrier qui en découle. Elle est pratiquement la seule

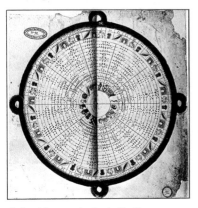

*Calendrier mexicain de Veytia
du cycle de 52 ans : copie du XIXᵉ s.*

*Représentation d'un calendrier
hindouiste : gravure du XIXᵉ s.*

idéologie paralogique à avoir suscité l'intérêt des hommes sans interruption depuis les civilisations les plus anciennes, et elle a aujourd'hui, en dépit de toutes les objections que lui adressent les représentants des sciences de la nature, plus d'adeptes qu'elle n'en a jamais eus. Les hommes distinguèrent très tôt les planètes* des étoiles* fixes tournant autour du pôle céleste et, comme ils comptaient parmi ces planètes le Soleil* et la Lune*, ils obtinrent le nombre « magique » de sept* (Mercure*, Vénus*, Mars*, Jupiter* et Saturne*). En Chine comme en Occident, le zodiaque* fut découpé en douze « signes » afin de pouvoir élaborer une théorie des affinités astrales qui peuvent exister entre les individus nés sous un même signe. De façon analogue, les civilisations du Mexique ancien utilisaient des signes (le plus souvent des figures animales) pour caractériser la nature des personnes nées le même jour ; mais il s'agissait ici d'une série de vingt signes quotidiens qui se répétaient par cycles – le crocodile*, le vent*, la maison*, le lézard*, le serpent*, la mort*, le cerf*, le lapin*, l'eau*, le chien*, le singe*, l'herbe, le tube, le jaguar, l'aigle*, le vautour*, le séisme, le silex, la pluie* et la fleur*. Quatre de ces signes (la maison, le lapin, le tube et le silex) pouvaient aussi symboliser une année. — Le désir de percer le mystère des lois cosmiques et d'harmoniser la vie sur la terre* avec les structures du ciel*, a conduit presque toutes les civilisations à construire des représentations des cieux qui leur

paraissaient assez signifiantes pour qu'elles puissent représenter les arrêts du destin. Les images ainsi découvertes ont une telle charge symbolique qu'elles continuent souvent de paraître pertinentes encore aujourd'hui, ce qui explique sans doute leur survivance au cœur même d'une civilisation pourtant dominée par la rationalité scientifique et technique. — Dans la bande du zodiaque, qui représente le trajet que le soleil semble suivre tout au long d'une année dans le ciel, l'astrologie occidentale a distingué douze signes qu'elle associe aux constellations (amas d'étoiles) correspondantes. Ce sont dans l'ordre, à partir de l'arrivée du printemps : le Bélier* du 21 mars au 20 avril, le Taureau* du 21 avril au 20 mai, les Gémeaux du 21 mai au 21 juin (voir Jumeaux), le Cancer du 22 juin au 22 juillet, le Lion* du 23 juillet au 22 août, la Vierge* du 23 août au 22 septembre, la Balance* du 23 septembre au 22 octobre, le Scorpion* du 23 octobre au 21 novembre, le Sagittaire* du 22 novembre au 20 décembre, le Capricorne* du 21 décembre au 19 janvier, le Verseau du 20 janvier au 18 février, et les Poissons* du 19 février au 20 mars. Il est à noter que, par suite du phénomène connu sous le nom de précession des équinoxes, le soleil se décale sans arrêt d'un mouvement rétrograde dans le zodiaque, et se retrouve dans la même position initiale au bout d'une Grande Année* de 25920 années humaines. C'est en conséquence de ce mouvement, par ailleurs, que l'astrologie historique déroule la série des ères

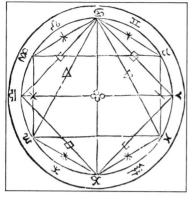

Les aspects planétaires : planche de la « Sphaera » (1519, J. Sacrobosco).

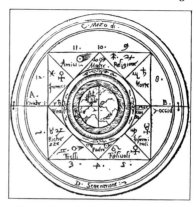

Planche astrologique avec la division des maisons : gravure de 1550.

dans le mouvement inverse de celui du zodiaque : alors que, par exemple, on a la suite « Verseau-Poissons-Bélier-Taureau », l'astrologie historique pose quant à elle une série Taureau (ère dominée par la religion du taureau), Bélier (judaïsme, mythe de la toison d'or*, etc.), Poissons (apparition du christianisme), et enfin Verseau dans laquelle nous sommes supposés entrer bientôt. — Selon la logique des nombres*, les douze signes du zodiaque sont eux-mêmes répartis en deux groupes différents selon leurs propriétés ou les éléments auxquels ils sont rattachés. La composition de douze par 4 x 3, indique qu'il existe quatre* groupes de signes dits cardinaux (indiquant le désir de progression : Bélier, Cancer, Balance et Capricorne), fixes (qui marquent un point d'équilibre : Taureau, Lion, Scorpion et Verseau) et mutables (qui expriment le changement de saisons, et donc les désirs de mutation : Gémeaux, Vierge, Sagittaire et Poissons). La composition par 3 x 4 distribue au contraire les signes selon les quatre éléments* trois* fois répétés : le feu* (Bélier, Lion, Sagittaire), la terre* (Taureau, Vierge et Capricorne), l'air* (Gémeaux, Balance et Verseau) et l'eau* (Cancer, Scorpion et Poissons) – chacun de ces éléments étant marqué des valeurs qui lui sont attribuées depuis l'Antiquité. Selon la classification de ces éléments, on peut d'ailleurs aussi répartir les signes selon un axe masculin-féminin, le masculin correspondant au feu et à l'air, tandis que le féminin comprend les signes de terre et d'eau. — Chaque

planète a d'autre part son domicile dans un signe, en fonction des affinités de cette planète avec le caractère du signe. C'est ainsi que Mars gouverne le Bélier, et en association avec Pluton*, le Scorpion ; que Vénus gouverne le Taureau ; que Mercure gouverne les Gémeaux et la Vierge ; que la Lune gouverne le Cancer ; que le Soleil gouverne le Lion ; que Jupiter gouverne le Sagittaire et, en association avec Neptune*, les Poissons ; et que Saturne gouverne le Capricorne et, en association avec Uranus, le Verseau. (Les associations sont dues à la découverte par l'astronomie moderne des trois planètes supplémentaires que ne connaissaient pas les Anciens : Pluton, Neptune et Uranus). — La combinaison de ces différentes caractéristiques assure toute sa profondeur à la symbolique des signes puisqu'on peut décrire, par exemple, le Verseau comme correspondant au milieu de l'hiver, à l'air (et selon l'ancienne physiologie au chaud et à l'humide, ainsi qu'au tempérament nerveux), au principe fixe (l'équilibre et la réalisation de soi), au principe masculin et aux planètes Saturne et Uranus. C'est toute une combinatoire qui est alors mise en place et qui assure toute la richesse et la multiplication des significations symboliques qui sont celles de l'astrologie. — En sus des signes et des planètes, il convient de connaître quatre points particuliers : l'ascendant (à l'intersection de l'horizon terrestre et de l'écliptique), le milieu du ciel (à l'intersection de l'écliptique et du méridien local), et leurs points opposés : le descendant et le fond du ciel.

C'est à partir du signe ascendant que se déroule enfin le système des maisons ou domaines de l'existence – chacune de ces maisons étant à son tour affectée de sa symbolique propre et du signe qui la gouverne : la maison I répond au Bélier et exprime les tendances profondes de la personnalité ; la maison II répond au Taureau, aux possessions matérielles et au sentiment d'auto-évaluation ; la maison III aux Gémeaux, aux échanges et au phénomène de prise de conscience ; la maison IV au Cancer et aux valeurs du patrimoine ; la maison V au Lion et à la réalisation de soi ; la maison VI à la Vierge et au sens des limites ; la maison VII à la Balance, aux relations avec autrui et à la vie sociale ; la maison VIII au Scorpion, à la sexualité, à la mort et à la dépression ; la maison IX au Sagittaire, aux rêves et à l'étranger ; la maison X au Capricorne, à la capacité d'incarner ses valeurs, à la réputation que l'on a et au rang dans la société ; la maison XI au Verseau, à l'élaboration des projets de vie et à la participation à la vie extérieure ; la maison XII, enfin, aux Poissons, au désir de libération et, éventuellement, aux sacrifices. — Ce n'est qu'à partir de l'ensemble de ces données et de la considération de leur dialectique interne que l'on peut tenter d'interpréter le thème natal d'une personne, en ayant soin par ailleurs de relever ce qu'on appelle les aspects entre les planètes, correspondant à l'écart angulaire qui les sépare sur le zodiaque. Ces aspects sont dits harmonieux quand ils forment des sextiles (60°) et des trigones (120°) et dissonants quand ils forment des carrés (90°, signifiant l'antagonisme) et des oppositions (180°, qui marquent l'alternance des valeurs ainsi raccordées). Un dernier aspect est la conjonction (écart angulaire de 0 à 10°), qui marque la fusion, parfois même la confusion des caractères qui sont ceux des planètes concernées. — Au fil des temps, selon le principe de l'unité sous-jacente à toutes les sciences hermétiques, et suivant la loi de correspondance analogique du microcosme et du macrocosme, tout un système très complexe de correspondances s'est mis en place entre les données de l'astrologie, les pratiques de l'alchimie, l'art de la médecine ou la symbolique des métaux. La planète Mercure a ainsi été mise en relation avec le mercure alchimique (voir Mercurius), avec les poumons et le système respiratoire en général, avec le mercure métal ainsi que, bien

entendu, avec le dieu Mercure lui-même qui gouverne les Gémeaux, à la fois comme trompeur (thème du *trickster*), comme *puer aeternus* (renvoyant à l'adepte rené à la fin de sa quête) et comme maître de sagesse et de vérité dans une puissante conjonction* des opposés. — La méditation sur cet univers symbolique aux ramifications infinies a donné lieu à toute une spiritualité foisonnante et, à la fin du XVIᵉ siècle, on voit l'une des grandes figures de la Renaissance, Paracelse, s'appuyant à la fois sur la médecine, l'alchimie et l'astrologie, développer la conception d'un firmament intérieur à l'homme, renvoyant au firmament extérieur qui exprime l'harmonie du monde. Nombre de phénomènes visionnaires décrivent dans la même veine l'ascension de l'âme* à travers les sphères* planétaires jusqu'à la contemplation de Dieu (depuis l'antique *Livre de l'ascension du prophète Isaïe* jusqu'au « Paradis » de Dante dans la *Divine Comédie*). — Dans une perspective sémiologique, il est remarquable de constater que l'ensemble de ces images et de ces règles symboliques est assez psychiquement prégnant pour qu'il soit quasiment demeuré à l'identique jusqu'à aujourd'hui, en traversant siècles et millénaires. — L'astrologie traditionnelle chinoise se différencie en de nombreux points de l'astrologie occidentale. Elle distingue 28 stations lunaires et 12 « stations stellaires » correspondant aux douze « branches de la Terre ». Il ne faut pas les confondre avec le zodiaque connu en Chine depuis le Moyen Âge – il fut probablement élaboré sous l'influence de l'Occident – et qui est lui aussi découpé en douze éléments (voir Étoile). Les Chinois mirent les cinq* éléments* (le feu*, l'eau*, la terre*, le métal* et le bois*) en relation avec les douze stations stellaires et élaborèrent ainsi un cycle à soixante temps au rythme duquel se reproduisent les combinaisons initiales. Les Chinois établissaient également des horoscopes, en particulier pour parvenir à une harmonie aussi grande que possible dans les mariages* arrangés de façon méticuleuse. On établissait une analogie entre les difficultés nées au sein du mariage et qui venaient en menacer plus ou moins l'harmonie et les perturbations d'origine céleste. On trouve aussi des systèmes astrologiques très complexes dans l'espace indien et indonésien ; ils furent notamment comparés à la symbolique astrologique des calendriers du Mexique ancien, et l'on a cru mettre ainsi en évidence l'influence exercée sur le plan culturel par l'Asie sur le continent américain à l'époque précolombienne.

ATHÉNA   Fille du maître de l'Olympe, de « Zeus porteur d'égide », Athéna (en latin la déesse Minerve), « la déesse aux yeux pers » (dite aussi « aux yeux de chouette* », son emblème), offre un personnage apparemment contradictoire : pour les Grecs qui la révèrent au point de donner son nom à la cité fondatrice de leur empire et de leur civilisation, Athènes, elle est à la fois la déesse de la Guerre et la déesse de la Sagesse. Omniprésente dans l'*Iliade* et l'*Odyssée*, dont elle mène le jeu de bout en bout, Athéna y passe sans arrêt d'un camp à l'autre pour faire tour à tour couler le sang des Troyens ou ranimer la force des Grecs et apaiser leurs querelles intestines, prenant ainsi pleinement part à cette épopée guerrière qui, au XIIIᵉ siècle av. J.-C., vit le triomphe des Achéens (les Grecs) qu'elle protège, sur les Danaens (les Troyens) qu'elle combat. Vengeance de femme : un jour, le beau Troyen Pâris ayant eu à choisir la plus belle de trois déesses, avait préféré Aphrodite*, s'attirant par ce choix fatal la haine irréductible des deux autres, Héra, épouse officielle et toujours vindicative de Zeus, et l'ardente Athéna. Les dieux de l'Olympe se divisèrent alors en deux clans et s'affrontèrent par Grecs et Troyens interposés. Pour la plus grande gloire de la force et de la ruse d'Athéna. — Cette dualité lui vient, sans doute, de son étrange naissance. Zeus féconde en effet la déesse Métis, « celle qui en sait plus que tout dieu et que tout homme mortel », puis la dévore enceinte, afin d'en absorber l'intelligence rusée, si prisée ensuite chez les Grecs. Délivré des douleurs de l'enfantement par un coup de hache d'Héphaïstos, Zeus accouche alors d'Athéna. Mais, signe d'exception, cette fille sans mère sort par la tête de son père, « brandissant son javelot pointu et tout armée d'or étincelant », telle qu'on la voit sur le fronton oriental du Parthénon, « égale à son père en force et en prudence », nous dit Hésiode. — On la voit donc sans cesse au cœur des armées, ordonnant les troupes grecques avant la bataille, brandissant l'égide de son père à l'effrayante tête de Gorgone*, versant « au cœur de chacun l'ardeur qui le fera lutter et batailler

sans trêve » et, au besoin, intervenant elle-même, quand « de sa pique immense elle abat en file ceux qui ont suscité son courroux de déesse ». — Cette farouche combattante frappe sans pitié, mais toujours avec discernement. Son pire ennemi est Arès (le Mars* latin), le « fléau des mortels », le dieu buveur de sang ; la « maudite engeance » qui frappe en aveugle, sanguinaire et brutal, le « beau parleur » qui trahit sa parole. Elle n'hésite pas à le faire blesser par Diomède, un mortel, ou même, alors que la querelle entre les dieux s'envenime, à le frapper elle-même, lui brisant les membres d'une pierre, et assommant sur la même lancée Aphrodite, pour les punir « d'aider les Troyens arrogants ». — L'arme préférée d'Athéna reste toutefois la ruse qui la fait jouer de la sottise des uns (un Troyen) pour déclencher les hostilités devenues nécessaires, et de l'ingéniosité des autres (Ulysse) pour y mettre fin, grâce au célèbre subterfuge du cheval de Troie, permettant ainsi aux Grecs de s'introduire dans la ville pour livrer l'assaut final. — Vaillante au combat, stratège inégalée, Athéna est partout et toujours présente, en perpétuel va-et-vient entre l'Olympe où elle plaide auprès de Zeus la cause de ses protégés, et les champs de bataille où elle se multiplie pour leur assurer la victoire. — Ses protégés ? Des hommes, tous, sans exception : cette fille sans mère reste pour toujours du côté du père, femme de tête qui cultive l'amitié virile tout en restant « jeune fille » (*Pallas*) et « vierge » (*Parthénos*). — Elle protège le malheureux Ménélas délaissé par la belle Hélène*, le « bouillant Achille » toujours prêt au combat, mais dont elle sait au besoin tempérer la colère, et surtout, favori entre tous, Ulysse « l'avisé », « le héros d'endurance », « le plus fort de tous les mortels en calculs et en discours » puisqu'elle lui a directement insufflé son esprit et ses tours. Elle protège aussi Héraclès* dans ses démêlés avec la jalouse Héra, au point de l'accompagner au ciel de l'immortalité. — Dans ce rôle de protectrice, Athéna est la « toujours-proche », celle qui apparaît soudain au cœur d'une bataille pour arrêter une flèche meurtrière contre Ménélas, pour rendre à Achille la pique d'airain* dont il tuera Hector, pour conduire Nausicaa vers Ulysse ou pour accueillir celui-ci lors de son retour à Ithaque après ses vingt ans d'errance. Elle est aussi celle qui joue des métamorphoses, qui conseille Télémaque, le fils d'Ulysse, sous les traits du sage Mentor, qui accueille Ulysse en personne sous les traits d'un jeune pastoureau, puis le transforme en mendiant au moment où il va retrouver sa cour envahie par les usurpateurs... On n'en finirait pas d'énumérer la multiplicité des interventions d'Athéna : tout lui est bon pour parvenir à son but, les retrouvailles d'Ulysse et de Pénélope (elle va jusqu'à suspendre le lever de l'aurore pour prolonger la nuit des époux), et le rétablissement du roi sur son trône. — Cette femme de caractère pousse encore à l'extrême ses mâles faveurs lors du procès d'Oreste, jugé pour le meurtre de sa mère Clytemnestre. Désireuse de mettre fin à la sanglante histoire des Atrides, Athéna fait pencher la balance en faveur du matricide, interrompant ainsi la loi du sang dictée par la vengeance des Erinnyes*, pour instaurer la Justice (*Athéna-Dikê*) dans la Cité. C'est le final de l'*Orestie* d'Eschyle, où Athéna apparaît dans toute sa dimension civilisatrice comme fondatrice des Lois qui gouvernent la Cité. — Quand Athéna l'emporte sur Poséidon (voir Neptune) pour la possession de l'Attique, elle fait jaillir l'olivier* du roc sacré comme futur symbole de paix. Elle adopte aussi un fils, Erechtée, né de sa résistance de vierge aux assauts d'Héphaïstos, le dieu forgeron, et d'une gestation par la Terre, dans laquelle Athéna avait enfoui le sperme du dieu. Erechtée sera le premier roi d'Athènes et fonde les jeux des Panathénées, en l'honneur de la déesse et de son alliance avec son peuple. — Pour parachever cette œuvre de civilisation, en bonne héritière qu'elle est de la *métis*, Athéna cultive aussi le sens pratique et l'invention des techniques. Elle qui porte des robes de sa fabrication, elle apprend aux femmes à filer et à tisser, aux hommes à dresser les chevaux, à forger et à couper du bois. Elle invente le char*, et, pour les Argonautes, le premier navire. — Athéna enseigne au total tout un art de vivre en société et de tirer parti de son environnement : l'art de conduire la guerre, mais aussi de rétablir la concorde quand justice est faite. De porter le casque ou le rameau d'olivier : une histoire toujours recommencée sous le règne de la déesse au « regard étincelant ».

ATLANTIDE L'Atlantide était selon Platon (427-347 av. J.-C.) une île de l'océan Atlantique aujourd'hui engloutie. La capitale du royaume, Basileia, était bâtie sur des cercles* concentriques de terre et d'eau*. Ce pays, béni par la nature et dirigé par des rois* sages, était à l'origine une sorte de paradis*, mais ses habitants devinrent peu à peu présomptueux et laissèrent libre cours à leurs vices ; les dieux décrétèrent alors la fin de l'île qui fut submergée par les flots et disparut dans l'Atlantique (voir Mer). Aristote (384-322 av. J.-C.) taxa ce récit de fable pure et simple, mais cela n'a pas empêché des centaines de savants depuis l'Antiquité de tenter de mettre au jour la base concrète du mythe et de localiser l'endroit où s'élevait autrefois ce royaume. Comme Pla-

Carte de l'Atlantide (1912) dessinée par P. Schliemann. Les bandes ovales noires représentent la capitale telle que l'a décrite Platon.

ton dit avoir trouvé mention de l'île chez son ancêtre Solon qui venait de Basse Égypte, on peut penser que la « géographie mythique » de l'Antiquité égyptienne relatait l'existence d'un pays situé fort loin en Occident et dont les habitants connaissaient un bonheur véritable (voir Îles fortunées); Platon s'en serait inspiré pour élaborer ensuite, selon son art particulier de la narration, l'histoire mythique de l'Atlantide. L'idée d'une contrée insulaire où chacun pouvait goûter le bonheur et qui disparut par la faute de l'homme, ainsi que le motif des anneaux concentriques sur lesquels s'élevait la capitale du royaume, révèlent le caractère symbolique de ce mythe qui a donné lieu à d'innombrables discussions. Les racines de cette légende doivent visiblement être cherchées dans l'image fort répandue d'un âge d'or* originel qui occupe elle aussi une grande place dans les mythes antiques. — On appelle « croix* atlante » la combinaison de cercles concentriques et d'une croix selon une structure qui correspond à peu près à la description que donne Platon du plan de la capitale de l'Atlantide dans le *Timée* et le *Critias*. C'est l'emblème de certains cercles ésotériques qui affirment être dans la lignée spirituelle de ce royaume insulaire et de sa culture mythique.

ATLAS   Le mot désigne aujourd'hui, selon le titre et le frontispice du recueil dans lequel Mercator (XVIᵉ s.) rassembla les cartes qu'il avait dressées du monde, un ensemble de cartes géographiques. De nombreuses œuvres d'art représentent le Titan qui portait ce nom, supportant sur ses épaules la voûte du ciel ou le globe terrestre. Dans les différentes légendes grecques, Atlas est tour à tour le frère de Prométhée*, un roi de l'Atlantide* située dans l'océan Atlantique, la personnification de l'axe du monde* ou encore une colonne de pierres* séparant le ciel* et la terre*. On raconte également qu'il connaissait la mer* et ses profondeurs. Dans la Théogonie d'Hésiode, il est l'allié de Cronos* (Saturne*) dans son combat contre son fils Zeus (voir Pierre); lors de la défaite de l'armée des Titans, Atlas fut condamné à porter la voûte céleste sur ses épaules. Ce récit rappelle le mythe du géant Upelluri originaire d'Asie mineure (voir Rocher). Dans la légende de Persée, cependant, Atlas est le roi* de Mauritanie (l'actuel Maroc) et refuse

au héros de s'asseoir à sa table. Pour le punir, Persée dévoile devant lui la tête de Méduse (Gorgone*), et le roi se transforme en un gigantesque massif rocheux qui porte depuis lors son nom. Le volcan Pico de Téide situé sur l'île de Ténériffe (voir Îles fortunées) pourrait avoir servi de modèle à cette montagne légendaire qui était censée s'élever au fin fond de l'Occident et être aussi haute que le Ciel.

ATON   Dieu tout à fait temporaire du panthéon égyptien, Aton est le disque solaire dont le culte unique fut instauré par le pharaon Aménophis IV (1372-1354 av. J.-C.) et son épouse Néfertiti, afin de briser la toute puissance du clergé d'Amon, lui aussi dieu du Soleil* et grand dieu de Thèbes en Haute Égypte. Épisode marquant de la période du « Nouvel Empire » qui correspond à l'affirmation de la puissance royale, et qui prend la forme d'une véritable hérésie. Pour marquer la rupture, Aménophis prend le nom d'Akhenaton (« cela est agréable à Aton »), et surtout transfère sa capitale en une ville nouvelle de la Moyenne Égypte, Akhetaton (« l'horizon d'Aton »), aujourd'hui Tell-el-Amarna, vaste site désertique cerné de falaises et ouvert sur le Nil, où ce pharaon va faire resplendir la gloire de son nouveau dieu. — Créateur de toutes choses, Aton est, dans la théologie amarnienne, le principe exclusif de toute vie. À la différence des autres divinités égyptiennes, il n'est pas représenté sous une forme humaine ou animale (tel Amon, ou Ra, hommes à la tête surmontée par le soleil) : Aton est le disque dont les rayons infinis se tendent comme autant de mains vers ses fidèles pour leur dispenser force et vitalité dans des temples à ciel ouvert. — La mort de son zélateur signe la fin de « l'hérésie atonienne ». Amon et son clergé reprennent tous leurs droits à Thèbes, et « l'horizon d'Aton » à Tell-el-Amarna n'offre plus que « des moignons de murs que l'imagination s'essouffle à rebâtir... »

ATTILA   Attila, le « fléau divin », symbolise le barbare venu d'ailleurs pour menacer l'Occident. On ne connaît pas le véritable nom de ce roi issu de la branche turque des Huns (en chinois, *Hsiung-nu*). Attila est le diminutif du mot goth *ahar* (père) et signifie donc le « petit père » (en nordique *Atli* ; il est appelé *Atzel* dans la *Chanson des Niebelungen* – voir Siegfried). Le roi des Huns régnait depuis 434 avec son frère Bleda sur différents peuples asservis ; à la mort de son frère en 445, Attila poursuivit seul son règne. Son territoire s'étendait à l'origine du Caucase à la Hongrie, et il continua son expansion vers l'ouest. Lors de l'invasion de la Gaule, il se vit opposé à une armée de Francs, de Bourguignons et de Wisigoths conduite par le chef romain Aetius, et il fut vaincu aux champs Catalauniques dans la région de Troyes en 451. Il pénétra en Italie jusqu'aux portes de Rome, mais il se retira alors dans son quartier général en Pannonie, où il mourut en 453 lors de sa nuit de noces avec la Germaine Ildiko (*Hildchen*). Son immense empire disparut rapidement, mais sa mémoire a survécu à travers légendes et épopées. Son nom désignait également jusqu'à la Première Guerre mondiale un habit de hussard orné de cordons.

AU-DELÀ L'Au-delà est un terme général pour désigner l'existence d'une vie après la mort, sans donner à celle-ci de caractère plus spécifique (voir Purgatoire, Enfer, Ciel, Iles fortunées). Ce mot désigne ainsi « l'autre rive » du fleuve qui sépare les deux mondes, que les Germains appelaient *Gjöll*, et les Grecs *Achéron*, *Cocyte* ou *Styx*. D'autres cultures connaissaient tout autant l'image symbolique d'un fleuve qui séparait le royaume des vivants de celui des morts. On ne pouvait passer ce fleuve que sur la barque* des morts, et qu'après avoir célébré plusieurs cérémonies mortuaires, comme donner au mort de quoi payer son voyage au passeur (en grec *Charon*). On tuait souvent un chien* à cette occasion, que l'on enterrait avec le défunt, et qui devait lui servir de guide dans ces champs inconnus. La pratique de l'inhumation et peut-être aussi la découverte de grandes cavernes* ont donné lieu à la représentation symbolique d'un monde des morts souterrain (en hébreu *Sche'ol*, en grec *Hadès* et en aztèque *Mictlan*). On imaginait ce monde comme sombre et dépourvu de joie, et on lui attribuait certains traits infernaux. Les Indiens d'Amérique du Nord sont les seuls à envisager l'Au-delà sans référence à la question du jugement et à imaginer qu'on y mène le même type d'existence que sur terre. — Dans les pays où régnait la croyance à des âmes multiples (l'Égypte ou la Chine), on affirmait que la première partie de l'âme* restait dans le tombeau,

tandis que la seconde partait à la recherche du pays de l'Au-delà. — Pour ceux qui croient à la réincarnation, l'Au-delà ne représente qu'un simple lieu de passage où l'on ne demeure qu'entre deux incarnations. Le *Livre des morts* tibétain (*Bardö Thodol*, datant du XVIIIe siècle de notre ère dans sa version la plus connue), et qu'il faut lire à l'envers, depuis la fin vers le début, par analogie avec l'âme qui quitte le corps du défunt et va trouver une nouvelle enveloppe charnelle dans la naissance d'un nouvel être humain, décrit ainsi toutes les étapes du cheminement de l'âme qui se défait peu à peu de toutes les illusions et de toutes les impressions qui lui restent de son « incarnation » antérieure. — Les religions révélées, mais aussi d'autres croyances comme en Égypte*, ont imposé la vision d'un tribunal des morts dans l'Au-delà qui, au jugement de leurs actions terrestres, justifie ou condamne les âmes (Balance*); voir Paradis. — Le vœu déjà courant dans l'Antiquité d'une sanction des actions terrestres dans l'Au-delà a déterminé les représentations symboliques, devenues proverbiales, des peines infligées à de célèbres pécheurs après leur mort : « le supplice de Tantale » (Tantale, roi de Lydie, avait provoqué les dieux, en les régalant de la chair de son fils assassiné. Précipité aux enfers, il est plongé dans l'eau jusqu'au menton, mais souffre d'une soif inextinguible, car l'eau s'évapore dès qu'il veut en boire. De magnifiques fruits pendent devant sa bouche, mais une bourrasque les écarte de lui dès qu'il tente de les saisir : sa punition sans fin est de ne jamais pouvoir atteindre ce qui semble pourtant tellement proche), « le supplice de Sisyphe »

Charon, passeur mythique des âmes des morts : gravure de 1647.

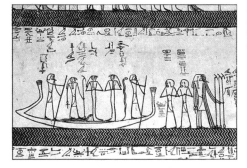

*Passage vers l'éternité :
navigation de la divinité
sur le Nil céleste :
peinture pariétale thébaine
(xvᵉ s. av. J.-C.).*

(Sisyphe, fondateur de la ville de Corinthe, avait tenté de duper Hadès, le dieu des Enfers. Sa punition est de devoir rouler une grande roche jusqu'en haut d'une montagne, mais la roche lui échappe et dévale la montagne dès qu'il arrive au sommet : c'est un tourment éternel et stérile), « le tonneau des Danaïdes » (les Danaïdes étaient les filles du roi d'Argolide, Danaos, et avaient assassiné leurs époux au cours de leur nuit de noces. Aux enfers, elles sont condamnées à remplir d'eau des tonneaux percés, travail inepte et inutile). — Une représentation de l'Au-delà devenue légendaire, durant le Moyen Âge, quand les croyants cherchaient à éviter le caractère perpétuel d'une peine qu'ils supposaient inévitable, est celle du purgatoire* (*purgatorium*). C'est le lieu où sont expiés les péchés véniels : les « pauvres âmes » y subissent des souffrances limitées dans le temps, et les prières des vivants en leur faveur leur permettent d'accéder plus vite au royaume des cieux ; elles ont de leur côté le pouvoir d'assister les humains. L'art populaire représente le purgatoire de façon identique à l'enfer, à cette différence qu'on y voit les anges* conduire au ciel* les âmes à formes humaines après qu'elles ont subi leur punition. — Une autre représentation fondamentale de l'Au-delà est celle des « limbes » où reposent les âmes de ceux qui n'ont pu connaître la Bonne Nouvelle, soit qu'ils aient vécu avant le ministère du Christ, soit qu'ils soient morts en bas âge avant qu'on ait pu leur donner le sacrement du baptême. Ces âmes, Jésus va les chercher dans le silence du tombeau (*Schéol*), car il veut les délivrer et leur faire connaître les récompenses annoncées par la Promesse. L'*Évangile de Nicodème*, texte apocryphe, décrit en par-

ticulier cette scène : « Les portes d'airain* se fracassèrent, les traverses de bronze se brisèrent, et tous les morts, qui étaient enchaînés, se délivrèrent de leurs liens... Le roi de la splendeur apparut sous les traits d'un homme, et les sombres recoins de l'Hadès s'éclaircirent... Le Sauveur bénit alors Adam* en traçant sur son front le signe de la croix, puis il fit de même pour les patriarches, les prophètes et les martyrs. Ils sortirent alors tous des enfers ». L'art orthodoxe représente souvent cette anastasie (« résurrection des morts »).

AUTRUCHE   L'autruche est connue dans l'espace méditerranéen depuis le vᵉ siècle av. J.-C. ; on la trouvait encore à cette époque en Afrique du Nord, ce que confirment les fresques rupestres préhistoriques et protohistoriques qu'on y trouve. Aristote lui attribuait une nature mixte, mi-oiseau, mi-mammifère terrestre. Sa plume* était le symbole de la déesse égyptienne Maât et servait lors du Jugement des morts à la cérémonie de la « pesée du cœur ». Le texte du *Physiologus* (iiᵉ siècle) célèbre ses « belles plumes multicolores et brillantes » et croit que l'autruche « vole au ras du sol... Tout ce qu'elle trouve lui sert de nourriture. Elle va aussi dans les forges, mange le fer brûlant et le rejette aussitôt par les intestins, aussi brûlant qu'elle l'a avalé. Mais la digestion a rendu ce fer plus léger et plus pur, ainsi que je l'ai vu de mes propres yeux à Chios (!). Elle pond des œufs* et ne les couve pas comme c'est l'usage mais s'assoit en face d'eux et les fixe d'un regard perçant ; ils se réchauffent et la chaleur de ses yeux* fait éclore les petits... Voilà pourquoi on pend des œufs dans l'église afin qu'ils nous servent d'exemple. Lorsque nous nous y trouvons pour prier, nous

Génie ailé lançant son arme contre deux autruches : empreinte de sceau (XIIe-XIe s. av. J.-C., Assyrie moyenne).

devons diriger notre regard vers Dieu parce qu'il nous a défait de nos péchés ». — L'autre conception selon laquelle la chaleur du soleil* fait éclore les œufs d'autruche servit de métaphore à la résurrection du Christ, et l'éclosion sans intervention des parents (ce qui est bien sûr zoologiquement faux) symbolisait la maternité immaculée de la Vierge* Marie*. La légende selon laquelle l'autruche enfouit sa tête dans le sable lorsqu'elle est menacée, pensant ainsi ne pas être vue (« pratiquer la politique de l'autruche »), en fit le symbole de la synagogue (voir Cécité) ainsi que de la paresse (voir Faisan). L'expression « avoir un estomac d'autruche » est également passée en proverbe, car elle peut digérer le fer d'où, au sens figuré, les pires offenses. — Les bestiaires médiévaux font de cet oiseau coureur incapable de voler, à l'instar du cygne*, l'animal qui symbolise l'hypocrisie et la tartuferie. Il déploie souvent ses ailes* comme s'il allait s'envoler, mais en effet

il ne peut s'élever du sol – « tout comme les hypocrites qui veulent se donner l'apparence de la sainteté mais n'agissent jamais comme des saints… C'est ainsi que l'hypocrite, à cause du poids de ses biens et de ses soucis terrestres, ne peut s'élever vers les choses célestes » (Unterkircher).

AVATAR   Terme sanscrit, signifiant « descente », employé surtout au pluriel (*avatara*) et désignant les multiples « incarnations » des divinités brahmaniques. Le grand dieu Vishnou*, protecteur et conservateur du monde, est celui qui se prête le plus volontiers à ce jeu des métamorphoses chaque fois que l'humanité doit échapper à un grand péril. Ses *avatara* sont innombrables, mais la religion populaire en a retenu dix principaux, dont l'ordre rythme la création du monde et son évolution, le dixième devant s'accomplir à la fin de la période actuelle (*Kali-Yuga*). — Le premier avatar de Vishnou est ainsi celui

Autruche couvant : miniature arabe (XIXe s., « Livre des animaux », al-Gahiz).

du poisson* *Matsya* sous la forme duquel il annonce le Déluge* aux hommes et leur montre comment y échapper en construisant un navire (voir Arche). Il prend ensuite la forme de la tortue Kūrma, pour soutenir sur son dos le Mont Mandara, l'axe du monde*, qui a émergé au centre de l'océan de lait*. En tirant alternativement sur la tête et la queue du grand serpent* qui entoure le Mont, à partir des deux rives opposées, les dieux « barattent » cet océan et génèrent la création. Vishnou se transforme ensuite en sanglier* (*Varāha*) pour faire resurgir la terre du fond de l'océan où l'auraient engloutie les démons, puis en homme-lion (*Narasimha*) pour déchirer de ses griffes un puissant démon qui empêchait son fils de se livrer aux pratiques spirituelles. Le cinquième avatar est celui du nain Vâmana par lequel Vishnou rend aux dieux les parties de la terre, du ciel et de l'espace intermédiaire entre les deux dont le roi-démon Bali s'était indûment emparé ; mais il lui laisse la souveraineté sur les mondes inférieurs. Vient ensuite Parashu-Râma, ou « Râma à la hache* » qui préserve l'humanité – en particulier la caste des brahmanes – des excès tyranniques des guerriers. Le septième avatar est Râma-chandra (semblable à la lune*) où le grand Râma, dans une suite d'épisodes mouvementés qui font l'objet de la grande geste du *Ramayana*, débarrasse la terre des démons qui l'infestent et, à travers l'histoire de son épouse Sitâ et de sa famille, institue les codes d'une morale familiale. La huitième incarnation de Vishnou en Krishna est celle qui suscite chez les Hindous l'adoration la plus débridée, sans doute parce qu'il représente la manifestation la plus complète du Dieu, et offre la quintessence de son enseignement pour parvenir à l'extase de l'amour divin. Les grandes lignes en sont retracées dans un autre grand poème sanscrit (le *Mahâbhârata*) dans lequel on voit Krishna, avec l'aide de son disciple Arjuna, s'efforcer de rétablir la royauté des Pandava injustement détrônés. — Le brahmanisme fait ensuite du *Bouddha Gautama* le neuvième avatar de Vishnou, tandis qu'on attend pour la fin de l'âge de fer (l'actuel *Kali-Yuga*) l'apparition du dernier avatar, *Kalki*, le cheval* blanc qui, ainsi que dans l'Apocalypse, terrassera les méchants pour instaurer le nouveau règne du Bien - un nouveau plan de conscience, que Sri Auribindo a appelé pour sa part le « Supra-mental ».

AXE DU MONDE (en latin *axis mundi*) L'axe du monde représente une conception très répandue de l'architecture cosmique dans les anciennes civilisations. L'espace vital y est en effet conçu comme un « empire du milieu », comme un centre

1. *L'axe du monde dans l'interprétation hindouiste : gravure du XIXe s.*

2. *Colonne du temple de Dendérah : gravure du XIXe s.*

de la terre*, tandis que l'étoile polaire qui marque le zénith constitue une manière de moyeu autour duquel gravite le firmament. Le pilier qui soutient la voûte céleste est alors conçu comme un axe à la rotation spiralée, composé d'une substance cristalline, ou d'une manière plus statique comme une montagne* qui supporte l'univers ou encore comme un arbre* cosmique. Chez les peuples à cultes chamaniques, l'axe du monde est aussi considéré comme la route qu'emprunte le chaman pour atteindre les autres niveaux de l'architecture universelle, et y communiquer avec les êtres supraterrestres. De quelque façon que ce soit, l'idée d'axe du monde implique la croyance en un ordre de la création et suppose, fût-ce de façon imaginaire, qu'il existe un principe qui régente et structure le champ du manifesté. Le pieu* sacré, le menhir* et l'obélisque* sont à l'origine des expressions de cette même cosmologie archaïque tandis qu'on la voit se développer en Inde d'une façon déjà beaucoup plus raffinée sous le symbole du pilier cosmique Skambah (*Atharva-Veda* X, 7) : « Dans lequel de ses membres se tient le ciel ? / Dans lequel de ses membres se tient le domaine aérien ? / Dans lequel de ses membres le ciel est-il fixé ? / Dans lequel de ses membres se tient l'au-delà du ciel ? » – et encore : « Dans Skambah se portent le ciel et la terre que voici, / Skambah porte le vaste domaine aérien, / Skambah porte les six vastes directions du ciel, / Dans Skambah est entré cet Univers tout entier. » En fait, grand était primordial, le pilier Skambah est le plus généralement représenté dans les temples de l'Inde par le lingam* de Shiva*, supposé être de feu, ou par le mât ou *vajra* d'Indra qui emblématise la foudre* et est conçu comme de diamant*. L'axe du monde est toujours représenté dans les stupas* bouddhiques (édifices qui figurent symboliquement Bouddha) par un mât qui s'élève dans le ciel pour signifier la sortie du royaume de la contingence. Le caducée* lui-même, enfin, peut être considéré comme un axe du monde autour duquel s'enroulent les deux serpents* qui symboliseraient alors les deux forces antagonistes ou complémentaires dont le jeu crée la réalité des phénomènes : on en trouve un équivalent avec l'enroulement des deux nadi autour du sushumma du tantrisme ou la double spirale de sens inverse que décrivent au Japon Izanagi et Izanami autour du pilier central qui structure l'univers (voir Omphalos, Carré, Colonne, Temple).

B

BABEL *(TOUR DE)* Ce nom désignait autrefois le temple* Etemenanki (la première pierre du Ciel et de la Terre), en forme de ziggurat situé dans la ville de Babylone*, ainsi peut-être que le monument semblable, haut de 50 mètres, lieu saint du dieu Nabu ou Nebo (dieu babylonien de la sagesse et de l'écriture), qui s'élevait à Borsippa (aujourd'hui Birs Nimrud) au sud de Babylone. Borsippa était reliée à Babylone par un canal. Le récit biblique de la construction de la tour de Babel symbolise l'orgueil et la présomption démesurée de l'homme cherchant à conquérir le Ciel à l'aide de moyens terrestres. La *Bible* y voit la tentative folle et désespérée de l'humanité de reconstituer l'axe entre le Ciel* et la Terre*, brisé par le péché originel – le cas échéant contre la volonté de Dieu » (Lurker, 1987) – Voir Axe du monde*. D'après une légende juive relatée dans le *Talmud*, c'est le mépris des responsables du chantier pour la vie humaine qui déclencha la colère divine : dans cette légende, un ouvrier tombe de l'échafaudage haut comme les cieux et y trouve la mort, mais « les maîtres de chantier n'ont en tête que leurs propres soucis et le souhait d'achever rapidement l'œuvre qui doit leur apporter la gloire. Ils n'attachent donc

*La tour de Babel :
« On ne mène rien à terme
par la discorde. »*

guère d'importance à l'incident et font évacuer le corps sans interrompre pour autant le travail. Quelques jours plus tard, l'une des pierres se fissure et un bout de mur s'écroule. Les responsables

*L'écroulement
de la tour de Babel :
gravure
(1547, C. Anthoniszoon).*

du chantier se lamentent, pensent aux délais qu'ils s'étaient fixés et peut-être également aux frais. La pierre qui est tombée a à leurs yeux plus d'importance que le travailleur mort dans sa chute. C'est l'une des raisons pour lesquelles Dieu décida de les punir » (R. Aron, 1973). — Le nom biblique de Babel est associé au radical *bll* signifiant « désordre », « égarement », ainsi qu'à la légende de la naissance de langues différentes qui empêchent à jamais les hommes de réaliser leur audacieux projet de conquérir le Ciel. Le miracle de la Pentecôte où l'Esprit-Saint se déverse sur les hommes (voir Langue) symbolise la faculté de l'individu inspiré par les dieux de maîtriser spontanément des langues étrangères et de franchir ainsi les limites fixées dans l'*Ancien Testament*, les hommes s'étant tous mis à parler des langues différentes et incompréhensibles les unes aux autres à la suite de la destruction de la tour. — Dans la symbolique maçonnique* la construction de la tour de Babel est rapprochée entre autres de la diffusion de l'architecture dans le monde entier, à la suite de la dispersion générale liée à cet épisode. Dans un texte destiné à instruire des « sœurs » franc-maçonnes (Baurnjöpel, 1793), la référence à la construction de la Tour est donnée comme le symbole de la présomption des « enfants de la Terre contre laquelle chacun est libre d'exercer un cœur raisonnable et sincère ». L'espéranto, la langue universelle (artificielle), est une tentative maçonnique pour surmonter le désordre dû à

l'existence de langues différentes ; « l'Espéranto-Fremasona » fut créé en 1905 pour effacer de manière rationnelle les barrières des langues.

BABYLONE   Cette ville située sur le cours inférieur de l'Euphrate était l'un des centres culturels les plus importants de l'Orient antique. Elle s'appelait autrefois *Bab-ilu* ou *Bab-ili*, c'est-à-dire les portes* du Ciel* ou des Dieux. Elle est désignée dans la *Bible* comme « la grande prostituée* » car elle y représente les forces ennemies qui pillèrent Jérusalem* en 598 av. J.-C. sur l'ordre du roi Nabuchodonosor II et emmenèrent toute une partie de ses habitants dans la « prison babylonienne » où ils pleurèrent jusqu'à leur libération leur patrie perdue. Le roi donna un visage nouveau au quartier des temples Esagila en y faisant construire le temple* Étemenanki, une sorte de tour* en escalier, et il se rendit ainsi ouvertement coupable aux yeux des Juifs d'« idôlatrie ». Le prophète Isaïe (14, 13-14) prête les paroles suivantes au roi de Babylone : « J'escaladerai les cieux ; par-dessus les étoiles de Dieu, j'érigerai mon trône. Je siégerai sur les montagnes de l'assemblée dans les profondeurs du Nord. Je monterai au sommet des nuages noirs, je ressemblerai au Très-Haut ». La défaite du roi babylonien Bel-schar-usur devant les Perses en 550 av. J.-C. mit un terme à cette folie des grandeurs et à l'exil du peuple juif. Mais Babylone n'en resta pas moins à travers l'histoire le symbole de l'idôlatrie, de

Sémiramis et la ville de Babylone : gravure du XVᵉ s.

La chute de Babylone : miniature
(Apocalypse du Beatus de Liébana).

la perversion et du vice : « Son ardeur à rivaliser avec ses prochains enivra tous les peuples de la Terre ». Dans l'*Apocalypse* de saint Jean, Babylone est l'antithèse de la ville sainte de Jérusalem et elle est représentée par une femme aux habits pourpres et écarlates tenant à la main un gobelet rempli de déchets et de choses terrifiantes, « qui se saoule du sang des saints et du sang des martyrs de Jésus ». Babylone n'est cependant plus ici qu'un simple nom désignant de façon indirecte la capitale du monde antique à l'époque du prophète, c'est-à-dire Rome.

BACCHANTES   « Louange à l'homme heureux qui connaît les divins mystères et purifie son âme dans les bacchanales de la montagne », s'écrie le chœur des Bacchantes d'Euripide, en prélude à la tragédie. Ces Bacchantes, appelées aussi Ménades sont les femmes qui, en troupes ou en cortèges (en « thiases »), se vouent au culte de Bacchos-Dionysos* (le Bacchus* des Romains). Venu de Thèbes – ou peut-être de Thrace – ce nouveau dieu apporte aux hommes « la liqueur tirée de la grappe », le vin de l'ivresse*, et s'entoure toujours de femmes pour bouleverser l'ordre masculin du monde grec. Enfant de Zeus et d'une mortelle, Sémélé, mais promis à un brillant avenir cultuel, Bacchos poursuit d'une vengeance implacable ceux

qui refusent de reconnaître sa divinité et les Bacchantes en sont l'instrument. — Quand on dédaigne ses présents (l'élan vital irrépressible, la sève jaillissante et bouillonnante, l'ivresse des sens), Bacchos disloque les cités en en brisant les foyers. Piquant les femmes – mariées de préférence – « de son aiguillon de frénésie », il les oblige à tout quitter pour aller vivre et délirer dans les montagnes. Possédées par la *mania* de Bacchos (*bacchié* signifie en grec : la transe en lui), portant sa livrée – le masque, le thyrse (bâton enguirlandé de pampres et de lierre) et la nébride (tunique en peau de faon) – les Bacchantes, au cri d'*évohé* ! se livrent alors à la danse au son de la flûte*, de la lyre et des tambourins, tandis qu'au fond des grottes s'organisent les « orgies » célèbrant les mystères du culte dionysiaque (*cf.* la Villa des Mystères à Pompéi). Dionysos s'unit aux Bacchantes bondissantes pour manifester l'irruption du sacré dans le monde. — Prises d'un transport divin, mais hors d'elles, les Bacchantes retournant à la sauvagerie primitive des instincts poursuivent les boucs* par monts et par vaux pour les saigner et « dévorer leur chair crue ». Plus terrible encore, le dieu courroucé peut leur faire déchirer la chair de leurs propres enfants (Agavé immole son fils Penthée dans la tragédie d'Euripide). Orphée lui-même, pour avoir préféré honorer Apollon, sera mis en pièces par des Ménades en Macédoine après qu'elles auront aussi tué leurs maris. Comment s'étonner que les Scythes se fussent cru « frappés d'une calamité générale », raconte Hérodote, « lorsqu'ils virent leur roi Scylas prendre part à une bacchanale ? » Il dut s'enfuir et fut assassiné. — Proprement volcanique, figure même de l'excès le plus redoutable car féminin, « hystérique », la bacchante devient le plus souvent par la suite l'image de la débauche et d'une licence sexuelle condamnable. Si quelques tableaux du XVIIIe siècle lui rendent grâce d'une tête souriante couronnée de vigne, les écrivains du XIXe siècle donnent libre cours à leur instinct de répression : « Déesse canaille, la tignasse en désordre, avec tous les caractères d'une bestialité échauffée » (*Journal des Goncourt*) ou encore, « cette bacchante, qu'on nomme Révolution française » (Joseph de Maistre). Lourd destin des adoratrices de Dionysos, ce grand dieu subversif !

BACCHUS Le dieu antique de l'Extase et de l'Ivresse est devenu, avec le « dieu de la bière » Gambrinus (qui ne possède pas d'équivalent dans la mythologie grecque), le symbole et l'emblème des tavernes et des auberges. Le mythe raconte que Bacchus ou Dionysos* était l'un des fils de Zeus et aurait créé la vigne*. Il allait de pays en pays, accompagné de satyres (démons de la nature), de silènes (satyres devenus vieux) et de ménades (femmes possédées), afin de libérer les hommes de leurs soucis. Ses attributs étaient la feuille de vigne et la vigne elle-même ainsi que le thyrse* (bâton entouré de feuilles de vigne ou de lierre, surmonté d'une pomme de pin*, que portaient les bacchantes), et il est représenté en compagnie d'animaux particulièrement virils comme le bouc* ou le taureau*. Certains mythes relatent qu'il mourut et ressuscita sous les traits du Dionysos Zagreus de l'orphisme, lui-même fils de Zeus et de Déméter, en tant que tel célébré lors des mystères d'Éleusis, et qui, pourchassé,

Hommes au bain :
gravure (~1496, A. Dürer).

Bacchus, dieu de l'ivresse, et sa suite :
gravure de 1647.

mis à mort, dépecé et dévoré par les Titans*, fut recueilli par son père qui le ressuscita définitivement. Il est ainsi parfois présenté comme l'une des figures divines qui meurent et toujours ressuscitent. On retrouve dès l'époque pré-classique la trace du nom Dionysos – sous la forme di-wo-no-so-jo – sur les tablettes du linéaire B en Crète et à Mycènes. Le nom Bacchos, d'où les latins tirèrent le mot Bacchus, est probablement originaire de la région de Lydie (en Asie mineure).

BAIN L'idée de « propreté » qui est le plus fréquemment associée aux bains, symbolise aussi, et très tôt, l'absence du péché que l'eau* fait disparaître. L'un des bains les plus connus est le « Grand Bain » de la ville de Mohenjo-Daro sur l'Indus (vers 1500 av. J.-C.) qui mesure douze mètres sur sept et évoque les étangs des temples indiens ultérieurs qui servaient à la toilette rituelle. Il était courant dans le Mexique ancien de se baigner la nuit pour les mêmes raisons cultuelles. Plus répandu encore, le lavage rituel de certaines parties du corps apparaît dans presque toutes les cultures et on le retrouve par exemple encore aujourd'hui dans l'islam. Dans la Chine ancienne, les mariés se baignaient avant de célébrer leurs noces ; on baignait dans les temples bouddhistes les statuettes du Bouddha à un jour bien précis du douzième mois, et les bains marquaient le début d'une nouvelle étape de la vie. — Lors des mystères d'Éleusis, chacun des participants au culte devait prendre un bain de mer. Les baptêmes de saint Jean Baptiste ne consistaient pas seulement à verser de l'eau sur la tête du baptisé, mais celui-ci se plongeait complètement dans le Jourdain – un rite auquel Jésus lui aussi se plia. — Dans le domaine profane, le bain de la fontaine*

Bain philosophique séparant le pur de l'impur : illustration du XVIIIe s.

1. Symbologie alchimique du bain : la pierre philosophale conçue dans l'eau et générée dans l'air : gravure de 1618.

2. Baptême du Christ : miniature (1085, « Codex Vysehradensis »).

de jouvence que l'on retrouve souvent dans l'art européen (en particulier à la Renaissance) est un symbole de la deuxième naissance. Pour l'Église, la confession des péchés et l'absolution représentent un bain purificateur de l'âme qui se nettoie également à travers les larmes de pénitence. Le martyre est considéré comme le « baptême du sang* ». En alchimie*, la dissolution des

deux essences originelles Sulphur* et Mercurius*, le soufre et le mercure, est représentée sous la forme du bain du roi* et de la reine*. — Aux débuts de l'ère chrétienne, les convertis attribuèrent une signification symbolique négative aux bains publics romains, considérés comme des lieux de débauche et de « ramollissement ». — L'usage médiéval des bains, qui apparaît entre autres dans les vignettes de la plus ancienne version manuscrite et illustrée de la *Bible*, la *Bible de Venceslas* (Bibliothèque Nationale Autrichienne), s'interrompt brutalement au début de l'époque moderne en raison de la diffusion des maladies vénériennes. — La psychanalyse voit dans l'image du bain une tendance à se réfugier dans le giron maternel (voir Mère).

BALAI On attribua très tôt au balai des pouvoirs magiques et une fonction symbolique très importante. Le conte de l'apprenti-sorcier qui transforme son balai en porteur d'eau et n'évite la catastrophe que grâce à l'arrivée de son maître, a son origine dans des récits de l'Égypte ancienne et était connu dès l'Antiquité. Fidèle aux vieilles croyances populaires, Pythagore défendait de monter sur un balai. Au cours de la fête athénienne des Anthestéries qui étaient dédiées à Dio-

des sorcières* qui l'enfourchaient pour se rendre au sabbat célébré sur une montagne (après s'être enduites d'un onguent, vraisemblablement destiné à modifier l'état de conscience dans lequel elles se trouvaient). Le balai entre les jambes nues des sorcières est souvent considéré comme un symbole phallique ; les sorcières utilisaient cependant aussi d'autres objets ménagers tels que les pelles à four ou les bancs comme « montures aériennes ». — On trouve également au Mexique ancien une fête du balai, Ochpanitzli. Elle était consacrée à la vieille déesse de la Terre Teteo-innan qui était censée chasser le malheur et la maladie. — Dans l'iconographie chrétienne, le balai est l'attribut de sainte Marthe et de sainte Pétronille, les saintes patronnes des domestiques.

BALANCE   La balance n'est pas seulement un signe astrologique, elle est plus généralement le symbole de la justice, aussi bien celui de la justice terrestre, que celui de la *Justitia*, la justice supérieure aux yeux bandés qui ne doit se laisser influencer par rien. On trouve déjà dans de nombreuses religions anciennes la notion d'un jugement dans l'Au-delà* selon le poids des bonnes et des mauvaises actions passées : par exemple le jugement des morts chez les Égyptiens, au cours duquel le dieu Osiris, en présence de Maat, la déesse de la Justice, soupesait le cœur* du mort et

1. Sorcière à cheval sur un balai commandant aux esprits de l'air : gravure.

2. Sorcières volant sur un balai : gravure (1799, « Caprices », Goya).

nysos* et se célébraient à la fin du mois de février, les ombres* des morts se rendaient dans les maisons des hommes et y étaient nourries, mais on les chassait ensuite à coups de balai. — Dans la Chine ancienne, il ne fallait jamais laisser un balai dans les chambres des morts car le défunt risquait alors de revenir sous les traits d'un fantôme à cheveux longs. Les joueurs se méfiaient également du balai qui faisait « s'envoler la chance ». En revanche, la déesse du beau temps que l'on célébrait à l'occasion du Nouvel An était très appréciée car elle chassait les nuages* de pluie avec son balai. — Dans les croyances populaires européennes, c'est visiblement l'idée d'une force contenue dans les poils du balai qui prédomine. Ces brindilles étaient censées dissiper l'orage et c'est pourquoi on plaçait des « balais de sorcière » au sommet des toits. Par ailleurs, le balai était l'attribut

Allégorie de l'équinoxe d'automne, début du signe zodiacal de la Balance.

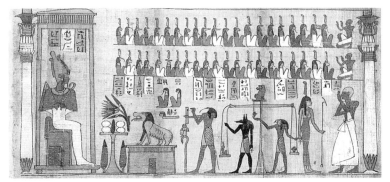

Scènes de psychostasie, papyrus d'Efank (304-230 av. J.-C.) contenant « Le Livre des Morts ».

décidait de la destination du défunt vers l'Amenti, équivalent du paradis*, ou vers la Douat, l'enfer*. La pesée des actions terrestres apparaît également dans des jugements similaires chez les Perses et les Tibétains. En Grèce, Zeus soupèse avec une balance la destinée des hommes avant de la leur attribuer. — Dans le christianisme, la balance est principalement le symbole et l'attribut de Dieu le père*, le juge universel de la fin des temps qui décide si celui qui se tient devant lui gagnera le paradis dans le ciel* ou souffrira les tourments éternels de l'enfer. — Dans la ville hollandaise de Oudewater, la balance des sorcières* était plus qu'un symbole car elle permettait de constater si une personne incriminée avait été placée en état de lévitation par le Diable* ou si elle pesait encore un poids normal pour un être humain. Si la balance est en Inde le symbole de la classe guerrière (les *kshatriyas*), sa flèche correspond en Chine à l'« Invariable milieu », c'est-à-dire à la Cité des Saules du taoïsme, où on pèse tout exactement (équilibre du yin* et du yang*). Dans cette position, son axe aboutit à la Grande Ourse, ou balance de JADE* - cependant qu'on dit aussi que ses deux plateaux sont figurés par la Grande et la Petite Ourse en un total équilibre. — Le symbole de la balance a été largement utilisé en alchimie* depuis Zozime de Panopolis, mais c'est surtout l'alchimie arabe qui en a systématiquement fait usage dans le cadre d'une alchimie spirituelle (voir *Le Livre des Balances* de Jâbir). La « science de la balance » consiste alors à « mesurer le désir de l'Âme du monde » et, en éta-

blissant les correspondances correctes entre le monde spirituel et le monde corporel où la balance marque l'équilibre entre la Lumière* et les Ténèbres, à rendre manifeste l'ésotérique, la réalité cachée (*bâtin*) de toute chose. D'une façon plus générale, cette « alchimie de la balance » a construit des diagrammes universels où se correspondent les métaux et les planètes* qui les gouver-

L'archange Michel pèse les âmes : gravure (1516, U. Graf).

Balance : « De ce côté je m'abaisse, de cet autre je m'élève » : gravure de 1702.

nent, les symboles astrologiques*, les réalités angéliques, les figures des prophètes, les « imams des Noms divins », et les différents plans d'existence, de la plus grossière ici-bas à la plus subtile dans le monde de l'esprit. C'est ainsi que le théosophe iranien Haydar Amolī (1320-1385), continuateur à plusieurs siècles de distance de l'œuvre du grand soufi Ibn' Arabi, présente dans le *Texte des Textes* une « balance des Sept* » correspondant aux 7 planètes, aux 7 prophètes, puis une « balance des Douze » qui correspond aux 12 signes du zodiaque* et aux 12 imams héritiers de chacun des grands prophètes – pour aboutir au « Sceau de l'Imamat mohammedien (qui) est le XIIe Imam, le Mahdī à venir, annoncé par le prophète lui-même » (H. Corbin). Ces deux balances se complètent dans la « balance des Dix-neuf » – le nombre 19 étant bien entendu le total des 7 planètes et des 12 signes du zodiaque, mais aussi de l'Intelligence suprême, de l'Âme du monde, des 9 sphères* célestes, des 4 éléments*, des 3 règnes naturels et de l'homme $(1+1+9+4+3+1 = 19)$. C'est un grandiose diagramme cosmique, méta et supra-cosmique, qui est ainsi mis en place, où sont hirarchisées et symbolisées toutes les réalités d'ordre matériel, psychique et spirituel - d'autant que s'y intègre aussi la symbolique spirituelle des lettres* (voir Da'wah) : les 14 lettres de l'alphabet arabe relevant du *Malakut* (monde de l'âme), augmentées de leurs 5 degrés tels qu'ils

apparaissent dans certaines sourates du Coran. Nous aboutissons alors au système global suivant : 1 : Le monde du Jabarut (de l'Intelligence), B, le Soleil* ; 2 : Le monde du Malakut, S, Jupiter* ; 3 : Le trône, M, Mars* ; 4 : Le firmament, A, Vénus* ; 5 : Le ciel de Saturne*, L, Mercure* ; 6 : Le ciel de Jupiter, L, la Lune ; 7 : Le ciel de Mars, H, le Bélier* ; 8 : Le ciel du Soleil, A, le Taureau* ; 9 : Le ciel de Vénus, L, les Gémeaux ; 10 : Le ciel de Mercure, R, le Cancer ; 11 : Le ciel de la Lune, H, le Lion* ; 12 : La sphère du feu*, M, la Vierge* ; 13 : La sphère de l'air*, N, la Balance ; 14 : La sphère de l'eau*, A, le Scorpion* ; 15 : la sphère de la terre, L, le Sagittaire ; 16 : le règne minéral, R, le Capricorne ; 17 : le règne végétal, H, le Verseau ; 18 : le règne animal, I, les Poissons*, et enfin, 19 : Le monde de l'homme, M, Saturne. On remarquera que l'ensemble des lettres lues dans l'ordre donne : BSM ALLH AL-RHMN AL-RHIM, qui correspond à la formule récapitulative de tout le Coran et que l'on trouve au début de chacune de ses sourates : *Bism Allah al-Rahmân al-Rahîm*, « au nom de Dieu le Miséricordieux, le Tout-miséricordieux ». — La signification astrologique des étoiles* à l'écliptique désigne la Balance comme le septième des douze signes du zodiaque* et attribue aux personnes nées sous ce signe des qualités telles que la modération, la « mesure », la justice, l'harmonie, un tempérament pacifique et une tendance à l'hésitation, ce qui traduit une

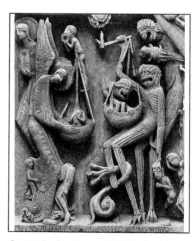

La pesée des âmes : relief (XIIe s.) avec le Jugement dernier.

relation entre ce nom et sa signification (*nomina sunt omina*, « les noms renvoient à la destinée »). « Une balance faussée est en horreur au Seigneur mais un poids exact a sa faveur » (*Proverbes* de Salomon XI,1). — Dans la symbolique maçonnique, le « niveau » est l'insigne du second surveillant de la loge qui doit veiller à maintenir l'égalité entre les frères sans tenir compte des différences de condition sociale.

BALDAQUIN   Ce dais qui repose sur quatre colonnes est utilisé lors de processions à caractère religieux ; il est aussi appelé « ciel ». Il tire son origine des ombrelles orientales sous lesquelles s'abritent les hauts dignitaires. Dans la Chine ancienne, le ciel était comparé à une toile ronde analogue à celles qui protégeaient les chars*. Le baldaquin est

Baldaquin : « Il protège du soleil et de la pluie » : gravure de 1702.

associé en Occident aux « quatre coins du monde » et a donc généralement une forme carrée. Il est supposé constituer une sorte de toit protecteur au-dessus des personnes haut placées et il se présente réellement comme une voûte céleste microcosmique. Les baldaquins surmontaient autrefois les trônes* et les autels et on les retrouve aussi en architecture où ils ornent, taillés dans la pierre, les autels et les tabernacles de certaines églises. Les chaires étaient également (pour des raisons acoustiques ?) surmontées de morceaux d'étoffe souvent décorés d'étoiles*, de même que les

tombeaux des saints ou encore leurs portraits. Sur certains dessins représentant des scènes de la *Bible*, les personnages les plus importants comme par exemple la Vierge Marie* sont représentés sous des baldaquins.

BALEINE   C'est le nom de ce cétacé que l'on a traditionnellement donné au monstre marin *Ketos* (en latin *cetus*) que tua le héros Persée pour délivrer Andromède ; de même que, dans la *Bible*, au « grand poisson » qui avala Jonas. « Et Jonas demeura dans les entrailles du poisson trois jours et trois nuits et il pria

La navigation de saint Brandan : gravure du XVIe s.

*Le navire de saint Brandan
sur le dos d'une baleine : miniature
(« Navigatio sancti Brandani »).*

*Jonas jeté aux poissons
et englouti par la baleine :
miniature (Xᵉ s., « Bible » de Ripoll).*

le Seigneur... Alors le Seigneur commanda au poisson et aussitôt le poisson vomit Jonas sur la terre ferme » (*Livre de Jonas* II, 1-11). De la même manière que certains épisodes des *Évangiles* se trouvent déjà « annoncés » dans l'*Ancien Testament*, on trouve dans *Matthieu* XII,40 la prédiction de Jésus concernant sa résurrection : « Car tout comme Jonas fut dans le ventre du monstre marin trois jours et trois nuits, ainsi le Fils de l'homme sera dans le sein de la terre trois jours et trois nuits ». On ne cessa d'interpréter ce passage et de le représenter dans les Beaux-Arts comme un symbole de la résurrection des morts. La légende irlandaise de la navigation de saint Brandan (*Navigatio Sancti Brandani*) contient, à l'instar de celle de Sindbad, un passage où les moines qui erraient sur les mers prennent pied sur le dos d'une baleine endormie. On lit à ce propos dans les bestiaires médiévaux : Sur le dos du monstre marin poussent même des broussailles, « voilà pourquoi les marins pensent que c'est une île sur laquelle ils accostent et font des foyers. Mais l'animal, bientôt indisposé par la chaleur, plonge dans les profondeurs entraînant avec lui le navire » (un sort qui fut épargné à saint Brandan et à ses frères). Et plus loin : « C'est ce qui advient également aux hommes qui igno-

rent tout de la rouerie du Diable... Ils sont alors engloutis en même temps que lui dans les profondeurs du feu infernal. » On raconte aussi que, de la gueule ouverte de la baleine, émanait un parfum (voir Panthère) et qu'elle attirait ainsi les poissons* pour les avaler.

BALLE   Les jeux* avec une balle de caoutchouc (Mexique ancien), de cuir, de laine ou de tissu, ont une signification symbolique dans de nombreuses cultures anciennes ; par association avec le globe solaire qui se déplace dans le ciel*, ils apparaissent dans divers cultes. Homère évoque dans l'*Odyssée* un jeu de balle qui était célébré sous la forme de danses à la cour du roi des Phéaciens (VIII, 374-380) et au cours duquel deux adolescents « essayaient de lancer droit devant eux en sautant » une balle de laine rouge. — Dans les monastères, la balle qu'on utilisait à l'occasion de certains jeux était considérée comme un symbole du Christ, le « Soleil de Pâques ressuscité ». La « pelote de Pâques » fut célébrée en France à Auxerre jusqu'en 1538 ; accompagnés par l'orgue et par des chants divers, des ecclésiastiques dansaient en rond autour d'un labyrinthe représenté sur le sol, tout en se lançant la balle les uns aux autres.

BAMBOU Le bois de bambou joue un grand rôle dans l'art et la symbolique asiatiques ; son « cœur* vide » représente la modestie tandis que sa couleur verte*, son aspect toujours identique, sa maigreur et sa sécheresse sont associés à l'idée de vieillesse. Lorsqu'on jette des bouts de bambou dans un feu, ils éclatent avec une détonation violente et sont censés chasser ainsi les démons. C'est l'attribut de la douce Kuan-Yin, la déesse de la miséricorde, et c'est pourquoi les bambous sont souvent représentés, accompagnés de chrysanthèmes, de pins et de fleurs de prunier dans les tableaux chinois. Les nœuds du bambou ont été interprétés comme les marches sur le chemin qui mène aux vérités supérieures, d'autant que, en relation avec les pratiques du Ch'an (l'ancêtre chinois du zen japonais), le vide qui occupe les entre-nœuds a souvent été compris comme le symbole même de la vacuité, de la *sunyata* centrale à l'ordre supérieur des choses. Dans ce contexte religieux, et particulièrement à l'époque de la dynastie des Songs (xᵉ au xIIIᵉ siècle), la « peinture de bambou » était considérée comme un exercice spirituel. — Au Japon, les pousses de bambou symbolisent la force et la jeunesse éternelle.

BARBE La barbe est un signe de maturité et de virilité. Les héros, les rois* et les dieux, quand ils ne doivent pas être explicitement représentés enfants ou

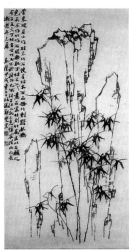

Bambou : détail d'une peinture chinoise d'époque Ming.

adolescents, ont toujours une barbe. La reine égyptienne Hatshepsout était souvent représentée avec une fausse barbichette pour indiquer ses fonctions. Il arrive que les femmes portent un tatouage en forme de barbe, comme par exemple chez les primitifs Aïnu dans le nord du Japon. Dans la Chine ancienne, une barbe rouge était un signe de courage et de force. Bien que les Chinois aient par nature une barbe assez peu fournie, les hommes célèbres sont toujours représentés barbus. En Amérique centrale, à l'époque précolombienne, la barbe n'était guère d'usage sauf pour certains dieux tel Quetzalcoatl* (*Kuculcan* chez les Mayas, c'est-à-dire le serpent* à plumes). On trouve dans les civilisations de la région des Andes des statuettes de glaise représentant des dieux avec une longue barbe ; certains chercheurs y voient l'indice de contacts antérieurs avec des navigateurs originaires d'Europe. — Dans l'art antique, les Celtes sont presque toujours représentés avec une moustache. — En Crète, pendant l'ère minoenne, les hommes étaient représentés imberbes mais, du temps d'Homère, ils ne se rasaient plus que la lèvre supérieure. À Rome, il était d'usage jusqu'au règne de l'empereur Hadrien de se raser la barbe, et cet usage reprit à l'époque de Constantin le Grand. Dans l'espace byzantin, les rois étaient

Homme à barbe : peinture pariétale thébaine (xIIIᵉ-xIIᵉ s. av. J.-C.)

L'ermite saint Onuphre avec barbe et chevelure ondoyantes. Fresque du XIe s.

Saint Matthieu sur le trône entouré des symboles des Évangélistes : miniature (VIIIe s., évangéliaire irlandais).

imberbes, tandis que les prêtres de l'Église orthodoxe portaient la barbe. Les prêtres occidentaux qui cherchent à effacer les caractéristiques de leur condition d'homme, sont presque toujours imberbes, à l'exception des représentants de certains ordres et des ermites qui voient dans l'acte de se raser un signe de coquetterie. Aux origines de l'époque chrétienne, le Christ est représenté dans l'art comme un adolescent sans barbe (de même que les anges*). Son image actuelle, avec des cheveux longs et une barbe, n'est apparue que plus tard. — On rencontre dans les légendes chrétiennes une « vierge* barbue », sainte Kummernus, aussi appelée Wilgefortis ou Liborada : sur un tableau de la Crucifixion conservé à Volto Santo (à Lucca en Italie), le Christ porte une longue robe dans le style byzantin ; les pèlerins qui ne parlaient pas l'italien y virent la représentation d'une femme se refusant à épouser un païen comme le lui ordonnait son père. Elle pria alors Dieu de la défigurer en lui laissant pousser une barbe, et son père, furieux, la fit crucifier (*Kummernus* est peut-être une déformation du nom byzantin *Komnenos*). Les musulmans utilisent le proverbe « par la barbe du prophète » ; un poil de la barbe de Mohammed est conservé comme relique dans la ville de Srinagar. Le mot « barbe » est également en Occident synonyme de virilité (*pars pro toto*), comme le montrent diverses locutions ; au Moyen Âge, les Germains avaient ainsi coutume de prêter serment « sur leur barbe » (*bei meinem Barte*).

BARQUE La barque transporte souvent (à la place du char*) les corps célestes tels que le soleil* à travers le ciel*, ou les morts dans l'Au-delà*. On trouve fréquemment gravés sur les parois des tombes mégalithiques de la fin de la préhistoire des dessins de barques qui symbolisaient apparemment le voyage vers l'Île des Bienheureux*. Dans les régions scandinaves, les dessins rupestres de bateaux de l'âge du bronze (avec une double étrave rappelant les traîneaux), symbolisaient plutôt le déroulement de processus cosmiques. Les barques solaires qui ont été mises au jour près des pyramides de Gizeh sont des images de cette barque qui transporte chaque jour le soleil dans le ciel tandis que, la nuit, elle éclaire le royaume des morts avant de réapparaître au Levant. En général, la barque (canot ou embarcation) est considérée comme le symbole du voyage, de la traversée de la vie, et ce jusque dans l'iconographie chré-

tienne où elle a conservé la même valeur.
« La vie en ce monde est comme une mer
tumultueuse qu'il faut traverser pour
mener notre barque à bon port. Si nous
parvenons à résister aux séductions des
sirènes (*Odyssée*), elle nous conduira à
la vie éternelle » (saint Augustin). L'Église
est alors souvent symbolisée par une nef,
l'« Arche* de Noé » par exemple, qui nous
emmène vers notre destination céleste –
tel un « vaisseau » dont la tour est figurée par le mât et les contreforts par les
avirons. La croix* est également interprétée tantôt comme le mât, tantôt
comme l'ancre* de l'espérance. Les épisodes du *Nouveau Testament* qui se
déroulent près du lac de Génésareth, lors
des voyages missionnaires de l'apôtre
Paul, offrent des analogies similaires. —
Dans de nombreuses cultures, on considère les barques comme des êtres doués
d'une vie magique, et c'est pourquoi on
leur fabriquait des « étraves à forme de
tête d'animal ». C'est ainsi que s'expliquent les proues si particulières des drak-
kars scandinaves, et c'est de cette
conception que dérivaient encore, dans
la marine à voile de l'Europe jusqu'à la
fin du XIXe siècle, ces « figures de proue »
qui emmenaient les navires et fendaient
l'écume devant eux, lesquelles étaient
généralement des femmes dans la
mesure où les bateaux étaient considérés comme du sexe féminin (ce dont on
retrouve toujours l'usage dans la langue
anglaise moderne). Dans le même ordre
d'idées, on peignait souvent des yeux sur
les flancs avant des barques, afin de leur
permettre de distinguer leur chemin. Ces
usages sont d'ailleurs toujours à l'honneur, aujourd'hui encore, chez certains
pêcheurs portugais ou italiens. — Dans
l'Égypte ancienne, afin de voyager sur le
Nil, on construisait des barques dont la
proue était, pour des raisons techniques,
fortement recourbée (navires en jonc
qu'on liait en faisceaux), mais les représentations qui en étaient faites (en forme
de demi-lune*) participaient sans doute
d'un symbolisme lunaire. — Certains
saints chrétiens ont la barque pour attribut : Brandan, le marin, Athanase, Nicolas (saint patron des bateliers), Pierre,
Vincent, Ursule. La déesse Isis* qui était
vénérée dans l'Antiquité dans de nombreuses provinces romaines était réputée comme *Isis Pelagia*, Isis favorable aux
marins. C'était d'ailleurs lors de ses fêtes
que la navigation reprenait sur la Méditerranée au printemps. — En Chine, on
attribuait aussi une signification symbo-

lique aux embarcations; c'est ainsi que
Hsü-tsu fit la comparaison suivante au
IIIe siècle av. J.-C. : « Le souverain est la
barque, le peuple est l'eau. L'eau porte la
barque, mais l'eau peut également faire
chavirer la barque. »

BASILIC (mot grec signifiant « petit
roi »). Le basilic est un être fabuleux
d'une grande importance symbolique
issu du monde des serpents*. Sainte Hildegarde de Bingen (1098-1179) écrit à
son propos : « Une femelle crapaud, alors
qu'elle se sentait fécondée, vit un œuf*
de serpent, s'assit dessus pour le couver jusqu'à ce que ses (propres) petits
viennent au monde. Ils moururent ; mais
elle continua à couver l'œuf du serpent

1. *Basilic : « Être sa propre ruine »,
gravure de 1697.*

2. *Basilic et dragon : initiale ornée
(XIe s., Commentaire aux « Psaumes »
de saint Augustin).*

jusqu'à ce que s'y manifeste une vie nouvelle, et cette vie fut placée dès lors sous le signe du serpent de l'Eden... Le petit brisa la coquille, se glissa hors de l'œuf mais exhala aussitôt de puissantes flammes*... Il tue tout ce qu'il rencontre ». Selon d'autres traditions, l'œuf aurait été pondu par un vieux coq et couvé par un crapaud* « venimeux ». De même que le basilic est le roi des serpents, le Diable* est le roi des démons, écrit saint Augustin. Dans les bestiaires médiévaux, le basilic est représenté comme un serpent couronné, adoré par ses sujets. Il symbolise la luxure (*Luxuria*) parmi les péchés capitaux et est combattu par le Christ avec le lion* et le dragon*. À la fin du XVᵉ siècle, la syphilis, alors en pleine extension, était appelée en Allemagne le « poison du basilic » (*Basilikengift*). Les livres baroques d'emblèmes expliquent qu'on ne peut vaincre le basilic qu'en le retournant sur lui, à l'aide d'un miroir*, son « regard venimeux ».

BAUBO   Figure mystérieuse de la mythologie grecque, Baubo était, d'après le mythe d'Éleusis, une servante qui fit rire la déesse Déméter* en effectuant une danse du ventre obscène au cours de laquelle elle se dévoilait le bas-ventre, et qui lui fit ainsi oublier un instant le deuil de sa fille Perséphone, emportée par le dieu des Enfers. Elle est parfois représentée la tête posée directement sur la partie inférieure de son corps hypertrophiée, chevauchant un cochon, les cuisses grand ouvertes. Elle est appelée la *dea impudica* (« déesse impudique ») ou encore la « vulve personnifiée ». Elle incarne la sexualité féminine dans toute sa crudité, de même que le roi Priape symbolise la sexualité masculine. L'histoire religieuse laisse à penser que Baubo était à l'origine une déesse effrayante d'Asie mineure, un démon de la nuit qui était invoqué au cours de certaines cérémonies par un rire et un déshabillement rituels. Cette coutume aurait été reprise et transformée à l'époque classique pour donner naissance à une scène à la fois comique et vulgaire s'intégrant dans le cadre général des mystères d'Éleusis. « Madame Baubo » apparaît dans la scène de la nuit de Walpurgis du *Faust I* de Goethe à la tête du groupe des sorcières* (voir Bès). — De façon intéressante, on retrouve dans les mythes du Japon ancien un personnage correspondant à la figure de Baubo : la déesse Ame-no-uzume. Elle attira la déesse du soleil Amaterasu hors de la caverne* où elle s'était réfugiée, furieuse de la colère du dieu de la Tempête* ; Ame-no-uzume parvint à éveiller la curiosité du soleil en effectuant une danse obscène et fit ainsi revenir la lumière sur terre (voir Riz).

BÉLIER   Dans la symbolique astrologique*, le bélier, ou mouton* mâle, marque le commencement du zodiaque* (voir Étoiles). Dans l'ordre mésopotamien des signes célestes, celui-ci portait le nom de « travailleur salarié ». La légende grecque décrit quant à elle le bélier comme un animal qui portait jadis la « toison d'or » et qui amena les enfants royaux Phrixos et Hellé au pays de Colchide en leur faisant traverser la mer. En récompense, on le plaça parmi les étoiles, mais sa toison d'or resta dans le pays de Colchide, et c'est pourquoi sa constellation ne luit que faiblement dans le ciel. — Les astrologues rangent le Bélier*, ainsi que le Sagittaire* et le

1. *Le dieu Soleil des Égyptiens représenté comme un bélier couronné du disque solaire.*

2. *Tête de bélier : sculpture en bois des Ekiti de Owo (Nigéria sud-oriental).*

Lion*, parmi les signes de feu*; Mars* y a sa « maison diurne » : sa couleur correspondante est donc le rouge* et son métal l'acier. L'améthyste* est sa pierre précieuse. Les natifs nés sous ce signe, c'est-à-dire entre le 21 mars et le 20 avril, se caractérisent traditionnellement par des dispositions combatives, par un esprit de contradiction, par une inclination à se dépenser et à aimer ainsi que par un désir ardent de progrès. — Chez les Yorubas, un peuple d'Afrique occidentale, le bélier est le symbole et l'attribut du dieu du tonnerre Schango, du porteur de hache* ; quant au tonnerre*, il est interprété comme le bêlement assourdissant de l'animal. Le dieu de l'orage germanique Thor (Donar, en Germanie du sud) est également mis en relation avec le bélier, de même que le dieu égyptien Knoum et plus tard « Jupiter* Amon » avec ses cornes de bélier ; l'Hermès* des Grecs est parfois représenté comme porteur de bélier (*Kriophoros*) et par là comme un dieu berger. — Dans la symbolique psychanalytique, le bélier est, selon E. Aeppli – par analogie avec le taureau* – « un symbole des forces créatrices de la nature, mais davantage lié que le taureau aux problèmes de l'esprit ». — Dans la *Bible*, le bélier prend la place d'Isaac lors du sacrifice que le patriarche Abraham* s'apprêtait à commettre sur la personne de son fils. Rabbi Hanina ben Dosa raconte que « pas un reste de l'animal n'a été sacrifié inutile-

ment. La cendre [le brasier ?] était l'élément fondamental du feu qui flamboyait sur l'autel à l'intérieur du temple. Le bélier avait dix tendons, c'est pourquoi la harpe sur laquelle jouait David* avait dix cordes. Avec sa toison on fit une ceinture à Élie. Quant aux deux cornes du bélier : le Seigneur souffla dans la gauche sur le mont Sinaï, ainsi le son de la trompe* devint de plus en plus fort [la trompe désigne l'instrument à vent *schofar*, fabriqué à partir des cornes du bélier]. Mais la droite était plus grande que la gauche et c'est à travers elle qu'un jour, comme il a été écrit, le Seigneur soufflera pour rassembler tous ceux que l'exil aura dispersés. » (voir Bouc).

BERGER   Le berger est l'image symbolique du gardien de troupeaux de brebis* et d'agneaux* qu'il protège des agresseurs. Le troupeau représente dans ce cas les fidèles qui se soumettent à l'autorité de leur chef spirituel. L'image est influencée par la structure des peuples nomades et éleveurs, identique à celle des anciennes tribus juives : le jeune David* défendit son troupeau contre le lion* et l'ours* ; on concevait de même le dieu d'Israël comme le berger de son peuple (Psaume XXIII,1), et les rois comme ses représentants sur terre. Jésus s'est plus tard désigné comme le « bon berger » (*Jean* X,1), motif pictural très répandu dans l'art chrétien, mais qui existait déjà avant l'apparition du chris-

L'annonce aux bergers : peinture sur bois (~1450, Sano di Pietro).

*Le bon Pasteur tient sur ses épaules
la brebis égarée : gravure du XVe s.*

*L'annonce aux bergers :
relief, cathédrale romane de Gustorf.*

tianisme (par exemple Hermès* Criophore, voir Bélier) : le berger qui porte
sur ses épaules un jeune animal confiant
est une image symbolique de la sollicitude envers les délaissés. Moïse* (qui
conduisit son peuple à travers le désert

*L'ange annonce aux bergers
la naissance de Jésus : miniature
(XIe s., « Sacramentaire » de Henri II).*

jusqu'à la « Terre Promise »), et plus tard
le pape, sont appelés les « bergers des
peuples ». L'annonce de la naissance du
Christ à Bethléem fut, d'après les *Évangiles*, faite à des bergers. Les attributs des
bergers sont usuellement la crosse, qui
annonce dans ce cas la crosse épiscopale, et un bâton droit dont l'extrémité
est en forme de spatule, avec laquelle
le berger ramasse les pierres pour les
jeter au loin. Les insignes des rois* d'É-
gypte* (le fouet et le sceptre* en forme
de crosse) rappellent également le
chasse-mouche et le bâton du berger. —
Les épîtres des apôtres à leurs fidèles
sont considérées comme des lettres de
bergers à leur troupeau. Avant qu'elle ne
reçoive sa vocation de la voix même des
anges, on représente toujours Jeanne
d'Arc* sous les traits d'une bergère. Les
« pastorales » du Baroque apportèrent
une vision affadie de la vie des bergers
qui, aux citadins qui en ignoraient
l'âpreté, apparaissait comme idyllique.

BÈS Cette figure diabolique et grotesque de l'Égypte ancienne était censée
protéger des mauvais regards, des dangers de nature magique et des animaux
féroces. Bès était représenté comme un
être trapu et nain, le visage grimaçant,
avec des oreilles pointues d'animal, le

*Statuette en bronze du dieu Bès,
démon tutélaire, d'époque
hellénistico-romaine.*

plus souvent recouvert d'une peau de bête ou le pénis en érection. On conçoit aisément que cette figure réputée pour chasser le mal devint également un objet de plaisir fort apprécié lors des fêtes et festins et un symbole de la puissance sexuelle. À partir de l'an 2000 av. J.-C. environ, Bès eut également son équivalent féminin ; cette figure nouvelle était appelée Beset et correspondait à peu près à la Baubo* grecque. L'aspect grotesque de Bès suscitait l'hilarité, ce qui n'empêchait pas qu'on le représentât sur les annexes des grands temples. Il était surtout censé protéger les femmes en couches des diverses influences qui auraient pu leur être néfastes. — Dans l'Égypte chrétienne copte, avant que ne débute l'islamisation, la présence de Bès était encore ressentie comme une chose bien réelle à laquelle on ne craignait pas de s'adresser ; par la suite, Bès ne fut plus considéré que comme une sorte de fantôme qui cherchait à effrayer l'homme et à lui nuire.

BÉTYLE   Dans la *Genèse*, après avoir vu en songe l'échelle* des anges* et l'Éternel lui donner la terre* où il s'était endormi, Jacob appela « Bethel », c'est-à-dire « maison de Dieu » la pierre* dont il avait fait son chevet. Le bétyle vient donc de ce nom sémitique *beth-el*, ou *baytili* chez les Gréco-latins, et désigne toute pierre manifestant la présence divine.

Ses attributs – incorruptibilité et permanence – en font pour Jung « le dieu caché dans la matière ». Le *beth-el* devient ainsi la preuve tangible d'un pacte, d'une alliance : comme Jacob a érigé la pierre du songe en monument, Josué prendra également une grande pierre comme témoin des paroles prononcées par l'Éternel au moment du pacte conclu avec son peuple en Canaan. — Le Bethel de Jacob, au point d'arrivée de l'échelle des anges, marque aussi la communication entre le ciel* et la terre et devient ainsi un centre du monde (voir Omphalos), de même que la Kaaba, la pierre noire de la Mecque, vénérée dans tout l'Islam, ou encore la pierre noire de Pessinonte, image de la déesse Cybèle, la Grande Mère des Phrygiens, rapportée à Rome au plus fort des guerres puniques. — À signaler aussi que le temple le plus célèbre consacré à Éros était en Grèce une simple colonne de pierre de forme phallique, adorée par les Béotiens de Thespiès ; et que, dans l'un des mythes relatant sa naissance, le grand dieu Hermès était lui-même issu de ces phallus de pierre dédiés au culte de la fertilité. Devenu le protecteur des voyageurs, on honorait sa présence aux carrefours* avec des colonnes de pierres surmontées d'une tête à son image. — Enfin, comment ne pas citer la pierre de Fal en Irlande (*fal* signifie « enclos sacré ») qui symbolise la souveraineté* attachée à la terre ? Le prétendant au royaume de Tara devait s'asseoir sur elle : la pierre criait sous son poids s'il était légitime. La pierre de Fal, première idole d'Irlande, était entourée de douze autres. On dit que saint Patrick en personne ne détruisit le culte en frappant ces pierres de sa crosse, les faisant s'enfoncer dans le sol.

BICHE   La biche représente dans de nombreux mythes le symbole des femelles au caractère parfois démoniaque, aussi douce puisse-t-elle nous paraître par ailleurs. Le troisième travail d'Héraclès* consistait à attraper la biche de Cérynée, ou biche aux pieds d'airain*, qui était consacrée à la déesse Artémis* et représentait sans doute, à la fois, l'intraitable virginité de celle-ci, sa sagesse redoutable et son essence fugitive pour qui voulait percer le secret de sa divinité (voir Actéon). La voiture ou le char* d'Artémis (en latin Diane*) était d'ailleurs tiré par des biches. — La biche est l'ancêtre surnaturel de plusieurs tribus de la région de l'Oural et de l'Altaï (voir Totem). D'après la légende de la naissance de la Hongrie, une biche fuyant deux chasseurs préhistoriques les aurait attirés dans un marais où elle se transforma en deux filles de roi ; celles-ci s'unirent aux deux chasseurs et fondèrent respectivement les tribus des Huns et des Hongrois. La biche forme avec le loup* le couple originel légendaire qui donna naissance à Gengis-Khan. C'est une biche qui montra à des guerriers de Franconie en fuite un gué praticable sur le Main qu'ils purent franchir sans encombre. Dans de nombreux contes européens anciens, des jeunes filles et de jeunes femmes sont transformées en biches. Cette métamorphose semble liée à un imaginaire thériomorphe remontant au néolithique, peut-être même plus ancien, antérieur en tout cas aux invasions indo-européennes. Alors, la femme « était » la biche, ou la biche « était » la femme dans son aspect supérieur. Des survivances en sont attestées dans la légende irlandaise où la première femme de Finn*, le chef des guerriers errants qu'on a plus tard appelés les *Fenians*, était la biche Sav, femme d'origine surnaturelle, qui lui donna un fils, Oisin, l'Ossian de nos littératures modernes. Une vieille légende chinoise raconte l'histoire d'une fille mise au monde par une biche et élevée par un homme ; à sa mort, cependant, la disparition de son cadavre rappelle son origine surnaturelle. Il est possible que les biches aient été les symboles des rites d'initiation des jeunes filles préhistoriques. — On rencontre dans les mythes des Mayas du Yucatan un dieu de la chasse, Zip, désigné dans les anciens textes hiéroglyphiques sous le nom de *A Uuc Yol Zip*, dont il est dit qu'il prit la forme d'un homme porteur de bois de cerf pour s'accoupler avec une biche.

BIPÈNE *(HACHE DOUBLE)*   La bipène (en grec *labrys*, d'après un mot issu de la langue antérieure au grec ancien) est constituée d'un manche autour duquel sont symétriquement attachées deux lames. Les charpentiers l'utilisaient comme outil, les ennemis des Grecs comme arme de guerre. Elle jouait notamment un grand rôle dans divers cultes. Il s'agissait probablement à l'origine d'une hache en pierre polie attribuée, selon R. von Ranke-Graves, à la déesse Rhéa ; elle fut ensuite usurpée par les dieux de l'Olympe et elle devint

ainsi l'attribut de Zeus (le carreau de la foudre*). Elle occupait auparavant une place importante dans le culte de la Crète minoenne ; les spéculations sur la forme des deux lames, semblables à des demi-lunes, laissent à penser qu'il s'agirait d'un symbole lunaire cherchant également à montrer le caractère « à double tranchant » de tout pouvoir. Le dessin de la double hache était gravé dans les pierres de taille des palais de la Crète ancienne, peut-être pour rappeler que ces bâtiments étaient protégés par les dieux. L'arme elle-même est sans doute originaire d'Asie mineure et on la retrouve souvent dans les mains des légendaires Amazones*. Les recherches consacrées aujourd'hui à la femme et à la féminité ancienne ont établi un lien entre la bipène d'une part et les phases lunaires et le matriarcat d'autre part. La double hache fut ensuite utilisée lors des sacrifices d'animaux et, du temps des Romains, elle était considérée comme l'attribut du dieu-soldat « Jupiter* Dolichenus ». Le dieu des morts étrusque Charun porte un insigne comparable qui est cependant plus proche du marteau*. Certaines massues d'Afrique occidentale portées au cours de cérémonies et notamment lors des danses consacrées au dieu du tonnerre Shango, rappellent également par leur forme les haches doubles des anciens cultes de la Méditerranée orientale. C'est aussi le cas d'un objet cultuel représentant le dieu de la

Extrémité d'une massue de cérémonie à double tranchant utilisée pour la danse au dieu Shango (Joruba, Nigéria).

*Jarre avec motifs floraux et bipènes
(1400 av. J.-C., Cnossos).*

foudre et du tonnerre, Xangô, lors du rituel afro-brésilien du Candomblé – la bipène en bois « Oxé » –, tandis que les cultes des Yorubas se perpétuent sous une forme un peu différente sur le continent américain (E. Kasper, 1988).

BLANC Le blanc désigne soit « une couleur* qui n'en est pas encore une », soit le mélange parfait de toutes les couleurs du spectre lumineux. Il renvoie ainsi à la dialectique de l'Un et du Tout, puisqu'il désigne aussi bien l'unité primordiale qui précède l'apparition de la multiplicité des choses, que cette multiplicité prise dans sa plus grande extension, et qui manifeste pourtant son unité symphonique. Il est ainsi, symboliquement, l'*hen ta panta* (« l'Un-toutes-choses ») des néo-platoniciens, et particulièrement de Damascius (Ve siècle). Il symbolise aussi l'innocence du paradis originel qu'aucune influence contraire n'est encore venue troubler ou bien le but final de l'être purifié qui a réintégré son état primitif et sans tache. Dans de nombreuses cultures, des vêtements blancs (ou qui n'ont pas été teints) constituent la tenue des prêtres et symbolisent la pureté et la vérité. Les chrétiens nouvellement baptisés portaient aux origines des vêtements blancs, et c'est ainsi revêtues d'habits blancs que l'on représente également les âmes* sauvées du Jugement dernier – de la même façon que les mariées portent des robes blanches à l'église pour affir-

mer publiquement leur état virginal. La transfiguration, la gloire et le chemin du ciel, telles sont les valeurs symboliques attachées aux vêtements blancs du pape. Pythagore*, pour sa part, avait déjà recommandé aux chanteurs d'hymnes sacrés de porter des vêtements blancs. Lors des sacrifices, les animaux blancs étaient destinés aux êtres célestes, les noirs* à ceux des Enfers. Le Saint-Esprit est représenté sous les traits d'une colombe* blanche. — Pourtant le blanc comporte aussi en symbolique des aspects négatifs, en premier lieu parce qu'il rapelle la « pâleur de la mort ». Dans les rêves*, le « cheval* blanc » est ainsi fréquemment lié à l'expérience ou au pressentiment de la mort, de même que, dans de nombreuses cultures, les fantômes sont représentés sous l'aspect de formes blanches (« la dame blanche ») ou, dans un puissant oxymore, d'ombres* de la même couleur. C'est ainsi que les Africains prirent les premiers Blancs qu'ils virent comme des fantômes venus du royaume des trépassés, tandis que c'est à l'Occident, c'est-à-dire au domaine de la mort (occident vient du latin *occidere* : se coucher – et c'est là que tombe le soleil* pour y mourir chaque jour), qu'était affecté le blanc chez les Aztèques. D'ailleurs on y revêtait et on y chaussait de blanc les guerriers qu'on sacrifiait chaque jour au soleil pour lui permettre de renaître en lui offrant leur cœur qu'on avait retiré vivant de leur poitrine (dialectique du blanc et du rouge*, de la mort et de la vie, de la lymphe et du sang*). — Dans la symbolique chinoise traditionnelle, le blanc est la couleur de la vieillesse, de l'automne, de l'ouest et du malheur, mais aussi de la virginité et de la pureté (« le lotus blanc » était le nom d'une société secrète qui voulait purifier les mœurs du pays, considérées comme décadentes). En général, le blanc est considéré en Chine comme la couleur du deuil, mais il désigne en fait « l'absence de couleur » des vêtements de deuil qu'on n'a pas voulu teindre. — Dans l'alchimie*, l'œuvre au blanc (*albedo*) annonce qu'après l'œuvre au noir (*nigredo*), *la materia prima* se trouve sur la voie de la *pierre* philosophale (voir Lys).

BLÉ Dans toutes les civilisations qui connaissent cette céréale, le blé a été conçu comme un symbole du cycle mystique de la mort et de la résurrection – sans doute par analogie première avec le grain qu'on enfouit en terre*, qui semble dormir pendant tout l'hiver, et qui se réveille triomphant le printemps revenu. L'épi de blé est ainsi l'emblème d'Osiris, dieu mort et ressuscité, de même qu'il tient une place centrale dans les mystères d'Éleusis, chez les Grecs, où il était rattaché à la figure de Déméter*. Lors des grands mystères, en effet, à la fin du mois d'août, et après diverses cérémonies qui rappelaient les histoires de Déméter, de Perséphone et de Dionysos* Iacchos, l'initiation des mystes se terminait par l'époptie ou contemplation où l'on découvrait, selon les indications qu'en a donné saint Hippolyte « le plus grand, le plus parfait, le plus merveilleux mystère : un épi moissonné en silence ». C'est dans le même ordre symbolique que se comprend la parabole du grain de blé que l'on trouve dans l'*Évangile de saint Jean* (XII, 24-25) : « Si le grain de blé ne tombe en terre et ne meurt, / il reste seul ; / s'il meurt, / il porte beaucoup de fruits. / Qui aime la vie la perd ; / et qui hait sa vie en ce monde / la conservera en vie éternelle. »

BLEU Parmi toutes les couleurs, le bleu est celle qui est le plus souvent associée au domaine spirituel. C'est une couleur froide, au contraire du rouge*, et elle incite la plupart des hommes à la réflexion. La psychanalyse l'associe à un état de « détachement de l'âme », à un « mode de vie doux, léger et supérieur ». C'est la couleur du ciel* et le bleu était ainsi associé dans l'Égypte ancienne au dieu du Ciel Amun, tandis que Gengis-Khan était considéré par son peuple comme l'enfant d'une biche* qui symbolisait la terre, et d'un loup* bleu qui représentait les forces célestes. G. Heinz-Mohr voit dans le bleu « la couleur la plus profonde et la moins matérielle, le médium de la vérité, la transparence du vide futur : elle est dans l'air, dans l'eau*, dans le cristal* et le diamant*. C'est pourquoi le bleu est la couleur du firmament. Zeus et Yahwé posent le pied sur l'azur ». Les amulettes de couleur bleue sont censées neutraliser le « mauvais œil ». C'est la couleur du manteau* du dieu Odin chez les Germains du Nord et de celui de la Vierge* Marie*, parfois appelée de façon poétique le « lys* bleu ». Dans la mythologie de l'Inde ancienne, Vishnou prend une couleur bleue lorsqu'il apparaît sous l'avatar de Krishna tandis que, dans le bouddhisme tibétain, le bleu est la couleur qui cor-

respond à la sagesse transcendante, *vairocana*, qui s'est délivrée de toutes les illusions et qui atteint à la vacuité que symbolise alors cette couleur. Parce qu'il annonce la vérité et parce qu'il incarne la transcendance, Jésus est aussi représenté avec un habit bleu lorsqu'il prêche la Bonne Nouvelle. « Le bleu, symbole de la vérité et du caractère éternel de Dieu (car ce qui est vrai est éternel) sera toujours le symbole de l'immortalité humaine » (P. Portal). Les habitants de la Chine ancienne avaient une position ambiguë par rapport au bleu. Dans l'art traditionnel, les êtres au visage bleu représentent soit des démons ou des revenants, soit le dieu des lettres K'uihsing, qui se serait suicidé après que ses ambitions avaient été déçues. Il n'existait à l'origine en chinois aucun mot pour désigner la couleur bleue : *ch'ing* correspondait à toutes les couleurs allant du gris foncé au vert en passant par le bleu, et évoquait également le chemin du savant qui s'adonnait à l'étude à la lumière de sa lampe. Le mot actuel *lan* signifie en réalité indigo – la couleur des habits usuels de travail. Les fleurs*, les yeux*, les rubans et les tissus rayés bleus étaient considérés comme des choses affreuses et sources de malheur tandis qu'en Europe, la « fleur bleue du romantisme » est liée à l'idée d'un envol de la pensée. En tant qu'élément*, le bois était associé en Chine à l'Orient et à la couleur bleue, cependant que, dans les ouvrages illustrés du Mexique ancien, le turquoise* et l'eau* étaient rendus par un bleu-vert clair. — Dans la symbolique populaire d'Europe Centrale, le bleu est la couleur de la fidélité, mais aussi du mystère (conte de la « Lumière bleue »), de l'illusion et de l'incertitude. On ne s'explique guère pourquoi le bleu est associé à l'ivresse (en allemand, *blau sein* – « être bleu » – signifie « être saoul ») ; cela tient peut-être à la teinte bleuâtre que prennent au fil des ans le nez et les joues des grands alcooliques, à moins que ne perce dans cette expression la signification négative du bleu que l'on retrouve, par exemple en français, dans « avoir une peur bleue » ou « n'y voir que du bleu », qui renvoient à l'idée que ce qui relève du ciel, comme tout ce qui est sacré en général, peut aussi se montrer destructeur (*mysterium tremendum*) - ou, selon une morale finalement cynique, ne relever que de l'illusion et de l'inexistence. — Dans la symbolique politique, le bleu est la couleur des libéraux (et des libéraux nationalistes). En France, on appelle « Chambre bleu horizon » le parlement élu à la sortie de la première guerre mondiale, particulièrement nationaliste et conservateur. Il était fait ainsi allusion à la couleur des uniformes de l'armée française, mais l'antithèse y était introduite aux options politiques des « rouges ». — Le bleu est peu utilisé dans l'art préhistorique, comme dans l'art des peuples qui ne connaissent pas l'écriture, car peu de matériaux permettent d'en obtenir la couleur. Les étoffes bleues sont particulièrement recherchées dans le Sahara occidental et dans les pays situés au sud du Sahel, ainsi par exemple chez les nomades Reguibat du Sahara occidental autrefois espagnol, chez les Touaregs et en Mauritanie. Il n'est d'ailleurs pas rare qu'on les désigne sous le nom générique d'« hommes bleus », nom par ailleurs associé à la fois à la noblesse de leur attitude et à la crainte que nourrissaient à leur égard les autres populations, particulièrement sédentaires. On retrouve la même notion dans l'expression française qui désignait l'appartenance à l'aristocratie : « avoir du sang bleu ».

BŒUF   Le bœuf constitue, à la fois symboliquement et culturellement, le pendant domestique (et castré) du taureau* sauvage ; il symbolise habituellement le serviteur patient et les forces pacifiques : c'est pourquoi il était autrefois une bête sacrificielle très respectée. Dans l'ancienne Chine, il passait pour immoral de consommer la viande d'un animal qui aide au labour de la terre. Dans le monde chrétien, le bœuf apparaît avec l'âne* dans l'étable de Bethléem. En raison d'un passage d'un évangile apocryphe de Matthieu, il apparaît aussi comme attribut de saint Cornélien

(qui arriva en Bretagne sur un char* tiré par des bœufs, et qui transforma ses poursuivants en blocs de pierre – voir Menhir), ou du patron du bétail, saint Léonard (ou Silvestre ou Wendelin). En tirant vers un endroit déterminé un véhicule chargé d'un objet sacré ou du corps d'un saint (ce qui deviendra plus tard un lieu de pèlerinage*), les bœufs deviennent les exécutants d'une volonté divine, et jouent de ce fait un rôle dans de très nombreuses légendes. Les représentations de bœufs sur les chapiteaux des colonnes romaines passent, sans que l'on sache très bien pourquoi, pour des symboles nocturnes. « Qui n'a point de bétail a certes des gerbes dans la mangeoire, mais la force des bœufs procure des revenus abondants » *(Proverbes* de Salomon XIV,4). — Sous la forme du buffle, le bœuf apparaît en Inde comme la monture du dieu de la mort, Yama, tan-

Bœuf : sceau en stéatite
(IIIe millénaire av. J.-C., Mohenjo-Daro).

Bœufs tirant un char :
fresque
(XIVe s., détail, voûte
des « bouviers », Église
de San Bassano, Lodi).

Char en bois tiré par un bœuf
en terre cuite : art chinois (v^e-vi^e s.).

dis qu'il revêt la signification contraire au Tibet où la figure du boddhisattva Manjushri, le vainqueur de la mort, porte une tête de buffle. — On a parfois parlé d'une thématique du bœuf chez les anciens Celtes mais, apparemment, tout à fait à tort. Les bovidés y sont en fait représentés, à part une brève mention du *Livre des Conquêtes*, sous la forme de vaches* et de taureaux (*La Razzia des vaches de Cooley*).

BOIS Tandis que la « forêt* obscure » symbolise la peur de l'homme devant la nature inconnue et « indomptée », le bois aux contours bien délimités, constitué seulement de quelques arbres, est un lieu de recueillement et de rencontre intime avec des forces et des êtres surhumains. On célébrait dans le bois sacré de Dodone en Épire des cultes en l'honneur de Zeus qui faisait connaître ses oracles dans le feuillage des chênes* qui lui étaient consacrés. La Rome antique possédait le bosquet d'Aricie (au bord du lac Nemi) dédié à Diane* Aricine, dans lequel un roi* saint était chargé de garder les arbres sacrés. Ces sortes de bois offraient souvent un refuge aux fugitifs et malfaiteurs et la littérature latine déborde d'allusions aux bois sacrés qui entouraient Rome et à l'intérieur desquels ils trouvaient abri et protection. Les Celtes et les Germains y voyaient eux aussi des lieux saints dans lesquels ils exprimaient leur volonté. Le bois se situe en symbolique entre la forêt sauvage et la nature domptée et cultivée du jardin*. — Considéré

non plus comme un groupe d'arbres, mais comme l'élément* dont l'arbre se compose, le bois est regardé par les Chinois comme le cinquième élément qui vient compléter et expliciter l'unité fondamentale des quatre autres : le feu*, la terre*, le métal et l'eau*. Dans le cycle d'engendrement, le bois donne naissance au feu, tandis que dans le cycle de destruction, il fait disparaître la terre (voir la totalité de ces cycles à la rubrique Élément). Le bois est aussi associé au printemps, à l'Orient et au jeune yang*.

BOITEUX On pose les pieds* sur la terre pour marcher, comment faire autrement ? – et boiter signifie dès lors qu'on entretient un mauvais rapport avec l'ordre des choses, qu'on a de la difficulté à parcourir son chemin, et en premier lieu le chemin de son âme. C'est ainsi que Labdacos, le grand-père d'Œdipe*, est boiteux : son fils Laïos (le gaucher) est un inverti, tandis que son petit-fils, dont le nom signifie « aux pieds percés » connaîtra tous les malheurs que l'on sait. — À côté des héros qui naissent boiteux, il y a cependant les dieux qui le deviennent, ou les figures surhumaines qui sont affectées de ce défaut à la suite de leur rencontre avec le sacré. C'est ainsi que Jacob, dans la Bible, après avoir lutté toute une nuit avec l'ange* et sortant triomphant de ce combat, découvre au lever du jour « qu'il est boiteux de la hanche ». Chez les dieux, ce sont surtout les forgerons qui boitent, comme Héphaïstos en Grèce ou, dans l'*Edda* poétique scandinave, le personnage de Volund, marié à une femme cygne* et lui-même pourvu de plumes* et d'ailes*, à qui on coupe les jarrets : « Des fermes tendons tranchez-lui la force ! » s'écrie la femme du roi Nidud, ce que l'on exécute aussitôt. Posséder l'art du feu*, art divin par excellence, ou rencontrer des puissances célestes, semble devoir laisser un stigmate indélébile dans la chair de celui qui en a fait l'expérience.

BORGNE Aveugle d'un œil*, c'est-à-dire comme frappé d'une demi-cécité*, le borgne relève de la même logique symbolique que le personnage du boiteux : il faut toujours payer le commerce qu'on a avec les secrets du divin. « Odin le borgne est flanqué de Tyr le manchot, et Horatius Coclès, le cyclope, le magicien qui lance de son seul œil de terribles regards, est inséparable de Mucius Scaevola à la main* sacrifiée. Dumézil prétend qu'Odin a accepté de perdre un de ses yeux charnels, matériels, pour acquérir le vrai savoir, la grande magie, la vision de l'invisible. Il a remis son œil au sorcier Mimir qui chaque jour lui permet de boire à la source d'habileté. Le sacrifice de l'œil, que l'on retrouve dans les légendes de Dhritarashtra et Yudhishtika ou de Savitri et Bhaga, est le moyen de renforcer la vision et d'acquérir la voyance magique » (G. Durand). Car c'est bien de voyance qu'il s'agit généralement ici, de même que Tirésias ou Œdipe* devaient perdre les deux yeux pour devenir devin ou voir enfin clair dans leurs affaires. Le processus d'euphémisation que présente par évidence le borgne, tient-il à ce que celui-ci est déjà divin et « ne fait que » s'avancer encore plus loin dans la science, alors que les simples hommes, eux, doivent consentir au sacrifice* total - ou bien indique-t-il que le dieu a désormais deux regards, l'un tourné vers la terre dont il continue de suivre les affaires, l'autre qui contemple les « secrets » ? On notera que l'idée essentielle du sacrifice de l'œil est reprise dans l'*Évangile de Matthieu*, dans la même relation avec le sacrifice de la main : « Si ton œil droit est pour toi une occasion de péché, arrache-le et jette-le loin de toi : il t'est plus avantageux de perdre un seul de tes membres que de voir tout ton corps jeté dans la géhenne. Et si ta main droite est pour toi une occasion de péché, coupe-la et jette-la loin de toi… » (*Matthieu* V, 29-30).

BOUC Le bouc a, au contraire de la chèvre*, une signification souvent négative en symbolique. Cornu, barbu, velu, membru, fourchu, et à la fin puant, il offre dans notre civilisation une symbolique résolument sulfureuse. Porteur d'une indomptable puissance génésique, ce grand fécondant inquiète – comme les dieux auxquels l'Antiquité grecque l'a voué, et d'abord le fils d'Hermès*, Pan*, le dieu des bergers*, ce « chèvre-pied à deux cornes » (Homère), mi-homme, mi-bouc à deux pattes, « horrificque et monstrueux » dira encore Rabelais. Jouant de ses pipeaux, Pan bondit dans les montagnes en compagnie des nymphes et des satyres*, mais ce dieu lascif, animal, « ithyphallique » (le phallus en érection) sème le désordre de ses instincts débridés, voire même la « panique ». L'autre grand dieu-bouc est Dionysos* le subversif, le porteur d'ivresse*. On lui en sacrifie dans toute la Grèce, il en offre à ses Bacchantes* en fureur. Surtout, ce dieu des masques* invente le théâtre, la tragédie, c'est-à-

Scène de sorcellerie :
gravure (1799, «Caprices», F. Goya).

Le culte du démon :
gravure (1627, J. Callot).

dire le « chant du bouc» » (*tragos*) où l'on découvre l'exercice de la fausseté du langage – dans lequel dit Platon, il y a du « tragos », donc du bouc – et surtout l'affrontement d'Éros et Thanatos, l'amour conduisant à la mort, qui ressort de toute tragédie. — Tandis que d'autres cultures valorisent sa virilité (le char du dieu germain du Tonnerre*, Thor, est tiré par des boucs ; le dieu du Feu* védique Agni chevauche un bouc) ou bien le présentent de façon plutôt caricaturale sous la forme d'êtres bâtards (satyre, faune – voir Hommes sauvages) caractérisés par leur concupiscence sans bornes, le bouc devient, avec la répression croissante de la sexualité, un être « puant, impur, recherchant son plaisir personnel ». Qui s'étonnerait alors de retrouver le bouc comme l'image même du Diable* dans le Moyen Âge chrétien ? Sur une sculpture de la cathédrale d'Auxerre, une femme nue, symbole de la luxure, chevauche un bouc. Lubrique et puant, celui-ci devient le symbole de la nature pécheresse, d'autant plus que son sang* entre dans la composition de philtres aphrodisiaques. En réalité, la diabolisation du bouc est ancienne car il figure déjà les futurs damnés, sur la gauche de l'Éternel lors du Jugement dernier. Sans compter la célèbre tradition du « bouc

émissaire », évoquée par le *Lévitique* (XVI,1) : pour la fête annuelle des expiations, deux boucs sont sacrifiés : l'un est immolé, l'autre, chargé de tous les péchés d'Israël, est envoyé dans le désert au démon Azazel. — À la fin du Moyen Âge et à l'époque moderne, on rencontre souvent des sorcières* portées dans les airs par des boucs. Le Diable apparaît d'ailleurs souvent sur ces images sous la figure d'un bouc dont les sorcières embrassent l'arrière-train. Certains livres consacrés à l'occultisme reproduisent la mystérieuse idole des chevaliers du Temple, le « Baphomet », sous la forme d'un bouc. À vrai dire, le récit d'Hérodote sur le culte sexuel du dieu-bouc dans la ville de Mendes en Égypte avait contribué très tôt à donner cette image négative du bouc. Les chroniqueurs grecs associent en effet le bouc sacré de Mendes au dieu Pan* ; mais il pouvait s'agir plutôt à l'origine d'un bélier*. Le récit d'Hérodote sur les rituels au cours desquels les femmes de la ville avaient des relations sexuelles avec l'animal sacré, a souvent été compris comme une condamnation des cultes animaux de l'Égypte ancienne, tandis que des commentateurs modernes y voient plutôt la trace de cérémonies symboliques dont la signification aurait échappé à l'auteur. Dans les bestiaires médiévaux, le bouc est toujours présenté sous son aspect d'animal lubrique et belliqueux, cherchant en permanence à s'accoupler. — Pourtant, aujourd'hui encore, dans les campagnes où l'on continue à « mener la chèvre au bouc », on ménage davantage sa puissance tutélaire. Sur le pourtour de la Méditerranée, au printemps, des hommes revêtus de peaux de bouc vont frapper à la porte des chèvreries pour assurer la fécondité des troupeaux (Iran, Géorgie, etc.). Le bouc a même des vertus prophylactiques : sa présence dans les étables les assainit. En tête des troupeaux de chèvres, il éloigne les sortilèges (Béarn, Languedoc), tandis que les cornemuseux du Berry soufflent dans une poche en peau de bouc pour mener le bal.

*Sylvain, dieu des forêts :
gravure (1565, C. Cort).*

BOUCHE   D'un point de vue symbolique, la bouche n'est pas seulement l'organe qui permet de manger et de parler, elle est aussi l'endroit où passe le souffle de la vie. Dans l'ancienne Égypte, on se livrait, avant d'ensevelir les momies, au cérémonial de l'ouverture de la bouche, pratique qui visait à rendre au mort le souffle de la vie. Dans la mythologie d'Héliopolis, on voit sortir de la bouche du dieu Atum, les deux dieux Schu (le Souffle) et Tefnut (la Salive) – voir Neuf. Dans le mythe de la création du monde de l'Inde ancienne, les dieux étaient issus de la bouche de l'être originel, Prajapati, alors que les hommes étaient issus de son membre viril (voir Lingam). La bouche est, à beaucoup d'égards, en rapport avec le symbole du sein nourricier de la mère*, de même qu'avec la vulve, organe sexuel dont le mot « bouche » constitue souvent une métaphore voilée (voir l'expression « bouche maternelle » pour désigner l'ouverture de l'utérus). Dans le parsisme, la bouche des prêtres du feu était souvent recouverte d'une étoffe, pour empêcher que leur souffle ne profane le feu* sacré. Dans le jaïnisme de l'Inde, le même usage avait pour but d'empêcher l'absorption involontaire d'insectes. Pour Hildegarde de Bingen

L'Ange donne la voix de Dieu au Prophète : miniature du IXᵉ s.

(1098-1179), la bouche est un élément impur. « De même que le monde est illuminé par l'éclat du soleil, tout souffle supérieur est tempéré par le souffle de l'homme ». Dans les représentations du Jugement dernier (voir Fin du monde), on voit un glaive sortir de la bouche du Juge Suprême, « pour en frapper les nations » (*Apocalypse* de saint Jean, XIX-15). Dans les images d'exorcisme du Moyen Âge, on voit de noires figures infernales sortir de la bouche du possédé, tandis que des fils d'or*, reliés au ciel*, sortent de la bouche de ceux qui prient.

BOUDDHA-AU-GROS-VENTRE   On trouve aujourd'hui dans d'innombrables magasins d'Asie de petites statues en porcelaine représentant un homme chauve, le buste nu et un sourire joyeux

1. Dieu insuffle la vie au corps d'Adam : miniature de 1404.

2. Saint Pierre intercède auprès de la Madone, afin que l'âme d'un moine défunt, dont les démons s'emparent, retourne dans le corps : miniature du XIVᵉ s.

*Bouddha ventru et les dieux
de la fortune : gravure du XIXᵉ s.*

aux lèvres. Il s'agit du *Mi-lo fo* chinois,
c'est-à-dire d'une incarnation plus
récente du Bouddha indien (*Maitreya*),
censé délivrer les époques futures des
souffrances de l'existence. Cette idée
a visiblement pris en Chine une forme
nouvelle, totalement incompatible avec
la mentalité indienne. Vers l'an 1000, Mi-
lo fo était adoré dans tout l'Extrême-
Orient comme un symbole de la gaieté et
de l'insouciance ; on le représentait
tenant à la main un sac rempli de dons
divers et souvent entouré d'enfants en
train de jouer. Ce personnage joyeux
devait aider à surmonter le malheur et
la misère du monde réel et à ouvrir la voie
qui mène à la félicité terrestre. — Au
Japon, il est appelé *Hotei* ; dieu domestique, il est censé apporter paix et prospérité et fait partie du cercle des sept
« dieux du bonheur ».

BOUGIE   « Après que les ruches sans
miel* n'eurent plus que la cire / On fit
mainte bougie », écrit La Fontaine. En réalité, l'usage des bougies fut introduit en
Europe au VIIIᵉ siècle par les Vénitiens, qui
empruntèrent le procédé aux Arabes et
le nom à la ville de Bougie qui fabriquait
la cire nécessaire en grande quantité. La
bougie ou chandelle, à distinguer du
cierge, son homologue religieux, connut
alors une grande fortune. En particulier
auprès de tous les travailleurs de la plume
ou de l'aiguille qui, la nuit tombée, cherchent l'inspiration dans la flamme trem-
blotante de ces compagnes solitaires
(voir les célèbres portraits de La Tour).
Si la bougie devint ainsi le symbole du
labeur nocturne, « faire de la poésie à la
bougie », comme Voltaire, n'est pas, selon
Rivarol, un « synonyme d'excellence ».
Bien pire est de « faire la bougie » tout

court, c'est-à-dire une tête d'enterrement,
ou de « voir trente-six chandelles » à la
suite d'un coup violent. — En revanche,
la flamme de la bougie est aussi le symbole de la vie qu'on entretient ou des
années que l'on fête sur les gâteaux d'anniversaire, sur les sapins de Noël ou les
tables ornées de candélabres. Autant dire
que la bougie se fraie un chemin vers la
manifestation de l'âme* : Gaston Bachelard voit dans sa flamme un symbole d'individuation en même temps que de verticalité : « La flamme qui dévie au moindre
souffle, toujours se redresse. » Elle devient
donc l'image même de la vie spirituelle :
« garder la foi jusqu'au bout, comme une
bougie allumée qu'on défendrait de tout »,
écrit Julien Green dans son *Journal*.

BOULEAU   Inconnu en Grèce et donné
par Pline, dans son *Histoire naturelle*,
comme originaire de la Gaule, le bouleau
servait surtout à Rome, par l'entremise
des baguettes qu'on en tirait, à la fabrication des faisceaux* que portaient les
licteurs. Il tient une place beaucoup plus
importante en Russie où il est associé
aux valeurs de renouveau du printemps,
de même qu'il symbolise avant tout le
personnage de la jeune fille. Par un processus de redoublement, les forêts* de
bouleaux féminins deviennent alors des
équivalents de la Terre-mère* où les
hommes peuvent sentir passer l'âme de
la patrie. C'est toutefois en Sibérie que
le bouleau tient le rôle symbolique le
plus important : considéré comme
l'arbre le plus sacré, il constitue le pieu*
ou le pilier central de la tente chamanique, et c'est en suivant son tronc que
l'âme* du chaman s'envole dans le ciel
pour ses voyages extatiques (voir Axe
du monde). Dirigé vers l'étoile polaire,
c'est aussi son chemin qu'emprun-
taient les forces du ciel* pour se manifester sur terre.

BOUTEILLE   On fabriquait déjà des
bouteilles dans l'ancienne Égypte, que ce
soit en métal, en terre cuite ou même en
verre. Au British Museum, on peut admirer de superbes bouteilles du IVᵉ siècle
av. J.-C., en provenance de Babylone*.
Elles restent des objets de luxe jusqu'au
XVᵉ siècle, où les progrès des verriers en
permirent une plus grande utilisation. Ce
précieux contenant n'est donc longtemps
utilisé que pour enclore des liquides de
prix : vin*, liqueur, alcool, huile, parfum*
ou encre, dont la couleur fait rêver, sous
la transparence du verre. C'est pourquoi

la valeur du contenu finit par l'emporter sur celle de son contenant : on connaît la célèbre exclamation de Musset : « Qu'importe le flacon, pourvu qu'on ait l'ivresse* ! » – ivresse qui range d'emblée la bouteille dans les objets du culte bacchique, porteur de vie mais aussi de délire, dangereux comme toute approche du divin. — « En la tant divine liqueur, Bacchus tient toute vérité enclose… » Le fameux oracle que Panurge va consulter en tout dernier recours, dans le lointain pays de Cathay, pour savoir s'il doit ou non se marier, cette célèbre « Dive Bouteille » qui clôt l'œuvre de Rabelais, ne lui délivre à la fin qu'un seul mot, *Trinch*, lequel est interprété comme « Bois ! » (déformation vraisemblable de l'anglais *drink*, ou plutôt encore de l'allemand *Trinken, trinkt, trank*). C'est là, dit le pontife Bacbuc, une recommandation universelle car « plus que rire, boire est le propre de l'homme »… « Boire vin bon et frais » qui a « le pouvoir d'emplir l'âme de toute vérité, tout savoir et toute philosophie ». — Autant de nobles bienfaits, avec pour seule obligation rituelle de vider son verre, font que la religion de la bouteille recrute ses adeptes par tonneaux entiers - lesquels cherchent moins la vérité et la sapience que l'oubli ou la consolation. « Ô bouteille profonde, / Garde au cœur altéré du poète pieux / Les baumes pénétrants de ta panse féconde ! ». — L'espace clos de la bouteille vide est pourtant à manipuler avec précaution. On peut ainsi avoir l'honneur « d'être dans la bouteille » – dans le secret – ou bien « prendre de la bouteille » – l'assurance venant avec l'âge et les rondeurs. En revanche, y « mettre sa misère », tel le mauvais vin caché dans un beau flacon, est déjà plus ambigu. Plus terrible encore, quand on se laisse emprisonner par l'exiguïté du contenant, et surtout du goulot trop étroit, quand on risque de « ne pas voir plus grand que le trou d'une bouteille » ! Quant à vouloir y faire entrer Paris, en ne bâtissant que sur des hypothèses !… Pourtant la bouteille peut aussi contenir l'espoir d'un salut quand elle est lancée à la mer par le marin à la dérive vers un lecteur providentiel, dans le fragile espoir que les tempêtes ne transformeront pas son message en « bouteille à l'encre » incompréhensible. Vaut-il mieux alors, comme Baudelaire, trouver dans une maison déserte « un vieux flacon, qui se souvient / D'où jaillit toute vive, une âme qui revient ? » Quelle âme ? Le diable boiteux de Lesage sortait d'une bouteille. Pire que la boîte de Pandore* !

BREBIS   La brebis et le bélier* forment en symbolique, un couple d'opposés analogue à ceux que constituent la chèvre* et le bouc*, la vache* et le taureau*. Tandis que la brebis passe d'ordinaire pour une créature inoffensive et stupide, incarnant pour le loup* la proie la plus facile à capturer, le bélier symbolise au

1. L'agneau mystique :
relief, abbaye de Cluny.

2. Le dieu Khnum criocéphale :
peinture pariétale thébaine
des XIIIᵉ-XIIᵉ s. av. J.-C.

contraire la force, la vitalité et l'obstination aveugle. La brebis, qui figure parmi les animaux domestiques les plus anciens de l'humanité, devait être spécialement gardée par des bergers, ce qui fit d'elle le symbole de la faiblesse impuissante. Sa naïveté en fit aussi l'objet de toutes les séductions et W. H. von Hohberg (1675) la présente comme un spectateur recueilli face au loup* en train de prêcher : « La naïveté se laisse aisément tromper par la malice, / les agneaux écoutent souvent les sermons des loups. / Satan arrive affublé comme un ange*, / et c'est dans cet accoutrement qu'il cause le plus de préjudices à l'Église ». L'agneau* incarnait pour sa part l'ingénuité supposée de la brebis ; il fut souvent représenté comme le symbole de l'innocence qui finit par triompher du Diable*.

BRIGAND Le rôle du brigand qui s'est fait le champion de l'égalité sociale, est de piller les riches pour distribuer ensuite leurs biens aux pauvres. Le brigand est couramment interprété comme une figure romantique de la révolte contre l'idée de la propriété injustement répartie. Du point de vue de la psychologie, le brigand incarne la révolte des adolescents (de 18 à 21 ans) contre l'autorité et la puissance

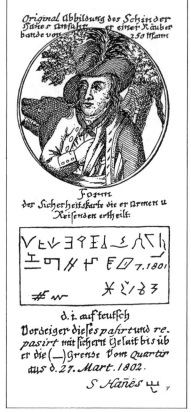

Portrait et laissez-passer du brigand Schinderhannes.

Le brigand romagnol Stefano Pelloni, dit Le Passeur : estampe populaire du XIXᵉ s.

parentales, et particulièrement celles du père ; voir l'exemple de Robin des Bois. La littérature populaire, et d'autres œuvres comme *Les Brigands* de Schiller, copient souvent ce modèle (voir Forêt). — Il est pourtant nécessaire d'aller plus loin, et de voir en lui le héros d'une justice qui, parce qu'elle participe de la lutte éternelle du Bien et du Mal, se trouve le plus souvent en opposition avec la justice des hommes. Robin des Bois, par exemple, n'est pas seulement quelqu'un qui défie les autorités en place (le shériff de Nottingham et, derrière lui, le roi Jean sans Terre), il est lui-même noble d'origine, et en reconstituant un véritable ordre social dans la forêt de Sherwood avec la présence des « manants » qui le suivent et de frère Tuck qui représente l'Église, il affirme les droits d'une société juste et idéale contre une cité temporelle où seule la force fait, précisément, force de loi. D'où sa fidélité au roi* d'Angleterre légitime Richard-Cœur-de-Lion, et son ralliement immédiat dès que celui-ci revient de la croisade et entreprend de réaffirmer ses droits sur son trône. De ce point de vue, Robin des Bois devient un héros spirituel qui traduit la protestation des hommes contre le régime du Malin sur la terre – Richard-Cœur-de-Lion étant par ailleurs le modèle même du chevalier qui est le symbole vivant de la Cité de Dieu. On retrouve la même thématique quelque sept siècles plus tard dans le cycle des *Aventures de Rocambole* de Ponson du Terrail (1829-1871) – dont on a tiré l'adjectif « rocambolesque ». Dans la figure de ce bandit qui finit par devenir comme un saint laïque qui vole au secours de toutes les injustices, on retrouve le même combat entre les ténèbres et la lumière*, et l'idée que le brigand en révolte contre la société participe en fait de la lutte éternelle de deux principes antagonistes.

BROUILLARD   Le brouillard symbolise généralement l'Incertain, la « zone grise » qui sépare la réalité de l'irréalité. Dans la mythologie celtique, le brouillard recouvrait le nord-ouest de la terre, à la frontière entre le monde des hommes et les pays insulaires de l'Au-delà*. Dans la mythologie germanique, il recouvrait les obscures régions de la mort et du froid, que l'on situait dans la zone polaire ; Niflheim (*Nebelheim*, « le pays du brouillard ») symbolise un monde inaccessible à l'homme vivant, où règne la déesse du monde souterrain, Hel (voir Enfer*). C'est là que vont les morts qui n'ont pas été élus par les Walkyries* pour être les compagnons d'Odin lors du combat final, le Ragnarok (voir Fin du monde). Dans la poésie de l'Asie de l'Est, le brouillard symbolise l'automne, mais aussi un lieu inquiétant où se manifestent les esprits. Dans les contes d'Europe Centrale, le brouillard se montre souvent propice aux activités des êtres démoniaques (voir Nain, Sorcière), et symbolise l'incertitude de l'homme face à l'avenir et à l'Au-delà, que seule la lumière* peut apaiser (l'illumination).

BRUN   Le brun n'est pas une couleur* primaire et il ne joue qu'un rôle mineur dans la symbolique des couleurs. C'est néanmoins la couleur de la terre* argileuse – seule la Chine ancienne utilise le jaune* (couleur du lœss et symbole du centre) pour représenter la terre. Pour le psychologue, la simple couleur brune est « chaude, tranquille, maternelle et proche des choses élémentaires » (Aeppli). De son côté, P. Portal (1847) y voit avant tout un mélange de rouge et de noir et l'interprète comme un « symbole de l'amour lié au monde souterrain », un « habit de l'enfer » et un « sombre feu* » à la signification négative car il assimile au brun le rouge* du combattant égyptien Sutech (Seth, Typhon) ; en réalité, il s'agissait d'un ocre rougeâtre, couleur que les Égyptiens haïssaient. Dans le christianisme, le brun est la couleur du sol, de l'automne, de la tristesse, le symbole de l'humilité (*humilitas* vient de « humus », la terre) et de la pauvreté (d'où le vêtement brun de divers ordres monacaux). Il peut cependant aussi revêtir une signification négative lorsqu'il est associé à la fumée du feu (Sodome et Gomorrhe*) et au Diable*. Dans la symbolique politique, le brun est la couleur du national-socialisme allemand (chemises brunes des S.A.) et de tous les mouvements nationalistes analogues. Il est alors un équivalent du noir dans son aspect maléfique, et retrouve la valeur maléfique de Seth dans la mesure où il a une tendance immédiate à se recombiner avec le rouge, que celui-ci soit l'ancienne pourpre impériale de Rome (« chemises noires » des fascistes italiens), ou le rouge ardent du sang* survalorisé comme on le trouve dans les emblèmes et sur les drapeaux nazis.

BUIS   (en grec *pyxos*, en latin *buxus*). Ce bois toujours vert était souvent cultivé dans l'Antiquité, de même que le cyprès et l'if, pour décorer les cimetières ; il était ainsi considéré comme l'attribut sacré des divinités du monde souterrain et de la mère des dieux, Cybèle*. Le bois du buis servait à fabriquer de petites boîtes (*pyxis*, du mot grec pyxos) et des statuettes représentant les dieux (lors du culte rendu à Apollon* sur l'Olympe) ; à une époque plus récente, les franc-maçons* sculptaient dans le buis le marteau* du maître. Le buis est un arbuste à feuilles persistantes (voir Vert) et son feuillage, semblable à du cuir, est souvent utilisé comme symbole de la stabilité pour former les bouquets traditionnels que l'on bénit le dimanche des Rameaux – ces rameaux étant pieusement conservés d'une année sur l'autre.

C

CABIRES Génies demeurés encore aujourd'hui largement mystérieux, les Cabires apparaissent tantôt liés à Héphaïstos, le dieu forgeron*, dont ils seraient éventuellement les fils, tantôt à Déméter* et tantôt aux frères jumeaux* d'Hélène*, les Dioscures (Castor et Pollux). Apparemment originaires des environs de Troie, ils étaient particulièrement honorés dans l'île de Samothrace où on leur consacrait des mystères presque aussi importants que ceux d'Éleusis. Hérodote raconte qu'on les adorait en Égypte, mais il semble que les Grecs anciens aient beaucoup répugné à en parler ouvertement, sans doute parce que, probablement phalliques par ailleurs, les Cabires renvoyaient à l'essence même de l'« énergie » cosmique qui animait les dieux eux-mêmes. Leur symbole demeure pourtant assez vivant encore aujourd'hui pour que C.G. Jung, par exemple, les redécouvre inconsciemment dans son expérience intérieure et y fasse explicitement référence : « Alors que j'étais en Angleterre, je taillai deux figures semblables (à un petit bonhomme sculpté de son enfance) dans une petite branche... J'en ai fait reproduire une en plus grand en pierre ; elle se trouve dans mon jardin de Küsnacht. C'est à ce moment-là que l'inconscient m'en suggéra le nom, appelant cette figure *Atmavictu, breath of life* – souffle de vie... Au fond, tout cet ensemble est un Cabire enveloppé d'un mantelet dans la Kista (voir Ciste), et muni d'une provision de force vitale » (*Ma vie*).

CADUCÉE Le bâton de Mercure*, en grec *karykeio* ou *kerikeion*, est le symbole du messager des dieux. Le caducée est parfois représenté avec une paire d'ailes* à son sommet. À l'origine, il était seulement orné de rubans flottant au vent qui furent ensuite remplacés par des serpents s'enroulant de façon symétrique et dont les têtes sont tournées l'une vers l'autre (voir Esculape). Certains chercheurs en symbolique, adoptant un point de vue psychanalytique, voient dans le bâton de Mercure un phallus (voir Lingam) sur lequel viennent s'accoupler deux serpents. Les zoologues ont en effet déjà pu observer chez certains reptiles – les cobras par exemple – un rituel bien particulier d'accouplement au cours duquel les deux animaux se redressent comme pour danser. Dans la symbolique

Caducée et corne d'abondance, emblèmes du succès dans le commerce : gravure de 1675.

Le dieu Mercure avec le coq, le bélier et le caducée : gravure de 1616.

moderne, le caducée symbolise tout ce qui se rattache au commerce et au transport. En alchimie*, les deux serpents sont le symbole des substances élémentaires – le soufre et le mercure (voir Sulphur et Mercurius) – quand elles se trouvent en équilibre, c'est-à-dire en tant que couple d'opposés* à travers lequel s'unissent les principes du liquide et du feu* ; le mercure y est parfois représenté par le dieu Mercure lui-même. — Outre Hermès, Iris*, la déesse de l'aurore, était elle aussi représentée avec un caducée car elle annonce, tel un messager, l'arrivée du Soleil*. – G.S. Böckler (1688) résume de la façon suivante le mythe antique qui explique la signification du bâton de Mercure. À l'origine de ce symbole se trouverait le don d'un bâton qu'Apollon fit à Mercure. Lorsque Mercure arriva en Arcadie, « il trouva deux serpents qui se mordaient l'un l'autre. Il jeta sa férule entre eux pour les séparer, et ils redevinrent alors un seul et unique être. C'est ainsi que la férule ou le bâton reçut, en symbole de paix, le nom de « bâton de Mercure ». Le sens de ce nom est donc de montrer que le poison de la guerre peut être conjuré par des paroles bonnes et apaisantes. D'autres comparent le bâton à la dialectique qui se targue de décider de ce qui est juste et mauvais en semant la confusion dans les esprits ». — Le caducée peut enfin être conçu comme un symbole de l'organisation universelle : le bâton représente alors l'axe du monde* autour duquel les deux grandes forces antagonistes (masculin et féminin, jour et nuit*, etc.) qui parcourent la création se complémentent et s'équilibrent. C'est directement à cette idée que renvoie le caducée tantrique avec l'enroulement des deux nadi autour de la sushumna de l'axe vertébral central.

CAÏN   Caïn est la figure même du fratricide dans la *Bible*. Il tua son frère parce qu'il s'était senti outragé par le Créateur qui avait accueilli « avec bienveillance » l'offrande que lui faisait Abel tandis qu'il avait fait preuve de mépris envers la sienne. Le texte de la *Genèse* n'explique d'ailleurs pas pourquoi Dieu fit montre d'une telle différence d'appréciation entre les deux frères, cependant qu'un certain nombre d'interprétations modernes mettent en évidence la disparité qui apparaît ici entre le monde pastoral symbolisé par Abel, et le monde de la technique primitive que préfigure Caïn. Les descendants de ce dernier sont en effet des artisans qui inventent l'art de fabriquer les instruments de musique, le filage et le tissage ou l'art de travailler le fer et l'airain. — L'art du Moyen Âge a souvent pris en exemple ce fratricide perpétré entre les fils d'Adam* et Ève* pour illustrer la mise à mort du Christ par les juifs : le peuple juif était assimilé à Caïn alors qu'Abel, la victime innocente, était considéré comme le précurseur du Christ, du « bon berger ». Caïn fut condamné à devenir « errant et vagabond sur la terre » (voir Ahasvérus), car la vengeance ne pouvait pas l'atteindre : le « signe de Caïn » que Dieu lui avait donné le protégeait. Il partit vivre à « l'orient d'Eden », et engendra une lignée d'hommes créateurs, comme Tubal-Caïn, « qui aiguisait tout soc de bronze et de fer » (*Genèse* IV, 17-23). — Un texte gnostique, le *Cryptogramme de Jean* (Nag-Hammadi), rapporte un mythe symboliquement chargé, mais très déconcertant d'un point de vue chrétien. D'après ce texte, Adam aurait conçu deux êtres : Yahwé au visage d'ours*, et Élohim au visage de chat*. « Ce sont eux que les descendances de tous les hommes nomment Abel et Caïn. » Leurs noms sont ceux de dieux

Dieu (la main) demande raison à Caïn du meurtre d'Abel : détail de la porte de Bernward (~1015), cathédrale de Hildesheim.

Caïn tue son frère Abel : miniature (XIIe s., « Bible » de Winchester).

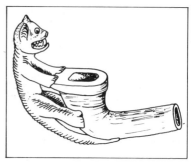

Fourneau d'une pipe iroquoise (XVIIe s.) en terre cuite avec figure d'ours.

de l'*Ancien Testament*, qui qualifie Élohim de juste et Yahwé d'injuste. Ces figures règnent sur les quatre* éléments* : Élohim sur le vent* et le feu*, Yahwé sur la terre* et l'eau*. Seul Seth, un autre fils d'Adam, a pu justifier par sa descendance que l'humanité fût sauvée. C'est ainsi que certains gnostiques prirent, en accord avec cette conception, le nom de Sethiens. Ainsi que le « Yahwé à visage d'ours », Caïn est considéré comme le maître des éléments les plus lourds, les plus souillés par la matière. D'après Leland, on aurait ainsi imploré au siècle dernier ce « Caïn sans repos », dans le cadre du culte de Diane*, qui s'inscrit dans la pratique populaire de la sorcellerie : « Ô Caïn, toi qui ne connaîtras jamais le repos ni la paix jusqu'à ce que tu sois délivré de la lune* ta prison, je t'en implore, fais-moi connaître mon destin ». (Caïn semble ici être considéré comme un « homme de la lune »).

CALUMET   Le calumet était la « pipe sacrée » des Indiens d'Amérique du Nord qui habitaient les environs du cours supérieur du Mississippi. Le calumet est surtout considéré en Europe comme une pipe de la paix : « fumer le calumet de la paix » est une expression aujourd'hui couramment répandue pour désigner la ces-

sation d'hostilités (l'expression était déjà connue dans la première moitié du XIXe siècle, mais elle est devenue célèbre grâce aux livres de Fenimore Cooper et de Karl May). En réalité, cette pipe sacrée était d'abord un objet rituel, de même que l'attribut des messagers, comparable en cela au caducée* de l'Antiquité. Mettre des plumes blanches sur cette pipe était un signe de paix, des plumes rouges annonçaient au contraire la guerre. Contrairement aux idées reçues, il est avéré aujourd'hui que les pipes à tabac indiennes n'étaient pas toutes des calumets. Celui-ci, dans sa première acception, se présente sous une forme double, et symbolise un couple d'opposés* (le ciel* masculin opposé à la terre féminine). Les deux principes se pénètrent alors mutuellement, et peuvent parfois permuter (par exemple, on se représentait dans l'Omaha la terre comme masculine et le ciel comme féminin). L'assemblage de deux baguettes de plumes en guise de tuyau de pipe représentait le symbole de l'aigle*. On brandissait cet objet lors des cérémonies de bénédiction des tribus de la prairie. Pour fumer rituellement le calumet, « on allumait le tabac, puis on présentait la pipe au messager, qui en tirait quelques bouffées ; puis en orientant la pointe de l'objet sacré, il envoyait la fumée en direction du ciel, de la terre-mère* et des quatre points cardinaux. Il présentait alors la pipe à son voisin, et elle faisait le tour de l'assemblée, disposée en cercle ; la trajectoire ainsi définie par le calumet était similaire à celle du soleil, de l'est à l'ouest... (Cette cérémonie) avait pour but de protéger de toute hostilité l'hôte qui y avait participé, pour toute la durée de son séjour dans le camp » (H. Hartmann, 1973). Les pipes

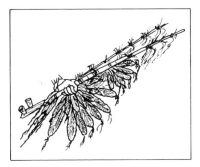

Calumet orné de plumes des Indiens Mandan.

sacrées étaient des objets fortement ritualisés et ne servaient donc pas à un usage quotidien. Leur foyer était en pierre sculptée. Il semblerait que les Indiens des prairies aient reçu cet usage des cultivateurs de maïs qui vivaient en sédentaires, à l'est du pays. On préparait le tabac (*kinni kinnik*) d'après des règles précises, et on le mélangeait avec des feuilles de sumac, de l'airelle et de l'écorce pilée recueillie sur certains arbres.

CAMÉLÉON Ce reptile qui appartient à un groupe très à part des sauriens est symboliquement doué de caractères tout à fait remarquables : image de la lenteur pour la placidité de son cheminement, et de l'omniscience parce que rien n'échappe aux gros yeux ronds et saillants qu'il roule en tous sens sans même se retourner, il incarne aussi l'avidité et l'adresse, grâce à la très longue langue avec laquelle il attrape ses proies à distance. Il est doué surtout d'un étonnant pouvoir de métamorphose : son corps peut enfler et désenfler à volonté, et prendre la couleur du milieu qui l'environne. — L'Europe tient ce pouvoir en grande suspicion : le caméléon y devient l'image même du courtisan, pour son absence de caractère et sa faculté d'imitation du maître qu'il veut flatter - à laquelle s'ajoute, à mesure que les maîtres changent, la versatilité des opinions. Les mêmes retournent volontiers leur veste, prenant la couleur de l'habit qu'ils portent. D'où ces « candidats caméléons », dont parle Bernanos, « aux étiquettes interchangeables », et dont il faut bien sûr se méfier. — L'Afrique, terre d'élection du caméléon, lui accorde une place de premier plan dans ses cosmogonies. Chez les Pygmées, le caméléon

est l'un des trois attributs, avec le tonnerre* et l'éclair, du grand démiurge créateur. Il loge au sommet des plus grands arbres, se rendant ainsi plus proche des dieux, et prend directement part au processus de création du monde : un jour, fendant un arbre, un caméléon en fit couler la première eau d'où naquit le premier couple humain de la race des Pygmées, tandis que, du fruit de l'arbre, il donna naissance à toutes les espèces. Il joue souvent un rôle d'intermédiaire entre le ciel* et la terre*, tel l'arc-en-ciel* dont les Dogons retrouvent une vivante image dans les multiples métamorphoses colorées du caméléon. Il peut aussi apparaître comme lié à des cultes solaires, par exemple chez les Fans ou les Yorubas qui représentent le caméléon tenant un soleil dans sa bouche. Dans certains mythes africains, il est directement responsable de la nature mortelle des hommes. Ainsi, chez les Bantous du Kenya, un mythe kikuyu raconte que Dieu envoya aux hommes un caméléon pour leur dire qu'ils seraient immortels. Puis il changea d'avis, et envoya un second messager, un oiseau*, pour leur dire le contraire. L'oiseau arriva avant le caméléon et annonça aux hommes qu'ils seraient désormais soumis à la mort. Selon une autre version, le Créateur se fâcha de la lenteur de son envoyé, porteur du même message d'immortalité, et envoya un lézard*, plus rapide, avec une annonce opposée. Dans les deux cas, les hommes meurent de la trop grande lenteur du caméléon - lequel, comme tous les sauriens issus de la nuit des temps, reste pourtant quant à lui une vivante image de l'immortalité.

CAMPHRE D'origine végétale, le camphre est une substance blanche, à demi transparente, d'une odeur forte et agréable, que l'on extrait d'une sorte de laurier* de la Chine et du Japon. D'abord mieux connu en Extrême-Orient, on le retrouve en Inde pour qualifier le blanc* pur – la couleur de Shiva*. D'où l'idée d'une certaine noblesse et de l'ouverture au divin qu'appelle toujours cette couleur. D'autant qu'en pharmacologie, le camphre est largement utilisé comme sédatif : il ramène le sommeil ; les cigarettes de camphre calment l'asthme et sa poudre apaise les migraines. Le camphre agit aussi comme antiseptique et comme insecticide (ses dérivés composent la naphtaline). La plus puissante vertu qu'on lui prête est cependant, sans doute, d'être un anaphrodisiaque, puisqu'il combat toutes les inflammations des organes génitaux. Ce retour induit à la chasteté n'est pas la moindre qualité d'une substance dont on mesure ainsi l'importance dans la progression de l'homme vers le divin par la blancheur virginale.

CANARD Le canard occupe une place moins importante dans la symbolique que l'oie*. Les canards étaient à l'origine des animaux sauvages que chassait l'homme jusqu'au moment où les Égyptiens commencèrent à les domestiquer vers 1500 av. J.-C. et à les faire figurer dans leurs productions artistiques. Le contexte de certaines scènes laisse parfois supposer, de même que dans l'art oriental et dans l'art grec (Éros et le canard – voir Amour* –, la fille et le canard), des allusions érotiques que l'on ne peut s'expliquer à moins que le canard n'y déploie un rapport euphémique avec la figure du cygne. — Le canard était chez les Gaulois l'animal sacré de la tribu des Séquanes et de leur déesse Séquana (la Seine). — En Chine, le nom de canard (ya) était réprouvé dans certaines régions car il signifiait également pénis et homosexuel. On relate l'existence d'une « secte du canard et de l'œuf* » dont les membres auraient suivi un régime strictement végétarien et mangé des œufs de canard ; cette secte aurait été condamnée en raison de ses excès. — Le beau canard mandarin Yüan-yang jouit en Extrême-Orient d'une signification positive. Il vit toujours en couple et incarne les mariages heureux. Il est fréquent d'offrir aux couples mariés de petites statues de porcelaine figurant des canards mandarins et ce motif orne les rideaux et les couvertures des lits conjugaux.

Canard : « Je m'immerge pour émerger », emblème en cuivre (1675).

Canards mandarins parmi des fleurs de lotus : peinture de Wang Wu (période Ch'ing).

CAPRICORNE Cet animal des montagnes aux grandes cornes recourbées, à qui l'on donne le nom de capricorne sous l'influence de l'astrologie*, est parfois associé à la Lune*, par exemple sous le nom de Ta'lab que lui donnaient les Sabéens d'Arabie Saoudite. En tant que signe astrologique, on l'appela tout d'abord en Orient « chèvre*-poisson », sorte d'animal marin pourvu de cornes et d'une queue de poisson. C'est seulement plus tard que le dixième signe du zodiaque* reçut son nom actuel (en grec aigokeros, en latin capricornus). L'empereur Auguste fit frapper des monnaies à l'effigie du Capricorne qui était le signe de sa naissance. C'est un signe saturnien auquel on associe le plomb* et la couleur* noire. Le soleil le traverse entre le 21 décembre et le 19 janvier, et on lui attribue un aspect positif à cause du solstice d'hiver et du rallongement des jours qui s'ensuit. Toutefois, on attribuait au bouc*, parent du capricorne, que l'on associait au Diable à l'époque chrétienne, une méfiance invétérée ; les attributs des natifs

*1. Le capricorne sur une monnaie
d'Auguste frappée
en Espagne en 19 av. J.-C.*

*2. Capricorne céleste volant dans
le ciel de Florence : gravure (1559).*

de ce signe étaient supposés être l'erreur,
l'illusion, l'avarice et la gêne mais aussi,
par renversement, la richesse, la réserve,
la concentration et la force acquise grâce
à la persévérance. En tant que signe de
terre* dans lequel Saturne* a sa « maison »,
le Capricorne gouverne les qualités primaires du sec et du froid et il correspond
aux jours d'hiver, pendant lesquels règne
son signe stellaire.

CARITAS   Figure symbolique de l'amour
du prochain, la charité (*caritas*) est l'une
des trois vertus* théologales (avec la foi,
en latin *fides*, et l'espérance, *spes*). Elle est
représentée sous les traits d'une femme
très belle entourée d'une foule d'enfants.
L'image de Pera, une vierge romaine, est
également appelée *Caritas humana*. On
raconte qu'elle aurait donné le sein à son
vieux père Cimon afin de l'empêcher de
dépérir durant sa captivité.

CARRÉ   Le carré (en grec *tetragon*), est
un symbole géométrique qui permet à
l'homme de s'orienter dans l'espace et,
dans certaines régions du monde, qui
délimite le domaine de la vie à travers une
« quadruple orientation » symbolisée par
quatre* gardiens surnaturels. Comme la
croix*, le carré permet, en établissant un
système de coordonnées, c'est-à-dire en
imposant une structure au chaos*, de se
retrouver dans un monde qui semblerait
autrement ne présenter aucun ordre. La
quadrature correspond ainsi à l'exigence
d'un principe d'ordre constitutif de la
nature humaine qui, dans le sens d'un
couple d'opposés*, est associé au cercle*
(le cercle représentant les puissances
célestes devant le monde créé que représente le carré). La « quadrature du cercle »
(c'est-à-dire la transformation, par des
moyens géométriques, d'un cercle en un
carré de même superficie – ce que l'on sait
aujourd'hui matériellement impossible)
symbolise le vœu d'instituer entre le
céleste et le terrestre, une harmonie
idéale (en latin *coïncidentia oppositorum*).
Le carré préside au plan de construction
de nombreux temples* qui, par leur architecture en étages, sont censés correspondre à la montagne* cosmique, comme
Angkor au Cambodge. En association
avec le cercle, le carré fait partie du plan
du temple du ciel* de Pékin, ou du temple
de Borobudur à Java. Des villes comme

*Le Christ dans le cercle inscrit dans
un carré, allégorie de la Trinité (XIIᵉ s.).*

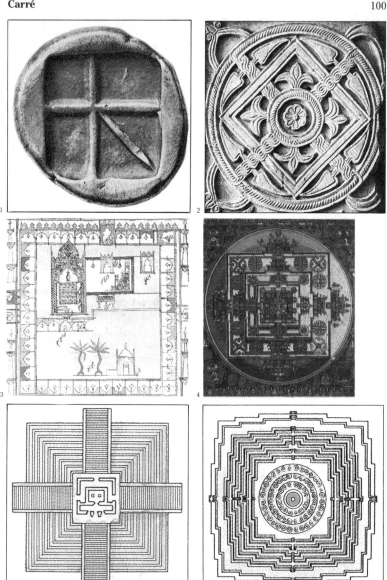

1. Carré : avers d'un statère (375-350 av. J.-C., Égine).
2. Symbologie dualiste d'un carré inscrit dans un cercle : relief du IXᵉ s.
3. La cour carrée de la mosquée du Prophète à Médine : dessin du XVIᵉ s.
4. « Mandala » avec la représentation du cercle et du carré (XVIIᵉ-XVIIIᵉ s.).
5. Plan à base carrée de la pyramide de Kukulcan à Chichén Itza.
6. Plan du temple de Borobudur (Java) rappelant le « mandala ».

*Josué, devant
les murailles carrées
de la ville de Jéricho,
lutte contre les géants :
miniature syriaque
du XIXᵉ s.*

la « Jérusalem* céleste » de l'*Apocalypse*
de saint Jean, ou la *Christianopolis* de
J.V. Andreæ (XVIIᵉ siècle), représentent
aussi ce type de ville idéale à plan carré
– plan que respectaient également les
anciennes villes romaines, divisées en
quatre quartiers égaux. Ces villes se voulaient à l'image du cosmos* et comportaient en leur centre des piliers se dressant vers le ciel (voir Axe du monde).
L'ancienne Chine, la Perse et la Mésopotamie se représentaient la terre carrée ;
dans l'Inde ancienne, elle était appelée
chaturanta (délimitée par quatre points).
D'après l'ancienne tradition chinoise, ce
fut d'abord un carré subdivisé en neuf
parties qui sortit du Hoangho, le « plan
du fleuve* » (*ho-t'u*), c'est-à-dire un « carré
magique » à la valeur cosmologique. —
Toutes ces notions et ces représentations
si diverses sont bien sûr liées à la symbolique du nombre quatre qui, par rapport à la dynamique spirituelle du trois
(voir Nombres), impose l'idée de la manifestation, de la réalisation concrète. Le
carré ayant quatre côtés et quatre angles,
est l'équivalent géométrique de cette réalisation – d'où la difficulté, par ailleurs,
de la quadrature du cercle, du passage de
la virtualité transcendante à la totalité
manifestée, où l'on retrouve l'ancien
adage de Marie la Prophétesse en alchimie* qui considérait le quatre comme
unité sensible du trois. — La quadruple
orientation de l'image du monde apparaît
aussi dans les jeux*, comme dans le
Patolli de l'ancien Mexique ou dans le jeu
d'échecs* européen. Les mandalas* de
méditation indiens associent le cercle,
symbole de l'illumination (bodhi), au
carré, formant ainsi une figuration harmonieuse de l'unité (voir Yantra). Voir

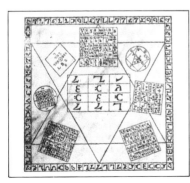

*Table sacrée composée de carrés
magiques et d'alphabets secrets :
dalle de pierre du XVIIᵉ s.*

*Vase chypriote de l'âge du bronze
orné de motifs géométriques, losanges,
triangles, carrés.*

Joueurs d'échecs mexicains :
gravure du XVIe s.

Partie d'échecs en présence du roi :
gravure du XVe s.

aussi Terre, Dé / Cube. — Dans le symbole du carré, il faut accorder une attention toute particulière aux « carrés magiques » dont on retrouve les traces ou les témoignages dans presque toutes les civilisations. Il s'agit de carrés divisés en compartiments égaux où des nombres sont inscrits de telle sorte que leur addition, que ce soit par colonnes horizontales ou verticales, donne toujours la même somme. Le plus simple des carrés magiques, appelé Sceau* de Saturne*, est composé des neuf nombres premiers, répartis en carrés de 3, et dont la somme donne toujours 15.

4	9	2
3	5	7
8	1	6

Ces carrés que l'on trouve dès la plus haute antiquité chinoise, mais aussi égyptienne, sémite et surtout arabe, ont une valeur rituelle, le plus souvent de talisman. Porter un carré magique sur soi, en particulier chez les Arabes, permet en effet de protéger le bonheur de sa maison, de faire fructifier sa fortune ou d'accroître la fécondité des femmes. — Le carré magique résulte de deux idées-forces : d'une part la croyance selon laquelle les nombres n'expriment pas seulement des quantités arithmétiques, mais qu'ils recèlent, au-delà de leur enveloppe visible, des forces occultes qu'il vaut mieux se concilier. Par ailleurs, la quaternité apparaît, en sus des qualités attri-

buées au quatre, comme l'une « des formes essentielles, aussi universellement répandues que la dualité, l'opposition jour/nuit*, haut*/bas, etc., qui permettent de mettre en ordre la multiplicité d'abord chaotique des images. » (Jung). Le chiffre quatre apparaît donc aussi comme l'un des symboles les plus communs de la stabilité, de l'organisation de la matière, de la terre et du pouvoir temporel. D'où l'importance du carré dans la conciliation et la mise en dialectique de ces pouvoirs. — L'un des premiers carrés magiques est le *Lo chou* chinois, bâti à partir des neuf nombres sur le modèle déjà indiqué : il exprime l'organisation du monde offert, par l'intermédiaire d'une tortue, à Yu, le héros qui divisa la terre carrée en neuf régions elles-mêmes carrées. Les nombres chinois ont ainsi pour office de caractériser des sites particuliers et d'exprimer à la fois l'organisation de l'espace-temps. Il faut noter en effet que la somme 15 obtenue dans le total de chaque colonne correspond aussi à la somme des valeurs symboliques attribuées au yin* et au yang* (8+7, ou 9+6) dans le I-Ching*, dont les 64 figures expriment la totalité des expériences humaines et de la structure du monde. — C'est selon le même genre de conceptions que le système des sept planètes* connu dans l'Antiquité fut transposé en carrés magiques : outre le Sceau de Saturne, déjà cité, Jupiter en carré de 4 (donc avec les 16 premiers chiffres), Mars en carré de 5 (avec les 25 premiers chiffres), et ainsi de suite jusqu'à 9 pour la Lune. — Ces carrés magiques connurent une fortune d'au-

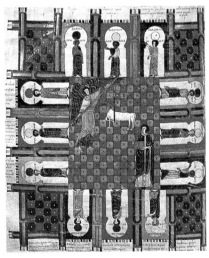

La Jérusalem céleste :
miniature (XIᵉ s., Commentaire
à l'Apocalypse du Beatus de Liébana).

tant plus extraordinaire chez les Arabes que ces derniers furent sans doute ceux qui poussèrent le plus loin l'art du calcul, au point de lui attribuer le nom de leur propre culture (*hisab al arabi* : calcul arabe). — Enfin, dernier carré magique qui fit couler beaucoup d'encre, et déjà attesté par l'historien Pline au début de l'ère chrétienne, le carré SATOR AREPO, composé de lettres disposées en un carré de 5, qui offre cinq mots que l'on peut lire en tous sens dans le même ordre SATOR AREPO TENET OPERA ROTAS – ce qui signifie : « le laboureur à sa charrue, ou en son champ, dirige les travaux ». Référence évidente à l'organisation d'une civilisation agraire, mais aussi aux « tourbillons » (ROTAS) du feu* et de l'eau*, qui furent à l'origine de la Création. Le mot central TENET faisant par ailleurs figure d'une croix, on peut y voir, surtout en ce début de l'ère chrétienne, une référence à la croix qui « tient » le monde.

S	A	T	O	R
A	R	E	P	O
T	E	N	E	T
O	P	E	R	A
R	O	T	A	S

CARREFOUR   Le carrefour est à l'origine le croisement de quatre* chemins (*quadrivium*) ; il devient le centre* de la vie et du monde, lorsque ces quatre chemins sont, symboliquement, ceux qui mènent aux quatre points cardinaux (voir Orient/ occident et Nord/sud). Autant dire que le carrefour est un lieu chargé de sacré, où l'homme se trouve à la « croisée des chemins » : c'est là qu'Œdipe* rencontra son terrible destin. Il vaut donc mieux se concilier la force qui s'en dégage et, éventuellement, le placer sous la protection des dieux qui en écartent les dangers : des statues d'Hermès* protégeaient les carrefours en Grèce et les chrétiens, plus tard, y dresseront de petits oratoires, des croix* ou des calvaires. C'est aux carrefours que l'on se débarrasse parfois des excréments* afin qu'ils y soient purifiés (Sénoufos), que l'on fait des offrandes pour la fertilité de la terre (Cameroun), que l'on élève des autels où se domestiquera le destin (fête des Lares compitales à Rome) – tandis que, à l'inverse, Hécate, la triple divinité infernale entourée de ses chiens, attendait aux carrefours des trois mondes, selon les croyances populaires, les âmes* qu'elle terrorisait.

CASANOVA   Dans la langue actuelle, Casanova symbolise le séducteur prétentieux et amoureux de la vie qui, incapable de nouer une relation durable et satisfaisante, est en quête perpétuelle de nouvelles aventures érotiques. Giovanni Giacomo Casanova, chevalier de Seingalt (1725-1798), était un aventurier qui se targuait de posséder des connaissances en alchimie et en cabbalistique. Doué pour la diplomatie, il fit preuve d'une intelligence brillante et créative. Ses mémoires relatent, outre ses liaisons éphémères avec environ deux cents femmes, son évasion hors des cachots blindés – pourtant censés empêcher toute tentative de fuite – de l'Inquisition vénitienne qui l'avait condamné à cinq ans de prison pour avoir rédigé des écrits blasphématoires. Casanova passa les dernières années de sa vie comme bibliothécaire au château de Dux, en Bohême, où il rédigea ses mémoires.

CASCADE   « L'eau* claire sortait à flots de sous les roches… » C'est auprès d'une cascade qui tombe pour « blanchir le linge le plus noir » que la déesse Athéna* envoie Nausicaa, « la vierge sans maître aux bras blancs », à la rencontre d'Ulysse…

De fait, les cascades abondent dans tous les contes* où la montagne* est reine : faites d'eau pure et souvent glacée, bondissant sur les rochers, elles apparaissent le plus souvent comme bienfaisantes et régénératrices. C'est en se baignant dans une cascade que Siegfried devient immortel. (Comme Achille, son talon restera pourtant hors de l'eau, signant de la sorte un avenir fatal...). Plus violente que la source* ou que la fontaine*, la cascade offre le mouvement d'une vie jaillissante et toujours renouvelée face à l'immobilité des montagnes. — D'où le danger, néanmoins, du mur d'eau qu'elle représente, et que seuls les plus hardis oseront traverser – y courant toujours le risque d'y être précipités : ainsi de la cascade que l'on trouve au début du conte chinois du *Singe pèlerin*, récit de la longue quête de l'immortalité lors d'un pèlerinage* vers l'ouest (vers l'Inde et le bouddhisme). On y voit le « Singe de pierre », né de « l'œuf* fécondé par le vent* », devenir le Roi* de son peuple, pour avoir eu le courage de traverser le « Rideau » afin de « trouver la source de toutes les eaux » ; il découvre là une maison où il installe ses congénères dans la « Grotte du Rideau d'eau, dans la terre bénie du Mont des Fleurs et des Fruits qui conduisent vers le Ciel ». — Image du flux perpétuel, la cascade n'en protège pourtant pas. Ses eaux changent sans arrêt en même temps que sa forme demeure : elle offre donc à la fois le symbole d'un monde où tout bouge aussi bien que l'image d'une inaltérable permanence. Dans le bouddhisme, ses gouttes d'eau toujours renouvelées sont l'image même de la manifestation, donc de l'illusion des sens ; tandis que son mouvement de chute symbolise l'activité céleste, issue du « moteur immobile » qui descend vers l'écume du monde des apparences et des manifestations. — Cette descente qui s'effectue par secousses bruyantes fait qu'on peut aussi « rire ou chanter en cascades », ou « faire des cascades » au théâtre, lorsqu'un acteur charge de traits bouffons, lors d'une improvisation, le texte d'un auteur. D'où aussi, les « cascades » des comédiens qui doublent une vedette, dans les scènes dangereuses, au cinéma. Mais il est vrai qu'on peut toujours rêver sur les longs cheveux* d'or de Mélisande tout tombent en cascade, du haut de sa tour, vers Pelléas, dans le drame de Maeterlinck mis en musique par Debussy.

CASSANDRE   Cassandre est l'une des figures les plus tragiques de la mythologie grecque. Elle était la fille du roi* troyen Priam, et de son époux Hécube. Elle était prêtresse d'Apollon*, et à ce titre, voyante : c'était le dieu de l'oracle en personne qui lui avait accordé le don de prédiction, espérant ainsi en faire son amante. Cassandre accepta ce don, mais demeura farouche ; par dépit, Apollon ajouta alors un autre caractère au don prophétique de Cassandre : elle aurait le pouvoir de prédire l'avenir avec justesse, mais personne ne la croirait. C'est ainsi que ses avertissements au sujet de Pâris, l'enfant qui devait causer le malheur de Troie, ne furent pas entendus, ni ceux qu'elle émit à propos du voyage que ce dernier devait faire à Sparte. Ses prédictions sur la défaite des Troyens, due au cheval* de Troie construit par les Grecs, ne furent pas plus prises en compte ; Troie tomba sous la domination grecque, Cassandre fut conduite comme esclave à Mycènes, où elle périt assassinée. On lui dédia un temple à proximité d'Amiklai, où elle était enterrée, sous le nom d'Alexandra. « Les cris de Cassandre » désignent dans le langage courant des prédictions alarmistes faites en pure perte.

CAVERNE   Les cavernes symbolisent l'accès secret à un monde souterrain. Elles sont les plus anciens lieux de culte de l'humanité, ornés de peintures et de gravures ; on pense que durant la période glaciaire elles étaient déjà considérées comme appartenant à un autre monde. Dans les mythes de genèse de plusieurs peuples indiens, elles symbolisaient le sein créateur de la mère*, image issue peut-être du mythe des cavernes créatrices *Chicomoztoc* de la mythologie aztèque. Les cavernes passaient très souvent pour les lieux de naissance des dieux et des héros, et pour le domicile des sibylles, ainsi que des ermites. Dans l'ancienne Égypte*, on pensait que le Nil était issu de la fissure d'un rocher. La religion créto-mycénienne connaissait de nombreuses cavernes sacrées. Plus tard, l'oracle du héros Trophonios, englouti dans une fissure du sol après avoir tué son frère, et doué depuis de dons divinatoires, s'est exercé dans l'une de ces cavernes : et seule recevait réponse la question émanant de celui qui avait, au préalable, effectué un parcours initiatique. — On peut facilement imaginer les cavernes

La naissance de Jésus dans la grotte de Bethléem : mosaïque (XIᵉ s.).

comme les théâtres de cultes chtoniens, au cours desquels les fidèles entraient en relation avec les puissances de la nuit*, citoyennes des profondeurs de la terre* ou des enfers*, qui leur révélaient le chemin de la lumière*. Les lieux de culte de Mithra*, dieu d'origine perse, qui se répandit presque universellement durant la romanité tardive, étaient construits comme des cavernes. Les hommes ont souvent installé leurs temples dans des cavités artificielles, comme à Abou Simbel en Égypte ou à Ajanta, en Inde. — L'iconographie chrétienne représente l'étable de Bethléem comme une grotte creusée dans le roc, de même que la tombe où Jésus fut inhumé. Pour la tradition orthodoxe, c'est dans une caverne de l'île de Patmos que l'évangéliste Jean reçut sa vision de l'*Apocalypse*. Le « mythe de la caverne » joue un rôle significatif dans la philosophie de Platon (427-347 av. J.-C.) : l'homme, enfermé dans une caverne, ne peut y apercevoir que l'ombre* des idées, et ne connaît ainsi que le reflet d'une réalité plus grande et plus vraie, en attendant de sortir de sa prison et de contempler la vérité à la lumière du soleil*. — Les actuels descendants des Mayas sont toujours très attachés aux nombreuses cavernes de quartz de leur pays. On les recherchait autrefois à des fins rituelles, et on y trouve surtout des vases sacrificiels destinés au dieu de la pluie*. Les murs de certaines de ces cavernes sont couverts de peintures de style typiquement maya : les motifs de la caverne de Naj-Tunich laissent supposer des rituels de caractère sexuel. Des représentations

d'êtres nains trouvées dans certaines cavernes incitent à penser que ces lieux pouvaient être associés à l'image qu'on avait du nain ainsi qu'aux notions de pluie et de fertilité. Comme l'établissent les chroniqueurs anciens, on mettait en rapport les organes féminins (vagin, utérus) et les cavernes. C'est ainsi qu'on associait généralement la sexualité à la fertilité. Les dieux nains de la pluie, porteurs d'un bâton phallique, étaient pour les Aztèques les habitants de ces cavernes. Chez les Mayas, c'était la déesse de la Lune* que l'on mettait plutôt en relation avec les cavernes et l'eau* vive, ainsi qu'avec la sexualité (en référence au dieu de la planète Vénus*). — Le monde européen a connu les mêmes associations qui alliaient la caverne, la femme et la fécondité. La culture chrétienne écarte quant à elle les symboles sexuels. *La Caverne du trésor* ou *Le Livre de l'Adam oriental* (texte apocryphe du début de l'époque chrétienne, Vᵉ siècle), font ainsi référence aux époques primitives : après une lutte difficile pour la vie par laquelle débute la narration (après l'expulsion du paradis*), le Père primitif Adam* est enterré dans une caverne. Le vieux Noé*, survivant du déluge*, ordonne à son fils Sem d'aller y recueillir les ossements du premier homme, puis de les enterrer à nouveau, mais au « centre de la terre » (voir Croix). — Dans les légendes populaires, les cavernes sont surtout habitées par des gnomes, des esprits des montagnes, et des dragons* gardiens de trésors auxquels l'homme n'a accès

Caverne avec Mithra taurochtone : fresque du IIᵉ s.

qu'au prix de maints dangers et de grandes difficultés. Selon certaines légendes, de grands rois* comme Charlemagne ou Barberousse ne sont pas vraiment morts : ils sont seulement endormis dans les cavernes de certaines montagnes* (le Kyffhaüser ou l'Untersberg de Salzbourg), où ils attendent de revenir à la vie ; leur réveil n'aura lieu que lors du combat final entre le Bien et le Mal (voir Couple* d'opposés). — Les légendes au sujet de cavernes (*Uatha*) jouent un rôle significatif dans la mythologie irlandaise (voir Pierre). Une immense nuée d'oiseaux* blancs* sort en voletant de la caverne de Cruachan (qui est aussi la porte des enfers*), et ils dessèchent de leur souffle les hommes et les animaux. La terrible déesse Morrigane (voir Corbeau) habite une autre caverne, où les héros Conan et Finn se font prendre dans un filet tendu par des sorcières*, et où ils manquent de peu d'être précipités dans les enfers. L'accès le plus connu au monde souterrain, c'est-à-dire aux enfers, est le « purgatoire* de Saint-Patrick », situé sur une île du Loch Derg. Jadis, les pèlerins s'y faisaient enfermer pendant quatre heures, afin d'y endurer les supplices du purgatoire. On disait que le Diable* entraînait vers les enfers celui qui s'y endormait. Un chevalier* du Moyen Âge, Owen, décrivit à propos de cette caverne des visions de l'Au-delà semblables à celles de Dante dans la *Divine Comédie*. Les pèlerins actuels passent une nuit blanche dans la chapelle qui enclôt maintenant le « purgatoire », et décrivent leur expérience comme celle d'un lieu étrange où, disent-ils, « deux mondes se rejoignent ». — La niche constitue souvent, dans l'architecture symbolique, le substitut d'une « caverne du monde ». C'est le cas du *mihrab* (niche de prière) des mosquées, comme de l'abside des églises. On renforce ainsi la sacralité du lieu en le ramenant, sur le plan symbolique, à un espace plus restreint. — Dans la symbolique du rêve telle que la conçoit la psychanalyse, un chemin dangereux traversant des cavernes obscures représente avant tout la quête du sens de la vie. Cette quête passe en effet par les profondeurs des couches inconscientes, héritées de l'inconscient maternel. Dans un autre ordre d'idées, c'est aussi le symbole d'une régression dans l'obscurité secrète et ardemment désirée de la vie pré-natale. Ainsi, la fascination qu'exer-

cent les cavernes sur les amateurs de spéléologie ne s'explique peut-être pas seulement par un goût de la découverte, mais aussi par l'aspiration à connaître, sur un plan symbolique, les profondeurs de la personnalité. Cette explication découle de l'interprétation psychanalytique du symbole de la caverne : « La retraite dans la caverne est une donnée originelle. La caverne représente l'abri absolu. Pénétrer dans la caverne signifie, psychologiquement, le retour dans le sein maternel, la négation de la naissance, le plongeon dans l'ombre et dans le monde obscur de l'indéfini. C'est le renoncement à la vie terrestre, au profit de la vie supérieure, de ce qui n'est pas encore né... ; (dans la caverne) le temps n'existe pas, il n'y a ni hier ni lendemain, car le jour et la nuit y sont semblables. D'après Mircéa Eliade (1980), l'isolement constitue une « existence semi-larvaire », comparable à la mort dans l'Au-delà » (E. Kasper). De ce fait, la caverne s'adapte encore aujourd'hui aux formes rituelles et symboliques de l'initiation et, à un niveau supérieur, elle peut figurer l'idée de renaissance qui semble de nos jours acceptée à des niveaux culturels très différents de la société. — En Extrême-Orient, de même que la déesse japonaise du Soleil, Amatérasu, vit normalement dans une caverne, et qu'elle s'y retire complètement lorsqu'elle veut priver le monde de sa lumière et de sa chaleur, la caverne est le lieu qui symbolise le mieux le centre* spirituel du monde et de l'homme comme image du macrocosme universel. L'Inde considérait ainsi, métaphoriquement, la « caverne du cœur » comme le lieu où résidait l'atman, l'âme* singulière ou, en psychologie jungienne, le Soi, en correspondance avec le Brahman, la réalité absolue et inconditionnée. C'est la même correspondance symbolique qui conduisait d'ailleurs à construire des « temples-cavernes » dont la chambre la plus intérieure était considérée comme traversée par l'axe du monde* : c'est en se retirant le plus en soi, qu'on entre en communication avec les forces célestes et l'Esprit universel. De façon plus archaïque, l'ancienne caverne d'habitation, ou celle d'initiation*, était trouée à son sommet d'une ouverture centrale par où l'âme pouvait s'envoler et pénétrer de ce fait dans les régions supérieures (pratiques chamaniques de l'ancienne Asie).

La Synagogue aux yeux bandés, symbole du refus de voir la lumière divine : gravure de Lucas de Leyde.

La Vertu au miroir, la Fortune aux yeux bandés et la roue : gravure (1509).

CÉCITÉ C'est le symbole, d'une part, de l'incertitude et de l'incapacité à faire preuve de lucidité et, d'autre part, de l'impartialité et de la soumission aux lois du destin ; la cécité est également liée au mépris du monde extérieur au bénéfice de la « lumière* intérieure ». C'est pourquoi certains prophètes (Tirésias) et des poètes bénis des dieux (Homère*) étaient représentés comme aveugles dès l'Antiquité grecque ; il est souvent précisé, pour accompagner ces portraits, que les aveugles perçoivent des secrets normalement réservés aux dieux. De la même façon, et alors que la peste ravage Thèbes, c'est en se crevant les deux yeux qu'Œdipe* est enfin capable de voir clairement la vérité et de comprendre ce qui se passe autour de lui. — Dans la Rome antique, Amour* (Cupidon) était souvent figuré les yeux bandés (voir Œil) pour signifier que les conduites inspirées par l'amour terrestre étaient étrangères à la raison. Les récits de l'*Évangile* selon lesquels Jésus rendit la vue à des aveugles étaient interprétés aux débuts de l'ère chrétienne comme le symbole de l'illumination spirituelle transmise par la Bonne Nouvelle. Pour Isidore de Séville (570-636), le monde aurait été plongé dans l'obscurité à la suite du péché originel et les hommes auraient ainsi été aveugles jusqu'à ce que le

Christ chasse les ténèbres. Par conséquent, la Synagogue – personnification du judaïsme – était représentée au Moyen Âge les yeux bandés car elle refusait de regarder la lumière* du Sauveur. — La déesse de la chance, Fortuna*, est également représentée les yeux bandés, ainsi que Justitia, l'incarnation de la justice qui rend son jugement sans s'occuper de l'aspect de la personne (voir Balance). — Le moment où l'on ôte au novice son bandeau lors du passage à la « lumière » est l'une des étapes les plus importantes des rites d'initiation chez les francs-maçons* et symbolise le dépassement de ce qui relève, chez ceux qui n'ont pas accès aux valeurs les plus hautes, d'une vue partielle et duelle des choses. « Ce n'est qu'en 1763, à Hambourg, que l'on commença à bander les yeux des candidats à l'intronisation. Goethe refusa qu'on agisse de même avec lui et promit simplement de ne pas ouvrir les yeux lors de la cérémonie, ce qui lui fut accordé » (Lennhoff-Posner).

CÈDRE Conifère des pays méditerranéens, le cèdre (en grec : *kedros*, en latin : *cedrus*) est comme le cyprès*, surtout apprécié pour sa solidité ; on l'aimait aussi autrefois pour l'odeur de sa résine. On l'utilisait en Égypte pour construire des navires, des meubles, des sarcophages et divers ustensiles. Le roi Salomon* l'employa pour bâtir le temple* de Jérusalem*. « Le juste pousse comme un palmier*, s'étend comme un cèdre du Liban », lit-on dans le *Psaume* XCII, 13. Le père de l'Église Origène d'Alexandrie (185-254) se servit de son image à des fins d'instruction morale : « Le cèdre ne pourrit pas. Faire de cèdre les poutres de nos demeures, c'est préserver l'âme de la corruption ». Le patriarche Cyrille d'Alexandrie (v. 380-444) comparait quant à lui le bois de cèdre à la chair du Christ qui resta imputrescible. Seule la colère de Dieu est plus forte que le cèdre : « La voix du Seigneur casse les cèdres, le Seigneur fracasse les cèdres du Liban » (*Psaumes* XXIX, 5).

CEINTURE   En symbolique, la ceinture est plus qu'un élément vestimentaire qui sert à accrocher des armes ou des objets usuels. La « ceinture des reins » est en effet dans la *Bible* le symbole de la disposition au départ, ainsi que celui des bonnes mœurs et de la correction vestimentaire car la ceinture fermée comme un anneau* sépare la moitié supérieure du corps de sa moitié inférieure (voir Haut/Bas). Les boucles des ceintures sont parfois ornées de motifs héraldiques et d'insignes de souveraineté. La voie lactée est parfois décrite comme la « ceinture du firmament » tandis que la « ceinture d'Aphrodite* » est sans doute chez Homère le symbole de la puissance absolue de l'amour. En Israël, le prêtre porte une ceinture particulièrement précieuse de laine et de lin. La ceinture montre la volonté de contenir la sexualité et c'est pourquoi elle devint rapidement un signe de chasteté et d'abstinence (par exemple dans le costume des moines ou dans les habits que revêt le prêtre pour célébrer la messe). L'entrée dans l'ordre des bénédictins est marquée par ces mots : « Que la justice soit la ceinture de tes reins. Pense toujours qu'un autre va poser sur ta taille une ceinture… » (soumission à une loi plus haute que celle de la propre volonté). La « ceinture de la mariée » était avec le voile un symbole de la virginité prénuptiale ; les filles de joie (*meretrices*) n'avaient pas le droit d'en porter sous peine de poursuite. C'est sans doute par contraste avec cette idée générale que, lorsqu'ils décrivaient les habits de Vénus* comme déesse de la volupté, les poètes latins disaient qu'elle avait la ceinture dénouée, et que les Romains considéraient que ceux d'entre eux qui portaient

basse ou relâchée la ceinture qui tenait leur toge, trahissaient de la sorte leur caractère efféminé et leur prédisposition à être des *molles* (des homosexuels). — Dans la Chine ancienne, les employés de l'État portaient une ceinture spéciale (*tai*) avec une boucle métallique. Lorsque la mariée enlevait sa ceinture au cours de la nuit de noces, elle symbolisait ce faisant l'accomplissement du mariage. On portait les éventails et les pinceaux servant à écrire accrochés à un ruban situé sur la ceinture ; ils étaient fixés par un garrot orné de diverses figures. Ces « toggles » sont aujourd'hui des objets de collection pour tous les amateurs d'histoire de l'art. — L'usage mongol de l'« enfant-ceinture » est particulièrement intéressant d'un point de vue symbolique ; l'homme qui a une relation avec une femme lui donne sa ceinture lors de leur séparation et lorsqu'elle met au monde un enfant, elle est « mariée avec lui » et lui donne le nom du père absent.

CENDRES   Ce qui reste lorsque le feu a tout détruit était censé contenir, pour de nombreuses civilisations antiques, les forces du défunt sous une forme concentrée, mais c'est aussi paradoxalement le symbole du caractère éphémère de toute forme terrestre. Dernière trace purifiée et refroidie de l'incendie, les cendres sont également l'image de la mort et de la matière réduite à l'état de poussière. Dans les rites liés à la mort et à l'idée de seconde naissance – comme par exemple les cérémonies qui célèbrent le passage à l'âge adulte chez les peuples qui ne possèdent pas l'écriture –, on recouvre les participants de cendres afin de leur donner l'apparence d'esprits. Les cendres marquent ici un rite de passage. Elles sont aussi dans l'espace méditerranéen le symbole de la mort, de la purification et de tout ce qui a trait au caractère transitoire de la vie terrestre. Les Égyptiens et les Grecs avaient coutume, pour manifester leur deuil, de se recouvrir la tête de cendres, de s'asseoir ou de se rouler dedans (on retrouve des coutumes analogues chez les Arabes et les Juifs). On attribuait par ailleurs un pouvoir purificateur aux cendres des animaux sacrifiés (peut-être parce que l'on avait remarqué que les cendres pouvaient être utilisées dans les tâches de nettoyage). Les cendres de Solon furent répandues sur l'île Salamine pour marquer durablement les liens qui l'unissaient à Athènes. On jetait en revanche les cendres des sorcières* dans l'eau des ruisseaux pour en enlever toute trace de terre et empêcher le retour des fantômes. — Les cendres ne sont pas seulement symbole d'humilité, de deuil et de regret (cf. la « croix* de cendres » dessinée sur le front des fidèles catholiques le Mercredi des Cendres), elles sont aussi symboles de l'espoir dans une vie nouvelle : le phénix* est purifié par le feu et renaît de ses cendres. D'après les théories des frères de la Rose-Croix, on peut reconstituer l'image de fleurs brûlées à l'aide de cette poussière. Cette idée de la purification par les cendres a été assez forte pour traverser les siècles : dans les campagnes européennes, au début de ce siècle, on lavait encore le linge avec des cendres afin de lui assurer une blancheur incomparable. — En Inde, et dans son aspect ascétique, Shiva* se recouvrait de cendres lorsqu'il entrait en méditation, pratique reprise dans le yoga, et particulièrement dans le tantrisme où la cendre symbolise l'énergie sexuelle brûlée par le yogi. — La culture chinoise, quant à elle, faisait la distinction entre la cendre sèche, naturellement liée au feu, qui relevait du principe yang* et était associée au JADE* et à l'or*, de la cendre humide, qui avait donc été recouverte par l'eau, de ce fait rangée du côté du yin*, et qui était souvent interprétée comme un présage de mort.

CENTAURES Les Centaures sont des êtres hybrides, composé d'un corps de cheval* et d'un buste humain. Depuis l'Antiquité grecque, leur valeur symbolique est ambiguë. On faisait remonter leur origine à la première invasion de cavaliers venus d'Asie Mineure, qui avaient terrorisé les peuples sédentaires des pays méditerranéens (les Indiens d'Amérique centrale considéraient de la même façon les conquérants espagnols qui arrivaient à cheval : ils les prenaient pour des êtres hybrides, à la fois hommes et animaux). La mythologie grecque raconte le combat des Centaures contre les Lapithes, peuple montagnard de Thessalie : ceux-ci vinrent à bout des monstres qui, ivres, avaient tenté de ravir leurs femmes (voir Sauvages). C'est pour cette raison que la symbolique les considère comme des personnifications de l'animalité, de la force sauvage et des pulsions, car leur composante humaine ne suffit pas à maîtriser leur nature animale. Le texte du *Physiologus*, qui date de l'Antiquité tardive, présente le Centaure comme un symbole des hérétiques, qui connaissent les enseignements du Christ mais n'en usent pas, et dont le rôle demeure de ce fait extrêmement ambivalent. Le Centaure constituait aux yeux du Moyen Âge le contraire du noble chevalier* car, à la différence de ce dernier, il n'a pas réussi à surmonter ses instincts. Il personnifiait aussi la *superbia* (le péché d'orgueil). — L'Antiquité fit pourtant exception pour certains Centaures, auxquels on attribua des qualités positives, dues précisément à leur double nature. Ainsi Jason et Achille avaient-ils, dans leur jeunesse, été instruits par un sage Centaure, nommé Chiron, qui leur avait appris

Rapt d'une nymphe par un centaure : revers d'une monnaie grecque (~Ve s. av. J.-C.)

Achille et Chiron le centaure : gravure (Iers., peinture pariétale, Herculanum).

l'usage des plantes médicinales. La centaurée (*centaurium*) tire d'ailleurs son nom de cet être bienveillant qui mourut, par méprise, d'une flèche* empoisonnée tirée par Héraclès*. Il avait renoncé à son immortalité au profit de Prométhée*. D'après certains, il serait ensuite monté au ciel où il personnifierait le Sagittaire, neuvième signe du zodiaque* (voir Étoiles).

CENTRE   La notion de centre est si riche et multiforme qu'on ne peut en indiquer ici que quelques caractères essentiels. Pour ses différentes manifestations et significations, on se reportera aux rubriques suivantes : arbre, axe du monde, caducée, carré, caverne, cercle, cœur, croix, frêne, lingam, mandala, menhir, omphalos, paradis et pierre. D'une façon générale, le centre est comme le point d'où irradie l'énergie universelle, et où elle vient en retour se concentrer, dans un phénomène de systole et de diastole, en provenance du monde manifesté. Lieu de croisement des branches de la croix, point d'équilibre des quatre points cardinaux ou des quatre éléments*, foyer des quatre stades de l'œuvre alchimique*, le centre apparaît souvent, numériquement, sous le chiffre cinq – que ce soit le cinquième élément des Chinois qui correspond en effet au centre, ou la quintessence* à laquelle on parvient à la fin du travail. Il est alors l'équivalent du zéro* ou du un (voir Nombres), selon que ce centre est considéré comme vide (le moyeu qui permet à la roue* de tourner, ou le vide de la cruche que ses parois se contentent de cerner dans le taoïsme), ou au contraire comme plein. Mais cet un n'est alors pas, bien sûr, l'un arithmétique, mais le principe ontologique dont découlent toutes choses (voir Pythagore). D'un point de vue spirituel, et selon un paradoxe nécessaire, le centre n'a en réalité aucune localisation précise : seules ses manifestations en ont une dans la géographie terrestre (montagne* sacrée, bétyle* ou pierre dressée, etc.), tandis que lui-même relevant d'une géographie supra-cosmique, peut se trouver n'importe où dans une équivalence générale de l'espace et du temps transcendés : « Dieu est une sphère dont le centre est partout et la circonférence nulle part » – ce qu'on inverse aussi bien dans la proposition opposée : « Dieu est une sphère dont la circonférence est partout et le centre nulle part. » Le centre est donc

aussi ce qui réconcilie les contraires en les dépassant ; il est à la fois leur source et leur fin dynamique, dans une ultime conjonction* qui ne saurait pourtant l'épuiser. La conjonction des contraires n'est en effet, à son tour, que l'image sous laquelle il se laisse appréhender (Nicolas de Cuse, *La Vision ou le tableau de Dieu* et le *Traité de la docte ignorance*, XVe siècle), mais à laquelle il échappe de toute façon. Le centre, et le centre divin, ne sont plus très loin alors de la *deitas* de Maître Eckhart (XIVe siècle), retirée dans l'abîme* de la compréhension. — Dans le domaine politique, le centre est le symbole de l'organisation imposée à ce qui ne serait autrement qu'un chaos* de tribus, de cités ou de peuples. Il traduit l'idée d'un cosmos* social où chaque fonction trouve son sens par rapport à lui. L'une des meilleures illustrations traditionnelles en est la royauté suprême de l'Irlande ancienne, qui représentait elle-même un cinquième royaume (royaume de Midhe à double capitale : Usnech et Tara pour la fonction religieuse), par rapport aux quatre royaumes temporels dans lesquels se divisait l'île (Ulster, Connaught, Munster et Leinster – voir aussi Finn et Souveraineté).

CERCLE   Le cercle est le symbole géométrique le plus important et le plus répandu, dont la forme rappelle celle du Soleil* et de la Lune*. D'après les philosophes platoniciens et néoplatoniciens, le cercle représente la forme parfaite par excellence. On dit que le temple légendaire d'Apollon* chez les Hyperboréens avait la forme d'un cercle, ce qui rappelle le sanctuaire préhistorique de Stonehenge, dans le sud de l'Angleterre ; Platon décrivait aussi « l'île de l'Atlantide* » comme un pays composé d'anneaux* concentriques où alternaient l'eau et la terre. Les systèmes mystiques représentent souvent Dieu comme un cercle dont le centre* se trouve partout, la circonférence nulle part, et qui fait preuve d'une perfection inaccessible à l'humain. Le cercle ne connaît ni début ni fin, ni direction ni orientation, et on se représente la « tente du ciel* » comme une coupole ronde (en raison de la trajectoire circulaire des étoiles* tout autour du pôle céleste). C'est pourquoi le cercle représente aussi le Ciel et tout ce qui relève du domaine spirituel. Garni de rayons, le cercle devient le symbole de la roue*, qui s'en différencie par son

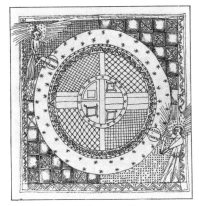

*Le cercle, symbologie mystique
du ciel : miniature du XIIe s.*

*La main de Dieu : fresque
(~1123, Saint Clément, Tahull).*

caractère dynamique (le cercle symbolise la stabilité). Le symbole égyptien de l'éternité était une corde fermée par une boucle ; ailleurs, c'était un serpent* qui se mord la queue (voir Ouroboros) – symbole largement repris par l'alchimie*. On le voit déjà apparaître dans le traité hellénistique intitulé le *Canon de Cléopâtre* où figurent côte à côte, dans la même signification essentielle, cet ouroboros circulaire et le cercle lui-même où est inscrit la devise : *hen ta panta* : « l'un-toutes-les choses », dans une conjonction* d'opposés de l'Un et du multiple qui n'est pas sans évoquer les considérations du dernier grand philosophe néoplatonicien, Damascius. — On peut voir des cercles concentriques se former quand on jette un objet dans l'eau* : c'est ainsi que sur les grandes pierres tombales préhistoriques, de nombreuses images décrivant des cercles peuvent être considérées comme des symboles du passage dans les eaux de la mort (voir Au-delà). Mais ces images représentent peut-être aussi une remontée hors de ces eaux, affirmant ainsi la croyance en une mort suivie de résurrection. Pour l'astronomie traditionnelle, le cercle pourvu d'un point central symbolise le soleil. Pour l'alchimie*, il désigne le métal analogue au soleil, l'or. Dans les rites magiques, le cercle a souvent pour fonction d'écarter les mauvais esprits : on le trace autour du magicien lors des cérémonies d'invocation, et ce dernier ne doit pas le franchir sous peine d'extrême danger. — Le contraire symbolique du cercle est le carré, qui repré-

sente le monde terrestre, humain et matériel. Le problème, devenu proverbial, de la « quadrature du cercle » consiste à transformer, par des moyens purement géométriques, un carré en un cercle de même superficie ; il symbolise l'effort de l'homme tentant de transformer sa propre substance en substance divine, c'est-à-dire de découvrir sa propre transcendance. Ce problème de conversion, dont on a démontré qu'il était insoluble

*Dieu crée la Terre et les astres :
mosaïque médiévale.*

avec la règle et le compas, a occupé les esprits jusqu'au XVIIIᵉ siècle. C'est lui qui a permis à Leibniz (1646-1716) de découvrir les nombres transcendants, et il a toujours joué un rôle très important dans la symbolique alchimique. Sans aborder le problème de l'égalité des superficies, la cabbale s'est également intéressée à la relation entre le cercle et le carré. Le cercle à l'intérieur d'un carré est ainsi considéré comme le symbole de « l'étincelle » divine qui habite l'enveloppe matérielle et qui vient animer les quatre* éléments de l'existence manifestée, cependant que le carré à l'intérieur du cercle symbolise l'aspiration du manifesté à retrouver sa place et son sens dans l'Infini qui l'entoure aussi de toutes parts. Il semble qu'il y ait là un schème organisateur de l'âme humaine, puisque c'est la même dialectique du cercle et du carré qui structure les mandalas* orientaux où s'exprime la totalité de l'expérience spirituelle. — L'iconographie chrétienne représente le plus souvent l'auréole (*nimbus*) sous la forme d'un cercle, de même que la création divine originelle est figurée par des cercles concentriques, dont le « cercle de la terre », à l'intérieur duquel Dieu n'a placé l'homme que tardivement. D'après la *Bible Moralisée* du XIIIᵉ siècle, Dieu a tracé ces cercles au moyen d'un compas* ; il y apparaît sous la forme d'une main* qui transperce leur centre d'une façon « transcendante » (c'est-à-dire de haut en bas — fresque romaine de Saint-Climent de Tahull, Catalogne, vers 1123). — Le cercle a sa signification aussi pour d'autres civilisations. Il « symbolise par exemple chez différents groupes d'Indiens d'Amérique l'apparence cosmique du « grand esprit » ; car la trajectoire de la lune et, du point de vue de l'observateur terrestre, la « trajectoire du soleil » et la « trajectoire des étoiles », de même que toute forme de croissance naturelle, engendrent des formes circulaires. C'est pourquoi on prend le cercle pour fondement des camps, du tipi et de la disposition des assemblées » (Nixdorff, Sterck 1987). On peut aussi interpréter la ronde comme un cercle dansé. Pour le bouddhisme zen, le cercle signifie l'illumination, la perfection de l'homme en union avec le principe originel. La symbolique chinoise du yin* et du yang perçoit la dualité comme enfermée dans un cercle (*T'ai-chi*, l'unicité originelle). — En Europe, la vision médiévale des sphères cosmiques, héritée de la philosophie et

de l'astronomie antiques, conçues comme des cercles concentriques, est très longtemps restée vivante. La *Divine Comédie* de Dante en rappelle poétiquement l'image, en décrivant les cercles du monde supérieur et du monde inférieur (l'enfer*); ce sont ici les anges* qui sont les gardiens de ce grand ordre sphérique du monde. De fait, il faudra attendre les travaux de Johannes Kepler au début du XVIIᵉ siècle, pour comprendre, non seulement que les planètes – dont le soleil* – ne tournent pas autour de la terre selon des circonférences parfaites, mais que le soleil étant au centre de notre système (héritage de l'hypothèse du polonais Copernic, 1473-1543), les planètes décrivent des ellipses autour de lui. Ce qui n'empêche pas Kepler de continuer à voir le monde comme structuré par le principe de la Trinité*, où le Père serait au centre (le soleil est son image), où l'Esprit décrirait le rayon d'une infinité de cercles autour de lui en tant que pouvoir de relation, et où le Fils serait ainsi la surface de la sphère engendrée par ces cercles. Dans le même ordre de conception, l'iconographie chrétienne représente souvent la Trinité par trois cercles qui s'interpénètrent. Une image plus complexe montre ces trois cercles, considérés comme des anneaux, se retenant les uns aux autres de telle façon que, si on ouvre l'un des cercles, chacun des trois peut aussitôt reprendre son indépendance. Il est curieux de constater que c'est la même construction qu'a reprise Jacques Lacan pour représenter le système R-S-I (Réel, Symbolique, Imaginaire), de sorte que certains commentateurs ont avancé qu'il en avait repris l'idée à certains aspects de la théologie médiévale. Voir aussi Baldaquin et Spirale.

CERF Le cerf est l'un des animaux symboliques les plus importants des anciennes cultures du monde. Il semble avoir souvent formé, avec le taureau, un couple d'opposés* mythico-cosmologique comparable, d'après l'hypothèse d'historiens français, à celui que forment le cheval* et le bœuf sauvages dans l'art des cavernes* de la période glaciaire. Grâce à sa ramure comparable à un arbre*, et qui se renouvelle périodiquement, le cerf passait déjà alors pour un symbole de la vie qui se perpétue, du renouveau et du passage du temps. Dans l'ancienne mythologie nordique, quatre cerfs broutent, à la cime de l'arbre du monde Yggdrasil, les bourgeons (les heures), les fleurs (les jours) et les rameaux (les saisons). La ramure du cerf symbolise également les rayons du soleil*. — Dans l'Antiquité, le cerf passait pour hostile aux serpents* venimeux, et son pelage constituait une amulette de protection contre leurs morsures. La poudre de bois de cerf protégeait aussi les semences des intempéries. — Dans l'ancienne Chine, étant donnée l'analogie phonétique de son nom avec le mot qui signifie richesse, le cerf passait pour un symbole de l'aisance. Il était en outre un symbole de la piété filiale : une histoire très connue raconte qu'un jeune homme avait dû revêtir une peau de cerf pour recueillir du lait de biche*, et guérir ainsi ses parents aveugles. Le cerf d'or est une manifestation du Bouddha libéré, revenant parmi les hommes pour les délivrer de la force et de l'aliénation de leurs sentiments contradictoires et leur faire ainsi connaître la paix de l'âme propice à la méditation, à la sagesse et à la connaissance. Au Cambodge, cette même image du cerf d'or, rappelant l'ardeur et les brûlures du soleil*, est au contraire très négative : il devient symboliquement urgent de s'en débarrasser – c'est-à-dire de le tuer – pour bénéficier des bienfaits de la pluie.

Cerf frappé par une lance : miniature (bestiaire médiéval).

Cerf blanc portant le disque solaire : peinture (1691, Kano Yeino Genroku).

Le cerf est enfin le compagnon du dieu de la longévité, Shouhsing. — L'iconographie chrétienne se fonde largement, pour le cerf, sur le *Psaume* XLII de David* : « Comme une biche se penche sur des cours d'eau*, ainsi mon âme penche vers toi, mon Dieu. » Dans le *Physiologus* du christianisme primitif, le cerf crache de l'eau dans les crevasses où se cachent les serpents ; il les en fait ainsi sortir puis les piétine. « De même notre Seigneur frappe le serpent, qui est le Diable*, avec l'eau du ciel… Les ascètes aussi ressemblent au cerf. Par les larmes du repentir, ils étouffent les flèches de feu du Malin, écrasent le grand serpent, le Diable, et le tuent ». Si le cerf sait tirer les serpents de leur trou, il sait aussi se protéger de leur venin en buvant de l'eau de source durant trois heures, après quoi il vit encore cinquante ans. « Si le serpent, c'est-à-dire le péché, est dans ton cœur, cours aux sources d'eau vive, aux veines de l'écriture sainte, et bois l'eau de la vie… mais ne succombe pas au péché ». — Le bestiaire du Moyen Âge (*bestiarium*) répète les mêmes enseignements, mais ajoute encore que les cerfs auraient découvert l'effet magique du dictame (*dictamnus*) dont ils font usage pour se défaire des flèches* qui se sont fichées dans leur peau, et cicatriser leurs blessures. Lorsque des cerfs traversent un cours d'eau, ils « posent leur tête sur la croupe de celui qui nage devant eux pour alléger leur poids. Arrivent-ils dans un endroit sale, ils s'éloignent rapidement. De même, les chrétiens doivent s'aider et se supporter mutuellement ; ils doivent s'éloigner des lieux où règne le péché et, quand ils subissent la morsure diabolique du serpent, accourir vers le Christ, la source* vraie, pour se confesser et se purifier » (Unterkircher). On lit aussi que le bois de cerf constitue un puissant remède : la ramure droite*, plus efficace que la gauche, chasse les serpents lorsqu'on la brûle. La viande de cerf fait tomber la fièvre, de même que l'onguent que l'on tire de sa moelle. — En héraldique, le cerf est le symbole « de la douceur et de l'indulgence, car il est dépourvu de fiel, ce qui explique sa longévité, qui est d'une centaine d'années » (Böckler, 1688). On y représente également la ramure seule qui est « un signe de puissance ». La symbolique du mari « cornu » (couronné d'une ramure) en découle : « L'empereur byzantin Andronic faisait poser des cornes sur les maisons des femmes qui l'avaient honoré de leurs faveurs, donnant ainsi à leur mari le droit de chasser. C'est pourquoi il arrive que l'on représente encore les maris trompés avec des cornes. À l'époque des Galeazzi Sforza, ducs de Milan au XVᵉ siècle, les femmes ne tenaient pas pour honteux de partager la couche de leurs souverains. En effet, leurs maris n'en étaient pas pour autant affligés de cornes infamantes, mais bien

Le dieu celtique Cernunnos : détail d'un chaudron cultuel, Gundestrup.

de cornes d'or, et étaient promus à de grands honneurs. » — Dans la mythologie celte, les cerfs sont les « bêtes à cornes des fées », et les messagers entre le monde des dieux et celui des hommes. Le dieu celtique Cernunnos était couronné d'une ramure de cerf, comme l'étaient les chamans des peuples primitifs. En fait, de la même façon que le cerf a formé un couple d'opposés avec le taureau, il semble qu'il ait été surtout opposé dans les pays celtiques au sanglier*, où le cerf (comme le cheval) représente l'élément masculin et combatif et le sanglier le côté féminin et érotique de l'homme et de la nature. C'est ainsi que la bande de guerriers qui est chargée de veiller sur les ports de l'Irlande et qui mène une vie libre et joyeuse parmi les bois et les vallées, les *fenians* ou compagnons de Finn*, agit sous l'autorité de ce dernier dont le véritable nom est Demné, qui signifie précisément le cerf. De sa femme la biche enchantée Sav, il aura un fils, Oisin (le daim – c'est le prototype du personnage d'Ossian tel qu'il a été restitué par MacPherson à la fin du XVIIIᵉ siècle), qui lui-même aura un fils, Oscar, « celui qui aime les daims ». Pour la possession de Grainne, la fille du haut-roi de Tara, Cormac Mac Art, il poursuivra des années durant son neveu Diarmaid dont le sanglier est l'animal totem*, donc aussi tabou* (voir Tristan* et Iseut où le cerf de Finn est remplacé par le cheval – et les oreilles de cheval du roi Marc). Comme le cheval encore, le cerf paraît avoir rempli chez les Celtes un rôle de psychopompe : c'est cousu dans une peau de cerf que, dans le roman de *Tristan*, le Morholt mort est ramené à la cour

Cerfs à la source de la vie : dessin (mosaïque absidiale, basilique du Latran, Rome).

de sa sœur la reine d'Irlande, tandis qu'Oisin, dans l'*Accalam na Senorach* (« Le Colloque des Anciens »), va rejoindre sa mère dans l'autre monde. À travers ses survivances dans la littérature galloise (l'histoire de Gereint et Enid dans les *Mabinogion*), puis médiévale et continentale (dans *Erec et Enide* de Chrétien de Troyes, par ailleurs une démarque du texte gallois), on trouve aussi la trace d'un symbole du cerf blanc qui renvoie apparemment à un ancien rituel magico-religieux pour s'approcher de la féminité divine : « Nous connaissons tous la coutume du Blanc Cerf. Celui qui peut le tuer doit donner un baiser à la plus belle femme de votre cour », déclare ainsi Gauvain à son oncle le roi Arthur*. De fait, il semble que l'invasion celte, lorsqu'elle s'est produite, a intégré dans ses propres représentations toute une partie du fonds pré-indo-européen, et que le culte ou les images de cerfs y renvoient très souvent à d'antiques pratiques chamaniques – comme dans l'épisode de *Suibhne Geilt*, « la folie du roi Suibhne », où l'on voit un souverain retourner à l'état de nature et vivre dans la compagnie des cerfs ou se saisir d'un daim pour en faire sa monture : « Ô petit porte-bois, petit qui bêles, / petit brameur harmonieux, / doux nous est ce que tu chantes / dans la vallée ! » - ou encore : « Petit faon, petit aux longues jambes, / je me suis saisi de toi ; / et moi je t'ai chevauché / d'un pic à l'autre : / Du tertre de Cornan le triomphant / jusqu'au pic de Sliave Niadh, / et du pic de Sliave Uilinn, / j'atteins Crota Cliach… » — Dans l'art symbolique du Moyen Âge chrétien, on représente à l'occasion le cerf en train de grignoter une grappe de raisin, pour

Saint Hubert et le cerf : miniature du XVᵉ s., « Livre d'Heures », Catherine de Clèves.

illustrer le fait que l'homme peut déjà sur la terre* jouir des bienfaits divins. L'inclination du cerf pour les sources traduit l'aspiration du vrai chrétien à se laver de ses péchés dans l'eau baptismale : « Comme le cerf engloutit le serpent / puis court hardiment à l'eau fraîche / et se libère ainsi du venin / cela vaut aussi pour l'homme / qui sera libéré de ses péchés / quand il se sera purifié dans l'eau du baptême ». C'est pourquoi le cerf figure si souvent sur les reliefs des fonts baptismaux. Les légendes de saint Eustache et de saint Hubert décrivent l'apparition d'une croix* entre les bois d'un cerf qu'ils poursuivaient. D'autres saints ont également des cerfs pour attributs (Meinhold, Oswald et Procope de Bohême). — L'alchimie*, en relation avec le mythe antique du chasseur Actéon* qui fut changé en cerf par Diane* (Artémis*), envisage le cerf en tant que symbole de la transformation du métal. Le cerf est ici lié au monde féminin et « lunaire » de l'argent*. — Dans l'Amérique centrale pré-colombienne, il existait des animaux porteurs de bois qui ressemblaient à ceux du cerf. Ils symbolisaient le septième des vingt signes quotidiens du calendrier (en aztèque *mazatl* ; en maya *manik*). De même que ces animaux sauvages, les gens nés sous ce signe ont le goût de l'errance et des voyages et méprisent la vie sédentaire. Voir Biche. — Pour le shinto japonais, le cerf est la monture des dieux, et il fait partie des symboles divins qui sont représentés sur les kakemonos sacrés.

Le cerf, symbole du septième jour du calendrier aztèque de vingt jours.

Chacals d'une fable persane :
miniature du XVe s.

Images avec défunts et chacals :
peinture thébaine (XIIe-XIe s. av. J.-C.)

CHACAL Le chacal est un animal qui rôde autour des cimetières ; il est donc fréquemment interprété comme un présage de mort. On représente d'ordinaire Anubis, le dieu des morts de l'Égypte ancienne, avec une tête de chacal, mais il est plus sûr de le considérer comme une créature mixte entre le chien* sauvage, le loup-cervier et l'être humain. L'iconographie représentait cette divinité gardienne du chemin qui conduisait aux enfers en noir*, la couleur de la résine sacrée des embaumeurs qui se rattachait à la croyance en une vie dans l'Au-delà. — Dans les fables indiennes, le chacal tient le rôle qu'on attribue habituellement au renard en Occident.

Lion et chacal d'une fable arabe :
miniature du XIIIe s.

CHAÎNE La chaîne est au premier chef associée à l'idée d'emprisonnement et d'esclavage, c'est-à-dire de défaite. Le Diable* vaincu lors du Jugement dernier, est représenté enchaîné dans l'iconographie chrétienne. Mais les chaînes qui retiennent saint Pierre symbolisent au contraire l'intervention divine à laquelle le croyant attribue sa libération. La chaîne rompue est aussi l'image de l'esclavage vaincu. La chaîne d'or*, en latin catena aurea, est un symbole positif : d'après la croyance antique, une chaîne d'or reliait la terre au ciel et, pour les néo-platoniciens, symbolisait le principe originel et ses émanations. Macrobe (vers 400) formule ainsi cette pensée : « Puisque l'esprit naît du dieu suprême, et que celui-ci crée toutes choses pour leur donner la vie... Puisque ces choses se suivent selon un ordre continu, l'observateur le plus attentif découvrira la relation qui existe entre toutes ces parties, du dieu très puissant jusqu'à l'ultime réalité, et comprendra que tout est indissociablement lié. C'est la chaîne d'or d'Homère que Dieu offrit pour suspendre la terre au ciel ». Pour Denys l'Aréopagite (vers 500), la prière du chrétien est une chaîne d'or, dont l'éclat franchit le gouffre qui sépare la créature de son Créateur. — La « chaîne fraternelle » désigne dans la franc-maçonnerie* l'usage de se tendre la main* en cercle* à la fin des tenues, symbole d'une part

*Satan enchaîné est jeté aux abysses par l'ange du Seigneur :
gravure, H. Brosamer.*

Chaînes : « Elles entourent et décorent », gravure de 1702.

de la fraternité et de l'union des francs-maçons, par-delà les frontières et le temps, et, d'autre part, de la transmission du message traditionnel (une main qui donne et une main qui reçoit). En 1817, on rapporte que « le lien de la chaîne » existait déjà dans les anciens rituels, et que le nouvel adepte qui découvrait la lumière* voyait ses frères « former une chaîne ». C'est ainsi que le symbole de la chaîne apparaît souvent dans les noms de loges maçonniques. — En héraldique, la chaîne est considérée comme une multiplication d'anneaux*, c'est-à-dire comme le symbole de l'unité préservée à travers la multiplicité.

CHAKRA Dans l'Inde ancienne, ce nom sanscrit signifiait roue*, disque, et symbolisait la puissance d'un roi* ou l'arme splendide de Vishnou*, la « roue à huit rayons » qui détruit les ennemis comme l'éclair. Les chakras sont surtout connus dans les techniques d'éveil du *Kundalini-Yoga* où l'on considère que l'incarna-tion de l'âme* se fait dans une sorte de corps psychique que peuvent percevoir les adeptes parvenus à un certain stade d'évolution. Ce corps psychique est parcouru de canaux, dont le plus important court le long de la moelle épinière. Sept* chakras – ou centres psychiques – (appelés aussi « lotus* ») s'échelonnent de bas en haut de cet axe vital. Leur éveil progressif par des exercices appropriés doit permettre de libérer la force latente de la *kundalini*, le serpent* de l'énergie, dont l'ascension à travers les chakras amène le yogin à réaliser l'Absolu. Le premier chakra se situe à l'extrémité basse de la colonne vertébrale, au niveau du coccyx, où dort la kundalini. Le deuxième est au niveau des organes sexuels, le troisième à hauteur du nombril, le quatrième du plexus cardiaque, le cinquième dans la gorge, le sixième entre les sourcils, et le dernier au sinciput, au sommet de la tête : c'est le « lotus aux mille pétales ». Les trois premiers chakras concernent les désirs matériels et sensuels de l'homme. L'éveil de l'âme commence lorsque la kundalini parvient au niveau du cœur ; la dissolution complète de l'ego dans la lumière divine n'est réalisée qu'avec l'arrivée de la kundalini au sommet de la tête, lorsqu'elle passe dans le dernier chakra et peut rejoindre et se fondre dans la pure énergie universelle.

CHAMEAU Cet animal qui, grâce à son endurance, a rendu accessibles aux hommes les steppes et les déserts de l'Asie et de l'Afrique du Nord, joue un rôle symbolique ambigu. Il n'est pas étonnant qu'il soit considéré comme un modèle de sobriété et de calme, ni que saint Augustin (354-430) en ait fait le symbole du Christ portant humblement son fardeau. Mais cet animal, que l'on croit dédaigneux, est souvent considéré comme un symbole de la présomption

*Représentation du chameau
sur les fresques de Giotto à Padoue.*

et de l'obstination. En raison de son habitude de n'accepter que des charges supportables, le Moyen Âge fit de lui l'emblème de la mesure (*discretio*) ; tandis qu'il paraissait illustrer, aux yeux de ceux qui ignoraient chez lui cette qualité, une certaine inclination à la paresse. On a souvent porté à son crédit la faculté qu'il avait de s'agenouiller « avec docilité ». Il apparaît comme bête de charge dans les représentations des Trois Mages venus d'Orient et passe pour incarner l'Asie dans l'imaginaire européen. Alors que saint Côme et saint Damien avaient émis le vœu d'être inhumés dans une tombe commune, on raconte qu'un chameau se mit soudain à parler pour appuyer cette volonté qu'on hésitait à satisfaire. Le chameau d'une taille immense qui tentait de troubler saint Macaire fut tenu quant à lui pour l'incarnation du Diable*. — Les paroles du Christ au sujet du chameau qui passe plus facilement par le chas d'une aiguille qu'un riche par la porte du ciel, s'expliquent peut-être par une traduction erronée de l'araméen *gamla*, qui signifie aussi corde. Mais il peut s'agir, plus simplement, d'une image paradoxale spécialement choisie pour illustrer le problème posé. Le *Talmud* babylonien emploie la même image pour désigner les hommes qui se sentent tenus à l'impossible : ils font « passer un éléphant par un trou d'aiguille ». — Le

chameau joue un rôle important dans la symbolique asiatique. On le représente en posture d'affliction auprès du Bouddha mourant, avec le buffle d'eau, l'éléphant* et le tigre*.

CHAMPIGNON À cause du pouvoir hallucinogène de certaines espèces telle l'amanite tue-mouches, le champignon est associé à l'idée du bonheur. En Europe, le seul aspect décoratif des champignons, coiffés d'un chapeau rouge à pois blancs, suffit à réjouir les cœurs. De nombreux champignons (en particulier les morilles), doivent à leur forme phallique d'avoir été considérés autrefois comme des symboles de puissance et de fécondité. Les champignons qui poussent en cercle* étaient appelés « anneaux de sorcières* », car on pensait qu'il s'agissait des traces laissées, lors de leurs rondes nocturnes, par les sorcières ou les elfes. Dans l'ancienne Chine, le champignon (*ku* ou *chih*) symbolisait la longévité ; on l'appelait aussi champignon merveilleux, champignon des dieux ou plante de l'immortalité. Il y avait dans les Îles Fortunées* chinoises, un « palais du champignon » qui avait été construit en or* et en argent*. — On souligne surtout dans l'espace linguistique européen la rapidité de croissance du champignon (les maisons « poussent comme des champignons »), ou la possibilité de s'égarer en forêt lors de la

*Champignon : « Né en une seule nuit »,
gravure de 1702.*

cueillette des champignons (« aller aux champignons » signifie en allemand se perdre, disparaître). Le psilocybe hallucinogène (*Teonanacatl*) était pour sa part représenté dans les anciens manuscrits mexicains comme un attribut des dieux ; on l'employait certainement, dans un contexte religieux, pour provoquer certaines visions.

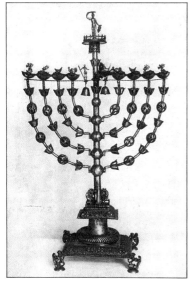

Chandelier à huit branches, « chanukka », allumé pendant la « fête des lumières » : argent, XVIIIe s.

CHANDELIER Les chandeliers constituaient dans l'Antiquité, avec les lampes à huile, l'unique moyen de s'éclairer. L'usage de leur attribuer une valeur symbolique, comme les juifs le faisaient pour la menorah (chandelier à sept branches), trouve son origine dans l'*Ancien Testament* (*Exode* XXV, 31) : « Puis tu feras un chandelier en or pur. Le chandelier sera forgé ; sa base et sa tige, ses coupes, ses boutons et ses fleurs feront corps avec lui. Six branches sortiront de ses côtés, trois branches du chandelier sur un côté, trois branches du chandelier sur l'autre côté. Sur une branche, trois coupes en forme d'amande avec bouton et fleur, et sur une autre branche, trois coupes en forme d'amande avec bouton et fleur : de même pour les six branches sortant du chandelier. Pour le chandelier lui-même, quatre coupes en forme d'amande, avec boutons et fleurs : un bouton sous les deux premières branches issues du chandelier, un bouton sous les deux branches suivantes issues du chandelier, un bouton sous les deux dernières branches issues du chandelier ; ainsi donc, aux six branches qui sortent du chandelier. Boutons et branches feront corps avec lui, et il sera tout entier forgé d'une seule pièce, en or pur ». Les branches des chandeliers étaient originellement garnies de petites lampes à huile, avant l'apparition des bougies de cire. Avec ses attributs végétaux, la menorah est probablement un souvenir d'un ancien arbre* du monde de modèle babylonien, dont les sept* branches symbolisent les sept planètes* et dont on retrouve la trace dans nos langues modernes où il est encore d'usage de parler des « branches » d'un chandelier. La menorah était originellement placée dans le Temple*, à Jérusalem*, et fut volée par les conquérants romains (*cf.* un relief de l'Arc de Titus, sur le forum romain). L'art du Moyen Âge la représente souvent comme un emblème du judaïsme. « Le chandelier est un arbre de lumière dont la plus haute fleur rayonne. Cette lumière parvient jusqu'à Dieu, et l'éclat de tous les chandeliers monte vers Lui… C'est ainsi que la tradition rapporte qu'au temps des Macchabées, la menorah avait brûlé pendant les huit jours de la sanctification du second Temple, alors qu'elle n'était ali-

Chandelier à sept branches, « menorah », allumé à l'occasion de la fête de la consécration du Temple : cippe funéraire des IIe-IVe s.

mentée que par une petite cruche d'huile, que l'on retrouva intacte » (De Vries, 1986). Il existe chez les juifs un autre chandelier, le chanukka, qui porte huit* bougies. La branche centrale du chanukka ne porte pas de bougie, mais représente souvent une figure (par exemple Judith avec la tête d'Holopherne). Une neuvième branche (soit quatre* de chaque côté, plus la branche centrale), porte la bougie appelée *scham(m)asch*, qui signifie « le serviteur de la lumière », et qui est aussi le nom du dieu babylonien du Soleil*. Cette bougie sert à allumer les autres chandelles. Dans la religion chrétienne, on utilise pour les fêtes de Pâques un grand chandelier très souvent richement orné.

Le chaos des éléments au début de la création du monde (1617, « Utriusque Cosmi Historia » de R. Fludd).

CHAOS   La difficulté qu'avaient les auteurs chrétiens à entendre le mythe de la Création, engendrée par le Verbe divin à partir du néant (voir abîme), les a conduit à lui préférer, d'un point de vue symbolique, l'idée d'un chaos originel que Dieu aurait organisé, le « tohu-bohu » biblique donnant naissance au cosmos* (voir la devise latine *ordo ab chao* – « l'ordre à partir du chaos » – de la franc-maçonnerie* écossaise). De la même façon, dans l'antique mythologie mésopotamienne, le chaos primitif que représentait la grande déesse originelle Tiamat est vaincu dans un combat par son fils héros Marduk qui, par la force de ses armes, l'oblige à s'ordonner. La généalogie divine qu'expose Hésiode dans sa *Théogonie* (VIIIe siècle av. J.-C), décrit le passage graduel du chaos primitif à l'ordre olympien à travers les épreuves qui opposent Ouranos (le ciel étoilé) à Cronos* (Saturne*) dont l'arbitrage semble revenir à la lignée féminine Gaïa – Rhéa – Héra. L'état chaotique dans lequel se trouve la matière originelle avant d'être modelée par l'esprit créateur, est souvent représenté par des tourbillons de nuages, d'eau et de feu*, comme par exemple dans les œuvres du frère de la Rose-Croix, Robert Fludd (1574-1637). Dans d'autres systèmes mythologiques, le chaos est remplacé par un océan infini aux vagues écumantes ou encore, par exemple chez les Germains du nord, par l'« abîme qui baille », *Ginnungagap*. Le chaos désigne en alchimie* la *materia prima* avant qu'elle ne prenne sa forme noble. C'est du mot chaos que l'alchimiste J.-B. van Helmont (1579-1644) aurait tiré le concept de « gaz ». Le mot chaos est utilisé de façon abstraite pour symboliser tout ce qui résiste à l'ordre qu'impose la civilisation, tout ce qui semble participer d'un désir de retourner à ce qui précédait ce monde que nous connaissons comme l'œuvre de Dieu.

CHAR   Dans les civilisations anciennes, les chars étaient souvent l'attribut des divinités, principalement des dieux solaires Hélios/Apollon*, Zeus, mais aussi des déesses telles que Cybèle* et Freya et des dieux du tonnerre (Thor/ Donar :

Le char de Strettweg (âge du bronze).

*Elie emmené au ciel par le char
de feu : miniature toscane du XIIᵉ s.*

le vacarme produit par un char qui roule sur un sol inégal rappelle en effet le grondement du tonnerre*). Le parcours du soleil dans le firmament est parfois rattaché à la roue et au char, comme le montre l'exemple germanique du « char du soleil de Trundholm ». Un char solaire enlève aussi le prophète Élie dans le ciel*,

tandis que, dans la vision d'Ézéchiel, les roues tournoyantes du char jouent un rôle essentiel qui est celui de manifester la révélation divine (ces roues ont le nom de *Galgal*, qui signifie révélation en hébreu). — Les chars cultuels renvoient aux voyages et aux périples triomphaux des anciennes divinités dans les contrées où elles étaient révérées : le « char cultuel de Strettweg », datant de l'âge du bronze, montre une grande figure féminine portant une coupe en son centre. C'est sur de tels chars que les dieux de la végétation et de la fécondité étaient censés autrefois visiter les campagnes et les bénir, notamment la déesse Nerthus mentionnée par Tacite, une divinité de la terre* des Germains du nord qui trônait sur un char sacré tiré par des vaches*. Dans l'Antiquité, la déesse Isis*, protectrice des marins, avait un char naval (*carrus navalis*) pour attribut. Le choix des bêtes de somme attachées aux chars est une indication concernant la personnalité de leurs divins passagers ; celui de Zeus est tiré par des aigles*, celui d'Aphrodite* par des colombes* ou des cygnes*, celui de Cybèle par des lions*, celui de Donar par des boucs* sauvages. D'une manière analogue, sur un tableau de Titien, le char triomphal du Christ est tiré par les quatre créatures qui symbolisent les évangélistes* (l'aigle*, le taureau*, le lion*, l'homme). — La roue considérée comme symbole solaire est fréquemment représentée par un axe cruciforme, c'est-à-dire par un cercle* avec une croix* en son centre. — Le fait que parmi les constellations septentrionales, l'*Ursa major* (la Grande Ourse*) soit

Le char du Soleil de Trundholm : bronze du Xᵉ s. av. J.-C. (?).

connue sous le nom de « grand chariot », est certainement en rapport avec le symbolisme du voyage cosmique des astres et des dieux dans leurs véhicules cultuels. — Le char est enfin considéré comme un symbole de l'univers en Asie, que ce soit en Chine où son plancher est l'image de la terre et le dais dont il est recouvert, celle du ciel, ou en Inde où il figure l'espace qui s'étend entre les mondes terrestre et céleste. Cette conception du char qui renvoie ainsi aux espaces intermédiaires et à l'idée de médiation entre l'homme sensible et sa réalité supra-sensible ou intelligible est sans doute une image fondamentale de l'ancien fonds indo-européen, puisqu'on la retrouve aussi bien en Grèce chez Platon avec la conception de l'âme* emportée dans un char qu'entraînent deux chevaux à la course contraire (dialogue du *Phèdre*), que dans la culture de l'Inde classique où le char de la personne est conduit par le dieu du feu Agni qui renvoie aussi bien au *prana* (le souffle), qu'à la notion de l'atman, le Soi individuel dont la vérité dévoilée nous apprend qu'il est en tout point identique au Brahman, c'est-à-dire à l'Absolu. Cette conception a ensuite été reprise dans la réforme bouddhique, où Bouddha lui-même, ou l'un de ses attributs, devient le cocher du char.

CHARDON Cette plante est aujourd'hui essentiellement associée à l'idée de rébellion. Mais en des temps plus anciens, diverses espèces de chardons

Chardon béni : gravure de 1675.

avaient une image plus positive en raison de leurs propriétés médicinales et, d'une façon générale, de leur fonction symbolique. Dans l'Antiquité, le chardon était censé réduire à néant les mauvais présages et chasser les forces démoniaques. Bien que seul l'âne* en mange parmi les animaux, l'homme peut aussi en consommer ; les femmes enceintes en ingéraient pour être sûres de mettre au monde un garçon. L'espèce connue sous le nom de *centum capita* est censée faire naître un amour irrésistible chez les représentants de l'autre sexe (cette idée est attribuée à Pythagore*). — Lorsqu'on arrache des chardons, ils conservent leur forme ; c'est pourquoi ils sont considérés en Chine comme des symboles de résistance et de longévité. — En Occident, le chardon, et tout particulièrement le chardon à foulon, évoque par ses épines les souffrances du Christ et des martyrs (« Plus on les fait souffrir, plus ils s'élèvent vers les cieux »). Le chardon Marie aux taches blanches* rappelle le lait* maternel de Marie* et était employé comme remède. Les branches de chardon servent d'ailleurs très souvent à encadrer les portraits de martyrs. — Le chardon bénit (*enicus benedictus*) est une plante médicinale ancienne qui était utilisée sous le nom d'*herbes cardo* des bénédictins pour apaiser les maux internes. Voir Fleurs (langage des).

CHARRUE La charrue, qui a remplacé l'ancienne houe en bois (voir le martèlement des épées* transformées en socs dans *Isaïe* II, 4), est par excellence le symbole des travaux de labour, envisagé autrefois, lorsqu'il s'agissait de retourner la « Terre Mère » et de la féconder, comme un acte sexuel de caractère phallique. Les cultures pré-colombiennes, qui ne connaissaient pas les bêtes de trait, ne connaissaient donc pas non plus la charrue et n'employaient que des houes pour retourner la terre. La charrue n'apparaît que rarement dans l'art héraldique : on la voit cependant dans les armes officielles de l'Éthiopie. Des anges tirent, dans la légende, la charrue de l'agriculteur saint Isidore, qui refusait de labourer pour ses maîtres pendant le service divin. En signe de leur pouvoir sur la nature, d'autres saints firent tirer leurs charrues par de curieux attelages : saint Gentius par un bœuf* et un loup* ; saint Centigern par un loup et un cerf* ; saint Jacques de Tarente par des ours. Une croyance particulièrement

1. Charrue : « La salutaire honnêteté »,
(1675).

2. Laboureur accompagné de la mort :
gravure (1547, H. Holbein le Jeune).

barbare qui voulait que seuls les innocents puissent marcher sur des socs
ardents tout en gardant la plante des
pieds indemne, lava l'impératrice sainte
Cunégonde du soupçon d'adultère
qu'avait nourri à son égard son mari
l'empereur Henri II, ainsi qu'on peut le
voir sur un bas-relief de la cathédrale de
Bamberg. Voir Fourmi.

CHASSE   C'est l'une des plus anciennes, si ce n'est la plus ancienne activité humaine : pendant des centaines de
milliers d'années, et jusqu'à la fin du
paléolithique, les hommes ont essentiellement été des chasseurs et des
cueilleurs. De ce fait, la chasse a toujours
été fortement marquée par des connotations religieuses qui vont des pratiques
magiques les plus archaïques aux plus

ardentes métaphores spirituelles. Derrière la capture du gibier, et la victoire
qu'elle manifeste sur les représentations
thériomorphes (voir Animal), se cache
une affirmation des qualités viriles
devant le danger de la Mère* Nature (la
grande déesse-mère était originellement
Potnia theron : maîtresse des animaux).
Si l'on ne suit donc pas forcément la
thèse de Marie Bonaparte selon laquelle
la mise à mort du gibier joue comme un
substitut du meurtre du père (complexe
d'Œdipe*), la chasse peut toutefois revêtir un aspect symbolique : dans le motif
de la chasse à la licorne*, celle-ci devient
la présence du Verbe dans le sein de la
Vierge* Marie* tandis que dans une
chasse proprement spirituelle, le Christ
figure la proie poursuivie (Maître Eckhart, XIVe siècle).

CHAT   Employé autrefois à chasser les
rats et les souris des maisons, le chat est
de nos jours, avant tout, un compagnon
qui jouit d'une grande faveur. Du point
de vue symbolique, sa valeur est pourtant souvent négative. Les Égyptiens
avaient déjà domestiqué le chat sauvage
de Nubie vers 2000 av. J.-C., mais connaissaient le « chat de gouttière » depuis plus
longtemps encore : on le voit déjà, dans
le *Livre des morts*, déchirer le mauvais
serpent* Apophis. Les effigies de chats
domestiques ont peu à peu remplacé
celles des divinités léonines ; la déesse
chat Bastet était ainsi, en des temps très
anciens, représentée sous les traits
d'une lionne. Par la suite, les chats furent

Le « grand chat » coupe la tête
du serpent Apophis : peinture pariétale
(XIe s. av. J.-C., Deir el-Medinet).

Chats menant des oies au pâturage et chassant les oiseaux : dessin (XIXᵉ s., « Papyrus satirique ». Turin, Musée égyptien).

souvent momifiés, et représentés sous la forme de femmes à têtes de chat. Après l'Égypte, les chats firent leur apparition en Grèce et à Rome, où on les considérait comme des attributs de la déesse Diane*. Les chats noirs* passaient pour détenteurs de pouvoirs magiques ; pour éloigner les parasites, on répandait leurs cendres* dans les champs. Le chat était pour les Celtes le symbole de puissances maléfiques, ce qui lui valait d'être rituellement sacrifié. Les Germains du nord, au contraire, représentaient la déesse Freya dans un char* tiré par des chats. L'œil du chat, qui se transforme dans l'obscurité*, passait pour trompeur ; sa faculté de pouvoir chasser dans le noir presque total le fit aussi passer pour un allié des puissances des ténèbres. On disait qu'il symbolisait la convoitise et la cruauté, mais

on le tenait surtout pour un auxiliaire (en latin *spiritus familiaris*) des sorcières* : on prétendait ainsi que, pour fêter le Sabbat, les sorcières avaient coutume de chevaucher des chats noirs. Pour les superstitieux, voir un chat noir est encore aujourd'hui un signe de mauvais présage. Certains papyrus satiriques de l'ancienne Égypte décrivent parfois un « monde inversé » assez curieux, où l'on voit des souris, montées sur des chars de combat, mener une guerre sans merci contre des chats prisonniers d'une forteresse assiégée. Ces représentations ne constituent-elles pas une anticipation millénaire du célèbre dessin animé de nos temps modernes, *Tom et Jerry* ? — La psychologie regarde généralement le chat comme un « animal typiquement féminin » (E. Aeppli), et comme un animal de la nuit* ; or « la

1. Chat qui chasse une souris : dessin (XVᵉ s., fables de Bidpai).

2. Bastet, déesse de la paix, honorée à Bubastis : sculpture égyptienne en bronze.

Chats, emblèmes de ruse et de liberté, sur les armes de la famille normande des Chaffardon.

Gwyon-Bach est illuminé et devient le grand barde gallois Taliesin), ou les chaudrons de l'Edda où l'on préparait tous les jours la nourriture des nobles guerriers défunts (voir Walkyrie). Les chaudrons qui servaient aux sacrifices et dans lesquels on recueillait le sang* des victimes, passaient pour des chaudrons de régénération et étaient un symbole de renaissance (chaudron de Gundestrup au Danemark). Comme l'écrit Gilbert Durand : « Un symbolisme complexe sera donc l'apanage d'un ustensile universellement utilisé, si universellement valorisé. C'est ce que montre l'étude du Graal* : à la fois plat chargé de nourritures d'un repas rituel, vase de régénérescence redonnant vie au Roi* pêcheur, enfin yoni*, calice féminoïde où s'enfonce le glaive mâle et d'où ruisselle le sang. »

femme, comme chacun sait, plonge ses racines les plus profondes dans le côté obscur et indistinct de la vie ». Le chat possédant donc une nature féminine, les jugements négatifs que de nombreuses cultures ont porté sur lui ne seraient alors rien d'autre que l'expression d'une agressivité déguisée envers la femme, et plus généralement, d'une misogynie psychologiquement très profonde. Le jugement populaire, qui considère le chat comme un animal faux, est en contradiction avec l'ancien art héraldique où le chat, figure récurrente, symbolise la liberté, car il se refuse à être emprisonné ou enfermé.

CHAUDRON   L'un des plus anciens ustensiles culinaires connus, le chaudron a longtemps tenu une place prépondérante dans les divers rites qui accordaient de l'importance à la préparation des repas sacrés : repas au cours desquels s'accomplit le destin (c'est dans un chaudron, par exemple, qu'Atrée, le roi* de Mycènes, fait cuire la chair de ses neveux pour en faire manger à leur père, son jumeau* Thyeste), ou, plus généralement, repas qui sont une introduction à des cérémonies équivalentes à celles de la communion chrétienne. C'est ainsi qu'on connaît des chaudrons hindous ou chinois, le chaudron celte où bouillait le liquide de la prophétie (c'est après avoir bu trois gouttes du chaudron de la déesse-mère* Cerridwenn que le jeune

1. Joseph d'Arimathie recueillant le sang du Christ dans le Graal ; Histoire du Graal (XVᵉ s.). Bibliothèque Nationale, Paris.

2. Chaudron sacrificiel - ou cultuel - de Gundestrup, au Danemark. National Museet de Copenhague.

D'après les plus récentes recherches sur l'histoire des religions, il semble bien, en effet, que le thème du Graal ait un rapport avec celui du chaudron des Celtes, alors que le chaudron des sorcières, où bout leur brouet, est au contraire associé aux images de la mort* et du Diable*. — En Chine, le chaudron est d'abord un vase rituel (*ting*) où l'on prépare les offrandes et qui est associé à la notion de prospérité. Par extension de sens, le chaudron finit par rejoindre le domaine alchimique*, dans un parallèlisme évident avec l'alambic de l'adepte occidental. Comme chez les Celtes, mais sans qu'il y ait apparemment aucun rapport, le chaudron est aussi instrument de divination (légende de Youang-ti), de même que d'immortalité.

CHAUSSURE Le mot chaussure vient du latin *calceus* (talon) et désigne toute enveloppe qui protège le pied. Très ancienne, la chaussure apparaît d'abord sous la forme la plus rudimentaire d'une simple semelle de bois ou de cuir, attachée au pied par des cordons ; puis elle évolue progressivement entre deux grandes familles, celle des sandales, découvertes, et celle des souliers, qui couvrent le pied. Ceux-ci ont fini par s'élever jusqu'à la botte – militaire déjà à l'époque de la guerre de Troie puis luxueuse, courtisane et même féminine ! — Primitivement symbole du voyage – le premier dieu à être chaussé est le messager divin, l'Hermès* grec aux sandales pourvues d'ailes* – la chaussure devient très vite signe de la condition sociale. On méprise les « va-nu-pieds », surtout dans la Rome antique où l'absence de chaussure était la marque des esclaves. En revanche, l'élite portait des *mulleus* de couleur rouge*, en souvenir des premiers rois d'Albe, tandis que la cothurne grecque, portée par les hommes comme par les femmes, dut sa renommée à Sophocle : il l'introduisit dans la tragédie, les hautes semelles grandissant les acteurs et leur donnant de la sorte la noblesse nécessaire. Puis les philosophes s'en mêlèrent : les disciples de Pythagore* devaient se fabriquer des chaussures en écorce d'arbre (pour ne pas utiliser le cuir des animaux), tandis qu'Empédocle portait des sandales d'airain*. — Les phénomènes de mode se greffant sur ces ornements de pied, la succession des dynasties régnantes donna lieu, en France, à un impressionnant défilé de chaussures en tous genres, parfois acrobatiques : les poulaines au XIIIᵉ siècle, longues de deux pieds pour les princes et d'un demi pour les bourgeois, les souliers en velours et en crevés de Louis XII, les galoches dont raffolait Henri IV et qui rivalisaient avec les souliers à bouffettes, ornées de perles d'or et de rubans - jusqu'à la Révolution qui chassa souliers à boucle et à dentelles pour faire triompher les bottines et les escarpins. — De nos jours où l'on ne juge plus guère « les femmes d'après leurs chaussures » comme au temps de La Bruyère, on peut pourtant encore rêver aux pantoufles de vair (fourrées) que Cendrillon arborait le temps d'une soirée de bal. D'autant plus que la chaussure, liée à un symbole aussi phallique que le pied, joue un grand rôle dans les unions conjugales. En Chine ancienne, l'échange des chaussures entre époux marquait le désir de concorde : avoir des fils et vivre longtemps ensemble. Au soir de ses noces, une mariée russe devait déchausser son mari, trouvant dans l'une des bottes une cravache, dans l'autre de l'argent, scellant ainsi par son choix son destin conjugal de femme battue ou comblée ! De nos jours, on parle toujours de « trouver chaussure à son pied », et déchausser quelqu'un marque l'intimité. Quant au poète, s'il veut éviter d'écrire des « chaussures à tous pieds » (banales), il peut toujours comme Rimbaud, chausser des « semelles de vent »…

CHAUVE-SOURIS Cet animal à la signification symbolique très riche a éveillé l'intérêt de nombreuses civilisations en raison de sa nature bâtarde de mammifère ailé. En Occident, la chauve-souris est perçue comme un être inquiétant qui vient soi-disant s'accrocher dans les cheveux* des gens. Quelques récits sur l'existence de chauves-souris buveuses de sang qui vivent en Amérique du Sud ont suffi pour qu'on les considère même en Europe comme des êtres effrayants, alors qu'elles sont inoffensives et chasseuses de moustiques. Le Diable*, l'ange* déchu, est représenté dans l'art avec des ailes de chauve-souris car il craint la lumière comme elle. Les êtres démoniaques les plus divers sont également représentés avec cet attribut comme, par exemple, *Invidia*, la personnification de l'envie, qui n'ose pas se montrer au grand jour. Sur presque toutes les images des sabbats de sorcières* figurent des chauves-souris. — La chauve-souris a une meilleure répu-

Cinq chauves-souris, symbole chinois de la longévité.

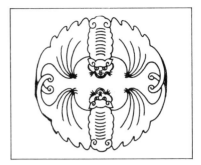

Deux chauves-souris, antique symbole chinois du « double bonheur ».

tation dans d'autres cultures. Les Mayas, et en particulier les tribus Zotzil, la vénèrent comme un dieu protecteur nommé Z'otz. Dans un mythe des Quiché-Maya apparaît cependant dans le monde souterrain une « chauve-souris coupeuse de têtes ». — Dans la Chine ancienne, la chauve-souris était un symbole de bonheur, essentiellement en raison de l'analogie phonétique entre les mots signifiant chauve-souris (*fu*) et bonheur. Cinq* chauves-souris représentent les cinq biens précieux que sont le grand âge, la richesse, la santé, l'amour de la vertu et la mort naturelle. On trouve souvent des dessins représentant un magicien bienveillant qui laisse s'échapper d'une cruche cinq chauves-souris. Les chauves-souris rouges*, dont la couleur était censée chasser les êtres démoniaques, étaient considérées comme de véritables signes de bénédiction. — Dans les mythes africains, la chauve-souris est présentée parfois comme un être particulièrement intelligent car elle sait éviter tous les obstacles lorsqu'elle est en vol. — Dans l'Antiquité, la chauve-souris, réputée pour ne jamais s'assoupir, était le symbole de la vigilance. Par ailleurs, les chauves-souris étaient dès cette époque, comme c'est encore le cas aujourd'hui dans certaines campagnes, clouées aux portes pour protéger des démons de la nuit et des mauvais sorts. On laissait tomber quelques gouttes de leur sang sous l'oreiller des femmes afin qu'elles aient de beaux enfants. La chauve-souris était encore censée détourner les invasions de fourmis*, de chenilles, de sauterelles* et protéger des morsures de serpent*. Les légendes et fables grecques la décrivent comme un animal intelligent mais peureux. On appelait aussi par plaisanterie chauves-souris (en latin *vespertilio*, en grec *nykteris*) les individus à la vie nocturne dévergondée. Dans l'*Odyssée*, les âmes des morts réunies dans le monde souterrain volettent et gazouillent comme des chauves-souris. — Les bestiaires médiévaux soulignent l'aspect positif de la chauve-souris et racontent que « là où les chauves-souris décident de s'attarder, elles ne se quittent plus les unes les autres et forment de véritables groupes – des marques d'amour réciproques comme on en rencontre peu chez l'homme » (Unterkircher). Les croyances populaires n'ont tenu aucun compte de cette attitude positive envers l'oiseau silencieux, à la différence des nombreux jugements émis par d'anciens traités de zoologie symbolique. Sainte Hildegarde de Bingen (1098-1179) écrit par exemple que la chauve-souris, qu'elle classe parmi les oiseaux, « prend son vol surtout lorsque les esprits se promènent – parce que les hommes se reposent », et elle livre une recette qui souligne le rôle bénéfique de ces animaux : « Quand une personne souffre de jaunisse, qu'elle embroche une chauve-souris en faisant bien attention à ce que celle-ci reste en vie et qu'elle l'attache sur son dos. Puis elle l'accroche sur son ventre jusqu'à ce que l'animal meure ». L'idée sous-jacente était probablement que la chauve-souris devait attirer à elle la maladie et lui faire ainsi quitter le corps du malade.

CHÊNE Le chêne est l'un des arbres* les plus importants en symbolique. En raison de la dureté de son bois, il est souvent associé à l'idée d'immortalité et de durée. Il est considéré comme androgyne* par les Romains qui le nomment

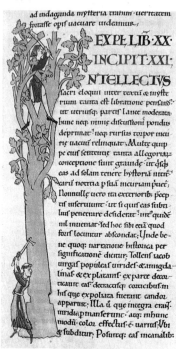

*Un laïc et un moine abattent
un chêne : miniature du XIIIe s.*

en latin *robur* (du genre neutre) quand ils font allusion à son exceptionnelle dureté (d'où découlent les mots français de robuste et de robustesse), mais *aesculus* ou *ilex* (qui sont du genre féminin) quand ils parlent, par exemple, du chêne yeuse ou de l'arbre de Zeus. En effet, comme le chêne est souvent touché par la foudre*, il était consacré au dieu du ciel et de l'orage qui exprimait sa volonté en soufflant dans le feuillage des chênes du bois* de Dodone. De même dans la Rome antique, un bosquet de chênes situé au bord du lac Nemi et confié à un roi* de la forêt* était consacré à Jupiter. Les rois italiques portaient des couronnes de feuilles de chêne. Les druides celtiques accordaient également une grande importance à ces arbres sur lesquels poussait le gui, de même que les Germains qui en plantaient sur le lieu du Thing (assemblée annuelle) et consacraient eux aussi le chêne au dieu du Tonnerre* Thor (Donar – à noter que les Lituaniens faisaient de même avec le

dieu Perkunas). On trouve également dans le Japon ancien un dieu du chêne (Kashima). Selon des croyances populaires antiques, le chêne était un être vivant habité par des nymphes, les dryades (du grec *drys*, chêne). On attribuait aux feuilles de chêne le pouvoir de faire reculer les lions* ; les cendres obtenues en faisant brûler du bois de chêne étaient censées combattre la rouille des céréales et on plantait un bâton de chêne dans un tas de fumier pour faire fuir les serpents*. — Le chêne était pour les romantiques le symbole d'une force indestructible (« Fidèle et indestructible tels les chênes allemands… »), de même que pour les nazis qui utilisèrent la feuille de chêne comme décoration officielle. — Les druides avaient coutume de manger des glands avant de faire leurs prédictions. Cependant, le gland est avant tout un symbole sexuel masculin (Oswald Collius, 1629 : « Le gland sert de modèle à la tête de la verge masculine »), parfois porté en guise d'amulette ou représenté dans les jeux de cartes allemands pour désigner le trèfle. La connotation du gland est si clairement perçue en français que le terme en a été directement utilisé pour désigner le bout du pénis et qu'il est aujourd'hui unanimement reçu dans cette acception.

CHEVAL Sur un plan plus élevé que l'espèce bovine (voir Taureau), le cheval incarne symboliquement la force et la vitalité. Les chevaux et des bovidés sauvages étaient les motifs le plus fréquemment reproduits dans la peinture de l'époque glaciaire. Il est aujourd'hui admis que ces deux espèces constituaient pour les peintres préhistoriques un système duel (A. Leroi-Gourhan), où le cheval représentait le pôle masculin et le taureau, ou plutôt le bison des époques glaciaires, la puissance féminine, peut-être liée à l'adoration d'une grande déesse Terre*. La domestication du cheval n'est apparue que des milliers d'années plus tard, en Europe de l'Est ou en Asie centrale, et elle a permis aux peuples nomades de venir harceler les colons sédentaires de la Méditerranée (voir Centaures). La valeur symbolique du cheval était originellement funéraire : l'animal était souvent associé au royaume des morts auxquels on le sacrifiait et il remplissait d'évidence un rôle de psychopompe (de guideur d'âme*) comme on peut le constater dans de nombreuses cultures asiatiques (chez les

Kirghizes et Bouriates par exemple), ou même dans la Grèce mycénienne où l'on voit sacrifier des chevaux aux héros morts afin qu'ils les emmènent dans les champs de l'Au-delà. Cette signification, quoique parfois inversée, est demeurée très vivante jusqu'à aujourd'hui : si les chamans anciens se servaient de tambours munis de peau de cheval et gagnaient le monde des esprits sur le cheval symbolique que représentait leur bâton coudé, ce sont les divinités ou les esprits, de nos jours, comme dans les cultes à mystères du Brésil ou dans certains aspects du vaudou, qui font de leurs adeptes des montures, des « chevaux possédés » en contact avec l'Au-delà (cultes de la macumba, du candomblé, etc.). Par ailleurs, dans la mesure où il est ainsi une créature de l'Au-delà, le cheval peut en symboliser tous les dangers, et parfois jusqu'aux horreurs : si la civière des mourants s'est longtemps appelée « cheval Saint-Michel », c'est sur des chevaux aux yeux de feu que se précipitent les farouches chasseurs de la Maisnie-Hellequin qu'il est si terrible pour quiconque de rencontrer, ce sont les chevaux de Neptune qui peuvent surgir de la mer*, ce sont des corps de jument qui signalent les Harpies dans certains mythes de l'ancienne Grèce. Dans ce registre spécifique, le cheval est souvent associé aux valeurs maternelles et féminines, origi-

Portrait zoocéphale de l'évangéliste Marc : miniature (Xe s.).

naire qu'il est alors de la terre ou de la mer. Comme jument cependant, et avant de devenir l'un des emblèmes de la royauté masculine, il peut aussi incarner la souveraineté* en tant que celle-ci relève du même mode féminin : ainsi en est-il de l'antique Epona en Gaule, de la figure de Rhiannon dans les *Mabinogion* gallois (mais elle est aussi souveraine de l'Au-delà), ou de Macha en Irlande, qui donne son nom à la capitale de l'Ulster (Emain Macha) ; elle apparaît comme l'hypostase de la Morrigane (l'ancêtre de la Morgane des romans du Graal*) et à travers elle, de la grande déesse primitive Ana/Danu, tout en se divisant en trois figures qui correspondent aux phases successives de la lune*. L'un des épisodes les plus fameux qui concernent cette Macha est celui de sa course en concurrence avec des chevaux (qu'elle domine bien entendu). Dans sa *Typographia Hibernica*, Geraldus Cambrensis rapporte qu'il était d'usage en Irlande, dans la tribu des Kenelcunil, que le roi s'accouplât sous les yeux de ses sujets avec une jument blanche qu'on assommait et qu'on cuisait par la suite afin de la partager dans un « repas totémique ».

Saint Georges tue le dragon : icône (XVIe s., école de Novgorod).

*Les quatre cavaliers de l'Apocalypse ;
en tête le cheval blanc
du « Christus triumphator » :
miniature (XIe s., Commentaire à
l'Apocalypse du Beatus de Liébana).*

— Dans un système de valeurs presque totalement opposé, et peut-être en raison de sa rapidité et de sa fougue, le cheval accéda plus tard au rang de symbole du soleil*, et devint l'animal qui tire les chars* célestes (celui d'Apollon*, de Mithra*, ou le char flamboyant d'Élie). La valeur symbolique du cheval est en fait restée très équivoque, comme le montrent, d'une part le cheval blanc rayonnant du *Christus triumphator* et d'autre part les montures des Cavaliers de l'Apocalypse (*Apocalypse* de saint Jean). Les Pères de l'Église attribuaient au cheval des défauts comme l'orgueil ou la tendance à la luxure (car il se met à hennir avec concupiscence dès qu'il aperçoit sa femelle), mais il apparaissait en même temps comme un symbole de la victoire des martyrs. Le cheval ailé Pégase* incarnait, dans l'Antiquité grecque, l'aspect positif de l'animal que l'on retrouve dans les contes*, le cheval apparaissant souvent comme un être qui possède des pouvoirs magiques et divinatoires, qui parle avec une voix d'homme et qui conseille utilement ceux qui se fient à lui. Les saints cavaliers de l'histoire chrétienne sont principalement saint Georges, qui tua le dragon*, saint Martin, qui partagea son manteau* avec le Christ ; saint Hubert et saint Eustache. Les crânes de chevaux sur les frontons des maisons détournaient le malheur. Les sacrifices germaniques de chevaux, avec consommation finale de la viande sacrificielle, n'ont pas peu contribué à ce que cet animal continue d'avoir mauvaise réputation, d'autant qu'il s'agissait là de très vieilles coutumes dont on avait largement perdu le sens, et que le christianisme considérait comme diaboliques. Le rôle sexuel du cheval a d'autre part toujours hanté la conscience humaine, et avant que les pratiques d'accouplement ne se traduisent en images guerrières, notamment à partir du XVIe siècle avec l'arrivée massive des armes à feu, elles faisaient clairement référence au monde animal. Ne parle-t-on pas encore aujourd'hui de « chevaucher » sa partenaire ? La psychologie voit dans le cheval, au niveau le plus profond, un symbole chtonien à connotation maternelle, qui figure les couches les plus profondes de l'inconscient dans leur double aspect créateur et destructeur. À un autre niveau, le cheval est conçu comme un être « noble » et intelligent, mais aussi timide et qui se laisse facilement effrayer ; le cheval et son cavalier sont alors conçus comme le Ça (la pulsion) et le Moi. Lorsque l'intégration mutuelle de ces deux éléments est rompue, des rêves surviennent dans lesquels on voit des chevaux ruer aveuglément : leur fonction est probablement d'inciter à renouer cette relation. Le cheval représente donc un ensemble symbolique puissamment contrasté, comme une série de couples d'opposés* où les contradictions majeures sont celles de la mère et du père, de la lune et du soleil, de la vie et de la mort, d'éros et de thanatos. Il n'en représente pas tant la synthèse (même si des glissements peuvent sans cesse s'opérer d'un registre à un autre), qu'il ne polarise ainsi la dialectique fondamentale de toute vie psychique et spirituelle qui ne trouve de solution que selon le parcours psychique ou la pente spirituelle de chacun.

CHEVALIER   La condition de chevalier était autrefois assortie d'un certain nombre d'obligations dont la première était d'appartenir à la noblesse ; ce qui impliquait le respect d'un code de l'hon-

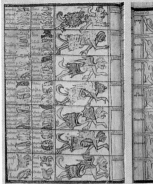

*Chevalier
combattant les vices :
miniature du XIIIe s.*

neur et des comportements qui, poussé à l'extrême, aboutit au Moyen Âge à l'avènement de la civilisation « courtoise ». — Les chevaliers de l'Antiquité romaine étaient divisés en *equites equo publico*, chevaliers avec un cheval offert par l'État, et *equites equo privato*, chevaliers qui pouvaient se procurer eux-mêmes cheval et équipement. Au temps de l'apogée de l'Empire, le terme d'*eques romanus* désignait une classe privilégiée dont faisaient partie, outre les officiers, des propriétaires fonciers, des orateurs et des grammairiens. À l'époque impériale, le grade devint accessible aux préfets, aux procurateurs et à d'autres hauts fonctionnaires de l'État et représenta, dès le IIe siècle, le fondement de la bureaucratie impériale. Au Moyen Âge, chevalier désignait d'abord un homme de guerre rattaché au roi* et obéissant à certaines règles de chevalerie fixées, en gros, depuis l'an mil. La chevalerie n'était pas héréditaire, mais on pouvait y accéder par sa conduite et certains actes par lesquels on avait pu témoigner de sa valeur. L'éducation du chevalier débutait dès l'âge de sept ans, avec le titre de page ; élevé à quatorze ans au rang d'écuyer, le jeune homme était consacré chevalier à vingt-et-un ans. On lui posait pour la circonstance le plat d'une épée* sur l'épaule ou sur le cou. Un épisode de la guerre de Cent Ans (voir Jeanne d'Arc) illustre bien toute la signification accordée à ce rang : alors qu'un petit gentilhomme campagnard était sur le point de faire prisonnier le comte de Suffolk, ce dernier lui demanda s'il était un véritable chevalier. Devant sa réponse affirmative, il lui donna l'accolade avant de se laisser emmener (il lui aurait en effet répugné de devoir, pour se rendre, s'en remettre à un homme de condition inférieure). En Bavière et en Autriche, chevalier était un titre de noblesse, situé entre le baronnat et la noblesse sans titre. Le titre de *knight*, en Angleterre, était conféré à vie par le roi* (ou la reine*), et s'accompagnait souvent d'un titre encore plus élevé (le titre de *sir*). — À cette conception héroïque du chevalier, influencée en partie par l'Église qui participait à la cérémonie de l'adoubement où le chevalier

*Cérémonie d'investiture
d'un chevalier :
miniature du XIIe s.*

était consacré comme tel, est ensuite venue se surimposer, dès le début du XIIe siècle, une conception proprement spirituelle, qui a donné naissance à divers ordres de chevalerie, mi-religieux, mi-guerriers, tels que l'ordre hospitalier de Saint-Jean de Jérusalem. En 1119, saint Bernard de Clairvaux rédigea les statuts de l'ordre du Temple*. Les Templiers, qui s'engageaient à défendre la Terre Sainte récemment reconquise par la chrétienté, formaient une communauté à la fois militaire et religieuse, dont les membres prononçaient certains des vœux mineurs de la vie monastique. Saint Bernard en fit ressortir et en exalta la dimension proprement religieuse dans son texte *Sur la chevalerie spirituelle*. Les grands ordres tardifs et royaux comme la Toison d'or en Bourgogne ou la Jarretière en Angleterre en sont les lointains descendants – jusqu'à l'ordre de la Légion d'Honneur en France, pourtant laïque, mais dont le premier grade est celui de chevalier. La notion de « chevalerie spirituelle » fut également adoptée par les musulmans, particulièrement par les communautés de l'Islam ésotérique (chi'isme, ismaelisme, etc.), qui en firent une catégorie mystique de la pensée, désignant tous ceux qui s'étaient engagés dans la quête de l'ultime Divinité et qui participaient de ce fait à la lutte à la fois cosmogonique et ontologique entre la Lumière* et les Ténèbres.

CHEVEU Dans les croyances populaires, les cheveux renferment la force vitale de l'homme et continuent à pousser après sa mort ; la force du héros biblique Samson était ainsi rassemblée dans ses cheveux. Les hommes qui avaient fait en Israël le vœu de naziréat ne laissaient aucun rasoir passer sur leur tête et ne buvaient jamais de vin à la fois pour protester contre les mœurs des tribus sédentaires et pour montrer leur désir de retrouver la pureté de leurs ancêtres nomades (*Nombres* VI, 1-5). Les pénitents et les prophètes vivant en dehors du monde civilisé laissaient également pousser leurs cheveux, comme par exemple saint Jean-Baptiste ou encore les moines retirés dans le désert égyptien. Des cheveux très longs permettaient à une pénitente de renoncer aux ornements vestimentaires tout en continuant à dissimuler son corps. Au Moyen Âge, ils étaient au contraire un symbole de débauche et de luxure et l'attribut des sirènes séductrices (voir

Dalila coupe les cheveux de Samson : dessin (~1495, A. Mantegna).

Ondines) ; c'était également le symbole d'Absalon l'émeutier (*Second Livre de Samuel* XVIII) dont les cheveux restèrent accrochés à la branche d'un arbre, ce qui permit à ses ennemis de le tuer (pour le christianisme, Absalon est devenu l'incarnation du juif qui reste accroché dans les longues branches de l'erreur). Comme les cheveux longs étaient dans les territoires germains la marque des hommes libres, les esclaves et les condamnés étaient rasés. La tonsure des moines marque de même leur renoncement aux libertés de citoyens. Dans de nombreuses civilisations, il était d'usage de sacrifier sa chevelure en signe de deuil. Les tresses coupées marquaient l'entrée des femmes au couvent, peut-être en souvenir de la façon dont les femmes de Babylone* sacrifiaient leur chevelure sur l'autel de la déesse de l'Amour, Ishtar*, dans un rite de substitution à la prostitution sacrée (voir en particulier les récits d'Hérodote (484-420 av. J.-C.) et encore de Lucien de Samosate (125-192) dans son livre sur *La Déesse syrienne*) : le fait de se faire couper les cheveux symboliserait alors pour les moniales chrétiennes leurs noces avec leur divin époux ou le sacrifice de leur éros au nom de l'amour du Christ. — Dans les civilisations antiques, les différents modes de vie ou métiers étaient souvent caractérisés par une coiffure bien précise. On coupait ainsi les cheveux des enfants à Rome lorsque ceux-ci avaient dépassé le stade de la petite enfance et, dans d'autres pays, au moment de la puberté (voir par exemple le Horus-Harpocrate enfant de l'Égypte ancienne). — Les êtres surnaturels et démoniaques sont souvent représentés avec des serpents* à la place des cheveux (les Furies, le dieu étrusque du monde souterrain Charun, Méduse) tandis que des cheveux rouges sont la marque du Diable. — Pour les membres des milieux alternatifs et de la contre-culture moderne, avoir les cheveux longs témoignait d'un désir d'indépendance ou exprimait une protestation par rapport aux normes bourgeoises de notre civilisation. — La chevelure, d'autre part, lorsqu'elle est longue et flottante, a traditionnellement été associée à une féminité d'essence aquatique. Si Bachelard parle d'un « complexe d'Ophélie » à propos des cheveux de la femme qui flottent sur les eaux noires, les crinières des chevaux* de Neptune* qui surgissent de la mer* renvoient de fait au même fonds symbolique. Plus généralement, la chevelure ainsi décrite dans ses ondoiements et ses vagues, renvoie au pouvoir de séduction de la femme – ce qui explique par exemple que, durant des siècles, les femmes n'avaient le droit d'entrer dans

Marie-Madeleine : fresque (XIVe s., église Saint Dominique, Pistoia).

les églises que la tête couverte d'une coiffe, afin de « ne pas tenter les anges ». Dans l'inversion du symbole, certaines mystiques, et en particulier Marie-Madeleine, apparaissent souvent les cheveux libres et flottants pour marquer leur amour sans réserve de Dieu, et l'expérience d'un « érotisme spirituel ». À noter qu'en Inde les cheveux sont surtout reliés à Shiva*, soit qu'ils soient tissés pour former la trame de l'univers, soit que le Gange, le grand fleuve sacré, y prenne sa source. — Les cheveux interviennent fréquemment dans les rites magiques : certains sorciers font ainsi un nœud* avec les cheveux de personnes qu'ils veulent atteindre afin de faire naître l'amour en elles. Au XIXe siècle, il était d'usage de porter dans un médaillon des boucles de cheveux de la personne aimée. – Les cheveux apparaissent dans de nombreux proverbes et expressions désignant des objets très différents (avoir les cheveux dressés sur la tête, ne pas se faire de cheveux blancs, tiré par les cheveux, à un cheveu près, arriver comme un cheveu sur la soupe, etc.); cela laisse bien entendre l'importance qui leur est attachée et seules les personnes très pointilleuses parviennent à les couper en quatre. Voir Couvre-chef.

Saint Jean-Baptiste : icône grecque (~1350, monastère de Decani).

*Chèvre : miniature
(XIVᵉ s., herbier provençal).*

CHÈVRE (en grec *chimaira*, chimère ;
en latin *capra*) À l'instar du taureau* et
de la vache*, le symbolisme de la chèvre
a un sens très différent selon qu'il s'agit
du mâle ou de la femelle. Tandis que le
bouc* (en grec *tragos*), symbole de la
lubricité et de la vitalité débordante, est
souvent considéré d'une manière négative, la chèvre est très respectée en tant
que nourricière dans les mythes
antiques (c'est une chèvre, Amalthée,
qui allaita le jeune Zeus). Un attribut
caractéristique de la tenue de Pallas
Athéna* est l'*aigis*, la peau de chèvre,
qui selon Hérodote (IVᵉ livre, 189) fait
partie des vêtements des femmes
libyennes, et qui (tout comme l'olivier*
qui était l'arbre sacré d'Athéna et que
l'on cultivait également en Libye) renvoie à l'origine nord-africaine de la
déesse du lac des Tritons – l'actuel
Schotts (*Athena Tritogeneia*). La corne
de chèvre est également le symbole de
la fécondité (corne d'abondance, *cornu
copiae*). — Dans la symbolique chrétienne, la chèvre ne joue pas un grand
rôle mais apparaît parfois auprès de
l'agneau* dans les tableaux qui représentent la naissance du Christ. Dans le
Bestiarium médiéval, on dit que la chèvre
aime grimper sur les hautes montagnes*,
ce que l'on interprète de manière allégorique en disant que le Christ, comme

la chèvre, aime aussi les hautes montagnes, c'est-à-dire les prophètes et les
apôtres.

CHIEN Le chien est parmi les plus
anciens animaux domestiques. Il est le
symbole par excellence de la confiance
et de la vigilance, et on le considère aussi
comme le gardien de la porte de l'Au-
delà* (Cerbère, du latin *Cerberus*, le
chien à trois têtes). On sacrifiait souvent,
autrefois, un chien aux morts, afin qu'il
leur servît de guide dans l'autre monde.
Le chien passe aussi pour « intelligent »,
car il pressent des dangers invisibles.
Il est plus rare qu'on le considère sous
un angle négatif, comme le chien des
enfers Garm des Germains du nord qui,
à la fin du monde, au moment du
Ragnarök, tue le dieu Tyr en même
temps qu'il est tué par lui ; la Grèce
antique représentait la sombre déesse
Hécate accompagnée de chiens de combat. Les chiens noirs* passent pour les
compagnons démoniaques des sorcières
ou des magiciens (par exemple de *Faust*,
ou du célèbre occultiste Agrippa de Nettesheim, 1486-1535). De nombreuses cultures exotiques considèrent le chien, en
raison de son intelligence et de sa faculté
d'apprentissage, comme à l'origine de
beaucoup des inventions de la civilisation humaine. Dans l'Antiquité, on
dénonçait « la flagornerie et l'effronterie
du chien », mais on reconnaissait tout
autant son dévouement de gardien du
foyer (Phylax), comme on appréciait son

*Saint Roch avec l'ange et le chien :
gravure du XVᵉ s.*

Cerbère dans l'Averne avec les dieux Perséphone, Hermès et Héraclès : amphore attique à figures noires (~510 av. J.-C.).

aptitude à garder les troupeaux. Esculape* et Hermès* (Mercure*) étaient accompagnés de chiens, de même que, plus tard, saint Hubert, saint Eustache et saint Roch. Le chien passe pour « impur » dans la culture islamique, où on l'admet pourtant comme animal de garde. — Le dieu des morts de l'ancienne Égypte, Anubis, prenait dans ses apparitions la forme d'un grand chien sauvage, qui ressemblait à un chacal* : c'est encore là une illustration du rôle que jouait le chien en tant que guide des âmes dans l'Au-delà. Au Moyen Âge, il apparaît surtout comme le symbole de la fidélité conjugale et de celle du vassal, et son image est souvent présente sur les pierres tombales. Pour la sculp-

Représentation schématique du chien (itzcuintli) *sur un vase précolombien.*

ture, il représente un emblème de la permanence inébranlable de la foi. Mais il personnifie aussi le courroux déchaîné. Le chasseur des âmes, Satan, est accompagné de chiens infernaux. Il existe aussi d'étranges représentations d'un « cynocéphale christophore* », c'est-à-dire d'un porteur de Christ à tête de chien, qui est probablement issu de l'Anubis égyptien, et qui constitue une des figures sacrées du légendaire médiéval. — Dans le calendrier de vingt jours des anciennes cultures d'Amérique centrale, le chien (en aztèque *itzcuintli* ; en maya *oc*) symbolise le dixième signe quotidien. Dans l'ancien Mexique, on déposait des chiens dans les tombes, en guise d'offrande aux morts et pour qu'ils les conduisent dans l'Au-delà. Ceux qui naissaient sous ce signe étaient prédestinés à la domination et au partage de richesses. Le chien représentait aussi le dieu Xolotl (le « jumeau* »), et était chargé dans ce cas de mener les morts dans le monde souterrain par le « fleuve à neuf* branches ». Xolotl accompagne le Soleil*, lorsqu'il s'abîme à l'ouest dans le gouffre de la terre. Il le conduit à travers les enfers puis le ramène au jour : il meurt alors lui-même, avant de renaître comme « guide des âmes ». C'est ce double rôle qui explique son nom (voir Foudre). — Le chien est d'autre part le onzième signe du zodiaque chinois (voir Étoiles). Sa signification symbolique et mythique dans l'ancienne Chine était très diverse : chien céleste, il était avant tout chargé de chasser les démons, mais dans de nombreuses régions, on jugeait sa chair assez comestible pour être mangée. Ailleurs (dans la Chine du sud ou de l'ouest), il passait pour dispensateur de nourriture (riz* ou mil). Pour les Yaos de la Chine du sud, le chien était l'ancêtre de leur peuple, ce qui renvoie à l'évidence à des représentations totémiques. Il existe aussi en Chine un grand nombre de légendes au sujet d'hommes à tête de chien. On voit souvent dans les sanctuaires japonais des « chiens de Corée », qui sont des figures de gardiens. — Une très grande considération est accordée au chien par les peuples slaves ; un évêque samaïte a encore reproché vers 1560 le culte du chien à ses compatriotes, mais on ne connaît pas la signification mythique de ce dernier. — Le chien avait aussi chez les Celtes une très grande importance symbolique et mythologique. Il était par exemple le compagnon de la déesse du Cheval* et de la Chasse*, Epona, et l'attribut du dieu Nuadu. Le héros des légendes irlandaises de l'Ulster porte le nom de Cuchulainn, c'est-à-dire le « chien de chasse de Culann » – le chien étant à la fois son animal totémique et tabou* (cf. La Razzia des vaches de Cooley).

CHIEN-LION *(KARASHISHI)* Les chiens-lions sont les gardiens des sanctuaires japonais et se tiennent aux côtés des Torii. On les appelle aussi « chiens de

Figure féminine (Kuan Yin) assise sur le chien-lion : porcelaine (XIXᵉ s.).

Bouddha » *(fochi)*. Bien qu'ils soient les gardiens des temples bouddhiques, ces « lions chinois » sont issus de la croyance shinto. Comme le lion est inconnu en Chine, leur aspect rappelle plus celui du pékinois que celui du grand fauve que nous connaissons en Occident. Le gardien placé à droite* de la porte du temple est considéré comme masculin et tient la gueule ouverte. Le gardien de gauche est féminin et a la gueule fermée. Malgré leur aspect plus comique qu'impressionnant, les karashishi symbolisent la force vitale et l'endurance, car leurs mères*, quand elles mettent bas, ont l'habitude, dit-on, de jeter leurs petits sur des rochers, afin que seuls les plus forts d'entre eux survivent. Selon la croyance populaire, ces chiens sacrés ont le pouvoir d'emplir d'un lait* savoureux les balles* que l'on fait rouler vers eux.

Chimère : gravure de 1647.

CHIMÈRE (en grec *Chimaira*) Dans la langue moderne, le mot n'est plus utilisé que comme symbole d'illusions (« ce n'est qu'une chimère ») ou plus proche de son sens originel, pour désigner les « créations » vivantes des biologistes. Dans l'Antiquité, la Chimère était un être hybride formé à partir d'un lion*, d'une chèvre* et d'un serpent*. Elle est déjà évoquée par Homère. La statuette étrusque la *Chimère d'Arezzo* montre les trois animaux pourvus de leur tête. La Chimère était la fille d'Echidna, une femme serpent, et du monstre du monde souterrain Typhon ; son frère n'était autre que Cerbère, le gardien de l'enfer* (Kerberos). Sa figure triple (voir Triade) est aussi considérée comme le symbole

de la division de l'année en trois parties – le lion représenterait le printemps,
la chèvre l'été et le serpent l'hiver (R.
von Ranke-Graves). La légende raconte
qu'elle fut tuée par le héros Bellérophon
chevauchant son cheval ailé Pégase*,
préfigurant les saints chrétiens tueurs
de dragons, saint Georges et saint
Michel. On trouve parfois sur les chapiteaux et les mosaïques du Moyen Âge
des chimères destinées à personnifier
des forces sataniques. Dans l'Antiquité,
cet être effrayant était l'emblème de plusieurs villes, entre autres de Corinthe.
La Chimère était considérée comme l'incarnation des dangers qui guettent
l'homme sur terre et sur mer, et surtout
comme le symbole des puissances volcaniques cachées à l'intérieur de la terre.

CHOUETTE   Au musée du Bardo de
Tunis, une mosaïque de l'époque
romaine représente une chouette d'une
taille exceptionnelle, vêtue d'une toge,
l'aile gauche repliée comme un bras,
le regard fixe et pénétrant, les serres
rivées au sol. Autour d'elle, les oiseaux
tombent comme des mouches : « Les
oiseaux crèvent de jalousie et la
chouette n'en a cure », indique l'inscription qui surmonte ce panneau destiné à un seuil. On retrouve ainsi l'un des
attributs les plus fréquents de ce rapace
nocturne, considéré comme l'animal
apotropaïque par excellence car il
détourne le danger et éloigne le mauvais
œil et les sorts funestes. Consacrée à
Athéna*-Minerve par la mythologie
grecque et romaine, la chouette symbolise la sagesse de cette redoutable guerrière. Elle en serait en quelque sorte la
face nocturne, toujours aux aguets (son
regard perçant fouille la nuit), prompte
à signaler de ses ululements les dangers
qui se présentent. C'est de la sorte
qu'elle figure sur certaines monnaies
athéniennes ou romaines. Par extension,
« avoir beaucoup de chouettes sous les
tuiles » était censé signaler autrefois la
présence d'un petit trésor caché dans la
maison. — Les mythologies amérindiennes reprennent les valeurs nocturnes de la chouette. Associée au dieu
de la Mort des Aztèques et au nombre
six*, la chouette protège des tempéraments secrets, tandis que le chat-huant,
son compère, associé au dieu Tezcatlipoca, le « Miroir fumant », confère aux
devins le don de clairvoyance. — Les
paysans des campagnes européennes
attribuent toujours à la chouette un pou-

voir de conjuration des maléfices, d'où
la coutume répandue qui consistait à les
clouer, vivantes de préférence, aux
portes des granges et des étables afin de
protéger le bétail. Toutes sortes de présages, heureux ou malheureux, sont
associés aux ululements de cette « guet-
teuse mélancolique » selon les maisons
qu'elle désigne : présence d'une femme
en-ceinte, mort proche d'un malade,
beau temps sec à venir, fin de la pluie ou
arrivée du froid … Comme si la chouette
signalait toujours un changement d'état,
qu'il soit atmosphérique ou biologique,
dans l'environnement. Plus étrange est
la coutume observée en Lorraine au
siècle dernier selon Sébillot : les filles
non mariées allaient dans les forêts
« crier à la chouette ». Près de Cha-
teaubriant, en Bretagne, on disait aussi
que les vieilles filles étaient métamorphosées en chouettes après leur mort,
tandis que la chouette rousse du chêne
de la forêt de Coat-en-Hay serait l'âme
de Perrinaic, une possible compagne de
Jeanne d'Arc*. C'est un lointain écho,
sans doute, d'Athéna et de ses pouvoirs :
celles qui, comme la déesse, restent
vierges, communiquent avec le divin et
possèdent le don de déchiffrer les mystères opaques de la nuit.

CHRISME   Ce monogramme formé à
partir des deux premières lettres du mot
grec « Christ », *Chi* et *Rho*, est depuis
l'époque de Constantin le Grand un symbole du christianisme ; il est souvent
représenté sur les bannières des églises
(voir Drapeau), généralement entouré
d'un cercle* ou de la couronne de la vic-

*Monogramme du Christ
avec colombes
et rameaux d'olivier.*

*Monogramme formé
des initiales grecques,
X (chi) et P (rho),
du nom du Christ.*

Les apôtres Pierre et Paul avec le monogramme du Christ : sarcophage protochrétien du IVe s.

Homme en prière avec colombe et symbole du Christ : sarcophage protochrétien du IIIe s.

toire*. Ce signe reproduit sur le *labarum** (le drapeau de guerre) de Constantin aurait, selon la prédiction qui lui avait été faite (*in hoc signo vinces* : « sous ce signe, tu remporteras une victoire »), permis sa victoire sur Maxence en 312, mais il était déjà utilisé avant. Il désigne la domination du christianisme sur l'ensemble de l'univers ou encore celle du Sauveur sur le royaume du péché. Le Chi-Rho est parfois représenté à l'intérieur d'un triple cercle (allusion à la Trinité*) et combiné avec les lettres Alpha* et Oméga dessinées à ses côtés. Ainsi entouré d'un cercle, le monogramme du Christ ressemble à un soleil* en forme de roue*, ce qui accentue encore le caractère triomphal de ce signe.

CHRISTOPHORE (*OU SAINT CHRIS-TOPHE*) La figure de ce saint légendaire ne repose sur aucun personnage historique réel, mais il est néanmoins adoré depuis le Ve siècle et est considéré comme l'un des « 14 sauveurs ». La légende le décrit comme un géant* du nom d'Offero ou de Reprobus originaire de la tribu sauvage des cynocéphales (« têtes de chien* »), qui ne voulait offrir ses services qu'au plus puissant des êtres. Après qu'un roi* et le Diable* eurent fait preuve de lâcheté, seul restait l'enfant Jésus. Le géant l'aurait alors porté pour l'aider à traverser un fleuve* (image du passage, voir Au-delà) ; durant la traversée, l'enfant devint si

lourd qu'il fit s'affaisser le géant sous l'eau* et le baptisa Christophore, le « porteur du Christ ». Saint Christophe serait mort en martyr sous le règne de l'empereur Decius. Il est fêté le 25 juillet. Il est représenté comme un géant tenant à la main un pieu ou un bâton feuillu (symbole de la rémission des péchés par la force de la grâce divine – voir Vert) ; l'enfant Jésus est assis sur l'une de ses épaules et tient un globe qui symbolise le monde. La croyance populaire veut que quiconque regarde une image du saint est sûr de ne pas mourir le jour

Saint Christophe, celui qui porte le Christ : gravure (1511, A. Dürer).

même. C'est pourquoi saint Christophe est considéré comme le protecteur des hommes qui empêche toute mort subite, et il est ainsi devenu à l'époque moderne le « patron des automobilistes ». — On peut penser que les images, datant de la fin de l'empire égyptien, du dieu à tête de chien Anubis accompagné de l'enfant Horus, ont servi de modèle à la représentation de saint Christophe, ainsi que celles d'Héraclès* portant sur ses épaules Éros enfant. Le saint imaginaire est l'incarnation du croyant qui porte le Christ dans le monde pour professer sa foi et obtient ainsi le salut de son âme. La *Légende dorée* de Jacques de Voragine (vers 1270) raconte à son propos : « Il porta le Christ de diverses manières : sur ses épaules lorsqu'il l'aida à traverser le fleuve ; dans son corps lorsqu'il se mortifiait ; dans son esprit lorsqu'il se recueillait ; dans sa bouche lorsqu'il faisait profession de foi et allait prêcher la bonne nouvelle ». — Dans certaines légendes juives et islamiques, l'aïeul Abraham*, qui ne veut servir que le maître le plus grand et accède ainsi à la connaissance de Dieu, occupe la place de saint Christophe. Voir Étoiles.

CHRONOS Chronos, en tant que symbole personnifié du temps, est fréquemment confondu avec le dieu Cronos* (en latin Saturne*); c'est pourquoi ce dernier est souvent représenté avec des symboles de l'écoulement du temps, le sablier* et la faux*, qui devraient en réalité être associés à Chronos. Le dieu Cronos, qui dévorait ses enfants, est devenu de ce fait le symbole du temps créateur et destructeur. Dans les religions à mystères anciennes, Chronos était l'un des premiers dieux du cosmos également appelé Aion, l'instigateur du monde, issu de l'obscurité* et donnant naissance à l'œuf* d'argent* originel à partir de l'éther. On trouve sur les montres de l'époque baroque de nombreuses figures représentant Chronos, le gardien du temps. Il est souvent dessiné avec des ailes* évoquant le caractère éphémère du temps, tandis que la faucille* de Cronos rappelle à l'homme que nul ne peut lui échapper ; d'après la *Théogonie* d'Hésiode, cette faucille lui aurait en effet servi à émasculer son père Ouranos, et ce sont quelques gouttes de sang* tombées sur la terre qui auraient donné naissance aux Furies (en grec *Érinnyes*).

CHRYSANTHÈME Le chrysanthème est une fleur particulièrement vénérée en Extrême-Orient : au Japon, par exemple, elle est un emblème impérial ; elle symbolise également l'automne (de même que la fleur de prunier [voir Prune] y est le symbole du printemps). Son nom (*chü*) se prononce de la même façon que le mot signifiant attendre, s'attarder, et incite ainsi à la réflexion, ce qui transparaît notamment dans le domaine lyrique (« À la lumière de ma petite lampe, vous êtes devenus tous pâles, ô chrysanthèmes jaunes », ou encore : « Les chrysanthèmes se dressent dans la fleur de leur épanouissement tardif »). Les vêtements d'apparat étaient fréquemment ornés de motifs fleuris représentant des chrysanthèmes. La fleur apparaît également dans certains jeux de mots proches du rébus qui servent à exprimer des vœux en se basant sur des analogies phonétiques entre les syllabes ; ainsi, le pin* et le chrysanthème associés signifient : « Que tu vives encore de longues années », ou le neuf, la caille et le chrysanthème : « Que neuf générations vivent en paix côte à côte ». — Une espèce sauvage européenne, la tanaisie

Courtisane en kimono orné de chrysanthèmes : gravure (XVIIIᵉ s.).

Représentations stylisées de chrysanthème, de l'époque Kamakura, dans la symbologie héraldique japonaise.

(*chrysanthemum vulgare*), était utilisée dans la médecine populaire pour lutter contre les vers intestinaux, mais elle n'est plus cultivée aujourd'hui que pour décorer les jardins.

CIEL Le mot ciel désigne dans la plupart des langues à la fois la région des nuages* et des astres et la demeure des dieux ou de Dieu et de ses légions célestes, de même que le repos des élus. Le concept de ciel mélange ainsi des observations et des spéculations d'ordre météorologique, astronomique, astrologique et théologique à des théories diverses sur la naissance du cosmos. On trouve en effet dans les mythes des civilisations anciennes portant sur la création du monde, l'idée d'une unité originelle du ciel et de la terre*, soit sous la forme d'un chaos*, soit sous celle de l'accouplement d'une femme ou d'un homme céleste avec un homme ou une femme terrestre, ensuite séparés pour laisser leur place à l'air et aux hommes. Le ciel revêt une dimension religieuse car la lumière et la vie viennent d'en haut*, et il n'est pas rare qu'il désigne de façon symbolique la divinité ellemême. Les hommes y voyaient souvent une coupole fixe (firmament) sur laquelle habitaient les dieux des astres, y traçant leur orbite et observant les hommes pour leur envoyer selon leur conduite la pluie* bienfaitrice, les nuages, la sécheresse ou la foudre*. Dans la *Bible*, cette coupole est le trône* de Dieu, et c'est vers elle que s'élève le Christ après sa résurrection. D'après les textes bibliques, le Ciel est structuré en étages (en hébreu *schamajin*, « forme multiple ») ; la coupole visible de la terre est surmontée d'autres sphères* et coupoles dans lesquelles demeurent les différents ordres hiérarchiques des anges* décrits par Denys l'Aréopagite (vers 500). Les coupoles des églises, souvent décorées de scènes célestes, sont ainsi des reproductions symboliques de ce qu'on croyait être le royaume de Dieu ; le portail* de l'Église ouvre l'accès au Ciel et l'ensemble de l'édifice est considéré de façon symbolique comme la salle divine du trône* ou la Jérusalem céleste. La symbolique du couple haut/bas* qui se manifeste spontanément chez l'homme (il lève sa tête vers les étoiles* tandis que ses pieds foulent la poussière) a conduit à l'élaboration d'un couple d'opposés* éthique où l'enfer*,

Cosmogonie du Ciel et de la Terre : gravure (« Cosmographie Universelle », 1559).

le « mal » vient s'opposer au ciel de la « bonté ». — Dans la Chine ancienne, le ciel est le symbole du destin qui gouverne. Le temple du ciel de Pékin traduit de façon architecturale le souhait d'établir une relation harmonieuse entre les deux niveaux cosmiques, l'empereur personnifiant sur terre l'autorité céleste. On trouve ainsi dans le *Livre des chants* : « L'honoré père-empereur se rend dans le temple du ciel. Il s'incline au centre éternel de l'empire du centre. Il dit : « Les buissons sauvages et épineux de mes terres ont été brûlés. Les champs cultivés donnent de riches récoltes. Nos greniers sont pleins – j'apporte au Ciel puissant une offrande... » Les cloches, les tambours et les flûtes accompagnent la cérémonie du sacrifice ». L'empereur Tschao récitait la prière suivante vers l'an 100 av. J.-C. : « Très honoré ciel, maître des cieux qui enveloppes la terre, donnes la vie et diriges la course de l'eau ! Très honoré ciel, ô toi éternel ! Moi, le premier parmi tous les hommes, l'empereur Tschao, je te remercie pour tous tes bienfaits. La terre si féconde, gouvernée par le ciel, le soleil et les pluies font pousser tes dons... » Dans cette vision du monde, le ciel n'est pas un symbole de l'Au-delà* extérieur au monde, il est la sphère de l'autorité la plus haute sur les choses terrestres, dominant certes le monde des hommes, mais aussi intégrée au champ de l'existence à travers la médiation personnelle de l'empereur. — En Occident, il est exceptionnel que le Ciel soit représenté comme une entité purement spirituelle sans les attributs de la voûte céleste (voir Nuages, Étoiles) et sans l'image bien terrestre par ailleurs des

plaisirs et des beautés de l'Au-delà. *La Légende dorée* de Jacques de Voragine (vers 1270) offre un exemple parfait de la représentation naïve d'un royaume céleste béni. Un rêveur voit une « belle prairie... parsemée de nombreuses fleurs harmonieusement disposées ; un doux vent soufflait dans les feuilles des arbres qui laissaient ainsi s'échapper un son mélodieux et un parfum sucré. Il y avait des fruits qui ravissaient l'œil et le palais ; des bancs d'or et de pierres précieuses, des lits chatoyants et ornés de draps superbes incitaient au repos. L'eau claire jaillissait des fontaines. Le rêveur est ensuite conduit dans la ville elle-même, ceinte de murs en or massif qui la font rayonner dans toute sa clarté. Des êtres célestes se tenaient dans les airs et chantaient des mélodies que jamais oreille humaine n'entendit ; une voix résonna et dit : Voici la ville des bienheureux ! » À l'opposé de cette symbolique naïve, Hildegarde de Bingen (1098-1179) offre dans son œuvre *De operatione Dei* une image spirituelle du Ciel. « Ciel » signifie pour elle « ceux qui regardent Dieu et ceux qui annoncent sa venue ; c'était le Ciel lui-même qui se manifestait lorsque le fils de Dieu apparut dans toute son humanité. On appelle aussi ciel ceux qui, telles des étincelles* de feu, reflètent la lumière que dégage la vue de Dieu, ceux grâce auxquels Dieu est venu à bout de tous ses ennemis. Lorsque Dieu créa le ciel et la terre, Il plaça l'homme au centre de l'univers... Le Seigneur a établi son trône dans le ciel et sa royauté domine tout (*Psaume* CII, 19). Cela signifie : le fils de Dieu... établit son trône dans le Ciel de même que les pensées de l'homme constituent l'ins-

La cité des bienheureux : gravure (1611, N. de Mathonier, in « La vie dans l'Éternité »).

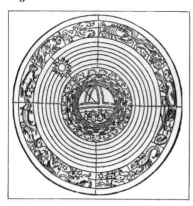

L'univers géocentrique : miniature
(« Grant Kalendrier des Bergiers », XVIᵉ s.).

trument de son œuvre selon son vœu…
C'est pourquoi sa royauté domine l'univers, le ciel et la terre ». Le ciel est ici nettement distingué du firmament (idée de la coupole céleste) « reposant sur les clefs de voûte formées des énergies et des forces astrales, de même que l'homme fait reposer sa maison sur des clés de voûte pour éviter qu'elle ne s'écroule… Le firmament est le trône de la beauté, la terre est ce qui le supporte ».
— Certains systèmes religieux établissent également une distinction entre le Ciel et le paradis* ; tandis que le Ciel est un domaine spirituel, le paradis reconstitué sur terre après le Jugement dernier est perçu comme un nouveau « jardin* d'Eden » terrestre. — Parmi les pays non européens qui attribuent au ciel une signification symbolique analogue à celle du Moyen Âge, on peut citer le Pérou ancien dont l'hispano-inca Garcilaso de la Vega (1539-1616) décrit la vision du monde de la façon suivante – le texte a été écrit cependant après le début de la colonisation – : « Ils appelaient le ciel *Hanan Pacha*, c'est-à-dire « monde supérieur » ; selon eux, les hommes bons et justes allaient au ciel en récompense de leur vertu. L'expression *Hurin Pacha* (monde inférieur) désignait le monde de la luxure et de la déchéance. *Uru Pacha* (monde inférieur aux autres) était le centre de la terre dans laquelle allaient les méchants » pour souligner encore cette idée, ils l'appelaient aussi *Zupaya Huacin*, maison du Diable*… Selon eux, le monde supérieur était un monde de paix où la vie s'écoulait paisiblement,

loin de toutes les peines et des malheurs de cette vie… Ils accordaient à ceux qui étaient bons tous les plaisirs, la paix, toutes les joies. Parmi les plaisirs de l'autre vie (après la mort) ne figuraient pas les plaisirs de la chair, mais en revanche la paix insouciante de l'esprit et le repos du corps libre de toute peine ». On peut se demander si l'image des descendants incas n'a pas déjà subi ici l'influence des missionnaires. On retrouve cependant des idées semblables dans l'Antiquité égyptienne, avec la description de plaisirs supra-terrestres dans le royaume de l'Au-delà comme par exemple dans le *Livre des morts* : « Tu vis dans la paix du cœur. – Mais il n'y a pas là-bas de plaisir sexuel ! – Je t'ai donné la transfiguration à la place de l'eau, de l'air et du désir sexuel, et la paix du cœur à la place du pain et de la bière ». — Il faut noter enfin que le ciel a été très souvent conçu dans un système d'étagement qui permettait de différencier sa structure interne et d'y établir une hiérarchie graduée jusqu'à la suprême divinité. C'est ainsi que, dans l'ancienne Amérique, les Toltèques pensaient qu'il y avait neuf cieux successifs, que les Aztèques remplacèrent ensuite par un système à treize « étages ». Les Algonquins croyaient à l'existence de douze cieux, les Bambaras d'Afrique en comptaient sept. Le même phénomène se retrouve aussi bien dans le judaïsme ancien (*Le Livre de l'ascension du prophète Isaïe*), que dans la mystique visionnaire musulmane ou dans la religion chrétienne. Les cieux décrits par Dante dans la *Divine Comédie* sont ainsi au nombre de dix : sept* cieux correspondant aux sept planètes* connues à l'époque, puis le ciel des étoiles* fixes, le ciel de la sphère* non constellée qui entraînait les huit premiers cieux, et enfin l'Empyrée, où l'on pouvait contempler la Trinité*. Il va de soi qu'une telle conception était étroitement rattachée à l'astrologie*, ainsi qu'à la description astronomique de l'époque (d'ailleurs en grande partie confondue avec l'astrologie elle-même), selon laquelle chaque planète était entraînée par une sphère mobile qui tournait autour de la terre.

CIGALE (en grec *tettix* ; en latin *cicada*)
La cigale est le « grillon des arbres » des pays méditerranéens. Selon la légende antique la plus courante, Tithon, frère du roi* de Troie Priam, était l'amant de la déesse de l'aurore Éos* . Celle-ci

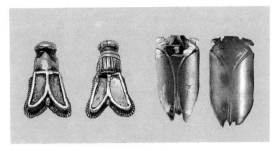

Cigale : fibules mérovingiennes (Ve s.); jades cultuels chinois (dynastie Han).

demanda à Zeus de rendre Tithon immortel mais sans préciser qu'il conservât en plus une éternelle jeunesse. Tithon ne mourut donc pas, mais il vieillit, tint des propos de plus en plus absurdes et finit par se métamorphoser en une cigale qui ne cessa de chanter. Callimaque (vers 300-240 av. J.-C.) fit de son chant le symbole de la poésie « raffinée » et la cigale finit par symboliser aussi bien le poète qu'un attribut des Muses*. En Chine, la cigale (*shan*) symbolisait jadis l'immortalité ou la vie après la mort, et on déposait dans la bouche des défunts une amulette de JADE* qui imitait sa forme. On dit qu'une reine de l'état vassal de Ch'i, à l'est, se métamorphosa en cigale après sa mort, et que c'est la raison pour laquelle on appela aussi l'insecte « fille de Ch'i ». Les ornements en forme de cigale stylisée étaient considérés comme une métaphore de « la fidélité aux principes ».

CIGOGNE   Bien que la *Bible* range tous les échassiers parmi les « animaux impurs » (voir Ibis), la cigogne est d'ordinaire considérée comme un symbole de chance, surtout parce qu'elle tue les serpents*. Elle évoque ainsi le Christ et ses disciples qui anéantissent les créatures sataniques. Dans les pays nordiques, son retour régulier au printemps correspond à la fête de la résurrection. Son rôle de porteuse d'enfants se rattache probablement à ce thème bien qu'il existe d'autres interprétations (liées par exemple à la notion « d'oiseau* de l'âme* » censé être en contact avec « les eaux de la Création », source de toute fécondité). Une légende antique raconte que la cigogne nourrit son père vieillissant, ce qui fait d'elle le symbole de l'amour filial. On lui prête souvent aussi le pouvoir d'atteindre un âge élevé, c'est pourquoi elle était – surtout en Chine – le symbole de la longévité. La posture qu'elle affec-

Cigale : « Le chant dès la chaleur », gravure de 1702.

Cigogne mangeant un serpent : gravure (1560, « Icones Avium »).

tionne, dressée sur une seule patte, lui donne l'air digne, méditatif et vigilant, et fait d'elle le symbole de la méditation et de la contemplation. À cause de son ancien nom d'*Adébar* qui provient du verbe *bern*, *bero* (porter, apporter) et de *Od* (propriété) ou *Atem* (souffle), on a fait d'elle, dans les pays de langue germanique, l'oiseau qui apporte soit la fortune ou des présents, soit le souffle de la vie aux enfants. La symbolique psychanalytique voit dans le bec de la cigogne l'image du phallus, la « fontaine aux bébés » symbolisant le sein de la mère*.

CINABRE   Au début de la grande épopée médiévale chinoise *Au bord de l'eau*, alors que des épidémies de peste menacent la prospérité de l'empire des Song, le Fils du Ciel fait rédiger d'urgence le texte d'un édit impérial pour endiguer le fléau. L'Académie de la Forêt de Pinceaux établit ainsi « l'édit de cinabre », qui fut déposé dans la Salle des Trois Puretés du Palais des Appartements Pourpres : rouge* sang* sur rouge vie. Le cinabre - en minéralogie, le sulfure rouge de mercure* - joue un rôle capital en Chine. Sa consommation sous forme de drogue médicinale est censée conférer l'immortalité physique (d'où le rescrit impérial). Comme sa poussière reste toujours d'un rouge écarlate, il est la couleur de la joie. Il est aussi tenu pour assurer l'éclat du teint et les femmes l'utilisent pour raviver le carmin de leurs lèvres. — Le pouvoir de régénération qui est prêté au cinabre s'explique aussi pour des raisons ésotériques, qui lui valurent une extraordinaire fortune universelle. Composé naturel de soufre et de mercure, il constitue en effet avec le sel l'un des trois principes de base de la matière selon les conceptions de l'alchimie*. D'où son rôle essentiel dans la transmutation métallique (*Traités d'Hermès Trismégiste*, *Livre d'Abraham*, etc.). Par cuissons successives dans son athanor en forme d'œuf*, l'alchimiste parvient à la pierre rouge qui, projetée sur le mercure chauffé, va se transformer en or* – « Désir désiré » selon les mots de Nicolas Flamel, c'est le cinabre qui libère ce mercure essentiel. Le caractère chinois qui le désigne, *tan*, le figure précisément à l'intérieur de l'athanor. Agent d'immortalité et de transmutation, le rouge cinabre participe ainsi à une forme de renaissance perpétuelle de la matière et au gain de l'immortalité spirituelle par l'adepte.

CINQ   Le nombre cinq joue un rôle important en tant que principe d'ordre, comme le montrent par exemple le pentagramme* ou le pentacle. Lorsqu'une des pointes du pentagramme est tournée vers le haut, on peut y inscrire l'homme avec sa tête, ses bras et ses jambes (le pentagramme inversé est considéré comme un signe de magie noire). La *Thora* de l'*Ancien Testament* est constituée du *Pentateuque*, les cinq livres de Moïse*. Jésus nourrit avec cinq pains* 4000 personnes et cinq croix* sont gravées dans la pierre des autels en souvenir de ses cinq stigmates. Pour les auteurs médiévaux qui traitaient de la symbolique, les cinq sens de l'homme se reflétaient dans les cinq pétales de nombreuses fleurs. – Le cinq (*wu*) était dans la Chine ancienne un nombre sacré en raison des cinq points cardinaux (le

1. *Fleur à cinq pétales, symbole des cinq dieux de la Fortune.*

2. *Représentation graphique avec les symboles des cinq éléments.*

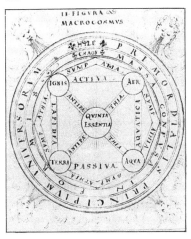

La quintessence comme synthèse des quatre éléments : illustration du XVIᵉ s.

cinquième étant le centre*) auxquels correspondaient cinq couleurs fondamentales, cinq tons, cinq mœurs, cinq épices, cinq classes animales (les animaux à poils, à plumes, à coquille, à écailles et nus), cinq relations humaines et les « cinq classiques » : le *Livre de l'histoire*, le *Livre des odes*, le *Livre des transformations* (*I-Ching**), le *Livre des rites* et le *Livre des musiques*. En outre, les Chinois faisaient correspondre aux cinq points cardinaux cinq éléments* (le bois, le feu*, la terre*, le métal, l'eau*) auxquels étaient assignées cinq couleurs*. Les cinq biens du bonheur étaient la richesse, la longévité, la paix, la vertu et la santé, les cinq qualités morales l'humanité, le sens du devoir, la sagesse, la fiabilité et l'art de se conduire correctement lors des cérémonies ; la lune*, l'eau, le pin*, le bambou* et la prune* sont cinq choses pures. On rencontre également les cinq titres de noblesse, les cinq espèces de céréales, les cinq peines et les cinq souverains mythiques des premiers temps. Cette structure fut probablement élaborée au cours du IVᵉ siècle et mise en relation avec le confucianisme au temps de la dynastie Han (206-220). Le cinq représentait ainsi le principe même du centre – et d'un centre non seulement géographique, mais aussi énergétique et spirituel. C'était lui en effet qui permettait d'équilibrer et de réguler le jeu constant du yin* et du yang* dans leurs diverses manifestations, et d'assurer l'unité du perpétuel flux des choses. Tandis que le Japon possède comme en écho cinq dieux du bonheur*, ce nombre était considéré en Inde comme le chiffre de Shiva* dans son aspect de perpétuel transformateur et de seigneur des opposés ou des complémentaires. Le cinq représente en effet dans cette conception l'addition du deux d'essence féminine (voir Nombre) et du trois d'essence masculine. Il symbolise donc aussi la totalité de l'univers. — En alchimie enfin, à travers la quintessence* (quinte essence), le cinq indique l'unité de l'Œuvre au-delà de ses quatre* stades, ainsi que l'unité spirituelle de la création au-delà de ses quatre éléments qui en sont la manifestation visible.

Circé et Ulysse :
gravure de M. Wolgemut
(1493, « Chronique
de Nuremberg »)

CIRCÉ   Circé est une demi-déesse de la mythologie grecque. Fille d'Hélios, le dieu du Soleil*, elle se présente sous les traits d'une sorcière*. On lui attribue l'habitude de transformer les hommes qu'elle aimait en animaux ; elle transforma par exemple Picus, le fils de Saturne*, en pivert. Elle ne put agir sur le jeune dieu marin, Glaucos, qui s'était procuré un philtre d'amour, mais, furieuse, elle transforma sa bien-aimée Scylla en un monstre abominable qui causait la perte des marins. Circé eut également une aventure célèbre avec Ulysse, dont elle transforma les compagnons en cochons*. Ulysse seul échappa à sa sorcellerie, car Hermès* (Mercure*) l'avait doté de la plante magique appelée moly. Il réussit à obtenir de Circé qu'elle redonne à ses compagnons leur apparence première, puis il demeura un an chez cette enchanteresse qu'il s'était mis à aimer. Elle le congédia enfin, en lui prodiguant des conseils salutaires. Circé est une figure symbolique de la femme séductrice, qui subjugue ses adorateurs jusqu'à leur faire perdre leur dignité. Selon d'autres interprétations, elle personnifie le pouvoir érotique des femmes dont les hommes auraient si peur. Ils seraient terrifiés à l'idée d'y perdre leur âme* (de redevenir des animaux), mais s'ils savent apprivoiser ce pouvoir de jouissance issu de la lumière du soleil même, ils découvrent une amante qui leur dispense la sagesse.

CISEAU   La symbolique du ciseau diffère selon que cet instrument est singulier ou pluriel. Dans le premier cas, le ciseau est en effet l'outil du charpentier, du menuisier, du sculpteur, du tailleur de pierre, du maçon ou de l'orfèvre. Poussé par les coups du maillet ou du marteau*, il sert à tailler, à dégrossir, à façonner, à sculpter, à ciseler le bois, la pierre ou le métal. Il participe alors du principe solaire masculin et actif – le yang (voir yin) – constructeur et organisateur d'une matière résistante, et qu'il faut contraindre pour que le créateur puisse y imprimer sa marque. Dans les initiations* maçonniques et les corporations de compagnons, on retrouve le ciseau comme symbole de l'éclair, agent de la volonté céleste qui pénètre la matière. Par extension, c'est un rayon intellectuel qui façonne l'individualité. — Tout autres sont les ciseaux à deux branches, mobiles autour d'un pivot. Ceux-là sont plus légers. Un seul geste et ils coupent.

Le plus souvent des fils. En particulier celui de la vie. Ce sont alors les inflexibles ciseaux d'Atropos, l'une des trois Parques*. Dans la mythologie grecque, ces trois sœurs président en effet aux destinées des hommes : Clotho qui file les vies nouvelles sur son fuseau ; Lachésis qui les mesure ; et Atropos, la plus âgée et la plus redoutée, « celle à laquelle on ne peut pas échapper », qui tranche impitoyablement le fil de la vie. Filles de la nuit mais vêtues de blanc, les Parques (*Moires* en grec), auxquelles même les dieux ne peuvent se soustraire, participent pour leur part du principe lunaire, féminin et passif – le yin. Quenouilles* et ciseaux sont ainsi du côté des femmes aux gestes fatidiques.

CISTE   La racine du mot *cista*, est latine, et dérive elle-même du grec *ēkistè*. La ciste est un panier en forme de coffre, correspondant au latin *arca* (voir Arche). La ciste mystique de Dionysos* (voir aussi Bacchus), d'où sortait un serpent* lors des mystères consacrés à ce dieu, contenait des objets symboliques, dont le phallus divin, objet d'adoration. Elle était por-

Ciste étrusque en bronze
(330-300 av. J.-C., Palestrina).

tée par un prêtre spécialement voué à cette tâche, le *Kistophoros*. Les mystères d'Éleusis ont transmis une certaine image cultuelle de Déméter* (en latin Cérès), que l'on représente assise sur une ciste. À l'époque romaine, la *cista* est devenue le symbole de toutes les religions à mystères.

CLEF La clef est un instrument symbolique qui caractérise aussi bien le pouvoir d'ouvrir ou de fermer, que celui de « lier ou de délier » celui qui la porte (voir Nœud). Dans l'iconographie chrétienne, l'apôtre Pierre est représenté tenant des clefs à la main, en référence à l'*Évangile selon saint Matthieu* (XVI,19) selon lequel le Christ confia à Pierre « les clefs du Royaume des Cieux ». Dans les représentations du Jugement dernier, une grande clef sert à enfermer le Diable* pour mille ans dans le puits* de l'abîme (*Apocalypse* de saint Jean XX,1). D'autres personnages sont également représentés avec des clefs : le roi d'Espagne Ferdinand III le Saint, qui conquit la ville maure de Cordoue (on dit qu'il « l'ouvrit ») ou Hippolyte, le geôlier converti par saint Laurent ; les saintes Marthe et Notburga, patronnes des femmes de ménage et des bonnes, portent un trousseau de clefs. — Dans certains systèmes maçonniques, la clef est l'emblème du grade de Maître ou de trésorier (le « joyau de l'officiant »). Elle est aussi représentée sous la forme du T, qui rappelle la croix Tau ou le marteau*. La langue* est parfois désignée comme la clef qui ferme la bouche lorsqu'il s'agit de dire des choses négatives à propos des personnes absentes. — La remise des clefs d'une ville assiégée signifiait autrefois la capitulation et, aujourd'hui encore, on remet symboliquement les clefs de la ville à des hôtes remarquables ou encore, lors du carnaval, au couple princier de la guilde qui prend le pouvoir sur la ville durant « trois jours de folie ». Dans le langage populaire, on parle de la clef du cœur* de la bien-aimée, ainsi dans le chant d'amour de Wernher von Tegernsee : « Tu es enfermée dans mon cœur / j'en ai perdu la petite clef, tu dois donc y rester toujours » (XIIᵉ siècle). La clef désigne aussi un procédé de déchiffrement en cryptographie ou un mode d'interprétation des symboles, comme dans l'Évangile selon saint *Luc* (XI, 52) : « Malheureux êtes-vous, légistes, vous qui avez pris la clef de la connaissance ! », c'est-à-dire qui avez rendu inaccessible

1. Clef : « Elle ferme et ouvre », gravure de 1702.

2. Saint Pierre et la clef du paradis : gravure (1519, Lucas de Leyde).

le chemin qui mène à la connaissance de Dieu en donnant une mauvaise exégèse de la *Bible*. — Dans le droit civil, le pouvoir représenté par les clefs que l'épouse portait en trousseau à sa ceinture, était considérable ; elle recevait normalement le trousseau de la mère* de son époux lors de son arrivée à son nouveau foyer, et elle avait ainsi accès à tous les coffres et à toutes les armoires. À propos des clefs qui figurent sur les blasons, Böckler écrit (1688) : « Les clefs désignent la

L'ange ferme à clef les portes des cités de Dieu et de l'enfer, le jour du Jugement dernier.

souveraineté et les pleins pouvoirs d'ouverture et de fermeture, voilà pourquoi on les a également attribués à Janus* au double visage, car il est celui qui a le pouvoir de fermer l'année qui s'achève et d'ouvrir la nouvelle année ; une coutume veut encore que l'on apporte les clefs de la ville aux dignitaires de celle-ci afin de leur signifier qu'on remet tous les pouvoirs entre leurs mains. Les clefs sur les blasons renvoient aussi à la confiance et à la fidélité éprouvée que l'on témoigne

Le diable enfermé dans le puits de l'abîme : miniature du IXe s.

à son seigneur et suzerain. » Les deux clefs qui figurent par ailleurs sur les armoiries papales font allusion au pouvoir de « lier et de délier », que Jésus donna aux apôtres, mais renvoient aussi à la possibilité alchimique de coaguler et de dissoudre l'or* et l'argent*, la clef d'or servant à lier et la clef d'argent à délier. Avignon, le lieu de résidence temporaire des papes au Moyen Âge, ajouta une troisième clef à ses armoiries en symbole de la soumission de la ville à la puissance de l'Église.

CLÉOPÂTRE Dernière souveraine indépendante de l'Égypte avant la conquête romaine du pays par Octave (le futur empereur* Auguste (63 av. J.-C.-14), Cléopâtre (69-30 av. J.-C.) descendante de Lagos, le lieutenant d'Alexandre* le Grand, est l'héritière de la dynastie des Ptolémées qui avait installé sa capitale à Alexandrie. D'abord maîtresse de Jules César (100-44 av. J.-C.) qu'elle rejoint à Rome, Cléopâtre épouse, quelques années après l'assassinat du dictateur, Marc Antoine (83?-30 av. J.-C.) l'un des trois triumvirs, avec Lépide et Octave, qui gouvernent l'« empire » romain de l'époque. Le suivant et l'aidant dans sa guerre contre Octave afin de s'assurer la suprématie mondiale, elle regagne Alexandrie après la défaite d'Actium (31 av. J.-C.) ; afin de ne pas tomber entre les mains du vainqueur qui veut l'exhiber à Rome lors des cérémonies de son triomphe, Cléopâtre se suicide en se faisant mordre par une vipère. Traditionnellement, et à la suite de la propagande octavienne qui tentait de justifier son entreprise (voir les œuvres d'Horace et Virgile, ensuite relayés par Lucain, Juvénal, etc.), Cléopâtre a été présentée comme une femme sans scrupules, sensuelle et jouisseuse (« l'incestueuse fille de Canope »), qui aurait réduit la volonté d'Antoine par son pouvoir érotique ; elle est l'archétype, qui va s'imposer pendant deux millénaires, de l'orientale lascive, de la « femme fatale » qui châtre psychologiquement les hommes les plus aguerris. — En réalité, considérée par ses sujets comme la manifestation sur terre d'Isis*-Aphrodite* (César fera installer sa statue en or* dans le temple* qu'il dédie à Rome à Vénus* Genitrix), Cléopâtre est de sang macédonien, sinon grec. Elle représente en tant que telle toute la tradition hellénistique de la royauté, où la souveraineté* fonde sa légitimité par son rapport avec les dieux.

Scène domestique : Cléopâtre et ses servantes, peinture de Rochegrosse, fin XIXe s.

C'est dans la droite ligne de la tradition pharaonique qu'elle commet l'inceste* adelphique (entre frère et sœur), et son propre mariage* avec Marc-Antoine représente mythologiquement un *hiéros gamos*, une union sacrée, puisque, derrière leurs personnes, c'est des noces d'Isis-Aphrodite et de Dionysos-Bacchus* qu'il s'agit. — L'un des plus anciens traités de l'alchimie* alexandrine est intitulé le *Traité de Cléopâtre*, et est ésotériquement attribué à cette reine. Il semble en fait qu'il s'agisse d'une autre Cléopâtre, peut-être élève de Comarios, dans la lignée de Bolos de Mendès.

CLOCHE   Les cloches représentaient dans de nombreuses civilisations européennes aussi bien des instruments de musique que des objets de cultes dont le son était censé rassembler les créatures surnaturelles et les êtres humains. Elles devinrent ainsi souvent des symboles des cultes en général. En Extrême-Orient, on utilise un bâton pour taper dessus. La Chine ancienne connaissait de nombreuses légendes de cloches qui pouvaient se déplacer dans les airs jusqu'à un endroit bien précis (de même que chez les catholiques, les cloches « s'envolent vers Rome » dans le silence du Vendredi Saint), et annonçaient, selon la tonalité de leur sonnerie, le bonheur ou le malheur. On accrochait des clochettes sur les chars* d'apparat et sur les oiseaux destinés à décorer les jardins* qui pro-

diguaient ainsi un peu de musique et donc un peu de joie aux hommes. Le mot cloche (*chung*) signifie aussi « réussir un examen », et les images de cloches sont donc, par un jeu de mots symbolique, le signe d'une ascension dans la hiérarchie des fonctionnaires. — Au Japon, on trouve des cloches de bronze (*dotatu*) dès 300 environ. Elles sont suspendues à l'entrée des temples shinto et on les fait sonner à l'aide d'une corde ; les croyants font alors don d'une petite pièce, tapent deux fois dans leurs mains et expriment un vœu. — Au Tibet, c'est surtout le symbolisme de la clochette qui domine. For-

Illustration de L. Ritter pour « La Ballade de la cloche » de J.W. Goethe.

*Sonneur de cloches
(David psalmiste) : miniature française
(« Psautier » du XVᵉ s.).*

*Croix de Tau avec cloche,
attribut de saint Antoine le Grand :
gravure (1519, A. Dürer).*

mant un couple d'opposés* avec le *vajra* (foudre* et diamant*), elle figure le passif, le féminin et le lunaire et, en tant que telle, le monde de la manifestation par rapport à la Terre pure ou au monde du diamant qui est celui de la Vérité et de la Connaissance. — Aux débuts de l'époque chrétienne, des cloches (souvent en argent) étaient utilisées dans les catacombes romaines pour annoncer la messe. Des cloches plus importantes apparurent tout d'abord dans les monastères et on en trouve la trace écrite dès le VIᵉ siècle ; mais ce n'est que vers la fin du Moyen Âge que sont décrites les difficultés qu'on rencontrait pour fondre de très grosses cloches. De nombreuses légendes racontent que le son des cloches fait fuir les êtres surnaturels comme par exemple les nains*, ou empêchent le Diable* de venir chercher les enfants ; elles sont aussi censées chasser les orages (c'est-à-dire bannir les sorcières* qui suscitent le mauvais temps). La ballade de Goethe *La cloche errante* et celle de Schiller *Le chant de la cloche* révèlent l'importance des cloches tant dans les croyances populaires qu'en symbolique.

CLOU De nombreuses représentations archaïques et nordiques désignent le clou comme un axe du monde* relié à l'étoile* polaire, la voûte céleste tournant autour de cet axe. En Afrique Cen-

trale, de nombreuses figures de bois à formes humaines ont été découvertes sur lesquelles étaient fichés des clous (« fétiches à clous »). Les sorciers enfoncent rituellement les clous dans ces figures pour rappeler leur devoir de protection aux êtres qu'elles renferment. Il peut parfois s'agir aussi d'un rite néfaste ; dans ce cas, le clou représente le vœu que l'être enfermé dans l'idole* doit réaliser. En Europe Centrale, le fait

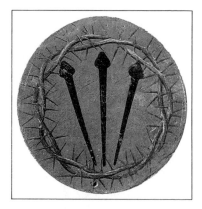

*Les trois clous de la croix entourés
par la couronne d'épines,
peinture française du XVᵉ s.*

*La relique du Clou Sacré :
gravure (~1630, G. P. Bianchi).*

d'enfoncer des clous dans des arbres ou dans des figures de bois est une marque traditionnelle de la présence ou de la visite d'un étranger. Le clou, dans la symbolique chrétienne, rappelle d'abord, évidemment, la crucifixion du Christ. Alors qu'on représentait au Moyen Âge quatre* clous sur la Croix, on n'en vit plus apparaître que trois lorsque l'habitude fut prise de représenter le Christ crucifié avec les pieds superposés. Ces trois clous font partie des Arma christi*. Le clou est également l'attribut de certains martyrs, également morts sur la croix comme saint Cyr ou saint Quirinus, saint Pantaléon, saint Sevère, sainte Ingratia. On a souvent considéré le clou de girofle comme un symbole végétal des clous qui ont servi à la Crucifixion (voir Œillet).

COCAGNE L'image du pays de cocagne est apparemment née dans une région méridionale, et son sens premier correspond au provençal *cocanha*, qui signifie boule ou pain de pastel. En fait, la représentation d'un utopique pays de cocagne où, selon l'expression consacrée, « les alouettes vous tomberaient toutes rôties dans le bec », semble surgir au XIIIᵉ siècle, comme phénomène de compensation aussi bien que de contestation d'un monde où domine la pauvreté, et souvent la famine. Le pays de cocagne apparaît comme un monde

inversé et relié à l'Au-delà*, mais selon des schémas profondément enracinés dans la réflexion humaine : en effet, à travers l'idée qu'on ne travaille pas dans le pays de cocagne, pointe une mise en accusation de cette culture marchande, nouvellement apparue, tournée vers la seule recherche du profit. C'est vers cette même époque qu'on commence à accuser les ordres mendiants d'être inutiles à la société, puisqu'ils sont par définition improductifs : l'absence de travail ne désigne donc pas tant la paresse, que le refus d'une aliénation économique. D'autre part, la conception du pays de cocagne combat l'idée de la mort, en opposant à un imaginaire de l'Au-delà jusqu'alors profondément pessimiste, le symbole de la fontaine de jouvence qui dénie le trépas et assurerait à chacun une jeunesse éternelle. Ce qui se trouve donc mis en jeu, c'est une nostalgie militante du jardin* de paradis* – de ces temps mythiques de presque toutes les religions où, à l'aube de l'humanité, l'homme vivait en harmonie avec la nature qui le nourrissait avec prodigalité, avant que le trépas ne fît son apparition. C'est cette conception plus spécifiquement latine qui a apparemment influencé les auteurs modernes de langue germanique. — Le mythe du pays de cocagne a connu un grand succès, depuis certains tableaux de Breughel où l'on peut voir des maisons faites de saucisses et des arbres d'où pend une abondante nourriture ; jusqu'à la coutume du mât de cocagne dressé autrefois sur les places de village, enduit de savon afin d'être parfaitement glissant, et au sommet duquel on suspendait, à l'attention de jeunes gens téméraires, des jambons, des saucissons ou d'autres pièces de victuailles. — Au Mexique, l'ancien pays central des Toltèques, Tollan, est dépeint à l'image du pays de cocagne : les épis de maïs y étaient si lourds qu'il fallait les faire rouler par terre, le coton poussait déjà teint, les légumes étaient aussi grands que des palmiers, etc. Il s'agit là, à l'évidence, d'une semblable allusion faite à un âge d'or* primitif.

CŒUR « C'est le cœur qui donne naissance à toute connaissance » ; « Le geste des bras, la marche des jambes, les mouvements de toutes les parties du corps – tout obéit aux ordres donnés par le cœur ». Ces deux citations de l'Égypte antique prouvent qu'autrefois on attribuait au cœur des fonctions comman-

*Pétrarque et Laure : gravure
(XVIe s., «Les Amours», Ronsard).*

dées par le cerveau. Organe central de la circulation sanguine, le cœur s'est en effet vu discerner différents rôles que, d'un point de vue tant mécanique que scientifique, il ne peut assumer. Il est pourtant difficile de distinguer ici la pure image rhétorique de la croyance véritable. Pour les Égyptiens, le cœur était le siège de l'entendement, de la volonté et des sentiments. Le dieu créateur Ptah établit un plan du cosmos dans son cœur avant de lui donner réalité par la parole. Lors du jugement des morts, le cœur des personnes défuntes est pesé à l'aide d'une plume* (symbole de Maat, la justice), pour vérifier qu'il n'a pas été alourdi par les fautes et les crimes ; il est alors assimilé au pouvoir de la conscience, et particulièrement de ce que nous appellerions aujourd'hui la cons-

cience morale dans son respect des devoirs et des bonnes manières d'agir. Le cœur est dans la *Bible* l'« être intérieur » car, tandis que l'homme regarde dans les yeux*, Dieu regarde dans le cœur (*Premier Livre de Samuel* XVI, 7). De Dieu lui-même, il est dit qu'il « ressentit du chagrin en son cœur » (*Genèse* VI, 6). D'après le *Nouveau Testament*, le Christ demeure dans le cœur des croyants (*Épître de saint Paul aux Ephésiens* III, 17). En Inde, le cœur est le siège de l'Atman qui participe de l'absolu en l'homme (Brahman). Pour l'Islam, c'est dans le cœur protégé par plusieurs enveloppes que résident la spiritualité et la contemplation. — Les habitants de l'empire aztèque pensaient que le soleil* perdait

Quatre saints en adoration devant le blason d'une confrérie du Cœur de Jésus : gravure (1501, L. Cranach).

ses forces lors de son voyage nocturne à travers le monde souterrain, qu'il y était réduit à l'état de squelette et qu'il ne retrouvait sa vigueur que grâce au sang qui coulait du cœur des individus qu'on lui sacrifiait spécialement. Le cœur, *yollotli*, était considéré comme le siège de la vie et de l'âme. On plaçait dans la bouche des morts avant de les incinérer une pierre précieuse* verte le symbolisant. — À partir du XIIIe siècle environ, le cœur prend un caractère sentimental dans la poésie européenne (voir

La pierre, symbole du cœur, est placée dans la bouche du mort : gravure (XVIe s.).

par exemple le *Cœur d'amour épris*, du roi René d'Anjou), et il ne tarde pas à être représenté sous une forme stylisée très éloignée de son aspect réel avec une partie supérieure ressemblant à deux seins ; il est associé soit à l'amour terrestre, soit à l'amour mystique et céleste : il est dans ce cas un autel mystique sur lequel les pulsions de la chair sont détruites par le feu* de l'Esprit-Saint. Le cœur transpercé de flèches* est le symbole du Messie souffrant par amour pour les hommes. Certaines visions de mystiques (sainte Marie Alacoque, vers 1647) ont donné naissance à la Fête du cœur de Jésus ou Fête du Sacré-Cœur (depuis 1765, le vendredi ou le dimanche qui suit la Fête-Dieu) ; très répandue à l'époque baroque, elle est encore célébrée aujourd'hui dans certaines régions campagnardes. En référence à la prédiction du vieillard Siméon (« Toi-même, un glaive te transpercera l'âme », *Luc* II, 35), le cœur de Marie* est représenté transpercé d'une ou de sept* épées* (Fête du cœur de Marie, célébrée depuis 1805 le dimanche qui suit l'Assomption. — « Un cœur joyeux rend aimable le visage, mais dans le chagrin l'esprit est abattu. Un cœur intelligent recherche le savoir… » (*Proverbes* XV, 13-14).

COFFRE   La valeur symbolique du coffre tient au fait qu'il cache quelque chose et que, faisant l'obscurité dans son ventre une fois qu'il est fermé, il est profondément relié à l'idée de la mort : soit qu'il l'éloigne, en mettant à l'abri du regard les objets ou les entités sacrés dont la vue ou la rencontre serait funeste à l'homme (ainsi l'arche* d'alliance enfermée dans sa caisse de cèdre*, les tablettes des Ancêtres en Asie quand on a cessé d'honorer leurs mémoires, ou le miroir* sacré de l'empereur au Japon, qui renvoie à la déesse du Soleil* Amatérasu, ancêtre mythique de la lignée) ; soit qu'il la renferme puisque c'est à lui que l'on confie les cadavres (sarcophage, du grec *sarcos-phagein,* signifie « mangeur de chair »). Dans l'Égypte* ancienne, on en fabriquait tout exprès lors des cérémonies votives de l'enterrement d'Osiris (voir Isis). Ce cadavre qu'il avale, le coffre est toutefois destiné à le rendre, soit dans le royaume de l'Au-delà*, soit pour une nouvelle naissance sur cette terre. Il est ainsi, métaphoriquement, un ventre qui transforme sa nourriture, ou l'équivalent de l'alambic de l'alchimie* qui transmute la matière. Il renvoie alors, dans un puis-

sant isomorphisme symbolique, à la barque* des morts, aux profondeurs les plus extrêmes de l'inconscient, à un complexe mer*/mère* où il devient l'instrument de la résurrection : le coffre qui flotte sur les eaux et la nacelle où repose le héros dans l'attente de sa seconde naissance (voir O. Rank : *La Naissance du héros*), ou le *puer aeternus* qui marque l'accession de l'âme humaine à son individuation spirituelle (Jung). On rejoint ici, dans une dialectique de la présence divine ou de l'image d'une « supra-humanité », le premier sens du coffre : le mot *tâbût* en arabe signifie à la fois le coffre, la nacelle qui sauva Moïse des eaux du Nil et l'arche d'alliance que Moïse fit fabriquer sur l'injonction de Dieu pour y déposer les Tables qu'il allait recevoir.

COLOMBE   Le caractère pacifique que l'on attribue à la colombe (en dépit de son comportement réel) en a fait le symbole de la douceur et de l'amour, mais aussi celui de la timidité lorsqu'elle est associée à la loquacité. C'est pourquoi elle était toujours opposée dans l'Antiquité à l'aigle* et au corbeau* (Horace, Martial, Juvénal). « Ma colombe » était, dès cette époque, un petit nom érotique qui désignait la bien-aimée ainsi qu'un sobriquet pour les filles vénales. La raison en venait principalement de l'assimilation que les peuples sémites d'Orient établissaient entre cet oiseau et la déesse de l'amour Astarté (Ashtoreth),

La colombe apporte à Noé le rameau d'olivier : miniature anglaise (XIe s., « Heptateuque »).

Saint Grégoire et la colombe :
miniature
(Xe s., « Lettres » de saint Grégoire).

Dieu, la colombe, prodigue
du réconfort à son fils
(XIe s., dos de la croix de Lothaire).

et que les Grecs reprirent au IVe siècle av. J.-C. Oiseaux sacrés d'Aphrodite*, les colombes étaient gardées dans ses sanctuaires (Cythère, Paphos) et devinrent par extension les oiseaux de son amant Adonis* et d'Éros. Elles jouaient, en outre, un rôle particulier dans certains oracles : les prêtresses qui prophétisaient dans le bois* sacré* de Dodone, étaient appelées Péléiades (Peleiai : colombes) depuis qu'une colombe noire* s'était posée sur un chêne*, ce qui avait, dit-on, été considéré comme le signe qu'il fallait, en cet endroit, fonder un sanctuaire. La légende attachée au sanctuaire de Jupiter* Amon dans l'oasis de Siwah met également une colombe en vedette. — Dans la Rome antique, on aimait consommer la chair de la colombe bien que l'oiseau de Vénus* fût sacré et que ses œufs* fussent considérés

comme aphrodisiaques. En médecine, on prétendait que les colombes n'avaient pas de bile et que c'était pour cette raison qu'elles étaient particulièrement pacifiques ; qu'elles mangeaient des plantes médicinales telles que le liseron des champs et la verveine et que leur chair, leurs viscères et leur sang avaient un effet thérapeutique très puissant. On utilisait même la fiente des colombes pour préparer des pansements. — Dans la Bible, la colombe, qui est le symbole de la fin du déluge*, apporte à Noé* un rameau d'olivier sur son Arche*. Lors du baptême de Jésus dans le fleuve* Jourdain, une colombe descend des cieux au-dessus de sa tête (Matthieu III,16). C'est pourquoi le Saint-Esprit est presque toujours représenté sous la forme d'une colombe : c'est ainsi qu'il apparaît lors de l'Annonciation, dans les représenta-

Colombe et épitaphe d'une mère à son fils défunt : pierre tombale paléochrétienne.

*Le baptême de Jésus ; à droite,
la personnification du Jourdain :
mosaïque
(Ve s., Baptistère des Ariens, Ravenne).*

tions de la Trinité et dans les scènes d'inspiration divine. Les « sept* dons du Saint-Esprit » (sagesse, raison, bon conseil, force, savoir, piété et crainte de Dieu) sont incarnés par des colombes – de même que les chrétiens qui venaient de se faire baptiser. — Dans la symbolique funéraire, la colombe est « l'oiseau de l'âme » qui s'élève jusqu'au paradis* et se pose sur l'arbre* de vie, de même qu'elle s'envole de la bouche des martyrs agonisants ou qu'elle porte la couronne* du martyre dans le bec. Le *Physiologus* dit de la tourterelle qu'elle est bavarde de nature mais que, « lorsqu'elle est veuve, elle meurt en souvenir de son défunt époux. Le Christ est notre colombe très spirituelle et très éloquente, notre oiselet à la voix en vérité fort mélodieuse dont le message de joie a fait résonner tout ce qui existe sous le ciel... Saint Basile dit : Imitez, ô femmes, la tourterelle et préservez comme elle votre union. » La colombe incarne la vertu de tempérance ; elle est l'attribut de nombreux saints, tels que Thérèse d'Avila et Catherine d'Alexandrie, Grégoire et Basile le Grand, Thomas d'Aquin, et Colombin (du latin *columba* : colombe). — Dans l'iconographie alchimique, la colombe blanche symbolise l'*albedo* (l'œuvre au blanc qui succède à la *nigredo*, l'œuvre au noir) au cours duquel la *materia prima* se transforme en pierre* philosophale : « le corbeau noir* devient blanche colombe. » — En Inde, la colombe était aussi un oiseau de

l'âme ; en Chine, elle incarnait la fidélité conjugale et la longévité parce que la colombe (*ko*) vit d'habitude en couple et que le mâle et la femelle se partagent le soin de surveiller leur couvée. Elle apparaît dans la coiffure de la « déesse donneuse d'enfants » et symbolise la fécondité, comme l'atteste sa reproduction prolifique.

COLONNES   Les colonnes flanquent souvent l'entrée d'un sanctuaire ou, à l'intérieur de celui-ci, l'entrée conduisant au saint des saints, et elles sont symboliquement rattachées aux piliers qui supportent l'univers (axe du monde*). La représentation antique des « colonnes d'Hercule » circonscrivait l'espace géographique assigné à l'homme et constituaient la ligne de partage entre l'océan Atlantique et le bassin méditerranéen. Dans la *Bible* (*Job*, IX, 6), Dieu est le seul à pouvoir faire chanceler les colonnes supportant l'univers au jour du Jugement dernier, tout comme le fit le héros Samson avec les colonnes du temple des Philistins (*Juges*, XVI, 25-30). Les doubles colonnes rappellent la coutume égyptienne d'ériger des obélisques* de cette forme à l'entrée des temples. Les deux colonnes *Jakin* (« Dieu rend stable ») et *Boaz* (« en Lui est la force ») qui se dressaient devant le vestibule du temple* du roi Salomon* sont surtout célèbres grâce à la symbolique maçonnique* – où elles expriment « la justice et la bienveillance, qui sont les

*Colonne : « Même dans le feu,
toujours solide », gravure de 1702.*

*Colonne : «Au-delà des limites»,
gravure de 1702.*

fondements de l'humanité». L'image des deux colonnes fut complétée par la suite, par celle des trois piliers (sagesse, force, beauté – conformément aux trois maîtres de la Loge). Voir Nœud. Selon une légende copte, tous les attributs de la sagesse du monde dont pouvait disposer le souverain instruit dans l'art de la magie, étaient gravés sur l'une des colonnes que le roi Salomon envoya chercher par un esprit ailé. On notera que la *Bible* mentionne la colonne de feu* et la colonne de nuées* qui guidaient le cortège des Hébreux dans le désert du Sinaï et que l'on peut sans doute rattacher symboliquement aux colonnes du temple de Salomon. Le christianisme rapporte les « sept* piliers de la sagesse » (*Proverbes* de Salomon IX, 1) aux « sept dons de l'Esprit-Saint* » ; dans l'*Apocalypse* de saint Jean, les apôtres du Christ sont les colonnes de la « Jérusalem* céleste ». — Les colonnes n'ont pas toujours un caractère cultuel ; elles peuvent être aussi des monuments triomphaux (par exemple, la colonne Trajane à Rome). Elles sont fréquemment associées à la symbolique de l'arbre* dont leur conception dérive puisque les premières colonnes grecques, couronnées de motifs de feuilles, étaient en bois pour rappeler le temple de la forêt* sacrée primitive, et que les colonnes égyptiennes affectaient ouvertement la structure et la forme du palmier ou du papyrus. Par une dérivation évidente, la colonne symbolise l'arbre de

vie qui s'élance de la terre pour monter vers le ciel. On trouve alors ici le symbolisme du *hiéros gamos*, du mariage* sacré et des noces* spirituelles. — La psychanalyse freudienne attribue généralement aux colonnes un caractère phallique (d'autant qu'elles s'élèvent souvent à partir de bases rondes ou carrées qui peuvent figurer leur principe matriciel), tandis que la psychologie de Jung les interprète d'une façon différente comme une conjonction* des opposés (ciel/terre, masculin/féminin), comme un symbole hiérogamique, ou comme une représentation ascensionnelle de la découverte du Soi autour duquel est amenée à se réordonner et à se structurer l'âme* humaine. Il faut toutefois noter que ces interprétations ne nient pas celle de Freud : elles l'amplifient à partir d'une signification première largement identique.

COMÈTES Phénomène erratique, comme des étoiles* vagabondes qui se promèneraient au hasard dans le ciel*, les comètes ont été tenues à peu près partout pour des présages de malheur : de la même façon qu'elles introduisaient le désordre dans l'harmonie des cieux, et en vertu du principe d'équivalence entre le macrocosme et le microcosme, elles annonçaient les pires désordres dans l'organisation de la vie terrestre : famine, meurtre, guerre ou, pire que tout, guerre civile. C'est ainsi que la légende prétend qu'une comète avait traversé le ciel de Rome avant l'assassinat de César – et que, par symétrie, alors que le soleil s'était voilé la face d'horreur pendant des mois après le meurtre et que les moissons refusaient de venir à leur terme, une étoile nouvelle était apparue dans le ciel – qui était l'âme* de César regagnant le séjour des dieux, affirmant par là même sa divinité (voir Empereur), et appelant à venger le sang versé. La même histoire se raconte à propos de l'empereur aztèque Montezuma, au Mexique, et de l'Inca Huayna Capac, à qui des comètes étaient apparues pour annoncer l'arrivée de Cortez et de Pizarre, et prédire la ruine de leurs empires respectifs.

COMPAS Cet instrument servant à dessiner un cercle parfait symbolise en occident, surtout depuis le Moyen Âge, la géométrie qui préside à l'ordre cosmique. C'est surtout la tradition secrète des ateliers de bâtisseurs et de maçons qui a conféré à cet instrument une dignité particulière. Des enluminures médiévales représentent le Créateur de l'univers en géomètre, édifiant le monde au moyen d'un compas. L'instrument apparaît aussi en tant qu'attribut dans les personnifications des arts libéraux, telles que l'astronomie, l'architecture et la géographie. — De nos jours encore, le compas est, dans la symbolique maçonnique* (avec le *Livre de la Loi Sacrée* et l'équerre*) l'une des trois « grandes lumières » qui renvoient au cercle idéal de « l'amour universel de l'humanité ». Lors des rites d'initiation, on enseigne qu'une pointe du compas est fixée dans le cœur* de chacun, tandis que l'autre relie les initiés à l'ensemble de leurs frères. On représente fréquemment la combinaison du compas et de l'équerre, le compas rendant apte à dessiner le cercle cosmique et l'équerre le carré qui y correspond. Les deux instruments symbolisent alors, selon une conception cosmologique très répandue, le ciel* et la terre* (par exemple dans l'architecture du temple céleste de Pékin). Dans la symbolique maçonnique, on tient également compte de l'ouverture des jambes du compas (une ouverture à angle droit indique l'équilibre idéal du corps et de l'esprit), mais aussi de la position dans laquelle les deux instruments sont posés l'un sur l'autre. L'équerre placée sur le compas exprime une prépondérance de la matière ; le croisement ou

Jésus-Christ, le grand architecte, mesure l'univers : miniature du XIVᵉ s.

l'imbrication des deux instruments indique un équilibre des deux éléments, tandis que le compas posé sur l'équerre traduit la domination magistrale de la matière par l'esprit. J. Baurnjöpel (1793) souligne que sur l'image didactique (tapis) des loges d'adoption, le compas dont les deux pointes sont ouvertes indique le levant (l'« Orient* ») parce que le « frère de loge » doit se montrer ouvert vis-à-vis du monde entier « et se comporter comme un homme sincère et intègre qui œuvre à la paix et à la félicité ». — Le couple du compas et de l'équerre est assez identique en Extrême-Orient, où le compas renvoie au masculin, au céleste, au solaire et au spirituel, et l'équerre au féminin, au terrestre, au lunaire et au matériel. L'un ne peut toutefois aller sans l'autre, et il n'y a pas là, comme en Occident, une idée de hiérarchie, mais bien de complémentarité essentielle.

CONJONCTION (en latin, *coniunctio*) La conjonction des opposés consiste dans la solution, c'est-à-dire, à la fois, dans la réconciliation et la réunification de ce qui se donnait au départ comme couples d'opposés* (voir haut-bas, pair-impair, nord-sud, orient-occident, midi-minuit, Sulphur et Mercurius). On en trouve un premier exemple dans le fragment d'Héraclite : « La route qui monte

Compas : « Le centre reste inchangé », gravure de 1702.

Conjonction alchimique ;
Rex et Regina, Sol et Luna,
Animus et Anima. Manuscrit Rh. 172.
Zentralbibliothek de Zürich.

CONQUE   Les conques (à ne pas confondre avec la coquille ou les coquillages – voir cet article), blocs de pierre* ou roches* naturelles présentant des plis ou des creux, ont un rôle important dans de nombreux cultes. Les creux peuvent symboliser le sein maternel ; en Chine, on y jetait des petits cailloux lorsqu'on désirait avoir un enfant. Si les cailloux restaient au fond, le souhait était exaucé. Dans d'autres cultes, les cavités qui se creusent dans les pierres, que l'on qualifiait souvent à tort de « trous », symbolisaient les puits* ou les sources* d'où l'eau porteuse de fécondité devait jaillir, ou les ouvertures dans lesquelles s'engouffrait le vent* : une coutume bretonne voulait que les femmes frappent avec des marteaux* dans les cavités des conques préhistoriques pour en faire sortir le vent lorsque le calme plat empêchait les pêcheurs de prendre la mer. Les cuvettes creusées dans les roches pouvaient également servir à recueillir les liquides sacrificiels (libations). On râclait encore les pierres pour en extraire de la poudre qui – en raison de la solidité et de la longévité évidente de la pierre – était utilisée comme remède. — Les cavités en forme de conque peuvent être d'origine naturelle (elles peuvent être provoquées, par exemple, par l'action corrosive des racines d'arbres à l'intérieur de la terre) ; toutes les pierres ou les conques que le langage populaire associe à des rites de sacrifice ne témoignent donc pas forcément de l'existence de cultes préchrétiens. La tradition populaire les rattache néanmoins très souvent à l'idée de « sacrifices humains païens » et évoque des cuvettes ou des pierres sacrificielles destinées à recueillir le sang des victimes. Ce qui tend à prouver que la croyance en l'effet magique du sang et la pierre en tant que lieu de rituels millénaires est profondément ancrée dans les esprits. Lorsque des conques servaient à recueillir les liquides, il s'agissait plutôt autrefois de lait* ou d'eau que de sang. — On a aussi expliqué ce phénomène en invoquant la représentation des constellations célestes sur les pierres par le creusement de godets, sans pouvoir toutefois en apporter de preuves convaincantes.

est la même que celle qui descend » – qui sera largement repris et exploité particulièrement dans toute la tradition d'Hermès* Trismégiste. La conjonction des opposés ne doit pas être confondue avec la coïncidence (*coïncidentia oppositorum*), dans laquelle tous les termes finissent par s'équivaloir et, d'une certaine façon, s'annuler. Dans la conjonction, au contraire, chaque opposé demeure lui-même tout en étant sous-tendu par une unité dialectique supérieure. C'est Nicolas de Cue (1401-1464) qui amènera cette conception jusqu'à sa perfection philosophique en définissant Dieu lui-même comme conjonction d'opposés – tout au moins Dieu tel qu'il se manifeste dans la multiplicité et la contradiction de ses attributs, non le Dieu « caché », la *Deitas* essentielle, qui échappe aux catégories humaines d'appréhension. En alchimie*, la conjonction des opposés consistera dans la réunion, par exemple, de l'adepte et de sa *soror mystica* (ce que Jung appelle son *anima*), de *Rex* et *Regina*, afin d'enfanter l'androgyne* philosophal qui permet à l'âme* de renaître *in novam infantiam* : dans une nouvelle enfance, c'est-à-dire une enfance spirituelle.

CONTES   L'ordre du monde qui règne dans le conte procède toujours « d'une réalité autre ; on se trouve alors dans un monde de symboles et d'images qui portent en eux-mêmes leur propre signification (L. Schmidt)… L'exploration des motifs du conte passe par un examen approfondi de leurs variantes. Il faut toujours se poser la question de leur origine : par exemple, les motifs antiques et chrétiens dans le conte germanique… Une interprétation ne peut se faire qu'après l'étude de toutes les possibilités que renferme le conte – recherches, dans la narration, des marques culturelles, de l'histoire religieuse ou juridique du peuple concerné, voire recherche des motifs symboliques propres à ce peuple. » (E. Hörandner, Lurker, 1979). Le fait que l'étude des contes relève de disciplines différentes et en partie concurrentes, a conduit, ces dernières décennies, à la création de diverses écoles de pensée. L'étude psychologique et, en particulier, l'étude psychanalytique des contes menée par C.G. Jung (1875-1961) et par son élève M.L. von Franz, est maintenant largement diffusée. Le point de départ de cette étude consiste dans la découverte des archétypes*, structures innées de l'imagination humaine que l'on voit se manifester sous la forme d'images ou de motifs parallèles dans différentes parties du monde, sans qu'il existe entre elles de relation historique. Ce concept d'archétype ne vaut pas seulement pour l'étude des contes et des mythes, il tient également une place prépondérante dans l'interprétation jungienne des rêves, des visions et des rites, conçus comme des « exégèses symboliques » spontanées. Pour la psychologie analytique, les archétypes ne proviennent pas de l'expérience propre de l'individu, ils sont les formes mêmes d'un « inconscient collectif » qui dépasse toutes les possibilités d'expérience ou de connaissance d'un seul individu. Un autre mode d'interprétation psychanalytique, beaucoup plus proche de la théorie freudienne classique, est celui de B. Bettelheim (1903-1993), spécialiste des psychoses infantiles, qui a proposé de voir dans les contes pour enfants, et spécialement dans les contes de fées, des récits d'initiation à la vie sexuelle inconsciente et de préparation à la résolution du complexe d'Œdipe* qui viennent aider à la structuration du psychisme. Ainsi, dans le conte de *Blanche-Neige*, la rencontre des trois éléments du blanc*, du rouge* et du noir* signe-t-elle selon lui « l'innocence sexuelle, la blancheur (qui) fait contraste avec le désir sexuel symbolisé par le sang rouge. Le conte prépare ainsi la petite fille à ce qui, autrement, serait un événement bouleversant : la saignement sexuel, la menstruation et plus tard la défloration », ajoutant quant au noir qu'on « pourrait peut-être y voir un symbole de la culpabilité liée à la sexualité » (*Psychanalyse des contes de fées*). — Les études historiques ou ethnologiques du conte partent d'un point de vue tout à fait différent, qui consiste à mettre au premier plan la personnalité du narrateur, son environnement et, plus largement, le mode de transmission du conte ou la façon dont il se transforme au gré des récitants. Il s'agit surtout ici de cerner l'environnement culturel et historique du conte qui n'a en revanche que peu d'incidence sur l'étude psychanalytique. Pour Lutz Röhrich, « la mise en parallèle du conte et du rêve profite plus au psychiatre qu'au conte ». Il existe enfin un courant d'interprétation, à la fois structurale et historique, qui essaie de définir les types morphologiques des contes en mettant en relation leur apparition, leur mise en acte et parfois même leurs origines, avec les conditions historiques qui y auraient présidé (V. Propp). L'anthroposophie s'est également attachée à l'interprétation des contes au cours des dernières décennies en étudiant le parallélisme qui existe entre le degré intérieur de maturation spirituelle, l'action du conte et ses motifs symboliques. Le but de cette recherche est d'établir le degré de spiritualisation auquel atteint le conte. — L'ensemble de toutes ces études a bien montré que la narration populaire traditionnelle ne

Ésope et les éléments symboliques de ses fables : gravure (1475).

réunit pas ses images de façon arbitraire et qu'elle ne dispose que d'un fonds limité de motifs symboliques, qui correspondent toujours à des actions données. On a ainsi pu établir l'existence de normes à l'intérieur des contes. Cette étude concerne au premier chef les contes traditionnels d'Europe, car les chaînes de transmission des contes exotiques ont souvent été rompues, et le chercheur ne se trouve alors en présence que de fragments de narration qu'il lui est très difficile d'interpréter. De nombreux symboles cités dans ce livre jouent dans les contes un rôle déterminant, principalement : Abeille (animal guide), Aigle, Aile, Âne, Ange (esprit bienveillant), Anneau, Araignée, Arbre (arbre des merveilles), Argent, Bain (bain de jouvence), Balle (balle d'or), Bosquet, Brigand, Cerf, Chat, Chien, Cigogne, Cœur, Colombe, Coq, Corbeau, Diable, Dragon, Eau, Échelle, Épée, Étoile, Faucon, Feu, Flambeau, Fleur, Fleuve (frontière d'un monde inconnu), Forêt, Forteresse, Foudre, Fourmi, Géant, Grenouille, Griffon, Hibou, Hirondelle, Île, Jardin, Lézard, Licorne, Lièvre, Lion, Lis, Loup, Lune, Marteau, Mendiant (être surnaturel déguisé), Montagne (montagne de verre), Moulin, Nains, Obscurité, Œil, Œuf, Oie, Oiseau, Ombre, Ondine, Or, Ours, Pain, Perle, Pie, Pierres précieuses, Plume, Poêle, Poisson, Pomme, Pont, Porte, Puits (comme porte des enfers), Renard, Rocher, Roi et Reine, Rose, Rossignol, Sang, Sanglier (symbole de la nature sauvage), Sel, Soleil, Sorcière (figure négative de la femme), Taureau, Tonnerre, Tour, Triade, Vierge, Vin.

COQ (en latin *gallus*) Il était pour les Européens de l'Antiquité d'une part l'animal du Soleil* qui annonce par son cri la levée du jour et chasse les démons de la nuit, et d'autre part – cela vaut surtout pour le coq noir* – un animal magique qu'on sacrifiait lors des rites consacrés aux forces du monde souterrain. C'est cependant la signification positive qui domine, et les coqs qui étaient censés chasser même les lions* et les basilics* étaient représentés sur les camées des amulettes, sur les boucliers et les pierres tombales. On disait que posséder une crête de coq protégeait des cauchemars, que manger des testicules de coq avait une action érotique et donnait aux femmes des garçons, et que la présence d'un coq facilitait les accouchements. En raison de sa crête rouge* feu et des

Le triple chant du coq annonce le « reniement de Pierre » : relief d'un sarcophage en marbre du IIIᵉ s.

multiples reflets de ses plumes, il était dans de nombreuses civilisations un symbole du feu* et du soleil. L'agressivité dont il fait preuve lorsqu'il s'agit de défendre son territoire et sa disposition permanente à l'accouplement en font une figure symbolique nettement masculine. — Dans la religion chrétienne il incarne le Christ annonçant la venue du jour nouveau de la foi. Il apparaît dès l'époque romane sur le clocher des églises, saluant la venue de la lumière et lançant l'appel à la prière du matin. Saint Grégoire voyait en lui un modèle du bon prêcheur car il bat ses flancs avec ses ailes* (signe de pénitence) avant d'élever la voix. Les trois cris du coq lors du reniement de Pierre, scène souvent représentée sur les sarcophages des débuts de l'ère chrétienne, mettent en garde contre présomption. Le rôle de gardien du coq en a fait très tôt un attribut des dieux (Athéna*, Déméter*) ; il était associé en raison de son amour du combat au dieu de la guerre Arès (Mars*) et à Asclépios (Esculape*), le vainqueur de la maladie, comme il est aussi l'animal d'Apollon* car il annonce l'arrivée du soleil. Vers la fin de l'Antiquité, le démon Abraxas était représenté sous les traits d'un être à tête de coq avec des pieds en forme de serpent. Dans la mythologie des Germains du nord, le coq « Crête d'or » garde le mont de l'arc-en-ciel* qui mène aux demeures des dieux. Le coq possède une signification analogue en Asie. Il est le dixième signe du zodiaque chinois et les hommes n'en mangent pas. Le coq rouge protège du feu, le blanc chasse les démons. Il est considéré comme un animal non seulement courageux, mais aussi bon – car il appelle les poules à venir picorer le grain – et sûr lorsqu'il s'agit de réveiller les hommes (au Japon, le cri du coq fait sortir de l'obscurité la déesse du Soleil). Dans la légende indienne, le roi des coqs est assis sur l'arbre* du pays légendaire de Jambudvipa et son cri invite tous les coqs du monde à crier avec lui. Selon la symbolique chinoise fondée sur la phonétique, le coq (*kung-chi*) qui coquerique (*ming*) est aussi *kung-ming*, c'est-à-dire un serviteur et un signe de gloire. On offrait aux employés de l'État un coq à la crête particulièrement grande (*kuan* signifiant aussi employé de l'État). Le coq entouré de poussins symbolise le père nourrissant ses enfants (au sens strict : ses fils). Malgré l'interdiction officielle, les combats de coq sont encore une distraction populaire cruelle mais très appréciée dans le sud de la Chine ; l'agressivité de l'animal y devient le principe même du jeu, en dépit de l'image très positive du coq dans la mythologie (de nombreuses traditions racontent même que le soleil est possédé par un coq de feu). — Le coq revêt une signification négative dans l'Occident médiéval où il était considéré, avec le bélier*, comme un symbole de luxure (lorsque les jeunes garçons sont poussés par les « démons des coqs ») et d'agressivité. Il devint l'emblème de la Gaule et de saint Gall sans doute du fait de son nom latin, *gallus*, qui se confondait avec celui de gaulois. Saint Guy était aussi représenté avec un coq (assis sur un livre*) ; ce motif ornait également, en raison des dispositions du coq à réveiller, les horloges précieuses ; en Allemagne, Saint Pierre accompagné d'un coq devint ainsi le saint-patron des horlogers. Voir Ibis.

COQUILLAGE ET COQUILLE   Les coquillages sont souvent confondus par l'imagination humaine avec les coquilles d'escargots, d'autant que leurs formes sont souvent similaires. Symboliquement, le coquillage est lié aux organes de naissance (voir Perle) et particulièrement à la vulve (le mot latin *concha* désigne les deux choses). On ne connaissait dans l'Antiquité que quelques variétés de coquillages (les huîtres ou les coquilles Saint-Jacques par exemple). À la fin de l'âge glaciaire, les coquillages constituaient la principale source de nourriture des peuples côtiers, ainsi que le prouvent certains amoncellements de débris qui datent de cette époque, parfois hauts de plusieurs mètres. En Inde, le dieu Vishnou* portait un coquillage, symbole de l'océan, du premier souffle de vie et du son originel. Celui-ci est en quelque sorte la figuration de sa shakti, son énergie intérieure primordiale qui donne lieu à manifestations et qui conserve cette dernière. Liée de ce point de vue avec les cinq* éléments, cette shakti en est à l'origine en même temps qu'elle en est issue : mère et fille de la création dans une grande conjonction* d'opposés, identité de la création et de la créature, elle s'identifie aussi aux eaux primordiales et, dans son mouvement de spirale*, développe et involue le Moi dont elle est à la fois la source et le but. — Certaines fresques de Pompéi, s'inspirant de la *Théogonie* d'Hésiode, représentaient déjà Vénus* naissant de l'écume de la mer*, image à laquelle Botticelli ajouta plus tard celle du coquillage dans lequel se tient la déesse. Lié aux concepts de la conception et de la fécondité, le coquillage est un attribut de la déesse de l'Amour. La symbolique chrétienne en écarta cet aspect ; elle le considérait au contraire comme un symbole de la tombe qui, avant leur résurrection, enveloppe les corps des défunts. Il faut pourtant noter la parenté implicite qui demeurait ainsi entre les deux interprétations du coquillage, dans la mesure où

Coquillage : « La mer m'unit au ciel », gravure de 1702.

*Aphrodite anadyomène :
peinture pariétale
(Ier s. av. J.-C., Maison
de la Vénus
au coquillage, Pompéi).*

le coquillage-tombe est le nouveau berceau d'où se lèvera le ressuscité, et où la coquille de Vénus tenait à l'évidence le même rôle symbolique. Ces deux images renvoient à celle de la barque* où l'on expose certains nouveaux-nés marqués par le destin qui doivent naître une seconde fois à travers cette épreuve, et à laquelle, systématiquement, l'on confie les morts pour leur voyage vers l'Au-delà* (voir aussi Coffre). L'image de la fécondation du coquillage hermaphrodite* par la rosée* tombée du ciel en fit aussi un symbole de la Vierge*. La coquille Saint-Jacques était l'emblème des pèlerinages* effectués vers Saint-Jacques de Compostelle, mais elle était également l'attribut d'autres saints, comme saint Sébaldus, saint Roch ou saint Coloman, ou encore celui de l'archange Raphaël, en tant que compagnon de voyage de Tobie. Le bestiaire du Moyen Âge (le *Bestiarium*) dit que :

« selon la volonté divine, la nature a protégé la chair molle du coquillage au moyen d'une solide écorce, comparable au sein maternel protecteur » (Unterkircher). Seule l'écrevisse*, qui symbolise l'homme trompeur et impie, peut percer cette enveloppe protectrice en pinçant le renflement où s'attachent les deux parties de la coque, et manger la chair du coquillage. — Le coquillage, dans le même registre symbolique, était la figure dans l'ancien Mexique du dieu de la Lune*. Il représentait aussi la matrice féminine, la naissance et, en-deçà et au-delà de celle-ci le royaume de la mort en ce que la mort n'est pas le pendant de la vie comme en Occident, mais le symétrique de la naissance : la venue en ce monde est la mort au royaume de l'âme, et la disparition de ce monde est la naissance à l'Au-delà. D'où la chaîne signifiant eau/mère et femme/Lune/mort et renaissance, qui finit par renvoyer à la notion d'immortalité spirituelle et, plus loin encore, d'éternité – ce que l'on retrouve exactement dans la coquille d'escargot*.

CORAUX En raison de leur origine organique, la symbolique populaire considère les coraux comme des pierres précieuses*. Ovide raconte dans les *Métamorphoses* que les coraux sont issus de la tête coupée de Méduse, la gorgone*, dont le sang* avait goutté sur le sable. Cette légende s'applique aux coraux rouges*, que l'on a plus tard employés comme des amulettes contre le mauvais œil*. Le médecin grec, Pedianos Dioscoride, a étudié les vertus médicinales des coraux qu'il appelait les « arbres de la mer ». Le corail représente la force symbolique du monde aquatique, que l'ancienne Chine associait au concept de la longévité. Les petites branches du corail de couleur rouge, polies par l'eau de mer, sont une parure de Mars*. On façonne parfois de petites

*Le coquillage dans les armoiries
de la famille Pellegrini :
fresque de Pisanello.*

mains de corail en forme de figues* pour éloigner les puissances démoniaques. Dans le même but, on peut aussi travailler le corail en accentuant la forme phallique de ses branches (voir Lingam). En Italie, ces amulettes de corail rouge sont encore très prisées (plus rarement les amulettes de corail blanc* ou sombre). Dans l'Antiquité, on croyait que le corail pouvait transformer l'eau acide en eau potable, et qu'il immunisait contre le poison. — Le livre d'alchimie *Atalanta fugiens* (*Atalante fugitive*, de Michaël Maier, 1618), représente un pêcheur qui retire des coraux rouges et blancs des eaux salées de la mer*, symboles de la matière primitive, la *materia prima*.

Noé libère de l'arche le corbeau et la colombe pour qu'ils recherchent la terre : mosaïque (XIIe-XIIIe s., Basilique Saint-Marc, Venise).

CORBEAU Dans les mythes et la symbolique, le terme générique de corbeau désigne aussi les corneilles* noires et les corneilles* grises. La valeur symbolique du corbeau est généralement négative, car il est rare que son intelligence soit appréciée. Dans la *Bible*, Noé* envoie le corbeau de l'Arche* découvrir un nouveau pays, et c'est un corbeau qui apporta, dans le désert, du pain* au prophète Élie, de même que plus tard aux ermites Antoine et Paul. Dans le calendrier babylonien, où il régit le treizième mois, le corbeau est également d'une valeur négative, de même que dans la mythologie grecque, où on le considère comme un être tellement bavard qu'il ne put conserver sa place auprès de la déesse Athéna*, qui préféra le remplacer par la chouette*. D'après la légende, le plumage du corbeau, originellement blanc*, devint noir à la suite d'une malédiction que lui lança Apollon*, afin de le punir de ses indiscrétions. D'après une autre version, le corbeau avait été envoyé par Apollon dans le monde aquatique, mais, découvrant un figuier dont les fruits n'étaient pas encore mûrs, il préféra rester à proximité de l'arbre en attendant de les voir mûrir plutôt que de s'acquitter de sa mission, ce dont le dieu le punit en le transformant en une constellation, celle du Corbeau, parmi le champ des étoiles* où l'Hydre (la constellation de l'Hydre) l'empêche de boire à sa coupe. Le corbeau passe néanmoins pour le compagnon préféré du dieu du Soleil*. — Il existait autrefois une singulière croyance populaire, selon laquelle les corbeaux pondaient leurs œufs* par le bec : on les éloignait pour cette raison des femmes qui allaient accoucher, afin de leur éviter de trop grandes souffrances. Pline a mentionné la tonalité « étranglée » qu'avait le chant de cet oiseau de mauvais présage, et cela le portait à penser que le corbeau était le seul oiseau à comprendre la signification de ses propres augures. D'une façon plus positive, c'est sous la forme d'un corbeau qu'Apollon conduisit les habitants de Théra (Santorin) à Cyrène ; c'est également un corbeau blanc qui guidait les messagers, et ce furent deux corbeaux qui indiquèrent à Alexandre le Grand* le chemin du sanctuaire d'Amon (voir Cornes). Les sculptures du culte de Mithra représentent souvent des corbeaux. On a reproché au corbeau dans le christianisme primitif de n'avoir pas averti Noé de la fin du Déluge* ; il devint alors le symbole du jouisseur qui diffère sans cesse sa conversion, car le cri du corbeau en latin : « *cras, cras* », signifie : « demain, demain ». Le fait qu'il se nourrisse de charogne et qu'il néglige prétendument ses petits contribua aussi à lui donner une réputation d'oiseau de malheur, qui annonce la maladie, la guerre et la mort, et se nourrit de « gibier de potence ». Deux corbeaux appelés Hugi et Munin (la « Pensée » et le « Souvenir »), étaient dans la mythologie nord-germanique, les compagnons d'Odin, qu'ils informaient de tous les événements qui se produisaient sur terre. Quelques saints chrétiens sont accompagnés de corbeaux comme Benoît, Boniface, Oswald et surtout Meinrad, dont les deux corbeaux apprivoisés permirent de découvrir le corps ; les corbeaux défendirent aussi saint Vincent des attaques des carnassiers. — Le corbeau représente dans la symbolique alchimique* la *materia prima* noircie, qui conduit à la pierre* philosophale ; il est alors souvent représenté avec une tête blanche (signe de la purification qu'on attend de la transformation alchimique). — L'ancienne Chine considérait le corbeau à trois pattes comme l'animal du soleil : d'après la légende, dix de ces oiseaux auraient autrefois répandu une chaleur insupportable sur la Terre, jusqu'à ce qu'un archer en abatte neuf* sur les dix. Un corbeau rouge* fut d'autre part le symbole des empereurs jusqu'à la dynastie Chou (256 av. J.-C.), dont les membres se considéraient eux-mêmes comme les égaux du soleil. La déesse des fées, Hsi-wang-mu, avait des corbeaux pour messagers, qui lui apportaient également sa nourriture, tandis que de nombreux Indiens d'Amérique du Nord identifiaient le corbeau à une figure de l'Être suprême. — Le corbeau est présent dans l'art héraldique depuis le Moyen Âge : il apparaît dans les armes de la famille Corbet, de la ville suisse de Rabenau, de la famille Biron (en Courlande) et du monastère d'Einsiedeln (à Schwyz, où le corbeau est un attribut de Saint-Meinrad). La croyance populaire considère le corbeau comme un voleur ; c'est pourquoi en Islande, on ne permet pas aux enfants d'utiliser les tiges des plumes de corbeaux en guise de pailles, car cela les inclinerait au vol. Il existe également une légende ukrainienne, rapportée par saint Golowin, selon laquelle les corbeaux étaient pourvus, au paradis*, de plumes multicolores ; mais après la chute d'Adam* et Ève*, ils commencèrent à se nourrir de charogne et leur plumage devint noir* : ce n'est qu'à la fin des temps, dans un paradis nouveau, qu'ils retrouveront leur beauté perdue et que leur croassement se transformera en un chant harmonieux conçu pour célébrer Dieu. C'est de l'ensemble de ces éléments que découle la signification que prend généralement l'image du corbeau dans la discipline analytique : symbolisant le côté noir de la psyché, il est pourtant susceptible de se transformer et de devenir bénéfique dès lors que la personne a pris conscience de ce versant et tenté de l'intégrer à la lumière de sa conscience.

CORNE D'ABONDANCE L'attribut de Flore* et de la déesse de la Chance, Fortuna*, est également le symbole de richesses inépuisables qui sont offertes à l'homme sans qu'il fasse rien de spécial pour les mériter : c'est une sorte de corne à boire d'où s'échappent sans fin des fruits et d'autres dons délicieux. Selon la mythologie grecque, la corne d'abondance appartenait à la chèvre* Amalthée, une nymphe à figure animale, qui donna le sein à Zeus dans une caverne crétoise alors que, nourrisson, il était encore incapable de s'alimenter seul. Lors d'un combat avec le dieu des Fleuves à figure de taureau, Acheloüs, Héraclès* lui arracha une corne et la lui rendit généreusement ; en récompense, il reçut la corne d'abondance d'Amalthée. — Certains dessins préhistoriques (comme la « Vénus* de Laussel ») prouvent qu'on utilisait dès cette époque des cornes comme récipients lors de libations.

CORNEILLE La valeur symbolique de la corneille est très proche de celle du corbeau*. De même que pour ce dernier, la légende affirme de son plumage qu'il était originellement blanc*. La mythologie grecque raconte qu'Apollon*, le dieu du Soleil*, avait laissé sa bien-aimée, la fille du roi Coronis, sous la garde d'une corneille blanche comme la neige. Mais la jeune fille était enceinte, et la corneille ne put empêcher ses épousailles avec un prince d'Arcadie. Apollon maudit la gardienne négligente en rendant son plumage noir*, puis transperça de flèches* l'amante qui l'avait trahi. On déposa son corps sur un bûcher, mais Apollon retira des flammes l'enfant qu'elle portait et qui allait devenir, sous le nom d'Asklepios (Esculape*), le dieu de la Médecine. Parallèlement à cette légende, on considérait la corneille comme un oiseau oraculaire et comme un attribut du dieu Cronos* (Saturne*). Dans le domaine celtique, si la corneille était parfois attribuée à Bran, elle était d'abord en Irlande le visage de la terrible Morrigane sous son aspect de guerrière impitoyable. En réalité, Morrigane, dont le nom signifie la « Grande Reine » épouse du dieu-druide Dagda, est l'un des noms de la grande déesse-mère* qui avait survécu à l'invasion indo-européenne, et que les Celtes ont intégrée à leur panthéon en en faisant la mère, l'épouse, la sœur et la fille de tous les dieux, pouvoir féminin unique qui symbolise le territoire, la génération, la fécondité, qui est la source de toute légitimité et, de ce fait, l'incarnation même du royaume. Unique dans son essence, cette divinité féminine est pourtant triple dans ses figures : elle est à la fois Morrigane, Bodb, « la corneille », et Macha, « la plaine » (la plaine où courent les chevaux*) – de même que chacune de ces figures se multiplie elle-même par trois en une triple Morrigane, une triple Macha et une triple Bodb. C'est devant elle qu'échoue le grand héros de l'Ulster Cuchulainn (voir Chien) après avoir refusé ses avances, et c'est sous la forme de la corneille qu'elle découvre son cadavre : « Elle vint sous la forme d'une corneille du haut du firmament au-dessus de sa tête. (...) Elle poussa ses trois grands cris au-dessus de lui et elle se posa sur le buisson d'aubépine qui lui faisait face, si bien que « l'aubépine de la corneille » est le nom du buisson d'aubépine dans la plaine de Murthemme » (*Cycle de la Tain*). De fait, le cri de la corneille est si affreux qu'il glace tout le monde d'épouvante : « Cent guerriers moururent dans la forteresse par l'horreur du cri qu'elle poussa à voix haute » (*La Razzia des vaches de Cooley*) ; et si elle est si guerrière, c'est qu'elle est en réalité la maîtresse de la guerre elle-même et qu'elle remplit la fonction martiale généralement dévolue à une divinité masculine car, en Irlande, la classe combattante est d'essence féminine : la déesse ne se bat pas elle-même, mais elle excite au combat et patronne toute guerre parce que c'est elle qui personnifie la souveraineté, et qui est donc à l'origine de son aspect agissant, c'est-à-dire magique et militaire.

CORNES   Les cornes sont une des caractéristiques majeures des taureaux* divins. Si ces derniers sont anthropomorphes, elles peuvent aussi être représentées seules (comme les cornes cultuelles de l'ancienne Crète, entre lesquelles on plantait souvent la bipène*), et prennent dans ce cas une valeur symbolique plus précise. Les cornes, pour les bêtes qui en sont pourvues, sont d'abord des armes qui traduisent leur force et leur agressivité. Elles expriment aussi la puissance des divinités, comme chez le buffle sauvage que l'on trouve dans l'art rupestre post-glaciaire de l'Afrique du Nord, et qui porte un disque solaire entre les cornes – comme Hator, la déesse du Ciel de l'ancienne Égypte qui se présente souvent sous les traits d'une vache. Le dieu Amon (en égyptien *Amun*) a été, dans des temps encore plus reculés, repré-

La déesse Hathor : rasoir égyptien en bronze (XVIIIe dynastie).

senté dans l'oasis de Siwa avec des cornes de bélier* : c'est de là que certains fossiles, qui affectent la même forme, les ammonites (cornes d'Amon), tirent leur nom. Après une visite au temple de Siwa, Alexandre le Grand* se présenta, muni de cette parure de cornes comme on peut le voir sur de nombreuses effigies, comme le « fils de Zeus-Amon ». — On parle dans la *Bible* d'autels munis de cornes aux extrémités recouvertes de métal. On les enduisait du sang des animaux sacrifiés. Quand ils atteignaient le temple et pouvaient toucher ces cornes, les prévenus y trouvaient un asile. Quand Yahwé casse les cornes des autels et les fait tomber à terre (*Amos* III,14), il manifeste ainsi son terrible courroux. La traduction du passage de l'*Exode* (XXXIV, 29 et suivants), selon laquelle Moïse* portait des cornes (*karan*) sur le mont Sinaï, est controversée. L'orientaliste A. Jirku a en effet démontré l'existence de masques à cornes, prélevés sur des crânes d'animaux, que l'on connaissait déjà dans l'ancienne Palestine. La *Vulgate* fait également mention d'une *facies cornuta*, d'un visage cornu : c'est ainsi que la statue de Moïse par Michel-Ange est pourvue de cornes. Mais de nouvelles traductions de la *Bible* interprètent plutôt ce mot comme signifiant « rayons de lumière ». Il ne faut pas oublier ce qu'on dit à ce propos dans les rituels chamaniques des Yakoutes sibériens, à savoir que, dans les anciens temps, les prêtres en transes « mugissaient comme des taureaux, et de pures et transparentes cornes leur poussaient sur la tête » (Ksenofontov). La *Bible* mentionne encore la corne comme symbole de la puissance divine, et dans l'iconographie chrétienne, le Diable* est cornu (il porte des cornes de bouc*). — Les cornes peuvent servir de récipients à la boisson sacrificielle, et ont été très répandues sous cette forme dans le domaine cultuel. Les saints Hubert, Oswald et Eustache possèdent pour attributs des cornes de chasse, de même que saint Cornelius, dont le nom provient de *cornu* (corne en latin – voir Corne d'abondance. La parure de plumes* des Indiens d'Amérique du Nord était souvent pourvue, sur les côtés de la tête, d'une paire de cornes de bison. Elles étaient soigneusement raclées puis polies ; les porter était lourd de sens : « On ne porte cette coiffure à cornes que dans des occasions rares et précises… (Cet usage n'est) permis qu'à celui dont la bravoure est reconnue de toute la tribu, et dont la voix au conseil pèse autant que celle d'un chef de premier rang... Cette coiffure présente une ressemblance frappante avec le costume judaïque, c'est-à-dire avec les cornes que portaient, en signe de puissance, les chefs de tribu abyssins et les Hébreux lors des grandes processions et des fêtes en l'honneur de la victoire » (Georges Catlin, 1796-1872). Le célèbre peintre des mœurs indiennes faisait là allusion au passage du *Premier Livre des Rois* (XXII, 11) : « Sédécias, fils de Kenaana, s'étant fait des cornes de fer, dit : « Ainsi parle le Seigneur : Avec ces cornes, tu enfonceras Aram jusqu'à l'achever ! » » — Contrairement à une opinion largement répandue, les cornes, et particulièrement les cornes de taureau, ne sont pas toujours associées au soleil* et à un régime masculin de la divinité. Il semble bien en effet que, à l'aube de l'histoire, et dans les principales civilisations agricoles, les cornes du taureau aient été intimement liées à la lune*, le taureau lui-même apparaissant comme l'animal favori de la grande déesse-mère (en grec, la *Potnia theron* : la maîtresse des animaux). C'est ainsi que l'on voit, par exemple, dans les peintures pariétales de Çatal Huyuk, en Turquie, la déesse, les jambes écartées et le ventre saillant, donner naissance à des taureaux alors que des bucranes d'argile sont superposés sous elle et, à l'évidence, procèdent d'elle. Plusieurs milliers d'années plus tard, dans les palais minoens de

Crète, le culte du taureau et le symbolisme multiplié de ses cornes sont là aussi en relation avec la puissance de la lune et la figure de la femme et de la mère divines. On peut voir là un rappel de la partition préhistorique du masculin et du féminin entre le cheval* et le taureau (A. Leroi-Gourhan), ce qui expliquerait la survivance des cornes lunaires du taureau, même si elles sont devenues masculines au cours de l'évolution, aussi bien chez « le taureau des étoiles » égyptien que chez le taureau de Shiva* qui est décrit d'une façon insistante comme cornu ; par métonymie, Shiva est parfois indiqué comme portant une corne parfaite qui est elle-même le croissant* de la lune. — N'est-ce pas tout simplement, comme le remarque C.G. Jung, que la forme de la corne, et particulièrement celle du taureau, présente l'image d'une conjonction* d'opposés et renvoie implicitement à la notion d'androgyne* – puisque la corne est à la fois le phallus qui s'érige et l'arme qui peut pénétrer dans une chair d'homme tandis que la paire de cornes dessine l'harmonie d'une lyre* et, reposant sur le front de l'animal, métaphorise dans sa double courbe le réceptacle d'une coupe* et la matrice* de la femme ?

COSMOS Par opposition au chaos* primordial, le cosmos désigne l'univers ordonné et régi par des lois et des principes intelligibles aux hommes. Il échappe par là au simple jeu du hasard et du destin (même si ceux-ci continuent à exister par ailleurs). Il ne dépend plus seulement du bon-vouloir, des caprices ou de l'arbitraire des dieux, mais il est soumis à une règle intérieure qui assure sa bonne marche selon un ordre déterminé. Ce sont les philosophes pré-socratiques qui ont fait les premiers apparaître vraiment cette notion par leur recherche d'un principe originel (l'*apeiron* d'Anaximandre), mais c'est sans aucun doute Pythagore* qui a le mieux réussi dans cette quête en reliant par la théorie des nombres* la puissance de l'âme à une structure déjà mathématique du monde. Alors surgit la notion de l'Un, non plus comme substance fondamentale : eau*, feu*, etc., mais comme réalité ontologique et fondatrice. Plus tard, et jusque vers le XVIIe siècle, le cosmos se divisera en trois réalités homothétiques : le macrocosme, ou l'univers ; le mésocosme, ou le pouvoir intermédiaire de relation, et le microcosme, ou l'homme, chacun de ces mondes particuliers répondant trait pour trait aux deux autres. Ce schéma correspond aussi, par ailleurs, à la tripartition proposée par Pythagore et entérinée par Platon : l'esprit, l'âme et le corps, ou l'intelligible, l'âme et le sensible – où l'âme et l'âme du monde ont le mésocosme pour domaine.

COUCOU (en grec *kokkys kukkos*, en latin *cucullus*) Le coucou est « l'oiseau qui dit son propre nom ». De nombreux peuples le considéraient comme l'oiseau des âmes, comme un oracle ou comme le messager du printemps. Le sceptre* de la déesse Héra portait un coucou, car Zeus s'était une fois, avant leur mariage*, transformé en coucou. On connaissait déjà dans l'Antiquité la particularité du coucou, qui est de déposer ses œufs* dans les nids d'autres oiseaux. Le nombre de cris de coucou que l'on entend est, d'après la croyance populaire, celui des années qui nous restent à vivre, ou celui des années qu'il faudra encore attendre avant de se marier. Quand on entend le cri du coucou, il est d'usage dans les pays alpins de faire tinter des pièces de monnaie : il s'agit d'une superstition selon laquelle l'argent ne viendra jamais à manquer pour l'année à venir. Le nombre des cris entendus semble aussi se trouver dans ce cas dans une étroite relation avec le nombre de pièces de monnaie qu'on espère. Le *Livre des oiseaux* tibétain, livre lyrique de réflexions religieuses, présente le coucou comme l'une des formes d'apparition d'Avalokiteshvara (bodhisattva de la compassion dans le bouddhisme Mahāyāna ou du Grand Véhicule, ou Tschenresig pour les Tibétains), qui s'incarne par ailleurs dans la personne du Dalaï-lama.

COULEURS La symbolique des couleurs est un champ d'études très vaste qui ne peut être ici abordé que de façon allusive. On se reportera donc aux rubriques qui traitent des différentes couleurs : blanc, bleu, brun, jaune, noir, rouge, vert et violet. Il est indéniable que les couleurs possèdent leur propre mode d'expression et peuvent exercer une influence directe sur la psyché, comme l'ont récemment montré de nouvelles études menées dans le but de mettre en place une chromothérapie, destinée à soigner divers troubles psychiques et psychosomatiques. Il faut tenir compte du fait que l'on peut attribuer aux couleurs une valeur émotionnelle et affective différente et que chacun a dans ce domaine ses préférences personnelles. Ce phénomène est utilisé dans le test des couleurs de Lüscher à des fins de diagnostic : le patient doit classer 23 couleurs-tests selon qu'elles lui sont plus ou moins agréables. Dans l'interprétation psychologique de cette « pyramide des couleurs » selon Pfister-Heiss, le bleu*, par exemple, est associé à l'idée de modération et c'est le signe d'une maîtrise de la vie affective et des pulsions. Le rouge* en revanche est une couleur affective, liée à la capacité de recevoir et de se décharger immédiatement de stimulations externes. La couleur orange, pour laquelle il n'existe aucun mot ancien, indique un souci d'efficacité et de reconnaissance ; le brun* correspond à une relation positive avec la terre* maternelle. — Malgré les différences dans l'évaluation individuelle des couleurs, les civilisations anciennes ont construit de façon conventionnelle divers systèmes de symbolique des couleurs, la plupart du temps dans le but de trouver des principes qui permettaient d'ordonner la diversité de ce monde. Les couleurs de base furent ainsi souvent associées aux points cardinaux* et aux éléments*, et intégrées dans un schéma en forme de croix* ou de carré. La croyance populaire a sa propre symbolique des couleurs : le vert* est la couleur de l'espoir, le bleu de la fidélité, le jaune* de la jalousie, le rouge de l'amour, le blanc* de l'innocence et le noir* de la mort. L'alchimie a développé une symbolique particulière des couleurs dans laquelle le vert est un dissolvant puissant tandis que le rouge et le blanc correspondent au couple (voir Couple d'opposés) des principes originels Sulphur* et Mercurius. Les mêmes couleurs fondamentales y décrivent aussi les différentes phases du Grand Œuvre à partir de la *nigredo* (noirceur – étape de dissolution et de décomposition) jusqu'aux deux processus essentiels de l'*albedo* (blancheur) et de la *rubedo* (rougeur) qui correspondent aux petits et grands mystères. En fin de parcours, ayant découvert la quintessence* des choses (c'est-à-dire la cinquième essence au-delà de la totalité manifestée des quatre essences de base), devenu *Filius philosophorum*, fils des philosophes et donc enfant éternel en possession de l'or* spirituel, l'alchimiste initié pouvait avoir la vision smaragdine (c'est-à-dire du vert* de l'émeraude*) que l'on rencontre aussi dans certaines traditions de l'islam ésotérique. — Les Mayas associaient respectivement l'est, le nord, l'ouest et le sud au rouge, au blanc, au noir et au jaune tandis que dans la Chine ancienne, l'orient*, le sud, l'occident, le nord* et le centre* correspondaient aux couleurs bleu, rouge, blanc, noir et jaune. Si, dans la symbolique européenne, des roses rouges expriment la passion de l'amour, toute chose de couleur rouge (ocre) représentait, pour les Égyptiens, une menace. — En héraldique, les couleurs étaient à l'origine toutes égales, mais la Renaissance développa une symbolique complexe liée aux différentes planètes : jaune*/ Soleil*, or*; blanc/ Lune*, argent*; rouge*/Mars*, fer ; bleu/ Jupiter*, étain ; noir/ Saturne*, plomb ; vert/Vénus*, cuivre ; pourpre/Mercure*, mercure. D'après Böckler (1688), l'or ou le jaune correspondent à la vertu, à l'entendement, au prestige et à la dignité ; le blanc ou l'argent à la pureté, l'innocence, la joie ; le rouge au « feu dévorant de la vertu » et au « cœur dévoué à Dieu et prêt à verser son sang pour la parole divine » ; le bleu à la constance, la fidélité, la science et le « recueillement profond face à Dieu » ; le noir à la tristesse, l'humilité, le malheur et le danger ; le vert à la liberté, la beauté, la gaieté, la santé, l'espoir et la clémence ; le pourpre ou le violet à l'« habit royal » ; l'orange, la « couleur de la bigarade », à la gloire personnelle et fragile ; la couleur chair au « lunatisme et à l'inconstance ». Il faut encore ajouter à toutes ces notations les significations symboliques et fantastiques des diverses combinaisons de couleurs : le bleu et l'or/ la gaieté et l'amusement ; le bleu et le rouge/ l'impolitesse ; le noir et l'or/ l'honneur et la longévité ; le noir et le bleu/ le caractère paisible ; le vert et l'or/ l'obstination ; le vert et le bleu/ la joie durable ; le rouge et l'argent/ la soif de vengeance ; le rouge et le vert/ l'audace de la jeunesse, etc. Toutes ces spéculations n'existaient pas encore au Moyen Âge, et elles ne se développèrent que lorsque l'art des emblèmes n'eut plus rien à voir avec les armes des chevaliers. — Autrefois, le choix des couleurs dépendait souvent des matériaux disponibles. Il n'y a ainsi jamais de bleu véritable sur les peintures rupestres car aucune matière ne permettait d'obtenir cette couleur. — Il faut noter enfin que si, à la suite de travaux de Newton en optique sur la diffraction de la lumière par le prisme, il est admis que celle-ci se décompose en sept* couleurs fondamentales qui sont celles-là même de l'arc-en-ciel*, il s'agit là d'une vue tout à fait mythique qui s'appuie implicitement sur l'antique valeur sacrée du nombre sept, et renvoie par exemple au manteau à sept couleurs, représentant la création, dont on recouvrait autrefois la nudité d'Isis*.

COUPE   Selon la tradition instaurée par les Anglais au XIXᵉ siècle d'attribuer une « Coupe d'Or » au vainqueur des courses hippiques d'Ascot, une coupe de métal précieux récompense de nos jours le vainqueur d'une compétition sportive, d'un tournoi d'échecs* ou de tout jeu qui donne lieu à un affrontement entre des personnes ou des équipes (au point que, par métonymie, elle peut désigner la compétition elle-même : coupe Davis ou coupe de l'America). Des vainqueurs que l'on célèbre aussi en levant d'autres coupes, de verre cette fois, emplies de vins festifs. De fait, qu'elle soit d'or*, d'airain*, d'albâtre, de bronze ou de vermeil, à anses, à double fond, montée sur pied ou simple coupelle, la coupe qu'on lève est, à l'évidence, à l'origine, un objet cultuel. D'où le caractère rituel du partage d'une coupe avec un ami ou un époux - comme en Chine ou au Japon, où les mariés buvaient à la même coupe. Il suffit de rappeler à ce propos la « Fête des Coupes » à Athènes, qui commémorait le retour d'Oreste : le roi d'Athènes souhaitant à la fois recevoir le fils d'Agamemnon à sa table, tout en ne recevant pas le matricide avant son jugement, avait modifié l'usage de la circulation d'une même coupe entre les convives en faisant servir chacun séparément. — Contenant arrondi, allant parfois jusqu'à l'hémisphère, la coupe peut être un demi-monde en relation étroite avec des symboles cosmiques comme celui de l'œuf*. Ainsi les jumeaux* Dioscures, Castor et Pollux, fils de Zeus et protecteurs de Rome, portent chacun une coiffe en demi-coque d'œuf surmontée d'une étoile* qui rappelle à la fois leur naissance (dans l'œuf de Léda), et leur divinisation (ils forment la constellation des Gémeaux, dont Mercure*, la planète maîtresse, est représentée de la même façon). — Marquée du sceau des dieux, la coupe est leur instrument : elle peut être une coupe de paix (celle qu'Héphaïstos forge pour sceller la réconciliation des dieux de l'Olympe après la guerre de Troie) ; une coupe de récompense (celle que Zeus offre à Alcmène après leur union de trois nuits qui donnera naissance à Héraclès) ; mais aussi une coupe de châtiment : dans l'*Apocalypse* (XVI, 19), Dieu se « ressouvient de Babylone* » pour lui donner à « boire la coupe du vin de sa furieuse colère » ! Il faudra par la suite « boire la coupe jusqu'à la lie »… — Récipient cultuel par excellence, servant au dépôt d'offrandes et aux libations des sacrifices, la coupe permet aussi de recueillir les liquides les plus précieux : le soma* des dieux hindous, l'ambroisie* des dieux de l'Olympe ou le sang du Christ dans le calice eucharistique (voir Graal) – sans omettre « l'eau d'Hermès* », enclose dans le « Vase de l'Art » à partir de laquelle les alchimistes composent la pierre philosophale (où l'on retrouve le mercure, cette fois-ci comme métal, dont nous citions plus haut le symbole graphique du chapeau en forme de coupe). — Cette transmutation des vils métaux en or s'apparente au cheminement de l'âme* vers la lumière. Dans une vision de Zozime de Panopolis (alchimiste et gnostique du IIe siècle), apparaît un « autel en forme de coupe » que Jung met en relation avec le « cratère » (coupe, vase) du *Poimandres*, envoyé sur terre par le démiurge, et tout rempli de *nous* (d'esprit) afin que ceux qui s'efforcent d'atteindre à une plus haute conscience puissent y plonger à loisir. Ce cratère devient donc un « vase merveilleux où s'accomplit l'immersion, le baptême, la transformation en un être spirituel » : Vase d'Hermès*, dit Jung, qui « est un utérus de renouvellement ou de renaissance » où le plomb de la matière se transmute en or spirituel. — La coupe du Graal qui recueille le sang du Christ connaît elle aussi une fortune considérable. Dès le Moyen Âge, Chrétien de Troyes, dans *Perceval ou le Conte du Graal*, entreprend une christianisation des anciens mythes celtiques, puisque le Graal qui est à la fois un vase profond, un plat précieux, mais aussi un « graduel » (un livre liturgique), correspondrait au chaudron* ou à la corne d'abondance* que l'on retrouve dans les images de la souveraineté* chez les Celtes. « Ce Graal d'or pur et fin », couvert des pierreries les plus précieuses, Perceval le voit passer en silence, sans poser les questions qui lui permettraient de mettre fin à l'infirmité du Roi Pêcheur et à la stérilité de

sa terre – questions dont l'origine peut se retrouver dans la légende irlandaise de *Baile an Scail*, tandis que le Roi Pêcheur évoque le dieu marin des Celtes, Bran, possesseur d'un chaudron merveilleux mais lui aussi frappé de stérilité. Perceval apprendra par la suite que le Graal contient une hostie unique dont se nourrit chaque jour le Roi. C'est là le premier pas vers une interprétation chrétienne qui rattachera progressivement le Graal à la Passion du Christ, en faisant de lui à la fois la coupe de la dernière Cène (que l'on retrouve dans le calice du mystère eucharistique), et le vase dans lequel Joseph d'Arimathie recueille le sang du Christ en croix. — L'extraordinaire fortune de la *Quête du Graal*, ou du Saint Graal, à partir du cycle des romans arthuriens, fait de cette coupe le symbole du salut spirituel et d'une ascension vers la sainteté, puisque ceux qui entreprennent la quête ne réussiront qu'en manifestant une absolue pureté de cœur.

COUPLES D'OPPOSÉS   Ce sont des structures symboliques dont la puissance évocatrice repose sur la tension existant entre deux éléments – les éléments de ce système pris isolément ayant une force bien moindre. On trouve déjà dans les peintures rupestres des périodes glaciaires (voir Cheval et Taureau) des modèles binaires. Toutes sortes de couples de contraires peuvent être sujets à de telles structures bipolaires : jour/ nuit*, homme/ femme, vie/ mort*, animal*/ humain, Yin*/ Yang dans la Chine ancienne (qui correspondent en gros à la fécondité et à l'activité), ciel*/ terre*, Dieu/ Diable*, haut*/ bas, pureté/ péché, soleil*/ lune*, Sulphur*/ Mercurius en alchimie (c'est-à-dire ce qui brûle et ce qui coule). La structuration du monde en un nombre infini de couples d'opposés est apparemment un phénomène « archétypique » universellement répandu. Il est difficile de déterminer ce qui est à l'origine de cette tendance à tout ordonner selon des couples de contraires. Il est possible que cette vision du cosmos* repose sur l'expérience du Moi face au monde extérieur, qui remonte aux origines de l'humanité. De nombreux chercheurs expliquent ce mode de pensée binaire par l'opposition entre les deux sexes, mais cette thèse est de fait très discutée. – Dans de nombreuses cultures qui ne connaissent pas l'écriture, la société est divisée en deux moitiés complémentaires qui possèdent chacune une dimension religieuse. Plusieurs civilisations anciennes étaient ainsi organisées selon le système de la double royauté (voir Roi). À l'époque moderne, la politique intérieure repose la plupart du temps sur la confrontation entre deux grands partis, la politique internationale sur la rivalité entre deux grandes puissances. Les religions prétendant détenir la vérité absolue partagent l'humanité en croyants et païens ou incroyants. L'idée répandue dans le monde entier d'une thèse (incluant le Moi) et d'une antithèse renvoyant à une instance différente (Soi, monde extérieur, etc.), possède une dynamique interne et elle est si bien ancrée dans l'esprit humain qu'aucune synthèse idéale ne devrait pouvoir la dissoudre. L'opposition au sein du couple cesse sitôt qu'on parvient à une *coïncidentia oppositorum*, une coïncidence des opposés, ou à ce que l'alchimie appelle le mystère de la conjonction*. En iconographie, de tels couples de contraires sont représentés entre autres par un aigle* et un serpent* ou encore un dragon* et un tueur de dragon. Voir Huit, Mariage.

COURONNE Forme très particulière et tout à fait adéquate du couvre-chef*, la couronne symbolise la puissance légitime d'un homme, en faisant de celui-ci le représentant du monde supérieur. Placée sur la tête, la couronne domine en effet le corps humain, donc la matière, et participe du ciel vers lequel elle s'élève, établissant un pont entre l'homme et l'azur. Les peuples qui n'ont pas d'écriture coiffent aussi leurs rois de couronnes de plumes* ou de couronnes ornées de cornes*. La forme d'anneau de la couronne une référence au symbole du cercle* sans fin, et les pierres précieuses* qui l'ornent souvent de façon éclatante renforcent encore l'impression de puissance, de richesse et de noblesse qui doit s'en dégager. Les dentelures de la couronne rappellent les rayons du soleil* : le roi ou l'empereur qui les portent, représentants d'un ordre supérieur patriarcal et solaire, semblent inondés de la lumière et même irradier le reflet de la lumière divine ; la couronne de ces souverains est généralement en or, « le métal du soleil ». — Dans la cabbale, la couronne Kether qui coiffe l'arbre* des Sephiroth, symbolise l'En-Sof, c'est-à-dire la divinité inconnaissable d'avant la manifestation, de même

Otton III couronné tient le globe orné de la croix et le sceptre : miniature (Xᵉ s.).

qu'elle est la médiation par où cet absolu sans nom brille sur l'âme même de la création après son retrait en lui-même (tsimtsoum). En Inde, dans les pratiques du yoga, on appelle « couronne de la tête », ou « lotus* aux mille pétales* » le sahasrāra-chakra*, c'est-à-dire le centre d'énergie qui se trouve selon les traditions, soit au-dessus de la tête, soit au-dessous de « l'orifice du Brahman ». On dit de cette couronne qu'elle est la résidence de Shiva* en union totale avec le Nirvana-Shakti, la « Mère des trois mondes ». Cette couronne est aussi appelée la « roue* aux mille rayons » et se rapporte à l'état de principe inconditionné et originel qui se trouve en deçà et au-delà de toute manifestation. — Pour le monde chrétien, la couronne ne désigne pas seulement la *Majestas Domini*, la majesté du Seigneur ; elle souligne aussi le caractère supérieur de certains êtres tels que Marie qui apparaît avec une couronne ornée de douze étoiles* ou de douze pierres précieuses*, ou les martyrs que l'on figure souvent avec une couronne dans les mains*. La franc-maçonnerie* appelle symboliquement ses martyrs les « Quatre Couronnés » (*Quattuor Coronati*) : ce sont les patrons protecteurs de la loge qui porte leur nom. La sculpture du Moyen Âge représente couronnées les deux vertus* de la Foi et de l'Espérance, la Sagesse (Sophia*) et l'Église (*Ecclesia*). La Synagogue, qui incarne le judaïsme, porte une couronne penchée, et a souvent les yeux bandés. La triple couronne (la tiare) désigne le pape, la couronne à cinq* branches Dieu le Père*. — Dans la symbolique asiatique, la couronne en forme de fleur indique l'accession à un degré supérieur du développement spirituel, c'est-à-dire l'élévation de l'esprit par le dépassement des réalités corporelles. Les princes prêtres mayas du Yucatan portaient des couronnes fantaisistes tandis que la double couronne de l'ancienne Égypte symbolisait la réunion de la Haute et de la Basse Égypte. Les grands prêtres juifs, de même que les rois aztèques, portaient pour leur part des couronnes ornées de diadèmes. L'étude des symboles a fait ressortir la parenté qui existe en Occident entre les couronnes des morts et celles des mariées, puisqu'elles indiquent toutes deux le passage à un nouvel état. (Voir aussi Vautour). — Les couronnes végétales, quant à elles, composées de feuillages ou de fleurs (en grec *stephanos*, en latin *corona*), ressemblent à la véritable couronne de métal, mais désignent moins la puissance qu'une élévation provisoire. On ne les porte pas uniquement en guise de parure : elles participent des offrandes lors des fêtes mortuaires (car elles sont en forme de cercle*, qui est le symbole de la durée). Dans l'Antiquité, ces couronnes représentaient le symbole de l'anneau* auquel on conférait, en l'y associant de la sorte, la puissance de la végétation. On couronnait ainsi les vainqueurs des jeux et les triomphateurs, mais aussi parfois les animaux destinés au sacrifice. La symbolique chrétienne considère très souvent la couronne comme un symbole de la victoire sur les ténèbres et le péché : c'est par exemple le cas de la couronne virginale faite de fleurs d'oranger, portée lors des mariages, ou de la petite couronne qui coiffent les jeunes filles catholiques à l'occasion de leur première communion. Dans la *Bible*, *Isaïe* (XXVIII, 5) compare le reste du peuple égaré de Dieu à une « couronne éclatante ». Les couronnes de fleurs sont généralement considérées comme des symboles de la joie, et on dit qu'elles peuvent aider à abandonner une vie de débauche : dans la croyance populaire antique, la couronne de lierre*, par

Le couronnement de la Vierge : miniature (XIVe s., « Passionnaire » de l'abbesse Cunégonde).

Couronne et sceptre unis, symboles de l'autorité du roi médiateur : gravure du XVIe s.

Le Christ avec la couronne d'épines : gravure (1511, A. Dürer).

exemple, était censée protéger de l'ivresse. Lors des fêtes religieuses chrétiennes, on a coutume de parer les églises de couronnes, faites de petits bois et de fleurs, qui symbolisent alors la vie éternelle, la résurrection et la joie. La couronne d'épines* de Jésus doit être regardée comme l'opposé de la couronne de roses* des empereurs* romains : la couronne d'épines est devenue l'attribut de Marie-Madeleine, de Véronique et de Catherine de Sienne, tandis que des couronnes de roses ont été attribuées à Cécile et à Flavie. Couronnes de métal et couronnes végétales sont souvent confondues tant à cause de leur aspect similaire que de leur dénomination : le latin *corona* et l'anglais *crown* désignent aussi bien les unes que les autres. La couronne de laurier* était dans l'Antiquité le symbole d'Apollon*, la couronne de persil ou d'olivier* celui de Zeus lors des jeux néméens ; la couronne d'épis de blé* était consacrée à Déméter* (en latin Cérès), la couronne de pin* à Poséidon* (Neptune*), celle de fenouil au dieu phrygien de l'agriculture, Sabazios. On couronnait aussi de feuilles de chêne* ceux qui avaient sauvé la vie d'un de leurs semblables.

COUVRE-CHEF Parmi les différentes pièces d'habillement, le couvre-chef est celle qui revêt l'une des plus fortes valeurs symboliques. Son port fait paraître plus grand, et parce qu'il est ce qui attire en premier le regard, il passe pour communiquer la première impression que l'on a de quelqu'un. Certains de ces couvre-chefs, comme les diadèmes ou les couronnes*, sont les signes du rang social le plus élevé et doivent donc inspirer un respect immédiat envers leurs porteurs. D'une façon générale, le couvre-chef symbolise le rang, l'appartenance à certains groupes humains ou à certaines religions. Dans les cultures qui ne connaissent pas l'écriture, il indique également la classe d'âge de celui

La victoire de la Foi, qui tient une couronne, sur l'Idolâtrie : miniature (IXᵉ, « Psychomachia », Prudence).

qui le porte. Mais il possède aussi souvent un rôle de parure ou, en temps de guerre, d'intimidation. — Le port d'un couvre-chef décoré est souvent un signe de guerre, comme chez les Papous, qui fabriquent de grandes parures composées de plumes, de becs d'oiseaux* et de végétaux, dont le but est de conférer à ceux qui les portent un aspect terrifiant. De même, les casques des temps primitifs n'avaient pas seulement pour fonction de protéger la tête et la figure, mais ils étaient souvent pourvus de cornes* de taureaux*, de crinières de chevaux*, de dents de sangliers*, d'aigrettes ou de pointes, autant de symboles de la puissance magique de ceux qui les portaient. Le couvre-chef peut parfois devenir l'emblème même de son propriétaire, comme dans la légende de Guillaume Tell* ou celle du bailli Gessler. Le fait d'ôter son couvre-chef fait paraître plus petit, et constitue donc une marque de déférence. C'est pourquoi les nobles possédaient seuls le privilège de pouvoir paraître couverts devant leurs souverains. Dans l'Antiquité, les femmes mariées ne devaient pas laisser voir leurs cheveux : elles portaient un bandeau chez les Germains, se couvraient la tête d'une étoffe chez les Romains. Le port de la coiffe est apparu plus tard, et a donné lieu en Allemagne à cette expression : « amener quelqu'un sous la coiffe », qui signifie « se marier ». En signe de domination masculine, les fiancés des contrées souabes portaient toujours (excepté à l'église) un haut chapeau. Ils recevaient ailleurs un chapeau de leur fiancée, car « le chapeau passe avant la coiffe », ou « vaut plus que cent coiffes ». L'Église catholique traditionnelle a prêté une grande attention au couvre-chef puisque, encore très récemment, les hommes devaient enlever leur chapeau, en signe de respect, lorsqu'ils entraient dans une église, tandis que les femmes, dès la puberté, qu'elles fussent mariées ou non, ne devaient y pénétrer que les cheveux recouverts. On disait que les cheveux des femmes, l'un des attributs essentiels de leur séduction, risquaient de susciter la convoitise des anges*, et qu'il convenait donc de les cacher. La femme était considérée comme la descendante d'Ève*, la première tentatrice, souvent représentée les cheveux dénoués, tombant jusqu'aux hanches. La récente disparition du port de couvre-chef dans le monde urbain trouve peut-être son explication dans l'uniformisation des structures sociales.

Emblème alchimique : crapaud posé sur le sein d'une dame : gravure de 1618.

CRAPAUD La valeur symbolique du crapaud est généralement négative : en raison de son aspect peu engageant, et des sécrétions corrosives de sa peau, le crapaud est perçu d'habitude comme un être démoniaque. Il passe pour le compagnon des sorcières*, pour l'un de leurs mets de choix, ou encore pour un tortionnaire de l'enfer*. Dans l'ancienne Chine, le crapaud (à trois pattes) était un symbole de la lune* ; pour expliquer les éclipses de lune, on racontait en effet qu'il l'avait avalée. En subordonnant le crapaud au « monde lunaire » pour sa nature secrète et son amour des lieux humides, la Chine le rangeait sous le principe du yin*. — En Europe, on considérait le crapaud comme un animal « maléfique », mais il était d'autre part un symbole de la mère* nourricière ; dans les lieux de pèlerinage*, on offrait souvent des crapauds sculptés comme objets votifs en faveur des femmes souffrantes. Dans les légendes populaires, le « crapaud du péché » est l'incarnation d'une pauvre âme* qui n'a pas été sauvée. Celui qui n'a pas honoré ses vœux doit ainsi, après sa mort, prendre l'apparence de la bête honnie, et ne pourra gagner le ciel* qu'après avoir atteint l'autel d'une église en rampant. Dans d'autres légendes, le crapaud incarne un génie familier, maternel et protecteur,

Crapaud, figure symbolique dans la décoration précolombienne au Mexique.

dont le rôle est de rendre grâce à la volonté divine. Le crapaud est aussi souvent présenté dans les légendes comme un gardien de trésors*. — Pour l'alchimiste*, le crapaud symbolise la part aqueuse et terrestre de la matière primitive, nécessaire au processus de purification. On ajoute cette part lourde de la matière à sa part volatile : « allier le crapaud terrestre à l'aigle* » est le but d'une des opérations alchimiques que l'on représente parfois sous les traits d'un crapaud ailé. Une symbolique particulière se dégage de l'image alchimique du crapaud lorsqu'il est posé sur le sein* d'une femme. Le texte qui accompagne l'une des gravures de l'*Atalanta fugiens* (*Atalante fugitive,* de Michaël Maïer, 1618) explique ainsi cette image : « pose un crapaud sur la poitrine d'une femme ; elle mourra, et le crapaud s'emplira de son lait ». Cette étrange représentation se rapporte à la description d'un procédé alchimique selon lequel la matière primitive doit être imprégnée de « lait de vierge* » (lait philosophique, sève de la lune) pour être « nourrie ». La mère que « l'enfant » tète doit donc périr pour que ce dernier puisse se développer : ce principe est appelé *ablactatio* (le sevrage). — Le crapaud, qui a la faculté de s'enterrer, symbolisait souvent la terre dans l'ancien Mexique, où ses sécrétions toxiques étaient employées comme une drogue afin de modifier les états de conscience. Étant donné leurs singulières métamorphoses durant leur développement, le crapaud et la grenouille*

ont souvent été rapprochés des concepts de résurrection et de renaissance, ce qu'indiquent probablement certaines images rupestres préhistoriques qui représentent des figures ressemblant à des têtards.

CRISTAL   Les cristaux, et particulièrement les pierres précieuses* ciselées, ou les pierres semi-précieuses à l'état naturel, exercent sur l'homme une fascination indéniable, qui ne tient pas seulement à leur valeur matérielle. Parce qu'ils attirent et concentrent le regard, ils constituent une aide précieuse à la méditation, et rappellent en cela les diagrammes dessinés ou peints du Yantra*. Le fait que les cristaux fractionnent et reflètent la lumière, stimule fortement l'imagination ; ils peuvent même provoquer des visions lors de pratiques divinatoires comme la cristallomancie. La boule de cristal des voyants n'est pourtant pas, dans la plupart des cas, d'origine minérale : c'est souvent tout simplement une boule de verre clair, dont les « vertus » tiennent à la transparence et à la forme symbolique de la sphère*. — Le cristal de roche, qui ne brille pas par lui-même mais qui renvoie la lumière du soleil*, est considéré dans le monde chrétien comme un symbole de la Vierge. Étant à la fois palpables et transparents (donc invisibles), les cristaux sont mis en relation, d'un point de vue symbolique, avec le concept de « l'immatérialité dans la corporalité ». (Voir Diamant). — Dans les pratiques chamaniques enfin, particulièrement en Océanie, mais aussi en Amérique, les cristaux, que l'on appelle des « pierres* de lumière* » parce qu'on les croit tomber du trône* du ciel, aident à la clairvoyance, à la divination et à l'établissement de diagnostics pour les âmes* malades. Comme il est considéré d'origine céleste, le cristal peut aussi donner la capacité de voler, caractéristique du chaman.

CROCODILE   Le grand reptile aquatique renvoie souvent à la figure du dragon*, et a probablement été le modèle du monstre Léviathan, créature mentionnée par la Bible comme issue du chaos* originel. Il était dans l'ancienne Égypte l'effigie du dieu Sobek (en grec *Suchos*), et on le vénérait surtout dans la ville de Schedît (en grec *Krokodilopolis*) : « Gloire à toi, qui as pu t'extraire du limon originel ! ». Les adorateurs du dieu le vénéraient particulièrement. Ils le momifiaient après sa mort, et on trouve ainsi des « réserves » de crocodiles dans de nombreux temples égyptiens. Par ailleurs, le crocodile était considéré comme une bête féroce que l'on comptait au nombre des attributs du dieu du mal, Seth (Sutech). — On croyait à Rome qu'il suffisait de s'oindre de graisse de crocodile pour pouvoir nager parmi eux sans en être inquiété, et que mettre une peau de crocodile sur la porte cochère de la maison protégeait des dommages occasionnés par la grêle. À cause de sa dimension, le Moyen Âge considérait le gosier du crocodile comme le symbole du gouffre de l'enfer. Le texte du *Physiologus*, datant de l'Antiquité tardive, considère pour sa part que le crocodile fait partie, avec le serpent d'eau, d'un couple d'opposés* : il raconte en effet que, si les serpents se laissent engloutir par les crocodiles, c'est pour déchirer leurs entrailles de l'intérieur, et finalement en ressortir vivants. Le serpent*, qui possède par ailleurs une valeur symbolique extrêmement négative, devient ici un symbole du Sauveur qui, entre la mort et la résurrection, est descendu dans les limbes pour y sauver les âmes prisonnières. Enfin, le crocodile est un symbole de la fausseté : d'après la croyance populaire,

« *Larmes de crocodile* » : *gravure du XVIIe s.*

il verse des larmes sur ses proies (des « larmes de crocodile »). — Dans l'Amérique centrale pré-colombienne, un reptile ressemblant à l'alligator était l'emblème du vingtième signe quotidien (en aztèque *cipactli*, en maya *imix*). Ce signe promettait à ses natifs la fécondité et la richesse, le bonheur et la puissance. De nombreux mythes de l'ancien Mexique parlent également d'un être ressemblant au crocodile, animal mythique qui serait, comme le crapaud*, un symbole de la terre* primitive. — Pour la psychanalyse (Aeppli), le crocodile présente les mêmes caractéristiques que le dragon, mais il est « encore plus ancien et encore plus malsain que le dragon, car il cherche inlassablement à détruire la vie humaine ; il symbolise en cela nos énergies intérieures les plus négatives, les pulsions les plus mauvaises qui puissent surgir des profondeurs de notre inconscient collectif ». — Les bestiaires du Moyen Âge présentaient aussi le crocodile sous un jour accablant. On raconte que le crocodile ne mettait que sa mâchoire supérieure en mouvement, tandis que sa mâchoire inférieure restait immobile, dans la boue. Ses excréments* servaient autrefois à fabriquer un fard, que l'on devait toutefois enlever très rapidement. Cette image symbolique du crocodile a donné lieu à divers enseignements moraux : « Le crocodile est l'emblème des hypocrites, des avares et des luxurieux. Gonflés de la bave de l'orgueil, souillés par la lèpre de la luxure, possédés d'une avarice malsaine, ils continuent cependant à s'avancer fièrement parmi les hommes, en faisant mine d'observer fidèlement leurs lois. De même que le crocodile demeure pendant la nuit dans l'eau, ces hommes

Offrandes au dieu crocodile Sobek : relief (XXXe dynastie, Aventin, Rome).

Crocodile : avers d'un aureus (27 av. J.-C.) frappé par Auguste.

mènent en secret une vie dissolue… Du haut de leur bouche ils prêchent l'exemple et les salutaires enseignements de nos ancêtres, et font ainsi croire qu'ils les suivent. Mais la partie inférieure de leur bouche reste raide, car ils ne mettent jamais leurs paroles en pratique. De même que l'excrément du crocodile s'applique parfois comme un fard, les méchants restent dans la faveur des hommes en masquant, comme le fard, leurs méfaits de leurs paroles. Ce n'est que lorsque la juste colère du juge stigmatise leurs méfaits que l'éclat trompeur du fard disparaît. » (Unterkircher). En raison de l'apparence archaïque de cet animal qui renvoie à des fantasmes quasiment originaires, il est de fait très difficile à l'homme de considérer le crocodile autrement que dans un sentiment de crainte et de répulsion.

CROISSANT D'après les définitions astronomiques, la lune* est « à son croissant » durant le temps qui s'écoule de la nouvelle à la pleine lune*, c'est-à-dire au moment où sa partie éclairée, la seule visible pour nous, croît de manière continue. Phénomène cyclique, qui recommence tous les vingt-neuf jours (+12h44 mn très exactement). Le croissant est devenu de ce fait le symbole lunaire par excellence, l'image même du temps et du rythme de la vie qui rappelle aux hommes les lois de leur condition mortelle. Le retour périodique du croissant aux cornes effilées, « nacelle d'argent chargée de fardeaux d'ambre », donne

en effet l'image du changement, de la mutabilité des formes qui croissent et qui décroissent, en même temps que celle de leur éternel retour à l'origine : chaque fin de cycle est vécue comme une petite mort, chaque réapparition du croissant comme une nouvelle naissance. Impermanence de l'existence et permanence de l'être… Symbole de la lune, le croissant est omniprésent dans sa représentation : la déesse de la Lune grecque, Artémis*, arbore un croissant dans ses cheveux, ainsi que Sémélé, la mère de Dionysos*, ou Tanit, la déesse de Carthage. La lune, pourtant, peut être aussi masculine : chez les Égyptiens, elle est Ioh, « celui dont on refait la forme », représenté par un disque qui repose dans un croissant concave horizontal, mais elle est aussi Thot*, le dieu à tête d'ibis*, qui porte sur sa tête le disque et le croissant - Thot le scribe, le maître de la parole et du temps qui établit les lois, les comptes, les calendriers et l'histoire des hommes. En Mésopotamie, le dieu-lune Manna voyage à travers le ciel dans une barque en forme de croissant ; mais ses cornes* le font ausi comparer à un « jeune taureau* féroce aux pieds infatigables », divinité chtonienne qui assure la fécondité du sol et la prospérité de la végétation. — Mesure du temps, fécondité vitale : aucun autre peuple n'a repris et poussé aussi loin le symbolisme du croissant que les Arabes, au point qu'il est devenu l'emblème de la religion musulmane ; il désignait à ce titre l'empire ottoman comme « l'empire du Croissant », et il apparaît toujours sur les drapeaux de plusieurs pays de confession islamique (Syrie, Libye, Pakistan, etc.). Il prend pour le « Croissant Rouge » la même valeur symbolique que la croix chrétienne pour la « Croix Rouge ». Sans omettre les pays du « Croissant fertile » – Palestine Syrie et Irak – si convoités par les populations nomades du désert, qui les investirent peu à peu. — « Allah a donné la lune aux hommes pour la mesure du temps », dit le Coran ; alors que le calendrier solaire rythme la vie profane, les rites de l'islam sont soumis aux computs lunaires, et le croissant fait figure de « régulateur des actes canoniques » : son apparition, au neuvième mois lunaire, ouvre le jeûne du Ramadan, qui s'achève à l'apparition du croissant du mois suivant… « Hilal » est le croissant en ses trois premières nuits, et les poètes rêvent sur le « grand bracelet passé à l'avant-bras du couchant », ou, comme Ibn al Motazzi, sur « la faucille* d'argent, qui parmi les fleurs, brillant dans l'obscurité, moissonne les narcisses ». — Il n'est donc pas étonnant de voir figurer le croissant sur les tombeaux des saints, de le voir associé à l'image du paradis* et de trouver dans la lettre *noun* de l'alphabet arabe un symbole de la résurrection puisqu'elle a la forme d'un croissant inversé... Il est à noter que l'on rejoint ici une croyance celtique, où le croissant qui figurait sur certaines stèles tombales se référait à la montée des âmes dans les astres après la mort.

Croix héraldiques :
tréflée, fléchée et de Jérusalem.

CROIX   Le symbole de la croix ne se limite pas au domaine chrétien. Il indique en premier lieu une orientation dans l'espace, c'est-à-dire le point de rencontre entre le haut* et le bas et entre la droite* et la gauche ; plus généralement, il désigne la réunion dans un tout (unité) des éléments d'un couple d'opposés*. L'une des particularités de ce symbole est sa ressemblance avec une silhouette humaine aux bras écartés. Avec ses quatre* orientations, la croix est un symbole de la quaternité, mais son centre peut introduire une cinquième dimension. Outre des représentations en cercle, la forme de la croix a inspiré de nombreux mandalas, ou les plans de multiples temples ou églises. Certains peuples figuraient le monde sous la forme d'une croix (voir par exemple le *Codex Fejérvàry-Mayer* de l'ancien Mexique). On se représente également le paradis* biblique comme une croix, avec quatre fleuves* qui y prennent leur source. La croix à l'intérieur d'un cercle* (croix de la roue*) est le symbole cosmologique de la répartition de l'année en quatre époques ou saisons. L'axe vertical de la croix, qui relie le zénith au nadir, symbolise l'axe du monde* (voir Arbre, Montagne, Pieu). L'axe horizontal de la croix divise pour sa part le carré* en quatre quarts égaux, et c'est à partir de ce schéma que l'on traçait, par exemple, le plan de toutes les villes romaines : elles comportaient toutes, en effet, deux rues principales, appelées *decumanus* et *cardo*, qui se croisaient au centre de la ville. Certaines cités ont même été plus tard divisées en véritables « quarts de ville », d'où le nom de quartiers géographiques. De nombreuses cartes géographiques médiévales dessinent une croix (sauf les cartes en forme de T), dont le centre est Jérusalem*. Les croisées des chemins ont longtemps été considérées comme des points d'intersection entre le monde des vivants et celui des morts, symbole très répandu dans les cultures africaines (voir Carrefour). C'est pour cette raison qu'on recommande les croisées de chemins pour effectuer des invocations magiques, car ces lieux chassent les esprits qui ne sont pas sûrs. — Les chrétiens ont souvent attribué la présence de croix dans les cultures étrangères au rôle quelque peu oublié des mission-

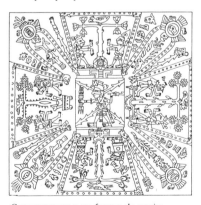

Cosmogramme en forme de croix
de l'ancien Mexique :
gravure (« Codex Féjérvary-Mayer »).

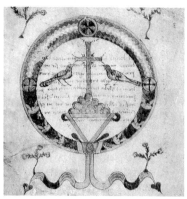

1. Représentation de la Terre, divisée en trois par la « croix de tau », dans une miniature médiévale.

2. Anneau avec le motif de la croix sur un Golgotha symbolique : miniature des VIᵉ-VIIᵉ s.

naires : ainsi, on a cru que la croix arborescente du temple de la Croix feuillue de la ville maya de Palenque, dans le Yucatan, était un symbole chrétien, alors qu'elle représentait, en fait, un arbre* cosmique. Le texte apocryphe du *Livre de l'Adam oriental* (voir Caverne), tente d'affirmer l'origine chrétienne de la croix : Noé* avait donné l'ordre que, sous la conduite d'un ange*, son fils Sem et son petit-fils Melchisedek transportent les ossements d'Adam* dans un nouveau lieu, au « centre de la terre ». Car lorsque Dieu créa la Terre, elle était composée de quatre côtés qui se refermèrent sur la force divine, présente désormais au centre de la terre. Comme ils arrivaient au Golgotha, qui est le centre de la terre, l'ange montra ce lieu à Sem… Les quatre côtés de la terre s'ouvrirent alors en formant une croix où Sem et Melchisedek placèrent le corps d'Adam… Puis les quatre côtés de la terre se refermèrent sur notre père Adam, et on ne vit plus la porte de l'autre monde. Ce lieu fut nommé « calvaire », car on y avait déposé le premier de tous les hommes… » Rappelant cette légende, les images du Moyen Âge représentent souvent le crâne d'Adam au pied de la Croix, sur le Golgotha. Alors que la croix était évidemment à l'origine l'instrument de torture et de mort du Sauveur, elle devint pourtant assez rapidement, du fait de la résurrection, le symbole de la vie éternelle. Mais, en raison du caractère infamant de la crucifixion, châtiment réservé aux esclaves et aux rebelles, la chrétienté primitive n'accepta qu'avec difficulté le symbole de la croix comme celui d'un triomphe sur la mort. Ce sens commença néanmoins à s'imposer après la chute de Rome et il fut complètement admis par l'art roman. La croix la plus ancienne à avoir été édifiée dans cette veine symbolique date de l'an 134 et se trouve à Palmyre. Les païens considéraient l'adoration de la croix comme une chose grotesque, ainsi que le montre un graffiti du Palatin, à Rome, datant environ de 240 : on y voit un crucifié affublé d'une tête d'âne*, et l'image est accompagnée de l'inscription « Alexamenos adorant son dieu ». L'ancre* est parfois considérée comme un symbole camouflé de la croix (croix en demi-lune, représentant un U). — Du temps du Christ, la croix de supplice était vraisemblablement en forme de T ; cette « croix de Tau », également appelée « croix d'Antoine », était aussi, pour les civilisations orientales, un symbole ancien de la distinction divine : c'est ainsi que la mentionne l'*Ancien Testament* (*Ézéchiel* IX, 4). Par sa forme, la croix rappelle aussi le symbole du marteau (comme le marteau* de porte, amulette très prisée chez les Germains). Couronnée d'un cercle ou d'un ovale, la croix devient la croix ankh* égyptienne (croix ansée, *crux ansata*), que l'on voit souvent dans la main des dieux ou des pharaons. On la trouve de la même façon dans la main d'Aton, le dieu du Soleil* de la religion monothéiste fondée par Akhenaton (Aménophis IV). Les chrétiens égyptiens, les coptes, reconnaissent aussi la croix ansée comme un symbole de la vie éternelle, car, pour eux, c'est elle qui a été l'instrument de la mort du Christ. On peut voir cette croix sur des tombes datant du VIᵉ au IXᵉ siècle. Elle est aujourd'hui l'emblème de nombreux groupes ésotériques qui se réclament de la sagesse antique. Parmi les très nombreuses variétés de croix, il faut encore mentionner la croix de Saint-André, en forme de X (*crux decussata*), sur laquelle l'apôtre fut livré au supplice. Cette croix apparaît sous forme d'encoche, sur certains ossements préhistoriques, de même que sur certains objets magiques de conjuration (comme le « couteau des druides », qui éloigne les sorcières* par temps d'orage). Il existe aussi une croix de Saint-Pierre, aux branches très basses : l'apôtre fut en effet mis au supplice sur une croix renversée. Il existe encore des croix en forme de T, divisées elles-mêmes en quatre croix : elles sont apparues à l'époque mérovingienne, et l'art sacré les considère comme des « croix liturgiques ». La croix russe est une croix portant une inscription (*Titulus*), et dont les branches sont inclinées vers le bas. La croix en forme de Y, qui ressemble à une fourche, est souvent pourvue de rameaux, en souvenir du symbole de l'arbre de vie. — On connaît dans l'art héraldique* de très nombreuses variétés de croix. Il faut mentionner parmi elles la croix de Jérusalem, en forme de béquille et dont les extrémités portent elles-mêmes de petites croix. Au temps des croisades, cette croix faisait partie des armes du royaume de Jérusalem. Les cinq* croix qu'elle représente rappellent les cinq plaies du Christ. On ajoute parfois au symbole de la croix celui du cercle : les branches de la croix dépassent alors la limite du cercle, comme dans la croix d'Irlande, également appelée « croix de Questen » ou de « Quest », mot qui désigne la quête d'aventures à laquelle se livrent les chevaliers pour s'aguerrir. Il y a aussi dans l'héraldique une croix de lys* : ses quatre extrémités portent le symbole stylisé de cette fleur*. Il en existe une variante, la « croix en bâton de lis », dont la branche inférieure se termine en une pointe que l'on peut enfoncer dans la terre. La croix de lys est l'insigne militaire de l'ordre de chevalerie d'Alcantara, créé en 1156 en Estramadure. La croix en forme de flèche*, dont les extrémités se terminent par des pointes, est un symbole politique* hongrois, appelé *nyilaskereszt*. Dans les années 30 cette croix était l'emblème du

Croix avec motifs zoomorphes et les lettres alpha-oméga : miniature (VIIIᵉ s., «Sacramentaire du pape Gélasien»).

Christ crucifié sur le Golgotha ; au pied de la croix, le crâne d'Adam : icône russe du XVIIᵉ s.

*Croix ansée entre deux lions, « hier »
et « demain », qui soutiennent
l'horizon : peinture murale thébaine
du XIIe s. av. J.-C.*

parti fasciste hongrois, qui l'avait adoptée pour rappeler l'ancienne flèche des conquérants magyars et annoncer ainsi la grandeur à venir de leur pays. À la même époque, le « Front Patriotique » autrichien avait choisi une croix en forme de béquille, en opposition à la croix gammée du national-socialisme allemand, le svastika*. À l'origine, la croix gammée était l'insigne de la « société Thulé* », fondée en 1918, et de la « Brigade Ehrhardt » ; elle devint en 1920 l'emblème du parti national-socialiste, et était considérée par Hitler comme le symbole du « combat des Aryens ». L'héraldique connaît encore d'autres sortes de croix, comme la croix arborée, la croix en feuille de trèfle* qui est le symbole de saint Patrick, la croix de bénédiction dont chaque branche se termine par une croix, et aussi la croix de Johanniter ou de Malteser, dont les bouts sont fendus. — L'historien péruvien Garcilaso de la Vega a indiqué la présence du symbole de la croix dans sa culture d'origine : « Les rois incas possédaient à Cuzco une croix de marbre rouge et blanc, que l'on désigne sous le nom de « jaspe cristallin » ; personne ne sait depuis quand cette croix était en possession des rois… Elle était de forme carrée, aussi large que haute, et pouvait mesurer trois quarts d'aune, plutôt moins que plus. Chacune de ses branches était large de trois doigts et profonde d'autant. On l'avait magistralement façonnée d'une seule pièce. Elle avait été élaborée avec soin, et sa pierre était finement polie et brillante. Les rois la conservaient dans l'une de leurs demeures royales, qu'on appelle *huaca*, ce qui signifie « lieu sacré ». Ils n'adoraient pas cette croix, mais la respectaient, probablement pour

sa beauté, mais peut-être aussi pour d'autres raisons qu'eux-mêmes n'auraient su définir ». On a trouvé une croix de pierre similaire parmi les vestiges d'une construction de forme carrée de la Crète minoenne, mais cette découverte ne prouve rien de plus que l'universalité du même symbole. En fait, il s'agit probablement ici d'une croix conçue comme un système de coordonnées qui avait pour fonction d'aider l'homme à s'orienter, tant dans l'espace que dans le temps. C'est la même signification qui se dégage de la croix en Extrême-Orient, mais rapportée à l'organisation métaphysique et mythique de l'univers. En Inde, son axe vertical symbolise Purusha (l'homme archétypal ou essentiel, l'équivalent de l'Adam* Kadmon de la cabbale, c'est-à-dire aussi la sphère d'activité céleste et finalement Shiva* en personne), tandis que son axe horizontal désigne Prakriti, la substance universelle où se déploient la puissance et la dynamique de l'énergie féminine, la surface des eaux*, et en fin de compte la shakti de Shiva, tandis que son centre* renvoie plutôt en Chine, à cet endroit où les directions opposées se rencontrent et s'équilibrent, à la notion du « non-agir » et au vide du moyeu qui permet à la roue* de tourner.

CRONOS   Fruit de l'inceste* de la Terre*-mère* Gaïa avec Ouranos, le Ciel*, qui renvoyait tous ses enfants au Tartare (voir Enfers), Cronos « aux pensées courbes » (Hésiode) est sauvé grâce

*Cronos représenté sous forme
d'un ange : gravure du XVIe s.*

Cronos-Saturne dévorant ses enfants, par Francisco Goya. Musée du Prado.

à un subterfuge de sa mère. Devenu adulte, il émascule Ouranos d'une harpée (voir Faucille), faisant jaillir son sperme qui, en se répandant sur la mer*, donne naissance à Aphrodite*. Ayant ainsi accédé à la royauté de l'univers, Cronos copule avec sa sœur Rhéa, autre figure de Gaïa, et dévore ses enfants les uns après les autres. Afin de sauver sa progéniture, Rhéa le trompe à son tour et lui fait avaler une pierre à la place de Zeus (voir Jupiter) qui, élevé en Crète par la chèvre Amalthée, viendra le détrôner pour devenir le roi des Olympiens. Toute une généalogie s'affirme ainsi, qui part du chaos* initial pour aboutir à un monde régi par les lois du divin (voir Cosmos). — On confond couramment Cronos avec Chronos*, le dieu du temps. Or, il n'en était rien à l'origine, les différences d'orthographe (la lettre *kappa* pour Cronos, la lettre *khi* pour Chronos) renvoyant vraisemblablement à des étymologies, et donc à des significations, étrangères l'une à l'autre. Cette assimi-

lation se présente pour la première fois à la fin du IVe siècle av. J.-C. dans le traité *Peri Kosmou* (*Du Monde*) attribué à Aristote, et sera dès lors universellement admise, se renforçant de l'équation que les Latins font sur le champ entre Saturne* et C(h)ronos : « C'était Saturne qui gouvernait le cours du temps et des saisons, ce que marque son nom en grec… » (Cicéron, *De natura Deorum*, « De la nature des dieux »). Cronos dévorant ses enfants sera alors mis en parallèle avec le temps fauchant tout dans sa fuite tandis que le voyage ultime de Saturne vers l'occident (voir Orient) où il découvre les Îles fortunées*, devient le symbole de la régénération des éons (voir Grande Année) et annonce le retour de l'âge d'or* tel que le chante Virgile dans sa IVe Églogue : *Jam reddit et Virgo, et regia Saturna* : « Déjà revient la Vierge* et le règne de Saturne. »

CUBE Le cube est l'expression tridimensionnelle du carré*, et par là le symbole de la stabilité et de la pérennité ; le cristal de roche naturel a la forme d'un cube et passe pour une preuve évidente des « forces harmonieuses à l'œuvre dans la nature ». L'appellation alchimique de l'élément* sel, conçu comme principe de tout ce qui est tangible, s'y rattache de très près. Parmi les « corps réguliers » de Platon, on attribue d'autre part au cube l'élément terre (*Timée*). — Dans la symbolique maçonnique*, le cube représente la « pierre taillée », issue de la « pierre brute » qui a été façonnée par

Dé : « Il est toujours droit », gravure de 1702.

Plan de La Mecque avec au centre le cube de la Ka'ba : céramique du XVIIIe s.

le travail* de l'apprenti et qui symbolise le compagnon. Désormais, celui-ci peut être introduit dans le temple* de l'humanité. Ce travail de façonnement est interprété comme une sorte d'auto-éducation de caractère moral et la forme harmonieuse comme un renvoi à l'observance nécessaire des règles éthiques, le cube devenant alors dans sa totalité le symbole social de la franc-maçonnerie. — Le dé, ou cube utilisé dans les jeux de hasard, est pourvu de points dont l'addition sur chaque face opposée donne le chiffre sept. Les dés étrusques n'étaient pas gravés de points (yeux) mais de nombres. L'expression « les dés sont jetés » remonte à la fameuse parole de Jules César lors de la traversée du Rubicon en 49 av. J.-C., au moment où il marcha en armes sur Rome malgré l'interdiction religieuse qui avait jusqu'alors, toujours été respectée. Il s'agit en fait d'une citation de Ménandre (342-291 av. J.-C.), latinisée avec beaucoup de liberté par Suétone en *alea iacta est* (en grec : *anerrhiphto kybos*). Dans de nombreuses légendes et contes* de fées, les dés jouent le rôle d'instruments du destin et mettent en évidence l'existence d'une instance supérieure rendant des arrêts souverains. — On accorde généralement peu d'attention au fait que la cité idéale de la Jérusalem* céleste dans l'*Apocalypse* de saint Jean (XXI, 16-17) est décrite comme ayant une forme carrée d'une longueur de 12 000 stades (2220 km), un ensemble parfait qui repose sur l'utilisation du nombre douze. Il est ainsi suggéré que Jérusalem avait le volume d'un cube, de la même façon que l'édifice de la Kaaba dans le sanctuaire de la Mecque, dont tout croyant musulman doit faire le tour, est également cubique.

CUIVRE (en grec *chalkos*, en latin *aes cuprum*). Ce nom signifie « minerai de Chypre », de l'île dont les rivages furent le théâtre de la naissance d'Aphrodite* (Vénus*) hors de l'écume de la mer. Ainsi, l'ancienne symbolique des métaux considérait le cuivre comme le correspondant terrestre de la planète* Vénus, et d'anciens écrits alchimiques le mettent aussi en relation avec ce signe astrologique*. Dans le culte de Mithra*, ce n'était pas le cuivre, mais l'étain qui était le métal de Vénus, élément que l'on allie au cuivre pour produire le bronze. D'après la tradition antique (Hésiode, Ovide), l'âge d'or* est suivi par l'âge d'argent* auquel succèdent l'âge de cuivre puis notre actuel âge de fer*: l'âge de cuivre aurait donc constitué la liaison entre les âges des métaux précieux et le nôtre. Parce qu'il était un métal naturellement pur, les Nord-Américains de la préhistoire martelaient le cuivre à froid pour éviter de le faire fondre et pour le rendre ainsi plus dur. En Afrique de l'Ouest, le cuivre était considéré comme un symbole de la chaleur et de la lumière*. De même que l'Antiquité européenne, la Chine ancienne ne faisait pas de différence entre le cuivre pur (*t'ung*) et les alliages de bronze et de laiton. Il servait à produire des pièces de monnaie dont le centre était percé d'une ouverture carrée, en principe pour pouvoir les enfiler, mais sans doute était-ce aussi un symbole de la dialectique du cercle* et du carré*. Comme le mot *t'ung* signifie également « ensemble », on mettait ces pièces de cuivre dans le lit nuptial pour assurer au couple une union durable. Certaines représentations des enfers* montrent des pécheurs buvant du cuivre liquide ; s'il s'agit de pécheurs luxurieux, ils sont condamnés à danser avec des partenaires qui, au moment de l'étreinte, se transforment en colonnes de cuivre ardentes. Le cuivre servait parfois à la fabrication de tambours ou de cloches cultuels.

CYBÈLE Descendante des anciennes déesses-mères*, Cybèle en a gardé le titre de « Mère des dieux » que lui reconnaissent déjà les *Hymnes* homériques.

*Cybèle, la déesse-mère :
terre cuite du IVe s. av. J.-C.
Musée de Thessalonique.*

Originaire de Phrygie, sur les hauts plateaux de l'Anatolie, patronne du mont Ida, elle est adorée sous la forme d'une pierre noire* ; les Romains la font venir de Pessinonte en grande pompe dans leur ville, en 205 av. J.-C., au pire moment des guerres puniques, afin de s'assurer sa protection comme le leur promettaient les oracles des *Livres Sibyllins*. Elle est par ailleurs liée au jeune dieu phry-

gien Attis qui, dans un accès de folie, se châtre à l'ombre d'un pin* et meurt de cette blessure. Selon d'autres versions, plus tardives, Attis est aimé de la divinité androgyne* Agdistis. C'est cet amour qui le rend fou et le pousse à son geste irréparable. Quoi qu'il en soit, Attis est invariablement rattaché à un rituel de castration, que répètent tous les ans les prêtres de Cybèle, les galles : plongeant dans des transes extatiques (« Si on les brûle, ils ne s'en aperçoivent même pas », rapporte Jamblique dans *Les Mystères d'Égypte*), celui qui veut honorer la déesse « rejette ses habits, s'avance en jetant un grand cri au milieu de l'assemblée et se saisit d'un poignard réservé depuis de longues années pour cet usage. S'en étant donc emparé, il se châtre lui-même sur le champ, et se met à courir à travers la cité, en portant dans ses mains ce qu'il s'est coupé. Dans quelque maison qu'il il le jette, il doit en recevoir des vêtements féminins et une parure de femme » (Lucien de Samosate, *La Déesse syrienne*). Comme dans de nombreux anciens rituels chamaniques, le prêtre doit désormais, jusqu'à sa mort, s'habiller, se maquiller, se comporter comme une femme par assimilation de son esprit et de son corps à ceux de la Mère. Il atteignait, ce faisant, à un statut d'androgyne, non pas tant par conjonction* des opposés, qu'en accédant à cet état supérieur où il n'était plus ni vraiment homme, ni vraiment femme – c'est-à-dire au statut premier et indif-

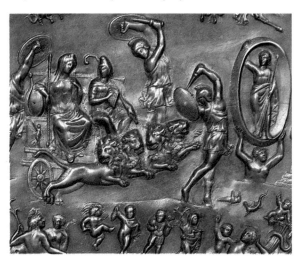

« Le triomphe de Cybèle et d'Attis » : patère de Parabiago (IVe s. av. J.-C.). Musée archéologique de Milan.

férencié de la divinité, avant l'apparition des sexes mâle et femelle. En fait, dès l'adoption du culte de Cybèle sous l'empereur* Claude (10 av. J.-C.-54), Rome va devenir le foyer d'un très puissant syncrétisme où viendront se confondre aussi bien Aphrodite* qu'Astarté, Isis* et certains aspects d'Artémis*, tandis qu'Attis attire dans son orbite des figures parentes comme celle du dieu Men (le dieu-lune), ou l'Adonis* phénicien. L'androgynie des galles devient peu à peu la promesse d'une résurrection dans l'Au-delà où l'âme recouvrera sa nature originelle. Dans les *Philosophoumena*, on affirme ainsi qu'Attis (et les galles à sa suite) se mutile pour « passer à l'existence éternelle de Là-haut, où il n'y a ni mâle ni femelle, mais une nouvelle créature, un homme nouveau qui est androgyne », tandis que l'empereur Julien (Julien l'Apostat – 331-363) écrit dans son *Discours sur la Mère des Dieux (Koré Kosmou)* : « Je me reconnais infiniment redevable à la déesse de m'avoir commandé de me mutiler, non du corps sans doute, mais de tous les appétits déraisonnables ». À ce degré de réflexion à la fois sotériologique et éthique, la religion de Cybèle et d'Attis va entrer à la fois en contact et en concurrence avec le christianisme qui s'affirme. Alors que certaines de ses pratiques se répandent (pensons à l'auto-castration d'Origène – 185-252), les responsables de la nouvelle Église ont parfois du mal à faire comprendre à leurs fidèles où est la différence entre le Christ et Attis : *Et ipse Pileatus christianus est* (« Et Attis aussi est chrétien ») répond un jour un prêtre de Cybèle à saint Augustin (dans le *Commentaire sur l'Évangile de Jean*), cependant que saint Jérôme tente difficilement d'expliquer pourquoi la grotte de la Nativité à Bethléem est dédiée au culte de Tammuz-Adonis-Attis.

CYGNE (en grec *kyknos*, en latin *cygnus* ou *olor*) Le cygne était symboliquement, dans l'Antiquité (malgré sa rareté dans le bassin méditerranéen) un animal très important dont le cou flexible et le plumage à la blancheur immaculée firent l'archétype de la pureté et de la noblesse. C'est pourquoi Zeus le choisit pour séduire Léda. Il est intéressant de noter qu'Homère (*Hymne* XXI) célèbre déjà la voix du cygne chanteur qui – contrairement au cygne à bosse, qui est muet – n'apparaît que dans les contrées nordiques. On rattache surtout le cygne

Léda et le cygne : dos d'un miroir d'argent de Boscoreale.

à Apollon* dont on prétend qu'il était aussi particulièrement vénéré par le peuple nordique des Hyperboréens. Le cygne était présent lors de la naissance du dieu, il le porte dans les airs et peut prophétiser grâce à sa puissance. Parfois, le cygne devient l'ennemi de l'aigle* et du serpent* auquel il peut en certaines occasions se révéler supérieur. Le célèbre « chant du cygne » remonte au don de prophétie déjà mentionné chez Eschyle (525-456 av. J.-C.) : l'oiseau d'Apollon, à l'approche de sa mort, fait entendre des cris plaintifs mais admirables. En fait, le cygne chanteur du nord (*cygnus musicus*) peut produire un son de trompette très fort et aigu ou très faible et grave, même en période de froid extrême alors qu'il est sur le point de s'engourdir. De fait, ce fameux chant du cygne a connu une grande faveur dans la littérature, et est devenu une métaphore à connotation à la fois sexuelle et musicale. Parlant du chant de mort d'Isolde (l'Iseut germanique) sur le corps de Tristan*, à la fin de l'opéra de Wagner, Gaston Bachelard (1884-1962) parle ainsi d'un « métaphysique chant du cygne », tout en ajoutant aussitôt, après avoir noté que c'est toujours « en tant que désir qu'il chante » : « Quel est donc ce sacrifice enivrant d'un être à la fois inconscient de sa perte et de son bonheur – et qui chante ? Non, ce n'est pas la mort définitive. C'est la mort d'un soir. C'est un désir comblé qu'un brillant matin verra renaître, comme le jour renouvelle l'image du cygne dressé sur les eaux. » Le chant du cygne est alors le

Aphrodite chevauchant un cygne :
intérieur d'une coupe attique du Ve s. av. J.-C.

symbole de l'union amoureuse qui parvient à son acmé. Peut-être Zeus chantait-il en possédant Léda ? Et c'est sans doute en pensant à tout ce registre imaginaire que Villiers de l'Isle-Adam, avec son humour cruel, et pour dévaluer une culture où la technologie tue le sens des symboles, met en scène, dans *Tribulat Bonhomet*, deux personnages qui, munis d'un phonographe, se livrent tous les soirs à un véritable carnage de cygnes afin d'enregistrer leur chant. — Il faut noter par ailleurs que le cygne peut avoir une valeur masculine aussi bien que féminine, que s'il renvoie au soleil par son étymologie allemande (*Schwan* vient d'un radical *Swen* comme *Sonne*, le soleil), il évoque autant la lune comme dans le *Titan* de Jean-Paul : « La lune, le beau cygne du ciel... » En fait, son polymorphisme prête à toutes les lectures, et il semble receler en lui une très forte potentialité d'androgynie*. — Selon la croyance germanique, les vierges* pouvaient se métamorphoser en cygnes qui possédaient le don de prophétie (*Chanson des Niebelungen*). On retrouve le même thème en Irlande avec les filles du roi Llyr, et en Scandinavie avec les mystérieuses femmes-cygnes de la *Chanson de Volund* qui épousent ce forgeron* mythique et ses frères, « jeunes êtres étrangers qui portent la guerre » ; elles sont à rapprocher des walkyries*, et des femmes-cygnes du chamanisme nordique. — À l'époque chrétienne, le cygne chanteur devint l'emblème du Sauveur agonisant et gémissant sur la croix*. Dans l'iconographie alchimique, le cygne

symbolise l'élément primordial du mercure (voir Sulphur et Mercurius), le principe volatil. — Le cygne apparaît souvent dans les blasons : il figure notamment dans les armoiries des villes de Boulogne-sur-Mer et de Zwickau, en latin *cygnea*, en Saxe. L'ordre du Cygne, créé en 1440, fut rénové en 1843 par le roi de Prusse Frédéric-Guillaume II qui en fit un ordre caritatif séculier. — Dans les bestiaires médiévaux, le cygne revêt une singulière signification négative. On raconte en effet que contrairement à son plumage blanc comme la neige, « sa chair est toute noire* » : « Il devient ainsi l'incarnation des faux dévôts dont la chair noircie par le péché est dissimulée par des vêtements blancs. Si l'on dépouille le cygne de son blanc plumage, on grille sa chair sur le feu jusqu'à ce qu'elle devienne noire. Ainsi, le faux dévôt est-il dépouillé à l'heure de sa mort de toute sa splendeur profane et descend-il dans les flammes de l'Enfer » (Unterkircher). On lit en revanche chez Böckler (XVIIe siècle) que les cygnes combattent même les aigles* lorsqu'ils sont attaqués. « Ce sont les rois des oiseaux aquatiques et ils symbolisent la paix blanche ». Cette formule poétique fait bien sûr penser à Lohengrin, le chevalier au cygne. En Asie, le cygne est souvent assimilé à l'oie* sauvage, comme pour la monture de Brahma (Hamsa) ou pour les vierges célestes des peuples altaïques qui incarnent la lune et sa lumière tamisée.

CYPRÈS Le cyprès est aujourd'hui l'archétype de « l'arbre* de la paix ». Dans l'Antiquité, en revanche, et sur le pourtour méditerranéen, c'était le symbole et l'attribut de Cronos (Saturne) mais aussi d'Esculape (Asclepios) – en même temps que d'Apollon* et que de nombreuses divinités féminines (Cybèle, Perséphone, Aphrodite*, Artémis*, Eurynome, Héra, Athéna). On dit que les filles du roi Étéocle d'Orchomène furent métamorphosées en cyprès. Selon une autre tradition, il s'agirait d'un jeune homme du nom de Cyparis qui avait tué un cerf sacré. Tout indique que le cyprès était, déjà avant les Grecs, un arbre cultuel que l'on rattachait à l'enfer* ; c'est pour cette raison qu'on le plantait souvent sur les tombes ; une clôture de cyprès avait également le pouvoir de chasser le mauvais sort. Les petites branches de cyprès que l'on plaçait sous les semences devaient ainsi préserver celles-ci des parasites. Cet arbre à feuilles persistantes, qui vit longtemps et dont le bois est très solide, était également un symbole de longévité en Chine. Comme on le rencontre sur des gravures qui représentent le paradis*, on l'a souvent planté sur les tombes chrétiennes pour symboliser l'espérance en l'Au-delà et on l'a de même représenté sur des sarcophages, bien que de nombreuses idoles* aient été autrefois taillées dans son bois. « Le bois de cyprès est persistant et dure longtemps. / On dirait qu'il défie le processus de la mort./ Quiconque se prépare à la mort dans l'esprit de Dieu, / guide sa barque avec sagesse vers la vie véritable et juste » (Hohberg, 1675).

D

DANSE Dans le Mexique ancien, Macuilxochitl était à la fois le dieu de l'amour, de la danse et de la musique*. On ne peut mieux résumer le contexte symbolique dans lequel se déroule cette activité corporelle dont le principe même est qu'elle s'accomplisse selon un rythme particulier, fût-il même le plus simple (le battement du tambour et le battement correspondant des pieds nus sur la terre*), et en étroite relation avec l'espace et le temps dans lesquels elle s'inscrit. Comme l'écrivait l'indianiste Zimmer, « la roue* du temps est une chorégraphie », et la ronde même des étoiles* dans le ciel est le prototype de la danse du cosmos*. (Est-ce pour rien, d'ailleurs, qu'on l'appelle la « ronde », du nom de la danse enfantine ?) La danse est harmonie, et par la conjonction* d'opposés qu'elle opère entre un espace qu'elle convertit en temps et un temps qu'elle figure par l'espace parcouru, entre la voûte du ciel* sur la tête et la terre sous les pieds, elle est aussi hiérogamie et symbole évident de l'union sexuelle où elle réunit le masculin et le féminin dans une unité ordonnée par son rythme ; c'est d'elle que procède à son tour la fécondité des femmes, de la terre, du groupe social dans son ensemble. Quand les Dogons du Mali dansent le sigui ou les Indiens Zuni le shalako, c'est bien de cela qu'il s'agit, comme d'un tissage du surnaturel où l'aiguille danserait dans la trame pour bâtir la tapisserie d'une existence multiple et bariolée dont l'ensemble, pourtant, forme un tout unitaire. — La danse est un acte d'amour lorsque David danse tout autour de l'arche* d'alliance (« David, revêtu d'un manteau de byssus, dansait en tournoyant ainsi que tous les lévites porteurs de l'arche, les chantres et Kenanya, l'officier chargé du transport », *Premier livre des Chroniques*, I, 27), ou lorsque les derviches tourneurs du soufisme extatique s'approchent de la divinité sans fond – et finissent par s'unir à elle dans le tournoiement de leur âme*. Nous arrivons là au plus haut symbolisme spirituel, au thème des noces* mystiques de l'âme avec Dieu, où le tournoiement du corps et le vertige qu'il induit essaient de tra-

duire au plus près la danse des planètes* dans les cieux et l'abîme* d'une déité que plus rien ne peut nommer. — Dans cette correspondance cosmique qu'introduit ainsi la danse (et la danse du soleil* des indiens Sioux répète elle-même à son tour le mouvement des astres dans les cieux), c'est une cosmologie, plus, une cosmogonie et une métaphysique qui se déroulent nécessairement : l'une des plus grandes figures divines de l'Inde est le Shiva* qui danse, le Shiva-nataraja, le « maître de la danse » qui « brandit d'une main le petit tambour qui rythme la manifestation de l'univers, de l'autre la flamme du sacrifice* » (G. Durand). Entouré d'un cercle* de flammes*, de nature androgyne* car accouplé, ou plutôt fusionné avec sa shakti, ou son énergie et sa puissance féminines, Shiva est alors, à la fois, dans le rythme suprême, le créateur et le destructeur des mondes, celui qui manifeste et dissipe et celui qui réintègre – celui qui, dans le tantrisme, à l'acmé de la cérémonie de l'union sexuelle, provoque l'illumination libératrice dans une mort qui est Vie et une vie qui est Mort. — À noter que, lors des apparitions de la Vierge* Marie* à Fatima, au Portugal, on rapporte que la danse de trois soleils authentifièrent leur miracle la venue de la Reine du Ciel.

DANSE MACABRE Le thème de la danse macabre illustre l'idée que tous les hommes sont égaux devant la mort* et plaide en faveur de l'abolition des différences de classes. C'est probablement d'une coutume religieuse espagnole que sont issues les séries de gravures (notamment d'Holbein le Jeune) qui représentent des squelettes entraînant des personnes de tous âges et de toute condition sociale dans une danse frénétique, où les nobles se défendent désespérément et où les pauvres se soumettent au contraire humblement à leur destin. — Ce motif de la danse macabre, qui remonte au Moyen Âge, est abandonné au profit d'une évocation plus sereine de l'idée selon laquelle *media vita in morte sumus* (« au milieu de la vie nous sommes déjà dans la mort »). Les

La Mort et l'abbé : gravure de la série
« Totentanz » de H. Holbein.

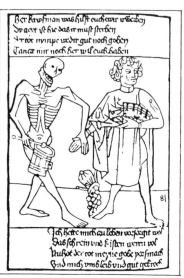

Danse macabre entre la Mort
et le marchand : gravure de 1465.

représentations de danses macabres viennent principalement des époques où les grandes épidémies sévissaient en Europe (peste, choléra). — Les représentations de danses macabres de l'ancien royaume de Chimu, sur la côte nord du Pérou, sont remarquables : on y voit des squelettes* en train de danser et de jouer de la musique (généralement avec des flûtes, ou des crécelles). Ces scènes, difficilement interprétables dans l'état actuel de nos connaissances, devaient se dérouler dans le royaume des morts.

DAPHNÉ Cette figure de la mythologie grecque s'est vue érigée au rang de symbole et incarne la vierge* éternelle qui repousse les avances de tous les hommes. D'après la légende, le dieu de l'Amour, Éros, aurait touché Apollon* avec une flèche* dorée (voir Or), et celui-ci serait alors tombé follement amoureux de la nymphe Daphné. Mais elle, de son côté, avait été touchée par une flèche à pointe de plomb* dont la froideur l'amena à repousser toute tentative d'approche masculine. Apollon la poursuivit plein d'ardeur ; elle s'enfuit à travers les forêts pour lui échapper et alla implorer la déesse de la Terre* (Gaïa) de l'aider. Alors que le dieu tentait de la prendre dans ses bras, elle se transforma en lau-

rier* (Daphné signifie « laurier » en grec). Le dieu, déçu, ne put que lui arracher une branche qu'il porta par la suite en guise de couronne sur la tête. Depuis ce temps, le laurier est la plante sacrée d'Apollon. — Dans l'allégorique alchimique, la métamorphose de Daphné est un exemple des facultés de transformation que l'on rencontre souvent dans la nature.

Daphné avec Apollon au moment
de la métamorphose : gravure de 1647.

DAPHNIS   La figure de Daphnis, dans la mythologie grecque, incarne le côté funeste de l'amour lorsqu'il se trouve empêché d'atteindre son but. Daphnis était l'élève de son demi-frère, le dieu de la Nature, Pan*. Il savait jouer du syrinx (flûte de Pan) et la légende raconte que toutes les nymphes étaient tombées amoureuses de lui en raison de sa beauté. Il promit à l'une d'elles de lui être toujours fidèle mais rompit vite ce serment. En guise de punition, les nymphes le poussèrent dans l'eau* et l'y noyèrent. D'après une autre version, la déesse de l'Amour, Aphrodite* (en latin Vénus*) aurait fait naître en lui un amour si fort qu'il ne put trouver le repos et en mourut.

DAUPHIN   Ce mammifère marin (voir Mer), intelligent et attiré par l'homme, fut très tôt remarqué par les habitants du bassin méditerranéen. C'est un dauphin qui aurait sauvé l'aède grec Arion après son naufrage en le conduisant jusqu'à la rive. D'après une légende, Apollon* prit la forme d'un dauphin pour porter jusqu'à Delphes des habitants de la Crète qui y bâtirent son temple*. Le nom Apollon Delphinios (« Maître des dauphins ») laisse à penser que les habitants des territoires minoens utilisaient le symbole du dauphin dans le culte qu'ils rendaient à Apollon. On ne sait toujours pas si c'est de là que vient le nom de Delphes. Le dauphin était par ailleurs l'attribut du dieu de la Mer Poséidon ; c'est l'un d'eux qui ramena auprès du dieu la nymphe* Amphitrite qui s'était enfuie auprès d'Atlas* et qui permit ainsi leur union. On associait également à Poséidon le cheval* (les vagues de la mer étaient comparées à des chevaux marins ; Poséidon aurait créé le premier cheval à partir d'un rocher et se serait lui-même parfois transformé en étalon), et c'est pourquoi on uti-

1. Artémis-Aréthuse entourée de dauphins : avers d'une décadrachme (480-479) frappée à Syracuse.

2. Enfant sur un dauphin : gravure de 1647.

lise sur les pistes des hippodromes des figures de dauphins pour indiquer le nombre de tours déjà parcourus. Le dieu du Vin Dionysos* aurait métamorphosé des pirates en dauphins. Comme elle naquit de la mer, Aphrodite* (Vénus*) est également souvent représentée avec

Poséidon sur un quadrige de chevaux marins, avec cortège de dauphins et de divinités marines : mosaïque (IIᵉ-IIIᵉ s. ap. J.-C., Ostie).

des dauphins. — On rencontre fréquemment dans l'art funéraire étrusque des dauphins portant les âmes des morts jusqu'aux Îles fortunées* ; la vision plus austère de l'Au-delà* sous la forme de l'Hadès ne s'est en effet imposée que plus tard. — En héraldique, le dauphin est représenté comme un marsouin à écailles : c'est ainsi qu'on le voit sur les armes du Dauphiné. On retrouve la figure du dauphin sur les armoiries des héritiers du trône de France qui sont eux-mêmes appelés « dauphins ». Les mots *ad usum delphini*, portés à l'origine sur les livres destinés à l'usage du dauphin de France, signifient qu'il s'agit d'ouvrages « purs comme la jeunesse » et vierges de tous détails « immoraux » dont ils ont été préalablement soigneusement expurgés.

DAVID David vivait au Xᵉ siècle av. J.-C. Il travaillait sous les ordres du roi Saül comme porteur d'armes et joueur de harpe. Devenu roi* de Judée et d'Israël à son tour, il conquit Jérusalem* dont il fit le centre de son empire. Sa victoire sur le géant* Goliath a fait de lui un précurseur du Christ vainqueur de Satan, et il est devenu en raison de ses dons de harpiste le prototype du musicien royal (il évoque parfois sur certains tableaux la figure antique d'Orphée*). David est en outre réputé pour ses psaumes qui ont été très

David joue de la harpe devant Saül : gravure (1505-1508, Lucas de Leyde).

longtemps l'œuvre la plus souvent lue et recopiée à la main. Il est parfois représenté sur les tableaux de la Passion comme le prophète de la crucifixion. Le Messie a toujours été conçu comme devant être issu de la « maison de David », et le christianisme place au centre de la religion la foi dans le « fils de David », Jésus.

DA'WAH Le mot *Da'wah* signifie en arabe à la fois prédication, prière, appel, invocation, supplique, de même que, en bout de chaîne et comme en conséquence de ses sens premiers, conversion et retour à Dieu. Du point de vue qui nous occupe, la Da'wah est une méthode d'invocation divine qui, connue et pratiquée des seuls savants versés dans la science ésotérique, livrerait tous les secrets de la création à celui qui, dans son chemin vers Dieu, en pénètrerait les arcanes. Fondée sur le symbolisme spirituel de chacune des lettres* de l'alphabet arabe qui, « issues de la chute du Nom suprême de Dieu sur sa Couronne*, lors de la Création, devinrent les Membres humains de l'Ombre* corporelle de Dieu » (Moghira, gnostique chiite), la Da'wah dresse systématiquement la liste de toutes les correspondances qui unissent ces lettres et les chiffres qui leur sont propres aux attributs de la divinité, aux chiffres de ces attributs, aux quatre* éléments* fondamentaux, aux douze signes du zodiaque* (voir aussi Astrologie*), aux sept* planètes* qui tournent dans le ciel, ainsi qu'aux vingt-huit génies* de l'islam et aux vingt-huit principaux anges* de la hié-

Le triomphe de David : gravure (1514, Lucas de Leyde).

rarchie céleste. Un parfum* particulier est enfin attribué à chacune de ces lettres (aloès*, camphre*, sucre, miel*, musc, etc.). Pour bien comprendre ce système, il faut noter que le chiffre de la lettre n'est pas celui de l'attribut de Dieu, et que si les planètes et les éléments s'affectent par répétition des mêmes séries (7 fois 4 éléments : Feu* – Air* – Eau* – Terre*, et 4 fois 7 planètes : Saturne* – Jupiter* – Mars* – Soleil* – Vénus* – Mercure* – Lune*, tous toujours dans le même ordre), les signes du zodiaque se présentent en ordre apparemment dispersé, répétés chacun deux fois, sauf le Bélier* et la Balance* qui apparaissent 3 fois, et les Poissons 4 fois (28 est en effet égal à 2 fois 12 plus 4). Pour donner un exemple, la première lettre de l'alphabet, l'*alif* (l'équivalent de l'*aleph* hébreu et de l'*alpha** grec), est affectée du chiffre 1, elle désigne le premier nom de Dieu, Allah, dont le chiffre est lui-même de soixante-six, et elle emporte avec elle le feu, le signe du Bélier, la planète Saturne, tandis qu'elle renvoie au génie (*djinn*) Qayush et à l'ange Israfil, et que son parfum est l'aloès noir.

DÉLUGE   Le déluge, c'est-à-dire « grand flot », désigne l'inondation légendaire qui anéantit pratiquement l'humanité entière. Ce motif mythologique, connu grâce à la *Bible*, est déjà décrit dans l'épopée suméro-babylonienne de Gilgamesh, dans laquelle le héros rencontre sur l'île de Dilmun (voir Îles fortunées) le survivant du déluge (Ziusudra ou Utnapischtim), qui lui en rapporte l'histoire. Des motifs analogues, relatifs au châtiment des fautes commises par l'humanité dans une sorte de fin du monde* limitée, apparaissent dans de nombreuses autres civilisations. — En Inde, le premier avatar du dieu Vishnou sauve du déluge, sous la forme d'un poisson*, le père primitif de l'humanité, Manu, en le transportant dans les montagnes* de l'Himalaya. Dans la mythologie grecque, les survivants du déluge, Deucalion et sa femme Pyrrha, font renaître une humanité nouvelle à partir de pierres*. Dans de nombreuses légendes du déluge, ce sont les barques* qui sauvent l'humanité menacée, par exemple l'Arche* (latin *arca* – boîte) de Noé*, que l'on a souvent comparée au Moyen Âge à la « nef » de l'église grâce à laquelle les hommes marqués par le péché et la corruption sont préservés de la ruine. Dans le *Talmud*, la traversée de la mer

Le Déluge universel : miniature (XIe s., Apocalypse du Beatus de Liébana).

Morte par les Juifs est envisagée comme une sorte d'« anti-déluge » car l'eau, au lieu de se gonfler, se creuse, et fait apparaître la terre sèche. « Cette inversion est un signe par lequel Dieu fait comprendre à l'humanité qu'il a adopté une attitude différente à l'égard du peuple juif... Il s'agit donc d'une déclaration solennelle que Dieu fait à Israël en vertu de laquelle il conduira ce peuple au Salut sous certaines conditions et ne le détruira plus » (R. Aron, 1973). — Les légendes relatives au déluge et les mythes agitant la menace de catastrophes naturelles qui pèse sur l'humanité à cause de sa culpabilité, sont universellement répandus et se rattachent également à la conception archaïque d'une création cyclique qui est régulièrement réduite à néant par les dieux pour renaître à nouveau ; cette conception avait également cours dans les civilisations mexicaines sous la forme de « soleils successifs ». L'ère de « l'eau-soleil », par exemple, se termina par un grand déluge au cours duquel les hommes de l'époque se métamorphosèrent en singes*. Voir Poisson, Omphalos.

DÉMÉTER   Que son culte vienne d'Égypte comme le prétendait Hérodote, ou qu'elle soit d'origine autochtone ou crétoise, d'avant les grandes invasions hellènes, il n'en reste pas moins que Déméter joue dans la religion grecque le rôle bien connu de la grande déesse-mère*

bienfaisante. C'est elle qui révèle aux hommes le secret de l'agriculture, et c'est son fidèle Triptolème qui, sur un char* ailé (voir Ailes) tiré par des serpents, a fait le tour du monde pour répandre ses bienfaits, en particulier la culture du blé. Déméter a par ailleurs une fille, Perséphone (ou *Koré*, ce qui signifie en grec « la jeune fille »). Or, celle-ci est enlevée par Hadès, dieu et roi des enfers*. Déméter la recherche partout en grande désolation, jusqu'à ce que sa course l'amène à Éleusis, non loin d'Athènes, où elle fait halte. Comme la terre, cependant, ne porte plus de semences en raison de l'insoutenable affliction de la déesse, Zeus envoie Hermès* aux enfers afin d'en ramener Koré. Perséphone à qui Hadès a fait avaler en secret une graine de grenade*, rejoint sa mère, mais devra toutefois revenir passer six mois tous les ans auprès de son époux souterrain ; mythe qui n'est pas sans rappeler ceux d'Attis (voir Cybèle), d'Adonis* ou de Dionysos* « le deux fois né », dont la fonction étaient d'illustrer le thème de l'alternance des saisons et celui de la mort et de la renaissance du grain. — En remerciement à la déesse, on fêtait autrefois les Thesmophories au début du mois de novembre, lorsque les travaux agricoles avaient pris fin, mais les grandes célébrations de Déméter avaient lieu lors des mystères qui lui étaient consacrés à Éleusis. Les petits mystères se tenaient au mois de février et représentaient le premier degré de l'initiation* (mystes), alors que les grands mystères qui se célébraient en août permettaient de devenir des « époptes », des voyants. Dans un cycle de représentations sacrées qui mettaient tour à tour en scène Déméter et Koré, Zeus et Dionysos – qui devenait ici l'enfant de la déesse et du roi* des dieux – on peut conjecturer que des vérités ineffables étaient alors délivrées, à l'occasion d'un culte largement pénétré par l'orphisme, à travers, selon les expressions consacrées des auteurs anciens, « les choses montrées, les choses dites et les choses faites ». Il semble qu'en définitive, le grand enseignement d'Éleusis était celui de l'immortalité de l'âme* et de son éternelle résurrection après la mort*. Il ne s'agissait pas là seulement, néanmoins, d'une prise de position philosophique, et les mystères paraissent constituer plutôt, pour les initiés, l'expérience par excellence de l'illumination : « Ce sont d'abord des courses au hasard, de pénibles détours, des marches menaçantes et sans fin à travers les ténèbres. Puis la frayeur atteint à son comble, ainsi que les frissons, les tremblements et l'épouvante. Alors, une lumière merveilleuse s'offre aux yeux. On passe dans des lieux purs et dans des prairies où retentissent chants et danses. Des paroles sacrées et des apparitions divines suscitent un respect religieux. » (Plutarque, cité par Stobée).

DÉMON Avant de prendre dans la civilisation chrétienne le sens qui est aujourd'hui le sien, et qui l'assimile au Diable*, le démon (en grec *daimon*) désignait le génie* intérieur de l'homme, qui participait à la nature de son âme*. Attaché à l'homme, en effet, le démon relevait en même temps de la sphère du divin, position qui lui conférait un pouvoir d'intermédiaire et de médiateur entre la volonté des dieux et la conscience intérieure de chaque humain. C'est dans ce sens qu'en parle par exemple Socrate, lorsqu'il prend conseil de son « démon », et c'est dans ce sens que C.G. Jung (1875-1961) en a retrouvé la figure lorsqu'il parle de ces « êtres psychiques » qui surgirent pour lui du fond de l'inconscient, lui prodiguant conseils et avis, et avec lesquels il engageait un dialogue intérieur (figures de Philémon et d'Élie dans *Ma Vie*). Le démon se présente là comme un *spiritus rector*, en bien des points assimilable à une manifestation de l'archétype* du *senex*, du Vieux sage, et renvoie à celui du Soi, de la présence de Dieu en nous, qu'il personnifie dans le même geste. Cette conception du démon a été en grande partie reprise dans les angélologies chrétienne et musulmane (Denys l'Aréopagite, ou l'Avicenne oriental), qui lui assureront une base ontologique où son domaine de manifestation sera celui de l'imagination créatrice, de cette imagination que les alchimistes et les hermétistes appellent *imaginatio vera* pour l'opposer au simple imaginaire, ou *imaginatio phantastica*. — En transférant le démon intérieur vers la figure de l'ange*, les chrétiens ne laissèrent plus au démon que le rôle de la force intérieure que Dieu ne gouvernait pas - et qui relevait donc du Diable. D'où le glissement de sens qui fit d'abord des démons des anges déchus qui ne s'étaient pas conformés à leur vraie nature puis, par extension, des auxiliaires de Satan – lui-même le premier des anges rebelles (Lucifer) — jusqu'à parler du Démon au singulier pour désigner le prince des ténèbres.

DENTS   Pour des raisons sans doute d'ordre analytique, les dents sont le symbole le plus souvent de la vitalité, de la procréation, de la puissance et du sperme. Dans les légendes antiques, des hommes armés pouvaient surgir de la terre à partir de dents de dragon* que l'on y avait semées. Lorsqu'on montre les dents à un miroir* que l'on tient face à soi, ce miroir est censé se troubler. Les chrétiens d'Afrique du Nord bafouaient ou combattaient autrefois les idoles* en leur montrant les dents et « la première dent de lait qui en tombant ne touchait pas le sol, préservait des douleurs génitales ; la dent d'un enfant de sept ans, sertie dans de l'or ou de l'argent, fait avorter toute conception ». Dans la symbolique des rêves*, les dents ont presque toujours une signification sexuelle ; celle-ci peut aller d'un renvoi à la phase orale de la libido et à un amour d'ordre cannibalique (« J'ai envie de te manger... Avoir envie de dévorer l'autre d'amour »), jusqu'au fantasme de la pénétration. « Rêver que les dents tombent a par ailleurs, comme le mal de dents, un rapport avec l'expression de l'impuissance. L'onanisme produit des rêves où l'on perd ses dents, traduisant ainsi une perte d'énergie séminale. » — En Chine, on pensait que rêver de la perte d'une incisive prédisait la mort imminente du père* ou de la mère*. — On disait que grincer des dents faisait fuir les fantômes.

DIABLE   (en grec *diabolos*) Le Diable, l'adversaire, le semeur de trouble (Satan), est l'opposé de Dieu qui règne au ciel*, il est le prince des Ténèbres et le grand Diviseur. Ce que traduit d'ailleurs exactement son nom grec qui vient de *dia-bolos* – « dia » signifiant deux. Le Diable est ainsi celui qui, de la création unique de Dieu rangeant tous les éléments sous le principe de l'unité, fait une création double, soumise au principe de division qui marque désormais la relation entre le ciel* et la terre*, entre le haut* et le bas, entre le bien et le mal, entre le paradis* et la vallée des larmes où, à la suite du péché originel et de la chute, nous sommes condamnés à vivre. — Les caractéristiques physiques qu'on lui attribue en Europe proviennent selon toute vraisemblance d'un démon des enfers étrusque, Charu : un nez* en bec de vautour, des oreilles* pointues comme celles des animaux, des ailes*, des dents en forme de défenses (comme celles du démon Tuchulcha). Il porte souvent un marteau* symbolisant la mort, à quoi s'ajoutent les attributs du bouc*, tels que les cornes*, les pieds et la queue fourchus – vision symbolique qui évoque en revanche Pan, le dieu grec de la Nature. On lui attribue plus rarement des sabots de cheval* (ou, en signe de discorde, un pied humain et un pied de cheval). Pour distinguer ses ailes de celles des anges*, on l'affuble d'habitude d'ailes de chauve-souris*. Sur des gravures représentant le sabbat des sorcières au sommet de montagnes* maudites, il est doté d'un second visage sur les fesses que ses sujets doivent embrasser (baiser infamant, *osculum infame*). Certains récits bibliques (*Isaïe*, XIV) font remonter l'existence du Diable (Lucifer, *Phosphoros* : « le porteur de lumière »), à sa révolte contre Dieu et à sa chute dans les enfers (voir Graal). — Dans les légendes populaires, le Diable apparaît sous les traits d'un chasseur vêtu d'un habit vert* ou rouge*, tandis que, sur nombre de sculptures médiévales, il a l'apparence d'un beau et séduisant « prince de ce monde », mais dont le dos est dévoré par des crapauds*, des serpents* et des vers. C'est sous cet aspect de serpent, ou tout autant de dragon*, qu'il apparaît dans les combats où on le voit soutenir l'assaut des anges* ou des archanges qui se trouvent à la tête des armées divines, en particulier saint

Saint Antoine tourmenté par les démons : gravure (1470-75, M. Schongauer).

*Diables et anges se disputent
l'âme du pendu : peinture du XVᵉ s.*

*Figures démoniaques :
gravure (1545, L. Cranach).*

Georges et saint Michel. Il arrive aussi, dans un tout autre registre, que le Diable soit représenté sous la forme d'un lion*, en raison de la puissance de cet animal et de la royauté mythique qu'il excerce (*cf. Pierre* I, 5,8 : « Votre adversaire, le Diable, comme un lion rugissant, rôde, cherchant qui dévorer »). Le renard*, associé à la ruse et à la malice, est également un symbole du Diable. En tant qu'opposé de la Trinité* céleste, le prince des ténèbres est souvent représenté avec trois visages, comme dans les gravures qui ornent la *Divine Comédie* de Dante. D'autres créatures symbolisent encore le Diable, comme l'oiseau* rouge, l'écureuil* roux, le basilic* et le coucou*. — La quinzième lame des « Arcanes majeurs » du Tarot*, dénommée le Diable, montre un prince des ténèbres à cornes et à ailes de chauve-souris, debout sur un piédestal où sont enchaînés deux hommes eux-mêmes métamorphosés en diables. Ce qui est interprété comme châtiment, culpabilité, sujétion aux instincts. — À l'inverse de sa représentation dominante, le Diable a pourtant pu être révéré dans le contexte tout différent des sectes sataniques qui instituaient, si l'on peut dire, un contre-culte au christianisme. « Maître du deux », c'est-à-dire de la division, de la distinction, de la séparation, Lucifer a en effet été parfois conçu comme le guide de l'humanité, et le père de la conscience qui, pour exister, a par nature besoin d'un fossé, c'est-à-dire d'une certaine distance entre elle-même et les choses qui lui apparaissent. Dans

ce sens, et selon le mot de Hegel (1770-1831), toute conscience est une « conscience malheureuse » – mais elle ne pourrait exister sans l'intervention du Diable. Des sectes gnostiques d'Alexandrie avaient ainsi déjà révéré Lucifer dans les premiers siècles du christianisme, mais c'est surtout le XIXᵉ siècle romantique, puis symboliste, qui l'a souvent compris et chanté de la sorte, en en faisant le symbole même de la révolte de l'homme contre le destin et, à strictement parler, le « porteur de lumière » d'où procède l'esprit humain. Il représente alors en quelque sorte le travail nécessaire du négatif sans lequel rien ne peut accéder à la vie. — Pour certaines populations altaïques, le Diable a été créé par Dieu afin qu'ils procèdent ensemble à la création du monde, tandis que des légendes bulgares en font à l'origine l'ombre* de Dieu : lorsque celui-ci aperçoit cette ombre qui l'accompagne ainsi partout, il lui donne vie et, dans un accord en bonne et due forme, partage le monde avec lui - le ciel et les vivants pour Dieu, la terre et les morts pour le Diable. Dieu, en quelque sorte, est ici incapable de créer seul l'univers, il lui faut une aide extérieure qui explique du même coup pourquoi le mal existe. Ce thème de l'impuissance, et à la limite, de l'ignorance de Dieu trouve sa complète expression dans la cosmogonie des Bouriates ou des Tsiganes de Transylvanie, où Dieu ne sait même pas quelle est l'origine du Diable, ce qui représente sans doute un effort désespéré de la part des hommes pour sauver la Toute bonté de Dieu de la souillure du péché. Nous avons là, à l'évidence, un couple d'opposés* majeur dont la solution peut être double. Soit on aboutit à une métaphysique ouvertement dualiste qui pose Dieu et le Diable, le Bien et le Mal, la Lumière et les Ténèbres, comme des principes co-éternels mais irréductiblement adversaires tout au long d'une dramaturgie cosmique où l'homme est appelé à choisir son camp (c'est par exemple le mazdéisme classique de la Perse antique où s'opposent à jamais Ahriman, le principe du mal, et Ahura Mazda, le dieu de la Lumière, réformé et revivifié par Zoroastre aux environs du VIIe siècle av. J.-C. ; cette conception sera reprise par la théologie de Mani, ou Manès (vers 215-vers 275), le prédicateur, perse lui aussi, dont la concurrence dualiste au christianisme semblera pouvoir l'emporter un temps sur l'Église officielle, et trouvera ses derniers échos aussi bien chez les Bogomiles du Moyen Âge que chez les Cathares et dans les gnoses musulmanes de la théologie perse où va fleurir la notion de chevalerie* spirituelle et de guerre* sainte cosmologique). Soit, comme dans la mythologie paysanne roumaine, on fait du Diable le frère de Jésus-Christ – en quelque sorte la main droite* et la main gauche du Seigneur – ou comme dans certaines spéculations théologiques particulièrement audacieuses, le grand Ange de

La figure du Diable, quinzième carte des Tarots de Marseille.

Lumière qui s'est révolté contre Dieu par jalousie envers le Christ dont il aurait voulu assumer la mission lui-même. Dans cette perspective, le Diable ne saurait évidemment être éternellement damné : on doit bien envisager un Salut général qui verrait la rédemption de tous les pécheurs, de tous les démons et de Satan lui-même. Ce fut le genre de théorie que soutint en germe le grand théologien Origène (vers 185-vers 255) qui, dans le *Peri Archon*, pense qu'au-delà du feu (déjà spiritualisé) de l'enfer, aura lieu dans l'éternité une « apocatastase », une restauration universelle, qui verra le retour de tous les êtres doués d'intelligence, fussent-ils les plus dévoyés, dans l'amour de Dieu – thèses reprises et radicalisées plus tard par diverses hérésies dans l'idée que la bonté de Dieu ne pourrait, à la fin des temps, excepter personne de ses bienfaits.

DIAMANT   La plus précieuse des pierres précieuses, également appelée *Regina gemmarum* la « reine des gemmes », est symboliquement associée à la perfection et à la pureté intacte. On trouve dans le bouddhisme un trône* de diamants considéré comme le « siège de l'illumination spirituelle » ainsi qu'un diamant utilisé comme carreau de la foudre* pour anéantir les passions terrestres. Il y a là l'équivalence, sous la même notion de *vajra* (le mât, le pilier principiel – voir Axe du monde) – et le « trône de diamant » est lui-même dressé sous l'arbre* de la boddhi – il y a donc là équivalence de la foudre ou du feu* d'Indra ou de Shiva* dans l'hindouisme, et du diamant dans le bouddhisme tibétain où le mot de *dordje* veut lui-même dire, comme en latin, la reine des pierres. En Occident, Platon évoquait dès l'Antiquité l'image d'un axe du monde* formé de diamants. Dans les croyances populaires, le diamant était censé rendre invisible, chasser les esprits et attirer les faveurs féminines. D'après le texte du *Physiologus* de la fin de l'Antiquité et des débuts de l'ère chrétienne, l'*Adamas* (qui signifie en grec, invincible, inexpugnable) ne pouvait être ni sculpté ni brisé à l'aide d'objets de fer, et seule la chaleur du sang de bouc* pouvait venir à bout de son extrême dureté ; on ne le trouvait qu'en Orient, et seulement la nuit. Les auteurs du *Physiologus* y voyaient donc une incarnation du Sauveur Jésus-Christ, lui aussi né en Orient au cours de la nuit, et auquel toutes les forces de ce monde ont essayé en vain de nuire, comme l'expriment ces paroles du prophète Amos (VII, 8-9) : « Regarde, je vais placer un diamant au sein de mon peuple d'Israël et les autels des rires vont être détruits ». Mais le Christ ne peut être amolli que par la chaleur de son propre sang*. Dans la symbolique traditionnelle des pierres précieuses*, le diamant correspond de même que le cristal de roche (voir Montagne) au soleil*. Hildegarde de Bingen (1098-1179) écrit à son propos : « Le diable voit dans cette pierre son ennemi car elle résiste à sa force : c'est pourquoi le diable la haït jour et nuit ». Lonicerus, botaniste de la Renaissance, pensait qu'elle était capable d'empêcher les guerres, la discorde, et de constituer une protection contre le poison et toutes les tentations de l'imagination et de l'esprit mauvais. L'image symbolique de la « pierre alchimique de la sagesse » a sans doute été aussi influencée par des mythes analogues associés à cette pierre précieuse. On n'attribue au diamant que des propriétés positives : il est ainsi symbole de la lumière* et de la vie, de la constance en amour et de la souffrance, de la sincérité incorruptible et de la pureté la plus haute. Le diamant fut de tout temps très apprécié comme talisman et comme joyau utilisé pour orner les couronnes (Sceptre de diamants : voir Tonnerre).

DIANE Il est d'usage en Europe depuis la Renaissance d'appeler la déesse de la chasse (en grec Artémis*) par son nom latin, bien que cette figure n'ait plus qu'une valeur symbolique et allégorique. Les parterres des jardins baroques en particulier étaient ornés de statues de Diane, le croissant* de lune* dans les cheveux et un arc et des flèches* à la main, accompagnée de chiens* de chasse*. On trouve également des évocations de la scène légendaire au cours de laquelle Actéon*, qui avait regardé la prude Diane prendre son bain*, fut transformé en cerf* et dévoré par ses propres chiens de chasse. La présence du croissant de lune s'explique par le fait que la déesse italique était à l'origine une déesse de la lune ; ce n'est que plus tard qu'elle fut dotée des attributs qui caractérisaient la déesse grecque Artémis, maîtresse des animaux (*Potnia theron*). — La figure de Diane est restée bien vivante non seulement comme sujet allégorique de sculptures de jardins, mais aussi comme personnage mythique qui incarne les forces obscures des croyances

Diane avec une faux lunaire, une torche, un carquois et un chien de chasse : gravure de 1647.

populaires italiennes. Le chercheur américain en mythologie, Charles G. Leland (1824-1903) relate ainsi dans son livre *Arcadia* publié en 1899 l'existence d'un culte consacré à Diane chez les sorcières* (*streghe*), au cours duquel elles lançaient des appels à la grande déesse : « Diane ! Diane ! Diane ! Reine de toutes les magiciennes et de la nuit sombre, des étoiles et de la lune, du destin et du bonheur ! Toi qui commandes le flux et le reflux, qui apparais la nuit sur la mer et éclaires l'eau de tes feux ! Toi, maîtresse de la mer, assise dans ton bateau comme sur une demi-lune… » (hymne extrait d'une légende dans laquelle « Melambo » – Mélampos – incite sa mère à aller chercher pour lui le secret qui permet de comprendre le langage des serpents*).

DIEUX DU BONHEUR *(LES SEPT)*
Cette combinaison, fort intéressante d'un point de vue symbolique, de sept* personnifications du bonheur terrestre apparaît dans la religion populaire japonaise. On trouve à la première place Hoki (le Bouddha-au-gros-ventre*), incarnation de la joie de vivre et de la gaieté. Les autres personnages sont : Bishamonten, le gardien ; Fukurokuju, le dieu de la Longévité ; Jurojin, le dieu des Savants ; Daikoku, le dieu de la Nourriture ; Ebisu, le dieu de la Pêche, et Benzaten, la déesse de la Musique. Ils peuvent être représen-

Ebisu et Daikoku,
deux des dieux de la Fortune :
peinture de Hasegawa Nobuharu.

tés soit isolément (ils sont alors appelés *Schichi fukujin*), soit alignés sur un bateau* taillé dans un matériau précieux ; on les porte aussi souvent comme amulettes, comme par exemple les *netsuke* (boutons à figurines) en bois et en ivoire, utilisés surtout pour fermer les ceintures des kimonos. Les sept dieux du bonheur n'ont plus guère aujourd'hui qu'une fonction décorative. — On trouve dans l'iconographie de la Chine ancienne cinq* dieux du bonheur ; ils sont représentés sous les traits de vieillards revêtus des habits rouges des fonctionnaires. L'un de ces *wu-fu* incarne la longévité et ses attributs sont la grue et certaines fleurs ; les autres symbolisent la richesse, le bien-être (attribut : le vase), la vertu et la santé. Ils sont parfois dessinés avec une chauve-souris*, les « cinq chauve-souris » étant à leur tour des symboles du bonheur.

DIONYSOS (Voir aussi Bacchus) Selon l'une des versions de son mythe, Dionysos, dont le nom signifie « le deux-fois-né », est le fils de Zeus et de Sémélé, elle-même fille de Cadmos, roi* de Thèbes, et d'Harmonie, fille d'Arès (voir Mars) et d'Aphrodite*. Sémélé ayant voulu voir son divin amant dans toute sa gloire, elle en fut foudroyée. Zeus recueillit alors l'embryon qu'elle portait et le « materna » dans sa cuisse jusqu'à sa naissance. Dieu de la Vigne, du Vin* et de l'Ivresse* qu'il procure, Dionysos est suivi d'un cortège de femmes, les bacchantes*, cependant que le sol ruisselle de lait* ou de miel* à son passage. Dieu donc de l'orgie (au sens grec : de la cérémonie religieuse conduite dans le transport), Dionysos est aussi un dieu jaloux : chacun doit lui rendre son dû, et lorsque son propre oncle Penthée, roi de Thèbes, fils de Cadmos et frère de Sémélé, refuse de se plier à son culte, il le fait tuer et démembrer dans un délire sacré par les femmes qui le suivent – et parmi lesquelles on compte Agavé, la propre mère de Penthée… — De fait, la figure de Dionysos a rapidement connu une très grande extension en s'ordonnant autour des deux thèmes de la double naissance et de l'enthousiasme (*en-theos* : « possession par le dieu »). C'est ainsi qu'une autre légende crétoise le fait naître de l'union de Zeus et de Déméter* : les Titans* le mettent en pièces, mais Déméter réunit ses membres déchirés comme Isis* le fait en Égypte du corps démembré d'Osiris, et elle le rappelle à la vie. C'est ainsi que Dionysos tient sa place dans les mystères d'Éleusis, et c'est à partir de cette version que les poètes et les philosophes orphiques vont le reconsidérer sous la forme d'un Dionysos-Zagreus (voir Orphée). Entre-temps, Zeus avait fait transporter à Delphes les restes de son fils, ce qui explique pourquoi le dieu partage ce sanctuaire avec Apollon* pendant les trois mois de l'hiver, c'est-à-dire en attendant sa résurrection, lorsque les thyiades delphiques (prêtresses qui parvenaient à l'extase au moyen de tournoiements et de hurlements) le réveillent de son sommeil avant d'aller se livrer avec lui au délire sur les hauteurs du Parnasse. Dieu de la Végétation et de l'Eau*, dieu taureau* mais dieu qui tire souvent aussi du côté de l'androgyne*, Dionysos s'affirme encore comme un dieu de l'Au-delà* où il promet la renaissance, et où il finit par régner sur les enfers*. Pensant sans doute aux rites orgiastiques et aux pratiques omophagiques de son culte, Héraclite écrit : « Si ce n'était pour Dionysos que (ces hommes et ces femmes) mènent le cortège et chantent l'hymne phallique, ils commettraient l'action la plus honteuse. Mais Hadès et Dionysos, c'est le même pour qui ils sont en délire et célèbrent les bacchanales » (Fragment 15). — L'aspect de conducteur et de

Scène d'initiation féminine dionysiaque de la Villa des Mystères à Pompéi.

sauveur des âmes* va d'ailleurs prendre de plus en plus le dessus, et si les cérémonies de Dionysos continuent à être fêtées pendant toute l'Antiquité, ce sont ses mystères qui vont y paraître de plus en plus importants. De ce point de vue, Dionysos se confond parfois avec les figures d'Attis (voir Cybèle) et d'Adonis* (voir aussi Aphrodite). Le syncrétisme le plus poussé a cependant lieu avec l'Osiris égyptien, à tel point que Diodore de Sicile (Iᵉʳ siècle) raconte dans sa *Bibliothèque historique* que « Orphée a rapporté de son voyage en Égypte les cérémonies et la plupart des rites mystiques célébrés en souvenir des pérégrinations de Déméter… Il n'y a qu'une différence de noms entre les fêtes de Dionysos et celles d'Osiris, entre les mystères d'Isis et ceux de Déméter. » — Il faut enfin rappeler la réapparition de la figure de Dionysos dans l'œuvre de Frédéric Nietzsche (1844-1900), où il incarne la musique*, la danse*, l'enthousiasme de l'âme en face du Crucifié – avec qui il nourrit pourtant des liens mystérieux, ne fût-ce que par son sacrifice – et où il a comme répondant Ariane*, incarnation de la vie et de la profonde éternité.

DJED *(PILIER)*   Cet objet mystérieux de l'Égypte antique est aussi considéré comme un fétiche auquel seraient associées les idées de stabilité et de durée. Il s'agit d'un pieu* ou d'une colonne* élargie à la base, dont l'extrémité supérieure est constituée de quatre planches formant comme des étages. Certains

égyptologues y voient un arbre en grande partie émondé, un tronc dans lequel on aurait creusé des entailles, ou encore un poteau auquel seraient attachées à différents niveaux des gerbes de céréales. On a parlé également à son sujet de gerbes formées à partir de roseaux de papyrus et nouées les unes aux autres de façon à donner une figure régulière. Ce symbole est apparemment originaire de Memphis (en égyptien *Mennefer-Pepi*), et il serait en relation avec le culte d'Osiris (*Usirê*). Le pilier Djed était appelé « la colonne vertébrale d'Osiris », et c'est le pharaon lui-même qui venait célébrer le culte de l'« érection de Djed », au début des fêtes royales d'« Hebed ». On utilisait des statuettes de Djed comme amulettes et on en munissait les morts pour les protéger des dangers de l'Au-delà. Voir Isis.

DON JUAN   Apparemment inspirée de la vie réelle d'un grand d'Espagne du début du XVIᵉ siècle, don Miguel Manara, qui fait ses jours au couvent après avoir séduit une multitude de jeunes femmes, la figure de don Juan s'impose à la conscience européenne après les pièces de théâtre de Tirso de Molina, et surtout de Molière au XVIIᵉ siècle. Don Juan n'apparaît plus alors simplement comme un séducteur de métier ou de plaisir (voir Casanova) : il devient le prototype du libertin qui refuse l'autorité des pouvoirs divins, jusqu'à le payer de sa vie lors de son banquet final avec la statue de pierre* du Commandeur. Le thème de

Illustration pour le Dom Juan
de Molière. Gravure du XIXe s.

don Juan court désormais à travers
toute la littérature européenne (livret de
Da Ponte pour l'opéra *Don Giovanni* de
Mozart, Hoffmann, O.V. de L. Milosz,
Odon von Horvat, etc.). La psychanalyse
d'obédience freudienne a voulu considérer la poursuite effrénée des femmes
à laquelle il se livre comme une pulsion
homosexuelle alors que la psychologie
inspirée de C.G. Jung y voit plutôt les
multiples et incessantes projections de
l'*anima* – la part de contrasexualité psychique en l'homme, c'est-à-dire sa part
féminine – qui n'est pas encore détachée
de l'*imago* de la mère*.

DON QUICHOTTE DE LA MANCHE
Don Quichotte, aussi appelé Don Quixote
ou Don Quijote, est devenu la figure
même du romantique naïf, héroïque et
touchant qui confond rêves et réalité et
« se bat contre des moulins à vent ».
Selon l'interprétation courante, ce personnage fut créé par Miguel de Cervantes Saavedra (1547-1616) pour paro-
dier les romans courtois au style
ampoulé, mais il aurait en quelque sorte
acquis une existence autonome et
dépassé le cadre prévu à l'origine. La première partie (1605) révélerait déjà toutes
les particularités du « chevalier » qui fuit
systématiquement le monde réel et est
accompagné par un serviteur bassement
matérialiste, Sancho Pança, avec lequel
il forme une sorte de couple d'opposés*

humain. Les deux ne parviennent jamais
à se comprendre, et ils apparaissent
ainsi comme les précurseurs des
couples de burlesques contemporains.
Cela n'empêche pas cependant que tout
le trajet du chevalier errant en quête de
nobles aventures soit marqué par une
note tragique. Dans la deuxième partie
(1615), l'auteur ramène son héros à la
dure réalité et le laisse finir ses jours
dans le respect de Dieu. Le but de Cervantes aurait été selon cette lecture de
présenter de façon ironique les discours
au sentimentalisme excessif sur les
belles âmes. Don Quichotte, qui est
aujourd'hui devenu une figure proverbiale, serait ainsi « une critique de la
fausse poésie littéraire au nom de la véritable poésie de la vie… Lorsque le lecteur rit avec Cervantes et se laisse émouvoir, cela suffit à montrer qu'il l'a
compris, qu'il considère son œuvre
comme un livre pour enfants, un roman
divertissant, un blâme et une leçon, ou
encore comme un ouvrage grand et profond » (Karl Vossler). Une autre lecture,
peut-être beaucoup plus profonde, voit
au contraire dans Don Quichotte la
reprise de l'idéal chevaleresque qui ne
trouve plus sa place dans une époque
désacralisée. L'ironie mordante de
l'œuvre viserait alors surtout un temps
de désillusion symbolisant à son tour
l'exil de l'âme caractéristique de notre

Don Quichotte et Sancho Pança :
gravure (1862, G. Doré).

condition terrestre. Lorsque Don Quichotte attaque les moulins à vent par exemple, la séparation se fait entre ce que voit son regard spirituel, et la triste réalité de ce monde telle que peuvent l'appréhender ses yeux de chair. Il est à noter que, au-delà des renvois à la tradition de la chevalerie, *Don Quichotte* est aussi de part en part parcouru par des thèmes hermétiques et, en particulier, par des thèmes apparentés à ceux de la cabbale juive. Selon cette interprétation, Don Quichotte deviendrait alors un exemple poignant de l'âme égarée en quête de son pays réel, sans cesse déçue et trompée par les illusions d'ici-bas, et ne serait pas sans parenté avec la figure de l'albatros tel que Baudelaire le décrira quelques trois siècles plus tard : « Exilé sur le sol au milieu des huées,/ ses ailes de géant l'empêchent de marcher. »

DOUBLE Le mythe universel du double tire toute sa complexité des variations du « Même » et de l'« Autre ». Issu du principe d'identité, le double évolue vers l'altérité, où le *je* n'est plus *je* mais un *autre*. Désignant à l'origine deux éléments identiques qui forment en fait un tout indissociable (un être et sa réplique conforme, son jumeau*, son *alter ego,* son sosie, ou comme dirait Plaute, son *ménechme*), le double peut donner lieu à d'étranges fissures, et se glisser peu à peu dans toutes les formes de dissociation : partant de la duplicité légère du « double sens », jouant volontiers sur l'équivoque entre « la double vue » – pouvoir d'une conscience exacerbée – et le fait d'« y voir double » par affaiblissement des sens, il peut entrer dans les terrains plus accidentés du « double jeu », voire de la « double vie », et aboutir en fin de course à l'aliénation la plus totale. Surgit alors la figure de « celui qui marche à côté », ce *Doppelgänger* qui hante les romantiques allemands, dérèglement total du double qui devient un corps étranger, un « Autre » inquiétant, le plus souvent maléfique, et qui conduit à la schizophrénie, à la folie, à la mort. — Première image visible du double, le jumeau*, sorti de l'unité du même œuf*, se retrouve dans nombre de cosmogonies pour expliquer les phénomènes les plus profonds de dualité physique (comme la dualité homme/femme) ou éthique (le combat du Bien et du Mal). Cette dualité gémellaire produit le plus souvent des couples incestueux, ainsi que le rappelle Claude Lévi-Strauss, couples dont l'union donne naissance à la première humanité : dans le *Rig-Veda*, Yama et Yami naissent d'une jumelle elle-même épouse du Soleil*, et l'un récite les strophes paires du texte sacré, tandis que l'autre en dit les impaires. Le scénario est à peu près identique chez les Dogons (voir aussi les Malinkés et les Bambaras où les jumeaux incarnent une perfection ontologique), dans la relation entre Ogo, le renard pâle, et sa jumelle, Yasigui. Avec trois autres couples gémellaires, ils créent la totalité du monde dans ses implications à la fois cosmiques, sociales et religieuses. — Le mythe suit une pente différente lorsque le double gémellaire est marqué du même sexe. Chez les Indo-Européens, ils apparaissent toujours comme une entité : les Asvin et les Nasatya des hymnes védiques, ou le célèbre couple des Dioscures, Castor et Pollux, nés dans le même œuf de l'union de Zeus avec la mortelle Léda, en même temps que, dans un autre œuf, apparaissait le couple des sœurs fatidiques, Hélène* et Clytemnestre. Les premiers finiront par se partager l'immortalité, la constellation zodiacale des Gémeaux et la protection de Rome, par Romulus et Remus interposés, qui sont eux-mêmes des jumeaux (un rôle somme toute bénéfique) – tandis que les secondes (selon le sort classique réservé alors aux femmes) seront porteuses de la mort et de la destruction : Hélène provoque l'affrontement de deux peuples dans la guerre de Troie, tandis que Clytemnestre déclenche les meurtres en série de la famille des Atrides. On mesure là toute la complexité du thème du double : l'origine en même temps divine et humaine de la « double naissance » crée, à la fois, des demi-dieux et des héros (Achille ou Siegfried*) mais permet aussi d'expliquer l'antagonisme irréductible du Bien et du Mal. — Quand le double n'est pas incarné par un jumeau, il peut être l'invisible enveloppe du corps physique : l'aura, le corps vital, le double éthérique, le *Ka* des Égyptiens. Pour qui sait les voir, les maladies apparaissent d'abord dans ce corps éthérique avant de gagner le corps matériel. « Passer à son Ka » signifie mourir. Le double peut être également une matérialisation subtile de l'âme, le « corps astral » des occultistes, toujours invisible et enveloppant, mais susceptible de mener une existence indépendante. On peut alors quitter son corps terrestre et voyager dans son « corps astral », à travers le temps et l'espace – mais c'est là, d'habitude, une entreprise risquée. Ce corps astral survit, dit-on, trois jours au corps physique, demeurant auprès du tombeau comme une image du défunt, avant de disparaître à son tour. C'est pourquoi la rencontre avec son double apparaît néfaste, car elle signifie souvent la mort. — Les pratiques des chamans font de même très souvent appel à un double animal ou végétal, dont le sorcier tire sa force, et dans le corps duquel il peut s'incarner pendant un certain laps de temps grâce à des rituels souvent hallucinogènes (*cf.* les livres de Castaneda). — Les multiples extensions visibles et invisibles du double laissent imaginer sans peine sa nécessité vitale pour l'être (Narcisse* se constituant en son miroir) et, de ce fait même, comme il devient l'objet d'une quête fascinée ou au contraire d'une intime répulsion. Apparaissant comme une ombre*, le double assure encore la fécondité de l'être – *La Femme sans ombre* du livret d'Hofmannsthal est stérile. Il devient l'objet d'une recherche inlassable quand il figure le complément indispensable, l'*alter ego* de la personne humaine, auquel tout homme ou toute femme devraient être réunis selon l'unité originelle de l'androgyne* évoqué par Aristophane dans le *Banquet* de Platon, ou comme le montre par exemple, dans l'ancienne Mésopotamie, l'amitié indissoluble de Gilgamesh et d'Enkidu. — À partir du XIXᵉ siècle, dès que l'étude de la subjectivité devient triomphante et que l'on s'aventure dans les terres inconnues de l'imaginaire, « l'épanchement du songe dans la vie réelle » fait surgir des doubles autrement inquiétants. C'est ainsi Jean-Paul qui invente le personnage du *Doppelgänger*, du compagnon de route. Dans son roman *Le Titan*, le héros, obsédé par l'énigme de l'identité, terrifié par les miroirs*, s'effondre sur son lit de mort en rencontrant son sosie. *Le Portrait de Dorian Gray* (Oscar Wilde) vieillit et se lézarde sous l'effet du vice à la place de son modèle, tandis que les chats* noirs d'Edgar Poe, ou *Le Horla* de Maupassant vampirisent leurs victimes et les conduisent à la folie. Déjà Faust disait « deux âmes habitent en moi : l'une se cramponne à la terre, l'autre s'envole vers les cieux ». Il faudra attendre la naissance de la psychanalyse pour connaître les mécanismes de « l'ombre » qui dépossède parfois un être de lui-même pour le conduire au dédoublement. Le mythe du double est en tout cas l'une des réponses les plus saisissantes de l'humanité au problème de l'existence du Mal.

DRACULA   Cette incarnation typique du vampire « mort-vivant », du monstre effrayant avide de sang* n'est qu'en partie le fruit de l'imagination de l'écrivain irlandais Bram Stoker (le livre, qui a donné lieu à de nombreuses adaptations cinématographiques, parut en 1897). La légende du buveur de sang est inspirée par la figure historique de Vlad Tepes dit Dracul, ennemi roumain des Turcs, réputé pour sa cruauté dans les combats ainsi que dans ses relations avec ses sujets. Son château fut détruit en 1462 par le sultan Mehmed le Conquérant. La mémoire de Vlad Tepes – le « maître du pal » – est encore aujourd'hui vivace dans les traditions populaires roumaines. Le souvenir de cet épisode a été associé au motif légendaire du retour de personnes défuntes dans le monde des vivants ; elles buvaient le sang en guise d'élixir de vie, et leurs victimes devenaient à leur tour des vampires. Cette idée est expliquée dès 1745 de la façon suivante : « Une maladie contagieuse se serait répandue parmi ces personnes et les aurait arrachées à la vie. Mais soit parce que la maladie égarait leur imagination, soit parce que le spectre apparaissait devant elles, elles avaient l'impression que les morts les oppressaient et aspiraient leur sang ». Héritier de figures très anciennes comme les stryges ou les goules, réactualisé dans les chauves-souris* buveuses de sang de l'Amérique du Sud à qui on a donné son nom, le vampire, après un retour en force avec le mouvement symboliste où il est surtout conçu comme le symbole de la femme fatale et perverse, a connu un dernier avatar dans la mythologie hollywoodienne où la star de cinéma aux attraits ravageurs a très tôt été dénommée une « vamp » – qui en est le diminutif.

DRAGON   Ces grands reptiles évoquent parfois des crocodiles pourvus d'ailes ou encore des serpents* géants. Rapprocher ces figures symboliques d'êtres ayant réellement existé dans des époques antérieures, c'est-à-dire des dinosaures du mésozoïque, n'est guère convaincant car jamais l'homme n'a pu voir ces animaux (il est apparu sur terre environ cent millions d'années après leur disparition). Le chercheur E. Dacqué (voir Géants) a donc élaboré une théorie qui est fondée sur l'hypothèse d'une mémoire originelle dépassant les limites du monde humain et atteignant des couches profondes de son histoire évolutive où se serait conservée l'image du dinosaure. Dans les mythes liés

*Dragon ailé et bipède :
planche des
« Historiae
Animalium »
(1551-87)
de C. Gesner.*

à la création du monde, les dragons apparaissent souvent comme des être violents que les dieux doivent affronter et vaincre. Par la suite, on attribua à certains héros et aïeux de dynasties nobles le titre de « tueur de dragons » pour symboliser la victoire de l'esprit humain sur les forces déchaînées de la nature. Dans les contes et légendes, vaincre un dragon est une épreuve infligée au héros qui doit conquérir un trésor ou délivrer la fille d'un roi retenue prisonnière. Le dragon est alors un symbole du désordre caractéristique de l'ère animale, qui doit être maîtrisé par la force et la discipline. Dans cette optique, la psychologie des profondeurs y voit une figuration de la mère* archaïque que le héros doit affronter pour s'en défaire, et qui lui permet de renaître *in novam infantiam*, dans une nouvelle jeunesse qui est celle de son intégrité psychique, dans une nouvelle naissance au monde de l'âme et des symboles. La fille du roi y devient la figure du féminin libéré de l'emprise du maternel primitif, et le trésor l'équivalent de la plénitude de l'âme et, à certains égards, de l'or* de l'alchimie*. Dans la symbolique chrétienne, le dragon est l'incarnation de Lucifer ; il est vaincu par l'archange Michel et précipité dans les feux de l'enfer*. C'est pourquoi les dragons sont souvent associés au feu* et représentés crachant des flammes, lorsqu'ils ne sont pas perçus d'une façon plus générale comme les créatures du chaos* originel que seul sait vaincre la force contrôlée de l'esprit et du corps. — Contrairement à l'Occident, l'Extrême-Orient voit le plus souvent dans le dragon un symbole de bonheur ; il est censé procurer le breuvage de l'immortalité, et c'est du dragon identifié au dieu du feu* Agni ou, selon d'autres leçons, de Prajapati, la substance primordiale universelle, qu'est tiré le soma*, la boisson divine qui permet d'échapper à la mort. Dans la conception chinoise du monde (voir Yin et Yang), le dragon représente surtout le yang, c'est-à-dire la création, la fécondité et l'activité, et il apparaît souvent comme un motif décoratif qui a pour fonction de chasser les démons. Il présente pourtant un côté yin dans la mesure où il est aussi en relation avec les eaux dans lesquelles il se retire, ou avec la pluie* qu'il fait tomber. Le dragon, qui joue un rôle primordial dans de nombreux contes et légendes, est un motif artistique très répandu. Le nombre des dragons représentés sur les habits de brocart des généraux de la Chine ancienne obéissait à des lois bien précises, et seul l'empereur* en avait neuf* parce que le dragon était l'emblème du pouvoir harmonieux – et donc, par extension, du pouvoir suprême du Fils du Ciel. Depuis la dynastie des Han (206 av. J.-C. -220), le dragon bleu-vert (*lung*) est ainsi le symbole exclusif de

*L'ange et le dragon : miniature
(IXe s., Apocalypse de Saint-Amand).*

Saint Georges et le Dragon :
gravure (1502-1503, A. Dürer).

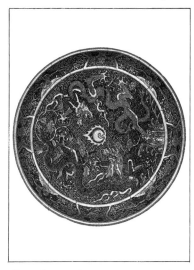

Deux dragons jouent avec une perle :
couvercle en laque de la dynastie Ming.

l'empereur, le patron du cinquième signe du zodiaque chinois et le symbole de l'Orient*, du soleil levant et de la pluie printanière ; le dragon blanc* en revanche correspond à l'Occident et à la mort. Selon les croyances populaires, les dragons passent l'hiver sous terre et apparaissent à la surface de la terre au deuxième mois, ce qui entraîne l'arrivée du tonnerre* et des premières pluies. De nombreuses fêtes avec feux d'artifice sont organisées le deuxième jour du deuxième mois pour célébrer les dragons. Dans l'art décoratif, on rencontre souvent deux dragons jouant avec une perle* (la balle* du tonnerre) afin de déclencher les pluies nourricières. Le dragon incarne également au Japon le dieu de la Pluie ; dans les temples, il n'est pas rare de trouver dans les fontaines des dragons en bronze en guise de gargouilles. — En Afrique et sur le continent américain, en revanche, il n'existe aucune véritable symbolique liée à la figure du dragon. Mais les différentes cultures du Mexique ancien regorgeaient d'images de serpents et d'alligators mythiques (voir Crocodile). — Le dragon apparaît enfin dans la symbolique de l'alchimie*, particulièrement de l'alchimie chinoise et taoïste où il renvoie à la fois à la différence du soufre et du mercure* (voir Sulphur et Mercurius), et à

leur coïncidence lorsque, à la fin de l'œuvre, comme le serpent en Occident, le dragon en parvient à se mordre la queue (voir Ouroboros).

DRAPEAUX   Certains pensent que les drapeaux et autres insignes militaires étaient à l'origine des outils stratégiques qui permettaient de suivre même de loin les mouvements des troupes. Ce n'est que plus tard qu'ils auraient été érigés en symboles pour les troupes auxquelles ils appartenaient. Tandis que les bannières militaires romaines étaient faites de bois et de métal et étaient couronnées par un aigle* (l'inscription SPQR y signifie : *Senatus Populusque Romanus*, c'est-à-dire « le Sénat et le Peuple de Rome »), la forme actuelle du drapeau formé d'un bâton et d'un morceau de tissu est originaire d'Orient et elle fut adoptée par les Grecs et les Romains en raison de sa facilité à être portée par des cavaliers. Vers le IXe siècle, cette forme était répandue dans tout l'Occident. On pouvait aussi trouver en Extrême-Orient des drapeaux sur lesquels étaient reproduites des images symboliques. Le drapeau de Gengis-Khan était à l'origine entièrement blanc ; il y ajouta ensuite une lune* noire. La marque des empereurs chinois était le drapeau jaune* sur lequel on dessina

Porte-drapeau au tilleul de la tradition italienne : gravure de 1545.

Chevalier avec étendard léonin devant la porte d'une ville : gravure de 1486.

à l'époque moderne un dragon* et un soleil* rouge* ou bien des perles*. Dans l'empire aztèque, les insignes des troupes étaient ornés de guirlandes de plumes.
— En Europe, les drapeaux flottant au vent symbolisent la marche vers la victoire et on y retrouve à peu près tous les emblèmes héraldiques. Le dictionnaire des religions de Bertholet décrit le drapeau comme un « fétiche composé d'un bâton et de tissu, utilisé en parti-

La Résurrection :
miniature (Antiphonaire du XIVe s.).

culier chez les militaires et dans les rites de souveraineté comme palladium de victoire et de noblesse ; il peut cependant être aussi le symbole et l'attribut des dieux. Il fut ensuite dégradé au rang de symbole purement politique et militaire ».
— Dans l'iconographie chrétienne, le Christ ressuscité est souvent représenté avec le drapeau de la victoire (voir Labarum) et parfois sur celui-ci, comme l'agneau* (agneau de Pâques) qui a su vaincre les forces des ténèbres ; il en est de même de l'archange Michel, victorieux du rebelle Lucifer, et des saints guerriers (Jeanne d'Arc* ; le chevalier Georges, tueur de dragons* ; le duc Léopold le Saint ; Jean Capistrane qui prêcha à Vienne contre le danger turc, etc.). La science qui s'occupe des drapeaux, bannières, étendards, pavillons et autres objets analogues est la vexillologie (du latin *vexillum*, « drapeau »).

DROITE / GAUCHE   La droite et la gauche forment un couple d'opposés* où le côté droit, généralement considéré comme positif, est le plus souvent privilégié par rapport au côté gauche. Le fait que l'homme ait manifestement toujours été droitier explique sans doute que c'est le côté droit qui a ainsi été d'habitude considéré comme le meilleur et comme porteur de chance. Le vocabulaire moderne en porte d'ailleurs toujours la trace, puisque le mot de « sinistre » vient du latin *sinistra* qui signife la main gauche ; qu'on peut être « adroit » de ses mains, ou bien se montrer « gauche » dans sa conduite ; qu'on ne fait preuve de dextérité qu'en se servant de la main droite (du latin *dextera* : main droite, et par extension, un « engagement loyal ») ; et que, lorsqu'on meurt, on « passe l'arme à gauche » – localisation des enfers* dans les représentations médiévales. — On comprend dès lors facilement pourquoi, en Occident, la place située à la droite du maître de maison est considérée comme la place d'honneur. À l'heure du Jugement dernier, c'est cette place à la droite du Seigneur qui sera accordée aux Élus, alors que les Damnés se trouveront à sa gauche. Le Christ ressuscité est « assis à la droite de Dieu ». Le bandit repenti est à la droite du Christ lors de la crucifixion, alors que l'impie se trouve placé à sa gauche. Dans la tradition de la cabbale, la dualité des mains de Dieu qui ne peuvent en aucun cas prendre un caractère négatif s'exprime en ce que sa main droite (la main qui bénit) symbolise la magnanimité, tandis que sa main gauche (la main du roi) symbolise la justice. De nombreuses cultures regardent le côté droit comme masculin et le gauche comme féminin, conception qui est généralement liée à une appréciation négative de la femme, mais qui peut aussi provenir du fait que la main droite est associée à l'activité quotidienne alors que la main gauche est associée à la magie. Les sorciers africains accomplissent ainsi les rituels sacrés de la main droite, cependant que leur main gauche leur sert à préparer les poisons. — La Chine ancienne,

Le salut (à droite) et la damnation (à gauche) : gravure (1529, « Champ Fleury », G. Tory).

avec sa conception du yin* et du yang complémentaires, n'accordait de préférence à aucun des deux côtés : le maître de maison s'asseyait généralement à gauche de sa femme, mais cet ordre était inversé durant la nuit. Les divinités masculines étaient en revanche placées d'habitude à la droite des divinités féminines. D'une façon générale, et au contraire de l'Occident, la droite était considérée en Chine comme d'essence féminine et terrestre, donc yin, tandis que la gauche, masculine et céleste, relevait du principe yang et marquait l'honneur et la noblesse.

Les damnés (à droite) et les rachetés (à gauche), relief sur le Jugement dernier (Nicola Pisano, chaire du Baptistère de Pise).

Fu Xi et Nu Wa, l'homme (yang) se place à gauche, la femme (yin) à droite : peinture chinoise sur soie (dynastie Tang).

l'histoire, c'est-à-dire dans le bon sens, contrairement aux partis de droite conservateurs qui étaient censés représenter la lourdeur du passé et la défense des intérêts particuliers. L'origine s'en trouve dans la disposition des premières assemblées de la Révolution Française, où les réformateurs, puis les révolutionnaires proprement dits se trouvaient à la gauche de la tribune du président, tandis que les royalistes, puis les républicains modérés se trouvaient à sa droite. C'est un renversement symbolique qui s'était ainsi opéré (mais est-ce par hasard que la gauche était considérée comme « sinistre » par le Roi* ?), qui s'appuyait en même temps sur un autre couple d'opposés, celui du haut* et du bas : les députés les plus radicaux de la Convention siégeaient sur les travées les plus hautes – d'où leur nom de montagnards.

1. Le Soleil et la Lune, symboles alchimiques de la polarité : gravure de 1617.

2. L'emblème alchimique de l'union des pôles masculin-féminin en une unité supérieure : gravure de 1618.

Pourtant, alors que la magie occidentale classe traditionnellement le « sentier de droite » comme celui de la magie blanche, et le « sentier de gauche » comme celui de la magie noire, le tantrisme ne voit dans cette opposition qu'une simple différence de technique, selon qu'on atteint à l'illumination et à l'extase par la voie de la main droite (correspondant au yoga classique), ou par la voie de la main gauche qui relève d'une alchimie et d'une union sexuelle initiatique (*maithuna*) où, dans l'étreinte inversée de l'homme et de la femme, dans ce qu'on appelle le jeu du dragon* et de la tigresse, dans le passage de la femme de l'eau à la femme de feu, on fait d'abord appel à la Shakti en renvoyant de la sorte à l'image traditionnelle de Parvati assise sur la cuisse gauche de Shiva*. — Enfin, s'il est généralement admis que les défilés cérémoniels doivent se faire de la gauche vers la droite, sauf à indiquer le voyage vers la mort (mais on tourne, dans l'islam, dans le sens contraire des aiguilles d'une montre autour de la Kaaba, sans doute en raison de son origine féminine et lunaire), d'un point de vue temporel, la droite renvoie d'habitude à l'espérance de l'avenir, la gauche aux choses mortes du passé. — La politique seule, pour des raisons historiques très précises, a échappé à cette dialectique de la droite et de la gauche, en en renversant même le plus souvent la valeur, puisque les partis politiques de gauche, progressistes, ont été d'habitude considérés comme allant dans le sens de

E

EAU En tant qu'élément* originel, l'eau est, dans de nombreux mythes de création du monde, la source de toute vie, bien qu'elle soit aussi associée à l'idée de dissolution et de noyade. Des déluges* mettent un terme à des cycles de création antérieurs et anéantissent des formes de vie qui n'agréaient pas aux dieux. Sur le plan psychologique, l'eau est le symbole des couches les plus profondes de l'inconscient où habitent des êtres mystérieux (voir Poissons). C'est dans l'eau de la mer que plonge chaque soir le soleil* à l'occident, pour réchauffer le royaume des morts pendant la nuit ; ce qui établit la relation entre l'eau et l'Au-delà*. On associe souvent les eaux souterraines au chaos* originel, mais l'eau de pluie* qui tombe du ciel* est considérée comme vivifiante et bienfaisante. Dans de nombreuses civilisations, les étangs, les mares, les lacs surtout qui sont aussi des sources*, étaient considérés comme les habita-

tions des esprits de la nature, des nixes, des esprits des eaux ou des démons aquatiques dont le pouvoir menaçait sans cesse la vie de l'homme. — Dans le sacrement chrétien, on incorpore le feu* du vin à l'élément passif, l'eau, l'un et l'autre formant une sorte de couple d'opposés*, ce qui renvoie à la double nature, divine et humaine, de Jésus. Dans les cartes du Tarot*, le mélange de l'eau et du vin représente la tempérance tandis que, dans l'iconographie chrétienne, l'eau joue le rôle d'un élément purificateur qui efface la tare du péché lors du baptême. Autrefois, elle aidait à débusquer les sorcières : une personne plongée dans l'eau était déclarée non coupable lorsqu'elle coulait mais se révélait être une « sorcière du Diable » si elle flottait comme un bouchon ; l'eau était, en effet, un élément trop pur pour engloutir un suppôt de Satan. On connaît l'importance de l'eau bénite chez les catholiques. Dans leurs cou-

La source de vie : miniature (début du IXe s., Évangéliaire de Godeschalk).

La source de vie : miniature (XVe s., manuscrit éthiopien de Kebran).

Le baptême mexicain :
gravure du XVIᵉ s.

tumes religieuses, les fidèles emportent chez eux l'eau bénite ainsi que l'*aqua benedicta* de certains jours de fête, pour en remplir les petits bénitiers qui sont placés au seuil* de leur demeure ou au chevet de leur lit. Selon une opinion populaire largement répandue, les gouttes d'eau bénite jetées sur le sol doivent aider « les âmes* pécheresses au purgatoire* » et adoucir la chaleur ardente des flammes qui les purifient. — La représentation de l'Au-delà* sous la forme d'un royaume aquatique est étrangère à la cosmologie européenne

Ablutions rituelles de minuit d'un roi-prêtre aztèque : gravure (XVIᵉ s., Œuvre de Frère Bernardino de Sahagùn).

tandis que c'est un thème fréquent chez les Mayas du Yucatan. Chez les Aztèques, le paradis du dieu de la Pluie, Tlaloc, s'appelait Tlalocan ; c'était une région beaucoup plus agréable que l'enfer, ou Mictlan, qui constituait le séjour des morts ordinaires (voir Enfer et Point cardinaux). Dans le calendrier vicésimal d'Amérique latine, le symbole du neuvième jour, l'eau, (en aztèque *atl* ; en maya *muluc*) désigne la pluie abondante. On lui attribue la signification augurale de « maladie-fièvre ». Son symbole est considéré comme néfaste ; il figure un fleuve bleu bordé de vagues, et qui se ramifie. Il fait aussi partie du hiéroglyphe mexicain désignant la guerre, *atl-tla-*

Le baptême par immersion : gravure (1481, « Légende dorée »).

chinolli, que l'on a traduit par « eau/feu », le combat de deux éléments impliquant nécessairement la mort de l'un ou de l'autre, soit que l'eau éteigne le feu, soit que le feu fasse évaporer l'eau. — La vénération de l'eau qui jaillit directement des profondeurs de la terre et qui donne l'impression d'être un don des dieux chtoniens – notamment lorsqu'elle est chaude ou lorsque grâce à sa teneur minérale elle possède une vertu curative (eau thermale), est très répandue. Dans les Pyrénées, plusieurs grottes cultuelles de l'époque glaciaire se trouvent au voisinage de ces sources que l'on continua à vénérer dans l'Antiquité comme en témoignent des traces d'offrandes votives. Chez les Celtes surtout, il était courant de vénérer des sources* sacrées car leurs eaux se répandaient de la terre–mère* dispensatrice de bienfaits (par exemple, la déesse Sulis à la source thermale de Bath en Angleterre). La coutume consistant à jeter des pièces dans des puits ou des fontaines est à l'évidence une réminiscence des sacrifices et des dons qu'on faisait autrefois aux divinités de l'eau, auxquelles on attribuait la faculté d'exaucer les souhaits selon la chaîne sémantique eau-terre-fécondité-bonheur et richesse. — La conception selon laquelle l'eau rituellement consacrée est bienfaisante ne se limite pas toutefois au culte catholique : elle apparaît également chez les Parsis et en Indonésie, où les danseurs qui entrent en transes sont aspergés d'eau bénite afin d'être ramenés à la réalité. — Dans l'Antiquité, l'eau avait une action purificatrice essentielle dans le culte d'Isis*. Au Mexique un effet analogue à celui du baptême chrétien était recherché à travers l'ablution des nouveau-nés : la sage-femme y priait pour que l'eau éloigne tous les maux que l'enfant avait hérités de ses parents. Les bains* rituels sont également connus dans de nombreuses civilisations anciennes, où ils servaient de la même façon à la purification symbolique. On peut mentionner à ce sujet les étangs artificiels qu'on destinait aux bains dans la civilisation pré-aryenne de Mohenjo-Daro, le bain que prennent les hindous dans le Gange, « les bassins de lustration » à Cnossos en Crète et les bains auxquels on devait se soumettre avant le commencement des mystères d'Éleusis (« pour l'homme pieux, une goutte suffit, mais l'océan lui-même et ses fleuves ne peuvent purifier le méchant »). Il existait au Mexique des pratiques semblables : le roi-prêtre de la ville de Tollan avait coutume de procéder vers minuit à des ablutions rituelles et la ville de Tenochtitlan possédait trois établissements de bains sacrés. Lors de la fête de Xochiquetzal (voir Fleur), le peuple entier devait prendre un bain tôt le matin, et celui qui oubliait de le faire était puni, pensait-on, par des maladies cutanées et vénériennes. Les ablutions rituelles font partie des règles religieuses islamiques ; c'est seulement là où il n'y a pas trace d'eau dans le désert qu'on est autorisé à le remplacer par du sable pur. — Un exposé plus fouillé de ces différents rites nous éloignerait du domaine

1. et 2. La récolte de la rosée céleste : illustration (*XVIᵉ s., «Tractatus alchemici»*) et planche (*1677, «Mutus liber»*).

du symbolisme pour nous faire entrer dans celui du culte. Il convient néanmoins de mentionner quelques-unes des conceptions de l'Antiquité : l'eau courante, surtout l'eau de mer agitée, emporte ainsi tous les charmes maléfiques. Si l'on veut invoquer les dieux souterrains et les démons, il faut utiliser de l'eau de source ; si, en revanche, on veut invoquer les êtres célestes, il faut prendre de l'eau de pluie. L'eau de la rosée* qui se condense sur les tiges est, selon Pline (23-79), « un vrai remède, un don du ciel pour les yeux, les abcès et les viscères ». Elle provient, selon une croyance antique, des rayons de la lune* ou des larmes d'Éos*, la déesse de l'Aurore. Dans le symbolisme chrétien, elle est analogue aux bienfaits de Dieu qui coulent à flots depuis le ciel. Pour les opérations alchimiques, on recueille la *ros coelestis*, la rosée céleste dans des linges, comme le représente le *Mutus Liber* de 1677. Mais il semble s'agir ici d'une appellation déguisée pour désigner l'élément volatil mercure (voir Sulphur et Mercurius); on concevait fréquemment la « rosée de mai » comme un solvant « enrichi par les sels* de la nature », ce qui ne permet guère de faire la distinction entre croyance populaire et allégorie. — Dans un contexte psychanalytique, on attribue à l'eau une importance essentielle, car elle dispense la vie (les enfants viennent au monde dans des étangs ou dans des puits*) et elle conserve l'existence qu'elle a ainsi donnée. C'est le symbole fondamental de toutes les énergies inconscientes, et si les eaux claires et printanières renvoient à la figure de la jeune fille, de la Koré, de la Perséphone lumineuse (voir Déméter) en tant que personnification de l'*anima* – c'est-à-dire de la part psychique féminine qui affecte tout homme –, les eaux noires des marais renvoient plutôt à une *anima* non intégrée, autrement dit à un féminin menaçant qui n'a pas été encore vraiment dissocié de l'image de la Mère*, elle-même conçue et appréhendée comme pouvoir menaçant et destructeur. Les « grandes eaux » (mer*, océan) sont de ce fait le symbole de l'archétype même de la Mère et, à travers lui, de l'inconscient le plus profond. Éminemment dangereuses (on risque toujours d'y être englouti et d'entrer dans la mort ou dans la psychose), elles sont pourtant aussi le réservoir de toutes les énergies et de toutes les capa-

Les créatures de l'eau :

La nymphe Œnone sur les rives du fleuve : miniature (~1500, les Héroïdes, Ovide).

Le monstre marin Scylla entouré de créatures aquatiques fantastiques : gravure de 1647.

La sirène, image du pouvoir dissolvant du mercure : planche d'un traité d'alchimie du XVIIIᵉ s.

cités de création. Par ailleurs, l'eau indique toujours un grand péril lorsque, dans les rêves* notamment, elle franchit les limites qui lui sont imparties et emporte tout sur son passage. Sa conception symbolique est en revanche favorable et positive lorsque, alors qu'on lui reste extérieur mais qu'on est en relation profonde avec elle, elle occupe calmement la place qui est la sienne : elle constitue alors, comme c'est souvent le cas dans les contes*, la véritable « eau de vie ».

ÉCHECS Le mot échecs vient du sanscrit ou du vieux persan, et dérive de *shah* qui signifie roi*. Jeu* de rois, dont on dit qu'il est le « roi des jeux » les échecs représentent un exercice d'intelligence éminemment stratégique, puisqu'il s'agit de conquérir un territoire symbolisé par un damier de soixante-quatre cases noires et blanches, sur lequel s'affrontent deux joueurs, par l'intermédiaire d'armées composées de seize pièces chacune : huit principales – le Roi, la Reine, les fous, les cavaliers et les tours, et huit pions ou valets. Le but est de faire le Roi adverse « échec et mat », c'est-à-dire de le faire mourir. — Connus en Europe dès avant les croisades (le trésor de Saint-Denis possède un jeu

d'échecs en ivoire ayant appartenu à Charlemagne), les échecs sont venus d'Inde et de Chine, et non de Grèce comme on l'a prétendu sur la foi de petits cailloux avec lesquels les prétendants de Pénélope jouaient, dans l'*Odyssée,* devant le palais d'Ulysse. Leur invention reviendrait à un brahmane nommé Sissa ou Silsla, qui aurait vécu au Vᵉ siècle et qui aurait imaginé faire entrer ainsi quelques connaissances fondamentales dans la tête des puissants. L'histoire raconte d'ailleurs qu'un roi hindou, ravi de cette invention, aurait voulu le récompenser. Le brahmane demanda alors une quantité de grains de blé égale à la somme de ceux qui seraient contenus sur le damier si on les disposait par progression géométrique : un sur la première case, deux sur la deuxième, quatre sur la troisième, huit sur la quatrième, et ainsi de suite jusqu'à soixante-quatre. Naïf, le roi accepta, mais son trésorier refusa tout net, car un rapide calcul montrait qu'il aurait fallu donner des milliards de milliards de grains de blé pour honorer la demande ! Première leçon, arithmétique, quant aux capacités potentielles du damier. — On attribue parfois l'invention des échecs à la caste hindoue des guerriers Kshatriya car la stratégie du jeu rappelle celle de l'affrontement des Titans – *Asuras* – et des dieux – *Devas*. La répartition du jeu entre deux camps adverses, les noirs et les blancs qui interpénètrent leurs forces dans le combat, et les références numériques qui les structurent (deux fois huit pièces sur soixante-quatre cases, soit au départ, la moitié de l'espace vide et l'autre plein), donnent plutôt à penser que les échecs ont une origine chinoise. On raconte d'ailleurs un premier tournoi qui se serait déroulé entre le roi Wou, civilisateur de la Chine, et le Ciel. Le combat des noirs et des blancs rappelle l'alternance du yin* et du yang, tandis que les huit pièces majeures évoquent les huit trigrammes de base du *I-Ching*, le grand *Livre des Mutations* : leur développement en soixante-quatre figures ou hexagrammes (8 x 8) contient la clé de lecture de l'univers et de l'ensemble de ses manifestations (voir aussi Échiquier). — Les mêmes règles régissent l'exercice du pouvoir et le jeu d'échecs, ceux-ci trouvant leur place dans l'éducation des princes : le Roi avance pas à pas, conscient de sa grandeur, jamais pris par surprise, ultime recours et dernier combattant, tandis que tous les autres se font tuer pour lui – mais il peut récompenser un simple valet et le faire général ! Les fous marchent en oblique sur les côtés du roi, les cavaliers sautent par-dessus les combattants, les tours se déplacent en tous sens, mais toujours en carré*, cependant que les valets, condamnés à toujours aller de l'avant, ne peuvent jamais rétrograder. Seule la Reine peut se déplacer en tous sens, dotée d'autant de pouvoirs que le roi, mais sacrifiée avant lui au combat. — Jeu d'honneur et non d'argent, autorisé de ce fait par l'Église, les échecs joués par les princes les entraînent à l'occasion dans d'interminables parties où ils perdent quelquefois leur royaume. Dans l'épopée de la conquête de l'Irlande, un célèbre tournoi d'échecs oppose Nuada, le roi manchot à la prothèse d'argent (voir Mutilation), à Lug, le sémillant guerrier tout-puissant. Vainqueur, Lug prend la place de Nuada pendant treize jours et débarrasse l'Irlande des « Fomoire », anciens génies malfaisants. De même, dans le cycle mythologique, c'est aussi grâce aux échecs que Midir, le dieu de l'Autre Monde, reprend Etain, « la plus belle fille d'Irlande », à Eochaid, son royal époux – lequel, fort imprudemment, avait laissé libre l'enjeu du tournoi… Et comment ne pas évoquer, plus près de nous, la transposition métaphysique proposée par Ingmar Bergman, dans son film *Le Septième Sceau**, où un chevalier affronte sa propre mort dans une partie d'échecs ? Toute la symbolique du jeu se condense là : noblesse du combat, rigueur de l'intelligence qui peut seule reculer l'éché-ance, enjeux implacables : tous les coups portent, mais le dernier tue. Rappel de notre condition humaine, que la mort tient toujours… en échec. *Et in Arcadia ego* : la mort existe même en Arcadie, rappelle un tableau de Poussin.

ÉCHELLE Dans le monde chrétien, l'échelle est un symbole de ce qui relie le ciel* à la terre*, c'est-à-dire de la possibilité de monter au ciel. La *Genèse* (XXVIII, 11) décrit ainsi un songe de Jacob : « Voici qu'était dressée sur terre une échelle dont le sommet touchait le ciel ; des anges de Dieu y montaient et y descendaient ». L'échelle est là explicitement considérée comme un moyen de communication entre l'homme et Dieu. C'est pourquoi le symbole en est encore présent dans la description des ascensions du Christ ou du prophète Isaïe (qui est représenté montant au ciel dans un

1. *L'ascension au ciel empêchée par Misère, Maladie, Volupté et Mort prématurée.*

2. *L'échelle qui conduit Jean Climaque au ciel : icône (XIᵉ-XIIᵉ s.).*

1. et 2. Représentations de l'échelle de Jacob, avec le songe du prophète, les Anges et l'onction de l'autel de Béthel : miniatures du XIIe s.

char* ardent), ou de toute âme pure en général. Le symbole de l'échelle apparaît aussi dans certaines allégories, comme celle de l'échelle des vertus* aux sept* échelons, celle de l'échelle des martyrs ou encore celle des ascètes, dont le premier échelon représente le dragon* du péché, qu'il faut vaincre pour accéder au degré spirituel supérieur. La religion orthodoxe assimile Marie* à une échelle menant au ciel, que Dieu descendit pour se rapprocher des hommes ; au contraire, les Pères de l'Église, les théologiens de Byzance et ceux du Moyen Âge occidental se servent couramment de cette image pour décrire l'ascension de l'âme* vers Dieu. Jean Cassien décrit ainsi une échelle à dix degrés alors qu'Alain de Lille n'en voit que sept et saint Benoît en distingue au contraire douze : c'est la symbolique des nombres* qui entre alors en jeu, selon le référent choisi par chaque auteur. Hors de tout contexte religieux, mais dans la même idée d'élévation, l'échelle est aussi parfois présente sur la poitrine de la femme qui personnifie la Philosophie, considérée comme l'un des « arts libéraux ».

(Voir aussi Haut/Bas). — « L'échelle mystique » du rite écossais de la franc-maçonnerie* pourvue de deux rangées de sept échelons, est l'insigne du XXXe grade. Ces échelons représentent d'un côté la Justice, le Bien, l'Humilité, la Confiance, le Travail, la conscience du Devoir et la Noblesse de l'esprit, et de l'autre les « arts libéraux » qui formaient toute l'instruction du Moyen Âge, et qui sont la Grammaire, la Rhétorique, la Logique, l'Arithmétique, la Géométrie, la Musique et l'Astronomie (cette classification comporte cependant certaines variantes). — Le culte de Mithra, de même, sans doute, que les cultes orphiques (voir Orphée), connaissait déjà le symbole de l'échelle à sept échelons qui, dans ce contexte, représentent les sept planètes*. La transe chamanique durant laquelle voyage l'âme du chaman au-devant des esprits, est elle-même souvent symbolisée sous la forme d'une échelle que l'on monte ou que l'on descend. Cette échelle renvoie elle-même à la notion de l'arbre* en tant qu'axe du monde* : le bouleau* compte ainsi en Sibérie un certain nombre d'encoches

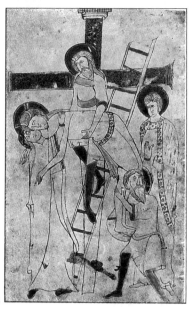

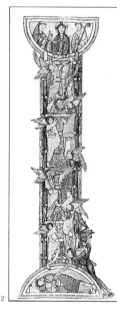

1. Déposition de Croix : miniature hongroise (XIIe s.).

2. Anges qui montent et descendent l'échelle, symbole du lien spirituel entre Dieu et l'homme : miniature médiévale (manuscrit sur la vie de Bernard de Clairvaux).

taillées sur son tronc, qui figurent les échelons à gravir, tandis que la déesse japonaise du Soleil*, Amatérasu, se sert de l'« échelle du ciel » pour communiquer avec notre monde. — L'échelle a très souvent été mise en correspondance avec l'étagement des sphères* de l'ancienne astronomie, c'est-à-dire, tout autant avec les valeurs planétaires de l'astrologie* qu'avec les symboles des planètes. C'est ainsi qu'on connaît une échelle des métaux où chaque échelon est fabriqué du métal qui correspond à la planète que l'on passe : Saturne* et plomb*, lune* et argent*, soleil et or*, etc. — Le mot de l'ancienne Égypte pour désigner l'échelle, *askenpet*, désignait d'ailleurs plus l'idée d'ascension en général qu'une véritable échelle pourvue de barreaux.

ÉCHIQUIER Cette surface plane, divisée en soixante-quatre carrés qui alternent le blanc* et le noir* comme le jour et la nuit*, le yin* et le yang, constitue une forme de mandala* qui symbolise l'affrontement des puissances cosmiques dans le monde manifesté – le mandala étant lui-même une figure géométrique qui évoque l'essence d'un dieu ou un archétype* des structures de l'univers, servant de base à la construction

des temples*. Aussi rapporte-t-on parfois l'invention de l'échiquier au dieu Shiva* qui, dans sa danse* cosmique, crée « les harmonies, les modules, les plans, les schémas selon lesquels vont s'organiser toutes les structures de la matière et de la vie ». Il s'agit bien en effet d'une structure fondamentale de l'organisation du monde, mais que l'on perçoit plus clairement si l'on se réfère surtout à la cosmogonie chinoise. L'alternance du yin et du yang et leur mise en mouvement par un troisième élément donne naissance à des figures de trois traits, les trigrammes. L'ordre du monde est alors décrit par l'interaction de huit trigrammes fondamentaux, aux correspondances symboliques multiples, et qui décrivent l'ensemble des phénomènes célestes et terrestres (le ciel*, la terre*, l'éclair, l'eau*, la montagne*, le vent*, le feu*, le lac), mais aussi les huit régions concrètes de l'espace (nord, nord-ouest, ouest, etc.) et les huit vents qui leur correspondent sans omettre l'organisation de la famille (le père*, la mère* ; trois fils et trois filles) et de la société qui en découle. Composés entre eux par appariements de deux, ces huit trigrammes donnent naissance à soixante-quatre figures ou hexagrammes*, dont les perpétuelles mutations décrivent l'en-

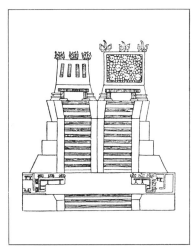

*Le « téocalli » de Tenochtitlán :
gravure du XVIᵉ s.*

*Escalier du grand temple
de Huitzilopochtli : gravure de 1780.*

semble du monde manifesté, ainsi que les lois invisibles de l'énergie qui le gouverne. D'où l'importance de l'échiquier dont les soixante-quatre cases renvoient de la sorte à une signification cosmique, et dont la maîtrise permet au joueur de s'insérer dans l'ordre universel. — Personne ne s'étonnera dès lors de retrouver le même symbole dans l'art militaire (afin de désigner certaines dispositions de troupes formées en carrés*), et surtout dans l'ordre législatif, de l'Assemblée de haute justice de Normandie, que Louis XII érigea en Parlement, jusqu'à la Cour de l'Échiquier qui administrait – en principe selon la bonne règle – les revenus du royaume d'Angleterre (on comptait l'argent sur un tapis disposé en carrés). Devenue toute puissante, cette Cour en arriva à être la haute cour de justice du pays, et le *Lord Chief justicier* ou chancelier de l'Échiquier, cumulant à la fois le pouvoir financier et judiciaire, devint jusqu'au XIVᵉ siècle le deuxième personnage de l'État après le roi. Les armes, l'argent, la justice : l'échiquier est bien encore aujourd'hui un symbole de l'ordre du monde manifesté et des lois qui le gouvernent.

ÉCREVISSE Animal doté de membres articulés, l'écrevisse passait souvent, en raison de sa marche à reculons, pour porter malchance. On l'utilisait dans les rites magiques pour invoquer la pluie*.

En raison de sa mue, puisque l'écrevisse change régulièrement de carapace, elle fait référence, pour la symbolique chrétienne, au « dépouillement du vieil Adam* » et à la résurrection. En tant qu'animal aquatique, l'écrevisse symbolise aussi le flot originel. Elle passait déjà dans l'Antiquité pour hostile aux serpents*, qui étaient réputés souffrir du passage du soleil* dans le signe astral qui correspond à l'écrevisse, le Cancer. On croyait aussi que les cerfs* mangeaient des écrevisses comme anti-

*Crabe : avers d'une tétradrachme
(460-430 av. J.-C.).*

dote contre les morsures de serpents, ou que l'eau dans laquelle des écrevisses avaient séjourné une semaine protégeait les semences des intempéries. Dans la symbolique traditionnelle comme dans les anciennes croyances populaires, il n'existe pratiquement pas de différence entre l'écrevisse et le crabe. La constellation du Cancer fait partie du zodiaque, dont il est le quatrième signe. Le passage du soleil dans ce signe s'effectue entre le 21 juin et le 22 juillet (le Cancer est un signe d'eau, de « nature féminine »). La lune* a sa « maison » dans le Cancer, le métal qui lui est attribué est par conséquent l'argent*, et sa pierre est l'émeraude*. L'astrologie allie à ce signe des images ou des idées dominantes, telles que celles de la grossesse, de la prison, du baptême, du renouveau, de l'éveil de la conscience et de la tendance à l'isolement. Hippocrate (vers 460-370 av. J.-C.) a donné aux tumeurs le même nom grec que celui de l'écrevisse, *karkinos* (en latin *cancer*), pour des raisons qui nous sont inconnues et qui tiennent peut-être à une croyance populaire dans l'existence d'un démon animal de la maladie. D'après la mythologie grecque,

Junon envoya une écrevisse à Héraclès* pour l'empêcher de vaincre l'Hydre de Lerne, le serpent aux multiples têtes ; mais le héros parvint à tuer l'écrevisse que Junon plaça aussitôt dans le ciel, où elle est devenue le Cancer.

ÉCUREUIL Les écureuils étaient considérés autrefois avec une grande méfiance. Les mythes des Germains du nord relatent l'existence d'un écureuil appelé Ratatöskr (« dent de rat ») qui ne cessait de monter et de descendre sur le tronc de l'arbre du monde Yggdrasil (voir Frêne) et semait la discorde entre l'aigle* installé sur sa cime et le dragon Nidhogr, en racontant à chacun ce que l'autre avait dit de lui. L'écureuil fut aussi rapproché du dieu germain Loki. De façon logique, cet animal roux qui fuit sans cesse à toute vitesse et ne se laisse jamais attraper fut considéré à l'époque chrétienne comme une véritable incarnation du Diable*.

ÉGYPTE Universellement représentée comme la plus vieille civilisation de l'humanité, l'Égypte est à plusieurs titres considérée comme le berceau de tous les anciens mystères. Le Sphinx* ou les pyramides sont aux yeux de beaucoup la preuve que l'Égypte avec ses momies, son *Livre des morts* et ses divinités à tête ou à corps d'animal, incarnait une spiritualité recelant des sagesses insoupçonnées, issues d'époques antérieures dont on a perdu la trace (voir Atlantide). L'idée selon laquelle l'humanité était autrefois plus proche de la vérité qu'aujourd'hui se reflète également dans l'image symbolique de l'« âge d'or* » des origines. Selon toute vraisemblance, en ces temps-là, les hommes devaient se battre quotidiennement pour arriver à survivre. Dans la vallée du Nil, un pas décisif a été franchi qui a conduit à la formation d'États et de royaumes durables, à l'utilisation de la pierre dans la construction et à l'écriture, tout cela à une époque où la culture était encore marquée par l'ère néolithique et où la vie spirituelle s'exprimait au travers de symboles archaïques tels que des animaux totems*. Comme de nombreux aspects de la culture égyptienne sont restés « momifiés » pendant près de deux millénaires avant que le monde méditerranéen antique remarque son existence, l'Égypte fut certainement pour les Grecs et les Romains un jardin secret rempli de mystères. Hérodote (485-425 av. J.-C.)

Écureuils sur un platane : miniature indienne de ~1610 .

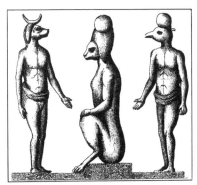

Anubis à droite, Horus à gauche,
divinités de l'ancienne Égypte :
gravure du XIXe s.

écrit dans le deuxième livre de ses histoires : « Les Égyptiens furent les premiers à délimiter la longueur de l'année et à la découper en douze unités. Ce sont les étoiles, disent-ils, qui leur auraient donné cette idée. Leur façon de compter me semble plus intelligente que celle des Grecs... Les Grecs affirment également que ce sont les Égyptiens qui ont les premiers donné un nom spécial à un groupe de douze dieux, et le monde hellénique a simplement repris à son compte cet usage. De même, les Égyptiens furent les premiers à ériger des autels et des temples pour les dieux, à créer des images et à tailler des sculptures dans la pierre... Ils font preuve d'un respect extrême envers leurs divinités, plus que tout autre peuple ». Le caractère énigmatique de la culture égyptienne est dû

avant tout aux traits archaïques de sa vie spirituelle, aussi fascinantes qu'aient été par ailleurs les conquêtes de cette civilisation. Depuis quelque temps, il est d'usage de qualifier de très nombreuses choses « énigmatiques » (que ce soient le livre des rêves* de l'humanité ou les idées de la symbolique alchimique*) d'« égyptiennes », au sens large du mot. Cette mode n'a pas été prise au sérieux par les historiens positivistes ; une étude plus approfondie de ce phénomène montre pourtant que nombre d'éléments caractéristiques de religions diverses, de doctrines sur les mystères ou de symboles anciens ont en effet leur source dans la culture de l'Égypte antique. Et si l'alchimie par exemple se réclame de l'Égypte, on ne peut oublier que les premiers alchimistes connus en Occident, comme Comarios ou Bolos de Mendès (IIe ou IIIe siècles av. J.-C.), étaient en effet des Égyptiens ou des Greco-Égyptiens de l'époque hellénistique, et que c'est à Alexandrie que l'alchimie s'est constituée sous la forme que nous lui connaissons aujourd'hui. Elle s'est ensuite très vite placée sous l'invocation d'Hermès* Trismégiste, Hermès le trois fois grand, qui est le résultat du syncrétisme entre l'Hermès grec et l'ancien dieu égyptien Thot.

ELDORADO L'Eldorado est dans le langage courant un lieu imaginaire qui produit à foison ce que l'on cherche (il ne s'agit pas nécessairement de joyaux : on peut parler d'un véritable « Eldorado pour les cueilleurs de champignons »). À l'origine cependant, ce mot désignait une personne et *el adorado* signifie en

Osiris assis entre les cornes d'une vache ; Typhon avec la plume
et la croix ansée ; Amon, sur le trône, avec Isis et Osiris : gravure du XIXe s.

*Indien recouvert
de poussière d'or :
gravure du XVIᵉ s.*

espagnol « l'être adoré ». C'est ainsi que l'on appelait les caciques de l'ancien empire Chibcha (l'actuelle Colombie), que les conquérants espagnols voulaient soumettre en raison de ses fabuleuses réserves d'or. Le roi de cet empire avait coutume, certain jour de rituel, de se laisser dériver sur un radeau dans la lagune de Guatavita, le corps entièrement recouvert de poussière d'or*, et de se plonger ensuite dans l'eau* pour y laver le métal et l'offrir en sacrifice. La prégnance de ce thème de l'or s'impose par le voisinage sémantique de *el adorado* et *el dorado* (celui qui est couvert d'or). Il faut ajouter que lorsque les conquistadors s'emparèrent du pays, ils s'aperçurent en fait que ses richesses en or n'étaient pas aussi importantes qu'ils l'avaient imaginé.

ÉLÉMENTS Les éléments ne sont pas seulement des principes selon lesquels sont structurées les théories traditionnelles du monde, et il ne faut pas non plus les confondre avec le concept phy-

sique et chimique d'élément : les éléments sont en fait ce qu'on appellerait aujourd'hui des « carrefours de sens » qui se réfèrent à divers systèmes de correspondances imbriqués les uns dans les autres. Ils sont ainsi toujours associés aux points cardinaux et aux couleurs. De la même façon, les éléments sont mis en relation avec des concepts hétérogènes qui appartiennent pour l'homme d'aujourd'hui à des domaines très différents. L'Antiquité distinguait les deux qualités premières (*stoicheia*) de l'actif et du passif – ce qui n'est pas sans rappeler le système du yin* et du yang d'Extrême-Orient – et en tirait les qualités de « sec » et d'« humide » (actif) et de « froid » et de « chaud » (passif). Ces qualités combinées entre elles donnent ce que l'on appelle communément les éléments : « sec et froid » correspond à la terre*, « sec et chaud » au feu*, « humide et chaud » à l'air* et « humide et froid » à l'eau*. Cette idée a donné naissance par la suite à de très nombreux enchaînements symboliques. L'élément

*L'homme au centre
des quatre éléments :
gravure (1587, « Historia
Naturalis » de Pline)*

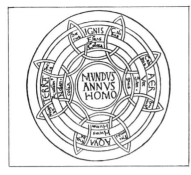

*Le schéma des quatre éléments lié
aux quatre saisons : gravure.*

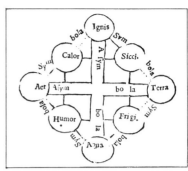

*Schéma des quatre éléments et de
leurs qualités fondamentales : gravure.*

terre est ainsi associé à l'automne, à la
bile noire*, à la rate et à la couleur du
plomb*, signes distinctifs du tempérament du mélancolique ; l'air correspond
au printemps, au sang*, au cœur*, aux
couleurs lumineuses et, de façon générale, au tempérament du sanguin ; l'eau
renvoie à l'hiver, aux glaires, au cerveau,
à la couleur blanche* et au flegmatique ;
le feu enfin est associé à l'été, à la bile
jaune*, au foie et au colérique, représenté par la « couleur du feu ». Les
anciennes théories médicales qui ont
persisté jusqu'au début de l'époque
moderne avaient pour but d'harmoniser
ces différents éléments dans l'être
humain ; aucun ne devait y dominer,
sous peine de rompre l'équilibre général. — Dans le *Timée*, Platon place de
façon intéressante les quatre éléments
en rapport avec des corps géométriques : « À la terre attribuons la figure
cubique. Car la terre est la plus difficile
à mouvoir des quatre espaces et c'est de
tous les corps le plus tenace… Attribuons de même à l'eau la figure la moins
mobile de celles qui restent, au feu la
plus mobile et la figure intermédiaire à
l'air. Et le corps le plus petit au feu, le
plus grand à l'eau, l'intermédiaire à l'air.
Et le plus aigu au feu, le second par ce
caractère à l'air, et le troisième à l'eau ».
Le dodécaèdre symbolise alors le monde
dans sa totalité. Le système compliqué
de l'alchimie* place en son centre le
couple (voir Couple d'opposés*) des
deux principes originels Sulphur* et Mercurius (le soufre et le mercure) et essaie
en manipulant leur proportion et leur
concentration – afin de les rendre plus
ou moins fixes ou volatiles – d'obtenir le

« soleil* » de l'or*. Paracelse (1493-1541)
ajouta à ces deux « éléments philosophiques » le sel* (*sal*) qui exprime ce qui
peut être « saisi ». Les progrès des
sciences naturelles montrèrent que cette
conception symbolique de la nature était
inconciliable avec les données de la chimie et de la physique et n'avait de signification que théorique et philosophique.
— Il est particulièrement intéressant
d'opposer à cette conception celle de
l'Extrême-Orient, élaborée dans la Chine
ancienne. Les Chinois partent des deux
principes fondamentaux du yin et du
yang et obtiennent ainsi non pas quatre
mais cinq* points cardinaux* (le cinquième étant le centre*). Les éléments
sont : l'eau, le bois*, le feu, la terre et le
métal ; l'air n'intervient pas dans ce système. Cette théorie est présentée comme
suit dans une comptine destinée à faciliter la mémorisation : « L'eau donne naissance au bois, mais elle détruit le feu ; le
feu donne naissance à la terre mais
détruit le métal ; le métal donne naissance à l'eau mais détruit le bois ; le bois
donne naissance au feu mais détruit la
terre ; la terre donne naissance au métal
mais détruit l'eau » tandis qu'on explique
par ailleurs qu'il est « dans la nature de
l'eau de mouiller et de couler ; dans celle
du feu de brûler et de lancer ses flammes
vers le haut ; dans celle du bois d'être
plié ou planté à la verticale ; dans celle
du métal d'obéir et d'être travaillé ; dans
celle de la terre d'être cultivée et mois-
sonnée ». Autrement dit, les éléments
s'engendrent et se détruisent perpétuellement les uns les autres selon la loi du
changement universel et des métamorphoses incessantes qui est celle de notre

ÉLÉMENT	nombre	climat	odeur	couleur	saveur	saison	point cardinal
BOIS	3 8	vent	rance	vert	aigre	printemps	est
FEU	2 7	chaleur	brûlé	rouge	amer	été	sud
TERRE	5	humidité	parfumé	jaune	doux	5e saison	centre
MÉTAL	4 9	sécheresse	âcre	métal	piquant	automne	ouest
EAU	1 6	froid	putride	noir	salé	hiver	nord

1

ÉLÉMENT	énergie	organe	entraille	corps	son	sentiment	vertu
BOIS	jeune yang	foie	vésicule biliaire	muscles	vue	colère	savoir
FEU	vieux yang	cœur	intestin grêle	vaisseaux	toucher	joie	ordre
TERRE	équilibre	rate	estomac	chair	goût	souci	sainteté
MÉTAL	jeune yin	poumons	gros intestin	peau et poil	odorat	tristesse	entente
EAU	vieux yin	reins	vessie	os	ouïe	peur	gravité

2

ÉLÉMENT	musique	végétal	animal	planète	métal	joyau
BOIS	kio : do	blé	chien, volaille	Jupiter	étain	turquoise
FEU	tchi : la	riz	mouton	Mars	fer	rubis
TERRE	kong : mi	millet, orge	bœuf	Saturne	plomb	topaze
MÉTAL	chang : ré	avoine	cheval	Vénus	or	saphir
EAU	yu : sol	haricot, soja	porc	Mercure	mercure	émeraude

3

ÉLÉMENT	degrés	homme	signes	qualités
FEU	initiation	esprit	Bélier, Lion, Sagittaire	ardeur
EAU	religion	âme	Cancer, Scorpion, Poisson	sensibilité
AIR	philosophie	mental	Gémeaux, Balance, Verseau	intellectualité
TERRE	vie matérielle	corps	Taureau, Vierge, Capricorne	matérialité

4

monde. Dans la phase de création, et selon un système qui se boucle sur lui-même (voir aussi Dragon, Ouroboros, Serpent et Taï-ghi-tu), le bois engendre le feu qui, devenu de la cendre, engendre alors la terre. La terre, quant à elle, engendre le métal dans ses entrailles. Puis le métal chauffé dégage de la vapeur qui devient de l'eau en refroidissant et engendre de ce fait le bois en le nourris-sant. Dans la phase de destruction, le bois épuise la terre dans laquelle se perd l'eau, tandis que l'eau éteint le feu où se vapo-rise le métal, et que le métal, dans la hache, abat l'arbre du bois. On notera d'ailleurs que ces deux séries ne sont pas symétriques, mais que les cinq éléments se distribuent selon un cercle* dans l'en-gendrement, et selon une étoile dans la destruction.

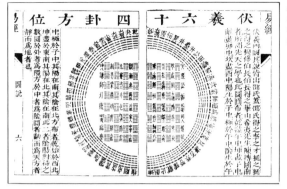

Les soixante-quatre
hexagrammes
du Yi-King disposés
en cercle et en carré.

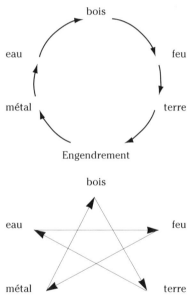

Engendrement

Destruction

Le bois correspond par ailleurs à l'orient* et à la couleur bleue* ; le feu au sud et au rouge*, le métal à l'occident et au blanc, la terre au centre et au jaune. Les éléments (*wu-hsing*) constituent ainsi l'axe principal autour duquel s'ordonne de façon systématique le monde avec les cinq planètes* connues, les cinq saveurs (salé, amer, aigre, piquant et doux), les cinq ordres d'animaux (les animaux à poils, à plumes, à écailles, à carapace et les animaux nus) et les organes princi-

paux de l'homme. Si l'on essaie de résumer l'essentiel de ces correspondances, on trouve alors le tableau p. 220 (disposé ici selon l'ordre d'engendrement). À ce système quintuple vient s'ajouter un autre modèle basé sur le chiffre huit à partir duquel est élaboré tout un système permettant de concevoir le cosmos dans son intégralité (voir Huit immortels, I-Ching). — Sur le mythe gnostique des régents des quatre éléments, voir Caïn. — L'ensemble des éléments est appelé en sanskrit *tattura* ; la terre se dit *prithivi*, l'eau *apas*, le feu *tejas*, l'air *vayu*, l'éther *akasha*. Les théories ésotériques modernes allient d'une part les voyages de méditation dans les « vibrations élémentaires du cosmos » que permettent les doctrines du yoga et du tantra, et d'autre part les symboles théosophiques (terre – carré* jaune ; eau – croissant* de lune* argenté à l'horizontale ; feu – triangle* rouge dont la pointe est tournée vers le haut ; air – disque bleu clair ; éther – figure ovale violette) pour former le système dit de la « thérapie tattura » (Tegtmeier, 1986). — Dans le symbolisme de la franc-maçonnerie*, enfin, les quatre éléments de la tradition occidentale correspondent non seulement aux signes du zodiaque* avec leurs qualités (voir Symboles astrologiques), mais aussi aux différents degrés de l'initiation* qui en font comme une échelle* à gravir dans l'ascension que doit accomplir le frère vers la lumière* de la vérité. On peut synthétiser ainsi ces différentes correspondances : (voir tab. n°4, p. 220).

ÉLÉPHANT La valeur symbolique de l'éléphant est éminemment positive. De ce « grand corps qui fait peur aux enfants », comme le disait La Fontaine, l'Europe moderne retient surtout l'énormité « éléphantesque », la balourdise d'un « briseur de porcelaines », mais aussi et surtout la proverbiale mémoire. Sans oublier une source de richesse, désormais illicite, pour les trafiquants d'ivoire : « Des millions d'années d'évolution transformées en bijoux, statuettes, pièces d'échecs ou substances médicinales douteuses », soupirait un amoureux du pachyderme dont le premier ancêtre apparut en Égypte il y a quelque quarante millions d'années. Est-ce cette longévité, sa taille de géant qui contraste avec une relative placidité, son intelligence, ce côté de grand aîné des mammifères qui porte son petit pendant vingt-deux mois et fait fête à sa venue, son comportement hautement socialisé, sa façon étonnante d'honorer ses morts qui l'ont rendu si populaire ? L'Europe, qui ne le connaît pourtant que par les zoos et par les cirques, en a quasiment fait un fétiche en en retenant d'abord l'aspect de bon génie tutélaire. Aucun enfant n'ignore le célèbre Babar et sa compagne Céleste dessinés par Jean de Brunhoff, qui a immortalisé dans ses éléphants marchant à « trompe-queue » une belle image de la force solidaire et continue. Tandis qu'en 1882, le départ pour l'Amérique de Jumbo, l'éléphant-mascotte du zoo de Londres, vendu par les Anglais au cirque Barnum, déchaîna une campagne de presse sans précédent et fit pleurer tous les sujets de sa Majesté britannique. Quelques-uns de leurs petits-enfants purent se consoler en roulant

Éléphant : sceau en stéatite (2000 av. J.-C., Mohenjo-Daro).

dans la royale Bugatti des années 30, la plus fastueuse des voitures, au bouchon de radiateur en forme d'éléphant, et leurs propres descendants en empruntant l'énorme Boeing 747 que les ingénieurs baptisèrent précisément « Jumbo » en souvenir de l'illustre ancêtre – et peut-être, aussi, du temps où « les éléphants volaient » ? — Pour inattendue qu'elle soit, la survivance du mythe dans la modernité mécanique est malgré tout réductrice. Il faut en effet aller vers ses terres d'élection naturelle, l'Afrique centrale et l'Asie, pour prendre toute la dimension symbolique de l'éléphant. Ainsi, chez les Bamiléké du Cameroun, les chefs peuvent avoir, à la manière chamanique, un double* sous forme d'éléphant, car l'animal possède une force mystérieuse, le « Ké », qui vient renforcer le pouvoir de celui qui sait se le concilier. Il faut toutefois soigneusement protéger ce Ké, car la mort de l'animal entraîne celle de son double humain. L'éléphant devient ainsi un signe du pouvoir : il apparaît sous forme de masques* et de tambours, et orne les pipes et les trônes des rois. Tous les deux ans, à l'occasion d'une grande fête, on plante une défense en terre afin d'assurer la fécondité de la nature et des hommes. Mais l'éléphant d'Afrique, aux grandes oreilles déployées et aux longues défenses d'ivoire, aujourd'hui décimé par les chasseurs, reste un animal libre, non soumis à domestication et, de ce fait, comme étranger à l'homme : son utilisation comme monture de guerre* par les Carthaginois afin d'effrayer les Romains eut la brièveté d'un succès incertain (triomphe de Cannes, désastre de Zama). — Tout autre est l'éléphant d'Asie : plus petit, oreilles plates, défenses modestes, voire absentes chez les femelles… Compagnon familier, il participe à la fois à la fête et au labeur : monture divine ou royale, il est aussi le « manœuvre-trompe » qui tire, soulève, fonce, pousse, déboise, défriche sans rien demander que de l'herbe et des feuilles. De fait, l'éléphant est omniprésent dans les mythes de l'Inde. Dans les récits védiques déjà, il apparaît dans les accouchements successifs de la déesse Aditi, façonné à partir des chutes du premier homme, tel un résidu de conscience : d'où sa nature ambiguë, à la fois sauvage et domesticable. Parmi les dieux les plus populaires de l'hindouisme, il faut noter Ganesha, fils de Shiva* et de Parvati, homme à tête d'éléphant, dieu de la Connaissance dont

*L'éléphant dans le rêve de Maya,
mère de Boudha : relief (IIe s. av. J.-C.)*

*Ganesha, dieu indien de la sagesse,
à tête d'éléphant : gravure (XIXe s.).*

les grandes oreilles filtrent les paroles des fidèles, mais qui représente également par sa double nature, la réconciliation des contraires : sa tête est le macrocosme, la non-manifestation de l'être, tandis que son corps représente le microcosme de l'humanité, et donc sa manifestation. Il l'emporte par ruse sur son frère en déclarant que « tourner autour de ses parents équivaut à faire le tour du monde ». L'éléphant sert aussi de monture au dieu de la Foudre* Indra, et à Kama, le dieu de l'Amour. C'est encore sous la forme d'un éléphanteau blanc comme neige et à six défenses que le Bouddha choisit de se réincarner en prenant pour mère la reine Maya et en sortant de son flanc droit d'où il se fit recevoir par les dieux Indra et Brahma. Védique, hindouiste, bouddhique, l'éléphant puise dans l'Inde une richesse inépuisable. Sans doute parce que la lenteur y signifie encore la sagesse ? — Dans la Chine ancienne, l'éléphant était symbole de force et d'intelligence, de même que dans l'Antiquité occidentale cet animal exotique était attribué au dieu Mercure* en raison de son intelligence. Sa longévité lui valait en outre de symboliser la victoire sur la mort. Le texte chrétien du *Physiologus* et les bestiaires médiévaux louent la chasteté de l'éléphant qui ne peut accroître son désir de s'accoupler qu'en mangeant des racines de mandragore*. Il y est raconté que la femelle met au monde ses enfants dans un marécage tandis que le mâle la protège du serpent ennemi. Lorsque l'éléphant s'appuie ce faisant sur un arbre scié, douze autres éléphants peuvent en vain essayer de le relever : seul son propre petit le remet sur pattes à l'aide de sa trompe. Cette scène peut être interprétée symboliquement de la façon suivante : Adam* et Ève* ne faisaient aucune distinction entre les sexes tant qu'ils étaient au paradis* et c'est seulement en mangeant la pomme (le fruit de la mandragore) qu'ils acquièrent la maturité nécessaire pour « connaître » leur partenaire. Ève donna alors naissance à Caïn dans des « eaux corrompues ». Ni la loi ni le chœur des prophètes ne parvinrent à relever Adam après sa chute, mais seulement le Christ, l'« éléphant spirituel et sacré ». Le mythe antique selon lequel l'éléphant, de même que l'élan, ne pourrait plier les pattes, apparaît à nouveau sous une forme poétique dans le livre d'emblèmes de Hohberg (1675) : « L'éléphant insensé s'appuie contre un arbre/ Déjà à moitié fendu et tombe alors à terre. Ainsi, c'est lorsqu'on se croit en parfaite sécurité/ Et qu'on fait confiance au monde que l'on chute de façon ridicule ». Le *Physiologus* raconte également la fable de l'éléphant qui ne pouvait se débarrasser d'un serpent buveur de sang ; très affaibli par les morsures répétées, il finit par s'écrouler et écrasa dans sa chute son ennemi. « Prends garde, homme, à ce que jamais le serpent ne te trouve… et n'enlève la foi du juste pour finalement périr avec toi ». Au jour du Jugement dernier, l'homme devait alors entendre les

*1. Éléphant : « Les soutiens
causent la chute », gravure de 1675.*

*2. Éléphant (le savant) appuyé
contre l'arbre (la sagesse) :
gravure (« Emblematum libellus »,
1531, A. Alciat).*

paroles suivantes : « Écartez-vous de
moi, êtres damnés, et allez dans le feu*
éternel réservé au Diable* et à ses
anges ! » Pour renforcer encore le caractère positif du symbole de l'éléphant, il
est expliqué que brûler des poils ou des
os d'éléphants fait fuir les démons. —
La Chine ancienne prisait particulièrement la « pudeur » de l'éléphant qui passait pour ne s'accoupler que dans l'eau*
(à l'abri de tous les regards). En Europe,
il fait partie avec la licorne de ces animaux exotiques qui apparaissent rarement dans les fables. On le retrouve plus
souvent sur les tableaux qui représentent le paradis et il devient même un animal emblématique après l'époque des
croisades. Un ordre des Éléphants fut
créé en 1464 au Danemark. — Jusqu'en
1910, l'emblème du royaume de Siam
(Thaïlande) était un éléphant blanc. —
Pour la psychanalyse, l'éléphant est en
raison de sa trompe un symbole phallique, mais il incarne tout aussi bien la
sagesse de la vieillesse (couleur grise)
et la force maîtresse d'elle-même, sans
aucune agressivité. Dans les rêves, il
représente la « réalité terrestre » (voir
Terre) chez les personnes qui ont des
difficultés à rester en contact avec la réalité, de même qu'il peut transmettre la
« grande nouvelle » sur la force de l'existence. Les Chinois interprètent de façon
analogue le symbole de l'éléphant
(*hsiang*) ; « Chevaucher un éléphant »,
comme le font de nombreux héros légendaires, signifie, pour des raisons d'ho-
mophonie, « bonheur ».

ELFES   Le terme vient du scandinave
âlfr (*aelf* en anglo-saxon), et désigne
depuis le Moyen Âge les petits génies des
mythologies nordiques, tantôt beaux et
bons, tantôt laids et malfaisants, toujours minuscules, le plus souvent invisibles, mais dotés d'une telle force qu'il
vaut mieux ne pas les défier. — Dès le
XIXe siècle, on a fait le rapprochement
avec la racine sanscrite *arbha*, qui
désigne des êtres plutôt bienfaisants,
habiles et industrieux, qui manient
volontiers la forge ou conduisent les
chars* et entretiennent de bons rapports
avec les dieux, au besoin en travaillant
pour eux. — Ces figures prennent toute
leur complexité dans leurs développements germaniques, anglo-saxons, celtes
et scandinaves. Jusqu'à retrouver une
nouvelle jeunesse dans les grands récits
de J.R.R. Tolkien (*Le Silmarillion* ou *Le
Seigneur des anneaux*), qui fit tomber
sous le charme tous ceux qui rêvaient
de parler la « langue elfique ». — Les Germains classent les elfes en plusieurs
catégories (blancs*, noirs*, gris) selon
qu'ils sont bons ou méchants. D'un côté,
les gracieux *alfar*, génies des airs, se
dédient à la musique et à la danse. De
l'autre, les elfes proprement dits retrouvent le caractère industrieux de leurs
ancêtres indiens, mais ces artisans ou
ces forgerons* prennent plutôt l'allure
de nains* laids et difformes. Ces êtres
supérieurs apparaissent comme des
anges* déchus, vivant une forme de purgatoire transitoire dans l'attente du Jugement dernier. Il existe aussi un royaume
enchanté du Roi et de la Reine des Elfes
(« Dame blanche » en Irlande), pays
d'opulence et d'éternelle jeunesse, qui
est caché sous les eaux ou peut-être
enfoui sous les collines d'Écosse dont ils
sortent pour danser sous la clarté de la
lune*. — Il est frappant de retrouver la

dualité des elfes comme une invariable constante dans les mythologies occidentales. Chez les Scandinaves, les « blancs », plus « brillants que le soleil », sont les « esprits lumineux » qui vivent dans l'air à côté du frêne* Yggdrasil, tandis que les « noirs » vivent dans les entrailles de la terre, ne sortent que la nuit et risquent d'être changés en pierre s'ils sont surpris par les rayons du soleil. Les deux espèces, les blancs et les noirs, possèdent d'ailleurs le don de prophétie et ils parlent une langue particulière, la langue elfique ; ils savent tout ce qui se passe autour d'eux et leur habileté surpasse celle des dieux. — Autant de traits que l'on retrouve dans la population des elfes imaginée par Tolkien (mais en partie reprise de vieux textes mythiques, dont le *Beowulf* anglo-saxon) : ce sont comme les hommes, les enfants du premier dieu Iluvatar mais ils peuvent échapper à la mort ainsi qu'à la vieillesse. Elfes de lumière et elfes de la nuit, leur magie en pays Lothorien est partout sensible, bien qu'invisible à première vue ; Dame Galadriel porte l'un des anneaux* magiques du Pouvoir et possède un miroir qui montre le passé, le présent et l'avenir – au point de laisser apparaître en son centre un œil* magique terrifiant dont la vision correspond à un processus d'initiation*. — La dualité des elfes leur fait entretenir avec les hommes des rapports ambigus. À dire vrai, ils ne distribuent leurs bienfaits que contraints et forcés : ainsi, dans les sagas du nord où l'on voit les elfes porter un bonnet à clochettes et des souliers de verre, il peut arriver à un humain de trouver l'une de ces chaussures* et d'obtenir alors la réalisation d'un vœu contre sa restitution. Les elfes irlandais (*cluricaun*) apparaissent comme des petits vieillards qui ne cherchent qu'à tromper les hommes, qui connaissent les cachettes des trésors mais ne les révèlent que sous la contrainte. En Écosse, il ne faut pas prononcer leur nom un vendredi car leur influence est alors toute puissante. Au pays de Galles, ils peuvent tirer des flèches* empoisonnées sur le troupeau d'un fermier qui a déclenché leur colère. Leur tour le plus pendable est cependant de voler le plus beau des enfants pour lui substituer l'un de leurs petits, malade et doté de tous les vices. Selon une légende du pays de Galles, les elfes devant abandonner au Diable* tous les sept ans leur dixième enfant, ils tâchent de le remplacer par un autre. D'une manière générale, les elfes entretiennent avec la mort des rapports étroits : la Dame blanche irlandaise apparaît au moment d'un décès dans une famille et, dans les sagas, on la voit se réunir dans les cimetières, attendant avec impatience de recevoir en partage les cadavres des hommes qui leur reviennent. Autant dire que le jour de la Toussaint est pour les elfes une aubaine, ce qui explique qu'il est particulièrement recommandé au pays de Galles de ne pas dormir dehors cette nuit-là.

ÉMERAUDE   « L'émeraude confère la raison, la sagesse et l'habileté », écrit L. Thurneysser (1583). Elle était associée autrefois au signe zodiacal de la Vierge* et à la planète Jupiter*. Les lapidaires antiques lui attribuaient le pouvoir de chasser les tempêtes* et les orages et d'aider les esclaves à recouvrer la liberté. Sa couleur verte* en fit le symbole actif de l'eau* et de la pluie* fécondante (les émeraudes bleutées étaient consacrées à Vénus*). On dit qu'elle redouble d'activité au printemps, la saison où tout reverdit. Des légendes médiévales rapportent que l'émeraude provient en fait des enfers*, par exemple de la couronne* de Lucifer, mais que précisément pour cette raison, elle permet de vaincre les puissances démoniaques. Lors des incantations rituelles magiques, on plaçait souvent une émeraude sous la langue* du mage. Dans les lapidaires modernes, on la recommande surtout aux enfants qui souffrent de cauchemars et, dans la symbolique chrétienne, elle incarne « la foi et l'espérance ». — Au Mexique, on invoquait souvent des pierres précieuses vertes, c'est-à-dire aussi bien les émeraudes (en aztèque *chalchihuitl*) que les dérivés du JADE. La couleur verte était symboliquement rattachée à la pluie qui fécondait toutes choses.

EMPEREUR   Parmi les figures symboliques de la tradition européenne, celle de l'empereur est moins répandue que celle du roi*. Elle n'intervient généralement qu'au niveau politique, et contrairement à la Chine ou au Japon qui en font un usage constant, elle n'apparaît presque jamais dans les contes et les légendes, ou dans les locutions populaires. Son rang quasi divin place l'empereur en marge du reste de la société et c'est en s'appuyant sur le pou-

L'empereur Charles le Chauve avec moines et soldats : miniature (IXᵉ s.)

voir spirituel qu'incarnait la papauté, à l'époque où l'Europe commençait à être christianisée, qu'il est parvenu à se maintenir en fonction. En fait, la notion d'empereur a connu deux dérivations à partir du modèle antique de l'empereur romain, l'une à connotation plus militaire et juridique, l'autre à résonance religieuse beaucoup plus prononcée, bien que chacune de ces dérivations comportât toujours des éléments en provenance de l'autre. — Le titre d'empereur, utilisé en France et Grande-Bretagne, est issu de l'*imperator* romain, le général victorieux qui assurait la pérennité de la Ville et de ses institutions. D'ailleurs Charlemagne, l'empereur « à la barbe fleurie », est surtout considéré en France comme chef de guerre (*cf. La Chanson de Roland*), et comme le créateur d'une administration impériale (institution des *missi dominici*, des *comites* qui deviendront plus tard les comtes de la féodalité) ; de même qu'on retient surtout de Napoléon, empereur des Français, outre la guerre qu'il soutint sans désemparer contre le reste de l'Europe, son fameux code civil (longtemps appelé « Code Napoléon ») qui resta comme l'exemple de l'œuvre juridique presque parfaite. Reine d'Angleterre et des pays britanniques, Victoria devint elle-même impératrice (*Empress*) lorsque fut achevée la conquête des Indes et qu'elle fut considérée comme le garant suprême de l'administration de l'ensemble des colonies britanniques. Alors que les rois de France se faisaient couronner à Reims par l'évêque de la ville, Napoléon tint, à l'exemple de Charlemagne, à se faire sacrer empereur par le pape en personne. Quant à Victoria et à ses successeurs, ils étaient de toute façon, et personnellement, les chefs de l'Église anglicane. — À l'est de l'ancien empire de Charlemagne, dans les pays germaniques, ce n'est pas tant l'*imperator* que le nom de *César*, qui l'emporte, donné génériquement à tous les empereurs romains dès le règne d'Auguste – d'où le *Kaiser* allemand ou le *Tsar* de Russie, qui en sont des déformations évidentes. Caius Julius Caesar (101-44 av. J.-C.), qui obtint contre Pompée et les républicains le pouvoir suprême et perpétuel sur Rome, se disait de filiation divine. Il prétendait en effet descendre de Vénus par son ancêtre Iule, fils d'Énée, qui aurait donné son nom à sa famille (les Julii), ainsi que du dieu Mars par l'autre branche de son ascendance (la famille des Marcii). C'est pourquoi, dictateur de Rome, il fit consacrer un temple à la Vénus Genitrix (« Mère de la race »), installer son effigie parmi les dieux, au Capitole, et instituer un collège

L'empereur chinois Tai Tsu, fondateur de la dynastie Sung : peinture du XIVᵉ s.

de prêtres en l'honneur de sa divinité (les prêtres juliens), dès le moment qu'il se fit lui-même appeler *Jupiter* *Julius*. Après son assassinat aux Ides de Mars, alors qu'il méditait de restaurer une royauté sacrée à Rome, calquée sur le modèle hellénistique où le roi était considéré comme l'épiphanie des dieux sur terre, César fut promu au rang de divinité protectrice de Rome et devint l'objet d'un culte populaire : des temples lui furent dédiés jusque sur le forum de la ville. Certaines légendes rapportent qu'un aigle* s'était au même moment envolé dans le ciel* pour y emporter son âme* ; d'autres versions racontent que le brouillard cacha le soleil* pendant plusieurs mois et que le ciel fut traversé par une comète*, qui était l'âme même de César regagnant l'empyrée. Tous les empereurs romains prirent ensuite le surnom de César. Ils étaient déclarés d'essence divine (*divi*), et formellement divinisés à leur mort. À partir d'Aurélien (214-275), ils furent définitivement désignés comme *divi et domini* : dieux et seigneurs maîtres. — C'est cet héritage que revendiqua le « Saint-Empire romain germanique », se targuant de ce fait de pouvoirs spirituels propres qui le firent régulièrement entrer en conflit avec la papauté (querelle des Investitures, reddition de Canossa, luttes des guelfes et des gibelins dans l'Italie médiévale). Quant à la Russie, elle se proclama symboliquement la « troisième Rome », c'est-à-dire l'héritière de la Rome de Constantin, puis, après le partage de l'empire romain en deux, et après le schisme qui sépara les chrétientés d'Orient et d'Occident (1054), la continuatrice de Byzance. On doit noter que le surnom (*cognomen*) de César devait son origine, tel que le rapporte Pline, à la naissance du premier ancêtre qu'on aurait dû « couper » du sein de sa mère pour le faire venir au jour – ce qu'on appelle encore aujourd'hui une césarienne (couper se dit *cadere* en latin, *caesus* au participe passé). — La signification de l'empereur est largement différente en Extrême-Orient. Alors que, dans le cadre de la tradition shinto, l'empereur du Japon, le « Mikado », est le descendant en ligne directe de la déesse du Soleil*, Amaterasu, l'empereur était considéré en Chine comme le Fils du Ciel, qui occupait le centre* symbolique du pays et était chargé de faire régner le bon ordre, aussi bien du point de vue cosmique, que légal et social. Réalisant ainsi l'har-monie* de toutes choses, dans une conjonction* majeure d'opposés, il était aussi dit le Fils du Ciel et de la Terre qui assurait la juste médiation entre les différents plans de réalité, et était désigné par le caractère *wang* : personnifiant la « Voie royale » (*wang-tao*) qui unifie toutes choses, il est comme l'archétype de l'homme qui vit au carrefour* de la justice et de la justesse.

ENCENS   L'encens est le symbole du « parfum céleste de la sainteté » (en hébreu *lebonah* ; en grec *libanos* ; en latin *tus*). Il provient de la résine de l'arbuste *Boswellia carteri* que l'on importait dans l'Antiquité d'Arabie Saoudite mais que l'on extrayait également en Inde et en Afrique orientale. En Orient, l'encens était utilisé lors des rites sacrificiels et pour chasser les démons. On s'en servait en Égypte* dans le culte des morts ainsi qu'à Babylone, en Perse et en Crète. En Grèce, on utilisait l'encens pour les sacrifices des mystères et Pythagore* en recommandait l'usage. À Rome, il jouait un rôle important pendant les fêtes des morts mais aussi dans le culte que l'on rendait à l'empereur ; c'est sans doute pourquoi les chrétiens commencèrent par refuser de l'utiliser, puis l'incorporèrent plus tard à leurs pratiques cultuelles quand l'empire fut converti par Constantin. La fumée de l'encens qui s'élève vers le ciel* était considérée comme un symbole du chemin suivi par l'âme* regagnant son séjour, ou des prières qui s'élevaient de l'assemblée des fidèles. — Chez les Juifs, l'offrande à base d'encens, que l'on dédiait uniquement à Dieu, symbolisait

Aaron, Samuel et Melchisédech durant la célébration d'un office : fresque (XVIᵉ s., cathédrale de Bressanone).

1. Ange répandant de l'encens durant une procession : miniature (1481, G. P. Birago).

2. Anges répandant de l'encens, symbole de l'âme, sur la dépouille de la Vierge : miniature (XIIᵉ s., Psautier).

l'adoration qu'on lui vouait mais servait aussi à se réconcilier avec lui lorsqu'il manifestait son courroux. Les trois rois Mages apportèrent de l'encens venu d'Orient à l'enfant Jésus ; dans l'*Apocalypse* de saint Jean (v, 8), vingt-quatre anciens tiennent « des coupes d'or pleines de parfum qui sont les prières des saints » « Grâce à la bénédiction de l'encens avant la fumigation, il devient sacrement et exerce également une action lustrale (purificatrice). Le balancement cruciforme de l'encensoir (*thuribulum*) renvoie au sacrifice sur la croix, le balancement circulaire est censé isoler les offrandes sacrées qui sont dévolues à Dieu » (Lurker). Les encensoirs étaient souvent ornés de reliefs représentant un phénix* ou le motif des « trois jeunes gens dans la fournaise » dont les chants de louanges, s'élevant au milieu des flammes, étaient comparés aux nuages du parfum qu'on brûlait. On représente les grands prêtres de l'Ancien Testament (Melchisedech, Aaron, Samuel) aussi bien que saint Étienne, saint Laurent, saint Vincent et la pénitente sainte Pélagie tenant entre leurs mains un encensoir comme attribut. — Chez les Mayas, on se livrait aux mêmes rites d'adoration et de glorification à partir de la résine odorante du copal (*pom* ; *protium copal*). Ses boules de résine laissaient s'échapper leur parfum « vers le centre du ciel » et on désignait également l'encens sous le nom de « cerveau du

ciel ». Les encensoirs étaient appelés du nom du dieu Yum Kak (seigneur du feu*). — En Extrême-Orient, on connaissait un encens (en chinois *hsiang*) que l'on extrayait du bois de santal et que l'on brûlait autrefois dans des cassolettes. Aujourd'hui, en Europe, on utilise aussi des bâtonnets d'encens (le plus souvent d'origine indienne). La cendre* ainsi produite était recueillie pour servir de remède prophylactique. Cette pratique de l'encens est probablement due à l'extension du bouddhisme en Asie, mais elle fait partie depuis cette époque du matériel usuel de tous les temples ainsi que des reliquaires domestiques. Dans certaines pratiques de méditation, on se servait des bâtonnets d'encens que l'on faisait brûler, comme d'instruments de mesure du temps (usage répandu dans le ch'an chinois, et repris ensuite dans son descendant japonais, le zen). — Dans les rites magiques européens au cours desquels on invoquait des esprits cosmiques, tels que ceux des planètes*, on se livrait à des fumigations de toutes sortes, lointaines évocations, semble-t-il, des cultes célébrés par les sectes à mystères de l'Antiquité. Ce faisant, on se servait parfois de produits narcotiques comme d'encens pour provoquer des visions. Leonard Thurneysser (1530-1596) fait mention de « toutes sortes d'épices tels que l'aloès, l'encens, la myrrhe, le bois de paradis, le santal, le mastic ».

ENFER   On a d'abord conçu l'enfer
comme un monde souterrain sans
lumière (voir Caverne), mais cette vision
s'est enrichie par la suite de l'image,
créée par la théologie chrétienne, d'un
lieu d'expiation destiné aux pécheurs
défunts, qui doivent y endurer des tourments sans fin. De même que le ciel est
la résidence des dieux ou de Dieu, l'enfer commença par être le royaume des
souverains du monde souterrain pour
devenir plus tard la demeure du Diable*.
Les religions pré-chrétiennes décrivent
déjà un enfer sans joie (le Schéol hébreu,
l'Hadès grec), sombre et déplaisant,
auquel s'ajoute parfois la description
des punitions destinées aux hommes
sans piété. — La représentation d'un
enfer en flammes et qui empeste le
soufre provient en partie de l'ancienne
vallée de Gé-hinnom à Jérusalem*, vallée du sacrifice et plus tard de la com-
bustion des ordures (qui a donné la
Géhenne de la Bible, la Dschehenna du
Coran), mais aussi de l'observation des
phénomènes volcaniques. Le prophète
Isaïe en parle déjà (66, 24), et affirme
qu'un feu* inextinguible dévore le corps
des hommes qui sont entrés en rébellion
contre Dieu. Pour Tertullien (environ
150-230), les volcans constituent une
preuve de la réalité d'un enfer souterrain, que Dante Alighieri (1265-1321) a
plus tard décrit en détail dans la *Divine
Comédie*. — Les images symboliques
d'un jugement dans l'Au-delà* occupaient manifestement une grande place
dans l'ancienne religion perse, où les
morts doivent traverser le pont Çinvat :
il se rétrécit à la minceur d'une lame
pour les méchants, qui tombent alors
dans un gouffre sans fin. — Les symboles chrétiens de l'enfer sont, en
dehors des flammes, sa bouche vorace

*La clé ferme pour toujours la bouche
de l'enfer qui engloutit les damnés :
miniature du XIIe s.*

de dragon*, le masque mortuaire et le
chien* à trois têtes, Cerbère, issu de la
mythologie antique. En guise d'avertissement destiné aux vivants, on a souvent
représenté les tourments des enfers avec
un grand luxe de détails : le péché de
luxure, par exemple, condamne les damnés à avoir le sexe et la poitrine rongés
par des crapauds* et à être mordus par
des serpents* (voir Lazare). — Le monde
souterrain de *Mixtlan*, chez les peuples
des plateaux de l'ancien Mexique, ressemblait aussi à un enfer. Ne pouvaient
y échapper que les guerriers tombés au
champ de bataille, les victimes de sacrifices rituels, les noyés et les femmes
mortes en couches. — Dans la mytho-

*Descente
de Jésus
aux Enfers :
miniature
médiévale.*

logie germanique, alors que ceux qui mouraient au lit de ce qu'on appelait la « mort sur la paille », étaient destinés au royaume de Hel (la déesse de la Mort), les Walkyries* enlevaient les autres morts, particulièrement les guerriers valeureux, pour les conduire dans le royaume lumineux du Walhalla. — L'iconographie primitive des tombes étrusques se caractérise par une vision pessimiste de l'Au-delà, avec des dieux et des démons de la mort qui s'apparentent au Diable. Cette vision remplaça celle, plus ancienne, d'un Au-delà clément, à l'image des Îles fortunées*. Il est possible que les dieux étrusques des enfers, avec leurs cornes*, leurs oreilles* en pointe et leurs serpents dans les mains, aient durablement influencé l'imagerie chrétienne du Diable. — Le bouddhisme extrême-oriental connaissait aussi une sorte d'enfer. Dans les grandes salles des temples japonais, le roi des Enfers, Emma-o, est représenté comme le juge des pécheurs. Il porte en effet un bâton de juge, symbole de son pouvoir exécutoire. Des reliefs de bois grandeur nature montrent comment les démons entraînent les damnés aux enfers et les y tourmentent, au moyen d'épées, de lits de torture, de grands bâtons de fer et de piloris. — La tradition islamique parle d'un feu infernal, soixante-dix fois plus brûlant que n'im-

Représentation de la vie après la mort : peinture chinoise taoïste.

porte quel feu terrestre. Les damnés y voient leur corps grandir et leur faculté à subir des tortures s'y accroître dans la même proportion. On ne peut comprendre la cruauté de ces différentes représentations que comme l'expression symbolique de cet espoir que toutes les injustices commises sur la terre ne restent pas éternellement impunies, surtout si elles n'ont pas reçu dans notre monde la sanction qui leur convenait. — L'idée de l'apocatastase, c'est-à-dire la conception d'une punition éternellement renouvelée en enfer, n'a pourtant pas été toujours acceptée. Le parsisme par exemple, selon lequel « le pays des enfers doit être aussi rendu à la félicité du cosmos », repousse cette idée. La mystique islamique soufie refuse également l'idée d'une damnation éternelle, comme le montrent les sentences d'Abud Yazid Bistami : « Qu'est-ce que cet enfer ? Au jour du Jugement, je me placerai moi-même dans les rangs des damnés, puis je Te dirai : prends-moi en guise de rançon – si Tu ne le fais pas, je le leur rapporterai, et leur dirai que Ton paradis n'est qu'un jeu d'enfants… Ô Dieu, si Tu as prévu, dans Ta prescience, de tourmenter en enfer une de Tes créatures, alors accepte que mon Être y devienne si large que personne en dehors de moi ne puisse y prendre place » (Gardet, 1956).

Divinité infernale tourmentant les damnés : peinture chinoise taoïste.

ÉOS Éos, la personnification grecque de l'aurore (en latin Aurora) – chez Homère « la déesse aux doigts de rose* » – était aussi appelée Héméra (« le Jour ») lorsqu'elle précédait le matin la voiture de son frère Hélios (le Soleil*), accompagnée de l'étoile du matin (Vénus). Elle parcourait alors le ciel en compagnie du Soleil et le quittait seulement sous la figure d'Hespéra (le Soir) dans les régions situées tout à l'ouest de l'océan qui entoure toute la terre. On racontait qu'elle avait été mariée avec le Titan Astraion et qu'elle avait conçu avec lui les étoiles* et les vents* ; mais elle eut de nombreuses autres aventures amoureuses (notamment avec le chasseur Orion – voir Scorpion) à la suite d'un sort que lui avait jeté la déesse de l'Amour, Aphrodite*. Elle eut avec Tithon, le frère du roi des Troyens Priam, un fils nommé Memnon qui fut tué par Achille au cours de la guerre de Troie. Dans la douleur de son deuil, Éos versa des larmes qui continuent aujourd'hui encore de tomber sur la terre et y forment la rosée*. Voir Cigale.

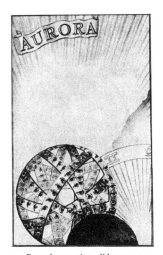

Représentation d'Aurore : gravure (contre-frontispice de « Aurore naissante », 1682, J. Böhme).

1. Sainte Catherine : miniature (XVᵉ s., « Livre d'Heures » de Catherine de Clèves).

2. Saint Paul : miniature (XVᵉ s., « Livre d'heures » de Catherine de Clèves).

ÉPÉE L'épée remonte à l'âge du bronze, époque à laquelle la technologie métallurgique rendit son invention possible. Il est remarquable que l'épée ait acquis tout de suite une riche connotation symbolique. Les épées de l'âge du bronze étaient ainsi souvent richement décorées, ce qui indique que leur fonction n'était pas purement « profane ». Chez les Germains, on exécutait les danses des armes avec des épées que l'on baptisait du nom de héros (Balmung, Nagelring…), leur conférant ainsi une valeur magique. Au Moyen Âge, l'accolade du chevalier était administrée avec le plat de l'épée. Une épée déposée sur un lit entre un homme et une femme était un symbole de chasteté (signum castitatis). — Sur les bas-reliefs des piliers égyptiens de l'époque ramesside, on représente le pharaon dans une posture

1. Susano-o affûte son épée et chevauche un lion mythique : gravure.

2. Divinité guerrière avec épée.
3. Un « tengu », démon avec épée.

rituelle, une main levée pour saisir l'épée que lui tend un dieu : l'épée faucille* *chopesch* qui renvoie à des influences asiatiques. Les épées- longues étaient portées en revanche par les mercenaires étrangers « Schirdana » venus du nord.
— En Chine, on connaissait des épées manipulées par des magiciens qui chassaient les démons ainsi que la tradition d'une épée « masculine » et d'une épée « féminine » réalisées à partir du foie et des reins d'un lièvre* mythique et mangeur de métal de la montagne de Kuen-lun. Si une Chinoise rêve qu'elle tire une épée, on dit qu'elle mettra un fils au monde (en psychanalyse, l'épée est aussi

un symbole phallique) ; posséder une épée dans les rêves des femmes est un signe de chance tandis que, dans les rêves des hommes, une épée qui tombe à l'eau* annonce la mort d'une femme.
— Au Japon, l'art de manier l'épée appartenait au samouraï qui en possédait deux : l'épée longue Katana pour le combat et l'épée courte Wakizashi pour le combat rapproché et le suicide rituel (*sepukku*, plus connu en Europe sous le nom de *hara-kiri*). Les armuriers devaient se soumettre à différentes règles d'abstinence car leur travail avait un caractère sacré. La garde entre la poignée et la lame (*tsuba*) était décorée de riches orne-

L'épée dans le lit comme gage de chasteté : gravure (1484, « Légende de Tristan et Iseult »)

*L'épée de l'archange Michel
s'abat sur les démons :
gravure de 1440.*

*Roi remettant à son vassal l'épée,
symbole de pouvoir :
miniature médiévale.*

ments. Aujourd'hui, on ne livre plus de combat à l'épée (*iai-do*) qu'entre partenaires à l'entraînement, et à titre d'exercice ; les exercices avec des épées de bambou* (*kendo*) sont dérivés des combats d'épée traditionnels des samouraï. On prétend que l'épée utilisée dans le rite shintoïste a été tirée par le dieu des tempêtes* Susano-o (voir Grotte, Riz) de la queue d'un serpent* à huit* têtes qu'il tua. Elle porte le nom de *Ame no murakomo no tsuguri* et fait partie, avec les perles* et le miroir*, du trésor impérial japonais. — En Inde, enfin, et dans la mesure où elle est l'apanage avec l'arc* de la caste des guerriers, les kshatriyas, l'épée est le symbole de la guerre spirituelle, et de là, du combat contre l'ignorance pour atteindre à la Connaissance et à la pure lumière*. C'est là le sens même de l'épée de Vishnou*, tandis que l'épée d'Indra est la foudre* (*vajra*) qui illumine le monde. De la même façon, le boddhisattva, c'est-à-dire la manifestation du Bouddha qui renonce par compassion à entrer dans le nirvana tant que tous les hommes ne sont pas sauvés de l'empire des ténèbres, porte une épée flamboyante destinée à trancher le royaume de l'obscurité. — En Occident, l'épée est également l'arme de l'archange* saint Michel, de même qu'on la trouve entre les mains du roi David* et de Judith qui s'en servit pour couper la tête d'Holopherne. Dans l'*Apocalypse* de saint Jean, une épée sort de la bouche* du Christ (I, 16) symbolisant la force invincible de la vérité divine qui descend du ciel comme un éclair*.

D'après l'*Évangile selon saint Luc* (II, 35), une épée transperce le cœur* de Marie pour lui prédire la venue de grandes douleurs. Sept* épées de cette sorte sont parfois représentées dans l'iconographie baroque, qui renvoient aux « sept douleurs de Marie ». Ce thème est encore repris, quoique subverti, par Charles Baudelaire (1821-1867), qui écrit dans son poème *À une Madone* en s'adressant à la femme qui vient de le quitter : « Enfin, pour compléter ton rôle de Marie, / Et pour mêler l'Amour avec la barbarie, /

*Odin et son épée Gunnir :
illustration (XVIIIe s., «Edda poétique »)*

Épée pointant de la bouche du Christ : gravure (1498, A. Dürer).

Épées symbolisant les sept douleurs de Marie : gravure populaire (XIXᵉ s.).

Volupté noire ! des sept péchés capitaux, / Bourreau plein de remords, je ferai sept couteaux / Bien affilés, et, comme un jongleur insensible, / Prenant le plus profond de ton amour pour cible, / Je les planterai tous dans ton Cœur pantelant, / Dans ton Cœur sanglotant, dans ton Cœur ruisselant ! » (*Les Fleurs du mal*) — En général, l'épée est un symbole de la force vitale et sert le plus souvent d'attribut aux dieux de la guerre (Mars*), et de symbole de la foudre aux dieux du tonnerre* ; elle symbolise en Occident la « puissance », et « le dogme des deux épées » y désigne le symbole de la double souveraineté ecclésiastique et temporelle. Selon la doctrine papale (Innocent III), le chef de l'Église devait en effet remettre « l'épée temporelle » au souverain légal en guise de fief. — Exceptionnellement, on voit aussi le symbole masculin qu'est l'épée dans les mains d'une femme. Jeanne d'Arc*, morte sur le bûcher en 1431, se vantait que sainte Catherine lui ait signalé la présence d'une épée enfouie sous l'église du village : « L'épée se trouvait sous terre, elle était complètement rouillée, cinq* croix* y étaient gravées. Grâce aux voix que j'entendais, je sus à quel endroit elle se trouvait. Je le fis noter par le curé et je le priai de me la remettre. Il me la fit parvenir. »

ÉPERVIER Qu'il soit marin, pattu, « mitré », « à queue d'hirondelle » ou « à serpent », l'épervier appartient à la grande famille des rapaces et, plus particulièrement, au genre des falconinés. Oiseau de proie, il peut être dressé en vénerie pour la chasse aux cailles ou aux perdrix, et apparaît à ce titre dans les poèmes des XIIᵉ et XIIIᵉ siècles sous le nom de « mouchet » ou « émouchet ». Connu en Europe depuis la plus haute Antiquité, l'épervier, qui s'en prend toujours aux plus faibles que lui, véhicule toutes les images associées aux rapaces : promptitude, avidité, cruauté impitoyable. Dans l'*Iliade*, Homère compare la fuite des Argiens devant le « brillant Hector » à « l'envol des geais et des étourneaux lorsque fond l'épervier qui parmi les petits oiseaux sème la mort ». Mais peut-être cette association est-elle négative puisque, pour évoquer le « divin preux » Ménélas « aux regards vifs », Homère a recours à l'aigle*, plus noble que l'épervier ? Par la suite, on retrouve en effet la même dissociation entre ces deux oiseaux. Ainsi, certaines légendes bretonnes établissent-elles un dualisme dans la création en distinguant l'œuvre de Dieu de celle du Diable* : l'aigle, ainsi que le merle, l'hirondelle*, l'alouette, auraient été créés par Dieu, alors que l'épervier, comme le chat-huant, la grive ou la chauve-souris*, ne seraient que des contrefaçons des premiers, imaginées par le Diable. On prétend toujours en Bretagne que l'épervier bat des ailes pour endormir ses proies, et qu'il leur dit : « Sauvez-vous où vous voudrez / Plus je serai haut, mieux je vous verrai… » — Autre aspect négatif de l'épervier, la femelle offre la particularité d'être plus grosse que le mâle : déséquilibre conjugal qui confère à ce rapace une épouvantable réputation dans les sociétés où il est bienséant que l'homme domine la femme. — En revanche, confondu avec le faucon, l'épervier retrouve toute sa noblesse, en particulier dans l'Égypte ancienne. Le faucon est en effet l'animal d'Horus, fils d'Isis* et d'Osiris, dieu qui règne sur les espaces célestes et dont les yeux perçants figurent la Lune* et le Soleil* : « Horus, maître de la Terre Noire et du Désert Rouge » dit le *Livre des Morts* égyptien. Ce dieu naît durant la mort de son père, tué par son frère Seth qui avait voulu s'emparer du pouvoir à sa place : Horus porte alors « secours à son père emporté par les flots » et triomphe de Seth à la suite d'un combat où il perd un œil* (la Lune), devenant ainsi un dieu de lumière « resplendissant comme Re à l'horizon ». Puissant et belliqueux comme l'oiseau, le dieu à tête de faucon que l'on retrouve dans tous les tombeaux est l'objet de grandes dévotions. Il est à la fois l'Horus rouge et stellaire dont on donnait le nom à la planète Mars*, et le roi universel de la terre, l'incarnation de la justice dont l'œil resplendissant symbolise la toute-puissance.

ÉPINE   La symbolique et la typologie liées au buisson épineux se réfèrent au texte de l'*Exode* 3,2 : « L'ange du Seigneur apparut (à Moïse) dans une flamme de feu, du milieu du buisson. Il regarda : le buisson était en feu et le buisson n'était pas dévoré… Dieu l'appela du milieu du buisson » et en fit le guide de son peuple. Le feu spirituel ne détruit donc pas, et Marie* put mettre au monde un enfant tout en restant vierge*. C'est pourquoi, sur les tableaux décorant les autels des XVe et XVIe siècles, on voit parfois Marie tenant dans ses bras l'enfant Jésus au milieu d'un buisson ardent. — En dehors du contexte vétéro-testamentaire du buisson ardent, les sarments épineux sont avant tout le symbole des souffrances qu'endura Jésus-Christ sous la couronne* d'épines. — Dans l'ancien Mexique, les épines étaient utilisées lors

1. *Jésus avec la couronne d'épines : gravure (1512, A. Dürer).*

2. *Ronces : « Elles brûlent sans se consumer », gravure de 1702.*

de rites de pénitence ; il était notamment d'usage de se percer la langue et de laisser glisser une corde pleine d'épines à travers la plaie (tige pointue d'agave). – Certaines locutions européennes an-

*Moïse devant
le buisson ardent :
gravure
(1493, M. Wolgemut,
« Liber Chronicarum »).*

ciennes se réfèrent sous une forme imagée à ces différentes associations ; on
peut citer notamment « être sur des
épines », « marcher sur des épines » ou
« qui sème épines n'aille déchaux » (c'est-
à-dire : « que celui qui sème des épines
ne marche pas sans chaussures »), qui
signifie que le mal qu'on fait aux autres
peut toujours se retourner contre soi.

ÉQUERRE   À l'instar du compas*,
l'équerre est l'un des instruments symboliques les plus importants en architecture ; on la voit notamment représentée sur la gravure de Dürer *Melancholia* ;
elle est également l'attribut de l'apôtre
Thomas (le saint-patron des architectes).
Aujourd'hui encore on lui attribue dans
la symbolique maçonnique* une dignité
particulière, en relation avec les notions

de rectitude, de probité et de justice. Le
« Vénérable » la porte suspendue en sau-
toir comme insigne de sa fonction et des
devoirs qui lui sont imposés. Elle est
très souvent utilisée avec le fil à plomb*
et le niveau comme emblèmes des différents grades (« les trois bijoux mobiles »
sont les emblèmes du maître et des deux
surveillants lors des travaux en loge ; les
bijoux immobiles sont la pierre* brute,
c'est-à-dire l'apprenti, la pierre taillée,
c'est-à-dire le compagnon et la planche
à tracer*, c'est-à-dire le maître). Une
équerre qui a deux côtés de longueur
inégale, renvoie au théorème de Pythagore* puisqu'elle permet de dessiner un
triangle* avec des côtés qui mesurent
3, 4 et 5 unités. Selon J. Baurnjöpel (XVIIIᵉ
siècle), l'équerre représente « l'amour de
Dieu et du prochain dont le maître doit

*Charpentier avec équerre,
compas, fil à plomb et livre :
gravure du XVIᵉ s.*

*Saint Thomas, patron
des constructeurs, avec l'équerre :
gravure de Lucas de Leyde.*

*Saint Matthieu avec l'équerre
de charpentier : miniature du XVᵉ s.*

être investi. Elle montre également à
chaque frère, dès qu'il fait son entrée
dans le temple*, que le souvenir de cet
ornement, qui résume à lui seul toutes
les lois, doit l'inciter à exercer toutes les
vertus humaines ». — En Chine, l'équerre
se trouvait en possession du savant
mythique Fu-hsi, censé avoir inventé le
I-Ching. Le bas de son corps a la forme
d'un serpent* et il tient à la main une
équerre qu'il faut interpréter non seulement comme un symbole d'édification,
mais aussi comme celui des vertus
magiques qui confèrent la sainteté. C'est
pourquoi l'équerre est ensuite devenue
l'un des emblèmes de l'empereur* qui
veille à la bonne organisation, à la bonne
marche, c'est-à-dire au bon ordre et à la
vertu du royaume dont il est le maître. —
Comme l'équerre, par son caractère
carré*, renvoie à l'image de la terre, elle
forme avec le compas qui sert à tracer
un cercle* et symbolise donc le ciel, une
conjonction* d'opposés qui peut aussi
bien désigner une hiérogamie des principes masculin et féminin, que l'androgyne* primordial ou alchimique*.
L'équerre et le compas sont alors aussi
associés aux symboles de la Lune* et
du Soleil*.

ÉRABLE En Chine comme au Canada,
les différentes espèces d'érable revêtent
une signification symbolique importante. Cela s'explique en Chine par l'ho-
mophonie entre le mot érable et le verbe
qui signifie « conférer un honneur ». Lorsqu'on souhaitait à une personne de recevoir le titre de « comte », on lui adressait

un dessin représentant un singe assis
sur un érable, attrapant un paquet ficelé.
— La feuille d'érable (*mapleleaf*) est
depuis le XIXᵉ siècle le symbole national
du Canada. Il s'agit plus précisément de
l'érable à sucre, *acer saccharum*, qui sert
entre autres à la fabrication du sirop
d'érable. Au bas de l'emblème de l'État
canadien sont représentées trois feuilles
d'érable rouges, et un lion* en tient une
quatrième entre ses pattes, comme un
diadème. Sur le drapeau figure également une feuille d'érable rouge, et les
emblèmes des provinces de l'Ontario et
du Québec en comportent chacun trois.

ÉRINNYES Les Érinnyes, qui apparaissent dès les débuts du théâtre grec
et continuent de jouer leur rôle jusque
dans la ballade de Schiller, *Les Grues
d'Ibycos*, sont plus connues sous leur
nom latin de Furies. Déesses de la Vengeance, elles s'attachent à débusquer le
crime caché et à le punir. Ces trois gar-
diennes de l'ordre, sombres et puissantes (voir Triade), seraient nées du
sang* du dieu Ouranos ; elles portent les
noms d'Alecto (celle qui ne laisse jamais
en paix), Tisiphone (la vengeresse du
meurtre) et Mégère (l'envieuse). Elles
sont représentées tenant dans les mains
des flambeaux* et des fouets, la tête cou-

*Les trois Érinnyes (Furies) représentées
comme des génies à la chevelure
de serpents, brandissant des torches
et des fouets : gravure (1647).*

*1. Sage indien dans les bois :
gravure sur un calendrier de 1911.*

*2. Saint Jérôme en ermite accompagné
du lion, symbole de la Parole de Dieu
qui repousse les tentations :
gravure (~1496, A. Dürer).*

l'ordre moral et c'est pourquoi elles sont également appelées par antiphrase en grec – pour s'accorder leurs faveurs ou par respect véritable ? – les Euménides (les Aimables) ou les *Semnai Theai* (respectables déesses). Leur culte est lié dans certaines régions à celui des trois Grâces* dont elles constituent une sorte d'antithèse.

ERMITE Il est la figure symbolique de ceux qui ont tourné le dos au monde et acquis, au cours de leur isolement ascétique, des dons particuliers leur permettant, à travers des visions, d'apporter une aide bienfaisante à ceux qui cherchent conseil. Il s'agit, au sens strict du terme, des représentants d'un certain mode de vie religieux fondé sur le renoncement, destiné à atteindre le « face-à-face avec Dieu ». Cette forme de vie monastique (moine, en latin *monachus*, vient du grec *monos* qui signifie « seul ») s'est d'abord répandue en Égypte où les anachorètes (« ceux qui se retirent» habitaient dans des cavernes au milieu du désert (voir Antoine), tandis qu'en Europe, les ermites construisaient leurs cabanes en forêt*. Il est souvent question dans les légendes des forces miraculeuses que les ermites acquièrent par la prière et l'isolement du monde. En dehors du monde chrétien, on retrouve aussi dans les diverses religions de l'Inde des ermites réfugiés dans les bois pour méditer, seuls, loin des bruits du monde, et accéder à la connaissance des vérités supérieures. Gautama Bouddha passa ainsi une grande partie de son existence coupé du reste du monde à méditer sur la souffrance et à se détacher peu à peu de toutes les chaînes de l'ignorance, avant d'aller diffuser son savoir parmi les hommes.

ESCARGOT Ce mollusque surtout connu dans le langage populaire à cause de sa lenteur (« aller à la vitesse de l'escargot ») doit sa valeur symbolique à sa coquille* harmonieusement spiralée. On a observé que les escargots de Bourgogne, pour passer l'hiver dans leur coquille, s'enferment au moyen d'un opercule de calcaire qu'ils détruisent à l'arrivée du printemps, ce qui a fait de l'animal le symbole de la résurrection du Christ. On a généralement considéré, en outre, que le fait de porter sa demeure était une allégorie de la modestie – l'escargot devenant de ce fait l'animal qui porte avec lui tout ce qu'il possède.

verte de serpents, et elles sont sans relâche en quête des meurtres et des forfaits commis entre les membres d'une même famille. Elles sont parfois maudites mais elles servent aussi à maintenir

Escargot : gravure de 1702.

Sainte Hildegarde de Bingen préparait des onguents curatifs à base d'escargots (les coquilles pulvérisées sont réputées guérir des vers ; tandis que les préparations à base de limacidés auraient le même effet que celles à base de vers de terre, et guériraient des ulcères). Elle désignait les escargots sous le nom de tortues* (*testudines*).

ESCULAPE *(BÂTON D')* On appelle ainsi un bâton autour duquel s'enroule un serpent*. C'est aujourd'hui encore le symbole des pharmaciens en souvenir du dieu grec de la Médecine, Asclépios (en latin *Aesculapius*) qui est aussi le sym-

Esculape (Asclépios)
avec ses attributs : le bâton, le serpent
et la chèvre : gravure de 1647.

bole des médecins. On explique essentiellement ce symbole par l'association entre la mue annuelle du serpent et l'idée de régénération. Les serpents (les couleuvres d'Esculape) étaient considérés comme des animaux sacrés dans les lieux de soins grecs, bien souvent situés à proximité de sources aux vertus médicinales. Selon la légende qui raconte la naissance du firmament, Zeus aurait créé à partir d'Asclépios et de son serpent la constellation d'Ophiuchos (le porteur de serpents). La tradition veut que, tandis que Rome était ravagée par une terrible épidémie, les Romains aient fait venir d'Épidaure le dieu de la Médecine qui arriva sous la forme d'un énorme serpent et l'épidémie cessa aussitôt. — Il ne faut pas confondre le bâton d'Esculape avec le caducée*, c'est-à-dire le bâton du dieu Hermès* (Mercure*) autour duquel s'enroulent deux serpents. — À une époque plus récente, on rajouta au sommet du bâton d'Esculape, symbole des pharmaciens, une coupe dans laquelle vient boire le serpent, afin de le distinguer de l'insigne des médecins. — On peut voir un prototype du bâton d'Esculape dans le bâton du dieu sumérien de la Médecine et du Monde souterrain, Ningizzida, autour duquel se lovent également deux serpents ; Ningizzida était aussi représenté accompagné d'un serpent à

Moïse avec le « serpent de fer » :
gravure de 1675.

cornes*. C'était le dieu protecteur du roi Gudea de Lagash (vers 2100 av. J.-C.). Eschmun (Jasumunu), un dieu phénicien doué de pouvoirs médicinaux, adoré également à Carthage, est assimilé à Esculape ; on le représente avec un bâton et un serpent. Voir aussi Thyrse. — A. Jirku, le spécialiste des civilisations orientales, rapproche le bâton au serpent du bâton magique évoqué dans l'*Exode* (VII, 9-13), qui se transforme en serpent et permet à Moïse de faire s'abattre sur le pays du Pharaon les plaies d'Égypte. Jirku établit aussi un lien entre ce bâton et le serpent d'airain dressé sur un pieu planté dans le désert et dont la vue suffit à guérir les hommes mordus par un serpent venimeux.

ÉTINCELLE   Les étincelles sont en symbolique de véritables particules lumineuses flottant dans les airs, qui naissent de la simple matière et s'élèvent jusqu'aux régions supérieures selon un schéma dualiste (haut*/bas). Le couple d'opposés* esprit/matière qui apparaît dans la religion des mystères orphiques, chez les pythagoriciens, chez les juifs esséniens et dans d'autres groupes aux tendances gnostiques, a sa source dans la théorie suivante : des éléments extrêmement fins de l'esprit divin ou de l'éther subtil seraient enfouis en l'homme et atteindraient le domaine de la lumière* sous la forme d'âmes* désincarnées lorsqu'ils réussissent à se défaire des impuretés de « l'esclavage de la chair ». Le mystique hassidique Rabbi Samuel (Raw Schmelke von Mikulov, mort à Nikolsburg

en 1778), expliquait cette théorie dualiste de la façon suivante : « Toutes les âmes sont des étincelles divines. Lorsqu'une étincelle sombre dans la boue et la vase, n'éprouvons-nous rien pour elle ? N'essayons-nous pas de l'aider à se libérer pour pouvoir à nouveau briller de tous ses feux ? C'est une partie de Dieu lui-même… » (G. Langer,1983).

ÉTOILES   Les étoiles qui illuminent le ciel durant la nuit, symbolisent l'ordre cosmique en raison de leur course autour de l'étoile polaire (axe du monde*) ainsi que la « lumière d'en-haut » dont l'origine reste inconnue à l'homme. Dans de nombreuses mythologies, on les considère comme les âmes des morts admis au ciel. Dans la cosmologie juive, chaque étoile était gardée par un ange*, et les constellations étaient des groupes d'esprits célestes qui travaillaient harmonieusement ensemble. Dans l'iconographie chrétienne, les représentations d'étoiles indiquaient des phénomènes célestes (des ornements représentant le firmament décoraient déjà les plafonds des tombeaux égyptiens). Marie, la mère du Christ, était souvent représentée soit debout sur un croissant* de lune*, soit ceinte d'une auréole (voir Nimbe) en forme de couronne* d'étoiles. La multitude des étoiles devait aussi symboliser la descendance innombrable d'Abraham*. « L'étoile de Bethléem » est le plus souvent représentée avec huit* branches, et c'est elle qui guida les trois* rois mages d'Orient vers la crèche. L'étoile à six* pointes, quant à elle, l'hexagramme*

L'« étoile de Bethléem » conduit les Rois Mages auprès de l'Enfant : miniature du XIVe s.

1. Madone
avec couronne d'étoiles
et dragon à sept têtes :
gravure (1498, A. Dürer).

2. L'influence des astres
sur certains
hommes illustres :
miniature du XIVᵉ s.

3. La chute des étoiles :
miniature
(XIᵉ s., Apocalypse
de San Severo).

Astronomes aztèques
tirant de mauvais
augures d'une flamme
apparue au milieu
des étoiles un an
avant la conquête
espagnole :
gravure du XVIᵉ s.

constitué de deux triangles* imbriqués,
était considérée comme le sceau*
magique du roi Salomon* (*sigillum Salomonis*) et du bouclier de David* (*scutum Davidis*). L'étoile à cinq pointes, le pentacle*, joue enfin un grand rôle dans les
traditions magiques et passe pour bienfaisante lorsqu'elle a une pointe dirigée
vers le haut, tandis que, dans le cas
contraire, elle est le signe de la magie
noire*. — En Chine, on observait attentivement les étoiles (le dénombrement
du IIᵉ siècle en comptait 11250) et elles
jouaient un rôle considérable dans les
coutumes et légendes ; pour la nouvelle
année, chacun sacrifiait à son étoile. —
Dans la symbolique maçonnique*,
« l'étoile flamboyante » (le plus souvent
à cinq pointes avec une couronne
d'étoiles et un G en son centre, qui signifie géométrie, Gott (Dieu) ou gnose), est
la lumière* de l'esprit qui éclaire le monde
entier, bien que cette explication ne soit
pas admise par tous. Il faut distinguer les
planètes*, qui « vont leur chemin », des
étoiles fixes. Voir Cercle. — Les Incas
considéraient les étoiles, selon Garcilaso
de la Vega (1539-1616), comme les « servantes de la lune » ; c'est pourquoi ils leur
avaient attribué l'espace qui entourait
leur souveraine dans le temple de Cuzco
afin qu'elles en soient le plus près possible ; ils pensaient en effet que les étoiles
se promenaient dans le ciel en compagnie
de la Lune pour obéir à ses désirs, et que

*Astrologue établissant des pronostics
d'après la position des étoiles :
miniature du XVᵉ s.*

c'était pour cette raison qu'on ne les
voyait pas le jour. Dans l'empire aztèque,
les étoiles du firmament passaient pour
les manifestations des guerriers morts ou
sacrifiés en premier ; c'est pourquoi les
artistes les représentaient aussi par des
têtes de mort. — Les étoiles filantes ont
été très diversement interprétées dans
les civilisations anciennes – par exemple
comme des présages de la mort
d'hommes importants (Chine) ou au

*La sphère céleste
boréale avec
la représentation
des signes
du zodiaque :
gravure
(1515, A. Dürer).*

contraire comme ceux de la naissance d'un enfant dont l'âme tombe du ciel sur la terre pour s'y éveiller à la vie. — Des expressions courantes telles que « naître sous une bonne étoile » renvoient à des conceptions astrologiques populaires. — L'explication de la symbolique attachée aux constellations pose un problème difficile et il faut avoir beaucoup d'imagination pour reconnaître dans des points lumineux épars des figures telles que le cygne*, la lyre, la vierge*, le lion*, etc. Les anciennes cartes célestes, pour obtenir ces figures, relient par conséquent les points isolés de ces constellations d'une manière quelque peu artificielle. En fait, dans les civilisations étrangères, les constellations portent de tout autres noms que ceux que nous utilisons, ou bien elles revêtent d'autres formes, ce qui indique bien l'arbitraire de leur désignation. Les constellations qui aidaient autrefois les marins à s'orienter, étaient rattachées à des légendes et à des mythes avec lesquels elles entretenaient certaines correspondances. Celles qui, le soir, lors de la rotation de l'ensemble des étoiles fixes, disparaissent les unes après les autres dans les rayons du soleil couchant pour réapparaître ensuite dans le ciel matinal, étaient particulièrement importantes. Elles étaient divisées selon le système duodécimal (voir Zodiaque), et partageaient ainsi la course apparente du soleil en douze zones (Bélier*, Taureau*,

Gémeaux*, Cancer*, Lion*, Vierge*, Balance*, Scorpion*, Sagittaire*, Capricorne*, Verseau*, Poissons*). Une partie de ces noms étaient déjà courants dans les anciennes civilisations mésopotamiennes et ils furent repris par les Égyptiens et les Grecs sous une forme en partie modifiée. Dans chaque constellation, le soleil persiste à peu près jusqu'au moment où il traverse un changement de phase de la lune, équivalent à un mois. L'astrologie populaire attribue au signe

La comète préside à l'alimentation du dragon mercuriel
(XVIIᵉ s., traité d'alchimie).

La sphère céleste australe : gravure (1515, A. Dürer).

Jean II le Bon fonde l'ordre de l'Étoile : miniature du XIVᵉ s.

un effet qui ressortit à la symbolique de la constellation et qui détermine alors, ou du moins influence le caractère de la personne qui est née durant cette période. Le zodiaque chinois possède des signes totalement différents tels que le rat*, le bœuf*, le tigre*, le lièvre*, le dragon*, le serpent*, le cheval*, le mouton*, le singe*, le coq*, le chien* et le porc*. On y comptait les années d'après ces « signes gouverneurs » et l'on pensait que le caractère de la personne qui était née sous un signe quelconque était déterminé par les qualités spéciales de l'animal symbolique qui y était attaché.— Le champ céleste d'un signe n'est d'ailleurs pas identique à la constellation en question mais se

trouve placé en face de celle-ci (ils se recouvraient à peu près il y a environ 2500 ans et c'est à cette époque que l'on a donc fixé pour la première fois le zodiaque). Un texte babylonien de l'an 420 av. J.-C. leur attribuait les noms suivants : l'ouvrier salarié (bélier), les pléiades* (taureau), les gémeaux, le cancer, le lion, l'épi (la vierge avec son épi de blé* à la main), la balance, le scorpion, le centaure* tirant à l'arc (sagittaire), la chèvre-poisson (capricorne), le gula (verseau) et deux queues (poissons). — En Occident, les signes traditionnels du zodiaque sont divisés diversement, par exemple en trois croix auxquelles appartiennent chaque fois quatre signes : la « croix cardinale » – bélier, cancer, balance*, capricorne, est rattachée aux quatre archanges Gabriel, Raphaël, Michel et Uriel ; la « croix fixe » – taureau, lion, scorpion, verseau, est associée aux « gardiens archaïques des quatre coins du monde » c'est-à-dire aux quatre évangélistes : Luc (taureau), Marc (lion), Jean (aigle), Matthieu (homme ou ange). Pour la « croix mobile », il reste les gémeaux, la vierge, le sagittaire et les poissons. D'après les quatre éléments*, on a défini quatre trigones pour chaque fois trois signes (feu : bélier, lion, sagittaire ; terre : taureau, vierge, capricorne ; air : gémeaux, balance, verseau ; eau : cancer, scorpion, poissons). Dès l'Antiquité on assignait à chaque signe une vertu symbolique que l'on retrouve encore aujourd'hui dans l'astrologie populaire, comme le montre le texte de Pétrone (mort en 66), *le Festin de Trimalcion*, tiré du *Satyricon*, où le principe selon lequel « les noms sont des présages » (*nomina sunt omina*) était déjà affirmé en rapport avec les constellations. Le fondement de cette

L'étoile comète apparue au-dessus de la ville de Nuremberg : feuille volante (1556, H. Weigel).

1. *Amulette protectrice pour nouveau-né : art hébraïque du XVIIᵉ s.*

2. *Emblème maçonnique avec étoile de David ; au centre, le nom de Dieu : gravure.*

3. *L'étoile de David naît de l'entrelacement de deux triangles.*

4. *L'étoile de David prend forme à partir des symboles alchimiques des quatre éléments.*

théorie des correspondances symboliques doit avoir été formulé et s'être répandu surtout dans l'Alexandrie post-hellénistique, au IIᵉ siècle — Le refus du culte traditionnel des astres tel que le pratiquaient encore les Sabéens à Harran, trouve son origine dans la légende du patriarche Abraham* appartenant à la tradition islamique. Celui-ci aurait en effet vécu les quinze premières années de son existence caché dans une grotte* pour échapper aux poursuites du roi Nemrod* et c'est la main d'Allah qui aurait pris soin de lui. Après quoi sa mère le ramena à l'air libre sous la conduite de l'ange* Dschibril (Gabriel). « Lors-

qu'Abraham aperçut alors la lumière isolée de l'étoile du soir dans le ciel nocturne, il pensa que c'était l'être suprême et voulut l'adorer ; mais l'étoile s'éteignit et Abraham jura de ne pas adorer ce qui disparaîtrait. Ainsi en alla-t-il également lors du lever de la lune et du soleil le matin. Chaque fois Abraham était tenté de voir en eux l'être suprême et de l'adorer. Mais lorsqu'ils disparaissaient, il était triste ; il finit par comprendre qu'il adorerait seulement et ne reconnaîtrait personne d'autre que celui qui avait créé ces lumières et les avait placées sur orbite » (Beltz). D'après le dogme monothéiste, les lumières célestes ne sont que les symboles du Créateur lui-même. — À l'époque chrétienne, on aimait associer symboliquement les douze signes du zodiaque (voir Pierres précieuses) aux apôtres du Christ : bélier-Pierre ; taureau-André ; gémeaux-Jacob l'ancien ; cancer-Jean ; lion-Thomas ; vierge-Jacob le jeune ; balance-Philippe ; scorpion-Bartholomé ; sagittaire-Matthieu ; capricorne-Simon ; verseau-Judas Thaddée ; poissons-Mathias. Dans l'*Apocalypse* de saint Jean, les sept* planètes sont associées symboliquement aux sept étoiles puisque celles-ci sont les anges des sept églises auxquelles s'adresse spécialement son message. Le nombre des signes du zodiaque apparaît aussi sous la forme de douze étoiles qui ceignent, comme une couronne, la tête de la femme céleste (*Apocalypse* XII, 1). Les étoiles qui tombent du ciel sont les messagères de la fin du monde*. — Les étoiles apparaissent fréquemment sur les blasons ; dans l'héraldique* allemande, on les trouve généralement sous forme d'hexagrammes*, et dans l'héraldique romane et anglaise sous forme d'étoiles à cinq* branches (plus rarement à huit branches). Goethe choisit pour son blason, en souvenir de l'étoile du matin (Vénus*), une étoile à six* branches sur fond d'azur* (1775), un choix qui fut entériné en 1782 sur ses armoiries nobiliaires. Une constellation, la croix du Sud, orne depuis 1889 les armes du Brésil. On trouvait des étoiles rouges* sur presque toutes les armoiries nationales des anciens états communistes, et on en trouve des blanches* sur la bannière étoilée des États-Unis, où elles symbolisent le nombre des états fédéraux (cinquante depuis 1960). Cinq étoiles sur les armoiries de Singapour symbolisent la démocratie, la paix, le progrès, le droit et l'égalité, tandis que le drapeau de l'Union européenne comporte autant d'étoiles disposées en rond que de pays membres.

ÉVANGÉLISTES   Dans la vision du prophète Ézéchiel (I, 4-11), on peut lire ces mots : « Je regardai : un vent de tempête* venait du nord, une grande nuée et un feu* fulgurant et, autour, une clarté ; en son milieu, comme un étincellement de vermeil au milieu du feu. En son milieu, la ressemblance de quatre* êtres vivants… chacun avait quatre visages, et chacun d'eux avait quatre ailes*… Ils scintillaient comme l'airain poli… Leurs visages ressemblaient à un visage d'homme ; tous les quatre avaient

1. Le Christ avec les anges et les symboles des évangélistes (l'homme, le lion, le bœuf, l'aigle) : miniature mozarabe (Xe s., « Moralia in Job », saint Grégoire le Grand.

2. Le lion, symbole de l'Évangéliste Marc : miniature (VIIIe s., « Évangiles d'Echternach »).

à droite une face de lion*, à gauche une face de taureau*, et tous les quatre avaient une face d'aigle* ». Cette figure tétramorphe est sans aucun doute influencée par l'idée répandue dans l'ancien Orient des quatre gardiens du monde ou des quatre porteurs du ciel disposés aux quatre coins du firmament ; cette image repose elle-même sur les symboles stellaires du zodiaque*. De même, il est dit dans l'*Apocalypse* de saint Jean que quatre êtres vivants entourent le trône* de Dieu : « Le premier animal ressemblait à un lion, le deuxième à un jeune taureau, le troisième avait comme une face humaine, et le quatrième semblait un aigle en plein vol » (IV, 7). Il s'agit apparemment de la représentation sous une forme imagée des quatre signes zodiacaux de la « croix* fixe » qui sont aujourd'hui le taureau, le lion, le scorpion et le verseau (les signes médians correspondant aux quatre saisons). Le scorpion est remplacé par l'aigle, le verseau par l'homme. Si les quatre Évangélistes étaient à l'origine rapprochés des quatre chérubins entourant le trône de Dieu, ils furent à partir du Ve siècle identifiés avec le tétramorphe, visiblement sous l'influence de théories astrologiques. Saint Jérôme (348-420) explique cette évolution de la façon suivante : l'évangéliste Matthieu est symbolisé par l'homme (ailé) car son récit commence lorsque le Christ vient au monde ; Marc est associé au lion car son évangile débute sur les paroles de celui qui crie dans le désert, Jean le Baptiste ; Luc correspond au taureau, animal des sacrifices*, car il est tout d'abord question chez lui du prêtre Zacharie, le père de Jean-Baptiste et sacrificateur par définition ; Jean enfin a l'aigle pour symbole car c'est chez lui que l'envol de l'esprit vers les sphères supérieures du Ciel est le plus frappant. Saint Irénée de Lyon (vers 180) avait déjà comparé les quatre évangélistes à la figure du tétramorphe, sans cependant préciser chacune des correspondances. Il ne se référait en effet qu'à l'action quadruple de la bonne nouvelle : le lion exprime la force d'action royale, le veau le sacrifice, l'homme la naissance et l'aigle le souffle divin (*pneuma*) qui traverse l'Église. On rapprocha ensuite les quatre évangélistes des quatre grands prophètes de l'*Ancien Testament* (Isaïe, Jérémie, Ézéchiel et Daniel) et des quatre grands pères de l'Église, saint Augustin, saint Ambroise, saint Jérôme et saint Grégoire le Grand. « Il ne fait pas de doute que le choix d'êtres incarnant de façon particulière la majesté, la force, le savoir et la souplesse remonte à des motifs très anciens et des traditions préhistoriques. Tout aussi ancienne est la façon de les relier aux quatre vertus cardinales – la sagesse, le

Les quatre évangélistes : miniature (XIe s., « Évangéliaire » de Vysehrad).

courage, la prudence et la justice » (G. Heinz-Mohr). Sur les portraits des évangélistes représentés sous les traits de quatre philosophes revêtus de la toge romaine et se tenant derrière un pupitre de lecture, un livre à la main, on retrouve souvent au Moyen Âge les figures symboliques propres à chacun. Dans les textes, leurs messages sont aussi parfois comparés aux quatre fleuves* du paradis*. Parmi les figures animales, c'est surtout le lion de saint Marc (l'emblème de la République de Venise jusqu'en 1797, puis de la ville de Venise) qui est devenu célèbre. Avec sa patte droite, il tient ouvert un livre où est écrit *Pax tibi Marce evangelista meus* (« Que la paix soit avec toi, Marc, mon évangéliste »). Ce lion de saint Marc orne encore aujourd'hui le drapeau de la marine et du commerce italien.

ÈVE (Voir aussi Adam) Responsable du péché originel, Ève est, pour le christianisme, la mère* de l'humanité souffrante. Sa faute peut cependant être considérée comme « heureuse » (thème de la *felix culpa*), dans la mesure où c'est elle qui nécessitera le mystère des mystères que sont l'incarnation et le sacrifice du Christ. Il existe de ce point de vue une parenté spirituelle entre Ève et Marie*, cette dernière, à travers l'humanité de son Fils,

*Ève offrant la pomme à Adam
au jardin d'Éden,
par Lucas Cranach le Vieux.
Musée San Carlos de Mexico.*

EXCRÉMENTS Dans un vaste ensemble symbolique ordonné par les valeurs de la digestion, l'excrément a été souvent considéré comme une matière sacrée, mise en correspondance avec la royauté de l'or*. La psychanalyse de Freud fera d'ailleurs remarquer à ce sujet que toute monnaie (et à l'époque, les pièces d'or), dépend psychiquement du stade anal, cependant que la psychologie complexe de Jung fera plutôt la comparaison entre la digestion des éléments dans la cornue ou dans l'athanor de l'alchimiste afin de produire de l'or, et la digestion des aliments, eux-mêmes renvoyés aux quatre éléments* de base dans la pensée traditionnelle, qui se traduit par la production de l'excrément. Deux approches, deux explications différentes, mais la même constatation : ces deux images sont profondément parentes et renvoient l'une à l'autre. Comme l'écrivait d'ailleurs Victor Hugo dans *Les Misérables* : « Si notre or est fumier, notre fumier est or. » — De fait, les excréments sont très longtemps entrés, jusqu'à l'aube de l'ère moderne, dans la fabrication de multiples remèdes ainsi que de crèmes de beauté (dans l'ancienne Rome l'on se servait de fiente de pigeon et d'excréments de crocodile* pour se blanchir le teint ou encore de bouses de veau pour combattre le hâle) tandis qu'on cite la vénération des sujets du Grand Mogol pour les défécations de leur souverain. Sans oublier le folklore français où, dans l'isomorphisme de l'estomac et de la hotte, nombre de rochers ou de blocs divers de pierre sont appelés les excréments de Gargantua. — Comme dans la fabrication de l'or, en alchimie, indique la naissance spirituelle de l'enfant divin, du *puer aeternus*, il n'est pas étonnant de devoir constater que l'excrément peut alors devenir la métaphore de l'enfant qu'on met au monde et la défécation, le synonyme de la naissance. C'est ainsi qu'on assiste à des « naissances anales » dans les tableaux de Jérôme Bosch ou dans certains mythes, parfois euphémisées comme dans le mythe grec du déluge* où Deucalion jette des pierres* derrière lui afin de créer une nouvelle humanité. On retrouve le même genre de chaîne symbolique chez les Dogons, où Nommo, le dieu qui organise le monde, défèque du cuivre rouge – lequel est le frère puîné de l'or qui en est le sublimé (au sens où l'or est du sublimé de plomb en alchimie).

finissant par devenir la Mère du genre humain tout entier. La Vierge* Marie est en quelque sorte, dans la rédemption, la figure symétrique aussi bien que la reprise d'Ève dans le processus de perdition. D'où le jeu de mots mystique qui apparaît relativement tôt entre le salut de l'ange* au moment de la Visitation (*Ave Maria*, etc.), et le nom latin d'Ève (*Eva*), qui en est l'anagramme. Ainsi trouve-t-on dans l'*Ave maris stella*, hymne anonyme du VIIe siècle : *Sumens illud ave / Gabrielis ore, / Funda nos in pace, / Mutans nomen Evae* : « En recevant cet Ave / de la bouche de Gabriel, / établis-nous dans la paix / en retournant le nom d'Eva ». Ces considérations atteindront sans doute leur sommet avec le poème du *Triste fuit* au XIIIe siècle, qui introduit le troisième anagramme *vae*, qui signifie le malheur : *Triste fuit in Eva vae, / Sed ex Eva format ave / Versa vice, sed non prave, / Intus ferens in conclave / Verbum bonum et suave* : « Triste fut en Ève le malheur, / Mais il forme d'Ève le salut / En se retournant – mais non point de travers – / Portant à l'intérieur de la chambre à coucher / le Verbe bon et suave ».

F

FAISAN Le faisan n'apparaît dans la symbolique occidentale qu'en rapport avec une légende selon laquelle il aurait pris la forme fantastique du phénix* (cela concerne surtout le faisan d'or dont les excréments étaient censés donner des forces nouvelles). Le faisan joue en revanche un rôle important en Chine où il est associé, en raison de la lourdeur de son vol, au tonnerre* et au principe du yang (voir Yin et Yang). Il est cependant censé pouvoir aussi se transformer en huître ou en serpent* et incarner le principe du yin. Le faisan faisait certes partie des douze insignes impériaux

Faisan : « Il meurt par stupide crédulité », gravure de 1647.

et symbolisait l'impératrice, mais il joue de façon générale un rôle plutôt négatif. Son cri peut annoncer une inondation ou encore la dépravation des mœurs et la tentation ; il n'est pas rare que des faisans apparaissent dans les légendes comme des incarnations de puissances mauvaises et surnaturelles. Le faisan d'or était en Chine l'insigne des hauts fonctionnaires de l'État ; sous le régime nazi, c'est ainsi que l'on surnommait ceux qui arboraient « l'insigne doré du parti ». — Le livre d'emblèmes baroque de Hohberg (1675) attribue au faisan l'attitude que nous associons aujourd'hui à l'autruche* : « Le faisan, le dément,/ se pense invisible/ lorsque sa tête est cachée, et c'est ainsi qu'il est pris./ De même, notre monde insensé croit ses vices cachés/ mais Dieu peut les trouver à son gré : il sait le Quand, le Comment et le Où ».

FAISCEAUX Les faisceaux des licteurs étaient un symbole du pouvoir de l'État dans la Rome antique et ils sont devenus à l'époque moderne un symbole politique*. Les licteurs se trouvaient au service des plus hauts magistrats ou de certains prêtres qu'ils précédaient lors de leurs apparitions publiques en portant un fouet maintenu par des lanières de cuir. Le préteur était annoncé par six licteurs, le consul par douze. Au milieu du fouet était fixée, pour symboliser le pouvoir de l'État, une hache* de bourreau. Le lien qui unit les lanières du fouet, ou les bâtons qui ont plus tard pris leur place, était censé symboliser la concentration du pouvoir et la division de la société en castes, tandis que la lame de la hache représentait l'autorité absolue. D'origine étrusque, les faisceaux ont donné son nom au fascisme moderne qui avait fait son symbole de cet antique emblème de Rome.

Faisceau de licteur : « La crainte accroît l'honneur », gravure de 1702.

FAMA Inspirée de la déesse grecque Phème (selon Hésiode), *Fama* est la figure allégorique et symbolique de la littérature romaine antique. Elle incarne la force incontrôlable de la rumeur et la réputation (surtout mauvaise) des hommes ; Ovide y voit la messagère de

La Renommée et l'Histoire :
gravure (1586, H. Goltzius).

La Renommée :
gravure (XVIIe s., G. Franco).

la vérité et du mensonge qui ne peuvent être distinguées l'une de l'autre. Virgile la décrit comme un être effrayant avec d'innombrables gueules et autant de langues qui ne cessent de jacasser. Dans l'art plastique, elle est représentée avec des ailes* permettant la diffusion rapide des rumeurs et une trompette avec laquelle elle « claironne » ses vérités et ses mensonges.

FAUCILLE   La faucille fut l'un des premiers outils du moissonneur dans les civilisations agraires du néolithique ; elle fut tout d'abord réalisée en silex puis devint un objet de culte qui se rapportait au croissant* de lune*. On désignait fréquemment les épées* recourbées du nom de faucilles, par exemple l'arme du dieu Marduk, le dieu protecteur de la ville de Babylone*. C'est avec une faucille que le dieu Cronos* (dans la *Théogonie* d'Hésiode) amputa Ouranos de ses organes avant d'être lui-même foudroyé par son fils Zeus (voir Jupiter), puis détrôné et banni. La faucille demeure l'attribut de Cronos (Saturne*) que l'on considérait, à l'époque préhellénique, comme le dieu de la fertilité. Son nom fut plus tard associé à celui du temps personnifié (Chronos*) qui porta désormais la faucille ou (plus récemment) la faux comme symbole du temps qui s'écoule

impitoyablement. Voilà pourquoi la faucille et la faux devinrent également les symboles de la mort*. Ce ne fut d'ailleurs que d'une façon apparemment contraire que le régime soviétique, après la révolution de 1917, fit figurer une faucille d'or sur son drapeau rouge : symbolisant la paysannerie libérée associée à la classe ouvrière triomphante figurée par le mar-

La moisson du jugement : miniature
(Apocalypse du Beatus de Liébana).

*Priape, dieu de la force génératrive,
tenant une faux : gravure de 1616.*

*1. Le Temps tranche de sa faux
les ailes de Cupidon : gravure de 1603.*

*2. La faux, attribut de sainte Notburga :
gravure (« Les légendes des Saints »).*

teau*, la faucille, en effet, y renvoyait à l'exaltation de la vie et à l'annonce de ce monde et de cet homme nouveaux auxquels le marxisme devait donner naissance. Avait-on pourtant pensé que la faucille, au temps de la moisson à laquelle elle est destinée, coupe le blé*, c'est-à-dire le tue ? À moins qu'on n'interprète le symbole, d'une façon tout à fait traditionnelle, en rappelant qu'on ne tue le blé qu'afin de fabriquer la nourriture de vie qu'est le pain* ? Autrement dit, une nouvelle vie ne se construit que sur la disparition de l'ancienne, et comme dans la technique de l'homme et l'alchimie de la cuisson, le nouveau paradis dont rêvait Marx et dont il parle dans *Économie politique et philosophie*, « cette véritable fin de la querelle entre l'homme et la nature » ne peut s'instaurer méta-

phoriquement que sur la destruction des anciennes classes et la métamorphose, ou la « transmutation », de l'humanité par elle-même où le *puer* alchimique devient l'homme régénéré qui s'est enfanté lui-même : « Pour l'homme socialiste, toute l'histoire universelle n'était pas autre chose que la procréation de l'homme par le travail humain, que le devenir de la nature pour l'homme, il possède la preuve visible et irréfutable de son enfantement par soi-même, du processus de sa création »

FAUCON Ce rapace (voir Oiseau) a un rôle symbolique analogue à celui de l'aigle* dans les régions montagneuses. On l'utilise encore aujourd'hui pour chasser, surtout dans les pays arabes, mais uniquement pour des raisons sportives ou esthétiques depuis que les armes modernes ont fait leur apparition. Dans l'Égypte ancienne, le faucon (surtout le faucon pèlerin) était un symbole royal car, à sa vue, « l'oiseau est paralysé comme est paralysé l'ennemi en apercevant le pharaon ». C'est sous la forme du faucon qu'apparaît le plus souvent Horus (Hor), le grand dieu du Ciel, probablement en raison des hauteurs atteintes en vol par le rapace. Horus pouvait être aussi représenté comme un homme à tête de faucon. Le dieu du

*1. Faucon sur un perchoir :
détail du Papyrus de Lady Merit.*

*2. Fauconnier : miniature (XIIᵉ s., « Moralia
in Job », saint Grégoire le Grand).*

Soleil Re est aussi figuré par un faucon
(la tête couronnée du disque solaire), de
même que Month et sa double couronne
de plumes, le dieu des morts Sokar
(représenté sous les traits d'un faucon
momifié) et Hariêse portant la double

couronne de la Basse et de la Haute
Égypte. Les yeux du faucon sont souli-
gnés par des taches inscrites dans le plumage, qui renforcent par un effet d'optique l'expression de son regard ; « l'œil
Udjat qui voit tout » était ainsi le symbole
de la bonne vue à distance et de l'invulnérabilité, et on en faisait des amulettes
très recherchées. — En Occident, le faucon de chasse* est l'attribut de certains
saints (par exemple du patron des chasseurs saint Hubert) ; il est aussi parfois
le symbole de la victoire sur la chair
parce qu'il chasse le lièvre « toujours
concupiscent ». Les Germains du nord
croyaient qu'Odin se transformait en faucon pour survoler la terre et que le rusé
Loki aux multiples astuces en prenait lui
aussi souvent la forme. — Les bestiaires
médiévaux attribuent une signification
symbolique négative au faucon. D'un vol
mou, affirment-ils, le faucon vient rôder
autour des marchés pour y attraper des
détritus, à l'image de l'homme qui ne
pense qu'à son ventre. « Le faucon a peur
des oiseaux plus grands que lui, et préfère épier et attaquer les pauvres poussins sans défense. De même, les lâches
viennent rôder autour des jeunes gens
et les incitent au vice » (Unterkircher).
— À une époque plus récente, le mot faucon fut aussi utilisé pour désigner un
homme menant une politique (extérieure) très rigoureuse, à l'opposé de la
colombe*, symbole de la paix.

FAUST   Le docteur Johannes Faust (ou
Georg, chez Goethe et chez Heinrich) est
le symbole du chercheur perpétuel que
la menace de l'enfer ne fait pas reculer
dans sa quête des vérités dernières. On
n'a pas encore pu déterminer de façon
exacte quel personnage réel a donné
naissance à ce mythe – probablement un
« sorcier » et astrologue qui se déplaçait de ville en ville dans les années 1480-
1540. Tandis que Goethe présente Faust
sous une forme idéalisée, cette figure est
dans les textes qui le précèdent, par
exemple dans le récit populaire *Historia von Dr. Johann Faustus, dem weit-
beschreyten Zauberer und Schwartzkünst-
ler* (« Histoire du Dr. Johann Faust,
célèbre sorcier et adepte de la magie
noire », Francfort sur le Main, 1587), associée au récit du pacte avec le Diable* ;
Méphistophélès, esprit diabolique, ayant
pour un temps mis ses pouvoirs au service de l'humanité, aurait tordu le cou
du vagabond de Staufen en Breisgau et
aurait emporté son âme en enfer*. Dans

Le docteur Faust dans le cercle magique des exorcismes : gravure du XVIIᵉ s.

cette légende transparaît la méfiance du peuple envers le savant, mais aussi envers le charlatan qui s'entoure de livres* incompréhensibles en langues étrangères et mène grand train de vie, sans être noble ni exercer un travail manuel. L'homme du peuple, quant à lui, voyait dans ce mode de vie le plus court chemin menant au Diable qui finissait toujours par réclamer son dû. D'innombrables légendes, récits et livres de magie sont consacrés à la figure symbolique de cet « allié » du Diable qui devait être à l'origine un marginal errant de-ci, de-là, pour s'adonner à l'occultisme.

L'esprit de Dieu entre par la fenêtre dans l'Annonciation de C. Crivelli.

FENÊTRE En symbolique, les fenêtres sont des ouvertures qui laissent d'abord passer la lumière* surnaturelle. C'est pourquoi les fenêtres des bâtiments sacrés, par exemple des grandes cathédrales du Moyen Âge, sont décorées de vitraux impressionnants (Reims, Chartres, la Sainte-Chapelle de Paris) pour figurer la splendeur future de la Jérusalem* céleste. La lumière venant du dehors ou d'en haut correspond à l'esprit de Dieu tandis que la fenêtre elle-même est un symbole de Marie* (elle ne brille pas par elle-même, mais seulement lorsqu'elle est éclairée par la lumière divine). Les vitraux étaient souvent structurés selon les principes de la symbolique des nombres*, par exemple divisés en trois (la Trinité*) ou en quatre* (les quatre évangélistes*), ou encore en forme de rosace divisée en sept parties. — Dans la symbolique maçonnique*, le temple* de Salomon*, à Jérusalem, n'avait pas de fenêtre sur le côté nord car aucun rayon de soleil* ne venait éclairer ce versant. La représentation de trois fenêtres sur certains tapis anciens correspondait au même symbolisme que celui du temple maçonnique : il n'y avait pas d'ouverture au nord*, et les fenêtres regardaient respectivement à l'orient*, au sud et à l'occident, c'est-à-dire au lever du soleil, à son zénith et à sa chute ; dans un écrit de S. Prichard (1730), elles sont appelées les « lumières fixes » (par opposition avec les « lumières mobiles »).

FER Ce métal, utilisé depuis une époque assez récente dans l'histoire du monde, représente, parmi les mythes définissant les différentes périodes traversées par l'humanité, la dernière étape d'un processus qui aurait commencé avec l'âge d'or*. Il est attribué au dieu de la Guerre, Mars* (en grec Arès*), et la couleur rougeâtre de la rouille n'est pas sans évoquer celle du sang*. Les hommes de l'Antiquité croyaient que ce métal était redouté des démons et des mauvais esprits, et c'est pourquoi ils portaient de nombreuses bagues* et amulettes en fer. Au VIIᵉ siècle encore, l'Église dut en interdire le port. La croyance dans les propriétés du fer à cheval est liée à trois facteurs : le caractère protecteur du métal lui-même, la forme en croissant de lune* et le contact avec l'animal symbolique qu'est le cheval*. Depuis l'Antiquité, c'est avec des lances en fer que l'on trace sur le sol les cercles magiques censés protéger des démons. De nombreuses plantes médicinales ne doivent pas être déterrées à l'aide d'outils en fer si on veut qu'elles conservent toutes leurs propriétés. Les peuples de l'Antiquité voyaient dans le magnétisme du fer une preuve de ses pouvoirs surnaturels. Ils pensaient que la magnétite attirait les maladies, pouvait faire naître la sympathie ou encore resserrer les liens entre les époux. Ils considéraient également la rouille comme contagieuse au sens magique et symbolique du terme et croyaient qu'elle pouvait empoisonner certaines plantes. — Dans la Chine ancienne, le fer était un symbole de force et de justice dont on supposait qu'il repoussait les dragons* ennemis vivant dans l'eau. C'est pourquoi on enterrait des figurines en fer sur les rives des fleuves* et dans les barrages.

FEU Cet élément* qui semble habité d'une vie autonome, réchauffe et éclaire, mais il peut aussi dévorer dans l'incendie et tout brûler sur son passage, ce qui le lie étroitement à la souffrance et à la mort. Il possède donc une double signification, d'où découle l'ambivalence dont il a toujours été marqué dans l'imagination humaine. Du côté positif, il est avant tout le symbole sacré du foyer domestique (ainsi, dans la Rome antique, le culte du feu était-il entretenu par de jeunes vierges*, les vestales), celui de l'inspiration et l'Esprit-Saint qui s'est manifesté aux apôtres à la première fête de la Pentecôte sous la forme de langues de feu ; de même, dans le Mexique ancien, allumer le nouveau feu, au début de la nouvelle année, était un acte sacré. Du

Le dieu du feu Xiuhtecutli : gravure du XVIᵉ s.

côté négatif, le feu est associé aux images des flammes* de l'enfer*, de l'incendie ravageur, des destructions entraînées par le « feu du ciel », c'est-à-dire par l'éclair*, et par le feu du volcan issu de l'intérieur de la terre. Il est important de noter à ce propos que c'est la domestication du feu aux origines de l'histoire de l'humanité, il y a des millions d'années, qui a marqué le début de la civilisation, et que contrairement à ce qu'affirment certaines doctrines peu scientifiques, il n'existe aucune tribu primitive qui ne connaisse pas le feu. Le feu est le seul élément que l'homme puisse « produire », et c'est pourquoi il est pour lui la marque de sa ressemblance avec la divinité. Divers mythes de la Grèce antique ou de Polynésie racontent que le feu était à l'origine la propriété des dieux, que l'homme est venu leur dérober. Le feu peut aussi avoir une action purificatrice en détruisant le mal, en faisant disparaître le corps des sorcières* et autres êtres démoniaques, et en effaçant la trace des péchés dans le purgatoire* des chrétiens. Cette flamme purificatrice est sacrée en particulier dans la religion parsie (doctrine religieuse de Zoroastre ou Zarathoustra) ; les textes incantatoires connus sous le nom de formules de *Maqlu* ou *Schurpur* se composent essentiellement de formules destinées à détruire les ensorcellements par le feu : « Cuis, cuis, brûle, brûle ! Le mal

Offrande du feu et de la terre à la statue du dieu de la guerre Huitzilopochtli : gravure du XVIᵉ s.

de chèvre ! Que la flamme aujourd'hui la dévore… ». *Maqlu* comme *Schurpur* signifient « brûler » et la croyance dans l'action du feu pour détruire les mauvais sorts est ici particulièrement nette. — La coutume que l'on retrouve sur plusieurs continents et qui consiste à marcher pieds nus, sans se blesser, sur des charbons ardents (en grec *pyrobasia*), était sans doute à l'origine un rituel de purification à l'aube de la nouvelle année, et il était accompli encore récemment au Tibet (le quinzième jour du premier mois). Le feu est de façon générale un élément masculin (par opposition à l'eau féminine), associé à l'énergie vitale, au cœur, à la procréation, à l'illumination spirituelle et au soleil* (voir Phénix). C'est une étincelle* de feu qui aurait fécondé la vierge* Ocrisia (une vestale sacrée de Rome) et l'aurait rendue mère du roi Servius Tullius. Certaines formules incantatoires an-ciennes s'adressaient au feu comme à un être surnaturel. Le point culminant de la fête pastorale des Parilia (fêtes en l'honneur de Palès, la déesse des bergers et des pâturages), célébrée le 21 avril dans la Rome antique, était le saut au-dessus d'un feu de paille purificateur. D'après la mythologie grecque, la déesse Déméter* aurait placé le héros Démophon dans les flammes d'un four pour le laver des impuretés terrestres et le rendre immortel. On accomplissait autrefois des rondes de flambeaux* autour des malades mentaux et des pécheurs. Dans les villes antiques, dès que quelqu'un prononçait le mot *ignis* (feu), on versait de l'eau pour conjurer la menace de façon

1. Deux dominicains brûlés comme hérétiques : gravure de 1549.

2. Holocauste du prophète Élie devant les prêtres de Baal.

3. Ange déversant le feu d'un encensoir : miniature (XVIᵉ s., Apocalypse).

et le pire, n'entrez pas, allez-vous-en !… Je vous attache, je vous ligote, je vous livre au Gila qui incinère, brûle, attache, attrape les sorcières… Vois cette peau de chèvre élimée jetée dans le feu, dévorée par les flammes… Que la malédiction, le mauvais sort, la peine, la torture, la maladie, la souffrance, le péché, le crime, le sacrilège, l'erreur, la douleur qui habitent mon corps, soient élimés comme la peau

Vieillard priant devant un autel où brûle le feu sacré pour Zoroastre : gravure du XVIIIᵉ s.

Le Saint-Esprit descend du ciel sous forme de langues de feu durant la Pentecôte : miniature (VI⁰ s., « Évangile » de Rabula).

à la fois magique et symbolique. — De façon générale, les dieux du feu ou les êtres surnaturels associés à cet élément sont, en raison de la nature ambiguë de la flamme, des figures « fourbes » auxquelles l'homme ne peut jamais vraiment faire confiance – comme, par exemple, le dieu germain Loki. La « flamme vivante » est cependant le plus souvent perçue de façon positive, surtout après que les conquêtes de la civilisation ont permis de la maîtriser quelque peu, comme en témoignent les coutumes antiques des marches aux flambeaux ou des feux de solstice ; on peut citer aussi l'usage qui dure encore de nos jours de disposer sur la table des bougies en guise de décoration. Les bougies de l'autel, celles du baptême, des communions, etc., jouent également un grand rôle symbolique au sein de l'Église comme porteuses de la lumière* divine (voir Épine, Salamandre). En Extrême-Orient, mais plus encore dans l'Inde védique, le feu était considéré comme un symbole central : il renvoyait aussi bien à Agni, le dieu du Feu lui-même, qu'à Indra, dieu de la Foudre* (*vajra*) et des Éclairs, et à Surya, le Soleil*. Il est le grand élément purificateur et c'est sur lui que s'appuient les rituels de sacrifices*. Assimilé à la force de l'esprit et à la lumière, il en devient tout naturellement le signifiant majeur de l'illumination que cherche le mystique ou l'adepte du yoga. Dans ce dernier, d'ailleurs, le serpent* de la kundalini est assimilé au feu intérieur qui monte à travers le corps,

notion que l'on retrouve à l'identique dans le tantrisme tibétain et, d'une façon générale, dans le bouddhisme qui insiste particulièrement sur cette action spirituelle du feu. — Dans *Les Structures anthropologiques de l'imaginaire*, Gilbert Durand a distingué les techniques de production humaine du feu : soit il naît de la percussion de deux pierres* (mouvement vertical), auquel cas il renvoie à la notion d'illumination ; soit il jaillit du frottement de morceaux de bois* (et souvent, par enfoncement circulaire de l'un dans l'autre), affirmant alors sa nature sexuelle et fécondatrice (le feu était supposé pouvoir engrosser les filles, d'où sa fonction de phallus) – ces deux modes pouvant d'ailleurs se rejoindre et même fusionner dans les techniques sexuelles comme celles du tantrisme de la main gauche* ou de l'alchimie taoïste qui mènent à la libération suprême par la voie de l'énergie que l'extase sexuelle rend à son essence. — La psychologie symbolique souligne la relation étroite qui existe entre le feu et le fourneau* (le centre de la maison et de la famille), la préparation des repas et la fonte des métaux ; le feu apparaît également dans l'image poétique de la « flamme de l'amour ». « Lorsqu'un individu s'approche en rêve d'un grand feu, regarde une flamme s'élever vers le ciel, il se trouve à proximité des forces divines » ; cependant, « on peut aussi se brûler en jouant avec le feu de la passion et celui de l'amour des idées » (Aeppli). Voir Four.

FÈVE *(HARICOT)* Du point de vue symbolique, la fève et le haricot, bien que l'une soit originaire de l'Ancien Monde et l'autre de l'Amérique, ont été très vite confondus dans les représentations de l'imagination humaine. La culture de ces deux féculents est certainement aussi vieille que celle des céréales ; c'était un élément essentiel de l'alimentation dans les pays méditerranéens, de même qu'au nord des Alpes durant le néolithique. Les prêtres égyptiens considéraient la fève comme une plante impure parce qu'elle entraînait des ballonnements et était réputée pour son pouvoir aphrodisiaque. En revanche, les fèves jouent un rôle important chez les Grecs, dans les mystères de Dionysos* et d'Apollon*. Pythagore* interdisait d'en manger sous prétexte qu'elles abritaient les âmes des morts. Pour les prêtres romains, il était interdit d'en regarder ou même de prononcer leur nom car leurs fleurs abritaient les « lettres du deuil ». À la fête des Parentalia (13 février), les esprits des morts revenaient dans le monde des vivants et les sorcières* en profitaient pour lier les « mauvaises langues » à l'aide de fèves noires. Le haricot est généralement – comme dans les croyances populaires du Japon – un symbole de la fécondité et de la richesse, en raison de ses qualités aphrodisiaques exceptionnelles. Dans les expressions courantes des langues européennes, les haricots, après qu'ils furent importés d'Amérique et qu'ils eurent souvent supplanté la fève dans les campagnes – et comme ils étaient autrefois utilisés comme une monnaie de jeu – désignent des choses de peu de valeur (« ça rapporte des haricots », c'est-à-dire presque rien). La fève, bien qu'elle ne soit pas pratiquement plus cultivée, est pourtant restée un symbole de bonheur selon une coutume qui consiste à en cacher une à l'intérieur d'un gâteau : cette fève est en effet censée porter chance à celui qui la trouve et qui est désigné comme le roi* de la fête. Si cette « fève » est remplacée aujourd'hui par différentes figurines de céramique ou même de plastique, elle n'en a pas moins gardé son nom, et il est d'usage de la tirer lors de la « fête des Rois » – en souvenir de l'arrivée des rois mages à Bethléem, devant l'enfant Jésus. On raconte aussi parfois que celui ou celle qui a trouvé cette fève va se fiancer prochainement.

FIGUIER   Cet arbre fruitier méditerranéen figure souvent sur les représentations du paradis* : le couple originel Adam* et Ève* y est pourvu d'un costume réduit au minimum, composé de feuilles de figuier. Les figues et le raisin* étaient souvent considérés dans l'Antiquité comme les attributs du dieu de la Vigne et du Vin, Dionysos* ainsi que du dieu phallique, Priape. Les savants du Moyen Âge rapprochaient le verbe *peccare* (pécher) du mot hébraïque *pag* qui signifie figue ; on en retrouve la trace aujourd'hui encore dans le « geste de la figue » aussi appelé la « figue de l'envie » (en italien *fica*). Ce geste symbolique est censé détourner le mauvais œil* et protéger de façon générale des forces et des êtres ennemis. Pour le réaliser, on serre le poing et on fait sortir le pouce entre l'index et le majeur, ce qui est considéré comme un geste obscène qui symbolise l'acte sexuel (voir Lingam, Yoni). On pensait peut-être que ce geste protégeait des démons, considérés comme des êtres spirituels et

Adam et Ève vêtus seulement d'une feuille de figuier : gravure de A. Dürer.

asexués, craignant de ce fait toute allusion d'ordre sexuel (cela peut aussi expliquer la juxtaposition de représentations d'appareils génitaux, de pentagrammes* et de symboles chrétiens sur les dessins gravés dans les rochers des Alpes). La « figue de l'envie », une amulette composée de morceaux de corail*, est encore aujourd'hui très recherchée dans certaines régions ; on la porte entre autres accrochée aux chaînes de montres et aux colliers. — Sur certains tableaux illustrant

L'arbre de la Bodhi (figuier) : relief (IIe-Ier s. av. J.-C., stupa de Bharhut).

la Passion du Christ, des païens venus assister aux souffrances du Sauveur se moquent de lui en lui faisant la figue. — Dans la tradition gnostique et islamique, les deux arbres tabous de l'Eden sont l'olivier* et le figuier. Le « figuier sec » incarne dans la symbolique chrétienne la Synagogue refusant de reconnaître le Messie Jésus-Christ ou les doctrines hérétiques. Dans la *Bible* – par exemple chez les prophètes –, le figuier porteur de fruits est en revanche, avec l'olivier et le cep de vigne*, un signe de la vie libre de tout souci dans le royaume du Messie (voir Paradis). — Dans le bouddhisme, le figuier ou arbre de Bouddha est un symbole de l'illumination spirituelle car c'est sous cet arbre que Siddharta Gautama (Bouddha) aurait compris en 528 av. J.-C. la nature profonde de la souffrance terrestre et les moyens de la combattre.

FIL À PLOMB   Élément symbolique de l'univers des bâtisseurs, le fil à plomb joue aujourd'hui encore un rôle important dans la symbolique maçonnique*. Il rend possible « la rectitude et la vérité » et fait partie avec le niveau et l'équerre des « bijoux mobiles ». On introduit le fil à plomb « dans la conscience afin d'éprouver la rectitude de l'œuvre spirituelle » ; il est l'attribut du second Surveillant. Les symboles qui renvoyaient à la verticalité représentent à l'origine la structure du cosmos* qui a pour centre l'axe du monde* reliant la terre* au ciel*.

FILET   Les omphalos, ou nombrils symboliques du monde, étaient souvent recouverts d'un filet dont on ne connaît pas la signification (les êtres surnaturels habitant l'omphalos étaient-ils ainsi retenus captifs ?). Dans la mythologie grecque, le dieu de la Forge, Héphaïstos (en latin Vulcain*), avait pris dans un filet son épouse infidèle, Aphrodite* (en latin Vénus*), et son amant, Arès (Mars*) ; comme il les avait surpris durant l'amour et que le filet était fait d'un fil de plomb incassable, il les livra donc dans cette posture aux moqueries des dieux. Ce filet qui enserre la déesse de l'Amour peut être interprété comme un rappel de sa fonction originelle de déesse de la Mer et de la Pêche (Rank-Graves). Le filet symbolise généralement la capture qui est aussi bien sûr sa fonction réelle. Dans la mythologie nordique, la déesse de la Mer, Ran, fille d'Agir, repêche les noyés avec un filet avant de les conduire dans le royaume des morts.

1. Saint Pierre jette les filets : fresque (XIIᵉ s., église de San Pedro, Sorpe).

2. « Je jetterai les filets sous tes auspices », gravure de 1675.

Les mythes polynésiens rapportent l'histoire du héros qui attrapa le soleil* avec un filet, et qui vola le feu* pour en faire don à l'homme. En Perse, le filet était un symbole mystique, qui permettait de « capturer » l'illumination. L'*Évangile* de saint Luc (5-1,11) raconte l'épisode de la pêche miraculeuse sur le lac Gennésareth, qui préfigure la « pêche au croyant » que devront accomplir les apôtres. En Inde, la toile d'araignée* symbolise, en raison de sa structure rayonnante, l'ordre cosmique et le rayonnement de l'esprit divin. On fabrique dans l'Himalaya des « filets pour capturer les démons », composés de bâtons et de fils assemblés, et disposés de telle façon qu'ils constituent un piège pour les esprits néfastes qui s'y prennent. Autrefois, la toile d'araignée symbolisait aussi en Inde le monde sensible et trompeur, qui retient pri-

*Allah protège
Mahomet
de l'assaut de Satan
escorté par
les soldats
de la Mecque
hostiles
au prophète,
en cachant,
avec de grandes
toiles d'araignée,
l'entrée de la grotte
où il avait trouvé
refuge : miniature
turque (XVIIIe s.).*

sonnier l'homme faible, mais dont le sage peut se dégager. Dans un poème d'Hugo de Trimberg (1230-1300) intitulé *Le Filet du Diable** (composé vers 1290), on voit un homme pieux contraindre le Diable à divulguer sa stratégie : il raconte alors que ses serviteurs (l'Orgueil, la Jalousie, la Haine, l'Avarice, l'Ivrognerie, la Luxure et la Colère) parcourent le monde avec un grand filet à l'aide duquel ils capturent des hommes de tout état et de tout métier (cette fable est une allégorie négative, qui répond à l'évidence à celle de la pêche miraculeuse des apôtres).

FIN DU MONDE   L'une des caractéristiques de l'espèce humaine est de concevoir sa propre fin, et peut-être aussi, d'attribuer à l'existence de l'univers, conçu comme un être animé, un terme qui était perçu, dans les époques de détresse, comme imminent ; on confessait par là l'espoir que, selon le schéma mythologique de « mort et renaissance », on accèderait ensuite à un monde meilleur où serait né le malheur de la condition humaine. De nombreuses civilisations anciennes élaborèrent ainsi le concept d'une destruction cyclique et d'une recréation du monde, tandis que les religions révélées ont au contraire considéré le temps comme un processus de progression linéaire qui allait de l'origine vers la disparition finale. Le christianisme considère entre autres le Jugement dernier comme le moment où

*Pêcheurs qui tirent
les filets dans la barque :
miniature grecque
(XIe s., « Traité de pêche »,
Oppien le Syrien).*

Dieu, le juge suprême, séparera les bons des méchants, admettra les premiers au ciel* et enverra les damnés en enfer*. L'état de félicité qui suivra l'éradication complète du mal est exprimé par la restauration du paradis* originel. La Rome de la fin de l'ère républicaine craignait que soit accompli le destin de la Ville, et avec lui, celui de l'univers : d'une part, on croyait venue la fin des temps annoncée par les douze aigles* de Romulus, et on pensait qu'à travers l'*ekpyrosis* – l'incendie cosmique – on se dirigeait vers une apocatastase, ou réintégration universelle ; d'autre part, l'époque correspondait au passage entamé de l'ère du Bélier* à celle des Poissons*, qui supposait la destruction d'un cycle pour pouvoir entrer dans le suivant. Cette approche des temps derniers pouvait aussi s'annoncer astrologiquement à travers certaines conjonctions particulières de planètes, comme on le crut par exemple, en 1524, lorsqu'après cinq de ses révolutions, Jupiter* croisa Saturne* qui venait d'en accomplir trois. — La célèbre prophétie de l'*Edda* sur le destin des dieux (*Ragnarök*, que l'on traduit généralement d'une façon erronée par « crépuscule des dieux ») mentionne des présages maléfiques tels que la multiplication des démons hostiles, l'obscurcissement du soleil*, des hivers plus rudes, le chaos* qui s'installe dans les

*La fin du monde :
gravure (1555, H. Tom Ring).*

relations humaines et le tremblement de l'arbre* du monde sur ses bases. Pour les Germains du nord, elle annonce le combat que livreront les dieux contre les monstres (Fenris, le loup*; le chien* des enfers, Garm ; Midgard, le serpent*) et contre les géants*, au cours duquel le cosmos sera anéanti, le soleil disparaîtra, les étoiles* tomberont du ciel cependant qu'une ère nouvelle s'amorcera et qu'un nouveau couple d'humains (Lif et Lifthrasir) initiera un nouveau cycle de vie. — La description de la fin du monde la plus connue dans la chrétienté est bien entendu l'*Apocalypse* (Révélation) de saint Jean, dont on ne sait pas avec certitude s'il est également l'auteur de l'*Évangile*. Ce texte énigmatique, très souvent commenté en raison de ses obscurités, est conçu comme une annonce de l'imminence du Jugement dernier au terme duquel le nouveau paradis devrait être édifié autour de la Jérusalem* céleste (voir Gog et Magog). — Selon la croyance islamique, tous les hommes qui n'adoptent pas la religion du prophète seront exécutés à la fin des temps : mécréants, hérétiques, adorateurs d'idoles, tyrans ainsi que renégats, diables et démons. Le Jugement aura lieu sur la montagne du temple* de Jérusalem et Allah sera assis sur le trône* de la Kaaba, que l'on y aura transféré depuis la Mecque. L'ange* de la mort Israfil jouera de la trompette* afin que tous les

*« La première trompette »,
annonce de la fin des temps :
miniature (Apocalypse).*

défunts se rassemblent dans la vallée de Josaphat. Une corde sera tendue en guise de pont* en travers de la vallée, sur laquelle tous les justes pourront marcher tandis que les méchants tomberont dans la gueule de l'enfer. Sur la place du Temple se trouvera la grande balance* sur laquelle on pèsera les actions des hommes. — Le thème du Jugement dernier domine également la vingtième lame des « Arcanes Majeurs » du Tarot* qui montre l'ange jouant de la trompette au-dessus de tombeaux ouverts d'où sortent des hommes nus. Ce qui signifie : renouvellement, rajeunissement, jugement, désir d'immortalité.

« Dieu n'abandonne jamais les siens » : gravure de 1675.

FINN   À la tête d'une troupe de guerriers errants, Finn est l'incarnation en Irlande du dieu cerf*. Son véritable nom, Demné, désigne d'ailleurs cet animal, comme le nom de son fils Oisin veut dire le faon, et celui de son petit-fils Oscar « le fou des faons ». Il est sans cesse en butte à des sangliers* ou à des truies avec qui il semble former un couple d'opposés* selon la double polarité masculin et féminin, mort et vie, guerre et amour. Son fils Oisin est la figure primitive de l'Ossian écossais que Macpherson fera redécouvrir à l'Europe du XVIIIᵉ siècle (1760). Équivalent insulaire de *Tristan et Iseut*, l'histoire de Finn montre le héros trompé par sa femme Grainne avec son neveu Diarmaid qui s'enfuit avec elle (mais il est vrai que Diarmaid a précisément le sanglier comme totem*). Si le personnage de Finn correspond au personnage du roi-cheval* Marc, il est aussi à certains égards le prototype du roi Arthur*, qui emmène sans cesse ses guerriers dans de nouvelles aventures et institue une souveraineté* de l'errance et de la quête face à la souveraineté régulière, et d'essence maternelle (voir Maeve), du pouvoir royal traditionnel.

FLAMBEAU   Dans sa forme symbolique, le flambeau, tel qu'il est utilisé lors des cérémonies, est plus qu'une simple source de lumière*. Sa flamme très dansante jette une lumière mystérieuse sur ce qui l'entoure, et c'est pourquoi il est utilisé lors de certaines manifestations comme les processions du Ku-Klux-Klan ou les défilés politiques à connotation religieuse. Les flambeaux apparaissent dans de nombreux cultes. Dans les rites de Mithra* ils symbolisent la vie et la mort : à côté du dieu du soleil Mithra,

le tueur de taureaux*, se tiennent les génies Cautes (vie, lumière) et Cautopates (mort*, obscurité*), portant tous les deux un flambeau respectivement tourné vers le ciel et la terre. Sur les anciennes pierres tombales, on trouve souvent comme symbole de la mort un flambeau éteint, tenu par exemple par de petits *Amor* allégoriques. *L'Apocalypse* de saint Jean (IV, 5) évoque sept flambeaux qui seraient les symboles des sept forces ou esprits divins. Le flambeau est l'attribut de certains martyrs pour qui il fut un instrument de torture (entre autres Théodore et Eutrope), et saint Dominique, le fondateur de l'ordre des dominicains, est accompagné sur ses portraits d'un chien* tenant dans la gueule un flambeau en raison d'un jeu de mots basé sur l'expression *domini canes* (les dominicains sont des *dominicanes* en latin), c'est-à-dire le chien du Seigneur qui répandait la lumière de la foi contre l'obscurité de l'hérésie cathare. À cause de l'aspect vivant de sa grande flamme, le flambeau fut érigé en symbole du réveil (voir le titre de la revue fondée en 1899 par Karl Kraus : *Die Fackel*, « Le Flambeau ») et il revêtait un aspect presque sacré lorsqu'il accompagnait les messagers lors de leurs longues courses, comme ce flambeau que se transmettent les coureurs de relais à l'occasion de l'ouverture des Jeux Olympiques.

FLAMME   « À un moment, tout devient feu* », dit Héraclite. « Les astres sont des flammes... la flamme du soleil* est la plus brillante et la plus chaude... l'âme* est une étincelle de l'essence stellaire ». Manifestation visible du principe même de la vie, le feu originel, et par extension métaphysique de l'esprit divin, la flamme prend tous les aspects de la symbolique ignée qui oscille de la claire lumière* de la création au rouge* sombre des destructions. Elle brûle la chandelle pour devenir « un monde pour l'homme seul » et « l'un des plus grands opérateurs d'images » des rêveries bachelardiennes ; elle éclaire doucement la *Madeleine à la veilleuse* de Georges de La Tour ; mais elle peut aussi s'assembler avec d'autres pour susciter les feux de joie autant que les grands brasiers des incendies, porteurs de mort et de châtiment divin : la torche des flambeaux* salue certes la gloire mais elle allume aussi les bûchers où se consument les sorcières*. Trouant à elle seule l'opacité des ténèbres, la flamme éclaire, réchauffe, manifeste l'enthousiasme de celui qui est « tout feu, tout flamme » et sert à l'amoureux qui a décidé de « déclarer sa flamme ». — Manifestation la plus universelle, on le voit, de l'esprit divin, la flamme parcourt l'ensemble des religions et des cosmogonies, brûle autour du trône de l'Apocalypse sur les « sept flambeaux qui sont les sept esprits de Dieu », descend sous forme de langues de feu sur la tête des apôtres à la Pentecôte et symbolise l'âme dans les petites lampes en terre cuite que les premiers chrétiens allumaient en enterrant leurs morts : souvenir que l'on perpétue sur les tombeaux des soldats inconnus ou des hommes au contraire très célèbres. Sans omettre les milliers de cierges allumés de par le monde autour des saintes icônes, et dont la flamme jaillit et vacille au gré du fragile espoir qu'on lui confie. — Parcelle du feu divin dérobé par Prométhée* pour le bonheur et le malheur des hommes (et que l'on retrouve à son niveau dans la flamme du flambeau olympique, souvenir du premier marathon de l'histoire des Jeux* qui commémorait le coureur qui avait apporté à Athènes la nouvelle de la victoire sur les Perses – bonheur – et était aussitôt mort d'épuisement – malheur), la flamme est aussi omniprésente dans la religion indienne. La grande déesse Shakti, ainsi que le rappelle Mircéa Eliade, « prend naissance dans l'énergie ignée des dieux ». Alors que le monstrueux démon Malisha menaçait l'univers et l'existence même des dieux, ceux-ci émirent de l'énergie qui sortit de leurs bouches sous forme de flammes, donnant naissance à un nuage igné d'où sortit la déesse aux dix-huit bras. Celle-ci écrasa le monstre et sauva ainsi les dieux et le monde. Shakti est d'ailleurs la parèdre de Shiva* nataraja, le Shiva qui exécute sa danse* cosmique à l'intérieur d'un cercle de flammes, tenant dans sa main gauche le feu qui, simultanément, anime et dévore le monde. Le dieu du feu des *Védas*, Agni, est lui-même représenté avec deux têtes surmontées de flammes, l'une symbolisant le feu védique, l'autre celui de l'autel domestique. Dans le bouddhisme, le corps de Bouddha apparaît prolongé par des flammes, celles qu'il porte sur ses bras en colonnes* de feu, ou bien celles qui entourent son chignon. — Guidées par une réflexion constante sur la notion d'énergie, les religions indiennes insistent moins, semble-t-il, sur l'aspect destructeur des flammes tel qu'on le retrouve dans toute l'iconographie chrétienne de l'enfer, où le feu du châtiment céleste dévore méchants et impies pour l'éternité. « Si je ne m'étais réservé la flamme, dit le Méphistophélès* de Goethe, « je n'aurais rien en propre à moi ». « Quel feu invisible me tourmente ? », s'exclame aussi Don Juan*. D'essence divine, la flamme éternelle et vengeresse devient ainsi l'attribut par excellence du Diable* – ou celui du sacrifice*. Peut-être parce que l'excès d'esprit, comme celui d'amour, consume la nature humaine ? Poursuivant son destin, Énée refuse d'épouser l'amoureuse Didon : de désespoir, la reine se jette dans les flammes, s'offrant en sacrifice à la future fondation de Rome. — « Je veux louer le vivant / Qui aspire à la mort dans la flamme / Dans la fraîcheur des nuits d'amour », écrira Goethe plus tard. Comment ne pas évoquer, en effet, cet « amant de la lumière », le papillon* qui se consume en se jetant dans la flamme ? – à la fois thème soufi et mythe grec qui, rappelle Bachelard, « fait du papillon un symbole de la psyché, sous la forme d'une jeune fille saisie et capturée par Éros, et brûlée par sa torche ». Jung retrouve pour sa part le même thème du sacrifice* dans la flamme en mettant en parallèle « le chant de la mite » consumée par la chandelle avec le discours d'une schizophrène, « qui veut mourir dans la flamme des flammes, le soleil, sacrifice glorieux auquel aspire l'être longtemps replié dans sa chrysalide, afin de contempler dans sa splendeur parfaite la source de beauté, de chaleur et de vie… » — La flamme verticale de la chandelle, tendue vers un Au-delà*, matière aspirant vers le non-être, n'éclairant jamais sa source et toujours en ascension, est l'un des symboles les plus actifs de la transcendance. Madeleine à l'épaule nue, une main sur un crâne, rêve sur la flamme qui s'allonge démesurément dans les ténèbres du tableau de La Tour.

FLÈCHE Arme qui transperce de loin, la flèche est l'expression, pour la psychanalyse, d'un « sadisme phallique ». La flèche tirée par un arc* n'apparaît pas dans toutes les cultures anciennes ; elle était remplacée, dans l'Amérique Centrale pré-colombienne, par un javelot taillé dans le bois (*Atlatl*). Les flèches furent souvent associées aux rayons du soleil*, ainsi qu'à la chasse. Les divinités grecques, Apollon* et Artémis* (voir Diane), tuaient à l'aide de flèches ; sous son aspect le plus sombre, Rudra, le dieu indien de la Tempête*, envoyait des flèches porteuses de maladies, tandis que sous son aspect bienfaisant, portant le nom de Shankara, il envoyait de doux rayons. La déesse à tête de lionne de l'ancienne Égypte, Sekmet, dont le nom est associé aux vents* torrides du désert, envoyait des « flèches qui transperçaient les cœurs* ». Les flèches des dieux de l'amour (en grec *Éros*, en latin Amor* – voir Amour –, en indien *Kama*) provoquent la douce « blessure de l'amour », de même que les flèches de l'amour extatique de Dieu touchent les saints (Thérèse d'Avila, Augustin). L'arc et la flèche constituent, dans la main des squelettes*, des symboles de mort, comme dans l'*Apocalypse* de saint Jean (VI, 8), où les cavaliers les portent sur leurs chevaux* blafards. C'est ainsi que Job*, durement éprouvé, se sent atteint par Dieu : « Les flèches du Tout-Puissant se sont fichées en moi, mon esprit a bu leur poison » (VI, 4). Des maux comme la peste ont souvent été personnifiés par un ange* vengeur qui tirait des flèches. L'ornementation architecturale du Moyen Âge

La Discorde en armure empoigne le roseau, la fougère et les flèches.

représentait souvent les archers accompagnés des animaux symbolisant la luxure (le bouc* et le coq*), sans doute en référence à la « flèche d'amour ». — La légende, presque universellement répandue, de la flèche que l'on peut facilement briser alors qu'il est impossible de rompre un faisceau de flèches, symbolise la force que procure l'unité. En Chine comme dans les tribus indiennes d'Amérique du Nord, une flèche brisée lors de la conclusion d'un traité d'alliance est un signe de renonciation à la guerre. Le symbole héraldique de la reine Isabelle de Castille (1474-1504) était un faisceau de flèches, repris plus tard, en association avec le joug, par la Phalange espagnole. Une croix comportant des pointes de flèches à chacune de ses extrémités

Triomphe de la Mort, squelette tenant un arc et des flèches : miniature de Giovanni di Paolo.

Apollon et Diane :
gravure (1502-1503, A. Dürer).

1. Saint Sébastien transpercé
par les flèches : gravure du XVIIe s.

2. Flèche et cible : « Ni aucune,
ni toutes », gravure de 1702.

était, avant la seconde guerre mondiale, le symbole politique* des « Croisés à la flèche » hongrois, tandis que trois flèches constituaient l'emblème de la social-démocratie autrichienne. — Dans le langage moderne des signes, la flèche signifie simplement l'indication d'une direction, mais elle n'est jamais plus considérée en tant qu'arme. — Le dessin d'un cœur* transpercé d'une flèche, que l'on grave sur les écorces d'arbres est devenu par référence évidente à la flèche

d'Éros, un signe conventionnel du lien amoureux. — Les plumes que l'on trouve sur le bout des flèches de chasse ou de guerre avaient probablement autrefois pour fonction de stabiliser leur trajectoire, mais elles étaient aussi à l'origine un moyen magique pour s'approprier les qualités de l'oiseau* (rapidité, légèreté). Les locutions populaires se rapportant à la flèche tendent surtout à souligner sa rapidité : « filer comme une flèche ». L'agressivité du symbole de la flèche a été réactivée de nos jours par l'apparence même des missiles qui comportent une pointe aiguë à l'avant et des ailerons de stabilisation à l'arrière. Parmi les saints dont l'attribut est la flèche, Sébastien arrive au premier rang (il fut transpercé de flèches par ses anciens camarades de la légion romaine). On associe généralement la flèche à des idées telles que l'impulsion, la menace, la droiture.

FLEUR La fleur est associée dans le monde entier à la jeunesse et elle est aussi, en raison de sa forme étoilée, le symbole du soleil*, du globe terrestre ou du centre* (par exemple la fleur de lotus* dans l'Asie du Sud-Est). Les hommes ont

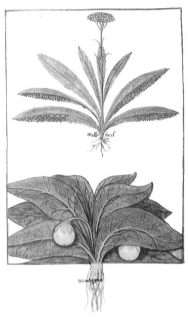

Plante et fleur d'achillée : miniature (~1490, Herbier de Platearius).

de tous temps respecté et vénéré certaines fleurs non seulement pour des raisons esthétiques, mais aussi à cause des substances psychotropes qu'elles contiennent. Les fleurs ne sont pas toujours considérées comme les innocentes messagères du printemps : elles sont en effet parfois assimilées au désir de la chair et à l'érotisme en général, comme par exemple la fleur de Nicté (*Plumeria*) chez les Mayas, ou à l'amour le plus spirituel comme la rose* du *Roman de la rose* médiéval. De façon quasi universelle, la fleur symbolise de toute façon la joie de vivre, celle qui éclate à la fin de l'hiver et qui chante la victoire (ne fût-elle que provisoire) de la vie sur la mort. Dans la symbolique chrétienne, le calice tourné vers le haut évoque la réception des dons de Dieu, la joie enfantine ressentie devant la nature au paradis*, mais aussi le caractère éphémère de toute beauté terrestre (car la beauté ne peut durer que dans les jardins* du Ciel*). C'est pourquoi il est d'usage de creuser les tombes dans des jardins ou de les orner de fleurs. Comme les églises, au début de l'ère chrétienne, étaient édifiées à l'emplacement des tombes de martyrs, elles étaient également décorées de fleurs. Dans la *Bible*, la fleur représente ce qui est agréable à Dieu, comme le montrent les bâtons fleuris de Joseph et Aaron. On rencontre également dans certaines légendes l'image du bâton sur lequel s'épanouissent des fleurs, symboles de la satisfaction divine et de l'espoir. Les innombrables fleurs sont ici reliées à la symbolique du pieu*, du pilier et de l'arbre*. — Les couleurs des fleurs ont une grande importance dans l'étude des symboles (blanc* : innocence, pureté, mais aussi mort ; rouge* : vitalité, sang ; bleu* : secret, dévouement, ferveur ; jaune* : soleil, chaleur, or*). — Dans le taoïsme, la « fleur d'or » spirituelle poussant sur le sommet de la tête symbolise le degré supérieur de l'illumination mystique. On n'y atteint généralement qu'après les longs travaux d'une alchimie* intérieure où, en ayant œuvré avec les souffles* et les circuits d'énergie, on parvient enfin au secret de l'immortalité (traité du *Mystère de la fleur d'or*). La fleur occupe d'autre part une place très importante dans la symbolique japonaise : pour la pureté qui est la sienne, la fleur de cerisier emblématise par exemple le Bushido, l'art du combat chevaleresque, ainsi que, par extension, la mort idéale du guerrier qui accepte dans le détachement le sacrifice* de sa vie (les kamikaze de la Seconde Guerre mondiale partaient pour leur dernière mission sous cet emblème), tandis que le chrysanthème, fleur solaire par

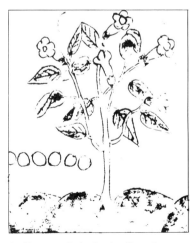

La fleur, symbole du vingtième jour du calendrier aztèque à vingt jours.

*Dame offrant une fleur
à son amoureux : gravure (XVe s.).*

excellence (et les Grecs le savaient déjà en lui donnant ce nom : le *chrysos* renvoie directement à l'or*), est le symbole de l'empereur* en tant que descendant d'Amatérasu, la déesse du Soleil. Mais le plus important est sans doute au Japon l'art de l'ikebana, c'est-à-dire du bon arrangement des fleurs. Renvoyant à une véritable discipline spirituelle, l'ikebana consiste en effet dans la reproduction par l'homme, grâce aux fleurs qu'il ordonne selon des règles très strictes et, pourtant, dans un état de parfaite spontanéité, de l'harmonie* cosmique : la tige supérieure renvoie en effet au ciel* qu'elle indique, la tige inférieure à la terre* d'où elle s'élève, et la tige intermédiaire à la créature humaine qui se situe ainsi, à l'intérieur du rythme universel, comme celui qui fait le lien entre le ciel et la terre, comme l'endroit où ils se rencontrent, et où ils trouvent leur équilibre dans une vie juste et droite. — Dans le calendrier aztèque (qui comporte vingt jours), le vingtième signe est appelé fleur (*xóchitl*) et il est le symbole de tout ce qui est arrangé avec goût et avec art. Les personnes nées sous ce signe sont censées être douées pour les activités artistiques et manuelles ainsi que pour la magie. « Fleur droite » (*Xochiquetzal*) était le nom de la déesse de la Sexualité et de la Fécondité. Elle portait dans les cheveux une couronne* de fleurs et à la main un bouquet. Les « guerres de fleurs » dési-

gnaient les combats rituels que livraient les Aztèques contre leurs voisins dans le seul but de faire des prisonniers qu'on destinait à être sacrifiés sur les autels du soleil*. (voir Sang). Dans l'art lyrique aztèque, les fleurs symbolisent aussi bien la joie de vivre que le caractère éphémère de l'existence : « Les fleurs bourgeonnent et éclosent, elles croissent et rayonnent. En toi résonnent les chants des fleurs... Comme la fleur devant l'été, notre cœur retrouve sa fraîcheur et s'épanouit. Notre corps est tel une fleur qui éclôt et déjà bientôt se fane... Mourez sans fin et fleurissez toujours de nouveau, ô fleurs qui tremblez, vous courbez et vous dissipez... ». On trouve dans la *Bible* une comparaison analogue lorsqu'il est écrit que l'homme fleurit comme « la fleur des champs ; que sur lui passe un souffle, il n'est plus et sa place ne le reconnaît plus » (*Psaume* CIII, 15-16). — À la suite des menaces écologiques qui pèsent aujourd'hui sur de nombreuses plantes, diverses fleurs sauvages et surtout les « mauvaises herbes des champs » ont presque complètement disparu ou bien ne persistent que dans des zones protégées – quand elles n'ont pas été définitivement « effacées » de la surface de la terre. La signification symbolique de nombreuses fleurs ne sera dans bien des cas accessible aux générations futures que par l'intermédiaire de textes anciens, lorsque – comme l'annonce le psalmiste – « sur le lieu où poussaient les fleurs, nul ne connaîtra plus leur existence ».

FLEURS *(LANGAGE DES)* Dans la première moitié du XIXe siècle, en Allemagne, il était fréquent dans la bourgeoisie d'exprimer certains messages délicats à l'aide de couronnes* de fleurs. Cette coutume avait donné naissance, dès la fin du XVIIIe siècle, à toute une symbolique ludique du monde floral qui connut un nouvel essor lors de la prospérité économique des années 1870. En 1899, G.W. Gessmann écrivit qu'il voulait par son catalogue « rappeler cet usage ingénieux, en particulier à ces charmantes dames ». La pratique s'en répandit alors en Europe, et on en trouve régulièrement l'équivalent dans la France de la « Belle Époque ». Voici quelques-uns des principaux exemples de cette symbolique végétale, qui peuvent faire sourire le lecteur d'aujourd'hui : Fleur d'acacia* (blanche) : « Ton bon cœur est le garant de la durée de notre amitié ». Amaryllis (rouge*) : « Je te respecte du plus profond de mon âme ».

Lys : miniature
(~1490, Herbier de Platearius).

Arum* : « Même si la vie ne cesse de t'assaillir impitoyablement, ne te décourage pas ! Aie conscience d'être à jamais bon et pur, cela te sauvera ». Capucine : « Comme je vais souffrir lorsque l'espoir de te voir ne viendra plus emplir mon cœur* de joie ! ». Fleur de cerisier : « Que la rougeur qui vient colorer mes joues à ton arrivée te révèle la tendre inclination que j'éprouve pour toi ». Chardon* : « La poésie de la vie glisse sur toi sans y laisser de traces ». Feuilles de chêne* : « La couronne de la pudeur et de la vertu ». Colchique (d'automne) : « Mon cœur brûle d'amour pour toi, et je m'abandonne avec joie à ce divin sentiment ». Dahlia : « Mon cœur est à jamais auprès de toi ; seul le cœur révèle où est la patrie de chacun, et non son corps ». Euphorbe : « Ton caractère est si froid que l'on croirait que ton cœur est de pierre ». Iris : « Tu n'emplis mon cœur d'espoirs joyeux que pour le plonger à nouveau dans le doute ». Iris (bleu*) : « Que le vent emporte tes faux sentiments et qu'il n'en reste plus aucune trace ». Feuille de laurier* : « La fière couronne de la victoire te sied bien moins que la modeste parure de la vertu ». Lavande : « Me souvenir de toi, c'est là ma seule joie ». Lys* (blanc) : « Tu es pure comme ce symbole de l'innocence ». Menthe : « Je rencontre assez de cœurs faux comme le tien ». Molène (jaune) : « Ne perds pas courage. Le bon-

heur t'attend ». Myosotis : « Trois mots suffisent à exprimer le désir de te revoir : Ne m'oublie pas ! » (Ce message se réfère bien sûr directement aux noms allemand et anglais qui désignent le myosotis, et qui signifient tous les deux littéralement « ne m'oublie pas » – *forget-me-not* et *Vergißmeinnicht*). Nielle des blés : « Je ne vis que pour toi ». Œillet* (blanc) : « Tu es le symbole de l'amitié véritable car jamais tu ne changes de couleur jusqu'à ce que la mort elle-même vienne t'effeuiller ». Œillet (rouge) : « Tu ne pourras résister plus longtemps dès lors que tu comprendras à quel point je t'aime et te respecte ». Pivoine : « Ton orgueil dépasse les limites du supportable ». Fleur de pommier : « La flamme de l'amour va-t-elle enfin rosir tes douces joues ? » Primevère : « La clé qui ouvre les portes de mon ciel* se trouve dans ton cœur*, pur comme celui de l'ange » (Il faut ici préciser que le mot primevère se dit en allemand *Himmelschlüssel*, c'est-à-dire mot à mot « clé du ciel »). Rose* (blanche) : « Ses pétales t'indiquent la voie qui mène au bonheur de l'amour éternellement pur car aucune ardeur terrestre ne vient les entacher ». Rose (rouge) : « Voici le gage de mon amour et de ma fidélité ». Bouton de rose (avec épines) : « Espoirs et doutes de l'amour... » Pétales de rose (blancs) : « Non ! » Pétales de rose (rouges) : « Oui ! » Branche de saule* pleureur : « Mon cœur

Pivoine : miniature
(~1490, Herbier de Platearius).

*Pavot : miniature
(~1490, Herbier de Platearius).*

frissonne à la pensée de ta présence passée ». Souci : « La pureté de mon amour est infinie comme l'anneau* doré de cette fleur ». Thym : « L'union des âmes est ce qu'il y a de plus précieux ». Fleur de tilleul : « L'amour des sens s'évanouit comme la rosée matinale, l'amour de l'âme est toujours là, tel l'astre doré qui éclaire nos jours ». Tulipe : « Ô beauté muette ! Où se cache ta valeur profonde ? » Violette* (des Alpes) : « L'élan qui me pousse vers toi est pur et je te respecte plus que tout au monde ». — Dans un autre recueil de la même époque, on trouve entre autres les exemples suivants : Branche d'abricotier : « Je t'adore, ô ange de ton sexe ! » Chou vert : «Explique-toi plus clairement si tu veux que je te comprenne ». Fritillaire impériale : « Tu es ma déesse, ô toi la plus charmante créature de ton sexe ! » Lilas : « Hâtons-nous de nous agenouiller devant l'autel avant que la fleur de la jeunesse ne se fane ! » Mousse : « Ton égoïsme me pousse au désespoir ». Narcisse* (blanc) : « Horreur ! Veux-tu me détruire complètement ? » Œillet : « D'ardents désirs soulèvent ma poitrine ». Oignon : « Tu me répugnes ». Feuille d'orme : « Notre amour doit demeurer secret ». Perceneige : « La pureté de ton cœur rayonne dans ton regard ». Rose : « Ô fleur de mon amour, laisse-moi me reposer sur ton sein ! » — Comme certains messages floraux peuvent être interprétés de manières différentes, il était évidemment nécessaire que les personnes concernées se réfèrent au même code. Ainsi seulement les fleurs pouvaient-elles transmettre fidèlement les messages d'amour secrets.

FLEUVE   C'est sur les rives des fleuves que naquirent vers l'an 3000 av. J.-C. les grandes civilisations. L'importance du Hoang-ho, du Gange, de l'Indus, du Nil, du Tigre et de l'Euphrate pour l'histoire culturelle de l'humanité n'a encore jamais été étudiée jusqu'à présent de façon comparative et synthétique. Il est d'ailleurs à noter qu'on ne rencontre pas le même phénomène avec les grands fleuves d'Amérique. Sur le plan symbolique, le paradis* était ordonné dans le judaïsme ancien selon quatre points cardinaux qui correspondaient chacun à un fleuve : Pison (l'Indus ?), Giton (le Gange ?), Hiddekel (le Tigre ?) et l'Euphrate. La séparation entre le monde des vivants et l'Au-delà* est souvent marquée par un fleuve, de même que l'océan qui réunit toutes

*Carte du monde (XIIIe s.) avec au centre
Jérusalem et les quatre fleuves célestes.*

*La porte du paradis et les quatre
fleuves célestes : miniature du XIIᵉ s.*

*Carte du monde avec les quatre fleuves
célestes et, au centre, la Mecque (XIᵉ s.).*

les églises chrétiennes est représenté par
un fleuve qui fait le tour de la terre. Les
hommes situent souvent la source des
principaux fleuves dans le monde surnaturel, comme par exemple la source
du Nil (en égyptien *Jotru*) qui se trouverait dans une caverne*, ou celles des
grands fleuves d'Asie (le Brahmapoutre,
le Gange, l'Indus et l'Oxus) qui jailliraient
du mont Meru. La Chine ancienne accor-

*Baptême de Jésus dans le Jourdain :
gravure (1510, Lucas de Leyde).*

dait une grande importance au pouvoir
qu'exerçait le premier empereur*
mythique Yu sur les dieux du fleuve, et
ses habitants tentaient de les adoucir par
des sacrifices humains. Ils pensaient en
effet que des dragons*-rois vivaient dans
les fleuves et qu'ils attendaient de la part
des hommes des sacrifices qui les déli-
vreraient des inondations et des crues.
Les noyés étaient considérés comme des
êtres dangereux qui cherchaient parmi
les baigneurs quelqu'un qui leur permettrait de naître une seconde fois. —
Nous connaissons aujourd'hui encore les
noms de certains dieux des fleuves de
la Grèce antique (Acheloüs, Scamandre,
Céphise, etc.) pour lesquels les hommes
effectuaient aussi différents sacrifices
(des taureaux*, des chevaux*, des
boucles de cheveux*, des moutons*).
Ces dieux des fleuves étaient le plus souvent représentés comme des êtres
bâtards mi-hommes mi-bêtes, par
exemple comme des êtres humains à tête
de taureau ou encore comme des centaures* (Nessus). Dans la Rome
ancienne, le Tibre était célébré comme
le *Tiberius pater,* le père* de tous les
fleuves. — À l'époque chrétienne, les
fleuves du paradis étaient souvent
esquissés de façon symbolique sur les
fonts baptismaux et l'eau du baptême
était comparée à celle du Jourdain où
Jésus fut lui-même baptisé. Par analogie avec la mythologie grecque, on fit correspondre les fleuves du Paradis à quatre
fleuves de l'enfer* : Achéron, Cocyte, Styx
et Phlégéton (le fleuve de feu). — Les

*Le Tibre, père de tous les fleuves :
gravure de 1647.*

Indiens consacrent un véritable culte au Gange dont l'eau est censée effacer toutes les erreurs humaines (« comme le feu dévore le bois, Ganga dévore les péchés »). Le Gange est perçu comme un fleuve envoyé par Brahma et qui descend directement du ciel ; il lave aussi bien les cendres des morts que le corps des vivants de toute trace de souillure depuis que le dieu Shiva l'a capturé et conduit dans son lit. Les pèlerinages* vers les sources du fleuve sacré sont également très prisés pour effacer un karma chargé (le karma est l'ensemble des faits et gestes de l'homme qui influent sur ses réincarnations futures). — Comme toute eau qui fuit, le fleuve a souvent été l'image de la fluctuation universelle, de l'incessante métamorphose et de l'impermanence de toutes choses. Héraclite y revint par trois fois dans les rares fragments qui nous restent de lui : « Ceux qui descendent au même fleuve, des eaux toujours nouvelles les baignent » (Fr. 12) ; « Nous descendons et nous ne descendons pas dans le même fleuve » (Fr. 49) ; et, dans la paraphrase antique qui l'entoure et le développe : « On ne peut descendre deux fois dans le même fleuve, ni toucher deux fois une substance périssable dans le même état, car par la promptitude et la rapidité de sa transformation, elle se disperse et se réunit à nouveau, ou plutôt, ni à nouveau ni après, c'est en même temps qu'elle se rassemble et qu'elle se retire, qu'elle survient et s'en va » (Fr. 91). Le symbole est de fait assez puissant pour avoir couru à travers les siècles, et ainsi trouve-t-on encore à la fin du XVIᵉ siècle, en pleine rhétorique baroque : « Assieds-toi sur le bord d'une ondante rivière, / Tu la verras fluer d'un perpétuel

cours, / Et flots sur flots roulant en mille et mille tours, / Décharger par les prés son humide carrière. / Mais tu ne verras rien de cette onde première / Qui naguère coulait, l'eau change tous les jours, / Tous les jours elle passe, et la nommons toujours / Même fleuve, et même eau, d'une même manière. » (J.-B. Chassignet, *Mépris de la vie et consolation de la mort*). — Par ailleurs, si l'eau du fleuve s'écoule dans un dessin continu, c'est qu'elle est entourée de deux rives qui la dirigent – de même que, réciproquement, elle divise un territoire en deux parties. D'où le symbolisme de la traversée de l'eau, ainsi que le rôle particulier du passeur qui permet d'effectuer cette traversée aux moindres risques. Passer le fleuve alors, ou gagner la rive opposée, c'est généralement changer de plan d'existence, passer d'une réalité à une autre : les âmes* des morts doivent ainsi dans l'Antiquité traverser les fleuves et les marais des enfers dans la barque* du nocher Charon à qui elles ont d'abord dû payer leur obole. Dans la Chine ancienne, à l'arrivée du printemps, une cérémonie consistait à ce que de jeunes hommes traversent les fleuves pour accompagner le passage du vieux yin* au jeune yang, tandis que, dans le bouddhisme ch'an, gagner la rive opposée était le symbole dont on se servait couramment pour désigner l'accession à cet état fondamental des choses où l'on se trouve à la fois en-deçà et au-delà de l'être et du non-être. — En héraldique, les fleuves et les vagues signifient, selon ce qu'écrit Böckler en 1688, « que le père de cette noble descendance a soit effectué aux services de son maître de grands voyages sur mer, soit accompli sur l'eau des actes louables. De même que l'eau en mouvement ne supporte aucune pourriture ni aucun cadavre et rejette le tout par ses vagues agitées, les beaux esprits ne peuvent rester oisifs ni souffrir ceux qui viennent les importuner avec leur bavardage vain. L'eau claire lave de toute impureté, tel un ami fidèle qui ne se contente pas de montrer les erreurs mais donne aussi les moyens de les éviter ».

FLORE *(FLORA)* La flore est aujourd'hui un terme générique qui sert à désigner l'ensemble du monde végétal. À l'origine, Flore était dans la Rome antique la patronne des fleurs*, qui s'échappaient de sa corne d'abondance* pour se répandre sur la terre. Il s'agissait en fait d'une déesse des peuples oscres et des Sabins, à laquelle les Romains consacrèrent la fête des Floralies célébrée du 28 avril au début du mois de mai (elle coïncide ainsi avec la « nuit de Walpurgis » ou fête des sorcières* et avec les fêtes traditionnelles de mai). Les hétaïres* et les prostituées* occupaient une grande place dans cette fête du printemps, et Flore elle-même était appelée *meretrix* (« la fille de petites mœurs » ou « la maquerelle »). Ce relâchement des mœurs servait de « répétition générale » à l'éveil de la nature, et il était destiné à accroître la fertilité ; on peut y voir un rituel agraire qui s'est transformé au fil du temps en une simple fête populaire. — Faune, pour sa part, le nom générique du monde animal, vient de la forme féminine du dieu de la nature Faunus (en grec Pan). — D'après les écrits d'Ovide (43 av.-17 ap.), Flore était, durant l'âge d'or*, une nymphe nommée Chloris la verdoyante (voir Vert). Zéphyr, le vent* d'ouest, l'enleva et en fit son épouse. En guise de cadeau de mariage, il lui offrit le printemps éternel, et c'est ainsi qu'elle devint la déesse de la Nature au début de l'année. Elle aurait aussi offert à Junon une fleur miraculeuse à l'aide de laquelle la déesse serait devenue mère sans être fécondée par Jupiter* et aurait mis au monde Mars*.

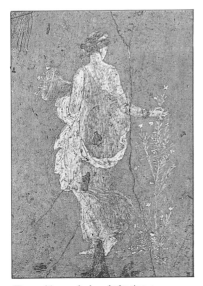

Flore, déesse de la végétation : peinture pariétale (Stabia).

FLÛTE   « Toi, Tityre, étendu sous le couvert d'un large hêtre / tu essaies un air silvestre sur un mince pipeau » : ces vers liminaires des *Bucoliques* de Virgile ont autant immortalisé l'image champêtre de la flûte « harmonieuse et tendre » que les multiples représentations de bergers ou de satyres* qui dansent sur les fresques, sur les mosaïques ou les vases de l'Antiquité gréco-romaine. Flûte vient de l'ancien français *flauter* qui descend lui-même du *flare* latin, signifiant souffler. Instrument le plus rudimentaire qui soit, puisqu'il suffit pour le fabriquer d'un tube percé de trous, dans la version la plus simple du pipeau tel qu'il fut inventé par Hermès* à partir de roseaux, ou de tubes de différentes longueurs que l'on soude avec de la cire tels que le dieu Pan eut le premier l'idée de le faire (formant ainsi la première « flûte de Pan »), la flûte est universelle : elle rythme les contes chinois et les méditations soufies, elle résonne aussi bien dans les montagnes du Haut-Atlas que dans celles du Caucase ou sur les hauts plateaux des Andes. Sans omettre les versions plus élaborées qui, à partir du Moyen Âge, en multiplient les formes, les trous et les longueurs, composant une étonnante galaxie de douçaines, de serpents, de sacqueboutes et de chalumeaux – le simple roseau ayant fini par donner ainsi naissance à la grande famille des instruments à vent, qu'on ne finirait pas de dénombrer, mais qui, dès l'origine, s'oppose à celle des instruments à cordes, née de la lyre d'Apollon* dont Orphée* enchantait les animaux. — Flûte contre lyre : le souffle contre la corde pincée, la première manifestation de la vitalité (depuis la simple animalité jusqu'à la spontanéité de l'esprit), contre l'éducation rigoureuse qu'exige le jeu des cordes. On constate facilement là l'antagonisme symbolique qui oppose les deux instruments : la flûte champêtre, liée à la nature primitive, fait danser les Ménades, rythmant leurs bacchanales endiablées et accompagnant leurs délires de chair et de sang. Nature contre culture : la flûte de Dionysos* contre la lyre apollinienne. On raconte d'ailleurs que la flûte aurait aussi été inventée par Athéna* (une flûte double fabriquée à partir d'os de cerf*), mais qu'ayant suscité le rire d'Héra et d'Aphrodite*, Athéna aurait jeté l'instrument qui lui gonflait les joues et congestionnait son visage, maudissant celui qui la trouverait. Ce fut le malheureux berger Marsyas* qui, après avoir enchanté le monde de ses mélodies, suscita la jalousie d'Apollon, lequel, selon l'une des versions du mythe, le défia de jouer et de chanter en même temps, comme lui-même le faisait sur sa lyre. Vaincu, le berger fut écorché vif par le dieu. Rejet d'Athéna la civilisatrice, triomphe d'Apollon et de son cortège de Muses, écorchement de Marsyas : la nature primitive et l'exhalaison des souffles puissants sentent déjà le soufre des diables futurs. D'autant plus que les flûtes antiques étaient plutôt bruyantes : à l'occasion des Jeux pythiques, les joueurs de flûte s'évertuaient à imiter les sifflements aigus et perçants du serpent Python, tandis que le poète Horace raconte que la flûte qui accompagnait les chœurs à Rome pouvait se poser en rivale de la trompette, composée qu'elle était de plusieurs pièces reliées entre elles par un métal précieux à base d'or et d'airain. On ne s'étonnera guère de ce fait que le premier recueil de Giono, l'écrivain des grandes forces telluriques, soit intitulé *De la flûte accompagnée*. Ce couple d'opposés* de la flûte et de la lyre peut cependant se résoudre dans une harmonie* où elles deviennent complémentaires l'une de l'autre : les anges* musiciens des fresques de la fin du Moyen Âge jouent des deux instruments ; la flûte ne renvoie plus alors à son origine mythique, mais devient le canal par où passe le souffle, c'est-à-dire l'esprit. Le chant de la flûte se transforme en une musique proprement spirituelle, et il est admis chez les derviches tourneurs, par exemple, que si le son de la flûte qui accompagne leurs danses débute par un long sanglot, c'est qu'il exprime d'abord la lamentation de l'âme* qui demande à retourner à sa source éternelle.

FONTAINE S'inspirant du symbolisme de la source* auquel on doit se reporter, la fontaine s'inscrit dans un cadre de culture qui a déjà été façonné par le labeur de l'homme : elle est en quelque sorte une source domestiquée, et il y a là toute la différence entre les sources d'immortalité que l'on trouve dans tant de religions et de mythologies (la source qui jaillit au milieu du paradis*, la source d'Urdr à l'une des racines du frêne* Yggdrasil, etc.), et, par exemple, la fontaine de jouvence de l'alchimie*, qu'on ne peut découvrir et aux eaux de laquelle on ne peut se désaltérer qu'en accomplissant le Grand Œuvre. — Dans ce cas, l'eau de la fontaine tombe généralement dans une

vasque en forme de cercle* ou de coquille*, dans un redoublement imagé de sa nature féminine. Par ailleurs, comme la source jaillissait souvent auprès d'un arbre*, la fontaine est très fréquemment associée dans les mythologies les plus anciennes aux motifs de l'arbre et de la pierre* (voir aussi Bétyle) : tandis que court l'eau féminine selon le plan horizontal de la terre, la pierre masculine se dresse verticalement vers le ciel, et l'arbre souvent androgyne relie l'un à l'autre plan, les racines dans l'humus et la tête dans l'air, tandis que ses branches s'emmêlent dans un fouillis où, alternativement, elles montent et descendent. Dans l'histoire de Pyrame et de Thisbé, les amants légendaires de Babylone*, ceux-ci se retrouvent dans la forêt près du tombeau en pierre du roi Ninus et se cachent « sous l'ombrage d'un arbre : cet arbre était un mûrier aux longues branches, chargé de fruits blancs comme neige, tout près d'une fontaine aux eaux fraîches » (Ovide, *Les Métamorphoses*) ; tandis qu'au Moyen Âge, se trouvent dans la forêt de Brocéliande le perron et la fontaine de Barenton où que, dans le manuscrit de Béroul, Tristan* et Iseut se retrouvent la nuit, dans le verger du roi Marc, auprès d'une fontaine qui coule à côté d'un perron et sous les branches du pin* qui la surplombe.

FORÊT À la différence de l'arbre* qui peut se dresser seul, la forêt, en tant que monde extérieur, est le symbole d'un univers opposé au microcosme de la contrée défrichée. Dans les contes* et légendes, elle est habitée par des créatures énigmatiques, et souvent menaçantes (sorcières*, dragons*, géants*, nains*, lions*, ours*, etc.), qui incarnent tous les dangers que doivent affronter les jeunes gens au cours de leur initiation* : cette conception remonte évidemment aux époques où les forêts recouvraient la majeure partie du sol et devaient être défrichées pour permettre une vie civilisée. Dans les rêves*, la « forêt obscure » indique une phase de désorientation, la région inconsciente où l'homme hésite à pénétrer. La lumière* qui y apparaît souvent, dans les contes, scintillant entre les fûts, caractérise la fin de l'épreuve qui s'annonce. La forêt elle-même, nature sauvage et désordonnée, est ressentie comme d'une inquiétante étrangeté ; l'imagination la peuple d'hommes sauvages*, de génies féminins

*Polyphile
dans la forêt obscure :
gravure 1499,
« Hypnerotomachia
Poliphili ».*

des bois et des arbres, mais aussi de fées qui peuvent s'avérer secourables. D'autre part, elle peut devenir le lieu de l'isolement pour l'homme soucieux de spiritualité, où il est en sûreté et à l'abri de l'agitation du monde. Les ermites ne redoutent pas ses périls mais y trouvent protection contre les puissances maléfiques. La forêt devient alors l'équivalent du désert où le méditatif se retire à l'écart des comédies de la vie, dans un retour vers les forces primitives où peuvent le mieux se révéler l'essence et l'unité de son âme, et où l'on se retrouve sans appel face à soi-même et au divin : « Seigneurs, ils vivent très longtemps / dans la forêt, tout à son cœur : / ils sont longtemps dans ce désert » écrit ainsi Béroul de Tristan* et Iseut réfugiés au Morois. De même les sannyâsa de l'Inde, comme les ascètes

du bouddhisme, se retirent dans la forêt pour y mener à bien leur quête spirituelle. — Contrairement à la forêt, le bois* sacré n'est pas un lieu qui s'étend à l'infini, mais un endroit circonscrit de la nature numineuse. — En psychanalyse, on conçoit souvent la forêt comme le symbole de la féminité inquiétante, mais qu'on doit entreprendre d'explorer par soi-même. Plus généralement, il y règne « un crépuscule verdoyant, tantôt éclairci, tantôt ténébreux de la vie inconsciente invisible de l'extérieur ». En tant qu'elle apparaît dans les rêves*, la forêt recèle « des êtres multiples – inoffensifs ou dangereux – et il peut s'y concentrer ce qui apparaîtra peut-être un jour dans les régions plus claires de notre paysage psychique » (Aeppli). Selon ce point de vue, les brigands* sont

*Dante dans
la forêt obscure :
dessin (J. Ligozzi).*

les personnifications d'une « partie primitive mais dangereuse de notre être » qui n'est pas encore venue au jour, et que nous aurons à affronter.

FORGERON Premier artisan qui travaille le métal avec le feu* afin de fabriquer les outils indispensables pour cultiver la terre, pour faire la guerre*, pour protéger sa demeure, pour se nourrir, se parer et même pour voyager, le forgeron joue un rôle fondamental dans le développement des civilisations et véhicule de ce fait une symbolique particulièrement chargée. — Les récits cosmogoniques ou les textes fondateurs des religions font apparaître le forgeron très vite, parfois dès l'origine, et lui attribuent une illustre naissance : dans la *Genèse*, dès la septième génération, Lemech engendre un fils, Tubalcaïn « qui travaillait tout instrument de cuivre et de fer » – le premier et le seul artisan pour longtemps, bien avant que le Déluge ait eu lieu. En Chine, ce rôle de « maître des forges » revient au grand Yu qui est à la fois fondateur et démiurge, et qui organise le monde en le divisant en régions. Dans les *Védas*, le premier forgeron est Brahmanaspati qui soude l'être à partir du non-être. En Grèce ancienne, l'un des enfants légitimes du couple suprême que forment Zeus et Héra, est le dieu forgeron Héphaïstos (Vulcain chez les Romains). Cette figure a la même importance dans les mythologies africaines : le dieu forgeron Ogun des Yorubas est le fils du premier dieu Oduduwa tandis que, chez les Dogons, il est le premier des huit ancêtres mythiques des hommes, tous fils de Nommo, le jumeau* fondateur. — Maître du feu, mais du feu tellurique (Héphaïstos forge à l'intérieur des volcans), le forgeron est aussi le maître du métal qu'il façonne à grands coups de marteau* sur son enclume, faisant preuve d'une habileté inquiétante, puisqu'il travaille ainsi sur les énergies primordiales afin de les métamorphoser. Certes, le forgeron est indispensable, car sans lui il n'y a pas de socs de charrue, de faux ni de serpes, d'épées, de boucliers ni d'armures, de clés ni de serrures, de fers pour les chevaux ni de couteaux pour les sacrifices, mais pourtant on le tient à l'écart et la forge se dresse à l'extérieur du village. Les lueurs rouges et les étincelles qui s'échappent de son antre obscur suscitent facilement l'effroi en rappelant des images qui sont celles des enfers. D'ailleurs, le forgeron a beau

être un fils des dieux, il est le plus souvent franchement laid. Héphaïstos est boiteux* : il aurait été précipité de l'Olympe par Héra, furieuse de sa laideur, ou par Zeus lui-même à la suite d'une querelle (une de plus !) avec sa divine épouse. Héphaïstos se venge en forgeant pour sa mère un trône dont elle ne peut se lever sans son aide. Disgracieux mais efficace : aucun miracle technique ne lui est impossible. Il tue le géant Clytios, c'est lui qui cloue Prométhée, pour son châtiment, sur le Caucase, c'est lui qui forge les armes qui rendent Achille invincible. Pourtant, l'habile artisan sera aussi le mari trompé et ridiculisé de la belle Aphrodite* lorsqu'elle se laisse aller dans les bras du fougueux Arès (le Mars* latin) : il fabrique alors un filet dans lequel il prend les amants surpris au milieu de leurs ébats, et les amène sur l'Olympe à la plus grande joie des autres dieux. Triangle mythique, sans doute, que celui de la guerre*, de l'amour* et de la technique, puisque *éros* et *thanatos*, dans un couple d'opposés* majeur, vont toujours ensemble, tandis que toute activité militaire s'appuie sur les progrès de la technologie, depuis l'invention de l'arc* jusqu'aux avions de combat modernes, en passant par les chars* et, bien sûr, les chars blindés, triomphe contemporain d'Héphaïstos ! — Les Dogons sont bien plus reconnaissants que les Grecs devant l'intelligence pratique de leur premier ancêtre, puisque c'est le forgeron divin qui rétablit chez eux la création un moment compromise par l'avidité de l'aïeul qui voulait se changer en serpent* pour avaler tous ses frères : il fait décapiter le serpent et le cache dans sa forge avec le corps du plus ancien des hommes. Le serpent dévore l'homme, et la création reprend son cours à partir du squelette de pierres qui est alors vomi par le reptile. — La forge étant par excellence le lieu des métamorphoses, le forgeron devient très vite le premier opérateur symbolique de l'idée même de mutation. Travaillant sur le vil métal qu'il dégage peu à peu de ses scories pour lui donner forme et fonction, il figure tout naturellement le premier alchimiste. D'autant que le métal, noir* à l'origine, est chauffé au rouge* puis à blanc*, dans la gradation des couleurs* qui est celle-là même du Grand Œuvre. Encore plus littéralement, le forgeron est l'alchimiste lui-même dans les pratiques taoïstes où l'équivalent du *solve et coagula* occidental (« Dissous puis coagule ») est l'expression canonique : « Fonds le monde et reforme-le ». — Autant dire que ce thème a connu une extraordinaire fortune dans toutes les confréries initiatiques, évoquant la nécessaire transformation de l'apprenti qui passe par plusieurs phases successives comme le métal en fusion – mais aussi auprès des psychanalystes pour qui le feu de l'âme qui travaille la matière du métal brut permet de forger peu à peu un être qui s'accomplit.

FORTERESSE   L'apparition de la forteresse en symbolique est un phénomène typiquement occidental (« Notre Dieu est une citadelle inattaquable », écrit Luther). On trouve déjà dans l'*Ancien Testament* une comparaison analogue : « Béni soit le Seigneur, mon rocher, (...) mon allié, ma forteresse, ma citadelle et mon libérateur » (*Psaume* CXLIV, 1-2). Il est fort naturel, au regard de la situation incertaine de la Palestine qui se trouvait toujours à la merci d'une guerre ou d'une invasion quelconque, que l'homme ait aspiré à un refuge qu'il trouvait dans la confiance divine. La foi chrétienne est également, selon saint Jean Chrysostome, censée protéger l'individu des attaques du Diable* en l'abritant derrière ses tours et ses remparts. La ville sainte de Jérusalem* est parfois présentée comme une sorte de citadelle où viennent s'abriter les fidèles (voir, par exemple, cet hymne qui parle d'« une maison pleine de gloire... Superbe, elle est couronnée de solides tours », etc.). De façon antithétique, on voit parfois apparaître, dans les visions de l'enfer*, la forteresse de Satan encerclée par les flammes ou brûlant d'un feu* intérieur. — Répondant à la même idée d'une protection de nature divine, les bâtiments qui abritent les monastères de l'Himalaya sont de véritables forteresses religieuses construites au sommet des montagnes*. Par ailleurs, dans le sud-est de l'Europe centrale, on a souvent édifié des remparts autour des églises à l'époque des invasions turques ; les églises devinrent ainsi des lieux de protection et incarnèrent le symbole traditionnel de la forteresse divine. — Dans le domaine héraldique*, la forteresse apparaît souvent au premier plan sous une forme simplifiée (un porche et des tours), notamment pour évoquer les remparts invincibles qui ceignent certaines villes.

La Fortune debout sur une sphère et un gouvernail : gravure de Nicoletto de Modène.

Drapeau de la ville antique de Thorn, avec l'emblème de la forteresse.

FORTUNA   Fortuna était, à l'origine, une déesse des femmes et des oracles qui fut ensuite assimilée à la déesse grecque Tyché et considérée comme l'incarnation du bonheur éphémère de l'homme. Elle est souvent représentée tenant à la main un gouvernail et une corne d'abondance* (*cornu copiae*), debout sur une sphère ou une roue* et emportée de-ci de-là par le vent vagabond qui souffle dans sa voile ou sur ses ailes*. De plus en plus conçue comme attachée à certains hommes qu'elle favorisait particulièrement, elle devient à partir de la fin de la république romaine l'incarnation du destin favorable à certains hommes politiques : c'est grâce à sa *Fortuna* que César ne perd jamais aucune bataille, et c'est donc le signe que les dieux le soutiennent dans ses entreprises, même illégales. — Dans le christianisme, la déesse de la Chance était considérée comme l'image de la providence divine et insondable, mais aussi, inversement, à cause de l'arbitraire qui était le sien, comme l'opposé de la vertu, et surtout de Constantia, la constance des cœurs fermes. — Dans l'est de l'Asie (Japon, Chine), la chance est symbolisée par le Bouddha-au-gros-ventre* et par les sept dieux de la chance*.

« *La Nef des fous* » :
gravure de S. Brandt, 1494.

FOU   Le personnage du fou apparaît dans de nombreux contes et légendes. Le fou (en anglais *joker*) était celui qui, à la cour, avait pour fonction de divertir le roi. Il avait la « liberté du fou », ce qui lui permettait de dire la vérité sans craindre d'être puni, à la condition de l'exprimer sur le ton de la plaisanterie, de la satire ou de la moquerie. Le fou portait des vêtements grotesques de couleurs bariolées (comme le jeune Perceval le faisait d'ailleurs aussi); il était doté d'un sceptre* et d'un bonnet, garni de grelots : on retrouve cet accoutrement dans les carnavals modernes. Il existe depuis le XVIe siècle une célèbre figure de fou, issue d'un livre populaire, *Till* l'Espiègle, dont les « espiègleries » sont devenues proverbiales. Vers la fin du Moyen Âge, la figure du fou était si populaire qu'il existait de véritables confréries avec leurs rituels et leurs fêtes correspondantes, lointaines

descendantes d'ailleurs des Saturnales romaines où toutes choses s'inversaient, et qu'était régulièrement élu un « prince des fous » comme le fut par exemple le poète Pierre Gringoire. Le fou devint enfin l'emblème de l'homme lui-même dans sa traversée de la vie, qui avait perdu les repères de la Sagesse et se laissait guider par ses multiples passions (voir le texte et les illustrations de la *Nef des fous* de Sébastien Brant, repris encore à l'époque moderne par un auteur comme Katherine Ann Porter). — Le fou est aussi la carte centrale des arcanes du jeu de Tarot, où il est représenté sous les traits d'un voyageur en loques, accompagné d'un petit chien* qui saute autour de lui. Elle est un symbole de l'expérience spontanée et ingénue de la « folie pure » propre à la sagesse. Nous sommes ici très proches du thème particulier de la « folie de Dieu », où l'homme qui s'y adonne, souvent considéré comme aliéné par son entourage, repose en fait dans le sein du divin (voir aussi Ivresse). La mystique musulmane Rīhāna « la démente » chantait aussi au VIIIe siècle : « Ma supplication de mendiante / ne naît pas de ma folie ; / non, dans cette folie, / elle n'a pas grandi ; / mais cette folie, / je l'accepte volontiers / afin de garder l'espoir / de Te contempler. » De la même façon, la Russie connaît la tradition des *yourodier* (« les fous du Christ ») ; Jean-Joseph Surin, au XVIIe siècle, le confesseur des « possédées de Loudun », est parfois considéré comme schizophrène ; c'est un fou qui prêche la parole de Dieu à sainte Brigitte dans le *Book of Lismore* et Ramakrishna, en Inde, durant son adolescence, ne dut qu'à sa famille protectrice de ne pas être considéré comme aliéné mental durant ses extases à Kali*. — L'une des légendes

*Le mat ou le fou :
carte des Tarots
de Marseille.*

Bouffon et dame tenant un bouclier : gravure du XVe s.

juives rassemblées par E. ben Gorion raconte qu'un homme sage était tombé dans la misère pour ne s'être occupé que d'études et avoir négligé la vie quotidienne ; il avait perdu la raison, se comportait de façon extravagante, et fut placé comme fou auprès du roi ; cependant, quand sa folie l'eut quitté, il se plaignit à son seigneur qui le rossa et le fit chasser. Il comprit alors cette sentence biblique : « Un peu de sottise pèse plus que la sagesse, que la gloire » (*Qohélet* ou l'*Ecclésiaste* X, 1). Au Moyen Âge, on considérait les malades mentaux comme des « fous » dont ils portaient le costume caractéristique : la blouse et le bonnet muni d'une clochette. Ils jouissaient également de la « liberté du fou », et ne pouvaient être tenus pour responsables des dommages qu'ils pouvaient causer. L'expression « mener quelqu'un par le bout du nez » provient de la coutume qui était alors en usage, de ligoter les malades atteints d'accès de folie furieuse, de telle sorte qu'on se trouvait dans l'obligation de les attraper, entre autre façon, par le bout du nez. Cette relation entre le bouffon et le malade mental ne fut que tardivement dépassée, mais elle sévit encore parfois à l'époque actuelle.

FOUDRE   Cette décharge d'électricité céleste, qui amène le feu* sur terre et entraîne tant de désastres, est dans toutes les cultures anciennes l'expression et le symbole d'une force surnaturelle. Les hommes y voyaient la marque du dieu du Ciel* ou du roi des dieux qui faisait ainsi disparaître ses ennemis de la surface de la terre à l'aide d'une hache* ou d'un marteau*, ou bien qui punissait ceux qui ne l'avaient pas respecté. En raison de son origine céleste, la foudre apparaît également comme le symbole de l'illumination spirituelle. Dans les régions touchées par la sécheresse, dans lesquelles la vie des hommes dépend du régime des pluies, les hommes pensaient que l'éclair rendait les terres fertiles et le considéraient comme un symbole de la vitalité masculine. Les oracles étrusques essayaient de lire l'avenir dans la foudre (brontoscopie) : l'apparition d'éclairs à l'est était une chose positive, à l'ouest ils étaient au contraire de mauvais augure, l'idéal se situant au nord-est ; en revanche lorsque les éclairs éclataient au nord-ouest, cela annonçait l'arrivée d'un malheur. Ce mode de prédiction fut repris par certains oracles romains. La foudre était considérée comme le fait de Zeus *Keraunos* (en latin Jupiter* *Fulgur*, le « Jupiter à la foudre »), du dieu du Tonnerre* Perun chez les Slaves (en letton *Perkons*, en lituanien *Perkunas*) ou encore, en des époques plus anciennes, du dieu oriental Haddad. Les hommes tués par la foudre avaient donc été désignés par la divinité en question et devaient être enterrés à l'endroit où ils avaient été foudroyés.— Dans la symbolique chrétienne, la foudre est l'ex-

Foudre : « Intacte, elle triomphe »: gravure de 1702.

*Jupiter lance la foudre
contre les Titans :
gravure de 1547.*

pression de la présence immédiate de Dieu (révélation des dix commandements sur le mont Sinaï) ou de son châtiment (lors du Jugement dernier). La foudre devint parmi les emblèmes favoris de la Renaissance le signe de la Providence dont Dieu dispose à sa guise. — « À quoi bon la forteresse, le retranchement, les enceintes et les fosses / Lorsque les flammes de Dieu s'abattent sur la terre et mettent le feu à tout ? / L'attention et le zèle du gardien sont un bien maigre secours / seuls les soins de Dieu peuvent prévenir le malheur » (Hohberg, 1675). — Pour les Indiens d'Amérique du Nord, la foudre est le fait d'« oiseaux du tonnerre » surnaturels et elle est figurée comme chez nous par un zig-zag. Chez les Aztèques, la foudre est représentée par le dieu Xolotl qui prend la forme d'un chien* pour accompagner les morts. Elle creuse un fossé dans la terre* et libère ainsi pour les dieux et les hommes le chemin qui mène au monde souterrain. Voir Orage. — Dans le Pérou des Incas, la foudre et le tonnerre étaient tous deux désignés par le mot *illapa*, dont se serviront ensuite les Indiens pour parler de la bombarde des conquérants espagnols. D'après Garcilaso de la Vega (1539-1616), la foudre et le tonnerre n'étaient cependant pas célébrés comme des divinités : il s'agissait seulement de serviteurs du Soleil* sacré, n'habitant pas dans le Ciel mais dans les régions aériennes. — En Inde, la foudre est le grand attribut du dieu Indra dont elle est l'arme par excellence grâce à laquelle il tue le dragon* primordial qui imposait la sécheresse à l'univers : la foudre, ici, féconde à nouveau, mais, sur un plan métaphorique, c'est la terre et le monde qu'elle fait vivre en ouvrant les portes

des eaux. La foudre est donc, dans une conjonction* d'opposés, le principe de la vie et celui de la mort (pour le dragon cosmique, certes, mais aussi pour tous ceux sur qui elle s'abat). D'autre part, elle unit, le temps d'un éclair, le Ciel à la Terre. Sous la forme du *vajra*, la foudre est donc aussi la grande puissance de l'esprit masculin, elle est le Verbe et l'intelligence dernière, par rapport à la cloche* féminine qui représente la Sagesse. En fait, chacun a besoin de l'autre, puisqu'il n'y a pas de sagesse sans la pénétration de l'intelligence, ni d'intelligence réelle que n'appelle et que ne recueille la sagesse. Le *vajra* indien devient par ailleurs le *dordje* tibétain, qui renvoie au diamant* en tant que pierre* de feu. Cette correspondance symbolique trouve toute son extension dans le vajrayana bouddhique, voie divergente du mahayana et du hinayana (bouddhismes du grand et du petit véhicules), appelé aussi le « bouddhisme du véhicule de diamant », qui a pour ambition de mener l'homme à la Terre de diamant, où à la Terre pure, et qui se place sous les auspices de la « foudre adamantine » par opposition à la clochette, matrice* des apparences et des illusions de ce monde. — La psychanalyse associe essentiellement la foudre à la vitalité masculine. Mais « le feu de la passion, l'amour des idées (qu'elle éveille en l'homme) est aussi une flamme à laquelle on peut se brûler... Le rayons de feu qui s'abattent du ciel ont toujours de lourdes conséquences pour l'individu » (E. Aeppli). — De nombreuses cultures voient également dans les éclairs des serpents qui tombent du ciel. Outre le dieu-chien Xolotl, les Mexicains associaient ainsi la foudre au « serpent d'obsidienne » Itzcoatl, tandis que la mythologie finlandaise évoque un « serpent* multicolore » tombé au fond de la mer ; il aurait alors été mangé par le saumon et c'est dans les entrailles du poisson que les hommes découvrirent les étincelles* du feu céleste. — La nature transcendante des dieux par rapport aux humains est symbolisée par le mythe de la princesse grecque Sémélé devant laquelle Zeus apparut sous la forme d'un éclair géniteur. « Lorsque Zeus promit d'exaucer tous ses vœux, elle lui demanda de venir à elle pour lui faire la cour comme il l'avait fait auparavant avec Héra. Zeus ne pouvait reprendre sa promesse : il arriva donc dans la chambre sur son char, accompagné d'éclairs et de coups de tonnerre, et fit tomber la foudre sur elle. Effrayée, Sémélé perdit connaissance. Elle mit au monde un enfant de six mois que Zeus arracha aux flammes et cousit à l'intérieur de sa cuisse » (*Bibliothèque d'Apollodore*, 26 et sq.) ; l'enfant n'était autre que le roi de la Vigne Dionysos* que Zeus transforma en un jeune bouc* pour le protéger de la jalousie de Héra. Voir aussi Bacchus.

FOURMI   En dépit de sa petite taille, la fourmi occupe une place importante en symbolique. Le texte du *Physiologus* des débuts de l'ère chrétienne cite les paroles de Salomon : « Va voir la fourmi, paresseux ! » (*Les Proverbes* VI, 6) et présente la fourmi et l'abeille* comme des symboles d'ardeur et de zèle. Ce même texte affirme aussi que, lorsqu'elles voient quelques-unes de leurs consœurs porter des graines sur leur dos, les fourmis ne leur demandent pas l'aumône mais se mettent à leur tour au travail, ce qui prouve leur intelligence. On peut en voir un autre signe dans la façon dont elles mordent les graines amassées dans leur fourmilière pour les empêcher de germer, ou encore dans leur habitude de récolter des graines lorsque se préparent les tempêtes hivernales (symbole de la prévoyance). Cette capacité de discernement est montrée en exemple à l'ensemble des chrétiens qui doivent savoir distinguer les paroles littérales de l'*Ancien Testament* de l'Esprit qui les anime, afin que ce dernier ne succombe pas à l'apparence des mots. Les hommes, selon cette vue, subiraient autrement le même sort que les juifs qui ont refusé de reconnaître le Sauveur et qui sont condamnés depuis lors à une espèce de longue agonie spirituelle. Le *Physiologus* raconte

enfin, à propos de la fourmi, qu'elle sait reconnaître l'orge et le seigle à leur odeur et ne récolte que les véritables céréales, non les plantes fourragères. « Toi aussi, homme, fuis les nourritures réservées à l'animal ; mais récolte les céréales et engrange-les soigneusement. Car l'orge est tel le discours de l'hérétique, la véritable céréale telle la foi perpétuelle dans le Christ ». — Au contraire de l'Occident, le va-et-vient apparemment confus des fourmis symbolise en Inde l'agitation absurde des hommes qui n'ont pas encore trouvé l'accès aux vérités les plus hautes. — Différents peuples exotiques célèbrent cet insecte « zélé » comme l'assistant de la divinité qui a créé le monde. Dans les mythes grecs antiques, les premiers habitants d'Égine sont appelés myrmidons, c'est-à-dire fourmis, car ils ont travaillé le sol avec la patience, la persévérance et l'ardeur des fourmis. Une légende de Thessalie raconte que la charrue fut inventée à l'origine par une nymphe du nom de Myrmex (fourmi). Les fourmis y étaient considérées comme des animaux sacrés.

FOURNEAU   Le fourneau se présente surtout sous la forme d'un poêle ou d'un four, et possède de ce fait une signification symbolique multiforme. Ainsi, le poêle de l'*Ancien Testament* auquel le fer* même ne peut résister, symbolise l'épreuve et le malheur. Mais, dans de nombreuses civilisations, il constitue le point de chaleur central de l'habitation, autour duquel les habitants de la maison se réunissent pendant les périodes froides de l'année, et sur lequel ils préparent leur nourriture. Il est l'endroit où se trouve le feu*, c'est-à-dire l'énergie vitale, mais domestiquée et donc bienfaisante pour l'homme. D'autre part, sa concavité l'apparente, selon C.G. Jung, à un symbole maternel*. Dans les contes (par exemple *La Gardienne d'oies* des frères Grimm), le fourneau répète tout ce qu'il est le seul à pouvoir entendre. Le four dans lequel Hansel et Gretel brûlent la sorcière* doit se comprendre comme une image du bûcher sur lequel périssent habituellement les sorcières – de même que Jeanne d'Arc*, jugée sorcière, hérétique et relapse –, afin que ne subsiste aucune trace de leur existence (on dispersait souvent leurs cendres* dans les fleuves* qui devaient les emporter). Seuls les serviteurs de Dieu peuvent résister au feu, comme le montre le *Livre de Daniel* dans l'*Ancien*

Ananias, Azarias et Misaël, les trois juifs dans le four : peinture pariétale paléochrétienne.

Le four de l'alchimiste : gravure de 1531.

Testament, où trois hommes, Sidrac, Misac et Abdénago, sont condamnés au bûcher par le roi* Nabuchodonosor pour avoir refusé d'adorer la « statue d'or haute de 60 coudées » construite par ce roi (voir Idole) : mais, par la grâce divine, le feu ne les atteint pas.

FRANC-MAÇONNERIE *(SYMBOLIQUE)*

Il n'est pas question ici de décrire les différents symboles dont se sert avec prédilection la franc-maçonnerie : on les trouvera traités aux différentes rubriques qui les concernent ; voir, par exemple, à acacia, arche, chaîne, colonne, compas, échelle, éléments, équerre, fenêtre, fil à plomb, gant, hexagramme, lumière,

marche, marteau, obscurité, pentagramme, pierre, planche à dessin, Pythagore, temple, travail, triangle, truelle. On se contentera de certaines remarques sur l'esprit et la fonction de ces symboles. Dès l'origine, la franc-maçonnerie s'est déclarée l'héritière des anciens bâtisseurs de cathédrales, et, plus loin encore, de Hiram, l'architecte du temple de Salomon* à Jérusalem*, ainsi que, parfois, des concepteurs et des constructeurs des pyramides d'Égypte* ; riche de ce passé, elle se définit, symboliquement, comme un processus initiatique de construction de la personne en tant que temple vivant, en même temps qu'elle admet l'existence d'un « Grand Être », celui que l'on nomme parfois le « Grand Architecte de l'Univers ». Contrairement à ce que croient certaines personnes non-francs-maçonnes, ce Grand Architecte est différent du « Grand Horloger » de certains philosophes du XVIIIᵉ siècle, notamment Voltaire. Alors que le Grand Horloger a construit une fois pour toutes le monde comme une immense machine dont il suffit désormais de laisser agir les mécanismes, le Grand Architecte demande à chacun de devenir l'architecte de soi-même dans un processus symbolique qui suppose de parcourir un chemin, et de passer différents stades et degrés. — Étant donné l'origine dont elle se réclame, la franc-maçonnerie non seulement fait très largement appel à la symbolique des outils qui sont ceux des bâtisseurs (l'équerre*, le fil à plomb*, le marteau* ou la truelle), mais elle s'appuie aussi sur tout un aspect de la symbolique des instruments et des figures fondamentales de la géométrie (l'équerre

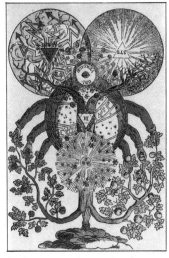

L'arbre maçonnique : planche du « Studium universale », 1785.

Symboles maçonniques : planche des « Francs-Maçons esacrés », 1747.

et le compas*, le losange, le triangle* ou le cube*), puisqu'il n'y a pas de bonne construction qui n'ait été établie selon les lois de l'harmonie*, du rythme juste et du bon rapport des nombres*, aussi bien pour le plaisir de l'œil que, tout simplement, pour assurer le bon rapport de forces entre les masses érigées. — Comme elle a intégré aussi le symbolisme traditionnel des éléments*, de même que certaines données de l'alchimie* (voir Quintessence) et de l'astrologie* (voir, par exemple, à Échelle), la symbolique générale de la franc-maçonnerie finit par représenter un ensemble très complexe qui comprend différents niveaux de lecture et de compréhension. Bien qu'elle soit structurée par le couple d'opposés* du masculin et du féminin – c'est-à-dire de l'actif et du passif, du positif et du négatif, de la quête et de la réception, que l'on retrouve dans les deux colonnes J ... (Jachin) et B ... (Bohaz) qui se trouvent sur la face ouest des temples francs-maçons, en rappel des deux colonnes qui se dressaient à l'entrée du temple de Salomon (*Chronique* II, 3, 15) – la franc-maçonnerie a traditionnellement donné la préférence à la dynamique masculine. Si elle n'ignore certes pas le thème de l'androgyne* (que ce soit dans l'image de l'Étoile* flamboyante qui réunit les valeurs du Soleil* et de la Lune* ou, d'une façon que l'on pourrait dire à la fois intel-

lective et mystique, dans l'exaltation de la lettre G qui correspond à cette étoile et qui commande à la fois les significations de la connaissance (Gnose), du suprême connu à connaître (*God*), du moyen de la connaissance (Géométrie) et du but de celle-ci : la Génération spirituelle), cette androgynie est d'abord celle de l'apprenti devenu compagnon puis Maître, c'est-à-dire du « maçon réalisé », de l'homme initié aux secrets du Grand Art. On sait à ce propos que la question de l'admission des femmes a été très longtemps un véritable problème – même si les choses ont largement évolué dans notre siècle qui a vu apparaître de plus en plus de loges féminines, dont certaines se tournent avec prédilection vers les anciens mystères de l'Égypte, et particulièrement vers la triade* sacrée Isis*-Osiris-Horus (Horus, par la division de son œil*, étant par ailleurs considéré comme l'origine de l'arithmétique et de la géométrie). — Pour tenter de comprendre ce symbolisme franc-maçon, il faut surtout s'abstenir d'y voir comme un système d'images qui aurait été artificiellement plaqué sur des spéculations abstraites ou des présupposés métaphysiques, mais bien saisir au contraire qu'il s'agit d'un tout organiquement composé qui s'explique à partir de sa propre dynamique interne. — « La franc-maçonnerie trouve sa nature profonde dans la symbolique comme l'Église trouve la sienne dans les dogmes, écrit August Wolfstieg (1859-1922), et c'est en elle que bat la véritable vie intérieure de l'Art Royal ». Il s'agit en fin de compte, comme le faisaient autrefois les bâtisseurs de cathédrales, de donner une forme concrète à l'intuition spirituelle, afin d'aider l'impétrant à remonter du corps vers l'esprit, et, à travers la philosophie et la religion, de la vie sensible et végétative à la découverte de l'initiation*. En fait, si le symbole maçonnique est une apparence concrète du spirituel, il est aussi le sens spirituel des figures concrètes proposées, aidant à faire le pont entre les différents plans d'existence et les principaux degrés de l'ascension initiatique. Ce qu'exprime d'une autre façon le britannique A. Pike à propos de l'usage de la géométrie : « Les bâtisseurs d'églises baignaient dans un symbolisme extrêmement profond. Les pyramides étaient des merveilles de connaissances géométriques. La géométrie était la servante du symbolisme. Le symbolisme, on peut le dire, est une géométrie spéculative ». — August Wolfstieg commente ces considérations de la façon suivante : « Il y a symbole dès que l'on attribue à un fait réel, un nombre, un mot, un signe, une plante, une image ou un bâtiment, bref à une chose en particulier, une signification plus profonde qu'elle n'en a par elle-même (...) et qu'on en fait ainsi l'image de processus spirituels que l'on ne pourrait se représenter sous une autre forme. Le symbole est donc exactement le contraire de l'allégorie, c'est-à-dire de l'incarnation concrète d'une idée générale par un processus isolé... L'allégorie part d'une vérité générale et cherche à exprimer de façon concrète un raisonnement déjà bouclé à travers un phénomène isolé ; elle est donc contraignante pour l'individu de nature contemplative... Le symbole essaie en revanche d'élever un concept ou une sensation isolés au niveau du général en se servant d'une chose déjà existante qui en devient dès lors le porteur et le reflet. Le symbole laisse donc à l'individu le champ libre pour interpréter et se représenter l'image en question ». Et cet auteur poursuit en reprenant ce que G.F. Creuzer avait déjà exprimé dans sa *Symbolique et mythologie des peuples anciens* (1810-1812) : « Seules les choses les plus importantes sont dignes d'être appelées symboles... Le symbole exprime tout ce qui est caractéristique des catégories de la religion et de l'art : la présence de l'instant, le caractère total, nécessaire, insondable, et l'élève à son plus haut degré. Ce simple mot désigne l'apparition du divin et la transfiguration de l'image terrestre... Dans le symbole, le concept lui-même pénètre dans le domaine matériel, et nous le percevons directement à travers l'image. »

FRÊNE Universellement tenu pour un symbole de fécondité, le frêne joue un rôle primordial dans l'ancienne mythologie germano-scandinave. Il y apparaît en effet sous le nom d'Yggdrasil, l'arbre* du monde qui en représente en même temps l'axe*. Reliant tous les niveaux de l'univers entre eux, il est à la fois l'origine de la vie, du savoir et du destin. Il a trois racines, dont l'une aboutit chez les dieux « dans le ciel », là où se trouve la source d'Urdr et la fontaine de la sagesse Mimir, l'autre à Joturnheim et la troisième à Niflheim, le pays des glaces. À son sommet siègent un aigle et un faucon* tandis que des serpents* gisent auprès de ses racines, particulièrement le dragon* Nidhogr qui se tient à la source Hvergelmir d'où partent tous les fleuves du monde, et qui ronge incessamment Yggdrasil. Entre cette base et ce sommet, l'écureuil* joue le rôle de messager permanent, cependant que quatre* cerfs* ne cessent de grignoter ses branches. C'est à son pied que se rassemblent les dieux et c'est à lui que s'est suspendu Odin pour obtenir la science suprême des runes* : « Je sais que je pendis / à l'arbre empli de vent / neuf pleines nuits, / par la lance navré / et livré à Odin, / moi-même à moi-même remis, / à ce haut tronc / dont tous ignorent / de quelle souche il surgit. / On ne m'offrit point / de pain ni de coupe ; / j'épiais par-dessous : / je ramassai des runes, / ramassai en hurlant ; / aussitôt après je tombai » (*Havamal*, ou « Paroles du Très-Haut »). Enfin, les Nornes*, maîtresses du destin, l'aspergent tous les jours d'eau pure et d'argile blanche. Yggdrasil finit par représenter ainsi la totalité imaginable de l'univers en y comprenant tous les couples d'opposés* (par exemple l'aigle et le dragon : c'est-à-dire le ciel* et la terre*, le haut* et le bas, le masculin et le féminin, etc.), et il ne vacillera sur ses bases, il ne s'abattra finalement que lors du Ragnarök, le combat final entre les dieux, au cours duquel Loki tuera Heimdal, marquant ainsi la fin du monde.

G

GANT Le gant désigne souvent en symbolique la main tout entière, l'organe de l'action et de l'exécution. C'est donc un signe de puissance et de protection ainsi qu'une référence au droit de tenir marché et de battre monnaie qui était autrefois délivré par le roi. On peut citer également le gant de combat du chevalier*, qui indiquait qu'il relevait un défi en duel. À une époque plus récente, frapper quelqu'un au visage avec son gant consistait de la même façon à lancer un défi. Le port des gants caractérise, par ailleurs, les personnes appartenant aux couches supérieures de la société, dont ils conservent et garantissent la blancheur des mains. Ils jouent un rôle important dans la symbolique maçonnique*. À l'origine, le novice devait en offrir une paire à sa loge qui la lui rendait par la suite. Il reçoit aujourd'hui une paire de gants blancs* pour indiquer que ses mains doivent toujours rester pures, et généralement une deuxième paire à l'adresse de la « sœur » exclue du travail* ; il arrivait dans le passé qu'il en reçût jusqu'à trois paires – une pour le travail de la loge, une seconde en souvenir de son intronisation et une paire de gants de femme qu'accompagnait cette mise en garde : « Ne laissez jamais ces gants revêtir des bras impurs et des mains de prostituée ! » (1760). Goethe donna les gants de femme qu'il avait ainsi reçus à Mlle von Stein. Il existait déjà des coutumes analogues avant même la fondation officielle de la franc-maçonnerie (1717) ; les premières traces connues à ce jour datent de 1686. Il est parfois d'usage aujourd'hui de prononcer cette sentence lors de la remise des gants : « Donnez ces gants blancs à celle pour laquelle vous éprouvez le plus grand respect, celle que vous choisirez ou avez déjà choisie comme maçonne légale ! »

GÉANTS De nombreuses cultures antiques considéraient les géants comme des symboles de la nature primitive et informe, telle qu'elle se présentait avant sa conquête et sa domestication par l'homme civilisé. L'idée fondamentale en est manifestement que, avant que l'homme ne jouisse des bienfaits de la culture, seuls les êtres qui possédaient une grande vigueur corporelle pouvaient survivre au milieu d'un environnement cruel et sans pitié. La découverte de grands ossements d'animaux fossiles a longtemps renforcé cette explication mythique puisqu'on considérait que ces os étaient ceux de géants préhistoriques (d'après la théorie du paléontologue viennois O. Abel, 1875–1946) – de même que les monumentales constructions en pierre* du néolithique furent souvent attribuées par le passé à des géants. — Il était question dans la mythologie grecque de géants et de Titans* issus des premières générations de dieux, et qui avaient été vaincus par les dieux olympiens. La mythologie germanique connaissait des figures similaires, opposées aux dieux et aux hommes. Les géants y jouaient le rôle de la nature primitive, encore mal dégagée de son aspect et de sa puissance de chaos*, et sur lesquels il fal-

Moïse frappe le géant Uj, sous les yeux de la Vierge, de l'Enfant Jésus et des Apôtres : miniature islamique du XVe s.

Odin invite le géant Baugi à perforer la roche avec la dent de Rongeur pour s'emparer du symbole de la sagesse : illustration (XVIIIᵉ s., « Edda »).

lait prendre le dessus afin d'imposer un ordre au monde. On note la présence mystérieuse et assez allusive de géants dans la *Bible*, lorsqu'il est dit que certaines filles d'hommes se seraient accouplées avec eux (sous le nom de *Néphilim* ; *Genèse* VI, 1-4). Il s'agit sans doute là de réminiscences des mythologies orientales antérieures, et particulièrement mésopotamiennes. Ces unions dénotent, dans le texte biblique, la perversion croissante des hommes qui va être à l'origine du déluge*, suscité par Dieu, afin de purifier sa création. — Certaines mythologies considèrent les géants comme des symboles des forces destructrices de la nature, telles que les avalanches ou les tremblements de terre, et le combat que mènent les dieux et les héros contre eux s'apparente à celui des hommes contre les éléments déchaînés. Les mythes précolombiens relatifs à la création représentent les dieux aux prises avec des catastrophes du même genre. Parfois, comme dans la mythologie germanique, les divinités tuent des géants primitifs androgynes*, avant de les dépecer et de s'en servir comme d'un matériau de construction du monde. Les géants apparaissent souvent comme des êtres mal intentionnés, qui finissent par être vaincus grâce à la ruse et au courage du héros (tel Polyphème, le cyclope vaincu par Ulysse). La ruse déployée par le héros prend très souvent alors, dans la tradition populaire, un caractère de bouffonnerie. Il n'est pas rare, dans les processions masquées traditionnelles, de voir les géants confrontés aux nains*. Selon la théorie avancée par Edgar Dacqué (1878-1945), les légendes qui ont trait à des géants et à des dragons* seraient un rappel des époques primitives, dans le sens d'une survivance de l'image des grands reptiles, héritage dont l'origine remonterait aux premiers hommes. Il semble néanmoins qu'en élaborant cette théorie, cet auteur ait été lui-même dans l'impossibilité d'annuler la charge symbolique et mythique contenue dans la représentation généralement admise des géants. La paléontologie nous apprend en effet que les dinosaures et autres reptiles géants vivaient des dizaines et des dizaines de millions d'années avant que n'apparaissent les hommes – et qu'une image ou un souvenir acquis, la biologie moderne l'a démontré, ne sont de toute façon pas génétiquement transmissibles. C'est pourquoi il semblerait plutôt que, du point de vue des représentations inconscientes, le géant et le dragon sont intimement liés, manifestant simplement un état plus ou moins différencié du même archétype de fond – celui de la Mère* originelle, informe et chaotique, pourvue des deux sexes dans une syzygie fondamentale, et où le géant renverrait plutôt, sous une forme déjà humanisée, au phallus de la Mère, à son aspect masculin. On rapprochera, dans cette perspective, les géants primitifs germaniques dont nous avons déjà parlé – et leur dépècement en autant de morceaux qui représentent les matériaux dont se servent les dieux pour construire un monde organisé et réglé –, de l'antique religion mésopotamienne où le jeune dieu Marduk affronte avec son arc* et ses flèches, sa génitrice originelle, la Mère primitive Tiamat qui lui oppose « un serpent* cornu, un dragon *moushoushou*,... un démon *ou-gallou* et un homme-scorpion », etc. Quand Marduk a vaincu Tiamat, « il piétine le bas de son corps, il lui fracasse le crâne de sa massue impitoyable et tranche les artères de son sang ». Ayant ainsi rendu le chaos au chaos, il coupe Tiamat en deux moitiés, dont l'une devient la voûte céleste et l'autre la terre qui retient les eaux souterraines dans son sein. Le monde ainsi organisé à partir d'une division fondamentale, Marduk peut ordonner le reste de l'univers : nomination des mois de l'année, mise en relation des mois et des planètes (voir Astrologie), etc. C'est le même fonds mythologique que l'on retrouve, par exemple, dans l'histoire légendaire de Tristan* et Iseut où le héros doit d'abord affronter le géant venu d'Irlande (le Morholt) avant de combattre, à un niveau encore plus profond de sa psyché, le dragon qui vit au cœur même de l'Irlande.

GENIUS C'est de ce mot que provient notre concept de « génie ». Les *genii* étaient, dans la Rome antique, des êtres surnaturels qui servaient à l'homme d'esprit protecteur personnel – de façon analogue à l'ange* gardien chrétien – et l'accompagnaient jusqu'à sa tombe. On construisait de nombreux autels consacrés aux *genii* et ils représentaient probablement à l'origine la force de reproduction des mâles. Le culte des dieux domestiques (Lares) est lié à l'image du *genius* et est apparenté au culte grec du *daimon* personnel (voir Démon). Sur les autels des maisons de Pompéi, le *genius* du chef de famille (*pater familias*) est représenté sous les traits d'un serpent*. Avec le développement de l'empire romain, l'idée se diffusa que non seulement les familles, mais aussi certains bâtiments et certaines villes, possédaient leur propre

Génies couronnés de fleurs, portant des cornes d'abondance : gravure de 1613.

esprit protecteur surnaturel (le *genius loci*). Au cours de la Renaissance, le *genius* devint une figure symbolique dont se réclamaient certaines personnes et qui représentait des qualités bien déterminées. — À l'époque des chasses aux sorcières*, on attribuait à chaque personne que l'on soupçonnait d'adorer le Diable*, un *spiritus familiaris* à figure animale, sorte de pendant satanique au bon *genius* ; les *familiares* étaient cependant aussi invoqués lors des rituels magiques indépendamment de toute alliance avec le Diable. Le savant Jérôme Cardan (1501-1576) se vantait de posséder un *genius* person-

Génies représentés dans la fresque de l'hypogée des Aurelii à Rome.

Le « Genius Augusti » sacrifiant devant l'autel : monnaie de bronze de Néron.

nel qui lui facilitait l'apprentissage des langues étrangères et lui conférait un éclat surnaturel (voir Nimbe) dont il sentit très longtemps la présence.

GÉOMANCIE   L'existence de ce système de « divination par la terre » est attestée depuis la nuit des temps. Elle fut particulièrement pratiquée chez les Chinois, les Celtes, les Étrusques, les Arabes, ainsi que dans le monde byzantin. On recourt à la géomancie chaque fois qu'il s'agit de déterminer l'emplacement idéal d'une construction : simple édifice, maison, tombeau, ou même parfois cité. — En Chine, le « Fondateur », après avoir revêtu des ornements sacrés, commençait à procéder à une inspection des sites avant d'entreprendre des examens divinatoires. Cette inspection était qualifiée « d'examen du yin* et du yang » – ou, si l'on veut, des versants sombres ou lumineux. On sait en effet que le jeu dualiste du yin et du yang est à la base de la cosmologie chinoise – le yin étant passif, féminin, lié à l'hiver, à la couleur noire*, à la terre* et à la nuit*, tandis que le yang est masculin, actif, lié à l'été, au jour, au ciel*, à la couleur rouge*, etc. L'interpénétration constante de ces deux éléments se fait selon des lois précises de circulation de l'énergie, le respect de ces lois se retrouvant à la base de l'organisation sociale chinoise. D'où la grande importance de la géomancie en tant que processus mantique appliqué à l'espace : du choix correct d'un emplacement dépendent par exemple le bonheur et la prospérité d'une famille alors que, dans le cas contraire, des procès, des malheurs ou même des meurtres ne pourront être évités. Les maîtres du yin et du yang, qu'on appelait aussi « maîtres de l'observation des vents* et des eaux* », et qui étaient souvent des moines taoïstes, officiaient avec une boussole spéciale pour chercher « les veines de la félicité », « l'antre du dragon », bref, les éléments favorables ou non que l'on devait absolument prendre en considération. Toute une science de l'espace s'était ainsi mise en place pour que les hommes vivent en harmonie avec les lois du monde. —La géomancie classique, issue du courant culturel arabo-berbère, utilise quant à elle seize figures formées par des points (système occidental) ou des traits (système arabo-berbère), que l'on dessinait au départ sur le sable à des fins spécifiquement divinatoires. Ces seize figures se répartissent en quatre* groupes de quatre selon la symbolique des quatre éléments* : le feu*, avec *Via, Cauda draconis, Puer* et *Fortuna* minor*; l'air avec *Puella, Amissio, Carcer* et *Laetitia* ; l'eau avec *Caput draconis, Conjunctio, Acquisitio* et *Rubeus* ; et enfin la terre avec *Fortuna major, Albus, Tristissia*, et *Populus*, – soit, et dans l'ordre ici donné : la Voie, la Queue du dragon*, l'Enfant, la Fortune ou la Chance mineure ; la Jeune fille, la Perte, la Prison, la Joie ; la Tête du dragon, la Conjonction*, l'Acquisition, le Rouge* ; la Fortune ou la Chance majeure, le Blanc*, la Tristesse et le Peuple. On notera à cet égard que certains termes peuvent être mis en relation avec les opérations alchimiques*, comme la Tête et la Queue du dragon, ou le rouge et le blanc. — On trace des figures de manière à pouvoir monter des thèmes qui soient capables de répondre à des questions précises. Les Arabes disposaient le sable sur un plateau creux (*al-madel*), fait d'ébène ou de cuivre*, afin de rappeler la création du premier homme à partir de l'argile. La matière la plus précieuse est ici constituée par le sable ramassé sur le mont Sinaï, là où Moïse reçut la Révélation divine. Le sable, produit d'un frottement analogue à celui qui donne naissance au feu, suscité lui-même, selon les versions, par l'air ou le feu, représente de fait la synthèse des quatre éléments de base de l'univers, ce qui fait de tout acte de géomancie une opération divine.

GLACE   La glace est naturellement associée au froid, au grand Nord et, dans la cosmologie nordique, à la patrie des « géants du givre* » (*Reifriesen*). Selon l'un des mythes indiens de la création du monde, la fonte des glaces aurait donné naissance à la vache originelle Audhumbla qui aurait elle-même formé, en donnant des coups de langue dans la glace, un être masculin précurseur de l'humanité, Buri. —La glace ne joue bien sûr aucun rôle dans les symboles des peuples méridionaux. Au Moyen Âge, on en apportait des Alpes jusqu'au centre et au sud de l'Italie où elle était conseillée aux individus de « chaude constitution » afin d'apaiser leur feu intérieur. — En Chine, la glace (*ping*) est associée à la piété enfantine ; en effet, selon un récit traditionnel, un enfant dont la mère malade avait envie d'une carpe alla se poster, en plein hiver, sur le cours gelé d'un fleuve ; il y attendit que la glace

La vache Audhumla lèche les cimes de glace pour libérer le géant Buri (XVIIIe s., « Edda »).

fonde et que le poisson* bondisse hors de l'eau. Ce qui est au-dessus de la glace appartient au domaine masculin (yang), alors que l'eau qui se trouve en-dessous est féminine (yin*). La « glace brisée » désigne de façon métaphorique les plaisirs conjugaux des époux vieillissants. — On trouve dans les langues européennes des expressions parentes, telles que : « la glace brisée entre deux personnes ». Un « cœur* de glace » caractérise, dans presque toutes les langues occidentales, les personnes dures et sans pitié.

GOG ET MAGOG   Gog et Magog désigne, sur le plan symbolique, les forces antichrétiennes et ennemies de Dieu dans l'*Apocalypse* de saint Jean (XX, 8). Lorsque l'empire millénaire de la paix touche à sa fin, le Diable*, libéré de sa prison, rassemble au combat « les nations qui sont aux quatre coins de la terre, Gog et Magog (...) en aussi grand nombre que le sable de la mer ». Mais voici qu'un feu* descend du ciel et les dévore ; et « le Diable, leur séducteur, fut jeté dans l'étang de feu et de soufre (...) ». Selon le prophète Ézéchiel (XXXVIII-XXXIX), Gog était un prince qui régnait dans le pays nordique de Magog ; le pays a peut-être reçu son nom du prince lui-même (Gygès ?) et l'auteur de l'*Apocalypse* en aurait fait deux peuples. — La mytho-

logie islamique raconte qu'un peuple asiatique aurait imploré l'aide d'Alexandre le Grand* pour se débarrasser de ses poursuivants *Jadsudsh* et *Madsudsh*, et que l'« homme aux deux cornes* » aurait bâti pour ce faire un mur indestructible en pierre et en fer. « Le peuple devint alors croyant et remercia Allah pour sa grâce... ». Des légendes ultérieures racontent que les peuples arrêtés par ce mur essayèrent nuit après nuit de le transpercer à l'aide de langues* de feu effilées comme un couteau, mais qu'ils devaient s'enfuir chaque matin à l'aurore, car Allah reconstruisait le mur aussi solidement qu'il l'était auparavant. À la fin des fins, Allah déclara cependant qu'ils devaient briser le mur et tuer tous les criminels et les mécréants qui se trouvaient derrière, avant d'être eux-mêmes précipités dans la géhenne (voir Enfer) en signe de victoire. Les exégètes ont reconnu derrière les noms Jadsudsh et Madsudsh les démons issus de la mythologie biblique Gog et Magog. « Le prophète les cite à juste titre non seulement comme personnages isolés, mais aussi comme synonymes des forces du chaos* » (Beltz 1980).

GOLEM   Cet être mythique symbolise la matière qu'on anime de façon artificielle et qui peut devenir un danger pour son créateur. Tandis que le docteur Frankenstein de Mary Shelley fabrique son monstre à partir de morceaux de corps humain, la figure juive du golem aurait été créée, au contraire, par la seule vertu d'une incantation particulière. Le mot de golem lui-même signifie à peu près « matière informelle » ou encore « Adam* avant qu'il n'ait reçu une âme ». Dans la tradition cabbalistique, les grands maîtres de la doctrine secrète étaient censés posséder l'art d'insuffler, à des êtres de terre* glaise, une sorte de vie végétative par le seul pouvoir de la parole (rabbi Eleazar de Worms, et surtout rabbi Jeduka Löw ben Bezalel, un contemporain pragois de l'empereur Rodolphe II). Le rabbi Elijah de Chelm aurait conçu un golem qu'il destinait à être son serviteur, mais celui-ci devint si grand et si menaçant que son créateur en prit peur. Sur son front était inscrit le mot qui lui avait donné la vie, *Emeth* (vérité). Le rabbi effaça l'aleph afin qu'il ne reste plus que *Meth* (mort). Le golem se transforma alors en un tas de terre qui parvint cependant à étouffer son créateur.

GORGONES (du grec *gorgo*, « la terrible ») Figures effrayantes de la mythologie antique, les Gorgones incarnent les dangers qui guettent les habitants des territoires situés à l'est de la Méditerranée lorsqu'ils s'aventurent vers l'ouest. Elles sont appelées Sthéno, Euryalé et Méduse. Ce sont des êtres ailés, avec des serpents* en guise de cheveux* (de même que les Érinnyes*) et des crocs qui dépassent de leur bouche. Seule Méduse est mortelle. Elles sont si effrayantes que tous ceux qui les regardent sont aussitôt changés en pierre*. Persée réussit à décapiter Méduse en utilisant son bouclier comme miroir* : en s'y regardant, le monstre fut pétrifié par son propre reflet (voir Atlas). La « tête de Méduse » orne également le bouclier rond de la déesse Athéna*, comme symbole de l'effroi. — Les sœurs aînées des Gorgones constituent également une triade, celle des Grées (en grec *Graiai*, les Grises) : Ényo, Pephredo et Dino ;

1. Tête de Gorgone : antéfixe en terre cuite (VIe s. av. J.-C.).

2. Tête de Méduse : avers d'un double sesterce (~270, frappé pour Postumus).

elles sont représentées sous les traits de vieilles femmes joufflues qui ne possèdent pour elles trois qu'un seul œil* et une seule dent*. Lors de son combat contre Méduse, Persée obtint leur aide après leur avoir enlevé cet œil et cette dent et leur avoir fait promettre, avant de les leur rendre, de l'assister dans son entreprise.

GRAAL Cette coupe sacrée de la délivrance et du salut a fait l'objet, au Moyen Âge, de nombreuses légendes et de spéculations mystiques. Selon l'évangile apocryphe de Nicodème, il s'agit de la coupe utilisée par le Christ lors de la Cène et dans laquelle fut recueilli son sang* au moment de sa mort. Son nom viendrait du grec *krater* qui désigna par la suite, et de façon générale, tout verre dont on se sert à table. D'après la légende, le Graal aurait été conservé dans un château construit au sommet d'une montagne*, et des anges* y auraient déposé une hostie aux pouvoirs miraculeux. D'autres légendes voient en lui une pierre* qui serait tombée de la couronne* de Lucifer lors de sa chute : le Graal se présente ici comme un joyau céleste, comme la dernière trace du paradis perdu. La quête du Graal symbolise donc toute démarche orientée dans le sens d'une recherche, pour soi-même, d'un progrès spirituel. Par analogie avec les images orientales, le Graal est comparé au vase qui renferme l'élixir de la vie, le *Soma* des textes védiques et il est considéré, en ce sens, comme le dépositaire des forces de la vie terrestre et spirituelle. Il est aussi comparé au calice ou au chaudron* dont se servaient les Celtes dans leurs anciens rituels magiques, dont on conserve des traces archéologiques comme le fameux chaudron de Gundestrup, et auquel on trouve surtout un grand nombre d'allusions dans les anciens textes gaéliques ou, mieux encore, dans la mythologie galloise : c'est ainsi que Taliesin, le plus grand barde des légendes britonniques, à la fois visionnaire, savant, philosophe et poète, se présentait comme la métamorphose d'un personnage appelé Gwyon Bach (Gwyon le Petit) après que celui-ci avait bu les trois gouttes magiques du chaudron de Cerridwen, figure de la mère* divine des hommes. Accédant alors à la connaissance parfaite, Taliesin devint à la fois le maître de tous les arts et celui des transformations dans toutes les formes de la vie :

Galaad et Parsifal adorant
le saint Graal : miniature du XIVᵉ s.

« Je suis vieux, je suis jeune, je suis Gwyon,/ je suis universel, je suis doué de pénétrant esprit/… Je suis un habile compositeur, un clair chanteur,/ je suis acier, je suis druide,/ je suis architecte, je suis homme de science,/ je suis serpent, je suis amour, je préside les festins… » – ainsi que : « J'ai été un saumon bleu,/ j'ai été un chien, j'ai été un cerf,/ j'ai été un chevreuil sur la montagne,/ j'ai été un tronc, j'ai été une biche,/ j'ai été une hache dans la main,/ j'ai été cheville de tenailles… » (*Le Livre de Taliesin*). Il semble que ce soit en fait la rencontre de cet imaginaire celte avec la tradition légendaire du christianisme qui ait créé le motif spécifique du Graal, tel qu'il se développe au Moyen Âge à partir du XIIᵉ siècle, et tel qu'il est traité, repris, réfléchi et sans cesse modifié par des auteurs aussi divers que Robert de Boron, Chrétien de Troyes et Wolfram von Eschenbach, jusqu'à sa réécriture contemporaine, par exemple dans *Le Roi pêcheur* de Julien Gracq ou, sous le motif de la « terre gaste », dans *The Waste Land* de T.S. Eliot. La légende du Graal, qui s'intègre très tôt dans l'imaginaire arthurien et le thème de la quête des chevaliers* de la Table ronde, connaît son apogée dans les figures de Parsifal (le Perceval de Chrétien de Troyes, le Peredur du *Mabinogion* gallois) et de son fils Galaad qui, chevalier saint et parfait, entrera enfin en sa possession. En psychana-

lyse, le Graal est souvent considéré comme un élément féminin, symbole de ce qui reçoit, mais aussi de ce qui donne, une sorte de mère spirituelle pour tous ceux qui s'intéressent aux mystères*.

GRÂCES   (en latin *gratiae*, en grec *charites*). Ces figures de la grâce et de la beauté féminine sont toujours représentées par trois, comme de nombreux autres personnages féminins (voir Triade). Elles appartiennent certes au cercle des immortels, mais elles n'ont pas été élevées au rang de déesses. Elles apparaissent souvent comme les suivantes d'Aphrodite* (Vénus*) ou d'Apollon* ; on leur prête des noms divers, par exemple pour les Charites (du grec *chairein*, se réjouir), Aglaé (éclat), Euphrosyne (gaieté) et Thalie (floraison). Leur tâche était de donner grâce et charme aux jeunes filles et de répandre la joie parmi les hommes. Elles sont présentées la plupart du temps comme les filles de Zeus et d'Eurynome, une des filles de Poséidon. Elles apparaissent également souvent en compagnie des Muses* et sont associées aux Heures*.

Les trois Grâces : plat en faïence
(Gubbio, 1525, Mastro Giorgio).

GRENADE   (en grec *rhoa*, en latin *punica*) Le grenadier est connu depuis longtemps dans le bassin méditerranéen et au Proche-Orient. Ce sont sans doute les Phéniciens qui ont diffusé sa culture et l'ont introduit dans les régions chaudes où il était cultivé pour ses fruits et ses vertus médicinales. Les nombreuses graines que contient sa chair juteuse étaient considérées comme des symboles de la fécondité, tandis que le fruit entier représentait les déesses Astarté de Phénicie, Déméter* et Perséphone (en latin Cérès et Proserpine) – c'est-à-dire les déesses des mystères –, ainsi qu'Aphrodite* (Vénus*) et Athéna*. Selon le mythe d'Éleusis, Perséphone n'aurait pas été obligée de rester dans le monde souterrain de l'Hadès après son enlèvement par Pluton si elle n'y avait avalé une graine de grenade. La mère d'Attis, l'amant de la « Grande Mère* » Cybèle*, aurait été enceinte, pour sa part, rien qu'en touchant un grenadier. On plantait ces arbres sur les tombes des héros (pour leur assurer de nombreux descendants ?), et on racontait qu'ils étaient habités par des nymphes, les Rhoiai. — À Rome, la grenade placée dans la main de Junon symbolisait le mariage. L'arbre tout entier était également considéré, en raison de ses fleurs rouges parfumées, comme une incarnation de l'amour, du mariage et de leur conséquence directe, la fécondité. On en tressait des couronnes que portaient les mariées le jour des noces. — À l'ère chrétienne, la symbolique du grenadier attint une dimension spirituelle en s'enrichissant de références faites à la richesse de la bénédiction divine et à l'amour céleste. Le jus rouge de la grenade y devint un symbole du sang* des martyrs, tandis que les graines, contenues dans son enveloppe unique, représentaient les hommes réunis dans la communauté de l'Église. La grenade à la peau dure mais au jus sucré symbolisait également le prêtre empli de bonté, malgré ses dehors sévères. Dans la symbolique baroque, la grenade éclatée, avec toutes ses graines répandues, devint une image de la charité et des dons de l'amour généreux (Caritas*, ordre des frères de la Charité). En héraldique, la grenade orne entre autres les emblèmes de Grenade et de la Colombie (autrefois appelée « Nouvelle Grenade »).

GRENOUILLE   La grenouille est, d'un point de vue symbolique, un animal fort intéressant. Dans l'Égypte ancienne, elle était, en raison de sa fécondité et sans doute aussi de ses transformations spectaculaires d'œuf en têtard, puis en quadrupède présentant une lointaine ressemblance avec l'homme, un symbole de la vie qui se renouvelle sans cesse. Elle prêtait son apparence aux premiers dieux issus de la boue ainsi qu'à la déesse de la Naissance Heket (Hiqet), la bonne conseillère de la religion populaire. — Les habitants de la Chine ancienne pensaient que les œufs de grenouille tombaient du ciel avec la rosée* et c'est pourquoi on utilisait souvent à la place du mot *wa* l'expression métaphorique *t'ien-chit*, c'est-à-dire « poule céleste » (il existait probablement une relation mythique entre l'image de la grenouille et la lune*). Un texte ancien affirme que l'une des deux âmes de l'homme a la forme de cet amphibien. On raconte aussi que certains sages et empereurs* réussissaient à faire cesser le coassement intempestif des grenouilles par un simple commandement. En Inde, selon le même symbolisme de caractère féminin lié au thème de l'eau, les grenouilles étaient issues de la Terre* nourricière lorsque celle-ci était fécondée par la pluie. Elles pouvaient même se résumer à l'image de la « Grande Grenouille » qui est la représentation de la matière indifférenciée à partir de laquelle l'univers peut être organisé dans ses différents éléments. — La mythologie antique raconte que des paysans lyciens se transformèrent en grenouilles afin, par leurs bonds, de troubler l'eau d'une nymphe assoiffée qui n'avait pas répondu à leurs espérances. La grenouille joue un rôle si important dans la magie populaire que Pline écrivit que s'il n'en tenait qu'aux magiciens, les grenouilles auraient plus d'importance pour le monde que les lois. Il était d'usage par exemple de poser une langue* de grenouille sur le cœur* d'une femme endor-

Grenouille : revers d'un statère (550-500 av. J.-C., Serifo).

L'invasion des grenouilles, une des dix plaies d'Égypte : miniature (XIVᵉ s., « Haggadah », Sarajevo).

mie pour qu'elle dise la vérité lors d'interrogatoires ultérieurs. — La conception chrétienne de la grenouille est influencée par le récit des fléaux d'Égypte dans l'*Exode* (VIII, 2-14), où tout le pays est envahi par les grenouilles, et cette image négative apparaît à nouveau dans l'*Apocalypse* de saint Jean (XVI, 13). Les premiers pères de l'Église mettent l'accent sur la boue dans laquelle vit la grenouille et sur ses coassements intempestifs, et ils y voient un symbole du Diable* ou des penseurs hérétiques. L'ancienne image positive de la grenouille s'est en revanche perpétuée dans l'Égypte copte où cet animal est représenté sur les lampes à huile comme un symbole de la résurrection. Les différentes métamorphoses qu'elle subit dans son développement (de l'œuf au têtard, puis du têtard à l'amphibien accompli), peuvent indiquer en effet les différents stades du destin de l'homme, qui l'amènent de sa conception à sa vie transitoire dans le monde, puis à son état adulte, c'est-à-dire son accession au royaume des cieux. En Europe, la grenouille est l'attribut de saint Hervé et de saint Pirmin de Reichenau dont la légende raconte qu'un simple mot de lui pouvait faire taire, comme c'était le cas chez les souverains et les poètes chinois, les grenouilles qui vivaient sur son île entourée de marais (voir Crapaud). — Aeppli écrit que la grenouille inspire certes du dégoût à certaines personnes, mais qu'elle a pourtant une signification positive lorsqu'elle apparaît en rêve. Son évolution jusqu'à l'état adulte et « la ressemblance de ses pattes palmées avec des mains humaines, font de cet animal le reflet, à un niveau inférieur, de la transformation de l'âme. C'est pourquoi, dans le conte du roi-grenouille, la grenouille

méprisée se transforme en prince respecté. La grenouille correspond au sentiment de la vie tandis que le crapaud est plutôt associé à sa lourdeur. Lorsqu'il apparaît en rêve, le crapaud est très nettement un symbole maternel et féminin ». Dans l'inversion de la symbolique traditionnelle, les psychanalystes freudiens voient dans la grenouille visqueuse qui veut monter dans le lit de la princesse, un symbole à peine dissimulé de l'organe sexuel masculin qui ne parvient à sa maturité que lorsqu'il est pleinement accepté au sein d'une relation amoureuse. — La grenouille apparaît comme messagère d'une vérité religieuse dans les visions du médium styrien Jakob Lorber (1800-1864) qui raconte avoir reçu du « Maître et Sauveur » la nouvelle suivante : « La grenouille coasse la majeure partie de la journée pour exprimer la joie que lui inspire sa vie dans la mare et elle Me loue, par ses coassements joyeux, pour Me remercier de lui avoir donné la vie ». La grenouille pourrait ainsi jouer pour l'homme le rôle d'un apôtre et d'un professeur.

GRIFFON   Le griffon est un animal fabuleux qui régnait de façon symbolique sur deux domaines – la terre (par son corps de lion*) et l'air (par sa tête et ses ailes d'aigle*). On trouve, dans l'ancien Orient, des figures qui permettent de suivre l'évolution typologique de cet animal, en particulier dans l'être bâtard assyrien k'rub, qui a donné naissance au chérubin hébraïque (classe d'anges*). Le griffon est, aux yeux des juifs, un symbole de la Perse antique car il est très souvent représenté dans l'art perse. En Grèce, le griffon symbolisait la force vigilante ; c'était la monture d'Apollon* et il gardait l'or* des Hyperboréens dans les loin-

par le christianisme comme un diable en quête d'âmes, le griffon devint, dans la tradition de Dante, le symbole des deux natures (humaine et divine) de Jésus-Christ, en raison de sa double appartenance aux domaines de la terre et de l'air. La symbolique solaire (voir Soleil) du lion et de l'aigle vient renforcer cette signification positive. C'est ainsi que le griffon devint le chasseur des serpents* et des basilics*, incarnations des démons. L'Ascension du Christ a été, dans la même ligne d'idées, associée symboliquement à la figure du griffon. Celui-ci est très souvent représenté tant dans l'artisanat (dans l'art textile, en orfèvrerie, etc.) qu'en héraldique* où il est formé d'un corps de lion, d'une tête d'aigle, avec de longues oreilles et des griffes d'aigle et symbolise l'union de l'intelligence et de la force.

GRUE Dans l'œuvre de Schiller, *Les Grues d'Ibycos* (*Kranichen des Ibykus*), la grue est un instrument de la volonté divine. Dans l'Antiquité, on admirait la grue pour sa capacité à voler sans jamais se lasser. Ses ailes* constituaient des amulettes qui protégeaient de la fatigue. On prêtait aussi beaucoup d'attention à la migration des grues de Thrace en Égypte, où elles étaient particulièrement honorées. De nombreux combats légendaires les opposent aux Pygmées. Pour des raisons aujourd'hui difficiles à comprendre, la grue était également consacrée à la déesse des semailles, Déméter*. Sa migration, qui signale l'approche du printemps, a fait de l'animal un symbole du renouveau (puis à l'époque chrétienne, de la Résurrection). La singulière parade d'amour de la grue donna lieu chez les Grecs à une danse (*Geranikos*), et passait pour l'expression même de la joie de vivre et de l'amour. Comme

1. Griffon : gravure (1515, A. Dürer, Arc de triomphe de Maximilien Ier.)

2. Griffon, emblème de l'Art du Change de Pérouse : miniature du XIVe s.

taines régions nordiques. Il incarnait par ailleurs la déesse de la vengeance Némésis* et c'est lui qui faisait tourner sa roue* du destin. Dans la légende, le griffon symbolise la superbe (l'arrogance) car Alexandre le Grand* aurait essayé d'atteindre les limites du ciel à cheval sur des griffons. Tout d'abord considéré

Grue luttant contre les Pygmées : gravure de 1545.

*Le philosophe et la grue, symbole
de la sagesse :
peinture chinoise (dynastie Ming).*

GUERRE Il est essentiel de noter que,
sur le plan symbolique, la guerre est toujours une « guerre juste » – soit qu'elle
corresponde au besoin de justice, soit
qu'elle renvoie à la notion de la justesse
du cœur et de l'ordre cosmique où elle
s'inscrit. — C'est à cette justesse de la
voie que suit le guerrier, qui le met en
conformité avec sa nature la plus profonde, et donc avec la Nature même du
monde, que se rattache par exemple le
samouraï japonais et le code du Bushido
(voir Arc), ou le guerrier d'Amérique du
Nord – qu'il soit apache, sioux ou ojibwa
– dont l'activité se déroule sous les auspices de son totem* et dont les actes sont
d'abord guidés par l'inspiration intérieure. La spiritualité de ces Indiens s'inscrit d'ailleurs souvent dans un cadre
hérité du chamanisme, le chaman ou le
sorcier devant lui-même souvent livrer
combat pour libérer l'âme prisonnière du
patient qu'il a en charge, afin de rétablir
sa santé – c'est-à-dire son harmonie. C'est
dans le même contexte d'idées que l'on
doit comprendre la « guerre fleurie » de
l'ancien empire aztèque, où il s'agissait
avant tout de se procurer les prisonniers
que l'on pourrait immoler à Tonatiuh le
Soleil* qui, pour se lever chaque matin,
a besoin de boire le sang des hommes ».
Huitzilipochtli, le « colibri de la gauche »,
était le dieu de ces guerriers qui se divisaient dans les deux ordres militaires des
Aigles* (relevant du Ciel*) et des Tigres*
(relevant de la Terre*). C'était lui-même
un jeune guerrier qui renaissait chaque
matin du sein de la Terre-Mère* et qui
pour voir le jour, devait mener une
guerre cosmique contre ses frères, les
différentes planètes* et étoiles*, et contre
sa sœur la Lune*. Ce n'est qu'après les
avoir mis en fuite avec son arme « serpent* de feu* » (le rayon solaire), qu'il
pouvait monter dans le ciel et assurer
la continuation de la vie. Ainsi lit-on dans
un hymne conservé dans un manuscrit
du Palais de Madrid, à propos de la naissance de ce dieu de la Vierge* Mère Coatlicue : « Le grand guerrier naquit de la
vierge, sur son bouclier. / Dans la montagne du serpent, le vainqueur entre les
montagnes, / avec son tatouage de guerre
et son bouclier d'aigle. / Dès lors, nul n'a
pu le braver ; et la terre s'est mise à trembler / quand il se peignit pour la guerre
et prit le bouclier. » On honorait aussi
Huitzilipochtli par des danses* à caractère cosmique que l'on exécutait sur la
« plate-forme des Aigles », et où ses guerriers, revêtus de plumes* et armés, tous

l'ibis*, la grue était particulièrement
estimée pour exterminer les serpents*.
— L'ancienne symbolique chinoise
regardait *Ho* (la grue), comme un
emblème de la longévité (on la représentait alors sur une pierre* ou sur la
branche d'un pin*), ou comme un
emblème de la piété filiale (car le petit
de la grue répond toujours à l'appel de
ses parents). En raison de l'attitude de
l'oiseau au repos, qui semble alors
« contemplatif », la grue représente aussi
souvent un symbole de la sagesse. Son
envol vers le soleil* symbolise le vœu
d'une ascension sociale. On désigne la
mort des prêtres taoistes par cette
expression : *yü-hua*, qui signifie qu'ils
se sont transformés en grues (voir
Oiseau). Au Japon, la grue (*tsuru*) est
l'animal symbolique de la noblesse du
royaume, tandis qu'elle apparaît dans
les légendes indiennes comme une personnification de la fausseté et de la
méchanceté. — La grue est, en héraldique, le symbole de la vigilance. —
Beaucoup d'images anciennes, représentent un oiseau dont il est difficile de
savoir si c'est une grue ou un
héron* ; c'est en principe le héron qui
tient une pierre blanche dans son bec
(symbole de la discrétion).

membres par ailleurs de l'aristocratie aztèque, mimaient le geste du dieu sur le son du « grand tambour », tandis que l'on chantait des poèmes héroïques que l'on appelait tantôt Cuauhcuicatl (« chant de l'Aigle »), Yoacuicatl (« chant de la guerre ») ou Teuccuicatl (« chant des Princes »), dans l'équivalence de ces trois termes : « Tremble la terre : la nation mexicaine commence les chants / et dès qu'ils l'entendent, les Aigles ou les Tigres se mettent à danser ... / Dans la montagne des clameurs, dans les jardins de l'argile (c'est-à-dire sur le lieu de bataille), / on offre des sacrifices face au mont des Aigles où s'étend la brume des boucliers ... / Les Aigles et les Tigres font un tonnerre de leurs grelots. / Ils arrêtent le regard à travers leurs boucliers, / les Mexicains porteurs de mort / agitent leurs casques de plumes de Quetzal. / Ah ! pose tes yeux sur moi : je suis mexicain ! / Je me dresse par mes travaux dans la maison des boucliers : / de tous nos compagnons, aucun ne me suivra ? / Où vas-tu ? Et qu'advint-il de tes paroles ? / – Je suis né dans la guerre fleurie, je suis mexicain ! » (Manuscrit de la Bibliothèque Nationale de Mexico). — On retiendra cependant la dégénérescence de cet idéal dans les véritables massacres auxquels finit par donner lieu la « guerre fleurie » (d'anciennes chroniques font état de vingt mille sacrifiés en un seul jour sous le couteau d'obsidienne des prêtres pour la consécration du grand temple de Tenochtitlan - Mexico), ou la mystique militariste du fascisme japonais qui fit s'engager le pays dans la seconde guerre mondiale. — Au-delà de la justesse de l'ordre, la guerre peut relever de la justice divine. Elle s'inscrit alors dans le contexte d'une dramaturgie cosmique où Dieu et le Diable*, le Bien et le Mal, la Lumière* et les Ténèbres informes de la Nuit* se livrent à une guerre sans merci pour le salut ou la perte de l'univers, des hommes qui l'habitent, et surtout de leurs âmes*. Ce motif se retrouve dès l'ancien mazdéisme, puis dans la réforme de Zoroastre (Zarathoustra) où l'on voit deux principes opposés en éternel combat l'un contre l'autre : Spenta Mainyu, « l'Esprit bienfaisant », premier-né du dieu suprême Ahura Mazda, et Angra Mayniu, « le mauvais Esprit », seigneur des daevas, ou puissances mauvaises, et sorte de jumeau* inversé de Spenta Mainyu dans un irréductible couple* d'opposés. L'histoire du monde est l'histoire même

de leur conflit, et l'homme qui veut se sauver et accéder à la félicité divine, n'a d'autre choix que de se battre sous l'inspiration de Spenta Mayniu dans une croisade qui ne se terminera, à la fin des temps, qu'avec la venue du dernier Sauveur, Saoshyant, qui purifiera toutes les âmes qui attendaient en enfer*, fera paraître et couronnera les âmes des justes de sorte que s'accomplisse le Ristakhez, la grande résurrection. Nous sommes ici, à l'évidence, dans un contexte dualiste (encore qu'Ahura Mazda soit le seul dieu qui existe : « Mon premier nom est : « Je suis », ô saint Zarathoustra ! » est-il dit dans le *Hormazd Yasht*), mais toute doctrine qui, ontologiquement ou non, reconnaît la dualité du Bien et du Mal ou de la Connaissance et de l'Ignorance, retrouve ce thème fondamental et le rôle proprement « militaire » de l'homme (au sens de l'« Église militante » : celle qui se bat pour le triomphe de la Vérité, puisqu'on se rappelle que le mot militant vient du *miles, militis* latin, qui signifie le soldat). — C'est ainsi que dans la pensée traditionnelle de l'Inde, le kshatriya, le guerrier, est idéalement le symbole de Vishnou*, le dieu qui détruit la destruction et qui guide le fidèle au-delà des apparences vers le Brahman inconditionné, ou de son avatar* Krishna qui est lui-même kshatriya, et le cocher du char* d'Arjuna dans la *Bhagavad-Gita* : « Rien pour le kshatriya ne passe avant un combat légitime. / D'où qu'il lui soit offert, il ouvre pour lui la porte du ciel ; trop heureux sont les kshatriyas d'accepter un pareil combat ! / ... Considère que plaisir ou souffrance, richesse ou misère, victoire ou défaite se valent. Apprête-toi donc au combat ; de la sorte, tu éviteras le péché. » Autrement dit, le combat temporel appartient à l'ordre des apparences, mais la lutte spirituelle est une nécessité qui, non seulement, vise à libérer l'âme pour la faire coïncider à son principe, mais qui se place encore dans un contexte ontologique où la mort du corps n'a plus aucune importance puisqu'elle relève de l'illusion devant l'absolu de l'Être : « Les corps finissent ; l'âme qui s'y enveloppe est éternelle, indestructible, infinie. Combats donc, Arjuna / Croire que l'un tue, penser que l'autre est tué, c'est également se tromper ; ni l'un ne tue, ni l'autre n'est tué. / Jamais de naissance, jamais de mort ; personne n'a commencé ni ne cessera d'être ; sans commencement et sans fin, éternel, l'Ancien (c'est-à-dire l'âme) n'est pas frappé quand le corps est frappé. / Celui qui le connaît pour indestructible, éternel, sans commencement et impérissable, comment cet homme, ô Arjuna, peut-il imaginer qu'il fait tuer, qu'il tue ? ». C'est dans ce cadre de pensée qu'on peut comprendre, par exemple, les scènes horribles des massacres du *Devi-Mahatmya* (« La Célébration de la grande déesse »), où l'on voit Kali*, née de la lumière de Shiva* et de Vishnou, écraser dans ce qui pourrait être une véritable folie sanguinaire les armées des deux Asuras (les forces du mal) qui avaient précédemment ravi aux devas (ou puissances divines) leurs attributs ou leur pouvoir : « La bouche grand ouverte, la langue pendante, les yeux rouges, le regard noyé, Elle emplissait l'espace de ses rugissements. / Sautant avec impétuosité sur les Ennemis des Dieux, Elle en fit périr un grand nombre, dévorant des bataillons entiers. / D'une seule main, Elle saisissait les éléphants avec leurs remorques et leurs cornacs, leurs guerriers et leurs cloches de guerre, et les enfournait dans Sa bouche. / De même, Elle attaquait les chevaux avec les chars, les cochers, et les combattants, les enfouissait dans Sa bouche et les déchirait de Ses dents, d'horrible façon… » (*Devi-Mahatmya, Septième chant*). C'est dans ce cadre que le Bouddha lui-même est aussi un kshatriya qui « brille dans son armure » et qui livre combat pour dissiper les ténèbres de l'ignorance et conquérir la Connaissance ultime. — Dans les religions monothéistes, la notion de la guerre juste, et au-dessus, de la guerre sainte, s'enracine très avant dans la *Bible*, soit par la conquête de la terre de Canaan par les Israélites après l'Exode et la mort de Moïse*, soit par les combats incessants contre les infidèles, et particulièrement les Philistins (épisode de David* et Goliath). Elle est reprise ensuite par l'islam dans le djihad et par le christianisme dans ses ordres militaires. Le djihad ou, littéralement, « l'effort que l'on accomplit sur soi-même », est à l'origine la guerre intérieure à laquelle se livre le croyant pour se rapprocher de Dieu. Si l'on introduit ensuite la distinction entre djihad-al-Akbar (la Grande Guerre ou la Guerre Sainte de l'âme) et djihad al-Asghar (la guerre proprement dite, menée au nom de l'islam pour la gloire de l'Unique), le moudjahid, le combattant, est de toute façon celui qui fait la guerre sous la bénédiction d'Allah, et il est le parent, pour ne pas dire

l'origine du chahid, le martyr. Toutes ces notions seront portées à leur incandescence dans le chiisme et le platonisme perse, particulièrement dans la figure de l'imam comme archétype du chevalier*, ou dans celle de Kay Khosraw telle que Sohrawardi la reprend de la sagesse de Zoroastre (dans *Le Livre de la sagesse orientale*, par exemple, ou dans *La Langue des fourmis*, publiée dans l'*Archange empourpré*). La chevalerie devient ici une chevalerie proprement spirituelle, la guerre un combat eschatologique qui se déroule dans le monde de l'âme, et l'épopée héroïque une épopée mystique : « Comme la religion de Zoroastre se traduit en une sorte d'ordre de chevalerie, l'apogée sohrawardienne du héros gnostique à la quête du Graal* de Jamshid (Kay Khosraw), offre maintes ressemblances avec l'épopée mystique de l'Occident, celle de la quête du Graal* » (H. Corbin, *En Islam iranien*). — Autour du roi Arthur*, en effet, les chevaliers de la Table ronde ne mènent de combats que de nature intrinsèquement célestielle, et les quêtes successives de Perceval, de Galaad et de Gauvain n'ont de sens que dans ce monde symbolique où les attire la lumière du divin calice. Comme l'islam, cependant, a connu le djihad al-Asghar, la chrétienté a connu la guerre sainte qui se menait au nom du Christ : les Templiers en sont issus, milice monastique créée au XIIe siècle pour garder le Tombeau de Jérusalem* (voir Temple), et dont les règles de conduite et de vie furent rédigées par saint Bernard de Clairvaux. Cet ordre, comme ceux qui l'imitèrent ou lui succédèrent, faisait du combat temporel une traduction du combat spirituel, et instituait chacun de ses membres comme un chevalier dont l'épée* était d'abord une épée de justice.

GUI   (en botanique, *viscum album*) Le gui subsiste de nos jours comme motif symbolique, lors des fêtes de Noël. C'était déjà une plante sacrée dans l'Antiquité. Semi-parasite, puisqu'il absorbe l'eau et les sels minéraux des plantes sur lesquelles il vit, le gui passait alors pour un végétal du royaume intermédiaire (ni arbre, ni arbuste). Selon la légende, il ne poussait qu'aux endroits où la foudre* avait frappé des arbres* (en particulier des chênes*). Celui qui poussait sur les chênes était particulièrement prisé, tant à Rome que chez les Celtes. Pline raconte en effet que les druides coupaient le gui sur le chêne à l'aide d'une faucille* d'or, puis qu'ils le recueillaient dans une pièce de tissu blanc. On en faisait alors offrande aux dieux, en même temps qu'on sacrifiait un taureau*. Le gui passait pour une panacée, et, en raison de son aspect toujours verdoyant, il était un symbole d'immortalité. Pour R.V. Rank-Graves, il faut considérer le gui comme l'organe génital du chêne : « ... quand les druides le coupaient rituellement à l'aide d'une faucille d'or, ils accomplissaient une castration symbolique. Le jus épais de ses baies était considéré comme le sperme du chêne, et passait pour une boisson de jouvence (Chylos) ». Les vertus médicinales du gui ont été sérieusement étudiées à notre époque : on a découvert que le gui fait légèrement tomber la tension artérielle et qu'il a un effet diurétique ; la médecine anthroposophique a mis en avant l'effet qu'il exercerait contre le cancer (médicament « iscador »), mais la démonstration clinique reste à faire. L'usage de suspendre à Noël des branches de gui dans la maison provient sans doute de la déférence que les Celtes avaient déjà pour cette plante. Dans la mythologie germanique, le gui devint, du fait du malfaisant Loki, une lance meurtrière dans la main du dieu aveugle*, Hoder, qui en tua le dieu de la Lumière et de la Végétation Balder. Ce n'est qu'après le Ragnarök (la fin du monde) que Balder et son assassin pourraient entamer une nouvelle vie, dans le nouveau paradis.

H

HACHE La hache est depuis l'époque néolithique l'un des outils que l'homme utilise le plus au combat comme au travail. Il est souvent difficile de la distinguer du marteau* (ou masse d'armes) sur les images anciennes (par exemple sur les peintures rupestres), où elle apparaît comme l'arme qu'utilisent les dieux du ciel et du tonnerre pour combattre des forces ennemies. Comme la lame de la hache scintille souvent lorsqu'on en porte un coup, les dieux de l'orage ont souvent été associés à l'éclair et à la destruction des êtres démoniaques (par exemple des géants*). En Afrique, il n'est pas rare que le statut de chef de tribu et que le pouvoir en général soient symbolisés par une hache richement décorée, sans utilisation pratique apparente. Lors des sacrifices* rituels des différentes civilisations de l'ère du bronze et du fer, on se servait d'une hache pour tuer les animaux de grande taille ; de là, elle est logiquement devenue le symbole du sacrifice d'êtres vivants ainsi que de la justice – comme par exemple chez les licteurs de la Rome antique (voir Faisceaux). — À l'époque chrétienne, la hache devint le symbole ou l'attribut de saint Joseph (le Charpentier) et de saint Boniface qui abattit à Geismar le chêne* consacré au dieu du Tonnerre* Donar. Une hache posée au pied d'un arbre est par ailleurs un symbole du Jugement dernier. — Il existe dans les pays d'origine germanique une coutume très ancienne qui consiste à jeter une hache pour marquer des frontières ou l'emplacement de terrains à construire ; cette coutume est rapprochée en Autriche de diverses légendes qui tournent autour de la figure de saint Wolfgang et de sa hache (*Wolfgangihackl*). — Les martyrs exécutés à la hache comme Barnabé, Matthieu, Matthias ou Thomas Beckett, sont souvent représentés avec cet objet. — On rencontre également parfois le bipène* (la hache double).

HACHE DE GUERRE La « hache de guerre » proverbiale des Indiens d'Amérique du Nord était à l'origine une massue destinée à assommer l'ennemi ; ce n'est qu'au contact des colonisateurs européens qu'on lui adjoignit une lame. L'expression « déterrer la hache de guerre » signifie le contraire de « fumer le calumet* de la paix ». La littérature anglaise la désigne sous le nom de *tomahawk*. Cette arme, symbolique et rituelle, est souvent ornée de plumes* et peinte. De même que le calumet, elle apparaît dans les portraits des grands chefs de tribu. L'usage de l'enterrer lors de la conclusion de traités de paix a été connu en Europe grâce au héros de John Fenimore Cooper, « Bas de Cuir » (*To bury the tomahawk*).

HARICOT La culture du haricot est certainement aussi vieille que celle des céréales ; c'était un élément essentiel de l'alimentation dans les pays méditerranéens, de même qu'au nord des Alpes

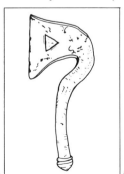

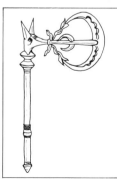

1. Hache votive gallo-romaine en bronze.

2. Hache de parade utilisée comme enseigne de culte (Dahomey, XIXᵉ s.)

La cueillette des haricots : miniature (XIVᵉ s., « Thacuinum Sanitatis »).

durant le néolithique. Les prêtres égyptiens considéraient le haricot comme une plante impure parce qu'il entraînait des ballonnements et était réputé pour son pouvoir aphrodisiaque. En revanche, les haricots jouent un rôle important chez les Grecs, dans les mystères de *Dionysos* et d'Apollon*. *Pythagore* interdisait d'en manger sous prétexte qu'ils abritaient les âmes des morts. Pour les prêtres romains, il était interdit de regarder des haricots ou même de prononcer leur nom car leurs fleurs abritaient les « lettres du deuil ». À la fête des Parentalia (13 février), les esprits des morts revenaient dans le monde des vivants et les *sorcières* en profitaient pour lier les « mauvaises langues » à l'aide de haricots noirs. Le haricot est généralement –comme dans les croyances populaires du Japon –un symbole de la fécondité et de la richesse, en raison de ses qualités aphrodisiaques exceptionnelles. Dans les expressions courantes des langues européennes, les haricots, qui étaient autrefois utilisés comme une monnaie de jeu, désignent des choses de peu de valeur (« ça rapporte des haricots », c'est-à-dire presque rien). Le haricot est également un symbole de bonheur selon une coutume qui consiste à cacher un grain à l'intérieur d'un gâteau : ce haricot est en effet censé porter chance à celui qui le trouve, au « roi du haricot » (on raconte aussi que celui ou celle qui l'a trouvé va se fiancer prochainement).

1. Joueur de harpe – sous sa forme primitive de trigone – trouvé dans l'île de Syros. Art des Cyclades. Musée National d'Athènes.

2. En rivalité avec la harpe : la lyre et son dérivé la cithare. Ici, Apollon joue de la cithare. Détail de vase attique. Musée National d'Archéologie de Naples.

HARPE À la différence de la lyre, inventée par Hermès* et dont Apollon* fera ensuite son instrument préféré, la harpe est un instrument de musique à cordes inégales, sans caisse de résonance, et dont on ne joue pas avec un plectre, mais directement avec les mains. La harpe apparaît très tôt sur les bas-reliefs égyptiens, sous une forme de croissant*, et elle gagnera tout le pourtour de la Méditerranée sous la double forme du trigone ou de la sambuque. Elle est souvent comprise comme l'équivalent à la fois mystique et musical de l'échelle* qui relie la terre* au ciel*, et elle possède en tant que telle une fonction de médiatrice qui en fait l'instrument adéquat dans les voyages vers l'Au-delà*. C'est ainsi que, lorsqu'il est empoisonné par le venin du Morholt et que, perdant tout espoir de vivre, il décide de partir « à l'aventure de la mer* », Tristan* se fait lâcher sur les flots dans une barque* sans voile ni rames, et traverse la mer et la mort* dans une épreuve initiatique de quarante jours (voir Nombres), au seul son de la harpe qu'il a emportée avec lui et dont il ne cesse de jouer.

HAUT/BAS Le haut et le bas constituent l'un des couples d'opposés* les plus importants et les plus répandus parmi tous ceux qui font l'objet d'une approche symbolique. L'homme, dont les pieds* s'enfoncent dans la poussière, lève la tête vers les étoiles, et considère la boue dont il ne peut se libérer comme un reliquat de la terre* dont il voudrait pouvoir se détacher. La région supérieure du ciel* et des étoiles*, d'où proviennent la lumière* et la pluie* bienfaisante, est de ce fait considérée comme l'endroit où s'exerce la puissance supérieure des dieux, ou des anges*, alors que la terre reste le domaine de l'humanité mortelle. C'est sous la terre qu'on a, par souci de respecter ce principe de dualité du haut et du bas, imaginé le royaume des enfers*. Cet ordre vertical du cosmos nécessite un axe du monde* central, ou un arbre des mondes aux étages communicants, qui permet au chaman, agissant ainsi au service de ses compagnons, de pouvoir se mettre en relation avec les forces surhumaines et les êtres surnaturels. Considérant que tout ce qui nous vient d'en haut est bon (voir des expressions comme « prendre le dessus » ; « avoir le dessus »), les sociétés à dominante masculine considèrent le ciel comme masculin, et la terre, ainsi que tout ce qui se trouve dessous, comme féminin (c'est le contraire dans l'Égypte antique qui connaissait une femme du Ciel, Nut, et un homme de la Terre, Geb). Le monde céleste représente le domaine de l'esprit, le monde terrestre, celui de la matière ; l'homme se considère lui-même comme un être issu des deux mondes, parmi lesquels il doit trouver sa propre voie. Beaucoup d'idéologies modernes, particulièrement après la naissance des philosophies de l'histoire, ont remplacé cette structuration d'essence religieuse de l'espace, par un autre couple d'opposés, celui de l'avant et de l'arrière, qui se confond avec le déroulement du temps et se transforme en avant et après : les réactionnaires sont ceux qui regardent derrière eux, vers le passé, et les révolutionnaires devant eux, vers le futur. Le couple du haut et du bas n'a pas pour autant disparu, et on le voit régulière-

Deux prophètes montent au ciel pendant qu'un tremblement de terre détruit la ville, engloutissant et ensevelissant les méchants : miniature (XIVe s., manuscrit de l'Apocalypse).

ment ressurgir de nos jours, sous des formes déguisées que la psychologie appellerait un retour du refoulé, aussi bien, par exemple, dans l'usage de plus en plus répandu d'une astrologie qui se prétend scientifique ou dans le thème des OVNI* (Objets Volants Non Identifiés : ce qu'on avait d'abord appelé les soucoupes volantes), qui viendraient visiter la terre depuis les incommensurables hauteurs de la galaxie. La croyance implicite qui apparaît souvent dans ce dernier thème est que des intelligences supérieures sont désireuses de nous venir en aide en nous faisant profiter de leur lumière et de leur sagesse – jouant ainsi un rôle équivalent à celui des anciens anges de la mythologie populaire.

HÉLÈNE Fille de Zeus métamorphosé en cygne* et de la mortelle Léda, Hélène est la sœur des Dioscures, Castor et Pollux (voir Jumeaux). Femme de Ménélas, roi de Sparte, elle s'enfuit avec le prince troyen Pâris, déclenchant ainsi les dix ans de la guerre de Troie que chante Homère dans l'*Iliade*. D'autres légendes prétendent qu'elle est en fait la fille de Zeus et de Némésis*, la colère, la vengeance et le destin, dont l'œuf* fécondé fut seulement couvé par Léda. Quoi qu'il en soit, la beauté d'Hélène était devenue si proverbiale dans l'Antiquité, et si bien

Hélène embarquant avec Pâris à destination de Troie. Museo Profano, Rome.

considérée en raison de son origine divine, qu'elle devint, dans certains courants mystiques, la personnification d'un féminin spirituel qui a chuté sur la terre, mais garde encore les traces de sa splendeur première (voir Sophia). C'est ainsi que l'un des premiers gnostiques connus, Simon le Magicien, qui prêchait au temps de Jésus et de saint Pierre, était accompagné d'une Hélène, ancienne prostituée* de Tyr, dont il déclarait qu'elle était l'*ennoia*, la pensée de Dieu tombée dans notre monde, et dont l'âme* passait de corps en corps de femme jusqu'à ce qu'elle soit rédimée. Elle était, disait-il, la réincarnation d'Hélène de Troie. Ces spéculations furent reprises dans divers courants ésotériques, et la figure d'Hélène réapparaît au XVIᵉ siècle, dans un contexte plus ou moins hermétique, en liaison avec le mythe de Faust* dont elle représente l'âme supérieure. Ainsi en va-t-il de la pièce de théâtre de l'élisabéthain Marlowe (1565-1593) ; ainsi réapparaît-elle, dans une atmosphère profondément alchimique*, dans le second *Faust* de Goethe (1749-1832). Dans son *Commentaire sur le mystère de la Fleur d'or*, C.G. Jung en fait l'un des quatre types du féminin psycho-spirituel, après Ève*, et avant Marie* et Sophia.

HÉRACLÈS Ayant apparemment synthétisé sous son nom plusieurs figures mythologiques d'origines différentes, Héraclès apparaît, dans la version qu'en donne Diodore de Sicile, comme le fils de Zeus (voir Jupiter) et de la mortelle Alcmène, femme du roi* de Thèbes. Poursuivi par la jalousie d'Héra, la sœur-épouse de Zeus, il étouffe au berceau les serpents* que celle-ci avait envoyés pour le tuer. Plus tard, devenu adulte, et alors qu'il est au service du roi de Tyrinthe, il doit accomplir les douze travaux qui l'ont immortalisé : tuer le lion* de Némée, l'hydre de Lerne (voir Dragon, Hydre), s'emparer de la biche Cérynie (voir Cerf), capturer le sanglier* d'Erymanthe, tuer les oiseaux* du lac Stymphale, nettoyer les écuries d'Augias, capturer le taureau* crétois, tuer Diomède, fils d'Arès (voir Mars) qui nourrissait ses chevaux* de chair humaine, combattre les Amazones*, tuer Géryon, le monstre à trois têtes, cueillir les pommes* d'or* du jardin des Hespérides et descendre aux enfers* pour y faire Cerbère prisonnier. Héros civilisateur et symbole de l'accomplissement

Le dernier des douze travaux : Héraclès ramène à Euryste Cerbère, le chien des Enfers. Vase grec. Musée du Louvre.

du devoir, Héraclès vit une curieuse épreuve – mais d'un point de vue psychanalytique très édifiante puisqu'elle suggère un rapprochement entre le thème de l'androgynie* et celui de la puissance et de la virilité qu'incarne Héraclès au plus haut point – en passant un an habillé en femme à filer de la laine aux pieds de la reine Omphale. Victime de la jalousie de sa femme Déjanire, il meurt sous la brûlure de la tunique empoisonnée dont elle lui fait don et qu'elle avait elle-même reçue du centaure* Nessus : pour échapper à la douleur, il construit un bûcher sur lequel il se brûle volontairement. Il est accueilli à sa mort parmi les dieux qui lui donnent pour épouse Hébé, fille de Zeus et de Héra, personnification de la jeunesse. — À beaucoup d'égards, Héraclès a été rapproché du dieu de Tyr Melqart, avec qui il partage beaucoup d'attributs et de fonctions. Ses douze travaux ont souvent été mis en relation avec les douze signes du zodiaque* (voir Astrologie), cependant que nombre de grandes familles se réclamèrent de plus en plus de sa descendance, parmi lesquelles, en particulier, les Lagides d'Égypte et, à Rome, les Antonii, dont le représentant le plus fameux fut Marc-Antoine (86-30 av. J.-C.), le lieutenant de César et le mari de Cléopâtre*.

HÉRALDIQUE *(SYMBOLIQUE)* (Voir Couleurs) Certains emblèmes illustrent le nom de celui qui les porte sous la forme d'un rébus, parfois en le déformant et sans tenir compte de sa véritable origine. Tout ce qui a été dit à l'époque moderne sur le sens profond des figures héraldiques ne doit pas être pris à la lettre. L'interprétation des symboles héral-

1. Saint Colomban avec les symboles héraldiques (aigle, aigle bicéphale, lion rampant et bande) : gravure de A. Dürer.

2. Le jeune Federico de la famille padouane Capodilista sur un cheval harnaché avec les armoiries de la famille : miniature du XVᵉ s.

Symboles héraldiques : gravure (~1480, M. Schongauer).

diques représentait une activité fort prisée aux époques maniériste et baroque. Nous avons d'ailleurs utilisé dans ce dictionnaire plusieurs interprétations de ces interprétations extraites de l'*Ars Heraldica* de Georg Andreas Böckler (1688), car elles nous paraissaient importantes pour l'histoire spirituelle et ont été trop souvent négligées dans ce contexte. — Il est clair que les animaux royaux, comme l'aigle* ou le lion*, sont souvent utilisés comme des symboles de pouvoir ainsi que pour exprimer l'assurance et la confiance en soi. Que le lynx* incarne en revanche « la ruse rapide et un entendement particulièrement acéré », que le sanglier* corresponde au « soldat intrépide et solidement armé qui s'oppose avec courage et chevalerie à ses ennemis » relèvent davantage de l'interprétation maniériste que de l'héraldique au sens strict du terme. Ce genre d'interprétations a donné lieu à de nombreuses controverses au siècle dernier, et elles sont aujourd'hui rejetées par l'héraldique scientifique. Voir Totem.

HÉRISSON (en grec *echinos*, en latin *erinaceus*) L'animal, qui est « armé comme un héros de la paix », a été, autrefois, l'objet d'une grande considération. Cet échinoderme servait dans l'Antiquité à égratigner le tissu, et on utilisait sa viande comme remède contre la chute de cheveux, car ses piquants ressemblent à des cheveux plantés drus. On accrochait également des peaux de hérissons aux pieds de la vigne pour en détourner la grêle. Pline (23-79) a célébré l'intelligence du hérisson, qui fait des réserves de nourriture. Le *Physiologus* de la chrétienté primitive raconte que le hérisson, dans les vignes, « grimpe sur les grappes, puis en jette à bas les baies... alors il se roule par terre et attache ainsi

les baies à ses piquants, pour les ramener à ses petits... Ainsi, compagnon, avances-tu vers la vigne spirituelle et vraie... saint Basile a dit : imite le hérisson, ô homme ! S'il est un animal impur, il est aussi empli d'amour pour ses petits. Ne néglige pas les baies de la vigne vraie, c'est-à-dire les paroles divines de Jésus-Christ, et transmets-les à tes enfants pour que, éduqués dans l'esprit vrai, ils glorifient notre Père céleste ». Le *Physiologus* mentionne en outre l'inimitié qui existe entre le hérisson et le serpent*. Le *Bestiarium* du Moyen Âge vante la sagacité du hérisson qui, quand il se sent en danger, s'enroule dans ses piquants et rassemble les baies qu'il a recueillies ; autre preuve d'intelligence, il possède un logis à deux issues : il obstrue l'issue située au nord quand le vent* du nord

Hérisson : « En sûreté tant qu'il est en alerte », gravure de 1702.

souffle, et attend que le vent du sud ait chassé le brouillard* froid. On a par ailleurs reproché son avarice et son irascibilité au hérisson qui, en combattant, dresse ses piquants de façon menaçante. Le livre baroque des emblèmes, écrit par Hohberg (1675), déclare ainsi à son sujet : « Quand l'automne opulent alourdit les arbres de fruits, / le hérisson les emporte dans son logis ; / Si la faveur divine t'a accordé de nombreux dons, / reconnais que c'était avec sagesse ». En raison de son avarice, le hérisson est devenu en Extrême-Orient le symbole de la richesse.

HERMAPHRODITE   Hermaphrodite est, à l'origine, le côté viril de la déesse Aphrodite*. Originaire d'Asie mineure, et parvenue en Grèce par l'intermédiaire de l'île de Chypre, Aphrodite semble avoir été à ses débuts, comme beaucoup d'autres déesses-mères*, dotée d'un « phallus intérieur », représentant une syzygie fondamentale. En Grèce, son côté masculin ou, pour reprendre le vocabulaire de C.G. Jung, son *animus*, se détache d'elle et devient un *Aphroditos*, dieu barbu doté de seins de femme, avant de prendre le nouveau nom d'Hermaphrodite. Passant de l'androgynie initiale (avant la séparation des sexes), à l'androgynie terminale (par mélange final), cet Hermaphrodite va peu à peu devenir le sujet d'une légende où, fils d'Hermès* et d'Aphrodite, il déclenche l'amour de la nymphe qui garde une source* où il se baigne. Celle-ci demande alors aux dieux de confondre leurs deux corps, ce qui lui est accordé. Après une longue éclipse, le thème d'Hermaphrodite réapparaît à la Renaissance, dans un contexte largement influencé par le *Banquet* de Platon et par des considérations hermétiques et alchimiques*, où il est envisagé sur le mode d'un couple d'opposés* confondus. Sa fortune durera plus d'un siècle avant de revenir en force dans le mouvement symboliste : « Les dieux me faisaient naître, et l'on s'informa d'eux / Quelle sorte de fruit accroîtrait la famille. / Jupiter* dit : un fils, Vénus* dit : une fille, / Mercure* : l'un et l'autre, et je fus tous les deux. » (Tristan L'Hermite, 1600-1655, *La Fortune de l'Hermaphrodite*).

HERMÈS   (Voir aussi Mercure) Dieu sans doute chtonien à l'origine, c'est-à-dire dieu de la terre* et du royaume souterrain où il conduit les âmes* (dans l'*Odyssée*), Hermès est aussi le dieu par

Hermès Trismégiste auprès des alchimistes Geber, Arnaud de Villeneuve et Rhasis (Ordinal de Norton, British Library, Londres).

excellence de l'échange, que ce soit comme dieu des routes et des carrefours*, comme dieu des marchands et des voleurs, ou encore comme messager céleste. — La postérité de ce dieu, dans ce double aspect du chemin qu'on parcourt et du voyage accompli par l'âme, devait s'affirmer dans sa rencontre, puis son assimilation, avec le dieu égyptien Thot* à tête d'ibis*, le maître de la sagesse. Hermès y devint en effet le « guide » de la recherche spirituelle en même temps que de l'alchimie* où, à travers le travail des éléments*, et d'abord celui de la *materia prima*, de la terre noire qu'on devait convertir en or*, l'adepte cherchait concurremment, sur le plan cosmogonique, à sauver le monde et la nature et, sur le plan personnel, à faire naître le *puer*, le *Filius philosophorum*, c'est-à-dire le nouvel enfant illuminé du soleil* de la Sagesse en lui (voir Sophia). Ces nouveaux enseignements furent consignés à l'époque alexandrine dans le *Corpus hermeticum* (« Corps d'Hermès » ou « Corps hermétique »), et plus particulièrement, pour l'alchimie, dans la fameuse Table d'émeraude (*Tabula smaragdina*), sur laquelle on voit encore travailler Isaac Newton

Hermès bicéphale, art celte du Ier siècle av. J.-C. Musée Borely de Marseille.

au XVIIe siècle. Hermès, appelé le « trois fois grand » (Hermès Trismégiste), symbolise l'Esprit du monde, tandis que son équivalent latin, Mercure, s'identifie à la fois avec la planète* de la mobilité et des transformations incessantes (voir Astrologie), mais aussi, comme *Mercurius**, au principe de la métamorphose des métaux en compagnie de *Sulphur*, le soufre, et de *Sal*, le sel. — Une théorie hermétique est donc une théorie, non pas obscure, comme on le croit aujourd'hui, mais qui repose sur un principe caché de sagesse qu'il est du devoir de l'homme de découvrir à travers une initiation* spirituelle, tandis que l'herméneutique est la science du dévoilement et de l'interprétation du sens intrinsèque, mais de prime abord dérobé, des symboles, des paroles et des archétypes gravés dans l'âme.

HÉRON   (en grec *herodios*, en latin *ardea*) Le héron est un grand oiseau aquatique au bec long et pointu. La légende antique en faisait l'ennemi de l'aigle* et de l'alouette, mais un ami de la corneille*. L'apparition d'un héron, consacré au dieu de la Mer*, Poséidon (Neptune*), constituait un signe de bon augure. Dans la fable d'Ésope, le héron retire un os du gosier d'un loup* au péril de sa vie. Le *Physiologus* de la chrétienté primitive considérait le héron comme le plus sobre des oiseaux : en effet, « son lit et sa nourriture se trouvent au même endroit », et il ne vole pas « de-ci, de-là ». C'est pour cette raison que les chrétiens considèrent qu'il ne visite pas les lieux marqués d'hérésie, et qu'il doit prendre garde aux « mets des hérétiques ». Le bestiaire le plus répandu du

Moyen Âge, le *Bestiarium*, rapporte que le héron déteste la pluie*, et qu'il vole au-dessus des nuages* pour s'en protéger, annonçant ainsi l'orage en train d'arriver. « Cet oiseau symbolise les âmes des Élus qui, par peur des tourments de ce monde, dirigent leur quête vers l'Au-delà, vers les sphères supérieures de la patrie céleste. Les hérons sont soit blancs, soit gris cendré : le blanc symbolise l'innocence, le gris cendré la pénitence » (Unterkircher). Hohberg parle à son tour du héron dans son traité d'héraldique de la façon suivante : « Le héron, quand il voit arriver la tempête, / et les nuages menaçants, s'envole sagement. / Ainsi le cœur pieux, lorsqu'il veut échapper à un malheur, / trouve asile dans le royaume de Dieu ». Le héron possède selon la légende la faculté de répandre des larmes, ce qui en fit le symbole du Christ au mont des Oliviers. Il est également l'exterminateur du serpent* diabolique, et compte d'après *Jérémie* (VIII, 7) au nombre de ces rares oiseaux qui

Héron : « Au-dessus des adversités » : gravure sur cuivre de 1675.

sont capables de connaître leur âge (ce qui s'applique aussi à la cigogne*). Le long bec du héron passe pour dénoter sa curiosité, car « il met son nez* partout ». On le représente pourtant aussi tenant une pierre* blanche dans son bec, ce qui en fait symbole de la discrétion. L'art chinois représente souvent le héron (*lu*) avec une fleur de lotus* (*lien*).

HÉTAÏRES   (en grec *hetairai* - compagnes, en latin *amicae* - amies) Le mot « hétaïres », couramment employé dans le sens de courtisanes, a une signification négative dans la symbolique actuelle. En Grèce, les hétaïres étaient – à la différence des femmes mariées d'Athènes, qui n'étaient guère plus que des mères et des maîtresses de maison – des femmes souvent très cultivées, et entretenir des rapports avec elles était alors parfaitement accepté par l'ensemble de la société. Elles avaient des connaissances souvent approfondies en philosophie, en art, en littérature ainsi qu'en musique et en danse ; elles se rapprochaient des *geishas* japonaises. Le terme de « compagne » désignait un statut interdit aux épouses. Parmi les hétaïres les plus célèbres, on peut citer Aspasie, l'amie et la seconde épouse de Périclès, Phryné, la maîtresse de Praxitèle, Thaïs, l'hétaïre d'Alexandre* le Grand, ou encore, à Rome, Lesbia, amie de Catulle, et Cynthia, celle de Properce. On ne doit pas les confondre avec des prostituées* (*pornai*) ; après leur mort d'ailleurs, on les enterrait dans des tombes de personnes « respectables » et on leur accordait même parfois les honneurs divins (voir, par exemple, Belistis, l'hétaïre de Ptolémée II, en Égypte). Leur existence fut combattue après l'avènement du christianisme ; l'épouse de l'empereur byzantin Justinien Iᵉʳ, Théodora – elle-même une ancienne hétaïre – les fit enfermer dans des monastères en signe de pénitence. Il n'y avait pas d'hétaïres à Sparte car les femmes mariées y étaient beaucoup plus libres et respectées qu'ailleurs. Par la suite, le mot a désigné, sous une forme adoucie, les « prostituées de classe » comme la « Dame aux camélias », bien que celles-ci n'eussent plus le niveau social des anciennes « compagnes ». Voir Flore, Prostituée.

HEURES   (en grec *horai*) Les Heures sont des figures mythologiques qui, malgré la signification de leur nom, personnifiaient d'abord les trois saisons de l'année (Perséphone, la Proserpine latine, devait séjourner dans l'Hadès un tiers de l'année – voir Grenade et Déméter). Elles s'appelaient Thallo (la floraison), Auxo (la croissance) et Karpo (le fruit). On les considérait comme les filles de Zeus et de Thémis (la déesse des lois humaines) ; elles n'étaient pas seulement des personnifications des différents moments de la ronde du temps : en se référant à la fois à l'ordonnancement du Temps et de la Loi, on les identifiait aussi aux trois entités abstraites qu'étaient Eiréné (la Paix), Diké (le Droit) et Eunomia (la Loi harmonieuse). De même que les trois Grâces*, elles font souvent par-

tie de la suite d'Aphrodite* (Vénus*), mais aussi de celle d'Héra (Junon*). Voir Trinité.

HEXAGRAMME   Étoile* à six* branches formée à partir de deux triangles* imbriqués l'un dans l'autre, l'hexagramme est un symbole très répandu dans les cultures européennes. Il est considéré traditionnellement comme l'union de deux triangles, l'un d'eau* (triangle féminin à la pointe tournée vers le bas) et l'autre de feu* (triangle masculin tourné vers le haut), qui constituent un couple d'opposés* harmonieux et parfait. Le célèbre roi Salomon*, fils du roi David* et de Bethsabée, se serait servi d'un hexagramme jusqu'à sa mort (vers 930 av. J.-C.) pour conjurer les démons et invoquer les anges*. C'est pourquoi l'étoile à six branches est aussi appelée « sceau de Salomon » (*Sigillum Salomonis*) ou bouclier de David (*Scutum Davidis*) ; on la nomme aujourd'hui le plus souvent – en tant qu'emblème de l'État d'Israël – « étoile de Sion » ou « de David ». – Dans les spéculations des époques plus récentes sur le cosmos qui tentent de dépasser le dualisme eau/feu et supposent l'existence de quatre* éléments*, l'hexagramme est considéré comme une structure constituée de quatre figures, avec un signe pour l'air (triangle tourné vers le haut et traversé par un trait horizontal), et un autre pour la terre* (triangle identique tourné vers le bas). Dans la symbolique alchimique, l'ensemble des quatre éléments correspond le plus souvent à la matière originelle où tout se trouve contenu. De façon analogue, l'hexagramme apparaît sur les sceaux des loges maçonniques* comme symbole de la totalité, mais il y est cependant moins répandu que l'« étoile de feu » (Pentagramme*). On trouve aussi souvent des étoiles à six branches sur les peintures rupestres des Alpes, ainsi que dans les livres de magie et de sorcellerie populaires où elles sont présentées comme des symboles chargés de puissance, sans qu'il y ait pourtant là un quelconque rapport avec la religion juive. Pour la psychanalyse, l'hexagramme représente d'abord une sorte de mandala* (en particulier lorsqu'il est inscrit dans un cercle), une figure géométrique élémentaire qui doit inciter à la méditation. Le mandala indien *Shri-Yantra* peut être considéré comme un développement de ce motif premier (**il est constitué de neuf* triangles imbriqués les uns**

dans les autres et inscrit dans plusieurs cercles successifs – voir Kali). – On appelle aussi hexagrammes les 64 figures à six traits obtenues par la combinaison des trigrammes de base (formés de lignes pleines et brisées) du *I-Ching** (I-Ging) de la Chine ancienne. — Ces trigrammes sont eux-mêmes formés à partir des notions de yin* et de yang, le yang étant représenté par un trait plein, impair, masculin, lumineux et dur, et le yin par un trait brisé ou discontinu, pair*, féminin, obscur et malléable. Selon la loi de croissance et de décroissance du yin et du yang (voir Éléments, et Taï-Ghi-Tu), ces deux traits donnent quatre figures selon l'adjonction qu'on leur fait d'un second trait : ⚌ vieux yang, ⚏ vieux yin, ⚍ jeune yin, ⚎ jeune yang (toutes les figures du *I-Ching* se lisent toujours de bas en haut). Le jeune yang, par exemple, contient encore du yin (⚎), tandis que le vieux yang n'en a plus (⚌), mais va donner le jeune yin qui, lui, a encore du yang (⚍). En rajoutant encore un trait, on obtient les huit trigrammes de base que sont Qian, le ciel, ☰, Kun, la terre, ☷, Zhen, le tonnerre, ☳, Xun, le vent, ☴, Kan, l'eau, ☵, Li, le feu, ☲, Gen, la montagne, ☶ et Din, le lac, ☱. On remarquera que ces trigrammes sont symétriques deux à deux ☳ le tonnerre, 1 continu + 2 brisés et ☴ le vent, 1 brisé et 2 continus) et, sauf les deux premiers, qu'ils sont aussi symétriques par inversion : ☳ le tonnerre et ☶ la montagne. Soit la série de transformation : ☰ le ciel, ☱ le lac, ☳ le tonnerre, ☷ la terre, ☶ la montagne, ☴ le vent qui se reboucle dans ☰ le ciel, à laquelle s'ajoutent les deux intermédiaires ☲ le feu et ☵ l'eau. En superposant deux trigrammes et en alignant toutes les combinaisons possibles entre les huit trigrammes de base, on forme le jeu complet du *I-Ching*, soit 8 x 8 = 64 hexagrammes. — Le fondement essentiel de ce système, on le voit, est la dialectique du stable et du polaire avec le mobile et le multiple. De ce point de vue, le trigramme représente la « constitution des choses » tandis que l'hexagramme, dans son développement, en représente le fonctionnement, c'est-à-dire aussi le processus. La polarité initiale du pair et de l'impair (– – et –) continue d'autre part de structurer le *I-Ching*, puisque sur les 64 hexagrammes de l'ensemble, 32 sont pairs et 32 sont impairs. — Par ailleurs, comme on peut lire l'hexagramme, dans

une visée arithomologique, comme 2 x 3 (deux trigrammes), on peut aussi le lire comme 3 x 2, c'est-à-dire comme une triple composition de deux traits. Selon le principe de la lecture verticale à partir du bas, on le déchiffre alors comme : traits 1 et 2 = la terre, traits 3 et 4 = l'homme, traits 5 et 6 = le ciel, l'homme étant ici, bien entendu, en position d'intermédiaire et de médiateur entre la terre et le ciel. Nous avons donc, à la fois, une dualité entre le trigramme inférieur, ou base, et le trigramme supérieur, ou évolution, et une triade des « capacités » ou des instances du réel. — Une autre analyse enfin, après la lecture par ensemble de 3 et de 2 traits, descendra jusqu'à la considération de chacun des six traits de l'hexagramme : les positions en 1, 3 et 5 sont évidemment considérées comme impaires et yang, et celles en 2, 4 et 6 comme paires et yin. Un trait yin sera donc considéré comme inadéquat s'il se trouve en place impaire. Par ailleurs, chaque place a sa signification et se renverse dans son symétrique en partant du « cœur des choses », c'est-à-dire des places 3 et 4, qui sont centrales dans la figure. Il est entendu dès lors que la place 3 signifie l' « avancée » et la place 4 le « recul », tandis que les places 2 et 5 représentent l'équilibre (mais la 5e étant en « haut », est en position souveraine) et que les places 1 et 6, qui se trouvent aux deux extrémités de l'hexagramme, indiquent respectivement la croissance et la décroissance suprême, autrement dit la dissolution. Soit, si l'on suit l'ordre des places de 1 à 6 : la croissance – l'équilibre – l'avancée / le recul -l'équilibre et la dissolution – un cycle complet de vie avec la dynamique qui l'emporte à la fois dans une unité primordiale et dans la dualité du mouvement. — Pour comprendre un hexagramme, il faut percevoir toutes ces significations à la fois, de même que le jeu qui s'établit entre elles, et avoir à l'esprit les figures qui lui sont apparentées. — On pourrait mener l'analyse encore plus loin en notant par exemple qu'un hexagramme peut se « retourner » de deux façons différentes : soit en remplaçant chaque trait par son trait contraire ☳ → ☴, soit en retournant chaque trigramme de haut en bas : ☳ → ☴, puis en le permutant de place entre le haut et le bas. Par exemple, le passage de l'hexagramme 3 ䷂ à l'hexagramme 4 ䷃ se fait selon les deux opérations : (bas) ⚏ → ⚏ et (haut) ⚎ → ⚏, puis ☵☲.

À noter que huit hexagrammes restent identiques à eux-mêmes, dans ce genre d'opérations, parce qu'ils sont parfaitement symétriques (par exemple le 61 ䷼), alors que huit autres forment

quatre paires où, selon le second mode indiqué de retournement, le second hexagramme est en même temps l'inverse du premier, qu'on le considère ligne à ligne ou qu'on le retourne dans son ensemble ; par exemple le 11 ䷊ donne le 12 d'une manière évidente

en ䷋ , mais aussi selon le processus

☷ → ☰ et ☷ → ☷, puis ䷋.

Dans ce cas, on considère que les deux hexagrammes s'opposent mais que chacun comporte pourtant l'autre d'une manière implicite, comme le yang contient le yin, et réciproquement, dans le Taï-Ghi-Tu.

HIBOU Le hibou ou la chouette* apparaissent dans la mythologie antique comme le symbole de la déesse Pallas Athéna*, la protectrice d'Athènes. Souvent confondu avec la chouette, le hibou est aussi considéré comme un animal réfléchi, au regard sage et méditatif, capable, qui plus est, de voir dans l'obscurité. « Les hiboux ont aussi, par nature, un caractère étrange, surtout parce que la nuit est pour eux le temps de l'éveil ; ils sont ainsi le compagnon

Hibou : « Peureux dedans, pugnace dehors » : gravure de 1675.

du soldat de garde et de ceux qui s'adonnent à l'étude » (Böckler, 1688). Böckler fait aussi référence à la fonction symbolique du hibou hors d'Europe : « Un hibou noir est représenté sur le bouclier doré de Partar-Kham car c'est un hibou qui a sauvé la vie du premier empereur tartare Gengis-Khan ». — Athéna (en latin Minerve*) étant la déesse de la Sagesse, le hibou symbolise la connaissance et le savoir qui réussissent à percer les ténèbres de l'ignorance : à ce titre, il est souvent représenté sur les insignes des maisons d'édition et des librairies. La chouette et le hibou ont, en revanche, une signification négative dans les croyances populaires, en raison de leur mode de vie nocturne (« ils fuient la lumière »), de leur caractère asocial, de leur vol silencieux et de leur voix plaintive (c'est un « oiseau de la mort »). Ils représentent ainsi ceux qui

Tête d'Athéna et hibou : avers et revers d'une tétradrachme (440-425 av. J.-C.).

s'écartent de la lumière spirituelle, mais ils peuvent aussi symboliser Jésus-Christ dans la « nuit de la souffrance et de la mort ». — Le poète baroque Hohberg (1675) décrit l'agressivité qui s'empare des oiseaux diurnes lorsqu'ils voient l'oiseau de nuit : « Lorsque les oiseaux aperçoivent la petite chouette,/ Ils se jettent sur elle à force cris et coups./ Lorsque le monde parvient à ouvrir les serrures de l'Église,/ C'est pour les assaillir par ses meurtres et sa tyrannie ». — Dans la religion juive, le hibou accompagne le démon de la nuit féminin, Lilith* ; dans l'hindouisme, il est la monture de la terrible déesse de l'Obscurité Durga lorsqu'elle prend les traits de « Camunda ». Le dieu des morts des Mayas du Yucatan porte souvent lui aussi une tête de hibou. — En Chine, le hibou est considéré comme le pendant négatif du phénix* qui annonce l'arrivée du malheur, sans doute en raison de ses grands « yeux démoniaques » au regard fixe ; cette façon de penser vient de la légende selon laquelle les jeunes hiboux n'apprennent à voler qu'après avoir arraché sans pitié les yeux de leurs parents. Cet oiseau avait apparemment, au contraire, une signification positive du temps de la dynastie Shang, car il orne de nombreuses coupes en bronze de cette époque. — Le hibou était, chez les ancêtres des Aztèques (à Teotihuacan), l'animal sacré du dieu de la Pluie, mais il symbolisait pour les Aztèques eux-mêmes un être nocturne démoniaque et de mauvais présage.

Hibou assailli par des oiseaux : gravure (1515-1516, A. Dürer).

La déesse hippopotame Ta-uret et le crocodile Sobek : peinture de la tombe de Séti Ier, Thèbes (XIXe dynastie).

HIPPOPOTAME (en grec : *hippos - potamos*, le cheval du fleuve) L'hippopotame, herbivore massif qui habite les marécages, a sans doute constitué le modèle du monstre biblique originel, le Béhémoth décrit par Job (40,15), qui doit revenir à la fin des temps. On chassait l'hippopotame dans l'ancienne Égypte pour l'empêcher de dévaster les champs, et il était un attribut de Seth, le dieu néfaste, meurtrier de son frère Osiris. Son ventre massif en faisait pourtant aussi le symbole positif de la femme enceinte, et il était alors considéré comme une figure divine. Ta-uret (en grec *Thoèris*, « la Grande ») apparaissait sous la forme d'un hippopotame debout, pourvu d'une poitrine de femme, et s'appuyant sur la « boucle Sa » (symbole de protection et motif d'amulette). On plaçait les figurines de cette déesse-hippopotame auprès des femmes qui accouchaient afin de les protéger, et elle veillait particulièrement au bon déroulement de la naissance des futurs héritiers du trône*. L'iconographie chrétienne représente souvent l'hippopotame comme l'une des premières créations animales.

HIRONDELLE (en grec *chelidon*, en latin *hirundo*) Dans la symbolique de l'Antiquité, on ne faisait pas la différence entre les hirondelles de terre et de mer et les martinets. Selon la légende, elles s'envolent à date fixe vers le sud où elles hivernent sans plumage (Aristote, Pline). Elles sont fêtées comme les messagères du printemps dans les chants des Grecs anciens, où leur gazouillement est comparé à la langue des Barbares. La pierre* rougeâtre de chélidoine, que l'on trouve souvent dans l'estomac des jeunes hirondelles, était censée posséder des vertus magiques. Les nids d'hirondelles sur les maisons n'étaient pas toujours très appréciés comme dans la croyance populaire actuelle, car ils pouvaient être de mauvais augure. Plutarque (46-120) mentionne le mythe égyptien de la métamorphose de la déesse Isis* en hirondelle. Le proverbe « une hirondelle ne fait pas le printemps » apparaît déjà chez Aristote et Aristophane. Elle était souvent (comme la colombe*) l'attribut de la déesse de l'Amour Aphrodite*. Ainsi, c'est en tant qu'oiseaux de l'amour que des hirondelles bâtissent leur nid sous la proue du navire de Cléopâtre* dans le golfe d'Ambracie, avant la bataille d'Actium (31 av. J.-C.), puisque Cléopâtre était elle-même, dans la théologie politique de l'Orient d'alors, l'incarnation d'Isis-Aphrodite* ; l'hirondelle revêt la même symbolique dans *Tristan* *et Iseut*, lorsqu'elle vient porter au roi Marc un cheveu* de la « belle aux cheveux d'or », d'autant plu, que certains spécialistes de la mythologie celtique rapprochent Tristan du mythe d'Aphrodite et d'Adonis*. L'homme qui recueillait la cendre* d'une hirondelle en train de couver devenait irrésistible auprès des femmes et le sang* ou la fiente d'hirondelle étaient censés procurer de beaux cheveux. Au Moyen Âge, l'hirondelle était, en raison de son retour annuel, et à l'instar de la grue*, le symbole de la résurrection et du printemps. La fable rapporte aussi que les hirondelles donnent la vue à leurs petits qui en sont privés au départ, ce qui fut interprété comme un symbole de l'ouverture des yeux des défunts lors du Jugement dernier. — En Chine, l'hirondelle (*yen*) est, comme en Europe, le symbole du printemps ; on prétendait qu'elle hivernait à l'intérieur d'un coquillage* dans la mer*. Lorsqu'elle niche sur une maison, elle annonce la venue d'un enfant, la chance, le succès et une vie conjugale heureuse. L'hirondelle était aussi le symbole des relations qui unissent le frère aîné et son benjamin. Aujourd'hui encore, les nids d'hirondelles de mer construits en algues marines, sont appréciés en Inde comme une nourriture qui permet d'accroître la puissance sexuelle. — Dans les bestiaires du Moyen Âge, le cri de l'hirondelle équivaut à celui de l'âme repentante qui clame son remords et sa

contrition. « L'hirondelle ne se nourrit pas en restant perchée, mais en vol – de même l'homme doit-il chercher le divin loin du terrestre … L'hirondelle survole les mers lorsque l'hiver et le froid menacent – de même l'homme doit-il fuir l'âpreté et la froidure du monde et attendre dans la chaleur de l'amour que le gel de la tentation s'éloigne de son esprit ». (Unterkircher)

HOLLANDAIS VOLANT   Le Hollandais volant symbolise, comme Ahasvérus sur terre (le Juif errant), les individus condamnés à errer sans fin sur la mer ; c'est surtout l'opéra de Richard Wagner (1843) qui l'a rendu célèbre. Ce mythe associe, à l'origine, le thème du « fantôme marin » d'un bateau qui précipite dans le malheur tous ceux qui l'aperçoivent, aux nombreux problèmes rencontrés pour réussir à passer le Cap de Bonne-Espérance (1497). Le capitaine van der Decken est ainsi réputé avoir blasphémé en jurant de ne jamais renoncer, fût-ce contre sa part d'éternité, à réussir cette épreuve, et on raconte qu'il aurait ponctué ce serment en tirant un coup de pistolet vers la constellation de la Croix du Sud ; une légende populaire de la fin du siècle suivant veut qu'il soit depuis lors condamné à errer perpétuellement sur les eaux. La légende relie aussi le bateau fantôme qui navigue sans répit à la figure du capitaine Barent Folke et de son chien* noir, qui vendit son âme au Diable* et doit depuis lors errer sur l'Atlantique Sud entre le Cap Horn et le Cap de Bonne-Espérance.

HOMA   On désigne sous ce nom deux représentations symboliques différentes, mais toutes deux originaires de la Perse antique. Chez les Mazdéens, en effet, et bien avant la réforme de Zoroastre, Homa était un arbre* d'immortalité et, en tant que tel, l'image d'un axe* du monde qui faisait communiquer la terre et les cieux. Les textes du *Zend Avesta* le mettent en relation avec Mazda, le seigneur de la Lumière*. — Par ailleurs, presque vingt siècles plus tard, Homa désigne dans la poésie et la littérature mystique de la Perse musulmane, un oiseau qui forme un couple d'opposés*, tantôt avec le corbeau* et sa noirceur, tantôt avec le hibou* et la nuit qu'il habite (nuit de l'âme ou nuit du cœur) : Homa est un oiseau de lumière qui communique sa noblesse à ceux qu'il a distingués (Saadi, le *Gulistan*). Peut-être y a-t-il en fait filiation de l'un à l'autre symbole, dans la mesure où l'oiseau est l'habitant naturel de l'arbre (voir le *Livre de l'arbre et des quatre oiseaux* d'Ibn Arabi), et où le nom de Homa fait retour au moment même où la théosophie néoplatonicienne de la mystique iranienne (Sohrawardi) récupère ouvertement nombre de thèmes issus de l'ancien mazdéisme.

HOMÈRE Homère est la figure antique idéale du poète épique, pourvu d'une force visionnaire divine, c'est-à-dire (comme le prophète Tirésias) aveugle* au monde quotidien, et inspiré par les Muses*. La question de son identité historique et de son lieu de naissance (Smyrne en Asie Mineure ? l'île de Chios ?) est évoquée très tôt. On pense qu'il a vécu au VIIIᵉ siècle av. J.-C., mais on ne sait rien de sa vie. Les deux épopées de l'*Iliade* (qui rapportent les épisodes de la guerre de Troie) et de

Homère : fresque de Benedetto Bembo dans la « chambre d'or » du château de Torchiara.

l'*Odyssée*, semblent bien, au moins en grande partie, avoir été écrites par le même auteur. Mais les *Hymnes homériques* et *La Guerre des grenouilles et des souris* (*Batrachomyomachie*) ne furent certainement qu'à tort attribuées au grand poète. Que les épopées se divisent toujours en 24 chants, laisse supposer l'existence d'une symbolique du douze (voir Nombres). Cette division n'a été complètement admise qu'à l'époque hellénistique ; pourtant, Achille exerce sa vengeance sur Hector pendant douze jours, Ulysse vit douze aventures et lance sa flèche* à travers douze anneaux. Les épopées homériques renferment un grand nombre de traits symboliques de la tradition ancienne, comme le thème de la double source* du fleuve* Scamandre (« De l'une coule une onde tiède ; une vapeur s'en élève, toute semblable à celle du feu flamboyant. De l'autre, en plein été, sort un flot pareil à la grêle, à la neige froide, à l'eau congelée » – *Iliade* 22,147). On retrouve également le thème de la pesée par Zeus des âmes qui n'ont pas encore reçu de destin (voir Balance) : « Cette fois, le Père des dieux déploie sa balance d'or ; il y place les deux déesses du trépas douloureux » (*Iliade* 22,208). — Virgile, qui a cherché dans l'*Énéide* à retrouver la gloire d'Homère, a été, au Moyen Âge, plus apprécié que son modèle. Ce sont Goethe et Schiller qui ont fait à nouveau reconnaître Homère comme la figure inégalable du plus grand poète épique.

HOMME SAUVAGE Les hommes sauvages tiennent un rôle important dans la symbolique traditionnelle et en héraldique. Ils y sont considérés en effet comme l'incarnation des forces brutes de la nature avant la conquête de la civilisation ; c'est pourquoi on les compare souvent aux géants* et on leur attribue fréquemment une taille surhumaine. Les exemples classiques d'hommes sauvages sont les satyres*, les silènes et les faunes des légendes antiques, ainsi que le dieu de la Nature, Pan*. Dans la *Bible,* les Sa'irim, les « hirsutes » sont appelés « diables* des champs ». Des personnages analogues, mi-homme, mi-animal, apparaissent aussi dans les légendes indiennes et dans le folklore des peuples d'Asie centrale. On discute encore entre spécialistes pour savoir s'il s'agit de simples projections de représentations inconscientes (incarnant la vie instinctive sans frein), qui symboli-

« L'homme sauvage » :
dessin de Giovannino de' Grassi.

Hommes du Bois : miniature roumaine
(1790, « Le roman d'Alexandre »).

sent à leur manière la « nostalgie d'une libération des désirs », ou si une sorte de tradition primitive, renvoyant à des modes de vie préhistoriques, n'entre pas en jeu dans cette représentation. On a aussi émis l'hypothèse selon laquelle il existerait, dans certaines régions reculées, des formes de vie préhominiennes ou protohominiennes, par exemple des descendants de l' *homo erectus* ou de Néanderthal, qui auraient donné lieu aux rumeurs récurrentes sur l'existence du Yeti, du Dremo, du Mihgö, d'Almas ou d'Almasti en Asie, de Sasquatch ou de Bigfoot en Amérique du Nord. Malgré nombre de recherches, cette dernière thèse n'a pourtant jamais reçu aucune confirmation objective, et il semble finalement plus économique de chercher l'origine de ce thème dans les structures mêmes de l'imagination humaine. — Des considérations de nature ésotérique attribuent à ces « créatures » une existence qui se situe-

Hommes sauvages
et monstrueux
en Terre de Mekrit
(1307, « Le Livre
des merveilles
du monde », Marco Polo).

*Homme sauvage
(ermite) capturé
par un arbalétrier :
gravure
(1566, P. Bruegel).*

rait entre l'univers conceptuel occulte et la « réalité sèche » ; les historiens des religions, quant à eux, sont généralement d'avis qu'il s'agit de représentations, encore présentes dans la mémoire de l'humanité, d'esprits des bois et des gardiens de la nature qui, en présence de situations internes appropriées telles que le stress, peuvent conduire à des expériences hallucinatoires d'hommes velus et simiesques (voir Cheval, Bouc). — En héraldique, l'homme sauvage fut surtout représenté comme porteur de bouclier, par exemple dans les armoiries de la Prusse. On le reproduisait également sur les pièces de monnaie des ducs de Braunschweig-Lüneburg. — Dans le recueil médiéval des *Gesta romanorum* (vers 1300), les hommes sauvages sont appelés *monstra et portenta*, sortes de stylisations de l'être humain qui, sous sa forme achevée, n'est que trop aisément infatué de lui-même. Les hommes cynocéphales (à tête de singe) qui « parlent en aboyant et sont vêtus de peaux de bêtes » sont ainsi considérés comme les symboles des pénitents

qui « doivent être vêtus de peaux de bêtes, c'est-à-dire qui sont sous le coup d'une pénitence sévère afin de donner le bon exemple aux autres ». « Les hommes pourvus de cornes*, de nez camus et de jambes de bouc » sont des exemples tout contraires : « Ce sont des orgueilleux qui montrent partout les cornes de l'orgueil et qui, pour leur salut personnel, ne disposent que d'un flair limité pour la circonspection, et courent après la luxure sur leurs jambes de bouc. Car la chèvre* court très vite et grimpe adroitement : que l'on applique ceci aux êtres présomptueux ! » En Inde, on considère en revanche comme exemplaires « les femmes ayant une barbe qui descend jusqu'à la poitrine mais dont la tête est complètement chauve. Ce sont des êtres justes qui observent la voie juste, et qui ne s'en laissent détourner ni par l'amour ni par la haine » (vraisemblablement parce qu'en raison de leur étrangeté, elles ne peuvent être tentées de s'adonner aux plaisirs charnels ; c'est aussi ce que l'on dit en Europe à propos du légendaire saint Kummernus,

*Hommes à tête de chien,
symbole des pénitents,
habitant l'île d'Andaman
(1307, « Le Livre
des merveilles
du monde », Marco Polo).*

appelé encore Wilgefortis ou Liborada).
— L'ambiguïté des hommes sauvages,
dans un mouvement tout inverse, leur
permit d'être distingués du prototype
des créatures libidineuses comme les
satyres, les faunes et les silènes, ou des
trolls des légendes scandinaves, et les
firent parfois devenir au contraire des
symboles de la vie naturelle, loin de la
débauche qui corrompit Sodome*. Une
gravure sur bois de Hans Schäuffelein
(Nuremberg, fin du XVIᵉ siècle) était
accompagnée d'un texte de Hans Sachs
qui consistait dans une « complainte des
hommes sauvages des bois sur le
monde infidèle » dans laquelle on lit :
« Comme la jeunesse est mal élevée,
comme la vieillesse est dépourvue de
vertu, comme la femme est impudique,
comme l'homme est sauvage ! » ; par
opposition à cet état de la société, ce
sont les « vrais » hommes sauvages, qui
vivent en dehors du monde des humains
et de leurs mœurs corrompues, qui donnent l'impression d'être civilisés. — La
psychologie des profondeurs considère
que l'on doit normalement trouver de
semblables créatures dans les taillis de
la « forêt* », c'est-à-dire dans la partie
inexplorée de la personne. E. Aeppli
remarque à cet égard que la symbolique
du rêve* caractérise généralement cette
zone élémentaire comme étant très dangereuse, « car nous ne devons pas être
des hommes sauvages ni en redevenir.
Même l'ermite le plus pieux, s'il ne quitte
jamais sa vallée profonde et verdoyante,
ni sa pauvre cabane, et s'il n'est pas soumis à la tentation dans sa solitude, perd
sa spécificité humaine, il devient lui-
même un arbre et un vieil animal, il
devient la forêt elle-même et la nature ».
On peut voir là cependant, selon le point
de vue, ou plutôt d'après la position spirituelle à laquelle on est parvenu, soit
un retour et une régression à l'état primitif, une sorte de dissolution du Moi
dans le chaos* originaire de la nature,
soit l'identification à l'ensemble du cosmos*, où la régression est remontée jusqu'au domaine des archétypes* et a fait
jaillir le Soi impersonnel et divin en face
de la personnalité consciente. — Le
désert (yeh) a un sens premier analogue
dans la tradition chinoise ; le monde
extérieur y est la région inculte par
excellence, et l'homme sauvage (yeh-jen)
est le barbare que l'on représentait
vivant dans les forêts qui s'étendaient
jadis partout. On appelait brigands* les
« hommes des forêts verdoyantes ».

HOSTIE   Reclus au fond de son château, le Roi Pêcheur supporte son infirmité en prenant pour toute nourriture
quotidienne une hostie contenue dans
le Saint Graal*, ce précieux vase qui
aurait, d'après la christianisation de la
légende, recueilli le sang de Jésus sur
la croix*. Hormis quelques récits de sorcellerie qui hantent encore les campagnes jusqu'à la fin du XIXᵉ siècle, et
selon lesquels des filles de roi se retrouvent possédées par les mauvais esprits
pour avoir fait absorber, sur la recommandation du Diable*, une hostie à un
crapaud, l'apparition de ce symbole
sacrificiel est d'autant plus frappante
qu'elle est rare. Ainsi peut-on s'étonner
d'une représentation mariale tout à fait
insolite où Ingres imagine de remplacer
le traditionnel Enfant Jésus par un calice
d'où émerge une énorme hostie, derrière
laquelle la Vierge* Marie* est plongée en
prières. — Sous forme de pain azyme
destiné à la célébration de la messe,
l'hostie est pour les chrétiens, et plus
particulièrement pour les catholiques et
les orthodoxes, le symbole même de la
« transsubstantiation ». Bénie et consacrée durant le rituel de la messe, elle est
élevée vers la croix de l'autel et devient
la réalité même du corps du Christ en
souvenir des paroles qu'il prononça lors
de la Cène, le dernier repas pris en commun avec les apôtres avant sa Passion :
« Prenez et mangez, car ceci est mon
corps ». Jung rappelle que cette élévation de l'hostie traduit un « exhausse-
ment dans le monde spirituel » et un acte
préparatoire à la spiritualisation du
corps et de la matière, évoquant de ce
fait même le *corpus imperfectum* de la
matière première que travaillent les
alchimistes pour la rendre parfaite. —
Cette idée fondamentale du sacrifice*
chrétien s'inspire de fait d'une très
longue tradition. Le terme latin *hostia*
désignait chez les Romains l'animal
qu'on sacrifiait, en général une génisse,
un mouton ou une brebis, avant ou après
les combats, pour demander la victoire
aux dieux ou pour les remercier d'un succès. Le christianisme a donc repris cette
idée du sacrifice sanglant, et particulièrement de l'agneau* de Dieu, à partir de
l'épisode du Golgotha, en instaurant
Jésus-Christ comme la suprême « hostie » après laquelle aucune autre ne pouvait plus être immolée. D'où l'institution
de la messe et du sacrement de l'eucharistie (action de grâces), qui renouvelle perpétuellement le sacrifice du

Christ et constitue la nourriture des fidèles, en même temps que le symbole de leur unité qu'ils célèbrent dans la communion. — Il ne faut pas s'étonner dès lors si les persécutions contre le christianisme passent presque toujours par la profanation des hosties consacrées, si les rituels de messes noires se fondent sur l'inversion de leur sens (voir *Là-bas* de Huysmans) – tandis que certains grands mystiques, ravis dans la contemplation divine, ne maintiennent leurs forces que par cette seule nourriture.

HUPPE (en grec *epops* ; en latin *upapa*) La huppe est un oiseau* migrateur des pays méditerranéens que l'on considérait souvent autrefois comme impur parce qu'il picore les larves dans le fumier, et qu'on tenait pour l'ennemi des abeilles*. D'après les *Métamorphoses* d'Ovide, la huppe était à l'origine un roi de Thrace (Tereus) qui fut changé en oiseau pour ses crimes (son épouse Philomèle, qu'il poursuivait l'épée à la main, fut changée en rossignol*). Dans l'Antiquité, on lui attribuait une « racine magique », connue aussi des légendes d'Europe centrale, qui pouvait ouvrir toutes les serrures, et on la rattachait à la croissance de la vigne*, et donc à la production du vin*. Si les bestiaires médiévaux ont largement repris les reproches adressés à la huppe, et particulièrement celui de se vautrer dans les excréments, symbolisant ainsi les hommes qui se prélassent avec obstination dans la fange de leurs péchés, ils font pourtant aussi référence à des qualités toutes contraires dont on retrouve un premier exemple dans le *Physiologus* préchrétien, où on prétend que les jeunes huppes arrachent les plumes* de leurs vieux parents et lèchent leurs yeux* ternis jusqu'à ce qu'ils retrouvent leur jeunesse : « De même que vous nous avez élevés lorsque nous étions jeunes, que vous vous êtes donné de la peine jusqu'à épuisement et que vous nous avez nourris, de même agirons-nous avec vous. Comment les hommes peuvent-ils être assez incompréhensifs pour ne pas aimer leurs parents qui prennent soin d'eux et les éduquent en connaissant leur cœur ? » Considérée sous cet aspect bénéfique qui rapproche la huppe du thème alchimique* de la fontaine de jouvence et de l'annonce d'une restauration corporelle, qui renvoie à la notion de renaissance spirituelle, la huppe est,

dans certains textes philosophiques et mystiques de l'islam, un message spirituel envers l'homme en quête du pays réel de son âme* : « Or voici que pendant une nuit de pleine lune*, nous vîmes la huppe entrer par la fenêtre et nous saluer. Dans son bec, il y avait un message écrit, provenant « du côté droit de la vallée, dans la plaine bénie, du fond d'un buisson ». Elle nous dit : « J'ai compris quel est le moyen de vous délivrer, et je vous apporte du royaume de Saba des nouvelles certaines. » (Sohrawardi – 1155-1191 – *Récit de l'exil occidental*). Lorsque l'homme, à cet appel, se sera mis en route dans le pèlerinage* de son âme, la huppe se révèlera comme l'organe de sa hiérurgie, une typification de son « imagination créatrice » dont le pays de Saba désigne le monde où elle se déploie en même temps qu'elle le crée. Encore plus profondément, la huppe peut se transformer en *Simorgh* (mot venant de l'avestique *Saena meregha*), le mystérieux oiseau qui a son nid «au sommet de l'arbre Tuba » (Chez Attar, dans *Le Langage des oiseaux*), ou qui réside sur « la montagne de Qâf » (*La Roseraie du mystère* de Shabestari – XIIIᵉ-XIVᵉ siècle – ou *L'Archange empourpré* de Sohrawardi). Elle est alors, selon les interprétations, la réalité divine absolue en soi, ou la puissance de l'Esprit, le nom caché de l'Imâm, la vérité de la résurrection qui attend celui qui a compris la lumière de la gnose.

HYACINTHE L'hyacinthe est l'une des fleurs qui sont, d'après la mythologie antique, à l'origine des hommes, ou qui sont nées de la mort d'un être humain (voir Adonis et Narcisse). Hyacinthe, prince spartiate, fut célébré par le chanteur Thamyris – pour ce qui, d'après la légende, a été le premier amour homosexuel –, mais aussi par Apollon*, qui l'a accidentellement tué de son disque ; c'est le vent d'ouest, Zéphyr, également amoureux de Hyacinthe, qui aurait, par jalousie, détourné la trajectoire du disque. L'hyacinthe naquit du sang de l'adolescent mourant (Ovide, *Les Métamorphoses*), et ses pétales chantaient *aï aï* en se plaignant. On honorait chaque année la tombe de Hyacinthe à Amiklaï (où se trouvait aussi celle de Cassandre), pour la grande fête spartiate des Hyakintha. L'histoire des religions admet que Hyacinthe devait être un dieu pré-hellénique de la végétation, mais qu'Apollon l'a supplanté dans ce rôle divin lors de l'invasion des Grecs : Hyacinthe a été alors relégué au rang de héros légendaire.

HYDRE L'hydre est ce serpent* monstrueux à sept* têtes qui, pour chaque tête qu'on lui coupait, en faisait repousser deux ! Son histoire est liée à celle d'Hercule – l'Héraclès* des Grecs, le fils illégitime de Zeus que la jalouse Héra poursuivit de sa vindicte en le condamnant aux fameux « douze travaux » comme à autant d'épreuves initiatiques. Après avoir tué le lion* de Némée, Héraclès doit débarrasser le pays d'Argos d'un monstre qui hante les marais sans fonds de Lerne où périssent les voyageurs qui s'y aventurent. Un corps de chien, dit la légende, « avec huit ou neuf têtes de serpents, dont l'un était immortel » – mais on peut aller jusqu'à mille têtes dans certaines versions. La seule haleine de l'hydre était un poison si violent qu'il suffisait à faire mourir quiconque le respirait. Après un combat incertain, au terme duquel Héraclès ne doit son triomphe qu'au secours que lui apporte Iolas, qui allume un feu* salvateur pour empêcher la renaissance des têtes, l'hydre de Lerne cesse définitivement de nuire : Héraclès en a coupé la tête immortelle avec une faucille* d'or* et l'enterre « toute bruissante de sifflements » ; en outre il trempe ses flèches* dans le sang empoisonné pour les rendre mortelles à coup sûr. Selon Robert Graves, ce combat rappelle celui de Persée contre le serpent de mer (qu'il tue lui aussi avec une harpe d'or ou une faucille en forme de croissant* de lune*), ou encore celui contre le monstre à sept têtes que le héros sumérien Gilgamesh et son ami Enkidu doivent mener sur la montagne aux cèdres*. Le poète latin Servius raconte pour sa part que l'hydre était en fait la source de rivières souterraines qui inondaient le pays ; dès que l'on en bouchait une, les eaux forçaient leur passage ailleurs. — Quoi qu'il en soit de ces différentes versions et qu'il s'agisse d'une eau indomptable ou d'un animal aquatique et ophidien, on retrouve toujours l'idée de ce renouvellement constant dont le serpent, avec ses mues, est l'un des symboles les plus puissants, en même temps que l'image d'une féminité redoutable et tentaculaire qui renvoie au thème de la mère* dévorante et, sortant du sein de celle-ci, à celui de l'*anima* encore sauvage que Jung a si bien étudiée. Robert Graves cite à

cet égard un fait (historique ?) tout à fait remarquable : la mise à mort de l'hydre de Lerne coïnciderait avec la tentative de suppression des rites de fertilité qu'on y pratiquait en l'honneur des trois grandes déesses Déméter*, Perséphone et Hécate. Pour acquérir ses lettres de noblesse et son autonomie psychique, le héros doit toujours échapper aux tentacules de la déesse-mère. Faut-il rappeler à ce propos le combat désespéré chez Jules Verne du capitaine Némo contre une hydre du temps modernes, la pieuvre* de *Vingt mille lieues sous les mers* ? Némo (dont le nom signifie *Personne*) est englouti par la mer. Sans doute pour n'avoir pas trouvé son identité ?

HYDROMEL L'hydromel, composé d'eau* et de miel* (voir aussi Abeille) que l'on a fait fermenter, est toujours, symboliquement, rattaché à l'idée de divinité, et plus particulièrement au thème de l'ivresse* comme source de l'inspiration. Chez les Celtes d'Irlande, l'hydromel était ainsi la boisson de la classe sacerdotale par opposition à la bière qui était celle de la classe des guerriers (tri-fonctionnalité indo-européenne selon les travaux de Dumézil), et il renvoie de ce point de vue au soma* de la culture indienne. Chez les anciens Scandinaves, l'hydromel sacré, *od-rerir*, littéralement la source de l'inspiration ou la source de l'ivresse, c'est-à-dire le « moteur de l'âme » dans la fureur qui soulève l'esprit au-dessus de lui-même, est détenu dans une grotte par le géant* Suttung (voir par ailleurs, chez Platon, dans le dialogue du *Phèdre*, la définition de la poésie vraie comme « folie » c'est-à-dire comme « enthousiasme », comme possession par les dieux et les Muses*). C'est Odin, le maître des runes*, le dieu sorcier et quelque peu chaman, le dieu de la *furor* dans tous les sens de ce mot, qui perce le roc de cette grotte et, en séduisant Gunnlod, la fille de Suttung, s'empare de la boisson qu'il rapporte dans la demeure des dieux. Ainsi lit-on dans l'*Edda* poétique, dans la section des *Paroles du Très-Haut* (Havamal) : « Je reçus de Gunnlod assise sur son siège d'or une goutte / du divin hydromel ; / mauvaise récompense en retour lui laissai-je / pour son âme sincère, / pour son âpre souci. / Je fis large profit de la figure acquise : / au sage rien n'est refusé ; / car la Source d'Ivresse, voici qu'elle est montée / jusqu'à la demeure des dieux. » L'hydromel semble ici résulter du mélange de deux symboles originels, celui d'une boisson identique à son tour au soma des Indiens, relevant du fonds indo-européen propre aux anciens Germano-scandinaves, et celui des « liqueurs de l'ivresse » qui remonterait aux populations pré-indo-européennes du nord et qui serait en rapport avec leurs pratiques chamaniques.

HYÈNE La hyène est un animal que le mépris a écarté de toute représentation anthropomorphe, et qui est chargée d'une très forte valeur négative. Son nom (en grec *hyaïna*, de *hys* - le cochon*) la désigne comme une répugnante chasseresse de charognes, et on la considère souvent, en particulier selon Pline, comme un animal bâtard mi-chien* mi-loup*. On croit aussi (selon Aristote) que sa nature la pousse à s'accoupler avec le loup. Ovide raconte, dans les *Métamorphoses*, que la hyène possède la faculté de changer de sexe, et le *Physiologus* préchrétien prétend qu'elle est « tantôt masculine, tantôt féminine ; et (que) ce pouvoir de changer de nature en fait un animal impur ». Cette opinion a été autrefois extrêmement répandue, bien qu'Aristote déjà en eût reconnu la fausseté. Pline ajoutait pour sa part que la hyène avait la faculté d'imiter la voix humaine, et que, par un simple effleurement de la patte, voire de son ombre*, elle pouvait hypnotiser les autres animaux. La croyance populaire lui attribuait des pouvoirs magiques ; on croyait dans l'Antiquité que son pelage détournait la grêle, que sa vertèbre cervicale supérieure avait un pouvoir de réconciliation, et que la pierre précieuse* extraite de ses yeux chatoyants, la *hyaenia* (œil de tigre ?), donnait la possibilité, à celui qui la possédait, de faire des rêves prophétiques. Quand on rêvait de la hyène même, c'était signe annonciateur de la naissance d'un monstre, sexuellement anormal. — On trouve dans l'iconographie chrétienne la légende de saint Macaire, un saint du désert, à qui une hyène aurait apporté un petit d'animal aveugle*, et qu'il aurait guéri. C'est là le symbole même de « l'ouverture des yeux » dans un contexte néga-

tif. L'animal est aussi le symbole de l'avarice. L'une des têtes du « monstre à sept* têtes » de l'*Apocalypse* de saint Jean, qui symbolise les sept péchés capitaux, est celle de la hyène.

HYPNOS (en latin *somnus*) Notre concept d'hypnose est issu de ce nom. Hypnos est la personnification du rêve, fils de la Nuit* (en grec *Nyx*), et frère de la Mort (en grec *Thanatos*). Homère présente Hypnos, dans l'*Iliade*, comme une divinité, et raconte que, à la faveur d'une promesse d'Héra, il devait recevoir l'une des Grâces* comme fiancée, à la condition de plonger Zeus dans un profond sommeil. C'est ainsi qu'Héra et Thanatos purent ramener, dans son pays de Lydie, le corps du héros Sarpédon, tombé devant Troie en combattant les Grecs. Les arts plastiques représentent Hypnos sous les traits d'un adolescent qui porte des fleurs de pavot dans les cheveux, et qui tient un petit rhyton. La définition symbolique de Hypnos oscille entre le « sommeil » et le « rêve ».

Hypnos transporte le corps d'un jeune soldat : détail d'un vase à onguents du Vᵉ s. av. J.-C.

I

IBIS Dans l'ancienne Égypte, où on l'appelait *hibi*, l'ibis était chargé d'une grande valeur symbolique. On le qualifie encore de nos jours d'ibis sacré (*Threskiornis aethiopica*). Cet oiseau, d'une hauteur d'environ 75 centimètres, fouille sans arrêt les sols marécageux de son bec recourbé, et donne ainsi l'impression d'une quête perpétuelle ; la courbure de son bec rappelle celle du croissant* de lune*, de la même façon que l'eau, dont il a fait son élément, peut évoquer un « caractère lunaire ». Les Égyptiens avaient consacré l'ibis au dieu de la Sagesse, Thot*, et le considéraient même parfois comme sa manifestation terrestre. C'est pourquoi on embaumait les ibis, et on les conservait dans des jarres de terre cuite : on en a trouvé des millions dans les tombes de Saqqarah. D'après la croyance populaire, une seule plume* d'ibis suffisait à repousser les serpents*, et un seul œuf* à chasser n'importe quelle bête sauvage. — Les juifs considéraient au contraire l'ibis de façon négative, comme le montre la lecture du *Deutéronome*, qui compte tous les échassiers au nombre des « bêtes impures ». C'est pourtant par ces mots que le Seigneur dévoile, dans le chapitre 38 du *Livre de Job*, le mystère de la Création : « Qui a mis dans l'ibis la sagesse, donné au coq l'intelligence ? ». Le *Physiologus* de la chrétienté primitive et le *Bestiarium* du Moyen Âge font tous deux observer que l'ibis ne sait pas nager, et qu'il se nourrit par conséquent des poissons* morts échoués sur les rives. Il nourrit aussi ses petits de poissons et de serpents. « De même que l'ibis, les hommes sont enclins à manger de la chair ; ils consomment leurs propres œuvres de mort, et nourrissent leurs enfants de cette perversion » (Unterkircher). « L'ibis est le pire de tous (les animaux) ; car les péchés naissent des pécheurs » (*Physiologus*).

ICARE Icare est la figure symbolique de l'aspiration des hommes à s'élever comme des oiseaux* dans les airs, et à pouvoir s'y déplacer sans souffrir de la pesanteur. Mais il représente aussi un avertissement contre l'orgueil humain. Dédale (du latin *Daedalus*), père d'Icare, avait assisté Ariane*, fille cadette du roi de Crète, désireuse de venir en aide au héros Thésée alors qu'il s'apprêtait à pénétrer dans le labyrinthe* (œuvre de Dédale) pour y affronter un monstre à tête de taureau, le Minotaure (voir Pasiphaé). Il avait donc muni la princesse d'un fil, qui devait permettre à Thésée de sortir du labyrinthe après son crime. Mais Minos, le père d'Ariane, au lieu de récompenser Dédale et Icare, sortis victorieux de l'épreuve, les emprisonna dans le labyrinthe. Dédale fabriqua alors des ailes*, avec de la cire et des plumes*, à l'aide desquelles ils réussirent à s'enfuir. Malgré l'avertissement que lui avait donné son père, Icare s'approcha trop près du soleil*, et ses ailes fondirent. Il tomba alors dans la mer et s'y noya. Cette possibilité de s'affranchir des liens terrestres grâce à sa simple force mus-

*Le dieu Thot,
à tête d'Ibis,
sur la barque divine :
détail d'une stèle
en calcaire
du XIIIᵉ s. av. J.-C.*

*Icare et Dédale
s'enfuient
du labyrinthe :
relief en calcaire
du XVIIᵉ s.*

culaire est restée, pour l'homme, un rêve inaccessible. Ce n'est jamais que dans le rêve qu'il peut, parfois, accomplir cet exploit. Les rêves de vol sont interprétés comme la manifestation physiologique de troubles de l'équilibre. D'un point de vue psychologique, ces rêves sont généralement interprétés comme l'aspiration à résoudre une situation inextricable, ou à échapper à un poids accablant, en adoptant un point de vue qui permet de se défaire de contraintes antérieures.

I-CHING *(YI-KING)* Le *I-Ching* est le *Livre des Mutations* chinois. Il ne constitue pas, par lui-même, un symbole, mais représente l'application pratique, orientée vers la formulation d'oracles, de l'idée d'une polarité du principe originel, constitué d'un élément masculin et d'un élément féminin (voir Yin et Yang). On pense que cette pratique divinatoire était déjà apparue sous le règne de la dynastie Tsou, vers 1000 av. J.-C., et qu'elle avait succédé, en la rationalisant et en lui donnant une ordonnance à travers l'idée de rythme naturel, à des techniques oraculaires où l'on se servait de carapaces de tortue* dont on étudiait, après les avoir chauffées, les entailles et les craquelures. Celles-ci ont donné lieu, lors de la transposition graphique, au système actuel des lignes pleines, ou continues, et des lignes brisées en leur milieu, ou discontinues. Les lignes pleines représentent l'élément masculin, les lignes brisées l'élément féminin. Trois lignes superposées forment un trigramme, et les diverses proportions des lignes pleines et des lignes brisées indiquent la prédominance et l'avancée ou le recul des unes et des autres. Les huit trigrammes de base qu'il est possible de former de la sorte représentent le ciel*, la terre*, le tonnerre*, le vent*, l'eau*, le feu*, la montagne* et le lac. L'ensemble de toutes les combinaisons possibles de ces trigrammes pris deux à deux donne lieu à 64 hexagrammes*, qui constituent un ensemble total censé contenir la formule du monde dans sa diversité, et les mutations intérieures auxquelles il est sujet. Six lignes pleines représentent ainsi « le ciel, le roi*, le père*, le donneur », six lignes brisées « la terre, le peuple, la mère*, le destinataire ». Des commentaires explicatifs et détaillés permettent au consultant de comprendre le présage qui lui est ainsi délivré. L'école du maître Kung (Kung-fu-tse, Confucius, 551-479 av. J.-C.) s'est particulièrement attachée à mettre en lumière l'aspiration, qui semblait ainsi se manifester, vers une harmonisation des éléments polaires (voir Yin et Yang). Elle y voyait en effet comme le système du monde, fait de transformations incessantes, qui devait assurer à la société son équilibre et son développement harmonieux. Elle n'a cessé, au long des siècles, d'en écrire des commentaires, puis des commentaires de commentaires, qui tentaient d'approfondir le sens d'un texte rédigé, à l'origine, dans un style à la fois abrupt, hautement poétique, et pourtant structuré, à la fois par une « logique », et par une grande cohérence des images. Dans cette perspective confucianiste, le côté oraculaire du *I-Ching* finit par beaucoup perdre de son importance au détriment d'une pensée philosophique qui est d'abord celle de l'immanence des choses et de la façon dont celle-ci se manifeste : unité et multiplicité, repos et mouvement – ainsi que de la manière dont on l'intègre dans sa vie : étude et consultation. Il s'agit donc de la mise en œuvre et de l'illustration du thème majeur des couples d'opposés, dont la « solution » ne se trouverait pas dans un troisième terme comme souvent en Occident, mais beaucoup plus dans un processus incessant de métamorphose grâce auquel chacun des opposés finit par se transformer dans l'autre dans une suprême régulation (voir Taï-ghi-tu). En effet, on peut aborder le *I-Ching* selon deux attitudes différentes : – soit au repos, en méditant sur l'ensemble des 64 hexagrammes, afin d'en faire ressortir la justesse et d'établir ce qui doit être la « règle immuable » de notre conduite : nous sommes alors en étude ; – soit en mouvement, en restant attentifs aux modifications internes des hexagrammes et à leurs résonances, afin de nous adapter au moment et aux « qualités » qui lui sont propres en adoptant, selon la règle, la juste position qui nous mette en harmonie avec le flux des choses. « La vertu de l'achillée est d'être ronde pour accéder à l'invisible, / celle de l'hexagramme d'être carrée pour servir à connaître ... / L'accès à l'invisible permet de prévoir l'avenir / et la connaissance consiste à thésauriser le passé. » (Confucius, *Grand Commentaire au I-Ching*). — Par ailleurs, le *I-Ching* a aussi été utilisé par le taoïsme et, dans son symbolisme essentiel, par les pratiques alchimiques de ce dernier. Dans la mesure en effet où les trigrammes et les hexagrammes sont considérés comme des *xiang*, c'est-à-dire comme des figures, des symboles, des images qui renvoient à la forme originelle de tout être, ils se rattachent directement au mode d'opération qui est celui de l'alchimie en lui servant de médiateurs et de support à la méditation –

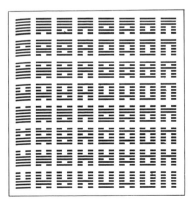

I-ching : la combinaison des 64 hexagrammes constitués par six lignes, continues et interrompues.

d'autant plus que le tao* est ici défini comme le « Grand Xiang », ou comme le « Xiang sans xiang » (le dénominatif de Grand servant à Lao-tseu et à Tchouang-tsu à désigner ce qui inclut son contraire.) — Le philosophe Gottfried Wilhelm Leibniz (1646-1716) est le premier, en Occident, à s'être intéressé de près au *I-Ching*, grâce aux contacts étroits qu'il entretenait avec les missionnaires jésuites en Chine, puis c'est le pasteur Richard Wilhelm, au début du XXᵉ siècle, qui l'a rappelé et imposé à notre culture en le traduisant pour la première fois en allemand. Aujourd'hui, soumis à une grande diffusion, particulièrement chez les adeptes de l'Orient, dans le mouvement du New Age et auprès de tous ceux qui se réclament d'une religiosité diffuse et non chrétienne, la symbolique du *I-Ching*, qui revient en fait à une interprétation hautement spéculative d'un système duel, est surtout mise en œuvre pour la connaissance qu'elle est censée faire apparaître des forces ou des faiblesses des individus, des possibilités ou des sources potentielles de danger, dans une situation donnée.

IDOLES Les religions révélées ont toujours méprisé les idoles, ou « simulacres ». Elles considèrent en effet que ce ne sont pas les êtres surnaturels représentés par les idoles que les païens adorent, mais les idoles elles-mêmes. D'après la légende, 365 idoles sont tombées les unes après les autres au passage de Jésus, de Marie et de Joseph, lorsqu'ils fuyaient en Égypte. On a généralement considéré leur culte comme le signe d'un aveuglement spirituel : « Quelle bêtise d'honorer des idoles inventées, / qui possèdent encore moins de raison et de force que nous. / Renoncer à l'assistance divine et se tourner vers elles, / et ainsi se perdre soi-même ; / celui qui agit ainsi est aveugle… » (Hohberg, 1675). — La tradition islamique rapporte que les anciennes idoles de la Mecque sont tombées de leurs socles quand Amina, la mère* de Mohammed, l'a mis au monde. D'après une autre version, ces idoles tremblaient déjà à l'époque qui correspond, dans la vie du prophète, à sa procréation, et se sont écroulées à sa naissance. Cette anecdote se fonde sans doute sur cette prédiction du prophète Isaïe (XIX, 1) : « Voici le Seigneur monté sur un nuage rapide : il vient en Égypte. Les idoles d'Égypte tremblent devant lui ». Sainte Juste,

Abraham détruit les idoles : miniature d'un manuscrit arabe de 1307.

sainte Rufine et sainte Suzanne sont toujours représentées accompagnées d'idoles renversées, de même que saint Nicolas, tel qu'il figure sur les icônes orthodoxes. — La légende juive (E. ben Gorion, 1980) affirme qu'Abraham* fut le premier iconoclaste : sous le règne de Nemrod*, il détruisit les simulacres à l'effigie de son père*, façonnés de bois et de pierre. Et il est dit : « (les idoles) ne sentent pas, n'entendent pas et ne parlent pas. Elles ont une bouche et ne parlent pas ; elles ont des yeux et ne voient pas ; elles ont des mains et ne tiennent rien ; elles ont des pieds et ne marchent pas. C'est aussi ce qui arrive à ceux qui croient en elles et les adorent. Alors Abraham saisit une hache et détruisit les effigies de son père... » La tradition monothéiste a largement repris cette façon de voir, surtout dans le judaïsme et l'islam, où l'on considère que l'on ne saurait représenter le Dieu transcendant sous peine de blasphème. S'appuyant sur le mystère de l'Incarnation, et donc sur la nature humaine de Jésus, les chrétiens ont au contraire largement admis de représenter la divinité par des images qu'ils considèrent alors comme des « icônes » – épiphanies et monstrations par le visible d'un invisible qui le demeure pourtant par nature. Certains courants extrémistes n'admirent pourtant pas cette manière de faire et considérèrent toute image divine comme une idole – particulièrement à Bizance, au IXe siècle, où les empereurs iconoclastes interdirent toute représentation du Christ et des saints avant que l'impératrice Théodora ne rétablît « l'orthodoxie » (843).

IF Ce conifère qui peut vivre plusieurs siècles était considéré dans l'Antiquité comme un symbole d'immortalité. Sans doute dans l'espoir de reculer leur propre mort, les hommes ont ainsi de tous temps planté des ifs dans les cimetières. On sait depuis longtemps que les graines de l'if contiennent une substance alcaloïde paralysante, la taxine, dont les redoutables guerriers celtes enduisaient l'extrémité de leur lance. L'enveloppe de cette graine est en revanche inoffensive ; d'un goût sucré, elle est mangée par certains oiseaux qui contribuent ainsi à la reproduction de l'arbre. Le bois d'if ne possède pas de résine et il est d'une résistance exceptionnelle. On s'en servait autrefois pour construire des arcs et des statues. À une époque plus récente, dans le sud de l'Europe, on donnait encore aux enfants de petites croix en bois d'if en guise d'amulettes, afin de les protéger des influences maléfiques.

ÎLE Se dressant au milieu de la mer* ou de l'océan, ne pouvant donc être atteinte qu'au terme d'une navigation*, l'île désigne à la fois la figure qui anime l'inconscient (la mère* ou l'*anima*), et au centre de celui-ci, le centre* spirituel d'où est issue toute vie et auquel tend parfois le processus d'initiation*. Selon Jones, et en termes analytiques, « l'île est l'image mythique de la femme, de la vierge*, de la Mère », cependant que Jung ajoute que l'île représente toujours une masse de « libido incestueuse », que l'inceste* soit rêvé névrotiquement ou qu'il renvoie à l'archétype de la Grande Mère. Se retirer dans une île, c'est alors effectuer un *regressus ad uterum* et chercher dans ses origines le principe primordial qui rénovera notre vie. C'est ainsi, par exemple, que l'on voit Tristan*, blessé à mort par le Morholt, se laisser dériver dans une barque* sans voiles jusqu'à ce qu'il atteigne l'Irlande où il aura la première vision d'Iseut la blonde après avoir été soigné par la mère de celle-ci, elle-même reine de l'île. Il ne faut pas s'étonner dès lors que beaucoup de ces îles soient habitées par des femmes, que ce soient des prêtresses ou des figures de la Souveraineté*. Comme la Crète était l'île sacrée pour les Grecs, avec toute l'ambivalence que cela comporte (naissance de Zeus, enfance de Dionysos*, mais aussi retraite du Minotaure dans son labyrinthe*), les Irlandais prétendaient venir de quatre* îles qui se trouvaient au nord du monde. On retrouve le même thème chez les Aztèques, en provenance de l'île d'Aztlan, ou dans le taoïsme qui connaît l'existence de l'« île des quatre maîtres » que l'on gagne au terme de son évolution spirituelle. L'île est alors le temple* naturel sorti de l'eau*, caressé par l'air* du vent sous le feu du soleil*. C'est l'« île verte » des Celtes, figure de la déesse comme hypostase du divin.

ÎLES FORTUNÉES   On a souvent identifié les îles à des pays inaccessibles où règne le bonheur. Elles symbolisent alors un paradis* dans l'Au-delà*, que la « géographie mythique » a tenté de localiser ; l'épopée sumérienne de Gilgamesh parle ainsi d'une île, appelée Dilmun, vers laquelle le Noé du Déluge, Ziusudra ou Ut-Napischtim, fut emporté. On a fait parfois le rapprochement entre cette île de Dilmun et celle de Bahrein, dans le golfe Persique, qui n'est pourtant en aucun cas « paradisiaque ». — L'Antiquité classique connaissait aussi les îles fortunées (en grec *makarôn nêsoi*, en latin *insulae fortunatae*, et en arabe *al-djaz'iral-chalidat*), et les localisait dans l'*Okeanos* de l'ouest (l'océan Atlantique). On les comparait à l'Élysée mythique, où les élus entrent après leur mort. L'Antiquité a également recherché un équivalent géographique à ces îles, et s'est fixée sur les îles Canaries. Comme l'écrit Plutarque (50-125) : « La pluie* n'y tombe que rarement, et ne tombe que peu. Des vents tièdes dispensent une rosée si abondante que la terre produit les meilleurs fruits, et en telle quantité que les habitants ne peuvent que se livrer au plaisir du repos. L'air est toujours doux, et les barbares eux-mêmes ont généralement admis qu'il s'agit là des Champs élyséens, de la résidence des Bienheureux, celle qu'Homère a décrit de toute la force de son art poétique ». L'historien Flavius Josèphe (37-95) relie l'idée du couple d'opposés* de l'Esprit et de la Matière, à la représentation de ces pays insulaires et fortunés. Les âmes en

effet, qui procèdent de « l'éther le plus ténu », subissent pourtant jusqu'à la mort « l'esclavage de la chair ». Après la mort seulement elles peuvent voler, purifiées, par-dessus les océans et atteindre au bonheur de ces îles bienheureuses. Les âmes qu'ont flétries les souillures matérielles subissent au contraire une punition, qui est de demeurer dans un « trou très obscur ». La mythologie celtique mentionne également l'existence d'un pays paradisiaque, situé lui aussi dans la mer de l'ouest (l'Atlantique). Il s'agit là surtout d'un mythe irlandais. Que ce soit dans les épreuves imposées à différents rois de l'Irlande (Art, fils de Conn aux Cent Batailles, Cormac mac Art, etc.), ou que ce soit dans des histoires comme celle de Connla qu'une fée vint rechercher, depuis l'une de ces îles, afin de l'y emmener avec elle et de lui faire connaître une jeunesse éternelle et le bonheur d'un amour sans fin, on considérait d'habitude que ces îles étaient gouvernées par des femmes à la merveilleuse beauté. Le temps n'y avait pas de prise et il y croissait des pommiers (voir Pomme), parfois d'or* ou d'argent*, qui en étaient le signe distinctif. On pense aujourd'hui que le mythe de l'île d'Avallon a été la reprise médiévale de ce thème, de la même façon que l'idéologie chrétienne a absorbé cette représentation en transformant à son profit la vieille légende irlandaise de Bran le Navigateur qui ren-

Représentation des Îles Fortunées sur un encensoir chinois en bronze (période des Royaumes Combattants).

contrait, dans sa course sur la mer, de nombreuses îles enchantées. Les moines du haut Moyen Âge ont repris ce récit et l'ont christianisé en l'attribuant à un mythique saint Brandan qui, au cours de sa navigation guidée par le Seigneur, aurait ainsi visité les « Îles des Bienheureux ». Certains ont voulu plus tard interpréter ces descriptions comme l'indice que des marins celtiques auraient découvert l'Amérique des siècles avant Christophe Colomb – mais aucune preuve matérielle ne vient conforter cette hypothèse. — On croyait aussi, dans la Chine traditionnelle, à des îles fortunées ; on les situait dans le Pacifique, en face de la côte orientale de la Chine, et elles portaient les noms de *Fang-chang*, *P'eng-lai* et *Ying-chou*. C'était dans ces îles que les « Huit Immortels* » étaient censés mener une vie paradisiaque. Dans les temps très anciens, on décorait souvent les vêtements mortuaires d'images de ces pays mythiques, pour donner aux âmes des défunts le sentiment d'avoir déjà accédé à ces îles du bonheur. Ces îles légendaires sont symbolisées dans les jardins* chinois par de petites îles rocheuses, de formes étranges. D'autres peuples encore croient à l'existence, dans l'Au-delà, d'îles fortunées, comme l'île de Bimini de certaines tribus indiennes d'Amérique du Nord, où l'on dit que coule la « source de l'éternelle jeunesse ». Mais ces croyances procèdent plus de la mythologie que de la science des symboles. Ces pays insulaires et fictifs présentent souvent toutes les caractéristiques d'un pays de cocagne.

IMMORTELS *(LES HUIT)* Figures de la symbolique chinoise qui habitaient dans les Îles fortunées*, les Immortels étaient au nombre de huit dans la mesure où ce nombre était tenu pour le symbole de l'équilibre et du bon ordre cosmiques (voir Octité). Parmi ces personnages, Chang-kuo-lao était à l'origine une chauve-souris* qui prit forme humaine. Il porte un tube de bambou* évidé qui sert d'instrument de musique et aussi la plupart du temps, une plume* de phénix* ainsi que la pêche* de la longévité. Chung-li-chüan était un alchimiste qui savait transformer le mercure et le plomb* en argent* jaune et blanc ; il possédait la pierre* de la sagesse et pouvait se déplacer dans les airs. Ho-sien-ku est une femme qui porte une fleur de lotus* magique. Lan-ts'ai-ho est parfois pré-

senté comme un androgyne* et porte une corbeille remplie de fleurs et de fruits, parfois aussi une flûte. Li-t'ieh-kuai tient une béquille comme le fait Saturne* dans la symbolique de l'astrologie occidentale. Son corps aurait été incinéré par erreur tandis que son âme s'était rendue autre part, et c'est pourquoi son corps ressemble à celui d'un mendiant* paralysé. Son attribut est une gourde de laquelle s'échappe une chauve-souris. Lü-tung-pin porte une épée capable de tuer les démons. On raconte à son propos qu'au lieu de payer sa note dans une auberge, il peignit sur le mur deux grues* qui attirèrent de nombreux visiteurs et s'envolèrent dès que l'argent ainsi récolté suffit à effacer la dette. Ts'ao-kuo-chiu, le saint patron des comédiens, porte souvent des habits de cour et tient la plupart du temps dans la main deux castagnettes. Ces *pahsis* sont généralement représentés tous ensemble sur une terrasse, en train de saluer le dieu de la longévité, Shou-hsing, qui passe dans les airs, sur le dos d'une grue. C'est là l'un des sujets de prédilection de l'iconographie taoïste. Voir Dieux du bonheur. Sur la symbolique du chiffre huit, voir Nombres.

INCESTE La prohibition de l'inceste dans toutes les sociétés, comme fondatrice de culture par l'échange des femmes qu'elle impose, est au contraire sans cesse transgressée dans les récits mythologiques et dans de nombreuses cosmogonies. Le châtiment d'Œdipe* (puni pour avoir couché, tout en l'ignorant, avec sa mère Jocaste) à partir duquel Freud a élaboré sa théorie du complexe d'Œdipe, incite Jung, au contraire, à considérer l'interdiction de l'inceste réel comme l'indication d'un inceste symbolique qui retrouve la leçon des grandes mythologies. On est entré là, en effet, dans le domaine des archétypes*, au « royaume des Mères » comme l'appelle Goethe dans le *Second Faust*, lesquels réclament de notre part une prise de conscience par rapport à la réalité d'un autre ordre qu'ils incarnent et qui cerne mieux semble-t-il la différence fondamentale de statut entre la mère de chair et l'image primitive de la Mère. C'est ainsi que l'on peut sans doute comprendre comment la *Théogonie* d'Hésiode passe par exemple, à travers ses étapes, d'un inceste mère-fils (Gaïa et Ouranos) à un inceste frère-sœur (Zeus et Héra), qui renvoie beaucoup plus alors

Isis ailée protégeant Osiris de ses ailes :
l'inceste frère-sœur.
Musée égyptien de Turin.

à la conjonction de l'*anima* et de l'*animus*, du masculin et du féminin archétypiques dans leur dimension divine. L'inceste, de ce point de vue, devient une image de la totalité - et comme il ne peut s'appliquer qu'à des « dieux », indique le caractère divin des personnes qui, au-dessus des prescriptions de la loi courante, ont non seulement le droit, mais le devoir de s'y livrer. — C'est ainsi que, Isis* étant la sœur et l'amante d'Osiris, le pharaon doit prendre sa sœur comme première épouse en Égypte, de même que le faisaient aussi, à l'autre bout du monde, les souverains incas. Il s'agit là, à l'évidence, d'un mariage* sacré (*hieros gamos*), qui fait du roi* le dépositaire et la figure de la force divine (voir Souveraineté). Les successeurs hellénistiques des pharaons égyptiens reprendront d'ailleurs cette coutume (voir Cléopâtre), dans le cadre d'une « théologie royale » qui fait du souverain le représentant des dieux sur terre et celui qui est chargé d'assurer non seulement le bonheur mais aussi le salut de son peuple (d'où les surnoms d'*Épiphane*, d'*Évergète* ou de *Soter* à presque toutes les générations de la dynastie ptolémaïque). — À cette conception classique de l'inceste, et d'après les travaux de Françoise Héritier-Augé, il convient sans doute d'ajouter un « inceste du second type », qui consiste à faire l'amour, par exemple pour un homme, avec la femme de son frère ou la

seconde femme de son père, ou pour une femme avec le mari de sa sœur (partage par des consanguins d'un utérus ou d'un phallus commun). On sait que de telles unions étaient formellement interdites par la loi hébraïque comme elles le sont chez de nombreux peuples africains. C'est ainsi que l'on peut expliquer la tragédie de Phèdre, la sœur d'Ariane*, mariée à Thésée et amoureuse du fils de celui-ci, Hippolyte, pourtant né d'une première union : sans cet « inceste de second type », l'amour de Phèdre ne serait, au vrai, pas incestueux du tout. — Les Celtes, et particulièrement les anciens Irlandais, semblent avoir mis en œuvre dans leur mythologie les deux sortes d'inceste à propos de leurs dieux et de leurs héros : Cuchulainn est le fils du roi d'Ulster, Conchobar, et de sa sœur Dechtire, tandis que la reine Medb (voir Maeve) couche avec les deux frères d'Ailill, roi de Connaught, avant d'épouser ce dernier. Il arrive même que les deux types d'inceste se mêlent comme dans le cas du Dagda qui a commencé avec sa sœur, elle-même épouse de leur frère commun (*La Courtise d'Etain*), ou dans celui de Medb qui, au nom de la souveraineté qu'elle incarne, se donne successivement de père en fils à tous les hauts rois de l'Irlande.

INITIATION Venant du latin *initium*, « le commencement », le « fondement », l'initiation est le processus par lequel l'homme est mis en contact avec les secrets de l'univers, et accède à la science des vérités supérieures. L'initiation est de ce point de vue comparable à un voyage de l'âme* (voir Pèlerinage), et elle tend à une nouvelle naissance psychique et spirituelle qui fasse de celui qui l'a reçue un *renatus in novam infantiam* (un homme rené dans une nouvelle enfance), ou, selon le terme conjugué de Jung et de Corbin, un *puer aeternus* (un enfant éternel, un enfant divin). L'initiation est alors en grande partie comparable à l'œuvre alchimique* dont elle décrit souvent les mêmes étapes : épreuve, mort à soi-même (*dissolutio* et *nigredo*), pour se transformer intérieurement et renaître dans la lumière* de l'esprit (l'or* des philosophes). — Remontant apparemment au plus loin de l'Histoire connue, l'initiation a été pratiquée dès les origines du chamanisme et a survécu jusqu'à nos jours dans les sociétés ésotériques les plus diverses (voir Franc-maçonnerie). Elle était parfois accompagnée de l'ingestion de narcotiques ou de breuvages hallucinogènes comme dans les mystères d'Éleusis autour de Déméter*, afin de favoriser l'apparition d'états de conscience modifiés. Hors des cas d'espèce très rares, comme celui du soufi Ibn' Arabi qui fut frappé d'illumination en dehors de tout enseignement, l'initiation suppose généralement l'existence d'une tradition qui se transmet de maître à élève et forme ainsi une chaîne initiatique ininterrompue.

INULA Cette composacée (*inula helenium*) n'était pas seulement réputée autrefois pour ses propriétés médicinales, mais la légende raconte que la belle Hélène* en tenait une branche à la main lorsqu'elle fut enlevée par Pâris (d'où son nom scientifique). Dans la symbolique chrétienne, elle est associée, en raison de ses pouvoirs médicinaux, à la guérison des péchés. « L'inula résiste au poison, éclaire la poitrine malade/ Et donne au cœur joie et plaisir. Celui qui aime la parole de Dieu et son église,/ qu'il traverse sans peine la vallée des soupirs de la vie… » (Hohberg, 1675).

ISHTAR Conjointement déesse de l'amour et de la guerre, parfois assimilée à la planète Vénus* qui apparaît deux fois par jour dans le ciel, le matin et le soir, Ishtar est l'équivalent de la déesse Inanna de la plus ancienne Mésopotamie. Elle apparaît dans la légende de Gilgamesh, où elle a pour sœur Ereshkigal, la déesse des Enfers*. Ce sont là en fait, semble-t-il, les deux faces complémentaires de la femme et de la mère* primordiales, à la fois source de vie et de mort*, de plaisir et d'horreur. En fait, essentiellement déesse de la Lune*, à Babylone dont elle était la maîtresse, Ishtar a pour fils Tammuz, qu'on appelait *Urikittu*, le « Vert* », personnification de toute la végétation de la terre. Une fois adulte, Tammuz devenait l'amant de sa mère (voir Inceste et Mariage), avant qu'elle ne le condamnât à mort et ne l'envoyât aux enfers d'où il renaissait l'année suivante, quand Ishtar allait l'y chercher en personne et que la stérilité se répandait sur la terre : « Depuis que la princesse Ishtar est descendue dans le pays du Non-Retour, / le taureau* ne couvre plus la vache*, l'âne ne se penche plus sur l'ânesse, / l'homme ne se penche plus vers la femme dans la rue, / l'homme couche dans sa chambre, / et la femme

Tête de la déesse : sculpture ammonite du VIe s. av. J.-C. Musée archéologique d'Amman.

dort seule » (ancien texte cunéiforme). Ishtar, de ce point de vue, est bien entendu comparable à l'Astarté de Phénicie et de Canaan, à l'Atagartis de Syrie ou à l'Aphrodite* orientale avec son fils Adonis*. — En tant que lune, elle apparaissait souvent comme une triade*, selon les trois phases de cet astre : déesse du Ciel*, déesse de la Terre*, déesse des Enfers. Servie par des collèges de prostituées* sacrées, elle est elle-même la prostituée divine qui se porte garante des rites de souveraineté. Gouvernant à la fois ce que Freud appellera Éros et Thanatos, elle est en même temps la Terrible et la Compatissante, la déesse du plaisir, du principe féminin, ainsi que de la future immortalité, de la survie après la mort : « Je t'adresse une prière, princesse des Princesses, déesse des Déesses. / Ô Ishtar, reine de tous les peuples, conductrice de l'humanité, /... Tu es la lumière du ciel et de la terre, Ô vaillante fille du dieu-Lune, maîtresse des armes, arbitre des batailles ! /... Tu tiens le sceptre* et tu décides, tu domines la terre et le ciel ! /... Ô déesse des Hommes, Ô dieu des Femmes, dont les desseins sont insondables, / Où se pose avec pitié ton regard, le mort revit, le malade est guéri, / l'affligé est sauvé de son affliction quand il contemple ta face... » (*Les Sept Tablettes de la Création*).

ISIS   Isis est, à l'origine, la figure principale de l'un des mythes les plus
anciens de l'Égypte*. D'après les *Textes
des Pyramides*, elle était à la fois la sœur
et l'épouse (voir Inceste) du roi* Horus
l'ancien, que leur frère Seth cherchait à
détrôner afin de prendre sa place. Horus
et Seth s'affrontent, et Seth tue Horus qui
devient dès lors « Horus qui est dans Osiris », Osiris étant le dieu égyptien que
nous connaissons. Isis part alors à la
recherche du corps d'Osiris que Seth a
abandonné sur le Nil, dans un coffre*.
C'est ainsi qu'elle donne naissance à son
fils Horus le jeune, conçu alors qu'elle
volait sous la forme d'un faucon* au-dessus de la dépouille de son frère. Ayant
retrouvé le cadavre d'Osiris à Byblos, sur
la côte phénicienne, elle le ramène en
Égypte, mais Seth s'en empare de nouveau et le démembre en quatorze morceaux qu'il disperse à travers le pays.
Isis aussitôt les recherche et, à mesure
qu'elle les retrouve, les enterre dans un
« tombeau d'Osiris ». Cependant, ému
par sa douleur et ses lamentations, le
dieu-Soleil* Ra rassemble tous ces morceaux épars et ressuscite Osiris qui était,
aux Enfers, à la fois le roi et le juge des
morts* (voir Balance et Psychostasce).
Sur terre, Horus le jeune est victorieux
de Seth et devient de ce fait roi d'Égypte :
ainsi est établi le pouvoir d'Horus sur les
vivants et celui d'Osiris sur les morts, tandis qu'Isis apparaît surtout sous les traits
de l'épouse royale et de la pleureuse
qu'incarne le faucon. — Ce mythe va
prendre toutefois, sans doute en vertu
de sa force émotionnelle et parce qu'il
est rattaché au thème du destin de
l'âme*, une importance de plus en plus
grande, faisant peu à peu passer Isis au
premier plan, jusqu'à devenir la figure
principale de cette dramaturgie divine.
Cette évolution culmine à Alexandrie à
l'époque hellénistique, c'est-à-dire au
temps des dynasties qui s'installent après
l'aventure d'Alexandre*, d'autant que l'on
y fait le rapprochement, d'une part de la
« passion d'Osiris » avec le destin similaire d'autres divinités du cycle « mort-
renaissance » (voir Dionysos, Adonis et
Cybèle pour le mythe d'Attis), d'autre
part d'Isis avec d'autres déesses, en particulier Aphrodite* en tant que personnification du pouvoir ouranien (céleste).
Cette nouvelle conception trouve son
achèvement avec Plutarque (vers 50-
vers 125), qui présente Isis et Osiris
comme sœur et frère jumeaux* et tellement épris l'un de l'autre qu'ils s'unis-

sent déjà dans le ventre de leur mère*.
Typhon, l'équivalent de Seth, tue Osiris
qu'Isis retrouve, de la même façon, à
Byblos. Mais Typhon s'empare du
cadavre du dieu dont il disperse les morceaux. Isis les retrouve tous, sauf un seul,
qui a définitivement disparu : « Il n'y a
que le phallus d'Osiris qu'Isis ne peut pas
retrouver, parce que Typhon l'avait jeté
dans le Nil où les poissons* (le lépidote,
le pagre et l'oxyrinque) l'avaient aussitôt avalé ». Isis fabrique alors un nouveau
phallus de ses mains, qu'elle consacre
sur le champ et dont on célèbrera désormais la fête tous les ans sous les auspices d'Osiris ressuscité (*De Iside et Ori-
side*). — Le plus important, ici, est
l'affirmation d'une primauté de la spiritualité féminine, qui s'affirme par
l'« échange des sexes ». Pour reprendre
des termes analytiques, Osiris perd son
« pénis », et c'est Isis qui lui rend son
« phallus », ce qui suppose évidemment
que, symboliquement, c'est elle qui le
détient. De la même façon que la résurrection d'Osiris au royaume des morts,

*Isis allaitant Harpocrate
(nom hellénisé d'Horus) :
bronze hellénistique. Musée du Louvre.*

au plus profond de la terre*, suppose qu'il est désormais devenu maître de la « matrice* » de la renaissance de l'âme - ce que Pierre Solié appelle un « utérus de renaissance ». Autrement dit, au plan des archétypes ou de ce que Lacan appellerait des signifiants, chacun possède en propre non seulement la puissance, mais la « vérité » du sexe de l'autre – sur un mode psycho-spirituel qui indique évidemment une androgynie essentielle, et qui transcende la seule constitution existentielle. — Conçue comme étoile* de la mer (*Isis Pelagia*), comme consolatrice des affligés, et dont l'emblème dominant est devenu la rose* mystique, Isis présente dès ce moment beaucoup de traits communs avec ce que sera la Vierge* Marie*, dont les litanies ultérieures (*Litanies de Lorette*), reprendront beaucoup aux arétalogies de la déesse telles qu'elles ont été fixées à l'époque alexandrine - dans une proximité psychique sans conteste, mais dans une visée théologique évidemment très différente. — À partir de l'empereur Caligula (12-41), le culte d'Isis est officiellement autorisé à Rome, avant de se répandre dans l'empire tout entier. Isis y subordonne peu à peu toutes les figures de mères et d'amantes divines et, dans un syncrétisme puissant, ouvre la voie à ce que l'on pourrait appeler un monothéisme féminin qui va longtemps se présenter comme l'un des concurrents les plus sérieux du christianisme. On en trouve la conception la plus achevée dans le discours que tient la déesse lorsqu'elle apparaît à son servant Lucius, dans *L'Âne d'or* d'Apulée : « Puissance unique, le monde entier me vénère sous des formes nombreuses, par des rites divers, sous des noms multiples. Les Phrygiens, premiers nés des hommes, m'appellent Mère de dieux, déesse de Pessinonte ; les Athéniens autochtones, Minerve cécropienne ; les Cypriotes baignés des flots, Vénus* paphienne ; les Crétois porteurs de flèches, Diane* dictynne ; les Siciliens trilingues, Proserpine stygienne ; les habitants de l'antique Éleusis, Cérès actéenne (voir Déméter) ; les uns Junon, les autres Bellone, ceux-ci Hécate, ceux-là Rhamnusie. Mais ceux que le dieu Soleil éclaire à son lever de ses rayons naissants, de ses derniers rayons quand il penche vers l'horizon, les peuples des deux Éthiopies, et les Égyptiens puissants par leur antique savoir m'honorent du culte qui m'est propre et m'appellent de mon vrai nom, la reine Isis » — Longtemps après que sa religion a disparu, la figure d'Isis a continué à fasciner les hommes et a peuplé leurs rêves. Une étymologie fantastique a par exemple longtemps voulu que ce soit de son nom que Paris ait tiré le sien (Par-Isis), tandis que, en plein XIXe siècle, Gérard de Nerval (1808-1855) parle encore d'elle, dans *Sylvie*, comme de celle qui inspire le vrai cœur du poète.

IVRESSE Si elle est parfois la simple perte de la raison sous les auspices de Bacchus*, l'ivresse renvoie d'abord, symboliquement, à son modèle grec Dionysos*, c'est-à-dire à cet état de confusion des catégories normales où peut se révéler et prendre forme le sacré : l'ivresse est alors un état spirituel où la boisson choisie (vin*, bière, hydromel*, etc.) joue le rôle de dispensatrice d'immortalité. — Chez les premiers Scandinaves, l'ivresse était procurée par l'hydromel que le dieu Odin était allé dérober au géant* Suttung et, qui, dans un processus largement hérité du chamanisme nordique, permettait de recevoir l'inspiration et le don de la poésie. En Irlande, l'ivresse était de mise à la fête de Samain qui avait lieu le 1er novembre, jour où s'ouvraient les *sid* ou collines qui donnaient sur l'Au-delà où les mondes de la vie et de la mort communiquaient librement, et où prenait fin la saison des activités guerrières : « L'année où l'on divisa la province d'Ulster en trois parts, on fit le festin de Samain chez Conchobar à Emain Macha. Il y eut l'hydromel des festins : cent cuves pour chaque boisson (ce qui suppose qu'il y a une lacune dans le texte, et qu'il y avait donc aussi de la bière). Les officiers de la maison de Conchobar dirent que tous les nobles Ulates ne seraient pas de trop pour la consommation de ce festin à cause de sa qualité » (texte de *L'Ivresse des Ulates*). Il y avait en fait, semble-t-il, deux ivresses : celle que procurait la bière aux guerriers (deuxième fonction dumézilienne : « Les Ulates furent une fois en grande ivresse à Emain Macha. Il arriva alors entre eux de grandes disputes et comparaisons de victoires, à savoir entre Conall, Cuchulainn et Lœgaire » – *Le Meurtre de Conchobar*) ; et celle que procurait l'hydromel aux druides (fonction sacerdotale), qui leur permettait d'approcher les catégories fondamentales du sacré. — D'un point de vue franchement mystique, par le scandale qu'elle cause, l'ivresse est le signe que la personne qui s'y adonne a transcendé toutes les normes (voir l'exemple de Milarepa dans le bouddhisme), et à travers l'*excessus mentis* qui la marque, qu'elle a dépassé la simple condition existentielle pour accéder aux mystères divins (voir aussi Fou). C'est dans cette dernière acception que, dans la cabbale juive, le Zohar parle d'un vin conservé depuis les origines de l'univers pour être servi au banquet des élus (et selon les procédés de la gématrie, le nombre de *Yain*, le vin, est 70, le même que celui de *Sôd*, le mystère), tandis que le christianisme et l'islam se servent du même symbolisme pour désigner l'union de l'âme avec Dieu : dans ses sermons sur le *Cantique des Cantiques*, saint Bernard commente l'image du « cellier à vin » où l'épouse s'enivre d'amour dans le processus de l'extase (« Il m'a menée au cellier / et la bannière qu'il dressa sur moi, c'est l'amour », *Cantique des Cantiques* II, 4) ; et Omar Ibn-al-Faridh,

le mystique soufi, chante ainsi : « Nous avons bu / au souvenir du Bien-Aimé, / un Vin / dont nous nous sommes envirés / avant que la Vigne ne fût créée. / ... Sans le parfum qu'il exhale, / un précieux parfum de musc, / jamais je n'aurais trouvé / le chemin de vérité / qui conduit à ses tavernes. / ... Si, de la coupe, / une goutte déborde / et tombe sur la paume / de celui qui la tient, / jamais plus il ne s'égarera / en cheminant dans les ténèbres : / car dans sa main resplendira / une étoile. / ... La pureté des coupes / tient en vérité / à la pureté du sens caché. / Cette signification, c'est par Lui / qu'elle apparaît. / La séparation est venue, / mais le tout est Un. / Nos âmes sont le Vin, / et notre forme la vigne. » (*Éloge du Vin*). Ce que commente son interprète Nabolosi en expliquant que ce vin est la boisson de l'amour divin qui « engendra l'ivresse et l'oubli complet de tout ce qui existe dans ce monde. »

J

JADE Le jade, de couleur verte, est extrait d'une pierre apparentée au porphyre et que l'on polissait déjà au début de l'âge de pierre pour fabriquer des haches*. Résultant de l'organisation cosmique due au grand démiurge Yu, il a une grande valeur en Chine où il est considéré comme « du sperme de dragon* vitrifié par la terre* », autrement dit comme la manifestation minérale de l'union du Dragon céleste avec l'élément terrestre, et donc de l'union du grand yang* avec le grand yin*, les deux premiers hexagrammes* du *I-Ching**. Pour symboliser cette interpénétration des deux fondements de la dynamique universelle, l'idéogramme jade est couplé à l'idéogramme du roi* Wang dont la fonction essentielle est de maintenir l'équilibre cosmique (*wang* est constitué de trois traits qui représentent le ciel, l'homme et la terre). Les deux idéogrammes ne se différencient de fait que par un point qui est celui du jade apparaissant dans le yang. Le jade vert est en effet associé à la renaissance du yang et à la poussée de l'énergie vitale qui se manifeste au printemps (voir à Éléments pour tout le système de correspondance attaché au yang – bois et feu). Dans l'organisation du macrocosme chinois telle qu'elle a été héritée de la période des Royaumes combattants (Vᵉ-IIᵉ siècle av. J.-C.), le jade apparaît dans le pays mystérieux du nord-ouest où résiderait le Souverain suprême, de même que la mère-reine d'Occident, la déesse de la Mort dont on peut obtenir l'herbe de longue vie, et qui offre parfois des festins tout en haut d'une tour de jade, dans des jardins suspendus dont les arbres produisent la même substance. Par ailleurs, d'un point de vue plus pratique et concret, le jade passait en Chine pour le plus noble des minéraux, en raison de la beauté qu'il acquiert quand on le cisèle : il présente alors de fines nervures diversement colorées. Le jade donne l'impression de rayonner d'un éclat intérieur ; il est aussi, malgré son apparente dureté, assez malléable. On en appréciait particulièrement les fragments les plus clairs, d'un vert émeraude, qui passaient pour symboliser la pureté, la sagesse et

le courage. Il servait déjà, vers 3000 av. J.-C., à la production d'objets rituels ou de parure. Vers 1500 av. J.-C., on le sculptait en forme de poissons*, d'oiseaux* et de dragons. La beauté inaltérable de ces sculptures a fait croire que le jade était doué d'immortalité. On posait donc des amulettes de jade sur la bouche, le visage et la poitrine de ceux que l'on allait enterrer. La découverte faite à Manch'eng, de deux hommes qui ont été enterrés avec des « vêtements de jade », est célèbre ; on y avait assemblé d'innombrables petites plaques de jade au moyen d'un fil d'or*, qui recouvraient, comme des armures, les corps de ces deux hommes (vers l'époque de la naissance du Christ). On a découvert aussi des blocs de porphyre sculptés plus récents, qui représentent entre autres des paysages ou des jardins*. On travaille encore le jade en Chine, dans le cadre d'un art décoratif vivant, qui utilise le langage traditionnel des symboles et des formes. En raison de son aspect froid de parure polie, les Chinois comparent souvent, dans le langage poétique, la peau d'une belle femme au jade. La syllabe qui désigne le mot jade donne lieu, par combinaison avec d'autres syllabes, à la construction de nombreuses métaphores sexuelles (par exemple *nung-yu*, c'est-à-dire « jeu du jade », pour désigner le coït). Dans la religion populaire du Tao, l'empereur de jade, Yu-Huang-ti, est le dieu suprême. — Le jade était également très apprécié dans le Mexique ancien depuis l'époque olmèque (vers 800 av. J.-C.), et servait à la production de sculptures cultuelles. Le jade (en aztèque *chalchihuitl*) servait aussi à fabriquer des pierres qui symbolisaient le cœur*, et qui étaient placées dans les urnes funéraires avec les cendres des souverains défunts. *Chalchihuitlicue*, c'est-à-dire « celle qui a une jupe de jade », était le nom d'une déesse de l'Eau*. Le signe hiéroglyphique du Mexique ancien, qui signifie « pierre précieuse* », désigne surtout le jade et, plus rarement, la turquoise*.

JANUS Janus, le dieu aux deux visages, est le symbole de l'entrée et de la sortie. Il est le gardien des portes* et des seuils*

1. Janus bifrons :
avers d'un statère d'or (~216 av. J.-C.).

2. Janus comme symbole
de la prudence ; sa double face
préside à la connaissance du passé
et de l'avenir : gravure (1621).

taient ouvertes pendant toute la durée de la guerre. On ne fermait les portes que pendant les périodes de paix, et cela n'arrivait que très rarement. En tant que dieu des Portes (en latin *janua*), Janus gardait aussi le seuil des foyers, et avait alors pour attributs un bâton de portier et des clés. Il passait pour transmettre le savoir en matière d'agriculture et de légalité, et était honoré dans les cultes officiels de l'État. Comme gardien du début et de la fin (la semence et la récolte), on le représentait avec un double visage, c'est-à-dire un visage tourné vers l'avant et l'autre vers l'arrière. La « tête de Janus » symbolise actuellement toutes les contradictions et les ambiguïtés, tous les aspects positifs ou négatifs d'un acte ou d'une chose. Il devient en fait alors comme la personnification de tous les couples d'opposés*, il est le « maître des deux voies », celles de l'introversion et de l'extraversion, de la méditation et de l'action, de l'intérieur et de l'extérieur, mais aussi celles du haut* et du bas, du devant et du derrière ainsi que celle du oui et du non dont il représente à la fois le point de divergence et l'unité fondamentale (retrouvant de la sorte la philosophie d'Héraclite : « La route vers le haut et le bas est une et la même » – *Fragment 60*, ou les enseignements du *Corpus Hermeticum* : « La voie qui monte est la même que celle qui descend »). — Il existe en Centre-Afrique, tout à fait en dehors de cette notion symbolique romaine, des masques* à revers de bois, qui présentent ce même visage double, dont l'un est noir* et l'autre blanc*.

de l'ancienne Rome dont il est l'un des plus anciens dieux, et n'a pas de correspondant dans le Panthéon grec. On lui consacrait toutes les portes, en vertu de la croyance qui assimilait le début de toute action avec le passage d'un seuil, passage essentiel au bon déroulement de l'action à venir. On implorait la faveur divine de Janus au premier mois de l'année (*Januarius*), de même qu'au début de chaque mois et de chaque jour. Les expéditions militaires partaient toujours, à Rome, du temple* consacré à la Porte (le *Janus geminus*), dont les issues res-

JARDIN L'évolution qui mène de la forêt* sauvage au bois* sacré, aboutit finalement au jardin, c'est-à-dire à un morceau de nature aménagé par l'homme qui revêt traditionnellement une signification positive. Le « jardin du paradis* » renvoie bien entendu aux premiers temps de la Création où les hommes vivaient dans un lieu clos à l'abri de tous les dangers. On trouve en alchimie un jardin analogue constitué d'un champ où on ne peut pénétrer qu'avec beaucoup de difficultés, en passant par un étroit portail. Les cloîtres des monastères médiévaux abritaient des jardins conçus comme les reflets du paradis perdu. À des époques plus anciennes, l'image symbolique du jardin des Hespérides était une incarnation de l'Au-delà* et du lieu de félicité où poussaient des pommes* d'or (voir Îles For-

Jardin : « L'eau le nourrit d'en haut » : gravure de 1647.

tunées). — Dans l'iconographie chrétienne, le jardin clos est un symbole de la virginité en général et celui de Marie* en particulier (« Marie de la roseraie », voir Rose). L'art du paysage de la Renaissance et de l'époque baroque est souvent considéré comme l'incarnation de la culture de la vie (au sens agricole du terme) qui culmine dans le jardin « à la française ». Le jardin « anglais » représente, en revanche, un retour à la nature encore sauvage et correspond davantage à un état d'esprit romantique. — L'art japonais du paysage, avec son souci d'harmonisation entre les éléments, obéit à des lois précises, de même que l'art des bouquets (*ikebana*). Il trouve sa source dans la symbolique chinoise du jardin pour laquelle les objets de la nature comme la pierre, l'arbre, la montagne, l'étang et l'île sont la manifestation concrète d'essences divines. Le grand jardin impérial de Chang'an, au temps de la dynastie des Han (vers 50), symbolisait l'empire tout entier et on pouvait théoriquement y trouver toutes les plantes et tous les êtres vivants qui existaient dans cet empire. Le motif principal en était constitué d'une pièce d'eau* centrale aux rives rocheuses – la mer* –, entourée de toutes parts de montagnes* (cinq* collines symbolisaient les montagnes aux cinq points cardinaux* de l'image du monde taoïste). Il était très important de respecter l'harmonie entre les espaces vides et les espaces pleins du jardin qui correspondaient aux principes élémentaires du yin* et du yang, afin d'introduire l'équilibre cosmique dans le monde humain. Des pins*, des bosquets de bambous* et de petits fleuves conférèrent au jardin, à partir du IVe siècle, une note naturelle et idyllique. La pagode, en forme d'escalier, ne tarda pas à y faire son entrée, ainsi qu'un gros bloc de rocher qui figurait le mont Meru. La symbolique chinoise traditionnelle des jardins est encore aujourd'hui bien vivante ; elle n'incite pas seulement à la promenade, mais surtout à la méditation sur l'harmonie à instaurer entre le calme et l'agitation du monde. L'un des clous de la fête printanière des fleurs de pêcher* consistait à faire glisser sur l'eau de petites coquilles remplies d'alcool de riz et à composer un poème avant que la petite embarcation n'atteigne la rive. Les jardins d'Extrême-Orient doivent toujours être considérés comme l'image parfaite de l'harmonie cosmique qui exerce sur l'homme une influence positive. — Le jardin tient aussi une grande place dans la tradition islamique, et particulièrement en Iran où il a donné lieu à de multiples représentations. Selon le *Coran*, le paradis* est un jardin parcouru par des ruisseaux de lait*, de vin* et de miel* où les hommes pieux trouvent l'immortalité et tous les plaisirs promis aux élus, et dont Allah est le divin jardinier. Poussant ce symbole jusqu'à son terme, la mystique et la poésie persanes ont fait du jardin, non seulement la terre heureuse de l'Au-delà, mais aussi le lieu où

Saint Antoine cueillant des fleurs dans le jardin de la vertu : gravure (1491).

Arato et Palemone, en prison, contemplent Ermina assise dans le jardin fleuri : miniature (~1460), La Théséide *de Boccace.*

s'accomplissent les noces* de l'Intelligence agente et de l'âme* (Sejestani) dans la quête par l'homme de l'Unicité absolue et l'itinéraire, ou le pèlerinage* de l'âme à la recherche de Dieu : « Dans cette roseraie, j'ai cueilli ce bouquet / Que j'ai appelé : « la Roseraie du Mystère ». / Ici s'épanouissent les roses du mystère des cœurs / Dont nul n'avait jamais parlé… » (Shabestari, *La Roseraie du Mystère*). Et de même que Saadi, le poète soufi de Chiraz, compose un *Golestan* « La Roseraie » et un *Bostan* « Le Verger », l'art perse des tapis utilise souvent le thème du jardin quadrillé par des canaux. Dans de multiples « jardins du désir », par ailleurs, la peinture persane a représenté le jardin – que ce soit le jardin du désert ou celui de l'extase où coulent les quatre boissons qui correspondent chacune à un mode hiérarchisé de connaissance : l'eau*, le sens et la science ; le lait*, l'imagination, la poésie et l'art ; le miel*, la réflexion et la philosophie ; et enfin le vin*, l'intelligence du cœur et l'expérience mystique qui se vit dans l'ivresse* de l'âme (classification de Nasiroddin Tusi, fin du XIIIe siècle) ; que ce soit le verger où se retrouvent les amants (*Khosraw et Shirine au bain*, par exemple, de Soltan Mohammad dans le *Khamseh* de Shah Tahmasp) ; ou le sommet de la montagne* où fait halte Zoroastre et où il reçoit la révélation de la lumière du Xvarnah entre les sources et les fleurs (voir le commentaire de H. Corbin dans *Corps spirituel et terre céleste*) ; ou encore le jardin clos qui renvoie à l'image de l'antique jardin mazdéen, là où tout s'organise autour d'un centre préservé (*paridaïza* en vieux persan – *ferdows* plus tard – d'où vient le

terme même de paradis), et qui s'éploie dans les jardins de Khosraw que chante Ferdawsi (Xe siècle, 940 ? – sans doute 1020), dans le *Shah-nameh*, « Le Livre des Rois ». Comme le résume H. Corbin à propos de « l'épiphanie des Incorporels » et de l'existence du *mundus imaginalis*, le monde des images subsistantes et réelles, « c'est une recherche correspondante que nous propose le plan d'eau central du jardin [paradis] iranien traditionnel […] L'eau miroitante rassemble l'image des immenses surfaces de faïence bleue émaillée qui l'entourent ; la nuit, leur succède un rassemblement d'étoiles. Plonger dans le bassin pour « toucher » l'image serait aussi vain que de briser le miroir*. La surface miroitante est le lieu d'apparition, mais l'image n'est pas là. » (*En Islam iranien*). Le jardin est ainsi le lieu où se manifeste « la présence de l'absence ». « Dans ce lieu alors, il est une jeune fille / dont la figure est plus brillante que le soleil. /… Sa bouche est la fleur du grenadier, sa lèvre une cerise, / et sur ses seins d'argent poussent deux grains de grenade ; / ses yeux sont deux narcisses dans le jardin / et ses cils volés à l'aile du corbeau » (Ferdawsi, *Shah-nameh*). — Le jardin revêt enfin une signification positive dans la symbolique du rêve. « C'est le lieu de la croissance et de la culture des phénomènes de la vie intérieure », selon Aeppli. « Dans le jardin, la succession des saisons se déroule sous une forme particulièrement ordonnée. C'est là que la vie se manifeste dans toute sa richesse colorée. Les murs qui l'entourent assurent la cohésion des forces intérieures qui s'y développent » ; on ne peut bien souvent découvrir le portail qui y donne accès qu'après avoir fait le tour complet de ces murs. « Cela symbolise la longue évolution de l'âme dans sa quête d'une richesse intérieure véritable. » Cette image onirique est particulièrement frappante lorsque le jardin des âmes abrite, comme le paradis, une fontaine* ou une source* et un arbre* de vie : c'est alors une image de la partie la plus centrale de l'être, du Soi, du « cœur profond de l'âme ».

JAUNE La symbolique des couleurs* est d'une grande complexité et fait souvent apparaître, quelle que soit la civilisation dans laquelle on les considère, une ambiguïté fondamentale selon qu'elles se chargent de lumière* ou de ténèbre. La couleur jaune ne fait pas exception : alors que le jaune est en général un symbole de la lumière solaire, le « jaune qui s'éteint » perd sa valeur de justice divine, il sombre dans la traîtrise et meurt, à moins qu'il ne se mette à brûler par excès : trop de soleil dessèche les vertes pousses de la jeunesse, et jaunir devient un mauvais signe. — L'exemple de la Chine, pays « jaune » par excellence, est ici significatif, puisque le jaune y est la couleur suprême, réservée aux vêtements impériaux. L'empereur*, « Fils du Ciel* », garant de l'union du Ciel et de la Terre, s'habille en effet en jaune, la couleur de la Terre : élément* central dans une Chine agraire où le lœss qui charge les eaux du fleuve Jaune est synonyme de fertilité. Comme, dans « l'empire du Milieu », la terre se trouve de plus au centre*, faisant la transition entre les quatre autres éléments*, sa couleur est le signe même de la nécessaire harmonie. Dans le *I-Ching*, les présages de « dessous », de « robe », de « chaussures* », de « flèches* » ou de « bêtes sauvages jaunes » annoncent la fortune ou les honneurs. Les « Sources jaunes » proviennent pourtant aussi du monde des morts : autrefois, explique Marcel Granet, on creusait un puits à côté des maisons pour recueillir l'eau ; quand on la découvrait, le monde des morts s'entrouvrait. « Les esprits s'échappaient aussitôt et l'hiver, sur le sol desséché, on les entendait gémir. » Le cloaque formé par les eaux (considérées comme noires en Chine) est d'autre part habité par un monstre anthropophage, serpent* à neuf têtes qui dévore les Neuf montagnes* et répand l'infection autour de lui. Quand la force du yin* atteint son maximum dans l'obscurité du solstice

d'hiver, elle doit céder la place à la remontée du yang, ce qui donne lieu au combat rituel « des dragons* dont coule le sang noir* et jaune » : la terre sort alors des eaux noires pour laisser place au printemps. — Lié à l'or*, emblème du Soleil* et comme tel vivant symbole de l'esprit, le jaune est l'attribut des dieux de lumière. Il est l'œil de Mithra, de Varuna, le Soleil qui roule les ténèbres comme on roule une peau, disent les *Védas*, de la même façon qu'il est la couleur du Mithra iranien, manifestation du Verbe divin et source de toute lumière : Mithra, le « Soleil invincible » qui habite la montagne d'or, frappe les esprits impurs de sa massue d'or, et rend la justice divine assis sur un tapis d'or... Le grand réformateur du mazdéisme ancien, Zoroastre, porte d'ailleurs lui-même un nom qui signifie « astre d'or, brillant ». — Dans l'hindouisme, Vishnou*, dieu éclatant de lumière, conservateur du monde et protecteur des hommes, porte aussi des habits jaunes. De même que la naissance de Brahma se fait à partir d'un germe déposé sur les eaux, et qui devint un œuf « brillant comme l'or, aussi éclatant que l'astre aux mille rayons ». De cet œuf naît le Créateur qui engendre l'éternelle ronde des naissances et des morts. Sati, l'épouse de Shiva*, se revêt solennellement de soie jaune avant de s'immoler par le feu* pour contester l'absence de son époux dans le grand sacrifice fondateur organisé par Daksha. — En Égypte, Horus, fils d'Isis* et d'Osiris, et qui incarne le Soleil, est également lié à l'or, de même qu'Apollon, fils de Zeus, en Grèce, qui conduit le char* du Soleil. La même relation apparaît avec Jésus-Christ, dont les cheveux blonds dorés et la tête auréolée manifestent le rôle divin : le Verbe se fait chair pour porter la Révélation au monde. Il faut d'ailleurs noter qu'en science héraldique, où le blanc* symbolise la sagesse divine et le rouge* l'amour divin, le jaune est considéré comme le résultat de leur mélange. On pourrait s'étonner qu'une couleur aussi triomphante soit devenue, dans la symbolique populaire, la couleur de l'envie et de la jalousie, mais aussi celle de Judas, c'est-à-dire de tous les traîtres – d'où l'étoile de David de couleur jaune que l'antisémitisme inventa de faire porter par les Juifs, de même que l'appellation de « jaune » pour les non-grévistes ou les briseurs de grèves, ou encore la coutume de peindre en jaune les volets d'un traître à sa patrie. Par extension sémantique, la couleur des trompeurs est aussi devenue celle des maris trompés et des rires grinçants (rire jaune). Même si le maillot jaune du Tour de France récompense le vainqueur – première tentative de réhabilitation d'une couleur mal aimée –, même si les prêtres catholiques continuent de célébrer les grand-messes en chasuble d'or, on imagine mal de nos jours des époux vêtus de jaune comme dans la Grèce antique… — On avance aujourd'hui pour expliquer ce glissement de sens, un double phénomène sociologique relatif à l'histoire du Moyen Âge en Occident : la cherté des pigments qui ne permit plus d'avoir des teintures jaunes résistantes, et, par ailleurs, le trafic de l'or dans lequel on confina les usuriers juifs, et où l'ancien or blanc divin devint peu à peu le mauvais métal jaune. L'idée d'un jaune « mauvais » vient sans doute aussi de la couleur de la bile, héritée de la théorie antique des quatre humeurs, et qui associait à cette substance (en grec *chole*) le type du cholérique. De là à habiller les fous* de jaune et de vert, comme on le fit au Moyen Âge, il n'y avait qu'un pas. Au XVIIIe siècle, quand les vêtements noir et bleu* devinrent des symboles de respectabilité, Goethe put écrire dans sa *Théorie des couleurs* que « le jaune est une couleur gaie, joyeuse et douce, mais elle devient vite désagréable, et le moindre mélange la rend sale, laide et inintéressante ». Dans les enquêtes actuelles que l'on mène sur les couleurs, le jaune reste en Occident celle qui est la plus mal aimée. — Dans la symbolique astrologique, le jaune relève du soleil et de Mars* tandis que dans la symbolique alchimique* des couleurs, la coloration jaune (*citrinitas*) indique que la matière vient de franchir une nouvelle étape dans sa transformation en « pierre de sagesse ». Elle fait alors la transition entre le noir et le rouge. D'où aussi l'association courante du jaune doré que traversent des reflets rougeâtres à l'ardeur de la sagesse.

JEANNE D'ARC   Jeanne d'Arc (1412-1431) représente en France la figure type de la vierge* combattante. Cette fille de paysans, établis à Domrémy, sur la Meuse, était une visionnaire : elle conversait avec l'archange Michel, avec sainte Catherine et sainte Marguerite, et avait reçu une mission divine pour le rétablissement de la royauté en France, au moment où celle-ci était revendiquée par les Anglais qui occupaient toute une partie du pays. Par son charisme, après avoir vaincu les Anglais à Orléans, elle réussit à faire couronner le roi Charles VII à Reims. La chance lui fit finalement défaut : elle fut faite prisonnière par les Bourguignons en 1430, à Compiègne, et livrée aux Anglais. On l'accusa de blasphème, du port contre nature de vêtements masculins et de sorcellerie. Après avoir subi la torture, elle fut d'abord graciée mais, à une époque où la peur des sorcières* s'amplifiait, on la condamna finalement à périr sur le bûcher comme hérétique et relapse pour avoir rétracté les aveux qu'on lui avait d'abord arrachés de force. Du temps de ses victoires, on affirmait qu'un essaim de papillons* blancs voltigeait autour de son étendard ; à l'instant de sa mort, un soldat anglais vit une colombe* blanche s'élever dans le ciel. Jeanne n'était alors âgée que de dix-neuf ans. Elle fut réhabilitée peu après sa mort (en 1456), aussi bien sur le plan religieux que juridique. Cette réhabilitation et sa réputation qui, mal-

Jeanne d'Arc pendant le siège d'Orléans : dessin (XVe s.).

gré les calomnies, était restée sans tache, contribuèrent à la fascination que cette figure historique a exercée depuis. Jeanne d'Arc fut magnifiée par le drame de Schiller, mais aussi par Shaw, par Claudel et par Anouilh. Elle fut sanctifiée en 1920, après avoir symbolisé la force invincible du peuple pour Michelet et, de toute façon, dans la conscience populaire, la guerrière pure, indomptable et souvent vierge* dont on trouve déjà la figure dans la *Bible* ou dans la mythologie (voir Athéna). — L'un de ses compagnons d'armes était Gilles de Rais (1404-1440), qui accéda lui aussi à un statut légendaire, sous sa forme démoniaque. Il se consacrait en effet à des rites d'invocation sataniques et massacrait des enfants au cours de séances de magie noire*, ainsi que le mit en avant le procès mené contre lui. L'imagination populaire n'a pas conservé d'abord de lui l'image d'un assassin d'enfants, mais plutôt celle d'un « Barbe-Bleue » assoiffé de sang et qui dut expier ses crimes par la mort : certaines versions de l'histoire de Barbe-Bleue sont d'ailleurs directement inspirées de lui en Bretagne.

JÉRUSALEM   Jérusalem, en hébreu *Jeruschalajim*, signifie « la résidence de la paix ». Cette capitale historique de la *Bible* joue un rôle symbolique très important dans le judaïsme, le christianisme et l'islam. Jérusalem avait déjà été colonisée au IVe millénaire ; des documents égyptiens datant du XVIIIe siècle av. J.-C. la mentionnent sous le nom de « Auschamen », « Ruschalimum » puis, vers 1400 av. J.-C., sous le nom de « Uruschalim ». Le roi David* conquit la ville, sur les Jébuséens, vers 1000 av. J.-C., et en fit sa résidence. Son successeur, Salomon*, en construisit le palais avec l'aide des Phéniciens, de même que le Temple*, qu'il édifia sur la montagne* sacrée d'Israël, Sion. On considérait le Temple comme la résidence permanente de Dieu. Nabuchodonosor détruisit la ville en 586 av. J.-C., mais les Juifs la recolonisèrent à partir de 538, et la construction du « deuxième Temple » s'acheva en 515 ; puis Hérode le Grand le développa de façon monumentale (37 - 4 av. J.-C.). Le Temple fut à nouveau détruit lors des insurrections contre l'occupation romaine (70 et 135), et on édifia sur le même emplacement un sanctuaire consacré à Jupiter*. Sous le règne de l'empereur Constantin, Jérusalem devint le centre symbolique de la chrétienté,

tandis que Rome en était le centre à la fois spirituel et temporel. Après avoir pris la ville, en 638, les Arabes omeyades élevèrent le « dôme du rocher » (la mosquée d'Omar) sur l'emplacement du Temple d'Hérode ; voir Omphalos. — De très nombreux passages de la *Bible* attestent la signification religieuse essentielle de Jérusalem, dont le rôle dépasse largement celui d'une simple ville de Palestine. Du temps de Jésus, la ville comptait quelque 25 000 habitants. Dieu a déclaré du Temple : « Fils d'homme, c'est l'emplacement de mon trône et la place de mes pieds ; c'est là que j'habiterai, au milieu des fils d'Israël, pour toujours » (*Ézéchiel* XLIII, 7). Les visions de la fin des temps et du tribunal divin (voir Fin du monde et Trompette) ont fait de Jérusalem un lieu mythique, où l'humanité devra se scinder en deux, les Élus et les Damnés. La « Jérusalem céleste », ou « nouvelle Jérusalem », est le correspondant céleste de la Jérusalem terrestre, élevée à une dimension surnaturelle et supracosmique (voir Pierre précieuse et Dé). Cette ville, que décrit l'*Apocalypse* de saint Jean, s'attribue une ascendance céleste, en tant que « ville* de Dieu », et les temples n'y trouvent plus d'utilité : « Mais de temple, je n'en vis point dans la cité, car son temple, c'est le Seigneur, le Dieu Tout-Puissant, ainsi que l'agneau*. La cité n'a besoin ni du

La nouvelle Jérusalem : miniature (XIe s., Apocalypse de Reichenau).

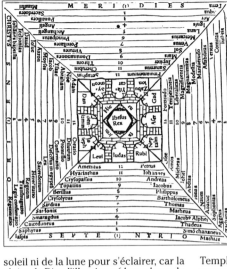

*La Jérusalem céleste :
gravure (1509, Liber
de intellectu, C. Bovillus).*

soleil ni de la lune pour s'éclairer, car la gloire de Dieu l'illumine » (*Apocalypse* de saint Jean XXI, 22-23). — La problématique du rapport qui peut exister entre la Jérusalem terrestre et la Jérusalem céleste, difficilement accessible aux hommes de notre temps, est ainsi définie par E. Aron (1973) : le Temple se trouve pour ainsi dire au point d'intersection entre le ciel et la terre, entre le monde et le surmonde ; et « ce temple terrestre correspond d'une certaine manière au temple céleste et inaccessible, dans lequel le Messie attend peut-être son entrée dans le monde. Au temple terrestre le plus sacré correspond un temple céleste ». Pour le rabbi Siméon ben Yochaï, qui a vécu au Ier siècle de notre ère, le mont Moriah serait le correspondant du sanctuaire céleste. Quand le sanctuaire terrestre a été achevé, un sanctuaire de même nature s'est spontanément élevé dans le ciel ; ainsi, l'homme a construit ici-bas un édifice qui se reflète dans la sphère céleste ». Cette structure de pensée, qui établit de la sorte des correspondances intimes entre le haut* et le bas, se présente également dans de nombreuses autres cultures. Celles-ci placent, dans un rapport analogique, leurs idéaux spirituels en correspondance avec des images terrestres connues qui en constituent le reflet ou l'annonce. — Jérusalem a été pendant des siècles le but ultime des Juifs : ils en avaient été expulsés par les Romains après la destruction du Temple, puis s'étaient dispersés (la diaspora, en hébreu *Galuth* : voir Ahasverus). Lorsque les Romains expulsaient les Juifs de Jérusalem, ils accompagnaient souvent cet acte de l'expression railleuse « hep hep » (qui rappelait la première syllabe de l'expression *Hierosolyma perdita est*, « Jérusalem est perdue »). — Jérusalem joue aussi un grand rôle dans la symbolique maçonnique*, comme lieu de l'édification du Temple de Salomon (c'est cette signification qui recèle le nom du XVIe grade du rite écossais, « prince de Jérusalem »).

JEU Les jeux sont des activités désintéressées, volontaires, qui se déroulent selon certaines règles et qui recèlent en elles des significations symboliques généralement oubliées. Liés en tant qu'ils sont d'abord gratuits, à une manifestation ou une célébration du sacré, ils ne comportent pas forcément, tout au moins au départ, la notion d'adversaire : ils témoignent plutôt de l'organisation du cosmos que l'on imite en jouant, ou d'un parcours individuel d'initiation* par lequel on passe d'un degré à l'autre de sa propre conscience d'être. Ainsi, le « jeu du ciel* et de l'enfer* » au cours duquel les enfants dessinent sur le sol une spirale* et poussent en sautant sur un pied un caillou à travers douze cases jusqu'au centre, renvoie à l'origine à l'exploration du labyrinthe* au cœur duquel on devait trouver le secret de son propre destin et la lumière* surnaturelle qui sur-

1. Jeux funéraires en l'honneur de Patrocle: fragment de vase grec (570-560 av. J.-C.).

2. Le jeu de la balle (tlachtli) dans l'ancien Mexique : gravure du XVIᵉ s.

git dans l'obscurité de l'inconscient au plus profond de l'âme*. Ce jeu était aussi apparemment relié, à travers ses douze stations, à un symbolisme astrologique (les douze signes ou les douze maisons*), où le joueur épuisait l'ensemble de ses possibilités pour parvenir à sa propre individuation. Nous ne sommes pas loin, alors, de la leçon qui se dégage des douze travaux d'Hercule (voir Héraclès). La marelle à laquelle jouent encore les petites filles d'aujourd'hui, et qui simule un parcours d'épreuves entre « l'enfer » et « le ciel », mais selon un schéma linéaire où l'enfer est en bas et le ciel en haut (sans doute sous l'influence de la représentation chrétienne du monde), en est d'ailleurs dérivée. — Parmi les jeux de table, le jeu du moulin* reflète un ancien schéma quadratique du cosmos* tandis que, dans leur version *Chaturanga*, les échecs en Inde se jouaient autrefois à quatre adversaires et le déplacement des pièces était déterminé par un jet de dés*. Il s'agissait là d'un rite de méditation lors de la fête bouddhiste de la pleine lune et d'une réflexion générale sur la condition humaine. On dit aussi que les cartes (à quatre couleurs) ont été détachées d'un carré* jadis gravé dans le sol, c'est-à-dire de l'image de l'univers divisé dans ses quatre parties fondamentales (quatre points cardinaux* – voir aussi Orient et Nord – quatre éléments*, etc.). — La création du monde, ou la vie de l'homme, a d'ailleurs elle-même été parfois considérée comme un jeu mené par les dieux ou par les puissances supérieures. Le *Fragment* 52 d'Héraclite : « L'Aïon est un enfant qui joue aux dés » (ou : « qui déplace des pions ici ou là », selon les traductions) n'est pas alors sans rappeler la déclaration de Krishna à Arjuna dans la *Bhagavad-Gita* : « Entre tout ce qui trompe, je suis le jeu de dés », tandis qu'aussi bien le *Satapatha-Brahmana* que le *Yajur-Véda* présentent le terrain de jeu comme le symbole vivant d'Agni, le dieu du Feu*, et les dés comme ses charbons ardents. D'une façon plus générale, la création n'est-elle pas de toute façon, dans son illusion métaphysique, le jeu divin, la *lila* où nous sommes emportés ? D'une manière déconcertante, il faut d'ailleurs relever que la science la plus contemporaine, lorsqu'elle essaie de réfléchir sur ses données objectives, a tout naturellement retrouvé ce thème avec la réapparition de la notion de hasard : devant l'interprétation probabiliste de la mécanique quantique, Einstein objecte à Niels Bohr que « Dieu ne joue pas aux dés » (ce à quoi Niels Bohr répond : « Mon cher Albert, cessez de dire à Dieu ce qu'il doit faire »), tandis qu'aussi bien la théorie moderne de l'évolution que la cosmologie mettent en avant l'idée que tout est jeu du hasard et de la nécessité : « Par un extraordinaire retournement des choses, le hasard, largement connu comme agent de désorganisation et de désordre, devient maintenant l'agent même de l'organisation. La nature a *su* créer les structures biochimiques qui permettent de retenir ses bons coups et d'ignorer ses bavures. C'est la *sélection* naturelle. Einstein disait : « Dieu ne joue pas aux dés. » C'est faux. Dieu adore les jeux de dés. On le comprend. Dans son casino, les croupiers sympathiques ignorent les coups perdants… C'est, en état de marche, une *roulette* gigantesque qui correspond à des millions de performances possibles » (H. Reeves, *Patience dans l'azur*). — La même intuition, selon laquelle le jeu est conduit par les divinités, se retrouve au Mexique, par exemple dans ce chant à Xochipilli, le seigneur des Fleurs, dieu de la Danse* ou des Sports : « Sur le terrain du Jeu de Pelote, / le Faisan précieux chante splendidement : / le Dieu du maïs lui répond ! », ou encore dans cet hymne chanté aux cérémonies de l'Atamalcualoyan où l'on célébrait tous les huit ans la venue de « Notre-Mère* », celle qui était Coatlicue (la dame aux serpents), Tonantzin ou Tlazolteotl (la déesse aux excréments*) : « Il joue à la pelote, / il joue à la pelote, le vieux Xolotl, / dans l'enceinte sacrée, et joue, Xolotl, / dans l'anneau fait de jade. » Il arrivait toutefois que ce jeu prît des couleurs plus sombres et ne fût que l'indice de l'incompréhensibilité divine : « Notre Seigneur, / Maître du proche et du lointain, / pense ce qu'il veut, / détermine, se divertit. / Selon son caprice il décide. / Au fond de la paume de sa main, / il nous tient réunis, / il nous agite selon son désir. / Nous sommes secoués, / comme des billes nous roulons, / il nous agite en tous sens. / Nous sommes ses jouets. / De nous il se rit » (Hymne à Tloque Nahuaque, le « Maître du proche et du lointain », – voir Couple d'opposés –, aussi considéré comme Ometcotl, le dieu de la Dualité, et comme Moyocoyani, « Celui-qui-s'est-engendré-lui-même », et parfois confondu, aux époques tardives, avec l'oiseau*-serpent*, ou le serpent à plumes*, Quetzalcoatl*). — Menés par les hommes, les jeux deviennent publics quand ils célèbrent les grandes divinités, aussi bien celles qui régissent la cité – ainsi, en Grèce, les jeux Olympiques étaient-ils dédiés à Zeus, les jeux Pythiques à Apollon – que celles qui ont le pouvoir d'assurer la richesse de l'État

et la fécondité de la terre : ainsi, après avoir longtemps cru que le *tlachtli* (jeu de balle* ou de pelote), qui se jouait chez les Mayas, était une imitation de la course du soleil, on pense aujourd'hui qu'il s'agissait d'un jeu lié à la souveraineté* et à la fertilité. À Copán, par exemple, « le roi (dont c'est une obligation) joue pour assurer la survie de son peuple. Dans une sorte de magie imitative, il affronte sur le terrain les forces de l'infra-monde, la mort, pour garantir le rythme végétal : la plante enterrée meurt pour renaître et engendrer la vie. La responsabilité écrasante du roi dans l'accomplissement de ce rite de fertilité assure au jeu une dimension politique autant que religieuse. » Ailleurs, et surtout chez les Aztèques, le *tlachtli* est associé au sacrifice* humain par décapitation (réservé à la lune*, alors que le sacrifice solaire s'effectuait par le prélèvement du cœur – voir Guerre) et aux symboles végétaux, tandis que le caoutchouc dont est fait la balle renvoie symboliquement à la sève, au sang et au sperme. Il est donc la mise en œuvre d'un rite agraire fondamental à connotation sexuelle. D'autant que, et chez les Aztèques eux-mêmes, qui ont peut-être accentué le symbolisme solaire en liant leur dieu guerrier Huitzilipochtli au jeu, la victoire d'un bon joueur était accueillie au cri de : « C'est un grand adultère ! » — L'apparition d'un adversaire dans le jeu personnel, ou d'une équipe adverse dans le jeu collectif, introduit la notion d'un combat à mener contre les forces hostiles, ou d'une concurrence à soutenir pour dominer l'ordre du monde. Les jeux de balle d'origine rituelle étaient encore courants au Moyen Âge en Europe où on jouait souvent avec un ballon en cuir doré, qui avait jusqu'à un mètre de diamètre, dans l'axe est-ouest de la cité, ce qui corres-

Le jeu de balle : peinture chinoise (dynastie Yuang).

*Partie d'échecs entre la Vie et la Mort :
miniature du XIe s.*

*Jeu d'échecs : illustration d'un traité
persan du IXe s.*

pondait à la course du soleil*. Ces jeux
de balle, auxquels se livraient également
les ecclésiastiques, étaient pratiqués le
plus souvent au printemps (à Pâques ou
le 1er mai), par exemple par un parti
d'hommes mariés contre un autre de
célibataires. Il s'agissait là, essentiellement, de la compétition entre deux
groupes sociaux distincts pour savoir
lequel s'approprierait la source de la vie
et de la lumière : ce n'est peut-être pas
pour rien, après tout, que le football
déclenche encore de nos jours de telles
passions chez les foules ! — Dans la
volonté de régler l'harmonie de la nature
et de la société, et des rapports que
l'homme entretient avec celles-ci, le jeu
est souvent devenu une activité hautement initiatique. Alors que les rois d'Irlande peuvent jouer aux échecs* les
enjeux les plus élevés (comme le fait par
exemple le jeune Art, fils de Conn-aux-
Cent-Batailles, avec la fée Bécuna-la-
Peau-Blanche qu'a épousée son père, et
qui répand la stérilité sur tout le
royaume, pour rétablir l'ordre normal
des choses en renvoyant Bécuna dans
les domaines de l'autre monde), les
jeunes guerriers qui veulent entrer dans
les troupes de Finn* (les Féniens, ou
gens de la *Fianna*), doivent accomplir un
certain nombre de jeux qui s'en viennent

couronner les autres connaissances qui
leur sont demandées (par exemple,
savoir composer de la musique*, savoir
bien chanter, pouvoir réciter les « douze
livres » de poèmes, etc.). Parmi ces jeux,
après s'être fait peigner les cheveux en
deux tresses, il fallait échapper à la poursuite de trois guerriers confirmés sans
se faire blesser, sans déranger sa chevelure ni sans faire craquer les bran-
chages sous ses pieds, ou bien, une
épine fichée dans le talon, sauter par-
dessus un épieu à hauteur de la tête, passer sous un épieu à la hauteur du genou,
puis sans cesser de courir, s'enlever
l'épine du pied avec le bout d'un seul
ongle. Plus qu'une initiation à caractère
social, le jeu peut aussi représenter une
initiation psychique et spirituelle (voir
Échecs et Tarot). On en retrouve les
traces dans le jeu de l'oie* européen,
sans doute issu de la symbolique du
labyrinthe, et qui rappelle largement
l'aventure de Thésée qui, muni du fil
d'Ariane*, va affronter le Minotaure pour
accéder à son statut héroïque : celui ou
celle qui se livre au jeu de l'oie doit parvenir au « château de l'oie » après avoir
passé soixante-trois, soit 7 fois 9 cases
rythmées par la représentation de 14
oies au total. Ces 9 cases se décomptent
selon l'addition des 4 éléments, puis

d'une oie, puis du chiffre de l'esprit, le 3, puis à nouveau d'une oie – soit au total 4 + 1 +3 + 1 = 9. À noter que 14 oies renvoient à la moitié d'un mois lunaire de 28 jours (lui-même égal à 4 fois 7) et que les 49 cases (63 - 14 = 49) qui ne comportent pas d'oies, peuvent se lire à la fois comme la perfection du 7 (7^2 = 49), ou, selon les principes de « l'arithmétique sacrée », comme 4.9 = 4 + 9 = 13, c'est-à-dire comme la somme des 4 éléments et de la perfection de l'esprit (3^2 = 9) en même temps que, en tant que 13, le principe du passage et de la mutation (voir la lame XIII, « l'arcane sans nom » ou « la Mort* » du Tarot de Marseille). On a traditionnellement considéré qu'en arrivant au château de l'oie, en ayant passé ses épreuves et reçu son initiation, le joueur pouvait désormais accéder au jeu de la connaissance et de la souveraineté de soi, autrement dit, accéder au jeu d'échecs qui remplace le labyrinthe, ou la spirale à 63 cases, par le damier carré à 64 : les échecs, symboliquement, se jouent « dans le château », et tandis qu'au jeu de l'oie on doit se confier à la bienveillance des dieux ou au hasard du lancer de dés, l'adepte des échecs manipule lui-même ses pions selon le degré de son intelligence, de sa capacité à domestiquer le futur et de la maîtrise qu'il a de lui-même. – D'une manière générale, plus un jeu comporte de hasard, plus on peut considérer qu'il dérive à l'origine d'une technique oraculaire et qu'il vise à faire se manifester les puissances de la façon la plus immédiate possible. C'est ainsi que le jeu de roulette lui-même est structuré par la complémentarité du terrain même de la manifestation (un rectangle de 36 cases que l'on peut aussi bien considérer comme 3 colonnes ou 3 carrés de 12 cases chacun, flanqué de ce fait même d'un triple système de couple d'opposés qui polarise et structure cette manifestation – pair*-impair, rouge*-noir*, passe et manque –, et surmonté d'un zéro* qui, en tant que source et principe, a des privilèges particuliers) et de l'équivalent d'un cercle* céleste où le destin vagabonde selon sa rotation. Lorsque, dans *La Condition humaine* de Malraux, le baron Clappique joue en quelque sorte le sort de la révolution à la roulette (et pourquoi appelle-t-on souvent un casino un « cercle » ?), ce sont bien ces valeurs qu'il ressent malgré lui : « Ceux qui ne jouaient pas n'étaient pas des hommes [...] Cette boule dont le mouvement allait faiblir était un destin, et d'abord *son* destin. Il ne luttait pas contre une créature, mais contre une espèce de dieu ; et ce dieu, en même temps, était lui-même. » Et plus loin : « Il comprenait maintenant la vie intense des instruments de jeu : cette boule n'était pas une boule comme une autre – comme celles dont on ne se sert pas pour jouer ; l'hésitation même de son mouvement vivait : ce mouvement à la fois inéluctable et mou tremblait ainsi parce que des vies lui étaient liées. » — En exploitant les ressorts psychiques les plus profonds qui sont ainsi mis en action, les psychologies et les thérapeutiques modernes ont fait appel à leur tour au jeu pour provoquer ou catalyser les énergies même de l'âme, et les aider à se manifester dans des représentations signifiantes. Ainsi du psychodrame de Moreno (1889-1974) où le patient s'exprime dans une dynamique de groupe (celui-ci fût-il le plus réduit, c'est-à-dire à deux partenaires) en jouant l'histoire de son choix où ses affects les plus profonds finissent par apparaître ; ainsi de l'A.T. 9 (Archétype - Test 9) d'Yves Durand, où chacun est appelé à s'identifier à l'une des neuf forces fondamentales repérées par le psychiatre (l'eau, le feu, etc.) ; ainsi encore du « jeu de sable » inventé par Dora Kalff à l'intention des enfants, où ils dessinent ou modèlent en toute liberté les figures que leur souffle leur imagination dans un bac à sable ou son équivalent, et qui leur permet à la fois, dans une double dimension, d'exprimer ce qu'ils ne peuvent souvent, par ailleurs, ni formuler, ni formaliser, et de recomposer, de restructurer spontanément, à travers des formes symboliques, leur psychisme perturbé.

JIZÔ Ce nom signifie littéralement en japonais « entrailles de la terre* ». En effet, Jizô personnifie la terre maternelle, bien qu'il se présente sous un aspect masculin. On le représente comme un moine mendiant*, vêtu simplement, chauve, et portant dans la main une écuelle qui lui sert à recueillir les aumônes (*Jizô bosatsu*). Un tablier d'enfant rouge et une casquette de laine forment souvent son vêtement. Jizô passe pour la divinité la plus populaire du Japon, et on le voit souvent représenté sur le bord des chemins. Sa fonction est d'être l'ange gardien des enfants, et de leur procurer la faveur divine. Le rôle de Jizô est aussi de guider les âmes des enfants morts dans leur traversée du fleuve* de l'Au-delà* : on pose alors des pierres* sur les têtes des statues de Jizô, sur lesquelles s'appuieront les âmes de ces enfants. Jizô symbolise également le souvenir ardent que conservent les parents qui ont perdu un enfant, et ressemble de ce point de vue aux figures mythiques de l'Europe centrale que sont Frau Holle ou Frau Berchta (Perchta).

JOB La figure de Job symbolise, dans la *Bible*, l'homme dont aucune épreuve ni aucun coup du destin, mis en scène par le Diable* et par Dieu lui-même pour évaluer le degré de sa foi, ne peut diminuer la confiance en Dieu (Job est ainsi une sorte de « cobaye » pour Dieu). Le Diable reçoit de Dieu l'autorisation de lui infliger toutes les souffrances imaginables mais ne parvient pourtant pas à ébranler son amour pour le Créateur (« Moi, je sais que mon défenseur est vivant […] », *Livre de Job* XIX, 25). Job comprend qu'il ne doit pas douter de l'autorité divine et qu'il lui faut reconnaître sa sagesse sans la comprendre ; il est alors béni par Dieu qui lui rend au double ce qu'il a perdu. Il vécut ensuite pendant encore « cent quarante ans ; il vit ses fils et les fils de ses fils jusqu'à la quatrième génération ». Le *Livre de Job*

Job, sur le fumier, nourri par sa femme : miniature (XIIᵉ s.).

était particulièrement vénéré au Moyen Âge, comme le montre cette prière à l'intention des défunts : « Délivre son âme, ô Seigneur, comme tu as délivré Job de ses peines. » Quand on tente de lire dans l'*Ancien Testament* l'annonce du *Nouveau Testament*, la figure de Job souffrant et tourné en dérision par ses anciens amis préfigure le Christ qui doit supporter, lors de sa Passion, les quolibets des badauds ; l'existence ensuite bienheureuse de Job devient alors le modèle du paradis* où seront réunis tous les hommes pieux à la fin des temps tandis que ses amis moqueurs symbolisent les hérétiques. Comme Job souffre un temps de la lèpre avant d'être guéri par Dieu, il est souvent considéré comme le saint patron des malades dans les hôpitaux, et en particulier des lépreux (voir Lazare). — Dans le cadre de sa psychologie analytique, C.G. Jung a proposé une relecture de l'histoire de Job dans laquelle il voit le témoignage de la douloureuse prise de conscience de Dieu par lui-même (tout au moins dans la représentation que s'en font les hommes), à la suite de la perte de la Sophia*, de son hypostase féminine, qui l'amène à s'incarner dans l'homme dans une sorte de processus de co-création réciproque entre l'âme* humaine et l'*imago Dei*.

JOSEPH La *Bible* présente Joseph, le père nourricier de Jésus, comme issu de la descendance du roi David*. Il compte au nombre des saints les plus populaires de la chrétienté, et il est devenu dans les pays catholiques un patron dont le nom est très souvent donné. L'*Évangile selon saint Matthieu* le désigne comme « l'époux de Marie*, de laquelle est né Jésus, que l'on appelle Christ ». Un ange* informa Joseph que l'Esprit-Saint avait fécondé Marie et que le Messie allait naître. D'après la légende (*Histoire de Joseph le charpentier*), « il fut ensuite le père adoptif de Jésus jusque dans sa dix-neuvième année ». « Ce bon père nourricier a disparu avec la simplicité d'un homme qui sait avoir rempli son devoir sur cette terre... Il a protégé l'enfant, de la même façon qu'il a appris à la mère d'assumer sa vocation surnaturelle... Les textes apocryphes n'ont certainement pas tort de nous décrire l'ange de Dieu veillant sur la mort de cet homme bon » (Daniel-Rops, *Jésus en son temps*). Le charpentier Joseph est devenu la figure symbolique de l'homme généreux et disposé au renoncement :

Joseph, père adoptif de Jésus,
un lys à la main, est couronné
par deux anges : gravure de 1890.

« Marie, alors qu'elle était fiancée à Joseph, a choisi de mettre au monde, encore vierge*, l'enfant divin, et elle a aussi choisi de conserver sa virginité » (J. B. Bauer, 1967). C'est selon cette image qu'un mariage conclu sous le signe du renoncement à l'union charnelle est appelé « mariage de Joseph ».

JOUG La racine de ce mot, *yug*, est indo-européenne et signifie « relier » (le mot sanskrit *yoga* dérive de la même racine). Dans un sens positif, ce mot désigne la volonté de renoncer à l'arbitraire, dans un but désintéressé et altruiste ; c'est la volonté de se consacrer à un projet qui demande à son auteur une grande abnégation. Dans un sens négatif, ce mot désigne une charge accablante et forcée, qui rend l'homme comparable au bœuf*, soumis au joug. Le fait de devoir courber la nuque sous un joug est un symbole d'humiliation ; c'est ainsi que l'armée romaine, vaincue en 321 av. J.-C. par les Samnites, dut passer tout entière sous un joug dressé par ses vainqueurs à Caudium, sur la voie Appienne, d'où l'expression « passer sous les fourches caudines ». — Dans la *Bible*, Dieu impose un « joug de fer » à son peuple désobéissant (*Deutéronome* XXVIII, 48) ; Dieu ordonne aussi au pro-

phète Jérémie (XXVII, 2) de placer sa nuque sous le joug, en signe de soumission au roi* Nabuchodonosor de Babylone*, en attendant la chute de ce dernier. Le mot joug a donné lieu à de nombreuses expressions métaphoriques : le joug des esclaves, le joug du mariage, entrer sous le joug de quelqu'un, ou secouer le joug de la servitude. Il ne faut pas percevoir de façon spécialement négative l'expression de « joug du mariage », qui n'est rien que la traduction littérale du latin *conjugium* (mariage) : le fait d'être soumis ensemble au même joug.

JUDAS Judas est celui qui a dénoncé Jésus à ses ennemis. Il en éprouva un tel remords qu'il se pendit, et devint ainsi la figure symbolique du traître. Certaines légendes font cependant montre de compassion envers lui, dont l'action est jugée comme nécessaire, puisque c'est elle qui permit la Crucifixion, la mort de Dieu pour les hommes, et la Rédemption. Le texte de *La Navigation de saint Brandan* décrit le périple marin du saint irlandais (environ 484 - 577), qui l'aurait conduit aux légendaires « Îles fortunées* », et raconte que, sur une île de la mer du Nord, pour avoir offert un jour une pièce de lin à un pauvre, Judas a droit, une fois l'an, à un « congé de l'enfer* ». Mais le Diable* se saisit pourtant à nouveau de son âme, et la ramène à chaque fois en enfer. — Les arts plastiques représentent souvent Judas tenant une bourse à la main ; cette bourse renferme le prix de la trahison, les « trente deniers de Judas », que le traître reçut pour avoir, par un baiser, désigné Jésus-Christ aux

Judas reçoit de l'argent,
prix de sa trahison : relief de Wiligelmo,
portail de la cathédrale, Modène.

Le baiser de Judas :
portail occidental, église abbatiale
de Saint-Gilles du Gard (XIIᵉ-XIIIᵉ s.).

soldats venus l'arrêter (ce qui a donné lieu à l'expression « baiser de Judas »). Dans le mystère pascal de la Passion, tel qu'on le concevait au Moyen Âge, Judas est dépeint d'une façon naïve qui néglige toute logique temporelle ; on le voit disant ces vers aux Pharisiens : « Je veux trahir Jésus en votre faveur, qui est mort sur la croix pour nous. »

JUMEAUX Dans de nombreuses civilisations, les jumeaux sont considérés comme une perversion de la nature et on tue fréquemment l'un des deux juste après la naissance parce qu'on s'imagine (notamment, dans certaines régions d'Afrique) qu'ils se sont livrés à la débauche dans le ventre maternel. Dans les mythes indiens, ils forment un couple d'opposés* qui incarnent le Bien et le Mal : le bon jumeau du matin est associé au blanc, et le mauvais jumeau du soir gouverne le noir. Chez les Iroquois, le bon jumeau est celui de la tente et de la terre de la tribu, et le mauvais celui du dehors et de l'étranger. Chez les anciens Mexicains, les dieux Quetzalcoatl et Tezcatlipoca étaient eux-mêmes souvent considérés comme des jumeaux de la déesse Coatlicue, « Celle à la jupe de serpents ». Comme le relève Lévi-Strauss, « en aztèque le mot *coatl* a le double sens de serpent et de jumeau. Le nom de

Quetzalcoatl peut donc s'interpréter à la fois comme « Serpent à plumes » ou « Jumeau magnifique » *(Histoire de lynx)*. Les deux dieux représentent alors la polarité de la lumière, de la naissance et de la résurrection (Quetzalcoatl) contre la nuit et la mort (Tezcatlipoca), de la paix contre la guerre*, du soleil* contre la lune*, de Vénus* contre la Voie lactée*. Cette gémellité se redouble d'ailleurs chez Quetzalcoatl du fait qu'il est d'une certaine façon le jumeau de lui-même : soleil levant et couchant, Vénus en tant qu'étoile du matin et du soir, rouge à l'est et blanc à l'ouest, dieu du mystère de l'origine et de la fin. La gémellité introduit alors à la dualité des principes et à leur solution dans le secret de la conjonction*. Le thème du jumeau traverse toute l'Amérique, aussi bien chez les Ojibwas ou les Winnebagos avec la figure de Menebuch (voir Lièvre), que chez les Ashanincas d'Amazonie, où Avireri et sa jumelle sont les créateurs de la vie. « Deux frères, généralement des jumeaux, sont parmi les protagonistes les plus importants du folklore sud-amé-

Les jumeaux Romulus et Remus
allaités par la louve ; leur mère
Rhea Sylvia prie devant la statue
de Mars : frontispice (XVIᵉ s., guide
pour pèlerins « Mirabilia Romae »).

*Représentation arabe de la constella-
tion des Jumeaux (XIe s., Traité sur les
étoiles, el-Sufi).*

*Les jumeaux Tibère et Germanicus,
avers d'un sesterce (23-22 av. J.-C.)
frappée pour Drusus.*

ricain. Ils apparaissent comme des héros
culturels, fripons (*tricksters*) et trans-
formateurs. [...] Chaque fois que le partenaire du Héros Culturel est représenté
comme un adversaire ou un personnage
espiègle ou farceur, la paire mythique ne
peut pas être distinguée des Jumeaux
Héroïques » (A. Mitraux, *Jumeaux
Héroïques dans la mythologie sud-améri-
caine*, 1946). Hormis les jumeaux maléfiques et les jumeaux composites, il
existe des jumeaux bénéfiques. C'est le
cas en Afrique occidentale, chez les
Dogons et les Bambaras (voir Double
et Placenta), où ils connaissent le secret
de la magie et de la guérison ; ou, en
inversant la valeur de l'inceste* dans le
ventre de la Mère*, dans la représentation tardive que donne Plutarque d'Isis*
et Osiris, qui sont décrits comme des
jumeaux divins. Dans certaines mythologies, les jumeaux sont particulièrement
vénérés, tels Castor et Pollux chez les
Grecs et les Romains. Selon la légende
transmise par Platon, les rois de l'Atlantide* étaient des couples de jumeaux :
on trouve tout d'abord Atlas* et Gadiros
(le héros qui donna son nom à la ville de
Gades, aujourd'hui Cadix), puis Amphé-
rès et Eudaimon, Mneseus et Autoch-
thon, Elasippos et Mestor et enfin Azaès
et Diaprepes. Ces noms ne renvoient pas
forcément à de véritables jumeaux, mais
ils peuvent se rapporter à la coutume
archaïque qui plaçait une ville sous la
protection d'une double déité, comme,

*Castor et Pollux,
les Dioscures :
gravure de 1616.*

par exemple, chez les premiers habitants des îles Canaries (voir Îles fortunées). À l'époque mycénienne, ce système était également connu, selon Ranke-Graves, en Méditerranée orientale. À Sparte régnaient ainsi Castor et Pollux, à Messine Idas et Lynkeus, à Argos Proitos et Akrisios, à Tirynthe Héraclès et Iphiklès, à Thèbes Étéocle et Polynice, les fils d'Œdipe. — Il est en somme tout à fait normal de considérer les couples de jumeaux comme les figurations d'un système polaire : l'un est mortel et l'autre immortel, l'un est doux, passif et introverti, l'autre dynamique, belliqueux, extraverti. On les décrit alors aussi quelquefois comme un couple dont on ne peut détruire la complémentarité, qui menace l'ordre cosmique et qui, pour cette raison, doit être éloigné à tout prix du monde des humains. — En astrologie, les Gémeaux (du latin *gemini* qui signifie précisément « les jumeaux ») sont le troisième signe du zodiaque* (voir Étoiles). Le soleil* est dans ce signe du 21 mai au 22 juin. Les gémeaux sont un signe d'air symbolisant la dualité, la séparation, la contradiction, la similitude et la duplication. Leur constellation est ainsi appelée à cause des deux étoiles Castor et Pollux qui sont presque aussi lumineuses l'une que l'autre. — En Chine, les jumeaux de sexe différent étaient

désignés comme un « couple fantôme » ; on les considérait comme des présages funestes et, le plus souvent, on se débarrassait d'eux. En revanche, les jumeaux mâles étaient parfois considérés comme une expression de la reconnaissance divine pour une dévotion particulièrement prononcée.

JUPITER Jupiter, Zeus chez les Grecs, était dans la mythologie le souverain du monde et du ciel*, et habitait le mont Olympe. Le faisceau d'éclairs qu'il tenait à la main désignait sa toute-puissance. Il a donné son nom à la plus grande planète* du système solaire, qui effectue sa révolution autour du soleil en 399 jours environ. Vue de la terre, la trajectoire de Jupiter forme, comme celle de Mars, des courbes en forme de S ; on a longtemps expliqué ce phénomène par le mythe antique qui prête au Père des dieux des passions nombreuses et déréglées. Ayant échappé, avec la complicité de sa mère Rhéa, à son père Saturne* (voir aussi Cronos et Chronos) qui dévoraient ses enfants, les uns après les autres, Jupiter fut élevé par la chèvre* Amalthée dans une caverne* de Crète, et il finit par détrôner son père qu'il envoya dans aux enfers – alors que certains mythes prétendaient qu'il avait accompli un long voyage pour gagner les Îles fortunées

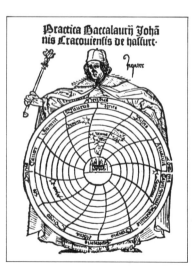

Jupiter, planète de l'année : gravure de 1491.

Jupiter tenant la foudre : gravure de 1647.

où il vivait désormais dans le bonheur et l'abondance. D'où la fameuse annonce de Virgile dans la quatrième Églogue des *Bucoliques* : *Jam reddit et Virgo, et regia Saturna* («Déjà reviennent la Vierge et les règnes de Saturne »). Occupant depuis lors le trône céleste, Jupiter-Zeus n'avait de cesse d'échapper à la surveillance et à la jalousie de sa sœur-épouse Héra, et symbolisant l'activité fraîche et joyeuse de l'éros et d'une certaine anarchie sexuelle, de s'accoupler à des mortelles à qui il apparaissait sous de multiples formes (une pluie d'or* pour Danaé, un taureau* pour Europe, un cygne* pour Léda). Au fil des âges, sa figure se moralisa peu à peu et on ne retint plus, à la longue, que sa majesté divine, dont Sémélé, la mère de Dionysos*, eut la révélation – ce dont elle fut foudroyée. Il devint alors la figure de l'ordre universel et de la justice des cieux, tandis qu'il était assimilé à différents dieux étrangers, particulièrement Amon-Ra en Égypte. — En astrologie, Jupiter passe pour un «grand porte-bonheur », ou pour « bienfaiteur ». Son « domicile diurne » se trouve dans le signe du Sagittaire, et son « domicile nocturne » dans le signe des Poissons*. Les enfants de Jupiter (les natifs de ce signe) passent pour être d'une humeur toujours « joviale » (mot dérivant du génitif latin de Jupiter : *Jovis*), bienveillants, amicaux et doux – mais aussi, dans leur aspect négatif, pour suffisants et fats. Jupiter est une planète de jour ; elle a un caractère viril, nourricier, bienveillant ; elle domine la vie humaine de 57 à 68 ans, et régit la religion et le droit. On lui a attribué comme couleurs le pourpre ou le vert*, comme métal l'airain, comme

Jupiter avec la foudre et l'aigle : gravure (~1465, Maître ferrarais des Tarots).

pierres précieuses* l'émeraude*, l'améthyste*, la turquoise et le jaspe et aussi, comme pierre de parure, la serpentine précieuse. — La Chine antique considérait cette planète, qui luit d'un éclat blanc jaunâtre, comme la souveraine de l'Est, et lui avait attribué la couleur symbolique bleue*, associée à « l'élément bois ».

K

KALI Kali est la shakti de Shiva*, c'est-à-dire son aspect ou sa composante féminine, ainsi que son principe d'énergie. Elle est la mère* de la vie, mais aussi de la mort*, et apparaît alors comme Durga la Noire. Cet élément de la divinité était cependant si important que toutes les shaktis (de Shiva, de Vishnou*, etc.) finirent par prendre une indépendance qui les fit percevoir comme des déesses à part entière ; elles se regroupèrent sous le nom générique d'*Adi-Shakti*, la « Shakti primordiale », qui introduit à toute la tradition de la Mère divine, qui est restée si prégnante en Inde. Durga, Kali, Lakshmi ne sont plus alors que des déterminations fonctionnelles de cette déité suprême – encore que Kali en soit la figure la plus répandue et la plus vénérée du point de vue populaire, même si les brahmanes et, plus tard, l'administration coloniale anglaise, ont tenté de contenir un culte qui échappait à la stricte ordonnance rituelle, et qui recélait en lui des potentialités perçues comme largement anarchiques. Déesse des guérisseurs, la Grande Mère l'est aussi, en effet, des intouchables, et toutes les castes participaient à ses fêtes annuelles, dans l'affirmation d'une cohésion de fond qui passait par-dessus toutes les distinctions hiérarchiques. — Déesse du combat sanglant et sans pitié contre les Asuras, géants* et démons, dans lequel elle supplée les dieux défaillants, la Mère divine se transforme en premier principe du manifesté à qui sont dues la gloire et l'adoration suprême : « Toi seule soutiens le monde, / car tu as la forme de la Terre ; / toi seule donnes vigueur au monde, / car tu as la forme même des Eaux ; ô toi dont la puissance / ne peut être surpassée ! /... Tu es l'énergie éternelle / par quoi tout l'univers / se crée, existe et disparaît : / Sur Toi les qualités se fondent / et ne sont autres que Toi ! » (*Devi Mahatmya* ou « Célébration de la Grande Déesse »). Dans la même veine, elle devient Tripura, la triple déesse des trois mondes (voir Triade) : le monde des hommes, le monde de l'air et le monde du ciel*. Elle est adoptée comme telle par les écoles ésotériques, généralement d'obédience shivaïte et à mi-chemin de l'hindouisme classique et des pratiques tantriques où, revenant à sa qualification de Kali, elle est représentée sous la forme du Shri-yantra*, diagramme mystique qui traduit à partir de l'abîme de son point central, les processus de la création dans son éternelle pulsation de flux et de reflux, lorsque la déesse se distingue de Shiva pour le contempler « au miroir de son désir », puis revient à lui pour enlacer le lingam* d'une étreinte à la fois cosmique et spirituelle. — Kali a traversé les siècles, suscitant toujours inspiration, adoration et contemplation, aussi bien chez les lettrés que parmi les plus humbles des villageois – particulièrement au Bengale où sa vénération a toujours fleuri. Le poète Ramprasad lui consacre ainsi exclusivement ses chants au XVIIIe siècle : « Dans le cœur où veille Kali / coulent les eaux du Gange, / et quand vient l'Heure, / il se rit de la Mort, / ce cœur qui est devenu éternel ! » — cependant que, dans le renouveau mystique de la fin du XIXe siècle, c'est à elle que se confie sans réserve quelqu'un comme Ramakrishna (1836-1886) : « Au-dedans de moi roulait un océan de joie ineffable. Et jusqu'au fond, j'étais conscient de la présence de la Divine Mère », note-t-il ainsi, cependant que ses disciples rapportent : « A-t-il vu vraiment la forme divine ? Il ne le dit pas. Mais, revenant à lui de son extase, il murmurait d'une voix plaintive : Mère !... Mère !... »

KAMI Parmi « huit cents myriades de divinités » dont les Japonais ont peuplé leur espace religieux, les kamis, aussi bien célestes que terrestres, sont les manifestations de forces surnaturelles dont l'existence remonte aux temps les plus reculés et dont le culte s'est perpétué jusqu'à nos jours, au point de coexister dans les temples avec les Bouddha et les boddhisattva dès le VIe siècle sans que ce syncrétisme entre bouddhisme et shintoïsme pose le moindre problème. — L'important, pour un Japonais, est de connaître le lieu de séjour d'un kami, afin de pouvoir entrer en communication avec lui. Les kamis sont présents tant à l'intérieur qu'à l'extérieur des habitations : la maison, qui constitue elle-même un espace sacré par rapport au monde du dehors, est construite autour de l'esprit du fourneau*, des esprits des toilettes, de la cuisine, de l'autel domestique et de l'autel du Bouddha. Au dehors, les kamis apparaissent dans tout ce qui forme accident : les rochers*, les cavernes*, les carrefours*, les limites d'un village, d'une rizière, etc. Les montagnes* en particulier (*yama no kami*) et les dangers qu'elles peuvent offrir, d'autant plus qu'elles représentent l'un des séjours des morts, sont l'objet d'une vénération spéciale. En revanche Inari (qui vient de *ine* – le riz) est considéré comme un dieu de l'abondance et des richesses. — Pour entrer en communication avec les kamis, les songes et la divination jouent un rôle essentiel – de même qu'un kami ignoré peut susciter une épidémie afin de recevoir le culte qui lui est dû. L'organisation de fêtes joue alors un rôle important pour inverser le courroux de l'esprit. Même si les kamis ne sont pas nécessairement représentés (ils habitent un lieu, mais restent invisibles pour les hommes, un peu à la manière des anges* gardiens du christianisme ou des *numina* des Romains), ils peuvent avoir des messagers privilégiés : ainsi le renard* d'Inari, qui apparaît à la porte des temples où l'on révère la divinité, tenant sous sa patte un joyau flamboyant qui figure un grain de riz, ou bien tenant dans sa bouche une clé du grenier à riz, ou encore une boule qui symbolise l'esprit de la nourriture. Ce renard blanc* est devenu la représentation même d'Inari et on le retrouve dans des sanctuaires parfois minuscules, aussi bien à la campagne qu'à la ville. — Bien qu'ils soient donc ainsi toujours définis par leur lieu d'existence, les kamis ont aussi leur histoire dans les grands récits mythiques japonais du VIIIe siècle, où l'on distingue les kamis terrestres, insoumis et dangereux, des kamis célestes qui descendent de la « Haute Plaine » pour participer à l'établissement de la souveraineté*. À vrai dire, cette opposition est surtout dialectique et elle vise d'abord à harmoniser les contraires, grande leçon qui revient comme une constante dans toutes les philosophies extrême-orientales.

KHIDR Khidr, aussi appelé Khadir ou Khezr, selon les versions ou les traditions, particulièrement soufies et

chiites, est un prophète dont le nom signifie « le vert » ou « le verdoyant ». En tant que tel, il est rattaché à la vision smaragdine (voir Émeraude) qui est celle de la mystique musulmane à tendance gnostique, ainsi que de l'alchimie* islamique. Médiateur auprès du Dieu suprême, il est aussi celui qui, d'après le *Coran*, rencontre Moïse*, auprès de la source* de vie afin de l'initier à certains des plus grands secrets. En effet, d'après une sourate coranique, Khidr a reçu une miséricorde et une science directement émanées de Dieu, et qui lui étaient spécialement destinées. En tant qu'initiateur, Khidr est devenu la figure même du guide, et donc du guide intérieur qui oriente le pèlerinage* de l'âme*. Certains chiites, sous le nom de Khezr, sont allés jusqu'à l'identifier avec le XIIe imam, l'Imam caché dont la désoccultation signifiera la fin des temps et l'eschatologie générale. Supérieur aux prophètes de la loi, Khidr est plutôt celui de l'illumination qui se produit dans le Malakut. Largement associé à Élie, on le trouve sur la montagne de Qâf qui est le symbole psychocosmique des géographies visionnaires – montagne elle-même de couleur verte, où l'on bénéficie de la *visio smaragdina*, et où l'orient de la lumière de l'esprit qui se lève sur le corps se symbolise par la même couleur. Sur cette montagne de Qâf, Khidr, ou Khezr, est le trône de l'Ange de l'Humanité (de la *Kalima*), parce que, rapporte et explique Qazi Sa'id Qomni, philosophe chiite de l'école d'Ispahan (1049-1103), dans le *Récit du nuage blanc*, « il avait jeté le poisson* de son corps dans la Source de la Vie, c'est-à-dire dans l'océan du monde des Esprits, si bien que son poisson disparut, que son corps fut effacé, absorbé dans l'Esprit : ce fut un corps devenu spirituel, tandis que les autres individus sont des Esprits devenus corporels » (*in* H. Corbin, *En Islam iranien*).

KRISS Au Népal, le kriss est le sabre des régiments gurkhas. C'est un poignard recourbé, dont le tranchant est à l'intérieur. Deux kriss croisés forment le blason de ces soldats autrefois recrutés par les instructeurs anglais et réputés comme des combattants redoutables, qui tenaient garnison dans différentes parties de l'Asie. Ce symbole héraldique correspond au symbole européen des deux épées* croisées, qui signifie « la bataille ».

L

bolisaient, dans un espace restreint, le long et difficile chemin de l'initiation*. C'est ainsi que l'aventure de Thésée, fils du roi d'Athènes Égée, qui alla tuer le Minotaure (voir Pasiphaé) qui se trouvait au centre* du labyrinthe construit en Crète par Dédale (voir Icare), est interprétée comme l'affirmation du héros devant les forces du chaos* et de la mort* : le Minotaure réclamait en effet un tribut de sept* garçons et sept filles dont il faisait ses repas ; c'est au cœur même du labyrinthe que le combat a lieu. À noter cependant que, pour ressortir de ce dédale (le nom du concepteur étant devenu un synonyme du labyrinthe), Thésée a besoin du fil d'Ariane*, c'est-à-dire de l'intercession de l'âme* qui lui indique la voie juste. Il semble par ailleurs que ce mythe s'appuie sur les vestiges de la civilisation crétoise où l'on adorait une grande déesse accompagnée d'un taureau* lunaire et marin (le Minotaure est le fils que Pasiphaé a conçu avec le taureau blanc de Neptune* qui avait surgi de la mer). Le labyrinthe renverrait alors au palais-temple* de Cnossos où était célébré le culte de cette double divinité. Quoi qu'il en soit, la

Le Christ ressuscité tenant le labarum, symbole de la victoire sur la mort : gravure de Lucas de Leyde.

LABARUM Le labarum était l'étendard impérial romain, que l'on portait à l'avant-garde des armées. Son sens symbolique s'est précisé à l'époque chrétienne, lorsque Constantin y fit figurer le chrisme* après sa victoire sur Maxence au pont Milvius (312). Le labarum est devenu au Moyen Âge un emblème de Jésus ressuscité, c'est-à-dire de la victoire sur la mort. On le représente aussi souvent avec « l'agneau* de Dieu » des processions pascales.

LABYRINTHE Le labyrinthe est formé d'un ensemble de chemins entrelacés ; les premiers labyrinthes, construits autour d'une croix*, étaient de forme spiraloïde ou dessinaient de multiples méandres. La présence de tels labyrinthes, dans presque toutes les régions du monde, laisse penser que leur fonction était originellement cultuelle. Ils sym-

Labyrinthe : avers d'un statère frappé en Crète (300-280 av. J.-C.).

*Thésée
devant le labyrinthe
de Crète :
gravure du XVᵉ s.*

« danse* de Thésée », que l'on appelle aussi la « danse des grues », renvoyait à l'évidence, par la complication de ses pas, au parcours dans le labyrinthe et au trajet de l'initiation. — D'une façon générale, et la psychologie analytique le confirme, le labyrinthe représente le voyage psychique et spirituel que l'homme doit accomplir à l'intérieur de lui-même, à travers les épreuves et tous les motifs d'égarement, afin de trouver son propre centre, ou en d'autres termes, l'image de son Soi. Alors, le cœur du labyrinthe est souvent vide – de sorte que le centre est à la fois la plénitude et le vide. (On trouve une idée équivalente dans l'alchimie taoïste où le vide et le plein coïncident – comme par exemple dans *Le Mys-* *tère de la fleur d'or*). Ici, la mort et la vie se correspondent aussi (conjonction* des opposés), et trouver la mort de son *ego* dans le labyrinthe revient à accéder à la vie véritable. Processus de mort et de renaissance comme on le trouve avec les dieux « à passion » (Dionysos*, Adonis*, etc.), ou dans le déroulement du Grand Œuvre alchimique. — Dans l'Antiquité, les labyrinthes étaient constitués de mosaïques posées sur le sol, tandis qu'ils étaient en Scandinavie matérialisés par des pierres (en particulier dans l'île de Gotland, en Suède). Dans les cathédrales du Moyen Âge, les labyrinthes sont des « chemins de Jérusalem* », que l'on considérait comme les substituts du véritable pèlerinage aux Lieux saints, car le

*Labyrinthe : mosaïque de pavement
(XIIIᵉ s., cathédrale de Chartres).*

*Labyrinthe : « Avec un seul fil
se dénoue le piège » : gravure de 1702.*

croyant les franchissait en priant, et à genoux. Le labyrinthe de la cathédrale de Chartres a un diamètre de 12 mètres, et le chemin qui le compose est d'environ 200 mètres. Celui qui parvenait à son cœur accédait symboliquement au centre spirituel du monde, d'autant que c'était au tombeau vide du Christ qu'on allait ainsi en pèlerinage. — L'image de labyrinthe a aussi servi pour désigner la quête de l'alchimiste qui ne peut réussir sans s'être lui-même centré ou sans bénéficier du « fil d'Ariane » que représentent l'enseignement et l'assistance des maîtres qui l'ont précédé. Le labyrinthe est alors l'équivalent de l'Ouroboros*, mais d'un Ouroboros en quelque sorte éclaté dont il faut réunir les morceaux afin de reformer l'unité primordiale. — L'art baroque et le rococo ont transformé les labyrinthes, aux schémas originellement assez simples, en de véritables dédales de buissons, dans le seul but de divertir les visiteurs des parcs.

LAIT En raison de sa blancheur et de sa saveur, on considère souvent le lait comme un mets divin, et symboliquement, comme une « offrande pure ». On le met souvent en relation avec les forces lunaires, et on lui attribue le pouvoir d'éteindre le feu*, « à caractère masculin », de la foudre*. Dans le mythe de la création du monde de l'Inde ancienne, le cosmos était la mer de lait originelle des dieux, et fut baratté pour faire du beurre à l'aide du serpent* qui s'enroulait autour de la montagne* des mondes. On lui comparait la boisson sacrificielle qu'on appelait soma*, et on concevait le lait réchauffé des sacrifices védiques comme un symbole du flux divin de la vie. — On représentait souvent dans l'Égypte

Naissance de la Voie Lactée et des lys du lait maternel : gravure de 1647.

antique la déesse Isis* en train de nourrir le pharaon au sein*, ce qui était considéré, dans de nombreuses cultures, comme une marque d'adoption (chez les Étrusques, Uni / Junon nourrissait Hercle / Héraclès* au sein ; on trouve encore des légendes similaires dans les tribus berbères actuelles). Dans les cultes d'Attis et de Mithra*, l'usage de lait et de miel* faisait partie du rituel. Dans la *Bible*, la Terre promise de Canaan est une terre d'abondance, car le lait et le miel y coulent à flots. Les allusions bibliques au lait pur et doux qui nourrit les élus sont innombrables. Chez les peuples éleveurs, les offrandes de lait étaient courantes. On ne buvait jamais de lait en Chine, mais on l'utilisait dans la préparation de certains plats. Le lait de femme conférait d'autre part puissance et longévité. L'art chrétien du Moyen Âge représentait souvent une *Maria lactans* à l'enfant, image symbolique opposée à celle de la « mauvaise mère », qui « réchauffe un serpent dans son sein ». Les nourrices vénéraient particulièrement cette image de la mère du Christ allaitant, et achetaient des gâteaux de terre* de Bethléem, car la légende rapportait que le lait de la Vierge* avait goutté dessus. Elles vénéraient également sainte Catherine d'Alexandrie, décapitée en 307, car de sa plaie avait jailli du lait et non du sang*. Dans le langage poétique des troubadours, la mention du pur « lait de la religion » garantissait le respect des principes essentiels de la moralité courtoise (comme dans le *Don Carlos* de Schiller). Dans les cultes antiques, les sacrifices de lait symbolisaient le plus souvent un processus de purification. — L'alchimie* considère pour sa part le lait, avec le sang, comme l'un des deux symboles des éléments originels, Sulphur* et Mercurius. Dans le *Chymischen Lustgärtlein* de Stoltzius (« Petit Jardin d'agrément chimique » – 1624), on trouve la prescription suivante : « Deux nobles ruisseaux aux eaux mêlées / de lait blanc et de sang rouge / que tu reconnaîtras pour bénéfiques /… Ces deux éléments, si tu les cuis ensemble / te donneront beaucoup d'or* lourd. » Le lait est ici un symbole du sperme : la théorie antique de la procréation croyait en effet que celle-ci résultait de l'union du sperme, blanc, au flux menstruel, rouge*. Dans un autre contexte, la première planche du *Rosaire des philosophes* montre la fontaine* de Mercure d'où celui-ci s'échappe par trois tuyaux afin de rejoindre l'eau*, ou l'*aqua*

La Madone allaite l'Enfant Jésus : gravure (1517, A.Dürer).

permanens (*mare nostrum*) du bassin, et qui coule sous les trois espèces du lait de vierge (*lac virginis*), du vinaigre de source* (*acetum fontis*) et de l'eau de vie (*aqua vitae*). En réalité, il faut comprendre que ces trois liquides n'en font qu'un selon le principe de l'alchimiste Rosinus qui déclare de Mercure : *Triplex in nomine, unus in esse* (« Triple par le nom, mais un seul dans l'être »). Le lait de vierge est alors à la fois la promesse de l'« or potable », l'argent liquide et la liqueur divine qui désigne, en s'écoulant, le processus de transformation par lequel elle se transmute en demeurant principiellement la même. Pour la mythologie antique, la Voie lactée* était apparue quand Héra (Junon) avait arraché de son sein le petit Héraclès (Hercule), qui la tétait trop violemment : le lait divin avait coulé, et s'était répandu sur la voûte céleste. En fait, le lait se dit *galaktos* en grec, et la Voie lactée elle-même se nommait *galaxis* — d'où le terme moderne de galaxie. Ce qui expliquait d'ailleurs pourquoi les nourrissons devaient d'abord être alimentés avec du lait : « La première nourriture que l'on offre à un enfant est le lait, parce que leur chute dans un corps terrestre commence dans les hautes sphères* de la Galaxie » (Macrobe, *Commentaire sur le songe de Scipion*). Boisson qui donne la vie, le lait donne aussi plus que la vie, c'est-à-dire l'immortalité, si c'est au sein d'une déesse qu'on le suce :

Isis allaitait ainsi symboliquement ses fidèles dans la tradition égyptienne, et l'on peut la voir sur les fresques d'un temple* de Nubie, qui offre son sein au pharaon Sésostris avec cette inscription : « Avec mon lait pur, la vie entrera dans tes membres. » Ce sont toutes ces images que reprit le christianisme en les attribuant à la Vierge* Marie*, et en concevant, par exemple, la Voie lactée comme le double céleste qui guidait les pèlerins dans leur chemin vers Saint-Jacques de Compostelle. Comme, une fois arrivé, on ramassait sur le rivage des coquilles Saint-Jacques qui étaient l'emblème du sanctuaire et portaient témoignage que le pèlerinage avait été mené jusqu'à son terme, les symboles de la maternité spirituelle et de ce qui avait été autrefois l'emblème de la déesse de l'amour (naissance de Vénus*-Aphrodite* dans une coquille voguant sur la mer), étaient réunis. On désignait alors souvent Marie comme « la Mère du bel amour » et, dans un contexte totalement spiritualisé, on racontait comment, dans le miracle de la « lactation », la Vierge Marie avait nourri des saints de quelques gouttes de lait jaillissant de sa poitrine. La plus fameuse de ces scènes est celle de l'extase de Bernard de Clairvaux qui, en récitant l'*Ave maris stella*, reçut ainsi trois gouttes de lait de la Vierge (voir aussi Lys). Il faut noter que ce thème de la lactation, lié à la renaissance spirituelle, à la connaissance suprême et à l'immortalité, pour ne pas dire à l'éternité, était apparu très tôt dans le texte apocryphe des *Odes de Salomon* où, en relation avec la figure de Marie, s'imposait l'image très mystérieuse d'une « maternité de Dieu ». « Une coupe* de lait me fut offerte, y déclare la Sainte Vierge, et je la bus dans la douceur de la joie du Seigneur. Le Fils est la coupe, et Celui dont on tire le lait est le Père, et c'est le Saint-Esprit qui l'a trait parce que ses mamelles étaient pleines et qu'il était nécessaire pour lui que son lait fût libéré. »

LANGUE   Dans la mythologie égyptienne, « le cœur* et la langue », c'est-à-dire la raison et le langage (le verbe de Dieu), sont les instruments par lesquels le dieu Ptah orchestra la Création. Les maximes de sagesse avisent l'homme de ne pas se laisser guider uniquement par la langue lorsque celle-ci n'est pas inspirée par Dieu (par l'intermédiaire de ses prophètes). — De nombreux versets bibliques assimilent par ailleurs la

La mauvaise langue symbolique : grenouilles sortant de la bouche des monstres de l'Apocalypse. Béatus de Burgo, Osma.

langue au langage, à l'usage des mots ; par exemple : « La langue du juste est un argent* de choix » (*Proverbes* X, 20) ou : « Beaucoup sont tombés sous le tranchant de l'épée, mais moins que ceux qui sont tombés à cause de la langue » (*Ecclésiastique* XXVIII, 18). Dans les *Actes des Apôtres* (II, III ss.), l'Esprit-Saint se révèle lors du miracle de la Pentecôte sous la forme de langues de feu*, après quoi se produit le miracle de la xénoglossie, c'est-à-dire la faculté de parler des langues étrangères sans les avoir apprises auparavant. Dans l'iconographie chrétienne, la langue est l'attribut des martyrs auxquels on la coupa, tels saint Jean Népomucène, le saint patron du secret de la confession, et saint Emmeran de Ratisbonne dont on prétend qu'il continua à prêcher sans sa langue. Pour sainte Hildegarde de Bingen (1098-1179), la langue est en relation avec l'élément* eau* : elle indique la « montée des eaux lorsqu'elles grossissent lors des inondations. De même qu'on forme les mots avec la langue, de même ces eaux, en montant, forment des vagues. On montre ainsi que l'âme désireuse de monter au ciel incite son enveloppe mortelle à chanter les louanges de son Créateur ». — « La glossolalie » désigne également un bégaiement extatique consistant en groupes de sons incompréhensibles, fréquents dans de nombreuses églises indépendantes (irvingiens, quakers ou pentecôtistes), et déjà attribués dans l'*Ancien Testament* aux prophètes visionnaires : « Il répète : Sawlasaw, sawlasaw, qawlaqaw, qawlaqaw, zeèr sham, zeèr sham, eh bien oui, c'est un langage haché » (*Isaïe* XXVIII, 10). Les disciples des « communautés de la Pentecôte » recherchent particulièrement ces manifestations qu'ils considèrent comme des inspirations divines, et qu'ils appellent, de ce fait, le « langage des anges* ». — Dans le Mexique ancien, on pratiquait couramment une forme d'auto-châtiment qui consistait à faire passer à travers sa langue une ficelle garnie d'épines*.

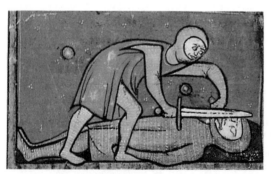

Guillaume d'Aquitaine coupe la langue d'un ennemi : miniature du XIIIe s.

Dame offrant la couronne de laurier
au poète : miniature
d'un Maître lombard du XVᵉ s.

LAURIER (en grec *daphné*, en latin *laurus*) Le laurier est surtout présent dans les pays méditerranéens, et représentait, dans l'Antiquité, l'un des éléments sacrés du culte du dieu du *Soleil**, Apollon*. La relation entre ce végétal et ce dieu s'explique par la légende qui rapporte que Daphné, avant d'être transformée en arbuste par lui, était l'amante d'Apollon. Le laurier que l'on mâchait servait à Apollon pour les oracles, et c'est lui qui le purifia du meurtre du dragon* Python, de même qu'il purifia Oreste du meurtre de sa mère*, Clytemnestre. En effet, les feuilles de laurier n'étaient pas seulement un remède médicinal, mais elles possédaient aussi la vertu de purifier des souillures morales. Les sanctuaires d'Apollon étaient entourés de bosquets de lauriers, et la pythie de Delphes en mâchait des feuilles avant de rendre ses oracles sur un trépied lui-même orné de lauriers. La plante fut aussi consacrée, avec le lierre*, au dieu du Vin, Dionysos*. À Rome, il était dédié à Jupiter* et symbolisait la paix qui suit la victoire. C'est pourquoi les armes des vainqueurs étaient décorés de laurier, avant d'être déposées sur la poitrine des statues de Jupiter, et le général vainqueur, qui célébrait son triomphe (*Imperator*, voir Empereur), portait une couronne* de laurier sur la tête. D'après la légende, il était le seul arbre à n'être jamais touché par la foudre*. On brûlait des feuilles de laurier pour les holocaustes, car leur crépitement passait pour un bon présage. On gravait également des couronnes ou des branches de laurier sur les pièces de monnaie ou sur les camées, en tant qu'attributs de Jupiter ou d'Apollon. La chrétienté primitive appréciait l'aspect toujours verdoyant du laurier, et en fit pour cette raison un symbole de la vie éternelle. — La déesse de la Victoire (en grec *Nikê*, en latin *Victoria*) a très longtemps été représentée avec une couronne de laurier dans la main, qu'elle posait sur la tête des héros victorieux.

La résurrection de Lazare :
fresque (1304-1306,
Giotto, chapelle
des Scrovegni, Padoue).

LAZARE Dans la parabole du riche et de Lazare (*Évangile selon saint Luc* XVI, 19-31), Lazare symbolise l'homme qui souffre sur terre de la pauvreté et de la maladie, mais qui est récompensé de ses souffrances dans l'Au-delà*. Au contraire, le « mauvais riche » devra subir après sa mort d'éternels tourments, dans le feu* ardent de l'enfer*. Lazare se repose après une vie difficile au « côté d'Abraham* », qui refusera en revanche cette requête du riche : « Envoie Lazare tremper le bout de son doigt dans l'eau pour me rafraîchir la langue, car je souffre le supplice dans ces flammes. » Abraham lui répond : « Entre vous et nous, il a été disposé un grand abîme, afin que ceux qui voudraient passer d'ici vers vous ne le puissent pas et que, de là non plus, on ne traverse pas vers nous. » Comme Lazare avait été touché par la lèpre, il devint le patron des lépreux (avec Job*), puis des hôpitaux en général, qui prirent alors le nom de « lazarets ». — Il existe un autre Lazare dans la *Bible*, le frère de Marie et de Marthe de Béthanie, que Jésus ressuscita d'entre les morts. Les arts plastiques représentent souvent Lazare enveloppé de bandelettes mortuaires, personnifiant la foi en la Résurrection. Certaines associations caritatives, sous le nom de « lazaristes » (elles se livrent aux œuvres de Saint-Lazare), se réclament des deux Lazare.

LÉMURES D'après les récits de fêtes que le poète Ovide évoque dans *Les Fastes*, les lémures étaient le nom que les Romains donnaient aux fantômes des morts. Pour les conjurer et éviter d'en être tourmentés, on célébrait tous les ans, les 9, 11 et 13 mai la fête des *Lemuria*. La nuit venue, le *pater familias*, le chef de famille romaine, sortait pieds nus de la maison, se lavait les mains dans de l'eau de source et lançait en l'air des fèves* sans regarder en arrière et en prononçant neuf fois de suite la formule rituelle : « Par ces fèves, je me rachète, moi et les miens. » Il devait ensuite se laver les mains à nouveau et dire encore, en frappant cette fois sur du bronze : « Ombres de mes ancêtres, allez-vous-en. » Il pouvait alors regarder en arrière : les lémures étaient censés être partis pour un an. — Il faut rappeler à cette occasion que les fèves étaient liées chez les Romains au culte des morts puisqu'elles en contenaient les âmes*, qu'elles constituaient en venant de des-

sous la terre la première offrande des morts aux vivants et qu'elles jouaient de ce fait le rôle de charmes protecteurs. D'où l'offrande en retour aux lémures. — Ovide raconte aussi que la fête des *Lemuria* se serait d'abord appelée *Remuria*, en l'honneur de Remus tué par son frère Romulus, et dont le meurtre marquerait la fondation de Rome. Mais, d'après Pierre Grimal, ce ne serait là qu'un calembour étymologique. — Le mot lémure a donné son nom à une variété de singes, les lémuriens, qui vivent à Madagascar et en Malaisie, et qui ont un aspect de spectre un peu effrayant. Au XXe siècle, des scientifiques ont par ailleurs imaginé un continent hypothétique, la Lémurie, où auraient vécu ces lémuriens, du Dekkan à l'Afrique du Sud. Des occultistes en ont repris l'idée pour imaginer que c'était sur ce continent que vivait la troisième race de l'humanité, c'est-à-dire la race qui avait précédé les Atlantes et l'humanité actuelle qui serait la cinquième race. *La Doctrine secrète* de H. P. Blavatsky déclare ainsi que les Lémuriens auraient vécu dans une conscience de rêve, qu'ils apparaissaient sous forme de géants et qu'ils étaient procréés par fusion... 70 000 ans avant la période éocène du tertiaire... Les âmes des morts, dirait-on, ne cessent de faire rêver !

LÉTHÉ « Viens sur mon cœur, âme cruelle et sourde / L'oubli puissant habite sur ta bouche / Et le Léthé coule dans tes baisers. » Comme pour Baudelaire dans l'une de ses célèbres *Pièces condamnées*, le fleuve infernal qui, d'après la mythologie grecque, dispense l'oubli, est un fréquent sujet d'invocation pour les poètes à l'âme tourmentée. — Léthé serait la fille d'Éris, la Discorde, et la mère des Charites (les Grâces*). Elle pourrait être aussi la mère (métaphorique ?) de Dionysos*, que Plutarque appelle le « fils de Léthé » car il est le dieu du Vin* et donc de l'ivresse* oublieuse. Léthé aurait donné son nom à la source* de l'Oubli située dans les enfers*, et où les morts venaient boire pour effacer les souvenirs de leur vie terrestre. D'après Platon, et dans un processus symétrique, les âmes* sur le point de se réincarner viendraient également boire l'eau du Léthé. Dans la relation du mythe d'Er au Livre X de *La République*, après avoir choisi leur nouveau destin terrestre en fonction de leurs vies passées ou de leurs habitudes antérieures, les âmes vont faire ratifier leur choix par la fille de la Destinée, la sombre Lachésis, la Parque* qui mesure le fil de la vie. Puis elles se rendent « dans la plaine du Léthé par une chaleur étouffante et terrible ... Chaque âme est obligée de boire de cette eau une certaine quantité ; celles qui ne sont pas retenues par la prudence en boivent outre mesure. Dès qu'on en a bu, on oublie tout. Puis les âmes s'élancent vers le monde où elles doivent renaître ». Seul, Er empêché de boire et « sauve ainsi ce conte de l'oubli, afin que les hommes puissent se sauver eux-mêmes ». — En effet, comme le souligne Marcel Détienne à partir du mythe du *Phèdre*, « la plaine de l'Oubli » – Léthé – s'oppose à la « plaine de la vérité » – *aletheia* –, qui se marque précisément par la disparition de l'oubli et le recours à cette « faculté de réminiscence de tout ce que jadis a vu notre âme ». « L'homme qui sait bien se servir de ces réminiscences, déclare Socrate à Phèdre, initié sans cesse aux initiations* les plus parfaites, devient seul véritablement parfait. » Pourtant, seul « un petit nombre d'âmes ont gardé un souvenir suffisant des êtres véritables qu'elles ont contemplé dans le ciel ». Le souvenir d'Er, préservé de l'oubli du Léthé, devrait ainsi donner aux hommes une meilleure connaissance de leur destin. Premier pas vers la liberté, grâce à la contemplation de la vérité, pour le philosophe.

LETTRES Formant par leur jeu, leurs associations et leurs correspondances, le grand Livre* du monde, les lettres des différents alphabets ont très vite acquis des valeurs symboliques propres dont la considération était l'une des voies de la méditation spirituelle. Aussi bien Paul Kraus que Louis Massignon ont établi d'une manière assurée que c'est dans les milieux de langue grecque des communautés chrétiennes d'Asie Mineure qu'est né cet usage, d'où il serait passé dans la cabbale hébraïque (l'art de la gématrie) et dans la « Science des lettres » arabe (*simiya, abdjad*) et l'arithmologie mystique, ou *jafr*, qui l'intègre – sans que l'on puisse vraiment déterminer si le *jafr* a donné la gématrie, ou l'inverse. — C'est ainsi que, d'une façon générale, chaque lettre reçoit un nombre* qui lui est propre, cependant que l'on distingue soigneusement les consonnes des voyelles, qui sont chargées d'une valeur spirituelle spéciale. La Da'wah* est allée encore plus loin en établissant un vaste réseau de relations entre lettres, nombres, signes du zodiaque* et planètes* de l'astrologie*, jusqu'à l'obtention des secrets les plus hauts auxquels seuls quelques rares initiés pouvaient avoir accès. — Dans la civilisation arabe, où l'alphabet compte vingt-huit lettres, chacune serait en relation avec une maison de la Lune* dont on sait que le mois compte vingt-huit jours, et dont le symbolisme (voir Croissant) irrigue tout l'Islam. C'est de cette signification astrale, renforcée par le symbolisme zodiacal, que serait issue l'expression d'« écriture équatoriale ». Certaines lettres, par ailleurs, sont affectées d'un symbolisme particulier, comme le *noun* qui renvoie à la renaissance, ou la première lettre, l'*alif*, qui, pour être réputé avoir mis du temps à se courber devant le seigneur, est le signe d'Iblis, le démon* (voir aussi Diable). Par rapport à cette signification , cinq lettres sont dites « lettres sacrées » (le *dal*, le *zâl*, le *ra*, le *zine*, le *ouaou* – respectivement et dans l'ordre, 9e, 10e, 11e, 12e et 28e lettres de l'alphabet), parce qu'elles ne peuvent être accolées à l'*alif*, et sont donc pures de toute contamination possible. Il faut enfin faire un sort à part à certaines lettres que l'on trouve isolées au début de certaines sourates du *Coran*. Au-delà des vertus de talismans qu'on peut leur prêter, il semblerait qu'elles font appel à des êtres divins et que selon l'interprétation qu'en donne Ibn Sina (Avicenne, 980-1037) dans la *Risala Nayrūzīya* qui traite de l'alphabet philosophique, elles ne peuvent être comprise qu'à « l'intérieur de la révélation dont elles font partie, et l'on doit y voir *les sigles de classes de concepts* ainsi épelés au Prophète en rêve » (voir Massignon, *La Philosophie orientale d'Ibn Sina et son alphabet philosophique*). Au total, c'est bien en tout premier lieu la correspondance profonde entre lettre et nombre qui structure tout cet ensemble, et comme l'écrivait Al Bouni (fin du XIIe, début du XIIIe siècle), « les secrets des lettres sont dans les nombres, et les épiphanies des nombres sont dans les lettres. Les nombres sont les réalités d'en haut, qui appartiennent aux entités spirituelles. Les lettres appartiennent au cercle des réalités matérielles et du devenir ».

LÉVIATHAN « Les flots tremblent devant sa majesté / Les vagues de la mer se retirent ... Il considère le fer comme de la paille / l'airain comme du bois pourri ... / Il fait bouillonner le gouffre comme une marmite, transforme la mer en brûle-parfums / Sur terre nul ne le dompte, / Lui qui est fait pour ne rien craindre ... / Pêcheras-tu Léviathan avec un hameçon ? » demande Yahwé à Job (*Livre de Job* XL, XLI). — Nombre de créations du monde passent par l'affrontement aux forces primordiales de la terre* et de la mer*, combat figuré par la lutte de Baal contre Yam chez les Phéniciens, de Marduk contre Tiamat chez les Babyloniens, de Zeus (Jupiter*) contre Poséidon (Neptune*) en Grèce... De l'océan primitif qui enserre la terre de toutes parts et menace son existence surgissent des monstres, marins de préférence : dragons* aux têtes multiples, serpents* ondoyants et fuyants, Léviathan biblique qui figure aussi le crocodile* égyptien, « la plus grande des créatures vivantes... terre mouvante capable d'absorber une mer qu'en un souffle il rejette », écrit Milton dans son *Paradis perdu*. — Terrifiante perspective – et si les dieux créateurs l'emportent toujours par nécessité cosmogonique (Indra dans le *Rig-Véda* triomphe de Vrtra et Zeus se débarrasse de Typhon), les hommes, en revanche, prennent dans ces affrontements la mesure de leur condition si précaire. — La première possibilité, sans doute la plus séduisante, est en effet d'être englouti par le monstre marin pour revivre dans ce passage provisoire le cycle d'une mort et d'une renaissance. Tel est le symbole généré par le séjour de Jonas dans le ventre de la baleine*, que l'on retrouve également dans des récits polynésiens, comme dans les aventures du héros Nganaoa rapportées par Mircéa Eliade (*Mythes, rêves et mystères*). Ayant été avalé par une sorte de baleine, Nganaoa lui maintient la gueule ouverte et descend dans son estomac où il retrouve ses parents... Thème par excellence du voyage d'initiation*, qui figure aussi dans les visions médiévales où les enfers* sont souvent imaginés sous la forme d'un monstre marin, sur le modèle du Léviathan biblique. L'entrée dans le ventre du monstre correspond à « la réintégration dans un état pré-formel, embryonnaire..., le monstre figurant la Nuit cosmique, le Chaos avant la création », et la mort symbolique indiquant le passage obligé de tout processus initiatique. Thème récurrent également dans le chamanisme – tel ce chaman lapon qui reste trois ans en esprit dans l'intestin d'un énorme pois-

son*, séjour qui lui permet d'apprendre la science et les secrets de la Nature – thème du retour à l'élément maternel, *regressus ad uterum*, dont la mer et le ventre du poisson sont les symboles évidents. — Plus redoutable parce que désespérée, est la transposition symbolique du Léviathan à l'échelle de la société, à laquelle se livrent les essais politiques de Hobbes au XVIIᵉ siècle. Le *Léviathan* figure alors le Mal absolu où sont plongés et confrontés les hommes dans la guerre permanente de l'état de nature. Seule issue : transférer le respect de leurs droits à la société – mais on est alors conduit à l'instauration d'un pouvoir absolu : du Léviathan de la nature au Léviathan du pouvoir... — Une dernière image de cette lutte de l'homme et du Léviathan, relevant de la métaphysique, se trouve dans le magnifique roman de Melville, *Moby Dick*, où la célèbre baleine blanche est l'avatar moderne du Léviathan primordial, que l'indomptable capitaine Achab poursuit sur tous les océans. Ayant déjà subi une castration symbolique (il a perdu une jambe dans un premier combat contre Moby Dick), le capitaine nourrit en lui un puissant désir de vengeance qui le lance dans une quête éperdue sur l'immensité des eaux* pour se mesurer à cette créature diabolique. Tous les éléments sont ici réunis (la mer, le monstre, la quête), pour nous transporter à la fois sur le plan de la symbolique psychique (les images de l'*anima* et de la Mère négative) et sur celui de la réflexion métaphysique (l'affrontement du Bien et du Mal, de l'homme et du Divin). Il s'agit là d'un combat proprement fatal où tout périt – hommes, capitaine, navires et baleine – et disparaît dans le néant abyssal. Épilogue grandiose mais foncièrement pessimiste de la lutte de l'homme contre le Léviathan. Mieux vaut peut-être parvenir à apprivoiser ses monstres ?

LÉZARD Le texte du *Physiologus* des débuts de l'ère chrétienne explique que le lézard, lorsqu'il devient vieux et aveugle, se glisse dans la fente d'un mur qui se trouve orienté vers l'est. Lorsque le soleil* se lève, « ses yeux s'ouvrent et il recouvre la vue. De la même façon, homme, cherche toi aussi lorsque... les yeux de ton cœur se troublent, le soleil levant de la justice, notre seigneur Jésus-Christ, et il ouvrira les yeux de ton cœur ». Parce qu'il hiberne, il est considéré comme un symbole de la mort et de la résurrection, mais certaines pièces de monnaie le représentent alors qu'il se fait tuer par le dieu du Soleil (Apollon* *Sauroktonos*). Sur les pièces romaines, il est associé à la déesse de la Guérison, Salus, probablement pour ses facultés de régénérer sa queue lorsque celle-ci est coupée ; dans le traité d'Artémidore sur l'interprétation des songes, il est l'expression d'un « esprit dédaigneux ». À l'époque chrétienne, le lézard bénéficia à nouveau d'une signification positive (seconde naissance, rajeunissement lors de la mue, aspiration à la lumière* spirituelle) et il fut représenté sur les chandeliers, les encensoirs, etc. Le lézard pouvait aussi, de même que l'abeille*, incarner l'âme*, et on racontait qu'il s'échappait parfois de la bouche de certaines personnes pendant leur sommeil ; lorsqu'il revenait de sa promenade, ces personnes pouvaient raconter ce qu'il avait vécu. — Chez certains peuples d'Afrique, et particulièrement au Cameroun, le lézard contribue avec le caméléon* à l'anthropogonie, ou création des hommes, où, contrairement à ses significations antiques et européennes, il représente le pouvoir de la mort dont il est le messager divin.

Dame avec licorne et castor : miniature (XIVᵉ s., traité de botanique, Platearius).

LICORNE (en latin médiéval *unicornus*) Cet animal fabuleux joue un rôle extrêmement important dans la symbolique antique et médiévale ; il est la plupart du temps représenté sous la forme d'un cerf* blanc*, avec une crinière de cheval* et, sur le front, une corne* en spirale. En Perse, la licorne est l'animal total du *Bundahish*. Elle est énorme comme le mont Alvand ; c'est un âne* à trois jambes, à six yeux et neuf bouches, dont les cris sont ceux-là même du cosmos et qui est doté de cette corne qui élimine toute corruption. Dans le *Talmud*, elle apparaît comme un animal colossal qui n'a pu échapper au Déluge qu'attaché à l'extérieur de l'arche*. C'est sans doute l'historien grec Ctésias (vers 400 av. J.-C.) qui a pourtant vraiment donné naissance au mythe de la licorne en rapportant l'existence d'un animal sauvage dont la corne possédait des propriétés médicinales – mais il voulait probablement parler du rhinocéros indien. Les éleveurs de bœufs peuvent également obtenir des « taureaux*-licornes » en rapprochant artificiellement chez le veau les parties du front où doivent se développer ultérieurement les deux cornes. La corne du rhinocéros était censée combattre l'impuissance masculine, et celle de la licorne, de par ses origines, comporte de toute évidence un symbolisme phallique. Dans l'iconographie occidentale, sa corne prend racine dans son front même, c'est-à-dire dans le siège de l'esprit, et le symbole sexuel se voit alors spirituellement réévalué. La licorne est par ailleurs un symbole de pureté et de force. Les miniatures et les tapisseries médiévales expliquent qu'elle ne peut être attrapée qu'avec l'aide d'une vierge* pure. La scène de sa capture et celle de sa mise à mort par des chasseurs étaient souvent interprétées comme des symboles de la conception de Jésus-Christ par la Vierge* Marie* et de la mort du Sauveur sur la croix. L'ange* de l'Annonciation Gabriel apparaît parfois sous les traits d'un chasseur qui poursuit la « précieuse licorne » (la Vierge), accompagné dans ce « Jeu* » de chiens* de chasse qui répondent aux noms de Foi, Amour et Espoir ou encore – selon les vertus cardinales – Justice, Prudence, Tempérance et Force. Marie est assise quant à elle dans un jardin* clos (en latin *hortus conclusus*) ou dans une roseraie, comme le montre le célèbre cycle des tapisseries mille-fleurs de *La*

Sauvage sur licorne :
carte de jeu du Maître E. S. (XVᵉ s.).

Dame à la licorne du Musée national du Moyen Âge, à Paris. Ces tapisseries évoquent cependant tout autant le raffinement de l'amour courtois et le respect de la femme, et présentent une allégorie des cinq sens qui doivent être touchés pour faire naître l'amour : l'ouïe est symbolisée par la licorne écoutant attentivement l'orgue dont joue la Dame ; le toucher, par la Dame caressant la corne de l'animal ; pour la vue, la Dame assise, les pattes de la licorne posées sur ses genoux, lui présente un miroir. Ce miroir, dont on dit qu'il serait sans tache, et donc à l'image du Christ, contient le même symbole de chasteté que le « jardin clos », de même que dans le tableau de Raphaël, *Giovanna Donna a l'unicorno*, ou dans celui du musée de Colmar, où Schongauer représente une licorne les pattes posées sur les genoux de la Vierge. Ce symbole christique apparaît encore dans la *Chasse à la Licorne* du musée des Cloîtres à New York, où l'animal captif est enchaîné à un grenadier (l'un des symboles du paradis) qui, comme la Croix*, porte aussi l'alpha* et l'oméga. La licorne serait ainsi le Christ crucifié. D'une façon générale, l'herméneutique médiévale a presque toujours eu tendance à considérer que la corne de l'animal symbolisait le pouvoir de

pénétration du Saint-Esprit dans la nature vierge qu'il fécondait, comme Marie l'avait été pour la conception de Jésus. Équivalent évident de l'image du phallus, la corne était alors, à la fois, la représentation du phallus psychique qui, en conjonction* avec la Mère, engendrait le fils divin, le *puer aeternus*, et celle du phallus spirituel qui déposait en Marie la semence sacrée du Verbe (du Père) à partir de laquelle se formerait le Sauveur. — L'interprétation chrétienne de ce symbole se fonde pourtant aussi sur des légendes antiques et des textes moraux antérieurs au christianisme que l'on retrouve, accompagnés d'illustrations, dans les bestiaires médiévaux. Son unique corne fait alors office d'antidote, et elle est censée faciliter, sous forme de poudre, la guérison des blessures. Des « cornes » de licorne (il s'agissait en réalité de défenses de narval – mammifère marin de l'Atlantique Nord, aussi appelé monodon – qui étaient importées des eaux islandaises et groenlandaises) étaient exposées non seulement dans les cabinets de curiosités de la Renaissance, mais aussi chez les apothicaires. Le *Physiologus* des débuts de l'ère chrétienne décrit ainsi les vertus d'antidote de sa corne : avant que d'autres animaux ne viennent apaiser leur soif, « le serpent crache dans l'eau son venin et s'en va.

Dame à la licorne,
symbole de la chasteté :
miniature de Francesco di Giorgio.

Mais les autres animaux savent que l'eau a été empoisonnée et n'osent pas en boire. Ils attendent la licorne. Lorsque celle-ci arrive, elle va directement dans le lac et y dessine une croix avec sa corne. Cela suffit à annuler l'action du poison. Les autres animaux attendent que la licorne ait bu de l'eau pour en boire à leur tour ». Il faut sans doute voir là l'expression de la survivance, sous une forme légendaire, de l'antique croyance à laquelle nous avons déjà fait allusion, dans les pouvoirs extraordinaires de la corne de rhinocéros. Dans le recueil de récits médiévaux des *Gesta Romanorum*, c'est l'éléphant* qui tient le rôle habituellement joué par la licorne ; il y est en effet raconté qu'un roi voulait tuer un éléphant et ordonna à deux très belles vierges d'aller nues dans la forêt pour y chanter de douces mélodies. L'éléphant s'endormit alors qu'il était blotti contre l'une d'elles ; la seconde le tua à l'aide d'une épée* et teignit son manteau avec son sang*. Mais la licorne n'est pas toujours un symbole de pureté, de douceur, et de protection : elle peut être cruelle et aller même jusqu'à dévorer ses ennemis. C'est aussi bien par ailleurs « l'Esprit qui inspire un Pape » dans une gravure de Scaliger (1570) que « la licorne moqueuse » de Paracelse qui fait tomber de sa corne la tiare d'un autre pontife. « Défie-toi de la licorne, recommande saint Basile, elle approche le mal des hommes et elle est habile à le provoquer. » Tentatrice des vierges, elle offre alors toute l'ambiguïté d'une image de Lilith*. — On peut se demander quel animal est désigné dans la *Bible* par le mot *re'em* (voir dans le *Livre de Job* XXXIX, 12-13, dans *Isaïe* XXXIV, etc.). Bien qu'il s'agisse probablement d'un buffle sauvage, ce nom est parfois traduit par licorne (en grec *monoceros*), comme, par exemple, dans le *Psaume* XXII, 22 : « Arrache-moi à la gueule du lion et à la corne de la licorne ». — La licorne chinoise (*ky-lin, ch'i-lin*) ressemble bien peu à celle qui est décrite en Europe. Elle est souvent comparée à un reptile à queue de bœuf, proche du cerf et portant sur le front une corne recouverte de fourrure. Elle symbolise la douceur, la bonté et la prospérité (en particulier celle des enfants et des adolescents). On retrouve un équivalent chinois de l'association occidentale entre la licorne et la vierge dans la figure de la déesse Kuan-yin trônant sur une licorne allongée sur le sol. Avec le phénix*, le dragon* et la tortue*,

Dame à la licorne :
dessin pour armoiries du XVIIe s.

la licorne symbolise aussi l'un des quatre animaux bénéfiques. Elle est censée vivre mille ans et elle apparaît lors de la naissance des empereurs* et des grands sages (Confucius). Elle symbolise depuis toujours le bonheur d'avoir des enfants. « Le ky-lin apporte des fils », voit-on sur les gravures populaires où un jeune garçon chevauche une licorne. On la retrouve de ce fait dans de nombreuses fêtes ou romans pour évoquer la fécondité (ou, dans le même ordre d'idées, certaines positions amoureuses). — En alchimie, la licorne symbolise l'essence originelle Mercurius qui, unie au lion* Sulphur*, forme une unité d'un niveau supérieur. Elle participe ainsi de la réalisation en soi de l'unité divine, puisque toute l'opération alchimique consiste à extraire le mercure et le soufre de la *materia prima*, et que c'est leur seule union qui peut donner naissance à de nombreux minéraux. Jung rappelle d'ailleurs combien l'*Évangile selon saint Jean*, de ce point de vue, a fait passer les données de la philosophie naturelle dans le langage de l'Église. D'autre part, en tant qu'elle est simplement « unicorne », la licorne renvoie dans l'iconographie et la pensée alchimiques à d'autres symboles animaux, tels que le scarabée* et, parfois, le poisson*, cependant que,

Guillaume de Normandie tué par les chasseurs, symbole du sacrifice du Christ accompli par les Juifs : miniature médiévale.

comme « unicorne minérale », elle peut aussi désigner le vitriol*. Au total, comme elle indiquait spirituellement dans la symbolique chrétienne la conjonction* majeure des opposés du Verbe et de la Nature, du phallus et de la Vierge, de Dieu et de la créature, elle réunit pour l'adepte ou l'ouvrier de l'athanor le symbole masculin de la corne et celui, féminin, qui est lié au thème de la coupe. Elle est donc fondamentalement androgyne* comme l'est Mercure* lui-même, et comme doit l'être à la fin de l'Œuvre le *filius philosophorum*, l'or* potable, l'unité philosophale. — En héraldique*, la licorne est représentée comme un cheval barbu qui porte sur le front une corne en spirale ; elle est rarement le sujet principal d'emblèmes (on peut citer comme exceptions ceux de Bludenz et de Vorarlberg), mais elle est souvent représentée avec le lion pour porter des armoiries – comme par exemple sur les armes de la Grande-Bretagne où le lion figure l'Angleterre et la licorne, l'Écosse.

LIERRE (en botanique *Hedera helix*) Le lierre, à la fois plante médicinale et poison, a de multiples significations. Comme ses feuilles restent toujours vertes*, il est un symbole d'immortalité, mais il est aussi considéré comme une plante démoniaque. Les thyrses* du dieu du Vin, Dionysos* étaient couverts, non seulement de feuilles de vigne, mais aussi de branches de lierre, qui était

censé refroidir et inciter à la réflexion les esprits échauffés par le vin. Dans la même signification de l'immortalité qui s'affirme au-dessus du cycle annuel de la végétation, et du scénario de mort et de résurrection des dieux « à passion », le lierre était aussi la plante d'Attis, le « fils-amant » de la grande déesse Cybèle*. — Thalie, la Muse de la comédie, était également représentée avec une guirlande* de lierre. C'est par ailleurs un symbole de l'amour fidèle et de l'amitié en raison de la façon dont ses branches se collent et s'accrochent à

Bacchus couronné de feuilles de lierre et de vigne : gravure du XVIIᵉ s.

Lierre : « Je grimpe, mais pas avec mes seules forces » : gravure de 1675.

toutes les surfaces. Sa force vitale lui valait d'incarner aussi la joie de vivre ; il servait de parure aux satyres* et silènes* et était utilisé dans le culte égyptien de la résurrection d'Osiris. Comme les branches de lierre s'enroulent autour des arbres morts et continuent à donner des feuilles vertes, les chrétiens du Moyen Âge l'associèrent à l'âme qui continue à vivre après la mort du corps. La signification allégorique du lierre a inspiré à Hohberg (1675) cette pieuse sentence : « Lorsque le lierre s'enroule autour du chêne toujours plus haut, aucune tempête ne peut l'en décrocher. Lorsque Dieu est aux côtés de l'homme, celui-ci s'élève rapidement et aucun malheur ne peut le toucher. »

LIÈVRE   La symbolique pas plus que les croyances populaires ne font de différence entre le lièvre et le lapin. Pour certaines civilisations anciennes, le lièvre était un « animal de la lune* » car les taches sombres que l'on peut voir sur le disque lunaire ressemblent à un lièvre en pleine course ; ainsi, chez les Aztèques, le lièvre – *tochtli* – est aussi le huitième des vingt signes de jour, un signe du bonheur. Dans les *Codex* correspondants, le lièvre est représenté sous la forme d'un hiéroglyphe en « U » correspondant à la lune ; dans la Chine ancienne, où il est aussi considéré comme un symbole de bonheur, le « lièvre lunaire » est figuré écrasant des branches de cannelle dans un mortier. Le lièvre est également associé à la lune dans l'espace indo-bouddhiste, chez les Celtes, les Hottentots et dans l'Égypte antique où Osiris (voir Isis) en prenait l'apparence, ayant été démembré en qua-

torze morceaux par son frère Seth (14 est la moitié d'un mois lunaire – qui se transforme en 28 dans son remembrement par Isis – le 28e jour correspondant alors au dernier morceau introuvable, le phallus qu'Isis doit confectionner de ses mains, en sorte que la plénitude du mois aboutit à Isis en personne, déesse de cet astre*). De même l'islam, profondément régenté par la symbolique lunaire, se représente Ali, le descendant du prophète, sous l'apparence d'un lièvre, traduisant ainsi l'idée qu'il est le fils sacrifié. Dans une conception très proche du sacrifice* divin, le boddhisattva se jette dans le feu* sous la forme d'un lièvre. — La signification symbolique du lièvre est liée par ailleurs aux vertus réelles ou

1

2

1. Le lièvre lunaire (tochtli), symbole du huitième jour du calendrier aztèque.

2. Lièvre : « Je gravis très facilement la pente raide » : gravure de 1702.

Trois lièvres unis par les oreilles, symbole de la Trinité : vitrail (détail).

Lièvre : avers d'une double tétradrachme (430-410 av. J.-C.).

légendaires qu'on lui prête, par exemple sa vigilance : on dit que le lièvre dort les yeux* ouverts. Selon les médecins du Moyen Âge, la chair du lièvre provoquait des insomnies. L'animal est tout aussi réputé pour son caractère craintif : dans la symbolique du Moyen Âge, la lâcheté, *ignavia*, est représentée par un homme armé fuyant devant un lièvre. Sa grande fécondité et sa disposition quasi permanente à l'accouplement en font un symbole de la luxure tandis qu'un lièvre blanc* couché aux pieds de Marie* incarne la victoire sur la « tentation de la chair ». Le « lièvre de Pâques », associé à l'œuf en tant que symbole de la fécondité, joue un grand rôle dans les coutumes qui célèbrent l'arrivée du printemps en Europe centrale. Le *Physiologus* des débuts de l'époque chrétienne évoque une autre particularité du lièvre : en raison de ses pattes avant plus courtes que ses pattes arrière, c'est lorsqu'il court en montée qu'il est le plus rapide et peut ainsi échapper à ses poursuivants. « Toi aussi, homme, cherche les rochers lorsque tu es poursuivi par le chien mauvais, le démon... Lorsqu'il voit que l'homme cherche à s'élever sans s'affranchir de ses liens terrestres, il le suit avec ardeur et tente de brouiller ses pensées. Mais lorsqu'il voit que l'homme court pour obéir à la volonté de Dieu, qu'il cherche le rocher véritable de notre Seigneur Jésus-Christ et gravit la montagne de la vertu, le chien rebrousse chemin selon les paroles de David, *Psaume* XXXV : « Qu'ils reculent couverts de honte, ceux qui préméditent mon malheur ! »

Ces propos expliquent peut-être pourquoi le lièvre apparaît si souvent dans l'iconographie chrétienne. Son absence de défense en fait l'incarnation de l'homme qui place toute sa confiance en Dieu. Les lièvres qui picorent des grappes de raisin (voir Vin) représentent sans doute les âmes* admises au paradis* pour y savourer en toute quiétude les fruits de la vie éternelle. — On rencontre aussi parfois des dessins qui représentent un cercle dans lequel se tiennent trois lièvres dont les oreilles forment un triangle – peut-être une référence à la Trinité* divine ou à la fuite du temps s'écoulant selon sa nature cyclique. — L'homme de l'Antiquité attribuait au lièvre (qui est aussi l'animal symbolique de l'Ibérie) des propriétés essentiellement positives. On pensait qu'en manger rendait beau pendant neuf jours. Sa rapidité et sa vigilance ont, selon Plutarque (46 - 120), un caractère divin. Cet animal favori de la déesse Aphrodite* serait, d'après Pline (23-79), d'une grande utilité pour les femmes : la chair du lièvre rendrait fécondes celles qui sont stériles et manger des testicules de lièvre augmenterait les chances d'avoir un garçon. Le magicien Apollonios de Tyane (Ier siècle) recommandait de faire trois fois le tour de la maison où avait lieu une naissance, en portant un lièvre dans les bras afin de faciliter l'accouchement. — Le lièvre était dans la Chine ancienne le quatrième animal symbolique du zodiaque* (voir Étoiles). On trouve parfois des images représentant six enfants qui forment une ronde autour d'un homme à tête de lièvre ; ce dessin servait à symboliser le vœu, exprimé pendant la fête de la Lune, que les enfants de la famille aient une carrière paisible et atteignent des postes élevés. Le lièvre est, en raison de son association avec la lune, un animal yin*. — Il occupe une place particulière dans la légende bouddhiste selon laquelle, complémentairement au sacrifice du boddhisattva évoqué plus haut, un lièvre charitable sacrifia sa vie et se jeta dans le feu pour nourrir de sa chair le Bouddha affamé. Il devint ainsi un symbole du renoncement et de la confiance dans la délivrance future. — Dans les mythes des Indiens d'Amérique du Nord, le lièvre représente un héros culturel (par exemple Gluskap ou Manabozho) qui donna au monde sa forme actuelle. Il a plus d'un tour dans son sac et parvient à vaincre par la ruse des animaux plus gros et plus forts que lui, tels que les ours et les buffles. Il peut alors devenir le *Trickster*, celui qui trompe les hommes en se jouant d'eux ; dans ce cas, il est très proche d'un certain aspect de Mercure*, dieu des voleurs et des tricheurs, ainsi que du premier stade du Mercure alchimique, lui-même lié à la lune et à son instabilité émotionnelle. Dans cet aspect de *puer* (d'enfant) qui n'a pas encore atteint à sa maturité, le lièvre peut cependant se transcender (tout comme Mercure devient Hermès* le messager des dieux) dans la figure de Menebuch, le « grand lapin » ou le « grand lièvre » des Ojibwas ou des Winnebagos, intercesseur entre les hommes et le grand Manitou*, le principe divin fondamental. — Pour les chercheurs en symbolique, qui s'intéressent surtout à l'interprétation psychologique, ce ne sont ni la rapidité ni le caractère farouche du lièvre qui jouent un rôle déterminant, mais bien plus sa capacité à se reproduire rapidement ; le lièvre incarne ainsi la fécondité animale et la sexualité déchaînée.

LILITH   Lilith est « celle-qui-dit-non ». Celle qui transgresse la Loi divine pour vivre le désir absolu. Et qui, ne pouvant l'assouvir, s'enferme dans la solitude glacée de son refus : « mourant de soif au bord de la fontaine », en écrit Pierre Jean Jouve. — Née de la ténèbre dont elle tire son nom (Leïla ou Lavlah), Lilith est noire*. Elle précède Adam* au jardin d'Éden et y apparaît comme le serpent* de l'arbre* des tentations qui fascine et éveille le désir de la connaissance qui rendrait égal à Dieu. Elle a mangé du fruit qui ne l'a pas tuée, elle dit donc que le désir est bon. Elle est aussi capable de prononcer le « nom indicible » de Dieu, ce que celui-ci ne peut évidemment supporter. La connaissance scelle donc la fin de l'innocence édénique et la femme-serpent engendrera de multiples sirènes* et mélusines* à la beauté souveraine, mais qui signifient toutes la perte de l'homme, éperdu d'amour pour elles. — Ignorée par la *Bible*, Lilith apparaît dans *Le Zohar*, le « Livre des splendeurs » de la cabbale hébraïque. Elle est la femelle qui « enfante l'esprit d'Adam » encore inanimé, puis unie à lui quand il s'éveille, « mère* et épouse à la fois, à l'image d'une femme supérieure incluse dans l'Adam androgyne* ». Ensuite, dit pourtant le *Zohar*, « Dieu fendit Adam en deux, moitié mâle, moitié femelle, et prépara la femelle telle qu'on doit la parer pour l'introduire sous le dais nuptial. Aussitôt que Lilith le vit, elle prit la fuite et se sauva par-delà les mers, prête à fondre sur le monde ». Son refus la nomme ainsi pour la première fois. Lilith est la rebelle, elle est cette première femme qui précède celle qui assumera le rôle de l'épouse conçue à partir d'Adam et donc son inférieure, plus apte ainsi à se conformer à la loi conjugale, tandis que Lilith qui refuse cette loi, qui ne veut pas « être parée pour les noces », qui revendique la plénitude de l'être, Lilith mérite châtiment : Yahwé envoie trois anges* à sa poursuite, mais elle refuse de rentrer au paradis*, même

Apollon citharède à dos de mulet avec un lièvre : coupe grecque des IXᵉ-VIIIᵉ s. av. J.-C.

sous « l'angélique menace » de voir périr chaque jour cent de ses enfants. Comme on lui assigne le rôle de tuer les nouveaux nés dont les âmes sont mauvaises, elle préfère rejoindre l'autre grand rebelle et s'unit à Sammaël (Satan, voir Diable), devenant pour toujours la reine de la nuit*, le démon* femelle, la reine de Saba, la grande prostituée* de Babylone*, la future sorcière* qui brûlera sur les bûchers du désir collectif refoulé, « vamp » fatale des romans ou films noirs jusqu'au plein cœur de notre siècle. Souvent représentée avec son vagin sur le front (en parallèle féminin de la licorne* qui porte au contraire une corne* phallique), Lilith gouverne tout ce qui est impur et laisse à la Vierge des chrétiens la place du féminin « pur et sans tache », de même qu'elle abandonna à Ève le rôle d'épouse soumise aux lois du mariage et de la maternité : Lilith, qui voit ses enfants sacrifiés, refuse désormais toute descendance. Comme telle, on la met d'ailleurs en relation avec la Lamia grecque, femme d'une très grande beauté qu'aima Zeus, et qui fut poursuivie par Héra qui fit périr tous ses enfants. Réfugiée dans une grotte*, elle se mit alors à capturer les enfants des autres pour les dévorer, devenant ainsi un symbole de la jalousie des femmes stériles. Sa capacité sacrificielle de femme qui tranche, qui dévore et qui tue, fait également de Lilith l'une des premières figures de la mère* impitoyable qui ne recule pas devant le meurtre de sa propre progéniture (comme Médée), ni devant celui de ses amants, n'hésitant jamais à marier l'amour avec la mort. Elle est de ce point de vue « la mère terrible » et castratrice, la part maudite de l'*anima* masculine, ou, ainsi que Jung a pu l'analyser chez les femmes, un *animus* à la

puissance d'autant plus affirmée qu'elle n'est pas psychiquement intégrée. — Lilith est aussi l'incarnation de la « lune* noire » des astrologues, et de la capacité de chacune de refuser la sexualité bridée par la loi sociale ou divine, afin d'aller vers la plus grande et la plus libre transcendance en brisant les interdits. Elle est alors Antigone et sa nombreuse descendance, mais aussi toutes celles qui sont éprises de vertige et se retrouvent recluses dans leur prison d'amour : la princesse de Clèves, bien sûr, mais tout autant madame de Mortsauf (*Le Lys dans la vallée*), ou certaine Religieuse portugaise à l'amour à jamais lointain. Patronne du processus d'initiation*, elle gouverne le désir le plus profond de l'individu, et renvoie à l'Ineffable et aux sacrifices nécessaires pour pouvoir l'entrevoir. — Le XXᵉ siècle pourtant, au moins sous certaines latitudes, tente une réconciliation avec cette image de la première rebelle : Lilith, par son refus, est la première féministe, et l'excès est à la mesure de la radicalité de la révolte après de si long siècles d'asservissement.

LINGAM Dans l'Inde ancienne, le lingam était le symbole du phallus, représentant le principe créateur originel tel que l'incarne Shiva*, le dieu du Vivant. Ce symbole phallique constitue un rappel des anciens cultes préhistoriques de la fécondité, et son image sculptée est, dans sa stylisation, très éloignée de la nature : le lingam ressemble en fait à un tronçon de colonne, et rappelle parfois le symbole méditerranéen de l'omphalos*. Le symbole du lingam peut aussi être perçu comme la représentation d'un axe du monde*. Dans la considération d'un couple d'opposés* qui réunit en une

Fidèles priant devant Vishnou et le « lingam » de Shiva : miniature indienne du XIXᵉ s.

unité la polarité des deux sexes, le culte de Shiva associe le lingam au symbole du yoni*, sous la forme d'une colonne* entourée à sa base d'un anneau* de pierre (cette image figure l'union des éléments masculin et féminin originels, union sur laquelle repose toute vie). La secte shivaïte du Lingayat (du sanskrit *lingavantha*, « ceux qui portent un lingam »), fondée au XIᵉ siècle en Inde du Sud, se consacre exclusivement à l'adoration du lingam créateur, que l'on conserve souvent dans un récipient, et qui sert d'amulette. À l'opposé des conceptions européennes, cette secte est réputée en Inde pour être d'un niveau moral très élevé. On voit parfois le serpent* Kundalini, symbole de la force vitale et lové au bas de la colonne vertébrale, engloutir le lingam, ce qui symbolise l'union de l'esprit et de la matière, union que l'on ne peut atteindre qu'au prix d'une sévère discipline spirituelle selon les prescriptions du yoga. Le bâton d'Hermès* (Mercure*) et l'ésotérisme, le caducée* autour duquel s'enroule un serpent, a la même signification symbolique. La vénération de Shiva Mahalinga est encore de nos jours très vivante en Inde : de nombreux pèlerins vont adorer le membre reproducteur du dieu, que l'on peut apercevoir dans la grotte d'Armanath, dans les montagnes du Cachemire. D'après la légende, Shiva était apparu dans cette grotte au commencement des temps, sous la forme d'une colonne de feu* qui s'était ouverte pour libérer son image. Les pèlerins peuvent maintenant voir dans la grotte une stalagmite de forme phallique. Après la découverte de documents khmers (Cambodge) datant du Moyen Âge, on a pu établir aussi la présence du lingam de Shiva au centre de la ville d'Angkor. Cette ville était dis-

posée en forme de carré*, qui était alors considéré comme la structure du monde.

LION   Comme l'aigle*, le lion est un symbole animal de domination, et il joue de ce fait un rôle très important en héraldique. D'après la fable, le lion est le roi des animaux. L'astrologie* lie la constellation du lion au soleil. Cette assimilation se fonde en premier lieu sur la force de l'animal, sur la couleur brun-roux de son pelage, et enfin sur la crinière du lion, qui semble rayonner. On dit du lion, comme de l'aigle*, qu'il peut regarder le soleil en face sans ciller. Le caractère profondément masculin du lion en a fait l'opposé complémentaire de certaines grandes déesses antiques (Cybèle*, Artémis*, et Fortuna*, qui apparaît cependant parfois elle-même sous les traits d'une lionne). Dans l'Égypte antique, la lionne était la forme sous laquelle apparaissait la déesse de la Guerre, Sekmet. Le lion représentait pour sa part le dieu Re, qui porte le disque solaire sur la tête. Avant l'apparition de la femme du ciel*, Nut, et avant la vache*, il semble que le lion ait d'abord symbolisé le ciel, qui engloutit chaque soir le soleil. — L'Antiquité représentait souvent les dieux ou les héros mythiques, comme Hercule, comme des vainqueurs de lions, afin de signifier la victoire de l'esprit humain sur la nature animale. — Le symbole du lion occupe une place ambiguë dans la symbolique chrétienne : il illustre d'une part la lignée de Judas, mais il est aussi l'adversaire dont Dieu seul sait protéger (voir dans la *Bible*, l'épisode de « Daniel dans la fosse aux lions »). Le texte du *Physiologus*, qui date de l'époque de la chrétienté primitive, rapporte certaines fables symboliques au sujet du lion. Il raconte par exemple que le lion efface ses traces avec sa queue au fur et à

Deux lions traînant le char de Gé,
déesse de la Terre : gravure du XVIᵉ s.

Le lion, roi des animaux :
gravure (1483, Fables de Bidpai).

*La déesse Qadesh sur un lion,
son animal sacré, entre les dieux
Min et Reshep : stèle égyptienne
en calcaire (XIIIᵉ s. av. J.-C.).*

« Quand la lionne met son petit au monde, il est mort. Elle veille le corps durant trois jours, jusqu'à l'arrivée du lion qui souffle sur le museau de son petit... [la lionne] reste auprès de son petit trois jours entiers, et le contemple. Si elle cesse de le regarder, il ne vivra pas. » C'est en fait le lion qui insuffle la vie à son petit en lui soufflant dans le museau. « Les païens ont pu observer la même chose pendant les trois jours où le Christ est resté dans la tombe avant de ressusciter, et son exemple les a éveillés à la vie spirituelle... quand le lion arriva, c'est-à-dire la « Parole de vie », il leur insuffla l'Esprit-Saint. » Le texte se termine enfin sur l'aspect négatif du lion : l'homme doit, pour se maintenir dans la direction divine, s'écarter de la tentation du lion, qui est le diable. « Car le diable, comme le lion, cherche par la tentation à engloutir l'homme. » — Il faut noter que le lion est toujours un symbole extrême, soit dans un sens positif où il représente l'homme héroïque, soit dans un sens négatif où il représente les puissances infernales. On a souvent présenté le Christ vainqueur d'animaux sauvages, parmi lesquels le lion, le dragon* ou le basilic*. Il a dans ce cas pour modèle un héros de l'*Ancien Testament,* Samson, qui vainquit également un lion. — L'alchimie* considère le lion comme un symbole de la substance originelle, le soufre ou Sulphur*, ou comme le « lion rouge* » de la pierre philosophale achevée. Le lion vert* symbolise un solvant très actif. (voir Vitriol) — On ne connaît le lion en Extrême-Orient que par une lointaine tradition, et son nom, *shih,* y est dérivé du persan *sir*. Les lions qu'on y sculpte ou

mesure qu'il marche (« Ainsi le Christ, mon Sauveur, le vainqueur de la lignée de Judas... envoyé par son Père invisible, a effacé les traces spirituelles de sa divinité »). On raconte aussi que le lion dort, dans sa caverne*, les yeux ouverts (« Ainsi dort le corps de notre Seigneur sur la croix, mais sa divinité veille à la droite de Dieu le Père »). Enfin, le texte relate les circonstances étonnantes de la mise au monde des lionceaux :

*Le « lion rouge »
et le « lion vert » :
planche d'un traité
d'alchimie du XVIIᵉ s.*

*1. Lion : miniature
(bestiaire anglais du XIIIe s.).*

*2. Lion ailé à buste humain :
sculpture en bronze et feuille d'or
(VIIIe-VIIe s. av. J.-C., Turquie).*

que l'on y peint ne présentent donc que peu de ressemblance avec leur modèle original. Deux lions stylisés sont souvent placés comme gardiens devant les portes des maisons ou à l'entrée des édifices sacrés. Celui de droite, masculin, tient une balle* ou une perle* sous la patte, celui de gauche, féminin, est accompagné de l'un de ses petits. Pour la danse du lion, que l'on célèbre au quinzième jour du premier mois lunaire, on porte un masque à figure de lion, pourvu d'yeux en or et de dents en argent*. Ce lion ne s'apaise qu'après avoir reçu de petites offrandes en monnaie. Les hommes montant des lions sont aussi des symboles de la puissance divine. Au Japon, le lion (voir Chien-lion) n'a plus grand-chose de commun avec le véritable animal ; on l'appelle « chien de Bouddha », ou « Karashishi », et sa fonction est aussi de garder l'entrée des temples. — Avec l'aigle, le lion est l'animal qui apparaît le plus souvent dans l'art héraldique* européen. On le représente surtout debout, ou « en rage », c'est-à-dire avec la gueule ouverte, la crinière hérissée, la langue tirée et les pattes antérieures dressées. Le lion héraldique est élancé, son pelage est de couleur rouge ou or*, sa langue* et ses griffes étant de couleur différente. En tant que roi* des animaux, le lion incarne la puissance guerrière, et apparaissait déjà sur certains blasons du Moyen Âge. Mais sa présence de plus en plus marquée dans l'héraldique lui fit perdre à mesure de sa puissance symbolique. — En astrologie*, le Lion est un signe de feu subordonné au soleil*, avec l'or pour métal. C'est un signe royal, dont les natifs voient le jour entre le 23 juillet et le 22 août. On leur attribue des qualités telles que la propension au faste et à la richesse, à la vanité et à la domination, voire à la tyrannie, mais on leur reconnaît aussi une grande autorité naturelle et de la grandeur d'esprit. La psychanalyse confirme toutes ces assertions symboliques et considère le lion comme détenteur d'une très grande énergie, qu'il maîtrise cependant d'une façon souveraine. Il domine sans avoir besoin de faire montre de sa force, mais on ne peut pas contrer celle-ci quand elle entre en action, et elle fait du lion un adversaire redoutable. Selon E. Aeppli, quand le lion apparaît dans un rêve* « en dressant son imposante tête, animale et masculine, il impressionne à ce point le rêveur que ce dernier prend conscience de porter en lui une pulsion d'une grande violence et longtemps refoulée qui, sous la forme d'une énergie sauvage et débridée, ne demande à présent qu'à se manifester. Cette énergie une fois libérée, il sera en mesure de contrôler ses pulsions ».

LIS *(OU LYS)* « Le lis blanc, noble et magnifique, / surpasse nombre de fleurs ; mais il ne vit que peu de temps. / L'homme devra s'éteindre de la même façon, / car la grâce divine ne prolongera pas sa vie » (Hohberg, 1675). Avant même

Plant de lis : fresque (XVIIᵉ s. av. J.-C., villa à Ammisos près de Cnossos).

Saint Antoine de Padoue avec le « lis des champs » : gravure (XVᵉ s.).

d'acquérir une valeur symbolique définie, le lis était déjà très prisé, en Égypte comme à Mycènes, en tant qu'élément décoratif. D'après la légende, le lis est, comme la Voie lactée, issu du lait* d'Héra, qui avait coulé sur la terre*. La déesse de l'Amour, Aphrodite* (Vénus*), détestait cette plante dont elle jugeait l'apparence trop pure et innocente : elle le dota d'un pistil dont la forme rappelle le phallus d'un âne* (voir Lingam). Contrairement à cette interprétation, et s'inspirant sans doute en partie de la symbolique égyptienne où le lis était souvent attribué à Isis*, avant que la rose* ne le supplante, le lis devint pour le christianisme un symbole de l'amour pur et virginal. On représente souvent Gabriel, l'ange* de l'Annonciation, avec un lis dans la main, de même que Joseph*, le père nourricier de Jésus, ou que les parents de Marie*, Joachim et Anne. Les « lis des champs », dont parle Jésus, sont l'attribut de nombreux saints

« Annonciation » : dessin (~1490, D. Ghirlandaio).

François Ier et sa cour ;
sur le trône figurent les lis de France :
gravure du XVIe s.

(saint Antoine de Padoue, saint Dominique, saint Philippe de Neri, saint Vincent Ferrier, sainte Catherine de Sienne,
sainte Philomène). — Le motif de la fleur
de lis est très important dans l'art héraldique. C'est « une fleur royale, car sa
forme la fait ressembler à un sceptre,
et aussi parce que le lis, qui exhale une
délectable senteur, fait fuir les serpents »
(Böckler, 1688). D'après la légende, un
ange aurait offert un lis au roi* Clovis
(481-511) ; il orne les armes des rois de
France depuis 1179. Avec le mariage
d'Henri II et de Catherine de Médicis, le
lis entra dans les armes des Médicis, puis
dans celles de la Toscane et de Florence.
Le lis florentin diffère toutefois du lis
français qui est pourvu d'étamines. Dans
la symbolique populaire, le lis ne symbolise pas seulement la pureté : il est
aussi le symbole de la « mort blafarde ».
Dans certaines légendes, un lis qui apparaît mystérieusement annonce la mort
d'un moine.

LIVRE   Le livre est « sacré » lorsqu'il
renferme la connaissance révélée aux
hommes par Dieu. — Plus encore que
le christianisme, l'islam est une « religion
écrite » ; le musulman pratiquant se doit
en effet de lire et de recopier le *Coran*

(*Qur'an*, littéralement l'«exposé»). L'islam
reconnaît d'ailleurs les adeptes des
autres religions écrites et révélées
(judaïsme, christianisme) dès lors que,
placés sous domination islamique, ils
sont prêts à verser un impôt spécifique
(l'*umma*) – ainsi par exemple des moza-
rabes, chrétiens qui vivaient en Espagne
dans les territoires envahis par les
Maures. Le christianisme distinguait à
l'origine les *codex* ou *codices* (livres
reliés) des *volumina* (rouleaux de
papier), souvent représentés dans les
mains des apôtres qui les auraient eux-
mêmes reçus du Christ comme symbole
du prêche traditionnel. Les quatre évangélistes* sont figurés la plupart du temps,
accompagnés de leurs animaux symboliques, comme des « écrivains » tels que
nous les connaissons aujourd'hui. — Le
roi* du monde (*Pantocrator*) est souvent
représenté tenant un livre à la main où
sont consignés les faits et gestes des
hommes et sur lequel sont tracés l'alpha*
et l'oméga. L'*Apocalypse de saint Jean*,
que seuls peuvent comprendre ceux qui
ont reçu l'illumination divine nécessaire,
est appelée le « livre des sept* sceaux* ».
Le « livre de vie » se tient au centre du
paradis*, et comme dans d'autres traditions ultérieures, particulièrement islamiques, il est l'équivalent de l'arbre de la
vie : ses lettres* sont l'équivalent de
chaque homme vivant, et l'ensemble de
son texte totalise la volonté de Dieu. Sur

Marie lit la Bible durant le bain
de l'Enfant : gravure (XVe s.).

Saint Matthieu devant l'écritoire : miniature (825, « Évangiles » d'Ebbon).

les tableaux qui représentent l'Annonce à Marie*, la Vierge* est souvent en train de lire ou d'ouvrir la *Bible* (à la page où se trouvent ces mots : « Voici, la jeune fille est enceinte », *Isaïe* VII, 14). Le geste de Jean que l'on voit parfois avalant l'*Apocalypse,* symbolise l'assimilation et l'intériorisation du message de Dieu. Les saints savants sont souvent eux-mêmes représentés avec des livres (entre autres Bernard de Clairvaux, Antoine de Padoue, Dominique, Thomas d'Aquin ou Catherine d'Alexandrie), de même que les sibylles* sont montrées, dans les allégories les plus courantes de l'astronomie et de la foi, des rouleaux de papier à la main. Ces représentations renvoient, bien entendu, aux « oracles sibyllins », livre sacré de Rome que l'on consultait lorsque le sort de la Cité se trouvait mis en jeu. — La mystique juive accorde une telle importance au livre qu'elle va jusqu'à en placer un dans les mains d'Adam*, le premier homme. Dans le *Livre de Rasiel* (*Sepher Razielis*), datant du XIIIe siècle, l'ange* Rasiel apparaît au père* de l'humanité lorsque celui-ci est chassé du paradis* et lui dit : « Je suis apparu pour t'ouvrir l'accès aux sagesses les plus grandes et aux idées les plus pures et pour te familiariser avec les paroles de ce livre saint... Adam*, prends ton courage à deux mains, ne cède ni à la crainte ni à l'angoisse, accepte ce livre de mes mains et prends-en grand soin car il va te livrer des savoirs et des connais-

sances que tu communiqueras alors à tous ceux qui en sont dignes et ont été choisis pour cela... Adam le conserva et veilla à ce qu'il garde toute sa pureté et son caractère sacré. » En Égypte, on a pris l'habitude d'appeler *Livre des morts* les rouleaux de formules sacrées qu'on disposait avec le défunt dans son sarcophage afin de le guider dans son voyage dans l'Au-delà* et de lui fournir les prières aux dieux et les réponses adéquates au tribunal de l'enfer ; les inscriptions que l'on gravait sur les murs du tombeau étaient du même ordre. L'un des passages les plus importants de ce *Livre des morts* est ce qu'on dénomme la « confession négative » par laquelle le mort tente de montrer que son cœur et son âme sont purs lorsqu'il paraît devant Osiris entouré des quarante-deux divinités : « Voici que j'apporte dans mon cœur la Vérité et la Justice, / Car j'en ai arraché tout le Mal... / Je n'ai pas causé de souffrances aux hommes. / Je n'ai pas usé de violence contre ma parenté. / Je n'ai pas substitué l'Injustice à la Justice. / Je n'ai pas fréquenté les méchants. / Je n'ai pas commis de crimes », etc. Le but de ce livre était de permettre au défunt d'entrer dans les Champs-Élysées, ou plus précisément, aux deux régions de l'Au-delà : les Champs de la Paix divine (*Sekht-*

Saint Thomas avec le livre, symbole de la Foi : gravure (1514, A. Dürer).

Hotep) et les Champs des Joncs (*Sekht-Ialu*). À noter les « paroles à prononcer lors de la nouvelle lune* » dont il est dit que, « si le défunt connaît ce chapitre, il deviendra un Esprit sanctifié dans le Monde Inférieur. Il n'y mourra pas pour la seconde fois : assis aux pieds d'Osiris, il y pourra recevoir sa nourriture : « Moi, Osiris, je tiens en échec les tempêtes du Ciel. / J'entoure de bandelettes et fortifie / Horus, le Dieu-bon, continuellement. / Moi dont les formes sont diverses et multiples, / Je reçois mes offrandes aux heures fixées par le Destin. / ... Et moi, Osiris, je pars pour mon Voyage / À l'heure fixée par le Destin. / Monté sur les cordages de la barque solaire, / Je commence ma nouvelle existence... » — On appelle aussi *Livre des morts tibétain*, le texte du *Bardö Thodol*, qui offre la particularité de se lire à l'envers (c'est-à-dire en partant de la fin), et qui décrit les différentes étapes d'illusion comme de dissolution successive par lesquelles doit passer l'âme du défunt après le moment de son trépas. — Dans la Chine ancienne, le livre (*shu*) était l'attribut des savants. Lorsqu'un enfant, parmi divers objets étalés devant lui (un bibelot en argent*, des pièces de monnaie, une banane, etc.), choisissait un livre et l'attrapait, on prédisait qu'il deviendrait un savant.

Jean engloutit l'Apocalypse : gravure (~1497, A. Dürer).

Les quatre livres du maître Kung (Confucius) et les « cinq livres classiques » (voir *I-Ching*) inspiraient à tous un respect particulier. À plusieurs reprises, les Chinois ont brûlé des livres pour faire table rase de traditions jugées superflues, comme par exemple en 213 av. J.-C., sous l'égide du chancelier de Ch'in. Le peuple n'avait le droit de posséder, quant à lui, que les annales de l'Empire et des ouvrages consacrés à la vie pratique. — Le Mexique ancien avait, lui aussi, ses livres sacrés, dont certains existent encore aujourd'hui (entre autres : *Codex Borgia*, *Codex Laud*, *Codex Vindobonensis mexicanus 1*) ; le quatrième roi aztèque, Itzcoatl (1427-1440), avait ordonné que l'on brûle tous les livres pour donner un éclat nouveau à la gloire de Tenochtitlan, en effaçant de la sorte les traditions des autres États. De tels agissements qui visaient à détruire des traditions antérieures furent également pratiqués à l'époque de la conversion du Mexique au christianisme, par exemple sur l'ordre de l'évêque Juan de Zumarroga à Tezcoco, ou encore de Diego de Landa, au Yucatan, qui fit brûler en 1562, dans la ville de Mani, de nombreux *codex* mayas. — Chez les francs-maçons*, le *Livre de la Loi sacrée* (assimilé, par certains d'entre eux, à la *Bible*), est placé sur l'autel de la loge comme l'une des grandes lumières à côté du livre des lois de la Grande Loge (les deux autres « grandes lumières » sont le rapporteur et le compas*). — Le livre ouvert apparaît en héraldique sur l'emblème de nombreuses villes universitaires et dans la chronique de la ville de Constance qu'écrivit Richental. Le lion* de Saint-Marc à Venise tient également entre ses pattes un livre (l'*Évangile selon saint Marc*). — Le symbole du livre joue souvent un grand rôle dans les visions, même dans celles de gens apparemment peu éduqués comme Jeanne d'Arc* (1412-1431), qui opposa tout au long de son procès la force de son expérience au savoir théologique : « Mon maître possède un livre dans lequel aucun prêtre n'a encore lu, aussi bon prêtre soit-il. » Paracelse préférait également la « lecture du livre de la nature » à l'étude théorique, bien qu'il ne se fût nullement privé de celle-ci, et qu'il écrivît lui-même de nombreux traités où se répondaient la médecine, l'alchimie* et l'astrologie*. Du point de vue de l'alchimie, il faut précisément relever la conception du *Mutus Liber*, du livre muet constitué d'images symboliques que

La Sibylle tiburtine :
gravure du Maître Florentin des Sibylles.

n'accompagnait aucun commentaire afin de protéger les secrets des adeptes et de favoriser en même temps la pratique de la méditation. Le *Mutus Liber* est lui-même devenu un livre singulier portant ce titre, édité à la Rochelle en 1677, représentant le *Mysterium Solis et Lunae* (« Le Mystère du Soleil et de la Lune ») comme l'opération alchimique entre l'homme et la femme. Dans cette perspective, le livre droit être compris en profondeur, afin qu'on y découvre le sens caché de son texte. C'est pourquoi on trouve ainsi le symbole du livre tantôt ouvert qui renvoie à la littéralité du texte, et donc au sens exotérique, et tantôt fermé qui correspond à l'attitude ésotérique, indiquant qu'un « joyau de la pensée » est enfermé dans ses pages. À signaler enfin le *Liber Mundi* des Rose-Croix, ou le « Livre du Monde » – qui signifie que le monde est lui-même un livre dont les livres sacrés des différentes religions ne sont que des transcriptions particulières. Le livre, en tant que symbole, a de nos jours une signification tout à fait positive. « La nature et l'esprit apparaissent à l'inconscient comme des puissances fondamentales de la vie. Le livre y est souvent ce qui contient l'esprit. Il est parfois très ancien et très grand, couvert d'une écriture saisissante : il s'agit alors du livre de la vie » (Aeppli). — Dans le christianisme, la *Bible* est appelée le « Livre des livres » car « bible » vient de la forme plurielle *biblia* du mot grec *biblion* (livre). Ce même mot est également dérivé du nom de la ville phénicienne Byblos, qui était le centre le plus important de commerce du papyrus, le papier de l'époque.

LOTUS   Dans les pays du sud de la Méditerranée comme en Asie, le lotus a une valeur égale à celle de la rose* ou du lis* en Europe. Ce nom recouvre en fait plusieurs variétés de plantes : on connaît en Égypte le lotus blanc* (*Nymphaea lotus*) et le lotus bleu* (*Nymphaea cerulea*) ; en Inde, le lotus est une plante aquatique de couleur blanche ou rougeâtre (*Nelumbium nelumbo* et *Nelumbium nucifera*). En Amérique centrale, on désigne souvent sous ce nom le nénuphar blanc (*Nymphea ampla*), appelé *naab* en maya, ou *nicté hà*. Le lotus faisait partie du mythe égyptien de la création du monde (voir Octité, Ogdoade) ; d'après la légende, le lotus était issu du limon originel, et c'est de son calice qu'était sorti, sous les traits d'un bel adolescent, le divin Créateur. La fleur de lotus, qui s'ouvre au lever du soleil* pour se refermer à son coucher, était de ce fait même comparée au dieu du Soleil, et au déploiement de la lumière* hors du limon originel. Dans les tombes, où l'on

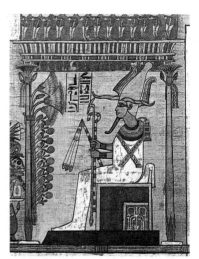

Osiris face à une colonne avec
des faisceaux de papyrus et de lotus
(« Livre des Morts »).

déposait des couronnes de lotus, de nombreuses peintures murales, à Thèbes, notamment, représentent des étangs recouverts de ces fleurs, sur lesquels les morts naviguent dans des barques de roseaux. Les colonnes « lotiformes » sont typiques de l'architecture égyptienne. Le papyrus et le lotus réunis symbolisaient l'union des deux parties du royaume égyptien (la Haute et la Basse-Égypte). Le lotus bleu était plus apprécié que le lotus blanc, car il exhalait une odeur plus suave ; il était l'attribut de Néfertem, le jeune dieu de Memphis, qui était le « Seigneur des parfums ». Ce lotus était appelé « la belle », *nen-nufer* (de là le français nénuphar). — Le lotus est en Inde un symbole spirituel et artistique très important. La déesse à laquelle il est consacré, Padma, est d'origine préaryenne, et son influence est liée à l'eau* et à la fécondité. Après les invasions indo-européennes, elle fut assimilée à la femme de Vishnou*, Lakshmi, et à Brahma. Selon la mythologie hindoue, le créateur du monde, Brahma, était né en effet d'une fleur de lotus, qui avait elle-même poussé sur le nombril de Vishnou alors que celui-ci dormait sur l'eau. Le bouddhisme accorde aussi au lotus un très grand intérêt ; on dit ainsi du Gautama Bouddha qu'il a « des yeux, des pieds et des cuisses de lotus ». Le maître (*guru*) qui a introduit le bouddhisme au Tibet (VIIIe siècle) porte le nom de Padmasambhava, « celui qui naquit du lotus ». L'une des formes d'apparition du bodhisattva Avalokiteshvara est de même appelée Padmapani, ce qui signifie « celui qui tient un lotus dans les mains » (le lotus est alors un symbole de la compassion). Une autre de ses formes porte encore le nom de Padmanarteshvara, « le Seigneur de la danse avec le lotus », et tient une fleur de lotus rouge ». Outre le pouvoir de création et la compassion, le lotus symbolise la connaissance qui, au fur et à mesure des réincarnations, permet d'atteindre le Nirvana. La prière tibétaine, *Om mani padme hum*, peut se traduire ainsi : « Om, joyau du lotus, Amen. » — On peut donner ici une interprétation psychanalytique des pratiques du tantrisme, en considérant qu'il s'agit de la vision spirituelle d'une union sexuelle entre la fleur féminine et l'énergie masculine. Dans la pratique du yoga, la maîtrise et la régulation des courants d'énergie corporelle qui nous irriguent est comparée à l'éclosion d'une fleur de lotus sur le sommet

Le maître Padmasambhava assis sur le lotus : dessin tiré d'un « mandala » tibétain.

de la tête. De même, le taoïsme considère la « fleur d'or* » comme un lotus suprême et fait de son éclosion le but de l'alchimie*. En Chine, et dans le contexte bouddhique, le lotus, qui prend racine dans le limon mais qui en jaillit pur, qui exhale une odeur suave alors qu'il n'a pas de tige, et dont la fleur est creuse et regarde le ciel, est un symbole de l'aspiration à la pureté. Çakyamuni, un avatar de Bouddha, se tient dans une corolle de lotus qui indique la vérité de sa nature. Dans le bouddhisme comme dans le taoïsme, le lotus est un attribut des « Immortels », *Ho-hsien-ku* (voir Huit Immortels). Le lotus bleu, *ch'ing*, est lié à la notion, qui porte le même nom, de la propreté. Un autre nom du lotus, *lien*, rappelle les mots relier et simplicité, donnant lieu de la sorte à de multiples rébus. On donnait autrefois aux pieds atrophiés des nobles chinoises, enserrés et comprimés par des liens, le nom de « lotus courbés », car ils donnaient de la grâce à la démarche et à la façon de danser. La tradition considérait le huitième jour du quatrième mois comme l'anniversaire de Fo (Bouddha), qui était « le jour où fleurit le lotus ». Le lotus symbolise d'autre part, dans les pratiques du tantrisme, les centres subtils (l'équivalent des chakras* dans le yoga classique ou le kundalini-yoga) que traverse l'axe vertébral de la sushumna. Ces lotus, au nombre de sept, ont de plus en plus de pétales au fur et à mesure que l'on monte vers la totale réalisation de soi : à quatre pétales pour le premier, puis à six, dix, douze, seize et vingt pétales ; le dernier lotus, changeant de dimension pour signifier le changement d'état et l'arrivée à l'Éveil véritable, est quant à lui doté de mille pétales. Le lotus a d'autre part ici le double sens de sexe féminin (*bhaga*, la vulve, couplée en tant que telle avec *vajra*, la foudre* ou le diamant*) et de centre énergétique. C'est ainsi que s'explique, par exemple, ce passage à première vue très immoral d'un commentaire du *Mahanirvana-tantra* qui déclare : « Introduisant son pénis dans le sexe de sa mère (le muladhara-chakra, centre de base du corps subtil), caressant les seins de sa sœur (les chakras du cœur et de la gorge), plaçant les pieds sur la tête de son guru (le lotus aux mille pétales), l'initié ne renaîtra plus. » Autrement dit, ayant fait remonter son énergie tout le long de la colonne, et ayant même dépassé le centre ultime du cerveau où se produit la révélation, le yogin tantrique n'a plus à renaître parce qu'il a atteint la délivrance dernière. Les Mayas du Yucatan appelaient le nénuphar blanc, qui ressemble au lotus, « la fleur de l'eau ». Son image apparaissait souvent sur les récipients de terre cuite et, comme motif pictural, dans les reliefs. On se servait probablement du lotus pour préparer les boissons narcotiques qui plongeaient les prêtres-jaguars dans l'extase. Voir Miel.

LOUP Le loup a de tout temps représenté un danger pour l'homme d'autant plus grand qu'on établissait entre eux des liens de parenté très proche – thème que l'on retrouve dans les contes et légendes où, à l'exemple des loups-garous ou des lycanthropes de l'Antiquité, les hommes peuvent parfois se métamorphoser en loups. — Dans l'Antiquité, le loup était considéré comme un « animal fantôme » dont la seule vue rendait muet. Hérodote et Pline racontent que les membres de la peuplade scythe des Neuriens se métamorphosaient en loups une fois par an. Le souvenir d'un totem* de la tribu, ayant la forme d'un loup, pourrait être à l'origine de cette croyance. Gengis Khan se vantait pour sa part de descendre d'un « loup élu » (*Tenggri*) engendré par le ciel*.

— Chez les Romains, l'apparition d'un loup avant la bataille était considérée comme l'annonce de la victoire future puisqu'il était rattaché au dieu de la guerre Mars*. En revanche, les Spartiates s'attendirent à leur défaite avant la bataille de Leuctres (371 av. J.-C.) lorsque des loups firent soudain irruption parmi leurs troupeaux. Bien que le loup, parce qu'il est nyctalope, soit aussi considéré comme le symbole du soleil* levant (Apollon* Lycaon) et que les peuplades turques vivant dans les steppes aient considéré le loup comme leur emblème totémique (elles possédaient des bannières et des étendards ornés d'une tête de loup), c'est sa connotation négative, en tant qu'archétype des puissances sataniques, qui prévaut généralement. C'est surtout, cependant, la gueule du loup qui est alors valorisée, celle-ci prenant la place de l'animal dans un processus de métonymie.— Dans la mythologie nordique, le loup Fenris, enchaîné, réussit à briser ses liens pendant le combat final (fin du monde*) et avale le soleil jusqu'à ce qu'il soit tué lors du duel qui l'oppose à Odin, le père* universel, qui y trouve la mort. Il avale tout autant la lumière sous la forme d'une caille selon certaines strophes du *Rig-Véda*, tandis que, dans certaines variantes du mythe, il est assimilé à l'agrégat Cronos*-Chronos* qui dévore à la fois ses enfants et le temps qui passe. On en voit peut-être encore un écho dans le conte de Perrault, *Le Petit Chaperon rouge*, tandis que le célèbre « homme aux loups » de Freud montre que cet animal ne cesse de hanter les cauchemars et les frayeurs des hommes modernes alors

Le loup, devant le singe, accuse le renard de vol : miniature du XVe s.

même que, souvent, ils n'en n'ont jamais aperçu aucun. — On rencontre en revanche des légendes dans lesquelles des louves allaitent des enfants et les élèvent. Outre un mythe de la région d'Ordos en Chine du Nord, l'illustration la plus connue en est bien sûr l'histoire de Romulus et de Remus, les futurs fondateurs de la ville de Rome : ayant été abandonnés dans les bois alors qu'ils étaient nourrissons, ils furent recueillis par une louve qui les nourrit de sa mamelle. Après avoir longtemps pris cette légende au pied de la lettre, ou y avoir vu une simple affabulation, on a beaucoup plus tendance aujourd'hui à y lire un récit d'initiation* à la future souveraineté*. La « louve » est en effet le nom qu'on a toujours donné en latin aux prostituées* (lupa, d'où est venu le mot de lupanar : la « maison des louves »), tandis qu'Acca Larentia, la femme du berger*, qui recueillit ensuite les jeunes enfants et continua de la sorte l'œuvre commencée par la louve, apparaît elle-même à plusieurs reprises dans les textes anciens comme une prostituée ou une prostituée sacrée (hiérodule*). Les jours de fête qui lui étaient dédiés à Rome, les *Larentalia*, mettaient d'ailleurs traditionnellement les prostituées à l'honneur. L'allaitement par la louve équivaudrait alors à un réenfantement par le féminin spirituel dans son aspect naturel, c'est-à-dire animal, en attendant que ce féminin se manifeste d'une façon culturelle, sous la figure d'Acca Larentia – féminin spirituel qui met en contact avec le monde de la mère* d'où procède la légitimité (voir aussi Vierge). On retrouve aussi le loup chez certaines tri-

Le loup Fenris arrache la main du dieu Tyr : illustration (XVIIIᵉ s., l'« Edda » poétique).

bus indiennes d'Amérique du Nord, particulièrement chez les Algonquins (Ojibwas) et les Sioux Winnebagos, où, parent ou frère du médiateur Menebuch (voir Lièvre), il règne sur le domaine des défunts. — Cette association avec les enfers* et la mort n'est toutefois pas toujours aussi pacifique : si Hadès porte un manteau en peau de loup chez les Grecs, Rome admet que des hommes et des femmes puissent se transformer en loups (on les appelle des « lycanthropes » mot à mot : des hommes-loups), motif qui s'amplifiera pour perdurer à travers tout le bas Moyen Âge et jusqu'au siècle de Louis XIV, pour passer ensuite dans les contes populaires noirs : c'est la figure du loup-garou qui hante les rêves des paysans – et des inquisiteurs, puisqu'on « sait » tout aussi bien que nombre de sorciers se transforment en loups pour se rendre au Sabbat où ils adorent le « grand Bouc* ». — Dans l'iconographie chrétienne, le loup apparaît d'abord comme le symbole des forces diaboliques qui menacent le troupeau des fidèles (agneau*). Seuls les saints ont le pouvoir, grâce à la force de l'amour qu'ils portent en eux, de transformer sa férocité en piété – par exemple François d'Assise, Guillaume de Vercelli (qui sella un loup), Hervé et Philibert de Jumièges. On représentait autrefois la « gueule de l'enfer* » en partie comme un dragon*,

Romulus et Remus allaités par la louve : avers d'un denier (133-126 av. J.-C.).

en partie comme un loup géant. — Dans le *Physiologus* des premiers âges de la chrétienté, le loup est un animal rusé et malfaisant qui fait le mort lorsqu'il rencontre un être humain pour mieux l'attaquer ensuite. « Telles sont les personnes rusées et malicieuses. Si elles rencontrent de braves gens, elles font comme si elles menaient une vie innocente et n'avaient pas de mauvaises pensées, mais leur cœur est plein d'amertume et de ruse. » Le « loup habillé en berger » symbolise ainsi les faux prophètes qui ont pour objectif de « corrompre les innocents ». — C'est, semble-t-il, sous l'influence des représentations négatives du christianisme, que le loup changea ensuite totalement de signification pour devenir le symbole de la bêtise devant la subtilité d'esprit et la ruse jamais en défaut du renard (le *Roman de Renard* des XIIᵉ et XIIIᵉ siècles). — Dans l'iconographie alchimique, il est question du *lupus metallorum* (le « loup des métaux ») qui dévore l'or* pour le « racheter ». Il s'agit là d'un processus de purification de l'or à l'aide de l'antimoine, l'antimoine étant le « loup gris » du laboratoire alchimique.

LUMIÈRE   La lumière est un symbole universel de la divinité ou de la spiritualité, car c'est elle qui a permis à l'univers, en le révélant, de sortir du chaos* originel, et qui a repoussé l'obscurité dans ses dernières limites. Parmi tous les couples d'opposés*, la lumière et l'obscurité* forment l'un des plus importants, où la lumière est souvent désignée par la plus constante de ses sources, le soleil*. Si la lumière du soleil est directement perceptible, la lumière de la lune* est d'abord le reflet de celle du soleil ; elle est donc beaucoup plus douce, et elle éclaire beaucoup moins. L'obscurité n'est cependant pas toujours ressentie comme hostile ; elle est au contraire souvent envisagée, dans le couple d'opposés qu'elle forme avec la lumière, comme le complément de celle-ci (voir Yin et Yang). — Les sociétés patriarcales considèrent la lumière comme un élément masculin, et l'obscurité comme un élément féminin. La religion de la Perse antique mettait au premier plan le combat qui opposait éternellement la lumière (*Ormuzd*) à l'obscurité (*Ahriman*), et attribuait des propriétés divines au royaume de la lumière, tandis que celui de l'obscurité relevait des puissances maléfiques. L'idée, évidente, de

l'ascension de l'obscurité vers la lumière a fait l'objet de nombreux enseignements initiatiques. Du point de vue ésotérique qui est celui de la cabbale juive, la lumière originelle est la substance même de la divinité. Les chrétiens définissent également le Créateur comme « la lumière du monde ». Un hymne néo-babylonien datant du IXᵉ siècle av. J.-C. et dédié au dieu du Soleil Schamash, indique clairement la relation entre les concepts de lumière, de dieu et de Soleil, opposés aux forces du Mal : « Le dieu Schamash est celui qui dissipe les ténèbres, qui éclaire le ciel, qui en haut comme en bas, combat le Mal... les princes se réjouissent de ta contemplation, les dieux qui habitent le ciel te louent. Ils voient ce que cache ton éclat, et ta lumière guide leurs pas... les portes du ciel te sont grandes ouvertes, les dieux du ciel eux-mêmes te sacrifient ! » On connaît aussi l'hymne au soleil composé par le pharaon égyptien hérétique Akhenaton : « Déjà tu apparais dans le ciel, soleil de la vie, qui le premier vins à la vie ! Ta lumière resplendit à l'Est, et ta beauté dans toutes les parties du monde... » (voir Aton). La symbolique alliant l'esprit à la lumière se retrouve

Aknaton (Aménophis IV), sous les rayons d'Aton, offre au dieu du Soleil le symbole de Maat (la Vérité) : relief en calcaire (XIVᵉ s. av. J.-C., Tell el Amarna).

La séparation de la lumière des ténèbres, le premier jour de la création : miniature du XIe s.

aussi dans le manichéisme et le gnosticisme. Mani, le fondateur de la religion manichéenne, qui tenta une synthèse des éléments chrétiens avec l'ancienne spiritualité de la Perse (environ 215-275), enseignait l'histoire des trois âges du monde : celui de la Création, celui de la confusion entre la lumière et l'obscurité, et celui où nous vivons, à la fin duquel les particules de lumière auront à regagner le sein de la sphère céleste. Les particules de lumière rayonnent ainsi de la terre, pour former, en haut, le soleil, la lune et les étoiles*. Les colonnes de lumière constituées par ces particules s'élèvent, lors de la première moitié du mois, vers la lune, jusqu'à ce que celle-ci dessine un disque plein. À partir de là, elles sont attirées vers le soleil et vers le paradis* de lumière. De même, dès qu'elle a quitté son enveloppe terrestre, l'âme purifiée est amenée par trois anges* dans ce royaume de lumière, où le Juge suprême lui remet, en signe de victoire, l'habit et les couronnes* de lumière (une couronne de fleurs et un diadème). — Le monde judéo-chrétien considère également la lumière comme un élément autonome, et non pas forcément comme une émanation physique du soleil. Dans la *Genèse*, la séparation de la lumière et des ténèbres constitue la première manifestation divine ; le

soleil et la lune ne seront que plus tard accrochés au firmament, comme « luminaires » (ce mythe a pour but avoué de différencier la religion de Moïse de celle des peuples païens qui adoraient des dieux solaires). La légende juive (E. ben Gorion) explique ainsi cette particularité de la Création : le Créateur aurait caché la lumière qu'il avait créée au premier jour, car il avait prévu que ses futures créatures l'irriteraient. « Il se fit cette réflexion : les méchants ne méritent pas d'être illuminés par cette lumière ; ils devront se contenter du soleil et de la lune, dont les éclats s'éteindront un jour. Mais la lumière originelle, qui procède de la durée éternelle, sera la lumière des Justes. » — Pour exprimer la relation symbolique de Dieu et de la lumière, représentée par les couronnes lumineuses, les auréoles et les nimbes*, l'iconographie chrétienne primitive a cependant utilisé l'image de rayons de soleil stylisés. Ce procédé se justifiait par le *Psaume* CIV de l'*Ancien Testament* : « Seigneur mon Dieu, tu es si grand ! Vêtu de splendeur et d'éclat, drapé de lumière comme d'un manteau, tu déploies les cieux comme une tenture. » La parole du Christ, « Je suis la lumière du monde », devait aussi avoir une très grande influence sur la symbolique chrétienne de la lumière. La petite lampe que l'on peut voir veiller dans toute église catholique symbolise ainsi la lumière éternelle qui, grâce aux prières que l'on fait pour eux, illumine aussi les morts. C'est en tant que dispensateurs

La métaphysique de la lumière : gravure (XVIe s., « Liber de intellectu »).

*Le Christ,
lumière du monde :
relief en ivoire
(cycle du XIIIᵉ s.,
avec les « Histoires
de la Création »).*

de lumière que sont utilisés les cierges, tels que le cierge pascal, ou le cierge domestique que l'on amène à l'église le jour de la Chandeleur pour le faire bénir (2 février). Les cierges que l'on allume pour les baptêmes et la communion ne traduisent pas non plus seulement la foi, mais ils signifient aussi l'illumination par l'Esprit et la venue d'un « jour nouveau ». Il existe une croyance populaire très répandue, selon laquelle le simple fait d'allumer un cierge béni protège des intempéries, de la grêle, des inondations et de la maladie, car c'est à sa lueur que les croyants implorent l'aide et la protection divines. — Cette symbolique de la lumière ne se limite naturellement pas à la seule culture chrétienne. Le bouddhisme considère la lumière comme un symbole de la vérité et de la victoire remportée sur le monde matériel, sur le chemin de l'Absolu, le Nirvana sans couleur ni forme. La lumière est alors l'équivalent de la connaissance, qui réconcilie les fausses oppositions du monde phénoménal dans une conjonction d'opposés. L'idéogramme chinois *ming*, qui réunit en lui la lumière du soleil et celle de la lune, signifie ainsi, à la fois, la vraie connaissance, et ce qui en est en même temps la cause et la conséquence, l'illumination libératrice qui délie de tous les conditionnements. (Dans un registre assez proche, quoiqu'avec un sens spirituel évidemment différent, il faut rappeler ici que, dans les premiers âges du christianisme, on appelait aussi « illumination » le baptême, puisqu'on y recevait la lumière du Saint-Esprit – voir Flamme.) — L'hindouisme regarde pour sa part la lumière comme une métaphore de la sagesse, comme l'expression de la part spirituelle et divine de la personnalité (*atman*), ou comme une manifestation de Krishna, le seigneur de la Lumière. Dans l'islam, la lumière porte un nom sacré, *Nûr*, car « Allah est la lumière du ciel et de la terre ». À la suite de cette sourate du *Coran*, on a traditionnellement établi l'équivalence entre les deux termes *En-Nûr*, la lumière, et *Er-Rûh*, l'esprit – retrouvant de la sorte la même intuition fondamentale que celle des gnostiques dans leur recherche du Dieu Tout-Autre, ou celle du christianisme où l'ange de la lumière, Gabriel, annonce la visite du Saint-Esprit à Marie*, dans un processus de fécondation par la lumière où l'Esprit acceptera de se voiler pour s'incarner dans un corps humain ou, plutôt, à la fois totalement humain et totalement divin. — Le symbole de la lumière joue également un rôle primordial dans la doctrine juive de la cabbale, en tant que lumière primitive, appelée *Or*, ou *Awr*. Cette lumière a « jailli de l'éther primitif et caché, Awir ». D'après la même cosmologie mystique, l'obscurité ne serait apparue qu'après la lumière, et une voûte médiatrice « arbitre la querelle de la lumière et de l'obscurité ». On assiste là à l'inversion du processus ordinaire où la lumière jaillit d'habitude de la nuit. Le sens suggéré est que, en deçà de la lumière et de l'obscurité, il existe une « Lumière essentielle » que la Création vient finalement obscurcir, et que c'est seulement à partir de ce voilement de la lumière première qu'apparaît le couple nuit-lumière comme nous avons coutume de le concevoir. Cette image rappelle la *Royal Arch* de la symbolique maçonnique*, dans laquelle le symbole de la lumière est très présent. « Le franc-maçon est en quête de lumière ; on donne une lumière au nouvel admis, on apporte une lumière symbolique dans la loge nouvellement fondée, allumer une lumière est un rituel. Les grandes et les petites lumières ont chacune une signification fondamentale. Ce culte symbolique de la lumière apparaît aussi dans la vénération de l'Est, lieu sacré du Temple des Mystères » (Lennhoff – Posner). Les « grandes lumières » désignent certains objets symboliques de la franc-maçonnerie :

l'équerre*, le compas* et le Livre* Sacré. Les « petites lumières » (posées sur les piliers de la Sagesse, de la Beauté et de la Force) désignent le Vénérable et ses deux gardiens (ou le soleil et la lune). Les dirigeants des loges sont aussi considérés comme leurs lumières. On doit noter enfin que, dans certaines doctrines ou pratiques mystiques, Dieu est dit ténèbres pour l'homme, car sa lumière est si éclatante qu'elle aveugle quiconque l'aperçoit. Ces ténèbres, de ce fait, ne représentent pas une obscurité véritable, mais sont l'image paradoxale dont on se sert alors pour désigner Celui qui, au-delà même et à la source de la lumière, est conçu comme « Lumière des lumières ». Voir aussi Fenêtre.

LUNE Avec le soleil*, la lune est à l'évidence l'astre le plus important symboliquement. Elle possède un caractère féminin, et relevait dans l'ancienne Chine du principe yin* : ce corps céleste reçoit en effet passivement la lumière du soleil, et le mois lunaire correspond à la période menstruelle féminine. Le devenir et la fuite, de même que la naissance toujours renouvelée d'une même figure, sont les marques de la « philosophie lunaire » qui s'exprime traditionnellement dans l'adage « meurs et deviens ». — En fait, dans nombre de très anciennes civilisations, la lune était du genre masculin, et le soleil féminin, comme on peut le constater par exemple dans le panthéon des Hittites, dans des vestiges mésopotamiens où Sin était le dieu de la Lune avant qu'Ishtar*, sa fille, ne prît sa place ; au Japon où la déesse tutélaire, Amaterasu, est la déesse du Soleil ; chez les Mongols enfin où Gengis Khan, en plein Moyen Âge, était le descendant du dieu Lune par l'entremise de son aïeule primordiale qui avait été engrossée par un rayon de l'astre. On en retrouve encore des traces chez les Indo-Européens, particulièrement dans le groupe nordique celto-scandinave. La chambre des femmes dans la maison royale du « roi sacré » de l'Irlande, à Tara, était appelée *grianan*, la « chambre du soleil », tandis que l'allemand moderne met toujours le mot lune au masculin (*der Mond*) et le soleil au féminin (*die Sonne*). Il semble qu'il y ait là en fait un rappel de ce temps où la femme était considérée comme l'essence de la vie et de la vertu créatrice, comme la source de chaleur et, dans le registre de l'imagination, comme le foyer de la lumière.

L'homme était alors perçu comme un « homme de la lune » en relation profonde avec l'écoulement et la division du temps. On trouve ainsi dans les tablettes d'écriture cunéiforme de Mésopotamie : « Pendant la période où elle est visible, durant les cinq premiers jours, la lune est le dieu Anu ; du sixième au dixième jour, le dieu Ea ; du onzième au quinzième jour, le dieu Enlil. » De fait, selon le rythme même des apparitions de la lune dans le ciel, le dieu, le roi ou le « Grand Homme » qui lui était associé, connaissait deux phases consécutives : l'une, supérieure, correspondant à la lune visible, l'autre inférieure, c'est-à-dire vécue dans les enfers*, correspondant à la période de « lune noire » . C'est sans doute là l'origine – et l'Osiris lunaire égyptien en est une illustration frappante – de tous ces dieux « à passion » qui meurent et ressuscitent, et qui devinrent tout naturellement plus tard les fils et souvent les fils-amants de la déesse-mère*. Dionysos* est fils de Sémélé comme Attis est l'enfant de Cybèle* – dieux pareillement sacrifiés, démembrés ou tués qui, par la vertu de leur mort et leur passage en lune noire, apportent aux hommes l'espoir de la « seconde naissance » et la certitude de l'immortalité. — Pourtant, au cours d'une longue évolution religieuse, la lune fut de plus en plus consi-

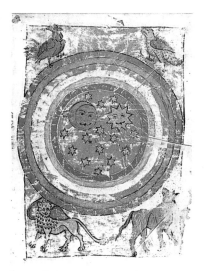

Les sept cieux avec, au centre, la Lune et le Soleil : miniature du XIIIe s.

dérée comme la Mère Universelle du monde cosmique, tout en gardant souvent des caractères androgynes* où transparaissaient les motifs de son ancien statut. Comme on avait fini par appeler Sin, le dieu de la Lune de Babylone, « Matrice maternelle, dispensatrice de toute chose, Père miséricordieux qui as pris le monde entier sous ta protection », la déesse Ishtar qui lui succéda fut souvent invoquée par les mots « Ô mon dieu et ma déesse ! », tandis que Plutarque (environ de 50 à 125), rapporte encore, au début de notre ère, qu'« on appelle la lune la Mère de l'Univers cosmique, et qu'elle possède une nature qui est à la fois mâle et femelle ». — C'est selon un autre processus que la lune peut aussi être du genre masculin dans certaines cultures extrême-orientales, alors qu'elle y est normalement féminine. En Inde, où elle est assimilée au soma*, la boisson d'immortalité, son cycle perpétuel de croissance et de décroissance, son symbolisme essentiel de métamorphose incessante, en font l'emblème de Shiva* qui construit et détruit les mondes tout au long de sa danse*. D'autre part, dans certaines illustrations du kundalini-yoga, on voit apparaître une lune masculine et un soleil féminin : il ne s'agit pas d'une erreur du copiste, comme Jung l'a suggéré par exemple dans son séminaire sur cette voie du yoga, mais bien d'une inversion due à la montée de l'énergie où, dans un phénomène sous-jacent de conjonction* des opposés, chaque genre se transforme dans son contraire. C'est la même conception que l'on retrouve en Chine aussi bien dans le *I-Ching** que le taoïsme et son alchimie* : alors que la lune est le symbole même du yin avec l'eau, le yin se transforme en yang, et donc la lune en soleil, afin d'exprimer le « renversement des polarités », la *coincidentia oppositorum*, la réunion de l'état « antérieur au monde » et de l'état « postérieur au monde », dans une circularité qui rend compte de l'émanation cosmique continue. Alors, le yang, le soleil, le feu est représenté par une jeune fille, et le yin, la lune, l'eau, est figurée par un jeune homme, s'apparentant à ce que les alchimistes occidentaux appellent le « feu aqueux » et l'« eau ignée ». « Le yin qui est dans Li est le feu, écrit ainsi Shang-yang-tseu, et le yang qui est dans Kan est l'eau. » Ce qui explique que, suivant les textes, et dans une dialectique qui est celle-là même de l'androgyne*, on peut

Allégorie de la Lune :
planche d'un traité d'alchimie du XVIᵉ s.

trouver l'équivalence générale femme-terre-feu et homme-ciel-eau, selon laquelle le « Ciel recèle le soleil qui est yin » tandis que la lune est yang, alors que, selon l'ordre normal des choses, et non plus selon leur ordre caché, « la lune est le Grand Yin. Elle a originellement une matière et pas de lumière. Elle croît et décroît selon qu'elle reçoit plus ou moins de lumière du soleil ». À noter d'ailleurs que, dans cette perspective, « à chaque jour sans lune ou de nouvelle lune, le Grand Yin et le Grand Yang s'unissent dans un même palais », cependant que l'on doit commencer l'Œuvre au moment où la lune émerge, afin d'atteindre à la « grotte* de la lune » où l'adepte peut espérer participer à « la merveille de la Création qui n'a pas encore commencé ». — Quoi qu'il en soit, la lune aujourd'hui porte généralement un nom féminin en Occident, apparu dès l'Antiquité classique (en latin *Luna*, en grec *Séléné* ou *Artémis**). — Dans notre alchimie*, *Luna* symbolise l'argent*, et aussi la « reine* », dont le mariage avec le « roi* » crée un être androgyne, par les noces de *Sol* et de *Luna*, de *Rex* et de *Regina*, après qu'ont été effectués l'*opus lunae* (le travail de la lune, c'est-à-dire l'œuvre au blanc) et l'*opus solis* (le travail du soleil, l'œuvre au rouge). C'est de cette conjonction que naîtra le *regius filius*, le fils royal, lui-même hermaphrodite*, qui est l'équivalent de l'enfant philosophal et de l'enfant éternel, le *puer aeternus*. Comme l'affirme l'*Introitus apertus ad occlusum regis Palatium* de Philalète

*Madone assise sur le croissant
de Lune : gravure (1471, A. Dürer).*

(dans le *Musaeum Hermeticum*, Francfort, 1678) : « Que Diane* te soit propice, elle qui sait dompter les bêtes sauvages et dont les deux colombes* trompèrent de leurs ailes la malignité de l'air, afin que le jeune homme pénètre facilement à travers les pores ; il ébranle aussitôt les fondements de la terre et suscite une nuée d'ombre. Mais toi, conduis les eaux en haut jusqu'à l'éclat de la lune, et ainsi les ténèbres qui étaient sur la face de l'abîme seront dissipées par l'esprit qui se meut sur les eaux. Ainsi, sur l'ordre de Dieu, la lumière apparaîtra » ; texte que Jung commente ainsi : « À l'hermaphrodite correspond ici le *juvenis alatus* (le jeune homme ailé) dont la fiancée est la source* de Diane (c'est-à-dire la Lune en tant que nymphe*)… Les ailes* du jeune homme évoquent sa nature aérienne : c'est un *pneuma* qui pénètre vivant les pores de la terre. Ce trait ne signifie pas autre chose que l'union nuptiale du *spiritus vitae* et de la *terra arida virgo*, ou le mariage du vent avec l'eau consacrée à Diane. [...] Ce désir exacerbé du soleil et de la lune atteint apparemment son point extrême dans l'inceste*. Mais, comme tout ce qui se passe est aussi parabole, l'inceste... est le degré qui précède immédiatement l'union des opposés. Une nouvelle lumière sort, à la fin, des ténèbres et du Mal, lorsque la mort a expié les « machinations inévitables du Malin » (*Mysterium Conjunctionis*). — La croyance populaire a toujours pensé que les phases de la lune influençaient les événements terrestres : elles n'agissent pas seulement sur le flux et le reflux des océans, mais aussi sur le mouvement ascendant ou descendant de la sève dans les végétaux, de même que sur la pousse des cheveux ou sur les épanchements de sang. On prescrivait jadis des plantes lunaires (qui éclosent la nuit) pour les maux de nature féminine. On voit souvent dans l'iconographie chrétienne la Vierge* Marie* assimilée à la lune, ou bien debout sur un croissant de lune, ou trônant dessus, ce qu'on rapporte volontiers en Autriche à la victoire sur les Turcs (dont l'emblème était une demi-lune). Cette image trouve plutôt son explication dans l'*Apocalypse* de saint Jean (XII, 1) : « Un grand signe apparut dans le ciel : une femme, vêtue du soleil, la lune sous les pieds, et sur la tête une couronne de douze étoiles » ; cette femme symbolise la victoire sur les puissances ennemies. Le *bipène*, aux deux tranchants courbés en forme de lune, passe souvent pour un symbole lunaire, et il était considéré, avec l'arc en forme de croissant, comme l'arme des légendaires Amazones*. La sombre déesse Hécate Trioditis, l'Hécate aux trois visages, était également mise en relation avec les trois phases visibles de la lune (jeune lune, pleine lune, nouvelle lune ou lune sombre), de même qu'avec les trois périodes de la vie féminine (vierge, mère et vieille femme). — Les légendes juives renferment, quant à elles, un mythe symbolique très puissant (*cf.* E. ben Gorion), sur le couple d'opposés soleil / lune, qui explique pourquoi la lune, bien qu'étant l'un des deux luminaires, émet une lumière plus faible que celle du soleil : le Créateur avait révélé à la lune l'existence des deux royaumes, le royaume terrestre et le royaume de l'Au-delà*, et les deux lumières procédaient de cette polarité. La lune, à qui avait été attribué le royaume de l'Au-delà, n'accepta pas d'avoir une lumière plus pâle que celle du soleil. « Alors le Créateur dit : Cela est clair pour moi ; tu penses que je te donnerai plus d'importance et que je rapetisserai le soleil. Mais parce que tu as eu des pensées hostiles au soleil, tu deviendras plus petite que lui, et ton éclat sera soixante fois moindre que le sien. Alors la lune parla au Seigneur : Ô, Seigneur du monde ! Ce n'était qu'un mot que j'ai dit, dois-je recevoir pour ce mot une telle punition ? Alors le Seigneur dit : Un jour [c'est-à-dire, bien sûr, après le Jugement dernier], tu redeviendras aussi grande que le soleil, et le rayon de lune sera comme le rayon de soleil. » L'obscurcissement de la lune est cependant aussi considéré comme un signe avant-coureur de ce même Jugement dernier (*Joël* IV,15, voir Fin du monde). — On n'associe pas seulement la lune au monde nocturne de l'Au-delà, mais aussi, en raison de la similitude des phases lunaires et de la période menstruelle, au concept de « fécondité ». En Israël, les femmes et les animaux domestiques (en particulier les chamelles, voir Chameau) portaient couramment au cou de petites lunes en guise de parures. L'apologiste grec Théophile d'Antioche (IIe siècle) regardait également le soleil et la lune comme des symboles duels, comme « porteurs et images du grand mystère. Le soleil est l'image de Dieu, la lune est l'image de l'homme » (car elle reçoit la lumière du soleil). Dans la même veine symbolique, Origène (184-254) considérait la lune comme un symbole de l'Église qui, ayant reçu la lumière, la transmet à son tour aux croyants. De la même façon, on considérait la « renaissance » toujours renouvelée de la lune comme un symbole de la Résurrection. — Au Pérou, l'adoration de la lune était subordonnée à celle du soleil qui était dominante. L'historien inca Garcilaso de la Vega (1539-1616) caractérise la lune comme « la femme du soleil », et raconte que les temples étaient décorés de disques d'argent, « afin que l'on sache, à sa blancheur, que cette salle appartenait à la lune. Comme dans la salle consacrée au soleil, il s'y trouvait un portrait de femme, dessiné sur une grande barre d'argent. On allait dans cette salle rendre visite à la lune et se recommander à sa protection, car on la tenait pour l'épouse et la sœur du soleil, et pour la mère de toute la race inca : pour cette raison, on l'appelait *Mamaquilla*, qui signifie « Mère Lune ». On ne sacrifiait pas à la lune comme on sacrifiait au soleil. Des deux côtés de la figure de la lune, on pouvait voir les corps des reines défuntes, placées là par ordre de succession au trône et par rang d'âge… ». — Comme dans le système antique, à base géocentrique, l'astrologie* considère toujours la lune comme l'une des planètes principales avec le soleil. Elle est le corps céleste le plus proche de la terre, et elle lui montre toujours le même « visage », ce qui donna lieu à de multiples légendes. En raison de ses changements d'apparence, la lune passe dans l'astrologie pour « instable et

marquée du sceau du provisoire ». Mais elle est aussi bienfaisante (*benefactor*) et, en tant que planète féminine, elle influence les mouvements du cœur, le sexe féminin (en particulier les mères), et l'ensemble du peuple. Son point culminant se trouve dans le signe du Taureau* (parce que les cornes du taureau rappellent les cornes du croissant de lune, mais aussi à cause des rapports mythiques qu'entretenaient les anciennes déesses lunaires avec un partenaire viril qui apparaissait sous la forme d'un taureau). L'astrologie mo-derne attribue à la lune la détermination, chez la femme, de sa personnalité extérieure, alors qu'elle régit le Moi profond de l'homme (ce que Jung appelait l'*anima*). Elle a d'autre part adopté la nouvelle image de la « lune noire » qui représente en astronomie le deuxième foyer de l'orbite en forme d'ellipse que décrit la lune autour de la terre. Associée à la figure de Lilith*, la lune noire peut assombrir le destin de celui qui n'en a pas intériorisé le motif, mais elle indique d'abord la nécessité de l'initiation* psychique et spirituelle. Le signe (voir Astrologie et Zodiaque) et la maison* qu'elle occupe sont ceux-là même de l'interrogation fondamentale de la personne, de son désir essentiel et du parcours qu'elle doit effectuer. On parlait dans l'Antiquité de *Luna mendax*, la lune trompeuse, car le croissant de la lune descendante ressemble à un C (première lettre de *crescere*, croître), alors que la jeune lune ressemble à un D (*decrescere*, décroître) : la forme de la lune indique ainsi le contraire de son état véritable. On appelle « pierres de lune », les perles*, l'opale, la sélénite et le nacre, et le métal attribué à la lune est l'argent. Depuis qu'elle a été visitée par l'homme, la lune n'est plus seulement un lieu symbolique qui relève des sphères célestes ; sauf pour l'astrologie, dont la vision du monde se fonde toujours sur l'homme terrestre, et pour qui les planètes conservent, quoi qu'il advienne, leurs significations symboliques traditionnelles. L'iconographie représente toujours la lune sous la forme d'un croissant, souvent tourné vers la gauche. Le croissant de lune apparaît aussi dans les armes officielles de nombreux pays islamiques. Böckler (*Ars Heraldica*, 1688) interprétait le symbole héraldique de la lune par le souvenir des cent conseillers de Romulus, qui portaient sur leurs sandales l'image d'une demi-lune en forme de C : « ils portaient cet emblème

comme marque distinctive de leur rang.
Les nobles qui insèrent la lune dans leurs
armes, qui signifie la prospérité, ont pour
leur part certainement emprunté cet
emblème aux Turcs. »

LUNETTES   Alors qu'en français, le mot
de lunettes est dérivé de lune, les lunettes
étant fabriquées avec des verres ronds
en forme de petites lunes, le mot allemand
Brille vient pour sa part du moyen-haut
allemand *Berillus*, béryl, pierre* semi-pré-
cieuse utilisée à l'époque pour fabriquer
les verres grossissants (l'art de faire des
lentilles commença à se développer vers
1280). — Dans le livre alchimique du frère
de la Rose-Croix Michel Maier, *Atalanta
Fugiens*, il est écrit que la nature est pour
l'alchimiste plongé dans ses recherches
« un guide, un bâton, des lunettes et des
lampes ». Ces lunettes (en latin bas médiéval *perspicita*) symbolisent le regard
aiguisé du chercheur en quête du secret
de la nature porteuse de fleurs* et de
fruits. On retrouve également ce thème
du regard aiguisé dans les sculptures et
les tableaux représentant la vertu* de la
modération personnifiée (*temperantia*),
capable de distinguer ce qui est vital de
ce qui est excessif ; c'est ainsi qu'est souvent figuré le théoricien de l'Église et
patron des savants saint Jérôme (348-
420), bien qu'il n'y ait eu aucune lunette
de la sorte à son époque. Les charlatans
sont cependant appelés dans certaines
locutions populaires anciennes des marchands de lunettes (vendre des lunettes :
tromper, berner). Selon la même logique,
l'allemand parle de certaines personnes
qui envisagent tout « à travers des
lunettes roses », c'est-à-dire avec un opti-
misme excessif et délibéré.

*Lynx ou loup tigré dans le blason
de l'Accademia dei Lincei.*

LYNX   Le lynx est un animal carnassier,
que ses yeux* perçants ont rendu
célèbre (« des yeux de lynx »). L'iconographie chrétienne le représente comme
une créature issue du royaume du
Diable* ou, plus couramment, comme un
symbole de la vue ; on dit même parfois
que le lynx voit à travers les murs. —
Dans l'art héraldique, l'image du lynx, ou
« loup-tigre », signifie d'après Böckler
(1688) « un esprit prompt et rapide, une
intelligence perçante et supérieure ».

M

MAEVE La reine Maeve (en irlandais *Medb*), popularisée en particulier en Europe par son apparition dans *Le Songe d'une nuit d'été* de Shakespeare (1564-1616), est généralement conçue comme le type même de la femme sensuelle et débauchée. Il semble qu'il y ait eu là l'effet, à partir de l'oubli des anciennes mythologies celtes, d'une incompréhension générale quant à la signification profonde des rites de souveraineté*. On connaît en effet deux Maeve dans l'Irlande préchrétienne, l'une reine du Connaught, qui déclenche la guerre contre l'Ulster et son héros Cuchulainn pour la possession du taureau* de Cualgné (*Tain Bô Cualgné* : *La Razzia des vaches de Cooley*), l'autre, reine du Leinster, surnommée la Demi-Rouge, avec qui tout nouveau roi suprême de l'Irlande devait avoir fait l'amour pour affirmer sa légitimité (dans un inceste* sous-jacent évident, puisqu'on la voit monter successivement, par exemple, dans la couche d'Art, puis de son fils Cormac Mac Art). Maeve du Connaught est elle-même réputée pour sa lascivité, cependant que le nom de Maeve signifie génériquement l'ivresse. Or, le Leinster est, selon la tripartition de Dumézil, la province consacrée à la fécondité et à la fertilité de la terre que tout souverain devait par ailleurs assurer à son territoire. À travers leur symbolisme sexuel et parfois, à première vue, quasiment pornographique (voir les figures de *sheela-na-gig*, figurations féminines qui mettent d'abord en valeur leurs vulves qu'elles tiennent grandes ouvertes à deux mains), les déesses de la maternité, qui jouissaient d'une autorité temporelle et spirituelle, parvenaient par contre à imposer l'idée que le pouvoir et la loi procédaient d'une matrice fondamentale qui leur conférait sa puissance.

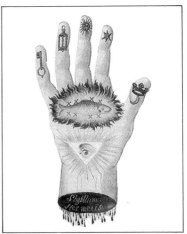

Main alchimique avec les symboles de la transmutation : planche d'un traité d'alchimie du XVIIᵉ s.

Détail du chaudron de Gundestrup. Figure féminine extérieure (Iᵉʳ s. av. J.-C.) Musée National, Copenhague.

MAIN C'est l'élément du corps humain qui apparaît le plus souvent en symbolique. On trouve déjà des empreintes de mains dans les peintures rupestres de l'ère paléolithique (par exemple dans les grottes de Gargas et de Pech-Merle en France), ainsi que dans l'art rupestre d'autres continents (Amérique du Sud, Australie). À Gargas (grottes des Pyrénées) sont représentés de nombreux bouts de doigts déformés ou mutilés, peut-être pour immortaliser des actes de sacrifices. — La main peut avoir en fait de nombreuses significations et elle

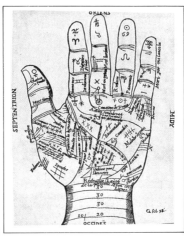

*1. La main
de Boudha
dans le geste
(mudra) de
l'argumentation ;
sur la paume,
la Roue
de la loi :
bronze
thaïlandais
des XIIIᵉ-XIVᵉ s.*

*2. Main
avec diagramme
explicatif
pour la lecture
chirographique :
gravure de 1649.*

exprime des actions et des sentiments positifs ou négatifs selon qu'elle fait, par exemple, le geste d'attraper ou de repousser. C'est pourquoi elle sert souvent d'amulette (*cf.* la « main de Fatima » dans les pays musulmans). — Dans les cultures sémitiques, main est synonyme de puissance (*jad*) ; elle exprime le pouvoir du souverain et représente donc un symbole royal. Toucher quelque chose avec la main réfère de toute façon à un contact magique. Poser la main sur quelqu'un est ainsi un signe de consécration qui permet de communiquer sa force à la personne en question. Une petite claque de la main symbolise l'accord amical, lever

ou rassembler les mains évoque la prière et certains mouvements de doigts correspondent au vœu et à la bénédiction. On trouve en Inde selon le même principe symbolique de base, mais avec des significations très différentes, les célèbres *mudras*, ou « gestes de la main ». En Inde, les deux principaux mudras sont ceux qu'on attribue à Kali*, l'*abaya-mudra* (main levée, paume en avant et les doigts étendus), par lequel elle délivre ses fidèles de la peur, et le *varada-mudra* (le même que le précédent, mais la main baissée), par lequel elle donne la joie en menant son adorant au-delà de la maya et de la fluctuation des phénomènes

*La main de l'Éternel :
relief (Collégiale de Castellarquato).*

*Saint Paul prêche et bénit les fidèles :
miniature du XIIᵉ s.*

*Main de Fatima, talisman arabe
porte-bonheur : gravure du XVIIIe s.*

qu'elle nie dans son essence. Dans l'espace bouddhique, les mudras se sont multipliés, particulièrement dans ce qu'il est convenu d'appeler le bouddhisme du grand Véhicule (*Mahayana*), désignant à la fois une posture rituelle, l'attestation éventuelle d'un attribut de Bouddha et l'attitude spirituelle de l'homme qui accomplit ce geste. — L'homme a toujours fait d'autre part une distinction entre la main droite* et la main gauche, afin de désigner des activités ou des trajets d'initiation*, sinon opposés, du moins complémentaires. Cette distinction se retrouve dans presque toutes les cultures, avec des sens spécifiques pour chacune d'entre elles. C'est ainsi qu'en Chine la main droite indique la voie de l'action, celle de la gauche, le « non-agir ». Le tantrisme introduit la distinction entre la pratique de la main droite et celle de la main gauche. Dans le tantrisme de la main droite, l'adepte se livre à une pure méditation intérieure (très proche du yoga classique), jusqu'à la contemplation de Vishnou*, ou de Shiva* et de Shakti dans le « lotus* aux mille pétales » : c'est une voie de l'harmonie, tandis que le tantrisme de la main gauche cherche la Délivrance par l'arrachement et la rupture de toutes les formes, par la désintégration des contraintes, l'équivalent de *nivritti-marga*, le « retour », la libération radicale de l'esprit. D'où des conduites apparemment aussi scandaleuses (ou jugées comme telles par ceux qui y sont étrangers), que l'ivresse*, l'usage de drogues et surtout l'érotisme – à tel point que ce tantrisme a été en grande partie assimilé aux cérémonies sexuelles auxquelles il peut donner lieu, jusqu'à atteindre à la *maithuna* (union amoureuse) où se révèle l'Unité primordiale. Le terme de main gauche est ici justifié par le fait que la gauche est le côté de Parvati, la shakti de Shiva, qui est traditionnellement assise sur sa cuisse gauche, et par là, à la fois, le côté du féminin et de la beauté (le terme *vama* qui entre dans la composition de *vamachara* : la pratique de gauche, signifie à la fois la gauche, la femme et la beauté, puisque lorsque Shiva est représenté comme androgyne*, c'est sa moitié gauche qui est féminine). Ce symbolisme de la main droite et de la main gauche se retrouve encore dans la cabbale hébraïque qui, reprenant la distinction biblique du Dieu terrible et juste des Armées (Yahwé-Sabaoth) et du Dieu aimant de l'Alliance (voir Arche), fait la distinction entre la main gauche de rigueur et la main droite de miséricorde

*Christ bénissant : fresque
(abside de l'église
de San Clemente, Tahull).*

de la Shekinah. Le Christ lui-même est couramment désigné comme la « main droite » de Dieu dans la mesure où le côté droit a, de façon générale, une signification positive en Occident, comme par exemple dans le langage symbolique de la magie où il est question de « magie blanche* » par opposition à la magie diabolique décrite comme le « chemin qui mène à la main gauche » (voir Droite et Gauche). Pour l'islam, le nombre cinq est, en raison des cinq doigts de la main, le signe de la profession de foi, de la prière, du pèlerinage, du jeûne et de la charité. Dans la symbolique de la secte balkanique des Bogomiles, résurgence du manichéisme en Bulgarie au début du Moyen Âge, la main représente, notamment lorsqu'elle figure sur les pierres tombales, les « cinq éléments » de l'ordre terrestre. — Des mains couvertes ou rentrées dans les manches sont un rappel de la coutume antique qui voulait que chacun cache ses mains en signe de respect lorsqu'il se trouvait devant un souverain. C'est pourquoi Moïse* est souvent représenté les mains cachées lorsqu'il reçoit les tables de la Loi sur la montagne* du Sinaï. — On attribuait au roi de France le pouvoir de guérir les malades atteints d'écrouelles en posant la main sur eux, d'autant qu'il avait par ailleurs comme emblème de cette royauté la « main de justice », une sorte de sceptre qui était l'insigne de sa maîtrise et le signe de son équité sans doute inspirée de Dieu. Les chefs byzantins avaient pour usage de lever la main ouverte et c'est ce geste qui a inspiré le signe de bénédiction chrétien. Lever les deux mains indique le désir de se tourner vers le ciel et d'en recevoir les dons

Poignée de main, symbole de la concorde : avers d'une pièce d'or frappée pour Nerva (97 ap. J.-C.).

(geste d'adoration des orants). Les personnes profanes ne pouvaient toucher par ailleurs aux objets sacrés qu'après s'être protégé les mains. Au cours d'un serment, la main droite levée avec trois doigts tendus (le pouce, l'index et le majeur) est un appel à Dieu à servir de témoin. Le mot « main » apparaît dans de nombreuses locutions qui parlent d'elles-mêmes : « en mettre sa main au feu » (référence à la pratique médiévale destinée à prouver son innocence lors des jugements de Dieu), « demander la main de quelqu'un », « tomber aux mains de quelqu'un », « avoir le cœur sur la main », « avoir la haute main sur quelque chose », « faire des pieds et des mains », etc. — La franc-maçonnerie* accorde une grande importance à la main du point de vue

L'ange de l'Apocalypse sonne la trompette, appelant Dieu comme témoin du Jugement dernier : miniature (IXᵉ s., Apocalypse de Saint Amand).

symbolique. C'est par elle qu'étaient déjà échangés dans les premières loges les signes distinctifs, et c'est elle qui donne le sacrement ; la « chaîne* des frères » est constituée par des mains croisées et on retrouve sur de nombreux sceaux et emblèmes des différentes loges deux mains tendues en signe de fraternité. — Les tribus d'Indiens d'Amérique du Nord, qui ne parlaient pas la même langue, parvenaient à communiquer entre elles à l'aide de signes de la main. Ces sortes de gestes élémentaires de la main existent sans doute depuis l'origine de l'humanité et peuvent la plupart du temps (de même que les mimiques et les expressions du visage), être compris de façon spontanée. Le langage des sourds-muets s'inscrit également dans ce cadre. Voir Figuier (« geste de la figue »). — Dans l'héraldique de la Renaissance, les mains signifient selon Böckler (1688) « la force, la fidélité, le zèle, l'innocence et l'unité. On rencontre la main sur de nombreux emblèmes. Une main aux doigts tendus, ou seulement tendus en partie, est un signe de désunion, alors que le poing ou la main fermée représentent la force et l'unité. Des mains serrées sont la marque de la fidélité et de l'union. Ce sont les mains qui nous nourrissent, nous habillent et nous consolent ; elles sont derrière chaque œuvre de l'homme ». — La chiromancie étudie les plis, ou lignes de la main en partant du principe qu'il existe une relation analogique entre la main d'un individu et ses « hiéroglyphes » (forces planétaires) ainsi qu'avec ses dons et ses dispositions. L'art de lire dans la main est surtout répandu chez les tziganes et l'on raconte que, pour certains chiromanciens particulièrement sensibles, la seule vue de la main suffit à déclencher des visions qui dévoilent le destin de leur client.

MAISON   Avec la disparition des chasseurs nomades de la période glaciaire, la maison est devenue le symbole du centre de l'existence pour les nouveaux sédentaires. Elle est la plupart du temps disposée selon des règles d'orientation cosmiques à l'aide desquelles est aussi déterminé l'emplacement de la construction (comme d'ailleurs à l'origine pour toutes les villes en général). Les maisons les plus anciennes que l'on connaisse au sens actuel du mot ont été découvertes à Jéricho (voir Sept) et à Çatal Hüyük (sur les plateaux d'Anatolie); elles datent à peu près de 6500 av. J.-C., c'est-à-dire

d'une époque largement antérieure à l'apparition des civilisations urbaines proprement dites et contemporaines du développement de l'élevage et de l'agriculture. C'est sur la maison que se sont cristallisés les progrès successifs de la civilisation; elle est le symbole de l'homme qui a durablement trouvé sa place au sein du cosmos*, et elle renvoie en tant que telle, dans une double direction, soit à l'évolution individuelle de la personne, soit à une symbolisation de ce cosmos tout entier qui se retrouve de toute façon, par un phénomène de correspondance ou de ce que Jacob Boehme aurait appelé une « signature », dans cette même évolution psychique et spirituelle. Du point de vue de celle-ci, le corps de l'homme est assimilé à une maison dans le bouddhisme, et l'on doit en « briser le toit » pour se délivrer des apparences, tandis que le taoïsme recommande la construction intérieure de « palais » qui équivalent à peu près aux chakras* du yoga. On connaît de même le fameux rêve que rapporte Jung où il se trouve dans une maison dont il doit explorer les fondements successifs, métaphorisant de la sorte les différentes strates de l'inconscient. La maison cosmique se retrouve quant à elle dans la yourte rituelle du chaman sibérien (voir Axe du monde), dans la case de la « danse* du Soleil* » chez les Sioux d'Amérique du Nord, ou dans le _Ming-tang_ chinois (Maison du Calendrier) qui, avec ses quatre* côtés orientés vers les quatre points cardinaux*, avec ses quatre saisons et les quatre éléments* au centre desquels il se trouve (représentant de ce fait l'unité assurée par la cinquième orientation, la cinquième saison et le cinquième élément qu'il symbolise), et avec ses trois fenêtres* dans chaque mur (3 x 4 = 12 fenêtres – soit les signes du zodiaque* ou les mois de l'année), constitue à lui seul un véritable cosmogramme que l'empereur* devait décrire tous les ans afin d'assurer la bonne marche du monde, de l'empire et de son propre gouvernement. — D'un point de vue archéologique, il faut noter que, bien avant l'invention de la poterie, de véritables maisons en briques d'argile séchée à l'air furent construites au Proche-Orient, et elles abritaient, à Çatal Hüyük, des lieux de culte et des fosses tombales creusées dans leur sol. — Dans la langue courante, le mot de « maison » est souvent employé dans le sens de personnes (une bonne maison) et marque alors leur origine (être originaire d'une maison noble), ou encore distingue une dynastie (la maison des Habsbourg). L'Église est la maison de Dieu (voir Tour), la tombe est la dernière demeure ou « maison éternelle » (en latin *domus aeterna*) jusqu'à l'heure du Jugement dernier (voir Fin du monde). Dans certaines civilisations étrangères, la maison est aussi le centre des discussions, des fêtes ou des rites collectifs comme la « maison des hommes » dans les sociétés divisées en groupes rituels ou en classes d'âge (comme chez les Tamborans de Nouvelle-Guinée) ou encore la maison Lang qui symbolisait le groupe originel des Iroquois (la forme architecturale est ici devenue le centre du groupe – Hodenosyauné, peuple de la maison Lang – et la caractéristique principale de son unité). — La maison est un symbole de grande importance pour la psychanalyse, par exemple lorsqu'elle apparaît en rêve : « Ce qui arrive « dans la maison » se produit à l'intérieur de nous car nous sommes souvent nous-mêmes la maison. On sait que la psychologie freudienne a associé la maison symbolique à la femme et à la mère, dans un sens sexuel ou par allusion à la naissance. La maison a en effet plus d'aspects féminins et maternels que masculins. Mais tout rêveur peut être lui-même la maison de ses rêves, une maison bien ordonnée, abandonnée, ancienne ou rénovée » (E. Aeppli). — Pour la signification du concept de « maison » en astrologie, se reporter à Symboles astrologiques.

MAMMON   Ce nom est issu de l'araméen, *ma'mon*, qui signifie fortune ou possession. Dans les textes anciens ou, plus tard, dans la littérature (par exemple dans le *Jedermann* de Hofmannsthal), Mammon est la personnification de l'argent, essentiellement de celui

Mammon : gravure (1660).

La mort et le serviteur de Mammon : gravure (1547, H. Holbein).

qu'on a gagné d'une façon malhonnête. Pour Agrippa von Nettesheim (1486-1535), Mammon fait partie de la suite du Diable*, ce qui rappelle cette parole de l'*Évangile selon saint Luc* (XVI, 13) : « Vous ne pouvez servir Dieu et l'Argent. » Mammon est généralement représenté comme une idole* d'or*, ou comme une figure du Diable qui répand des pièces de monnaie autour d'elle, attirant ainsi les hommes vers les joies de ce monde, en vue de leur condamnation dans l'Au-delà*. À la Renaissance, on qualifiait les avares de « serviteurs de Mammon ».

MANA   Terme mélanésien qui qualifie la force mystérieuse et active que possèdent certains individus, mais aussi chaque être du monde animal, végétal ou minéral. Est mana tout ce qui est puissant : la pierre qui semble renfermer une force exceptionnelle, une barque plus rapide, des porcs qui se reproduisent plus vite, un guerrier plus valeureux que les autres. Dans ce dernier cas, l'homme concerné tire en réalité sa force de l'âme* d'un guerrier mort. — La transmission du mana se fait alors par l'intermédiaire d'une petite allumette portée au cou, de quelques feuilles fixées à la ceinture, et de formules prononcées tout exprès. — Le missionnaire Crodington qui, à la fin du XIXe siècle, fit ces observations chez les Mélanésiens, signale encore que ce mana n'est pas attaché à un objet déterminé, mais que presque n'importe quel objet peut le véhiculer. « La création n'a été possible que par le mana de la Divinité, et les Anglais ont asservi les Maoris parce que leur mana était plus puissant... » Eliade, qui rapporte ces observations (*Mythes, rêves et mystères*), note qu'on a par ailleurs rapproché cette force impersonnelle de l'orenda des Iroquois, de l'oki des Hurons et du megbé des Pygmées, en pensant y retrouver la phase préanimiste de la religion, la première expérience du sacré. Eliade insiste bien cependant sur le fait qu'il ne faut pas en conclure que le mana est la seule manifestation possible d'une telle force sacrée. « Dans les religions primitives, dit-il, il existe des niveaux différents de manifestation du sacré, qui n'ont pas forcément le caractère d'immédiateté du mana. On rencontre aussi des cosmogonies primitives où les dieux ont créé le monde *ex nihilo*, uniquement par la pensée, en se concentrant. » — Sous une forme pour nous plurielle (manas), le terme est également repris en version profane dans les philosophies hindoues et bouddhiques, désignant le moyen par lequel se forme la pensée, le « plan subtil » de l'homme, une sorte de sixième sens qui, d'après les définitions, « centralise et coordonne les faits, appartient à la sensibilité et crée le vouloir comme représentation de ces faits. Les données de l'intelligence buddhi sont discutées, combinées, utilisées par le mental manas. Buddhi et manas sont les organes physiques de la conscience ».

MANDALA Ce mot signifie littéralement « cercle* », mais il désigne plus largement un objet de méditation et de concentration composé de cercles et de formes diverses, appartenant tant au monde indo-bouddhiste qu'au lamaïsme tibétain ; il constitue une image psychagogique qui, servant de support à l'adepte ou au fidèle, l'aide à poursuivre son chemin vers l'illumination. Au centre du mandala est en effet supposée se tenir la présence divine, figurée par des motifs géométriques ou, plus directement, par la représentation de Bouddha. Les mandalas sont pour une grande part dessinés ou peints, mais constituent parfois aussi un motif architectural, et apparaissent dans ce cas dans les plans de construction des temples ainsi qu'on peut le voir dans le temple de Borobudur à Java. Les mandalas sont des reproductions spirituelles de l'ordre du monde (cosmogrammes), et on les associe souvent dans ce sens aux quatre points cardinaux* (voir Carré). Comme dans le cas du labyrinthe* avec lequel on a parfois noté une certaine parenté, c'est le centre

Mandala représentant la structure de la montagne cosmique.

Mandala tibétain avec un gigantesque démon qui fait tourner la roue du devenir.

Shakti dans le kundalini-yoga). Certains symboles alchimiques rappellent le mandala, mais on ne peut historiquement prouver aucune corrélation entre eux. La psychanalyse jungienne en a donné comme explication l'existence d'archétypes* communs à l'humanité entière, structures objectives de formation des images qui peuvent donc se manifester spontanément chez des personnes d'histoire ou de culture tout à fait différentes, généralement dans le cadre d'un processus de maturation intérieure (ces archétypes apparaissent par exemple dans les rêves ou les visions), et dont le mandala serait l'un des modes de manifestation. Pour cette même école, le mandala symbolise, après la traversée de phases chaotiques, la descente et le mouvement de la psyché vers le noyau spirituel de l'être, vers le Soi et l'*imago Dei*, aboutissant à la réconciliation intérieure et à une nouvelle intégrité de l'être. En tant qu'objets de méditation au sens propre, les représentations des mandalas portent en Inde le nom de yantras*.

du mandala qui attire le regard. Selon C. G. Jung (1875-1961), il s'agit d'un « rétrécissement du champ de vision psychique », qui lui paraît hautement nécessaire : par la contemplation et la concentration, le mandala a en effet pour fonction d'attirer intuitivement l'attention sur certains éléments spirituels afin de favoriser leur intégration consciente dans la personnalité. Jung avait relevé d'autre part que l'inconscient, dans ses périodes de trouble, peut produire spontanément des mandalas, structurant de la sorte la psyché et lui indiquant le chemin de sa totalité intérieure, ou entièreté. Il a enfin relevé que, sans en avoir bien sûr le nom, le mandala existait aussi dans la tradition chrétienne (par exemple, l'image du Christ tétramorphe entourée d'un cercle*, et inscrite dans un carré dont les symboles des quatre évangélistes, le lion*, le taureau*, l'aigle* et l'homme*, occupent les coins), de même que dans certaines représentations des Indiens d'Amérique du Nord, particulièrement chez les Navajos. — Pour en revenir à l'Orient, selon le degré d'initiation* auquel on se trouve, le centre du mandala contient différents symboles, comme le « météorite » de diamant* du tantrisme indien, qui symbolise l'union définitive du principe originel masculin au principe féminin, c'est-à-dire la dissolution de ce couple d'opposés (Shiva*-

MANDORLE   La mandorle est une auréole, ou nimbe*, en forme d'amande, qui se compose de deux demi-cercles inachevés. C'est un symbole de la *Majestas Domini* (c'est-à-dire de « Jésus glori-

La Trinité, incluse dans la mandorle, entre les symboles des évangélistes : miniature (~1200, Psautier d'Ostrov).

Vierge et Enfant inclus dans la mandorle : devant d'autel de Sainte Marguerite de Vich, art catalan du XIIe s.

fié »), ou de la Reine* du Ciel, Marie* (en effet, elle apparaît souvent dans une mandorle dans l'art du Moyen Âge). L'amande (en grec *amygdale*) est un ancien symbole de l'impossibilité d'accéder à un trésor quel qu'il soit, enfermé dans une enveloppe quasiment infranchissable. Dans le *Livre de Jérémie* (I, 11-12), le rameau d'amandier est au contraire un symbole de vigilance, car le mot *schaked* (amandier) rappelle le mot *schakad*, qui signifie veiller. La mandorle, close et pourtant rayonnante, représente ainsi la concentration d'une lumière* qui s'échappe de l'intérieur, c'est-à-dire de la vraie nature du Christ dérobée dans sa corporalité. Au Moyen Âge, l'amande symbolisait aussi l'embryon, enfermé dans l'utérus. La forme de l'amande, qui rappelle une vulve stylisée (voir Yoni*), explique sans doute cette dernière image symbolique.

MANDRAGORE (en botanique, *Mandragora officinarum*) À la fois estimée et crainte, la mandragore est une plante d'une haute valeur symbolique. Sa racine ramifiée rappelle la silhouette humaine. Elle porte, d'après la tradition, la marque divine, et elle était de ce fait considérée comme un remède universel. La man-dragore ne pousse que la nuit ; elle libère certaines toxines (hyoscyamine, atropine, scopolamine), dont l'effet est souvent hallucinatoire. C'est pourquoi elle était l'un des éléments importants des remèdes de sorcières*, et jouait un rôle non négligeable dans les sciences occultes. D'après la légende, la mandragore ne poussait qu'au pied des gibets, car elle était issue du sperme des pendus. On ne pouvait l'arracher du sol qu'avec beaucoup de précaution, et on rapporte qu'elle poussait à ce moment un cri particulièrement déchirant et meurtrier : pour cette raison on laissait aux chiens* le soin de la déterrer, ce qui se soldait invariablement par leur mort. Elle était dans l'Antiquité un attribut de la magicienne Circé* ; chez les Juifs, elle constituait un remède contre la stérilité (voir Éléphant). D'une façon générale, on la reliait au concept de forces obscures et mystérieuses que l'homme ne devait affronter qu'avec beaucoup de précautions.

MANITOU Le « grand Manitou » est la désignation chez certaines tribus indiennes de l'Amérique du Nord (Ojibwas, Winnebagos, Algonquins en général) d'un Être suprême indéterminé, essence de toute énergie vitale, qui fait vivre l'ensemble de la création. C'est Menebuch, le héros-lièvre*, qui est d'habitude son intercesseur, tandis qu'il règne aussi sur la mort par l'entremise du loup*, le frère jumeau* de Menebuch. En tant que principe d'énergie, le grand Manitou est l'origine du manitou qui anime toute créature, de la pierre jusqu'à l'homme, dans une conception à certains égards assez proche de celle du mana* de Mélanésie.

MANNE « Sur la surface du désert, il y eut quelque chose de graineux, menu comme la gelée blanche sur la terre. [...] Elle était comme la semence de coriandre blanc, son goût ressemblait à celui des beignets de miel…* » La maison d'Israël nomma « manne » cette nourriture providentielle envoyée par l'Éternel aux Hébreux durant les quarante ans que dura leur traversée du désert sous la conduite de Moïse* (*Exode* XVI). Elle est aussi appelée dans les *Psaumes*, « blé céleste » ou « nourriture des anges* ». La manne devint ainsi le symbole d'une nourriture abondante et inespérée en même temps qu'elle marquait l'alliance de Dieu avec son peuple, puisqu'elle tombait du ciel* comme la parole divine, vivifiant le corps et l'esprit. — Le christianisme a repris l'image de la manne dans ses deux sens lorsque, dans les Évangiles, au moment de la multiplication des pains, Jésus dit à ses disciples : « Je suis le pain de vie. Qui vient à moi n'aura jamais faim, qui se fie à moi n'aura jamais soif », anticipant de la sorte la future Eucharistie. — Comme la manne a disparu du monde hébraïque, les écrits rabbiniques déclarent qu'elle est désormais cachée au ciel pour être réservée aux justes, mais qu'elle tombera à nouveau quand le Messie attendu par Israël apparaîtra. Dans la même veine, les auteurs chrétiens font référence quant à eux à un verset de l'*Apocalypse* de saint Jean, où « celui qui tient les sept étoiles* dans sa main droite et qui marche au milieu des lampes* d'or » demande « qu'on entende ce que l'Esprit dit aux Églises : le vainqueur, je lui donnerai de la manne cachée ». — La manne apparaît toujours comme une nourriture spirituelle, même dans un domaine apparemment profane, quand Rabelais évoque la chance dont bénéficie Pantagruel dans son éducation puisque, recevant l'enseignement des docteurs grecs, latins et arabes, il reçoit « manne céleste de bonne doctrine » (*Pantagruel*, Chap. VIII). — Ce bienfait spirituel invite pourtant à une consommation rigoureuse. Rappelant que pendant l'Exode la manne non utilisée « engendrait des vers et devenait puante », Julien Green écrit dans son *Journal* que « toute lecture spirituelle non consommée par la prière ou par les œuvres produit en nous une sorte de pourriture ». Chacun est invité à prendre la quantité qui lui convient, sans jamais dépasser sa mesure.

MANTEAU Ce vêtement qui enveloppe le corps a pour effet de concentrer la silhouette humaine, lui donnant ainsi une apparence de puissance. Des manteaux somptueux et richement ornés font partie des attributs impériaux (manteaux de couronnement). On a longtemps pensé, qu'une partie de l'aura d'un homme passait dans son manteau, ce qui explique pourquoi il était l'attribut de nombreux prophètes qui se le transmettaient à tour de rôle. C'est ainsi que l'on voit dans l'*Ancien Testament* le manteau du prophète Isaïe diviser les eaux* du Jourdain. Après la montée au ciel de ce dernier dans un char* de feu, son disciple Élisée répétera aussitôt le miracle (*Deuxième Livre des Rois* II, 8-14). Plusieurs saints chrétiens,

Saint Martin partage son manteau avec un pauvre : devant d'autel de Gombreny.

comme saint François de Paule, ont de la même façon traversé l'eau à l'aide de leur manteau, tandis que saint Martin et saint François d'Assise ont partagé les leurs avec des mendiants*. On a encore attribué à d'autres saints le pouvoir d'accrocher leur manteau aux rayons du soleil* (Brigitte, Goar, Gothard). Le manteau est un symbole de protection, comme l'indique la célèbre image de la Madone au manteau, dont s'enveloppent également certaines fondatrices d'ordres religieux. Poser un manteau sur les épaules d'un homme est un symbole juridique, indiquant l'adoption de ce dernier. — Pour la psychanalyse, la présence du manteau dans un rêve* renvoie aux concepts de chaleur (de protection) et de secret ; quand on y porte le manteau de sa propre mère*, c'est généralement, d'après Aeppli, le signe que « la seconde naissance psychique, la sortie de la chaleur maternelle vers la froidure du monde, n'a pas encore eu lieu ». Voir Bleu.

MANTRA Terme fréquent dans la vie spirituelle indienne puisqu'il désigne un verset du *Véda*, des *Upanishads* ou de la *Bhagavad-Gita*. On considère que leur récitation psalmodiée a un pouvoir considérable pour tous les actes de la vie: leur son graviralt l'une après l'autre les régions de l'esprit pour s'abolir et parvenir à la béatitude suprême. — Pour Sri Aurobindo, « le mantra est un mot né des profondeurs secrètes de notre être, où il a été couvé par une conscience plus profonde que la conscience mentale éveillée, pour être enfin projeté au dehors, silencieusement ou par la voix. Il peut ainsi entraîner de profondes modifications des états subjectifs de la conscience et révéler la connaissance de ce qui restait ignoré ». — Chaque mantra contient, explicitement ou non, le « nom » du Divin : pour les hindous, en effet, « Dieu et son Nom sont identiques », et quiconque prononce le nom de Dieu, sous quelque forme que ce soit, finit par échapper au karma et trouver l'immortalité. — Le mantra le plus puissant est Aum, « vérité éternelle », symbole le plus proche de Dieu, syllabe sacrée entre toutes qui embrasse tous les aspects connus ou inconnus de Dieu. Comme tel, le mantra Aum a donné lieu à toute une série d'interprétations mythiques, symboliques, psychologiques et cosmogoniques : « out est Aum », lit-on dans la *Mandukya Upanishad*, « tout ce qui a été, ce qui est et ce qui sera est Aum ». D'où la puissance de la répétition vocale ou silencieuse de ce mantra qui peut mener jusqu'à l'illumination.

MARÂTRE   Tandis que la belle-mère joue un rôle de mère* négative dans les plaisanteries de banquet, la marâtre est, dans les proverbes comme dans les contes de fées, l'archétype de la mère dénaturée et mauvaise, égoïste, haïssant les enfants, prête, s'il le faut, à commettre des infanticides et finalement très proche de la sorcière*. Dans les contes des Grimm, le personnage de la marâtre se confond d'ailleurs souvent avec celui de la sorcière (*cf. Blanche-Neige*). « Depuis que maman est morte, nous n'avons plus eu une heure de bonheur. La marâtre nous bat tous les jours et lorsque nous allons vers elle, elle nous chasse en nous donnant des coups de pied… » (*Frérot et sœurette*). Si les marâtres sont souvent, dans la réalité, peu enclines à s'occuper des enfants du premier lit de leur mari, il semble de fait que cette attitude soit surdéterminée, d'un point de vue psychologique et donc mythologique, par l'image de la fausse mère, c'est-à-dire de l'usurpatrice qui prend alors sur elle l'aspect mortifère et menaçant que portait l'archétype* de la mère à l'origine.

MARCHES   Les marches sont un symbole de l'ascension vers un niveau plus élevé et plus proche du ciel*. Dans les civilisations anciennes, les temples* sont souvent construits sous forme de tours à degrés (ziggourat en Mésopotamie ; stupa* dans l'espace indo-bouddhiste, tel le célèbre temple en terrasse de Borobudur à Java ; téocalli au Mexique ; pyramides à degrés de la côte péruvienne). Les temples de la Grèce antique sont également construits sur des fondements étagés. Cette tentative de monter vers le ciel correspond manifestement à une disposition « archétypale » de la psyché qui exige un rapprochement de la sphère* de l'ordre cosmique, et qui est également sous-jacente à la conception des montagnes* sacrées. Quiconque s'élève hors de sa sphère quotidienne et parvient à l'échelon supérieur se rapproche évidemment de la divinité. Les temples à degrés n'ont pas seulement été construits dans les régions de plaines, comme la Mésopotamie, pour servir de « montagne de remplacement », mais aussi à la périphérie des montagnes qu'ils imitent — par exemple sur les hauts plateaux mexicains (Teotihuacan). La raison en est peut-être le mérite que l'on gagnait à bâtir soi-même les degrés qui conduisaient à un niveau cosmique plus proche de la divinité. — Dans la symbolique maçonnique*, les marches qui sont représentées sur le tapis sont assimilées aux grades d'initiation : par exemple, trois marches aux vertus de tempérance, de justice et d'amour bienveillant ; sept* marches, dans le système des hauts grades, figurant également dans l'image de l'échelle*, symbolisent les sept arts et sciences libéraux du schéma didactique médiéval, les sept âges de la vie, les sept vertus, cardinales et théologales, devant conduire à la connaissance, à la maîtrise et à l'ennoblissement de soi. L'idée fondamentale y est toujours la conscience qu'une expérience symbolique ne peut être délivrée d'un coup mais toujours progressivement, afin de ne pas surcharger le candidat, de respecter son rythme propre et de lui faire passer une à une les étapes nécessaires à une vraie compréhension.

MARIAGE   Le mariage est un symbole presque universellement compris comme une réunion des extrêmes, ou couple d'opposés*, qui dès lors se complètent et accèdent ainsi à une unité plus

Célébration d'un mariage : miniature (XIVᵉ s., « Pandectes » de Justinien).

haute, comme un tout qui signifie plus que la simple somme de ses parties. Dans les anciennes cultures, le mariage sacré (le *hieros gamos* grec) symbolisait l'union créatrice du ciel * et de la terre *, de l'élément masculin et de l'élément féminin, du dieu et de la déesse, et s'exprimait rituellement par l'union charnelle du roi avec une prêtresse qui incarnait la déesse ou, plus généralement, l'élément féminin du monde. C'est de cette façon que l'on pouvait garantir la fertilité et l'ordre cosmique pour l'année à venir, et il en allait de même en Mésopotamie lors de la fête qui marquait le début de l'an nouveau. Du point de vue spirituel, on a diversement interprété l'aspect sexuel de l'union, pourtant évident, et on l'a souvent compris comme l'image d'autres unions de couples d'opposés : comme le symbole, par exemple, de la fusion mystique entre Dieu et l'homme au moment de l'illumination ; ou comme l'emblème de la communauté « conjugale » de Dieu et de son peuple (de Yahwé et des Israélites, du Christ et de son Église). C'est ainsi que le grand chant d'amour de l'*Ancien Testament*, le *Cantique des Cantiques*, n'a été admis que dans son sens hérité de la tradition, à savoir que l'Église est la « fiancée du Christ ». Les religieuses reçoivent aussi un voile de mariée lors de leur entrée dans la communauté pour bien marquer leur statut d'« épouses mystiques » du Sauveur. — En alchimie*, les représentations du mariage ou de l'union sexuelle du *roi* et de la reine symbolisent l'union des éléments originels, *Sulphur** et *Mercurius*, qui forment alors un être androgyne*, accédant de ce fait à une unité plus haute. La dualité originelle de *Sol* et

de *Luna* (du soleil* et de la lune*), de Mars * et de Vénus *, etc. se résout alors dans le « mariage chimique », idée que l'on retrouve chez les gnostiques autour de l'union de Sophia * (la sagesse) et de *Dynamis* (la force), et qui s'est transmise sous une nouvelle forme dans l'alchimie. — Pour les mariages purement humains, l'échange des anneaux * tel qu'il est pratiqué dans la chrétienté, renvoie au symbolisme du cercle* qui n'a ni commencement ni fin, mais aussi au proverbe selon lequel les mariages sont « conclus au ciel » (c'est-à-dire déjà prévus à la naissance). Ce qui correspond non seulement à une conception européenne mais également juive et chinoise. On trouve en effet, par exemple chez le rabbin mystique espagnol Gikatila (XIIᵉ siècle), l'idée selon laquelle les futurs époux sont destinés l'un à l'autre avant même de venir au monde, et que leur mariage n'est que la réalisation effective de l'éternelle

Le prêtre invite les époux à l'échange des anneaux : miniature médiévale.

*Chaman avec costume et tambour rituels,
lancé dans une danse lui permettant
d'entrer en contact avec l'au-delà.*

union de leur âme. En Chine, c'était le
« vieil homme de la lune * » qui, la nuit,
attachait les jambes des nouveau-nés
garçons et filles avec un fil rouge
magique; il en résultait que les deux
êtres, au cours de leur croissance, se
sentaient de plus en plus attirés l'un vers
l'autre et finissaient par se marier. — Des
coutumes modernes, telles que de jeter
du riz * sur les mariés (symbole de fécondité), sont d'origine asiatique, comme le
riz lui-même. — Dans les sociétés poly-
gamiques, on fête les mariages d'une
manière généralement moins spectacu-
laire et fastueuse. Là où la chasteté avant
le mariage était exigée, la virginité de la
mariée et la « consommation du
mariage » devaient être prouvées après
la « nuit de noces » par l'exposition
publique du drap taché de sang * (voir
aussi Couvre-chef).

MARIE (Voir aussi Vierge) On a souvent rapproché la figure de Marie de
nombreux mythologèmes anciens, et en
particulier de la religion d'Isis *. Cette
comparaison est évidemment pertinente
dans la mesure où, par exemple, le
thème de la douleur de la Mère * rappelle
fortement, en effet, celui des pleurs d'Isis
chantant le Maneros (lamentation
funèbre dont le nom signifie « Compréhension de l'Amour »), et où les litanies
de la Sainte Vierge, ou litanies de Lorette,

ont repris nombre de thèmes ou d'épi-
thètes des anciennes arétalogies d'Isis.
Nécessaire du point de vue de l'histoire
des religions, cette comparaison ne peut
pourtant pas épuiser la signification profonde qui est celle de Marie, et qui ne
peut s'expliquer que dans son contexte
spécifiquement chrétien. Déclarée en
effet *Theotokos* (« Mère de Dieu ») au
concile d'Éphèse en 431, puis *aeipar-
thenos* (« toujours vierge ») au concile de
Chalcédoine vingt ans plus tard, Marie
ne se contente pas de se présenter
comme la mère spirituelle de l'Humanité
(*cf.* les paroles du Christ sur la croix à
Jean l'Évangéliste : « Fils, voici ta mère »),
mais elle est aussi celle qui a reçu la
grâce du Saint-Esprit et qui, dans son
humanité profonde, devient « la fille de
son fils ». D'autre part, l'intime souffrance
devant le martyre de Jésus introduit à la
notion d'espérance, c'est-à-dire à une
dimension de la foi qui repose sur une
confiance inébranlable dans les projets
de Dieu, parussent-ils absurdes au cœur
de l'homme. La Vierge devient dès lors
le meilleur pouvoir de médiation auprès
de son fils, ce que fait ainsi ressortir le
fameux texte du *Stabat Mater* de Jaco-
pone de Todi au XIIIe siècle, qui, après

*« Stabat mater dolorosa » :
Marie au pied de la croix, avec saint Jean
et Madeleine. Détail de la Crucifixion
de Mattias Grunewald : retable
d'Issenheim. Musée Unterlinden, Colmar.*

avoir montré toute l'horreur de l'affliction de Marie (*Quis est homo qui non fleret, / Matrem Christi si videret / In tanto supplicio* : « Quel est l'homme qui ne pleurerait, / S'il voyait la Mère du Christ / Dans un si grand supplice ? »), se termine cependant par sa requête faite à Dieu, afin qu'il intercède en sa faveur : « Fais que la croix me protège, / Que la mort du Christ me garde, / Et que me conforte sa grâce. / Quand mon corps sera mort, / Fais qu'à mon âme soit donnée / La gloire du paradis. » C'était la même conception, et encore plus, que défendait déjà saint Bernard de Clairvaux (XIIe siècle), lorsqu'il écrivait que Marie était « l'aqueduc de la grâce ». En fait, aussi bien en Orient qu'en Occident, à Byzance qu'à Rome, le culte de la Vierge a commencé très tôt et, sous la poussée populaire, a de plus en plus forcé l'Église à préciser sa place dans le plan de l'Incarnation divine et dans l'économie générale du salut. Alors que la théologie orthodoxe a choisi de mettre en relation Marie avec la figure de Sophia*, l'Église catholique, quant à elle, a surtout insisté sur le rôle essentiellement singulier joué par la Mère du Christ pour que celui-ci puisse exister dans sa double nature (proclamation du dogme de l'Immaculée Conception en 1854), et sur la gloire consubstantielle de Marie qui l'intronise définitivement comme *Regina caelorum* comme « Reine des cieux » (dogme de l'Assomption, 1950). — D'autre part, canalisant sur elle de très anciennes figures mythologiques (vierges noires*), ou de multiples attributs que lui conférait la croyance populaire, la Vierge Marie a puissamment synthétisé les espoirs et les rêves des croyants qui se sont inscrits dans ce qu'il est convenu d'appeler le « christianisme populaire ». Au Moyen Âge et à la Renaissance, certaines images dont on se servait lors des prières publiques ou des pèlerinages*, représentaient Marie dans un vêtement décoré d'épis de blé. Cette image n'est pas sans rappeler, de nouveau, les « mères nourricières » de l'Antiquité, telle que Déméter* par exemple. Le grain qui est mis en terre et pourrait sembler y mourir, mais qui se réveille au printemps pour commencer une nouvelle vie et promettre de nouvelles moissons, a été de tout temps un symbole de renaissance (*cf.* les mystères d'Éleusis). Pour les populations agricoles de l'époque, l'image de la robe d'épis était aussi une représentation concrète des prières ardentes que l'on faisait pour la richesse des récoltes. Ces résurgences païennes se faisaient donc dans un contexte nouveau qui en réorientait le sens, et qui rangeait tous ces mythologèmes, par-dessous leur concrétude, dans des catégories métaphoriques que guidait avant tout le double thème du Salut et de la Rédemption.

MARS (en grec *Arès*) Mars était, dans l'Antiquité, le dieu de la Guerre* et le gardien des champs. À Rome, on lui avait dédié le mois de mars (*Martius*). Mars était le père des jumeaux* Remus et Romulus, qui avaient pour mère une vestale. Il avait pour attributs le bouclier et la lance, et ses animaux consacrés étaient le loup*, le taureau* et le pivert. Les arts plastiques ne s'attachaient que rarement à la représentation de ce dieu. Les Romains comparaient Mars au dieu de la Guerre germanique, Ziu (le « Tyr » nordique), qui a donné en anglais son nom au mardi (« jour de Ziu », *Tuesday*), en latin *dies martis* (d'où dérive le français). L'association établie entre le dieu de la Guerre et la planète* rougeoyante qui porte son nom, est immédiatement compréhensible. En astrologie, la planète Mars passe pour néfaste, et a son

Mars et Vénus :
gravure (XVIe s., M. Raimondi).

domicile diurne dans le signe du Bélier *, alors que son domicile nocturne se trouve dans le signe du Scorpion *. Cette planète est « chaude, âpre, sèche et féroce... elle est liée aux tyrans, à la guerre, aux catastrophes inattendues » (J.W. Pfaff, 1816) ; elle régit l'activité, la volonté, l'énergie et une sexualité agressive. Dans la symbolique astrologique comme dans la mythologie antique, on considère Vénus * et Mars comme un couple d'opposés *, comparable au yin * et au yang. C'est pourquoi Vénus (Aphrodite* chez les Grecs), en principe femme légitime de Vulcain (Héphaïstos chez les Grecs), dieu des forgerons et des artisans, est l'amante de Mars avec qui elle reforme l'unité primitive de l'amour et de la guerre, du lien et du tranchant, d'*eros* et de *thanatos*. La couleur consacrée à Mars est le rouge * sang, son métal est le fer *, ses pierres précieuses * sont le rubis *, le grenat et la cornaline. Agrippa de Nettesheim (1486-1535) a ainsi décrit les esprits de Mars, que peut seul conjurer un rituel magique : « Ils s'irritent facilement et leur aspect est repoussant ; ils sont d'une couleur brun-rouge, leurs cornes ressemblent à la ramure d'un cerf, et ils sont aussi pourvus de griffes. Ils mugissent comme des taureaux furieux et se déplacent à la façon d'une flamme dévorante ; leurs marques sont la foudre et le tonnerre. » Cette description, évidemment, s'apparente beaucoup à celle du Diable *. Celui qui est dominé par la planète Mars est dit « martial ». La symbolique céleste de l'ancienne Chine reliait Mars à la couleur rouge, au feu * et au sud. Observée de la Terre, la trajectoire de la planète Mars est rétrograde et forme des boucles, ce qui explique la symbolique qui lui fut attribuée (confusion, impulsivité, catastrophes imprévisibles et anarchie).

MARTEAU   Le marteau fut d'abord l'instrument des forgerons, souvent respectés et craints car ils savaient transformer le fer en acier. Le démon étrusque de la mort, Charu (voir Diable), de même que le forgeron Héphaïstos (Vulcain chez les Romains) avaient, pour symbole de leurs fonctions, un marteau au manche très long. Chez les Germains du Nord, il était l'instrument du dieu du Tonnerre *, Thor, et s'appelait « Mjöllnir ». Il revenait dans la main du dieu comme un boomerang après avoir terrassé les géants*. Mais il pouvait aussi être bénéfique : d'un coup, il sanctionnait les mariages *. On le trouve également comme amulette, sur les pierres tombales, afin de chasser les mauvais esprits. Il n'est pas sans rappeler la « croix* tau » en forme de T de l'Égypte à la fin de l'Antiquité. — Il existait aussi autrefois des masses d'armes en forme de marteau avec lesquelles on fracassait le crâne de l'ennemi ; c'est de là que vient le nom de « Charles Martel ». — Dans la symbolique maçonnique *, le marteau est l'outil du maître de la Loge et des deux gardiens; ils utilisent soit un battoir sculpté, soit un marteau à deux lames. Le marteau à pointe symbolise le travail de la « pierre * encore brute », c'est-à-dire du novice. — Dans la vie quotidienne, un coup de marteau marque une décision irrévocable, par exemple lors des ventes aux enchères. Il est aussi utilisé au cours des procès pour rappeler l'assistance à l'ordre. — Les emblèmes et les symboles des mines représentent

*Forgeage des armes
dans la forge
d'Héphaistos :
gravure du XVIIe s.*

Le dieu Thor avec le marteau Mijolnir (XVIIIᵉ s., « Edda »).

non pas un marteau, comme on le croit habituellement, mais des battoirs et des objets en fer disposés en forme de croix.

MASQUE   Synonyme aujourd'hui de la dissimulation – « Quel masque ! » s'écrie-t-on, – on ne recourt plus au « faux visage » que pour se déguiser lors des fêtes de Carnaval, jouer la comédie au théâtre ou se protéger dans l'exercice de certains sports comme l'escrime ou de certaines professions à risques qui sont liées au travail du feu, du métal ou de toute autre substance dangereuse. Le masque vire d'ailleurs très vite à l'extrême en jouant des paradoxes qu'il suscite : porté jadis par les bourreaux au moment des exécutions capitales, comme lors de la décapitation de Charles Iᵉʳ d'Angleterre ou du martyre de sainte Agnès, tel qu'il est peint par le Dominiquin (on ôte ainsi tout visage humain à la mort), il peut tout aussi bien ensevelir à jamais l'identité d'une personne, telle que « le Masque de fer », ou au contraire la révéler dans sa vérité la plus essentielle, quand l'empreinte que l'on fait du visage d'un défunt livre son masque mortuaire. Cette coutume viendrait, dit-on, des Romains, mais on note que les Grecs, notamment à Mycènes, posaient des masques de fer doré sur les visages des morts afin d'en dissimuler la décomposition : on connaît ainsi celui d'Aga-

memnon. Par ailleurs, on a découvert des traces de cet usage en Europe centrale à Hallstatt (ou dans les tumulus de Gross-Klein en Styrie). — On ne s'étonne donc pas de voir apparaître les masques dans les sociétés traditionnelles, qu'elles soient africaines, océaniennes, indiennes ou esquimaudes, comme un objet à forte valeur symbolique, dont l'usage accompagne les rites de funérailles ou d'initiation*. C'est d'ailleurs comme tel qu'ils connurent en Occident, à partir du début de ce siècle, une vogue extraordinaire suscitée par divers mouvements artistiques : ce fut d'abord la découverte de « l'art nègre » par les cubistes, puis la révolution poétique des surréalistes, dont les « papes » – André Breton, Max Ernst, Matta – se mirent en quête de ces effigies de bois ou de métal aux traits le plus souvent exacerbés, dont « l'inquiétante étrangeté » et la « beauté convulsive » leur paraissaient puiser aux sources mêmes de la création, dévoilant le mystère des forces primordiales, celles-là même qui commandent la « fureur sacrée » du poète : ils retrouvaient ainsi l'origine du masque dans notre propre culture, c'est-à-dire dans le théâtre antique et dans la figure du dieu des ivresses*, Dionysos*. — « Un pieu fiché en terre, décoré avec un masque », écrit Marcel Detienne dans *Dionysos à ciel ouvert*, « et le masque découvre la présence du dieu » et parfois son errance. Pas de temple : il surgit au seuil des grottes*, là où on célèbre ses mystères, là où s'arrête le thiase, le groupe de ses fidèles qui emporte avec lui « la flamme noire de la folie du dieu. » De même que

Masque funéraire en or d'Agamemnon (XVIᵉ s. av. J.-C.).

Spectacle de rue et acteur avec masque : statuette japonaise (XIXᵉ s.).

Acteur avec masque du théâtre japonais : gravure (1788, Katsukawa Shunsho).

Dionysos n'est à l'origine jamais représenté pour qu'on ne puisse pas le contempler comme les autres dieux, « son masque saisit soudainement sa proie fascinée », ou bien, trait significatif, sa représentation disparaît, comme à la villa des Mystères à Pompéi où, dans l'immense fresque qui retrace les différents épisodes d'une initiation féminine, seul manque le visage même du dieu. Absence due à un vol manifeste, mais qui laisse perplexe, comme si on se trouvait devant le spectacle d'un tour ultime que nous aurait joué le dieu. Venu de Thrace, Dionysos est d'autre part la figure même de l'étrangeté et de « l'Autre ». Comme ses célébrations donnaient lieu à des représentations théâtrales à Athènes lors des Anesthéries ou fêtes des Fleurs* et des Dionysies urbaines ou rustiques, on attribue à ce maître de l'illusion l'invention de la tragédie (de *tragos* : « chant du bouc* », l'un de ses animaux favoris) – d'autant que la tragédie grecque, comme la comédie, se jouait toujours masquée selon des codes très précis et immuables, conception que l'on retrouve aussi par la suite dans les masques du théâtre romain ainsi que dans le théâtre nô des Japonais ou à l'opéra de Pékin. Alors que les masques des divinités apparaissent au théâtre avec des attributs invariables (Diane-Artémis* apparaît toujours avec son croissant* de lune*, Actéon* avec ses cornes* de cerf*, les

Euménides entourées de serpents*), les masques humains représentent généralement en Europe un certain nombre de caractères masculins et féminins poussés à l'extrême et répartis selon les tranches d'âge ou les fonctions sociales. On en verra le triomphe avec la *Commedia dell' Arte* en Italie qui reprend ces mêmes traditions caricaturales (notamment avec le masque au grand nez de *Pulcinella*, Polichinelle, figure diabolique et image même du désordre) – le masque qui dissimule le visage de l'acteur lui interdit ainsi toute possibilité d'expression, en le figeant dans un type convenu. — Du point de vue de l'étymologie, on rapproche le mot « masque » de l'italien *maschera* (faux visage), de *maskara* (tache noire : autrefois on se teignait le visage en noir pour jouer), mais aussi, tout simplement, de *maska*, noir, qui signifie aussi la sorcière, ou le spectre. Il faut signaler ici la querelle actuelle entre les étymologistes à propos de l'origine romaine de la notion. Les Romains appelaient en effet le masque *persona*, ancêtre direct de la « personne » au sens moderne, d'où l'idée que celle-ci est pourvue d'un « masque social », idée reprise par Jung dans son archétype de la *Persona*, qui gouverne les rôles que nous jouons devant les autres. Chez les Romains, toutefois, *persona* se rapportait à l'amplification sonore du « porte-voix » contenu dans le masque. De ce fait,

aujourd'hui, on préfère plutôt enraciner le masque dans la figure du dieu étrusque Phersu, démon infernal apparenté à Perséphone, la souveraine des morts (voir Déméter et Pluton), et à Persée, tous les deux détenteurs du grand masque d'épouvante antique, la tête de Gorgone* que la déesse Athéna* portait en effigie sur son bouclier. Cette querelle étymologique souligne d'autant plus que pour les Latins le masque est surgi des ténèbres, du « monde où il n'y a plus de visage », alors que pour les Grecs, « le masque est le visage même, il ne dissimule pas la réalité, mais il la remplace : le *prosopon* grec est ce qu'on présente à la vue ». C'est ainsi, par exemple, que « le personnage de Socrate dont la laideur contredit apparemment la sagesse, est une sorte de paradigme vivant de l'association entre l'être et l'apparence que Platon veut démontrer à ses contemporains » (Frontisi-Ducroux, 1995), puisque la vérité de Socrate se cache à l'évidence derrière ce masque de silène* grimaçant à quoi renvoie sa figure. Quant au masque terrifiant de la Gorgone, qu'il était interdit de regarder sous peine d'en mourir, sa transmutation par Athéna, à l'usage de Persée, en tête de Méduse, simulacre neutralisé de la Gorgone, permet d'assister à la naissance de l'image : l'image apprivoisée de la mort. — Le pouvoir initiatique du masque apparaît pour sa part dans toute sa force dans les sociétés traditionnelles, qu'il s'agisse des masques des chamans utilisés pour les transes ou les danses de guérison, ou des masques des sociétés de Mélanésie ou d'Afrique, qui servaient aux rites agraires ou funéraires. Chez les Dogons du Mali,

dans les premières études qu'en firent Marcel Griaule et Michel Leiris, puis Germaine Dieterlen, chaque circoncis doit faire fabriquer le masque de son choix pour devenir membre de la « société de masques » de son village et prendre part aux danses* dont on accompagne les levées de deuil. Les masques représentent ainsi le point d'articulation entre la vie et la mort, et on en exclut le Hogon, le chef religieux de la tribu, de même que les femmes afin de ne pas porter atteinte à leur fertilité. On refait par ailleurs périodiquement le Grand Masque de Dyongou Sérou, l'un des quatre grands ancêtres mâles des Dogons, afin de réactualiser les événements mémorables qui se sont produits depuis les origines du monde. On sort ces masques pour effectuer des danses qui évoquent le mouvement tourbillonnaire de la Création. Chez les Bambaras et les Malinkés, l'un des masques les plus importants pour les sociétés d'initiés est celui de « la tête de Komo » qui emprunte nombre de ses éléments morphologiques aux animaux sacrés : le crâne enflé de la vieille hyène* qui délivre la connaissance profonde, la gueule du crocodile* qui arrime l'arbre* de la Création dans la mare, les cornes* de l'antilope d'où jaillit l'éclair initial, les pattes de l'éléphant*, piliers de l'univers – sans compter les multiples signes qui font de ce masque un véritable microcosme, comme un résumé dynamique de l'univers et de la connaissance qu'on peut en avoir. D'où son rôle capital dans les cérémonies initiatiques. D'autres masques sont aussi utilisés pour les rites agraires d'ouverture et de clôture des travaux saisonniers. « Chaque sortie est une cos-

Masques de comédie : la Jeune Fille, le Marchand d'esclaves et le Jeune Homme parfait : terres cuites (IVe-IIIe s. av. J.-C.).

mogonie en acte qui régénère le temps et l'espace, tentant par ce moyen de soustraire l'homme, et les valeurs dont il est le dépositaire, à la dégradation du temps historique » (Jean Laude). Les masques du théâtre antique, dont on a tant loué la valeur cathartique de « purgation des passions », n'avaient-ils pas la même fonction ? — Dans une étrange parenté avec la pensée platonicienne, il faut enfin noter que le Ch'an chinois de même que le zen japonais, qui en est dérivé, considèrent que tout homme a un vrai visage, un visage originel qui est caché par son visage ordinaire, masque posé sur la vérité de son être. D'où toute l'ambiguïté fondamentale du masque qui révèle nos désirs les plus cachés (nos identifications fantasmatiques) au moment du carnaval, qui montre donc notre visage « noir » le plus caché, mais cache notre « moi de lumière » dans notre figure quotidienne.

MATRICE   La matrice, de la même étymologie que le mot latin qui désigne la mère* (*mater*, *matris*), est évidemment et très étroitement reliée à celle-ci, puisque c'est par sa puissance matricielle que la mère manifeste l'étendue de sa fécondité. C'est de la matrice que nous sommes issus, et, spirituellement, c'est d'elle que nous renaissons à une nouvelle vie. C'est ainsi que les *Védas* font de Prakriti, la substance universelle, la matrice de l'univers, c'est-à-dire l'origine de la manifestation (et donc de la maya), que la *Bhagavad-Gita* reconduit à Brahma, l'Inconditionné Suprême, comme matrice divine. Dans les cultes shivaïtes, c'est Parvati, la Shakti de Shiva*, son énergie et sa puissance féminine, qui est la matrice primordiale dans la conception hautement et spirituellement androgyne* de ce dieu. La matrice est alors, ontologiquement, à la fois ce qui se trouve en deçà et au-delà de l'existence des phénomènes dont elle est en même temps l'origine et la fin, la puissance de manifestation et de consomption, dans l'Unité du « Sans-forme » d'où jaillissent et se résorbent toutes les formes. — L'alchimie, tant occidentale qu'arabe ou orientale (taoïsme), a nourri des conceptions très proches – d'autant que la matière sur laquelle elle travaille est à son tour une « manifestation » de la matrice maternelle (*mater-ia*). La *materia prima* peut aussi bien être appelée *mater* que *matrix*, et lorsqu'elle apparaît dans des images métaphoriques comme l'arbre* de vie ou l'eau de la fontaine*, par exemple dans

le *Traité de Bernard, comte de la Marche Trévisane* (*Bernardi Comitis Marchiae Trevisanae Liber*), inclus dans le *Theatrum Chymicum*, (Strasbourg, 1613), Jung peut en faire le commentaire suivant : « Comme conduit de la fontaine, l'arbre est en quelque sorte la source* de la fontaine, comme auge il est le vase, et comme arbre tutélaire, il est la mère. Le vase et le bain sont désignés par les alchimistes du nom d'utérus. La fente ou le creux du tronc évoquent cette interprétation. Le bain du roi est déjà en soi une matrice par rapport à laquelle l'arbre se comporte comme un attribut » (Jung, *Mysterium Conjunctionis*). En d'autres termes, le bain dans la matrice, c'est-à-dire le retour dans son sein, le *regressus ad uterum*, est une étape essentielle du processus alchimique, d'autant que cette matrice, la *materia prima* dans sa puissance originelle, est d'abord une vierge*-mère et qu'il faut de ce fait admettre « l'existence sans homme de la *materia prima* qui est pourtant la « matière de toutes choses » (*materia omnium rerum*). La *prima materia* est avant tout la mère de la pierre, du *filius philosophorum* » (Jung, *ibidem*). Pour mener l'œuvre alchimique à son terme, il faut donc rentrer dans la matrice afin d'en renaître et d'accéder à la vie spirituelle où l'on est *renatus in novam infantiam* (réné à une nouvelle enfance). C'est bien évidemment la symbolique de l'inceste* qui est ici mise en jeu, dans la dramaturgie des « passions divines » où, à travers le cycle de mort et de renaissance, les fils ou frères-amants des déesses accèdent à l'immortalité (voir Adonis, Aphrodite, Cybèle et Isis). Le taoïsme, pour sa part, ne dit pas autre chose quand il recommande de débuter l'œuvre alchimique au moment où le yin* commence à croître, jusqu'à atteindre à la « cavité de la lune* » où l'adepte pourra « participer à la Merveille de la Création qui n'a pas encore commencé » (le « Sans- forme » de fait antérieur et postérieur au monde manifesté). Comme le dit d'ailleurs Lao-tseu dans le *Tao-te-king* : « Il y avait quelque chose dans un état de fusion avant la formation du ciel et de la terre. Tranquille et immatérielle, elle existe seule et ne change pas ; elle circule partout et ne se lasse pas. Je n'en connais pas le nom, mais je la désigne par l'appellation « voie » [*tao*]. Essayant autant que possible de la définir par un nom, je l'appelle « grande ». « Grand » veut dire « procéder » ; « procéder » veut dire « s'éloigner » ; « s'éloigner »

veut dire « revenir » [à son contraire]. »
— Il faut noter que ce mythème de la matrice d'où toutes choses s'engendrent et tous phénomènes se produisent, a été assez prégnant jusqu'à l'époque moderne pour que, d'une part, les mathématiciens appellent matrices les tableaux rectangulaires ou carrés* (mais de toute façon à quatre* côtés : se reporter à la symbolique de ce nombre), formés de nombres réels ou complexes (c'est-à-dire alliant nombres réels et nombres imaginaires), qui représentent l'application linéaire d'un espace E vectoriel de dimension n dans un espace F de dimension m, chacun de ces deux espaces étant construit sur le même corps des nombres réels ou des nombres complexes, de sorte que la matrice ait m lignes et n colonnes – et que, d'autre part, un auteur de *fantasy* comme Marion Zimmer Bradley appelle matrices, dans son cycle de *La Romance de Ténébreuse*, ces pierres de pouvoir à partir desquelles des télépathes peuvent engendrer tous les phénomènes qu'ils veulent, dans une équivalence voulue à l'énergie atomique qui réside précisément… au plus profond de la matière.

MEDECINE-MAN   Dans les textes indiens, le mot de « médecine » désigne généralement tout ce qui se rapporte à la dimension du sacré (les « objets de médecine » sont des objets symboliques, des amulettes, des pointes de flèches*, des pierres, des plumes*, des os, du pollen). « Faire la médecine » signifie « méditer, être en quête de visions ». L'art de la guérison et la religion étant indissociables chez les Indiens, les chamans, dont le rôle ne consistait pas uniquement à accomplir des rites de consécration, étaient communément appelés *medecine-men*. On leur attribuait des dons religieux et magiques. Ces hommes portaient parfois des vêtements féminins (par exemple chez les Cheyennes), pour symboliser le motif chamanistique du changement de sexe, qui permet seul le contact avec l'unité cosmique (voir Androgyne).

MÉLUSINE   On a beaucoup glosé sur l'origine de cette fée attachée aux Lusignan, une des plus grandes familles nobles de France qui donnèrent entre autres, à la suite des croisades, des rois de Jérusalem et de Chypre. Les uns ont expliqué son nom par une « Mère Lusine » originelle (Mère des Lusignan),

alors que d'autres le renvoient à Lucine, la déesse des naissances à caractère lunaire des Gaulois. Ce qui est certain, c'est que cette créature, très proche parente des sirènes*, a un visage et un buste de femme et qu'elle est dotée d'une queue de serpent* ou de poisson*. Découvrant son secret par surprise, alors qu'elle se trouve dans son bain, son mari la perd aussitôt. Sans doute retrouve-t-on ici la piste explorée par Dontenville dans ses études de folklore lorsqu'il fait remonter Mélusine, comme la Merewin de *La Chanson des Niebelungen* ou la Mermaid de Grande-Bretagne, à un archétype indo-européen de déesse-mère* à la double caractéristique aquatique et lunaire (mais on sait que la lune* gouverne aussi souvent le royaume de la mer* et des eaux en général) ; conception qui se renforce lorsqu'on note que Mélusine, au-delà des romans médiévaux de Jean d'Arras et de Coudrette au XIVᵉ siècle, continue à vivre assez intensément, d'une part pour donner son nom à de multiples villes ou villages où elle est à l'évidence considérée comme pouvoir bienfaisant de fécondité (cités de Lusigny, Lésigné, Lézignan, Lésigney, etc.), d'autre part pour être reprise par l'alchimie de la Renaissance, en particulier par Paracelse et son grand élève Gerhard Dorn, où elle n'est pas non plus sans rapport avec la figure de Lilith* : « Dans son traité intitulé *De Pygmaeis*, Paracelse nous apprend que la Mélusine était à l'origine une nymphe qui fut entraînée par Belzébuth à s'adonner à la sorcellerie. Elle est une descendante de la baleine* dans le ventre de laquelle le prophète Jonas put contempler les grands mystères. Cette filiation est d'une importance extrême ; car le lieu d'origine de la Mélusine est le ventre des mystères qui correspond de toute évidence à ce que nous appelons aujourd'hui l'inconscient » (Jung, *Paracelse, une grande figure spirituelle*). Dans son traité *De vita longa*, d'autre part, Paracelse affirme que Mélusine est le propre nom de l'*aquaster* de l'alchimiste (*aquaster* venant de *aqua* : l'eau, en latin et d'*aster* : l'astre, en grec, soit : l'astre aquatique, qui renvoie à l'argent* de la lune, et, au-delà, à Mercure androgyne*, à la fois aérien et aquatique, solaire et lunaire), cet *aquaster* étant de fait, à la fois, le principe de la *materia prima*, donc la « mère originelle », et le mercure philosophal qui est lui-même l'« œuf* de la nature », la mère de « tous les êtres engendrés par la brume ténébreuse » (voir Basile Valentin, *Les Douze Clefs de la philosophie*). Autrement dit, dans le cours du Grand Œuvre comme le conçoit et le décrit Paracelse, « la Mélusine apparaît comme une variante du serpent mercuriel (*serpens mercurialis*), lequel a parfois été représenté entre autres sous les traits d'une jeune fille à forme de serpent, afin de montrer par cette monstruosité la nature double du Mercure. La délivrance était représentée par les motifs de l'assomption et du couronnement de Marie* » (Jung, *ibidem*). Si l'on ajoute que Gerhard Dorn précise pour sa part que Mélusine est une vision qui apparaît à l'esprit (*visio in mente apparens*), et que l'*aquaster* ne peut être travaillé que par l'*imaginatio*, c'est-à-dire une double activité de méditation et d'imagination créatrice, on comprendra que le secret de Mélusine est, d'une certaine façon, le secret symbolique de l'âme* du monde (l'âme est, selon Paracelse, dans le même traité *De vita longa*, qualifiée d'*aquaster* céleste), que seul peut supporter de voir l'adepte déjà en route. Découvrir Mélusine au bain comme le fait son mari Raimondin, c'est en effet découvrir le secret de la fontaine* mercurielle – d'autant que cette découverte se fait très précisément le samedi, c'est-à-dire le jour de Saturne*, le jour gouverné par la figure du vieillard ou du *senex* qui doit se joindre à l'enfant, au *puer*, pour permettre à Mercure de devenir Hermès* ; c'est aussi le jour du plomb* que l'on doit transformer en or. — Dans la légende médiévale, sous le coup d'un moralisme chrétien conquérant, Mélusine est condamnée du jour où l'on a vu sa vraie nature – sa condamnation consistant à supporter la « sombre pénitence qu'elle avait connue à cause de sa faute* » et à ne jamais recevoir les sacrements de l'Église. Bien qu'elle rejoigne Lilith, on peut se demander si, dans son aspect lunaire, Mélusine ne serait pas d'abord la « lune noire », la lune qui se cache – et, en tant que telle, celle qui commande aux secrets mêmes de l'être, l'initiatrice aux mystères, celle qui préside aux sacrifices de l'individuation – tout comme le fait Hermès à qui elle est liée de si près.

MENDIANT   Le mendiant représente symboliquement l'échelon le plus bas de la pyramide sociale traditionnelle : « Empereur*, Roi*, Noble (voir Chevalier), Bourgeois, Paysan, Mendiant ». Lorsqu'il n'existe aucun système de mesures sociales destinées à venir en aide aux plus démunis, l'homme réduit à la misère – par malchance ou par sa propre faute – est, d'un côté, l'incarnation idéale du mépris envers les choses

Famille de mendiant :
gravure d'un maître flamand (XVe s.).

Le Christ et les pauvres abandonnés :
gravure (1521, L. Cranach).

Mendiant et chevalier de l'ordre des mendiants : gravure du XIVe s.

de ce monde et, de l'autre côté, le paria dédaigné qui ne sert à rien d'autre qu'à donner aux riches l'occasion de faire preuve de bonté. Plusieurs saints sont représentés en compagnie de mendiants, ainsi Martin qui offrit la moitié de son manteau*, Élisabeth de Thuringe et Diego d'Alcalá. Le proverbial « bâton de mendiant », qui constitue avec la besace ses attributs majeurs, était à l'origine une canne blanche qui servait à repérer le prisonnier de guerre ou les hommes qui devaient abandonner leurs terres – de même que c'était un signe de capitulation comme le sera plus tard le drapeau* blanc*. Les mendiants se considéraient jusqu'au siècle dernier comme une sorte de corporation et ils se transmettaient, à l'aide de signes simples et exécutés de façon discrète, des informations sur les chances de recevoir des aumônes. — Les moines chrétiens et bouddhistes qui méprisent de la même façon les biens de ce monde, ont élevé l'abandon systématique des richesses au rang d'un idéal. Les membres de certains ordres mendiants (les mendicants) ne se nourrissent que de ce qui leur est spontanément offert.

MENHIR (du breton *men,* pierre, *hir,* long*)* Le menhir est un pilier cultuel de pierre planté dans la terre, qui ressemble à un obélisque* non dégrossi. Les constructions de pierre brute – parfois de simples blocs de grande taille, des « mégalithes » – ont fait leur apparition dans le nord-ouest de l'Europe au début de l'âge de pierre. On les trouve souvent dans le voisinage immédiat des dolmens (*dol* : table en breton) qui faisaient fonction de tombeau. Si certains interprètent les menhirs comme des monuments phalliques (voir Lingam*), dont le rôle

serait d'assurer la fécondité, les ethnologues les tiennent plutôt pour des « lieux des âmes », où résidaient les morts qu'on avait enterrés dessous. Il existe encore une autre interprétation, selon laquelle les menhirs marquaient l'emplacement d'un « lieu sacré », ou symbolisaient un axe du monde* comme le faisaient les pieux* de certains cultes dont l'existence était évidemment beaucoup plus éphémère. On désigne souvent sous le nom de « menhirs » de grandes colonnes de pierre érigées pour servir de monuments ou de tombeaux, mais sans qu'un rapport fondé avec les productions mégalithiques puisse être établi. À proximité de Carnac (dans le Morbihan, en Bretagne), on trouve dans les champs des allées de blocs de pierre, répartis en plusieurs rangées, moins régulièrement taillés que les véritables menhirs, et on pense, sans pouvoir l'affirmer, qu'ils symbolisaient des points célestes fixes et servaient ainsi de repères saisonniers. On peut les interpréter aussi comme l'image immortalisée de processions vers des lieux sacrés (voir Pèlerinage), ou comme des symboles religieux dont le sens ne nous est plus accessible (voir aussi Pierre et Bétyle).

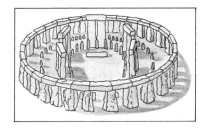

Menhir : dessin de l'ensemble mégalithique de Stonehenge (Grande-Bretagne).

MER La liaison est immémoriale dans l'imaginaire humain entre la mer, la mort* et la mère* – la mort pouvant du coup y devenir, sous l'influence de la mère, un pouvoir de renaissance ; ou la mère, au contraire, une figure de la mort. C'est que la mer se présente spontanément, en tant que masse d'eau* informe et infinie, comme la meilleure image, en même temps, de la matrice* primordiale et de l'inconscient, les deux termes pouvant s'équivaloir. Elle en présente aussi l'ambiguïté : toute vie sort de la matrice, mais le retour vers celle-ci, le *regressus ad uterum*, peut aussi bien signifier la mort que la nouvelle naissance spirituelle, de même que la plongée dans l'inconscient peut se terminer, selon les cas, dans la psychose ou, si on sait la négocier, dans le principe d'individuation (Jung, *Ma vie*). La mer est donc souvent ce qui sort en premier du chaos* primordial, quand elle n'est pas tout simplement l'une des figures de ce chaos (comme Tiamat, la Grande Mère primitive de la cosmogonie mésopotamienne). Elle renferme en son sein des abîmes* où se tapissent des créatures monstrueuses, telles les pieuvres* géantes que doivent affronter les héros (par exemple Giliatt, dans *Les Travailleurs de la mer* de Hugo), dans un substitut évident à l'image maternelle. De ce point de vue, Marduk, le fils qui se dresse en guerrier contre Tiamat, et le Giliatt du roman, remplissent la même fonction mythique et initiatrice : combattre le chaos et affronter la nuit de l'âme* pour faire advenir l'ordre du monde – ou de la psyché – où brillera la lumière. Dans un processus d'euphémisation, c'est sous l'auspice du même mythème que certains peuples anciens (le rituel est attesté chez les guerriers scandinaves), confiaient leurs morts à une barque* qu'on lâchait sur un fleuve – qui allait gagner la mer – ou, directement, sur la mer. Comme l'écrivait Bachelard : « La mort ne fut-elle pas le premier Navigateur ? » – pour continuer : « Le héros de la mer est un héros de la mort. Le premier matelot est le premier homme vivant qui fut aussi courageux qu'un mort » (*L'Eau et les Rêves*). Se hasarder sur la mer en décidant de courir cette aventure de la mort, c'est pourtant cela même qui apporte parfois la vie : quand Tristan* blessé à mort par le Morholt d'Irlande, se fait pousser sur les vagues dans une barque* sans voile et sans rames, c'est-à-dire en se livrant tout entier au pouvoir des courants marins, il aboutit en Irlande où la reine d'Irlande et la fille Iseut la Blonde le guérissent et lui rendent la vie. Mais il a ainsi atterri dans une île* où les femmes sont reines : la navigation*, alors, l'affrontement à la mer de mort et à l'inconscient le plus profond, conduit vers la mère de vie et le thème de la nouvelle naissance qui se produit dans un au-delà de sa vie antérieure. L'île est alors une île fortunée*, et la liaison si forte de la mer et de l'Au-delà* se résume dans les *imrama* irlandais, ces *naviga-*

tions vers les « îles de l'ouest », vers les « îles vertes », ces îles de l'autre-monde en quoi consiste souvent le paradis* des Celtes, où toute la maternité si puissante de la mer se condense et prend figure dans les Fées dispensatrices de souveraineté*. Cette eau qui bat sans arrêt devient alors la nourriture de l'âme*, et il n'en faut pas beaucoup plus pour qu'elle soit du lait surréel : « De ses caresses assidues, arrondissant le rivage, [la mer] lui donna des contours maternels, et j'allais dire la tendresse visible du sein de la femme » (Michelet, *La Mer*). La navigation prend en fin de course la signification d'un parcours d'initiation* (*Le Voyage de Bran*, archétype primitif de *La Navigation de saint Brandan,* ou plus proche de nous, *Les Aventures d'Arthur Gordon Pym* d'Edgar Poe), et les habitants de la mer, comme la baleine* de Jonas, deviennent les athanors de la transformation spirituelle. Les sirènes* maléfiques de l'Odyssée sont remplacées par l'émouvante petite sirène d'Andersen, et les animaux qui surgissent de la mer, que ce soit la jument que chevauche la reine de l'Autre-Monde pour venir chercher le prince Connla en Irlande, que ce soit le taureau de Neptune* aux cornes* d'où s'égoutte l'écume en Grèce (voir Pasiphaé par exemple), sont des messagers divins qui nous invitent à découvrir les réalités supérieures. Est-ce pour rien d'ailleurs, dans le retour à l'image fondamentale de la matrice, que la *Chandyoga Upanishad* explique ainsi les rapports de l'atman et du brahmane, du Soi « individuel » avec l'Inconditionné suprême : « Sorties de l'Océan [les rivières] retournent à l'Océan. Elles deviennent l'Océan lui-même. Mais de même que, devenues l'Océan, elles sont incapables de se souvenir d'avoir été telle ou telle rivière, de même, toutes les créatures ici-bas, bien qu'elles sortent de l'Être, ignorent qu'elles sortent de l'Être : tigre ou lion, loup ou sanglier, ver ou papillon, mouche ou moustique, quelle que soit leur condition ici-bas, elles sont toutes identiques à cet Être qui est l'essence subtile. »

MERCURE (en grec *Hermès**) Mercure, dieu antique du Commerce et de l'Industrie, symbolise la prospérité et les métiers du négoce. Il tient à la main le caducée*, en qualité de messager des dieux, et passe également pour le symbole même du profit, en tant que dieu des voleurs. Ses sandales et sa coiffe ailées indiquent sa rapidité. Sous le nom de Psychopompe (« conducteur des âmes »), il symbolise le voyage des âmes vers l'Au-delà* ; sous celui Criophore (« portant un bélier* »), il représente la quintessence du « bon berger* ». Il passe en outre pour l'inventeur de la lyre. Son nom romain, Mercure, vient probablement de l'expression *mercari* qui signifie « faire du commerce ». En tant que corps céleste, Mercure est la planète* dont l'observation est la plus ardue. En Europe centrale, elle n'est visible à l'œil nu qu'une fois par an, et seulement quelques heures. Mercure reste en effet toujours à proximité immédiate du soleil*, de sorte qu'on ne peut la voir qu'à la nuit tombante ou par un ciel légèrement obscurci, et surtout à l'automne ou au printemps. La fugacité de Mercure est certainement à l'origine de la valeur symbolique qu'on a attribuée à cette planète : elle est « équivoque et, du fait de sa mobilité, elle représente un être incertain » (J.W. Pfaff, 1816). — L'astrologie prête à ceux que Mercure domine, des caractéristiques telles que l'éloquence, l'indécision, l'adresse et une tendance certaine au jeu. Mercure passe pour une planète androgyne*, et son métal est le mercure (voir *Sulphur* et *Mercurius*). Son « domicile diurne » se trouve dans le signe des Gémeaux, son « domicile nocturne » dans celui de la Vierge*. Sa couleur est le bleu* azur, ses pierres précieuses* sont l'agathe, le jaspe, la topaze, l'opale et l'ambre*, qui est une résine fossilisée. En alchimie*, Mercure figure, à travers le métal qui porte son nom, l'un des deux principes de base avec lequel doit travailler l'adepte. Il est le symbole de la matière indifférenciée, de la *materia prima*, que l'on doit travailler afin de la sublimer. À ce titre, il est éminemment passif, d'essence humide, et l'alchimie taoïste le classe comme étant d'essence yin*. Il apparaît dans le motif de la fontaine* mercurielle (*Le Rosaire des philosophes*) d'où il coule sous la forme de trois liquides, dont le lait* de la vierge* (*lac virginis*). Il est aussi le bain mercuriel où tout peut se dissoudre (voir Mélusine), il est *serpens mercurialis* (serpent de Mercure), bref, il est chargé de toutes les valeurs de l'eau* et de la terre* primordiales, et le retour au Mercure indique le processus de « solution » par où l'on revient à l'état de l'indifférenciation à la fois première et finale. Par ailleurs, Mercure est aussi « l'esprit Mercure », c'est-à-dire ce qui guide l'accomplissement de l'Œuvre et la mène à bonne fin. En tant que tel, il est le plus haut principe spirituel et se range évidemment sous la catégorie d'Hermès* : il renvoie alors au thème de la « Nature Parfaite » et de l'Ange*. Dans le *Picatrix* arabe, et dans le contexte de l'alchimie spirituelle en tant qu'initiation*, Hermès déclare ainsi qu'il vit « pendant son sommeil un être dont l'aspect était d'une grande beauté » et qu'il lui demanda : « Qui donc es-tu, toi là ? Il me répondit : Je suis ta Nature Parfaite. Si tu veux me

1. Mercure, comme dieu du commerce, représenté sur l'enseigne d'une boutique romaine.

2. Travail du mercure : miniature (XVIᵉ s., codex chinois de pharmacologie).

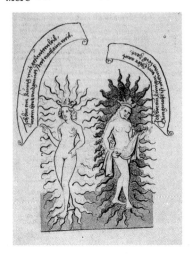

*Les deux principes sulfureux
et mercuriel : planche
d'un traité alchimique (XVIᵉ s.).*

voir, appelle-moi par mon nom. » L'androgynie de Mercure y devient elle-même une androgynie célestielle, et lorsque le même *Picatrix* s'adresse de la sorte à Hermès : « Tu es si caché que l'on ne connaît pas ta nature, tu es si subtil que tu ne peux être défini par aucune qualification, car avec le masculin tu es masculin, avec le féminin tu es féminin », il faut savoir entendre que de même qu'il existe un Saint-Esprit, il existe aussi ce que certains gnostiques appelaient « Notre-Dame le Saint-Esprit », un esprit féminin qui, si nous en suivons la trace, nous renverrait à la grande figure de la Sophia* et au thème de la « jeune fille céleste », de l'ange au féminin qui est à la fois l'âme incarnée de l'homme sous le nom de Fravarti et son double eschatologique sous celui de la Daena dans l'ancienne religion mazdéenne : lorsque le défunt en route vers le paradis* traverse le pont* Çinvat qui enjambe l'abîme*, il aperçoit une forme éblouissante à qui il demande qui elle est, et celle-ci lui répond : « Je suis ta Daena […] celle que tes pensées, tes paroles, tes actions ont faite. J'étais aimée, tu m'as faite plus aimée, j'étais belle, tu m'as faite plus belle encore. » (*Hadokt Nask*). Sous les auspices de Mercure, l'alchimie se présente ainsi comme un art hiératique, comme une hiérurgie de l'âme en quête de son *imago Dei*.

MÈRE   Il n'est pas question de vouloir traiter ici les thèmes de la Mère divine ou de la déesse-mère sous ses multiples aspects. On se rapportera donc aux différentes rubriques où il est question de ces figures en tant que telles (Aphrodite, Artémis, Cybèle, Isis, Kali, Marie, Vénus), ainsi qu'aux thèmes qui leur sont directement liés (île, Îles fortunées, lune, matrice, mer, prostituée, rose, souveraineté, terre, vierge et yoni). — Du point de vue de la psychologie des profondeurs et de la psychanalyse, sous-tendant les figures de ces Mères divines ou leur permettant à l'inverse de prendre un visage pour l'âme* ou pour l'inconscient de la personne individuelle, la mère est le symbole le plus puissant de la terre* et de la mer* primitives qui donnent naissance à la vie. Même dans les sociétés patriarcales, ce symbole est demeuré indépendant de l'ordre social dominant. « L'expérience de notre propre mère, en remplissant notre enfance, préside à toute la première partie de notre vie. La figure de cette femme à laquelle nous appartenons plus qu'à toute autre femme nous accompagne au cours de notre vie entière. Détaché d'elle corporellement, l'homme continue cependant, pendant des années, à se nourrir de sa peine et de son dévouement » (Aeppli). Mais quand la mère refuse la « coupure du cordon ombilical » et qu'elle ne tolère pas de développement autonome chez son enfant, « elle perd alors l'adoration de ses enfants, car leur inconscient flaire le danger, et son image devient alors négative » (pour Éric Neumann, elle apparaît alors comme une « mère terrible »). Aeppli recommande dans ce cas de réfléchir plus particulièrement sur les rapports entretenus entre eux par les parents. C. G. Jung considère pour sa part « l'archétype de la Mère » comme l'une des images principales de notre vie, qui apparaît généralement sous les traits de notre propre mère ou grand-mère, ou encore de notre nourrice. La mère est « dans un sens supérieur et figuré, la déesse, et en particulier la mère de Dieu, la Vierge*, ou Sophia*... Dans un sens plus large, elle symbolise l'Église, l'université, la ville*, le pays, le ciel*, la mer et les eaux dormantes, la matière, les enfers ; dans un sens plus étroit, elle apparaît comme le lieu de la naissance et de la conception, le champ, le jardin*, le rocher*, la caverne*, l'arbre*, la source* ; dans le sens le plus restreint, comme mère nourricière, toute forme creuse (le poêle* ou la marmite) ; comme animal, la vache* et tout animal bienveillant ». Négativement perçu, l'archétype maternel se manifeste sous la forme d'une sorcière*, d'un cauchemar nocturne à caractère féminin, d'un serpent*, d'une tombe, d'un gouffre. Dans son versant positif, la mère est en revanche le plus souvent considérée comme « la sagesse couronnant la compréhension, la bienveillance, la protection ; comme le don de la croissance, de la fécondité et de la nourriture ; comme le lieu de la transformation magique, de la renaissance ; comme tout ce qui est secret et caché ». — L'image négative de la mère se manifeste de préférence dans le rêve, où elle apparaît comme une « force primitive et égoïste » : « elle ne laisse pas en paix, exige toujours ; elle angoisse son fils jusque dans la force de l'âge, et son attitude la rend étrangère à sa fille » (Aeppli). La tâche de l'homme consiste dès lors à apprendre à différencier l'image personnelle de sa propre mère de l'archétype maternel en tant qu'élément constitutif de son âme et comme concentré de l'expérience humaine du Maternel originel. « Tout rêve renfermant l'image de cette Grande Mère nous libère des liens qui nous attachent à notre mère corporelle. Cette différenciation nous aide à libérer notre complexe maternel, et nous fait gagner une relation plus naturelle à notre propre mère » (Aeppli). On relie

Mère avec son fils dans les bras : sculpture en calcaire (ve s. av. J.-C., Curti).

souvent l'image de la mère aux symboles de la lune* ou de la terre*, ou à l'image de la Vierge* Marie*, dont la virginité (rationnellement paradoxale) reflète souvent, du point de vue de l'inconscient, l'idée infantile de « parents asexués » ; la sexualité n'a pas encore été expérimentée, à ce stade de la vie, comme donnée existentielle fondamentale. La reconnaissance de ce miracle consacre cependant, pour le croyant, la présence d'un signe surnaturel, qui s'est manifesté en dehors du champ de l'expérience humaine. Voir Noir, Père.

MÉTEMPSYCHOSE   « La métempsychose est peut-être vraie, écrit Flaubert dans ses *Souvenirs*, je crois quelquefois avoir vécu à d'autres époques. » Selon l'étymologie grecque (une âme – *psychose*, après – *méta*), la métempsychose signifie le passage d'une âme d'un corps dans un autre selon la doctrine de la transmigration, doctrine qui est parfois présentée comme ayant son origine dans le mythe de l'Atlantide, ce continent englouti par le Déluge* et évoqué dans le *Critias* et le *Timée* de Platon. La croyance en la métempsychose fut largement diffusée par les religions orientales (hindouisme et bouddhisme) et elle imprègne tout autant les religions d'Occident depuis l'Antiquité – qu'elles l'admettent ou la rejettent – que les cosmogonies africaines, amérindiennes ou esquimaudes. — La métempsychose repose sur trois points fondamentaux : la croyance en une préexistence de l'âme qui s'incarne dans un corps pour y renaître ; la conception d'un temps cyclique qui permet le retour, quelquefois « éternel », de toutes choses, et enfin l'idée d'une rétribution des actions humaines, le karma des hindous, qui conduit une âme à s'incarner plusieurs fois afin de « payer aux dieux ce qu'elle doit » (Platon, *Les Lois*) et de s'acheminer ainsi, peu à peu, vers la perfection spirituelle. Le but ultime de cette chaîne est de se libérer de la loi de causalité, et de sortir du samsara*, c'est-à-dire de la ronde des naissances et des morts évoquée par la danse de Shiva*. « L'âme incarnée, dit la *Bhagavad Gita*, rejette les vieux corps et en revêt de nouveaux comme un homme échange un vêtement usé contre un neuf. » D'où le nom populaire de réincarnation donné à la doctrine de la métempsychose dont le phénomène dépasse d'ailleurs le seul monde humain puisque l'âme peut aussi redescendre dans le monde animal ou végétal.

— Cette croyance qui, dans sa plus grande extension, implique un respect de la vie sous toutes ses formes, est quasiment universelle : on la retrouve dans l'Égypte ancienne, dans le corpus d'Hermès* Trismégiste, et de là, jusque dans les doctrines occultes et l'alchimie* de la Renaissance, mais aussi dans les mystères orphiques ou dans ceux d'Éleusis (voir Déméter). Présente également dans le mazdéisme et dans la religion de Mithra*, la métempsychose est à la base de l'enseignement de Pythagore* appelé *Mnésarchidès* – « celui qui se souvient » (il interdisait par exemple à ses disciples la consommation de fèves, où il pensait que s'incarnait l'âme des morts). Platon, avec la théorie de la réminiscence, lui accorde une place prépondérante dans le *Phédon*, dans le *Phèdre* et surtout dans le mythe d'Er de *La République*, qui décrit précisément le processus des nouvelles incarnations (voir aussi Léthé). Cette doctrine imprégnera tout le courant néo platonicien, depuis Origène jusqu'aux gnostiques chrétiens – qui la restreignent cependant au seul monde humain. Elle apparaît encore dans les livres ésotériques du judaïsme (*Le Zohar* consacre tout un livre à la transmigration des âmes) et la cabbale hébraïque en reconnaît l'importance, puisque le « dybbuk » (qui fit l'objet d'un célèbre roman de la littérature yiddish) était l'aspect que prend une âme errante jusqu'à ce qu'elle réalise sa pureté. Reprise par les Celtes en Irlande (les transmigrations permettent de s'élever progressivement vers le blanc paradis* et les chants du grand barde gallois Taliesin y font clairement référence à travers toutes les métamorphoses qu'ils racontent et célèbrent : « J'ai été une multitude d'aspects / avant d'acquérir une forme définitive : / ... j'ai été goutte de pluie dans les airs, / j'ai été la plus profonde des étoiles, / j'ai été mot parmi les lettres, / j'ai été livre dans l'origine, / ... j'ai été chemin, j'ai été aigle, / j'ai été bateau de pêcheur sur la mer, / j'ai été victuaille du festin, / j'ai été goutte de l'averse », etc. – dans le *Cad Goddeu* ou le *Combat des Arbres**), la métempsychose apparaît également dans l'ésotérisme islamique de Jabir comme le moment où l'âme se trouve entre l'arc de la descente et celui de la remontée, moment décisif où l'individu décide de son propre destin. — Si les persécutions contre une doctrine jugée hérétique par l'Église restreignirent sa

circulation dans la chrétienté aux milieux ouverts aux courants hermétistes (platonisme de Florence, Paracelse, Jacob Boehme, Milton, Blake ou les romantiques allemands), la métempsychose connut une nouvelle fortune avec la diffusion de la théosophie, à la fin du XIXe siècle, imaginée par Hélène Blavatsky à partir des religions orientales et égyptienne. — Rejetée en effet par Tertullien et les Pères de l'Église, que ce soit saint Jérôme ou saint Augustin (« Les âmes retournent une fois pour toutes dans leur propre corps au moment de la résurrection, plutôt que de revenir maintes fois dans différents corps », écrit ainsi ce dernier dans la *Cité de Dieu*), la métempsychose dérange à l'évidence toute religion fondée sur l'idée d'un Jugement dernier rendu par un Dieu omniscient qui répartit le séjour des morts pour l'Éternité, entre l'enfer* et le paradis*. C'est dire que les trois grandes religions du Livre, le judaïsme, le christianisme et l'islam, en dépit des tentatives de leurs courants gnostiques ou ésotériques, ont sévèrement condamné la doctrine des réincarnations qui s'inscrit en contradiction ouverte avec l'idée d'un pardon et d'une rémission générale des péchés, quelle que soit par ailleurs l'énormité du crime, pourvu qu'il y ait sincère repentir. La loi du karma implique au contraire une rétribution concrète des actions, qu'elles soient bonnes ou mauvaises, sous la forme d'une nouvelle incarnation qui tire les conséquences de l'incarnation précédente. La métempsychose apparaît alors comme la seule explication possible de l'existence du mal – les gnostiques chrétiens, qui l'ont presque tous reprise, ne s'y sont pas trompés. D'autre part, en supprimant toute possibilité de bouc* émissaire, elle réintroduit la responsabilité de chacun de ses actes au cœur même de tout homme. Hélène Blavatsky n'hésitait pas à dire à ce propos qu'elle permettait de réduire la criminalité par la peur qu'elle suscitait de devoir un jour liquider un mauvais karma... — Avec son *Zarathoustra*, Nietzsche a consacré ses plus belles pages au mythe de l'Éternel Retour qui suppose par définition la répétition sans fin de l'existence de chaque homme « Comment pourrais-je ne pas désirer connaître l'Éternité, et ne pas vouloir, entre tous les anneaux, cet anneau* de mariage qu'est l'anneau du retour ? » Jung, quant à lui (en particulier après la très grave crise cardiaque à la suite de laquelle il eut plusieurs visions remarquables), s'interrogea à plusieurs reprises sur ce phénomène de la renaissance, mais sans jamais lui apporter de réponse définitive : « Nous ne pouvons ni la mesurer, ni la peser, ni la photographier, elle se trouve totalement audelà de la perception sensorielle », dit-il, mais elle implique la continuité de la personnalité. D'une continuité qui résiste au fleuve de la vie et du temps, et qui permet d'accepter son destin. Et qui permet aussi, à l'occasion, d'expliquer théoriquement l'inexplicable : les sensations de « déjà vu », les familiarités spontanées avec certains êtres, les coups de foudre de la reconnaissance mutuelle, et tant d'autres phénomènes répertoriés par les adeptes de la réincarnation.

MIDI / MINUIT Midi est traditionnellement, et selon une première lecture, l'heure de la pleine lumière alors que minuit (le milieu de la nuit, le temps étant ici calculé au moment des équinoxes), représente l'heure des ténèbres et des dangers : le minuit de l'âme* est le moment où elle risque sa perdition, les fantômes se manifestent généralement à cet instant, et le vocabulaire populaire prétend que « minuit est l'heure du crime ». Selon la dialectique des couples d'opposés*, cette interprétation peut pourtant se renverser dans la mesure où midi peut être aussi le moment de la calcination (bénéfique si elle intervient dans un processus alchimique*, sinon mortelle pour l'homme), et où apparaît l'oxymore du soleil* noir qui renvoie aux tentations de la mélancolie et de la dissolution de l'être (« Ma seule étoile est morte, et mon luth constellé / Porte le soleil noir de la mélancolie », Gérard de Nerval, *El Desdichado*). Inversement, la lumière la plus subtile peut se révéler à minuit (thème de la nuit lumineuse de Novalis ou du « soleil de minuit » de certains mystiques), l'inversion de sens de la nuit et du jour traduisant le passage de notre monde au monde supra-sensible. Le « soleil de minuit » traduit alors l'aurore de l'imagination créatrice et spirituelle par-delà la nuit des sens et la profondeur de la Psyché obscure (voir le *Récit de l'exil occidental* de Sohrawardi, 1155-1191). En Chine, midi et minuit sont plutôt rapportés, du point de vue temporel, aux solstices d'hiver et d'été, le yin* se symbolisant au minuit du solstice hivernal, et le yang au midi du solstice

estival. C'est une vue dynamique des principes qui s'impose là, puisque tout solstice marque le début de la montée de son principe opposé : à partir du solstice d'hiver, par exemple, où le jour est le plus court et la nuit la plus longue, la nuit va décroître et le jour croître au contraire – autrement dit, le yang va remonter à partir de sa plus grande occultation (voir Taï-ghi-tu). C'est dans une conception assez proche du calendrier symbolique, que les dieux à passion ou à sacrifice* naissent souvent au solstice d'hiver, où ils représentent un autre soleil de minuit (naissance de Jésus à Noël, bien sûr, mais aussi d'Attis – voir Cybèle – ou de Mithra* à la même date), et annoncent la venue de la lumière spirituelle.

MIEL Le miel n'est pas seulement un symbole de « douceur ». On collectait déjà le miel des abeilles sauvages à l'époque qui a suivi la période glaciaire, ainsi que le montrent les peintures rupestres retrouvées à l'est de l'Espagne, et les ancêtres des Bushmen d'Afrique du Sud le ramassaient également. Dans la *Bible*, Dieu annonce à Moïse* la Terre promise de Canaan, qui est un « bon et vaste pays [...] ruisselant de lait et de miel » (*Exode* III, 8). La parole de Dieu est

La récolte du miel :
miniature (XVᵉ s., traité d'Abulcasis).

La récolte du miel dans l'ancien Mexique : gravure du XVIᵉ s.

« plus douce que le miel » (*Psaume* CXIX, 103), et les rouleaux de livres que les prophètes avalent en signe d'assimilation du Verbe divin sont d'une « douceur de miel » (*Ézéchiel* III, 3 ; *Apocalypse* de saint Jean X, 9). Le miel et l'hydromel* qui en est tiré en tant que boisson, constituent souvent la nourriture des dieux, celle-là même que Zeus nourrisson a reçue. Lorsque, dérobé par sa mère Rhéa à la furie dévoratrice de Cronos*/Saturne*, Zeus est envoyé en Crète pour y être élevé, il est nourri en effet, selon les versions du mythe, par la chèvre* Amalthée, ou par une princesse Amalthée qui est elle-même la fille du roi Mélissée. Or, Mélissée (Melisseus), signifie en grec l'apiculteur, de *melissa*, l'abeille. D'autant que le mont Ida où se cache l'enfant divin était réputé dans tout le monde hellène pour l'excellence de son miel. En d'autres termes, une équivalence s'impose là entre le lait* et le miel comme nourritures divines – d'autant que le lait et le miel sont les deux seuls aliments qui n'ont pas besoin d'être préparés et qui apparaissent immédiatement comme purs sans aucun besoin de rite de purification. On retrouve là le symbole cité plus haut de la Terre promise « ruisselant de lait et de miel », de même que le Soma* renvoie à ces deux aliments premiers. De la découle le fait que le miel figure la Sagesse même (« Telle sera pour toi la Sagesse, sache-le bien ! » disent les *Proverbes*), cependant que la Sagesse déclare en personne dans l'*Ecclésiastique* : « Venez à moi, vous qui me désirez, rassasiez-vous de mes produits. Car mon souvenir est plus doux que le miel,

mon héritage plus doux que le rayon de miel »), ou qu'il symbolise la réalité du Soi dans la pensée indienne – où, d'après le mythe, les jumeaux* Açvins distribuaient le miel à l'aurore en tant que messagers des dieux. — Le miel servait aux Scythes et aux Spartiates à l'embaumement des rois*. Il représentait aussi, dans le culte de Mithra* de l'antiquité tardive, une matière sacramentelle qui purifiait des péchés, parce qu'elle provenait d'un animal pur qui ne connaît que « le contact des fleurs* parfumées ». Les inscriptions en linéaire B de l'ancienne Crète parlent d'offrandes de miel à la « déesse ». Étrange est par ailleurs cette narration biblique, qui rapporte que Samson trouve, dans le cadavre du lion* qu'il a tué à mains nues, un essaim d'abeilles et du miel. Il propose alors cette sentence énigmatique : « De celui qui mange est sorti ce qui se mange, et du fort est sorti le doux » – symbole de la venue d'une nouvelle vie après la mort. Du temps des Pères de l'Église, on décrit la révélation qui sort de la bouche de Dieu comme « le fleuve de miel du paradis* nouveau », et le corps du Christ comme un « rocher* dégoulinant de miel ». — Le miel constitue dans de nombreuses cultures une offrande aux morts, une nourriture destinée aux êtres surnaturels et un moyen de défense contre les assauts des démons. On le compare à la « rosée* céleste ». De nombreux dieux primitifs ont pour rôle de protéger les abeilles, comme Noh-yum-cab (« le roi des abeilles ») chez les Mayas. Ces derniers produisaient à partir d'eau, de miel d'abeilles sans aiguillon et d'écorce de lonchocarpe (*balché*), une boisson cérémonielle faiblement alcoolisée. C'est d'ailleurs encore l'usage aujourd'hui chez les Lacandons. — La Chine ancienne liait le miel au concept de « centre* », et on l'utilisait pour adoucir les mets de l'empereur*. Le mot qui désigne le miel (*mi*) signifie aussi doux, et sert également à qualifier le plaisir sexuel. Rêver de miel est promesse de bonheur, comme pour la psychanalyse jungienne, qui considère souvent le miel comme un symbole du processus, chez l'individu, de maturation psychique (individuation). — La médecine du Moyen Âge croyait que le miel était le produit d'une rosée coagulée et collectée par les abeilles, et on pensait qu'il n'était pas seulement doux au palais, mais qu'il constituait aussi un excellent remède pour soigner les plaies. — Une coutume chinoise consiste à passer du miel sur les lèvres de l'effigie du dieu du Foyer et de la cuisine, afin qu'il intercède auprès du dieu du Ciel, au moment du rapport annuel qu'il fera devant lui à propos des habitants de la maison. Cette coutume, rapportée par les anciens voyageurs, a peut-être donné lieu en France à l'expression « dorer la pilule à quelqu'un » (en allemand : « enduire la bouche de miel »).

MIROIR   La signification des miroirs, par-delà leur fonction propre, provient de l'ancienne croyance selon laquelle l'image et son modèle sont liés par une correspondance magique. Les miroirs peuvent, par conséquent, retenir l'âme* ou la force vitale de l'homme qui s'y réfléchit; c'est pourquoi on recommande, dans les coutumes populaires, de recou-

La vaniteuse admire son image réfléchie : gravure (1493, A. Dürer).

vrir les miroirs à la mort d'une personne pour ne point retenir son âme dans la chambre mortuaire et lui permettre de passer dans l'Au-delà*. Les démons et les êtres surnaturels n'ont pas de reflet, tandis que les incarnations diaboliques ne peuvent supporter leur propre image et meurent lorsqu'il leur arrive de se regarder (voir Basilic). C'est pourquoi les miroirs sont également des amulettes qui protègent des êtres et des forces sataniques. À l'origine, cette conception était rattachée à la surface de l'eau* qui servait aussi de moyen de divination, car elle semblait mettre en évidence une sorte « d'anti-monde ». Il faut évoquer à ce propos le miroir de Galadriel, la reine des Elfes*, dans *Le Seigneur des anneaux* de Tolkien où apparaissent « des choses non demandées, souvent plus étranges

La déesse Amaterasu avec miroir, perles et épée : gravure japonaise.

L'amour de soi-même : gravure (1546, « Les Emblèmes », A. Alciat).

Miroir : « Il rend à chacun son dû » : gravure de 1702.

Le miroir comme attribut de la prudence : gravure de 1640.

et plus profitables que celles que nous désirons contempler ». C'est ainsi que dans l'eau d'un ruisseau, au fond d'un vallon sombre du pays de Lothorien, Frodon, le héros porteur de l'anneau*, voit se former un « œil* unique », dans une révélation terrifiante qui lui permettra de tout savoir. À l'opposé, nous trouvons Athéna*, qui se regarde dans l'eau en train de jouer de la flûte* qu'elle vient d'inventer : elle qui terrassa la Gorgone*, elle est effrayée par le spectacle de cette femme aux joues déformées par le souffle. Déesse de la civilisation, elle rejette alors l'instrument de la nature primitive, cet anti-monde qu'elle veut dompter. — Dans l'Antiquité, on se servait couramment de miroirs polis de bronze et d'argent*. Les miroirs étrusques en forme de disque sont célèbres pour leur décoration gravée et leur envers à thèmes religieux (par exemple, les travaux d'Hercule – voir Héraclès*) ; ils jouent ainsi un rôle qui dépasse le cadre de la vie quotidienne. — Au Mexique, il existait des miroirs d'obsidienne (verre poli d'origine volcanique) ; le nom du dieu aztèque Tezcatlipoca signifie le « miroir fumant ». On décèle ici aussi une signification divinatoire du miroir, qui provoque des apparitions. — Le miroir revêt une signification particulière dans la tradition shinto. Il est l'attribut de la déesse du Soleil* Amaterasu. Un miroir sacré appartenant au trésor impérial, tabou

par définition (avec les perles* et l'épée*) porte le nom de Yatano-kagami ; il est conservé dans le sanctuaire d'Ise où il demeure protégé des simples mortels. On dit qu'il est en bronze, qu'il mesure 25 cm de diamètre et qu'il a la forme d'une fleur de lotus* à huit pétales. Lors de l'intronisation, on place cet emblème dans la main de celui qui accède au trône. Selon une tradition que l'on ne peut vérifier, il porterait l'équivalent de l'inscription hébraïque de la révélation divine : « Je suis Celui qui suis. » — Dans l'iconographie occidentale, la signification du miroir est double. D'une part, on le représente dans les mains des sirènes qui mènent les hommes à leur perte; il est également l'attribut de *Luxuria* (la luxure, la vanité). Il symbolise d'autre part les vertus de la connaissance de soi, *Veritas* (la vérité) et *Prudentia* (la prudence). « Se voir en son amant comme dans un miroir », dit aussi Platon dans le dialogue du *Phèdre*. Cette fascination amoureuse vient du souvenir de l'unité originelle de l'androgyne* tel que le rapporte Aristophane dans *Le Banquet*, dont l'âme* garde la nostalgie, et qui lui permet de retrouver l'autre moitié d'elle-même. Dans cette valeur accordée à la connaissance de soi, on retrouve encore le miroir dans certains rites mystériques. Par exemple à Pompéi, dans la fameuse villa des Mystères, dont le cycle de fresques évoque toutes les étapes d'une initiation* féminine sous les auspices de Dionysos, et qui consiste dans un mariage sacré, une hiérogamie, avec le Dieu, le dernier personnage, l'épousée qui a vécu tout le cycle des métamorphoses, se voit tendre un miroir. Peut-être pour y contempler sa perfection d'initiée ? Le miroir est en effet l'un des attributs de Dionysos* : les Titans* lui en offrent un lorsqu'il est enfant et profitent de son trouble pour le tuer – « ayant pourchassé son image, il fut pulvérisé dans le tout » (Olympiodore). Mais Proclus écrit aussi, dans son *Commentaire sur le Timée de Platon*, que « le dieu s'étant regardé et ayant contemplé sa propre image, il se mit à créer la pluralité ». Le reflet du dieu est donc le mode par lequel il s'exprime dans l'apparence. Proclus précise d'ailleurs que « les théologiens anciens ont proposé le miroir comme symbole de la conformité à la perfection intellectuelle de l'Univers ». C'est en tant que tel qu'il est repris par le christianisme, et à la suite des modifications théologiques nécessaires, qu'il représente souvent un symbole marial car Dieu s'est réfléchi et a imprimé son image dans la Vierge* Marie* par l'intermédiaire de Jésus fait à son image, sans offenser ni transformer le miroir lui-même. Dans un sens analogue, la lune* est également un symbole marial car elle renvoie la lumière du soleil dont elle peut être ainsi considérée comme le miroir. — Dans les médaillons qui évoquent le

cycle de l'œuvre alchimique* à Notre-Dame de Paris, l'Initiateur présente d'une main un miroir et de l'autre la Corne d'Abondance*, tandis qu'à ses côtés se voit l'Arbre* de Vie. Fulcanelli rappelle à ce propos que « la matière première que l'artiste doit élire pour commencer le Grand Œuvre est appelée le « Miroir de l'Art », parce qu'elle enseigne la composition des métaux dans les veines de la terre ». Le miroir marque donc le début du Travail en ce qu'il reflète la Nature. Le courant hermétiste, en revanche, qui veut « spiritualiser les corps, et corporéifier les esprits » offre plutôt quant à lui l'idée d'un « miroir double » : « composer l'invisible à partir du visible, de façon à faire apparaître ce qui est occulte et caché », dit Hermès* dans les *Sept chapitres*. C'est une réflexion réciproque entre le ciel* et la terre, le corps et l'esprit, la Nature et Dieu qui est ici proposée. Ramenant l'idée de Création à celle de Connaissance, les soufis retrouvent une conception largement identique lorsqu'ils comparent l'Univers à « un ensemble de miroirs dans lesquels l'Essence infinie se contemple sous de multiples formes, ou qui reflètent à divers degrés l'irradiation de l'Être Unique ». Il s'agit alors de trouver la clé spéculative qui permette de réintégrer toutes les dualités existantes dans l'Unité de l'Essence. Une légende soufie évoque aussi, d'autre part, la création par Dieu de l'esprit sous la forme d'un paon*. Dieu lui

La Prudence voit dans le miroir les choses passées et futures : gravure de 1625.

Le miroir comme attribut de la connaissance et de ses vertus.

*Femme au miroir :
miniature indienne de ~1730.*

montre alors sa propre image dans le miroir de l'Essence divine : saisi d'une crainte révérentielle, le paon émet des gouttes de sueur dont sont créés tous les autres êtres – (cité par René Guénon, *Les Doctrines ésotériques de l'islam*). Jacob Boehme (1575-1624) reprend à nouveau, sans doute sans le savoir, la même intuition mystique lorsqu'il considère la Création tout entière comme un miroir de Dieu : elle est un œil* qui est à la fois miroir du divin tandis qu'il se regarde lui-même. Nous ne sommes pas loin, là non plus, des conceptions de Nicolas de Cuse, le théologien de la conjonction* des opposés, telles qu'il les expose dans le *Tableau ou la vision de Dieu* : « Nourris-moi de ton regard, Seigneur, et enseigne-moi comment ton regard voit tout regard qui voit et tout ce qui est visible et tout acte de la vision et toute puissance voyante de toute puissance visible et tout ce qui relève de ces formes de voir, puisque voir, pour toi, c'est être la cause de ce qui est. » La philosophie fondamentale de ce qu'on a appelé la « philosophie des miroirs » consiste finalement dans l'unicité même du principe où, par-derrière les effets de miroir, il se révèle une même chose que de voir, d'être vu et d'exercer la vision, de même que sont une chose unique l'Aimé, l'Amant et l'Amour. — Dans le langage populaire, on appelle les yeux le « miroir de l'âme » ; un miroir brillant symbolise le bonheur conjugal, un miroir brisé le divorce ou sept* ans de malheur.

Les miroirs obscurs qui ne renvoient pas d'image (en rêve, par exemple) sont des signes de malheur ou de mort. Le mystique islamique Rumi (1207-1273) considérait le miroir comme un symbole du cœur* qui doit être blanc et pur pour pouvoir réfléchir pleinement les rayons de lumière* de la divinité. Le miroir est aussi fréquemment un symbole de la nature non-agissante, qui s'en remet passivement à la sagesse surhumaine. — La symbolique psychanalytique part généralement du rôle joué par le miroir dans la croyance populaire traditionnelle. Selon Ernst Aeppli, les rêves de miroir ont une signification importante et il explique leur ancienne interprétation en tant que présage de mort en disant qu'« une part de nous-mêmes est hors de nous parce que, dans le miroir, nous sommes justement hors de nous. Ce qui engendre le sentiment primitif d'un vol de l'âme. Les personnes qui se regardent longtemps dans un miroir sont fascinées et ressentent comme une paralysie… Elles ne supportent pas toutes leur image. Quelques-unes, comme le Narcisse* du mythe, se « perdent » en regardant leur image reflétée par l'eau. D'autres ne reviennent à elles qu'après une pérégrination épuisante lorsqu'après avoir regardé dans le miroir, elles ont pu se prouver à elles-mêmes leur existence effective ». L'ambivalence du symbole du miroir dépend donc essentiellement de l'attitude de la personne et de la maturité de « celui qui se regarde lui-même ».

MITHRA *(MITRA)* Couplé avec Varuna, l'équivalent indien d'Ouranos, Mitra est à l'origine un dieu védique qui prête bien des traits au Mithra iranien. Lequel inspire à son tour plus d'un symbole christique. Le Mitra védique que décrit Georges Dumézil est un dieu souverain, fonctionnel, complémentaire cosmique de Varuna (l'équivalent de l'Ouranos grec), et rarement distingué de lui par le *Rig-Véda* dans l'organisation de la création, même si leurs modes d'action sont différents. D'après l'hymne qui lui est consacré, Mitra est « très favorable », roi « au bon pouvoir temporel », ordonnateur, tandis qu'on implore Varuna pour ne pas être livré à l'arme mortelle, à la fureur du roi courroucé. Mitra incarne ainsi le jour, Varuna la nuit ; Mitra est le bienveillant, l'amical, le lumineux, celui qui réfléchit, celui qui est proche de ce monde-ci, alors que Varuna est le justicier, le vigoureux, le redoutable, celui qui agit, le ténébreux, le lointain qui est de l'autre monde. La paix solaire de Mitra s'oppose à la violence nocturne de Varuna. — Mithra, son homologue iranien qui procède de la même origine indo-européenne, perd quant à lui son dieu complémentaire et se charge progressivement de certains de ses traits. Toujours lumineux, certes, il voit tout et dispose de mille espions. Son nom évoque la notion d'alliance fondée sur un contrat, il est le gardien de la loyauté et de l'amitié sincère, le témoin par excellence. Les traitres sont ses ennemis et il favorise la prospérité des justes. — Il prend pourtant aussi des allures militaires : il est « Mithra-aux-vastes-pâturages » qui permet de conquérir de nouveaux territoires, n'hésitant pas à manier l'épée pour préserver la juste alliance et à mener la guerre* sainte contre les armées ennemies, ni même à recourir à la magie. Il a emprunté sa violence et son goût pour la guerre* au Varuna des *Védas*. — Écarté par la réforme du prophète Zoroastre au profit du dieu souverain Ahura-Mazda, Mithra est bientôt réintégré dans le corpus religieux comme une créature de Mazda – mais il lui arrive de le dépasser. Gardien de l'ordre social, il est le *Sol invictus*, le Soleil* invaincu qui triomphe de tout ennemi. Son culte fondé sur des mystères connaît une extraordinaire fortune dans le monde romain durant les cinq premiers siècles de notre ère. En 274, Aurélien institue le culte officiel de *Sol invictus* dont l'empereur* est l'émanation. Julien l'Apostat est son sectateur fervent. On a retrouvé nombre de vestiges de ces temples mithraïques (*mithraea*) que les légionnaires romains construisaient pendant leurs campagnes ou près de leurs garnisons pour pratiquer les initiations*, tandis qu'à Rome, les *mithraea* voisinent avec les tombes des chrétiens dans les catacombes. — Le culte du Soleil invincible est marqué par un repas qui commémore celui qu'avaient partagé Mithra et le Soleil après la création du monde. On retient pour sa date de naissance le 25 décembre, date du solstice d'hiver dans le calendrier julien et par là même commencement du retour de la lumière (voir Midi/Minuit). On le représente avec un globe dans la main, tandis qu'il touche le zodiaque* de l'autre. Il est entouré des quatre éléments*, des quatre vents* et des quatre saisons. On lui sacrifie aussi des taureaux* (cérémonie du taurobole),

peut-être en souvenir de l'élimination en Inde du monstre Vrtra par Indra, ce qui avait enclenché le cycle cosmique et permis au soleil de briller, aux eaux de couler, aux plantes de pousser. — L'initiation mithraïque se faisait selon sept* degrés (le corbeau*, le griffon*, le soldat, le lion*, le Perse, le Courrier du Soleil et le Père*), qui correspondraient aux sept planètes* dont il fallait traverser les sphères* et vivre l'état psychique et spirituel qu'elles commandaient pour parvenir à la béatitude (voir aussi Échelle). Cette idée de perfectionnement moral et spirituel fait apparaître progressivement le mithraïsme comme une religion du salut. Mithra l'invincible ne meurt pas ; il monte à l'arrière du char* du Soleil pour prononcer le jugement suprême au Ciel : le gardien des contrats reprend ainsi la fonction instaurée par Zoroastre, qui avait le premier rendu nécessaire dans la religion perse la sanction morale dans l'Au-delà*. Durant la fin de l'empire romain, le mithraïsme se répandit jusqu'au nord de l'Angleterre, sur les bords du Rhin et du Danube, mais aussi en Syrie et en Égypte. Mithra, « né de la pierre », fut alors en concurrence avec le christianisme naissant, auquel il prêta bien des traits – jusqu'à ce que Tertullien établît que le Christ était le seul « Soleil invincible ».

MOÏSE   Pour les chrétiens, Moïse est l'une des figures les plus importantes de l'*Ancien Testament*. C'est lui qui reçut, sur le mont* Sinaï, les Dix Commandements de Dieu (le Décalogue). Les Juifs honorent les cinq* livres* de Moïse (*Genèse, Exode, Lévitique, Nombres, Deutéronome*), réunis en un livre sacré qu'ils appellent la *Thora* (la Loi). Ces livres (en grec *Pentateuque*, les « cinq rouleaux ») ne sont pas tous en réalité d'un même auteur, mais proviennent de plusieurs sources principales que la critique biblique nomme « premier et deuxième Yahviste » et « Élohiste », tels que les auteurs du *Deutéronome* et du *Lévitique*. Ces livres constituent la première partie de l'*Ancien Testament*. Moïse, dont le nom, d'origine égyptienne, signifie « fils » ou « enfant » (voir Thot-Mosis, Ra-Mosis ou Ramsés, c'est-à-dire fils de Thot, de Ra), a sans doute été une figure historique. L'interprétation hébraïque de ce nom, « celui qui fut tiré de l'eau », est philologiquement invraisemblable, mais renvoie au mythe de l'enfant abandonné puis sauvé, qui signe souvent le destin des héros épo-

*1. et 2. Moïse sauvé des eaux
et bénissant les fils d'Israël : miniature
(XIVe s., « Haggadah », Sarajevo).*

nymes. D'après les évaluations chronologiques actuelles, il est probable que Moïse a vécu vers 1450 av. J.-C. ; on met en effet en relation les « ténèbres d'Égypte » qui ont marqué la fuite des Juifs, dans l'*Ancien Testament* (voir Grenouille, Sauterelle), avec l'éruption du volcan Théra (Santorin), qui eut lieu à cette époque et qui dégagea des masses de poussière considérable qui parvinrent certainement à obscurcir le ciel. Ce fut Moïse qui conclut l'alliance entre le peuple juif fuyant l'Égypte et le dieu unique, Yahwé (« Tu n'auras pas d'autres dieux face à moi », *Exode* X, 3). En même temps que les canons de sa religion, Moïse établit le droit et la loi morale du peuple juif. Cependant, d'après O. Schilling (*in* J. B. Bauer, 1967), il n'était « ni membre d'une caste de prêtres, ni officier; il ne faisait pas partie d'un cercle d'extatiques, et ne pouvait non plus s'appuyer sur l'ancienne noblesse... [il était] prophète et homme de dieu ». À cause de la colère dont il fit preuve lors de l'épisode de « la querelle de Mériba » (*Nombres* XX, 10), Moïse compromit son entrée dans la « Terre promise », et mourut au mont Nébo, mais « personne n'a jamais connu son tombeau jusqu'à ce jour » (*Deutéronome* XXXIV, 6). « Il est caractéristique de la conception religieuse des Israélites qu'aucun culte ne soit attaché à la personne de Moïse. Mais la légende s'est très tôt emparée de lui, et les contes et légendes de l'ancien Orient racontent de nombreuses histoires à son sujet, de même que tous les livres qui se réclament de lui dans leur titre et rapportent l'histoire de sa vie » (Bertholet, 1985). « Sans l'expérience religieuse fondamentale qu'il fit d'une force transcendante, lors de l'épisode du buisson ardent (*Exode* III) sur le mont Horeb, on ne peut concevoir l'œuvre de Moïse, qui dépassait tout son environnement, et la mesure humaine en général » (O. Schilling). Voir Cornes.

MOLOCH Le *Salammbô* de Flaubert a fixé pour longtemps l'image de Moloch-le-Dévorateur, ce dieu de Carthage à la gloutonnerie insatiable qui se nourrit d'enfants jetés vivants dans l'immense brasier allumé entre ses bras d'airain*. Carthage mourait alors de soif, et pour féconder Tanit, la déesse Lune* qui enfante l'eau*, les prêtres de Moloch avaient décidé de cette gigantesque immolation par le feu* pour purifier Carthage de l'offense faite à la déesse dont on avait dérobé le manteau*. — En dépit de sa terrifiante beauté chromatique, les découvertes amenées par les fouilles archéologiques récentes invitent à nuancer l'image de « ce géant couvert de sang ». Si les sacrifices* sanglants ou les offrandes végétales restent les actes essentiels de la vie religieuse punique (comme dans la plupart des religions qui lui sont contemporaines), on est beaucoup moins sûr aujourd'hui de la pratique de sacrifices humains massifs, en particulier d'enfants, au dieu Moloch. L'histoire de Carthage, détruite en rasée par les Romains en 146 av. J.-C., a été en effet racontée par les vainqueurs, et la coutume de ces sacrifices, accusant la barbarie des Carthaginois, est d'abord rapportée par les textes latins. L'examen des ossements calcinés que l'on a découverts dans des jarres sur l'aire des temples à ciel ouvert où l'on pratiquait ces sacrifices (les tophets) semblait jusqu'à présent confirmer ces assertions. Or, une étude plus attentive a amené à se rendre compte que, sur l'aire des tophets, les inscriptions de stèles votives se référant à MLK (*molk* ou *molek* – adapté en Moloch), et donc à des sacrifices d'enfants, restaient en fait rares : « Quelques dizaines, sur les six mille stèles votives découvertes dans le tophet de Salammbô, étalées sur plusieurs siècles. La pratique de sacrifices humains massifs semble rester un fait rare, justifié par des événements exceptionnels (guerres, sièges, etc.) et l'interprétation des coutumes apparaît plus complexe » (M. Sznycer). Pourtant, même si on veut réhabiliter la mémoire des Carthaginois, on ne peut oublier leur origine, la Phénicie antique, où à l'évidence on sacrifiait des enfants au dieu Moloch, jusqu'à Jérusalem elle-même : « Ne donne pas de ta postérité pour la faire passer à Molech » (*Lévitique* XVIII, 21), pratique à laquelle la *Bible* fait maintes allusions. Il semble d'ailleurs que ce dieu emprunte certains de ses traits à l'Héraclès* Melqart, protecteur de la cité phénicienne de Tyr, qui est lui-même le Mélicerte des Crétois. Or ce Mélicerte, à l'instar du roi solaire nouvellement né, arrive sur le dos d'un dauphin* et meurt après quatre ans de règne : par appariement avec un autre héros, le Mélicerte de Corinthe, son trépas était célébré aux Jeux funèbres isthmiques, au cours desquels on sacrifiait des enfants. Il faut aussi rappeler à ce propos la mort des quatorze enfants de Médée, fille du roi de Colchide et reine de Corinthe par son union avec Jason, qui sacrifie sa progéniture par le feu pour se venger de son mari. L'immolation des victimes par le feu est un thème récurrent en Grèce et dans de nombreuses cultures antiques : Héraclès lui-même monte sur le bûcher pour conquérir l'immortalité. — L'effrayante image du dieu Moloch, rejoignant celle de Saturne*-Cronos*, fécondera par la suite celle de bien des ogres amateurs de la chair fraîche des enfants. Pour souligner leur parenté dévorante, Maurice Sznycer signale d'ailleurs qu'à Rome, bien longtemps après la chute de Carthage, on retrouve sur des stèles dédiées à Saturne le nom de *molchomor*, transcription exacte du sacrifice punique MLK'MR – sacrifice d'un agneau selon le rite du culte de Moloch. Fragile innocence de l'enfance, toujours dévorée par le temps, la vieillesse et la mort, gouttes d'eau disparaissant dans le gouffre de feu, « fumée blanche montant dans la grande couleur écarlate » (*Salammbô*).

MONTAGNE   Dominant le monde des hommes et s'élevant jusqu'au ciel*, la montagne symbolise, pour tous les peuples, la proximité de Dieu. Les nuages masquent son sommet au regard et dési-

Moïse sur le mont Sinaï reçoit les Tables de la Loi : miniature grecque (Xe s., manuscrit de la Bible).

gnent, pour l'imagination, un objet idéal. Les volcans sont considérés en particulier comme des lieux de passage mystérieux et particulièrement imposants vers le monde surnaturel. Les montagnes sacrées ou encore celles où Dieu s'est révélé aux hommes (Fujiyama, Elbrouz, Sinaï, Thabor, Carmel, Garizim, Kailash, Olympe...), sont souvent des symboles de la puissance divine et sont représentées comme telles dans les arts plastiques. Le cosmos est aussi fréquemment perçu comme une montagne en terrasses, ainsi que le mont Meru dans l'art indien, et il est alors représenté concrètement par des pyramides en escalier (*cf.* Borobudur à Java). Les ziggurats de Mésopotamie étaient également la transposition architectonique des montagnes divines. Les pèlerinages* en direction de montagnes sacrées symbolisaient pour leur part le détachement progressif de la sphère quotidienne et l'élévation spirituelle. Le mystique espagnol Jean de la Croix (1542-1591) appelle par exemple le chemin qui l'a conduit à Dieu l'« ascension du Mont Carmel ». — Des pèlerinages en montagne sont organisés dans le monde entier. En Corinthie notamment se déroule le pèlerinage dit « des quatre

Le singe Hanumat soutient l'Hymalaya :
illustration (XVIᵉ s., « Ramayana »).

montagnes » ; au Japon, quelque 200 000 pèlerins escaladent chaque année le mont Fuji-san (le Fujiyama) ou viennent faire des sacrifices* dans l'un des innombrables sanctuaires shinto qui se trouvent au pied de la montagne. Les habitants du Mexique ancien accordaient un rôle particulier au mont Tlaloc dans le massif Iztac-Cihuatl, et avaient installé à son sommet une idole* du roi de la pluie* qui répondait au même nom. On déposait sur sa tête les différentes graines semées dans les champs pour lutter contre la stérilité : en effet, d'une part, la montagne est plus proche du ciel que les terres environnantes, ce qui lui vaut d'être considérée comme le « domicile » des dieux, et, d'autre part, elle rassemble à son sommet les nuages qui donnent eux-mêmes naissance à la pluie ou à l'orage : Zeus lance-foudre roule avec son char* sur le sol d'airain* de l'Olympe, le séjour des dieux, pour faire retentir le tonnerre*. Les monts, partout présents en Grèce, occupent une très grande importance dans sa mythologie. Zeus lui-même, caché par sa mère en Crète, grandit avec les bergers du mont Ida. Apollon* poursuit Daphné*, la nymphe des montagnes, tandis que Pan* joue de la flûte* avec ses bergers sur leurs versants et que Dionysos* y emmène ses bac-

chantes*. De taille humaine, ces monts sont le refuge de « la nature primitive qui aime à se cacher ». — Tout autres sont les hautes cimes montagneuses qui sont au contraire le symbole tout trouvé de l'« élévation » par opposition au « monde quotidien », et les hommes se représentent souvent l'axe du monde* comme une montagne située dans le Grand Nord*, juste au-dessous de l'É-toile* polaire, autour de laquelle tournent les autres étoiles. De même, la tradition islamique considère que l'endroit le plus haut de la terre est la Kaaba de La Mecque, puisque l'Étoile polaire se trouve exactement au-dessus, au centre* du ciel. La montagne est donc le point de rencontre entre le ciel et la terre* et elle figure de ce fait le centre du monde, apparaissant comme telle dans de nombreuses traditions : le Golgotha des chrétiens où est enterré Adam – de sorte que le sang du Christ le rachète en tombant sur lui –, le mont Thabor en Palestine, qui représente la Terre sainte qui ne fut pas engloutie par le Déluge*, et où Jésus-Christ connaît la Transfiguration : « Sa face brilla comme le soleil, ses vêtements devinrent blancs comme la lumière » (*Évangile selon saint Matthieu* XVII, 2). — Cette notion de mont central apparaît encore chez les Persans avec le mont sacré Haraberezaiti (transformé ensuite en Albroj ou Albrouz) ; dans l'Oural avec le mont Sumbur ; chez les Tartares qui adoraient la montagne de la Garde « Karaval-Naïa Gora » et chez les Kamouls en Sibérie avec la montagne Moo-Bogo. — Dans l'image du monde que se faisaient les Chinois autrefois, figurent cinq montagnes sacrées correspondant aux quatre points cardinaux et au centre. Le mont Kuenlun (K'un-lun) « aux neuf* étages » était particulièrement vénéré. Sur certaines de ces images, des montagnes entourées de nuages sont représentées pour symboliser les terres dans lesquelles vivent en alternance le yin* et le yang. Dans le Mexique précolombien, des créneaux de nuages* et des frises d'étoiles ornaient également les pyramides des temples, considérées comme des montagnes artificielles sur lesquelles vivaient les dieux. — Dans l'iconographie chrétienne, le juge de la fin des temps est souvent représenté assis sur une montagne de nuages*. Toutes les autres montagnes sont cependant aplanies de façon symbolique, peut-être pour illustrer le rejet des cultes païens qui sont rendus à certaines d'entre elles. Il n'est guère surprenant qu'à l'époque où les missionnaires allèrent prêcher en Europe centrale, d'anciens sanctuaires construits sur des hauteurs aient été considérés comme des repaires de mauvais esprits ; on disait que les sorcières* y célébraient des rituels blasphématoires sous les ordres du Diable*. Dans les montagnes tibétaines, on disait de la même façon que circulaient sans cesse des génies malins dont on ne savait jamais assez se défier, les Khadomas, ou fées malignes, qui s'incarnaient sous la forme d'humbles femmes et que tourmentaient les bonzes, ainsi que les cavaliers fantastiques blancs ou noirs dont on ne pouvait se défendre qu'avec l'aide des moulins* à prières ou en déposant des offrandes dans les autels Kieu-Tun, abris qu'on appelait aussi les « dix mille pierres ». Dans notre culture, cependant, de nombreuses églises et chapelles furent également érigées au sommet de montagnes pour prendre la place des cultes antérieurs qu'elles avaient détrônés. Les croix construites sur les montagnes à l'époque moderne expriment également le sentiment de la proximité de Dieu que l'on éprouve en de tels endroits. Voir Caverne, Rochers, Omphalos, Pèlerinage, Pierre. — Dans la *Bible*, le mont Sinaï est la montagne sacrée par

Moïse sur le mont des Sciences avec un moine et le géant de l'orgueil Nabuchodonosor : miniature du XVᵉ s.

L'agneau mystique sur la montagne de Sion : miniature (Xᵉ s., Commentaire à l'Apocalypse du Beatus de Liébana).

excellence car c'est là que Dieu apparut à Moïse* pour lui donner l'ordre suivant : « Délimite le pourtour de la montagne et donne cet avertissement : Gardez-vous de gravir la montagne ou même d'en toucher la base. Quiconque touchera la montagne devra être mis à mort. Mais personne ne portera la main sur lui ; il sera lapidé ou percé de flèches. Homme ou bête, il ne peut demeurer en vie. Quand la corne de bélier, longuement, mugira, eux graviront la montagne » (*Exode* XIX, 12-13). Le mont Sion, aux environs de Jérusalem qui appartenait aux Jébuséens avant d'être conquise par les Israélites, est aussi présenté comme un refuge de la puissance de Dieu. « Ainsi parla Yahwé Sabaot à la fin du Jugement dernier : J'éprouve pour Sion une ardente jalousie... Je reviens à Sion et veux habiter au milieu de Jérusalem. Jérusalem sera appelée Ville-de-Fidélité, et la montagne de Yahwé Sabaot Montagne-Sainte » (*Zacharie* VIII, 2-3). Pour la communauté religieuse des Samaritains*, cette fonction est cependant occupée par le mont Garizim, une colline boisée qui abritait de nombreuses sources* et qui était comparée au paradis*. Dans l'image symbolique qu'ils se font du monde, ces deux monts représentent pour les uns comme pour les autres « le mont du temple de Yahwé... établi au sommet des montagnes et [s'élevant] plus haut que les collines » (*Isaïe* II, 2). Ces montagnes figurent alors l'inaccessible que l'on doit pourtant atteindre, et sont l'image de la transcendance de Dieu : c'est le mont Sauvage de la légende du Graal*, montagne divine couronnée d'une forteresse, mais « perdue au milieu des îles ». Arrivé au haut d'une falaise, Perceval « ne voit d'abord rien d'autre que ciel et terre », avant d'apercevoir enfin le sommet d'une tour. Dans le *Coran*, la montagne de Qâf ne peut être atteinte ni par la terre ni par la mer. Elle porte à son sommet le Rocher* d'émeraude* qui lui donne sa couleur et il faudrait, pour y parvenir, qu'un homme passe quatre mois dans les ténèbres. Dans un couple d'opposés*, elle entoure d'ailleurs toute la terre en même temps qu'elle la fait tenir comme un « pieu » central pour l'empêcher de trembler. C'est cette montagne qui donne sa couleur au ciel, en se réfléchissant sur lui. Il faut toutefois noter que cette montagne de Qâf devient accessible dans la tradition de l'ésotérisme musulman – particulièrement en Perse – à la suite du pèlerinage poursuivi par l'âme* en quête de son origine divine. Cette accession ne s'accomplit toutefois que par un phénomène visionnaire où l'initié pénètre dans le *mundus imaginalis*, le monde de l'imagination créatrice où se produisent les théophanies. C'est là que l'on rencontre Khezr (voir Khidr), le mystérieux prophète principiel, et c'est là qu'habite souvent le Simorgh, l'oiseau* divin. La montagne Qâf symbolise ainsi le Malakut, le monde intermédiaire entre le monde sensible où nous vivons et le monde des Intelligences qui sont autant de manifestations de Dieu (Jabarut). Dans le *Coran* encore, les apparitions de Dieu à Moïse sont très significatives puisque, après la théophanie végétale du buisson ardent, le Seigneur apparaît une seconde fois par l'intermédiaire d'une montagne – mais la montagne est pulvérisée et Moïse lui-même foudroyé (*Coran*, VII, 143). Peut-on rappeler ici la longue quête de l'immortalité par Gilgamesh, le héros sumérien « qui ne voulait pas mourir », qui traversait les montagnes plongées dans les ténèbres afin de trouver le secret de l'immortalité auprès d'Ut-napitschim et qui finalement échouait ? — À l'époque moderne, ce symbolisme de la montagne est resté très vivace et, par exemple, dans le roman qu'il écrivit durant la guerre, cette histoire « vêtue de mots de montagne » qu'il appela *Le Mont analogue*, René Daumal n'évoque pas autre chose que cette recherche de l'inaccessible « voie qui unit le Ciel et la Terre », de ce mont où doit vivre une « humanité supérieure », dont le « sommet unique touche au monde de l'éternité et [dont la] base se ramifie en contreforts multiples dans le monde des mortels ». Comme Daumal l'écrivit à l'une de ses correspondantes : « Sur les hautes cimes, la pensée est substantielle ou n'est pas. [...] Je comprends pourquoi les Sages chinois, le Christ, Moïse, les adeptes de Shiva et autres allaient penser sur de hauts sommets. » En fait, bien que Daumal eût aussi imaginé d'écrire un *Traité d'alpinisme analogique*, et quoique ses personnages réussissent à forcer l'entrée de ce nouveau monde, *Le Mont analogue* s'achève, avec la mort de son narrateur, en 1944, bien avant la fin de cette aventure de conquête impossible...

MORT *(SYMBOLES DE)*   Les cercles* concentriques gravés sur les parois des tombeaux mégalithiques de l'époque néolithique, et figurant un engloutissement dans les eaux* sont vraisemblablement des symboles de mort. De nombreux navires (ou nefs des morts) représentés dans des situations analogues et censés emmener le défunt dans un autre monde, sont certainement liés à la conception d'un Au-delà* qui se situe par-delà une mer* circulaire ou un fleuve* qui entoure la terre (voir aussi Navigation). Dans l'art funéraire étrusque, les dauphins* et les chevaux* marins qui conduisent les âmes aux îles des Bienheureux* furent d'abord prépondérants, avant que ne s'imposent les démons effroyables de la mort qui ressemblaient à des diables* (Charun avec son marteau* en forme de hache à double tranchant, Tuchulcha qui tenait des serpents* dans ses mains). Sur les tombes de l'Antiquité, outre les représentations des défunts, figurent souvent des pleureuses à la tête voilée ; plus rares sont les génies tenant un flambeau* abaissé ou des capsules de pavot qui symbolisaient le sommeil (voir Hypnos, Somnus, Thanatos). — Les squelettes* et les crânes sont un symbole évident de mort (ils symbolisent également le sixième jour du calendrier aztèque,

Miquiztli), mais les ossements peuvent alors aussi bien renvoyer à la résurrection future : « Ossements* desséchés, écoutez la parole du Seigneur... Je vais faire venir en vous un souffle pour que vous viviez... Les ossements se rapprochèrent les uns des autres... Le souffle entra en eux et ils vécurent; ils se tinrent debout : c'était une immense armée » (*Ézéchiel* XXXVII, 4-10). D'autre part, ces squelettes figurent en tant que squelettes « vivants » dans les scènes de danse* macabre qui se répandirent de plus en plus durant le bas Moyen Âge et qui symbolisaient l'égalité du destin de chacun dans la mort. Dans l'art orthodoxe, l'antique symbole de la nef des morts représente le « vaisseau de l'église » avec une ancre* et une croix* (en guise de mât), tandis que la colombe* (qui doit les accompagner au paradis*) plane au-dessus de ce navire comme sur l'arche* de Noé. Le rameau d'olivier* apparaît également comme symbole de la paix, de même que l'escargot* (qui dort dans sa coquille*-« tombeau ») et le papillon* qui est promesse de métamorphose et de résurrection. — La mort, lorsqu'elle est représentée comme une personne, tient généralement une faux (voir Faucille), mais elle porte aussi parfois une flèche* et un arc*, ou encore un sablier* (voir Chronos) qui souligne le caractère éphémère de la vie sur cette terre. À l'époque romantique, le saule* pleureur apparaissait lui aussi dans les images de mort. En Europe, le noir* est la couleur symbolique de la mort, alors qu'en Extrême-Orient, c'est le blanc* (voir Lis). — Dans la religion islamique, la mort de l'homme est symbolisée par l'ange* de la mort, Israfil, qui se tient à côté du trône* d'Allah et détache de l'arbre* du monde les feuilles qui portent les noms de tous ceux dont la dernière heure, au jugement d'Allah, est venue (voir Lettres). Tandis que les feuilles tombent par terre, Israfil rend visite à ces personnes pour leur annoncer leur trépas, et il revêt à cette fin différents aspects : « À Adam*, il apparut sous la forme d'un bouc, à Abraham* sous celle d'un vieillard valétudinaire, à Moïse sous celle d'un homme vigoureux. » L'ange de la mort, que le *Coran* ne mentionne pas nommément, est aussi celui qui, lors de la création de l'homme, procura la terre* qui était nécessaire à cette fin ; celle-ci reçut d'Allah la promesse qu'après la mort de l'homme, elle recouvrerait ses propriétés matérielles.

— Les illustrations de la treizième lame des arcanes majeurs du Tarot* montrent la mort sous la forme d'un squelette tenant une faux ou un arc et une flèche, vêtu d'un vêtement noir à cagoule ou sous les traits d'un « cavalier de l'Apocalypse ». L'interprétation divinatoire de cette lame est : « la mort, la perte, le changement, la suppression de l'ancien par le nouveau ». Ce que l'on ne doit pas tant comprendre comme un symbole de disparition en soi (la mort opposée à la vie) que comme un symbole de passage (la mort opposée à la naissance). Autrement dit, après la série complète des douze premiers arcanes majeurs, la mort représente la bascule qui fait pénétrer dans la seconde série aux résonances cosmiques beaucoup plus prononcées. C'est donc à un changement de niveau du destin et de l'âme* qu'introduit la lame de la mort – qui représente de ce fait comme une phase d'initiation*. Il faut d'ailleurs noter que si l'on a l'habitude d'appeler cette lame « la mort » à cause de son imagerie évidente, elle ne porte en réalité pas de nom, comme si elle devait être accompagnée du silence qui est demandé à tout myste et à tout initié. En bref, comme treizième lame, la mort résume et unifie le chemin parcouru par les lames précédentes (« La treizième revient .. C'est encore la première / Et c'est toujours la seule... », écrit Gérard de Nerval), elle représente l'œuvre au noir (*nigredo*) de l'alchimie* d'où pourra s'éployer la suite de la recherche, et comme elle fauche de gauche à droite* – du sinistre au lumineux – à l'inverse du mouvement traditionnel qui est celui des faucheurs, elle indique bien qu'elle ne coupe pas tant la vie que les illusions liées à la matière et l'ignorance de celui qui n'a pas encore atteint à la connaissance.

MOUCHE (grec *myia*, en latin *musca*) Les différentes sortes de mouches sont perçues, du point de vue symbolique, comme des êtres négatifs que l'on devait cependant apaiser par des rites bien précis. Le Baal-zebul ou Beel-zebub évoqué dans le *Deuxième Livre des Rois* (I, 2), « le dieu d'Ékron », est une divinité syrienne dont le nom signifiait « le prince » (*zebul*), déformé en « la mouche » (*zebub*). Une légende ultérieure déclare qu'il commandait les escadrons de mouches, l'apparentant de la sorte à Zeus *Apomyios* ou encore *Myiodes* et *Myiagyros* en Grèce. On rencontre aussi l'idée d'une

1. *Essaim de mouches autour d'un miroir : gravure de 1557.*

2. *Mouche sur un crâne : gravure du XVIᵉ s.*

force démoniaque que l'on ne peut exterminer et qui s'incarne dans les mouches. Les camées antiques représentant des mouches étaient censés protéger des « mauvais regards » (voir Œil). Son nom grec désignait de façon symbolique un parasite ; on trouve chez Lucien de Samosate (120-180) l'expression « faire d'une mouche un éléphant* ». Dans la mythologie de la Perse ancienne, Ahriman, le principe de l'obscurité, prend la forme d'une mouche pour s'infiltrer parmi les hommes. Les nuages de mouches annoncent chez Isaïe l'arrivée d'un malheur : « Il adviendra en ce jour-là que le Seigneur sifflera les mouches qui sont à l'extrémité des canaux d'Égypte » (*Isaïe* VII, 18). Les mouches sont surtout les symboles de figures diaboliques et de groupes de démons tels que ceux qui torturèrent l'ermite saint Matarios réfugié dans le désert.

MOULIN   Dans la vision du monde de nombreuses cultures primitives, la disposition des étoiles dans un cercle fixe autour du pôle nord céleste, souvent conçu lui-même comme un axe du monde* cristallin relié au centre de la terre (voir Mundus, Omphalos), était considérée comme un grand moulin. Les âges cycliques du monde sont dès lors symboliquement rattachés à l'idée de la rotation de ce grand moulin du monde. Le moulin symbolise aussi l'équité du destin, qui broie tous les grains de la même manière. Il est normal que le symbole du pain se soit ajouté à celui du moulin, puisque le pain* est fabriqué avec la farine que le moulin a permis d'obtenir à partir des grains de blé. À Rome, les vestales couronnaient les

moulins pour la fête de la déesse du Foyer, Vesta. On trouve aussi dans la symbolique chrétienne du Moyen Âge l'image du « moulin mystique » : le prophète de l'*Ancien Testament* Isaïe verse les grains de blé dans sa trémie, et c'est l'apôtre Paul qui recueille la farine. De nombreuses représentations montrent les quatre évangélistes* versant le grain dans ce moulin, tandis que les apôtres dirigent les fleuves qui mettent ses roues en mouvement. Les Pères de l'Église y recueillent la farine, et Jésus distribue aux croyants les hosties tirées de cette

Ange lançant une meule dans la mer : miniature (XIᵉ s., « Apocalypse » de Reichenau).

*Labourage, moisson
et mouture du blé :
gravure (édition
allemande, 1473, des
« Œuvres » de Boccace).*

farine cuite ; le Christ est alors lui-même le pain de la vie. De nombreux passages de la Bible mentionnent la meule tombée du ciel* comme le signal du Jugement dernier, en particulier dans l'*Apocalypse* de saint Jean (XVIII, 21) : « Alors un ange puissant saisit une pierre comme une lourde meule, et la précipita dans la mer en disant : avec la même violence sera précipitée Babylone*, la grande cité… » Le damier carré* appelé « jeu* du moulin », que l'on retrouve sur de nombreuses images rupestres, renvoie sans doute à une très ancienne vision du monde (cosmogramme). — Au Tibet existe l'usage très particulier de ce que l'on appelle le moulin à prières, sorte de cylindre généralement en cuivre que l'on fait tourner autour d'un axe en bois. Si, par le bruit qu'il émet, on assimile le cylindre à une clochette (d'autant que, comme la clochette, il contient la formule dite du « joyau dans le lotus* » : *Om mani padme aum*, qui commence et se termine par les deux syllabes cosmogoniques, tandis que *mani padme* – le joyau dans le lotus précisément – désigne le monde phénoménal, la *maya*, le réceptacle du *dharma*), on atteint alors à la signification de la danse* ou du jeu de l'univers autour de l'axe du monde* qui le fait communiquer avec la « réalité » du nirvana. En faisant tourner le moulin, on établit donc la circulation entre la terre et le ciel, entre les hommes et les dieux, entre la réalité sensible et la "réalité" ultime.

MULE *(SANDALE)*   La mule, espèce particulière de sandale, est le symbole proverbial de la domination, dans un couple, de la femme sur son mari. Cette chaus-

sure qui recouvre ainsi le pied* de la femme, sans doute avec une connotation érotique et peut-être d'ordre fétichiste, est souvent perçue comme son « arme » dans les farces écrites par les hommes, ou dans les histoires qui mettent en garde contre une trop grande influence féminine. On dit que la sandale était déjà, dans l'Antiquité, l'insigne de la reine* de Lydie, Omphale, chez laquelle Hercule dut servir comme esclave paré de vêtements féminins. Une sculpture hellénistique représente aussi Aphrodite* menaçant d'une sandale un faune concupiscent. De nombreuses explications ont été proposées pour ce symbole : il existait autrefois, par exemple, dans plusieurs régions d'Autriche, une coutume populaire qui consistait en ce que, lors de la conclusion d'un mariage, chacun des deux partenaires tentait de marcher sur le pied de l'autre; celui qui était « soumis » était destiné à rester toute sa vie « sous la mule ». Le baiser que l'on dépose sur la pointe du pied en signe de soumission, comme celui que l'on donne à la mule du pape, procède d'un symbolisme identique de la pensée.

MUNDUS   Le *mundus*, mot qui en latin signifie le monde, était à Rome une tosse symbolique assimilée au centre* du monde, où l'on consacrait des offrandes. Romulus, fondateur de Rome, avait placé le *mundus* à l'intersection des rues principales qui divisaient la *Roma Quadrata*, sur l'emplacement de l'actuel Palatin. On y déposait, au cours de rites sacrificiels, des mottes de terre qui étaient censées provenir du légendaire pays originel, ainsi que les premières récoltes de céréales. Le *mundus* était considéré comme le nombril de Rome (voir Omphalos), et plus généralement du cosmos à dimension humaine. Il était en même temps le lieu où l'on sacrifiait aux divinités souterraines (*inferi*). Toutes les villes pourvues d'un *mundus* central pouvaient se considérer comme le centre du cercle* terrestre. Cette coutume romaine tirait son origine d'une coutume étrusque encore plus ancienne.

MUSES Les Muses sont les figures proverbiales de l'inspiration artistique : « Heureux celui qui est aimé des Muses, le langage coule de ses lèvres comme du miel » (Hésiode). Dans la mythologie grecque, les Muses étaient les filles de Zeus, le père de tous les dieux, et de la nymphe Mnémosyne (dont le nom signifie mémoire). Elles exaltaient dans leurs chants les actions héroïques menées contre les Titans* au commencement des temps. Originellement conçues comme les nymphes des montagnes et des ruisseaux, leur valeur symbolique se précisa ensuite, et on leur attribua pour montagnes sacrées le Parnasse et l'Hélicon, et pour sources sacrées la fontaine Castalie de Delphes (« boire de son eau entraîne les poètes à chanter »), ainsi que la source Hippocrène, que Pégase*, le cheval* ailé, avait fait jaillir en frappant le rocher* de ses sabots. Les Muses, au nombre de neuf, étaient : Clio (l'Histoire), Uranie (l'Astronomie), Melpomène (la Tragédie), Thalie (la Comédie), Terpsichore (la Danse), Calliope (la Poésie épique), Érato (la Poésie amoureuse), Polymnie (les Chants religieux et la Rhétorique), Euterpe (la Poésie lyrique et la Musique). Il n'existait à l'origine que trois Muses (voir Triade), il faut donc inter-

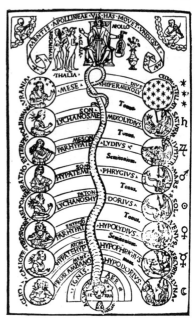

Apollon et les neuf Muses : gravure (1496, « Pratica Musicale », F. Gaffurio).

préter leur nombre de neuf comme une puissance mathématique de la triade, c'est-à-dire comme le chiffre trois porté au carré. Les arts plastiques représentent les Muses sous les traits de jeunes filles qui accompagnent Apollon*, le dieu du Soleil* : « Car c'est à la fois grâce aux Muses et à Apollon qu'il existe sur terre des chanteurs et des joueurs de harpe »

Les neuf Muses : gravure du XVIIᵉ s.

(Hésiode). C'est l'Apollon Musagète, portant une cithare et paré d'une couronne* de laurier*, qui dirige leur chœur.

MUSIQUE De tous temps, on a considéré que la musique avait été inventée par les dieux, ou bien qu'elle était l'expression des « puissances supérieures » qui commandent le sort du monde ou des hommes. C'est ainsi que les plus anciens instruments de musique retrouvés en Chine sont toujours associés à des pratiques divinatoires et des calculs sur les rythmes, tandis que, dans la Grèce antique, c'est Hermès* qui a inventé la lyre (qui était alors tenue pour l'instrument de musique par excellence), avant qu'Apollon* ne se l'approprie et ne devienne, à la tête du chœur des Muses*, le parangon de l'harmonie. — À partir du moment où l'école pythagoricienne en a fait un objet de théorisation, la musique a été envisagée du point de vue de sa composition mathématique, mais également, et selon le statut même du nombre* qu'avait défini Pythagore*, dans sa relation essentielle à l'âme* du monde, relation où elle puisait sa signification et sa fonction véritables. C'est pourquoi la musique était aussi censée guérir les âmes particulières, parce qu'elle leur permettait de remonter vers leur origine première, et qu'à travers toutes les formes musicales que ces âmes percevaient, il leur était donné d'entendre un chant lointain, aux harmonies célestes, qui paraissait gouverner le cosmos. La première musique, dans une telle perspective, était d'abord la musique qui émanait de chaque planète*, ainsi que celle des sphères* mobiles qui, s'inscrivant dans le double mésocosme (intermédiaire du microcosme et macrocosme) de l'organisation des cieux avant que l'on n'atteigne à la voûte des étoiles fixes, et de l'âme qui y trouve son espace, émettait cette « musique des sphères » que pouvait seule entendre l'oreille subtile. C'est dans un tel panorama que s'inscrivent encore, à la fin du XVIᵉ siècle et au début du XVIIᵉ, les travaux de Johannes Kepler (1571-1630), le fondateur de l'astronomie moderne, dont l'œuvre va du *Mysterium cosmographicum* (« Le mystère, ou le secret du monde ») à l'*Harmonices mundi* (« Les Harmonies du monde »), et pour qui la musique émise par les planètes est organiquement liée à la loi de leur mouvement dont il élabore, au même moment, l'expression mathématique.

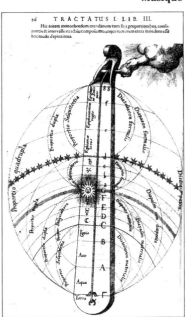

Figure ramenant les éléments du monde à ceux d'un appareil de musique monocorde : Robert Fludd, 1617.

Chaque corps céleste possède ainsi, selon lui, une note fondamentale, ainsi qu'un accord orbital spécifique (par exemple, pour Mercure*, une octave ajoutée d'une tierce : *do-do-mi*, ou pour Mars* une quinte *fa-sol-la-si* bémol-*do*), dont l'ensemble traduit l'harmonie de l'Univers : « Qu'en amenant Ton peuple à la concorde, s'adresse-t-il à Dieu, puisse s'édifier sur Terre le corps de ton Église, comme tu as édifié les cieux eux-même selon les harmonies ! » (Prière finale de l'*Harmonices mundi*). — La conception de la musique, quoique fort différente, a toujours été tout aussi centrale dans la Chine ancienne. Son invention et sa fixation sont généralement attribuées à Linlen, ministre de l'empereur* Houang-ti dans la plus haute antiquité mythique. Celui-ci aurait édifié une gamme à six tons, eux-mêmes divisés en demi-tons, appelés *lius*, de façon que, de manière rythmique et alternée, on ait six *lius* yang et six *lius* yin* qui rendaient compte ainsi de la circulation de l'énergie universelle et de ses perpétuelles transformations.

En réalité, le modèle qui l'a emporté est celui de la gamme pentatonique où, selon le principe des correspondances, chaque note est le symbole d'une saison, d'un élément*, d'une direction (point cardinal*) et d'une manifestation de l'énergie. La gamme s'écrit alors : *do*-printemps-bois-orient et jeune yang ; *ré*-automne-métal-occident et jeune yin ; *mi*-cinquième saison-terre-centre*-équilibre des énergies ; *sol*-hiver-eau-nord et vieux yin ; *la*-été-feu-sud et vieux yang. Comme l'écrit Marcel Granet (*La Pensée chinoise*), les cinq notes de la gamme forment « une croisée (voir Croix et Carrefour), dont on fait les symboles du centre et des quatre saisons-orients ». Autrement dit, quoique par d'autres chemins, elle rejoint l'intuition pythagoricienne de la liaison très étroite entre la structure de la musique et la structure du cosmos*, celle-ci se donnant dans celle-là, et réciproquement. D'où le renouvellement de l'éternelle réflexion sur le lien qui existe entre la musique et la temporalité : « Les anciens Sages chinois considéraient comme des questions liées les problèmes relatifs à la théorie musicale et à l'aménagement du calendrier » (*ibi-*

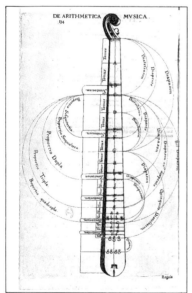

L'arithmétique musicale rend compte de la structure harmonique du monde selon Robert Fludd, 1617.

dem). À noter enfin que la musique se trouvait aussi en relation avec les pratiques médicales. Relevant évidemment de l'ouïe, elle relevait donc de l'eau comme élément correspondant à ce sens. Le « mouvement » de l'eau du point de vue des énergies étant celui de la « concentration » – et le *do*, par exemple, correspondant au bois que symbolise le foie, c'est-à-dire le *do* correspondant au foie –, on aboutit en effet aux propriétés suivantes : le *do* concentre l'énergie du foie ; le *ré* concentre l'énergie des poumons ; le *mi* concentre l'énergie de la rate ; le *sol* concentre l'énergie des reins ; le *la* concentre l'énergie du cœur. – Bien entendu, pour la clarté de l'exposé, nous avons ici présenté les notes dans l'ordre de la gamme heptatonique occidentale, mais la vraie disposition serait la suivante :

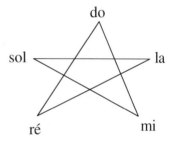

On peut aussi représenter cette figure par le schéma quadratique suivant :

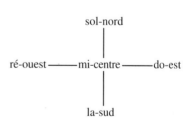

MUTILATION Comme la mort*, dont elle semble parfois une euphémisation, ou comme la castration symbolique dont elle peut être la métaphore par déplacement, la mutilation est profondément ambivalente. Appliquée aux humains, elle les disqualifie et les renvoie à un règne que l'on peut proprement considérer comme de l'infra-humain. Appliquée aux héros ou aux dieux, elle marque souvent, au contraire, que l'initiation* est complète et qu'après être passé par l'équivalent de la *nigredo* alchimique, on a accédé au plan de la connaissance ou de la plus haute valeur : c'est ainsi qu'Odin est borgne* dans la mythologie scandinave, qu'Héphaïstos, le dieu grec forgeron*, est boiteux*, et que Mucius Scaevola, le grand défenseur de Rome, est manchot (il a eu la main sacrifiée). Cette mutilation peut même être totale, comme dans le cas de Tirésias le devin, qui est devenu aveugle afin de ne plus voir notre monde et d'avoir ainsi des visions du « sur-monde » où il a le don de double vue, ou comme certains rois mythiques, celtes particulièrement, qui, pour pouvoir distribuer la richesse, ont perdu les deux bras. Il est à noter que les mutilations sont, si l'on peut dire, spécialisées : si elles affectent la vue, c'est afin d'assurer l'inspiration, soit prophétique comme pour Tirésias, soit prophétique et poétique comme pour Odin ; si elles affectent les bras, c'est afin d'assurer le bon ordre des choses, soit dans la fonction de fécondité, soit dans celle de l'établissement de la loi, c'est-à-dire du bon droit : ainsi en est-il de Nuada-à-la-Main d'argent en Irlande ; ou encore du dieu Tyr du panthéon scandinave qui a engagé et perdu sa main droite* dans la gueule du loup* Fenris, le symbole même du désordre, pour assurer la paix : nous avons dans ces deux légendes le même processus qui fait perdre l'organe ou le membre réel pour gagner un « organe ou un membre manquant », c'est-à-dire sur-réel, qui assurera d'autant

mieux la distinction du héros ; la mutilation affectant les jambes concerne spécialement les forgerons qui sont en rapport direct avec la terre (sur laquelle on pose le pied* pour marcher) et se trouve liée aux thèmes des ailes* qu'ils sont capables de fabriquer et du vol qu'ils peuvent dès lors entreprendre. Dans la *Chanson de Volund* de l'*Edda*, le forgeron aux tendons coupés est aussi un homme-oiseau* : « Je voudrais, dit Volund, recouvrer les tendons / que m'ont ravis les guerriers de Nidud. / Et en riant, Volund vola dans les airs » ; de même Dédale (voir Ariane et Labyrinthe), dont l'art rivalise avec celui d'Héphaïstos, fabrique les ailes grâce auxquelles il peut s'envoler de Crète dès le moment que la marche lui est interdite. — Si le thème du boiteux a sa spécificité propre, ceux du borgne et du manchot sont au contraire profondément complémentaires. Odin, en effet, ne va pas sans Tyr, de même que, dans l'histoire mythique de Rome, Horatius Cocles le cyclope est accompagné de Mucius Scaevola le manchot : c'est qu'à l'ivresse* de l'inspiration répond la juste mesure, à la magie le jugement de la bonne raison, à la guerre* sauvage la guerre appuyée sur le droit – bref, à toutes les valeurs nocturnes, les valeurs diurnes du ciel* brillant que parcourt le soleil*. Nous sommes renvoyés par là à l'alternance de Mithra (voir Mithra) et de Varuna dans la pensée védique la plus ancienne, c'est-à-dire aux principes mêmes qui gouvernent l'organisation générale du monde selon une cosmologie duale.

N

NAINS Les nains sont généralement considérés comme des symboles des forces occultes, de l'ingéniosité et de la connaissance des trésors* cachés ; ils jouent un rôle ambigu dans les superstitions populaires. Ce sont des créatures qui appartiennent à un ordre relativement ancien de la Création ; à l'instar des géants*, ils incarnent un univers antérieur à l'humanité, ils craignent les hommes et gardent jalousement leurs trésors dans les entrailles de la terre (voir Cavernes) ; en dépit de leur petite taille, ils disposent d'une force colossale et on dit que c'est ainsi que les korrigans, les nains des légendes bretonnes, ont édifié les mégalithes. Dans la mythologie scandinave, les nains et les Albes, surtout les Albes noirs*, sont souvent des créatures très ingénieuses, mais très hostiles aux humains car elles possèdent des pouvoirs magiques et on ne peut les vaincre que par la ruse – par exemple, en les entraînant à jouer aux énigmes et en les empêchant de disparaître jusqu'à ce qu'un rayon de soleil les frappe et les change en pierre*. En raison du lieu où ils résident (les entrailles de la terre), les nains sont en relation avec le monde des morts et sont souvent eux-mêmes, en tant que « petit peuple », des sortes de créatures de l'Au-delà*. Les légendes populaires présentent les nains comme des créatures naturelles difficiles à cerner, capricieuses et méfiantes, mais qui peuvent se montrer parfois serviables et reconnaissantes. Ils apparaissent généralement sous les traits de petits hommes âgés (quelquefois avec des pattes d'oiseaux*). — Le « nain des jardins » est le symbole des énergies bienveillantes de la nature qui favorisent les produits de la terre. Cette conception remonte probablement à des théories préchrétiennes sur les mystérieux protecteurs des royaumes chtoniens, et c'est Paracelse (1493-1541) qui la formula au début de l'époque moderne (les gnomes – gardiens de l'élément* terre*). Dans les légendes de mineurs, de semblables créatures apparaissent aussi comme les gardiens des filons de métal précieux. Ils punissent les mineurs grossiers mais délivrent des mines qui se sont éboulées les ouvriers qui se montrent courtois avec eux. — En symbolique, on met surtout au premier plan le caractère taquin et malicieux des nains ainsi que leur absence de contrôle sur eux-mêmes. — Dans le Nouveau Monde également (particulièrement en Amérique centrale), les légendes sur les nains sont très répandues, les petites créatures naturelles étant souvent rattachées aux cavernes, au gibier, à la pluie, à la fécondité ou à la sexualité (« Chanekes » à Veracruz, « Tlaloques » chez les Aztèques). Voir Bès. — Dans la mythologie hindoue, le nain Vamana est la cinquième incarnation (avatar) du dieu Vishnou* ; il était capable de parcourir le monde en dix foulées et de terrasser le démon Bali.

NARCISSE (en grec *Narkissos*) Héros de la mythologie grecque, Narcisse était le fils du dieu-*fleuve* Céphise et d'une nymphe. En le voyant nourrisson, Tirésias lui avait prédit une longue vie, à condition qu'il ne « se reconnaisse jamais lui-même ». La nymphe Écho, qui avait été privée par Héra du langage et de la pensée, était tombée amoureuse de lui, mais ne pouvait attirer son attention : c'est pourquoi elle se transforma en une voix désincarnée qui ne pouvait que répéter les mots prononcés par d'autres. L'insensibilité du bel adolescent lui attira les foudres de la déesse de la vengeance, Némésis*, qui le fit boire à une source* de l'Hélicon, la montagne* des Muses*. Il y aperçut son reflet dans l'eau, et en tomba désespérément amoureux. Incapable de s'en détacher, il devint l'esclave de cet enchantement, et se transforma en fleur*, le narcisse (*cf.* Ovide, *Les Métamorphoses*). D'où le nom de narcissisme dont la psychanalyse qualifie le stade de développement psychique où la personne s'attache à elle-même et construit d'elle-même une image idéale ; stade qui, s'il n'est pas dépassé, fait apparaître une névrose, mais qui suppose, comme dans la légende, qu'on s'aperçoive d'abord soi-même en étant capable de se reconnaître. C'est là ce que Jacques Lacan appelle le « stade du miroir* », moment décisif de la construction de la personne : et l'on

*Narcisse observe
dans l'eau le reflet
de son image :
miniature (xvᵉ s.,
« Roman de la Rose »).*

sait que l'un des symptômes les plus évidents de la psychose (particulièrement de la schizophrénie), est de ne plus se reconnaître dans l'image que renvoie la glace devant soi. On rapprochera éventuellement ce thème de la « philosophie des miroirs » évoquée dans la rubrique correspondante, qui fait de l'univers et de la Divinité un jeu de glaces qui se reflètent de degrés en degrés afin de faire d'autant mieux saisir l'unité de la création dans la multiplicité même, unité fondée sur l'unicité de Dieu qui se contemple ainsi « en miroir ». Nous avons là, d'une certaine façon, un « narcissisme divin » qui englobe toutefois la totalité de la vie et des vivants. Narcissisme cosmique aussi, qui rejoint le « narcissisme idéalisant » pointé par Bachelard (*L'Eau et les Rêves*) et qui replace l'individu en communion avec l'ensemble de la Nature : « Un narcissisme cosmique… continue tout naturellement le narcissisme égoïste. « Je suis beau parce que la nature est belle, la nature est belle parce que je suis beau. » Tel est le dialogue sans fin de l'imagination créatrice et de ses modèles naturels… On peut montrer une activité dialectique entre le narcissisme individuel et le narcissisme cosmique en application du principe si longuement développé par Ludwig Klages : sans un pôle dans le monde, la polarité de l'âme* ne pourrait s'établir. » — Le narcisse est aussi un symbole du printemps, mais on le relie également aux idées du sommeil, de la mort et de la résurrection, car il semble disparaître à l'été, mais revient au printemps recouvrir les champs de

ses fleurs éclatantes. En raison de sa forme qui rappelle le lis*, le narcisse apparaît aussi souvent sur les images de la Vierge*. — En Chine, le nom du narcisse est *shui-hsien*, qui signifie « l'immortelle de l'eau » ; il symbolise le bonheur de la nouvelle année. Le narcisse n'a pas toujours été connu en Chine : il y fut apporté par des marchands arabes au Moyen Âge ; depuis ce temps, il apparaît souvent dans les « contes floraux ». En raison d'un jeu de mots fondé sur une similitude sonore, les images réunissant un narcisse, une pierre* et un bambou* signifient : « Les Huit Immortels* souhaitent une longue vie. »

NAVIGATION   Évidemment liée aux deux thèmes conjoints de l'eau* et de la mer*, la navigation est aussi en relation étroite avec la réalité de la mort* et la découverte de l'Au-delà*. — Si la mort est comprise comme le trépas réel, c'est la navigation à bord d'une barque, comme celle du nocher funèbre Charon, qui permet d'atteindre le « pays d'en face » (voir aussi Enfers) ; la navigation est aussi le parcours d'initiation* que doit accomplir l'âme* dans la barque du Soleil*, ainsi qu'il est dit dans le *Livre des morts* égyptien, jusqu'à affronter le tribunal suprême composé d'Osiris (voir Isis), de Maat à la balance*, et des quarante-deux divinités qui entourent le seigneur de l'Au-delà. (Il faut noter que les barques peuvent aussi être le symbole du croissant* de lune*, comme on le trouve avec le dieu mésopotamien Sin, dieu-lune et navigateur céleste sur la mer

Là nef de Bacchus, couverte de lierre et de vigne, tangue pour symboliser l'ivresse : gravure du XVIIe s.

de s'opposer à la vie, elle s'oppose à la naissance, de sorte qu'elle se présente comme une renaissance ou, selon le vocabulaire chrétien, comme le passage obligé vers la résurrection. En fait, elle permet de passer de la vie d'ici-bas à la vie de là-bas ou de là-haut, de la vie illusoire et souffrante à la vie glorifiée et bienheureuse. Dans ce contexte, la navigation devient le symbole même de cette quête spirituelle et de ce processus d'initiation en même temps que d'individuation. Comme Tristan* blessé à mort, voguant sans rame ni voile vers l'Irlande où l'attend Iseut la Blonde et, avec elle, la promesse d'une nouvelle vie, saint

de la nuit*). Osiris lui-même, cependant, a été le premier navigateur après que son frère Seth l'a tué, et c'est à l'issue de cette navigation qu'il est devenu Osiris le Ressuscité ; de même, c'est au terme d'une navigation sur la mer de l'Ouest que les Celtes irlandais découvraient les Îles fortunées*, situées dans l'Au-delà, où régnaient des femmes immortelles (Avallon, Emain, Ablach, etc. – voir aussi Pomme). — En tant que découverte du paradis* ou d'un centre* spirituel où se trouvent l'or* et l'éternelle jouvence, la mort est le processus par lequel l'être se régénère ; ainsi, au lieu

La nef du Christ dans la tempête : miniature du XIe s.

Le dieu Râ sur la barque solaire protégé par le serpent Mehen : peinture pariétale (XVe s. av. J.-C., Thèbes).

Brandan, dans une version christianisée du *Voyage de Bran* qui emmenait le héros d'île merveilleuse en île merveilleuse, part naviguer à son tour, à la recherche du paradis*. C'est là le thème fondamental des *imrama* celtiques (navigations vers l'Au-delà) qui ont structuré tout l'imaginaire irlandais et que l'on retrouve encore, par exemple, dans l'histoire de *La Navigation de Maelduin*. C'est bien sûr le même thème de la quête d'immortalité ou du « pays spirituel » qui sous-tend la navigation des Argonautes, partis, sous la conduite de Jason, s'emparer de la Toison d'or* gardée par un dragon* (de même, lors de son second voyage en Irlande, Tristan devra vaincre un dragon avant d'être recueilli par la femme aux cheveux d'or). La navigation devient ici l'équivalent du passage par la mort symbolique (ainsi que, en termes psychologiques, de la traversée de l'inconscient) pour renaître à soi-même dans la lumière* de sa vérité intérieure.

NÉMÉSIS Némésis, dont le nom signifie « colère », personnifiait dans la mythologie grecque la révolte contre l'injustice. Elle était la déesse de la Vengeance et le juge impartial des Jeux*, ayant pour attributs la balance*, l'épée* et la règle graduée. En tant que déesse, elle tient le destin dans ses mains, et aide les hommes qui ont fait l'expérience d'un bonheur immérité et perdu le sens de la réalité, à le retrouver. Dans le mythe, Némésis est la fille de la déesse de la Nuit*, Nyx. On raconte que Zeus était tombé amoureux d'elle : Némésis avait tenté d'échapper à ses assiduités grâce à différentes métamorphoses, mais, alors qu'elle avait pris l'apparence d'une oie*, il réussit à la féconder sous la forme d'un cygne*. Dans une autre version, Zeus avait renoncé à son apparence d'aigle*, et pris celle d'un cygne pour tromper la vigilance de Némésis et se rapprocher d'elle : elle avait alors pondu un œuf*, couvé par la reine spartiate Léda. C'est de cet œuf que serait née la belle Hélène*, dont l'enlèvement fut à l'origine de la guerre de Troie. En souvenir de Zeus, le Cygne et l'Aigle accédèrent au rang de constellations. Les accès aux arènes, dans les amphithéâtres romains, contenaient souvent de petits autels consacrés à Némésis, sur lesquels les gladiateurs déposaient leurs offrandes. De nombreuses représentations antiques montrent Némésis avec des ailes*. Voir Pomme.

Deux représentations de Némésis : ailée sur un gouvernail et une roue de navire, et comme Justice : gravure du XVIIe s.

Némésis avec gouvernail et roue de navire, bois et frein, symbole de la « mesure » : gravure du XVIIe s.

NEMROD Ce nom est parfois donné par antiphrase, de façon satirique et symbolique, à un mauvais chasseur. Il apparaît dans la « table ethnographique » de la *Genèse* (X, 8-9), qui établit la liste des descendants de Noé, des pays et des villes qu'ils occupèrent ; la *Genèse* présente ainsi Nemrod : « Il fut le premier héros sur la terre, lui qui fut un chasseur héroïque devant le Seigneur. » Il personnifie le royaume d'Assyrie, et « Nimrud » était à l'origine le nom du dieu assyrien de la Guerre et de la Chasse. La ville de Kalah, fondée vers 1270 av. J.-C. au sud-est de Ninive, et d'après la *Bible* par Nemrod, porte aussi parfois son nom. Nemrod joue dans la tradition islamique un rôle semblable à celui d'Hérode dans le *Nouveau Testament* : par suite d'une prophétie, il apprit la naissance prochaine d'un enfant supérieur aux dieux et aux rois*, du nom d'Abraham*, et fit tuer pour s'en protéger tous les nouveaux-nés de sexe masculin. Mais, grâce à la prévoyance d'Allah, Abraham put échapper au massacre. Certaines légendes juives racontent elles aussi cette naissance (E. ben Gorion), et rapportent aussi que l'enfant fut caché dans une caverne* jusqu'à ce que Dieu le reconnaisse. Voir Étoiles.

NEPTUNE (en grec *Poséidon*) Neptune est le dieu de la Mer* qu'il s'est fait attribuer lorsqu'il a partagé le monde avec ses frères Zeus (voir Jupiter) et Hadès* – Zeus se réservant la terre et les régions éthérées, tandis que Hadès règne sur les enfers*. D'une façon plus large, il est aussi le dieu des sources* et des fleuves* : c'est lui qui a fait surgir par exemple la source de Lerne (voir Héraclès et Hydre) – et il est donc rattaché d'une manière générale à tout ce qui est aquatique, que ce soit dans le domaine animal (les dauphins* lui sont consacrés), humain (il protège les navigations en tant que *pelagios* – « maritime » – et décide de la victoire dans les combats navals) et même surhumain, puisqu'il est en relation constante avec les divinités des eaux fraîches, particulièrement les nymphes*. Poséidon-Neptune est le vrai dieu de l'Eau*, d'autant que ses animaux « terrestres » favoris sont le cheval* dont la crinière imite le mouvement de l'onde et le taureau* qui surgit de la mer comme dans l'histoire de Pasiphaé*. — En astrologie, Neptune fait partie des trois planètes* nouvelles, c'est-à-dire de celles qui ne figuraient pas dans le canon classique des sept planètes traditionnelles, et qui ont été ajoutées à mesure de leur découverte durant l'époque moderne (respectivement Uranus*, observée en 1690 et classée comme planète par l'Anglais Herschel en 1781, Neptune en 1846 par l'Allemand Galle et Pluton* en 1930 par l'Américain Tombaugh, chacune de ces planètes étant, dans l'ordre donné, de plus en plus éloignée du soleil*). Son symbole est celui d'un cercle* surmonté d'un trident*, attribut du dieu dès l'Antiquité ; le type neptunien est fortement marqué par son essence aquatique : révélant une très grande sensibilité, une tendance à la fusion (ou, fâcheusement, à la confusion), le goût de l'infini et du sans-limite, il est crédité d'une nature spontanément artistique et spirituelle, d'un mouvement naturel à la libération de l'ego pour entrer dans des états de participation mystique. Le revers de la médaille, dans l'inversion de ces valeurs, relevant de tous les processus de dissolution par l'inconscient, est la fuite ou l'évasion de la réalité, la perte de soi-même dans des mouvements collectifs ou, éventuellement, dans la prise d'alcool ou de drogue. En bref, comme l'eau et comme la mer qu'il gouverne, Neptune peut être source de vie ou de mort, de régression ou de progression spirituelle, de dépassement ou de dissolution.

NEUF Le nombre* neuf, puissance carrée du nombre trois, fait partie des nombres les plus chargés de valeur symbolique. Il avait une grande importance dans la religion et la cosmologie égyptiennes dont les systèmes divins étaient appelés *pesdjet* (ennéades). La religion mythique de la ville d'On (Héliopolis) plaçait au sommet le dieu de la Création, Atum, puis ses descendants Schu (l'Air*) et Tefénut (l'Humidité), puis Geb (la Terre) et Nut (le Ciel), ainsi que leurs enfants Eset (Isis*), Usiré (Osiris), Sutech (Seth) et Nebthut (Nephtys). D'autres groupes divins étaient également réunis en ennéades, mais qui bien souvent ne comportaient que sept membres, élus parmi les quinze dieux de Thèbes. Le nombre neuf est également un élément important du *I-Ching* (le « Livre des transformations ») de l'ancienne Chine, ainsi que du *Li-chi* (le « Livre des rites »), qui décrit les neuf cérémonies essentielles (confirmation de l'homme, mariage*, audience, ambassade, enterrement, sacrifice, hospitalité, boisson et rites militaires). Sous la

*Dieu entouré
des neuf chœurs
des Anges :
miniature grecque
(XIIᵉ s., recueil
de « Sermons »
du moine
Kokkinobaphos).*

dynastie des Han (voir Six), la cosmologie était aussi fondée sur le nombre neuf (il existait un royaume des morts aux « neuf sources » ; le neuvième jour du neuvième mois était la fête des hommes, du « yang puissant » – voir Yinyang ; la terre comportait neuf provinces et neuf montagnes, il existait neuf régions du ciel, etc.). Huit chemins se rejoignant en un centre constituaient le centre de Pékin de sorte que celui-ci en était le neuvième lieu – de la même façon que, dans l'astronomie et l'astrologie* antiques de l'Occident, les huit sphères* cosmiques d'Aristote (les sphères des sept* planètes*, plus la sphère des étoiles* fixes), furent complétées dans le système ptolémaïque par une neuvième sphère non constellée qui entraînait les autres et marquait l'unité de leur mouvement. Le neuf est ainsi étroitement relié à l'Un, puisque, puissance du trois, il en exprime l'essence qui est celle de la manifestation dynamique de l'unicité primordiale : dans sa quête de l'Un, Plotin écrit ainsi ses *Ennéades*, cependant que, faisant de la femme aimée, c'est-à-dire de Béatrice, la figure de la Sagesse (voir Sophia) comme hypostase du mystère de l'unité divine, Dante explique dans le *Convivio* que Béatrice, dont le chiffre est neuf, est le miracle de la Trinité en tant que celle-ci est une tri-unité. C'est tout un cosmogramme, d'ailleurs, qui se révèle dans cette conception puisque, dans *La Divine*

Comédie, les enfers* ont neuf cercles, le purgatoire a neuf stations et le Paradis se structure selon les neuf sphères célestes. — On pourrait multiplier les exemples de l'importance de ce nombre, mais il suffira de signaler entre autres que les carrés* magiques se divisent généralement en neuf cases (symbolisant alors la dialectique du trois et du quatre), ainsi que le carré *lo-chou* chinois qui structure l'espace de cette culture ; que l'échelle* mystique des chamans de Sibérie consiste en un bouleau* dont on a entaillé neuf fois le tronc et que les Muses* sont au nombre de neuf... Par ailleurs, comme trois au carré donne neuf dans sa manifestation, neuf au carré donne à son tour quatre-vingt-un qui a souvent été considéré comme le chiffre parfait de la vie sur cette terre et des réalisations qu'on y accomplissait : le *Tao-te-king* compte quatre-vingt-un chapitres tandis que son auteur Lao-tseu est réputé avoir vécu quatre-vingt-un ans, de même que Dante, à nouveau, déclare dans le *Convivio* que Platon s'éteignit à quatre-vingt-un ans et que le Christ en personne aurait atteint le même âge s'il n'avait été soumis au sacrifice* de la croix*.

NEZ Le Diable* est souvent représenté avec un nez difforme. D'après une croyance populaire, le nez de l'homme aurait la même proportion que son pénis. Les représentations mélané-

Diable à grand nez crochu :
gravure du XVIᵉ s.

Être monstrueux, zoomorphe, à grand nez
en forme de trompe : gravure du XVIᵉ s.

siennes d'ancêtres les montrent souvent pourvus d'un nez en forme de bec, relié à la zone génitale. Cette idée est réapparue à l'époque moderne avec les travaux du docteur Fliess, le premier grand correspondant de Freud, qui établissait à son tour une relation étroite et profonde entre l'organe nasal et la sexualité. Il contribua par ses vues, originales à plus d'un titre, à la mise en place de certaines des idées de la psychanalyse naissante, même si Freud se sépara ensuite de lui et ne prit de toute façon jamais vraiment au sérieux ses thèses singulières sur la fonction, la symptomatique et l'étiologie des affections du nez. — Comme l'œil* est symbole de clairvoyance, fût-ce par prétérition, ou même par ablation afin de remplacer la vision sensible par la vision spirituelle, et l'œil

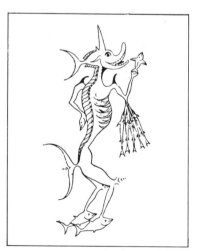

Divinité marine à grand nez en forme
de bec : dessin des indigènes
des Îles Salomon (Mélanésie).

Masque d'initiation à long nez
en forme de bec (Nouvelle Guinée,
bassin du fleuve Sepik).

*Aigle donnant
la vie au dieu colibri
Huitzlopochtli :
gravure du XVIᵉ s.*

réel par un « œil subtil » (voir Borgne et Cécité), le nez a souvent été tenu pour le symbole de l'intuition qui permettait de « sentir » les choses. On en trouve encore des traces aujourd'hui, où le nez est le sujet de nombreuses locutions populaires : « avoir du nez »; « avoir le nez creux », etc. Un ancien usage de justice voulait qu'après avoir avoué sa calomnie, le coupable se tienne le bout du nez pour répéter les accusations mensongères qu'il avait portées. En Amérique centrale, les Mayas représentaient le dieu de la Pluie*, Chac, avec un nez courbé en forme de trompe. Voir Sceptre.

NIMBE (en latin *nimbus*, nuage) Le nimbe est une auréole qui symbolise l'aura rayonnante de personnalités saintes ou surhumaines. Ce disque lumineux qui ceint la tête des personnages sacrés (tandis que la mandorle* enveloppe toute la silhouette) n'a pas été créé par l'iconographie chrétienne : il apparaissait déjà dans l'art asiatique, dont il était un motif très prisé, de même qu'il exprimait la divinité dans l'art grec. Zeus (en latin Jupiter*), Apollon* et Dionysos* (en latin Bacchus*) étaient représentés avec un nimbe, de même que les grands rois* ou les empereurs* divinisés, sur les pièces de monnaie romaines. Dans la catacombe romaine de Saint-Calixte, on voit dès le IIᵉ siècle le nimbe couronner la tête du Christ, puis celles de Marie* et des anges*. Le Christ sur la Croix* est souvent enveloppé d'un nimbe, dont le cercle* est divisé par les trois branches de la Croix. Au IVᵉ siècle, il faisait déjà partie des symboles des quatre Évangélistes*. Par la suite, il ceignit la tête des saints. Il est le plus souvent de la couleur de l'or*.

*Tête du Christ Pantocrator avec nimbe
en forme de croix :
(XIIᵉ s., église byzantine de Daphni).*

NIRVANA Dans la religion bouddhiste, héritière en cela de la plus haute spéculation hindoue, le nirvana correspond au stade de l'Illumination suprême, le stade de la bouddhéité auquel on parvient lorsqu'à la suite d'une longue ascèse, on arrive à faire sortir l'être du samsara*, c'est-à-dire du cycle de l'existence, de la ronde des naissances et des morts. Le mot nirvana vient du sanscrit et signifie littéralement « perte du souffle » – ce qui ne signifie pas tant la fin de la vie (même s'il l'englobe aussi au sens de notre monde), que le moment où l'on interrompt la création d'un nouveau karma qui provoquerait une nouvelle naissance dans la chaîne du devenir. Si l'on parvient de la sorte à arracher toutes les racines de la délusion, on parvient aussi à la véritable cessation de la souffrance engendrée par la loi de causalité et le système des rétributions karmiques. L'accès au nirvana est le but des « Trois joyaux » qui constituent le bouddhisme : ces trois joyaux sont le Bouddha lui-même, qui a lavé son esprit de toutes les impuretés en éliminant les mobiles et les tendances qui en sont à la source, et qui a une connaissance parfaite de tous les phénomènes ; le *Dharma*, ou la Loi, la méthode pour triompher du Mal ; et enfin la *Sangha* qui est l'Ordre, le soutien qui aide à réaliser le Refuge. — Le nirvana correspond alors à la fin de la dualité ou des couples d'opposés* de la joie et de la douleur, du bien et du mal. Exempte de tout désir, l'âme* n'est plus conditionnée par le temps, l'espace ou la causalité. Il n'y a plus d'évolution, le « libéré » est dans un état définitif et stable : « Amant de Dieu qui possède la connaissance, dit Sri Aurobindo, loin des tourments de la subjectivité, il vit dans une constante béatitude. » Afin de désigner cet état qui se trouve par définition au-delà du langage et des mots qui ne peuvent jamais définir que des choses existantes, la philosophie bouddhique a construit toute une grammaire logique chargée de traduire cet ineffable, grammaire qui renonce successivement aux principes de non-contradiction et du tiers-inclus tels qu'ils ont été codifiés en Occident par Aristote : ainsi dira-t-on tour à tour, s'élevant de plus en plus dans la conception du nirvana, que celui-ci est le Tout et le Rien, l'Être et le non-Être à la fois, qu'il n'est ni le Tout ni le Rien, ni l'Être ni le non-Être, puis enfin, à la limite même de la compréhensibilité rationnelle, qu'il n'est ni l'absence du Tout, ni l'absence du Rien, ni celle de l'Être, ni celle du non-Être.

NOCES Le thème des noces recouvre très largement celui du mariage* ainsi que celui de la hiérogamie, du mariage sacré, que l'on retrouve dans de nombreuses religions anciennes (voir en particulier Inceste, Prostituée, Marie et Vierge). Au-delà de la mythologie, cependant, et particulièrement dans les reli-

Les noces du roi et de la reine : planche d'un traité d'alchimie du XVIe s.

gions du Livre* (c'est-à-dire les trois religions révélées, les trois grands monothéismes issus du tronc commun d'Abraham : le judaïsme, le christianisme et l'islam), les noces prennent un sens spécifiquement spirituel et désignent le plus souvent l'union intime et célébrée de l'âme* avec son Seigneur. C'est dans ce sens qu'est alors interprété, par exemple, le dialogue de l'époux et de l'épouse dans le *Cantique des Cantiques*, et qu'il est repris bien plus tard par saint Jean de la Croix dans ses deux poèmes *La Vive Flamme d'amour* et le *Cantique spirituel*. On ne peut comprendre sans ce motif certaines imaginations mystiques comme celle d'Angèle de Foligno – à moins de n'y voir que du délire ou une sublimation exaltée des pulsions de la libido : « [Dieu] me provoquait à l'amour, et il disait : « Ô ma fille chérie ! ô ma fille et mon temple ! Ô ma fille et ma joie ! Aime-moi ! Car je t'aime, beaucoup plus que tu ne m'aimes ! » Et, parmi ces paroles, en voici qui revenaient souvent : « Ô ma fille, ma fille, et mon épouse chérie ! » Et puis il ajoutait : « Oh ! Je t'aime, je t'aime plus qu'aucune autre personne qui soit dans cette vallée. Ô ma fille et mon épouse ! » (*Le Livre des visions et des instructions*). Ce même thème de la noce se retrouve dans la mystique musulmane comme symbole de la fin du processus extatique où la créature et son Créateur se rejoignent dans le même mystère d'Amour : « Je l'ai étreint / de l'étreinte d'un assoiffé d'amour, / alors qu'en lui le vin nouveau / avait folâtré /… J'ai rejeté toute honte / dans le désir de son amour, / et cela m'était doux. / Transports de joie nés / avec la musique entendue, / douces mélodies / sur un luth sans cordes. /… J'ai obtenu / ce que désirait ma passion, / la douceur de l'étreinte, / et le baume / d'une vie entière / en sa compagnie, / sans calomniateur et sans trouble. / Ô douceur de cette nuit ! / Nous l'avons passée sur des trônes, / côte à côte rangés, / couverts de rameaux fleuris, / glissant le long d'une rivière / limpide » (Ibn Al Dja'bari, mort vraisemblablement vers 1240) – voir aussi Ivresse.

Il faut noter ici qu'une lecture littérale de ces effusions a parfois conclu à une homosexualité initiatique de certains mystiques arabes – l'homme cherchant de la sorte ses noces avec Dieu, ou l'aimé avec l'Aimé. Il faut bien entendre alors que c'est la part féminine en l'homme, son *anima* dirait Jung, le principe spirituel de son âme* selon la philosophie (mais *anima* veut dire « âme » en latin), qui est soumise à consécration. — Dans la religion chrétienne, l'archétype des noces mystiques reste l'union de la Vierge Marie avec le Saint-Esprit. La Divinité, en effet, y est prise d'une telle ardeur et d'un tel désir pour Marie (qui incarne à la fois, dans sa singularité même, la Féminité, l'Humanité, l'Église, l'Âme et, pour finir, la Sagesse – voir Sophia –, toutes notions de toute façon spirituellement féminines), que Dieu, après lui avoir envoyé l'ange* de l'Annonciation, se précipite pour arriver avant son messager, et dans son union à Marie, l'a déjà rendue enceinte quand arrive Gabriel (Bernard de Clairvaux, *Seconde Homélie à la Vierge Marie*). La poésie mariale du Moyen Âge méditera jusqu'au vertige sur ce thème, jusqu'à verser dans un naturalisme mystique qui fait de ces noces divines l'identité foncière de la chair et de l'esprit : *O gloriosissima Regina misericordiae, saluto venerabile templum uteri tui, in quo requievit Dominus Deus meus* : « Ô très glorieuse Reine de miséricorde, je salue le temple vénérable de ton utérus, où reposa Dieu mon Seigneur », prie ainsi le pape Jules II dans son oraison testamentaire, tandis qu'un hymne anonyme chante : *Tu*

rosa, tu lilium, / Cujus Dei Filium / Carnis ad connubium / Traxit odor : « Tu es la rose, tu es le lis / Dont l'odeur attira le Fils de Dieu au mariage de la chair. » — C'est la même image de fond que reprit l'alchimie* dans sa conception des « noces chimiques », puisque, comme le Christ est le fruit enfanté par la Vierge et l'Esprit-Saint, l'or* des philosophes, le *puer aeternus*, est enfanté par l'union de la matière et de l'esprit, par la conjonction* de Rex et de Regina, de Sol et de Luna. C'est ainsi que l'on voit dans *Pandora, das est die edlest Gab Gottes* de Reusner (Bâle, 1588), et particulièrement dans sa partie intitulée *Speculum Trinitatis*, la glorification du corps qui survient après l'extraction de l'esprit de Mercure* de la *materia prima* sous les espèces du « Couronnement de Marie ». Comme le commente Jung : « L'Assomption est proprement une fête nuptiale, la version chrétienne du *hieros gamos*, dont la nature incestueuse primitive a joué un grand rôle chez les alchimistes. L'inceste traditionnel a depuis toujours signifié que l'union suprême des

Les noces sacrées (hiérogamie) de Zeus avec sa sœur Héra : relief (620 av. J.-C., Samos).

opposés exprime une combinaison de principes apparentés, mais non identiques.…C'est pourquoi les alchimistes ont figuré l'*unio mentalis* par le Père et le Fils, et la « combinaison » de ceux-ci par la colombe (*spiratio* commune du Père et du Fils), tandis que le monde corporel était représenté par le principe féminin ou *patiens* Marie. Ils ont aussi, au long d'un millénaire, préparé à leur façon le terrain pour le dogme de l'Assomption de Marie » (Jung, *Mysterium Conjunctionis*). L'inceste* dont il est ici question est bien entendu un inceste symbolique qui introduit à l'*unio spiritualis*, de même que Marie est dite couramment « Mère de son Père et Fille de son Fils » (« Tu as engendré, Mère, le Fils, / Mais comme Fille le Père, comme étoile le Soleil » – *Ave coeleste lilium* de saint Bonaventure) – pour préparer à l'Incarnation qui est elle-même l'union du divin et de l'humain, de l'esprit et du corps, présidée par l'âme. En termes psychologiques, Jung dira que c'est, à travers le retour de Sophia, la naissance du Soi et de l'*imago Dei* qui est requise dans le processus d'individuation.

NOÉ   La *Bible*, dans l'épisode du Déluge*, présente Noé comme le second ancêtre de l'humanité après Adam*. Il correspondrait au Ziusudra ou Ut-napischim des textes cunéiformes de la mythologie suméro-babylonienne, trouvés dans l'île Dilmun par le roi Gilgamesh (voir Îles fortunées). Le fondateur biblique de l'Arche* d'alliance est le patron des charpentiers, avec Joseph*, le père nourricier de Jésus. Pour avoir le premier découvert l'effet grisant du

Noé dirige les travaux de construction de l'arche : miniature du XVe s.

vin*, il passe aussi pour être le premier vigneron. Ses attributs sont la colombe*, tenant dans son bec un rameau d'olivier*, et l'arc-en-ciel*, signe divin d'expiation après la dévastation de la terre par le Déluge. La plaisanterie biblique au sujet de Noé qui, par son ignorance des effets du vin, s'était montré nu alors qu'il était ivre, est souvent interprétée comme une anticipation de la nudité imposée au Sauveur sur la Croix (« Jésus sera dépouillé de ses vêtements »). L'expression populaire « du temps de Noé » signifie « à une époque antédiluvienne ». La littérature maçonnique* (1738) désigne les compagnons sous le nom de « fils de Noé », ou « noachides ». Cette appellation rappelle leur attachement à une loi fondatrice, éthique et religieuse, qui était déjà connue avant celle des Dix Commandements. Il s'agit, de ce point de vue, d'une religion originelle, encore plus ancienne que le judaïsme, qui reconnaît le culte de Dieu et écarte l'adoration des faux dieux (les idoles*), refuse le meurtre, l'adultère et le vol, prescrit une vie équitable et interdit « de manger la chair d'une bête étouffée, que l'on n'aurait pas vidée de son sang ». On trouve la même prescription dans la *Genèse* (IX, 1-7).

L'ivresse de Noé : panneau (1340, campanile du Dôme, Florence).

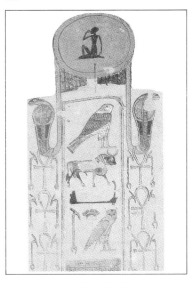

Le cartouche de Ramsès IX avec l'« ankh », la croix ansée : peinture tombale égyptienne (XIIIᵉ-XIIᵉ s. av. J.-C.).

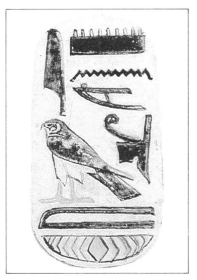

Cartouche et hiéroglyphe de Horemheb, comme symbole du nœud : peinture tombale égyptienne (XVᵉ s. av. J.-C.).

NŒUD Le nœud est en rapport symbolique avec le double concept « de la délivrance et du lien ». Le premier sens du nœud est en effet de désigner l'union et la fidélité, mais aussi le bannissement; la résolution du nœud est le signe de la libération de certaines forces, ou de la libération de l'être même. Le plus fameux est sans doute le « nœud gordien » : Gordos, roi* légendaire de Phrygie, avait attaché son chariot dans un temple au moyen d'un joug* pour les bêtes de trait. Ce nœud symbolisait peut-être le lien qui relie l'axe du monde* à la terre* ou au ciel*, et qui aurait pris dans ce cas la forme d'un objet de culte. La tradition promettait la domination de l'Asie à celui qui parviendrait à défaire ce nœud ; d'après la légende, ce fut Alexandre le Grand* qui le rompit de son épée*, lors de l'hiver 334-333 av. J.-C. « Rompre le nœud gordien » est devenu une expression proverbiale pour désigner une solution inattendue et violente à un problème jusqu'alors réputé insoluble. Selon la croyance antique, les nœuds solidement noués ne servaient pas seulement à ligoter les démons hostiles, mais on les utilisait aussi pour lancer des sortilèges amoureux; « les nœuds de l'amour » symbolisent les fiançailles: ils

ne lient pas aussi solidement que l'anneau* du mariage, car ils peuvent encore être rompus, mais ils peuvent suffire là où un mariage est impossible. — Les nœuds peuvent également représenter un symbole contraire, celui de la séparation (celle qui est opérée, par exemple, à la naissance, et qu'on qualifie de « délivrance »). Il fallait ainsi porter un nœud sur soi pour pouvoir entrer dans le temple de la déesse de la Naissance, Junon Licinia. Pline (23-79) raconte que, pour la naissance d'un enfant, le père* noue une ceinture* autour de la taille de sa femme, en déclarant qu'il lui a fait un nœud pour le défaire ensuite, et il lui rend ainsi l'accouchement plus facile. Dans la Grèce ancienne, on enchaînait souvent les idoles pour, disait-on, « les empêcher de s'enfuir » (ou plus exactement pour empêcher les divinités qui les habitaient de les abandonner ; voir Omphalos). Le pouvoir de la divinité, issu de la tradition germanique, de « nouer les nœuds du destin », a été attribué par l'art anglo-saxon au Christ, puisqu'il a prouvé sa faculté de s'affranchir de tous les liens terrestres. Porter des nœuds dans ses vêtements passe pour écarter le malheur, et cette sorte de nœud propitiatoire a été souvent repro-

*Nœud : « Qui me tire m'unit »,
gravure de 1702.*

duite dans des sculptures de bois ou de fer forgé. Parmi les rites de mariage, il est courant de nouer ensemble les vêtements des deux fiancés. — Dans le monachisme chrétien, les trois nœuds de la cordelière nouée à la hanche symbolise les vœux que l'on a prononcés, ceux de pauvreté, de chasteté et d'obéissance. Les sorcières* passaient aussi pour détenir des nœuds magiques aux pouvoirs maléfiques ; ces « nœuds de lacet », qu'elles nouaient aux jarretières des hommes mariés, les rendaient impuissants. — En Égypte, le nœud procédait de concepts symboliques différents, comme le « nœud d'Isis* » , cordon en

forme d'anneau* fermé qui symbolisait la notion d'éternité. La croix* ankh fait également partie de ces symboles du nœud, ainsi que le cartouche ovale qui renferme les noms des pharaons et que l'on concevait comme un cordon noué. Certaines images rupestres des Alpes représentent des nœuds qui se répètent sans cesse, et dont le rôle était vraisemblablement de tenir éloignées les puissances maléfiques qui habitaient la montagne. Dans la religion hindouiste, les nœuds que portent les saints renonçants symbolisent la dévotion. Pour le bouddhisme, le « nœud mystique » constitue l'un des « huit trésors », et figure la durée de la vie spirituelle, la sagesse et l'éveil constant. — Dans la franc-maçonnerie*, le nœud, comme celui de la « corde d'union », est d'abord compris comme symbole de l'union et de l'attachement au devoir. Les deux colonnes romaines de la cathédrale de Würzburg, auxquelles furent attribués les noms des colonnes* du Temple* de Salomon (Jachin et Boas), sont de ce point de vue remarquables : la première est ornée d'une corde qui s'enroule huit* fois autour d'elle, et qui se termine par un nœud ; la seconde est ornée d'une corde qui s'enroule quatre* fois et se termine par deux nœuds. — La symbolique des nœuds est très importante en Chine, et particulièrement dans le bouddhisme où les nœuds renvoient aux liens qui nous rattachent à l'illusion de la vie : « défaire les nœuds » en revient alors à réaliser le processus de libération, tandis que passer à travers le nœud coulant (*pasha*) sans que celui-ci se referme sur la personne, amène à l'heureux «dénoue-

*Entrelacs de
nœuds végétaux
(1127, chapiteau
roman, cathédrale
de Pampelune).*

ment » de la délivrance. Cet art est d'ailleurs assez difficile pour avoir donné naissance au texte tibétain du *Livre du dénouement des nœuds*. Dans une autre acception, le nœud sans fin (*p'an-chang*), qui se referme sans cesse sur lui-même, est aussi un symbole bouddhique, et on le considère comme un nœud porte-bonheur. La tradition hindoue compare au contraire ce nœud aux entrailles des ennemis tués, tandis que l'expérience du yoga tient aussi à ce que l'énergie perce les trois nœuds (*ganthrī*) qui scandent le corps subtil de l'homme : le nœud de Brahma, le nœud de Vishnou* et le nœud de Rudra. Le premier, le long de l'axe vertébral de la sushumna, se tient au niveau du périnée et correspond au lingam* Svayambhu (*Muladara Chakra**) ; le second au niveau du cœur et correspond au lingam Bana (*Anahata Chakra*) ; le troisième entre les sourcils et correspond au lingam Itara (*Ajna Chakra*). Lorsque la kundalini a percé ce dernier nœud, elle quitte l'illusion de la shakti et s'élance vers la demeure de Shiva* qui se symbolise par un quatrième lingam purement transcendant (*Para*) qui exprime à la fois le vide (*sunya*) et la semence suprême (*Parabindu*) confondus dans la divinité androgyne*. — Le nœud à six boucles, placé sur un carré central, est un ornement très fréquent des arts décoratifs. Dans les cultures anciennes, l'acte magique de nouer, de dénouer ou de rompre des nœuds comportait une valeur symbolique qui l'emportait de loin sur celle du nœud lui-même. Il faut enfin rappeler que la figure du nœud a repris toute son importance en psychanalyse avec les dernières théories de Jacques Lacan (bande de Möbius, *cross cap*, nœud borroméen), et a même fini par envahir toute sa pensée, ou plutôt sa « monstration », lorsqu'il se tait dans ses dernières années en jouant avec des ficelles ; dénouant ses positions précédentes, Lacan renoue ainsi la psychanalyse à l'impossibilité de dire en même temps que de ne pas dire : silence et théorie.

NOIR   Le noir est, au même titre que le blanc*, qui lui est opposé, l'une des couleurs* symboliques de l'absolu. En psychanalyse, il représente la couleur de « l'inconscient absolu, de la descente dans l'obscurité, des ténèbres, du deuil. En Europe, le noir est une couleur négative… L'homme noir, la maison obscure, le serpent noir sont tous trois des élé-

Mahakala, la « Grande Noire » : laque sur tissu, art populaire indien.

ments ténébreux qui ferment la porte à l'espoir (dans le rêve, notamment) » (E. Aeppli). On sacrifiait autrefois des animaux noirs aux divinités chtoniennes et à une époque plus récente, on faisait offrande au Diable* ou aux démons d'un coq* ou d'un bouc* noirs. « L'armée infernale » se déplace sur des chevaux noirs et le Diable lui-même est plus souvent représenté en noir qu'en rouge*. Les rites sataniques au cours desquels on bafoue Dieu sont désignés sous le nom de « messes noires ». — Le noir est par ailleurs un symbole de la négation de la vanité et du luxe, d'où la couleur de la soutane des prêtres et la couleur symbolique des partis conservateurs (autrefois proches de l'Église). Le noir du deuil et de la pénitence est en même temps une promesse de résurrection future, au cours de laquelle il s'éclaircit et passe au gris puis au blanc. En alchimie*, la noirceur désigne la matière primordiale que l'on doit transmuter dans l'œuvre en pierre* philosophale. Cette terre noire est donc aussi une terre fertile dont on doit extraire par opérations successives la fécondité cachée et l'esprit qui s'y trouve inclus. Cette conception renvoie à l'origine même de l'alchimie en Égypte, la terre fertile : *al-Kemiya*. Le travail de l'adepte commence d'ailleurs par l'œuvre au noir, la *nigredo*, dispersion et dissolution, qui se fait sous le gouvernement de Saturne* (voir Cronos), dieu du plomb* à transformer, mais surtout dieu de la mélancolie, c'est-à-dire, en grec de « l'humeur noire ». Cette mélancolie que le platonicien de Florence Marsile Ficin réhabilitera à la fin

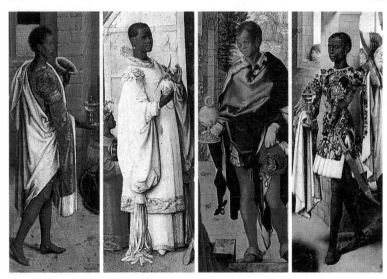

Balthazar, l'un des Rois Mages, est représenté avec la peau noire : détail de tableaux de H. Memling, J. Bosch et A. Dürer.

du Moyen Âge et au début de la Renaissance en montrant que, si on en suit le juste cours, elle est la mère de la créativité : terre elle-même noire et fertile, condition première d'une assomption future, descente de l'âme* en enfer qui permettra la renaissance. Une correspondance s'établit ainsi entre les symboles de l'astrologie* et de l'alchimie avec la réflexion philosophique, qui trouvera son héritière dans la psychologie de Jung : toute dépression est d'essence saturnienne, elle est travail de la *nigredo* et renvoie tout autant aux passions des dieux incestueux* (fils-amants ou frères-amants) comme Osiris (voir Isis) ou Attis (voir Cybèle) et Adonis* (voir Aphrodite). L'œuvre au noir se transmute alors en œuvre au blanc*, l'obscurité* en lumière*, dans des couples d'opposés* qui se résument et se résolvent dans le mystère de la conjonction*. C'est peut-être la même fonction fondamentale qu'accomplit le treizième arcane du Tarot*, la Mort*, ou « arcane sans nom », qui dans sa noirceur affirmée clôt le cycle des douze premiers arcanes majeurs et introduit à celui des arcanes célestes : la mort y devient à nouveau le pouvoir de transformation où l'adieu à un monde signifie l'entrée dans un autre. — Il faut noter que les dervi-

tourneurs du soufisme manifestent la même façon de voir lorsque, au moment de danser, ils quittent leurs manteaux* noirs et apparaissent en robe blanche*. — Dans les cultures orientales, le noir est la couleur des divinités effrayantes : Mahakala, le « Grand noir », dans la mythologie indienne et surtout Kali*, la déesse noire, quand elle se manifeste sous son aspect de Durga, déesse de la mort et du sang – mais aussi, à l'opposé, comme la Grande Mère* universelle d'où sont issues toutes les formes, et que caractérise de ce fait le noir et l'indifférenciation. Comme le noir forme alors un couple d'opposés* avec le blanc (Kali est aussi unie à Shiva* qui est blanc), il en forme un autre dans ses propres significations, puisqu'il renvoie aussi bien au chaos* et à la mort qu'à l'unité primordiale d'où est issue toute vie. On retrouve ici toute l'ambivalence de la notion d'abîme*, ou de celle d'obscurité* qui peut aussi symboliser l'absence de toute lumière que la Lumière si pure et essentielle qu'elle aveugle les hommes et leur paraît une ténèbre. Il faut noter d'autre part que si Shiva est blanc, Vishnou* se présente du coup comme noir, dans un renversement où Shiva incarnant le *tamas*, ou tendance à la manifestation descendante d'essence noire, apparaît blanc dans sa source, et où Vishnou qui symbolise le *sattva*, tendance à la réascension d'essence blanche, apparaît comme noir dans son mouvement. — En Chine, le yin* est noir quand le yang est blanc, et c'est dans la dialectique de ces énergies et des éléments* où elles circulent, que le grand empereur* Shi Huang-ti, dont la dynastie remplaça celle des Chou (symbolisée par le rouge*) choisit le noir (la couleur de l'honneur, de la mort) comme couleur symbolique, car « l'eau éteint le feu ». — La symbolique des « vierges noires », répandue dans de nombreux lieux de pèlerinage (Czestochowa, Chartres, Tarragone, Einsiedeln, Montserrat, Guadalupe…), est mystérieuse; leur culte semble provenir d'Orient et être rattaché à un aspect obscur d'une déesse-mère pré-chrétienne, peut-être l'une des manifestations d'Hécate, la lune* noire, ou d'anciennes divinités féminines du néolithique qui auraient gouverné les entrailles de la terre, et donc les fonctions de fécondité et de fertilité. Ce thème est d'ailleurs attesté, quoique sous une forme légèrement différente, dans l'Antiquité classique, où la Diane* d'Éphèse est noire (voir Artémis), où Isis l'est aussi et où c'est une pierre* noire qui symbolisait Cybèle* dans son centre de Pessinonte – ce que reprendra l'islam avec la Kaaba de La Mecque, vestige d'une ancienne religion maternelle des tribus pré-islamiques, et de toute façon considérée à la fois comme axe du monde*, maison* de l'âme* et âme du monde, et essence spirituelle de l'homme qui recherche ses noces* avec le Divin fondateur. La Vierge noire de Guadalupe, au Mexique, renvoie très directement, quant à elle, à l'ancienne Déesse du pays – sa basilique du mont Tepeyac s'élève sur les ruines d'une pyramide à Tonantzin (notre Mère) – ou à Coatlicue, la mère de Huitzilipochtli, la déesse aux serpents* mais aussi la mère nourricière, celle que les Chichimèques appellent Itzpapalotl, le papillon* d'obsidienne, et d'autres tribus, Tzitzimicihuatl, la déesse de l'Enfer. On voit à tous ces éléments que la Vierge noire rappelle aussi la déesse noire Kali du panthéon indien, que l'on ressent comme terrifiante sous bien des aspects (mythe de la mère dévoratrice et de la reine de la mort – que l'on retrouverait tout autant chez Artémis avec l'aventure d'Actéon ou chez Cybèle avec la castration des galles), mais qui est tout aussi bien la « douce et compatissante », protectrice du genre humain et gouvernante de la fécondité. Un personnage obscur de ce culte est également Sarah la noire (« Sarah-la-Kali »), la sainte patronne des bohémiens qui vont en pèlerinage, tous les ans, aux Saintes-Maries-de-la-Mer, où l'on vénère trois Marie (Marie Jacobea, sœur de la mère du Christ, Marie Salomé et Marie-Madeleine) dont on prétend qu'elles se rendirent en Provence après avoir fui la Terre sainte. Derrière « Sarah-la-Noire », dont la fête tombe le 24 mai, semble se dissimuler une vierge noire primitive.

NOIX   Dans son *Histoire naturelle*, Pline (23-79) affirme que l'ombre du noyer est néfaste aux hommes et aux plantes. Dans les contes et légendes, la noix renferme souvent un trésor mystérieux : sa signification est donc celle d'une écorce impénétrable qui renferme un contenu très précieux. Dans son interprétation de la *Bible*, la tradition juive compare les écrits sacrés à la noix où l'écorce symbolise les faits historiques et le fruit leur signification spirituelle dans l'économie de Dieu. Pour saint Augustin (354-430), la noix symbolise les trois substances du corps : l'écorce (la chair), la coque (les os) et les cerneaux (l'âme*). L'écorce représente aussi le bois de la Croix*, la coque la chair du Christ avec le goût amer de sa souffrance, et les cerneaux le doux contenu de la révélation divine, dont l'huile permet aussi de dispenser la lumière*. Dans le contexte d'une symbolique sexuelle (en rapport avec les idées de secret et de fécondité), il était jadis d'usage d'offrir des noix en cadeau de noces. Sextus Pompeius Festus (au IIe siècle) mentionne aussi la coutume de jeter des noix sur les nouveaux mariés (remplacées aujourd'hui par le riz*). Un dicton affirme en France qu'une année où il y a beaucoup de noix promet de nombreux enfants. L'interprétation psychanalytique du symbole de la noix va généralement dans le même sens : « La présence d'une noix dans le rêve indique parfois un problème dont la solution est difficile. Mais, beaucoup plus souvent, la noix symbolise l'organe sexuel féminin, comme le montrent d'ailleurs certaines images rupestres » (Aeppli).

NOM   Nommer, c'est créer. Le nom est considéré comme l'essence d'une chose, et il lui confère l'existence. Invoquer le nom de Dieu, ou d'un dieu, revient à l'adorer. C'est pourquoi ce Nom est chargé du mystère le plus haut et demeure d'habitude secret. Le prononcer sans adoration équivaut à un blasphème et peut attirer la malédiction divine. Par extension, tout pouvoir en général, jusqu'à celui que peut posséder un être inanimé, est contenu dans son nom. Les hommes reçoivent leur nom par baptême ou par initiation* rituelle. Ce qui leur assigne un certain destin : *Nomen omen*, disent les Latins – « Le nom est un présage. » S'approprier le nom de quelqu'un revient par conséquent à lui voler sa puissance : Isis*, comme grande magicienne, s'empare ainsi d'une partie des pouvoirs du dieu Re, le Soleil*, en l'obligeant par ruse à lui dévoiler son nom secret… Telles sont les grandes lignes de la symbolique du Nom, qui reviennent avec une constance exemplaire, au-delà de leurs développements propres, dans les grands textes fondateurs des religions égyptienne, sumérienne, chinoise, amérindienne (Mayas), africaine (Dogons), océanienne, ainsi que dans certains aspects du bouddhisme et, surtout, dans les trois religions du Livre*. Sans omettre l'interprétation strictement philosophique du nom par le courant nominaliste de la philosophie classique (forme de synthèse entre certaines avancées de la philosophie grecque du Logos et certains aspects des religions révélées), selon lequel les idées générales ou les concepts n'ont d'existence que dans les mots qui servent à les exprimer. – « Lorsqu'en haut les cieux n'étaient pas nommés, / Qu'en bas la terre n'avait pas de nom /... Que nul n'était encore apparu, / N'avait reçu de nom ni subi de destin », dit le grand poème d'Akkad sur la naissance du monde (*Les Sept Tablettes de la création*). C'est le chaos* dont surgissent alors les deux principes qui sont aussi les deux divinités primordiales, Apsou et Tiamat, les eaux* douces et les eaux salées, d'où émergeront les créatures divines et l'ensemble de la création. « En Chine, le terme *ming* qui signifie vie et destinée ne se distingue guère de celui qui sert à désigner les symboles vocaux ou graphiques, souligne Marcel Granet. Affecter un nom, c'est attribuer de la sorte, et à la fois, un rang, un sort et un emblème. » C'est dans l'art de la parole que s'exaltent donc et culminent la magie des souffles et cette vertu de l'étiquette qui domine en Chine, puisque le vocabulaire forme un ensemble de jugements de valeur, et non pas seulement un inventaire des choses. Houang-ti, le héros fondateur de l'ordre social qui a pour charge principale de surveiller le système des désignations, instaure ainsi la coutume selon laquelle, tous les neuf* ans, le souverain d'une dynastie doit réunir une commission composée de scribes et de musiciens aveugles* qui vérifient l'adéquation des emblèmes visuels et auditifs au génie de la dynastie, car une faille dénoterait une insuffisance de la Vertu souveraine. — Par ailleurs, on sait que les symboles graphiques ont des vertus magiques en Chine : quand ils furent inventés, les démons s'enfuirent en gémissant car les humains avaient prise sur eux. Savoir le nom, c'est aussi bien, en fin de compte, posséder l'être que créer la chose. « J'ai pour soldats des tigres si je les appelle « tigres », dit M. Granet. Connaître la bonne formule pour demander une épouse ou faire un sacrifice permet d'être agréé. Si je me nomme Yu, j'ai droit au fief du même nom, puisque j'en détiens l'emblème ; mais si je suis traité de garçon d'écurie alors que je suis issu de sang princier, je risque de devenir palefrenier. » — Dans la *Bible*, le récit de la *Genèse* fait intervenir tour à tour la puissance créatrice de la parole divine (« Dieu dit : Que la lumière soit et la lumière fut » – I, 3), et le pouvoir d'identification du nom : « Dieu nomma la lumière « jour » et les ténèbres « nuit » (I, 5), puis il nomma le firmament « ciel » (I, 8), la partie solide « terre », et le rassemblement des eaux « mer » (I, 10). Par la suite, c'est Adam* qui donna leur nom aux animaux afin de s'en différencier. Mais le Grand Nom de Dieu lui-même, qui habite dans le temple* construit par Salomon*, est composé selon les cabbalistes chrétiens des quatre lettres* hébraïques qui forment le nom de « Jéhova » ou de « Yahwé » : la première lettre est Yod qui signifie le Père, puis les deux He symbolisent les deux natures du Fils, qui agit et qui subit, tandis que la lettre Vau qui les unit est l'Esprit-Saint, le Rouach Élohim qui débrouille le chaos. Les cabbalistes hébreux, ceux qui transmettent la Loi orale en même temps que la Loi écrite de la *Torah*, racontent pour leur part que Dieu révéla à Moïse* la véritable prononciation de son nom ineffable sur le mont Sinaï, et que Moïse le cacha. Seul le grand prêtre avait le droit de le prononcer une fois par semaine ou, selon d'autres, une fois par an, le jour de l'expiation. « Jéhova » désigne la parole universelle (« Je suis celui qui suis »), et de son nom procèdent tous les autres noms. On le représente d'habitude sous la forme d'un tétragramme où les caractères sacrés sont enfermés dans un triangle* mystique figurant le Dieu d'Abraham, le Dieu d'Isaac et le Dieu de Jacob, ainsi que les mystères de la sagesse qui lui sont attachés. À partir de là surgissent les séphiroths, monde révélé du langage d'en haut par lequel s'opère le passage du Néant transcendant (*Aïn*) au Je immanent (*Ani*). Les trois premiers séphiroths ou leur équivalent dans les trois premières lettres de l'alphabet hébraïque (*Aleph*, *Yod* et *Nun*) désignent le Grand Visage inconnaissable de Dieu, tandis que les sept séphiroths suivants forment le Petit Visage, soit les six jours de la Création et le sabbat – (d'après Z'ev ben Shimon Halevi). Par ailleurs, l'*Aleph*, la première lettre dont Borges disait qu'elle est « le lieu où se trouvent sans se confondre tous les lieux de l'univers, vus de tous les angles », est appelé par les cabbalistes « celui que l'œil n'a point vu ». — On retrouve la même tradition chez les Arabes qui considèrent le grand Nom de Dieu comme le symbole de son essence cachée, et l'écriture comme l'expression de la Révélation. Au point de faire du roseau (*qalam*), grâce auquel on écrit, la première des créations d'Allah. Dans différentes tendances de l'ésotérisme musulman, on retrouve « une opposition originelle et fondatrice entre une énergie première et des structures exprimées par le symbolisme des lettres » (P. Lory, *Alchimie et mystique en terre d'Islam*, 1993). Le rapport dialectique entre l'*Alif* premier créé, et le *Bâ* (ou le B, deuxième lettre), engendre les vingt-six autres lettres de l'alphabet arabe – lettres qui composent à leur tour les noms divins, matrices d'où sont sortis les différents mondes de ce champ du langage qu'est l'univers tout entier (tradition chiite ; Ibn Arabi ; Al-Bouni par exemple : d'où la mystique des lettres et des mots et son importance dans l'islam, puisque le nom est l'essence même des choses ou de l'être nommé et que la lettre est le symbole du mystère de cet être – voir aussi Da'wah). C'est ainsi que la récitation du texte coranique prend valeur de rite et que son pouvoir invocatoire devient central dans le soufisme. Ne pouvant se concentrer sur l'Infini, l'homme peut se concentrer en revanche sur son symbole et s'identifier au Nom divin : le dhikr, ou récitation répétée d'une formule sacrée, permet ainsi une union au Nom divin qui devient une union avec Dieu en personne. L'islam considère 99 noms de

Dieu : « celui qui les connaîtra entrera au Paradis. » — Ce pouvoir de l'invocation apparaît également dans l'hindouisme et le bouddhisme, où la répétition du son primordial Aum, vérité éternelle et le plus grand des mantras*, se révèle extrêmement puissante et permet de progresser au devant de l'illumination. — D'une manière générale, l'invocation du nom de Dieu dans la prière ou le sacrifice* est un point capital dans presque toutes les religions. Son caractère sacré explique *a contrario* que bien des jurons aient contenaient le nom de Dieu aient été déformés pour éviter le blasphème : au XVIIe siècle, « Par le sang de Dieu » devint « Palsambleu », ou « Dieu me damne » donne « Damned » chez les Anglais. — Le pouvoir créateur du nom s'impose aussi chez les Dogons : Amma, le dieu primordial, y crée le monde par la parole en donnant naissance à une graine infiniment petite, qui grossit et devient un œuf* à deux placentas* d'où sortiront deux couples de jumeaux*. De même chez les Bambaras, le « Glan », le son vide initial, engendre son double, le son « Dya ». De leur union naît une vibration qui flotte et crée une multitude de signes, première désignation des choses avant qu'elles ne reçoivent leur nom définitif. Chez les Aborigènes d'Australie, ce sont les frères Bagadjimbirir, des géants cosmogoniques, qui font exister les choses en les nommant. — À l'inverse, le défaut de nom conduit à la destruction et au néant. Chez les Égyptiens, on effaçait des tombeaux le nom des pharaons dont on voulait supprimer toute trace et c'est par ruse et dérision qu'Ulysse dit au cyclope Polyphème, dont il veut crever l'œil unique, qu'il s'appelle « Personne ». Dans la première étape de la création du monde selon le *Popol-Vuh* des Mayas, les premiers hommes sont incapables de dire les noms des dieux, et donc de les adorer. Furieux de cette ignorance, les divinités les rendent à la boue primordiale dont elles les avaient tirés et recommencent la création.

NOMBRES Selon les conceptions de Pythagore* (VIe siècle av. J.-C.) et de ses élèves, les nombres sont la clef des lois de l'harmonie cosmique et, par conséquent, les symboles d'un ordre divin universel. La découverte selon laquelle la vibration des cordes dont les longueurs pouvaient être exprimées par des rapports numériques simples produisait des accords agréables à l'oreille*, a conduit

La Trinité inscrite dans la mandorle :
miniature du XIIIe s.

à postuler l'existence du concept d'harmonie a constitué le premier pas qui menait à une formulation mathématique de la connaissance du monde. Dans cette façon de voir, toute forme peut être exprimée par des nombres (« tout est nombre ») qui, à l'instar des « archétypes divins », sont cachés dans la structure de l'univers et ne se manifestent qu'à la suite d'une double quête de connaissance et de sagesse. C'est ce que démontre, par exemple, le théorème de Pythagore et sa loi du carré de l'hypothénuse. « On n'a pas jeté les nombres à l'aveuglette dans le monde ; ils se sont assemblés pour constituer des systèmes harmonieux, comme les formations cristallines et les notes de la gamme, en vertu des lois générales qui régissent l'univers » (A. Kœstler). Les nombres n'étaient pas ainsi considérés seulement comme des unités de mesure mais comme des *archaï* de toute chose et « comme le lien primordial et incréé qui assure la persistance éternelle des composants de l'univers » (Philolaos, Ve siècle av. J.-C.). La périodicité des cycles cosmiques, qui repose sur des unités dénombrables, a par ailleurs renforcé, à travers l'étude de l'astronomie, cette idée que les nombres n'étaient pas seulement des instruments qui exprimaient l'ordonnance de l'univers mais des qualités intrinsèques du cosmos*, des traces

« absolues » des puissances surhumaines, et donc des symboles de la divinité. Novalis a fait l'expérience de ce pouvoir magique des nombres en l'étendant au domaine de la mystique : « Il est très vraisemblable qu'il existe dans la nature de même que dans l'histoire une mystique merveilleuse des nombres. Tout n'est-il pas plein de sens, de symétrie et de rapports singuliers? Dieu ne peut-il se révéler également dans les mathématiques comme il le fait dans toute autre science ? » C'est dans la même ligne de pensée issue de Pythagore, et transformée par la tradition alchimique* et sa propre astrologie*, que l'islam, lui aussi, a considéré le nombre comme essentiel, à tel point que pour les Iqhwan as-Safa (les « Frères de la Pureté ») au Xe siècle, puis pour leurs continuateurs les Houroufis du XIVe siècle (de *hourouf* : l'alphabet – voir Lettres et Da'wah), « le nombre, qui représente une multiplicité d'unités, est à la fois le principe directeur de la Création et symbole qui aide à la comprendre » (Y. Marquet). C'est à partir de cette sacralisation des nombres, qui attribue à chacun un pouvoir et une qualité qui lui sont singuliers, que Dieu le Créateur est « l'Un primordial » qui se dessaisit de lui-même pour se révéler sous la forme d'une dualitude. De la thèse et de l'antithèse naît alors la

L'homme comme mesure des quatre
éléments : planche d'un traité
d'alchimie du XVe s.

synthèse de la Trinité (voir aussi Triangle) : *omne trium perfectum* (« toute trinité est parfaite »). La trinité, dans cette vue, est d'abord dynamique ; elle se fonde sur l'idée-force d'un pouvoir de relation qui unit et qui meut les figures de la dualitude. Dans le christianisme, c'est le Saint-Esprit dont saint Bernard déclare qu'il est le « baiser du Père et du Fils », leur « respiration commune », de même que, dans l'image de la sphère* qui lui est chère, Kepler écrit encore à la fin de la Renaissance que si le Père est le centre* et le Fils la surface, l'Esprit est le rayon qui les unit et qui, en décrivant l'espace autour du centre, engendre la sphère en tant que telle. Chez les Arabes qui ne connaissent évidemment pas l'incarnation et où Dieu ne peut se penser que sous le chef de l'Unique, le Un ne peut être qu'Allah (*al-Fard* : l'impair – voir Pair), tandis que le 2 symbolise l'Intelligence agente qui crée le début du multiple (deux en est l'expression minimale), et que le trois représente l'âme*, pouvoir de médiation de la Terre* et du Ciel*, qui, en correspondant aux trois protagonistes de la Connaissance (le Connaissant, le Connu, et la Connaissance du Connu par le Connaissant), est le miroir* de la Divinité créatrice – puisqu'en Dieu, ainsi que dans la vision mystique qui l'appréhende, Connaissant, Connu et Connaissance sont une seule et même chose. Contrairement aux apparences, d'ailleurs, nous ne sommes pas si loin ici de la trinité chrétienne : il suffit de remplacer le Connaissant par le Père, le Connu par le Fils et la Connaissance par l'Esprit-Saint pour que les deux séries deviennent homologues. Si on admet donc que le nombre trois indique le mouvement interne de l'unité, le nombre quatre* (voir aussi l'article qui lui est consacré) en révèle la manifestation et la plénitude. C'est le processus de construction de la *tetrakthys* de Pythagore (la perfection du nombre dix comme manifestant l'unité du multiple – voir plus bas) qui ne peut s'obtenir qu'en ajoutant le nombre quatre – qui est un nombre composé (soit deux plus deux, soit trois plus un) – aux trois nombres premiers fondamentaux : $1 + 2 + 3 = 6$, plus $4 = 10$. Le radical de *tetrakthys* est d'ailleurs bien *tetra* : quatre en langue grecque. C'est aussi sensiblement la même idée que l'on trouve exposée dans ce qu'il est convenu d'appeler en alchimie* l'adage de Marie la Prophétesse : « L'un devient deux, deux

Es Cordeliers d'Auignon, sur le tombeau de Dame Laure, (tant celebree par Petrarque) est en armoiries sa Deuise : qui est de deus Reinceaus de Laurier tranersans, une Croisette sur le tout, ensemble une Rose sur l'escusson : ainsi (peut estre) representant, qu'au moyen de sa sainte foy, & chaste amour, elle ha esté victorieuse, sur les mondeines asections.

Deux branches de laurier traversent une croix, le point de rencontre des deux bras est le symbole de la « quintessence ».

devient trois, et du troisième naît l'un comme quatrième. » Dans la même veine de pensée, et par rapport à ce qui semblait devoir être la complétude de la manifestation divine, C. G. Jung donnait encore récemment une valeur archétypale au même nombre quatre. Il voyait par exemple dans la proclamation par le Vatican du dogme de l'Assomption physique de la Vierge*, qui paraissait scandaleux à nombre de ses contemporains, l'expression d'une aspiration symbolique à parachever harmonieusement la Trinité marquée du sceau de la masculinité en y insérant l'élément féminin (voir Sophia) pour former un carré*. La quaternité constitue dans ce sens « le réticule de notre entendement ». — Chez les Arabes, en conséquence directe de leur conception des trois premiers nombres, le quatre est la signature de la matière première à partir de laquelle va pouvoir se déployer tout l'univers sensible (cinq y sera alors la Nature, six* le symbole du Corps du Monde, sept* le nombre des planètes*, huit le chiffre des quatre éléments* et neuf* le « dernier échelon des huit universaux », celui de toutes les créatures qui sont autant de réalités dérivées des éléments et composées avec eux). Il est à noter ici que, encore une fois, un parallélisme peut s'établir avec la numérologie chrétienne, puisque le quatre, qui est le signe de la *materia prima*, peut équivaloir à Marie* qui, dans les spéculations alchimiques*, est elle-même le symbole du corps humain, ou du corps premier du monde – c'est-à-dire aussi de la *materia prima* – dont le couronnement, ou l'Assomption, marque les noces* célébrées avec la Trinité (*Speculum Trinitatis* de Reusner). — Cette structure traditionnelle des quatre premiers nombres, de l'unité originelle à la multiplicité déployée qui reflète pourtant encore cette unité, peut, et doit pourtant se lire aussi selon un autre mode d'engendrement qui lui est parallèle et qui vient le compléter. Si l'Un est bien le Créateur primordial, il est forcément, du même coup, le « Dieu qui se révèle », il est la face de Dieu que nous pouvons concevoir. Toutefois, si Dieu est vraiment Dieu, s'il est totalement transcendant, nous ne pouvons le penser et la seule façon de s'exprimer à son sujet est de parler négativement – c'est-à-dire qu'il n'est contenu dans rien de ce que nous pouvons dire de lui. De ce fait, le Un s'appuie sur ce que les néo-platoniciens, qui ne connaissaient pas le zéro*, ont appelé le « Un-qui-n'est-pas » ; sur ce que les gnostiques ont appelé le « rien » (« Il a été un temps où rien n'était. Ce rien n'était pas une des choses existantes, mais pour parler nettement, sans détours, sans artifices, absolument rien n'était… », déclare Basilide d'Alexandrie de ce Dieu) ; sur ce que l'ésotérisme de l'islam a désigné comme le néant suressentiel : c'est bien ce que notera le zéro dès l'instant qu'on admet que le zéro « existe ». Du zéro au un, de l'Un-qui-n'est-pas à l'Un-qui-se-révèle, nous avons alors la différence que la cabbale introduit entre le « néant » et le « je » de Dieu (de l'*aïn* à l'*ani*, de l'*En-Sof* au Dieu créateur), la distinction que fait Maître Eckhart entre la *Gottheit* et *Gott*, autrement dit entre la *deitas* et *deus*, entre la déité du fondement et Dieu tel qu'il se laisse appréhender – ou encore en d'autres termes entre le *deus absconditus* (le dieu caché) et le *deus revelatus* (le dieu révélé), entre les ténèbres essentielles et l'éclat de la lumière* dont Jacob Boehme nous entretient dans le *Mysterium magnum* (voir aussi Abîme et Nuit). À partir de l'Un révélé, la division peut alors se faire dans le deux, n'introduisant plus à la dualitude (le Père et le Fils qui sont pourtant un seul), mais à la dualité des principes (voir Couples d'opposés ou Yin et Yang). Ici, selon la voie choisie – car il y a deux voies possibles –,

L'Éternel entouré
des vingt-quatre vieillards :
miniature du XIe s.

Jésus et les douze Apôtres :
relief (~1125, cloître
de Saint-Dominique, Silos).

cette dualité se traduit par une complémentarité : deux est le chiffre de la femme qui rendra désormais tous les chiffres pairs féminins ; ou, par un antagonisme déclaré, deux est aussi le chiffre du Diable* (*dia* signifie bien deux en grec) qui s'oppose à Dieu et introduit à la division du Bien et du Mal. On note l'équivalence qui tend implicitement à se faire ainsi entre la femme et le Diable, et à laquelle il arrivera souvent à la pensée de céder : c'est ici l'énigmatique figure de Lilith*, c'est Ève au paradis* qui écoute le serpent*, ce seront toutes les sorcières* que la chrétienté jettera au feu, c'est toute la gynophobie traditionnelle de notre culture et la terreur qu'éprouve l'homme devant la mère* où il lit le pouvoir de la mort, et devant la femme qui risque de le détruire (voir Nudité). La quaternité, alors, peut être aussi bien, dans cette même logique, l'addition des deux dualités (la femme et le Diable réunis qui forment la totalité de la création mauvaise), que, d'une façon différente, soit le quatre que nous avons déjà rencontré (la Trinité plus la Vierge, qui marque la complétude du divin par la réintroduction de Sophia), soit le quatre qui consiste en l'addition de la Trinité et du Diable, et qui complète la divinité par sa part d'ombre (voir à Diable les relations de Lucifer à Dieu), ou qui désigne la création telle que nous sommes amenés à la vivre, déchirés que nous sommes entre les pouvoirs de Satan et la grâce de l'amour divin (voir aussi Guerre et Chevalier). — Dans la classification traditionnelle des éléments, on trouve le cinq qui, en incluant la notion de centre, s'exprime dans le pentacle*. Il représente aussi la croix* avec son point d'intersection et la quintessence* de l'alchimie. Le nombre six* (voir l'article qui lui est consacré) s'exprime symboliquement par l'hexagramme* et le « sceau de Salomon ». Le nombre sept est connu pour sa symbolique proliférante (voir ce nombre), alors que l'on tient souvent beaucoup moins compte du huit qui, dans l'exégèse du *Nouveau Testament*, revêt pourtant un sens particulier. On y considère en effet que la résurrection du Christ et le début de l'ère nouvelle ont eu lieu le huitième jour de la Création, ce qui explique pourquoi les baptistères ont souvent une forme octogonale. Les étoiles à huit branches de l'art roman, les rosaces à huit lobes et la croix de Malte à huit pointes ont la même signification. Le bouddhisme repose quant à lui sur le « chemin à huit directions » (voir Octité et Ogdoade, les huit dieux du bouddhisme), et le huit est d'une façon générale en Chine la signature de l'ordre et de l'harmonie des choses. C'est ainsi que la rose des vents y indique huit directions (l'Occident a repris la leçon : nord, nord-est, est, sud-est, sud, sud-ouest, ouest et nord-ouest), tandis que le Bouddha se tient au centre du lotus* à huit pétales tout autant qu'au moyeu de la roue* à huit rayons, et qu'il y a huit sentiers pour suivre le Tao. Dans le *Mingtang* enfin, le carré à neuf* cases qui est aussi l'équivalent de la rose des vents, les carrés au milieu de chaque côté indiquent les points cardinaux*, les carrés d'angle les directions intermédiaires, ce qui fait huit carrés, le neuvième carré du centre désignant l'axe du monde* vertical entre le Ciel et la Terre :

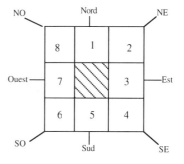

Comme le quatre symbolise la terre (les quatre éléments, les quatre points cardinaux, etc.) lorsqu'elle est projetée sur un plan – elle forme alors un carré et elle représente une surface (quatre est la puissance carrée de deux, le féminin et le passif) –, le huit peut aussi la symboliser si on tente de la décrire dans l'espace qu'elle occupe : huit est en effet la puissance cube de deux, et désigne de ce fait un volume. Il faut noter enfin que le *I-Ching** peut être considéré comme parfait, puisque ses soixante-quatre hexagrammes sont numériquement l'ordre du huit multiplié par lui-même. — Le nombre neuf* se fonde sur le nombre trois dont il est le carré et il désigne le chœur des anges* et les neuf sphères successives du cosmos médiéval. De même que le cinq est en Chine le centre des éléments, le neuf est le centre de la terre et des huit directions (voir ci-dessus le *Ming-tang*) où se fait la conjonction* de la Terre et du Ciel. — Le dix est le symbole de l'achèvement et de la perfection qui renvoie à l'unité primordiale. C'est la *tetraktbys* des pythagoriciens qui se résoud toujours dans l'Un. On peut en effet faire la somme 1 + 2 + 3 + 4 = 10, qui donne selon l'arithmosophie 1 + 0 = 1 ; ou la somme de tous les éléments du 10, qui donne : 1 + 2 + 3 + 4 + 5 + 6 + 7 + 8 + 9 + 10 = 55, soit 5 + 5 = 10 et 1 + 0 = 1. Par ailleurs, si on écrit 1 + 2 + 3 + 4 de la façon suivante : (1 + 2) + (3 + 4), on s'aperçoit que le dix est aussi la somme des deux premiers couples masculin et féminin, que c'est donc un double androgyne*, ce qui lui fait retrouver le quatre comme unité de la manifestation. De toutes les façons qu'on le prenne, le dix représente donc à la fois le Tout et l'Un, l'*Hen ta panta*, l'Un-toutes-les-choses sur lequel ont tant réfléchi les derniers néoplatoniciens de l'Antiquité (en particulier Damascius dans son *Traité de l'Un*), et qu'a largement repris la méditation alchimique : ne trouve-t-on pas dans le *Canon de Cléopâtre** cette même expression inscrite au milieu du serpent qui se mord la queue ? (voir aussi Ouroboros). Cette conception était même si prégnante que le mathématicien philosophe Nicomaque de Gérase appelle encore le dix, au Ier siècle de notre ère, du nom de Pan* (Tout), puisqu'il « a servi de mesure pour le Tout comme l'équerre* et le cordeau dans la main de Celui qui a tout ordonné ». — À l'intérieur du judaïsme, on compte d'autre part, mais dans le même sens de révélation du divin ou de ses pouvoirs, les Dix Commandements délivrés à Moïse* et les dix plaies d'Égypte qui ont permis aux Hébreux de s'enfuir, cependant que le Temple* bâti par Salomon* a besoin de dix voiles qui cachent le Saint des Saints. D'un point de vue ésotérique, on considère enfin les dix séphiroths de la cabbale comme un arbre* inversé qui a ses racines dans le ciel et sa cime sur la terre, conformément aux dix noms mystérieux de Dieu : Eheie, Jah, El, Elohim, Eloi gibor, Eloah, JHVH Sabaot, Elohim Sabaot, Schadai et Adonai. — Les nombres symboliquement signifiants au-delà du dix sont le onze, investi d'une connotation le plus souvent néfaste, mais surtout le douze auquel on accorde une très grande importance (nombre de signes du zodiaque*, base du système sénaire babylonien, nombre des tribus d'Israël et des apôtres, etc.) ; voir

Homère. Douze dieux constituaient depuis le Ve siècle av. J.-C. le panthéon de la Grèce, notamment Zeus (voir Jupiter), Héra, Déméter*, Apollon*, Artémis*, Arès (voir Mars), Aphrodite*, Hermès*, Athéna*, Héphaïstos et Hestia qui était souvent remplacée par Dionysos* (Bacchus*). À Athènes, un autel était consacré à la « duodécade ». Quant à sa composition, le douze peut être formé aussi bien par la multiplication du quatre par le trois (trois fois quatre signe d'eau*, de terre*, d'air* et de feu* en astrologie), que celle du trois par le quatre (quatre fois trois signes cardinaux, fixes et mutables). Il représente de toute façon l'intime alliance de la dynamique du trois et de la complétude du quatre, que l'on insiste sur l'un ou l'autre de ces aspects selon le mode de multiplication choisi. — Les différentes manifestations du douze – tribus, apôtres ou signes du zodiaque – ont été souvent mises en relation réciproque par les auteurs chrétiens qui tentaient ainsi d'en exprimer le jeu : « Les douze apôtres tiennent dans l'Église la place que tiennent les douze signes du zodiaque dans la Nature, puisque, comme ces signes gouvernent les êtres sublunaires et président à leur génération, les douze apôtres président à la régénération des âmes* » (saint Clément d'Alexandrie, citant Théodote le Gnostique), et : « Le Christ est le Jour vraiment éternel et sans fin qui tient à son service les douze heures dans les Apôtres et les douze mois dans les Prophètes » (Zénon de Vérone, 362-380, *Tractatus*). Saint Augustin, quant à lui, du point de vue de la numérologie que nous venons d'examiner ne craint pas d'écrire dans les *Enarrationes in Psalmos* : « Il y a douze apôtres parce que l'Évangile devait être prêché aux quatre coins du monde au nom de la Trinité : or quatre fois trois multiplient douze » – répondant de la sorte à Saloustios, le préfet de Julien l'Apostat, qui écrivait à la fin du IVe siècle dans son traité *Des dieux et du monde* que « parmi les dieux encosmiques, les uns donnent l'existence au monde, les autres l'animent, d'autres, entre les contraires qui le constituent, établissent l'harmonie ; d'autres veillent enfin sur celle-ci. Ces attributions étant au nombre de quatre et chacun ayant un mode premier, un mode second et un mode final, ceux à qui elles incombent doivent donc être douze par le fait même de la nécessité ». — Le nombre treize est presque toujours un chiffre porte-mal-

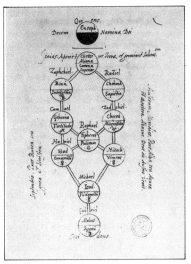

*L'arbre des Séphirots, exemple
de calcul nombres-lettres (gématrie) :
planche d'un traité d'alchimie du XVIᵉ s.*

heur; Hésiode, déjà, prévenait les paysans de ne pas commencer à semer le treize du mois. Dans l'année bissextile des Babyloniens, il existait un treizième mois placé sous le signe du « corbeau* porte-malheur ». On dit que le Diable assistait comme treizième invité au sabbat des douze sorcières*, de même que Judas, le douzième apôtre et donc le treizième assistant de la Cène lors de l'institution de l'eucharistie par le Christ, trahira son maître pour trente deniers et finira par aller se pendre une fois consommé le sacrifice* de Jésus sur la croix*. Comme il faut bien, toutefois, que les apôtres restent douze, il sera remplacé par Saül – qui s'appellera désormais Paul – après l'illumination de celui-ci sur le chemin de Damas. D'autres interprétations que celles de la faute et du malheur s'offrent néanmoins pour le treize. En tant que nombre de la mort*, il peut aussi signifier cette mort symbolique qui fait changer l'Être de niveau, qui introduit donc à la renaissance et fait accéder l'homme aux mystères du ciel : il semble que ce soit là le sens le plus profond de la treizième lame du Tarot* (voir aussi Noir et Mort). Comme le 5 était l'unité centrale du 4, et le 9 celle du 8 (voir plus haut), le 13 peut l'être à son tour pour le 12, comme le Christ l'est

en effet pour ses apôtres ou Yahwé pour ses prophètes. Le treize peut enfin compléter le douze en l'introduisant à une autre dimension : c'est ainsi qu'aux douze descendants de Jacob s'adjoint un treizième enfant, sa fille Dinah, de même que, dans les *Évangiles*, vient s'ajouter aux douze apôtres la figure mystérieuse de Marie-Madeleine. — Vingt-quatre est le nombre des heures d'une journée et celui des vieillards dans l'*Apocalypse* de saint Jean (IV, 4). Il est intimement relié au douze, puisqu'il en est évidemment le double, mais aussi, selon les calculs de l'arithmosophie, la moitié puisque 24, soit 2 et 4, donne la somme : 2 + 4 = 6, soit la moitié de 12. Vingt-quatre est ainsi un « encadrement » de douze, et c'est sans doute pourquoi, dans un système de calcul senaire (à la base six) et par rapport aux douze signes du zodiaque qu'ils connaissaient parfaitement, les astrologues babyloniens ont introduit les vingt-quatre « Juges de l'Univers », soit 24 étoiles dont douze se trouvaient au sud et douze au nord*. — Au-delà du vingt-quatre, le vingt-six représente dans la cabbale la somme des chiffres du tétragramme sacré (des quatre lettres* du nom* de Dieu JHVH, à savoir : 10 + 5 + 6 + 5 = 26). — Vingt-huit, qui représente un mois lunaire et correspond tout autant, de ce fait, au nombre de lettres de l'alphabet arabe (voir Da'wah et Lettre), est à l'évidence quatre fois sept (voir ce nombre) et deux fois quatorze – ce qui explique pourquoi Osiris, dieu de la Lune*, a régné vingt-huit ans avant d'être dépecé par son frère Seth en quatorze morceaux, puis, ressuscité par Isis*, il a gagné l'Amenti qui est composée de quatorze régions pour y juger les âmes des défunts entouré de 42 dieux (soit 6 fois 7). — Trente-trois a reçu une signification particulière dans le christianisme puisqu'il est l'âge de Jésus au moment de sa mort. Il indique le nombre des chants de *La Divine Comédie* de Dante ainsi que les degrés de « l'échelle* mystique » dans la théologie byzantine. — Quarante est le nombre de l'épreuve, du jeûne et de la solitude. D'après les préceptes bibliques, la femme qui vient d'accoucher doit rester quarante jours dans l'isolement ; chez les Grecs, le repas funèbre se déroulait quarante jours après le décès ; le déluge dura quarante jours et quarante nuits, et Moïse attendit le même laps de temps sur le mont* Sinaï que Dieu proclame ses commandements. La migration des fils

*Les quatre humeurs du corps,
les quatre saisons, les quatre éléments :
miniature du VIIIᵉ s.*

d'Israël à travers le désert dura quarante ans, et quarante jours le jeûne de Jésus après le baptême ainsi que le carême de l'année religieuse. Saint Augustin considérait quarante comme le nombre même de la pérégrination en ce bas monde et de l'attente du Royaume. L'alchimie en a repris la signification lorsqu'elle indique que soit l'œuvre au noir* (*nigredo* : épreuve et souffrance) dure quarante jours, soit que c'est l'ensemble de l'œuvre (pérégrination de l'âme et attente de l'or philosophal) qui exige cette durée. Ces deux sens se retrouvent d'ailleurs mêlés par exemple dans la navigation* de Tristan* blessé à mort par le Morholt, qui met quarante jours à atteindre les côtes d'Irlande. — Dans l'*Ancien Testament*, cinquante était le nombre de l'année sabbatique (7 x 7 petites années sabbatiques + 1) au cours de laquelle les peines étaient remises, les esclaves libérés et les terres hypothéquées restituées à leurs premiers propriétaires. Dans l'année religieuse, la fête de la Pentecôte est toujours fixée au cinquantième jour après Pâques. — Soixante-dix est présent dans la notion de septuagésime (la période de soixante-dix jours qui s'étend avant Pâques) et dans le nombre des disciples de Jésus (par décuplement du sept sacré). — D'autres nombres symboliques sont aussi dérivés des données astronomiques et des périodes du calendrier (l'année cultuelle appelée Tonalpohualli chez les Aztèques, et Tzolkin chez les Mayas durait 260 jours ; en combinant ce chiffre aux 365 jours de l'année solaire et en en cherchant le plus petit multiplicateur commun, on aboutissait à ce

que les mêmes dates, coïncidant dans les deux calendriers en même temps, revenaient tous les cinquante-deux ans, après la période du Xuihmolpilli, c'est-à-dire au bout de 73 260 cycles solaires et de 52 356 cycles cultuels). — Chez les Chinois, le nombre de 10 000 équivalait à « innombrable » : on souhaitait à l'empereur une espérance de vie de 10 000 ans et l'infinie multiplicité du monde sensible recevait le nom de « 10 000 choses ». Le svastika* fut utilisé dès 700 comme un symbole numérique qui désignait « l'infini » – à l'instar du huit couché en Occident qui renvoie vraisemblablement au symbole du nœud*. Voir aussi *I-Ching*. — Le nombre 666 qui apparaît dans l'*Apocalypse* (XIII, 18), et qui marque le règne de la Bête, a été interprété par E. Staufer en fonction des valeurs numériques grecques de l'inscription qu'on a trouvée sur une médaille appartenant à l'empereur Domitien. D'autres auteurs ont remarqué qu'il était engendré par le carré magique appelé le « Sceau du Soleil », qui comporte les trente-six premiers nombres dont l'addition un par un (1 + 2 + … + 35 + 36) donne exactement 666. — La philosophie néoplatonicienne de l'Antiquité et la cabbale juive au Moyen Âge portèrent un intérêt d'autant plus considérable à la symbolique des nombres que les lettres grecques et hébraïques possédaient elles-mêmes une valeur numérique. Le théorème de « l'isopséphie » imposa la conception selon laquelle les noms dont les lettres possèdent des valeurs numériques identiques étaient appariés : par exemple *abraxas-meithras* : la valeur y est à chaque fois 365, nombre de jours de l'année solaire; on trouve de même dans la *Bible* (*Genèse* XVIII, 2) : *Vehenna shalisha* (c'est-à-dire « et aperçut trois hommes »), à valeur numérique 701, et donc identique à *Elo Mikael, Gabriel ve-Raphaël* (c'est-à-dire « c'étaient Michel, Gabriel et Raphaël », dont la valeur était la même). L'art de ces spéculations sur les chiffres et les lettres s'appelle la guématrie. — On procédait de la même manière dans les écoles monastiques médiévales et Raban Maur, ou Hrabanus Maurus (776-869) écrivait par exemple : « L'Écriture Sainte contient, à mots couverts, parmi la quantité et la variété des nombres, de nombreux arcanes qui demeurent inaccessibles à ceux qui en ignorent la signification. Voilà pourquoi il est nécessaire que tous ceux qui souhaitent acquérir une intelligence supérieure de l'Écriture

Sainte étudient l'arithmétique. » Dans cette cosmologie, « les nombres sacrés » sont des grandeurs ordinales qui mettent en évidence la structure de la Création et font, depuis la nuit des temps, partie des connaissances ésotériques que se transmettent les écoles. — Il faut enfin faire une mention spéciale du nombre d'or. Celui-ci, équivalent à une valeur de 0,618…, ou, approximativement, à une valeur qui correspond à une fraction de 3/5, est obtenu par la division d'un segment en moyenne et extrême raison – c'est-à-dire par la division d'un segment en deux parties telles que le rapport de la plus petite à la plus grande des parties soit égal au rapport de la plus grande partie au segment tout entier :

A   C   B
├─────────────┼──────┤

Soit $\dfrac{CB}{AC} = \dfrac{AC}{AB}$

On peut aussi le calculer à l'inverse par :

$\dfrac{AB}{AC} = \dfrac{AC}{CB}$

ce qui donnera alors le résultat 1,618… et l'approximation de 5/3. Il faut noter que la formule algébrique du nombre d'or étant de :

$\dfrac{\sqrt{5}-1}{2}$ ou $\dfrac{2}{\sqrt{5}-1}$

selon qu'il est inverse ou non, ce nombre est un nombre irrationnel que l'on note 1,618… ou 0,618… pour marquer que la suite des décimales pourrait continuer à l'infini : étranger à la suite des nombres entiers (1, 2, 3, etc.) ou des nombres dits rationnels (entiers et fractionnaires), le nombre d'or, que l'on ne peut jamais écrire dans son entier et que l'on ne peut donc qu'approximativement réaliser dans toute création de main d'homme, a été de ce fait considéré comme divin par les pythagoriciens, et comme le symbole même de la divine beauté. — Le nombre d'or est connu depuis la plus haute Antiquité, et on l'a traditionnellement appelé Φ (la lettre grecque *phi*), d'après l'initiale du nom du sculpteur grec Phidias. On l'a aussi appelé la « divine proportion » car c'est sur lui qu'ont été calculées les proportions des temples et des monuments (les pyramides d'Égypte, le Parthénon à Athènes, etc.). Le nombre d'or se retrouve aussi dans le « décagone étoilé » où il est équivalent à la division du côté du décagone par le rayon du cercle qui y est circonscrit, ou dans le « rectangle d'or » construit à partir d'un

carré initial tel que, si l'on enlève ce carré du rectangle d'or, il reste un rectangle d'or qui se transforme en nouveau rectangle d'or par soustraction d'un nouveau carré, et ainsi à l'infini. On retrouve aussi dans le rapport du côté du pentagone régulier à celui du pentagone étoilé, ou dans la moitié du rapport du rayon du cercle inscrit dans le pentagone à celui du cercle qui lui est exinscrit. On pourrait de fait multiplier encore les exemples, mais il suffit de savoir que cette connaissance du nombre d'or s'est transmise à travers les âges, et que si elle gouverne encore par exemple les proportions des rosaces qui s'étalent au front des cathédrales gothiques, c'est toujours elle qui détermine jusqu'à nos jours la structure de beaucoup de nos objets les plus usuels. — Le nombre d'or est aussi relié à ce que l'astronome Johannes Kepler a appelé la *sectio divina*, section divine ou section d'or, c'est-à-dire l'angle formé selon la formule suivante où Φ désignant le nombre d'or, on a : (1 - Φ) 2 π ≃ 2,399…, nombre à son tour irrationnel puisque résultant de la multiplication d'un irrationnel (1 - Φ) par un autre irrationnel (2 π). Or, cet angle est celui qui signe la construction d'une spirale* régulière qui se déploierait en montant dans l'espace sans jamais s'ouvrir, cependant qu'une spirale ouverte (comme celle de la coquille* d'un escargot) peut se construire en réunissant les points opposés des carrés successifs que l'on obtient dans la division du rectangle d'or. Ces figures sont elles-mêmes reliées à ce que l'on appelle la « suite de Fibonacci » (du surnom donné au moine italien du XIIIᵉ siècle, Léonard de Pise, qui l'a écrite pour la première fois), qui s'obtient par une suite de nombres telle que l'un des nombres quelconques qui la composent est la somme des deux nombres précédents. Par exemple 1 est suivi de 2, et donne donc 3. Puis 2 est suivi de 3, et donne donc 5. Puis 3 est suivi de 5 et donne donc 8. etc. Ce que l'on écrit : 1, 2 … 3 – 2, 3 … 5 – 3, 5 … 8, ou d'une façon simplifiée : 1, 2, 3, 5, 8, 13, etc. On remarque alors que le rapport d'un nombre pris au hasard dans la suite avec le nombre qui le suit immédiatement, après avoir tourné tout autour du nombre d'or :

$(\dfrac{1}{2} = 0{,}5 ; \dfrac{2}{3} = 0{,}666… ; \dfrac{3}{5} = 0{,}6 ; \dfrac{5}{8} = 0{,}625)$,

le donne toujours à moins d'une troisième dès la huitième génération. Par exemple :

$$\frac{34}{55} = 0,61818\ldots ; \frac{55}{89} = 0,61797\ldots ;$$

$$\frac{89}{144} = 0,61805\ldots$$

Enfin, la différence entre le carré d'un nombre choisi dans cette suite et la multiplication des deux nombres qui l'encadrent, donne toujours 1 ou −1. Soit, dans le fragment de suite 2, 3, 5, 8 :
$(2 \times 5) - 3^2 = 1$ et $3^2 - (2 \times 5) = -1$
$(3 \times 8) - 5^2 = -1$ et $5^2 - (3 \times 8) = 1$
Ces différentes propriétés, sans compter que la section d'or ou la suite de Fibonacci structurent des pans entiers de la réalité (coquillages* terrestres ou marins, étoiles de mer, mode de reproduction des abeilles, écailles des pommes de pins, pousse des feuilles d'un arbre le long d'une branche, etc.), ont fait considérer le nombre d'or comme l'expression même de l'un des mystères fondamentaux de la nature, et à tout le moins comme la manifestation d'une unique réalité sous-jacente aux règles de notre esprit et à la réalité visible et sensible dans laquelle nous nous mouvons.

NORD/SUD Le nord forme traditionnellement avec le sud un couple d'opposés* qui structure verticalement (tout au moins dans les représentations que l'homme s'en fait), la géographie de la terre. Au nord, le froid, les glaces et les puissances du sommeil, au sud la chaleur bienfaisante, la vitalité et le développement de la vie. Les voyages selon cet axe sont ainsi considérés comme allant du nord vers le sud (Apollon* est venu par exemple des pays d'Hyperborée en descendant vers la Grèce, et lorsqu'il y remonte annuellement, en compagnie de sa sœur Artémis* et de sa mère Latone, c'est durant la période hivernale, au moment où la vie semble s'être endormie). — Chez les Aztèques, le nord et le sud étaient tous deux consacrés aux divinités guerrières, mais selon des modalités différentes, puisqu'au nord étaient associées des valeurs de froid et de mort* (Tezcatlipoca, voir Quetzalcoatl), tandis que le sud était plus particulièrement mis en relation avec la chaleur et les « épines » (Huitzilipochtli, voir Guerre). Ce schéma n'est pas toutefois universel, et l'Égypte pharaonique, au

Carte du monde, avec les vents du Nord et du Sud, d'après Claude Ptolémée, manuscrit de la Bibliothèque Nationale de France.

contraire, considérait que le mouvement primordial allait du sud au nord, en conformité d'ailleurs avec le cours du Nil, dispensateur de toute fertilité grâce à ses crues et horloge cosmique naturelle. De la même façon, le philosophe alchimique* Robert Fludd, dans sa *Philosophia Moysaica* de 1637, structure le monde du sud au nord, en le faisant correspondre terme à terme avec l'image d'un thermomètre, et en le faisant s'élever d'un *polus aestivalis* (pôle estival) vers un *polus hyemalis* (pôle hivernal). Ce pôle hivernal, ou ce pôle du nord, dans la mesure où il structure ainsi une géographie mystique, peut correspondre alors à l'orient* de l'âme* et représenter le « nord cosmique », c'est-à-dire le « pôle céleste » qui polarise le pèlerinage de l'homme : c'est le rocher d'émeraude qui se dresse au sommet de la montagne de Qâf (*Directoire spirituel à l'usage des fidèles* du shaykh Kermani – XIIᵉ siècle) – de même que, nous dit Henry Corbin, « chez le mystique Abdol-Karim Gili (IXᵉ siècle, *Le Livre de l'Homme parfait*), la « Terre des âmes » est une région du haut Nord, la seule qui ne fut pas atteinte par les conséquences de la chute d'Adam*. C'est le séjour des « hommes de l'Invisible » sur qui règne le mystérieux prophète Khezr (voir Khidr). Trait caractéristique : sa lumière est celle du « soleil de minuit » (voir Midi-Minuit), puisque la prière du soir y est inconnue, l'aube se levant avant que le soleil se soit couché. Et sans doute conviendrait-il d'envisager ici tous les symboles convergent vers le paradis du Nord, la Terre de lumière* des âmes et le château du Graal* ». (H. Corbin, *Corps spirituel et Terre céleste*).

*Les Nornes
sous l'arbre
cosmique Yggdrasil
près de la source
originelle :
gravure du XIXe s.*

NORNES Dans la mythologie germanique, les Nornes sont les personnifications du Destin, et correspondent aux Parques latines et aux Moires grecques. Elles filent et dénouent les fils de la naissance, de la vie et de la mort (voir Quenouille). Vivant à côté de la source Urdr dans l'arbre du monde Yggdrasil (voir Frêne), elles déterminent le destin de tous les nouveaux-nés, comme le feront plus tard les fées de *Cendrillon*. La première Norne, Urda (le Passé), file le fil du destin; la seconde, Verdandi (le Présent), le déroule, et la troisième, Skuld (l'Avenir), le rompt. Cette légende procède d'une pensée apparemment fataliste, mais qui indique surtout que l'homme doit aimer et assumer le destin qui lui est donné : loin d'incliner à la résignation, elle poussait plutôt, comme on le voit fréquemment dans le monde scandinave, à régir toute sa vie selon les lois de l'honneur. Voir Walkyries.

NUAGES En Occident, les nuages sont le symbole de la présence numineuse, particulièrement lorsqu'ils apparaissent au sommet des montagnes* sur lesquelles vivent généralement les dieux. Dans l'*Exode* (XIII, 21), c'est sous la forme d'une colonne* de nuées que Dieu marche en tête des fils d'Israël qui quittent l'Égypte tandis que des nuées enveloppent le Christ ressuscité (*Actes des Apôtres* I, 9), et qu'à la fin des temps les hommes le « verront venir entouré d'une nuée dans la plénitude de la puissance et de la gloire » (*Évangile selon saint Luc* XXI, 27). Dans l'art chrétien, des nuées constituent le trône* de Dieu, comme dans les représentations de Jugement dernier par exemple (voir Fin du monde). Dans l'islam, la nuée est le symbole du caractère insondable d'Allah. Comme on demandait à Mahomet (Mohammed) quelle était l'existence de Dieu avant qu'il ne procède à la Création, on rapporte que le Prophète répondit : « Dans un nuage – et il n'y avait d'espace ni au-dessus, ni en-dessous. » Ce thème de la nuit sera d'ailleurs repris par nombre de mystiques pour donner un équivalent du caractère ineffable de l'extase d'amour (voir Noces) : « Un nuage est venu de Toi/nous couvrir de ton ombre », écrit ainsi Abou-bakr Al-Chibli (IXe siècle) – de même qu'il sera adopté par la théologie négative et apophatique

La main de Dieu sort des nuages pour accueillir le Christ au ciel : miniature (IXe s., Sacramentaire).

*Le Christ apparaît entre les nuages :
miniature (XIᵉ s., Commentaire
de l'Apocalypse du Beatus de Liébana).*

chrétienne afin de désigner le dernier
stade de la quête spirituelle avant
l'abîme* imparticipable de l'essence
même de Dieu (voir les thèmes conjoints
de la lumière et de la nuit) ; c'est ainsi
que saint Grégoire de Nysse dit dans la
*Vie de Moïse** que « la manifestation de
Dieu s'est d'abord faite à Moïse dans la
lumière. Ensuite Dieu lui parle dans la
nuée [celle qui entoure le Sinaï]. Enfin
Moïse, s'étant élevé plus haut, contemple
Dieu dans la ténèbre. Voici ce que nous
apprenons par là : le passage de l'obscurité* à la lumière, c'est la première
séparation d'avec les opinions mensongères et erronées sur Dieu. La connaissance plus attentive des choses cachées
conduisant l'âme* par les choses visibles
à la réalité invisible, est comme une nuée
qui obscurcit tout le monde sensible et
conduit et habitue l'âme à la contemplation du caché » jusqu'à ce que l'âme,
encore plus loin, puisse contempler « ce
qui est insaisissable pour l'intelligence :
c'est là que Dieu demeure, selon ce que
dit l'Écriture [...] : « Moïse entra dans la
ténèbre où était Dieu » (*Exode* XX, 21). Le
nuage marque ainsi l'entrée dans une
Connaissance qui se réalise par une voie
d'inconnaissance, comme dans le
« Nuage d'inconnaissance » inspiré de
Denys l'Aréopagite (ou Pseudo-Denys),
qui vivait dans le courant du VIᵉ siècle
(*Théologie mystique*). — Dans les religions naturelles, les nuages sont surtout
considérés comme des dispensateurs de
pluie* et par conséquent de fertilité ; on
peut éventuellement les crever à l'aide
de flèches de pierre afin de libérer l'eau
qu'ils renferment. Une ancienne divinité
mexicaine porte ainsi le nom de « serpent* de nuées » (Mixcoatl). — En Chine,
on témoignait aux nuages (*yün*) une
grande attention, notamment à ceux qui
avaient « cinq couleurs » : on les appelait les « nuages du bonheur » et on les
considérait comme des symboles de
paix. On prétendait qu'ils provenaient
de l'union des principes fondamentaux
yin* et yang dans le lointain occident.
Dans les arts plastiques, on les représentait soit sous la forme d'une spirale*,
soit, d'une manière plus réaliste, sous
celle de cumulus. La symbolique de la
fécondité et les réminiscences de la montagne* (masculine) autour de laquelle
les nuages s'amoncellent pour s'y déver-
ser sous forme de pluie donnèrent lieu,
dans les romans érotiques, à la métaphore poétique du « jeu des nuages et de
la pluie » par quoi l'on désignait l'union
sexuelle (*yün-yu*). Les cheveux* frisés
des femmes, ainsi que leurs poils, étaient
décrits comme une « nuée parfumée ».

NUDITÉ   Symboliquement, la nudité
exprime « l'état originel » de l'homme, et
efface tous les signes de différenciation
sociale ou hiérarchique que représente
le vêtement. La nudité est un élément
primordial de beaucoup de rites d'initiation ou de consécration, comme dans
le culte de Mithra* de l'Antiquité tardive.
En se dévêtant, l'homme revient en effet
à l'état de nouveau-né, et indique qu'il
s'abandonne aux puissances supérieures : en se délivrant de ses vêtements, il découvre ses parties génitales,
qui sont pourtant ce qu'il protège d'habitude le plus des puissances maléfiques
(le « mauvais œil »). Dans les sectes
« adamites », l'idée ayant toujours prévalu de l'innocence originelle et légendaire qui régnait au paradis*, il était
nécessaire de se dépouiller de ses vêtements avant de pouvoir tenir des
réunions (on voit encore le même rite en
action dans certaines sectes venues de
Russie. et au Canada). Pour les Digambaras (« ceux qui sont vêtus d'espace »)

du jaïnisme indien, c'est une pensée ascétique qui détermine leur renoncement au port de vêtements. Dans certains peuples primitifs des contrées tropicales, la nudité n'a cependant aucune connotation érotique ; les parties génitales sont « ignorées », et le comportement sexuel de ces peuples procède en fait d'une grande décence que l'on n'abandonne que pour certaines occasions rituelles. L'art chrétien européen représente Adam* et Ève nus (leurs parties génitales sont en réalité souvent cachées par un végétal ou par leurs cheveux). Il en va de même pour les sorcières* qu'a peintes Hans Baldung Grien à la fin du Moyen Âge. Renouant avec le monde antique, la Renaissance encouragea la représentation du corps humain dénudé et permit qu'on peigne et qu'on sculpte, sans voile, certaines figures symboliques ou mythologiques, en dépit de la pruderie manifestée par certains, ceux-là mêmes qui firent, par exemple,

La mort de saint François,
déposé nu sur la terre nue :
miniature (XIVᵉ s., « Legenda Maior S.
Francisci » de saint Bonaventure).

retoucher *Le Jugement dernier* de Michel-Ange. — Il en va tout autrement du thème de la nudité divine, qui se trouve généralement en rapport avec une figure féminine. La nudité de Kali* découvre son essence dernière qui est d'être la matrice* universelle à partir de laquelle s'est développée la *maya* (le monde des phénomènes) qui la recouvre d'habitude et la dérobe au regard. De même, dans la voie du tantrisme de la main* gauche (voir aussi Droite), c'est-à-dire du yoga fondé sur une pratique spirituelle de l'union sexuelle, la nudité de la partenaire, elle-même assimilée à la déesse, en fait l'équivalent de la Prakriti, la substance universelle. Il est à noter que la nudité féminine est toujours très dangereuse, puisque s'y dévoilent les secrets même de l'univers et de l'abîme* du divin : il faut avoir déjà largement progressé pour pouvoir contempler nue la yogini avec qui on doit s'accoupler, sous peine d'être détruit par sa puissance intrinsèque. La nudité de la déesse est en fait toujours abyssale, et c'est à elle que correspond à l'origine ce que l'on appelle la « danse* des sept voiles* », ou des sept enveloppes successives, comme autant de correspondances aux sept cieux des planètes* (voir Astrologie) que doit traverser l'âme, sous lesquelles la femme se cache et dont elle se défait une à une pour révéler sa vérité (« La vérité est toute nue », dit encore un proverbe qui a toujours cours aujourd'hui). Malheur alors à celui qui dé-

La nudité d'Adam et Ève
au jardin d'Éden :
fresque de Masolino da Panicale
(Chapelle Brancacci, Florence).

couvre cette nudité sans avoir été initié : c'est Actéon dévoré par ses chiens quand il surprend Diane* au bain (voir aussi Artémis*) ; c'est Tirésias aveuglé par Athéna* nue selon l'une des versions de son histoire ; c'est encore, d'une manière déjà très euphémisée, la paralysie que provoque la vision des femmes nues chez le héros Cuchulainn, d'autant que ces femmes sont conduites par la reine, elle-même épiphanie de la grande déesse (voir Souveraineté), dans *La Razzia des vaches de Cooley*.

NUIT   La nuit n'est pas la simple absence de la lumière du soleil*, elle s'apparente aussi symboliquement à l'obscurité* pleine de mystères, et au sein maternel protecteur. La Nuit représentait, dans la mythologie grecque, un concept équivoque où elle était représentée par la grande déesse Nyx, qui portait un vêtement noir* orné d'étoiles*. Selon la théologie d'Orphée, Nyx était la descendante du Chaos* et la mère d'Ouranos (le Ciel) ainsi que de Gaïa (la Terre). Chaos en quelque sorte euphémisé, commettant l'inceste* fondateur avec son père Phanès, lui-même issu de l'œuf* primordial qui était sorti du chaos originel, elle représentait le « sans-forme » à partir duquel la lumière peut surgir à travers différents sacrifices*. Dans la mythologie classique, Nyx se retirait durant la journée dans une caverne* qui se situait dans l'ouest lointain, dont elle sortait tous les soirs pour parcourir le ciel dans un char* tiré par des chevaux* noirs; parfois, elle avait elle-même des ailes* noires. Une image poétique d'Eschyle compare la lune* à l'œil* de la nuit obscure. La Nuit, qui dispense le sommeil et permet d'oublier ses peines, portait également le nom d'Euphrosine ou Euphrone. Elle avait pour fils Hypnos*, le Rêve. Nyx était donc la mère* du sommeil, du rêve et du plaisir amoureux, mais aussi de la mort (*Thanatos*). En raison de son aspect inquiétant, on la considérait parfois comme la mère de Moros (la Corruption), de Némésis* (la Vengeance) et des Moires (qui tissent les fils du Destin, en latin les *Parcae*, les Parques*). La déesse nocturne des Romains, Nox, était d'après un mythe très proche de la *Théogonie* d'Hésiode une créature issue du Chaos, avec Érèbe (l'Obscurité), Gé (la Terre*), Éros et Tartare. Avec son frère Érèbe, Nox conçut Aither (l'Éther, le souffle supérieur) et Hèmèra (le Jour). Ce n'est que lorsque le Jour rentrait dans

La déesse Nyx avec ses fils Hypnos (Sommeil) et Thánatos (Mort) : gravure de 1647.

sa demeure nocturne que Nox pouvait entamer son voyage quotidien autour du monde. Aucun culte n'était consacré à Nox, mais on croyait qu'elle inspirait une crainte sacrée à Jupiter* lui-même. Dans de nombreuses cultures, les rites chtoniens (consacrés à la terre et aux morts) étaient célébrés la nuit ; de même, dans le christianisme primitif, du fait de la nature secrète de cette religion, les réunions de fidèles et les enterrements avaient lieu la nuit. Plus tard, on a attribué aux sorcières* la célébration d'orgies nocturnes comme « la nuit de Walpurgis ». Pour les chrétiens, la fête de Pâques, au cours de laquelle on allume un feu* grâce auquel la nuit est censée se résorber, est le pivot de l'année religieuse : on y consacre le feu, les cierges et l'eau* baptismale. — Certaines légendes des pays alpins parlent d'un peuple spectral qui rôde la nuit et effraie les hommes qui ne sont pas encore rentrés chez eux. — Dans un second niveau de signification, la nuit peut devenir un symbole proprement mystique, et c'est ainsi qu'on la rencontre souvent dans les religions du Livre*, dans les trois monothéismes révélés que sont le judaïsme, le christianisme et l'islam. Dans son sens immédiat, l'image de la nuit traduit alors l'étape de privations et d'épreuves par laquelle doit passer l'âme* en quête de l'union avec Dieu : dans *La Noche oscura* (« La Nuit obscure ») de saint Jean de la Croix, le fidèle a en effet perdu toute connaissance distincte et de mode discursif, il est séparé de tout, plongé dans la plus extrême solitude que marque la privation de tout rapport psychique et, à la limite, de toute sensorialité normale. C'est la traversée d'un désert* noir*, une phase de totale purgation, avant de déboucher sur la lumière du Seigneur. S'il y a une nuit obscure, c'est qu'il existe pourtant, selon un puissant oxymore, une nuit lumineuse : c'est cette nuit que découvre le pèlerin de l'âme dans la gnose musulmane, particulièrement soufie ou chi'ite, quand il parvient à l'Orient de la géographie spirituelle et que se découvre le « soleil de minuit » (voir Khidr, Lumière, Midi et Nord). Au-delà de cette nuit lumineuse, peut encore exister, toutefois, une nouvelle nuit noire, une ténèbre sans fond, qui est corrélative à la vérité la plus cachée de Dieu : la Lumière des lumières et la ténèbre s'équivalent ici dans la plus majeure des conjonctions d'opposés*. « Dieu m'entraîne à Lui, dit Angèle de Foligno, par le bien suprême que je vois dans la nuit noire. Dans l'immense ténèbre, je vois la Trinité* Sainte, et dans la Trinité aperçue dans la nuit, je me vois moi-même, debout, au centre » (*Le Livre des visions et des instructions*). On *voit* donc dans la nuit noire, de la même façon que l'aveugle* est la figure même du voyant, et parfois du visionnaire, et la nuit peut aller jusqu'à devenir cette ténèbre si ténébreuse qu'elle est un pur éclat et qu'on ne peut l'exprimer que par d'incessants paradoxes qui renversent chaque terme dans son exact opposé : « C'est dans le silence qu'on apprend les secrets de cette ténèbre (divine) qui brille de la plus éclatante des lumières au sein de la plus noire obscurité et qui, tout en demeurant elle-même parfaitement intangible et parfaitement invisible, emplit de splendeurs plus belles que la beauté les intelligences qui savent fermer les yeux » (Denys l'Aréopagite, VIe siècle, dans sa *Théologie mystique*). — Il est à noter enfin que c'est au sein de la nuit, dans la « Nuit du Destin », que se produit dans l'islam la révélation coranique – et que dans l'histoire légendaire de Majnun et de Laïla, de Majnun le fou* et de Laïla qui personnifie l'âme embrasée, le nom même de Laïla signifie la nuit où se réfugie l'amour du Seigneur.

O

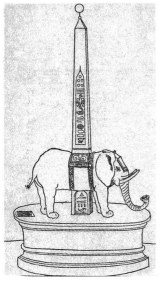

*Obélisque sur le dos d'un éléphant :
gravure (1499,
« Hypnerotomachiapoliphili »)*

OBÉLISQUE (en grec *obeliskos,* « qui ressemble à une broche », ou *obelos*) L'obélisque est un pilier monolithique sculpté, dont l'origine remonte à l'Égypte ancienne. On pense que le premier de ces piliers sacrés fut celui de la ville d'On (en grec *Heliopolis*) : d'après la légende, ce fut le premier objet que touchèrent les rayons du soleil* à l'instant de la création du monde et c'est pourquoi l'obélisque est lié à son culte. Leur sommet se présente souvent sous la forme d'une pyramide (pyramidion), parfois recouverte d'un métal (de l'or, par exemple) qui la fait briller et rayonner à la lumière. L'entrée des temples était souvent flanquée d'une paire d'obélisques, alors que les parvis n'en comportaient qu'un seul. Le plus important des obélisques, qui pèse plus de mille tonnes, n'a jamais été achevé et se trouve encore dans les carrières d'Assouan (*Aswan*). Il n'est actuellement plus possible de savoir si les obélisques étaient primitivement des idoles phalliques de la fécondité, ou s'ils représentaient une sorte d'axe du monde* en pierre.

OBSCURITÉ Si on l'envisage comme élément d'un couple d'opposés*, l'obscurité est le symbole à la fois complémentaire et opposé de la lumière*, de même que celui du chaos* originel qui régnait avant que le Créateur ne vienne y infuser sa lumière. En ce sens, les ténèbres sont avant tout l'image de l'éloignement de Dieu, celle du monde souterrain et obscur de l'Au-delà* et des ennemis de la clarté et de l'illumination (incarnées dans la Perse antique, par exemple, par Ahriman). Dans le christianisme, l'expression « prince des ténèbres » désigne le Diable, tandis qu'au Pérou de

*Obélisques
dans l'hippodrome
de Constantinople :
aquarelle de 1574.*

l'époque inca, les éclipses de soleil sont présentées comme de terribles menaces (*cf.* les « ténèbres égyptiennes », *Exode* X, 21 ; l'obscurité qui accompagne la mort de Jésus sur la croix, *Évangile selon saint Matthieu* XXVII, 45). Dans l'*Apocalypse* de saint Jean, les ténèbres annoncent l'imminence de la fin du monde*. Elles peuvent toutefois désigner aussi la sphère ultime, inexprimable et inaccessible à l'œil humain que le mystique ne peut distinguer de la lumière aveuglante. Jean de la Croix (1542-1591) parlait ainsi des « nuages* obscurs qui illuminent la nuit », cherchant à exprimer par cette image paradoxale la conjonction* des contraires dans l'être originel : « Il est merveilleux que la nuit ait pu, obscure comme elle l'était, illuminer. Cela montre que la foi, qui est pour l'âme* un nuage obscur et sombre dans la nuit – car en présence de la foi, l'âme perd sa lumière naturelle et devient aveugle –, illumine par ses ténèbres et éclaire les ténèbres de l'âme. » Le fait de ne pouvoir exprimer des expériences mystiques ineffables qu'à l'aide de phrases apparemment paradoxales, est encore manifeste dans l'utilisation qui est faite, dans la symbolique maçonnique*, de l'idée de lumière : « L'opposition originelle entre la lumière et les ténèbres… emplit toute l'existence humaine. Le Cercle* du Mystère pense avoir parfaitement résolu cette contradiction et éclairci ainsi l'énigme la plus douloureuse de la vie : la lumière et les ténèbres sont une. La vie est également mort, les ténèbres sont aussi lumière ! Présenter à l'homme sous une forme imagée cette idée inconcevable par le seul entendement, lui permettre de l'assimiler et d'en faire l'expérience, tel est le but de la symbolique des mystères ; les symboles annoncent la lutte et l'union de la lumière et des ténèbres, de la vie et de la mort » (Lennhoff-Posner). C'est pourquoi tout novice doit se retirer dans la « chambre noire » pour méditer en contemplant des symboles qui évoquent le caractère éphémère des choses (une tête de mort, un sablier*, une bible) et avant que ne lui soit donné la « lumière » au cours de la cérémonie d'initiation. Les objets symboliques effrayants, intentionnellement utilisés lors des rites du XVIIIᵉ siècle, ont disparu des cérémonies actuelles. (Voir aussi Nuit.)

OCTITÉ / OGDOADE Symbole cosmologique issu des écoles de prêtres de Chemenu, ville de l'Égypte antique (en arabe moderne *Eschumen*, en grec *Her-mopolis*, la « ville d'Hermès* » considérée comme « ville du huit »). Tandis que certains groupes religieux mettent l'accent sur le nombre neuf*, le passage du chaos* originel à la Création se présente ici, à la fois par une démarche spéculative et par souci de donner forme humaine à ce processus, sous la forme de couples masculins et féminins (voir Couples d'opposés) : Noun et Naunet sont l'« eau* originelle » sous sa forme masculine et féminine, Huh et Hauhet l'« espace infini », Kuk et Kauket les « ténèbres », Amun et Amaunet l'« invisible » (le « vide »). Cet ensemble de huit figures donna naissance à des êtres vivants – des grenouilles* et des serpents* – qui vivaient dans la boue originelle. Sur eux s'éleva la colline primordiale avec laquelle le dieu du Soleil* créa la première fleur de lotus*. Cette « cosmologie hermopolitaine » est importante notamment en raison de l'une de ses huit figures, Amun, qui devint la divinité de l'empire thébain.

ŒDIPE (en grec *Oidipous* ou *Oidipodes*) Œdipe est le héros d'un des principaux cycles légendaires de la mythologie grecque. Après avoir été abandonné dès son premier âge, car on avait prédit qu'il tuerait son père et coucherait avec sa mère, Œdipe, dont le nom signifie « celui qui boite » (voir Boiteux), ou « pieds percés », fut recueilli par des parents nourriciers qui l'élevèrent jusqu'à l'adolescence. Se mettant alors en route, il se dirigea vers la ville de Thèbes dont il était sans le savoir le prince héritier. Il rencontra en chemin son père* Laïos qu'il tua sans savoir quel était leur lien de parenté. Après avoir résolu l'énigme posée par le sphinx* (ou plutôt par la sphynge) qui interdisait l'entrée de Thèbes aux étrangers, Œdipe pénétra dans la ville, en épousa la reine, qui était sa mère* Jocaste, et y régna. Plus tard, en punition de ses crimes, et bien qu'Œdipe les eût commis sans le savoir, les dieux ravagèrent la cité d'une épidémie de peste qui ne devait cesser que lorsque les coupables seraient punis. Tirésias, le devin à la nature androgyne*, révéla alors la vérité à Œdipe. Sous le poids de la faute, Jocaste se pendit et Œdipe se creva les yeux*. Accompagné de sa fille Antigone, il s'enfuit de la cité et finit par trouver le pardon à Athènes, sous les auspices de la déesse éponyme de la cité. Freud et les psychanalystes qui l'ont suivi ont fait

*Œdipe errant accompagné
de sa fille Antigone :
intérieur d'une coupe à figures rouges
(490 av. J.-C., peintre de Brygos).*

d'Œdipe la figure centrale du complexe qui porte son nom, et qui traduirait le désir de l'enfant pour sa mère, et la volonté de se débarrasser du père pour satisfaire ce désir. Épreuve structurante de la psyché humaine, c'est la résolution du complexe d'Œdipe, dans la castration symbolique imposée par le père, qui permettrait à la sexualité masculine, et à l'âme humaine en général, de trouver sa juste voie. Cette conception a pourtant été largement critiquée, non seulement par Jung et son école, mais aussi par des historiens de l'antiquité comme Jean-Paul Vernant, des théoriciens comme Lévi-Strauss, des philosophes comme Jean-Joseph Goux, et même par Jacques Lacan qui voyait dans le complexe d'Œdipe un mythe au sens péjoratif de ce mot. En spécialiste de l'histoire des symboles, et en considérant l'ensemble des éléments qui constituent l'histoire mythique, Ranke-Graves voit en Œdipe la figure d'un « nouveau roi* » qui tue symboliquement son père, le « vieux roi », avant de prendre sa place : en effet, dans les légendes anciennes, le souverain ne disposait que d'un certain temps pour régner, avant de laisser sa place à un nouveau souverain, plus jeune. Celui-ci n'accédait au pouvoir qu'après avoir vu sa légitimité consacrée par ses noces avec la Mère ou la déesse tutélaire de la cité (voir Prostituée, Inceste), qui était la figure de la souveraineté. C'est ainsi qu'en Irlande, chaque haut roi de Tara devait épouser Maeve*, « la Demi-Rouge

du Leinster », qui se trouvait donc toujours être sa mère. À travers l'inceste* sacré, il s'agissait alors d'un scénario d'initiation* royale au cours duquel le jeune souverain devait d'abord affronter les puissances du chaos* (ici, le sphynx) pour être en mesure d'assurer le bon ordre de la cité ou du peuple sur lesquels il était appelé à régner. « Une coutume, ajoute Ranke-Graves, que les sociétés patriarcales interprètent, à tort, comme un parricide et un inceste. La théorie freudienne du complexe d'Œdipe, instinct que chaque homme porterait en lui, ne se fonde ainsi que sur une mauvaise interprétation du mythe. » Pourtant, ainsi que le note Jean-Joseph Goux, on peut se demander si l'initiation d'Œdipe n'aurait pas été en partie évitée, du fait qu'il ne combat pas réellement la figure du chaos, figuré par la sphynge, mais qu'il se contente de réduire cette lutte à une épreuve de raison, en privilégiant l'intelligence au détriment de la force contre les menaces les plus sombres de l'inconscient. Du moment que l'initiation est ainsi subvertie, la légitimité royale d'Œdipe n'existe plus, l'inceste devient un inceste réel et la mort du « vieux roi » un véritable parricide. On voit donc comment plusieurs niveaux d'interprétation peuvent se mélanger ici dans des couches successives, et comment l'interprétation de Freud, d'un point de vue mythologique, largement erronée, retrouve pourtant toute sa validité quant à une culture qui a perdu le sens profond du mythe et qui fait d'Œdipe un sujet et non pas l'acteur d'un drame fondé sur la mise en scène des puissances numineuses. Dans cette voie déjà empruntée par les Grecs, c'est la transposition poétique et dramatique qui donna de l'ampleur au mythe tel que nous le connaissons aujourd'hui, par le lien qu'elle établit avec le problème éthique de la faute : cette question apparaît dans les drames de Sophocle (496-406 av. J.-C. : *Œdipe roi* et *Œdipe à Colone*), et dans *Les Phéniciennes* d'Euripide (480-406 av. J.-C.).

ŒIL L'œil est toujours associé, en symbolique, à la lumière* et aux « facultés de perception spirituelles ». Selon une opinion fort ancienne, il n'était pas un organe réceptif, mais c'était au contraire des rayons qui sortaient de l'œil pour appréhender les objets extérieurs. On racontait aussi que le seul regard de certains êtres mauvais dotés de grands pouvoirs magiques, suffisait à pétrifier ou à rendre totalement impuissant. C'est le cas dans la mythologie grecque de Méduse (voir Gorgone) que Persée tue à l'aide d'un miroir*; on retrouve ce motif dans une légende héroïque de l'Irlande ancienne, sous les traits du roi des Fomoire, Balor, qui utilisait sur les champs de bataille le pouvoir de son « mauvais regard » (quatre hommes devaient dans ce but lui soulever les paupières). La croyance au mauvais œil (en italien *malocchio*) est à l'origine d'un nombre incalculable d'amulettes. Cette croyance est extrêmement vivace dans les pays méditerranéens, quelle qu'y soit la religion actuelle. Peut-être en raison même de l'existence du Mal et du pouvoir indépendant que lui conférait l'ancienne religion mazdéenne. L'idée centrale en est que tout ce qui est signe de chance ou de bonheur (la beauté, l'amour, la richesse) suscite l'envie, et doit absolument être caché aux regards. Ces amulettes consistent dans de petites cornes* de corail rouge (symbole phallique protecteur, survivance des petits dieux Priape des portes de jardin ?) qu'on fait encore porter de nos jours en Italie aux enfants, mais aussi dans des figurations de poissons* ou encore, dans les pays musulmans, dans des « mains de Fatma » dont les cinq doigts évoquent les cinq personnages sacrés de l'islam. Sans compter les gestes qui attirent ou

Le dieu aveugle Hödr guidé par le malfaisant Loki tue son jumeau Baldr avec une lance en bois de gui (XVIIIᵉ s., « Edda »).

conjurent le « mauvais œil » : pointer le doigt vers quelqu'un est un très mauvais signe dans les pays arabes, tandis qu'en Italie ou en Grèce, on conjure le « mauvais œil » en faisant les cornes du Diable* avec deux doigts. — L'interprétation symbolique positive de l'œil reste, cependant, la plus répandue. Dans de nombreuses cultures, le soleil est ainsi perçu comme un œil tout-puissant ou il est symbolisé par un œil tel le jeune dieu du Soleil égyptien Hor (Horus), également représenté sous la forme d'un faucon* ou d'un homme à tête de faucon*. Son œil, figuré d'une façon stylisée, est appelé « l'œil d'Udjat » (*Udschat*) et, en tant qu'amulette, on lui attribue un authentique pouvoir. C'est le même thème que l'on retrouve avec le paon*, oiseau d'Héra en Grèce, qui aurait semé sur sa queue les cent yeux du berger Argos après que celui-ci eut été tué par Hermès*. La queue du paon qui se renouvelle tous les ans fait de cet oiseau un symbole d'immortalité. En tant que symbole de connaissance, l'œil conduit tout naturellement à la voyance. Mais l'accès à cette vision qui s'exerce au-delà des apparences physiques ne se fait parfois que par le sacrifice* de son organe naturel : ainsi le devin grec Tirésias, prêtre d'Apollon*, est aveugle (voir Cécité) tandis que le dieu scandinave Odin offre l'un de ses yeux au géant Mimir en échange de la science (voir Borgne et Mutilation). Cette divinité, proche parente à beaucoup d'égards de l'Hermès* grec, et que

Charlatan à lunettes vantant les propriétés de son antidote contre la morsure des serpents : gravure du XVIIᵉ s.

Œil

466

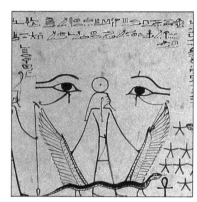

Deux grands yeux (Udjat)
veillent sur le dieu Atum
qui ouvre les ailes d'un serpent :
fresque égyptienne (XVᵉ-XIVᵉ s. av. J.-C.).

yeux et dons votifs), soit par des lavages réalisés avec de l'eau venant de sources ou de puits* sacrés. On dit que le bonheur (*Fortuna*) est aveugle car il distribue ses dons au hasard. La justice est représentée les yeux bandés car il faut rendre la justice sans se soucier des personnes et de leur condition ; « la Synagogue », incarnation du judaïsme, était également représentée les yeux bandés pour montrer que, dans sa cécité*, elle n'avait pas reconnu en Jésus le véritable Sauveur. — Pour sainte Hildegarde de Bingen (1098-1179), l'œil a plusieurs significations symboliques : « Les yeux l'on retrouve dans la *Tétralogie* wagnérienne sous les traits de Wotan, est par ailleurs celle qui possède le pouvoir des runes*, cette écriture sacrée où sont consignés les secrets du monde, qui fixe la pensée et la transmet par divination. Nous retrouvons le même symbole dans *Le Seigneur des anneaux* de Tolkien quand le héros Frodon voit apparaître dans le miroir* de Galadriel, la reine des Elfes*, l'« Œil unique et entouré de feu » du terrible seigneur des ténèbres aux pouvoirs magiques. Par opposition à la cécité qui donne la connaissance, l'œil apporte une connaissance qui aveugle. C'est ainsi qu'Œdipe*, apprenant qu'il est le meurtrier de son père et l'époux de sa mère, se crève les yeux en signe de malédiction et part errer sur les routes sous la conduite de sa fille Antigone. Figure antithétique face au devin Tirésias, qui avait refusé de lui révéler la vérité. Pourtant, cette cécité volontaire et cette errance conduisent Œdipe au rachat, lors de sa mort à Colone. — Dans l'iconographie chrétienne, l'œil (représenté au centre du soleil ou bien dans un triangle dont l'une des pointes est dressée vers le haut) est un symbole répandu de l'omniprésence de Dieu et de la Trinité*. Les chœurs d'anges* les plus importants (chérubins, séraphins) portent également des yeux sur leurs ailes* pour symboliser leur immense sagesse. Les hommes essayèrent souvent de soigner les maladies des yeux, soit par des coutumes religieuses (bénédiction des

1. Polyphème aveuglé par Ulysse : détail d'une amphore (VIIᵉ s. av. J.-C., Eleusis).

2. L'œil, symbole de force, sur l'écu d'un guerrier athénien : vase du Vᵉ s. av. J.-C.

*Sainte Lucie, protectrice de la vue
(1473, Francesco Cossa).*

*Garuda, le mythique oiseau
à trois yeux : art indien (XVIIIe s.).*

qui perçoivent tant de choses sont semblables aux astres du firmament brillant de tous côtés. Leur blanc* symbolise la pureté de l'éther, leur éclat sa clarté, la pupille les étoiles* de l'espace céleste. Leur eau est comme l'eau qui descend des ruisseaux des sphères supérieures et vient imbiber l'éther afin qu'il ne soit pas altéré par la couche supérieure de feu* [ciel de feu, empyrée]. » Chaque fonction de l'œil a alors son équivalent dans le macrocosme et dans la vie morale. « La con-naissance apparaît aussi en l'homme avec une clarté lumineuse qui rappelle le blanc de l'œil, sa faculté de connaître rayonne en lui du même éclat que l'œil, et la raison illumine son être comme la pupille illumine l'œil. » — Dans la symbolique maçonnique*, on trouve dans plusieurs loges l'« œil tout-puissant » inscrit dans un triangle* et entouré d'une couronne de rayons, comme dans le symbole de la Trinité déjà évoqué. Cet œil est unique et sans paupière. Symbole, de fait, à la fois maçonnique et chrétien, il évoque l'Unicité d'un Dieu qui voit tout à tout moment, qui est donc Omniscient et Inflexible (l'absence de paupière) et qui assure l'unité entre le Ciel* – la pointe supérieure du triangle – et la Terre* – sa base. Cette représentation est construite à la manière des anciennes pyramides égyptiennes, dont on sait qu'elles ont généré bien des symboles maçonniques. Le triangle* parfait y est en effet considéré comme celui du « Delta lumineux », dont l'angle supérieur est de 108°, tandis que les angles de base font 36° chacun, soit une somme de 72°, ce qui renvoie aux proportions du nombre d'or (voir Nombres). Il semble que ce fut d'abord une étoile flamboyante qui occupait le centre du triangle, et que celle-ci fut plus tard remplacée par le motif de l'œil. Il faut aussi signaler que c'est ins-

*Samson aveuglé par les Philistins : relief
(XIIIe s., Église de Santa Restituta, Naples).*

« Nulle part les ténèbres », l'œil de Dieu voit toute chose : gravure de 1647.

NUSQUAM TENEBRÆ.

piré par ces traditions que Leon Battista Alberti, le grand architecte humaniste du Quattrocento, à Florence, prit comme sceau un « œil ailé » – *occhio alato* –, dont les ailes* rappelaient à l'évidence le courant hermétiste auquel le néo-platonisme renaissant avait donné un nouvel essor dans la cité des Médicis. Cet œil dans le triangle, qui évoque aussi la vigilance du Créateur, le « Grand Architecte de l'univers », capable de percer tous les secrets, est appelé parfois « œil de la Providence ». — Dans la psychanalyse, l'œil est souvent compris comme l'organe de la lumière et de la conscience car il nous permet de percevoir le monde et lui donne ainsi réalité. « Les rêves où apparaît l'œil évoquent l'acte d'appréhender l'existence. Le fait d'avoir, en rêve, mal au yeux, peut suggérer la difficulté d'élargir sa vision psychique, l'incapacité de voir la vie de façon juste… Lorsque la conscience risque de s'étein-dre [aux approches de la mort], bien des yeux sont fixés sur le mourant » (E. Aeppli). Pour le psychanalyste, l'apparition de l'œil dans un rêve (ainsi que celle de la bouche) représente souvent le symbole dissimulé de l'appareil génital féminin. — Il a coulé beaucoup d'encre à propos de l'origine du troisième œil qui est si souvent représenté dans l'art indien et tibétain ; ce troisième œil est perçu comme le symbole d'une faculté surnaturelle de voir et de l'accès aux sagesses les plus hautes. C'est l'œil de Shiva*, le maître de la danse* cosmique, qui symbolise la double évolution de l'âme* et du monde, par destructions et recréations successives, dans la ronde éternelle des naissances et des morts. Cet œil se retrouve dans la physiologie sub-

tile du yoga et du tantrisme, où il s'ouvre au niveau de l'ajna chakra*, c'est-à-dire entre les deux sourcils du méditant. Cet œil est interprété comme l'œil de feu*, celui qui contemple la Connaissance absolue et qui réduit en cendres de son regard les formes du désir et des attachements illusoires. Au-dessus de lui, en effet, c'est le sahasrara chakra (le « lotus* aux mille pétales » ou la « roue* aux mille rayons »), qui est la « demeure de Shiva » où le dieu est intimement confondu avec la « Mère* des trois mondes », sa shakti suprême, celle qu'on appelle encore la Nirvana-Shakti. Pour activer le regard de cet œil, il faut d'abord avoir éveillé l'énergie primordiale (kundalini) qui gît tout en bas de l'axe vertébral (sushumna), et à travers une longue pratique de la méditation et des souffles, l'avoir fait remonter jusqu'à l'ajna chakra. Ce n'est qu'une fois ce troisième œil ouvert, que l'on peut parvenir à la libération, à l'illumination ou à la bouddhéité du nirvana*. Dans la même symbolique de l'œil, il faut encore signaler les rishis de l'hindouisme, êtres semi-divins qu'on appelle aussi « les voyants », car ils ont « vu » les vérités fondamentales et les expriment dans les *Védas*.

ŒILLET *(DIANTHUS)* Cultivé depuis très longtemps pour sa beauté et son parfum particulier, l'œillet a parfois été confondu, après la découverte du giroflier en Indonésie, avec la fleur de ce dernier. Par extension, on l'a associé à son fruit, le clou de girofle, et c'est à cause de cette image du clou que l'œillet faisait partie des symboles de la Passion du Christ. L'œillet sauvage, ou œillet des Chartreux, qui est d'un rouge* carmin, apparaît sou-

Madone à l'œillet : devant d'autel (XIVe s., église de Nes, Norvège).

L'œuf cosmique du « brahman » et ses éléments : gravure du XIXe s.

vent sur les images de la Vierge à l'Enfant. À la Renaissance, il représentait un gage d'amour lors de la conclusion des fiançailles. En France, l'œillet rouge était l'emblème des royalistes avant de devenir celui du parti social-démocrate dans les pays germaniques. Les démocrateschrétiens arboraient pour leur part un œillet blanc*. La fleur apparaît dans les motifs des tapis turcs et caucasiens comme un symbole de bonheur. Voir Clou.

ŒUF La fonction symbolique de l'œuf doit être envisagée par rapport à plusieurs de ses propriétés en même temps : généralement ésné et fragile, il donne naissance à une vie nouvelle, et sa forme rappelle celle des testicules. L'idée selon laquelle le monde aurait été créé à partir d'un œuf n'est pas seulement un mythe orphique (la nuit* aux ailes noires, dans l'une des versions de ce mythe, courtisée par le vent*, aurait pondu un œuf dont naquit Éros ou Phanès ; voir Chronos) : elle apparaît aussi dans les mythes égyptiens, polynésiens, japonais, péruviens, indiens, phéniciens, chinois, finlandais et slaves. C'est ainsi que l'Égypte ancienne décrivait la cosmogonie comme l'apparition d'un œuf à partir de Noun, l'eau* primordiale (voir Chaos et Mer). Cet œuf, équivalent d'une matrice*, donnait ensuite naissance à Knum qui façonnait

à son tour les œufs d'où devait naître la vie. Certaines spéculations indiennes voyaient l'apparition de l'être (Brahmanda) sous la forme d'un œuf qui, en se séparant en deux parties, l'une d'or* et l'autre d'argent*, donnait naissance au Ciel* (l'or) et à la Terre* (l'argent), tandis que l'Homme primordial – l'archétype de l'homme, en somme – naissait lui-même de l'œuf sous le nom de Prajapati. On avait là la filiation du nonêtre (l'Indifférencié non révélé) à l'être total et androgyne* – Brahmanda du point de vue cosmique et Prajapati du point de vue humain – d'où pouvaient s'opérer, d'une part la différenciation des éléments*, d'autre part l'apparition de l'humanité ordinaire dans un processus de sexuation. La situation est à peu près la même dans la Chine antique, où l'œuf qui symbolise le chaos à l'état brut, s'ouvre pour donner naissance au yin* et au yang, ainsi qu'à l'Homme « essentiel », P'an-kou. On raconte à propos de nombreux héros qu'ils ne furent pas mis au monde comme des êtres humains quelconques, mais qu'ils naquirent dans un œuf, comme le premier roi de Corée du Sud ou encore les Dioscures, Castor et Pollux (l'œuf aurait été pondu par Léda que Zeus avait séduite en prenant la forme d'un cygne*). Le soleil* et la lune* ont été bien souvent considérés comme des œufs célestes doré et argenté. D'une façon générale, l'œuf est

Oie

L'œuf de Léda offert à l'oracle d'Apollon : gravure (1499, « Hypnerotomachia Poliphili »).

ainsi le symbole du germe (en tant que principe) à partir duquel est né le monde. Il incarne le Tout contenu dans une simple coquille, la Création parfaitement conçue dans son intégralité dès l'origine. Il est le chaos où germent déjà les forces d'organisation qui ne demandent qu'à se manifester pour créer un cosmos*, il est un androgyne appelé à se différencier, il est le Un qui se divise en deux dans la naissance des jumeaux, bref il est la matrice fondamentale que résume la devise grecque de l'alchimie : *Hen ta panta* (« Un-toutes-les-choses »). Sujet aux transformations et à la métamorphose grâce à quoi le poussin s'échappe de sa coquille, il en devient aussi le symbole de la transmutation et de la renaissance. C'est ainsi que, dans le christianisme, le Christ ressuscité de son tombeau est comparé au poussin qui sort de sa coquille; la couleur blanche* de celle-ci symbolise la pureté et la perfection. En alchimie*, l'« œuf philosophique » désigne à son tour la matière originelle qui se transforme ensuite en

L'« œuf philosophal », symbole de la matière primordiale, divisé par le feu et l'épée.

pierre* de la sagesse ; elle renferme déjà toutes les propriétés qui ne demandent qu'à s'épanouir, et le jaune de l'œuf symbolise l'or tant recherché. — La force qui germe dans l'œuf était autrefois associée à l'énergie vitale, et c'est pourquoi on l'utilisait lors des rites magiques destinés à guérir une personne ou à accroître la fertilité ; il était également d'usage de placer un œuf dans la tombe d'un défunt afin qu'il lui apporte des forces nouvelles lors de son voyage dans l'Au-delà. — L'œuf apparaît dans de nombreuses coutumes comme celle de l'œuf de Pâques, symbole du printemps et du réveil de la nature à nouveau féconde, mais aussi de la résurrection d'après l'association déjà évoquée avec le Christ. Il est d'usage, dans divers rites de magie populaire, d'enterrer des œufs, soit pour leur valeur de fécondité, soit pour leur valeur d'immortalité. Une coutume autrichienne veut ainsi que l'on bénisse un œuf pondu le Jeudi saint et qu'on le mette en terre ; cet œuf, appelé *Antlaßei* (« œuf de la délivrance »), est censé chasser les maux les plus divers. On le lance aussi parfois par-dessus le toit de la maison et on l'enterre à l'endroit exact où il est tombé pour protéger la maison de la foudre*.

OIE L'oie apparaît souvent comme une sorte de petit cygne* ; elle est associée, la plupart du temps, au monde féminin et domestique. Les oies grises et les oies des moissons étaient attrapées, dans l'Antiquité, à l'aide de cordes. Les Égyptiens commencèrent très tôt à en faire l'élevage. Elle ne tarda pas à être utilisée en Grèce comme objet de sacrifices et elle était également appréciée pour son duvet et sa viande bon marché, cependant que les Romains la gavaient et que son foie constituait un mets très recherché. Sa chair était censée accroître le désir et on prêtait à sa bile des vertus

Oies sauvages et canes :
peinture chinoise (époque Ch'ing).

sait à la surface des Eaux primordiales. L'oie était alors la figuration du souffle* principiel qui infusait la vie dans la substance matérielle encore à l'état de germe. — Les chamans des tribus sibériennes étaient fascinés par le vol des oies sauvages : lorsqu'ils étaient en transe, ils avaient l'impression de s'envoler avec ces oiseaux et imitaient leur cri (ce même cri a sans doute aussi contribué à l'image de la « chasse* sauvage » dans les airs). — L'oie domestique, qui enrichissait autrefois les repas de fête hivernaux des bourgeois et des paysans, a fait l'objet de diverses légendes – en particulier celle de saint Martin qui refusa par modestie de se faire sacrer évêque et alla se cacher au milieu des oies ; leurs cris ne tardèrent pas cependant à trahir sa présence. Lorsque les hommes mangent l'oie de la Saint-Martin, ils commémorent, au moins pour partie, cet épisode en sacrifiant symboliquement les oies qui avaient trahi le saint. La « volubilité » de l'oie en a fait le symbole des vieilles personnes bavardes. Dans le *Bestiaire* médiéval d'Unterkircher, les oies domestiques sont associées à la vigilance tandis que les oies sauvages, au plumage gris, correspondent aux personnes pieuses qui se tiennent à l'écart de l'agitation du monde et portent la robe grise de la pénitence : « Les oies domestiques, en revanche, peuvent être blanches ou de diverses couleurs et elles ressemblent aux habitants des villes vêtus de toutes les couleurs. Elles poussent leur cri perçant dans les rues des villages comme le font les hommes qui aiment à se retrouver pour se consacrer au bavardage et à la médisance. » — L'oie intervient souvent dans les contes et les locutions populaires, cependant que les

aphrodisiaques. Cet animal était associé à Vénus* (Aphrodite*) et à Mars* (probablement en raison de l'épisode des oies du Capitole), à Amour* (Éros) et au dieu phallique de la Fécondité, Priape. — Dans l'Égypte ancienne, l'oie était l'emblème de l'âme* du pharaon et servait de messagère entre le pouvoir temporel et les différents dieux. En Inde, selon certaines versions mythiques, la grande oie Hamsa couvait l'œuf* cosmique à partir duquel se manifestait le monde, aussitôt que cet œuf apparais-

Les oies :
fresque (2700 av. J.-C.,
mastaba d'Itet, Meidoum).

enfants jouent encore de nos jours au jeu* de l'oie qui semble être le résidu d'un ancien jeu initiatique lui-même relié au thème du labyrinthe* (voir rubrique « jeu de l'oie » dans l'article consacré au jeu).

OISEAU On ne peut traiter ici de tous les oiseaux, ni de leurs caractéristiques principales, tant leur symbolique est riche et multiforme. On se reportera donc aux rubriques correspondantes : aigle, aile, autruche, chouette, cigogne, colombe, coq, corbeau, corneille, coucou, cygne, épervier, faisan, faucon, grue, héron, hirondelle, huppe, ibis, oie, oiseau de paradis, paon, pélican, phénix, pie, plumes, rossignol, vautour. — On peut pourtant affirmer d'une manière générale que les oiseaux représentent le plus souvent un pouvoir de liaison avec les divinités dont ils sont parfois les messagers ou les attributs ; de même ils symbolisent les états supérieurs de l'être se rapprochant des sphères spirituelles, ou les facultés principielles de l'homme que Dieu lui a données. C'est ainsi qu'Allah, dans le *Coran*, demande à Abraham* le sacrifice* de quatre oiseaux « Prends quatre oiseaux, lui ordonne-t-il, rassemble-les vers toi, puis place une part de chacun d'eux sur chaque montagne. Appelle-les ensuite, et ils viendront à toi promptement. Sache qu'Allah est tout-

Oiseau à tête humaine, représentation de l'âme du défunt : peinture égyptienne.

puissant et très sage. » Ces quatre oiseaux étaient, selon la tradition, un coq, un paon, un corbeau et une colombe, et le fidèle d'amour Ruzbehan Baqli (1128-1209) les interprète comme l'intellect, le cœur, l'âme et l'esprit de l'Homme universel qui doivent être immolés par une forme particulière de l'amour divin afin d'être réanimés ensuite par la puissance du Verbe divin. Dans le *Livre de l'arbre et des quatre oiseaux*, le mystique soufi Ibn' Arabi fait de l'arbre* le symbole de l'homme dans sa rencontre avec l'Absolu, cependant que la colombe est l'Âme universelle, issue de l'aigle, qui est lui-même l'intellect premier. Fille de l'aigle et de la colombe, la *anqa*, que l'on assimile au Phénix et parfois au Simorgh, l'oiseau imaginal de la mystique iranienne, est la *materia prima*, la poussière primordiale, le reflet en tant que tel de l'infinité divine. Fils de la *anqa*, enfin, le corbeau est le corps universel qui marque par sa noirceur le développement ultime de la manifestation. Selon la leçon même du *Coran*, le « langage des oiseaux » est donc celui-là même de la Connaissance spirituelle qui se réalise, cependant que le Simorgh qui habite sur la montagne de Qâf où accèdent les visionnaires de la Perse (Sohrawardi, Qazi Sa'id Qomni, etc.), représente l'âme réalisée sous la puissance du divin dans le monde du Malakut (Faridoddin Attar, 1150-1220, *Le Langage des oiseaux*). — Dans la tradition

La création des oiseaux, le cinquième jour : illustration du XVIe s.

*Déesse (Mahavidya) sur un oiseau :
dessin indien du XIXᵉ s.*

des animaux terrestres parce qu'ils ne sortent pas nus de la mère, mais recouverts d'une coquille. Certains vivent d'air ardent, c'est pourquoi ils s'élancent toujours vers le haut comme le feu. Ceux qui aiment voler haut, contiennent plus d'air igné que ceux qui volent à ras de terre » (voir Oiseau de paradis). Et aussi : « Les oiseaux symbolisent la force qui aide l'homme à s'exprimer avec circonspection et le laisse réfléchir à l'avance à toutes les choses avant qu'elles ne se muent en actions resplendissantes. De même que les oiseaux s'élèvent grâce à leurs plumes* et séjournent partout dans l'air, de même l'âme* physique s'élève grâce à la pensée et se répand en tous lieux. » — En symbolique et dans la mythologie, les oiseaux sont généralement affectés d'une connotation positive. Dans la mythologie grecque, les oiseaux du lac Stymphale, qui se nourrissent de chair humaine, et qu'Héraclès* chasse avec une crécelle en bronze, représentent une exception, tout comme les Harpies qui attrapent les voleurs pour les remettre aux Érinnyes qui les châtieront, œuvrant ainsi dans le sens de la loi morale, tout en étant considérées comme des personnages effrayants. Les êtres qui, grâce à leurs ailes*, se rapprochent du ciel*, personnifient souvent le désir que l'homme nourrit de se soustraire physiquement à la pesanteur terrestre pour atteindre, à l'instar des anges*, les sphères supérieures. La légende d'Icare* qui se rapprocha trop du soleil* et s'abîma dans la mer*, symbolise cependant une mise

chrétienne, l'oiseau est beaucoup moins valorisé, à l'exception notable de la colombe qui représente l'Esprit-Saint, et de l'aigle qui symbolise l'existence de l'ange* (chez Denys l'Aréopagite), et qui est l'attribut de l'apôtre Jean (voir Évangélistes). Pour sa part, sainte Hildegarde de Bingen (1098-1179) écrivait à propos des oiseaux dans son *Histoire naturelle* (*Liber subtilitatum*) : « Les oiseaux sont plus froids que les animaux qui vivent sur terre parce qu'ils ne sont pas engendrés par une aussi grande chaleur de désir. Leur chair est plus pure que celle

*Augures
observant le vol
des oiseaux :
peinture (~530
av. J.-C., « Tombe
des Augures »,
Tarquinia).*

*Pélican blanc
(atotolin) :
illustration d'un
traité aztèque
sur les propriétés
des animaux.*

*Vol de colibris
(huitzitziltin) :
illustration d'un
traité aztèque
sur les propriétés
des animaux.*

en garde vigoureuse devant l'orgueil et le mépris des limites imposées à l'être humain (*hybris*). L'âme humaine désincarnée est souvent représentée sous la forme d'un oiseau avec une tête humaine (l'âme « Ba » du monde égyptien) ou, comme sur les fresques rupestres préhistoriques, sous celle d'un homme à tête d'oiseau (ce que l'on identifie aussi comme la représentation d'hallucinations de vol lors d'expériences d'états de conscience modifiés). Ce thème renvoie sans doute à celui de l'arbre cosmique (voir Axe du monde) où habitent des oiseaux qui représentent l'origine de la race humaine, ou à celui de la tribu qui le vénère. Il est bien entendu en relation avec les anciens rituels des chamans qui peuvent eux-mêmes se transformer en oiseaux pour partir à la recherche des âmes perdues. Il peut y avoir par ailleurs une identité de nature, fût-elle symbolique, entre l'homme et l'oiseau : les filles du roi irlandais Llyr se transforment en cygnes, de même que sont des cygnes aussi les femmes de Volund le forgeron* et de ses frères dans l'ancienne *Edda* – Volund, par ailleurs, étant capable de voler, est lui-même un oiseau. Enfin, en tant que messagers des dieux, ou leur figuration directe, les oiseaux ont joué un certain rôle dans le monde celte et scandinave : les corbeaux sont les auxiliaires d'Odin, la corneille* est l'un des noms (Bodb) de la terrible Morrigane d'Irlande, sous l'apparence de qui elle apparaît parfois ou pousse des cris affreux pour terrifier ses ennemis, et le dieu irlandais de l'amour Oengus comme la déesse-mère galloise Rhiannon sont entourés d'oiseaux qui volent tout autour d'eux. En tant que médiateurs des volontés divines, les oiseaux jouent un rôle important dans les augures de la Rome antique, qui interprète leur vol (ornithomancie). L'oiseau qui se bat avec un serpent* (tel Garuda en Inde) est considéré comme l'incarnation du triomphe sur les bas instincts, tandis que le thème de l'oiseau – serpent, ou de serpent à plumes, marque au contraire la conjonction* réalisée d'un couple d'opposés*, l'attente de la sagesse par la réconciliation et l'intégration des contraires (voir Quetzalcoatl). — Dans les *Upanishads*, il est question de deux oiseaux posés sur l'arbre* du monde ; l'un en mange les fruits (symbole de la vie active), tandis que l'autre le regarde (symbole de l'aspiration contemplative à la connaissance). — Dans les contes*, on évoque souvent un personnage qui comprend le langage des oiseaux, tel que Tristan*, par exemple, qui est capable de converser avec les fauvettes ou les rossignols*, ou Siegfried* qui est doté de ce pouvoir après s'être trempé dans le sang du dragon* Fafnir qu'il vient de tuer. Cette familiarité avec la nature et la connaissance qu'elle implique, font généralement référence à la caractéristique héroïque de celui qui, après avoir affronté des figures de mort comme métaphores d'une mère* cruelle et incestueuse, est rené dans un nouvel esprit et a accédé au caractère symbolique et spirituel de cette maternité ainsi transformée. — Dans le langage populaire et dans de nombreux idiomes, on attribue parfois à l'oiseau, sous diverses expressions, une signification secondaire sexuelle (par exemple en chinois *niao*, l'oiseau, veut aussi dire pénis), à moins qu'on ne renvoie à la légèreté d'esprit (« avoir une cervelle d'oiseau », ou « une tête de linotte »).

OISEAU DE PARADIS   Dans les livres d'héraldique des XVIIe et XVIIIe siècles, l'oiseau de paradis est le symbole de la légèreté et de la proximité de Dieu. Il est également considéré comme un symbole de la Vierge*. Il devait son ancien nom, *Paradisea apoda* (« oiseau de paradis sans pieds »), à la coutume des indigènes de Nouvelle-Guinée et des îles indonésiennes qui consistait à vider les oiseaux de leurs os et à leur couper les pattes, puis à les fumer de telle façon qu'ils conservent pourtant leur forme extérieure initiale. C'est ainsi qu'ils étaient vendus et importés en Europe, où ils faisaient sensation car on les prenait pour des sylphes (esprits aériens). On racontait que les oiseaux de paradis ne se nourrissaient que de la rosée* du ciel* (voir Phénix), qu'ils restaient toute leur vie dans les airs, qu'ils étaient « purs dès la naissance » et qu'ils ne savaient rien de ce qui se passe sur la terre : « L'oiseau qui tire son nom du paradis plane / toujours près du ciel, et ne se pose jamais sur la terre » (Hohberg, 1675). Dans les études menées au XVIIIe siècle par des scientifiques tels que Buffon, on trouvait encore la fable de cet oiseau des dieux éthéré, jusqu'à ce que la recherche zoologique dévoile au XIXe siècle l'absurdité de ce symbole.

Oiseau de paradis : « S'élevant sans poids » ; gravure de 1702.

OLIVIER   L'olivier, originaire de Libye, est une plante dont le rôle économique est très important dans le monde méditerranéen. Il était attribué dans l'Antiquité à la déesse Athéna*, qui avait placé un olivier sur l'Acropole à l'époque de sa lutte contre le dieu de la Mer, Poséi-

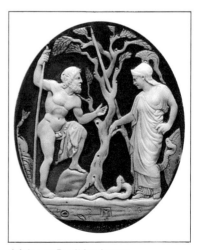

Athéna et Poséidon luttant pour la possession de l'Attique ; Athéna, victorieuse, donnera à cette terre l'olivier : camée.

La colombe apporte à Noé le rameau d'olivier : miniature anglaise du XIIIᵉ s.

Onction de David par Samuel : miniature du XIVᵉ s.

don (voir Neptune), pour la domination de l'Attique. Le bois de l'olivier servait à tailler des figures divines ; le bois* sacré de l'Olympe se composait d'oliviers dont on offrait des branches aux vainqueurs des Jeux. Les couronnes* d'olivier (outre les couronnes de laurier*) récompensaient, à de multiples occasions, les vainqueurs et les triomphateurs. Dans l'ancienne Rome, la branche d'olivier était avant tout un symbole de la déesse de la Paix (*Pax*), mais les soldats portaient aussi des couronnes d'olivier lors des triomphes. Les ambassadeurs de paix tenaient souvent

dans les mains des branches d'olivier liées par des brins de laine ; l'olivier a gardé jusqu'à aujourd'hui le même sens symbolique, d'autant que, dans la *Bible*, la colombe*, qui appelle Noé hors de l'arche*, porte une branche d'olivier dans son bec, pour signifier le retour de la paix avec Dieu après le Déluge*, puisque l'huile tirée de l'olivier « aplanit les vagues », apaise, purifie, nourrit et fournit un combustible pour les lampes et les chandeliers*. Elle sert aussi à l'onction des rois*, des prêtres et des malades. Après sa vision de l'échelle* céleste, Jacob enduisit d'huile la pierre

Victoire avec un rameau d'olivier sur la proue d'un navire : revers d'un denier d'Auguste.

La Paix avec une corne d'abondance et un rameau d'olivier : avers d'un sesterce de Vitellius (69 ap. J.-C.).

Jacob érige et oint d'huile la pierre de Beth-El : miniature tchécoslovaque (XIVᵉ s., « Bible de Velislav »).

L'ombre du défunt accompagnée par l'âme (« ba ») sous forme d'oiseau : peinture tombale égyptienne.

de Beth-El. Le Sauveur, le Messie, porte en hébreu le nom de *Maschiach*, « l'Oint » (*Christos* en grec). Mélange d'huile d'olive pure, de baume et d'épices, le chrême sert, dans la religion chrétienne, à l'onction du baptême, de la confirmation, de l'ordination des prêtres et à l'extrême-onction. À partir du VIIᵉ siècle, les cérémonies de couronnement comportèrent également une cérémonie d'onction. « Bien que l'olivier réside souvent sur les montagnes arides / il nous donne une sève noble et bienfaisante. / Et si la parole divine ne fait souvent son chemin que lentement, / elle emplit durablement de sa force le cœur du croyant /… Quand on prend bien soin de l'olivier, / il produit le fruit de la paix très estimé. / Ainsi, quand la plante se complaît dans le royaume, / la paix y règne de toutes parts » (Hohberg, 1675). D'après la religion islamique, les deux arbres tabous du paradis* sont l'olivier et le figuier*.

OMBRES En symbolique, les ombres sont non seulement les indices d'une lumière* cachée, mais représentent aussi d'obscures entités d'une nature particulière. En tant que doubles mystérieux de l'homme, on les interprète d'habitude comme les reflets de son âme* (dans un grand nombre de langues, le même mot signifie image, âme et ombre). On suppose que, dans l'art

rupestre de l'époque post-glaciaire, la représentation de la silhouette humaine, souvent très allongée, figurait l'ombre lorsque le soleil* était à son nadir (H. Kolmer) – ou peut-être pensait-on que l'image d'un être humain était elle-même tabou. Dans de nombreuses cosmologies, les âmes des morts dans l'Au-delà* étaient conçues comme des ombres qui symbolisaient leur impalpabilité. L'homme qui a vendu son âme au Diable perd son ombre et celui qui, selon la légende, ne peut voir son ombre est voué à la mort, de même que celui qui marche dessus. On évite fréquemment d'être frôlé par l'ombre des personnes que l'on craint (les sorcières*, par exemple) afin de ne pas tomber dans leur pouvoir. Dans le domaine philosophique, le monde matériel des apparences est généralement conçu comme l'ombre du monde véritable des idées, notamment dans l'allégorie de la caverne* chez Platon, où les hommes sont représentés comme vivant dans une grotte devant l'entrée de laquelle passent des effigies matérielles : ils n'en aperçoivent que les ombres qui sont projetées sur les parois, et les prennent pour des réalités. Pour contempler la vérité, il faut donc que l'âme* s'élève au-dessus des simples phénomènes tels que nos sens les perçoivent (ici, les ombres en question) et, sortant de la grotte, com-

mence son ascension vers la lumière*
du soleil* afin de découvrir la splendeur
de l'intelligible. — La psychanalyse
d'obédience jungienne voit dans l'ombre
le symbole des couches inconscientes
de la psyché qui ne peuvent être intégrées à la structure complexe du vécu et
qui ne peuvent être transformées qu'à
la faveur d'un processus d'individuation.
— Dans le langage courant, on relève les
expressions suivantes qui se passent de
tout commentaire : porter ombrage à
quelqu'un, lui faire de l'ombre ; prendre
la proie pour l'ombre ; fuir devant son
ombre ; se battre contre son ombre, ou
vivre dans l'ombre. — Lors de l'Annonciation, l'ange* répond à Marie* : « La
puissance du Très-Haut te couvrira de
son ombre » (*Évangile selon saint Luc* I,
35). L'expression du *Psaume* XVII, 8, « à
l'ombre des ailes de Dieu », est la devise
des hommes pieux, notamment du père
spirituel des Rose-Croix, Johann Valentin Andreae (1586-1654) : *sub umbra ala-
rum tuarum Jehova*. — Dans le *Nouveau
Testament,* l'idée qui est avancée dans
l'*Épître aux Hébreux* (VIII, 5 et X, 1), selon
laquelle on doit concevoir les rites et les
actes sacerdotaux comme des « modèles
et des ombres » du nouveau Salut, revêt
une importance particulière. Les premiers chrétiens voyaient en effet dans
les manifestations de l'*Ancien Testament*
des anticipations symboliques et des
présages des événements, des institutions et des rites religieux qui se révèlent dans les *Évangiles*, dans une phase
nouvelle de l'histoire sur laquelle l'ancienne « a projeté son ombre ». La typologie des manuscrits enluminés du
Moyen Âge de même que la *Bible moralisée* développent largement cette
conception allégorique de l'*Ancien Testament* et présentent, pour presque
toutes les scènes, l'analogie supposée
avec le *Nouveau Testament* qui dévoile
leur signification chrétienne. — En Chine
et dans l'islam, ne plus avoir d'ombre
signifie que l'on est entré dans la perfection de son âme* – par comparaison
à l'heure de midi* où le soleil étant au
zénith, toute ombre disparaît. Pour les
Chinois, perdre son ombre signifie en
effet que l'on est devenu totalement
transparent à la lumière (équivalent du
solstice d'été sous le signe du vieux yang
– voir Yin), tandis que les ismaëliens –
courant spirituel gnostique, apparenté
au chiisme – pensent que l'âme n'a plus
d'ombre lorsqu'elle s'est réalisée sous
la puissance de la Lumière surnaturelle.

OMPHALOS (mot grec, le nombril)
L'omphalos était, dans l'Antiquité, un
symbole très répandu de l'endroit où
était né le cosmos, c'est-à-dire du lieu de
la Création où se conservait son centre*.
Le « nombril du monde » le plus connu
est celui du temple* d'Apollon* à
Delphes, que l'on peut encore voir
aujourd'hui dans un musée de cette ville.
Il s'agit d'un rocher* sculpté en forme
de ruche et recouvert d'un filet* tressé,
qui symbolise le centre idéal du monde
et le point de rencontre entre le monde
souterrain, la terre* et le monde supérieur (voir Bétyle). C'est pourquoi l'omphalos servait aussi aux oracles. Une
pierre semblable à celle de Delphes se
trouvait sur le Forum romain (*umbilicus
urbis Romae*). La capitale de la Phrygie,
Gordion, possédait des objets sacrés
similaires, ainsi que Bagdad. Le rocher
du très saint Temple de Jérusalem* était
lui aussi considéré comme le lieu de la
création du monde et comme le centre
du cercle terrestre. Son nom, Schetija,
provenait de l'hébreu *schata*, qui signifie fonder. Ce roc passait aussi pour
refouler les eaux* souterraines du
Tehom. D'après la tradition talmudique,
ces eaux emporteraient tout sur leur passage si quelqu'un déplaçait cette pierre.
On rapporte que c'est par l'ouverture
qui se creuse dessous que se seraient
déversées, dans les profondeurs de la
terre, les eaux du premier flux. Cette
pierre se trouvait dans les fondations du
Temple, sous l'autel des holocaustes (W.
Müller). C'est à cet emplacement que se

*Ombilic du monde (omphalos),
pierre sacrée posée dans le temple
d'Apollon, à Delphes.*

trouve aujourd'hui, à côté de la mosquée Al-Aksa, le dôme du Rocher (mosquée d'Omar), qui passe chez les musulmans pour le lieu où fut sacrifié le patriarche Abraham*. L'Étoile* polaire (voir Nord et Ourse) était souvent considérée pour sa part comme le « nombril du ciel », car toutes les autres étoiles semblent faire cercle autour d'elle. Ses correspondants terrestres étaient les montagnes* sacrées (comme le mont Meru en Inde). L'omphalos représente généralement la fermeture, par une pierre, d'un canal qui relie les différents niveaux du monde : cette pensée réunit des éléments du chamanisme, le culte de la pierre et la croyance dans la « terre-mère* ». L'omphalos de Delphes fut d'ailleurs vraisemblablement d'abord consacré à la Terre, Gaïa, avant de l'être plus tard à Apollon. On a également affirmé la présence d'un semblable objet en pierre dans le temple des Mystères d'Éleusis, consacré à la déesse de l'Agriculture Déméter*. En Extrême-Orient, de même que le nombril, ou *nabhi*, est le « moyeu de la roue* » du bouddhisme, c'est à partir de l'ombilic de Vishnou* qui flottait sur les Eaux* primordiales de la cosmogonie, que s'est déployé le lotus* d'où est né notre monde. Équivalent d'une matrice*, le nombril est alors la figuration de l'Informel et de l'Incréé (voir Abîme, Chaos et Mère) d'où sort par manifestation le monde des formes et des créatures. Centre spirituel du monde selon le macrocosme, le nombril l'est aussi du corps humain selon le microcosme. Dans le yoga, le *nabhi-padma*, « lotus du nombril » à la couleur gris foncé ou noir, qui est lié au *rajas*, la puissance d'expansion de l'univers, correspond au troisième chakra de l'axe vertébral, le manipura chakra*, dominé par le dieu Rudra et sa shakti Lakini : il est le lieu où convergent les souffles vitaux, où domine la fonction d'assimilation, où s'exprime « l'énergie du milieu », où s'épanouit le pouvoir – à la fois temporel et spirituel – de résorber vanités et illusions. Voir Axe du monde, Filet, Mundus.

ONDINES Les ondines et, plus généralement, toutes les créatures aquatiques d'origine surnaturelle ou semi-divine, symbolisent comme les poissons*, mais selon des modes différents, la vivacité de l'élément humide. En Chine, on les rattache généralement à la moitié yin*, c'est-à-dire à « l'aspect

féminin » du cosmos. Pour le psychanalyste, il s'agit avant tout de personnifications de certains contenus des couches les plus profondes de l'inconscient, qui se manifestent rarement sous une forme masculine dans la mesure où cet inconscient ou, dans le langage freudien, ce « Ça » originel, est lié à la puissance primitive de la mère*. Dans la mythologie indienne, les Apsaras sont tout d'abord des danseuses divines qui font partie du cortège du dieu Indra mais qui, lorsqu'elles séjournent dans notre monde, vivent dans les eaux (généralement dans les étangs où poussent des lotus*). Là, par leur pouvoir de séduction, elles tentent de détourner les ascètes de leurs exercices spirituels. L'amour noué entre la nymphe des eaux Urvashi et le roi Pururavas est le sujet d'un poème émouvant du *Kalidasa* (vers 500 av. J.-C.). Il existe nombre d'exemples analogues dans les légendes européennes, mais le mariage de l'homme avec de tels esprits (voir Mélusine) ne peut en général trouver d'accomplissement vrai ni durable. Les nymphes, les nixes et les autres esprits aquatiques féminins, que l'on représente le plus souvent avec un tronc humain et le bas du corps ichtyomorphe (en queue de poisson) ne sont de ce point de vue que des figurations fragmentaires de la nature féminine. Elles exercent leur séduction par leur chant harmonieux et par de longs cheveux* blonds qu'elles peignent généralement avec un peigne en or* – comme la Lorelei des bords du Rhin –, causant la perte des hommes qui tombent amoureux d'elles. Certaines légendes racontent avec quelle nostalgie ces créatures considèrent la possibilité d'être unies, à travers les liens du mariage*, à des humains, ceci afin d'obtenir une âme* (qui fait défaut par nature aux esprits élémentaires qu'elles sont). Les modèles antiques des ondines médiévales européennes sont les naïades, les néréides et les sirènes que l'on a dépeintes comme des nymphes des mers ou des sources* farouches, mais aussi comme des créatures profondément ambivalentes, puisqu'elles se révèlent à la fois fascinantes et porteuses de mort* pour les hommes. — Dans l'iconographie alchimique, une nixe avec deux queues de poisson représente le couple d'opposés* que constituent les deux principes fondamentaux, Sulphur* et Mercurius, à l'état de solution. — En héraldique, on représente souvent des nixes sur les blasons lorsque l'ancêtre d'une lignée est censé être issu de l'union d'une ondine et d'un humain. On en trouve par exemple l'illustration avec la famille princière des Lusignan, l'une des plus grandes familles nobles de France, dont certains membres furent, au temps des Croisades, rois de Jérusalem* et de Chypre. Lorsque leur lignée se fut éteinte, et que la légende s'empara d'eux, Jean d'Arras écrivit en 1392 *La Noble Histoire de Lusignan, ou le Roman de Mélusine* : Mélusine était une sorte de fée à la fontaine dont on a fait dériver le nom, en jouant sur l'équivoque des mots, soit de l'expression « Mère Lucine » (« mère des Lusignan »), soit de la Lucine qui était autrefois la déesse lunaire gauloise des Naissances. Son thème était lié à celui du serpent* qui va boire l'eau à minuit, image assez prégnante pour que, bien des siècles plus tard, en pleine époque romantique, le poète Gérard de Nerval (1808-1855) s'en inspirât encore et voulût, renouvelant ainsi sa dévotion à Isis* et à toutes les figures maternelles, s'en réclamer : « Suis-je Amour ou Phébus ? Lusignan ou Biron ? / Mon front est rouge encore du baiser de la reine ; / J'ai rêvé dans la grotte où nage la sirène... / Et j'ai deux fois vainqueur traversé l'Achéron, / Modulant tour à tour sur la lyre d'Orphée* / Les soupirs de la sainte et les cris de la fée » (sonnet du *Desdichado* dans *Les Chimères*). — Le Verseau (*Aquarius*) est le onzième des douze signes du zodiaque (voir Étoiles) ; aujourd'hui figuré par un homme, il semble avoir été d'abord représenté par une jeune fille qui versait de l'eau de ses amphores et qui symbolisait à la fois l'harmonie des rythmes naturels et la spiritualisation de l'inconscient. On attribue à son règne une ère universelle qui aurait déjà commencé de nos jours ou qui serait en passe de remplacer celle des Poissons. Cette ère du Verseau, annoncée dans *La Conspiration du Verseau* de l'auteur américain Lynn Margulis, est l'un des points de référence de toute cette tendance de pensée que l'on appelle le « Nouvel Âge » (*New Âge*). Sa datation est cependant controversée car, si l'on admet que l'ère des Poissons a commencé avec le Christ, et correspond donc à peu près à notre calendrier, l'ère du Verseau ne devrait commencer qu'au XXIᵉ siècle (voir Grande Année). On accorde aux natifs de ce signe (21 janvier-19 février) une certaine tendance au mysticisme, une curiosité certaine pour les manifestations du surnaturel et, d'une manière générale, on admet qu'il peut exister chez eux une relation profonde et féconde entre le conscient et l'inconscient.

OR Le symbolisme de l'or est si riche qu'il ne peut être question de l'examiner ici dans toute son étendue : il traverse en effet l'ensemble des représentations imaginaires de l'homme, et on le retrouve dans de multiples rubriques de ce dictionnaire. Pour les principales, on se reportera aux articles suivants : Âge d'or, Alchimie, Ambre, Eldorado, Éléments, Jaune, Soleil, Toison d'or, Trésors. — D'une façon générale, on peut considérer que, en tant que métal brillant et non oxydable, l'or est, dans presque toutes les civilisations, associé au soleil* : il est appelé chez les Aztèques *teo cuitlabl*, c'est-à-dire « excrément* du dieu du Soleil ». Le principe *Aurum nostrum non est aurum vulgi* (« Notre or n'est pas l'or de la foule ») laisse à penser que le mot « or » désignait, pour les alchimistes, non pas le

Indiens péruviens extrayant l'or des sables aurifères : gravure du XVIᵉ s.

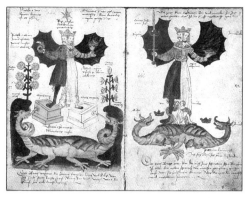

*La source mercurielle
de l'or et de l'argent :
miniatures
(XVIe s., traité d'alchimie).*

métal en lui-même, mais le savoir ésotérique, le stade le plus élevé de l'évolution spirituelle. L'or est également,
chez les chrétiens orthodoxes, un symbole de la lumière céleste et de la perfection, comme le montre le fond doré
des tableaux médiévaux et des icônes
des églises d'Europe de l'Est. Dans l'Antiquité, les plantes précieuses étaient
cueillies à l'aide d'outils en or afin de ne
pas diminuer leurs pouvoirs, et les
bijoux en or étaient censés chasser le
mauvais sort (surtout lorsqu'ils étaient
ornés de pierres précieuses*). Porter
des bijoux en or n'était cependant pas
autorisé partout et tout le temps (voir
Bague) ; ainsi, chez les Romains, de multiples lois voulurent en restreindre
l'usage dans la parure des femmes : l'or,
symbole de richesse, y était considéré
comme antithétique à la valeur militaire
des citoyens. L'or était souvent considéré aussi comme le symbole des forces
terrestres en même temps qu'il était
associé à des puissances supérieures et
au monde des divinités : les trésors
étaient gardés par des dragons* et dans
le thème de l'Or du Rhin, ce sont les filles
du Rhin qui gardent le précieux métal,
extrait de la terre et jeté dans le fleuve*.
On notera que, dans toutes ces occurrences, l'or est rangé dans un registre
symbolique féminin, le dévalorisant du
même coup dans les civilisations guerrières et/ou patriarcales. — De nombreuses civilisations anciennes le réservaient à la fabrication des objets sacrés
et des insignes des souverains (voir Couronne). — Le « veau d'or » de la *Bible*
(*Exode* XXXII), symbole de l'idolâtrie des
Juifs en l'absence de Moïse, représentait certainement une idole aux traits de
taureau* qui fut détruite par Moïse* lors
de son retour du Sinaï. — Dans la Chine
ancienne, l'or (*chin*), le métal solaire,
incarne le principe du yang, tandis que
l'argent* est associé au yin* — En
Afrique, l'or est très souvent associé au
cuivre* rouge dont il représente l'essence (chez les Dogons) ou le complémentaire céleste (chez les Bambaras). Il
est associé au thème de l'arc-en-ciel
représenté comme un serpent qui se

*L'alchimiste, ayant atteint l'état d'or,
abandonne son corps et monte
au ciel où il est couronné :
traité d'alchimie, XIXe s.*

Or, raffiné dans le creuset :
« Il sort plus pur » ; gravure de 1702.

mord la queue : sans influence historique ou géographique possible, on retrouve ainsi la liaison de l'Ouroboros* originel et terminal avec l'or des philosophes de l'alchimie, et avec la notion d'excrément primordial qui est aussi la *materia prima* qui doit être « digérée » par l'alambic ou dans le ventre symbolique de la Terre.

OREILLE D'un point de vue symbolique, l'oreille apparaît d'une extraordinaire richesse. « Le sens de l'ouïe bouleverse l'intérieur de l'homme » (Hildegarde de Bingen) ; depuis l'Antiquité, l'oreille a souvent passé pour le siège de la mémoire, et l'art du haut Moyen Âge représente, parfois de façon naïve, la conception de Jésus par la pénétration de l'Esprit-Saint, sous forme de colombe*, dans l'oreille de Marie*. La similitude du pavillon de l'oreille avec la coquille de l'escargot (on parle en anatomie d'hélix et d'anthélix) a donné lieu à une relation, sur le plan symbolique, entre l'oreille, l'escargot et la naissance (comparable à la sortie du corps de l'escargot hors de sa maison). On raconte parfois, au sujet de dieux ou de héros, qu'ils sont nés de l'oreille de leur mère. Dans de nombreuses cultures, les lobes des oreilles sont percés, et on y accroche des disques de bois, des chevilles de jade*, des pendants en or* ou encore d'autres objets de parure : des lobes d'oreille fortement allongés sont souvent considérés comme un symbole de noblesse et de mérite ; c'est ainsi que les

Le Christ tient dans ses oreilles
les symboles de la Rédemption durant
le Jugement dernier : gravure de 1493.

Grégoire VII écoute la colombe
qui lui souffle à l'oreille
l'inspiration divine.

*Stèle votive égyptienne avec quatre
oreilles dédiée à la déesse Nebethetepet,
celle qui écoute les prières.*

nobles du royaume inca furent surnommés *Orejones* (« Grandes Oreilles ») par les conquérants espagnols ; Lao-tseu était tenu en Chine pour avoir des oreilles très allongées en signe de la sagesse qui lui avait permis d'accéder aux secrets de l'immortalité, et Ganesha, l'un des fils de Shiva* se servait de ses oreilles comme d'organes de discrimination qui, en séparant le Bien du Mal, ouvraient la voie de la connaissance. Au contraire, les oreilles d'âne* du roi Midas et, aujourd'hui, des cancres, constituent en Europe un sujet de moquerie. De nombreuses expressions se rapportent aux oreilles : « jusqu'aux oreilles », « en avoir par-dessus les oreilles », « rebattre les oreilles », « arriver aux oreilles » ou encore « tendre l'oreille » (comme le chien* ou le chat*). D'anciennes descriptions des mœurs du monde attribuent aux hommes sauvages* des oreilles anormalement longues, et on prétendait même qu'ils pouvaient s'envelopper de leurs oreilles comme d'un manteau*. Pour les pythagoriciens, le sifflement des oreilles était le signe d'une inspiration divine, ou (comme on le dit toujours à notre époque) le signe que quelqu'un médisait, en son absence, de celui dont les oreilles sifflaient. — Comme le nez*, les oreilles sont liées à une symbolique sexuelle. Alors qu'elles représentent le double appareil sexuel mâle et femelle chez les Dogons (le pavillon étant l'équivalent du phallus et le conduit auditif

celui de la matrice*), elles sont plus généralement associées à la sexualité féminine – comme dans le cas de Marie cité plus haut – chez les Fons du Dahomey où le vagin des femmes, avant d'être localisé à sa place actuelle, avait commencé par occuper celle des oreilles. C'est dans une thématique encore assez proche que, jusqu'à aujourd'hui encore, les marins se font percer une oreille afin d'y passer un anneau* qui signifie leur mariage* symbolique avec la mer*.

ORIENT ET OCCIDENT　L'orient a toujours formé avec l'occident un couple d'opposés* traduisant l'antagonisme de la vie et de la mort* : aussi bien la mort comme contraire de la vie, que la mort comme symétrique à la naissance, étape nécessaire, réelle ou symbolique selon les cas, à la renaissance au royaume spirituel – c'est-à-dire à la découverte de la vraie vie. Ce que signifient d'ailleurs au plus juste, par analogie à la course du soleil* dans le ciel*, les deux mots d'orient et d'occident, le mot d'orient venant de l'*orior* latin : « je me lève », « je nais », tandis que celui d'occident vient du médiéval *occire* : tuer, venant lui-même du latin *occidere* et, plus originellement encore, de *cadere* : tomber ; en effet, autrefois, tuer quelqu'un revenait à le faire tomber sous ses armes. Le mot occident a donc pris une connotation mortuaire – et c'est pourquoi, par exemple, les tombeaux des pharaons, des reines et des très hauts dignitaires de l'empire étaient construits ou creusés sur la rive gauche du Nil, c'est-à-dire à l'occident – et d'autant plus que la gauche (voir ce mot) désignait elle-même tout ce qui pouvait venir en travers de la vie. — C'est pourquoi, dans de nombreuses conceptions mystiques, et en particulier dans les philosophies et les théologies néo-platoniciennes de la Perse musulmane, l'homme naît (se lève) à l'orient d'une géographie symbolique, puis passe à l'occident (tombe) dans un processus d'aliénation de son âme*, dont celle-ci ne se sauve qu'en retrouvant son orient spirituel (« je me lève » : « je renais »). En d'autres termes, elle doit « s'orienter » au long de son passage sur la terre (*cf.* Sohrawardi, 1155-1199, *Le Récit de l'exil occidental*). C'est à cause d'une telle conception que l'orient a été choisi comme référence du système des quatre* points cardinaux* : toute chose doit trouver sa véritable « orientation », et l'homme doit savoir « s'orienter » pour

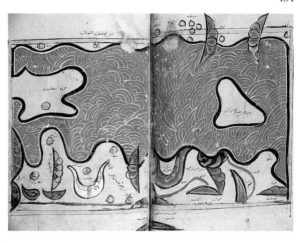

La Méditerranée d'Orient en Occident : manuscrit de géographie d'Al Idrisi, XIIIᵉ s. Bibliothèque Nationale, Caire.

retrouver son chemin lorsqu'il est perdu – fût-ce d'ailleurs le plus concrètement du monde, et alors qu'il se sert, paradoxalement, d'une boussole qui lui indique le nord*. Chez les Celtes, en revanche, le royaume de la mort était conçu comme s'étendant sous terre*, ou bien au-delà* de l'océan ; on accédait ainsi à l'immortalité en gagnant par des navigations* merveilleuses les Îles fortunées* que gouvernaient des femmes (« Pays de l'éternelle jeunesse » ou tout simplement « Pays des femmes »), îles situées à l'occident, à l'ouest de l'Irlande. Des fées et des reines y gardaient les héros dans la perpétuelle jeunesse de l'amour. On retrouve le même thème dans la légende de *Tristan* et Iseut, lorsque le jeune homme, en danger de mort imminente à la suite de la blessure empoisonnée du Morholt, se fait coucher dans une barque* sans voile et sans rames et, au seul son de la musique* qu'il tire de sa harpe*, se laisse guider à l'aventure sur la mer* qui l'amène à l'occident – en l'occurrence en Irlande – où les pouvoirs magiques d'Iseut le rappelleront à la vie. — Dans la géographie sacrée des Aztèques du Mexique ancien, et selon les valeurs divines attribuées aux points cardinaux, l'orient était par excellence le domaine de la lumière* sans cesse renaissante et victorieuse, alors que l'occident, son opposé, représentait le pays du déclin et du mystère. C'est par rapport à ces significations de l'orient comme porteur de la lumière (*Ex Oriente lux*), que René Guénon (1886-1951) a pu écrire dans *Le Règne de la quantité et les signes des temps* au sujet de la société et de la civilisation modernes, que « l'actuelle prépondérance de l'Occident présente une correspondance significative avec la fin d'un cycle, puisque l'Occident est précisément le point où le soleil se couche, c'est-à-dire où il arrive à l'extrémité de sa course diurne, et où, suivant le symbolisme chinois, « le fruit mūr tombe au pied de l'arbre. » On remarquera cependant que, du point de vue manifeste et littéral, les notions d'Occident et d'Orient (l'Europe et l'Amérique face à l'Inde, la Chine et le Japon), sont parfaitement arbitraires, puisque tout dépend du point de référence que l'on choisit : ce que nous appelons l'Extrême-Orient est par exemple à l'occident pour un Américain. D'autre part, il faut sans doute se rappeler la leçon d'Henry Corbin (1901-1978), le spécialiste français des philosophes et des poètes visionnaires de la Perse islamique : l'orient ne correspond pas chez eux à l'orient « réel », mais à une géographie spirituelle dont le propre est de ne correspondre à aucune carte terrestre, mais de se déployer dans le monde de l'âme*, dans le *mundus imaginalis*.

ORPHÉE Figure énigmatique de la mythologie grecque, Orphée était un musicien qui possédait la faculté d'émouvoir les bêtes, les plantes et même les pierres*, et qui réussissait ainsi à exciter la compassion des divinités infernales (voir Au-delà). Fils d'une Muse* et d'un roi* de Thrace, il devint un maître de chant et de musique. Sa femme Euridyce étant morte de la morsure d'un serpent*, il descendit dans l'Hadès, dont il enchanta par sa musique le roi Pluton* et son épouse Proserpine (ou Perséphone – voir Déméter), ainsi que les ombres* des morts. Il lui fut accordé de ramener Eurydice dans le monde des vivants, à condition de ne pas se retourner vers elle durant le voyage du retour. Il oublia cette recommandation, et Eurydice disparut à jamais. D'après la mythologie, le dieu du Vin, Dionysos*, lâcha plus tard ses Ménades (femmes enragées) sur lui, parce qu'Orphée le vénérait moins qu'Apollon*. Comme Dionysos-Zagreus dans sa propre mythologie, Orphée fut mis en pièces par ces femmes déchaînées, mais les Muses recueillirent ses membres dispersés et les déposèrent dans une tombe; sa tête échoua sur l'île de Lesbos. Les enseignements de l'orphisme, que l'on n'a pu reconstituer que par bribes, présentent, avec leurs rites de purification et leurs prescriptions de pureté, une grande similitude avec certains enseignements pythagoriciens (voir Pythagore). Ces enseignements racontent que, lors de la création du monde, Chaos* pondit un œuf* primordial, d'où naquit le dieu originel androgyne*, Phanes. Ce dernier mit avec Nyx (la Nuit*) au monde, puis ils conçurent

Orphée habillé en berger, avec bonnet phrygien et lyre : mosaïque romaine.

ensemble Ouranos (le Ciel*), Gaïa (la Terre*) et Cronos*. Zeus, fils de Cronos (c'est-à-dire Saturne*), accéda au pouvoir, et conçut Zagreus avec sa sœur Déméter; mais Zagreus fut tué et mangé par les Titans, que Zeus punit en les foudroyant. De leurs cendres* naquirent les hommes, dont les corps sont maintenant habités d'une part par les forces titanesques (mauvaises) et d'autre part, une force positive issue du corps de Zagreus (que Dionysos réincarnera plus tard). La tâche de l'homme sur cette terre est dès lors de délivrer cette « étincelle* divine » de sa prison matérielle et cet enseignement annonce les doctrines gnostiques et, plus tard, alchimiques. L'art a souvent utilisé le thème d'Orphée et Eurydice (voir les œuvres de Gluck, de Haydn et de Monteverdi, les tableaux du Tintoret, de Breughel l'Ancien, de Rubens, de Tiepolo, de Feuerbach et de Corinth). Dans l'ancienne synagogue de Gaza, une mosaïque représente Orphée jouant de la harpe, entouré de bêtes sauvages écoutant sa musique. L'inscription hébraïque qui accompagne cette scène indique que le chanteur grec antique était comparé au roi biblique David*, également joueur de harpe.

Orphée et Eurydice : gravure de Marcantonio Raimondi.

*Os dans les « armoiries de la mort » :
gravure de 1502.*

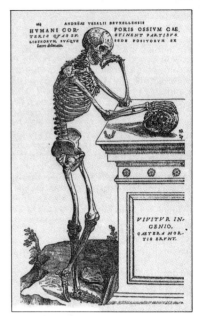

*Squelette (« Humani corporis fabrica »,
A. Vésale).*

OSSEMENTS Les os constituent la dernière trace terrestre des défunts, dont la chair est depuis longtemps tombée en poussière; dans ce sens, les os possédaient dans de nombreuses cultures anciennes une grande valeur symbolique et rituelle. Du fait qu'ils restent inaltérables, parfois pendant des millénaires, les os ont souvent été considérés comme les « germes possibles de la résurrection du corps ». Cette résurrection adviendra, selon la *Bible*, à l'heure du Jugement dernier : les tombes s'ouvriront alors au son des trompettes*, les vivants et les morts seront de nouveau réunis, et les morts se doteront d'une nouvelle chair qui recouvrira leurs os. Les ossements des ancêtres (en particulier les crânes et les grands os des bras et des jambes) ont souvent été conservés à des fins rituelles. La construction de maisons des morts, faites d'immenses pierres* (mégalithes ou dolmens), est une coutume qui remonte à l'âge de pierre. La pensée qui présidait à ces édifications réservées aux chefs de tribus, semble consister en ce que

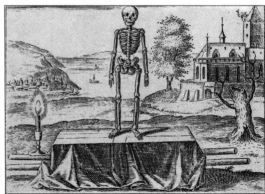

*« Nigredo or Putrefactio » :
planche d'un traité
d'alchimie du XVIIᵉ s.*

*La Résurrection
cible des adeptes :
planche d'un traité
d'alchimie du XVIIᵉ s.*

le squelette composant l'architecture même de l'homme en même temps que son élément le plus stable et le plus résistant, donc le plus susceptible d'immortalité, il convenait de lui aménager une demeure où il pourrait reprendre vie dans l'Au-delà*. Les Juifs orientaux lancent à leurs ennemis une malédiction qui veut que leurs « os deviennent comme de l'air ». Les peuples chasseurs avaient pour coutume d'enterrer intacts les os

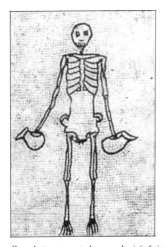

Squelette tenant deux askoi (récipients pour le vin), en signe d'avertissement aux hommes, afin qu'ils se rappellent l'inéluctabilité de la mort jusque dans les moments conviviaux : mosaïque romaine.

des bêtes qu'ils avaient abattues. Cette pratique permettait selon eux la perpétuation du gibier. Comme le rapporte la *Nouvelle Edda*, de Snorri Sturluson, les béliers qui tiraient le char* du dieu du Tonnerre*, Thor, pouvaient également être ranimés au moyen magique d'ossements (la « bénédiction du marteau* »). Ainsi, les ossements humains ne sont pas seulement des symboles de mort*, ils symbolisent aussi la croyance en une résurrection à venir. Certaines cultures utilisent les ossements au cours de rituels qui célèbrent la victoire sur la crainte de la mort. — Il existe une vision complètement différente de la mort, celle de l'incinération : cette pratique vise à la destruction la plus complète possible du corps par le feu*, qui est un élément* purificateur, et permet à l'âme du défunt de regagner la lumière originelle.

OUROBOROS   L'ouroboros est le serpent* qui se mord ou qui « avale sa queue ». Cette image représente, sous une forme animale, le cercle* incarnant « l'éternel retour » et indique qu'un nouveau début coïncide avec une fin dans une perpétuelle répétition, ou que le terme d'une voie et son début sont une seule et même chose d'un point de vue supérieur. Le sens intrinsèque de l'image du serpent et l'idée qui lui est attachée, qui veut que, à travers sa mue, il se « rajeunisse perpétuellement », sont ici confondus jusqu'à ne plus pouvoir être distingués. Le plus important est pourtant cette forme circulaire qui emporte avec elle les notions de perfection et d'éternité. Équivalent psychologique de l'inceste*, mais d'un inceste symbolisé,

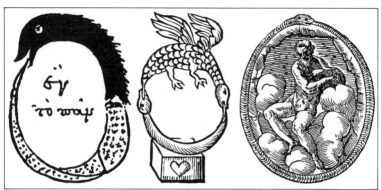

L'Ouroboros alchimique avec épigraphes grecques ; sous la double forme de dragon ailé et de serpent ; et comme dieu du temple Demogorgone, à l'intérieur du cercle du serpent.

l'ouroboros signale l'existence d'un indifférencié d'où toutes choses sont sorties et à laquelle elles retournent. La signification, ici, en est pourtant double : soit il s'agit d'un phénomène de simple répétition, et tout finit par retourner au chaos* fondateur ; soit il s'agit au contraire d'un renouvellement perpétuel qui repasse sans cesse par la même phase de « mort* et résurrection », et on est supposé alors atteindre à cet indifférencié divin qui se tient au-delà de

Ouroboros avec, au centre, les esprits naturels : miniature arabe du XVIIIe s.

tous les couples d'opposés*, et dont on ne peut rien dire puisqu'il échappe à toutes les catégories de notre logique. L'indifférencié, qui transcende les catégories et les possibilités du langage, est, aussi bien le Brahman des *Védas*, la Déité de Maître Eckart, que le nirvana* du bouddhisme, sans que l'on puisse confondre ces termes les uns avec les autres, leur signification et leur visée théologique étant à l'évidence singulières à chacune des religions concernées. — En alchimie, l'ouroboros symbolise un processus qui se referme sur lui-même et qui doit contribuer, au cours du chauffage, de l'évaporation, du refroidissement et de la condensation d'un liquide, à l'affinage des substances. Le serpent enroulé en cercle est alors souvent remplacé par deux créatures dont la gueule de l'une avale la queue de l'autre; celle qui se trouve placée en haut symbolise la volatilisation, et c'est pourquoi on la représente sous la forme d'un dragon* ailé. À la confluence de l'alchimie et des spéculations philosophiques de type néo-platonicien et hermétiste (inspirés par la tradition d'Hermès* Trismégiste), l'Ouroboros désigne à la fois le principe et la finalité de l'Œuvre, qui est la découverte de l'Un et, à la fois au-delà et en deçà de cet Un, d'un « Un-qui-n'est-pas », d'un « Néant suressentiel » dont surgit cet Un, au sujet duquel nous ne pouvons rien dire et pour lequel le symbole seul est parlant. C'est dans ce sens qu'il apparaît par exemple dans le traité alexandrin d'alchimie appelé le *Canon de Cléopâtre** – longtemps attri-

Ouroboros en dragon ailé à deux têtes : miniatue d'un codex du XIIe s.

bué à tort à cette reine, mais qui se réclamait sans doute de ce nom pour mettre en scène l'idée de royauté spirituelle (voir Souveraineté).

OURS   Bien qu'il soit connu depuis l'origine de l'humanité, comme le prouvent les scènes de sacrifices d'ours retrouvées dans des cavernes de l'époque du Néanderthal, l'ours occupe une place relativement limitée en symbolique. Il apparaît ainsi beaucoup moins souvent sur les peintures rupestres datant des grandes glaciations que le taureau* ou le cheval* sauvage. Il joue en revanche un rôle important dans les mythes d'Asie et d'Amérique du Nord où il est présenté comme un être semblable à l'homme, capable de s'accoupler avec des femmes et de donner naissance à des petits d'homme (ce mythe est à l'origine de nombreuses légendes autour de l'homme sauvage*). — La déesse grecque de la chasse, Artémis*, était parfois représentée avec un ours, et les prêtresses d'Artémis Brauronia s'appelaient les « Ourses ». La légende grecque de la naissance du firmament raconte l'histoire de Callisto, la fille d'un roi d'Arcadie (Callisto signifie « la plus belle de toutes », et était sans doute à l'origine une déesse des bois). Servante d'Artémis (*Diane** chez les Latins), elle fut fécondée par Zeus. Piquée par la jalousie, Junon la transforma en ourse afin qu'elle soit, un jour ou l'autre, tuée par un chasseur. L'enfant qu'elle mit au monde était un garçon normalement constitué. Élevé parmi les humains, en grandissant il prit goût à la chasse. Pour empêcher une rencontre fatidique entre la mère et son fils, Zeus les envoya tous les deux prendre place dans le firmament. Junon plaça l'ourse parmi les étoiles circumpolaires qui ne disparaissent jamais, afin de l'empêcher d'aller se rafraîchir dans la mer. Le fils, Arcas, donna naissance à la constellation du Bateau. — Dans la mythologie nordique, Odin est parfois présenté sous la forme d'un ours (Björn). Les *Berserker* sont des guerriers vêtus de peaux d'ours qui lui sont attachés et qui se conduisent comme des déchaînés – probablement

1. et 2. Les saints Colomban et Gall accompagnés par l'ours : gravures (XIXe s. « Légende dorée »).

Lutte entre deux ours : plaque en argent doré (IVe s. av. J.-C., art thrace).

sous l'emprise d'une drogue ; ils sont parfois considérés comme des êtres bâtards à figure animale, tels les loups*-garous. Les Celtes honoraient une déesse Artio, maîtresse du gibier dont l'ours était l'attribut. Son nom dérivait d'un radical primitif *art*, commun à toutes les langues celtiques, qui désignait cet animal. C'est selon les règles d'une étymologie analogique que le nom du roi Arthur* renvoie à la figure de l'ours, qui était lié dans cette culture, comme le cheval* et le taureau*, à la fonction royale. Selon la tripartition indo-européenne telle que Dumézil l'a mise en valeur, l'ours et le sanglier* forment alors un couple d'opposés*, puisque l'ours est l'emblème du roi et de la classe guerrière (*flaith*), tandis que le sanglier est celui de la classe sacerdotale (*druid*, ou « le très savant », qui a donné le français druide). C'est dans ce sens que l'on peut comprendre le texte gallois du *Mabinogion* intitulé *Kwlwch et Olwein*, où Kwlwch, fils de Goleuddydd (dont le nom signifie « lumière du jour »), est né dans une bauge à truie (*wch* signifie la truie), et où le roi Arthur part à la chasse au Twrch Trwyth, le sanglier redoutable, dont le nom signifie le Roi Sanglier, ou le Sanglier fils de Roi. Il s'agit là en fait, du point de vue psychique, d'une initiation* du héros, où le fils de la truie doit dominer le religieux sauvage pour accéder à son individuation (et à son *anima* Olwein) sous le chef de la royauté spirituelle d'Arthur (la figure du Soi). Il est à noter cependant que, dans cette fonc-

tion royale et militaire, l'ours se retrouve du côté du féminin – ce qui est profondément logique dans une civilisation celte où la souveraineté* dépend très largement de la Déesse (voir aussi Mère et Vierge), et où les activités guerrières se mènent sous les auspices de cette dernière (voir Guerre), représentée soit sous la figure de Brigit (la future sainte Brigitte), soit sous celle de la triple Morrigane (voir aussi Corneille). Dans le même ordre d'idée, les anciens Gallois appelaient « char d'Arthur » les constellations de la Grande et de la Petite Ourse. — Cet aspect féminin de l'ours n'est pas spécifique aux Celtes ou, si on prend en compte la légende d'Artémis, aux seuls Indo-Européens : les tribus de Sibérie ou du Grand Nord de l'Amérique l'assimilent à la lune* cependant que, dans beaucoup de peuples des mêmes régions, il est frappé de tabou* pour leurs femmes à cause de leur identité de nature. — En alchimie*, où sa couleur est le noir*, il apparaît aussi parfois comme la figuration des états initiaux du Grand Œuvre, et correspond de ce fait à la *materia prima*. — On a souvent constaté mythologiquement une parenté entre l'homme et l'ours, puisqu'il est l'un des seuls animaux à pouvoir se tenir droit. Tenu comme le « grand ancêtre », c'est-à-dire le fondateur de la race humaine, il est souvent appelé le Grand Père, le Vieux, le Grand Oncle par les chasseurs de l'Asie du Nord. Il dérive alors vers une qualification masculine, et des tribus sibériennes aussi bien que d'Indiens d'Amérique, tiennent que des ours vien-

David tue un ours : plat en argent (VIIe s., Turquie).

*Chevalier attaqué par un ours :
plaque d'un harnachement
de cheval en argent doré
(IVᵉ s. av. J.-C.,
art thrace de Letnica).*

nent régulièrement enlever des femmes pour en faire leurs compagnes. C'est ce même sexe psychique ou spirituel qui lui est attribué en Chine, où il est d'essence yang (voir Yin), et où il est l'une des figures de Yu, l'ordonnateur de la réalité sensible. — On rencontre souvent dans la symbolique chrétienne une fable très répandue sur les petits de l'ours : d'après cette légende, les enfants que l'ourse met au monde ne sont pas encore formés et c'est seulement sous les coups de langue de leur mère qu'ils prennent leur forme définitive, de même que l'homme ignorant ne comprend son rôle qu'en acquérant un certain savoir spirituel. L'hibernation de l'ours est associée, chez l'homme, au temps de la vieillesse qui précède la résurrection. L'ours fait également quelques apparitions anecdotiques, comme dans la légende de saint Gall qui est toujours secondé par un ours fidèle auquel il avait enlevé une épine de la patte. L'ours est l'attribut de plusieurs autres saints comme Colomban, Ursin et Serge ou, lorsqu'il est équipé d'une selle, de Corbinian, de Hubert et de Maxime de Trèves. L'ours a une fonction importante en héraldique, tout particulièrement en Suisse (Berne) et dans le sud de l'Allemagne. — En tant qu'animal dangereux, il arrive qu'il incarne aussi parfois le Diable. Le combat évoqué dans la *Bible* entre le jeune David et un ours est considéré comme le modèle de la lutte du Christ contre les forces des ténèbres. Les ours sont aussi présentés comme les « vengeurs » du prophète chauve Élisée ; ils attaquèrent et déchiquetèrent en effet les enfants qui s'étaient moqués de lui (*Deuxième Livre des Rois* II, 24). Nous

l'avons déjà vu par l'entremise d'Arthur, l'ours a été naturellement mis en relation avec les constellations qui portent son nom au féminin (la Grande et la Petite Ourse, que l'on appelle aussi les « chariots » : l'expression de « char d'Arthur » y marque donc une transition idéale). Alors qu'en Inde, la Grande Ourse abrite les sept rishis, en Chine elle est d'abord reliée à l'Étoile polaire qui se trouve toujours dans son prolongement, ou selon le vocabulaire choisi, dans l'axe du timon qui est celui du chariot. Comme l'Étoile polaire, immobile, est considérée comme le centre* du ciel où réside T'ai-yi, l'Un suprême et primordial, et auquel aboutit l'axe du monde*, la Grande Ourse qui tourne tout autour divise l'espace et le temps selon leurs séquences rythmiques, et correspond de ce fait à l'empereur* qui, au centre du microcosme, ordonne le bon ordre et la bonne marche de toutes choses. C'est ce que l'on retrouve aussi bien dans le *Ming-tang*, « la Maison* du calendrier », qui est à l'aplomb de la Grande Ourse, dont les douze portes correspondent aux douze mois de l'année et aux douze signes du zodiaque*, et dont l'empereur devait effectivement décrire les salles une à une dans une circumambulation identique à celle de la constellation dans le ciel. — Pour la psychologie symbolique, et plus particulièrement dans les rêves, l'ours incarne des facettes dangereuses de l'inconscient et il représente souvent, selon l'avis de C.G. Jung, le côté négatif de la personnalité supérieure. Malgré cette dimension dangereuse, ajoute E. Aeppli, il recèle de grandes possibilités qui ne demandent qu'à être concrétisées et il se rapporte au domaine terrestre et féminin (fourrure chaude, couleur brune* comme la terre*, aspect trapu, éducation très attentionnée des enfants). Voir Totem. — À l'opposé de cette interprétation, la Chine ancienne voyait dans l'ours (*hsiung*) un symbole masculin et une incarnation de la force dont le correspondant féminin était le serpent*. Rêver d'un ours annonçait la naissance d'un garçon. Dans les contes chinois, l'ours joue par ailleurs le rôle de notre méchant loup. L'« Ours russe » est désigné dans la Chine moderne comme l'« Ours polaire ».

OVNI OVNI est l'abréviation d'« objet volant non identifié ». D'après de nombreux auteurs des années 1950-1970, il s'agissait de vaisseaux spatiaux en visite sur terre qui appartenaient à des intelligences extra-terrestres, à des êtres supérieurs qui observaient la terre pour pouvoir, le cas échéant, y ramener la paix. Les psychologues, quant à eux, et en particulier C.G. Jung, y virent plutôt des phénomènes d'hallucinations ou de visions qui ne seraient rien d'autre qu'une actualisation, mais sous un angle plus moderne et technique, du concept traditionnel d'ange* protecteur – symbolisant l'espoir de voir des êtres venus du « ciel* » éliminer toutes les difficultés existentielles de l'homme, ou tout au moins les adoucir. « Dans les temps difficiles, les hommes ressentent un besoin extrêmement fort de voir leurs espérances et leurs désirs réalisés. L'antique conception des « anges célestes » s'est renouvelée. L'ange est devenu aujourd'hui un OVNI » (F. Fornari). On peut remarquer que, depuis que les vols spatiaux et la multiplication de la recherche spatiale ont pour ainsi dire fait disparaître l'espoir de découvrir, à brève échéance, une trace de vie extra-terrestre, le nombre des apparitions d'OVNI a baissé. Si on voyait jadis, dans les comètes, des épées* célestes et des roues* de feu que l'on considérait comme des « signes célestes », les OVNI les remplacèrent dans notre siècle pour symboliser l'espoir d'une intervention venue d'en haut (voir Haut/Bas), qui constitue, à n'en pas douter, un symptôme remarquable du désarroi de notre époque.

P

PAIN Le pain est l'aliment de base chez tous les peuples qui connaissent la culture des céréales et l'art de la cuisson (seuls les premiers habitants des îles Canaries ne cuisaient pas les céréales et les transformaient en une pâte nommée *gofio*). Les Égyptiens connaissaient environ une quarantaine d'espèces de pains et de gâteaux, et il est souvent question, dans les paroles rituelles prononcées lors des sacrifices, du pain et de la bière qui étaient les aliments de base dans l'Au-delà*. Dans l'Orient ancien, le pain n'était pas coupé mais rompu; « rompre le pain » signifiait, au sens figuré, « man-ger à plusieurs ». Ce même repas fut peu à peu considéré dans un sens spirituel comme un banquet sacré, et les douze pains exposés dans le Temple*, dont parle l'*Ancien Testament*, sont le symbole de la nourriture de l'esprit. Dans le récit de la multiplication des pains du *Nouveau Testament*, il est question de douze corbeilles remplies de poissons* et de douze corbeilles remplies de pain. Comme l'homme ne peut vivre seulement de pain (matériel), il reçoit avec le vin*, au moment de l'Eucharistie, le « pain de la vie », l'aliment de l'âme*. Pour les missionnaires qui se rendaient chez

1. *La multiplication des pains et des poissons : miniature grecque du XIᵉ s.*
2. *Cène eucharistique : détail du couvercle d'un sarcophage paléochrétien.*

*Saint Antoine et saint Paul
reçoivent du corbeau le pain spirituel :
gravure de A. Dürer.*

*1. Femme qui moud du blé :
statuette égyptienne.*

*2. Jésus rompt le pain durant
la Dernière Cène : miniature du XIᵉ s.*

des peuples où la nourriture de base était totalement différente, il était souvent difficile de trouver un équivalent à ce symbole du sacrement (en Chine, l'aliment de base est essentiellement le riz, en Amérique le maïs ; chez les Esquimaux, les missionnaires devaient autre-fois évoquer au cours de leurs prêches la « graisse de phoque quotidienne »). — Le cycle de transformation des céréales avec lesquelles on fait le pain – successivement fauchées, battues et cuites – est souvent comparé au dur chemin de l'existence humaine qui a pour but la consécration dans le Ciel*. La manne* juive, miraculeusement tombée du Ciel alors que les Israélites traversaient le désert, fut interprétée comme le modèle du pain de l'Eucharistie. — Une coutume

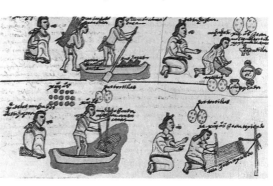

*Les parents
mexicains,
afin que leurs enfants
ne soient
pas gourmands,
ne leur donnaient
que deux pains
(tortillas)
en guise de repas :
illustration
du Codex Mendoza.*

1

2

1. La distribution du pain azyme durant la célébration de la Pâque juive (Pessah) : miniature (XVe s., « Haggadah », de Sarajevo).

2. La bénédiction du maïs au temple de Chicomecoatl : gravure du XVIe s.

populaire voulait autrefois que l'on bénisse, d'un signe de croix, chaque pain qu'on entamait. Lorsqu'un pain était posé à l'envers sur une table, il devenait un symbole de malheur sur lequel « chevauchait le Diable* » et à la vue duquel « les anges* pleuraient », et une dispute s'annonçait, car le bon ordre n'avait pas été respecté. — Dans la symbolique des rêves, le pain a presque toujours une signification positive. E. Aeppli rappelle que le pain, en tant qu'aliment de base, est à la fois pour nous « ce qu'il y a de plus usuel et de plus sacré » : « Le chemin parcouru par le grain de blé* placé en terre dans un sillon obscur et fleurissant dans un champ verdoyant, l'océan des épis dorés, le travail du faucheur et du batteur, le moulage, le blutage, la préparation de la pâte, le passage à la chaleur du four et enfin le partage à la table familiale – chaque étape que traverse cet aliment a une grande fonction symbolique et, si on rapproche ce processus de l'existence humaine, il en dit long sur le chemin parcouru par la culture humaine. » Lorsque l'homme, au début de l'époque néolithique, abandonna son existence nomade et commença à cultiver les céréales, le pain marqua tout autant la fin d'un mode de vie basé sur l'appropriation par la chasse* et la pêche que le début de la notion de production. L'homme créa ainsi son propre monde et transforma par ses cultures le paysage environnant ; la possibilité de faire des provisions lui donna davantage de temps libre et lui permit de se livrer à un travail intellectuel spéculatif. L'absence de limites qui caractérisait l'existence nomade dut céder la place à une définition bien précise de l'espace cultivé et à la perception consciente de la structure délimitée d'un microcosme. Le pain qui y est fabriqué est l'aliment de la vie, et « toutes les valeurs vitales dont nous nous nourrissons peuvent devenir en rêve un pain posé au creux de nos mains. Celui qui reçoit ce pain reçoit par là même une valeur positive qu'il n'a pas le droit de gaspiller » (Aeppli).

PAIR ET IMPAIR Du point de vue de la symbolique des nombres, le pair et l'impair constituent un couple d'opposés*. Le meilleur exemple en est peut-être ce passage de la *Métaphysique* d'Aristote où celui-ci, s'inspirant de certaines considérations empruntées à Pythagore*, écrit : « Les éléments du nombre* sont le pair et l'impair. Le pair est inachevé, et l'impair achevé. L'Un participe des deux, car il est à la fois pair et impair. » Cette opposition n'est d'ailleurs pas la seule, puisqu'il cite du côté de l'impair des attributs ou des idées comme l'un, le repos ou le bien, alors que le pair va avec le multiple (tout nombre pair est un multiple de deux, et deux introduit lui-même une addition du un avec lui-même), avec le mouvement et avec le

*Le pair, traditionnellement féminin
et diabolique. «La jeune fille et la mort»,
Hans Baldung Grien. Kunstmuseum, Bâle.*

mal. On retrouve ici, d'ailleurs, la thématique du Diable*, le « *dia-bolos* », qui a brisé l'unité et commencé de ce fait le travail du multiple. Comment, pourtant, peut-on dire à la fois que l'Un est du côté de l'impair, et qu'il participe du pair et de l'impair ? La distinction à introduire ici est celle de l'un arithmétique, participant du pair et de l'impair qui procèdent tous deux de lui, et l'Un métaphysique, ou Monade, qui ne peut être que du côté de l'achevé et du bien (c'est-à-dire de la perfection), et donc de celui de l'impair. Sur le fond, il semble qu'Aristote n'ait pas très bien saisi la pensée pythagoricienne, dans la mesure où, par le moyen du *gnomon*, la liaison était assurée de l'un à l'autre plan. Pour représenter le nombre cinq, par exemple, on disposait en effet à angle droit deux points à la verticale d'un « point d'origine », le un, et deux autres points à son horizontale. On avait bien ainsi cinq points, le nombre obtenu s'articulant autour de cet un originel dans un phénomène de symétrie. C'est pourquoi l'impair était considéré comme équilibré et achevé, alors qu'une mentalité moderne aurait plutôt tendance à mettre en avant que le pair est par définition symétrique, puisque divisible par nature en deux (6 = 3 + 3), quand l'impair est toujours en déséquilibre (7 = 6 + 1 = 5 + 2 = 4 + 3). — Par rapport à ce premier couple d'opposés, s'en ajoute un second, qui est celui de l'Un (impair) et du quatre* (pair), dans la mesure où Pythagore a toujours affirmé que la tétrade était la figure même de la perfection. Pour comprendre cette assertion, il faut savoir que la tétrade est elle aussi essentiellement comprise au plan métaphysique où elle désigne l'achèvement de toutes les possibilités d'existence, autrement dit, la structure du déploiement de l'Un dans l'univers sensible. Selon les commentaires de Théon de Smyrne dans son *Exposition des connaissances mathématiques utiles pour la lecture de Platon*, l'un est le point à partir de quoi tout s'engendre, le deux correspond à la ligne, le trois à la surface et le quatre au volume qui englobe définitivement et récapitule les trois autres figures. Parce qu'il engendre les catégories métaphysiques des choses, l'un est donc parfait ; et parce que ces catégories sont toutes comprises dans le quatre, elle font de ce nombre aussi un nombre parfait en tant qu'il est la manifestation de l'Un. — Sur le plan de la psychologie des profondeurs, C.G. Jung a largement retrouvé ces intuitions pythagoriciennes dans son utilisation de la quaternité, lorsqu'il affirme qu'elle traduit la manifestation de l'unité primordiale. Il s'appuie, pour ce faire, sur l'axiome alchimique* de Marie la Prophétesse : « L'un devient deux, deux devient trois, et du troisième naît l'un comme quatrième. » — Nous nous trouvons, dans les deux cas, devant une conjonction* d'opposés, d'autant plus si l'on prend en compte que, dans tous les systèmes symboliques connus, fût-ce en Chine ou en Amérique, l'impair est traditionnellement masculin, et le pair féminin.

PALMIER C'est du palmier dattier que traitent généralement les textes et les illustrations. Dans les régions sèches des pays méditerranéens, le dattier était extrêmement apprécié. Il était considéré

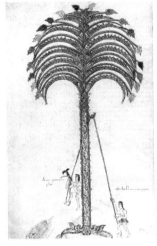

*Le palmier : miniature
(Xe s., Apocalypse du Beatus de Liébana).*

1. Palmier dattier : avers d'une monnaie (410-360 av. J.-C.) frappée à Carthage.

2. Entrée de Jésus dans Jérusalem : miniature (Antiphonaire du XIVe s.).

comme un arbre sacré, et les Assyriens représentaient souvent le dieu du Soleil*, Assur, trônant au-dessus de la couronne de palmes qui coiffe le sommet de l'arbre. Les Égyptiens posaient des branches de palmier sur les sarcophages et les momies. On en offrit également au Christ lors de son entrée à Jérusalem* (le dimanche des Rameaux était à l'origine consacré au palmier). La palme victorieuse des martyrs et la palme verte* du paradis* sont apparues très tôt dans la symbolique chrétienne. Elles renvoient également, d'une manière stylisée, aux motifs du lis* et de la vigne*. Le

*Prophètes
sous les palmiers :
relief (1190-1200,
Bonanno Pisano,
Porte de San Ranieri,
cathédrale de Pise).*

nom grec du palmier, *phoinix*, indique que l'arbre était associé au soleil et à Hélios-Apollon*; voir Phénix. Niké, la déesse de la Victoire (en latin *Victoria*), était souvent représentée avec une branche de palmier. La déesse du Ciel* égyptienne, Hator, était considérée pour sa part comme la « maîtresse du dattier ». En raison de la minceur et de la droiture de son tronc, ainsi que de la couronne luxuriante de feuillage qui le surmonte, on associe le palmier aux idées d'ascension, de victoire et de renaissance. La légende qui voudrait que le palmier pousse même sous une lourde charge provient de cette devise : *Palma sub pondere crescit*, qui était la devise de la principauté de Waldeck-Pyrmont ; cette devise veut signifier que les difficultés ne font qu'accroître la force de ceux qui les subissent : « La charge qu'on lui impose ne fait pas céder le palmier. / La victoire lui appartient, et il produit toujours de doux fruits. / Ainsi, celui qui se fie à Dieu et peut prier justement, / une légion d'anges viendra toujours à son secours dans la nécessité » (Hohberg).

PAN Pan était le dieu grec des bergers et habitait les montagnes d'Arcadie. Son apparition déclenchait la « panique » (peur panique). On le représentait velu, pourvu de pattes et de cornes de bouc*, et il personnifiait la vie montagnarde et champêtre. Selon les croyances des bergers, Pan aimait tant se reposer au moment des grosses chaleurs, que personne n'osait le déranger. Celui qui s'y risquait s'exposait à la colère du dieu qui provoquait une frayeur paralysante. On disait que Pan était apparu à Marathon pour attaquer les Perses, et les Grecs, pour remercier ce dieu, lui avaient édifié un temple sur l'Acropole. L'instrument à vent dont se servait Pan, la flûte, était aussi appelé syrinx – du nom d'une nymphe qui s'était dérobée aux poursuites du dieu. Dans le regret de la douce voix de cette nymphe qui, pour lui échapper, s'était changée en roseau, Pan lia ensemble sept tiges de ces roseaux dont il fit un instrument de musique rudimentaire. Du fait que *pan* signifie aussi « tout » en grec, la figure du dieu des bergers est ensuite devenue le symbole de la nature universelle. Plutarque (46-120) raconte qu'à l'époque du règne de Tibère, le pilote d'un bateau qui passait devant l'île de Paxos avait reçu un message qui lui disait : « Quand vous arriverez en Épire, annoncez-y cette nouvelle : le grand Pan

Le dieu Pan et le labyrinthe, symbole du cours de la vie : gravure du XVIIIe s.

est mort ! » Lorsque les marins se furent acquittés de cette mission, une grande plainte s'éleva, venant des bêtes, des arbres et des rochers*. On interpréta plus tard cette histoire comme le signe de la mort des dieux païens et l'annonce d'une nouvelle ère – celle de la chrétienté, où les oracles se taisent et les idoles s'écroulent. De nombreuses légendes populaires répètent ce motif du message de mort émis par un « sauvage » habitant la forêt (voir Sauvage). Le nom latin de Pan est Faunus (voir Flora et Satyre).

PANDORE Pandore symbolise tous les maux imputables au sexe féminin. Prométhée* avait dérobé le feu aux dieux de l'Olympe pour l'offrir aux hommes. Irrité, Jupiter voulut se venger. Sur son ordre, le dieu-forgeron*, Héphaïstos, façonna une figure féminine d'une grande beauté à laquelle les quatre vents* insufflèrent la vie. Chacun des dieux lui fit un présent et la femme prit le nom de Pandore (*pan*, tout, *doron*, don). Jupiter pour sa part lui donna une boîte hermétiquement fermée et la dépêcha sur terre, auprès de Prométhée. Celui-ci, craignant la colère des dieux à cause de son forfait, se méfia de la belle Pandore. Mais le naïf Épiméthée, frère de Prométhée, la prit pour femme. Quand il ouvrit la boîte

*Satyre,
armé d'une hache,
agresse Pandore :
détail d'un cratère
campaniforme
(~440 av. J.-C.,
Peintre de Pisticci).*

qu'elle tenait, toute les plaies qui affectent l'humanité en sortirent : la souffrance, la vieillesse, la maladie, la folie. Épiméthée referma vivement la boîte, emprisonnant à jamais l'espérance que Jupiter avait glissé parmi tous les maux. « Ainsi vint au monde le sexe destructeur des femmes, un grand mal pour les hommes... C'est d'elle [Pandore] qu'est issu le pouvoir destructeur de ce sexe, ainsi que les meutes de femmes qui sont devenues l'occasion d'immenses souffrances pour les hommes mortels » (Hésiode). Pandore était peut-être un ancien surnom que l'on donnait à la Terre-Mère*, Gaïa, mais il fut plus tard repris pour donner naissance à ce mythe extraordinairement misogyne. Pyrrha, « conçue pour être la première mortelle », est considérée comme la fille de Pandore. La légende grecque du Déluge* la présente, avec son époux Deucalion, comme la seule survivante de la catastrophe.

PANTHÈRE   La panthère est un carnassier répandu dans presque tout l'Orient et certaines parties de l'Afrique. La sauvagerie et la ruse dont elle fait montre, ainsi que le courage dont fait preuve la femelle au combat, ont été souvent mentionnés dans les témoignages antiques. Ceux-ci prétendent que la panthère adore le vin* et qu'elle utilise les excréments humains pour se protéger de l'empoisonnement par l'aconit. De nombreux héros portaient des peaux de panthère (Orphée*, Jason, Anténor), et l'animal faisait partie des différentes escortes du dieu du Vin, Dionysos*, de la déesse de l'Amour, Aphrodite*, de la magicienne Circé* et de la Cybèle* d'Asie Mineure. Dès 186 av. J.-C., Rome impor-

tait des panthères d'Afrique pour les combats d'animaux. Le *Physiologus* de la chrétienté primitive rapporte de façon singulière que la panthère « serait le plus amical de tous les animaux, ennemie seulement du serpent*... Sa voix exhale un parfum très fort, et les animaux suivent son parfum de près ». De même y est-il rapporté que Jésus-Christ a imploré le salut de l'humanité, « et qu'il est devenu pour nous un parfum absolu ». Son vête-

Indiens sacrifiant au dieu jaguar Otorongo : gravure du XVIᵉ s.

Panthère accompagnant un cortège dionysiaque : mosaïque.

ment est « tacheté comme celui de la panthère », orné de la virginité, de la pureté, de la compassion, de la foi, de la vertu*, de l'harmonie, de la paix et de la générosité; comme la panthère, le Christ est aussi dans ce contexte l'ennemi du serpent. La fable qui raconte que la panthère dort toujours trois jours lorsqu'elle revient dans sa caverne après s'être nourrie, et qu'elle ne fait entendre à nouveau sa voix parfumée que ces trois jours passés, ajoute encore à sa symbolique chrétienne, par analogie aux trois jours qui ont suivi la Crucifixion. Dans les nom-

breuses versions des *Bestiarium*, les livres médiévaux des animaux, on lit à plusieurs reprises que seul le dragon* est rempli de crainte en entendant la voix de la panthère, et qu'il se cache alors dans les cavernes ; là, « il se fige, car il ne peut supporter l'odeur de la panthère. Ainsi le Christ, la vraie panthère, est descendu du ciel pour nous délivrer de la puissance du dragon diabolique... Après sa mort, il est descendu dans le monde souterrain, où il a enchaîné le grand dragon » (Unterkircher). Le livre des animaux ne fait en réalité que répéter là, dans une large mesure, la symbolique déjà présente dans le texte plus ancien du *Physiologus*. — En Chine, le jugement qu'on porte sur la panthère est ambivalent. Elle passe avant tout pour un animal dangereux, cruel et sauvage, et on accrochait sa queue comme insigne militaire sur les chars de guerre. On donne parfois le surnom de « panthère tachetée » à une jolie jeune femme qui se montre agressive. Une panthère et une pie, représentées ensemble, forment un rébus phonétique qui indique l'annonce d'une joie (*pao*, c'est-à-dire panthère, signifie aussi « annoncer » ; *hsi*, pie, signifie aussi « joie »). La panthère noire passe pour être particulièrement dangereuse. — Dans l'art héraldique* européen, la panthère ne ressemble plus que de très loin au véritable animal : elle est plutôt un être hybride qui présente à la fois les traits du lion, du dragon et du taureau. Son souffle, décrit dans le *Physiologus*, est indiqué par des flammes. À partir du XIVe siècle, ses pattes de devant se pro-

La déesse Frea mère de la fertilité terrestre, sur un char tiré par deux panthères : gravure du XIXe s.

1. *Guerrier vêtu de peau de jaguar.*

2. *Jaguar, symbole du 14e jour du calendrier aztèque à vingt jours.*

longent de serres d'aigle*, et au XVIᵉ siècle, des flammes sortent de tous les orifices de son corps. C'est sous cette dernière forme qu'elle apparaît dans les armes de la Styrie. Dans la région du lac de Constance, ses pattes de derrière sont aussi pourvues de sabots fendus; en Italie, sa tête ressemble à celle d'un lièvre*, et son nom, en référence au *Physiologus*, est *la dolce*, « la douce ». Dans le Nouveau Monde, elle a pour nom jaguar ; celui-ci symbolisait, l'un des ordres de guerre aztèques (*Ocelotl*), de même qu'il était le symbole du 14ᵉ des vingt signes quotidiens du calendrier. Son nom chez les Mayas était *Balam* (qui était aussi le surnom des prêtres devins) ; on le représentait souvent sur les vases en terre

avec des nénuphars, ou transpercé par une flèche lancée par le dieu de Vénus* (voir aussi Quetzacoatl). Dans les mythes des tribus sud-américaines, il est souvent l'esprit protecteur des chamans ; les jumeaux*- jaguars jouent aussi un rôle très important dans les récits relatifs à l'ère primitive du monde.

PAON (en latin *pavus*, en grec *taos*) Le paon est originaire de l'Inde où, en raison de la roue somptueuse que forment parfois les plumes* de sa queue, il était un symbole du soleil*. Il passa ensuite par Babylone, la Perse et l'Asie Mineure avant d'atteindre Samos où il devint l'oiseau sacré du sanctuaire d'Héra. À Athènes, au Vᵉ siècle av. J.-C., on payait pour voir des paons qui étaient alors encore considérés comme des raretés exotiques. Au IIᵉ siècle av. J.-C., le paon devint à Rome l'animal sacré de Junon. En Inde, de nombreux dieux étaient représentés avec des paons pour montures. Il passait en Occident pour tuer les serpents*, et la couleur* chatoyante de ses plumes était attribuée à ce que le paon possède le pouvoir de transformer le venin des serpents en substance solaire. En Orient, la secte kurde des *Jedizi* (« adorateurs du Diable* ») avait donné au paon le nom de *Melek Taus* (« le Roi Paon ») et le considérait comme un messager de Dieu. Pour l'islam, le paon est le symbole du cosmos, ou de corps célestes comme le soleil ou la lune*. La chrétienté primitive considérait aussi le paon de façon bienveillante : sa chair passait pour imputrescible (symbole du Christ au tombeau), la chute et la repousse de ses plumes au printemps étaient interprétées comme symboles de renouveau et de résurrection. La croyance populaire antique selon laquelle le sang* de paon possède le pouvoir d'écarter les démons, a longtemps continué à se transmettre ; le paon était ainsi souvent représenté sur les images de la Nativité. Deux paons buvant à une coupe indiquent la renaissance spirituelle, et les anges* portent souvent quatre ailes* en plumes de paon. Les « yeux* » du paon étaient considérés comme une référence à l'omniscience divine, et sa chair, jusqu'aux temps modernes, passait pour une nourriture reconstituante pour les malades. Le *Physiologus* de la chrétienté primitive attribue cependant certains aspects négatifs à l'oiseau : le paon « va de-ci de-là, se regarde avec complaisance et étale ses plumes orgueilleusement. Mais il se met en fureur quand il regarde ses pattes, car elles ne correspondent pas au reste de son apparence ». Quand le Christ, d'après l'interprétation symbolique, considère ses propres qualités, il peut alors jubiler. « Mais quand tu considères tes pieds, c'est-à-dire tes fautes, alors appelle plaintivement le nom de Dieu, et hais l'injustice comme le paon hait ses pattes, afin de pouvoir paraître justifié devant le (céleste) Fiancé. » C'est ainsi qu'est apparue la valeur symbolique aujourd'hui accordée au paon qui, depuis les bestiaires du Moyen Âge, est considéré comme un symbole de vanité, de luxe et d'orgueil (*superbia*). Le prédicateur spirituel est également compris dans ce tableau : « Quand on fait l'éloge du paon, il fait la roue avec sa queue, de même que maints prédicateurs, aux louanges des flatteurs, élèvent leur esprit à une fière hauteur. Quand le paon lève sa queue, son postérieur est mis à nu, et il devient un sujet de moquerie alors même qu'il se pavane fièrement. Le prédicateur, comme le paon, devrait rabattre son orgueil, la première qualité d'un chef résidant dans son humilité » (Unterkircher). Les représentations baroques du Calvaire montrent Jésus, dépouillé de ses vêtements, expier pour les hommes le péché de vanité, représenté par un paon aux pieds de la croix. Pour les troubadours, le paon passait pour la quintessence et l'incarnation de l'orgueil et de la fierté hautaine.

Couple de paons : peinture chinoise sur soie (époque Ch'ing).

— En Inde, on trouve la déesse Sarasvati montée sur un paon et Indra, l'un des principaux dieux du védisme et du brahmanisme, assis sur le trône du paon : il

*Paon :
détail d'une fresque
(IIIe s., thermes d'Aquincum,
Budapest).*

Le paon : « Il a, derrière, une vaine roue » : gravure de 1702.

semble que cette vision positive ait été transmise à la Chine où l'animal (*k'ung-ch'iao*) incarne la beauté et la noblesse, détourne les puissances maléfiques et danse à la vue d'une jolie femme. Les plumes de paon étaient l'insigne des empereurs mandchous, et étaient disposées dans des vases. Les jardins* chinois abritaient également des paons. — Dans le monde alchimique*, la queue chatoyante du paon (*cauda pavonis*) constitue, dans de nombreux textes ou images, le signe de la transformation visible de substances inférieures en substances supérieures; elle symbolise aussi parfois un procédé qui a échoué, ne produisant que des impuretés (procédé symbolisé par la *caput mortuum*, la « tête de mort »). Le paon ne joue, dans l'art héraldique, qu'un rôle occasionnel. Sa signification n'est alors naturellement pas celle de la *superbia*, mais de la résurrection et de l'éclat.

PAPESSE   Après le Bateleur, ou la cause initiale, vient la Papesse, la deuxième lame du Tarot*. C'est une femme d'âge mûr, coiffée d'une tiare* jaune* à trois étages avec des motifs rouges* dans le premier et verts* dans le second tandis qu'un voile blanc* cache ses cheveux*. Vêtue d'une robe rouge et d'un manteau bleu retenu par des liens jaunes, la Papesse est assise et, tournant la tête vers la droite*, elle tient dans la main gauche des clefs*, et un livre dans la droite – à moins que, dans d'autres représentations, elle ne tienne seulement un grand livre ouvert dans les mains, livre dont les caractères sont illisibles et qui serait à la fois le grand livre de la vie et celui de la matière alchimique dont elle détient les secrets. La Papesse est ainsi la gardienne du sanctuaire et l'initiatrice aux plus hauts mystères. Elle est Isis*, la grande bienfaitrice qui met ses pouvoirs magiques au service de la vie, l'épouse d'Osiris à qui elle permet de renaître, celle qui sut conquérir son pouvoir par la ruse et qui devint maîtresse des destins. De ce fait même, la Papesse correspond à la clairvoyance, et elle incarne la voie du silence et du secret. Sa connexion avec le corps se fait par la glande pinéale, le « troisième œil* » des Orientaux, celui qui communique avec les plus hauts niveaux de conscience. Par ailleurs, même si elle signifie une certaine solitude volontairement choisie à certains moments de la vie, elle n'est en rien coupée de la nature puisqu'elle est également en rapport avec la terre*-mère dont elle détient les secrets. — Les imagiers du Moyen Âge lui avaient un moment substitué la Junon romaine qui avait surtout le mérite de montrer d'une main le Ciel et de l'autre la Terre selon l'enseignement de la Table d'Émeraude* d'Hermès* Trismégiste : « Ce qui est en haut est comme ce qui est en bas. »

PAPILLON   Le papillon est un symbole universel de la beauté évanescente et du mystère des métamorphoses. « Le miracle des apparences successives, le miracle de la métamorphose d'une lente chenille, d'une larve apathique en un papillon à la délicate beauté, a toujours profondément ému l'homme qui l'a considéré comme le symbole de la transsubstantiation car il lui a offert l'espérance de quitter un jour ses attaches terrestres pour s'élever dans la lumière des cieux. » (E. Aeppli). Voilà pourquoi on représente aussi le papillon sur les anciennes pierres tombales (voir Symboles de mort), d'autant plus que, comme l'indique son nom grec *psyché*, il est directement relié à l'âme*. C'est ainsi que Méléagre, jouant sur le double sens du mot, peut s'exclamer dans l'une de ses épigrammes : « Si tu brûles souvent l'âme qui autour de toi papillonne, elle s'enfuira, Amour ! Elle aussi, méchante, a des ailes ! » (*Anthologie grecque*). Ce qui explique pourquoi, dans le mythe d'Éros et de Psyché (voir

Le papillon, symbole de la déesse Itzpapalotl : gravure (XVIᵉ s.).

Amour), la jeune fille est souvent représentée avec des ailes de papillon. Sa légèreté le rapproche également des elfes*, des génies* et des éros (petits dieux de l'amour). Les elfes, ainsi que toutes sortes de créatures fantasmatiques et chimériques, sont fréquemment représentés avec des ailes* de papillon, tout comme le dieu du Rêve Hypnos (en latin *Somnus*). Dans les représentations du paradis*, l'âme que le Créateur dépose dans le corps d'Adam* est parfois représentée de la même façon. — Au Japon, le papillon est l'emblème de la jeune femme et deux papillons qui voltigent ensemble figurent le bonheur conjugal. En Chine, la créature ailée symbolise le jeune homme amoureux qui aspire le suc des fleurs* (femmes), mais la bien-aimée défunte peut aussi sortir de sa tombe sous la forme d'un papillon. Avec la prune*, le papillon est le signe de la longévité et de la beauté, et le jeu de mot que l'on fait sur son nom (le papillon se dit en chinois *hu-tièh* alors que *tieh* tout seul veut dire sept), indique que, sous ses auspices, on espère bien atteindre à ses soixante-dix ans. Chez les Mexicains, le papillon fait partie des attributs du dieu de la Végétation, Xochipilli, mais il symbolise aussi le feu* qui danse et il est mis en relation avec le soleil* (papillon, en aztèque *papalotl*, ressemble au latin *papilio*). Un papillon bordé de couteaux de pierre* (*itzli*) symbolise la déesse Itzpapalotl, l'esprit nocturne des étoiles* flamboyantes, ainsi que l'âme des femmes mortes en couches. — Les poètes japonais placent la mélancolie au-dessus de la joie, conformément au proverbe : « La fleur qui est tombée ne revient plus sur la branche – mais hélas ce n'était qu'un papillon. » (Voir Jeanne d'Arc.) On connaît enfin le fameux apologue de Tchouang-tseu, le sage taoïste, sur le « rêve du papillon » – où, s'interrogeant sur le degré de réalité de la vie et du monde, Tchouang-tseu en vient à se demander s'il rêve d'un papillon, ou si le papillon rêve de lui – ou si le papillon rêve de lui qui rêve d'un papillon, ou s'il rêve d'un papillon qui rêve de lui qui rêve d'un papillon...

PARADIS L'image du paradis, issue des temps les plus reculés, est celle d'un jardin* de paix dont jouissait l'homme originel avant de commettre le péché. Ce même mot désigne un parc, et dans l'ancienne Perse, un parc sauvage destiné au divertissement des rois*. Dans le paradis biblique, Dieu interdit à l'homme de s'approcher de l'arbre* de la connaissance du Bien et du Mal. Dans les temps mythiques, le paradis constituait le centre du cosmos : il était irrigué par quatre* fleuves* et, par-dessus tout, il était la demeure du Créateur. Le « paradis perdu » est devenu le but de l'homme déchu qui espère retrouver le chemin du ciel. Les représentations islamiques du paradis ne se distinguent de cette dernière vision que par le fait d'y inclure aussi les joies du sexe promises à l'homme. Sous les palmiers*, les grenadiers* et les arbustes odorants, les Justifiés se divertissent, et le jardin des béatitudes ne redeviendra accessible à tous qu'après le Jugement dernier. Des quatre fleuves du paradis, le premier charrie une eau* claire et vivifiante, le second un vin* qui n'enivre pas, le troisième un lait* inaltérable et le quatrième un miel* sans mélange, odorant et fortifiant : « Il ne s'agit pas ici d'un monde onirique sans substance, mais d'un monde de jouissance très réaliste... Image d'une vie calme et consacrée au loisir, à l'image de celle qu'on menait dans les oasis où l'on se délassait dans le monde oriental. De fait, les jardins des califes arabes constituaient des modèles parfaits du paradis » (Beltz). — L'Antiquité occidentale connaissait quant à elle l'image des Îles fortunées*, situées dans la région où se couche le soleil*, et complétées par ailleurs par la représentation d'un monde sombre et souterrain (voir Enfers, Orcus). Les représentations de l'Au-delà des Celtes du nord-ouest de l'Europe associent assez souvent les « Îles des Bienheureux », de la mer* de l'Ouest, à un pays du bonheur inaccessible aux mortels, et qu'on situe souvent sous les flots de l'océan (comparable en cela à certaines croyances islamiques). Les contes rapportés par les marins de ces régions mentionnent l'existence de cinquante de ces îles, où attendent des milliers de belles femmes, où résonne une douce musique et où la tromperie, les soucis, la maladie et la mort sont inconnus. Mag Bell, la plaine fleurie de la joie, Mag Mon, la plaine des jeux, Ciuin, le pays tempéré, et Imùchiuin, le pays très tempéré, font partie de ces îles mythiques. Dans l'île d'Emain, qui portait aussi le nom de Tir na'm Ban (le pays des femmes) ou de Tir na nog (le pays des jeunes), d'innombrables femmes et des jeunes filles débordantes d'amour attendaient les hommes qui y abordaient. Dans la même veine, l'ancien Mexique connaissait un paradis placé sous la juridiction du dieu de la Pluie*, Tlaloc, mais qui était avant tout destiné aux noyés. L'image d'un âge d'or* originel (sous la forme d'un jardin somptueux où abondent les plaisirs), qui reviendra pour les Élus après la fin du monde* et le Jugement dernier, est une image récurrente dans de très nombreuses civilisations. On peut penser, d'un point de vue culturel et historique, que cette image ne correspondait certainement pas à la réalité vécue des chasseurs des époques préhistoriques; elle se rapporterait donc beaucoup plus aux commencements de l'agriculture (c'est-à-dire essentiellement à la culture des arbres fruitiers). C'est cette image, néanmoins, une fois comprise dans son sens symbolique, et donc soumise à une compréhension de type herméneutique, qui est directement à

La Vierge Marie accueillie au paradis : icône russe du XVIe s.

l'origine du nom même de paradis. En effet, de même que les Chaldéens parlaient d'un paradis originel, les mazdéens de Perse évoquaient un jardin clos où tout s'organisait autour du centre* spirituel, et auquel ils donnaient le nom de *paridaïza*, d'où dérive aussi bien le *ferdows* persan ultérieur que notre propre mot de paradis. C'est bien entendu de la même origine indo-européenne que vient le *paradesha* des textes védiques, auquel s'assimile aussi bien le symbole du mont Meru : l'axe du monde* passe en effet ici au cœur même du paradis. On retrouve d'ailleurs l'équivalent en Chine, où le paradis se présente comme l'île* où vivent les Immortels, ou bien comme la

Le jardin d'Eden : miniature (~1420, Maître du Rhin Moyen).

montagne de Kouen-len où toute la création vit en paix, et qui trouve sur terre son équivalent dans le jardin Pi-yong qui entoure le Ming-tang (voir Maison et Ours). — Pour le Moyen Âge, le paradis terrestre ne pouvait être très éloigné de Jérusalem*, considérée comme le centre de la terre (voir Montagne, Omphalos, Rocher). Le jardin d'Éden, disait-on, se trouvait sous la garde des épées* flamboyantes des anges* qui en avaient chassé les hommes. Il était d'ailleurs imaginé à la mesure de la topographie humaine, à l'île de Dilmun de la mythologie sumérienne qui fut plus tard identifiée à l'île de Bahrein dans le golfe Persique (mais il existe une autre version). La Jérusalem céleste de l'*Apocalypse* de saint Jean constitue le Principe de la Jérusalem terrestre considéré comme sa manifestation. Les grandes cathédrales gothiques étaient elles aussi conçues comme des représentations du paradis : raison pour laquelle de nombreuses scènes du Jugement dernier figuraient sur leurs portails monumentaux. À travers des représentations plus élaborées, le paradis est aussi envisagé en tant que manifestation de la divinité ou du principe suprême bouddhiste, ainsi que le fait l'affirmation du nirvana qui désigne l'état où atteint le parfait, au-delà de l'être et du non-être, au-delà de tout ce qu'on pourrait en dire d'une façon positive (ce

Vaikuntha, le paradis de Vishnou : miniature indienne du XVIIIe s.

qu'en Occident on a souvent tendance à simplifier en « rien »). Voir Ciel. — Le devoir de ne pas considérer le paradis comme le but ultime et unique de l'existence, s'exprime dans une anecdote attribuée à la mystique arabe Rabi'a (vers

1. Apollon sur le Parnasse, paradis des dieux : gravure du XVe s.
2. Adam et Ève chassés du paradis terrestre : gravure du XVe s.

*L'archange Gabriel
chasse Adam et Ève
du paradis terrestre :
miniature arabe du XVIIIᵉ s.*

810). Comme ses compagnons lui avaient demandé pourquoi elle portait dans une main une coupe remplie d'eau, et dans l'autre une coupe pleine de feu, sa réponse fut la suivante : « Je veux mettre le feu* au paradis et recouvrir d'eau l'enfer, pour que ces voiles disparaissent de la vue de ceux qui vont en pèlerinage vers Dieu, et pour qu'ils reconnaissent le véritable but ; pour que les serviteurs de Dieu puissent le voir, Lui, sans aucun objet d'espérance ni motif de crainte... » Le soufi Abud Yazid Bistami, qui vécut un peu plus tard, s'exprimait dans la même veine : « Le paradis est le dernier de tous les voiles, car ceux qui sont élus pour entrer au paradis restent au paradis ; et celui qui y demeure ne demeure pas auprès de Dieu. Il est Lui, le Dissimulé. »

PARFUM Les parfums ont cette particularité qu'on ne peut jamais les désigner par eux-mêmes, mais seulement par la substance ou la plante qui les émet ou se trouve à leur origine : c'est ainsi que l'on parle d'un parfum de rose*, de myrrhe ou de santal. Cette subtilité évanescente que l'on ne saurait vraiment définir et qui a la caractéristique de se répandre dans l'air selon des chemins généralement invisibles, les a fait universellement mettre en relation avec le divin, avec le souffle* et avec la perfection de l'âme*. C'est pourquoi l'on se sert de parfums que l'on fait généralement brûler dans toutes les cérémonies religieuses, quelle

que soit la religion concernée. C'est pourquoi l'on parle d'« odeur de sainteté », puisque le corps des êtres dont elle émane ne se corrompt pas mais émet au contraire un parfum reconnaissable aux fidèles. Afin d'exprimer leur amour céleste, l'Épouse du *Cantique des Cantiques* compare son Bien-aimé à des parfums : « Tandis que le Roi est en son enclos, / mon nard donne son parfum. / Mon bien-aimé est un sachet de myrrhe / qui repose entre mes seins… », et plus loin : « Qu'est-ce là qui monte du désert / comme une colonne de fumée, / vapeur de myrrhe et d'encens / et de tous les parfums exotiques ? » (I, 12-13 et III, 6). C'est pourquoi la Vierge* Marie* est elle-même un parfum qu'il plaît à Dieu de respirer (une séquence anonyme la qualifie de *Cypri botrus, Myrrae fasciculus* : « grappe de chypre, petite branche de myrrhe »), quand il ne l'appelle pas tout simplement à le rejoindre dans sa couche – et nous retrouvons ici l'aspect sexuel du parfum, mais d'une sexualité toujours subsumée alors dans l'idée de beauté : *Tu rosa, tu lilium / Cujus Dei Filium / Carnis ad connubium / Traxit odor*, chante un hymne marial du Moyen Âge : « Tu es la rose, tu es le lis* dont l'odeur de la chair amena au mariage le Fils de Dieu. » C'est pourquoi enfin, dans la liaison du parfum au souffle, Isolde mourant sur le corps de Tristan* dans l'opéra de Wagner, aperçoit dans une vision l'âme* du monde sous la triple espèce du parfum, de l'haleine et de la mer* : comme elle « voit » en effet son amant transfiguré, s'en échappe pour elle seule une respiration surréelle qui lui fait battre le cœur à la mesure du cosmos. « Comme de ses lèvres / une douce haleine, / délicieuse, suave, / s'échappe doucement ! » chante-t-elle d'abord, avant de reprendre : « Ces voix plus claires / qui m'environnent, / sont-ce les ondes / de brises suaves ? / Sont-ce des flots / de parfum délicieux ? / D'où la question : « Dois-je respirer, / dois-je regarder ? dois-je savourer, / m'y plonger, / doucement dans ces parfums / m'évaporer ? » – et le soupir final : « Dans la masse des vagues / de cette mer de délices, / dans le tonnerre des bruits / des vagues de parfum, / par l'haleine du monde, / dans le Tout respirant – / me noyer, / m'engloutir / perdre conscience – / Volupté suprême ! » Tout, de fait, est ici résumé du parfum : sa divinité, sa cosmicité, sa nature d'âme qui s'envole, son haleine primordiale – dans un suprême acte d'amour qui est à la fois symbole de l'union sexuelle la plus profonde et des noces* mystiques qui en sont le vrai sens.

PARQUES (en latin *Parcae*, les parturientes, en grec *Moïrai*, les assignatrices) Les Parques ou encore *Fatae* (« déesses du destin »), correspondent aux Nornes* de la mythologie germanique. Elles sont les filles de la Nuit* (en grec *Nyx*), ou bien, comme leurs sœurs, les Heures*, les filles de Zeus et de Thémis. Les arts plastiques les représentent comme les fileuses (voir Quenouille) du destin. La première, Clotho, déroule le fil de la vie ; la seconde, Lachésis, le distribue, et la troisième, Atropos l'inflexible, le tranche, déterminant ainsi la mort de l'homme. On représente parfois les Parques avec une quenouille, un rouleau à écrire et une balance*. Les Parques romaines étaient originellement des déesses de la naissance, et portaient les noms de Decuma et Nona (d'après le neuvième* mois à partir de la conception); sous l'influence grecque, elles devinrent elles aussi dans la culture romaine, et au nombre de trois (voir Triade), des déesses qui avaient pour fonction d'attribuer à chacun son destin.

PASIPHAÉ Fille du Soleil*, Pasiphaé est l'épouse de Minos, roi* de Crète. Déjà mère* d'Ariane* et de Phèdre, elle s'éprend d'un taureau* blanc que Poséidon (Neptune*) a fait sortir de la mer*, et conçoit avec lui le Minotaure, qui a un corps d'homme et une tête animale. La légende classique tient le Minotaure pour un monstre, et c'est Thésée qui en débarrassera le monde en allant l'affronter et le tuer au cœur du labyrinthe* (voir Dédale). On peut se demander pourquoi, aux yeux des Grecs, les amours de Pasiphaé et du taureau représentaient un tel scandale, alors que Minos est lui-même le fils d'Europe que Zeus a séduite sous cette même forme de taureau. La réponse est sans doute à chercher dans l'opposition d'un « taureau du ciel* » (Zeus) et d'un taureau de la mer (Poséidon), qui renvoient évidemment à des registres de l'imagination et à des pratiques cultuelles extrêmement différents. Autrement dit, Pasiphaé semble largement référer à l'ancienne religion crétoise d'avant les invasions grecques (culte de la déesse-mère et du taureau qui lui était attaché), ainsi qu'à des scénarios d'initiation et d'investiture royales qui n'étaient plus compris par les Grecs. — Ariane, la fille de

Les Parques assignent la vie aux hommes modelés par Prométhée ; Mercure accompagne leur âme : relief d'un sarcophage romain du IIIe s.

Pasiphaé accompagnée du taureau, en conversation avec Dédale. Palais Spada, Rome.

Pêcher et magnolia : tapisserie chinoise du XVIIIe s.

Pasiphaé, qui avait suggéré à Thésée le moyen de ressortir du labyrinthe, et qui s'était enfuie avec lui, fut délaissée sur les rivages de l'île de Naxos. C'est Dionysos* qui vint l'y délivrer et qui l'y épousa – Dionysos qui apparaissait souvent lui-même sous la forme d'un dieu-taureau. En tant qu'épouse de Dionysos, Ariane finit par être admise comme la figure de l'âme* – comme si tout salut s'appuyait sur un mariage* sacré où sont réintégrées les vertus et la puissance du féminin.

PÊCHE (en botanique *Malum Persicum*, pomme* persane) La pêche, importée d'Orient au Ier siècle, était un fruit très prisé dans l'Antiquité, et souvent confondu avec l'abricot. Un laurier* du jardin de l'empereur Alexandre Sévère, qui avait poussé en recouvrant un pêcher, devint le symbole de la victoire sur les Perses. — La pêche (*t'ao*) passait en Chine pour un signe d'immortalité ou de longévité, et les fleurs de pêcher symbolisaient les fraîches jeunes filles – mais aussi les femmes légères. La « folie des fleurs de pêcher » était une expression pour désigner l'égarement des sentiments à la puberté. D'après la légende, la déesse des fées, Hsi-wang-mu, possédait dans les montagnes de Kuenlu un jardin dans lequel mûrissaient tous les mille ans les pêches de l'immortalité. À cette occasion, les génies et les « immortels » y faisaient une grande fête. Le bois de pêcher passait pour écarter les démons, de même qu'une branche de pêcher sur la porte de la maison les tenait au loin pendant les fêtes de la Nouvelle Année. Les statuettes qui représentaient les gardiens des portes étaient aussi taillées dans du bois de pêcher. La « source du pêcher » désigne poétiquement l'appareil génital féminin.

PÉCHÉ Les arts plastiques du Moyen Âge et de la Renaissance symbolisent les péchés capitaux et certains vices, par des figures hideuses qui combattent la Vertu*. Les plus importantes de ces personnifications sont : l'Orgueil (une femme couronnée d'ailes de chauve-souris*, chevauchant un lion* et tenant un sceptre* à la main) ; la Jalousie (une femme chevauchant un chien* qui tient un os dans sa gueule) ; la Démesure (une femme chevauchant un renard* qui tient une oie dans ses mâchoires) ; la Cupidité ou l'Avarice (un homme assis sur un coffre d'argent, souvent accompagné d'un blaireau) ; la Paresse (un homme dormant sur un âne*) ; la Colère (un homme déchirant ses propres vêtements, ou deux hommes se battant à l'épée*) ; la Luxure (une femme chevauchant un cochon* ou un bouc*, ou une sirène qui tient les deux bouts de sa queue dans les mains – mais cette image sert aussi à détourner les puissances maléfiques) ; l'Idolâtrie (un

*Les sept péchés capitaux sous forme
de créatures démoniaques dans
une gravure de H. Baldung Grien, 1511.*

homme se prosternant devant un simulacre) ; le Désespoir (un homme qui se pend – Judas*) ; la Bêtise (un homme mordant une pierre*) ; la Lâcheté (un homme fuyant devant un lièvre*). L'art baroque a introduit quelques différences en représentant la Jalousie (*Invidia*) sous les traits d'une femme à la poitrine dénudée, qui se serre elle-même la gorge. Il représentait la Calomnie sous les traits d'un Momus* tenant un gourdin, la Tromperie sous ceux d'un serpent* à tête d'homme et à queue de scorpion*. Les sculptures de l'art baroque tardif représentent certaines de ces figurations, dans les scènes de la Passion qui permit au Christ d'expier tous les péchés de l'humanité.

PÉGASE (en grec *Pēgasos*) Cheval* ailé de la mythologie grecque, Pégase symbolise l'inspiration poétique : c'est ainsi qu'il est surtout connu à l'époque moderne, par référence à la légende antique qui rapporte qu'il avait fait jaillir la source* Hippocrène en frappant l'Hélicon, la montagne des Muses*, de ses sabots. Pégase était issu du tronc de la Gorgone* Méduse dont Persée avait coupé la tête. C'est le héros Bellérophon qui le dompta à l'aide d'un mors que lui avait offert la déesse Athéna*. C'est sur Pégase qu'il put vaincre également la Chimère*. Les mythologues considèrent le cheval ailé*, soit comme un cheval qui appartient au monde de l'eau* et relève de Poséidon, soit comme un cheval céleste issu de la foudre*. Symboliquement, Pégase allie la vitalité et la force

*L'Envie s'étranglant elle-même :
gravure de 1647.*

*Pégase et Bellérophon :
gravure du XVIIe s.*

*Pégase : «Du Parnasse aux étoiles»,
gravure de 1702.*

du coursier à l'indépendance de l'oiseau* envers la pesanteur terrestre ; c'est pour cette raison que s'établit la relation entre Pégase et l'esprit poétique, esprit indépendant, qui s'affranchit des contingences terrestres. Pégase illustre l'aspect positif du cheval, dont l'image peut être, par ailleurs, entachée d'un caractère macabre (voir Centaures).

PEIGNE Les nombreux peignes qu'on a découverts dans les tombeaux parmi les objets qui accompagnaient le voyage du défunt dans l'Au-delà* attestent l'existence de cet instrument de toilette depuis l'Antiquité. Qu'il soit à une ou deux rangées, en bois, en corne, en ivoire, en or* ou en argent* selon les époques, le peigne est un instrument de civilisation par excellence qui permet de dompter le désordre d'une nature hirsute. Comme tel, il est utilisé par les hommes (qui portaient peigne et miroir* dans les cours du Moyen Âge et jusqu'à l'époque classique), mais il est surtout lié à la toilette et à la parure féminines. Jusqu'à l'époque contemporaine du cheveu devenu court, où il est réduit à son usage démêlant et ne fait plus rêver personne ; le peigne, qui retient les longs cheveux* et, avec eux, toute la sensualité de la femme, prend intimement part à la métaphore amoureuse. Dans l'opéra de Debussy qui reprend le texte de Maeterlinck, Mélisande se coiffe en chantant une ancienne mélodie, et laisse tomber sa longue chevelure d'or du haut de la tour de sa chambre devant un Pelléas émerveillé. En revanche, il faut attendre la fin de *L'Éducation sentimentale*, les années de séparation et sa dernière visite à Frédéric Moreau, pour que Madame Arnoux fasse le geste de défaire son peigne : « Tous ses cheveux blancs tombèrent, écrit Flaubert ; elle en donna une mèche à Frédéric, en souvenir, mais le temps de l'amour était passé… » — Le peigne joue un rôle important dans la mythologie japonaise où il fait figure d'intermédiaire entre le ciel* et la terre*. Le couple primordial y est représenté par les dieux Izanagi, le ciel, et Izanami, la terre, qui parachèvent la création en donnant naissance à toutes les îles du Japon. Leur dernier-né est le dieu du Feu*, qui brûle la matrice* de sa mère. Celle-ci meurt et descend sous terre. Tel Orphée* en Grèce, Izanagi part à sa recherche. L'ayant retrouvée, pour la voir, et malgré la défense qu'elle lui en fait, il allume une dent de son peigne : la voyant se décomposer, il s'enfuit et remonte au ciel tandis qu'Izamani devient la déesse des Défunts. Le peigne d'Izanagi a ici un pouvoir de métamorphose : dans d'autres épisodes, on le voit par exemple se transformer en poignard pour repousser des assaillants ou en un massif de bambous impénétrable. Le peigne devient ainsi un signe sacré. Par exemple, quand il permet de mettre en rapport un humain avec un kami* – ces génies tutélaires qui habitent en toutes choses. Une histoire raconte que l'empereur Sujin mit un peigne dans la chevelure de sa fille afin de la placer sous la protection d'un important kami ; lequel apparut dans le miroir que l'empereur avait aussi confié à sa fille. Il faut rappeler ici que le soleil* et la lune* sont souvent assimilés à des miroirs au Japon, et que le miroir de métal poli est un objet essentiel du culte shinto (*shintai* : corps du dieu), en tant que symbole de la divinité solaire. La relation du peigne au miroir est évidente et manifeste ici que le peigne devient en quelque sorte l'instrument d'un dialogue avec la divinité. Facteur d'ordre, il permet à son utilisateur de réaliser en lui une forme de l'harmonie céleste.

PÈLERINAGE La coutume du pèlerinage est largement antérieure au christianisme. Dans la Grèce antique, les adeptes du culte de Déméter* partaient ainsi d'Athènes pour se rendre, dans une pérégrination solennelle, au sanctuaire

Pèlerins en route vers Jérusalem : gravure de H. Holbein.

Giroldo, le saint pèlerin : gravure (XIXe s., « Légende des Saints »).

de la déesse à Éleusis ; leur but était de se rapprocher progressivement du mystère afin de l'aborder dans les conditions psychiques appropriées. Chez les chrétiens, les pèlerinages, vers Saint-Jacques de Compostelle, Rome ou Jérusalem*, Lourdes, Fatima ou Czestochowa en Pologne, ont une importance presque aussi grande que le pèlerinage des musulmans à la Mecque. Il s'agit d'un pèlerinage au centre* spirituel de la religion concernée, d'un pèlerinage vers Dieu lui-même, ou dans le cas de Compostelle, d'un substitut au centre, qui revêtait au Moyen Âge une forte connotation cosmologique et symbolique puisque la Voie lactée* était considérée comme le chemin céleste qui emmenait vers Saint-Jacques, dont on suivait de ce fait le reflet terrestre (ceux qui en revenaient arboraient la coquille* qui témoignait de la réalité de leur route). Il faut noter toutefois que les derniers lieux cités sont tous consacrés à la Vierge*, soit qu'on y trouve une antique vierge noire*, soit qu'une apparition de Marie* y ait eu lieu. Il semblerait ainsi que soit ratifiée par le sentiment populaire l'exaltation croissante dont la Mère* du Christ a fait théologiquement l'objet dans l'Église catholique (dogmes de l'Assomption et de l'Immaculée Conception). — Il est possible que les alignements de mégalithes (menhirs*) que l'on trouve en Bretagne aient été autrefois destinés

à immortaliser les « voyages sacrés » de ceux qu'on pourrait appeler les pèlerins de la préhistoire. — Les pèlerinages et les voyages étaient également accomplis, dans l'Antiquité, par des objets sacrés lorsqu'il s'agissait de transmettre au loin une bénédiction particulière (par exemple, la fertilité des champs). La proximité de l'objet qui dispense la grâce (statue de dieu, représentant de la divinité ou sacrement) devait permettre en effet d'obtenir un effet positif : c'est la signification des processions de la déesse Nerthus, mentionnées par Tacite dans sa *Germanie*, que l'on installait sur un char* traîné par des vaches*. Remontant souvent très loin dans l'histoire, et témoignant de ce fait de la pérennité de la religion à laquelle ils sont rattachés, il existe aussi de nombreux pèlerinages dans les spiritualités non chrétiennes. C'est ainsi que les Sikhs font pèlerinage au temple d'or d'Amritsar en Inde et que les adeptes du jaïnisme le font aux temples du mont Samet pour célébrer l'entrée dans le nirvana* de vingt des *Tirthamkara* (ou héros spirituels fondateurs de la secte qui, par leur ascèse, avaient triomphé du karma et obtenu la connaissance, d'où leur nom de *jaïna* : les vainqueurs). À noter cependant, à la suite des circonstances historiques, le schisme qui s'est produit dans le jaïnisme entre *Svetambara* (les « vêtus de blanc ») et *Digambara* (les « vêtus d'espace », c'est-à-dire ceux qui sont nus). Les *Digambara* se situent généralement plus au sud de l'Inde, et possèdent certains lieux de pèlerinage qui leur sont particuliers, comme Sravana Belgola, dans les environs de Mysore. Les hindouistes traditionnels ont aussi leurs propres pèlerinages, dont le plus important est sans doute vers les eaux du Gange et le lingam* de lumière de Shiva* à Bénarès, mais auquel s'ajoute une multitude de pèlerinages soit vers les sept villes saintes que sont Ayodhya, consacrée à Rama ; Mathoura à Krishna ; Hardwar, où le Gange surgit de la chaîne de l'Himalaya ; Kashi, la ville lumière, c'est-à-dire Bénarès ; Oujjaïni dédiée à Shiva, Dwarka à Krishna et Kanchipouram en pays tamoul soit vers des localités plus modestes comme celles de Maharashtra autour de la ville de Pouri. En fait, on peut distinguer dans l'ordre décroissant le maha-parikrama (c'est-à-dire le grand périple) qui dessine « le grand losange » de la « Bharatie » (l'Inde) selon les quatre points cardinaux : Badrinath au nord* (les sources du Gange), Dwarka à l'ouest, Rameshwaram au sud et Pouri à l'est, puis, à l'intérieur de ce losange sacré, les sept villes déjà citées, où les pèlerins marchent vers une théophanie du divin (sauf à Bénarès où, allant adorer le seigneur du Aum, ils remontent vers la source de leur être), et enfin les périples provinciaux ou locaux qui reproduisent à leur échelle les visites à Vishnou, Shiva, Devi (shakti de Shiva), Gampati à tête d'éléphant*, et Sourya, le soleil. En réalité, il n'y a pas ainsi en Inde l'équivalent d'un pèlerinage à Rome ou à la Mecque : le pèlerinage y est multiple, et la pérégrination vers Bénarès n'en représente souvent que la dernière étape mystique. Il faut enfin distinguer entre les sadhous, ascètes errants dont la vie entière est pèlerinage, et la masse des fidèles qui fréquente d'abord les pèlerinages de sa région. Chaque pèlerinage comporte enfin son type de rituel, de foi, de religiosité différente selon l'avatar* du divin auquel il est consacré. — Pour les bouddhistes enfin, bien que le bouddhisme ne soit pas en principe une religion en tant que telle, un certain nombre de « lieux saints » ont fini par s'imposer en Inde, comme Lumbini (où le Bouddha est né), Bodh-Gaya (où il s'est « éveillé »), Sarnath (où a eu lieu sa première prédication), Kushinagara (où il s'est éteint), et en Chine comme à Omei Shan où l'on révère la gloire du Bouddha, et à Putuo Shan où l'on visite le boddhisattva de miséricorde. — Quoi qu'il en soit, qu'il s'agisse du pèlerinage mexicain à la Vierge de la Guadalupe qui a directement pris la place et s'est installé exactement au même endroit que le culte de l'ancienne déesse-mère Tonantzin, ou du voyage psychique des chamans, comme celui de l'angakoq chez les Esquimaux, tout pèlerinage est d'abord une marche, et de ce fait une démarche spirituelle qui symbolise la quête de l'âme* à la recherche de son Seigneur ou de son principe fondamental. C'est pourquoi, remontant de la sorte à sa leçon essentielle, on a pu aussi parler des « pèlerinages de l'âme » que font certains mys-

Représentation de la façon dont les pèlerins doivent se comporter face aux risques, aux tentations et aux dangers rencontrés durant leur voyage vers la Terre Sainte : miniature (XIVe s., « Chronique », G. Sercambi).

Pèlerins en voyage :
miniature
(XIVe s., « Chronique »,
G. Sercambi).

tiques dans leur expérience visionnaire. Le pèlerin ne décrit plus alors, corporellement, une géographie terrestre structurée par des lieux sacrés, mais une « géographie céleste » à travers le *mundus imaginalis*, le monde propre de l'âme où se produit la théophanie. Processus d'initiation* spirituelle, c'est le voyage de sainte Thérèse d'Avila selon *Le Chemin de perfection* et vers *Le Château intérieur* ; c'est le « pèlerinage intérieur » de la gnose musulmane vers la « source prééternelle de l'Amour » ; c'est le *Récit de l'exil occidental* de Sohrawardi où « l'enfant de l'Orient » retourne à son vrai monde qui se situe dans le nord* cosmique, fait l'ascension de la montagne* de Qâf aux cités d'émeraude* et rencontre son Ange* ou sa Nature Parfaite ;

c'est la découverte de cet état où, tout au bout du processus, on peut enfin déclarer : « Lorsque tu as atteint à la vision de la vision, chaque atome de ton être proclame : « Je suis Dieu. » Parce qu'alors chaque atome de la création est un œil* de Dieu » (Ruzbehan, *Risala-ye Qodsiya*, cité par H. Corbin, *En Islam iranien*).

PÉLICAN   C'est d'avoir observé que le pélican adulte, quand il est dans son nid, penche le bec vers sa poitrine, et qu'il nourrit ses petits de poissons qu'il rapporte dans la poche inférieure de ce bec, qui a conduit à adopter la fausse opinion selon laquelle le pélican déchire sa propre poitrine pour nourrir ses petits de son sang. Le pélican est ainsi devenu

Mineurs
extrayant de l'or,
tandis qu'un pélican
nourrit ses petits
de son propre sang,
symbole de la pierre
rouge de la sagesse
qui devait provoquer
la transmutation
des vils métaux en or :
miniature du XVe s.

un symbole de la mort sacrificielle du Christ, de même que de l'amour paternel, qui ne recule devant aucun sacrifice. Le *Physiologus* de l'Antiquité tardive raconte que l'oiseau tue les petits qui lui désobéissent (quand ils ne se font pas tuer par des serpents*), mais qu'il peut les rendre à la vie trois jours après grâce au sang qu'il tire de son cœur*, ce qui lui fait perdre sa propre vie. Le pélican est encore une figure très utilisée dans la symbolique alchimique, soit comme alambic au « bec » recourbé, soit comme image de la « pierre* philosophale » éparpillée dans le plomb* liquide, où elle se dissout et se décompose pour le transformer en or*. Le pélican symbolise alors l'aspiration à la purification. Dans ce sens, il illustre également, dans le rite écossais de la franc-maçonnerie*, le degré portant le nom de Rose*-Croix. Les « chevaliers de la Rose-Croix » étaient aussi appelés « chevaliers du pélican ». Le *Bestiarium* du Moyen Âge cite une ancienne chanson enfantine, oubliée depuis, dont le texte est : *Pie pelicane, Jesu domine* (« Ô pélican plein de bonté, notre Seigneur Jésus ») ; il mentionne aussi la faculté que possède cet oiseau de ne se munir que de la nourriture strictement nécessaire à sa survie. « L'ermite vit de la même façon, qui ne se nourrit que de pain, et qui ne vit pas pour manger, mais qui mange pour vivre » (Unterkircher).

Étoiles à cinq branches dans la représentation symbolique de la naissance des heures : peinture pariétale thébaine.

PENTACLE Le pentacle est une étoile* à cinq* branches. On le désigne aussi sous le nom de « pentagramme », en latin *pentangulum* ou *pentaculum* (ce terme désigne également d'autres signes magiques de conjuration), *signum Pythagoricum* (« signe des pythagoriciens »), *signum Hygeae* (« signe d'Hygée », déesse de la Santé) ou *signum salutatis* (« signe de la Santé »), selon la signification symbolique que l'on veut lui prêter. Pour Pythagore* et ses élèves, le pentacle était un signe sacré qui symbolisait l'harmonie du corps et de l'âme* ; il devint par la suite le signe de la santé. Pour les gnostiques de tendance manichéenne, dont le nombre sacré était le cinq (ils connaissaient en effet cinq éléments : la lumière*, l'air*, le vent*, le feu* et l'eau*), le pentacle représentait un symbole central qui fut repris par d'autres sectes de création plus récente. Le pentacle est assez souvent représenté sur leurs pierres tombales, parfois sous une forme déguisée, comme une main* à cinq doigts. Sur les amulettes « Abraxas » de l'Antiquité tardive, cette étoile à cinq branches apparaît aussi souvent que, plus tard, dans la littérature magique occidentale. Il est possible que se manifeste ainsi, dans la représentation du pentacle, une tendance de nature gnostique qui, de la

Le sang du pélican est la quintessence naturelle : gravure du XVᵉ s.

même façon que l'idéologie alchimique*, se cachait de la croyance officielle de l'Église. En tant qu'unité dérobée des quatre éléments* (voir aussi Quintessence), le pentacle posait le cinq dans un rôle équivalent au zéro* au moment où l'Occident ne connaissait pas encore ce nombre*. Il renvoyait donc au « Dieu inconnu », au « Néant suressentiel » dont Basilide d'Alexandrie, par exemple, l'un des plus grands gnostiques avec Valentin, disait qu'il « n'était rien… absolument rien … » C'est ce Dieu inconnu que l'on qualifiait aussi du nom d'Abraxas (d'où les amulettes du même nom) – et c'est la même pensée et la même intuition que retrouvera, des siècles et des siècles plus tard, Carl Gustav Jung dans son texte visionnaire des *Sept Sermons aux morts* qu'il présente d'ailleurs comme « écrits par Basilide à Alexandrie, la ville où l'Orient* vient rencontrer l'Occident ». Il écrit par exemple : « C'est pourquoi sa nature efficiente se déploie librement. Ce-qui-est-sans-effet n'est pas, et n'oppose pas de résistance. L'Abraxas est supérieur au Soleil*, il est supérieur au Diable. Il est l'invraisemblable vraie-semblance, l'irréellement efficient » (*Sermon* 2). L'Abraxas est à la fois l'essence des couples d'opposés* et leur conjonction* ; il est même la *coïncidentia oppositorum* : « Il est l'Hermaphrodite* des plus profondes origines… / Il est le Plein qui s'unit au vide. / Il est l'accouplement sacré. / Il est l'amour et son meurtre. / Il est le saint et son traître. / Il est la plus claire lumière* du jour et la nuit* la plus profonde de la folie » (*Sermon* 3) – mais ce n'est que sa façon d'apparaître car il est toujours en deçà et au-delà, il est l'abîme* du sans-fond qui engendre les contraires et assure leur jeu à la fois libre

et nécessaire. Par oubli ou par perte de sens, on pense que c'est de l'invocation à l'Abra-xas qu'ont peu à peu dérivé certaines formules magiques, comme, par exemple, *abracadabra.* Dans le même ordre d'idées, le pentacle est encore considéré en tant que moyen incantatoire des rituels magiques, comme le montre la scène d'incantation du premier *Faust* de Goethe. La figure du pentacle doit être complètement fermée et ne doit présenter aucune faille. Traditionnellement, la représentation du pentacle avec la pointe dirigée vers le haut était appelée une « magique blanche* », la figure inverse étant appelée une « magique noire* ». Pour dessiner une magique blanche, on commence par l'extrémité de la branche de gauche, puis on se dirige vers la branche de droite pour ensuite descendre vers un point en bas à gauche, remonter jusqu'à la pointe du haut et revenir à un point en bas à droite et finalement retrouver le point de départ. Une tête de bouc* satanique apparaissait à l'intérieur de certaines variantes de magiques noires ou, parfois, une silhouette humaine. — L'iconographie chrétienne emploie elle aussi l'étoile à cinq branches, mais comme référence aux cinq plaies du Crucifié et, en raison de sa forme close, comme un signe correspondant au cercle* (qui symbolise l'union du commencement et de la fin de toute chose dans le Christ). Ce symbole existait pourtant déjà en Occident bien avant l'ère chrétienne : il apparaît déjà par exemple sur certaines céramiques étrusques. Le ciel étoilé* peint à l'intérieur des tombes égyptiennes est également pourvu de ces étoiles à cinq branches (mais sans tracé intérieur). Le modèle naturel du pentacle est proba-

Étoiles à cinq branches sur un cratère étrusque représentant une bataille navale (VIIe s. av. J.-C., Cerveteri).

*Bague-amulette avec pentagramme :
gravure de 1647.*

blement à rechercher dans la symétrie quintuple qui se révèle dans le corps de nombreux échinodermes (par exemple les étoiles de mer). La représentation du pentacle peut aussi se concevoir aisément comme une aspiration purement ludique à l'habileté graphique. Certaines images rupestres de l'espace alpin, datant surtout du Moyen Âge tardif et du début des temps modernes, représentent des pentacles au rôle probablement apotropaïque, comme le suggère la présence du pentacle tant parmi les symboles chrétiens que génitaux (parfois sous la forme d'amulettes). En tant qu'Étoile Flamboyante, le pentacle joue également un rôle très important dans la symbolique maçonnique* : ses angles sont garnis de faisceaux de rayons ou de flammes, et son centre s'orne d'un G. Cette étoile « nous rappelle le soleil, qui éclaire la terre de ses rayons et fait profiter l'humanité de ses bienfaits, en procurant à tous les habitants de la terre la vie et la lumière » (Lehnnhoff-Posner). On peut vérifier l'existence de cette Étoile Flamboyante comme symbole maçonnique à partir de 1735 ; on interprète indifféremment le G central comme l'initiale de Gnose, de Géométrie, de Dieu (*God*), de Gloire, ou encore d'autres concepts. Les alchimistes, comme les gnostiques, expliquaient les cinq branches du pentacle par le nombre des éléments, en référence à la quintessence* spirituelle (*quinta essentia*) des quatre éléments usuels. En tant que signe capable de faire fuir les démons, le pentacle apparaît souvent taillé dans le bois

des anciennes traverses ou des seuils de portes. Les représentations d'étoiles à branches multiples n'apparaissent que rarement, comme l'étoile à huit branches qui symbolise le doublement de la « quadruple orientation » (voir Croix), emblème de la Loi et de la Justice.

PÈRE Le père incarne généralement, sur la base de notre ordre patriarcal traditionnel, l'autorité suprême, voire la divinité (Dieu le Père, le père des dieux, le père de famille, l'assistance paternelle, la patrie, etc.) ainsi que, dans l'économie psychanalytique, l'instance ordonnatrice du sur-moi. Plus fondamentalement, et par le biais de la mise en scène du complexe d'Œdipe*, le père est celui qui interdit l'accès à la mère* dans l'inceste*, et qui, en infligeant la castration symbolique, fait advenir l'homme à la puissance de la Loi. Dans le remaniement de la psychanalyse de Freud telle que l'a conçue Lacan, le père est posé comme « signifiant » majeur et ordonnateur de l'ordre du Symbolique (par opposition et en complémentarité à l'Imaginaire et au Réel). C'est l'accession au « Nom-du-Père », et sa reconnaissance en tant que telle, qui est alors la signature de la structuration effective de l'Œdipe. — Dans la psychologie de Jung, au contraire, et dans la perspective de l'histoire des religions, la figure du père s'engendre dans

*Jacob béni par son père Isaac :
miniature du XVᵉ s.*

Jésus invoque son Père dans le jardin de Gethsémani : gravure allemande du XVᵉ s.

l'*animus* (la composante contrasexuelle intérieure, c'est-à-dire masculine) de la mère, aussi bien dans la réalité vécue de l'enfance – rejoignant là la notion de « parents combinés » de Mélanie Klein – que, du point de vue archétypique, dans l'univers des anciennes déesses-mères. Il s'agit là toutefois d'un point de vue génétique, c'est-à-dire qui s'attache aux conditions d'aparition de la figure du père. Il n'en reste pas moins que celle-ci se subsume aussi dans l'archétype correspondant, et qu'il est dès lors de la plus grande importance de savoir différencier le père réel de l'image archétypique, et encore plus loin, de l'archétype du père. La confusion de ces plans entraîne l'aliénation de la conscience à l'archétype et le déclenchement de l'affection psychologique. — Dans les religions anciennes, et les structures politiques qui allaient de pair, il était courant que le roi* – ou l'empereur* – incarne le « père céleste » et soit appelé le « père du pays ». Ainsi en allait-il encore par exemple, au début de ce siècle, du tsar de Russie qu'on appelait, dans un mélange d'affection, de respect et de révérence religieuse, « Petit Père ». Cette idée ne disparut pas avec la révolution de 1917 : par un processus de transposition, Staline, parvenu au pouvoir suprême en Union soviétique, se fera couramment appeler « le Petit Père des peuples ». — La religion biblique, quant à elle, présente des caractéristiques nettement patriarcales qui ont été reprises par le christianisme (« Notre Père »). Le théologien et historien des religions Friedrich Heiler (1892-1967) voyait la relation de l'homme en prière à Dieu comme celle de l'enfant à son père, ce qu'il considérait comme un « phénomène primitif religieux », tandis que, pour la littérature féministe contemporaine, cette conception a représenté au contraire une considérable pierre d'achoppement puisqu'elle niait sa place à la mère et à la figure divine de celle-ci. — Dans l'iconographie alchimique, le soleil* est considéré comme le père (« le soleil est son père, la lune est sa mère », dans la Table d'Émeraude*).

PERLE   Joyau procédant de la symbolique des pierres précieuses*, la perle est, en raison de la douceur de son éclat, considérée comme « lunaire » et féminine, sa forme sphérique passant pour une référence à la perfection (voir Cercle). La rareté des perles régulières et le fait qu'elles soient enfermées à l'intérieur de coquillages* en firent, pour la gnose de l'Antiquité tardive, le symbole de la connaissance cachée et de la sagesse ésotérique – et pour le christianisme, celui de l'enseignement du Christ. Le *Physiologus* de la chrétienté primitive rapporte cette fable curieuse : « Il existe dans la mer un coquillage appelé « coquillage pourpre ». Il remonte des profondeurs de la mer…, ouvre sa bouche pour boire la rosée céleste, l'éclat du soleil, de la lune et des étoiles, et il fait naître la perle de toutes ces lumières conjuguées… Les

Perle : « Sereinement dans l'adversité » : gravure de 1647.

Perle : « Dans le ventre déjà, j'étais pure » : gravure de 1702.

deux parties du coquillage symbolisent l'*Ancien* et le *Nouveau Testament*, la perle symbolise notre Sauveur Jésus-Christ. » Dans la mer Rouge, d'autres coquillages « restent près de la rive, tous la bouche ouverte, dans l'intention d'avaler quelque chose de comestible... Quand éclate un orage, ce qui est courant là-bas, la foudre s'engouffre de toute sa force à l'intérieur du coquillage, qui alors s'effraie et se referme... Il a la foudre en lui. Cette dernière tourne alors tout autour des yeux du coquillage et, par l'effet de cette rotation, transforme ces yeux en perles. Le coquillage périt, mais les perles luisent alors dans la mer Rouge... La foudre divine venue du ciel a pénétré le coquillage le plus pur, Marie*, la mère de Dieu, et une perle sans prix est issue d'elle, ainsi qu'il est écrit : Elle a conçu la perle, le Christ, de la foudre divine » (citation tirée de Jean Damascène, né en 675). La perle claire et blanche peut être aussi, comme dans l'ancienne Perse, un symbole de la Vierge*, ou plutôt, selon la terminologie des Fidèles de Vérité, la coquille qui la contient est la demeure de la Vérité unique et éternelle – et les mères* de toutes les manifestations de la divinité sont des « secrets de la mer », c'est-à-dire des vierges pures, des perles nées des flots qui les entourent, la Vérité multipliée quoique toujours unique. C'est dans ce sens d'ailleurs qu'on a traditionnellement interprété le motif de la couronne* de perles comme le symbole

de la multiplicité des forces divines dans leur unité et leur forme originelles. D'après l'*Apocalypse* de saint Jean, les portes de la Jérusalem* céleste sont faites de perles (en anglais, l'expression *pearly gates* est synonyme de « portes du ciel »). Un *Hymne de l'âme* gnostique, attribué à Bardesane et datant des débuts de la chrétienté, raconte qu'un enfant (l'homme), dans la lointaine Égypte*, est envoyé sur le chemin du pèlerinage de la vie pour rechercher une perle cachée dans un puits* profond, gardé par un dragon*. Mais l'enfant goûte des plats du pays et oublie sa mission, jusqu'à ce qu'une lettre (l'enseignement sacré), portée par un aigle*, lui rappelle son devoir. Alors peut commencer la tâche qui consiste à retirer la perle (l'illumination, la gnose) du puits : « Je commençai à endormir / le dragon qui, comme gardien / entourait en sifflant le puits / en lui chantant des chansons / et en appelant des noms pleins d'une force magique, / le nom chéri de mon père, / celui de ma mère et de mon frère, / jusqu'à ce que le dragon s'endorme. / Alors je volai la perle / et m'éloignai de ce pays étranger. / Aux Égyptiens je laissai aussi / mon vêtement impur [le corps]. » Par la suite, le pèlerin est reçu dans son pays céleste et enveloppé du manteau* royal (W. Schultz, 1910). On trouve dans les *Gesta Romanorum* (vers 1300) un texte qui rapporte l'histoire d'une jeune fille qui possédait une perle d'une grande valeur. Cinq frères (les sens) cherchent à prendre la perle à la jeune fille, mais elle se refuse à échanger sa perle contre les

Dragon jouant avec une perle : étendard de la dynastie mandchoue.

joies qu'on lui promet. Ce n'est qu'au roi* qu'elle donnera la perle, devenant alors son épouse. — Dans l'Antiquité grecque, la perle était le symbole d'Aphrodite* (voir Vénus), née de l'écume de la mer. Dans l'ancienne Chine, elle passait pour l'un des « huit joyaux », et signifiait « grande valeur et pureté ». Les larmes étaient appelées « petites perles » (la même comparaison existe en Europe). Les perles légendaires de la jouvence ou de la séduction dont parlent les contes et les légendes d'Extrême-Orient, censées procurer les plus grandes joies amoureuses, ne sont pas en fait des perles au sens où nous l'entendons : ce sont de petites pilules d'amour blanches*, fabriquées par des procédés alchimiques. Une croyance existe en Chine selon laquelle les coquillages sont fécondés par l'orage (le tonnerre*), et les perles y croissent à la faveur de l'éclat de la lune*. On plaçait des perles dans la bouche* des morts qui appartenaient aux familles fortunées, usage qui rappelle la coutume antique de l'obole destinée au passeur Charon (voir Au-delà). La même coutume est attestée en Inde où la perle est associée de près au thème de l'immortalité. Elle y est en effet considérée comme la fille de Soma*, boisson d'immortalité en même temps que figure de la lune : comme cette dernière, elle assure le cycle des métamorphoses et, selon l'*Atharva-Véda*, elle prolonge indéfiniment la vie. Par ailleurs, dans une parenté évidente de son symbolisme en Perse, elle renvoie à l'unité du multiple : la couronne est ici remplacée par le collier de perles (*sutratma*) qui se reflètent les unes et les autres et sont toutes traversées par Atma, l'âme ou l'esprit universel, figure du Brahman inconditionné. — La perle joue un rôle tout aussi significatif dans la tradition japonaise : elle fait partie des trois insignes du royaume (*Shinki sanshu*), avec l'épée* et le miroir* ; d'après la tradition, ces perles furent produites par le dieu Tama-nooya, et ressemblent à des yeux*. — De par sa triple vertu féminine, lunaire et aquatique, qui la relie aux pouvoirs de fécondation et de régénération perpétuelles, la perle est dotée, dans de nombreuses civilisations, de vertus thérapeutiques : elle guérit les maladies d'yeux en Inde, en Chine et en Islam, les dérangements psychiques dans l'Occident médiéval (de la mélancolie à l'épilepsie), et, d'une façon générale, elle renforce les pouvoirs génésiques en tant qu'aphrodisiaque. D'où la double thématique de vérité essentielle et de puissance de manifestation selon laquelle les perles, si elles remédient à une sexualité défaillante, passent aussi pour des symboles de vertu qui, comme le dit l'érudit du Moyen Âge Lonicerus, « affermissent les esprits vifs venant du cœur ». S. Golowin cite cette expression des joailliers de l'Europe de l'Est : « Les perles que nous aimons font venir aux yeux des perles argentées comme la lune, mais qui sont des larmes de joie. »

PERROQUET   (en grec *psittakos*) Le perroquet était déjà connu dans l'Antiquité. Importé des Indes, il était protégé pour ses dons d'imitation de la voix humaine. Callimaque (300-240 av. J.-C.) le considérait comme le symbole de l'orateur qui bavarde à tort et à raison ; une fable d'Ésope le présente comme le rival de la belette. D'après le *Physiologus* de la chrétienté primitive, il parle comme un homme, ce que le texte associe à l'enseignement de saint Basile : « Toi aussi, homme, suis la voix des apôtres qui célèbrent Dieu, et célèbre-le toi-même. Suis

Perroquet sur une branche d'abricotier : peinture chinoise sur soie du XIIᵉ s.

L'Enfant Jésus tient dans ses mains un perroquet : gravure du XVe s.

la conduite des Justes, grâce à quoi il te sera permis d'atteindre leur trône rayonnant de lumière. » Le bec du perroquet constituait une amulette contre la fièvre et les démons. Dans le *Bestiarium* du Moyen Âge, le perroquet est présenté comme un animal indocile : sa tête est si dure que pour pouvoir lui apprendre quelque chose, il faut sans cesse le corriger à l'aide d'une verge en fer. Quand on représente le perroquet dans les images du paradis*, on suppose qu'il a appris à prononcer le nom d'Ève*. L'inversion de ce nom, Ave, est en effet le salut que Gabriel, l'ange* de l'Annonciation, adresse à la Vierge* puisque, pour avoir échappé au péché, celle-ci est considérée comme l'opposé, ou plutôt comme la rédemptrice de la faute de la mère originelle. En Chine, le perroquet (*ying-wu*) symbolisait le bavardage de la fille de joie, mais il était aussi l'attribut de la douce déesse Kuan-yin (en japonais *Kwannon*), et portait alors une perle* dans son bec.

PEUPLIER   Arbre* de contrées plutôt tempérées, le peuplier se présente sous un aspect double (l'extérieur de ses feuilles est clair alors que l'intérieur est sombre) ; il forme un couple d'opposés* constitué par son élan vertical et phallique au-dessus du cours horizontal des eaux* auprès desquelles il se plaît particulièrement. Ce symbolisme est redoublé du fait qu'il existe deux espèces de peupliers : le peuplier noir* à qui on attribuait parfois (comme chez les Latins) la production de l'ambre* comme autant de gouttes de sperme, et le peuplier blanc* consacré à Héraclès* qui l'avait découvert près du fleuve Achéron lorsqu'il était descendu aux enfers*. Ainsi placé sous le signe de la dualité fondamentale, le peuplier tend à être implicitement androgyne* puisque c'est en lui que sont transformées de nombreuses femmes – que ce soient les Héliades par exemple, ou la mortelle Leucé qu'Hadès plaça à l'entrée des enfers pour la garder auprès de lui. Son bois était par ailleurs le seul dont on eût le droit de se servir pour les sacrifices* qu'on dédiait à Zeus à Olympie.

PHÉNIX   (en grec *phoinix*) Le phénix, qui ressemble au héron* est un symbole de l'immortalité et de la résurrection. Son nom est issu du mot grec qui désignait la couleur rouge* (couleur de feu*), en référence à la légende de sa mort et de sa résurrection dans le feu purificateur. L'origine du phénix vient de l'oiseau* sacré égyptien Benu (Bennu, Benhu), un héron cendré qui fut premier être à se poser sur la colline originelle issue du limon ; il incarnait le dieu du Soleil*. Il était adoré à Héliopolis, où l'on racontait qu'il n'apparaissait que tous les 500 ans. Les mythologues antiques multiplièrent les motifs de cette légende.

Déesse volant dans la nuit en chevauchant le Phénix : peinture chinoise (dynastie Sung).

On rapportait ainsi que le phénix ne se nourrissait que de rosée* (voir Oiseau de paradis), puis qu'il s'envolait alors pour des contrées étrangères où il recueillait des herbes odorantes qu'il amassait ensuite sur l'autel d'Héliopolis, afin de les embraser et de s'y réduire lui-même en cendres*. Mais il renaissait trois jours plus tard pour une vie renouvelée. Les mythes antiques dépeignirent plus tard le phénix comme paré d'un plumage doré ou multicolore. Il symbolisait, dans l'ancienne Rome, la force vitale et toujours renouvelée de l'empire, et c'est pourquoi il apparaissait sur les pièces de monnaie et sur les mosaïques de l'époque impériale. Les Pères de l'Église le considéraient comme le symbole de l'immortalité de l'âme* et de la résurrection du Christ. Le *Physiologus*, écrit au IIe siècle, en parle en ces termes : « Quand la résurrection d'entre les morts est accordée à cet animal absurde, que le Créateur de toutes choses ne connaît pas, ne nous sera-t-elle pas donnée, à nous qui prions Dieu et suivons ses commandements ? » L'iconographie chrétienne plus tardive présente souvent le phénix comme le pendant du pélican*. — Dans la symbolique alchimique*, il est la destruction et la recomposition de la *materia prima* qui se transforme pour devenir pierre* philosophale. C'est en

Phénix brûlant dans les flammes : vignette (1559, G. A. da Borgo).

se reportant à la signification du phénix dans l'Égypte antique – tout en la réinterprétant à sa manière – que Dom Pernety écrivait au XVIIIe siècle, en le rapportant toujours au soleil, que « les Égyptiens feignaient que cet oiseau était rouge*, qu'il était unique au monde, et que tous les cent ans il venait dans la ville du Soleil (c'est-à-dire Thèbes, ou Héliopolis), où il se fabriquait un tombeau d'aromates, y mettait le feu, et renaissait de ses cendres. Le Phénix n'est autre que le Soufre* rouge des Philosophes ». D'autres alchimistes l'ont aussi comparé à la quintessence* de nature ignée (Martin Ruland dans son *Lexicon*, 1612), à l'animal fabuleux *Ortus* qui réunit en lui les quatre couleurs de l'Œuvre (le noir, le blanc, le rouge et l'or – dans les *Symbola aureae mensae duodecim nationum* de Michaël Maier), et qui correspondait au lever du soleil (du latin *orior, ortus* : se lever, d'où vient aussi le mot orient* : trouver « l'or des philosophes », c'est aussi avoir découvert son orient psychique et spirituel), et ils l'ont même parfois assimilé à la personne du Christ. Le phénix est supérieur au paon* par le jeu de ses couleurs : « L'oiseau phénix est plus beau que le paon ; le paon a en effet des ailes dorées et argentées quand le phénix les a couleur de hyacinthe* et

Le Phénix renaît de ses cendres : miniature arabe.

d'émeraude*, et ornées des teintes les plus précieuses avec une couronne* sur la tête », dit Nicolaus Caussinus, d'après Épiphane, dans le *De Symbolica Aegyptiorum sapientia* – Cologne, 1623 ; le phénix est de ce point de vue la perfection atteinte du principe de transmutation que représente le paon. Il est appelé « l'oiseau de cinabre* » par l'alchimie taoïste où, en relation avec le sud, l'été et le feu, il symbolise le principe d'immortalité. Au-delà de cet usage spécifique, le phénix est aussi, dans les images de la Chine traditionnelle, l'oiseau légendaire Feng-huang. Comme pour la licorne* Ky-lin, les deux qualités originelles, le yin et le yang, se réunissent en lui, formant ainsi un tout malgré leur dualité. Il est aussi un symbole de la communauté conjugale. Bien qu'on ait voulu souvent la mettre en avant, la comparaison entre le phénix et le rôle joué par Quetzal (voir Quetzalcoatl) dans la symbolique des anciennes cultures mexicaines reste problématique. — Le phénix porte dans les légendes juives le nom de « Milcham » (E. ben Gorion, 1980), et l'explication de son immortalité vient de ce que la Mère* originelle, Ève*, après s'être rendue coupable d'avoir goûté au fruit de l'arbre* interdit, fut prise de jalousie devant l'innocence qu'avaient conservée les autres créatures ; elle réussit alors à tenter les animaux et à leur faire goûter du fruit défendu. L'oiseau Milcham fut le seul à ne pas l'écouter, et l'ange* de la mort reçut l'ordre de Dieu, pour le récompenser, de ne jamais lui faire subir l'expérience de la mort. Milcham reçut en don une ville fortifiée dans laquelle il vécut tranquillement pendant plusieurs milliers d'années. « Les années de sa vie sont des milliers d'années, et quand mille

Phénix : « La jeunesse heureuse » : gravure de 1675.

Phénix nimbé sur un Golgotha symbolique : mosaïque (Ve s.).

ans ont passé, alors un feu s'élève du nid de l'oiseau et le brûle. Il ne reste qu'un œuf qui se transforme en poussin, et l'oiseau continue à vivre. Mais d'aucuns affirment que l'oiseau, lorsqu'il a atteint le millier d'années, voit son corps se rétrécir et ses ailes et ses plumes tomber, jusqu'à retrouver l'apparence d'un poussin. Il renouvelle alors son plumage et prend son vol comme un aigle*, et jamais la mort n'aura de prise sur lui. » — Dans la mystique musulmane ésotérique, le phénix est associé au Simorgh, l'oiseau de l'individuation angélique que l'on trouve sur la montagne* de Qâf après que l'âme a accompli son voyage à l'Orient. Habitant ainsi au « pôle » de la géographie mystique du *mundus imaginalis*, il est lui-même à la fois le symbole et le produit de l'imagination créatrice qui lui assure sa réalité ontologique dans le domaine du Malakut.

PIE   La pie est, en Europe, le symbole des bavards et des voleurs (voir les expressions « jacasser comme une pie », « pie voleuse », etc.). Dans *Les Métamorphoses* d'Ovide déjà, une femme est transformée en pie. Tandis que cet oiseau au plumage noir et blanc a chez nous une connotation négative, il est en Chine (en chinois : *hsi*) un symbole de bonheur (*hsi-ch'iao*, la « pie de la joie »). Son cri annonce de bonnes nouvelles ou l'arrivée d'hôtes agréables. Un texte datant du Vᵉ siècle explique qu'autrefois, l'homme et la femme avaient coutume, lorsqu'ils étaient séparés pour un certain temps, de casser un miroir* en deux. En cas d'adultère, le morceau de miroir du pécheur se transformait en pie et allait raconter ce qui était arrivé au conjoint. C'est pourquoi des pies sont souvent gravées dans le cadre des miroirs de bronze. La pie symbolisait par ailleurs le principe du yang (voir Yin et yang) ; oiseau du bonheur, elle était opposée aux corbeaux*. Les images où figurent douze pies servaient à transmettre les vœux et celles où l'on voit des pies, des bambous* et des prunes* ou bien deux pies* ensemble, correspondent aux plaisirs de la vie conjugale (on les trouve en particulier sur les cartes envoyées à l'occasion des mariages).

PIED *(EMPREINTES DE)*   Les pieds sont souvent représentés dans les peintures rupestres ou préhistoriques pour indiquer la présence d'humains, mais surtout d'êtres surnaturels. Les chasseurs

Jésus lave les pieds des Apôtres : miniature (XIIIᵉ s., Évangéliaire).

Empreintes de pieds et de mains de Tara, déesse protectrice des saints et des souverains : tanka tibétain du XVIIIᵉ s.

et les éclaireurs ont toujours et partout accordé une grande importance aux empreintes de pied. Comme celui-ci est en contact direct avec la terre*, les hommes ont longtemps pensé qu'il pouvait transmettre au sol les forces et le rayonnement personnels. C'est ainsi qu'on s'est souvent contenté, pour marquer la conquête de terres nouvelles, d'y laisser l'empreinte du pied du conquérant ; on posait de même le pied sur les ennemis vaincus exprimant par là qu'on avait obtenu leur soumission. Les empreintes acquièrent toutefois une signification toute différente lorsqu'elles ont été laissées par un dieu ou une puissance spirituelle : elles marquent alors, comme avec le Bouddha en Chine ou avec Vishnou* en Inde, la mesure du monde opérée par ces figures. Ces empreintes ne peuvent pourtant exister que dans la mesure où elles s'impriment dans le monde sensible. En réalité, et par essence, le Bouddha est dépourvu de pieds, signifiant par là qu'il se trouve au-delà de toute manifestation. — Dès l'Antiquité, se lever du pied gauche (voir Droite) était considéré comme un mauvais présage pour le jour à venir. Les serviteurs et les esclaves devaient baiser les pieds de leur maître en signe d'humilité. En revanche, défaire les lanières de ses chaussures et entrer pieds nus dans des lieux sacrés (*Exode* III, 5) était une marque de respect. La coutume du « lavement des pieds » du Jeudi saint, pratiqué dans l'Église catholique, est un geste d'humilité en souvenir de la scène où Jésus lava les pieds de ses fidèles selon les règles de l'hospitalité orientale. Les membres de certains ordres monacaux (par exemple les carmélites) ne portent pas de chaussures en signe de pauvreté. — On représentait autrefois les êtres démoniaques avec des pieds d'animaux qui ne se rattachaient pas correctement au reste du corps, par exemple des pieds d'oie et de canard (voir Ondines, Nains). Les pieds de bouc* ou de cheval* du Diable* en sont un exemple particulièrement connu et symbolisent la perte de la beauté passée, et l'impossibilité de se déplacer autrement qu'en boitant. Cette démarche claudicante du boiteux* est pourtant très ambivalente quant à son sens. Si elle signale en effet une inadaptation ou une inadéquation à la terre sur laquelle on marche (Œdipe* a les « pieds enflés » parce que percés à sa naissance pour qu'on puisse le pendre dans un arbre où il devait mourir, et son grand-père Labdacos est boiteux), elle peut être aussi la marque d'une mutilation* symbolique qui équivaut à un sacrifice* divin : le dieu Thor est boiteux chez les Scandinaves comme le sont bon nombre de forgerons* (Héphaïstos, Volund, etc.). — Dans les croyances populaires de la Chine ancienne et des régions marquées par l'empreinte du bouddhisme, de l'islam ou du christianisme, les grottes creusées

Saint Louis lave les pieds des pauvres : miniature (~1380).

dans la pierre* sont souvent perçues comme l'empreinte de dieux, de héros, de prophètes et de saints, et on leur consacre des cultes particuliers. La mère du fondateur de la dynastie Chou aurait ainsi conçu son enfant en posant le pied dans un empreinte divine. — En 1740, on fit exploser dans les rochers des Roses de Souabe l'une de ces « empreintes divines » pour empêcher qu'elle ne soit l'objet de cultes superstitieux (notamment de la part de personnes qui souffraient de maladies des pieds). On a découvert de façon analogue dans plusieurs endroits d'Europe centrale des « empreintes » de saints, de géants, de diables et de sorcières*, la plupart du temps sculptées par les intempéries dans des blocs de rochers, de telle sorte

Fidèles prostrés aux pieds d'un prédicateur dominicain en signe d'humble dévotion : miniature du XIIIe s.

Créature démoniaque foulant aux pieds une femme : gravure du XIXᵉ s.

qu'elles affectent en effet plus ou moins la forme de pieds. L'expression « marcher dans les empreintes de quelqu'un » exprime l'intention d'être son héritier spirituel (voir *Épître aux Romains* IV, 12) : on veut suivre le modèle qui a laissé ses traces. On retrouve aujourd'hui une manifestation plutôt ludique de ce culte ancien dans la coutume hollywoodienne qui consiste à aller admirer sur le Sunset-Strip, à Los Angeles, les empreintes d'acteurs célèbres et à poser le pied dedans. — Pour la psychanalyse, alors que le pied masculin est un symbole phallique, le pied féminin est un ersatz (perçu ainsi dès la plus tendre enfance) de l'absence de pénis, ce qui expliquerait le fétichisme des pieds et des chaussures que l'on observe chez de nom-

breux hommes. Cette disposition psychique se retrouve particulièrement en Chine où l'on prisait si fort les petits pieds des femmes que, par des pratiques adéquates, on les empêchait de se développer en les comprimant avec des bandelettes. — Dans la symbolique chrétienne, le péché capital de la colère (*ira*) est parfois représenté sous la forme d'une femme noble qui donne des coups de pied à son serviteur. Voir Main, Pantoufle.

PIERRE   Reconnue pour sa pérennité, la pierre est, dans de nombreuses civilisations, le symbole du pouvoir divin. L'homme a vite compris qu'il pouvait arracher à certaines pierres des étincelles*, et observé que d'autres tombaient du ciel* (météorites) ou possédaient des formes singulières. Dans les civilisations préhistoriques, les pierres servaient à la fabrication des outils et des armes, ce qui nécessitait à l'évidence des connaissances relatives à la qualité du matériau. La coutume de construire des édifices sacrés à partir de blocs de pierre (constructions mégalithiques tels que les dolmens, les cercles* de pierre, les allées de pierre, etc.) est largement répandue et remonte aux environs de 6000 av. J.-C. ; voir Menhir. Dans nombre de mythologies, des êtres surnaturels ou humains naissent des pierres (voir Déluge). En Orient, la pierre était le signe de la présence divine et elle était honorée au moyen de liquides sacrificiels ou ointe avec de l'huile et du sang*. Elle se transforma ainsi en autel (*Beth-El*, la « maison de Dieu »). Le cas des pierres tombées du ciel est légèrement différent car, si elles sont toujours liées à la divi-

Tailleurs et manœuvres transportant des pierres pour la construction d'une église : miniature (XIIIᵉ s.), « Relatio translationis corporis S. Geminiani ».

« Shalagrama » ou « pierre de prière »,
dans laquelle la foi hindouiste
reconnaît les attributs de Vishnou :
art populaire indien.

nité, leur couleur noire* d'aérolithe les renvoie à la lune* et à la féminité, ou à la maternité en général : c'est le cas de la pierre noire qu'on adorait à Pessinonte, en Phrygie, sous les auspices de la grande déesse Cybèle*, ou de la pierre noire équivalente qui se trouve à l'intérieur de la Kaaba de la Mecque (rappelons ici que l'islam est une religion au très fort symbolisme lunaire – voir Croissant.) Les simples tas de pierres (*Kerkur* en Afrique du Nord, *Obo* en Asie centrale) peuvent également avoir une signification religieuse. Dans l'*Exode* (XX, 25), il est dit des blocs de pierre brute formés par la nature sans être travaillés par l'homme : « Mais si tu me fais un autel de pierres, tu ne bâtiras pas en pierres de taille, car en y passant ton ciseau, tu les profanerais. » Voilà pourquoi la splendeur du Temple* de Jérusalem* fut un scandale aux yeux des Juifs orthodoxes (R. Aron, 1973).— Dans la mythologie grecque, c'est une pierre qui occupe la place du premier des dieux : le dieu primitif Cronos* (Saturne*) craignait d'être détrôné par l'un de ses fils, comme il avait lui-même émasculé et chassé son père Ouranos ; c'est pour cette raison qu'il dévora ses enfants. Mais sa femme

Rhéa emmaillota une pierre dans des langes et c'est cette pierre que Cronos (voir aussi Chronos) prit pour l'un de ses enfants et qu'il avala ; le petit Zeus put alors grandir en secret et, parvenu à l'âge adulte, triompher de son père. Zeus érigea par la suite à Delphes la pierre que Cronos avait recrachée et où, ointe d'huile et entourée d'un filet en laine, elle fut vénérée en tant qu'Omphalos* (ou ombilic). — Dans la légende grecque du Déluge, le couple humain survivant, Deucalion et Pyrrha, crée à partir des pierres, « les os de la Terre-Mère* » qu'ils jettent derrière leur dos, une nouvelle race humaine pour remplacer l'ancienne humanité engloutie dans les flots. — Les pierres précieuses*, qui se signalent par leur couleur*, leur éclat et leur dureté, jouent un rôle particulier en symbolique, mais le bloc de pierre en tant que matériau de construction (« la pierre gauchie qui devient pierre angulaire ») mérite une attention spéciale. — Dans la symbolique maçonnique*, la « pierre brute » représente le grade d'apprenti ; l'objectif à atteindre est la « pierre taillée » que l'on pourra intégrer à la construction du grand Temple de l'humanité. Cette symbolique remonte aux chantiers de construction des cathédrales où le travail de la pierre était essentiel. Les clefs de voûte étaient souvent pourvues des signes de maîtrise des tailleurs de pierre, dont certains rappellent les dessins des runes*. En tout état de cause, le passage de la pierre brute à la pierre taillée représente généralement le progrès de l'esprit

La lapidation de saint Étienne :
miniature byzantine du IXe s.

La lapidation de saint Étienne : miniature (antiphonaire du XIVᵉ s.).

et de l'âme, la transformation divine de la matière informelle en symbole de connaissance et d'illumination. Dans la même perspective, il faut rappeler la parabole christique de la pierre méprisée par les bâtisseurs qui devient pourtant la pierre angulaire qui permet à tout l'édifice de tenir (c'est ici l'équivalent du dicours sur les béatitudes : « Heureux les pauvres en esprit, car le Royaume des Cieux est à eux » – étant bien entendu que cette pierre angulaire est en fait la clef de voûte), ainsi que la consécration de l'apôtre Simon, qui fait de la pierre le fondement inébranlable où pourra s'appuyer la communauté des fidèles : « Tu es Pierre (*Petros* en grec, *Kipha* en araméen), et sur cette pierre je bâtirai mon Église, et les Portes* de l'Hadès* ne tiendront pas contre elle » (*Évangile de saint Matthieu* XVI, 18). — Dans la symbolique chrétienne, la pierre est souvent rattachée à la lapidation que les anciens Juifs pratiquaient envers les blasphémateurs ; on la trouve ainsi dans les représentations de saint Étienne, le premier martyr, et plus rarement sur les tableaux où figure le pénitent saint Jérôme qui, en signe de contrition, se frappe la poitrine avec une pierre. — Liborius de Paderborn était censé aider à guérir les « pierres » qui se trouvent dans le corps humain (bile, rein, vessie) car on le représente avec trois pierres posées sur un livre*. — Dans l'iconographie alchimique*, la « pierre philosophale » (*lapis philosophorum*) est le symbole de l'objectif ultime de la quête qui consiste en la transformation des métaux impurs en or. Cette pierre est à l'évidence la pierre spirituelle, la pierre

extraite de la *materia prima*, dégrossie et travaillée jusqu'à ce qu'elle devienne l'équivalent du Christ ainsi que la « pierre angulaire » du Grand Œuvre. — Les trônes* de pierre jouent souvent un rôle dans les anciennes cérémonies de couronnement ; on prétendait, par exemple en Irlande, que la pierre sacrée de Fal se mettait à crier lorsque le vrai roi* la touchait. Cette « pierre du savoir » se trouve sur une colline de la ville de Tara et était traditionnellement le phallus (voir Lingam) du héros Fergus. Selon la tradition, deux autres pierres de Tara étaient si proches l'une de l'autre que l'on ne pouvait passer la main à travers (Blocc et Bluigne). Mais si elles acceptaient la royauté de celui qui se présentait devant elles, elles s'écartaient à son approche et laissaient passer son char. Lorsque celui-ci avait atteint le *fail*, la pierre frottait l'axe du char*, si bien que toutes les personnes présentes pouvaient en entendre le bruit perçant (A. et B. Rees, 1975). Les pierres qui présentent des fentes ou des espaces entre elles étaient réputées guérir ceux qui pouvaient ou savaient s'y glisser. Les pierres qui comportaient des rainures servaient à des rituels de contact magique : les femmes glissaient sur ces pierres, le sexe dénudé, pour recueillir en elles les énergies fécondantes « à partir des os de la Terre-mère ». Dans un sens analogue, certains dolmens préhistoriques étaient considérés en Bretagne comme des « pierres brûlantes » qui devaient charger en énergie le bas-ventre des femmes stériles qui s'asseyaient dessus. Leur « chaleur » symbolisait bien sûr l'énergie vitale qui jaillissait de ces phallus métaphoriques. On en trouve encore aujourd'hui les traces en Irlande où les tables de pierre qu'on appelle « les lits de Diarmaid et de Grainne » parce que ces deux amants légendaires sont censés y avoir dormi alors qu'ils étaient traqués par Finn* (voir aussi à Tristan* et Iseult), sont réputées pour leur puissance de fécondation. On attribuait aussi à la pierre le pouvoir d'accumuler les énergies terrestres pour les restituer aux hommes lorsqu'on les touchait. – Voir Vautour. « Un caractère monumental et pérenne est assurément inhérent aux monuments funéraires en pierre d'une taille souvent imposante », écrit le spécialiste de la préhistoire K.J. Narr (1979), « et l'on ne doit pas s'étonner qu'il se rattache aux générations passées et futures. Lors de l'expertise archéologique, les monuments mégalithiques permettent également de déceler une relation vivante avec les défunts ; un culte des ancêtres au style imposant et parfois l'implantation de domaines sacrés, de lieux de rassemblement et d'édifices cultuels mégalithiques s'y rattachent également ». — Le choix du symbolisme de la pierre ou de celui de l'arbre* est enfin significatif de l'imaginaire dominant des civilisations et des types de rapport que celles-ci entretiennent avec les puissances divines aussi bien que sexuelles (régime paternel ou régime maternel du divin – c'est-à-dire aussi bien, choix préférentiel de l'esprit ou de l'âme et distinction établie entre le fondement éternel et la métamorphose incessante) : les peuples altaïques ont clairement établi cette différence, de même que les Mandchous, par exemple, qui adoraient complémentairement des arbres et les colonnes* de pierre qu'ils érigeaient. Si ces deux images fondamentales pouvaient ainsi se dialectiser dans une appréhension globale de la vie humaine et divine par un couple d'opposés* qui résoud leur conjonction* (voir en particulier Fontaine pour le tableau imaginaire de la pierre et de l'arbre qui se dressent entre l'eau et le ciel), elles pouvaient aussi s'opposer ou se succéder l'une à l'autre : alors que les premiers temples grecs sont en bois, que leurs colonnes imitent des arbres et, par leur ensemble, le bosquet sacré (le *temenos*) qui était celui de la Déesse, leur transformation en édifices de pierre marque la victoire de la religion patriarcale sur les cultes antérieurs à l'invasion indo-européenne (voir, par exemple, Pythie). On remarque la

même différence entre la civilisation chrétienne, civilisation de la pierre, et l'antique civilisation celte, qui était fondée sur le rôle symbolique de l'arbre : le chêne* est lié au druide, le sorbier, le coudrier et le noisetier concourent à la magie et leurs fruits procurent le savoir et la connaissance ; le pommier est l'arbre de l'Au-delà (Avallon, Emain Ablach), et la pomme* donne l'immortalité à celui qui la mange. L'un des principaux récits d'initiation* qui nous restent des Celtes semble être le *Cad Goddeu* gallois, ou « Combat des arbrisseaux », cependant que Pline notait déjà que les Gaulois bâtissaient leurs autels en haut des arbres dans les forêts* les plus reculées. Ce qui nous renvoie aussi bien à ce passage de Tacite sur les cousins des Celtes, les Germano-Scandinaves : « On montre chez les Naharvales un bois qui est le lieu sacré d'une antique religion. C'est un prêtre habillé en femme qui y préside » (*Germanie* 43). Il est vrai que cette opposition peut sembler moins tranchée qu'il n'y paraît si l'on songe que les colonnes des cathédrales chrétiennes sont désignées comme des fûts ou des troncs, que l'on parle de la forêt des piliers et que nombre de ceux-ci se terminent en feuillage : mais la forêt, ici, est forêt pétrifiée, elle est le bois de la mère dont le père s'est saisi. Cette opposition symbolique est d'ailleurs tellement forte que, alors que dans toutes les langues celtiques les mots science et bois ont la même origine (l'arbre se dit encore *gwez* en breton, alors que savant

Les habitants de La Mecque tentent de lapider Mahomet : miniature arabe.

se dit *gouiziek*), un romancier moderne comme Hermann Hesse en a tout naturellement retrouvé le sens dans *Narcisse et Goldmund* : Goldmund, le sculpteur sur bois (dont le nom signifie « la bouche d'or » et peut-être, par glissement phonétique – Goldmond – la « lune d'or »), cherche dans une errance qui dure toute sa vie le secret de l'existence dans l'amour des femmes sous les auspices de sa mère, tandis que le moine Narcisse, qui ne quitte pas son couvent en pierre, se dédie à la spéculation intellectuelle, à la méditation proprement spirituelle, à la fermeté et à la solidité de la pensée inspirée par le Père*.

PIERRES PRÉCIEUSES   Les pierres précieuses et semi-précieuses ne servent pas seulement, en raison de leur beauté, à fabriquer des bijoux, elles influent également sur l'imagination, en particulier par leurs couleurs*. Ce sont normalement des minéraux polissables quoique très durs, mais ce mot désigne aussi dans le langage courant des matériaux organiques tels le corail* ou l'ambre*, souvent utilisés sous la forme d'amulettes ou de talismans. Lorsqu'on les polit et qu'on les fait briller, les pierres précieuses peuvent servir de miroir* : les cristaux en particulier étaient souvent utilisés comme miroirs incitant à la méditation et on leur attribuait des propriétés curatives. Le jade, aux multiples espèces, symbolise en Chine la richesse et l'infini, et sa solidité est censée empêcher la corruption des cadavres. Les pierres précieuses ne dévoilent leur beauté que lorsqu'on les travaille et c'est pourquoi elles sont devenues dans le monde entier le symbole de l'humanité elle-même qui doit sans cesse s'améliorer, tandis que les cristaux*, comme le cristal de roche, représentent la vertu accomplie. L'iconographie chrétienne a fait de ce cristal un symbole de Marie* car il ne brille pas par lui-même et ne prend tout son éclat que lorsqu'il est traversé par un rayon de lumière. En Orient, les joyaux symbolisent les doctrines justes. La « pierre* de la sagesse » alchimique* était conçue soit comme une pierre précieuse mythique, soit comme une pierre taillée qui renvoyait aussi à la notion de « pierre angulaire » de l'*Évangile*, et à la clef de voûte des bâtisseurs d'églises du Moyen Âge. Les « livres des pierres » des siècles passés traitaient des correspondances magiques qu'on croyait exister entre les planètes, les

hommes et les différentes sortes de pierres. Les pierres les plus importantes sont en symbolique, outre le cristal de roche déjà évoqué, le diamant*, l'améthyste*, le rubis*, le jade*, la turquoise*, le saphir* et l'émeraude*. Dans l'*Apocalypse* selon saint Jean (voir Caverne), la Jérusalem* céleste d'après la fin du monde est construite avec des pierres précieuses de différentes couleurs qui représentent, sous une forme solide, les eaux pures et étincelantes des sources du paradis*. — Le plastron des grands prêtres juifs est orné de douze pierres précieuses : le rubis, la chrysolithe, le béryl, la turquoise, le lapis-lazuli, le jaspe, la hyacinthe, l'agate*, l'améthyste, le tarsis, la karneol et la néphrite. Dans chacune de ces pierres est gravé le nom d'une des douze tribus d'Israël. — Dans la symbolique astrologique*, les douze signes du zodiaque* (voir Étoile) sont associés de façon analogue à diverses pierres précieuses, les « pierres du mois », qui symbolisent les caractéristiques propres à chaque signe. Ce système analogique se fonde essentiellement sur les « livres des pierres » (*Lithika*) de l'Antiquité, notamment ceux de Théophraste, d'Orphée, de Damigeron Latinus, d'Étios et de Psellos. Les différentes sources connues à ce jour ne

Le Christ avec le livre de la Révélation orné de pierres précieuses : icône (XIVᵉ s.).

Prêtre avec pectoral (ephod) de pierres précieuses célébrant un mariage juif.

signes du zodiaque*) a donné lieu en symbolique à de nombreuses spéculations et à l'élaboration de systèmes analogiques ; les croix* de l'Église orthodoxe sont ainsi souvent ornées de douze pierres précieuses différentes (allusion aux apôtres) et d'une plus grosse au centre (le Christ) ; la pierre centrale était alors associée au soleil. — Dans l'*Hymne de l'âme*, texte gnostique, les habits royaux qui sont offerts à l'âme illuminée lorsqu'elle revient dans le royaume des cieux sont décrits de la façon suivante : « Ils brillent de l'éclat des agates,/ des rubis, des diamants,/ des béryls, des onyx/ et des perles qui scintillent de toute leur pureté. Ils ornaient/ la statue du plus grand des rois/ qui brillait de mille feux/ dans les reflets bleus du saphir... » Sainte Hildegarde de Bingen (1098-1179) relate comme suit les paroles adressées à la fin des temps par le fils de Dieu à son père : le monde ne doit pas sombrer « avant que tu n'aies vu mon corps avec tous ses membres... rempli de pierres précieuses, accompli en tous ceux... qui te vénèrent : comme des pierres précieuses qui scintillent par la force de la vertu ». Dans son livre sur la connaissance de la nature (*Liber subtilitatum*), elle attribue aux pierres précieuses des fonctions surnaturelles et la façon dont elle raconte leur apparition doit retenir l'attention d'un point de vue symbolique : « Le Diable recule devant les pierres précieuses ; il les déteste et les méprise parce qu'elles lui rappellent

donnent pas un tableau unique des correspondances qui existaient entre les joyaux et les signes zodiacaux. Les pierres symboles de la chance sont généralement citées dans l'ordre suivant : Bélier / sanguine ; Taureau / émeraude ; Gémeaux / pierres multicolores ; Cancer / adulaire ; Lion / rubis ou diamant ; Vierge / béryl ; Balance / agate ; Scorpion / améthyste ; Sagittaire / turquoise ; Capricorne / onyx ; Verseau / ambre* ; Poisson / corail. Les différentes planètes* sont également symbolisées par des pierres précieuses avec lesquelles on fabrique des bijoux ; les analogies les plus fréquentes sont les suivantes : soleil* / diamant, cristal de roche, variétés claires du zircon, de la tourmaline et du topaze fumé ; lune* / perles, adulaire, agate ; Mars* / rubis, grenat, corail, cornaline ; Mercure* / béryl, œil de tigre, topaze, agate, ambre, zircon ; Jupiter* / émeraude, turquoise verte*, jade, serpentine, malachite ; Vénus* / lapis-lazuli, saphir, aigue-marine ; Saturne* / améthyste, variétés sombres de l'onyx et du saphir. — La récurrence du nombre douze (les tribus d'Israël, les apôtres, les

L'opale : gravure
(1499, « Hortus Sanitatis »).

Orfèvre travaillant les pierres
précieuses : gravure (~1495).

qu'elles brillaient déjà de tout leur éclat
avant qu'il ne sombre au sommet de sa
magnificence [voir Graal]... et parce que
quelques pierres précieuses apparurent
dans le feu où il purgeait sa peine... Les
pierres précieuses apparaissent en
Orient et dans les régions particulièrement chaudes. Le feu du soleil y
réchauffe les montagnes et les fleuves
coulent sans fin... Lorsque l'eau touche
les montagnes brûlantes, une mousse
apparaît (qui se fige et tombe alors en
bas de la pente). La couleur et les forces
de chaque pierre dépendent de la tem-
pérature qui règne lorsqu'elles sèchent...
Les montagnes qui ont ainsi donné naissance à de nombreuses pierres sont
aussi claires que la lumière du jour. Les
pierres précieuses naissent donc par
l'eau et le feu. C'est pourquoi elles renferment elles aussi chaleur, humidité et
de nombreuses forces. Elles servent à
toutes sortes de choses bonnes, décentes
et utiles... [Mais] il existe d'autres
pierres ; elles n'apparaissent pas sur les
montagnes de la façon évoquée, elles
naissent de choses quelconques et sans
valeur. Selon leur nature, elles peuvent
provoquer avec l'accord de Dieu le Bien
comme le Mal. Celui qui connaît ces préceptes doit veiller à ce que toutes les
pierres soient utilisées en l'honneur de
Dieu pour bénir ou guérir. » Voir Vert.

PIEU *(PILIER)* Tronc d'arbre le plus souvent planté dans la terre, le pieu symbolisait dans de nombreuses cultures
antiques l'axe du monde*, représenté
aussi par une montagne* par un arbre*,
placés au centre du cercle terrestre. On
considère souvent, et de façon hâtive,
les pieux sacrés comme des symboles
phalliques, ce que l'on ne peut en fait que
très rarement prouver. Ces piliers de
bois indiquent avant tout la liaison de la

terre* et du ciel* : Irminsul, le sanctuaire
tribal des Saxons que Charlemagne
détruisit en l'an 772, en était un exemple.
De même l'arbre de mai d'Europe centrale, qui renvoie aux forces de la nature
réveillées à l'arrivée du printemps, doit
être interprété comme une représentation du pilier du monde, l'ascension de
cet arbre renvoyant à l'aspiration à
une « récompense supérieure » (voir
Haut/Bas). Dans les régions riches en
pierre, le pieu cultuel fait place au menhir et en Égypte, à l'obélisque* (voir Axe
du monde). C'est le même sens que revêt
le pilier Djed qui s'élève du corps d'Osiris et qui se dresse vers le ciel sous la
forme de quatre vertèbres : il est le canal
privilégié par où se répand l'énergie
d'Isis* sur le monde, et le passage obligé
de la divinité pour relier la terre au ciel.
Les stylites, qui s'engageaient à ne plus
descendre de l'endroit où ils adoraient
Dieu, résidaient en haut de colonnes ressemblant à des pieux. Saint Siméon le
Stylite (396-459) est, d'après la légende,
resté pendant quarante ans sur une
colonne haute de quinze mètres à proximité d'Antioche : il ne l'abandonna jamais,
malgré les tentatives du Diable*, qui
s'était transformé à cette occasion en un
gigantesque serpent*, enroulé autour de
la colonne du saint. On retrouve ici l'association symbolique du serpent au
pilier ou au bâton, telle qu'elle existe déjà
dans le caducée* et le bâton* d'Esculape*. — Les piliers semblent enfin avoir
joué un certain rôle dans la mythologie
celtique, puisque c'est à eux que doivent
s'attacher les poètes qui assistent, en
Irlande, à la première bataille de Mag
Tured (Moytura) entre les Fomoire et les
Tuatha-Dé-Danann (« les tribus de la
déesse Danu »), d'une part, et les
Hommes Bolg d'autre part. Ces piliers
semblent être des menhirs dressés par
les peuplades néolithiques et « recouverts » par les Celtes selon les indications de leur propre mythologie. C'est
sur eux que l'on place la tête coupée de
ses ennemis (ainsi de Cuchulainn dans
La Razzia des vaches de Cooley, ainsi
de Conall Cernach, le compagnon de
Cuchulainn, qui, afin de venger la mort
de son ami, décapite son meurtrier
Lugaid, fils de Curoi Mac Dairé, passé du
côté de la reine Maeve* (ou Medb) du
Connaught, pose sa tête sur un pilier et
l'y oublie), et Cuchulainn en personne
est assez lié au thème du pilier pour que
ce soit là l'un de ses surnoms et de ses
attributs : au moment de sa mort, au plus

fort du combat qu'il doit soutenir à lui seul contre une multitude d'ennemis, « il atteignit le pilier de pierre qui est dans la pierre et il l'entoura de sa ceinture pour ne pas être assis ou couché et pour que ce fût debout qu'il mourût ». Quand des oiseaux se posent sur son cadavre, « ce n'était pas l'habitude de ce pilier-là de porter des oiseaux » dit l'un de ses enne-mis – et quand on emmène sa tête à Tara, Cennfaelad déclare : « Il est tombé, Cuchulainn, le beau pilier… » (G. Dottin, *L'Épopée irlandaise*).

PIEUVRE   Cet animal marin, pourvu de huit tentacules, était souvent repré-senté sur de petites plaques d'or des époques minoéenne et mycénienne, où il possédait une signification symbolique et mythique qui ne nous est plus connue. Les tentacules de la pieuvre, enroulées en forme de spirale*, donnent l'impres-sion d'une symétrie en mouvement (quatre « bras » de chaque côté qui ne sont presque jamais au repos) autour d'un corps surmonté de deux yeux*, un corps qui offre lui-même l'image d'une tête entourée de cheveux* serpentins*. Il est possible que la figure de Méduse, sœur des Gorgones* dont Persée coupa la tête, soit issue de représentations de même sorte qui auraient été mal inter-prétées, et qui dateraient d'une époque encore plus reculée. La pieuvre, avec ses yeux proéminents et ses tentacules flexibles, a sans doute constitué le modèle du monstre marin Scylla, qui menaça Ulysse et ses compagnons. Dans

Pieuvre représentée sur une cruche (1400 av. J.-C.) trouvée dans une tombe mycénienne à Cnossos.

l'Antiquité, les céphalopodes (en parti-culier le calmar) étaient déjà un mets fort apprécié dans les régions côtières. Les sécrétions noirâtres des seiches étaient utilisées comme encre, et leur morsure passait pour empoisonnée. Le nuage d'encre noire que libère la pieuvre était censé symboliser la relation que cet ani-mal entretenait avec les puissances secrètes. Plus tard, l'assimilant au crabe, l'astrologie a parfois associé la pieuvre au signe du Cancer. Ce dernier, on le sait, indique la puissance de la maternité et représente un signe d'eau ; cette asso-ciation est l'un des motifs sous lesquels la pieuvre apparaît le plus souvent aujourd'hui, et qui personnifie la Mère* de mort dont le héros doit se détacher à tout prix en l'affrontant. C'est, entre autres, le thème de la lutte de Gilliatt contre la pieuvre dans *Les Travailleurs de la mer* de Victor Hugo, où la pieuvre est l'équivalent maritime – donc, certai-nement, encore plus profondément enfoui dans l'inconscient – de l'arai-gnée*, et renvoie à certains égards à la figure de Tiamat, la grande Mère du chaos*, dans les anciennes mythologies mésopotamiennes.

Pieuvre : avers d'une double tétradrachme (474-450 av. J.-C.) frappée à Syracuse.

PIN   (en botanique *Pinus silvestris*) Le pin ne joue qu'un rôle secondaire dans les croyances populaires européennes, bien qu'il soit présent dans de nombreux pays et que sa résine serve à produire l'huile et la rouille de pin, la poix et la térébenthine. En Extrême-Orient, on regarde au contraire le pin comme « l'arbre* de vie » par excellence, car il reste vert* et vigoureux jusque dans la vieillesse ; il est très estimé comme symbole d'une longue vie et d'un bonheur conjugal constant. Dans l'art chinois en particulier, le pin (*sung*) est l'emblème de l'inaltérabilité : il conserve ses aiguilles, même au cours de l'hiver le plus rigoureux. Ses aiguilles qui poussent par paires symbolisent la dualité du mariage. « Par le repos, le pin prolonge sa vie. » (Confucius). On en plantait sur les tombes ; plus ces pins mortuaires étaient anciens, plus ils étaient honorés. Dans l'Antiquité, le pin était étroitement lié à la religion de Cybèle* et, d'une façon plus générale, aux secrets et aux mystères féminins. C'est en effet à l'ombre d'un pin que le berger* Attis, rendu fou par Cybèle qui s'était éprise pour lui d'un amour insensé, se châtra et mourut de sa blessure. L'arbre lui fut désormais consacré et, dans certaines cérémonies, il remplaçait même le dieu mort : lorsque le culte de Cybèle s'imposa à Rome après y avoir été importé pendant les guerres Puniques, c'est un pin entouré de bandelettes sur lequel on avait posé des cou-

ronnes* de violettes* qui fut transporté dans le temple du Palatin affecté à la « Mère* des dieux ». D'autre part, en Grèce, lorsque le roi de Thèbes Penthée, qui avait refusé que soit célébré dans la cité le culte de son cousin Dionysos*, voulut surprendre le secret des Bacchantes*, il se rendit sur la montagne* après s'être habillé de vêtements féminins et grimpa dans un pin d'où il put observer les danses et l'enthousiasme (la possession par le dieu) des femmes de Thèbes – au premier rang desquelles sa propre mère, Agavé. C'est dans ce pin que les Bacchantes le découvrirent et, après l'en avoir fait tomber, le mirent à mort dans la « démence » de leurs esprits.

PIVOINE   La pivoine, ou rose de Notre-Dame, est souvent considérée en Europe comme la « rose sans épines » (c'est-à-dire comme un symbole de la Vierge* Marie*). L'ancienne médecine populaire attribuait à la pivoine de jardin (*Paeonia officinalis*) de nombreuses vertus ; ses graines qui sont grosses comme des pois, et dont on faisait des chaînes* que l'on suspendait au cou des nourrissons, constituaient entre autres un remède contre les troubles suscistés par la pousse des dents. Les pétales et les racines de la pivoine étaient réputés remédier à l'asthme, à l'épilepsie (on accrochait alors des bouquets de pivoines au cou du malade), et à la goutte. On recommandait aussi aux marins de se munir de pivoines pour écarter les risques de tempête. En Extrême-Orient, les variétés *Paeonia suffructicosa* et *Paeonia lactiflora* (pivoines aux fleurs blanches et d'une senteur comparable à celle de la rose) étaient particulièrement appréciées ; leurs fleurs constituaient un ornement très prisé qui décorait notamment les étoffes d'apparat. La pivoine symbolise la dignité et l'honneur.

PLACENTA   Le mot vient du grec *plakous*, qui signifie gâteau. Il se rapporte en anatomie à cette masse spongieuse et charnue de forme circulaire ou ovale, par laquelle le fœtus s'attache à la matrice* maternelle pour pouvoir respirer et recevoir sa nourriture. Malgré sa valeur évidente de symbole de création, mais sans doute à cause d'une référence trop marquée à la biologie féminine (toujours un peu taboue), le placenta en tant que tel n'apparaît pas très sou-

En écoutant le vent dans les pins : peinture chinoise sur soie (1246, Ma Lin).

*Pivoine : planche
d'un traité de botanique du XVIIe s.*

vent dans les grands mythes cosmogoniques, sauf en Inde et en Afrique. — Dans certains des textes de la période terminale des *Védas* sur la naissance des dieux, on voit la déesse Aditi, la Grande Mère* de tous les êtres, mettre au monde, par accouchements successifs, toute une série d'enfants qui deviennent les dieux mêmes du Panthéon védique classique, les « Aditia ». Pour ce faire, elle procède elle-même au sacrifice* rituel : devant son succès, et afin d'avoir encore plus de progéniture, elle avale toute la matière oblatoire jusqu'à ce qu'elle mette au monde une masse de chair informe, le placenta, devant laquelle elle est saisie d'horreur, et qu'elle retaille aussitôt afin de la façonner. C'est ainsi qu'apparaît Martanda, le premier mortel, qui devient la conscience, puis bientôt dieu lui-même tout en demeurant à l'origine de la race humaine. Les chutes de cette masse informe de placenta sont ensuite façonnées par les dieux qui les ont recueillies, afin de donner naissance à l'éléphant* que l'Inde, sous les traits de Ganesha, tient en si grande vénération et qui est donc, selon ce mythe, un résidu du premier homme et de la conscience initiale. — Chez les Dogons du Mali, la création se fait à partir d'un œuf* à deux placentas qui contiennent chacun des jumeaux*. Du premier de ces placentas, Yurugu, le « renard* pâle »,

sort avant terme. Pour régner plus vite sur la création, il vole des graines façonnées par Amma, le dieu primordial, ainsi qu'un morceau de placenta où il espérait retrouver sa jumelle Yasigi. Mais celle-ci a été confiée par Amma aux deux autres jumeaux Nommo issus du second placenta. Le morceau de placenta dérobé par Yurugu devient alors la Terre à laquelle il s'unit, commettant ainsi le premier inceste*, ce qui fait que la Terre devient impure et stérile. Afin de lui rendre sa fertilité, Amma est obligé de sacrifier l'un des jumeaux Nommo. Une version similaire a cours chez les Bambaras du Niger, dont l'une des cosmogonies met aussi en scène un œuf primordial qui porte deux couples de jumeaux. Le voleur du placenta maternel s'appelle ici Pemba et le morceau de placenta qu'il dérobe devient également la Terre stérile tandis que le reste est transformé en Soleil. Pemba sème alors huit graines mâles dans la Terre, commettant symboliquement, à son tour, un inceste. Une plante impure y prend racine, le fonio rouge, et il faudra l'intervention de Faro le Sage, pour que les plantes pures apparaissent : le fonio blanc et le sorgho. — L'égyptologue Christiane Desroches-Noblecourt signale que l'on peut identifier le placenta dans certaines représentations évoquant la naissance de la déesse Hathor aux deux visages, et dans le symbolisme des deux couronnes* du pharaon (couronnes de Haute- et de Basse-Égypte). — Enfin, il n'est pas impossible que les mythes qui font référence à la boue ou au limon comme élément premier de la création de l'homme, soient à mettre en relation avec le placenta primordial. C'est ainsi que Philippe Seringe relève par exemple que les Maoris de Nouvelle-Zélande se servent du même mot pour désigner la terre et le placenta. Récemment encore en Europe, il était d'usage d'enterrer sous un arbre le placenta de la femme qui venait d'accoucher.

PLANCHE À TRACER   Dans la symbolique maçonnique*, la planche à tracer désigne le grade de maître, et fait partie des « joyaux éternels » (voir Équerre). Selon les usages mis en vigueur dans la construction gothique, elle permet au maître de tracer le plan de l'édifice. Elle est généralement structurée selon une double croix* et une croix de Saint-André, ce que l'on interprète comme une référence aux « figures géométriques ».

Il s'agit pourtant, sans équivoque possible, d'un schéma quadrillé qui permit, surtout au XVIIIᵉ siècle, l'établissement d'une cryptographie composée de carrés, d'angles et de points. Dans le système maçonnique suédois, la planche à tracer, au contraire, fait partie des symboles sur lesquels doit travailler l'apprenti. Baurnjöpel (1793) écrivait que « chaque maître doit par ce moyen se confirmer dans son travail, en traçant sur sa planche à tracer les lignes fondamentales qui, aussi bien pour lui que pour ceux qui travaillent sous sa conduite, ne doivent pas s'effacer ».

PLANÈTES Les planètes sont des étoiles* « errantes » qui ne suivent pas la trajectoire des étoiles fixes autour du pôle céleste, mais qui suivent apparemment leur propre trajectoire et qui reçoivent leur lumière du soleil*. Comme, vues de la terre, ces trajectoires paraissent souvent arbitraires et bizarres, on a considéré comme significative, dans l'horoscope de chacun, la position qu'elles occupaient à l'instant de sa naissance. — L'observation de la couleur* et du mouvement des planètes a été déterminante au moment où on a cherché à les mettre en relation avec les divinités. L'astrologie traditionnelle connaissait sept* planètes sacrées, corres-

L'univers et les planètes dans la cosmogonie médiévale (« Imago Mundi »).

pondant au nombre des jours : le soleil, la lune*, Mars*, Mercure*, Jupiter*, Vénus* et Saturne* – et auxquelles les planètes découvertes à l'ère moderne, à la révolution plus longue (Uranus*, Neptune* et Pluton*), sont ensuite venues s'ajouter ; les astéroïdes qui évoluent entre Mars et Jupiter ne sont pas pris en compte. — L'ancienne Chine ne connaissait que cinq* planètes, qui correspondent aux cinq orientations du ciel. Saturne appartenait à l'espace central, en association avec l'élément terre* et la couleur jaune* ; Mercure, au nord, associé à l'eau* et à la couleur noire* ; Jupiter, à l'est, associé au bois et à la couleur bleue* ; Mars, au sud, associé au feu* et à la couleur rouge* ; Vénus, à l'ouest, associée au métal et à la couleur blanche*. — Les séries d'analogies symboliques établies entre les planètes, les dieux, les couleurs et les éléments, furent de plus en plus poussées au fil des siècles, en même temps qu'on faisait correspondre les planètes à des métaux, à différentes parties du corps ou aux caractéristiques des différents types psychologiques. Ainsi Saturne correspondit au plomb, au système osseux, à la couleur noire, à la vieillesse, à la faculté de concentration et à la mélancolie, alors que Mercure gouverne le métal du même nom, l'adolescence, la mobilité de l'esprit, le langage et le système respiratoire. C'est sans doute chez Paracelse, avec sa notion du « firmament intérieur » de l'homme dont il réclamait que tout médecin le prît soigneusement en considération, et chez Jacob Boehme (*De la signa-*

Étude de la perspective avec les instruments optiques et la planche à dessin.

ture des choses) que ces conceptions ont été poussées le plus loin, et systématisées en même temps qu'intégrées dans un véritable corpus théosophique. Il faut également mentionner ici les noms donnés par Pausanias (IIe siècle), en Grèce, aux gardiens surnaturels des planètes : pour le soleil – Théia et Hypérion ; pour la lune – Atlas* et Phoibos ; pour Mars – Dioné et Krios ; pour Mercure – Métis et Koios ; pour Jupiter – Thémis et Eurymédon ; pour Saturne – Rhéa et Chronos*. Plus tard, la cabbale et les rituels magiques donnèrent d'autres noms, *Intelligentia* et *Daemonium*, aux forces polaires de chaque planète, de même qu'ils leur attribuèrent à toutes le carré* d'un nombre, un signe particulier, une couleur, etc. — L'astrologie considérait que chaque homme était l'« enfant d'une planète » ; l'une des sept planètes traditionnelles jouait donc un rôle déterminant dans l'établissement de l'horoscope et le diagnostic de la personnalité de chacun ; chaque planète présentait également des qualités qu'on avait auparavant attribuées aux dieux. L'homme dont l'horoscope était dominé par la planète Mars était ainsi considéré comme « martial », celui qui était dominé par Jupiter

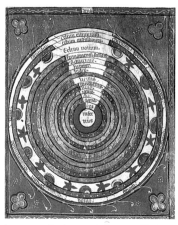

Les sept planètes et les constellations : miniature (~1260, manuscrit de Lambert de Saint-Omer).

était appelé « jovial ». Hans Sebaldus Beham créa, dans les années 1530-1540, une série très célèbre d'images qui représentaient les natifs de chaque planète. Chaque corps céleste symbolisait d'autre part une certaine qualité qu'il attribuait à ses « enfants », et qui devait déterminer leur caractère. Le soleil était ainsi associé à la lumière, la lune à la magie et à la mystique, Mars à la vitalité et à l'agressivité, Mercure à l'inspiration et à la mobilité, Vénus à l'amour, Jupiter à la force de la loi et Saturne à la sérénité et à la paix. C'est de la série des sept planètes que sont issus les noms des jours de la semaine, soit en provenance du latin dans les langues romanes (Mars – *Martis dies* – mardi), soit de l'ancien germanique dans les pays allemands, scandinaves et anglo-saxons : l'anglais *Tuesday* et l'allemand *Dienstag* (mardi) viennent ainsi tous deux du nom du dieu de la guerre, Tyr ou Ziu. — À la suite des découvertes de l'astronomie moderne, les planètes sont maintenant au nombre de dix (voir Neptune, Pluton, Uranus), et leur interprétation générale a été très largement remaniée à la lumière de la psychologie des profondeurs (voir Symboles astrologiques et Zodiaque).

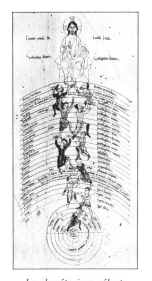

Le planétarium céleste comme voie vers l'élévation, interprétation mystique de l'univers : miniature médiévale.

PLATANE Le platane, au même titre que le chêne*, le cyprès*, l'olivier* ou le pin*, faisait partie dans l'Antiquité de ces arbres sacrés auxquels on rendait souvent un culte, et soumis rituellement à la dendrophorie (exposition et/ou promenade de son tronc ou de ses branches). Il était particulièrement honoré en Crète, où son adoration semble remonter à l'époque minoenne, et où on disait qu'il avait abrité les amours de Zeus avec Europe. En Phrygie, à côté du pin de Cybèle* et d'Attis, il passait pour avoir été la potence de Marsyas qu'Apollon* avait pendu après leur concours de musique* (voir aussi Flûte). À Sparte, enfin, il était placé sous les auspices d'Hélène*, et on pense que celle-ci était elle-même à l'origine le platane sacré de cette ville. Comme certains autres arbres, particulièrement le hêtre, le platane était très prisé pour son port et sa beauté, et on raconte que le « roi des rois » Xerxès était si passionnément attaché à l'un de ses platanes, que non content de l'entourer de ses soins les plus constants et de se sentir envahi par l'émotion à sa vue, il l'avait orné d'une couronne* d'or pour le distinguer entre tous.

PLÉIADES Cette petite constellation composée de sept étoiles* était autrefois tenue pour l'un des centres* possibles du ciel. C'est pourquoi les Babyloniens l'appelaient « la pierre du fondement » et les Indiens, tout simplement, « la Mère ». Faisant partie de la grande constellation du Taureau*, et relevant donc de ce signe astrologique, c'est en mai qu'elles apparaissaient en Grèce, où elles marquaient le retour de la navigation* maritime après son arrêt en hiver. Selon certains mythes, il s'agissait de sept jeunes filles au service d'Aphrodite* ou de sept colombes* dédiées à la même déesse alors que, suivant d'autres versions, elles étaient les filles d'Atlas* et de Pléione qui, poursuivies par Orion (destiné à devenir une autre constellation céleste), avaient été transformées par Zeus en étoiles. Leur aînée était Maïa qui, séduite et aimée par le roi des dieux, avait donné le jour à Hermès*. Leur rôle de repère saisonnier est largement répandu puisque, au-delà de la Grèce, leur apparition marquait le début de l'année au Pérou ou l'arrivée de l'hiver en Asie centrale ou dans le Grand Nord. Elles sont également reliées à Orion, sous le même motif du désir et de la poursuite amoureuse, chez les Mandjias du Soudan où elles représentaient de jeunes vierges que cherchait à séduire Seto, la figure emblématique de ce peuple symbolisé par la constellation d'Orion.

PLOMB Dans l'Antiquité, on attribuait au plomb des propriétés magiques ; il était d'usage, lorsqu'on en voulait à quelqu'un, de graver sur une tablette de plomb (table de défixion) les malédictions qu'on lui souhaitait, et celles-ci étaient censées être alors particulièrement efficaces. Porter sur la poitrine une plaquette de plomb protégeait des divers enchantements et empêchait notamment de tomber amoureux, sous l'influence d'un acte de sorcellerie. D'après la mythologie grecque, le plomb servit à vaincre le monstre Chimère*. Sur son cheval ailé Pégase*, qu'il avait réussi à dompter avec l'aide de la déesse Athéna*, le héros Bellérophon décrivit des cercles autour de ce monstre qui crachait le feu ; il le cribla de flèches* et finit par jeter dans sa gueule un morceau de plomb fixé à l'extrémité de sa lance. Le plomb fondit dans l'haleine de feu de Chimère, coula dans son gosier et lui brûla les entrailles. — Le plomb est l'équivalent sur terre de la planète Saturne*, que l'on représente par un vieillard à jambe de bois qui tient une faux dans la main; on lui attribue des qualités de froideur et d'humidité. Pour les alchimistes*, le plomb était un métal proche de l'or*, et certaines de leurs légendes racontent des transmutations couronnées de succès au cours desquelles du plomb fondu aurait été transformé en or par addition de la « pierre de la sagesse ». Cette métamorphose est le symbole de la purification de l'homme, ancré dans le monde terrestre et matériel, qui s'élève jusqu'à une spiritualité solaire. — Plusieurs locutions populaires (« n'avoir pas de plomb dans la tête », « avoir du plomb dans l'estomac ») ou certaines expressions symboliques religieuses (« Le péché pèse sur l'homme tel le plomb ») se réfèrent à la lourdeur de ce métal – cependant que l'expression « avoir du plomb dans l'aile » fait allusion aux oiseaux blessés par les plombs des chasseurs.

PLUIE Sainte Hildegarde de Bingen (1098-1179) compare la pluie à la force vitale de l'âme dont dépend l'épanouissement du corps : c'est grâce à elle qu'« il ne se dessèche pas, tout comme, grâce à la pluie, la terre échappe à la sécheresse. Quand la pluie tombe, sans excès, elle permet en effet aux végétaux de germer. Mais quand elle se met à inonder la terre, alors elle la dévaste et étouffe les germes qu'elle porte en elle. L'âme produit des forces qui animent le corps, comme la pluie anime la terre ». Sainte Hildegarde compare aussi les larmes à la pluie : « L'homme qui, par crainte de son Seigneur, fond en larmes, ressemble aux nuages qui déversent leurs eaux en pluie », car le repentir est une vertu qui fait reverdir l'âme, en la « purifiant de ses péchés. » Les cultures agraires de l'Antiquité symbolisaient la pluie féconde par un « peigne crénelé », dont la barre représentait les nuages* et les dents la pluie. L'ancien dieu mexicain de la pluie, Tlaloc, se distinguait par les dents dressées de sa mâchoire supérieure. La pluie, issue du ciel et porteuse de fécondité, fut souvent associée à un flot de sperme issu du dieu du Ciel* et destiné à engrosser la terre-mère*. Les *Psaumes* (LXXII, 6) parlent en ces termes du gouvernement de Salomon, le roi* pacifique et juste : « Qu'il descende, comme l'averse sur les regains, comme la pluie qui détrempe la terre. » En Chine, la sécheresse était considérée comme un signe de l'affliction divine, et on s'adonnait alors, avec des os, à des pratiques oraculaires pour invoquer la pluie. Afin que le vœu émis se réalisât, il fallait que le principe féminin, le yin*, s'accordât au

Nuages de pluie apportés par le vent d'est : miniature (XIVᵉ s., « Thacuinum Sanitatis »).

principe masculin, le yang (voir Arc-en-ciel). — Dans les cultures de l'Afrique du sud-est, la pluie, ainsi que le montrent des peintures rupestres, était symboli-

Adad, dieu akkadien de la pluie et de la tempête : dessin d'un relief.

Tlaloc, le dieu mexicain de la pluie : gravure du XVIᵉ s.

« S'il pleut à la saint Médard,
il pleuvra quarante jours plus tard » :
gravure du XVIᵉ s.

sée par un serpent* tombé du ciel
(et peut-être issu de la foudre* ?). Un serpent géant et cornu semble avoir aussi
symbolisé la pluie, en tant qu'animal des
eaux. De nombreuses cosmologies
antiques considéraient les nuages
comme des asiles pour la pluie.

PLUME La caractéristique principale
de la plume est sa légèreté, dont on pensait autrefois qu'elle permettait à l'oiseau* de s'élever dans les airs sans
effort ; on retrouve dans de nombreuses
légendes l'image des vêtements de
plumes qui donnent à l'homme le pouvoir de voler. La plume était surtout
vénérée en Égypte (voir Autruche)
comme le symbole de Maat, la déesse de
la Justice et de l'Ordre. Maat porte sur
la tête une unique plume d'autruche
qu'elle utilise lors de la pesée du cœur
des défunts au moment du Jugement
dernier : les morts n'obtiennent leur
salut que si leurs fautes n'ont pas alourdi
leur cœur, au point de le faire peser plus
lourd que la plume de Maat ; le cœur doit
être *maati* (« en accord avec Maat ») pour
que le défunt aille rejoindre Osiris. La
coiffure du dieu Ashuret (Onuris), figure
guerrière de la ville de Thinis en Haute-
Égypte, était ornée de quatre plumes. La
déesse chasseresse de démons Beset

1. Quetzalcoatl orné de plumes :
gravure du XVIᵉ s.

2. Macuilocétutl, dieu aztèque
protecteur des artisans travaillant
les plumes : gravure du XVIᵉ s.

(voir Bès) était également représentée
avec une couronne de plumes. — Les
plumes jouent un grand rôle dans les
civilisations du Mexique ancien, où elles
décoraient les boucliers et servaient à
la confection des couronnes*, des capes,
des manteaux* et des étendards. Le dieu
Quetzalcoatl* était représenté sous la
forme d'un serpent (en aztèque *coatl*)
recouvert des plumes de l'oiseau quetzal aux reflets verts*. Ces mêmes plumes
constituaient également les insignes
d'apparat de certains rois mexicains. —
Sur les couronnes de cérémonie des
Amérindiens, chaque plume évoquait à
l'origine une action d'éclat de son pro-

Indien Hopi avec couvre-chef orné de plumes : illustration (1892).

1. Dieux protecteurs des artisans mexicains travaillant les plumes : gravure du XVIᵉ s.

2. Artisans mexicains confectionnant un bouclier de plumes : gravure du XVIᵉ s.

priétaire. Dans le conte allemand traditionnel de *Frau Holle*, les plumes qui s'échappent de l'édredon symbolisent les flocons de neige tombant du ciel. Voir Aile, Pieu.

PLUTON Pluton est un autre nom d'Hadès*, le dieu grec des Enfers*. Frère et, d'une certaine façon, doublet de son frère Zeus (Hésiode, dans *Les Travaux et les Jours*, l'appelle tout aussi bien *Zeus chtonios* : le Zeus lié à la terre et à ses entrailles, « qui rend plus lourd le grain sacré de la déesse » – c'est-à-dire le blé* consacré à Déméter*), il fait surtout partie à l'origine, sous ce nom spécifique de Pluton, des rites et des mystères qui se célèbrent à Éleusis. À l'orée de l'époque classique (début du Vᵉ siècle av. J.-C.),

La déesse Maat déploie ses ailes : peinture pariétale dans la tombe de Nefertari à Thèbes.

lorsque Hadès devient un nom commun pour désigner les enfers, les tragiques introduisent de façon commune le nom de Pluton pour remplacer Hadès en tant que dieu. — En astrologie*, Pluton désigne la dixième et dernière planète* du système solaire découverte par l'astronome américain Tombaugh en 1930. Conformément à sa signification mythologique, Pluton est considéré comme le gouverneur de la mort et de la renaissance. En tant que tel, il est maître de lucidité et principe de transcendance. Il est généralement tenu pour prépondérant dans les phases de métamorphose et de profonde transformation intérieure de l'individu qui tend à se libérer de son passé et à construire un nouvel avenir (mort d'un ego solidifié, naissance d'un nouveau moi plus conscient de lui-même). C'est le thème de la descente aux enfers de tous ceux qui vont y trouver une nouvelle vie.

POINTS CARDINAUX Il ne sera pas traité ici du symbolisme particulier de chacun des quatre points cardinaux : pour cela, on se reportera aux rubriques correspondantes nord/sud et orient/occident. Il suffit de signaler que, formant un système quadratique de structuration de l'espace, les points cardinaux, pris dans leur ensemble, renvoient aux symboliques liées au carré* et au quatre*, c'est-à-dire au principe de la totalité de la manifestation sensible. Si on les relie deux à deux selon leurs axes géographiques (nord-sud et est-ouest), ils forment à l'évidence deux couples d'opposés* disposés selon le schéma d'une croix*. La conjonction* de ces opposés s'opère au centre* de la croix, par où passe également un nouvel axe, vertical celui-là, du zénith au nadir. C'est ainsi que se conjuguent l'immanence et la transcendance, le déploiement du monde concret où nous vivons et l'axe du monde* invisible qui introduit aux sphères* célestes et spirituelles. Les points cardinaux correspondent aussi aux différents éléments* et, dans le grand système chinois d'équivalences fondé sur le rythmique du yin* et du yang, aux différents types d'énergies, aux différentes fonctions, aux différentes parties du corps, etc. (voir le tableau présenté dans la rubrique Éléments). L'invention de la rose des vents a permis de différencier le système quadratique en huit directions par l'assemblage de points entre eux (nord-est, sud-ouest, etc.). Selon la conception chinoise de la perfection du huit (voir Nombres) dans l'expression de l'ordonnancement terrestre, la représentation de la terre devenait alors, géométriquement, et selon qu'on reliait ces points un à un ou en les croisant, un octogone inscrit dans un cercle, ou une étoile à huit branches dont le neuf* symbolisait le centre. Chez les anciens Mexicains, chaque point cardinal était gouverné par une divinité et, sous le chef d'une notion symbolique centrale, organisait tout un ensemble d'images et d'idées qui répondait de la structure cosmologique de l'univers. Cet ensemble se synthétisait dans le tableau p. 542 – où ne sont, bien sûr, reprises que les notions essentielles.

POIRE Les hommes commencèrent à cultiver la poire dès le néolithique. Elle est déjà évoquée par Homère et était consacrée à de grandes déesses (Héra, Aphrodite*/Vénus*, Pomone). Pausanias raconte que les statues de Héra, que l'on peut voir à Tirynthe et à Mycènes, furent taillées dans du bois de poirier. — Dans

Point cardinal	Divinité	« Enfer »	Astre et Planètes	Oiseau	Qualités	Couleur
EST	Quetzalcoatl, Tlaloc	Tlalocan (séjour des élus)	Soleil levant, Vénus matinale (Hesper)	Quetzal	Fertilité, Lumière, Résurrection.	Rouge
NORD	Tezcatlipoca	Mictlan (séjour des morts)	Lune; Voie lactée, Grande Ourse	Aigle	Sécheresse, Nuit, Guerre, Mort.	Noir
OUEST	Coatlicue, Grandes Mères, Quetzalcoatl	Tamoanchan (jardin fleuri)	Soleil couchant, Vénus du soir (Vesper)	Colibri	Origine et fin, Naissance et déclin, Féminin.	Blanc
SUD	Huitzilipochtli		Soleil du midi	Perroquet	Feu, Lumière et chaleur, Guerre, Masculin.	Bleu

*Madone et Enfant tenant une poire :
gravure (1519, Lucas de Leyde).*

la Chine ancienne, la poire (*li*) était un symbole de longévité. Comme le mot *li* désigne également la séparation, les amoureux et les amis ne devaient ni couper ni se partager aucune poire. Les fleurs blanches* du poirier y étaient des symboles du deuil et du caractère éphémère de l'existence, mais aussi des symboles de la beauté. — La forme évasée vers le bas de la poire évoque la silhouette d'une femme au large bassin, et c'est sans doute pourquoi ce fruit possède une signification sexuelle dans la symbolique analytique. — Une allégorie richement décorée de Hugo von Trimberg (vers 1290) montre un poirier dont les fruits tombent sur un lit d'épines* pour certains, dans l'eau ou sur de l'herbe verte* pour les autres. Le poirier représente ici la première mère*, Ève*, les fruits étant les hommes auxquels elle a donné naissance. Ceux qui ne tombent pas dans les herbes vertes de la pénitence meurent dans le péché.

POISSON   Les poissons peuplent les eaux* qui symbolisent l'inconscient pour la psychanalyse, et incarnent ainsi les contenus « vivants » des couches les plus profondes de la personnalité, contenus liés à la notion de fécondité et aux forces vitales des « mondes maternels » inté-

rieurs. Dans de nombreuses religions anciennes, les poissons sont associés aux déesses de l'amour et de la fécondité, puisque, vivant ainsi dans les eaux maternelles, que ce soit dans la mer* elle-même ou dans l'équivalent euphémisé de celle-ci que représentent les étangs ou les bassins sacrés que l'on construisait dans les temples, ils apparaissaient en quelque sorte comme leurs attributs animaliers et parfois comme leurs fils. Cette conception était très répandue dans l'Antiquité, surtout proche-orientale, et Lucien de Samosate rapporte encore dans *La Déesse syrienne,* écrite au IIe siècle, au sujet du temple de Hiérapolis, attribué à une Dercéto (renvoyant à l'Atagartis du mythe d'Attis) qui était une déesse à queue de poisson, qu'il « a existé là aussi un étang, pas très loin du temple, dans lequel les Syriens entretiennent en nombre des poissons sacrés et de diverses espèces… J'ai vu de mes yeux l'un d'entre eux porter un ornement en or : c'était, sur sa nageoire, un bijou en or qu'on lui avait attaché ». — À l'époque chrétienne, le poisson est devenu un symbole du Christ car son nom en grec *ichthus,* correspond à l'acrostiche formé à partir des premières lettres de la locution *Iesos Khristos Theou Uios Soter,* c'est-à-dire « Jésus-Christ, Fils de Dieu, Sauveur » ; cet acrostiche avait servi de signe de ralliement secret aux chrétiens. Il est vrai que le symbole du poisson apparaît très souvent aux débuts du christianisme

Représentation de poissons sur un plat apulien du IVe s. av. J.-C.

(jusqu'à la fin du IVᵉ siècle environ), mais on peut expliquer ce phénomène d'une façon différente. En effet, cet usage est sans doute lié avant tout au bassin qui contenait l'eau du baptême (*piscina*, littéralement l'« étang aux poissons ») et à la parabole des apôtres pêcheurs d'hommes (voir Bague) ; en outre le poisson était considéré, dans les pays méditerranéens, comme un symbole de bonheur, ainsi que le montrent, encore aujourd'hui, les coutumes qui marquent le passage à la nouvelle année. Il existe encore une autre interprétation qui se fonde sur les caractéristiques astrologiques de l'ère du Poisson. La *conjunctio aurea*, la conjonction des planètes Saturne* et Jupiter*, est apparue à trois reprises dans le zodiaque du Poisson en l'an 7 (peut-être l'année de la véritable naissance du Christ), et le point vernal était également situé sous ce signe. Jésus fut considéré à ce titre comme la première incarnation de l'ère du Poisson. Les personnes nouvellement converties sont appelées, par exemple chez Tertullien (150-230) *pisciculi* (« petits poissons ») en référence à l'Ichtys*, et le poisson lui-même était avec le pain* un symbole de la Cène. Les penseurs chrétiens soulignent également que, lors du Déluge* originel, les poissons furent épargnés par la colère divine, et ils assi-

La vocation de saint Pierre : planche du Maître de Saint Pierre (1280).

milent parfois les chrétiens, au moment du baptême, précisément à des poissons. On trouve dans l'art médiéval un pêcheur légendaire nommé Trinakria, possédant trois corps et une tête unique ; il est interprété comme un symbole de la Trinité*. Les poissons sont assez souvent des attributs de saints, comme Brandan et Maclou qui étaient des marins, Pierre, André, Élisabeth de Thuringe et Antoine de Padoue qui aurait prêché devant eux. Pour la typologie biblique qui voit dans l'*Ancien Testament* l'annonce des événements qui surviennent dans le *Nouveau*, le grand poisson (la baleine*) qui avale et recrache le prophète Jonas est le symbole du Christ enterré et ressuscité. — Dans l'Égypte antique, les gens du peuple mangeaient du poisson, contrairement à ceux qui occupaient des postes sacrés (rois, prêtres) : ces habitants des profondeurs paraissaient trop inquiétants et étaient associés à des mythes négatifs (une légende voulait notamment qu'un poisson ait avalé le phallus du dieu Osiris après son assassinat par Seth). Certains poissons étaient cependant considérés comme des êtres divins et sacrés, telles l'anguille du dieu d'Héliopolis ou la perche de la déesse Neith. On voit là toute l'ambiguïté de l'attitude de l'homme face aux couches les plus profondes de sa psyché et à ses contenus qui, tels le serpent*, peuvent être perçus aussi bien de façon positive que négative. Les monstres légendaires à forme de poisson que l'on rencontre dans les anciens bestiaires, illustrent de façon particulièrement claire la fascina-

Représentations de poissons de la mythologie aztèque : gravure du XVIᵉ s.

Poisson en forme d'ouroboros :
incipit d'un missel du VIII° s.

tion tout autant que la crainte de l'homme face aux êtres des profondeurs. La mythologie indienne raconte que le dieu Vishnou prit la forme d'un poisson pour sauver des eaux le père de l'humanité, Manu. C'est là, de fait, le premier avatar* de Vishnou, et lorsque Manu est définitivement sauvé du Déluge, Matsya-Vishnou lui remet les *Vedas* qui font de Manu le possesseur de la Science et celui qui ordonne l'humanité selon les règles de la loi. Par ailleurs, en tant que monture de Varouna (voir Mithra), le poisson est lié à la suite des cycles cosmiques et à l'eau primordiale d'où sont issues toutes choses. Dans la Chine ancienne, le poisson (*yü*) était un symbole de bonheur et d'abondance ; le couple formé par le poisson et l'eau était considéré comme une métaphore des plaisirs sexuels. — Au Japon, le poisson (*sakama*) fait partie des aliments de base du peuple; il peut être consommé cru (*sashimi*), frit ou bouilli. Certains poissons y sont en outre des symboles traditionnels : la carpe par exemple, qui résiste au contre-courant et aux chutes d'eau, incarne le courage, la force et l'endurance. Lors de la fête des Garçons célébrée le 5 mai, des étendards ornés de carpes (*koinobori*) sont fixés à l'aide de perches devant chaque maison, ainsi que des carpes en soie, en nombre égal à celui des garçons qui vivent sous ce toit. — En alchimie, deux poissons dans un fleuve représentent les principes du soufre et du mercure (voir Sulphur et Mercurius) une fois qu'ils sont dissous. — Pour la psychanalyse, le poisson est, lorsqu'il apparaît en rêve, un symbole

dissimulé du pénis, et le sexe masculin est appelé dans le turc courant le « poisson borgne ». — Dans la symbolique astrologique*, le signe du Poisson (voir Étoile) est le dernier signe du zodiaque* et règne sur l'ère actuelle qui, selon certains astrologues, touche à sa fin. Les qualités des natifs du Poisson sont la soif de fraternité et de paix, la quête de la perfection, le goût de la recherche et la patience jusqu'à l'obtention du succès, la « fécondité joyeuse ». — Le psychologue des profondeurs E. Aeppli souligne que le poisson, être muet au sang-froid remarquable, est admiré et envié pour sa faculté à se déplacer rapidement dans l'eau. Sa chair n'est pas considérée comme une véritable viande et elle peut être consommée pendant les périodes de jeûne. Les poissons apparaissent aussi comme aliments dans le miracle de la multiplication des pains* (*Évangile selon saint Luc* IX, 16) : « Trouver en soi l'être du poisson, c'est de façon générale s'unir aux formes originelles de l'existence humaine qui ne connaissent pas la peur, à une couche très profonde de l'âme... C'est pourquoi une personne devant subir une transformation très profonde est, comme autrefois le prophète Jonas, avalée pour quelque temps par son inconscient, c'est-à-dire par le

Baleine représentée comme
un poisson monstrueux :
miniature du XIII° s.

1. *Poissons soutenant une ancre en forme de croix : pierre tombale paléochrétienne.*

2. *Le poisson, plus ancien symbole du Christ : pierre gravée (IIIe s., Salonique).*

grand poisson à la gueule de baleine*. Une fois la transformation opérée, il est recraché sur la côte lumineuse d'une nouvelle conscience. » — Il est intéressant de noter que les hommes de l'Antiquité, par exemple Aristote, pensaient qu'il s'agissait d'êtres unisexes, ce qui a certainement contribué à leur image, en symbolique, d'êtres aquatiques « au sang froid ». — Sur les peintures des catacombes romaines, aux origines de l'ère chrétienne, le poisson est un symbole de l'Eucharistie, et il a été représenté jusqu'au début du Moyen Âge dans les tableaux de la Cène à côté du pain et de la coupe* de vin*. L'anneau de pêcheur (*annulus piscatoris*) du pape se réfère au passage de l'*Évangile selon saint Luc* (V) où il est question de l'« abondante pêche » de l'apôtre Pierre.

POLITIQUE *(SYMBOLES EN)* Les symboles politiques sont généralement des images traditionnelles à structure simple reprises aujourd'hui par des mouvements politiques, et dont l'impact sur les couches profondes de la psyché procède de mécanismes que l'on n'a sans doute pas encore assez étudiés. Les signes de structure horizontale ou verticale produisent généralement un effet statique, défensif et plutôt conservateur, alors que les signes aux diagonales accentuées produisent un effet dynamique et agressif. Cet impact n'était certainement pas consciemment voulu, mais il a toujours été ressenti par les masses d'une façon quasi-automatique. On peut en prendre pour exemple la croix* gammée (le svastika*), symbole du parti national-socialiste, dont les branches exprimaient la mobilité, la rotation, la succession, l'agressivité redoublée. La croix potencée, que l'état autrichien tenta sans succès d'opposer à la croix gammée entre 1933 et 1938, produisait au contraire un effet statique et « terne ». Les mouvements politiques de caractère dynamique ou révolutionnaire ont presque tous adopté des signes symboliques pourvus de dents ou de pointes, qu'il s'agisse des signes fascistes (le double S des SS, la flèche* de la Phalange espagnole ou le rostre en Angleterre ou aux Pays-Bas) ou des signes des partis de gauche comme les trois flèches des sociaux-démocrates, la faucille* dans l'emblème communiste ou les pointes de l'étoile* soviétique. On peut constater à l'époque actuelle un recul de l'impact que produisent les symboles politiques simples. Les animaux, en raison de leur caractère plutôt plaisant, n'apparaissent que rarement comme des symboles politiques : aux États-Unis, l'âne* est le symbole des démocrates, l'éléphant* celui des républicains.

POMME Ce fruit à pépins, qui ne répond pas toujours à une définition bien précise en botanique, a de nombreuses significations symboliques. On commença très tôt à cueillir les pommes sauvages, et des espèces à gros fruits sont connues dès les débuts du néolithique en Europe centrale. D'après la mythologie antique, c'est le dieu du Vin Dionysos* qui aurait créé la pomme pour l'offrir à la déesse de l'Amour Aphrodite*. La pomme a donné lieu à de nombreuses associations érotiques où elle est comparée à la poitrine féminine, tandis que le cœur du fruit coupé en deux, dans lequel on peut voir les pépins, est censé rappeler la vulve. La pomme a donc une signification symbolique quelque peu ambiguë. La déesse de la Discorde Éris décida du destin du prince Pâris en jetant une pomme d'or (la « pomme de discorde ») au beau milieu de l'assemblée des dieux. Cette pomme devait être donnée à la plus belle des déesses, et Pâris, qui avait été chargé du jugement, la remit à Aphrodite. Héraclès* dut aller très loin en Occident et encourir de grands dangers, pour chercher les pommes des Hespérides (voir Îles fortunées). La déesse de la Terre Gaïa (Gé) offrit à Héra une pomme, symbole de la fécondité, lors de son mariage avec Zeus. À Athènes, il était de coutume que les mariés se partagent et mangent une pomme le jour de leurs noces avant de pénétrer dans la chambre nuptiale. Envoyer des pommes à quelqu'un ou en lancer à ses pieds était une marque d'amour. — La déesse nordique Idunn possédait des pommes qui assuraient à celui qui les mangeait la jeunesse éternelle. Dans la religion celte, la pomme était symbole du savoir traditionnel, en même temps qu'aliment de l'Au-delà dont elle devint quasiment l'équivalent en assurant l'immortalité à tous ceux qui s'en nourrissaient. « Doux pommier, arbre aux reflets jaunes, / toi qui croîs à Talalarth en dehors des enceintes, / je prédirai une guerre en Bretagne / pour défendre les marches contre les hommes d'Iwerdon… », chante ainsi le grand barde gallois Myrddin, ancêtre légendaire de Merlin l'Enchanteur, lorsqu'il se met à prophétiser. En Irlande, les Îles fortunées où l'on connaît l'éternelle jeunesse sous le gouvernement de femmes merveilleuses, s'appelaient *Emain Ablach*, les « îles aux pommiers », ou tout simplement « la pommeraie », et *La Navigation de Bran* s'ouvre sur l'image de l'une de ces femmes qui est venue le

L'Enfant Jésus à la pomme, auprès de saint Joseph : gravure du XVᵉ s.

chercher avec une branche de pommier qu'elle lui remet en signe de présage de l'Autre Monde. L'île* d'Avallon où, selon certaines versions, Arthur se dirige après sa mort dans la barque* que conduit Morgane, sa demi-sœur incestueuse, représente exactement le même symbole, puisque le nom d'Avallon n'est que la francisation du gallois *Ynis Afallach*, le parallèle brittonique de l'Emain Ablach gaélique. — La symbolique chinoise se fonde sur l'analogie phonétique entre les noms signifiant pomme et paix (*p'ing*), mais le mot maladie (*ping*) étant également très ressemblant, on ne doit

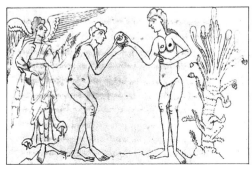

Ève offre la pomme à Adam : miniature (XIᵉ s., « Poèmes », Caedmon).

*Pâris, entre Aphrodite, Athéna et Héra,
donne la pomme à la déesse de l'amour :
gravure du XVIᵉ s.*

pas offrir de pommes aux malades. Les
fleurs de pommier symbolisent, en
revanche, la beauté féminine. — En
Europe, la pomme du paradis*, c'est-à-
dire de l'arbre* de la Connaissance (du
Bien et du Mal), est le symbole de la tentation et du péché originel. Dans les
tableaux représentant la chute du premier couple de l'humanité (Adam* et
Ève*), un serpent tient dans sa gueule la
pomme tentatrice alors que le texte originel parle de « fruit » sans autre précision : la pomme en effet n'était pas
connue en Orient. Elle est remplacée
dans d'autres traditions par une figue*,
un coing ou une grenade*. Sur certains
tableaux qui représentent la naissance
du Christ, on voit l'enfant Jésus attraper
une pomme ; ce geste symbolique
montre qu'il prend tous les péchés du
monde sur lui. On peut de la même façon
interpréter les pommes placées sur
l'arbre de Noël comme le signe d'un
retour au paradis, rendu possible par
la naissance du Christ. Mais la saveur
sucrée de la pomme était à l'origine plutôt associée à la tentation du péché –
notamment en raison de l'identité en
latin entre les mots *malus, malum* (en
grec *melon*), la pomme, et *malum*, le Mal,
le péché. Ainsi, dans les œuvres d'art

baroque, il n'est pas rare que la mort,
représentée par un squelette, tienne
dans la main une pomme : le prix du
péché originel est en effet la mort. —
Dans le domaine profane, la forme sphérique de la pomme en fait un symbole
cosmique, et c'est pourquoi les empereurs* et les rois* sont représentés
tenant à la main, à côté de leur sceptre,
un globe impérial en forme de pomme,
et qui est censé symboliser le monde.
Sur une pièce de monnaie antique, les
trois continents que connaissait l'empereur Auguste sont ainsi figurés par
trois boules et le globe impérial est couronné par un portrait de la déesse de la
Victoire, Niké (en latin *Victoria*). À
l'époque chrétienne, la pomme fut remplacée par la croix, et c'est pourquoi le
symbole de la terre en astronomie est un
cercle surmonté d'une croix*. — Dans
les légendes celtes, Avallon, le pays des
pommes, est le symbole des plaisirs
supraterrestres. Ainsi, le mythologue
R. von Ranke-Graves présente la pomme
comme un symbole très répandu des
joies de l'amour et du printemps : « Elle
est la clé qui ouvre l'accès aux champs
élyséens, aux vergers où seules peuvent
pénétrer les âmes des héros… Elle est le
cadeau des trois Hespérides à Héraclès,
le don fait par Ève, la « mère de tous les
vivants », à Adam. Némésis* enfin, la
déesse des bosquets sacrés, qui apparaît dans les mythes ultérieurs comme
le symbole de la vengeance des dieux
contre la fierté des rois, porte une
branche garnie de pommes : c'est ce
qu'elle offre aux héros. Tous les paradis du néolithique et de l'époque du
bronze étaient des îles recouvertes de
vergers… » — Bizarrement, même la
pomme sauvage, qui ne peut être
consommée, apparaît dans l'art héraldique. « La pomme sauvage est dure et
amère, elle sert aussi curieusement à
conserver le vin* afin qu'il ne devienne
aigre. La dureté chasse ainsi le mal, mais
conserve les attraits. » (Böckler, *Ars
Heraldica*, 1688).

PONT   Le pont est un symbole de passage, par exemple le passage du fleuve
qui sépare l'Ici-bas de l'Au-delà*. Il remplace le passeur qui, dans d'autres
légendes, transporte les âmes d'un
monde à l'autre. Dans la mythologie nordique, ce pont se met à branler dès
qu'une personne encore vivante le franchit, et il est protégé par un gardien qui
donne l'alarme à coups de trompe

lorsque des troupes ennemies s'en approchent. Jeter un pont reliant le monde quotidien à l'autre monde est un événement si important qu'il nécessite l'aide d'un « constructeur de ponts » sacerdotal pour permettre aux deux domaines de communiquer entre eux. C'est pourquoi pendant longtemps la construction des ponts s'est accompagnée de sacrifices* rituels : avant d'entreprendre la construction d'un nouveau pont dans la Rome antique, les vestales lançaient de l'ancien pont des poupées en osier dans le Tibre.
— Cette conception du pont comme symbole religieux de liaison entre la cité et les dieux, est d'ailleurs tellement fondamentale à Rome que les prêtres chargés de la surveillance générale des pratiques et des rites religieux y sont des *pontifices* : « ceux qui font des ponts », et que la plus haute magistrature sacerdotale de la Ville est celle du *Pontifex maximus* : nommé à vie après la chute de la royauté des origines (et le roi était alors lui-même le *Pontifex maximus*), le grand pontife nommait et surveillait les flamines, choisissaient les vestales, surveillait les cultes privés (cérémonies religieuses du mariage*, culte des morts*, etc.) Il était le prêtre du foyer de la cité et de ses Pénates, il organisait le culte de Jupiter* Capitolin, le patron de la Ville, et déterminait par le « droit pontifical » l'ensemble des devoirs

que le peuple romain devait à ses dieux. En fait, le grand pontife est le véritable roi religieux de Rome – et c'est pourquoi César se fera nommer à ce poste, comme le feront après lui tous les empereurs*, en commençant par Auguste. C'est de cet aspect religieux de l'empire qu'héritera plus tard l'évêque de Rome, le successeur de Pierre, à la fois comme détenteur du pouvoir temporel sur la Ville et comme « roi des fidèles ». Le pape en gardera définitivement l'appellation de « souverain pontife ». L'arc-en-ciel* et la Voie lactée* du firmament étaient aussi considérés comme des ponts entre les différents niveaux de l'existence. Le symbole du pont apparaît dans l'islam sous la forme du « pays du Ciel* » » – un pont aussi fin que la lame d'une épée*. Ceux qui ne sont pas parfaitement purs de tout péché tombent lorsqu'ils essaient de le franchir ; on retrouve des motifs analogues dans les contes indiens d'Amérique du Nord, où le pont est souvent constitué d'une mince poutre de bois. — Les Chinois se représentaient le pont qui mène à l'Au-delà comme un passage très étroit, et ils pensaient que les pécheurs tombaient dans des flots sales de sang* et de pus. Le pèlerin Hsüan-tsang, qui rapporta d'Inde les écrits bouddhistes, dut lui aussi franchir un pont constitué d'un tronc d'arbre (voir Singe). Il existe un

Les âmes des défunts traversent le pont qui, au jour du Jugement dernier, les conduira vers le salut ou la damnation éternels : fresque des XIVe-XVe s.

*L'arc-en-ciel, pont du ciel
pour les Aztèques : gravure du XVIᵉ s.*

PORC Le porc est d'abord considéré en Europe comme le symbole de la saleté. Dans les civilisations anciennes, il symbolisait fréquemment la fécondité et la prospérité. À Malte, on a retrouvé dans une caverne une peinture de l'époque néolithique montrant une truie en train d'allaiter treize porcelets. Chez les Germains, la déesse Freya portait le surnom de Syr (« truie »). Chez les Gallois, Cerridwen, « la vieille blanche », était une déesse truie et le héros irlandais Mananann avait un porc pour attribut. Le porc, surtout sauvage, est ici

dieu du pont qui protège ceux qui le franchissent des maladies apportées par les flots des démons. — Dans la religion ancienne de la Perse, le mazdéisme, les morts doivent franchir le pont Çinvat qui est aussi fin qu'un cheveu* (l'image demeurera même après la réforme de Zoroastre, à tel point qu'elle est toujours vivante chez les parsis, les lointains descendants actuels de cette croyance). Ceux qui ont fait preuve d'injustice tombent alors en enfer*, tandis que ceux qui ont passé l'épreuve grâce à la pureté de leur cœur et à leur accomplissement spirituel, sont accueillis par leur Fravarti, créature féminine et céleste qui est le double angélique de leur âme*, ou le second pôle célestiel qui en a inspiré la partie terrestre. — Les ponts ne se contentent pas, dans le monde symbolique, de relier, ils représentent également le passage à une nouvelle forme d'existence ; cette fonction particulière exige, pour acquérir tout son sens, que soient accomplis certains rites spéciaux. Diverses locutions illustrent clairement la symbolique liée au pont : « couper les ponts », le « pont aux ânes » (pour désigner des difficultés que tout le monde est capable de surmonter, même les individus les plus bêtes). — En héraldique*, les ponts apparaissent dans les emblèmes des villes et se réfèrent alors à leur situation géographique (par exemple, l'emblème de la ville d'Innsbruck – le pont, en allemand, se dit *die Brücke* – est un pont flottant).

1. Sacrifice d'un porcelet : intérieur d'une coupe attique (Vᵉ s. av. J.-C.).

2. Porc nourri par la Gloutonnerie : gravure du XVIᵉ s.

Le porc, symbole de fécondité, avec Déméter, déesse de la fertilité et de la végétation : gravure du XIXᵉ s.

plorait pour faire venir la pluie*. En Chine, le porc était le dernier des douze signes du zodiaque et symbolisait « la force virile ». Dans l'Égypte ancienne, la truie dévorant ses petits était un symbole de la déesse céleste Nut dont les enfants – les étoiles* – disparaissent le matin mais renaissent le soir. C'est pourquoi il existait des amulettes en forme de cochon, bien que le porc fût d'ordinaire rangé parmi les acolytes de Seth, l'assassin d'Osiris (voir Isis). Bien qu'on l'élevât comme animal domestique et qu'on le consommât, on considérait autrefois le porc comme impur – peut-être pas autant chez les chrétiens que chez les juifs et les musulmans. La cause alléguée aujourd'hui en est le plus souvent la trichinose, mais il s'agit en fait à l'origine d'une distinction établie contre les peuples « païens » chez lesquels le cochon symbolisait la fécondité et la richesse. — L'iconographie chrétienne représente souvent l'exorcisme opéré par Jésus, qui fit sortir les démons des possédés, sous la forme d'un troupeau de deux mille porcs qui se précipitèrent aussitôt dans la mer. Le porc est le symbole de la voracité et de l'ignorance ainsi que, chez les chrétiens d'autrefois, la caricature du judaïsme (la Synagogue est souvent figurée en train de chevaucher un porc). Dans une acception positive, la truie était en revanche un attribut de l'ermite saint Antoine de Côme parce que son lard passait pour guérir la variole (« feu de saint Antoine »). — La tradition du porc considéré comme un symbole de chance (notamment pour la nouvelle année), remonte probablement à une vieille coutume selon laquelle lors des concours – de tir à l'arc, par exemple – on remet-

extrêmement proche du sanglier* qui était l'emblème de la classe sacerdotale chez les Celtes. On peut d'ailleurs voir le glissement d'une image à l'autre dans l'histoire galloise de *Kwlwch et Olwein*, tirée des *Mabinogion*, où Kwlwch naît dans une bauge à truie tandis que, sous la conduite du roi Arthur*, on assiste à un rite d'initiation* à travers la chasse du Twrch Trwyth, le sanglier fabuleux. — Dans les mystères grecs d'Éleusis, le porc était l'animal sacré offert en holocauste à la déesse Déméter*. Dans l'île Hierro des Canaries, avant l'occupation espagnole, un porc servait de médiateur entre les habitants et la divinité : on l'im-

La truie (la Synagogue) nourrit les juifs : gravure allemande de 1460.

tait au perdant un cochon comme prix de consolation : « Celui qui tire et manque sa cible, emporte chez lui la truie dans sa manche » (pour la cacher). — Le psychanalyste Aeppli signale que l'anatomie du porc ressemble plus à celle de l'homme que celle de la plupart des autres mammifères et que le « cochon renvoie expressément à l'inconscient humain ». En tant que symbole onirique, il est d'habitude interprété comme un signe favorable : « Vautrée sur son tas de boue, la truie aux nombreuses et lourdes mamelles est, comme le prouve le spectacle d'une porcherie remplie de porcelets, une mère nourricière heureuse et empressée, entourée d'une troupe bruyante. Dans les rêves*, c'est encore l'aura de sa féminité paisible et rayonnante qui auréole cet animal… »

PORTE La porte ne symbolise pas seulement l'accès à un espace dérobé, mais aussi l'espace lui-même que la porte dissimule, auquel on prête une certaine dimension de mystère (voir les « Hautes Portes » qui sont l'emblème de la puissance des sultans turcs; les « portes de l'Enfer* » ou les « portes du Ciel* »). La porte caractérise donc (comme le pont* le fait pour le passage) l'entrée dans un espace fondamental. Dans les temples*,

Les justes à la porte des Limbes : gravure (~1509, A. Dürer).

les entrées qui mènent à l'endroit secret où se trouve le Saint des Saints se caractérisent souvent par des portes somptueuses que seul le grand prêtre sacré peut franchir, cependant que la porte

Samson dégonde la porte du temple de Gaza : miniature (Belbello de Pavie).

Élisabeth accueille Marie sur le seuil de sa maison : gravure (A. Dürer).

elle-même du temple marque la séparation nécessaire entre le domaine profane et le domaine sacré. Les rites de passage d'un degré de vie à un autre sont, dans de nombreuses cultures, symbolisés de la même façon par le passage d'une porte. L'ouverture de cette « porte sacrée » est l'occasion de fêtes à caractère religieux. Dans l'ancienne Rome, c'était le dieu Janus* qui avait pour mission de surveiller l'Entrée et la Sortie. Cette porte de Janus (la porte d'entrée se disait *janua* en latin), était en réalité double, comme l'était le dieu lui-même : elle était la porte concrète que l'on pouvait passer dans les deux sens, mais aussi la porte symbolique qui permettait de passer d'une année à l'autre (janvier : *Januarius*), d'une phase à une autre du cycle des saisons (semailles et moissons, c'est-à-dire aussi bien le commencement et la fin), et la porte qui introduisait aux deux voies que l'on pouvait choisir de suivre : *janua caeli*, ou porte du ciel, et *janua inferi*, ou porte des royaumes souterrains. — En Chine, le symbolisme de la porte correspond au jeu du yin* et du yang. La porte fermée est en effet d'essence yin, alors que la porte ouverte est d'essence yang. L'univers ressemble alors au va-et-vient de la porte que l'on ouvre et que l'on ferme

Abd-al-Muttalib ouvre la porte de la Ka'ba : miniature turque du XVᵉ s.

alternativement, comme un mouvement de systole et de diastole, traduisant le rythme de l'univers qui se transforme sans cesse pour aller de l'une à l'autre polarité. À la différence des portes de Janus, cependant, qui correspondent

Bergers devant la porte de la cabane de Bethléem : gravure (A. Dürer).

Rencontre de Joachim et Anne devant la Porte Dorée : gravure (A. Dürer).

aux solstices (le mois de janvier commence après le solstice d'hiver), les portes chinoises, et particulièrement celles du taoïsme, sont reliées aux équinoxes, puisque le jeune yang sort du vieux yin au printemps, et que le jeune yin sort du vieux yang à l'automne. — La symbolique chrétienne de la porte s'est inspirée de la déclaration de Jésus rapportée par l'*Évangile selon saint Jean* (X, 9) : « Je suis la porte : si quelqu'un entre par moi, il sera sauvé... » C'est pourquoi le Christ en gloire surmonte généralement la porte centrale des porches des cathédrales, cependant que les portes des églises représentent souvent, sous la forme de sculptures, les vertus* chrétiennes en lutte avec les péchés*. L'archange Michel et l'apôtre Pierre, qui porte les clefs*, sont les gardiens des portes célestes. L'histoire de Samson, qui arracha les portes du temple des Philistins à Gaza (*Livre des Juges* XVI, 3), fut interprétée comme l'annonce de la libération, par le Christ, des âmes du purgatoire (le royaume des morts), en fracassant les verrous du Sche'ol (voir *A*u-delà). De nombreuses cultures ont placé à l'entrée de leurs sanctuaires des figures protectrices de gardiens (par exemple les chiens-lions* au Japon), ou, d'une façon générale, les *dvarapala*, les animaux mythiques à l'aspect furieux et féroce que l'on trouve dans tous les temples d'Asie. « La porte constitue certainement la partie la plus significative de la maison. On l'ouvre, on la ferme, on y frappe, on la bloque. Elle est un seuil, une frontière. Qu'on la franchisse pour entrer ou pour sortir, on entre dans d'autres conditions d'existence, dans un autre état de conscience, car elle conduit à d'autres hommes, à une autre atmosphère » (Algernon Blackwood, 1869-1951).

POULE D'un point de vue symbolique, la poule n'est pas identique au coq. Elle incarne l'archétype de la maternité (voir Mère). « De même que la poule qui couve prend soin de ses petits et ne laisse rien approcher qui puisse les blesser, celui qui se tient en sécurité sous la protection du Seigneur est épargné par tous les maux, misères et attaques » (Hohberg, 1647). La poule qui couve incarne ainsi l'amour protecteur envers les faibles, – voir les paroles de Jésus : « Jérusalem*, Jérusalem,... que de fois j'ai voulu rassembler tes enfants comme une poule rassemblant ses poussins sous ses

Poule : « Amour et constance » : gravure de 1702.

ailes ! » (*Évangile selon saint Matthieu* XXIII, 37). La patiente couvaison de la poule illustre, dans la représentation allégorique des sept arts libéraux, la grammaire qui exige elle aussi une grande patience. Les hommes de l'Antiquité croyaient que son sang* refrénait les désirs sexuels exacerbés. Tandis que la poule joue le rôle de guide des âmes dans les rites d'initiation des femmes africaines, elle est associée, dans les mentalités d'Europe centrale, à la stupidité, comme en témoigne sa signification symbolique la plus couramment admise en psychanalyse. Les poules désignent en effet, dans les rêves, « une collectivité faible d'esprit et extravertie. Elles sont souvent prises d'une panique stupide, tels les imbéciles qui se mettent soudain à courir en tous sens... À travers la poule, une chose à laquelle le rêveur accorde trop d'importance dans la vie réelle apparaît dans toute sa petitesse » (Aeppli). La poule « aveugle, folle, pauvre » que l'on retrouve dans les locu-

Poule : « Protection sûre » : gravure de 1647.

tions populaires de divers pays peut également, dans les contes, pondre des « œufs* d'or », et il serait alors insensé de vouloir la tuer. La poule couvant ses œufs incarne, dans certaines légendes, des trésors* gardés par des forces surnaturelles.

PRIÈRE *(POSTURES DE)* Il existe une posture de prière dans laquelle on ne joint pas les mains*, mais où les paumes sont élevées au contraire de chaque côté du corps, à hauteur des épaules ou de la tête ; elles sont aussi parfois tournées vers le haut, comme pour recevoir un don venu du ciel*. Celui-ci consiste d'ailleurs le plus généralement dans les rayons du soleil* qui touchent les mains de l'orant, lui communiquant leurs énergies vitales. Les mains sont alors les signes de la manifestation (ce mot vient lui-même étymologiquement de *manus*, la main, en latin) qui, parallèles à ciel, en sont comme le reflet inverse. Cette posture de prière est considérée comme la plus ancienne et la plus naturelle, et elle est encore actuellement pratiquée par les prêtres pendant la messe. Cette façon de prier, courante dans le monde méditerranéen, fut adoptée par l'Église chrétienne primitive et conçue comme un geste de supplication, pour appeler aide et bénédiction. La Vierge* apparaît souvent dans cette posture sur les icônes et de nombreuses images tombales représentent le mort ainsi. Ce geste, remplacé par celui des mains jointes, a perdu en Occident toute signification.

PROCUSTE Héros – ou plutôt anti-héros de la mythologie grecque – Procuste est connu pour les lits sur lesquels il faisait allonger les voyageurs qu'il faisait prisonniers : s'ils étaient petits, il s'agissait d'un grand lit sur lequel on tirait sur leurs membres jusqu'à la dimension voulue ; s'ils étaient grands, on les allongeait sur un petit lit et on leur coupait les pieds, et s'il le fallait les jambes, aux dimensions de cette couche. Symboles de « normalisation » psychique pour Paul Diel, les lits de Procuste peuvent aussi être interprétés comme l'image des dangers que doit affronter tout voyageur qui s'est mis en route, et des épreuves qui l'attendent, particulièrement dans le voyage de l'âme* ou le parcours d'initiation*, pour l'arrêter en chemin en lui déniant ses qualités spécifiques.

Prométhée enchaîné et l'aigle : gravure du XIXᵉ s.

PROMÉTHÉE Figure essentielle de la mythologie grecque, Prométhée était appelé le « prévoyant ». Il symbolise la foi dans l'humanité contre l'avis même des dieux. Appartenant à la race des Titans*, frère d'Atlas* et d'Épiméthée, fils de Gaïa, la Terre-Mère selon Eschyle, il prend cependant le parti des dieux de l'Olympe quand ceux-ci doivent livrer leur grande bataille contre les Titans pour la domination du monde. Après leur victoire, et pour le remercier de son bon choix, les Olympiens l'admettent en leur compagnie. C'est alors que commencent ses malheurs. Alors que Zeus veut anéantir les hommes par le Déluge*, c'est Prométhée qui permet à son fils Deucalion de sauver sa vie et de repeupler la terre en créant une nouvelle race. D'après d'autres versions, Prométhée aurait même créé l'humanité en pétrissant un corps humain avec de la terre et de l'eau. Pausanias précise même qu'on lui avait montré en Phocide des pierres à la couleur de l'argile et à l'odeur de chair humaine qui étaient les restes de la glaise avec laquelle Prométhée avait œuvré. Père putatif des hommes, Prométhée dérobe le feu que les dieux veulent garder pour eux, et en fait don aux hommes, devenant de la sorte le créateur de toute civilisation. Afin de se venger, Zeus envoya alors Pandore* aux hommes pour les punir. Prométhée fut pour sa part ligoté à un rocher* du Caucase, où un aigle* venait chaque jour lui manger le foie, jusqu'à ce qu'Hercule (Héraclès*) tuât l'oiseau d'un trait de flèche*. Pour la poésie (Voltaire, Schlegel, Herder, Lord Byron), les arts plastiques (Titien, Rubens, Böcklin) et la musique (Beethoven, Liszt, Orff), Prométhée symbolise la révolte du penseur créatif contre une destinée qui voudrait l'écraser. Culturellement, l'Occident en a d'ailleurs fait depuis la Renaissance l'une de ses figures mythiques de référence, à cause de sa volonté de dérober ses secrets au Ciel et à l'Univers en général, de sa volonté d'autocréation qui n'admet plus aucune limite de quelque sorte qu'elle soit (*cf* l'expression de « civilisation prométhéenne »).

PROSTITUÉE   La prostituée joue un grand rôle symbolique lorsqu'elle est sacrée. La prostitution religieuse, qui avait pour fonction d'honorer la déesse de la Fécondité et de la Vie, était très répandue au Proche et au Moyen-Orient. D'abord attachée à tous les cultes de grandes déesses (Ishtar*, Aphrodite* ou Artémis* d'Éphèse), on la considérait comme l'expression d'un don sacrificiel de soi, et de l'offrande de la femme à la divinité masculine (ou bien aux prêtres ou aux étrangers qui la représentaient), afin qu'elle y découvre son éros le plus profond et sa véritable identité en relation avec la divinité féminine qu'elle honorait. Ainsi s'explique le nom hébreu *kedescher* (sacré), de même que le mot d'origine greque hiérodule (servante sacrée). Voir Vierge. La loi mosaïque (*Deutéronome* XXIII, 19) interdisait cette pratique : « Tu n'apporteras jamais dans la maison du Seigneur ton Dieu, pour une offrande votive, le gain d'une prostituée ou le salaire d'un « chien », car, aussi bien l'un que l'autre, ils sont une abomination pour le Seigneur ton Dieu. » Il est pourtant dit aussi : « Rahab, la prostituée,

La « grande prostituée »
assise sur le dos de la bête :
miniature d'une Apocalypse du IXe s.

ne fut-elle pas justifiée par ses œuvres, après avoir fait bon accueil aux messagers ? » Il est ici question de Rahab la prostituée qui avait caché dans Jéricho les espions de Josué, et favorisé la prise de la ville. Mais c'est l'aversion envers une sexualité extra-conjugale et de nature profondément païenne qui l'a emporté (voir Babel, Sodome et Gomorrhe), comme le montre l'*Apocalypse* de saint Jean, qui parle de Babylone* la grande prostituée » (voir Rouge). De mêmes coutumes de prostitution sacrée existaient aussi en Inde, généralement reliées à la figure de la « Mère*

Un Ange
montre à Jean
« la grande prostituée »
assise sur le dos
de la bête : miniature
(XIIIe s., Apocalypse
de Berengando).

Rahab, la prostituée de Jéricho, cache les explorateurs de Josué : miniature de Belbello de Pavie.

du monde », qu'on l'appelât Kali*, Adi-Shakti (« l'Énergie primordiale ») ou Ella Amma (« la Mère de tout ») – et se perpétuent jusqu'à nos jours, par exemple dans le culte de la déesse Yellama dans le Karnataka en Inde du Sud (J. Assayag, *La Colère de la déesse décapitée*, 1992). Il est à noter que, aussi bien au Proche qu'en Extrême-Orient, cette prostitution pouvait être pratiquée par des hommes travestis en femmes ou rituellement châtrés (voir aussi les galles, les prêtres de Cybèle). Cette pratique était d'ailleurs assez courante pour que Moïse* mette en garde contre elle : « Il n'y aura pas de prostituée sacrée parmi les filles d'Israël, ni de prostitué sacré parmi les fils d'Israël » (*Deutéronome* XXIII, 18).

PROTÉE « L'immortel Protée, un des Vieux de la Mer, le prophète d'Égypte, vassal de Poséidon, qui connaît de la mer entière les abîmes », toujours accompagné de son troupeau de phoques, apparaît dans l'*Odyssée* (chant IV, 380-570) où il est sollicité par Ménélas. Le fils d'Atrée, retenu au loin de sa patrie d'Argos par un défaut de vents favorables, veut en effet apprendre de sa bouche quel est le dieu qu'il a offensé et quel sacrifice* il doit faire faire. Pour y parvenir, il lui faut cependant affronter directement Protée et triompher de son pouvoir de métamorphose. De fait, saisi grâce à la ruse et tenu à bras le corps, Protée se change « d'abord en lion* » à crinière, puis devient dragon*, panthère et porc* géant ; il se

fait aussi eau courante et grand arbre à panache », puis, « quand il est au bout de toutes ses magies », il reprend sa forme première et répond enfin à Ménélas à qui il apprend la mort de son frère Agamemnon, celle d'Ajax, le périple d'Ulysse, et à qui il annonce que lui-même « époux d'Hélène* », et donc gendre de Zeus, mourra tout au bout de la terre, aux Champs-Élysées ». De ce combat entre Ménélas et Protée, Robert Graves dit que les différents animaux en symbolisent les saisons de l'année, tout en rappelant que la panthère est aussi consacrée à Dionysos*, lequel passe de la même façon par plusieurs métamorphoses afin d'échapper aux Titans*. À vrai dire, ce pouvoir de transformation n'est pas l'apanage du seul Protée. Toutes les histoires du monde évoquent de tels changements d'état ; on connaît par exemple la succession des avatars* de Vishnou* tandis que la mythologie grecque fait de ce pouvoir de métamorphoses un des traits spécifiques des dieux – à commencer par Zeus lui-même que ses amours multiples transforment en taureau*, en cygne*, en pluie d'or*, etc. Si Protée a connu une telle fortune, au point de devenir un substantif – « C'est un Protée », dit-on d'une personne qui change constamment d'opinions – ou d'engendrer l'adjectif « protéiforme », c'est que son don de prophétie lui permet d'accéder à la connaissance de la Vérité, qu'il essaie de cacher. En partie comparable à la maya des Hindous – elle aussi aux multiples formes – Protée, divinité marine, gardien des phoques fuyants et insaisissables, est sans doute l'une des images les plus prégnantes qu'ait fournies la Grèce pour désigner la difficulté d'atteindre à une vérité aux abords toujours mouvants. Protée est ainsi devenu pour René Huyghe l'un des symboles de la peinture, « cet élément Protée, capable d'être tous les autres… dont on désespère de trouver une définition qui puisse être un dénominateur commun aux multiples démarches artistiques » – mais il est aussi par excellence l'un des symboles de l'inconscient, aux formes multiples, en perpétuel devenir, et qui engendre parfois des monstres.

PRUNE En Extrême-Orient, la prune est un symbole de la prime jeunesse de la femme très apprécié, car la fleur du prunier (en chinois *mei-hua*) apparaît sur l'arbre avant même qu'il ne se soit couvert de feuilles. Le sens érotique

Branche de prunier :
peinture (XIVᵉ s., Wang Mien).

second de la prune provient de l'expression : « couverture de fleurs de prunier », qui désigne la couverture du lit de la fiancée. La fleur de prunier à cinq pétales symbolisait les cinq* dieux* du bonheur* ; la combinaison d'une prune*, d'un pin* et d'un bambou* désignait : « les trois amis de la période froide de l'année ». — Pour les psychologues (E. Aeppli, par exemple), la prune est l'an-

nonce « dans nombre de rêves masculins, d'une joie sexuelle très réelle ». L'ancienne appellation grecque de la prune était *kokkymelon*, ce qui signifie la « pomme du coucou* ».

PSYCHOSTASIE La psychostasie était la « pesée des âmes » des Égyptiens au cours de leur voyage dans l'Au-delà*. Cette pesée s'effectuait dans la salle de Maat, déesse en même temps que principe de justice, au moyen d'une balance : on posait sur le plateau de gauche le *ib*, le cœur du trépassé, et sur celui de droite une plume d'autruche* blanche qui était le symbole de Maat. Sur l'axe de la balance s'asseyait le cynocéphale de Thot*, le maître de la Sagesse, tandis que Thot à tête d'ibis servait de greffier. Au-dessus de cette scène, quarante-deux divinités, correspondant aux quarante-deux nomes (divisions administratives) de l'Égypte réelle, assistaient Osiris, tandis qu'Osiris lui-même surveillait la scène et attendait la sentence, le monstre Ammit à ses pieds. Ammit, qu'on appelle aussi « la dévoreuse », avait une tête de crocodile*, un poitrail de lion* et une croupe d'hippopotame*, et c'était vraisemblablement une figuration des eaux matricielles, de la grande déesse-mère* sous son aspect redoutable. Si le cœur du défunt se révélait plus lourd que la plume de Maat, il était livré à Ammit qui le dévorait sur-le-champ – sans qu'on sache précisément s'il gagnait alors un enfer très comparable à celui des chré-

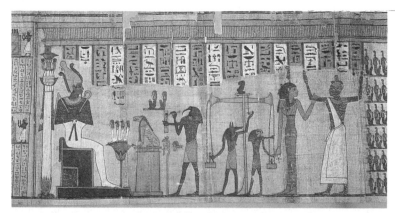

La pesée des âmes dans la salle de double Maat : Osiris assis sur le trône ;
Thot à tête d'ibis enregistrait le verdict favorable au mort :
papyrus du VIᵉ s. av. J.-C., Musée du Louvre.

tiens (enfer de damnation), ou s'il était renvoyé dans la matrice* et la matière primordiales, pour y être réenfanté avant de reprendre son évolution spirituelle (voir Métempsychose). Au contraire, si le cœur était plus léger que la plume, le défunt était proclamé *maakherou*, c'est-à-dire conforme à Maat, et pouvait jouir alors de l'immortalité d'Osiris. Décidant ainsi du sort de toute personne qui trépassait, la psychostasie avait par ailleurs un sens évident d'initiation*, puisqu'elle pouvait aussi bien se lire comme la mise en conformité de l'âme de l'adepte avec l'ordre supérieur de l'univers, où Thot était le maître de la Connaissance, Horus celui de l'Illumination (voir Œil) et Osiris, enfin, le « dieu noir » dont on contemplait la face dans l'équivalence de la lumière* et de la ténèbre divine.

PUITS Dans de nombreuses civilisations, les puits, de même parfois que les sources*, étaient considérés comme des voies d'accès au monde souterrain (voir le conte de *Frau Holle* chez les frères Grimm) ou aux « flots des profondeurs » qui abritent des forces mystérieuses. Pour l'islam, le puits de forme carrée* est symbole du paradis*. Certains tableaux du début de l'ère chrétienne représentent d'ailleurs le puits qui se dressait dans le jardin d'Éden et dans lequel quatre fleuves prenaient leur source. C'est grâce au puits que l'eau*, élément primordial de la vie, paraît à la surface de la terre, et c'est pourquoi le puits est mis en relation avec le baptême et avec les flots de sang* qui s'échappent des plaies du Christ. La scène du *Nouveau Testament*, où Jésus parle à la Samaritaine* près d'un puits, a ainsi fait l'objet de nombreux tableaux. — Dès l'Antiquité, et même sans doute durant la préhistoire, les hommes ont attribué à l'eau jaillissant de la terre des vertus médicinales, comme le prouvent les nombreux cultes consacrés à des sources. Le christianisme a repris ces traditions et c'est ainsi que se sont créés différents lieux de pèlerinage* à proximité de sources qui faisaient l'objet de légendes miraculeuses. Ces endroits sont associés à la Vierge* Marie* et souvent liés à la guérison de maladies des yeux* (par association entre le miroir* de l'eau et l'œil, miroir de l'âme*). Dans le domaine profane, diverses légendes mentionnent l'existence de « fontaines de jouvence » qui redonnent la jeunesse aux vieillards (on retrouve cette idée dans les *bimini* des tribus indiennes au sud-est des États-Unis). Chez les Mayas du Yucatán, les puits construits avec des pierres calcaires (*tzenotes*) étaient des lieux sacrés dans lesquels on effectuait des sacrifices. — Comme l'a montré la psychanalyse, les puits représentent souvent, dans les contes et les rêves, des lieux d'accès à des mondes inconnus et inconscients que nous ne pouvons atteindre dans notre vie quotidienne; à

Jésus rencontre la Samaritaine au puits : gravure de Lucas de Leyde.

Bains aux sources thermales de Plombières : gravure de 1559.

Les carmes à la source d'Élie : panneau de retable (1329, P. Lorenzetti, église du Carmine, Sienne).

cette image sont également associés les symboles du bain* purificateur, de la source de vie à laquelle l'homme vient se ressourcer ou apaiser sa soif de connaissances supérieures. — À l'opposé de ces représentations, se trouve le « puits de l'Abîme » de l'*Apocalypse* de saint Jean (IX, 1), d'où jaillissent le feu et le soufre et dans lequel le Diable* vaincu est enfermé pour « mille ans ». — Dans la littérature de la Chine ancienne, le puits est associé au domaine érotique et à la « fête des plaisirs du couple céleste » qui a lieu le septième jour du septième mois de la lune.

Serviteurs puisant de l'eau : peinture arabe sur bois (XIIᵉ s.).

PURGATOIRE   (en latin *purgatorium*) Le purgatoire désigne, dans le catholicisme, l'étape de purification dans l'Au-delà* qui permet aux âmes* bénéficiant de la grâce de Dieu sans avoir toutefois atteint la perfection à l'instant de leur mort, de se préparer à leur entrée dans le Ciel. On trouve déjà l'idée d'une telle purification dans le *Gorgias* de Platon (427-347 av. J.-C.) ; Tertullien et les Pères de l'Église comme Ambroise ou Augustin ont commencé de mettre en forme cette idée, qui s'était déjà tellement répandue dans les mentalités, vers le milieu du IIIᵉ siècle, qu'il n'est pas rare de relever, sur des épitaphes, des requêtes pour les âmes des croyants disparus. L'idée ainsi défendue était cependant purement théologique et morale. Ce n'est que bien plus tard, au milieu du Moyen Âge, que s'est imposée la croyance en l'existence d'un purgatoire réel, lieu « géographique » spirituel, à mi-chemin de l'enfer* et du ciel*, où les âmes subissaient les épreuves à travers lesquelles elles se dépouillaient des traces de leurs péchés, et trouvaient là une occasion de se racheter. À travers cette naissance d'un purgatoire qui ouvrait une troisième voie, c'est-à-dire une possibilité d'échapper à l'alternative entre, d'un côté, une damnation éternelle et de l'autre, un salut immédiat, s'imposait dès lors au peuple chrétien l'espérance que même pour les pécheurs, tout n'était pas toujours perdu, et qu'une sorte « d'enfer transitoire » permettait de racheter dans l'Au-delà ce qu'on n'avait pas eu la force, ou la grâce de faire lors de son passage sur terre. Le symbole de cette purification (un concept issu de la

1. Le purgatoire : miniature (XVᵉ s., « Les très riches heures du duc de Berry », J. Colombe).

2. Libération des âmes du purgatoire : miniature (XVᵉ s., « Livre d'Heures », Catherine de Clèves).

qu'elles ont expié leur peine, des anges* viennent les chercher pour les emmener au Ciel. L'Église catholique se sent et se veut unie par un lien surnaturel à ces « pauvres âmes » qui souffrent pour acquérir leur salut. Voir Lumière, Eau, Feu, Caverne. La *Légende dorée* de Jacques de Voragine (vers 1270) contient de très nombreux récits légendaires sur ces âmes du purgatoire dans le chapitre consacré à la Toussaint (« À la mémoire de toutes les âmes croyantes »), et nous fournit de précieux renseignements sur les diverses représentations de l'Au-delà que se faisait le Moyen Âge.

PYGMALION Pygmalion, roi* de Chypre, symbolise l'artiste épris de son œuvre : il créa en effet sa propre femme d'après ce que lui souffla son imagination. C'était, d'après la légende, un sculpteur très renommé qui avait façonné dans l'ivoire une jeune fille d'une telle beauté qu'il se persuada très vite qu'il ne pourrait jamais trouver, dans l'espèce humaine, une épouse aussi belle ; il demanda alors à la déesse de l'amour, Aphrodite* (voir Vénus), d'insuffler la vie à son œuvre. Aphrodite répondit à son vœu, et Pygmalion put se marier avec sa propre création. De nombreux artistes ont trouvé dans ce thème une source d'inspiration (voir les *Cantates* de Bach ; les œuvres de Cherubini et de Rameau ; l'opérette de Suppé, *La Belle Galatée* ; l'œuvre de G.B. Shaw et la comédie musicale *My Fair Lady* de Cukor ; le drame de Rousseau; la peinture de E. Burne-Jones, etc.).

PYTHAGORE Pythagore de Samos (vers 540-500 av. J.-C.) représentait, dans la tradition grecque, la sagesse supérieure et la science ésotérique. On rapportait qu'il avait voyagé en Égypte* et à Babylone* avant de fonder sa propre école à Crotone, dans le sud de l'Italie. On y enseignait différentes doctrines mystiques (la migration des âmes, la purification, l'aspiration à l'harmonie – voir Musique et Sphères), et il s'y développa aussi une école de Mystères. Sa symbolique des nombres* influença, à travers les âges, presque toutes les doctrines ésotériques, et le « théorème de Pythagore » appartient au fonds symbolique de la franc-maçonnerie* (voir Triangle) ; la formulation de ce même théorème était de fait déjà connue avant Pythagore en Égypte et à Babylone, mais la démonstration en était beaucoup

métallurgie !) est le feu* en tout point semblable à celui de l'enfer, mais limité dans le temps. Sur les tableaux représentant le purgatoire, on voit souvent des âmes à figure humaine lever les bras au ciel pour implorer la grâce de Dieu ; lors-

Pythagore explorant l'harmonie :
gravure du XVe s.

moins élégante que celle qu'il proposa. La « Mathésis sacrée » et symbolique des pythagoriciens ne considérait pas seulement les nombres comme des mesures, mais aussi et surtout comme le noyau fondamental de la réalité des choses. On associe également leur *Geometria* au G placé au centre de l'Étoile* Flamboyante (voir Pentacle) de la franc-maçonnerie. Les œuvres alchimiques de la Renaissance (Michael Maier : *Atalanta fugiens*, 1618) se recommandaient de son patronage : « Il faut comprendre l'enseignement géométrique. » Le triangle de Pythagore, dont la valeur des côtés est respectivement de 3 et de 4 unités, et celle de l'hypoténuse des 5 mêmes unités (de sorte que la somme des carrés des côtés est bien égale au carré de l'hypoténuse, 9 + 16 = 25), est le symbole maçonnique du « Maître du Siège », de même que celui du maître antique, dans le sens de l'aspiration à la mesure et à l'harmonie. On peut construire sur ce triangle le dé (pierre cubique), et l'équerre*, à partir des côtés de valeur 3 et 4. Cette « mathématique mystique » était perçue comme un moyen symbolique de se rapprocher des secrets de la création de Dieu, « l'architecte tout-puissant de tous les mondes ». — C'est de cette même intuition mystique du rôle fondamental des nombres que se réclamaient égale-ment un savant comme Kepler (1571-1630), persuadé qu'il était que « le divin Créateur n'avait pu produire que la plus parfaite des œuvres ». On trouve cette vue exprimée dès son premier grand ouvrage, le *Mysterium cosmographicum* (« Le Mystère du monde »), et c'est là qu'il a trouvé, aussi bien que dans les livres du néo-platonicien Proclus (412-485), qui se réclamait aussi de Pythagore, la justification de l'usage des mathématiques qu'il introduisit dans les sciences contre les théories aristotéliciennes des qualités. En fait, au-delà de ses prises de position proprement métaphysiques, le pythagorisme n'a jamais cessé de faire retour dans la science, particulièrement dans la physique, et si tout le monde ne s'en réclame pas aussi ouvertement que le faisait Sommerfeld (1868-1951) au début du siècle à Munich, tout le monde considère comme naturel que les mathématiques rendent compte de la structure de la réalité – et reconnaît sans difficulté que « la beauté d'une théorie » est l'un de ses caractères de légitimité.

PYTHIE Prêtresse oraculaire du culte d'Apollon* à Delphes, la pythie semble être en fait la survivante d'un ancien culte à la Terre* et déesse-mère*. L'ancien nom de Delphes était en effet Pytho, et le bourg en était gardé par un dragon* ou un grand serpent* du nom de Python*. Lorsqu'il arriva sur les lieux, Apollon dut affronter le monstre et s'en débarrasser pour remplacer l'ancienne religion par son propre culte. Peut-être faut-il voir là le reflet de l'invasion indo-européenne dont les dieux célestes tentèrent de chasser partout sur leurs passages les anciennes religions maternelles ? Toujours est-il que la pythie survécut à ce changement de régime, et continua de rendre l'oracle que l'on venait consulter de toute la Grèce. Montée sur un trépied, devant toujours être vierge*, elle vaticinait dans les vapeurs qui montaient du sein de la terre, et ses paroles étaient toujours assez obscures pour devoir être interprétées par une confrérie sacerdotale particulière, constituée par la famille des Thrakydes. Ce qui fit dire à Héraclite : « Le dieu dont l'oracle est à Delphes, ne parle pas, ne dissimule pas, il signifie » (*Fragment* 93).

Q

QUATRE Parmi les nombres* à charge symbolique, le quatre est l'un de ceux qui ont le plus d'importance. Le quatre est en effet en relation avec la croix* et le carré* ; il y a quatre saisons, quatre fleuves* du paradis*, quatre tempéraments, quatre humeurs, quatre points cardinaux*, quatre évangélistes*, quatre grands prophètes – Isaïe, Jérémie, Ézéchiel, Daniel – et quatre docteurs de l'Église – Augustin, Ambroise, Jérôme, Grégoire le Grand ; mais il désigne surtout les quatre lettres du nom de Dieu, le tétragramme JHVH, Yahwé, que l'on vocalise souvent sous le nom de « Jéhovah », tandis que les Juifs croyants le laissent par conviction sous sa forme consonantique. — En Chine, on évoquait les quatre portes* de la résidence impériale que l'on considérait comme le « centre* » du monde, on parlait de quatre mers* légendaires autour de l'empire et de quatre montagnes* (qui correspondaient également aux noms des suzerains), et on divisait les quatre saisons de telle façon que l'on trouvait au commencement de chacune, quatre sections de quinze jours. Quatre grands rois légendaires protégeaient l'empereur de jade* Yu-houang-ti, la divinité suprême de la religion populaire ; quatre amulettes éloignaient les

influences démoniaques; les quatre arts y étaient symbolisés par le livre*, la peinture, la guitare et les échecs tandis que les quatre trésors des savants étaient la palette pour l'encre de Chine, l'encre de Chine elle-même, le pinceau et le papier. On célébrait sous le nom de « quatre cordes » de la morale l'intégrité, la pudeur, le sens du devoir et le comportement adéquat lors des cérémonies. « Quatre nobles vérités » constituent les fondements du bouddhisme, tandis que le maoïsme critiquait les « quatre modes de vie anciens » : l'ancienne culture féodale, l'habitude, l'ancienne coutume et le patrimoine intellectuel du passé. — Dans le Nouveau Monde également le nombre quatre fait partie, avec les points cardinaux, des conceptions cosmologiques essentielles. Chez les Mayas, on associe aux points cardinaux les couleurs et les « jours qui représentent l'année » dans le calendrier. Quatre arbres* du monde supportent le ciel dans la cosmologie aztèque, comparables aux Ceibas, arbres de couleur de la cosmologie Quiché. « Les quatre points cardinaux sont censés représenter le lieu d'origine des vents, c'est là que se trouvent, dit-on, les quatre grandes cruches d'où tombe la pluie* » (Anders, 1963), à l'instar des quatre

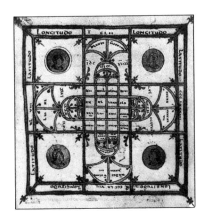

Les quatre points cardinaux : miniature (IXᵉ s., « Arithmetica », Boèce).

L'homme et les gardiens des quatre points cardinaux : dessin navajo.

*Amours symbolisant
les quatre saisons : gravure de 1675.*

Bacab, les dieux des points cardinaux qui ont aussi survécu à la « destruction du monde par le Déluge » (voir Déluge). Toutes les civilisations semblent d'ailleurs avoir toujours conçu leurs systèmes d'orientation et de représentation de l'espace comme des ensembles à quatre éléments. Afin de représenter des positions dans l'espace et le temps ou le développement des fonctions (abscisses et ordonnées, coordonnées cartésiennes), les mathématiques elles-mêmes font appel à cette structure, fondamentalement identique au croisement des deux axes nord*-sud et est-ouest (voir Orient-Occident). Au-delà de cette structuration de l'espace, qui est lui-même la réalité de l'univers manifesté, le quatre est dans à peu près toutes les civilisations le chiffre de la perfection et de la complétude. C'est pourquoi le texte sacré des *Védas* est divisé en Inde en quatre parties, et que les « quatre quarts du Brahman » désignent la totalité de la Connaissance que l'on peut acquérir, cependant que les Dakotas d'Amérique du Nord pensent que le principe suprême consiste en quatre dieux qui sont eux-mêmes formés de quatre éléments spirituels ou matériels regroupés par couples d'opposés*. Sans vouloir multiplier des exemples que l'on pourrait citer à l'infini, on retrouve là comme un pythagorisme de base, à moins qu'il ne faille plutôt dire que Pythagore*, dans sa valorisation du nombre* quatre comme structure fondamentale du cosmos*, n'a fait qu'exprimer de la façon la plus claire, et peut-être la plus définitive, une véritable intuition de nature archétypique*. Si l'on adopte en effet l'hypothèse du prix Nobel de physique Wolfgang Pauli (1945) sur les nombres comme « possibilités primaires de l'inconscient », hypothèse bâtie dans la continuation des travaux de C.G. Jung, les nombres seraient des schèmes d'ordonnancement du monde,

*Le Christ en Majesté et les quatre
Évangélistes : miniature du VIII͏ᵉ s.*

*Personnification du quadrivium :
miniature du IX͏ᵉ s.*

aussi bien du point de vue physique (mathématique), que du point de vue psychique (symbolisme numérique). Autrement dit – et nous retrouvons là la grande leçon du *Timée* de Platon, mais surtout la philosophie de Proclus, l'un des plus grands parmi les derniers néoplatoniciens de l'Antiquité – les nombres seraient liés à la puissance de l'âme*, et du même coup à sa réalisation en même temps qu'à sa manifestation. C'est dans une telle vue que l'on peut alors comprendre le rôle du quatre dans tant de civilisations, souvent parfaitement étrangères les unes aux autres. En tant que schème de l'imagination, en effet, et même s'il se manifeste selon des modalités très diverses (les quatre phases de l'alchimie* ne peuvent être directement rapportées aux quatre phases de l'initiation* chez les Algonquins de l'Amérique du Nord, ni les quatre fleuves de l'Éden biblique aux quatre éléments* traditionnels), le quatre comporte la double idée de l'unité et de la totalité, ou si l'on préfère, la conception que la totalité des choses s'offre sous le signe de la quaternité, mais que cette totalité est une dans son principe, et que l'on devrait donc strictement parler d'uni-totalité. On retrouve là, sur le plan philosophique, la conception première de Damascius, et sur le plan alchimique,

la notion de l'ouroboros*, qui furent en leur temps exprimées par la même expression grecque : *Hen ta panta* : « l'Un-toutes-les-choses ». C'est à cette dynamique du nombre que renvoie aussi l'axiome, ou l'adage de Marie la Prophétesse, l'éminente figure symbolique de l'alchimie : « Du un sort le deux, du deux sort le trois, et du trois naît l'un comme quatrième. » — Il faut noter toutefois qu'au quatre s'ajoute souvent le cinq* (voir Nombres), dans la mesure où le cinq représente alors le centre, que ce soit celui de la croix d'où partent les quatre branches, ou celui du carré où se croisent les diagonales. Le cinq n'est pas tant alors l'unité du quatre, que l'endroit où passe l'axe perpendiculaire (zénith-nadir) qui complète la manifestation horizontale du quatre et renvoie à ce qui est en deçà ou au-delà de lui : la quintessence* de l'alchimie ou le cinquième élément central de la figuration chinoise. Ce centre offre la particularité d'être à la fois plein (il est la totalité potentielle du quatre) et pourtant parfaitement vide (puisqu'il transcende le quatre). Tout jaillit de lui et tout se résorbe en lui, l'assimilant en quelque sorte au zéro* actif, dans la mesure où ce zéro est le chiffre de ce que les traditions ont tour à tour appelé l'Un-qui-n'est-pas (l'Un d'avant la révélation de l'Un), le Néant suressen-

Quatre saints entre les bras de la croix : miniature grecque du XIe s.

La séparation des quatre éléments : planche d'un traité d'alchimie.

*Le tétragramme et le Christ
Pantocrator : peinture roumaine
sur verre du XIXe s.*

tiel, le *Deus absconditus* d'où émerge le *Deus revelatus*, la *deitas* ou déité, le Rien ou l'abîme* du divin – bref, Celui dont on ne peut rien dire sans le trahir aussitôt. — Au XXe siècle, C.G. Jung a repris à son compte cette conception du quatre dont il a fait à son tour le chiffre de la totalité manifestée et développée à partir de son unité première : il compte ainsi quatre fonctions psychiques (pensée, sentiment, intuition et sensation), et quatre figures de l'*anima* : Ève*, Hélène*, Marie* et Sophia*. Toutes les quaternités qu'il relève sont en relation avec ce qu'il appelle le Soi, ou l'*imago Dei*, archétype du plein et du vide et, comme il l'explique à de nombreuses reprises, surordonnateur de l'ensemble de la psyché dans la mesure où, dans le même temps, il participe et ne participe pas de la manifestation de la psyché : il est en cela semblable au Soi de l'hindouisme, ou à l'atman-Brahman (Jung a d'ailleurs repris cette notion de Soi aux *Védas*), et sa meilleure image en est la *lithos ou lithos* : « la pierre non-pierre » de l'alchimie qui témoigne que tout homme est, à son fondement, enraciné dans une réalité transcendantale qu'il ne peut au mieux exprimer que par des paradoxes ou des symboles de conjonction* d'opposés. — Pour ce qui est, enfin, du doublement du quatre dans le huit, on se reportera à

ce mot dans la rubrique des Nombres. On remarquera toutefois que Jung le met aussi en œuvre – par exemple dans ses *Types psychologiques* où il double les quatre fonctions déjà évoquées par le couple d'opposés* introversion-extraversion.

QUENOUILLE   L'activité du filage est souvent rattachée à la triade* féminine (Parques*, Moires, Nornes*) qui tisse le fil de la destinée, le déroule et le coupe ; elle est en relation avec la lune* dont les trois phases principales (pleine lune, croissant* de lune et nouvelle lune) semblent renvoyer à l'Hécate trimorphe (Ranke-Graves). — On sait que la quenouille joue un rôle important dans la symbolique des contes* de fées où elle se rattache à la mort et au destin, par exemple dans *La Belle au bois dormant*, ainsi qu'au motif des triades (*Du mauvais filage du lin*, *Contes* des Grimm). Dans cet ensemble symbolique, toutefois, grâce à la présence, explicite ou non, de la lune et de son sens le plus profond, la mort n'est jamais définitive et, comme dans *La Belle au bois dormant*, elle prend plutôt l'apparence d'un long sommeil qui finira le moment venu, renvoyant au scénario de l'initiation* « mort et renaissance » qui est celui-là même de l'injonction attribuée à tant de mères* et de déesses lunaires : « Meurs pour devenir. » — Dans l'iconographie chrétienne, on représente volontiers Marie (par exemple dans l'Annonciation faite

*Les trois Parques enroulent
sur le fuseau les fils de la vie
pour tisser le destin des hommes :
gravure de 1647.*

par l'archange Gabriel) avec une quenouille à la main, ce qui renvoie à Ève*, la mère primitive que l'on représenta aussi souvent en train de filer (« lorsqu'Adam* creusait et qu'Ève filait… »). L'association de Marie et du croissant de lune est par ailleurs très courante. — Le filage en tant qu'activité des divinités féminines et des prêtresses est une conception très répandue : elle est rapportée cher les Mayas du Yutacan à la déesse Ixchel (Isch-Èschél) sous la dénomination de Chac-chel. Ixchel est une déesse lunaire représentée avec un métier à tisser; elle devient Ixcanleom quand on la rattache également à l'araignée* qui tisse sa toile. — Dans l'Europe médiévale, la quenouille est le symbole de la vie contemplative et l'attribut de quelques saintes (Jeanne d'Arc* figurée en bergère ; Marguerite, Geneviève). Voir Lézard.

QUETZALCOATL   Quetzalcoatl, l'un des grands dieux du panthéon mexicain, est le symbole de la conjonction* des opposés, puisque son nom signifie le « serpent à plumes » (*quetzal* : oiseau, et *coatl* : le serpent), ce qui implique en même temps la réunion de la terre* et du ciel*. Dans le même registre, il est aussi l'étoile de Vénus*, Hesper et Vesper, qui apparaît aux deux crépuscules du matin et du soir. En tant que Vénus, d'ailleurs, sous le nom de Xolotl, il est aussi le dieu des plantes doubles et celui des jumeaux* – d'autant que *coatl* en nahua signifie aussi bien « le jumeau » que « le serpent ». La gémellité, on le sait, étant souvent reliée à l'inceste*, Quetzalcoatl le commet avec sa sœur en pleine ivresse* : « Les messagers partent pour le mont Nonohualco / où sa sœur faisait pénitence. Et ils lui disent : / Ô noble sœur qui vis en pénitence, / nous venons pour te chercher, pour te remettre au noble / Quetzalcoatl, afin que vous soyez tous deux unis. / Elle dit : Qu'il en soit fait ainsi, allons ! / Et quand elle arrive, elle s'approche de Quetzalcoatl. / On lui donne à boire de l'alcool quatre coupes / et à la cinquième, elle s'offre elle-même » (*Manuscrit de Cuauhtitlan*). Dieu profondément pacifique et salvateur, contrairement à des dieux comme Tezcatlipoca (« le miroir* fumant ») ou Huitzilipochtli (« le soleil* buveur de sang* »), Quetzalcoatl fut d'abord la divinité tutélaire de la Teotihucan toltèque puis, après sa chute, de la cité de Tulla. – Quetzalcoatl participe

Quetzalcoatl, le serpent à plumes : codex maya du début du XVᵉ s., musée de l'Amérique de Madrid.

à la création de l'homme en rassemblant les ossements nécessaires dans le royaume de l'Au-delà* (*Mictlan* : le « séjour des morts », voir Enfers), où il sacrifie sa puissance virile : « Quand Quetzalcoatl est arrivé à Tamoanchan, Quilatzli (la déesse-mère*) moud les os, / Elle en dépose la poudre dans une terrine précieuse / Et Quetzalcoatl y laisse tomber le sang de son membre viril » (*ibidem*). Nous retrouvons ici une idée proche de celle de la castration d'Ouranos (voir Cronos), dans la mythologie grecque, ainsi que l'idée fondamentale que c'est « le sacrifice divin qui permet à la vie d'exister, et qui instaure l'homme comme fils des dieux ». Dans sa lutte cosmique contre Tezcatlipoca, d'où surgit la création de l'« âge » actuel du monde, celui du « cinquième soleil », Quetzalcoatl est soumis à une véritable passion où, renonçant à tous les biens et à toutes les tentations, il est transfiguré par l'épreuve : « Lorsque Quetzacoatl eut chanté, / Tous ses vassaux et ses serviteurs / Étaient pleins de tristesse et pleuraient, / Et tous ensemble ils chantèrent : / « Ah ! Nous connaissions la richesse / Grâce à ceux qui nous gouvernaient, / Grâce au Serpent à Plumes ! / Vos émeraudes* resplendissent, / Le bois ensanglanté s'est brisé : / Il nous reste nos pleurs ! » / Et lorsque ses vassaux se furent tus, / Quetzalcoatl leur parla en ces termes : / « Ô Aïeul, c'en est fait : / Je quitte la cité, je vais prendre le chemin. / Qu'on façonne un coffre de pierre* ! » / En grande hâte, ils façonnent un coffre de pierre, / Et lorsqu'il fut fait, ils le présentèrent à Quetzalcoatl : / Et seul durant quatre jours, il resta couché dans le coffre. » Il est d'ailleurs à noter que cet épisode survient alors que Quetzalcoatl vient de refuser la pratique des sacrifices* humains : « Comme Quetzalcoatl n'acceptait pas de payer la dette divine avec des hommes, / avec des sacrifices humains, les mages se mirent secrètement d'accord » (*ibidem*). Vaincu dans cette lutte cosmique, et après avoir renoncé à tout, le dieu s'enfuit vers l'orient* où, sur la rive de l'océan Atlantique, il s'immole lui-même sur un bûcher. Son cœur monte alors au ciel, tandis qu'il va passer quatre jours dans les pays du Nord* (le « séjour des élus » – voir Points cardinaux) d'où il réapparaît sous la forme de l'étoile Vénus. — De nombreuses prophéties prétendaient autrefois que Quetzalcoatl reviendrait un jour parmi les hommes avec un visage blanc et barbu. Lorsque les conquistadors espagnols arrivèrent au Mexique au début du XVIᵉ siècle, les indigènes les prirent d'abord pour Quetzalcoatl revenu avec sa suite, d'autant qu'ils surgissaient de la mer de l'Orient. Ce qui explique en grande partie le fait qu'ils ne se soient pas mieux défendus. Cette image grandiose d'un dieu sacrifié et pacifique, réunissant le haut* et le bas, comme un condensé de la création tout entière, a assez frappé les imaginations et traversé les siècles pour qu'un des principaux livres de l'écrivain anglais D.H. Lawrence (1885-1930) lui soit précisément consacré (*Le Serpent à plumes*) à travers le thème essentiel de la « réintégration » : « Je suis Quetzalcoatl, fils de l'aigle* et du serpent, / De la terre et de l'air, / De l'Étoile du matin. / Je suis le Seigneur des deux voies. » Quetzalcoatl était adoré chez les Mayas sous le nom de Kukulcan. Il a très longtemps subsisté, même sans son nom, mais dans sa figuration essentielle, dans les pratiques du chamanisme au Mexique et au Guatemala, chez les indiens Nahuas et Mayas : « Nous voyons, dit l'ethnologue M. de la Garza, les gouvernants — *nagual* émerger de la gueule d'énormes " serpents magnifiques ", autrement dit, couverts de plumes, symboles d'énergie vitale sacrée. »

QUINTESSENCE La quintessence renvoie à la tradition alchimique*, selon laquelle les quatre* éléments de la représentation antique du monde (l'eau*, le feu*, la terre* et l'air*) devaient être complétés par une cinquième* essence originelle, qui exprimait la nature purement spirituelle de l'esprit « éthéré » de l'univers. Ce cinquième élément, qui couronnait le domaine élémentaire d'ici-bas, était représenté dans l'eau par le dauphin*, dans l'air par l'aigle*, dans le feu par le phénix* et sur la terre par l'homme. Cet élément devait embrasser chacun

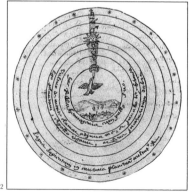

1. La quintessence comme élément dont sont composés les cieux, se distinguant des éléments terrestres : gravure du XVIIᵉ s.

2. La quintessence pénètre les zones planétaires : planche d'un traité d'alchimie du XVIIᵉ s.

des autres éléments et en même temps se situer au-delà d'eux. La représentation graphique de cette conception de la quintessence est le pentacle*. — Du point de vue de la symbolique des nombres, il était entendu dans cette perspective que l'un se divisait en deux, et que le trois représentait la relation dynamique et spirituelle de cet un et de ce deux (voir Trinité). On passait ensuite, avec grande difficulté, au quatre, qui indiquait la réalisation existentielle du trois et désignait de ce fait la totalité de la création, esprit et matière inclus, dans son unité fondamentale. D'où l'axiome de Marie la Prophétesse : « Du un sort le deux, du deux sort le trois, et du trois naît l'un comme quatrième. » La quintessence indique alors le centre* même de cette

unité déployée, son principe, c'est-à-dire l'un-en-soi par rapport à ce qui constitue le centre de la manifestation, son moyeu, dont le « zéro* », lorsqu'il sera connu de l'Occident, prendra la place. L'idée qui se fait jour ici, encore plus loin que l'un primordial et final, est l'intuition de « l'être au-delà de l'être », de ce que le gnosticisme appelait le « Dieu caché », source, fondement et horizon de l'unité elle-même. C'est ce mythème très profond que l'on voit encore à l'œuvre, par exemple, dans les écrits de Rabelais (fin XVe s.-1553) où, par-delà les quatre premiers livres qui racontent les aventures de *Pantagruel* et de *Gargantua*, s'offre encore un *Quint livre* où se dévoile le secret de la vie qu'on peut beaucoup plus expérimenter qu'expliquer réellement.

R

RAMEAU D'OR Le rameau d'or* est une branche de gui : « étranger aux arbres qui le portent, il renaît avec ses nouvelles feuilles sous les brumes de l'hiver, dit Virgile, et de son jaune fruit l'ampleur embrasse le tronc ». Symbole de renaissance (le rameau arraché, il en pousse un autre qui est d'or comme le premier) et par là même d'immortalité, le gui est chez les Celtes « celui qui guérit tout » : les druides le cueillaient avec une serpe en or à la dixième nuit de la lunaison – en particulier au mois de novembre, c'est-à-dire au début de l'année celtique qui commençait à la fête de Samain, le 1er novembre, lorsque l'Autre Monde et le nôtre entraient en communication (fête reprise et christianisée par la suite dans la Toussaint et la fête des morts qui la suit le lendemain). Le rameau d'or le plus célèbre est sans conteste celui que la sibylle* de Cumes fait cueillir à Énée dans l'*Énéide* pour sa traversée des enfers* lorsqu'il veut revoir son père Anchise et apprendre de sa bouche le sort réservé à sa race sur la nouvelle terre du Latium où il vient d'arriver et d'où sortira Rome. Le rameau est le présent demandé par Proserpine, épouse du dieu des Enfers (voir aussi Déméter), en hommage à sa beauté. Énée doit « le cueillir de sa main ». D'ailleurs, « si les destins t'appellent, il viendra de lui-même, précise la sibylle, tu ne saurais sinon le vaincre ni d'un fer dur le trancher ». Énée le découvre non loin des gorges malodorantes de l'Averne – un lac sinistre qui était réputé marquer l'entrée des enfers et que la tradition situe de l'autre côté de la colline de Cumes (près de Naples). Énée « avidement arrache le rameau qui hésite encore [*cunctantem*] et le porte dans la demeure de la sibylle ». Celui-ci leur permet d'apaiser la colère de Charon, le nocher qui fait passer le Styx, le fleuve* redouté des dieux eux-mêmes, et il peut ainsi aborder au « Champs en Pleurs » gardés par Cerbère. Après cette traversée, Énée se purifie d'une eau fraîche et fait offrande à la déesse du rameau d'or en l'attachant au seuil du « séjour des béatitudes » où il rencontrera son père non loin du fleuve Léthé*. Ainsi s'achève le parcours d'initiation* d'Énée, protégé par le mystérieux

viatique. — Que ce rameau d'or soit l'offrande agréée par Proserpine (ou Perséphone pour les Grecs), la fille de Déméter qui séjourne six mois sur terre aux côtés de sa mère et six mois dans la sombre demeure de son époux, accentue son symbole de régénération. L'or solaire du rameau qui traverse la nuit* des enfers est semblable à la graine de blé* qui séjourne dans la glèbe durant l'hiver avant de se lever au soleil printanier. La double vie de Proserpine offre de ce point de vue une allégorie classique du cycle de la végétation. Au début de ce siècle, le grand savant anglais James George Frazer a dressé un inventaire impressionnant des croyances et des rites relatifs aux dieux qui meurent et qui ressuscitent dans les religions de l'Antiquité classique, en Europe et en Orient [voir particulièrement Adonis, Cybèle (Attis), Dionysos et Isis (Osiris)], intitulé précisément *Le Rameau d'or*.

*Rats à l'enterrement du chat :
gravure satirique russe (XVIIIe s.).*

RAT La valeur symbolique du rat est généralement négative comme celle de la souris*, bien qu'il soit souvent considéré aussi comme un animal de l'âme. Destructeur des provisions et propagateur d'épidémies, le rat en acquit une mauvaise réputation qui en fit un acolyte du Diable* et des sorcières*, dont la fonction consistait à porter préjudice

*Les queues des rats comme image
de la confusion : illustration de 1890.*

*Chasseur de rats :
gravure anglaise de 1650.*

aux hommes. La symbolique ne distingue généralement pas le rat de la souris. Les cultures asiatiques perçoivent pourtant le rat d'une façon tout à fait différente ; en Inde, l'animal était même représenté dans certains temples (mais c'était peut-être avec l'arrière-pensée de se protéger ainsi des démons de la maladie). Parfois on le montrait aussi comme la monture de Ganesha, le dieu du Savoir à tête d'éléphant*. Au Japon, il était le compagnon du dieu de la Chance. Là comme en Chine, l'absence de rats dans une maison est considérée comme un signe inquiétant (ce qui n'est pas sans rappeler, mais avec un sens un peu différent, le dicton européen selon lequel les rats quittent toujours le navire qui coule). En Chine on dit du rat qui grignote qu'il « compte son argent », et on surnomme les avares des « rats d'argent ». En Chine du Sud, on lui attribuait le rôle de héros culturel, car il était censé avoir procuré le riz* à l'homme. Le rat présentait toutefois, même dans ce pays, un aspect démoniaque : on le considérait alors comme l'homologue masculin des esprits-renards* féminins. Le rat est le premier signe du zodiaque chinois, qui correspond au Bélier* du zodiaque* européen. Il gouverne les années 1972, 1984, 1996, etc.

REINE   La reine ne possède généralement pas une valeur symbolique aussi importante que celle du roi*. Elle représente plutôt l'un des deux éléments d'un couple d'opposés*, et ne constitue pas, pour le monde profane, une figure d'une très grande importance. Cette situation s'explique par le comportement occidental; notre civilisation a bien quel-

*Le moine bouddhiste
Ryonin confie
son message spirituel
au rat et au milan :
détail d'une peinture
japonaise du XIVe s.*

quefois connu des reines qui gouvernaient réellement, mais elle n'attribue d'habitude à la femme qu'un rang nettement inférieur à celui de l'homme. En revanche, la figure de la reine apparaît très fréquemment dans les contes* et légendes, souvent dans un contexte surnaturel, soit comme la reine des fées soit, de façon plus négative, comme la reine des sorcières* (dans le pays basque, on appelle cette reine *la dama* ou *la señora*). Cet héritage symbolique où la femme possède des pouvoirs surnaturels, montre que, dans des temps très anciens, on lui accordait, du moins dans le domaine du sacré, une importance bien plus grande que celle qui lui a été reconnue par le monde chrétien. Mais cette explication, qui se fonde sur l'existence hypothétique, dans l'histoire humaine, d'une période « gynécocratique » ou « matriarcale », n'a jamais pu jusqu'ici être historiquement démontrée. L'hypothèse la plus économique est donc celle de l'histoire des religions quant à l'existence, particulièrement au néolithique, puis dans l'héritage qu'il a transmis aux cultures qui l'ont suivi, d'une grande déesse-mère* qui était la source de toute fécondité et la légitimation du

Marie, en tant que reine, couronne l'empereur Henri et Agnès : miniature du XIe s.

pouvoir (voir Souveraineté) : c'est ainsi qu'Ishtar* était la reine du Ciel dans la Mésopotamie antique ou que la figure de la reine Maeve* (Medb) est centrale dans toute une partie des légendes irlandaises. Intuition d'ailleurs retrouvée, malgré tout, dans la culture chrétienne où Marie est peu à peu devenue à son tour la reine des cieux (*Regina cœlorum*) puis, selon les litanies de Lorette : « Reine des anges*, des patriarches, des prophètes, des apôtres*, des martyrs, des confesseurs, des vierges* et de tous les saints ». — La psychanalyse considère la figure de la reine, quand elle apparaît par exemple dans les rêves, comme l'archétype de « l'éternel féminin », ou plus généralement comme celui de la Mère* selon qu'il s'agit en l'occurrence d'une jeune ou d'une vieille reine.

L'Inca Mama Huaco, reine de Cuzco : gravure du XVIe s.

RENARD Le renard représente, dans de nombreuses traditions populaires, le symbole de la ruse et de l'astuce perfide (voir par exemple la figure du « Maître Renard » français). Sa couleur rousse rappelle celle du feu*, ce qui suffit à lui donner sa place dans le cortège qui accompagne le Diable*, à côté du lynx et même de l'écureuil*. — Le renard était, dans la Rome antique, un démon du feu. À l'occasion de la fête de la déesse Cérès, pour

*Le renard donnant
des leçons de chant :
estampe populaire
hollandaise du XVIᵉ s.*

empêcher que les céréales ne brûlent, on accrochait des flambeaux* allumés à la queue des renards et on les chassait à travers les champs. Une étoile* de mer dessinée avec du sang de renard sur une porte était censée chasser le mauvais sort. Les renards étaient aussi perçus comme des animaux particulièrement sensuels : la boisson obtenue en ajoutant de la poudre de testicules de renard dans du vin* était considérée comme un aphrodisiaque infaillible, tandis que se nouer une queue de renard autour du bras devait accroître le pouvoir de séduction. Chez les Germains, le renard était le symbole du dieu Loki aux mille astuces (ce rôle est tenu chez les Indiens d'Amérique du Nord par le loup* ou le coyote). — Le renard joue en Extrême-Orient un grand rôle comme symbole de l'érotisme et de l'art de séduire ; les Chinois racontaient autrefois que les renards (*hu-li*) pouvaient vivre mille ans et développer alors, pourvus de neuf queues, des facultés particulières de séduction. Les femmes-renards, quant à elles, ne changaient jamais d'habits, mais ceux-ci restaient mystérieusement toujours propres. Elles étaient montrées comme de fascinantes séductrices, capables de dévorer, sous l'assaut de leurs désirs érotiques effrénés, les dernières forces des hommes qui avaient succombé à leurs charmes. — Au Japon, les « esprits-renards » ou « renards-garous » capables de se transformer en êtres humains, étaient appelés autrefois des « Koki-Tena ». Ils pouvaient tromper les hommes à volonté et les conduire à la déchéance en aveuglant leurs sens. Dans les légendes, il joue le rôle des sorcières* (même si celles-ci peuvent prendre également d'autres formes) et il est recommandé de le brûler et de jeter ses cendres* dans un fleuve*. Le renard n'a pourtant pas au

Japon un rôle purement négatif. La monture du dieu du Riz*, Inari, est un renard blanc*, et aux portes (torii) de ses temples sont souvent placées des statues de renard en bois ou en pierre qui tiennent dans leur gueule des écrits sacrés ou la clé du paradis*. L'extrémité des queues de renard est aussi fréquemment un symbole du « joyau du bonheur ». Les étoiles* filantes sont appelées des « renards célestes ». — La signification symbolique du renard est de façon générale plutôt négative. Le tableau de Dürer *Marie et les animaux* montre un renard ligoté, probablement en référence à sa nature diabolique. Il arrive quelquefois qu'il soit l'attribut de saints, comme Boniface et Genou par exemple, bien qu'il incarne dans la *Bible* la ruse et la méchanceté. Dans le *Simplicissimus* de Grimmelshausen, *fuchsschwänzen* (mot à mot « être comme une queue de renard ») signifie « flatter de façon hypocrite ». On retrouve l'image négative du Maître Renard français ou du *Reineke* allemand dans les bestiaires médiévaux où il est presque toujours décrit comme un animal rusé et fourbe. « Lorsqu'il a faim et ne trouve rien à manger, il se roule dans la terre rougeâtre pour avoir l'air d'être couvert de sang, se jette à terre et arrête de respirer. Les oiseaux le voient qui gît à terre, apparemment en sang, la langue pendante, et pensent qu'il est mort. Ils se posent sur lui et le renard peut alors les attraper et les dévorer. Le Diable se conduit de façon analogue : il fait le mort face aux vivants jusqu'à ce qu'ils viennent s'aventurer dans sa gueule et qu'il puisse les avaler » (Unterkircher). « Sur les écussons ou les emblèmes en général, le renard incarne l'intelligence et la ruse, et ceux qui l'arborent sur leur emblème possèdent ces mêmes qualités » (Böckler, *Ars Heraldica*, 1688).

RÊVE À la suite des travaux de Freud et de Jung, et bien qu'ils diffèrent sur de nombreux points essentiels, on peut tenir pour acquis que les symboles oniriques, et les rêves en général, ne renvoient pas seulement à l'histoire personnelle du sujet, mais livrent des pistes et des clefs fondamentales pour la compréhension des cultures étrangères et l'interprétation que l'on peut faire de beaucoup de leurs caractéristiques. En fait, dès le moment où on a accepté l'idée que les mythes, les contes* de fées, les légendes, les visions, les religions, les œuvres d'art et les rêves prennent leurs racines, pour partie seulement, dans le conscient de l'homme et ne sont pas construits arbitrairement mais « remontent des couches les plus profondes de la psyché », l'interprétation analytique des rêves peut efficacement contribuer à déchiffrer « l'autre réalité » de la pensée symbolique. Il faut néanmoins tenir compte de ce fait patent que, en ethnologie, la recherche symbolique considère d'abord les faits historiques tandis que la psychanalyse s'intéresse avant tout aux structures du psychisme humain. Parmi les témoignages antiques qui attestent des tentatives d'interprétation du monde onirique, on trouve tout d'abord les cinq livres de l'*Oneirokritikon* ou la « Clef des songes » d'Artémi-

Le génie ailé du rêve :
gravure de 1647.

dore (IIᵉ siècle). Il y distingue des rêves (par exemple de perles* : larmes; de pommes* : joies de l'amour) soit « théréomantiques » (c'est-à-dire prédisant immédiatement l'avenir), soit « allégoriques » (nécessitant une interprétation). L'ambiguïté intrinsèque des divers symboles oniriques y est d'ailleurs prise en considération, ce qui met cet ouvrage bien au-dessus de nombreux livres actuels comme des clefs des songes les plus répandues. — La psychologie moderne du rêve s'occupe notamment de la durée et de l'apparition des rêves pendant les phases REM du sommeil (*Rapid Eyes Movements*, ou phases qui comportent des mouvements rapides des yeux sous les paupières closes du dormeur) et de leur effet bénéfique sur la tension. À la suite de travaux, principalement ceux du neurophysiologiste français André Jouvet, on pense même aujourd'hui que, outre ses aspects proprement psychiques, le rêve pourrait avoir un rôle de régulation et de « reprogrammation biologique » du cerveau. — Il serait trop long d'entrer ici dans la différence d'interprétation des rêves que donnent les diverses écoles de psychanalyse. Il suffira sans doute de retenir que Freud a toujours considéré que la prise en compte des refoulements d'expériences sexuelles enfantines, des fantasmes et autres contenus voilés à connotation sexuelle était déterminante dans l'interprétation des symboles oniriques. Il a souvent rejoint ainsi l'interprétation populaire traditionnelle, pour qui les objets longs et pointus tels que l'obélisque*, la lance*, la tour*, le menhir*, la flèche*, l'épée*, etc., sont des symboles virils (phalliques) tandis que les symboles féminins se discernent dans des objets tels que la corbeille, la coupe*, la grotte*, etc. Les actions comme celles consistant à monter des marches*, à chevaucher, à nager ou à se battre sont interprétées, dans cette vue, comme des images métaphorisées de l'acte sexuel. Selon Alfred Adler, les images oniriques se rapportent en revanche aux conflits intérieurs du rêveur, nés de son désir de s'affirmer et d'acquérir une certaine puissance, tandis que la tendance représentée par C.G. Jung (1875-1961) est ironiquement appelée par ses adversaires une « psychomythologie » (voir Contes de fées). Pour Jung, en effet, ce qu'il nomme les « grands rêves » n'ont pas à être décryptés puisqu'ils délivrent directement leur sens interne qui renvoie à l'existence d'un inconscient collectif, source des structures innées et *a priori* de l'imagination. D'où l'usage constant de la mythologie et des différents types d'expérience religieuse et mystique, qui dévoilent selon Jung une certaine vérité de l'inconscient et, plus largement, de ce qu'il appelle l'âme* – ce mot désignant chez lui une réalité psychique qui existe par elle-même, participant à la fois de la matière et de l'intelligible, et qui englobe le couple d'opposés* majeur que représentent l'inconscient et la conscience. Bien que Jung ne nie en rien l'existence de rêves qui renvoient directement à l'expérience et à l'histoire personnelles du sujet, à ce qu'il appelle leur « part d'ombre* » et au mécanisme du refoulement, ce sont les rêves archétypiques qui retiennent le plus son attention, dans la mesure où, comme il le relève à propos des songes de Zozime de Panopolis, le grand alchimiste de l'Antiquité, ce sont des *somnia a Deo missa* : « des rêves envoyés par Dieu », où s'exprime le Soi (c'est-à-dire le centre de la psyché) et où est indiquée la voie à suivre par la personne. Jung est très proche là, finalement, de la façon dont beaucoup de cultures ont autrefois conçu le rêve comme étant, précisément, le langage du divin : que ce soit le rêve chamanique, que ce soit le rêve d'incubation dans le culte d'Esculape (voir par exemple les *Discours sacrés* d'Aelius Aristide), que ce soient les rêves visionnaires de la *Bible* (par exemple la lutte de Jacob avec l'ange* – mais il faut relever que les textes anciens ne disent pas : « Il rêva que… », mais : « Il rêva, et voici, il vit »,

Frontispice d'un traité des rêves anglais (1821).

pour indiquer la réalité ontologique de la vision), si les manifestations en sont très différentes et acquièrent des sens particuliers à chaque culture, la leçon fondamentale en est toujours la même, à savoir que le rêve dit la vérité – de l'âme, du sacré, des dieux ou de Dieu. La dispute entre Freud et Jung sur la nature du rêve, et donc sur son interprétation, en revient ainsi à savoir si celui-ci est « symptomatique » (il renvoie à une réalité qu'il exprime en la dérobant sous des systèmes de codages : glissements,

Les multiples formes du rêve : illustration de J. Desprez (1565) pour «Les songes drolatiques de Pantagruel» de Rabelais.

*Le rêve
du pharaon :
gravure de
H. Holbein
le Jeune.*

déplacements, métonymie, etc.) ou s'il est « théorématique » (il dit sa propre vérité, qui est celle du numineux de l'inconscient). Curieusement, on retrouve là le débat sur la nature et la signification des rêves qui a traversé des siècles de théologie chrétienne, et qui a peu à peu mené à l'abandon de l'idée d'un rêve prophétique et visionnaire. (*cf.* Jacques Le Goff, *L'Imaginaire médiéval*). — À côté du « rêve de sommeil », certains peuples (des îles du Pacifique, par exemple) ont aussi pratiqué ce qu'on appelle le « rêve lucide », c'est-à-dire le rêve dans lequel on peut intervenir soi-même tout en continuant de rêver ; de son côté, la psychothérapie moderne a mis au point les techniques du « rêve éveillé » où, par abaissement du niveau de conscience ou toute autre méthode d'induction, on fait rêver le patient alors même qu'il reste conscient (technique mise au point par Desoille) ; l'école jungienne pratique aussi l'« imagination active » où la personne laisse librement jouer les associations symboliques, mythologiques et archétypiques qui se présentent spontanément à elle. — Dans un tel contexte d'ensemble, que les rêves soient d'ailleurs reçus, interprétés et compris à la lumière de Freud, de Jung ou de quelque autre mouvement analytique que ce soit, on se gardera bien de toute classification des rêves. Si ceux-ci sont en effet soumis à des règles assez précises pour être compris, leur nature est par essence à chaque fois singulière, et tout rêve ne peut jamais être interprété que par rapport au rêveur qui l'a fait, et dans la situation singulière où il l'a eu. — On notera toutefois que dans l'Égypte ancienne, l'interprétation des rêves et des symboles oniriques relevait d'une activité sacerdotale qui se fondait sur une conception selon laquelle, dans le rêve, les événements futurs étaient anticipés sous une forme affaiblie (par exemple, le fait d'être assis dans un jardin* ombragé annonçait une joie à venir). En Chine, en revanche, l'interprétation des rêves joue souvent sur des processus de renversement où, par exemple, la mort signifie une longue vie. Dans la *Bible*, si le message des rêves, en rapport avec l'idée de l'inspiration divine (« le Seigneur prodigue ses trésors dans le sommeil à ceux qui lui appartiennent ») était pris très au sérieux, comme nous l'avons déjà noté plus haut et comme le montrent aussi les songes de « Joseph l'Égyptien » (*Genèse* XLI), on distinguait cependant soigneusement ce type de rêves de ceux qui ne représentaient que de banals souhaits exaucés ou de pâles illusions (*Psaumes* LXXIII, 20 : « Tu chasses de la ville, Seigneur, jusqu'à leur image, comme un songe au réveil »). Selon Ernst Jünger, l'homme aperçoit dans le rêve « l'espace d'un instant le merveilleux tapis de l'univers avec ses figures magiques ».

RÉVOLUTION Dans le « Livre des mutations », le *I-Ching** des Chinois, où sont condensées en 64 figures les grandes lois qui gouvernent l'évolution du monde et des sociétés, le 49e hexagramme*, le plus violent, est celui de la Révolution. Le caractère chinois évoque « une peau de bête qui se transforme en muant en cours d'année » – le plus souvent à l'automne –, mais les composants de l'hexagramme ne sont autres que l'eau et le feu, ou deux sœurs qui vivent sous le même toit et veulent chacune la suprématie – d'où la violence d'un combat qui est par ailleurs inscrit dans l'ordre cyclique des phénomènes : « Le grand homme change comme un tigre. » La Révolution signifie « l'enlèvement de ce qui est vieilli » – « les institutions établies depuis longtemps doivent être modifiées pour éviter qu'elles ne se figent ». Il est à noter que cet hexagramme suit celui du Puits* (48) et précède celui du Chaudron* (50), c'est-à-dire qu'il intervient après le moment où l'on dit : « À trop tirer au puits on l'épuise, si l'on ne s'est pas assuré d'un renouvellement », et qu'il précède l'état de l'énergie qui permet l'accès aux sources mêmes de la sagesse et introduit l'équilibre entre la prospérité matérielle et l'harmonie spirituelle qui marque une civilisation équilibrée. L'état transitoire de la Révolution, bien que violent, est donc salutaire – d'où on peut penser que les révolutions dont est tissée l'histoire du monde, même si elles n'ont pas toutes l'ampleur de la Révolution française, correspondent bien à cette « transition entre un ordre ancien qui tombe en ruine et un ordre nouveau qui se fonde », selon la définition qu'en donna Littré au XIXe siècle. — Avec son lyrisme de tribun, Danton proclamait d'ailleurs : « Une nation en révolution, c'est comme l'airain qui bout et se régénère dans le creuset. La statue de la Liberté n'est pas encore fondue, le métal bouillonne ! » — Ces métaphores enflammées introduisent à une autre sorte de révolution, celle qui est conçue d'après les révolutions des astres dans le ciel, celle de la *materia prima* des alchimistes* et de sa transformation dans le cours du Grand Œuvre. Le processus de distillation et de sublimation de la matière originelle s'accomplit en effet en décrivant un cercle* (voir Ouroboros) : l'unité originelle et chaotique est incluse dans un cercle primitif, puis se décompose en formant le carré* des quatre éléments* fondamentaux, dont la rotation permet de reconstituer une unité supérieure que traduit l'apparition d'un cercle nouveau. C'est la circumrotation, ou révolution circulaire du quaternaire de l'alchimiste Khunrath, qui transforme « l'Un grossier et impur en l'Un extrêmement pur et subtil ». Autrement dit, l'esprit doit être d'abord séparé de son corps puis, après la purification de ce dernier, réinfusé en lui. La quadrature du cercle initial se résout alors dans la quintessence* du grand cercle, une fois la révolution accomplie.

On retrouve d'ailleurs ici, d'une façon transposée, le phénomène symbolique de la mue chinoise, au sens de l'arrachement d'une vieille peau pour faire apparaître un nouvel être. — Pour achever la synthèse entre ces processus psychiques d'émergence de l'individualité tels que l'évoque l'alchimie, et les changements rapides et brutaux dans l'organisation sociale que sont les révolutions historiques, il suffit peut-être d'évoquer les quelques pages que Jung a consacrées au besoin grandissant de l'expérience de l'âme* – besoin qui daterait précisément, selon lui, de l'époque de la Révolution française : « Le geste symbolique de l'intronisation de la déesse Raison à Notre-Dame semble avoir eu pour le monde occidental une signification analogue à celle de l'abattage du chêne de Wotan par les missionnaires chrétiens, car alors comme maintenant, il n'y eut pas de foudre vengeresse pour frapper les blasphémateurs... Ainsi, le psychique s'est peu à peu glissé au premier plan de la conscience générale, exerçant une attraction sans cesse grandissante... Et même si l'intelligence des réalités psychologiques n'est pas encore tombée dans le domaine commun, le public occidental est en marche vers elle... Notre siècle veut faire l'expérience de l'âme » (*Problèmes de l'âme moderne*).

RIZ En Extrême-Orient, le riz est, matériellement et symboliquement à la fois, la nourriture de base, comme le pain est celle de l'Occident. La Chine ancienne portait l'introduction du riz dans le pays au compte de l'empereur mythique originel, Shennung, à qui on attribuait aussi l'établissement du rituel annuel de sa plantation. Dans certaines provinces, on pensait pourtant que c'était le chien* ou le rat* qui l'avait apporté. On mettait du riz dans la bouche* des morts, comme on en recueillait dans des écuelles pour le sacrifier aux ancêtres. Il était très mal vu de jeter les restes de riz, et celui qui le faisait pouvait s'attirer la foudre divine. Le riz jouait enfin, symboliquement, un certain rôle dans l'alchimie* taoïste où il se transformait en cinabre*, le sulfure rouge de Mercure. — Au Japon, la culture du riz était attribuée à l'origine à la déesse du Soleil*, Amatérasu. Lorsque le dieu de la Tempête*, Susanoo, se mettait à dévaster les champs, la déesse irritée se retirait dans une caverne*, qu'elle ne se résolvait à quitter que très tardivement parfois, pour

*Mise en sac du riz dans les greniers
gouvernementaux : miniature (XVIᵉ s.,
codex chinois de pharmacologie).*

éclairer à nouveau le monde (voir
Baubo). Le dieu Inari était d'autre part
le « porteur du riz ». On dit qu'il était
apparu, vers 800 av. J.-C., sous l'aspect
d'un vieil homme transportant des
bottes de riz. Les sanctuaires dédiés à
Inari sont nombreux (près de 40 000 au
Japon). Ils sont reconnaissables à leurs
torii (portes) en enfilade. Le repas céré-
moniel de riz, pris en présence d'un
moine bouddhiste, assure l'aisance et la
chance, tant dans la vie privée que
publique.

ROCHER   En raison de leur solidité,
les rochers et les blocs de pierre* sont
de manière générale, des symboles de
tout ce qui est immuable, inébranlable,
toujours identique à soi-même, et ils sont
de ce fait considérés comme des signes
divins. Cela est tout particulièrement
vrai lorsqu'ils affectent une forme remarquable; ils sont alors perçus comme le
siège d'êtres surnaturels ou encore
comme des hommes qui ont été transformés en pierre à la suite d'un châtiment
céleste. En Inde, les rochers qui se dressent au sommet des montagnes* sont
ainsi considérés comme des lingams* de
Shiva*, cependant que, dans la Chine
ancienne, dessiner des rochers représentait un symbole de longévité associé
au principe du yang (tandis que le yin*
était représenté par des chutes d'eau*).
Dans certaines régions, il était d'usage
d'implorer certaines pierres et de les

battre afin qu'elles fassent tomber la
pluie*, cependant que les pierres en
forme de coupe servaient surtout aux
rituels magiques de la fertilité. — Pour
les Juifs, le bloc de pierre situé à l'emplacement de l'autel du Temple* de Jérusalem* était le centre de l'équateur, et
c'est là qu'aurait eu lieu la création du
monde (voir Omphalos). Les dieux et
les héros de nombreuses civilisations,
comme par exemple Mithra*, naquirent
sous la forme de rochers. — Dans le
christianisme, l'eau que Moïse fit jaillir
d'un rocher lors de l'exode des Juifs hors
d'Égypte, est le symbole de l'eau du baptême et de la foi, source de la vie.
L'apôtre Simon Pierre (*petros* signifie
rocher en grec) est la figure symbolique
du sol inébranlable sur lequel l'Eglise de
Dieu est bâtie. — Dès le vᵉ millénaire av.
J.-C., au nord-ouest de l'Europe, les
hommes commencèrent à assembler des
blocs de pierre pour édifier de gigantesques monuments mégalithiques. Ici
encore, c'est la solidité de la roche qui
a dû inspirer à l'homme l'idée d'im-
muabilité. Les menhirs*, souvent interprétés comme des symboles phalliques,
étaient sans doute plutôt des sièges sur-
élevés situés à proximité des pierres tombales et destinés à accueillir les âmes des
aïeux. — Dans la symbolique maçonnique*, la pierre « brute » correspond au
novice qui doit passer par la phase de
formation, la fin de cette étape étant figu-

*Paysage avec fleuve, rochers
et monastères zen :
peinture chinoise (XVIIᵉ s.).*

*Krishna soulevant le mont
Govardhana :
miniature indienne du XVIIIe s.*

*1. Rochers : «Foi inébranlable» :
gravure de 1675.*

*2. L'idole Huanacauri sur le rocher
des trois niches sacrées dans le temple
de Pacaritambu : gravure du XVIe s.*

rée par la pierre « sculptée ». Tandis que le simple bloc de pierre symbolise les capacités virtuelles de l'homme que celui-ci n'a pas encore développées, son affinement s'opère selon diverses règles de travail très précises et contraignantes (voir Pierre, Pierres précieuses). – Les sommets rocheux des montagnes* représentaient, pour beaucoup d'anciennes civilisations, des lieux sacrés que l'on célébrait lors de rituels spéciaux, de même que certains pics rocheux aux formes remarquables (voir le rocher Idafe chez les premiers habitants de La Palma, dans les îles Canaries, avant la conquête espagnole). — On prêtait aussi à certaines pierres des vertus et des énergies particulières (les « pierres brûlantes » de Bretagne) qui étaient censées transmettre une vitalité nouvelle – par exemple aux femmes stériles – lorsqu'on s'asseyait dessus. On retrouve la même idée dans la Chine ancienne. (Voir Caverne.) — La symbolique du rocher est souvent utilisée dans la *Bible*, par exemple dans le *Psaume* XXXI, 3 : « Sois pour moi le rocher fortifié, le château fort qui me sauvera », ou encore : « Dieu, le rocher où je me réfu-

gie, mon bouclier, l'arme de ma victoire, ma citadelle, mon asile, mon sauveur » (*Deuxième Livre de Samuel* XXII, 2). — Pour les Hourrites et les Hittites, le rocher était quasiment l'archétype de la divinité, et c'est d'un rocher que le vieux père des dieux Kumarbi aurait reçu un fils en forme de colonne de diorite, Ullikumi. Celui-ci remit en question la domination du nouveau maître du ciel, le dieu de l'Orage Techoub, jusqu'à ce qu'un coup de serpe* en cuivre* le fasse tomber de son socle, situé sur l'épaule du géant Upelluri, et mette ainsi fin à son pouvoir. — Au Pérou, à l'époque inca, les Indiens qualifiaient de *huaca* (c'est-à-dire sacré, mystérieux) les « très hautes montagnes qui dépassent les autres comme

Juifs puisant l'eau à la source que Moïse fait jaillir entre les rochers du désert du Sinaï pendant l'Exode : mosaïque (XIIIᵉ s., vestibule septentrional, basilique Saint-Marc, Venise).

les tours émergent des maisons normales... et se dressent presque aussi abruptes qu'un mur » (Garcilaso de la Vega, 1539-1616). On venait déposer des sacrifices au pied de ces tours rocheuses; après le passage des missionnaires espagnols à travers tout l'empire inca, on érigea des croix* à ces mêmes endroits. — Il faut enfin signaler, dans la mythologie grecque, le thème du fameux rocher de Sisyphe. Ce dernier, dont l'existence est mentionnée par Homère dans l'*Odyssée*, avait, selon les versions, soit enchaîné Thanatos*, soit dévoilé les secrets de Zeus et dévasté l'Attique. Toujours est-il qu'il avait été condamné par le roi des dieux à monter inlassablement en haut d'une montagne un rocher, qui, une fois parvenu au sommet, redévalait la pente, obligeant ainsi Sisyphe à un travail perpétuel et sans espoir.

ROI   La figure du roi représente avant tout le symbole de la domination. Elle transpose le principe patriarcal (voir Père), qui régit le monde des dieux, dans la société humaine, et se veut le reflet d'une souveraineté masculine liée aux religions solaires. Les reines* ont plus rarement valeur de symbole, et sauf pour souligner la dominante matriarcale de certaines cultures, leur figure est surtout utilisée pour représenter certaines notions sacrées. — De nombreuses cultures anciennes considéraient que le roi, vénéré par son peuple comme un symbole, devait toujours faire preuve de vitalité, et qu'il ne devait jamais montrer les ravages que le temps exerçait sur sa per-

sonne. Si les atteintes de l'âge devenaient par trop visibles, le roi devait alors se sacrifier lui-même ou se laisser mettre à mort. Le roi passait idéalement pour le plus grand des héros, mais tandis que chez les Sumériens, chez les Babyloniens, ou chez les Égyptiens, par exemple, il menait en personne ses armées à la bataille (voir les cartouches égyptiens,

Les Rois Mages rendent visite à Hérode et offrent des dons à l'Enfant : miniature du XIIIᵉ s.

et le chant de victoire de Ramsès après ce qu'il présente comme sa victoire sur les Hittites à Kadesh), dans d'autres civilisations, particulièrement chez les Indo-Européens primitifs, il lui était interdit de participer aux combats. Personnifiant la souveraineté*, il devait laisser en effet cette tâche à la classe des guerriers (trifonctionnalité selon Dumézil, dont procédaient les trois ordres de la société: les prêtres, les guerriers et les producteurs sous la garantie de cohésion que leur apportaient les fonctions de souveraineté civile et religieuse). Cette notion se perdit plus ou moins au contact d'autres peuples, mais on en retrouve encore des témoignages vivants dans les anciennes cultures celtiques, dont la culture irlandaise, où le *Ri*, le roi, ne possédait pas de pouvoirs militaires propres. (Voir aussi Guerre.) — Par analogie avec les divinités, on attribuait au roi des pouvoirs surnaturels, comme celui de guérir certaines maladies par un simple attouchement. Ces pouvoirs étaient censés être conférés au roi par l'acte sacré du couronnement (voir Couronne). Le roi personnifie dans son royaume l'ordre divin universel, de même que le soleil* incarne l'ordre céleste (les pharaons étaient ainsi considérés comme les représentants terrestres de Rê et l'Inca comme celui du dieu du Soleil, Ynti ; la même correspondance a été établie pour le Tenno japonais, comme pour le Roi-Soleil français, Louis XIV). Le culte des souverains qui a suivi la divinisation de César, et la création d'un empire romain gouverné plus tard par une « grâce divine », procèdent d'une pensée similaire. Le christianisme a adopté à son tour cette idée, car elle permettait la sanction et la participation de l'Église aux cérémonies du couronnement et du sacre. En Chine, l'empereur* est désigné par le caractère *wang*, qui représente le triple étagement de la Terre, de l'Homme et du Ciel reliés

Les Rois Mages comme symbole des trois âges de la vie : miniature du XIe s.

les uns aux autres par un trait vertical central : $\equiv$. De fait, le souverain est à la fois le trait horizontal du milieu (l'Homme), et le trait vertical, ce qui revient à dire que, représentant à la fois l'humanité et le pouvoir de liaison des différents étages, il se trouve au centre* de la croix* ainsi formée, comme le lieu géométrique par lequel se répandent les énergies et s'installe le bon ordre des choses. C'est pourquoi il réside dans le *Ming-tang* (Maison* du calendrier) dont il est aussi le pilier* central (voir Áxe du monde), en même temps qu'il doit accomplir une circumambulation dans chacune de ses pièces, décrivant de la sorte un cercle* dont il est lui-même le centre. Double conjonction* d'un couple

Le roi Arthur, Lancelot et Guenièvre : miniature (XVe s., « Roman de Lancelot »).

*Le roi Charlemagne investit un chevalier
et rend visite à un noble dans son fief.*

*Les Rois Mages rendent hommage au
« Roi des rois » : miniature du XIVe s.*

d'opposés* : centre et circonférence
d'une part, cercle et carré* de l'autre –
puisque le *Ming-tang* est un carré à trois
cases de chaque côté (soit les 9
chambres par où tourne le roi, et la
dixième chambre centrale où se dresse
le pilier, de telle sorte que, à travers la
promenade de son mouvement circulaire
et en tant que moyeu de cette roue, le roi
correspond à la totalité des cases du
Ming-tang en même temps qu'il en
exprime l'unité). Le roi est ainsi, à différents niveaux, la manifestation en même
temps que le symbole et le signifiant de
la totalité cosmique : c'est de lui, de sa
juste conduite et de sa juste position, que
dépendent la justesse et la justice du
monde – autrement dit, le bon ordonnancement du monde, du pays et des
hommes. — Dans le contexte de l'hindouisme bouddhique, Chakravarti,
« Celui qui fait tourner la roue* », est le
roi symbolique de l'Univers, puisque sié-
geant lui aussi au moyeu de la roue (c'est-
à-dire dans le vide d'où naît toute manifestation), il est le Bouddha en personne
comme suprême souverain. Le même
schème se retrouve, sous une forme plus
mythologique que métaphysique, dans
la royauté suprême de l'Irlande ancienne :
revêtu d'un pouvoir sacerdotal particulier, le Haut Roi siégeait à Tara, la capitale spirituelle d'un royaume plus symbolique que réel (royaume de Mide ou de
Meath qui représentait le centre), et coif-
fait les quatre rois du Connaught, de l'Ulster, du Leinster et du Munster dont il
exprimait de la sorte l'unité profonde des
territoires (voir Quatre, et, dans la

rubrique Nombres, le passage consacré
au cinq). En principe revêtu de sagesse,
doué d'un « bon jugement », et législateur
par fonction, ce Haut Roi était celui qui
devait faire régner l'harmonie, la paix et
la richesse sur l'ensemble de l'île. — L'É-
vangile selon saint Matthieu (II) ne décrit
les « trois rois » de la Nativité que comme
des « sages » (c'est-à-dire les mages,
astrologues* venus d'Orient), alors que

*Roi sur le trône entre deux hommes
d'armes-courtisans :
miniature arabe du XIVe s.*

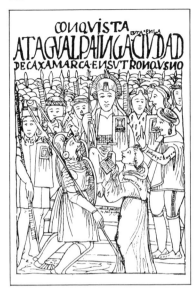

*Pizarro rend hommage à Atahualpa,
roi des Incas : gravure du XVIᵉ s.*

*Roi, symbole de la majesté de la
matière : planche d'un traité d'alchimie.*

la tradition chrétienne les a toujours présentés comme les rois et les représentants des trois continents connus de l'époque : l'Asie, l'Afrique et l'Europe. Les noms de ces rois transmis par la légende, Gaspard, Melchior et Balthazar, ne sont pas plus justifiés par la *Bible*. Les Rois Mages symbolisent aussi les trois âges de la vie (Gaspard l'Européen : la vieillesse ; Melchior l'Asiatique : l'âge mûr ; Balthazar le More : la jeunesse). Ils incarnent enfin le serment de fidélité du monde païen envers le Christ nouveau-né, car ce monde n'est pas encore converti, mais pressent déjà la Rédemption. — La symbolique alchimique* ne représente le roi qu'accompagné de la reine, avec qui il forme le couple d'opposés* Soleil*/Lune* (Gabricius/Beya ; Vénus*/Mars*, etc.). Cette représentation s'inscrit dans le cadre de la méditation sur les éléments binaires que sont Sulphur* et Mercurius qui, grâce à la purification que permet le processus alchimique, peuvent former la pierre* philosophale. Le système composé de ces deux éléments est souvent représenté sous les traits d'un androgyne* couronné. L'école jungienne de psychanalyse s'est appuyée, au sujet du roi, sur l'interprétation symbolique implicite qu'en donnait l'alchimie : elle le considère moins comme un symbole de l'autorité paternelle (l'*imago* du Père), que comme l'archétype de l'intelligence supérieure et de la sagesse, faisant partie de notre fonds de schèmes psychiques hérités. — Dans les contes populaires européens, la figure royale représente très souvent le terme des aventures et des voyages du héros, car c'est le roi seul qui semble pouvoir entériner les succès remportés au cours des épreuves qui lui étaient réservées. Il faut noter que, ce faisant, il prend très souvent la place de l'ancien souverain qui ne correspond plus réellement à la situation psychique qui a été ainsi créée. On retrouve ici le thème archaïque, précédemment relevé, du changement de royauté, lorsque le titulaire de la charge n'est plus en état, ne fût-ce que symboliquement, de remplir sa fonction. L'ancien roi est alors devenu ce que Jung appelle un *senex*, un vieillard qui se pétrifie et pétrifie le destin de son peuple, tandis que le nouveau roi qui accède au trône de cette manière, a les traits d'un *puer*, d'un adolescent qui revivifie à la fois la société qu'il dirige et la nature qui l'entoure (*cf.* la dialectique en astrologie* de Saturne* et de Mercure*). La noblesse héréditaire ne joue ici aucun rôle; il s'agit au contraire de « devenir roi » pour un héros qui est issu de couches sociales inférieures, mais qui acquiert la possibilité de s'identifier à la figure royale parce qu'il est en mesure d'exprimer toutes les potentialités qui dormaient auparavant en lui. Le roi britannique Arthur* (voir Graal), qui vécut sans doute au VIe siècle, et qui tenta de résister aux invasions saxonnes de l'Angleterre, ainsi que l'empereur* allemand Barberousse, censé dormir dans l'Untersberg salzbourgeois ou dans les monts du Kyffhäuser dans l'attente de pouvoir reprendre son rôle de souverain messianique, sont parmi les meilleurs exemples de ces rois historiques qui ont imprégné de leur souvenir la mémoire de leur peuple au point de devenir de véritables symboles qui ont fini par prendre le pas sur leur réalité concrète. Ils cristallisent sur eux des sentiments de nature très clairement religieuse ou spirituelle, et expriment à la fois la nostalgie et l'espoir d'un monde meilleur ici-bas où serait rétabli le juste rapport avec les puissances célestes.

ROSE L'Antiquité faisait remonter l'origine de la rose à la mort d'Adonis*, l'amant d'Aphrodite* (voir Vénus), dont le sang* avait fait naître les premières roses rouges*. La rose devint alors le symbole de l'amour qui parfois vainc la mort, et celui de la renaissance. Elle prit

Enfant Jésus avec sainte Dorothée tenant une rose : gravure du XVe s.

Dame écoutant une leçon sur les propriétés de la rose : gravure (1515, « Rosa Gallica »).

souvent la suite de l'image du lys*, comme on peut le voir par exemple avec les mystères d'Isis*, où la rose s'était définitivement imposée dès la période hellénistique. Dans le roman d'Apulée, *L'Âne d'or*, au IIe siècle, on voit ainsi le héros Lucius (nom qui dérive de *lux* : la lumière), après avoir été changé en âne*, recouvrer sa forme humaine en mangeant les roses de la déesse. Autrement dit, dans le processus d'initiation* psychique qui nous est décrit là, après la mort à soi-même et la « descente aux enfers » qui s'ensuit, la rose est la marque même de la renaissance spirituelle sous les auspices de l'amour divin – mais d'une divinité qui apparaît sous son aspect féminin. Si on ajoute qu'Adonis connaissait le même cycle de « mort et renaissance » avec Aphrodite, et qu'Hécate, la déesse des Enfers au triple visage lunaire, est souvent décrite avec la « tête ceinte d'une couronne de roses », on voit comme ce thème de la déesse est quasi consubstantiel à celui de la rose. Aussi n'est-il pas étonnant que le christianisme ait repris ce thème de la rose pour le dédier à la Vierge* Marie* – de même qu'il a doté celle-ci de certains attributs d'Isis (*Regina Cœli, Stella maris*, etc.), réinterprétés suivant ses doctrines. Il est d'ailleurs remarquable que, lorsqu'elle apparaît dans une culture qui lui est en principe étrangère, notamment celle de l'Inde, la rose soit là aussi dédiée à la Mère* divine sous l'aspect de la Triparasundari, la rose cosmique qui personnifie la grande Devi et en exalte la beauté. — Avant de renaître, toutefois, il fallait bien mourir, et c'est pourquoi la rose a aussi été associée aux pratiques funéraires. Ainsi, l'existence de la fête des Roses, les *Rosalia*, participant du culte des morts dans la Rome antique, est attestée depuis le Ier siècle ; selon les régions, cette fête avait lieu entre le 11 mai et le 15 juillet. La coutume de cette fête s'est transmise à toute l'Italie, mais elle a maintenant lieu le dimanche de Pâques (*domenica rosata*). Les participants aux fêtes du dieu du Vin*, Dionysos*, étaient couronnés de roses, car on croyait que cette fleur avait pour effet d'atténuer la chaleur causée par le vin, empêchant les hommes ivres de devenir trop bavards. La rose devint ainsi un symbole de la discrétion (on sculpta plus tard des roses à cinq* pétales dans les confessionnaux). L'expression latine *sub rosa*, littéralement « sous la rose », signifiait en fait : « sous le sceau du silence ». La rose rouge, dans la symbolique chrétienne, dans la dialectique retrouvée de la mort et de la renaissance, représente le sang répandu par Jésus sur la croix, et donc l'amour céleste; cette rose, dans *La Divine Comédie* de Dante, est appelée *rosa candida*. La poésie courtoise considérait au contraire la rose comme le symbole de l'amour terrestre, quoique épuré, sublimé, et d'essence quasi mystique ; c'est ainsi qu'on la retrouve dans la première partie du

Le roi et la rose, symboles de l'élixir : planche d'un traité d'alchimie du XVIIIe s.

Roman de la rose, écrite par Guillaume de Lorris, qui se déroule dans un jardin merveilleux, un *hortus conclusus* engendré par la puissance du rêve. Nous sommes là, de fait, à l'intérieur du puissant courant poétique qui a de plus en plus tendu à assimiler la figure de la « dame » à celle de la Vierge Marie ; la rose est restée, depuis lors, un symbole amoureux (voir Langage des fleurs). De nombreuses légendes présentent en revanche la rose blanche* comme un symbole de mort rappellent la seconde signification de la fleur. L'iconographie

Gravure (XVe s.) représentant en forme stylisée la rose des Tudor.

*Madone avec espalier de roses :
peinture de l'école allemande du XVᵉ s.*

chrétienne fit de la rose, nous l'avons vu, la « reine* des fleurs », car elle symbolise la virginité et Marie, la Mère céleste. De ce fait il n'y avait que les vierges qui pouvaient, au Moyen Âge, porter des couronnes de roses, et on représentait la Madone dans un « bosquet de roses ». Les roses rouges et blanches renvoient, dans l'alchimie*, à l'existence d'un système duel, composé du rouge et du blanc, et des deux principes originels Sulphur* et Mercurius ; une rose qui comporte sept anneaux de pétales représente les sept métaux et leurs correspondants planétaires. Dans l'hermétisme volontaire qui marque tant de leurs textes, les alchimistes ne se sont jamais vraiment assez expliqué pour que nous puissions comprendre aujourd'hui en quoi la rose blanche renvoyait d'autre part à l'*albedo*, l'« œuvre au blanc » qui devait succéder à la *nigredo* ou « œuvre au noir » et précéder la *rubedo*, ou « œuvre au rouge ». Peut-être y avait-il là, précisément, un renvoi à l'image de la Vierge Marie dont on sait qu'elle imprègne de plus en plus l'alchimie de

la fin du Moyen Âge et de la Renaissance, en liaison avec la *materia prima* et son processus de Salut (passage d'Eva à *Ave*, par retournement des lettres – *Ave* désignant Marie à qui l'ange* Gabriel s'adresse en commençant par ces mots). Toujours est-il que plusieurs traités d'alchimie prirent désormais le nom de *Rosarium philosophorum* : le « Rosaire des philosophes ». La connotation chrétienne, ou plutôt celle d'un hermétisme chrétien, devient ici évidente, et dès lors il ne faut sans doute pas s'étonner si l'association de la croix* et de la rose se retrouve dans le symbole de la Rose-Croix, alliance d'ésotéristes chrétiens de la Renaissance appelée « le collège des Sages ». L'emblème de la Rose-Croix est une rose à cinq pétales sur une croix, ressemblant d'ailleurs au sceau personnel de Martin Luther qui représente une croix, enduite de cire, dans le cœur d'une rose à cinq pétales. Le blason de Jean Valentin Andreae (1586-1654), dont les écrits suggèrent l'idée d'une alliance occulte mais universelle qui veille au salut du monde, représentait une croix de Saint-André dont les quatres pointes étaient ornées de roses. — La symbolique maçonnique* accorde une grande considération à la rose. Lors de l'enterrement d'un compagnon, trois roses sont placées sur sa tombe. On interprète les « trois roses de Jean » comme des images de « la lumière*, de l'amour et de la vie » ; à la Saint-Jean (le 24 juin), on décore les loges maçonniques de roses des trois couleurs, et de nombreux noms de loges s'en inspirent, comme « Aux trois roses », la loge de Hambourg qui accueillit entre autres le grand écrivain Lessing (1729-1781). La symbolique de la Rose-Croix et de la franc-maçonnerie n'est pas mieux illustrée que par ces vers de Goethe dans *Les Mystères* : « Qui donc a marié les roses à la croix ? Leur guirlande se renfle, afin d'envelopper / Avec douceur le bois rugueux, de toutes parts. / Et de légères nues d'argent, telles qu'au ciel / flottent, dans leur essor entraînant croix et roses, / Et une vie sacrée vient sourdre de leur centre / En un triple rayon naissant d'un point unique... » Hohberg, le poète baroque, affirmait en 1675 qu'il n'existe « aucune rose sans... épine » : « Comme la rose que l'on ne voit jamais sans épine, / toutes choses vont de pair dans le monde. / Les Bons sont mélangés avec les Mauvais ; mais alors que les derniers brûleront / Dieu reconnaîtra les premiers pour son peuple. » La rose joue dans la symbolique chinoise traditionnelle un rôle de la même importance que dans la symbolique occidentale. Elle symbolise aussi la jeunesse, mais elle n'est pas un symbole d'amour. La symbolique héraldique* présente la rose, comme le lis, sous une forme très stylisée : vue de haut, elle a des pétales courbés le plus souvent d'ailleurs au nombre de six ou de huit ; ces pétales sont de couleur rouge, argent ou or. Les blasons les plus connus où apparaît le symbole de la rose sont ceux des grandes familles d'York (une rose blanche) et de Lancaster (une rose rouge) – d'où le nom de guerre des Deux-Roses que se livrèrent ces familles à la fin du Moyen Âge pour accéder au trône. Deux roses enchevêtrées forment la « rose des Tudor » en signe de réconciliation de l'Angleterre.

ROSÉE Selon une conception antique, la rosée est l'humidité qui tombe du ciel* et dont l'effet est vivifiant et rajeunissant : « Car ta rosée est une rosée de lumière et la terre aux trépassés rendra le jour » (*Livre d'Isaïe* XXVI, 19). Dans l'Antiquité, on interprétait la rosée comme la trace laissée par Iris, la messagère des dieux (voir Arc-en-ciel) ou par Éos*, la déesse de l'Aurore. Au Moyen Âge, le verset d'*Isaïe* (XLV, 8) était interprété comme une prophétie qui annonçait le Rédempteur (« Cieux, de là-haut répandez comme une rosée et que les nuées fassent ruisseler la justice »). Dans une acception identique, la rosée et la pluie* étaient presque toujours mises en relation avec les dons de la bénédiction céleste. Dans l'iconographie alchimique*, la rosée céleste (en latin *ros cœlestis*) est également un symbole de germination au cours du processus qui mène à la pierre* philosophale : « Donc notre matière, notre rosée est grasse, vaporeuse et lourde, on peut la trouver aussi au-dessus de la terre… un autre sujet fait de rosée provenant directement d'un minerai végétal céleste et indirectement des animaux et des plantes… il est céleste et terrestre, fluide et solide (voir Corail), blanc et rouge, léger et lourd, doux et amer… » (*ABC hermétique de la pierre des philosophes*, 1779). C'est ainsi que l'on désigne la *materia prima*, la substance primordiale, dans son état de matière aqueuse qui deviendra « tangible » après sa fixation. Dans le livre alchimique du *Mutus Liber* (1677), on représente allégoriquement la cueillée de la rosée à l'aide de linges

adéquats. — Dans la symbolique religieuse, les actions de grâce de l'Esprit-Saint sont symbolisées par la rosée céleste qui réconforte et vivifie les âmes desséchées.

ROSSIGNOL Dans le langage poétique, le rossignol est nommé « philomèle ». Dans l'Antiquité, on le considérait comme une mère qui pleurait son enfant au moyen de ce cri : « *Itys* » (Ovide, *Métamorphoses*). Voir Huppe. Il symbolisait l'inspiration poétique, et les poètes se définissaient comme ses élèves. Le nom du rossignol était synonyme de chant et de poésie. On avait d'ailleurs observé que les rossignols enseignaient le chant à leurs petits, et on leur attribuait ainsi le don de la pédagogie. Pour la médecine populaire, la chair du rossignol constituait un remède efficace contre une tendance excessive au sommeil. Manger le cœur* du rossignol était réputé donner une belle voix et conférer l'habileté oratoire. Les riches tenaient le rossignol pour un mets raffiné et curieux (on consommait surtout sa langue*). L'oiseau était aussi très estimé en Orient pour son chant qui passait, comme en Europe, pour un présage de bonheur. Il était même considéré comme le meilleur chanteur au monde en Chine tandis qu'au Japon, il était particulièrement révéré par la secte tendaï (l'une des

Rossignol : « De mon cœur naît mon chant » : gravure de 1702.

variétés du bouddhisme japonais), qui pensait que son chant reprenait sans cesse le Hoke-kyo, c'est-à-dire des sutras du lotus* de la bonne loi. — Dans la croyance populaire, le chant du rossignol était souvent perçu au contraire comme l'appel à l'aide d'une « pauvre âme enfermée au purgatoire* », ou comme un présage plaintif de la mort. Pour les chrétiens, il exprime l'aspiration au paradis* et au ciel*. La *Legenda aurea* (la « Légende dorée ») de Jacques de Voragine (vers 1270) rapporte le récit allégorique suivant : un chasseur avait rendu un rossignol à la liberté après l'avoir capturé ; le rossignol lui avait alors crié : « Un trésor vient de t'échapper, car mes entrailles renferment une perle* plus grosse qu'un œuf d'autruche*. » Le chasseur voulut rattraper le rossignol, qui se moqua alors de lui, et lui dit : « En vérité, tu as cru que mon corps contenait une perle plus grosse qu'un œuf d'autruche ; mais je suis moi-même plus petit qu'un tel œuf ! Les insensés de ta sorte sont ceux qui placent leur foi dans les idoles. » Dans un recueil de nouvelles du Moyen Âge, la *Gesta Romanorum*, on peut également trouver une fable qui met en scène un rossignol et une pierre précieuse*. L'histoire est celle d'un chevalier qui, pour avoir commis un méfait, se trouvait en prison. Il était consolé par le doux chant d'un rossignol, prisonnier du même cachot, et que le chevalier nourrissait de miettes de pain. Ces soins permirent à l'oiseau de voler à nouveau ; il revint voir son bienfaiteur avec, pour le remercier, une petite pierre précieuse dans le bec : « Le chevalier, étonné, regardait la pierre. Puis il s'en saisit pour la mettre en contact avec ses chaînes de fer, qui se détachèrent aussitôt de lui. » La pierre lui ouvrit aussi les portes de sa prison et il put s'échapper. Le texte ne donne pas l'interprétation symbolique de cette fable : c'est au lecteur d'en trouver lui-même le sens. Il est cependant évident qu'il faille le rapporter à la gratitude de l'oiseau envers le chevalier, dans le sens qu'« un bienfait n'est jamais perdu ».

ROUE La roue est l'une des inventions les plus importantes de l'Histoire ; les civilisations précolombiennes, bien qu'elles en connussent le principe ainsi que l'indiquent certaines statuettes en terre de la région du golfe du Mexique, qui pouvaient s'emboîter sur des roues à disque, n'en faisaient pourtant pas usage ; la roue y était peut-être alors un symbole tabou ? Dans l'Ancien Monde, l'invention de la roue rendit possible la construction de véhicules et de chars* qui, outre leur usage utilitaire, avaient également un rôle cultuel marqué. Ils étaient souvent ornés d'images préhistoriques représentant des rayons disposés en forme de croix* (ces représentations de moyeux existaient aussi par elles-mêmes, c'est-à-dire indépendamment des véhicules qu'elles ornaient). Symboliquement, on associe la roue au cercle* et à sa division en quatre* sections, qui renvoient au cycle annuel par leur combinaison. Tandis que le cercle est considéré à l'origine comme statique, les rayons de la roue, en lui permettant de tourner, lui confèrent une valeur symbolique dynamique comparable à celle du cycle du Devenir. La roue symbolise souvent le soleil* qui « roule » dans le ciel*, comme le montre la coutume qui consistait autrefois, dans les campagnes, à faire rouler des roues en flammes lors du solstice d'été. Elle symbolise plus largement l'ensemble du cosmos* et de ses développements cycliques et, plus rarement, la divinité créatrice elle-même qui est dès lors perçue comme un *perpetuum mobile*. La roue renvoie dans les cultes asiatiques aux cycles de la renaissance, et dans le bouddhisme à la « roue du savoir » qui libère de l'épreuve de la souffrance. La roue représente d'ailleurs dans ce contexte un symbole fondamental, tant du point de vue mystique que cosmologique. Sa circonférence extérieure est le signe du monde mani-

La Fortune faisant tourner la roue de la vie : miniature médiévale.

Roue à cinq rayons : avers
d'une monnaie grecque (VIᵉ s. av. J.-C.).

Symbole bouddhiste de la « Roue
de la Loi » (dharmachakra).

festé qui ne cesse de « rouler », c'est-à-dire de fluer et de se transformer sans arrêt, tandis que son moyeu est le centre* à partir duquel s'est développée la manifestation. Dans le taoïsme, c'est le vide même du moyeu qui fait ainsi tourner la roue des dix mille choses ; pour désigner le Taï-ghi-tu*, c'est-à-dire le jeu du yin* et du yang, on se sert aussi de l'expression « la roue de Lao-tseu » que l'on représente sous la forme d'un anneau de Möbius (voir Nœud) où le yin et le yang, au cours de leur mouvement perpétuel, sont tour à tour intérieurs et extérieurs sans qu'il y ait jamais solution de continuité. Dans ce centre de la roue se tient, selon le bouddhisme, le Chakravarti, « Celui qui fait tourner la roue », c'est-à-dire le Bouddha qui est entré au nirvana* (voir Roi). La roue du dharma (dharmachakra), ou roue de la loi, a par ailleurs huit rayons qui correspondent, d'une part, aux huit voies de connaissance et de libération que l'on peut emprunter et, d'autre part, aux huit directions qui sont celles de la rose des vents (sur la signification du huit, voir Nombres). Dans l'hindouisme classique, la roue relève de Vishnou* en tant que dieu solaire, mais son usage le plus constant se retrouve dans les différentes sortes de yoga où il s'agit de faire remonter l'énergie le long de l'axe vertébral de la sushumna selon différentes étapes qui sont appelées roues (chakras*), et qui désignent autant de centres subtils du

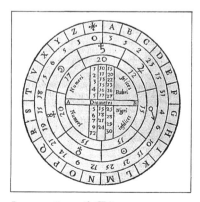

Roue magique : (« Œdipus
Aegyptiacus », 1652-1654, A. Kircher).

Roue divinatoire égyptienne :
(« Œdipus Aegyptiacus », A. Kircher).

corps (voir aussi Lotus). Ces chakras sont au nombre de six (voir encore troisième Œil), et sont couronnés d'un septième, le Sahasrara-chakra, aussi nommé le « lotus* aux mille pétales », qui est la demeure de Shiva* en union si parfaite avec la Nirvana-Shakti, la « mère des trois mondes », qu'on ne peut les distinguer l'un de l'autre et qu'on y atteint à l'état de fusion parfaite où il n'y a plus de distinction entre la conscience et l'énergie, ni entre l'énergie et le corps, et à la totalité principielle où il n'y a plus ni masculin, ni féminin, ni non plus de neutre, c'est-à-dire ni masculin, ni féminin, ni « ni-masculin-ni-féminin ». La roue est par ailleurs un motif symbolique sur lequel se fonde le plan de construction de nombreuses villes, alternativement au carré* qui en est l'autre structure de base : « L'Iran est un pays typique de ces villes construites en forme de roue, formant un cercle d'une exactitude mathématique... [Cette structure] est conforme à la cosmologie iranienne qui se représente une terre étendue, ronde et bien délimitée, divisée en six « Karschvars » (sections) s'ordonnant autour d'un « Karschvar » central pour former une « roue

resplendissante ». Moyeu, rayons et cercle caractérisent ainsi la forme de la capitale iranienne » (W. Müller, 1961). Il existe également dans l'ancien Ceylan (Sri Lanka) des vestiges d'un « empire de la roue », dont on trouve parallèlement des traces dans les écrits brahmaniques, jaïns et bouddhistes. « Seul le souverain qui se trouve sur le chemin de la sainteté et à qui apparaît le joyau céleste peut accéder au rang d'empereur de la roue. Ce Chakravarti temporel et spirituel à la fois habite (ce qui traduit des structures cosmologiques qui permettent de deviner les différentes valeurs numériques utilisées) une forteresse entourée de six enceintes, aux murs ornés de sept sortes de pierres précieuses*, et dont les quatre portes sont faites d'or, d'argent, de béryl et de cristal... Quand le nouveau roi s'acheminait vers la sainteté et suivait les commandements ordonnés par la tradition, alors la roue s'élevait à nouveau, avec ses mille rayons, avec sa jante et son moyeu (car elle avait disparu à la mort de son prédécesseur), et roulait vers l'est. » Le roi la suivait et accédait ainsi à la domination des régions qui s'étendaient dans

Le Christ assis sur la roue de l'univers : miniature (Bréviaire du XIᵉ s.).

Roue hiéroglyphique avec des prophéties sur les pontifes romains : gravure du XVIᵉ s.

toutes les directions du ciel. « Le joyau de la roue, après avoir vaincu la terre entourée des eaux de l'océan, rentrait ainsi au château royal dans une marche triomphale » (W. Müller, *op. cit.*). Müller compare ce joyau avec « la broche en forme de roue » des souverains irlandais (que les souverains se transmettaient également d'une génération à l'autre). Les Celtes se servaient d'ailleurs largement de ce symbole : les Gaulois se représentaient ainsi un dieu Taranis à la roue, c'est-à-dire qui actionnait la roue du monde, cependant que les Gallois révéraient la déesse Arianrod, « la roue d'argent », qui gouvernait à la fois le principe et l'existence terrestres. — Dans le *Livre de Daniel* de l'*Ancien Testament*, une roue flamboyante ceint parfois la tête de Dieu; dans le récit de la vision d'Ézéchiel (*Livre d'Ézéchiel* I, 18), cette roue est pourvue d'yeux qui restent immobiles et bougent en même temps (ce qui représente à la fois l'omniscience et la force dynamique intérieure qui en découle). L'art du Moyen Âge représentait souvent une « roue de la vie » qui soulève l'homme vers le haut avant de le laisser à nouveau retomber, ou une « roue de la chance » qui n'arrêtait jamais de rouler et illustrait le changement perpétuel qui caractérise la condition humaine. La déesse de la Chance, *Fortuna*, était le plus souvent représentée se tenant sur une sphère, plus rarement sur une roue avec des ailes. Le zodiaque* et les cycles annuels se présentent aussi sous la forme d'une roue. Dès l'Antiquité, Anacréon (580-495 av. J.-C.) parlait ainsi de l'inconstance du destin : « La vie de l'homme roule, instable, comme les rayons d'une roue de char » ; mais la roue symbolise également la possibilité d'une justice égale pour tous. Comme on représentait les anges dans certains textes antiques, parmi lesquels l'ange du Trône, sous la forme de roues pourvues d'ailes ardentes, la roue prend souvent la place de l'ange gardien dans les représentations du paradis. Le moyeu de la roue renvoie, dans la tradition chrétienne, au règne du Christ sur le monde. On peut d'ailleurs souvent voir l'image du Christ au centre des rosaces des cathédrales médiévales comme le symbole du rôle dominant joué par le Sauveur dans les intentions de Dieu. Ces rosaces rappellent, par leur structure, les images de méditation indiennes, les mandalas*, dont le rôle est de faciliter la concentration de la personnalité autour du

La Fortune tenant la roue : gravure (1541, H. S. Beham).

noyau de l'âme, inconscient et divin. — D'anciennes croix tombales irlandaises (appelées « hautes croix ») associent le symbole de la croix à celui de la roue ou du cercle, en rapport avec la représentation traditionnelle de la croix en forme de roue, dont les branches dépassent le cercle pour s'ouvrir au monde. La Roue de la chance, ou « le Sphinx » est le symbole de la dixième carte des Grands Arcanes du Tarot*, et représente « les hauts et les bas de la vie, le destin et la fatalité ». Des expressions telles que « la roue tourne » (le destin change souvent de cours), ou « la roue de l'histoire » procèdent de la même pensée symbolique. En tant qu'attribut de sainteté, la roue apparaît dans les représentations de sainte Catherine ou de saint Willegis de Mayence que ce symbole renvoyait à son origine modeste d'artisan. — La roue a pu enfin servir d'instrument de torture. Dans la mythologie antique, c'est à une roue enflammée qu'Ixion, roi des Lapithes, est attaché après avoir été accueilli par Zeus dans l'Olympe puis précipité dans les enfers après s'être disputé avec Héra. Durant le Moyen Âge, et en France jusqu'à la Révolution de 1789,

*Frédéric II et la roue de la Fortune :
miniature (XIIIᵉ s., « Carmina Burana »).*

on pratiquait le supplice de la roue qui
consistait à attacher un condamné à
mort sur une roue, à lui briser les quatre
membres puis à attendre ainsi sa mort –
d'où l'expression encore usitée de nos
jours « rouer quelqu'un de coups ». Le
symbolisme sous-jacent semble être ici
celui d'un couple d'opposés* entre
l'homme qui meurt comme « démembré »
et la totalité ainsi que l'éternité représentées par la roue. — L'ethnologie
appelle « roues de médecine » ces
endroits où des pierres sont disposées
en cercle, que l'on rencontre dans la prairie de l'Amérique du Nord, et qui servaient visiblement aux cérémonies des
tribus de la plaine. Ces pierres sont disposées de façon à former une roue dont
la circonférence extérieure est d'environ
30 mètres, et qui renferme un cercle intérieur d'environ 3 mètres de diamètre (le
moyeu). De ce cercle intérieur partent
28 rayons (le nombre de jours du mois
lunaire). De petits tas de pierres à la périphérie de la roue symbolisent les points
célestes où apparaissent les étoiles*
Aldebaran, Rigel et Sirius. L'ethnologue
K.H. Schlesier replace cette représentation dans le contexte des rites
cheyennes, et nomme cette roue une
« roue des esprits » : « Comme ils se trouvent au sommet des montagnes et qu'ils
ne peuvent être vus d'en bas, ils se tournent vers le ciel, vers les esprits du
Monde Supérieur. »

ROUGE   Parmi les couleurs, le rouge
est l'objet, en général, d'une certaine pré-

férence. Sous forme d'oxyde de fer, cette
couleur est connue de l'homme depuis
la nuit des temps : les artistes des
cavernes* de l'ère glaciaire l'employaient
déjà dans leurs peintures. Avant eux,
l'homme de Néanderthal recouvrait
aussi de cette couleur les corps des
morts que l'on enterrait, sans doute dans
l'intention de leur redonner la couleur
« chaude » du sang* et de la vie. La couleur rouge est généralement perçue
comme agressive, douée d'énergie vitale
et extrêmement puissante. Apparentée
au feu*, elle est aussi bien un signe
d'amour que de guerre, et représente
aussi bien la vie que la mort. Elle est par
excellence la couleur de la planète
Mars*, qui gouverne les hommes d'action. Pourtant, à l'instar du noir, où par
exemple Saturne* domine les introver-
tis et les mélancoliques, le rouge peut
aussi être ressenti comme une couleur
repoussante et importune. C'est pourquoi cette couleur possède des significations symboliques très différentes et
parfois même opposées. Le rouge n'était
apprécié que pour une part de l'ancienne
Égypte, car il passait aussi pour la couleur du dieu Seth (voir Isis), et du serpent de mort Apophis ; leurs noms sont
inscrits sur les papyrus à l'encre rouge.
De même, peindre un animal en rouge
était le signe qu'on le détestait, comme
le chien*, car cette couleur était étroitement associée à l'idée de la violence.
L'art mexicain n'employait le rouge que
pour représenter le sang, le soleil* et le
feu. Chez les Mayas, le rouge représentait l'est, mais chez les peuples montagnards de l'ancien Mexique, le sud. En
Chine, le rouge (*hung*) était la couleur
sacrée et vivante de la dynastie des Chou
(1050-256 av. J.-C.). Le rouge est en effet
la couleur du yang* qui culmine en été
et au sud, à l'opposé du yin* noir, hivernal et nordique. De ce fait, il est en Chine
la couleur de la joie et de la vitalité
sexuelle : la jeune mariée s'habille de
rouge le jour de ses noces, on la porte
jusqu'à la maison de son époux dans un
palanquin rouge, on allume des lanternes
rouges pour célébrer la fête, et les portes
peintes de laque rouge, ainsi que de multiples objets décoratifs, signalent la présence de la joie dans la maison. Le
cinabre*, d'autre part, qui est lui aussi
rouge, est le signe de l'immortalité. Tous
ces éléments sont contenus dans le drapeau de la révolution chinoise, auxquels
s'ajoute la valeur proprement révolutionnaire du rouge – ici opposé au blanc

des royalistes en France, ou du parti menchevik pendant la révolution d'octobre 1917 en Russie. On retrouvera alors en Chine les gardes rouges et *Le Petit Livre rouge* du président Mao… Le rouge représentait d'autre part la couleur du royaume du dieu de la Chance. La combinaison du rouge et du vert*, perçue en Europe comme agressive et discordante, exprimait au contraire en Chine une vitalité débordante. Les hommes surmenés par le « devoir conjugal » avaient des « figures rouges », et étaient destinés à une mort prématurée. — De même qu'Adam*, le premier homme, était rouge, le rouge renvoie, dans l'art traditionnel chrétien, à la couleur du sang du Christ et des martyrs, à l'amour fervent (comme l'indique le vêtement de Jean, le disciple préféré de Jésus) et à la flamme du Saint-Esprit à la Pentecôte. Porter du rouge cardinal signifiait autrefois que l'on était prêt à se sacrifier pour l'Église. Mais les femmes pécheresses étaient habillées de rouge, de même que les idoles* des peuples païens étaient peintes de cette couleur ; dans l'*Apocalypse* de saint Jean, « Babylone* la grande prostituée* », mère des courtisanes et de tous les vices terrestres, est habillée de pourpre et d'écarlate et chevauche un monstre à sept* têtes, une « créature écarlate et vicieuse ». Le rouge trop dense, ou teinté de jaune et tirant vers le roux, se charge de valeurs négatives. Madeleine la pécheresse est rousse, de même que les animaux impurs, comme le renard* ou l'écureuil*. C'est pourquoi le rouge fut attribué aussi à l'enfer*. Il prend en revanche une valeur positive dès qu'il exprime l'amour victorieux sur les images du Christ ressuscité. Les prêtres portent une chasuble rouge les jours des fêtes des martyrs et du Saint-Esprit, ainsi que pour les cérémonies de la Passion. — Le rouge passe dans la symbolique populaire pour la couleur de l'amour (associé par exemple à des fleurs* comme la rose*), et aussi pour celle de la vie. Les lanternes rouges allumées la nuit ont pendant longtemps indiqué les lieux de prostitution, peut-être à cause de l'ancienne coutume romaine qui voulait que les prostituées portent des perruques rousses. Le rouge a aussi valeur d'interdit. Avoir ses comptes dans le rouge est mauvais signe, tandis que sur les panneaux de signalisation routière, il indique un danger ou l'ordre de stopper. Dans la tauromachie, sa fonction est

d'attirer et d'exciter l'agressivité de l'animal voué à la mort, bien qu'on ne soit pas sûr que le taureau* soit véritablement à même de percevoir les couleurs (en fait, il semblerait que le taureau soit autant irrité par le mouvement de la muleta que par sa couleur). — Dans l'alchimie*, le rouge forme un système duel avec le blanc, et symbolise le principe fondamental Sulphur*. L'œuvre au rouge, la *rubedo*, y est le stade ultime de la transmutation de la matière originelle. Après son état initial de noirceur (*nigredo*) la matière passe en effet par le blanc (*albedo*), état de l'argent*, de la lune* puis de l'aube, avant le lever du soleil où vient la *rubedo*, qui correspond à l'élévation du feu jusqu'à sa plus haute intensité. Comme le rappelle Jung, « le rouge et le blanc sont alors roi* et reine* et peuvent célébrer leurs noces chimiques » (*Psychologie et alchimie*). L'œuvre au rouge qui donne le soufre pur à la pénétrante odeur permet de réaliser enfin l'union du soufre et du mercure dans le creuset d'où doit naître l'or* pur – ce que Nicolas Flamel réalisa, dit-on, le 25 avril 1382 à la tour Saint-Jacques. De même que chez les Chinois où le cinabre est en réalité du sulfure rouge de mercure, le soufre rouge, symbole de l'homme universel, est fondamental en alchimie arabe. Au XIVe siècle, Jaldaki a conservé un texte d'Apollonios de Tyane, néo-pythagoricien du Ier siècle. Dans le *Livre des sept statues* apparaît en effet le *Grand livre du soleil* : « À l'Orient* du Temple du Soleil, situé dans un pays paradisiaque, se trouve une haute montagne rouge… Dans ses cavernes prend naissance le soufre rouge de substance absolument pure, tandis qu'à l'Occident du Temple se trouve une précieuse mine de mercure, tout aussi pur. Le soufre et le mercure, les métaux du Grand Œuvre, sont ainsi réunis. Apparaît alors « une statue d'or rouge », qui parle et célèbre l'union de deux métaux : « Lorsque je m'unis à mon épouse blanche et belle…, il n'y a rien au monde qui soit plus parfait que nous en puissance et en magnificence… » Cette symbolique est associée par ailleurs à celle du sang rouge de la menstruation et à celle du sperme blanc, la réunion de ces deux couleurs symbolisant la création. La *Bhagavad-Gita*, pour sa part, attribue aussi la couleur rouge aux *rajas*, les germes de la force et de l'action, qui représentent l'un des trois modes essentiels de l'énergie avec le *sattva* (la lumière blanche) et les *tamas* (la force d'inertie qui est noire). Noir-blanc-rouge : c'est toujours la même trilogie de couleurs que l'on rencontre de la sorte. Sauf dans la franc-maçonnerie où le rouge représente la couleur des grades supérieurs du « rite écossais », en opposition au bleu* de la maçonnerie de Saint-Jean, dont les trois degrés sont : apprenti, compagnon et maître. — Selon le psychanalyste Aeppli, le rouge a pour rôle, par exemple dans le rêve, d'exprimer la fonction du sentiment : « Là où le rouge flamboie, c'est que l'âme est prête à s'enflammer pour l'action, pour la conquête et la souffrance ; le rouge indique le don de soi mais aussi la détresse. »

RUBIS   Le rubis est l'une des pierres précieuses* parmi les plus appréciées. Dans l'Antiquité, on l'associait à la planète Mars* en raison de sa couleur rouge*. Il est l'« escarboucle » des contes* et légendes. Comme, selon la croyance populaire, il brille dans l'obscurité de la même façon que le charbon ardent, on lui donna aussi le nom de *carbunculus* (abréviation de *carbo*, le charbon). Albert Le Grand (1193-1280) lui attribuait « les forces conjuguées de toutes les autres pierres », et pensait qu'il

L'impératrice byzantine Irène avec une couronne de turquoises, d'émeraudes et un gros rubis.

possédait la propriété de chasser le poison de l'air qu'on respirait. Sainte Hildegarde de Bingen (1098-1179) écrivait déjà avant Albert : « Les démons aériens ne peuvent résider au même endroit qu'un rubis pour y mener leur œuvre diabolique... Ainsi, cette pierre possède la faculté de chasser toutes les maladies du corps de l'homme. » Le rubis fut souvent considéré comme un moyen d'éloigner la mélancolie, la morosité et les mauvais rêves par le pouvoir de son rouge profond. Les « livres des pierres » antiques lui attribuaient la faculté de protéger les marins des naufrages. Il symbolise la grâce impériale, l'amour passionné et le principe de vitalité. L'*Apocalypse* de saint Jean compare la splendeur divine à « un diamant* et un rubis ». Léonard Thurneysser écrivait en 1583 : « Le rubis rend heureux et affermit le cœur. »

RUNES   Les runes sont des caractères à signification symbolique qui ressemblent à des lettres. Issues, d'après certaines théories, du modèle méditerranéen, les runes se développèrent surtout parmi les peuples germaniques. Leur originalité consiste en ce qu'elles ne se suivent pas selon un ordre alphabétique, et qu'elles possèdent une signification magique qui permettait de communiquer avec les divinités du monde nordique. Si on va encore plus loin, il semble que la vraie traduction que l'on devrait donner de ce mot soit « les secrets sacrés » – renvoyant de la sorte aux principes même d'organisation du cosmos*, et au pouvoir aussi bien qu'à la Connaissance suprême qu'on en retirait. Ce pouvoir des runes était considéré comme si essentiel, que leur conquête par Odin (l'équivalent du Wotan germanique) permit au souverain des dieux de devenir le Maître-Enchanteur et de gouverner l'univers par la magie qu'il avait ainsi acquise. Cette conquête des runes n'allait pourtant pas de soi, et afin de la mener à bien, Odin dut se pendre à l'Arbre* du Monde (voir aussi Pieu et Axe du monde), au milieu du grand abîme* cosmique, et se sacrifier à lui-même dans un long martyre de neuf jours. On retrouve ici le thème à la fois du sacrifice* qui permet d'ordonner le monde, ou d'acquérir le pouvoir sur les forces qui le régissent (voir Géant), et de la pendaison dans l'arbre qui représente une véritable initiation et permet l'accès à la connaissance des secrets qui gouvernent l'Exis-

Planche d'un traité sur les inscriptions runiques (1639).

Lances avec runes de Muncheberg (Brandebourg) et de Kowell (Russie).

tence universelle. Il y a là aussi à l'évidence le souvenir des anciennes techniques d'initiation* des chamans parmi les populations qui habitaient la Scandinavie avant l'invasion des Indo-Européens, et que les Germains du nord ont largement reprises en les intégrant à leur propre religion. Le très vieux poème du *Havamal* (« Les Paroles du Très-Haut ») décrit ainsi les épreuves d'Odin : « Je sais que je pendis / à l'arbre empli de vent / neuf pleines nuits, / par la lance navré / et livré à Odin, / moi-même à moi-même remis, / à ce haut tronc / dont tous ignorent / de quelle souche il surgit. / … Je ramassai les runes, / ramassai en hurlant ; / aussitôt après je tombai. / … je bus un trait / du très riche hydromel / puisé dans la Source d'Ivresse. / Je me mis alors à germer, / à mûrir ma Sagesse, / à pousser et à prospérer ; / le mot du mot / au mot me conduisait, / l'acte de l'acte / à l'acte me menait. » — Dès le haut Moyen Âge, la Scandinavie se mit à employer les runes comme un système d'écriture, alors que leur emploi dans les techniques oraculaires remonte probablement au moins à l'époque de la naissance du Christ. Avec l'expansion chrétienne, les runes furent pourchassées avant d'être finalement interdites. Après la seconde guerre mondiale, les néo-fascistes employèrent de nouveau certaines runes, sous la forme de graffiti, qu'ils considéraient comme des symboles politiques* (ainsi que le nazisme avait fait du svastika*), mais en totale contradiction avec leur sens originel.

Inscriptions runiques sur une figure de bronze de Köng (Danemark) et sur des pierres de l'île de Gotland (Suède).

S

SABLIER La signification première du sablier n'est pas tant celle de la mort comme elle l'est devenue, que celle de l'instabilité et du passage inexorable du temps, ce que l'on a ensuite assimilé tout naturellement à un *memento mori* (« Souviens-toi que tu dois mourir »). Le sablier fait donc partie des attributs principaux du dieu du Temps, Chronos* ou Aïon. Comme cet appareil doit être régulièrement retourné pour pouvoir fonctionner, on l'associe également à l'image d'un monde soumis aux lois d'un temps cyclique, c'est-à-dire à « l'éternel retour » des mêmes situations cosmiques. Le symbole du sablier a presque toujours été interprété comme une invite à la mesure, car le temps imparti à l'homme ne doit pas être gaspillé, ni éventuellement abrégé par suite de ses excès. Les saints ascètes Ambroise et Madeleine sont représentés avec des sabliers. Celui-ci fait partie des objets symboliques du « Cabinet de réflexion » du rituel maçonnique, que le futur apprenti doit regar-

La Négligence et le sablier : gravure du XVIIᵉ s.

der en méditant (voir Obscurité). En Orient, la principale image de sablier est celle du dieu Shiva* qui le tient comme un tambour. Les deux réservoirs en sont figurés par des triangles* opposés, c'est-à-dire par la figuration géométrique du double principe du lingam* et du yoni* – ou autrement dit de Shiva lui-même androgyne*, réuni à sa shakti, sa partie féminine, dans une conjonction* où se rejoignent et se fécondent sa conscience et son énergie. C'est pourquoi le point de contact des deux triangles par leur sommet, le *bindu*, est considéré comme le point d'origine de la création et de la manifestation, et que le sablier, en s'écoulant, chante le son primordial.

La Mort et le lansquenet : gravure (1510, A. Dürer).

SACRIFICE Le mot sacrifice vient du latin *sacrum facere* : faire ou rendre sacré. C'est donc l'acte par excellence qui permet de se relier au numineux ou au divin et, éventuellement, d'entrer directement dans sa sphère. Tout sacrifice étant à l'origine l'offrande d'un végétal ou d'un animal que l'on tuait, ou même d'un humain, pour s'attirer les bonnes grâces des puissances, le sacrifice s'est peu à peu agrégé à l'idée de mort, et par euphémisme, à celle de perte, et particulièrement de la perte intérieure par laquelle on devenait digne du commerce céleste : ainsi en arrive-t-on au sacrifice de soi et à l'idée d'individuation et de réalisation spirituelle. — Si le sacrifice végétal semble avoir surtout été celui du blé* (voir aussi Faucille), que l'on retrouve sous sa forme la plus épurée dans les mystères d'Éleusis (voir Déméter), le sacrifice animal a connu quant à lui de multiples formes, des sacrifices pratiqués par les Grecs à la notion d'holocauste chez les Hébreux, des sacrifices de purification à ceux d'expiation pour une faute commise ou de propitiation pour se rendre favorable la divinité. Les coutumes qui les accompagnaient étaient tout aussi nombreuses : la viande restait crue ou au contraire était brûlée (la fumée était alors censée porter le parfum* du sacrifice aux dieux) ; on pouvait en brûler une partie et laisser l'autre crue, on pouvait séparer la viande de la graisse, etc. – autant de pratiques relatives à des cultures différentes ou aux diverses façons de s'adresser au Ciel. Il faut d'ailleurs noter que dans le récit de la *Genèse*, Abel et Caïn font tous deux des sacrifices au Seigneur afin de lui être agréables, et chacun selon son état, puisque Caïn* est berger* alors qu'Abel est laboureur : « Au bout d'un certain temps, Caïn présenta des fruits de la terre en offrande au Seigneur. Abel, de son côté, offrit des premiers-nés de son troupeau et de leur graisse. Le Seigneur eut égard à Abel et à son offrande, mais ne regarda pas Caïn et la sienne » (IV, 3-5). On a voulu parfois lire dans cette discrimination le reflet d'un conflit entre civilisation pastorale et migrante, et civilisation agraire et sédentaire, qui annonçait la lutte entre les Hébreux voyageurs de l'Exode et les habitants de Canaan. Peut-être faut-il y voir aussi, plus fondamentalement, l'opposition résolue et définitive du judaïsme à toute forme de religion maternelle (voir aussi Prostituée, Mère et Vierge), contre laquelle il a sans cesse lutté dans ses incessants retours païens, et à laquelle renvoient la pratique du labourage et le sacrifice de végétaux. Cette interprétation se renforce d'autant si l'on songe que Caïn est l'ancêtre direct de Tubalcaïn, le premier forgeron*, c'est-à-dire celui qui sait accoucher la Terre* de sa richesse et en fabriquer le fer et l'airain*. Quoi qu'il en soit, il faut relever que Yahvé marque ainsi sa préférence pour le sacrifice du sang*, que l'on retrouvera chez Noé à la fin du Déluge* (« Noé éleva un autel au Seigneur : il prit de tous les animaux purs et de tous les oiseaux purs et offrit des holocaustes sur l'autel. Le Seigneur huma l'agréable odeur et dit en son cœur : « Désormais je ne maudirai plus la terre à cause de l'homme et je ne frapperai plus tous les êtres vivants comme je l'ai fait » *Genèse* VIII, 20-21), comme dans le sacrifice demandé à Abraham de son fils Isaac sur le mont Moriah, puis enfin, dans le sacrifice du Christ sur la croix*. Pourtant, dans un processus de dévoilement spirituel, alors qu'il avait déjà étendu Isaac sur l'autel et qu'il levait le couteau sur lui, la main d'Abraham sera retenue au dernier moment par l'intervention de l'ange* du Seigneur : « Ne porte pas la main sur l'enfant et ne lui fais rien. Je sais à présent que tu crains Dieu, puisque tu ne m'as pas refusé ton fils unique. » Alors, Abraham, levant les yeux, aperçut derrière lui un bélier* qui s'était pris les cornes dans un buisson. Il alla le prendre et l'offrit en holocauste à la place de son fils » (*Genèse* XXII, 12-13). Le passage du sacrifice animal au sacrifice humain marque de fait l'accession à l'idée de l'auto-sacrifice (Isaac est le fils unique d'Abraham qui renonce ainsi à une part de lui-même), en même temps que, du moment qu'il s'applique à une personne qui marque ainsi son accord à la volonté divine, le sacrifice est suspendu : le suprême sacrifice ne pourra plus être désormais que celui du Messie, de Jésus Fils de Dieu – c'est-à-dire, dans la conception de la Trinité* chrétienne, le sacrifice de Dieu lui-même (les trois « personnes » du Père, du Fils et de l'Esprit-Saint sont, bien que distinctes, une seule et unique Personne) : et, de même que Dieu dans la cabbale s'est en quelque sorte « sacrifié » dans le processus de la création en se retirant dans son abîme* afin de laisser de la place pour que puisse exister l'univers (*tsimtsoum* divin), le sacrifice chrétien implique l'absolu de l'auto-sacrifice pour la rédemption de l'humanité. — L'idée d'un sacrifice divin pour parfaire, ou tout simplement pour rendre possible la création du monde, n'est d'ailleurs pas l'apanage de la pensée monothéiste, puisque l'on retrouve le même thème aussi bien dans l'Inde classique que dans le Mexique précolombien où Nanahuatzin, « le boutonneux », et Tecuciztecatl se sacrifient en se jetant dans le feu, tous les autres dieux ayant refusé d'en accomplir le geste : « Nanahuatzin fit appel à tout son courage, il fit violence à son cœur, il le fit taire, il ferma bien fort les yeux : il ne se laissa pas effrayer, il ne tituba pas, il ne s'arrêta pas en chemin, il ne recula pas. Tout de suite, bien vite, il se jeta, il se précipita dans le feu, il y alla d'un seul coup : alors son corps se mit à brûler, à craquer, à grésiller. Et quand Tecuciztecatl vit qu'il brûlait, il finit par s'y précipiter ; alors lui aussi se mit à brûler. » (B. de Sahagun, *Histoire générale des choses de la Nouvelle-Espagne*). C'est ainsi que sont créés le soleil* et la lune*, qui demeurent cependant immobiles dans le ciel. Afin de les animer et de faire vivre le monde, ce sont tous les dieux à présent qui doivent se sacrifier, à l'exception d'Ecatl, le dieu du Vent* (voir Souffle) : « C'est pourquoi les dieux dirent de nouveau : " Comment allons-nous vivre ? Le soleil ne bouge pas ! Faudra-t-il que nous passions notre temps mêlés au peuple ? Il faut plutôt qu'il soit vivifié par nous, il faut que nous mourions tous. " Alors, ce fut la tâche d'Ecatl que de tuer les dieux. » (Sahagun, *idem*), puis de souffler sur les astres pour leur donner leur mouvement. — Le sacrifice humain se retrouve tout aussi couramment dans une multitude de civilisations différentes (voir Moloch) : Agamemnon doit sacrifier sa fille Iphigénie avant de partir à la conquête de Troie (mais Artémis* qui a réclamé cette mort en réparation d'un outrage que lui avait infligé le roi de Mycènes, substitue au dernier moment une biche à la jeune fille et fait de cette dernière sa prêtresse) ; on ne bâtit souvent une ville que sur le corps et le sang d'une jeune vierge (c'est de ne pas avoir respecté ce rite réclamé par le grand dieu Perkunas que l'on dit par exemple que la ville et la forteresse de Vilna, en Lithuanie, ne purent résister aux assauts de l'ennemi), et les Aztèques sacrifiaient leurs prisonniers par milliers afin d'en offrir le sang au dieu Soleil, sang grâce auquel le dieu régénérait sa force, et sans la vertu duquel il n'aurait pu se lever à l'orient comme il le fait tous les jours (voir Guerre). Il faut noter à ce sujet que, contrairement à ce qu'ont voulu faire croire certains celtomanes, les sacrifices humains étaient courants chez les plus vieux peuples celtiques (chaudron* de Gundestrup), où l'on procédait d'ailleurs à des décapitations rituelles liées à la coutume d'exposer la tête de ses ennemis sur des pieux (voir Pieu/pilier). Cette coutume était d'ailleurs tellement prégnante que, en plein Moyen Âge, dans le *Roman de Tristan* et *Iseut*, on voit encore Tristan apporter à Iseut, en guise de cadeau, les tresses de la tête qu'il vient de couper à l'un des chevaliers félons – coutume partagée d'ailleurs, dans le même contexte guerrier, par les Dayaks de Bornéo, les Munducurus du Brésil, par les réducteurs de têtes Jivaros ou, dans une forme euphémisée, par les Indiens d'Amérique du Nord qui conservaient précieusement le scalp de leurs victimes. — Processus et rituel de médiation, le thème du sacrifice a été repris en psychanalyse par Jung dès 1912, dans son livre *Métamorphoses et symboles de la libido*, qu'il reprend et remanie en 1952 sous le nouveau titre de *Métamorphoses de l'âme et ses symboles*. S'appuyant en particulier sur le taurobole ou sacrifice du taureau* dans le culte de Mithra*, il y voit un symbole de « la victoire de la nature spirituelle de l'homme sur son animalité ». Le sacrifice impose donc une transformation psychique et représente le passage obligé, par renonciation à soi-même, pour quiconque veut atteindre à ses fonctions supérieures et s'inscrire dans le cadre d'une culture. En fait, Jung fait du sacrifice l'équivalent de la castration dans la psychanalyse freudienne et dans son interprétation du mythe d'Œdipe*. Il en étendra ensuite très largement la notion, le sacrifice se retrouvant par exemple dans le *nigredo*, dans la phase alchimique* de l'œuvre au noir, et occupant une place centrale dans sa méditation sur le sacrifice du Christ (voir ses livres *Aïon* et *Réponse à Job*). La notion de sacrifice devient alors quasi universelle, et marque jusqu'au processus d'individuation par lequel se construit l'intégrité et l'entièreté de la personne : l'ego ou le complexe du Moi doivent s'incliner devant l'apparition du Soi, et il n'est aucune évolution possible sans l'acceptation, dans la seconde partie de la vie, que l'homme n'existe que pour aller vers sa mort. Le sacrifice, ici, est un auto-sacrifice, et sans lui il n'est pas de réalité spirituelle.

SALAMANDRE La salamandre, selon la symbolique et la croyance populaire, n'est pas l'animal amphibie que décrit la zoologie, mais un être élémentaire qui habite le feu* où il puise vie et protection. Paracelse (1493-1541) pensait que, par nature, cette créature issue des flammes ne pouvait pas entretenir de relations avec les humains, au contraire des êtres aquatiques (voir Ondines) qui

La salamandre, comme la pierre philosophale, vit dans le feu : gravure de 1687.

Le feu ravive la couleur de la salamandre et lui donne plus de force.

leur sont très dévoués. Les salamandres ne sont pas des démons pour la conscience populaire, mais elles représentent au contraire des gardiens du feu qui ont été mandés par Dieu. Dans la série de bas-reliefs du porche central de Notre-Dame de Paris consacrés au Grand Œuvre alchimique*, une femme aux longs cheveux* mouvants comme des flammes* personnifie l'étape de la calcination, pressant sur sa poitrine le disque de la salamandre. « Ce lézard* fabuleux, écrit Fulcanelli, ne désigne pas autre chose que le sel central, incombustible et fixe, qui garde sa nature jusque dans les cendres des métaux calcinés et que les anciens ont nommé « semence métallique ». Telle est l'expression spagyrique de la calcination » (*Le Mystère des cathédrales*). Esprit mercuriel, la salamandre apparaît aussi dans certaines visions d'alchimistes comme le dragon* ailé qui danse dans la cornue, combinant le principe chtonien du serpent* et celui, aérien, de l'oiseau* : c'est de fait une variante de Mercure* lui-même, le vif-argent qui est, pour les alchimistes, l'esprit créateur du monde emprisonné dans la matière. — Les livres de la Renaissance donnaient aux salamandres le nom de *vulcanales* (« Vénus* de Vulcain », l'ancien dieu-forgeron de Rome qui vivait au milieu des flammes de sa forge). Le roi François Ier la prit pour emblème avec la devise *Nutrico et extinguo* : « J'entretiens et j'éteins. » Le *Physiologus* de la chrétienté primitive prétendait pour sa part que, si la salamandre ne vit pas par hasard dans le feu, elle peut alors le faire mourir par

disposition naturelle. Les chrétiens voyaient, dans cet animal mythique, une preuve que l'histoire, rapportée dans le *Livre de Daniel* de l'*Ancien Testament*, et intitulée « les trois jeunes gens dans le fournaise » (car la protection accordée par Dieu ne peut être moins efficace que la disposition naturelle d'un animal), était vraie; comme le dit Isaïe : « Si tu marches au milieu du feu, tu ne seras pas brûlé et la flamme ne te calcinera plus en plein milieu » (*Livre d'Isaïe* XLIII, 2). Le *Physiologus* rapporte aussi une autre tradition, sans intention didactique

Salamandre : « Elle vit du feu et elle l'éteint », gravure de 1702.

apparente, selon laquelle la salamandre serait un oiseau froid, « plus froid que tous les autres oiseaux », et qui habite l'Etna sans s'y brûler (il s'agit peut-être ici d'une référence mal comprise à la légende du Phénix*). — Aujourd'hui, lors des sondages que l'on fait pour rechercher du gaz naturel, on appelle « salamandres » les spécialistes qui éteignent par des explosions les percées éruptives de ce gaz. Ce qui est assurément plus bénéfique que le rôle tout à fait néfaste que lui attribuent maintes superstitions relevées par Paul Sébillot dans les campagnes françaises, croyances toujours vivaces au siècle dernier. Appelée aussi mouron ou sourde-chaude ou tout simplement sourde puisqu'elle passait pour ne pas avoir d'ouïe, la salamandre était censée pouvoir tuer par son seul regard ou estropier à distance. Si elle frappait sur le cœur d'un homme endormi, celui-ci ne se réveillait pas. L'eau des sources auxquelles elle buvait était empoisonnée pour longtemps (Haute-Normandie, Berry, Jura, Auvergne ou Provence...). En Bretagne, on ne la nommait jamais par son nom pour éviter qu'elle ne croie qu'on l'appelle et qu'elle n'accoure répandre le mal.

SALIVE Si l'on cherche à ne pas « perdre sa salive en vain », c'est que ce liquide physiologique incolore, outre ses fonctions gustative et digestive et son rôle dans l'élocution, est chargé d'une forte valeur symbolique. Comme toutes les autres sécrétions corporelles, qu'elles soient divines ou humaines, la salive est double « la meilleure ou la pire des choses », comme la parole qu'elle porte ou la langue qu'elle humecte. Elle peut être en effet fécondante, curatrice, voire même thaumaturgique, mais transformée en « bave », elle devient alors destructrice et distille la haine ou la malédiction (« J'irai cracher sur vos tombes ») jusqu'à la mort : les poisons à base de bave de crapaud, imagerie classique de la sorcellerie, furent tristement célèbres.
— En tant que substitut ou métaphore du liquide séminal, la salive peut donner naissance à des hommes, à des dieux, en particulier quand un animal veut féconder un humain. Ainsi dans l'une des unions du lynx*, l'éternel rival amérindien du coyote (voir Loup), qui est évoquée par Lévi-Strauss dans les mythes des Indiens Thompsons d'Amérique du Sud, le lynx lance un crachat sur une belle jeune fille endormie qui donnera

naissance quelques mois plus tard à un superbe garçon. Par symétrie sexuelle, c'est dans la mythologie germanique, la vache* Audhumbla, principe féminin de la création comme le géant* Ymir est le premier être primordial, qui a pour tâche cosmologique de donner naissance au premier dieu en léchant des pierres. Cette fonction génésique de la salive réapparaît chez les Germains dans le grand banquet qui scelle la fin de la guerre entre les Ases et les Vanes : tous les dieux présents crachent dans un vase et donnent ainsi naissance à un homme nommé Kvasir, à la grande réputation de sagesse, qui sera ensuite tué par deux nains*, mais dont le sang* jalousement gardé donnera, mêlé au miel*, l'hydromel* sacré, boisson de l'inspiration poétique, que s'appropriera le dieu Odin. Le pouvoir fécondant de la salive se manifeste aussi dans plusieurs mythologies africaines, chaque fois qu'il y a intervention de la parole dans la création (chez les Dogons, les Bambaras, etc.).
— Cette création, cependant, peut être malfaisante : lors de son douzième et dernier travail, lorsque Héraclès* réussit à repasser le Styx, le terrible gardien des enfers, le chien* Cerbère aboie furieusement de ses trois gueules et sa salive coule sur les champs verdoyants, donnant naissance à une plante vénéneuse appelée Aconit ou Hécateis (« fleur d'Hécate », voir Lune). Toute l'ambiguïté de la salive se montre ainsi, puisque tout dépend de celui qui l'émet et des intentions qu'il nourrit. La salive a par ailleurs une valeur thaumaturgique certaine quand Jésus veut guérir un aveugle : « Il fit de la boue avec sa salive et lui mit cette boue sur les yeux », et l'aveugle fut guéri (*Évangile selon saint Jean* IX, 6-7)
— D'où la valeur magique qu'on lui attribue souvent : une croyance populaire a longtemps affirmé qu'il suffisait de cracher sur un animal nuisible pour éviter d'être mordu, piqué ou blessé (« Salive d'homme, / tous serpents domptés », dit un proverbe du XVIe siècle), de même que la salive a presque toujours accompagné certains gestes de conjuration contre le mauvais œil*, ou même contre les arcs-en-ciel* qu'on coupait ainsi symboliquement en deux, quand on les considérait comme de mauvais présage.
— La salive animale peut enfin, dans certains cas, être bénéfique : Cassandre* et son frère jumeau Hélénos doivent leur don de prophétie au fait d'avoir eu les oreilles léchées par les serpents* sacrés

du temple d'Apollon*. D'autres légendes évoquent le même phénomène pour comprendre le langage des oiseaux*. Le serpent, ici, comme animal chtonien, est à l'évidence celui qui ouvre les portes du mystère. En revanche, la bave du crapaud (on ne parle jamais de sa salive) n'est jamais dotée que d'un sens parfaitement univoque : son premier maléfice est d'aveugler les humains ! Cracher au visage de quelqu'un pour exprimer son mépris ou pour le maudire, représente par ailleurs une coutume universelle qui, parce qu'elles lui sont liées, aggrave toujours les paroles d'imprécation : « On m'a tourné en proverbe… je suis celui à qui l'on crache au visage », se lamente ainsi Job (*Livre de Job* XVII, 6). Ce geste est plus terrible encore, quand il s'agit d'un dieu : parce qu'elle refuse de s'unir à lui, Apollon crache dans la bouche de Cassandre pour empêcher qu'elle soit jamais crue, annulant ainsi le don de ses serpents, et il la réduit ce faisant à son rôle légendaire de « prophétesse de malheurs ».

SALOMON   (en hébreu *Shelomo*) Salomon, le roi* sage des Israélites (961-931 av. J.-C.), est particulièrement connu pour son « jugement », qui permit, grâce une ruse, de rendre un enfant à sa véritable mère. Comme deux prostituées en effet se disputaient pour savoir à laquelle d'entre elles apartenait cet enfant, Salomon décida de sacrifier ce dernier en le coupant en deux de son épée, afin d'en donner la moitié à chacune. Le roi reconnut aussitôt la vraie mère à ce qu'elle s'écria sur-le-champ : « S'il te plaît, mon Seigneur, qu'on donne l'enfant à l'autre, mais qu'on ne le tue pas ! » Salomon était

le fils du roi David* et de Bethsabée. Il pacifia les relations jusqu'alors tumultueuses entre l'Égypte* et la Phénicie, développa les échanges commerciaux, renouvela l'organisation de l'armée, simplifia l'administration et rétablit le bien-être et l'opulence de son royaume. La construction qu'il ordonna du Temple*, à Jérusalem*, devait marquer après lui toute l'histoire d'Israël. Le Temple de Salomon a occupé ainsi, dans toute la pensée juive, dès l'époque de sa fondation jusqu'à nos jours, une place essentielle. Il est encore, dans l'Europe chrétienne, et particulièrement à l'époque de la conquête de la Palestine par les croisés, un enjeu symbolique de premier ordre (voir Chevalier), en même temps qu'il constitue une référence permanente pour les constructeurs des églises et cathédrales d'Occident. Par le biais des maîtres d'œuvre, il devint l'un des symboles centraux qui présidèrent à la naissance des différents ordres de la franc-maçonnerie* (le maître d'œuvre de ce temple, Hiram Abif, qui fut assassiné par trois de ses compagnons, passe pour le premier martyr de la caste des maîtres – voir Acacia). « Lors de la construction du temple de Salomon, Dieu se décida pour une résidence permanente à Jérusalem. Le lieu saint, qui jusque-là se situait vers ou dans Jérusalem, connut enfin la paix; avec lui, le peuple élu doit aussi trouver la paix dans la terre promise. La grandeur de Dieu a pénétré dans le Temple, et sa présence le remplit. Yavhé y fait résider son nom » (A. Stöger chez J.B. Bauer, 1967). Salomon passe traditionnellement dans la *Bible* pour l'auteur des *Proverbes*, d'une

*Le jugement
de Salomon :
dessin allemand
du XVe s.*

partie du *Livre de la Sagesse* et surtout pour celui du *Cantique des Cantiques*, recueil de chants de mariage* pleins d'ardeur érotique. Ce texte est aujourd'hui considéré comme dérivant en grande partie de vieux hymnes sumériens, puis mésopotamiens, qui devaient être chantés lors des cérémonies de hiérogamie où le roi accédait à son statut divin (voir aussi Prostituée). D'autres exégètes ont voulu y voir, à l'origine, un chant d'amour profane qui exaltait les relations de l'époux et de l'épouse, et qui aurait donné naissance à l'allégorie de l'amour de Dieu envers son peuple. L'interprétation chrétienne traditionnelle de ce texte est d'y voir, d'une part, un modèle du lien d'amour qui unit le Christ à son Église, et d'autre part, la réunion mystique de l'âme avec le principe divin fondamental. L'hexagramme* (l'étoile à six branches) est considéré soit comme le bouclier de David (*Scutum Davidis*), soit comme le sceau* de Salomon (*Sigillum Salomonis*).

Miséricordieux, le Samaritain secourt le Juif : feuille d'un calendrier populaire autrichien de 1911.

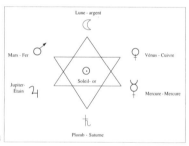

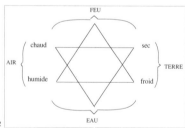

1. et 2. Sceau de Salomon.

SAMARITAIN   Le bon Samaritain symbolise, dans l'*Évangile selon saint Luc* (X, 29-37), celui qui porte secours d'une façon désintéressée à ses frères dans le besoin ou la détresse : « Un homme descendait de Jérusalem à Jéricho, il tomba

sur des bandits » qui le laissèrent à moitié mort. Un prêtre et un Lévite passèrent qui ne s'occupèrent pas de lui, et ce fut un Samaritain qui banda ses plaies en y versant de l'huile et du vin*, avant de le conduire à une auberge. La ville de Samarie, en hébreu *Schomron*, ou plus précisément le mont Garizim, était la résidence d'une communauté religieuse que les prêtres juifs orthodoxes de Jérusalem considéraient comme hérétique, et qui existe encore de nos jours à Naplouse. Le mont Garizim avait été élu par les adeptes de la tradition samaritaine, de préférence à la montagne* de Sion, comme « la colline de l'éternité », comme une « montagne bénie » au sommet de laquelle le paradis* se situait, la seule à n'avoir pas été submergée par le Déluge*. « L'eau des Samaritains, disaient les rabbins, est aussi impure que le sang du cochon lui-même... À mi-chemin entre Jéricho et Jérusalem, dans un repli de ravin, un ancien khan, aujour-

Le bon Samaritain : gravure de 1830.

d'hui complètement en ruine, porte toujours le nom de « gîte du bon Samaritain », et on connaît encore aujourd'hui en Syrie le moyen de panser les blessures avec de l'huile et du vin » (H. Daniel-Rops, *Jésus en son temps*, 1945). La parabole évangélique signifie que c'est souvent ceux que l'on méprise qui se montrent les plus dignes et les plus compatissants, et s'inscrit dans la même ligne de pensée que le « Sermon sur les béatitudes » (Sermon sur la montagne), où il est affirmé que, dans le royaume des cieux, les derniers seront les premiers.

SAMSARA Dans l'hindouisme et le bouddhisme, le samsara est la ronde des existences, le cycle des morts et des renaissances dans lequel les êtres sont enfermés par la loi de causalité du karma (action-réaction), ce qui implique que toute action doit être rétribuée selon la loi des incarnations successives (voir Métempsychose). Le samsara fournit ainsi une base pour l'extension de la douleur et, de par sa nature même, il attire des douleurs sans cesse nouvelles pour l'avenir. Toute la pratique religieuse vise dès lors à se libérer du samsara en pratiquant le dharma (la loi) afin de parvenir au nirvana* (l'Absolu sans conditions). — Sur le plan spatial, le samsara comprend trois mondes : le monde des sens où les êtres jouissent des plaisirs sensoriels extérieurs ; le monde de la forme où l'on peut jouir du plaisir paisible de la contemplation intérieure ; enfin le monde du « sans-forme », où les objets des cinq sens n'existent plus, non plus que les cinq organes sensoriels par lesquels nous en jouissons : l'esprit y demeure dans un parfait état d'équanimité. C'est le passage progressif par chacun de ces mondes qui permet de sortir peu à peu du samsara. — Il faut souligner que cette libération compte plus que la moralité elle-même, les bonnes actions enchaînant tout autant que les mauvaises à la ronde du samsara. « Renonce à faire le bien et le mal », dit un grand sage dans le *Mahâbhârata*, cependant que Krishna explique à Arjuna, dans la *Bhagavad-Gita*, que le plus grand criminel lui agrée pourvu qu'il ait respecté les rites, qu'il se soit confié à lui et atteigne ainsi à la délivrance. Ce que nous appelons le bien et le mal ne sont que d'illusoires apparences, un jeu de la maya au-delà duquel se tient l'ineffable paix du Principe.

SANG Le sang joue certes un rôle moins important en symbolique qu'il ne le fait dans les rituels, mais il y apparaît quand même très souvent comme l'image fondamentale de la vie. Des étoffes de couleur* proche (par exemple l'ocre) sont ainsi utilisées pour indiquer la poursuite sans fin de l'existence. Les runes* étaient de même souvent dessinées en rouge*, comme si elles étaient remplies de sang, afin de leur conférer un pouvoir magique (le minium se disait *teafor* en anglo-saxon ancien, d'où le mot allemand *Zauber*, c'est-à-dire magie ou sortilège). Le sang est souvent considéré comme l'élément vital divin qui anime le corps humain. C'est pourquoi il était tabou dans de nombreuses cultures et ne devait être versé qu'après des préparatifs soigneusement déterminés, par exemple lors de sacrifices* cultuels. « La vie de la chair est dans le sang. Ce sang, je vous l'ai donné, moi, pour faire sur l'autel le rite d'expiation pour vos vies; car c'est le sang qui expie pour vos vies. Voilà pourquoi j'ai dit aux enfants d'Israël : « Nul d'entre vous ne mangera de sang » (*Lévitique* XVII, 11-12). Presque toutes les cultures attribuent au sang des pouvoirs magiques; il est considéré comme l'unique nourriture d'êtres surnaturels et, par dérivation, il peut se trouver asso-

Sang humain dans le sacrifice au Soleil chez les Aztèques : gravure du XVIᵉ s.

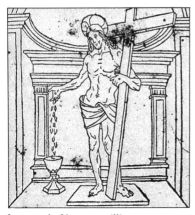

*Le sang de Jésus recueilli
dans un calice : gravure (~1492).*

*Les anges recueillent dans des calices le
sang de Jésus : gravure (1516, A. Dürer).*

cié à l'idée d'une « demi-survie » après la mort, représentant alors l'aliment nécessaire aux êtres démoniaques qui « existent » de cette façon (voir Dracula). On peut retrouver toutes ces valeurs dans les locutions de la langue courante comme « avoir quelque chose dans le sang », « avoir le sang chaud », « être assoiffé de sang », etc. Dans la théorie médicale antique des humeurs et des tempéraments, le sang était évidemment l'élément déterminant des natures de type « sanguin ». — Hitler a utilisé quant à lui le mot sang dans le sens de « race », de « patrimoine héréditaire », et d'« information génétique » – par exemple lors-

qu'il parle de la reconnaissance du sang, c'est-à-dire des fondements raciaux en général : « Perdre la pureté de son sang suffit à détruire à jamais le bonheur intérieur et à terrasser l'homme », dit-il dans *Mein Kampf*. Le sang symbolique est ici envisagé sous l'angle de la réalité biologique immédiate, dans la confusion entretenue et le glissement incessant d'un plan de signification à l'autre. Le sacrifice mythologique du sang y devient dès lors le sacrifice réel, soit celui que les jeunes nazis ou leurs troupes d'élite acceptent sans broncher, soit celui qu'ils infligent à tous ceux qui ne partagent pas le même sang qu'eux. Ainsi se forme une trilogie

*La Charité recueille le sang du Christ :
peinture allemande de 1470.*

*Sang et martyre de sainte Judith :
fresque, art catalan du XIe s.*

Scène de sacrifice :
miniature indienne du XVIIᵉ s.

du sang, de la mort* et de la terre* (le fameux slogan : *Blut und Brod* : « le sang et le sol »), où celle-ci, sous l'espèce de la Mère* Allemagne, est elle-même prise, dans sa réalité la plus concrète, comme le corps matériel et biologique de la grande Allemagne prônée par l'idéologie national-socialiste. La mère n'existe ici que comme mère dévorante qui demande l'auto-sacrifice de ses fils et l'holocauste permanent de tous ses ennemis – particulièrement de ceux qui ont le sang le plus « impur » : les Juifs et les tziganes. Nous avons affaire ici, à l'évidence, à un complexe symbolique délirant qui mélange en un seul tous les plans de référence, et attribue de ce fait à la réalité concrète tous les symboles mis en branle, comme si ces symboles étaient eux-mêmes des propriétés sensibles, et scientifiquement de cette même réalité. La psychiatrie se sert parfois du terme de paraphrénie pour désigner une telle attitude qui, tout en gardant le sens du réel, le tord et le distend à l'aune de ses signifiants fantasmatiques. — À l'inverse, la plupart des sacrifices religieux qui impliquaient des rites de sang, étaient tous plus ou moins affectés d'un degré de symbolisation reconnue, qui amenait à considérer le sang des animaux répandu sur l'autel comme la traduction de la puissance mystique de la divinité

implorée ou vénérée. C'est ainsi que, lors des sacrifices effectués par de nombreux peuples anciens, tous ceux qui participaient au rituel buvaient également un peu du sang versé afin d'atteindre à un état extatique. Dans les cultes de Mithra* et de Cybèle*, on versait le sang des taureaux* sacrifiés sur les croyants afin qu'ils s'approprient leur force vitale. — Le sang menstruel était, dans la théorie antique de la reproduction, l'un des deux facteurs, avec le sperme, qui donnait naissance à la vie. On y voyait pourtant souvent une chose « impure », porteuse de forces négatives, et il n'était pas rare que les femmes soient isolées du reste de la communauté pendant la durée de leurs règles. Le « sang pur », en revanche, symbolisait la vitalité perpétuelle. Selon des légendes médiévales, il avait même le pouvoir de guérir la lèpre. Des légendes chinoises anciennes racontent que des dragons* peints s'envolèrent lorsqu'on redessina leurs yeux* avec du sang. — Dans la magie traditionnelle occidentale, le sang est une substance particulière renfermant la personnalité profonde de la personne, et c'est pourquoi les pactes conclus avec le Diable* devaient être signés ou scellés avec du sang. — Le sang en alchimie* désigne la solution rougeâtre qui résulte de la dissolution d'une substance auparavant solide. — Le sang du Christ occupe une place centrale dans la religion chrétienne où il est l'un des deux éléments de l'Eucharistie (le pain* et le vin* – la chair et le sang) ; le vin dilué dans l'eau symbolise l'Église, indissolublement liée à la source des croyants, qui permet l'union dans le Christ : les membres de l'Église sont ainsi pénétrés de la fonction purificatrice et rédemptrice du sang du Sauveur. Sur les tableaux représentant la Crucifixion, on voit souvent des anges* recueillir le sang de Jésus dans des coupes* qui furent par ailleurs associées à la légende du Graal*. — Les Aztèques pensaient que le sang humain était nécessaire pour redonner au soleil les forces qu'il avait perdues lors de son voyage nocturne à travers le monde souterrain ; seul le sang permettait donc de maintenir l'ordre cosmique. C'est ainsi que s'expliquent les innombrables sacrifices* de prisonniers de l'empire aztèque, qui moururent de ce qu'on appelait la « mort des fleurs* » (voir Guerre). — L'expression « avoir du sang bleu », qui signifie « être noble », s'explique par le fait que les membres des classes supérieures de la société se protégeaient toujours du soleil, contrairement aux paysans, bronzés et à la peau tannée. S'il le fallait, on se blanchissait même le teint avec des pâtes préparées spécialement. Le résultat était que, particulièrement chez les femmes, on pouvait distinguer sous la pâleur de leur peau le réseau bleuâtre de leurs veines.

SANGLIER À l'opposé du cochon* qui apparaît surtout en symbolique sous la forme de la truie domestique, l'espèce sauvage est d'abord représentée par les mâles et a une signification symbolique essentiellement positive. Chez les Germains, la déesse Freya et son frère Freyr lui étaient associés. La légende voulait d'ailleurs que Freyr aime chevaucher un sanglier aux soies d'or (Gulinbursti). Les guerriers portaient souvent des casques en forme de hure tandis que les habitants de la Grèce mycénienne ornaient leurs casques de dents de sanglier alignées. Dans la Grèce antique, le sanglier était à la fois l'objet des chasses d'Héraclès, le meurtrier d'Adonis* et d'Attis, l'attribut de la déesse Déméter* et de l'héroïne Atalante ; par ailleurs, il était dans la Rome antique l'attribut du dieu de la Guerre, Mars*. Le sanglier incarnait ainsi l'indomptable courage au combat, et il a inspiré de nombreux noms de personnes et de lieux allemands où l'on retrouve la racine *Eber* (« sanglier » en allemand). En héraldique, il symbolise « l'attitude du soldat intrépide et solidement armé qui fait face à l'ennemi au cours du combat, avec un courage chevaleresque, et jamais ne songe à prendre la fuite » (Böckler, *Ars Heraldica*, 1688). — Dans l'iconographie chrétienne, le sanglier symbolise parfois le Christ, comme en Allemagne où, de façon curieuse, et par suite d'un raisonnement étymologique erroné, on pensait que le mot *Eber* venait du mot *Ibri* qui désigne l'ancêtre des Hébreux (Ibrim). Mais, dans l'aire germanique, il incarne surtout la férocité débridée de l'animal sauvage et le règne des forces diaboliques. Il arrive aussi, cependant, que le sanglier aille chercher refuge auprès de pieux ermites vivant dans la forêt*, afin de se protéger des chasseurs; c'est ainsi qu'il est devenu l'attribut de saint Colomban et de saint Émile. Le sanglier représentait, chez les Celtes, un « animal sacré » très important et y symbolisait, là aussi, le courage et la force. Des représentations de porcs sauvages ornaient les casques et les bou-

Héraclès apporte le sanglier d'Érymanthe à Eurysthée : amphore du VIᵉ s. av. J.-C.

cliers, et on plaçait dans la tombe des défunts un morceau de leur viande afin de donner aux morts la force nécessaire pour entreprendre leur voyage dans l'Au-delà*. Le rôle mythique du sanglier ne s'arrêtait pourtant pas là. Animal plein de sagesse, il symbolisait aussi la Connaissance, et dans de vieux textes gallois ou irlandais, on voit appeler certains prêtres du nom de sangliers. Il renvoie alors à la classe sacerdotale des druides, par opposition à l'ours* qui représente au contraire la classe des guerriers et la fonction royale qui les régit. On retrouve par exemple ce motif dans l'histoire galloise de *Kwlwch et Olwein* où l'on voit le roi Arthur* chasser le solitaire Twrch Trwyrth. Dans le prolongement de cette conception, mais à la source alors d'une autre dialectique qui le rapprochait de son rôle dans le mythe d'Adonis, représentait aussi, tout normalement, chez les Celtes, les royaumes de l'Autre Monde – que ce soit à nouveau dans l'histoire de *Kwlwch et Olwein*, ou dans celle du sanglier de Ben Gulben, en Irlande, frère de lait et double, par-delà la puissance du héros, du héros Diarmaid (voir Tristan et Iseut). Généralement attaché dans ce cas à la province du Leinster qui était réputée pour sa richesse et sa prospérité – c'est-à-dire-rattaché à la troisième fonction de Dumézil en même temps qu'à la souveraineté* d'une déesse-mère* –, le sanglier semble avoir alors formé un couple d'opposés* avec le cerf* (les amours de Diarmaid qui l'opposent au roi cerf Finn*), ou avec le cheval* qui en était l'équivalent mythologique (voir à nouveau l'histoire de Tristan et Iseut et le rôle du roi Marc). On peut se demander si, dans ce système d'oppositions, le sanglier ne joue pas alors le même rôle que le taureau* dans d'autres mythologies, ou que le bison dans le couple d'opposés bison/cheval des représentations pariétales de l'art paléolithique, qu'a fait ressortir André Leroi-Gourhan. On trouve ainsi au total un triangle du sanglier, de l'ours et du cerf/cheval, où le sanglier se retrouve dans les catégories du spirituel et du féminin, l'ours et le cerf/cheval dans celles du temporel et du masculin, avec prédominance de l'ours, roi légitime par sa hiérogamie avec la déesse, sur le chef/cheval, chef de bande comme Finn* en Irlande, ou vassal de l'ours, comme l'est le roi Marc envers le roi Arthur. Dans les *aithéda*, ou histoires d'enlèvement, on remarquera alors que le « roi-ours » a un rôle souvent ambigu, comme s'il servait de médiateur entre le sanglier et le cerf ou le cheval par sa double caractéristique de « roi suprême » et, de ce fait même, de roi appuyé sur la légitimité spirituelle du féminin : c'est Arthur en personne qui authentifie le faux serment d'Iseut au gué du Mal-Pas dans le texte de Béroul, cependant que Grainne, en Irlande, est la fille du Haut Roi de Tara Cormac Mac Art (« Cormac fils d'Art » : Cormac fils de l'ours), l'épouse de Finn (au premier nom de Demné : le cerf), et l'amante de Diarmaid dont le sanglier est l'emblème, à la fois totem* et tabou*. Des statues de sanglier en pierre (Euffigneix) et en bronze (Neuvy-en-Sullias) témoignent enfin de l'importance ancienne de ce symbole animal dans l'ouest de l'Europe. — S'il est nettement moins riche que chez les Celtes qui semblent en avoir tiré toutes les variations possibles, le motif du sanglier se retrouve aussi à l'autre bout du monde indo-européen, c'est-à-dire en Inde où il correspond essentiellement à la divinité de Vishnou*. Il en est d'abord l'avatar* sous la forme duquel celui-ci fit émerger la terre des eaux dans le temps originel ; il en est ensuite l'image lorsque le dieu creuse la terre à la recherche de la fondation de la colonne* de lumière et de feu, c'est-à-dire du lingam* de Shiva*. De fonction, ici aussi, éminemment sacerdotale, il est d'abord relié aux idées de l'organisation du monde et de la législation qui traduit cette dernière, lui-même étant d'ailleurs ce monde qu'il porte, en tant que Varaha, sur son boutoir.

SAPHIR   Le saphir est une pierre précieuse* qui, en raison de sa couleur bleue*, est associée au ciel* et à l'élément air. Les *Lapidaria*, ou « livres des pierres » antiques, le confondent souvent avec le lapis-lazuli, et l'associent à la planète Vénus*, alors qu'il devrait être normalement associé à Saturne* : en Inde, on l'appelle *saniprijam* (« aimé de Saturne »), et *saurinata* (« consacré à Saturne »). Lonicerus, naturaliste du Moyen Âge, écrit que le saphir rend « joyeux, alerte et recueilli », et qu'il renforce la disposition de l'âme à la paix. La symbolique traditionnelle associe le saphir à des vertus célestes comme la chasteté et l'amour de la vérité. Albert Le Grand (1193-1280) était d'avis que le saphir apporte avec lui « paix et harmonie », et qu'il rend l'homme « recueilli et pur à la pensée de Dieu ». Un saphir indien ornait la couronne* impériale allemande. L'alchimiste Thurneysser écrivait en 1583 : « Le saphir est bon pour les morsures d'araignées et de serpents. »

SAPHO   Sapho (vers 612-540 av. J.-C.) est considérée comme la figure exemplaire de l'amour homosexuel entre femmes. Cet amour est également appelé « lesbien », d'après le nom de l'île de Lesbos où vivait la célèbre poétesse. On juge plutôt aujourd'hui que Sapho aurait en fait « été bisexuelle, car si ses poèmes érotiques ne s'adressent pas aux hommes, elle était quand même mariée et avait même une fille » (Pomeroy, 1982). En raison du caractère immé-

Portrait présumé de Sapho : peinture pompéienne du Ier s.

diat de son chant et de l'harmonie de sa langue, Platon la surnommait la « dixième Muse* ». Cette aristocrate n'est pas seulement connue pour son art poétique, mais elle écrivit aussi des traités de considérations politiques et sociales, et blâma son frère qui avait acheté une hétaïre* avant de lui rendre sa liberté. Il faut prendre en considération, afin de mieux la comprendre, l'influence culturelle qu'exerça la proche Lydie sur elle : c'est selon ce modèle qu'on confiait à Lesbos les jeunes filles en pleine croissance à la garde et à la direction intellectuelle et morale de femmes plus avancées en âge. On imagine facilement que cette éducation comportait un élément érotique assez fort, ce que la société acceptait de la même façon qu'elle exaltait l'homosexualité masculine dans sa dimension éducative. Les femmes jouissaient, à Lesbos comme à Sparte, d'une considération plus grande qu'à Athènes; elles y recevaient une formation égale à celle des hommes et y étaient généralement honorées. Sapho avait déjà accédé dans l'Antiquité au rang de figure légendaire; on lui attribuait aussi l'épisode d'un amour passionné pour un faon mythique (qui, d'après la légende, s'était transformé en un bel homme sous l'effet d'une huile sacrée qu'avait fournie la déesse de l'amour). On dit aussi que Sapho s'est jetée dans la mer du haut d'un rocher de Leucade, à la suite d'un amour déçu.

Personnification astrologique de la planète Saturne : gravure (1528, Maître I. B.).

SATURNE Saturne, en grec Cronos*, était dans la mythologie antique le père de Jupiter*. Comme il avait peur d'être détrôné par ses enfants, il les dévorait aussitôt qu'ils naissaient, et ce n'est que par une ruse que sa sœur-épouse Rhéa sauva Zeus-Jupiter de ce sort en faisant avaler à Saturne une pierre emmaillotée

de langes à sa place. Élevé en Crète, Jupiter, devenu adulte, chassa son père du pouvoir et l'exila sous terre où, selon certaines légendes, il fit un long voyage vers les Îles fortunées*. L'époque de son gouvernement se situe pendant l'âge d'or*. Mais la planète* qui porte son nom passe souvent, dans la symbolique astrologique, pour « porteuse de malchance ». On la représente par l'image d'un vieillard avec une jambe de bois et une faux, et ses domiciles sont le Capricorne* et, en association avec Uranus*, le Verseau (voir Ondines). Saturne régit la 69e année de l'homme, et on la considère presque toujours comme la planète de la mélancolie. Ses caractéristiques sont le froid, la sécheresse et la maussaderie (homologue en cela de Jupiter*). On associe symboliquement à Saturne des idées telles que : « vieillards, pères*, ancêtres, orphelins, héritiers, recherche profonde et mémoire parfaite », mais aussi « cachot, longue solitude, mesure et poids ». Parmi les qualités positives qui lui sont attribuées, on peut citer l'inclination pour les travaux minutieux, l'esprit de recherche continuelle et la pratique de la patience. Ces différentes attributions présentent probablement un rapport avec la trajectoire de la planète sur la voûte céleste telle qu'on la voit de la terre, faite de boucles et de lacets. Plus sûrement, cependant, on y voit le reflet des contradictions inhérentes à l'histoire même de Saturne : pouvoir de destruction, il l'est aussi de renaissance spirituelle (thème des Îles fortunées). Emblème de la vieillesse et de la stérilité, il peut tout aussi bien gouverner la jeunesse du monde et son abondante fécondité (thème de l'âge d'or). En fait, il semble que l'on doive le lire selon la symbolique de l'alchimie*, c'est-à-dire comme celui qui oblige à la *nigredo*, au « travail au noir », au démembrement et au dépècement (voir le *Saturne* de Goya au musée du Prado à Madrid), avant que l'on ait accès à la renaissance et à la richesse symbolique qui l'accompagne. Dans le thème de la mélancolie (qui signifie elle-même l'« humeur noire »), c'est bien ainsi que l'a compris le philosophe néo-platonicien de Florence, Marsile Ficin (1433-1499), qui argumentait que c'était grâce à lui que se déroulait toute création et qu'il n'y avait pas d'imagination créatrice sans la mélancolie saturnienne. La psychologie analytique de C.G. Jung (1875-1961) l'a interprété de la même façon, en y lisant la figure du *senex* négatif (le vieillard stérile) qui devait être transformé en *senex* positif : il devient alors la capacité de réflexion et de sagesse qui accompagne la figure du *puer aeternus*, de l'enfant divin, fruit d'une renaissance spirituelle, avec qui il marque un couple d'opposés* qui doit se réunir dans une conjonction* de leurs qualités complémentaires. En langage astrologique, on dira alors que

1. Le triomphe de Saturne, avec ses correspondances symboliques : gravure (1574, P. Bruegel).

2. et 3. Représentation des planètes Saturne, « vieillard maléfique » avec faucille, et Vénus : gravure (1521, « Practica Teütsch »).

2   3

*La planète Saturne :
peinture chinoise
des XIᵉ-XIIᵉ s.,
attribuée à
Chang Seng-yu.
(Musée d'Osaka).*

Saturne est lié avec Mercure*. Ainsi peut-on comprendre les vers de Virgile dans sa quatrième *Églogue* des *Bucoliques* où, annonçant le renouvellement du monde et le retour de la Vierge*, il célèbre en même temps le retour du règne de Saturne qui accompagnera la venue du nouvel enfant des dieux. Ainsi doit-on se rappeler que, lors des fêtes de Saturne à Rome, les Saturnales qui avaient lieu au mois de décembre, tout le monde offrait des cadeaux à tout le monde, mais, surtout, toutes les règles établies étaient renversées : ainsi, c'étaient les maîtres qui servaient les esclaves. Autrement dit, on en revenait à un chaos* primordial où tout se régénérait avant d'entrer dans la nouvelle année qui allait commencer : la destruction des lois naturelles préparait la nouvelle enfance de la cité. — Par ailleurs, le métal de Saturne est le plomb*, ses couleurs* sont le tête-de-nègre et le bleu* foncé, ses pierres précieuses l'onyx, le saphir* violet, les coraux* et l'améthyste sombres. Dans l'ancienne symbolique chinoise des astres, Saturne s'était vu attribuer le centre comme région céleste, et comme élément, la terre* (jaune*). — Par rapport à ce que nous avons déjà noté, il est normal que les représentations du vieillard Saturne à la faux jouent un rôle très important dans la symbolique alchimique*, car il y est associé à l'or*. De nombreux récits légendaires, qui datent

*Satyres tirant le vin
d'une outre pour Bacchus :
gravure (~1620, G. Ribera).*

de la Renaissance, racontent la transformation du métal gris et terrestre de Saturne, le plomb, en or solaire, après qu'une parcelle de la pierre* philosophale a été versée dans ce plomb en fusion. Dans la symbolique astrologique indienne, la planète Saturne est incarnée par un vieux souverain hideux, en état de grande faiblesse (à cause du très lent mouvement du corps céleste). Il porte le nom de Shani, ou Manda, et monte un oiseau* noir (vautour ou corbeau*).

SATYRES   Ces démons de la nature, moitié animaux et moitié hommes, affublés de cornes de bouc*, de pattes de chèvre, d'une queue et d'un nez camus, sont autant de figurations de Pan*, le dieu des cultes agraires, mais aussi des variantes antiques issues des légendes populaires sur les hommes sauvages*. À l'instar du yéti d'Asie centrale, ils passent pour être misanthropes mais d'un appétit sexuel insatiable. Leur lubricité les incite à poursuivre les nymphes et les naïades (dryades*), souvent représentées dans l'Antiquité sous les traits de femmes mutines qui feignaient de s'enfuir. Les satyres furent adjoints au cortège de Dionysos* (Bacchus*), le dieu du Vin ; lors de ses fêtes, on associait aux drames la satyre grossière et bouffonne (d'où est issu le mot « satire »). La médecine actuelle nomme « satyriasis » une exagération morbide du désir sexuel chez l'homme. — Dans les mythes grecs, les Silènes sont des créatures naturelles semblables aux satyres, dotées d'une queue et de sabots de cheval ainsi que d'oreilles pointues. Le maître de Dionysos s'appelait Silenos, et

La famille du satyre : gravure
(1505, A. Dürer).

il était le plus souvent en état d'ébriété; l'art le représente fréquemment sous les traits d'un vieil homme corpulent (« Silène ivre ») chevauchant un âne*.

SAULE   La signification du saule est radicalement différente selon qu'on se trouve en Asie ou en Europe. Autour du bassin méditerranéen, on pensait autrefois qu'il se débarrassait de ses graines avant qu'elles ne soient mûres et que, pour cette raison, il était improductif et constituait un symbole de chasteté – en même temps qu'un produit de base

La nymphe
des sources Lo
se repose
sous les saules :
peinture chinoise
du XIIe s.

idéale pour la préparation de remèdes favorisant l'abstinence. Comme on peut couper à l'envi ses branches vertes, qui repoussent aussi abondamment qu'une source qui ne se tarirait jamais, on l'a couramment comparé à la *Bible* et à la source de la sagesse. Origène (185-254) promettait à tous ceux qui avaient conservé intactes « les branches de saules de leur chasteté » qu'ils « récolteraient l'éternité ». Au Moyen Âge et plus tard, on considérait le saule comme l'un des arbres qui retenaient ou « enfermaient » les substances pathogènes, qui étaient susceptibles de ce fait de guérir les malades. On bénit les chatons des saules le dimanche des Rameaux et on les conserve chez soi afin qu'ils protègent de tous les maux (notamment de la foudre*). À cause de ses branches qui pendent « mélancoliquement », le saule pleureur était toutefois considéré comme un symbole de mort* et comme l'arbre des cimetières. Les informations qui nous proviennent de l'Antiquité sur le rôle du saule dans le culte rendu au dieu de la Médecine Asclépios (Esculape*) sont contradictoires. À Athènes, on avait coutume, lors des fêtes de la fertilité des Thesmophories, de disposer dans le lit des femmes des branches de saule pour, disait-on, éloigner les serpents* (à moins que ce ne fût au contraire pour attirer les démons de la fécondité qui en revêtaient la forme). On prétendait d'ailleurs que les prêtres d'Asclépios avaient une grande habileté à guérir la stérilité. En tout cas, les décoctions d'écorce de saule étaient considérées comme un remède efficace contre les rhumatismes. — En Chine, en revanche, le saule était manifestement un symbole érotique du printemps ; on appelait les courtisanes « fleurs et saules » et l'on désignait du nom de saule, la taille de la femme ; on comparait les sourcils des jolies femmes à la forme de ses feuilles et leurs poils pubiens à son « ombre profonde ». On appelait encore la jeune fille « saule fragile», fleur fraîche ». Les branches de saule étaient considérées comme une protection contre les démons. Les amis des fonctionnaires que l'on mutait en province leur envoyaient de ces branches en guise de cadeau d'adieu. Dans un tout autre sens, le saule était aussi tenu pour un symbole d'immortalité, comme dans l'expression « la Cité des Saules », nom que l'on donnait au centre* des loges carrées de la Tien-ti houei, et qui se trouvait à l'aplomb de la Grande Ourse* dans le ciel. Comme en Occident, le saule était relié à la mort, mais dans ce sens particulier que la mort sur cette terre était le seuil de l'immortalité dans la paix de l'Au-delà* : c'est pourquoi on en plantait si facilement sur les tombes des sages qui avaient dû atteindre la délivrance.

SAUTERELLE En raison de ses invasions massives, la sauterelle est un symbole redouté des fléaux qui menacent l'humanité, et elle occupe déjà une grande place dans le récit de la vie de Moïse (*Exode* X, 14-15). Les invasions de sauterelles sont également pour le prophète Joël un symbole de l'affliction divine et une invitation à faire pénitence. Dans l'*Apocalypse* de saint Jean, il est souvent question d'une fumée surgissant du puits* de l'abîme* et amenant avec elle des sauterelles qui se répandent sur la terre : « Il leur fut donné un pouvoir pareil à celui des scorpions sur la terre. Il leur fut défendu de faire aucun tort à l'herbe de la terre, à rien de ce qui verdoie ni à aucun arbre, mais seulement aux hommes qui ne portent pas sur le front le sceau de Dieu » (IX, 3-4). Il ne s'agit visiblement plus ici de sauterelles normales, mais d'êtres démoniaques : « Les sauterelles avaient l'aspect de chevaux équipés pour le combat, sur leurs têtes on eût dit des couronnes d'or, et leurs visages étaient comme des visages humains. Elles

Les sauterelles : miniature (XIᵉ s., Apocalypse du Beatus de Liébana).

avaient des cheveux comme des cheveux de femmes, et leurs dents étaient comme des dents de lions. Elles semblaient être comme cuirassées de fer, et le bruit de leurs ailes était comme le bruit de chars à plusieurs chevaux courant au combat. Elles ont des queues comme celles des scorpions, armées de dards, et dans leurs queues réside leur pouvoir de nuire aux hommes cinq mois durant. Elles ont comme roi l'ange de l'abîme qui se nomme en hébreu Abaddon, et en grec porte le nom d'Apollyon » (IX, 7-11). Dans les *Moralia in Iob* de Grégoire le Grand (540-604), la sauterelle combat, au contraire, les païens aux côtés du Christ et elle est, en raison de sa mue, le symbole du Sauveur ressuscité. Dans le *Bestiarium* médiéval, publié par Unterkircher, la sauterelle est placée dans la catégorie des vers ; il est cependant précisé qu'elle ne reste pas toujours au même endroit comme la chenille et qu'elle se déplace au contraire en tous sens pour manger tout ce qu'elle trouve.
— Dans la Chine ancienne, la sauterelle était le symbole d'une riche descendance, mais les essaims de sauterelles étaient aussi le signe d'un bouleversement de l'ordre cosmique.

SCARABÉE   Le scarabée, le bousier ou scarabée pilulaire, fut dans l'Égypte ancienne, et plus tard dans la partie orientale du bassin méditerranéen, un animal au symbolisme très chargé. Tout d'abord en raison de la similitude de son nom *chepre* avec le verbe *cheper* (qui

1. et 2. Le scarabée (chepre) et le collier (menat), attributs d'Hathor, et scarabée sur la barque solaire : peinture égyptienne.

signifie à peu près : venir à l'existence en prenant une forme donnée), mais aussi à cause de la conception formulée par Plutarque et qui veut qu'on « suppose que cette sorte de coléoptère ne se compose que d'éléments mâles qui déposent leur semence dans une boule qu'ils font ensuite rouler avec leurs pattes anté-

Scarabées phéniciens des Vᵉ-IVᵉ s. av. J.-C. : femme à cheval, Isis allaitant Horus, et Héraclès.

rieures. En imitant ainsi la course du soleil qui se déplace d'est en ouest, ils semblent suivre la direction opposée au cours des astres ». Ce qui donna lieu à une association d'idées très étroite entre boule, soleil, auto-engendrement et régénération. Le dieu Khepri (ou Chepri) était l'image symbolique du soleil levant « né de la terre ». Les momies portent sur la poitrine en guise d'amulette un « scarabée du cœur* », cependant que les scarabées servaient tout autant de sceaux* que de protection magique. Le scarabée était un motif décoratif très répandu chez les Phéniciens, les Carthaginois, les Grecs et les Étrusques au Vᵉ siècle av. J.-C. ; on en sculptait dans des pierres semi-précieuses telles que le jaspe et la cornaline. On trouvait des scarabées étrusques sur tous les marchés méditerranéens et on en faisait le commerce jusque dans la presqu'île de Crimée. — Le scarabée se retrouve aussi dans la symbolique préchrétienne comme symbole de la résurrection et dans l'imagerie chinoise, en particulier taoïste, comme l'emblème de ce qui s'engendre soi-même. Nous ne sommes là pas très loin en fait de Plutarque, à ceci près que la boule que le scarabée fait rouler est l'équivalent de l'œuf* du monde d'où surgit toute manifestation, et que l'auto-engendrement désigne d'abord le processus intérieur grâce auquel le méditant fait éclore la lumière au centre de lui-même.

SCEAU (en grec *sphragis* d'où « sphragistique », art des sceaux ; en latin *sigillum* ou *signum*, « signe ») Le sceau fut d'abord courant en Mésopotamie où on l'apposait sur les parchemins d'écriture cunéiforme. Dans l'empire gréco-romain, on utilisait des chevalières et plus tard des cachets pour authentifier un document. Les sceaux devinrent de la sorte le symbole de la légitimité et de la marque d'une personne. Dans la *Bible* (*Livre d'Isaïe* VIII, 16), on lit : « Enferme l'attestation, scelle l'instruction parmi mes disciples. » Le « livre à sept* sceaux » qu'ouvre l'agneau* dans l'*Apocalypse* de saint Jean est célèbre. Ce concept symbolique apparaît aussi dans des expressions telles que « imprimer sa marque, son sceau à une chose » ou « sous le sceau du secret ». En fait, le sceau le plus célèbre est sans conteste celui qu'on appelle de Salomon*, formé par une étoile à six branches composée de deux triangles* équilatéraux superposés, la pointe en haut pour l'un, en bas pour l'autre. Ce sceau est parfois enclos à l'intérieur d'un cercle*. C'est l'un des grands symboles de l'ésotérisme traditionnel puisque son équilibre géométrique donne l'image d'un monde parfait. On remarque en effet que, par quelque angle ou par quelque pointe que l'on fasse passer un axe qui rejoint l'angle ou la pointe opposée, cet axe passe toujours par le centre* de la figure et la divise en deux parties parfaitement symétriques. Par ailleurs, si on attribue normalement le feu* à la pointe supérieure du sceau et les qualités qui lui sont opposées à la base du triangle qui lui correspond, de même que l'on attribue l'eau au triangle féminin renversé selon le même processus, on aboutit à un système de deux couples d'opposés* (feu/humide et froid,

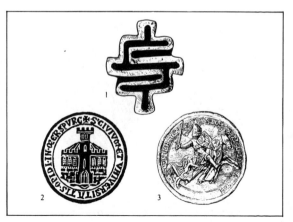

Sceaux : matrice en pierre (4500 av. J.-C.), Larissa (1) ; sceaux de la ville médiévale de Meersburg sur le lac de Constance (2) et du chevalier Henry de Parcy (3).

eau/ sec et chaud d'une part, triangle masculin à la pointe en haut, triangle féminin à la pointe en bas de l'autre), autrement dit à une quaternité (voir Quatre) qui englobe dialectiquement la totalité de la manifestation (voir Éléments) : Par ailleurs, si on affecte au sceau de Salomon les sept planètes traditionnelles de l'astrologie* (six plus une, soit le soleil* au centre comme symbole du divin supérieur : il ne s'agit bien évidemment pas là d'un système héliocentrique), et si on associe d'autre part à chacune de ces planètes le métal qui lui revient (l'or* avec le soleil, l'argent* avec la lune*, etc.), on obtient un ensemble où s'harmonise le cosmos tout entier, le Haut* et le Bas, le Ciel et la Terre réunis terme à terme. — Pour les alchimistes, le sceau de Salomon emblématise aussi l'union du soufre et du mercure assemblés en un seul corps : c'est donc le hiéroglyphe de l'Œuvre par excellence et de la pierre philosophale réalisée. Fulcanelli l'observe ainsi à l'hôtel Lallemant de Bourges, et tout autant dans les roses* étoilées à six pétales qui en sont la transposition architecturale dans les cathédrales gothiques (Sainte-Chapelle de Paris, portail de la Calende à la cathédrale de Rouen, cathédrale Saint-Jean à Lyon, etc.). Cette figure radiée est aussi appelée l'Étoile des Mages qui rayonne à la surface du compost de l'alchimiste, c'est-à-dire au-dessus de la crèche où repose Jésus, l'Enfant-Roi.

SCEPTRE (en latin *sceptrum* ; en grec *skeptron* : bâton) Le sceptre, emblème de la souveraineté* du pouvoir royal ou impérial, est tenu à la main lors des cérémonies, tout comme le globe impérial. Les degrés préliminaires en sont soit la

Jésus tient un roseau comme un sceptre en signe de dérision.

houlette soit le bâton de dignitaire, soit encore les rameaux ou les massues rituelles. En Europe, le sceptre porte un pommeau sphérique à son extrémité, symbolisant la puissance universelle. Chez les lamas, on appelle aussi « bélemnites » (en sanscrit *vajra*, en tibétain *dordje**) les sceptres de diamant* qui symbolisent la « sagesse indestructible ». Chez les Mayas du sud de l'Amérique centrale, il existait une forme particulière de sceptre qui servait

Sceptre avec anneau, couronne et diamant : gravure de 1675.

Charles le Chauve avec sceptre et couronne : miniature du IXe s.

d'emblème lors de certaines cérémonies et que l'on appelait le « sceptre mâle » ; il comportait à son sommet une statuette d'idole grotesque au long nez en forme de trompe, représentant probablement Chac, le dieu de la Pluie*. La partie inférieure de ce sceptre sort fréquemment de la tête et du corps d'un serpent*. — Dans l'iconographie chrétienne, les souverains canonisés portent souvent le sceptre en tant qu'attribut (par exemple Charlemagne, Étienne de Hongrie, Louis le Pieux ou Sigismond de Bohême). Pendant la Passion du Christ, on déposa un roseau en guise de sceptre entre les mains du Sauveur (pour aller de pair avec la couronne* d'épines*) ; c'est ainsi qu'on le représente d'ailleurs sur ce qu'on appelle les Ecce Homo. — En Chine, le sceptre (ju-i) n'était pas l'emblème du souverain mais un bâton honorifique signifiant « à votre guise » ; il était taillé dans le jade* et offert aux hommes âgés et respectés, ou à la famille de la mariée lors des mariages traditionnels. Lorsqu'il apparaît sur les gravures, il exprime le désir de réussite.

Marchand de médicaments contre les piqûres de scorpion : miniature indienne.

SCORPION Cet arachnidé, très dangereux à cause de son aiguillon venimeux, acquit très tôt la signification symbolique d'une menace mortelle mais reçut aussi l'acception compensatrice de

Les scorpions : miniature (xe s., Apocalypse du Beatus de Liébana).

porteur de vérité. Un souverain égyptien de l'époque prédynastique, qui régna avant Ménès, l'unificateur de l'empire, s'appelait scorpion (Selek) et sa forme femelle, Selket, était la déesse des sorciers guérisseurs. La déesse Isis* (*Eset*) se fit accompagner de sept* scorpions lorsqu'elle s'enfuit devant Seth (*Sutech*), l'assassin d'Osiris (*Usirê*). — La légende astronomique grecque raconte que la déesse de la Chasse Artémis* avait envoyé un scorpion pour tuer le puissant chasseur Orion; tous deux furent changés en constellation et chaque fois que le Scorpion apparaît à l'est, Orion effrayé s'enfuit à l'ouest et disparaît sous l'horizon. — Dans la *Bible*, le scorpion symbolise les puissances démoniaques – comme le serpent* – et c'est en tant qu'animal infernal qu'il est mentionné dans l'*Apocalypse* de saint Jean. De dangereuses sectes sont comparées aux scorpions, mais on rencontre également ceux-ci comme emblèmes de la logique et de la dialectique parmi les « sept arts libéraux » (voir Échelle). Dans l'art symbolique médiéval, le scorpion est l'animal emblématique du continent africain. — Dans le panthéon maya du Yucatan, le « dieu noir » Ek-Chuah, une divinité de la guerre, était représenté avec une queue de scorpion. — En astrologie*, le Scorpion est le huitième signe du zodiaque* (voir Étoiles) et le soleil le traverse du 23 octobre au 21 novembre. L'étoile principale en est la rouge Antarès (anti-Mars*) et Mars gouverne le signe (couleur : rouge*, métal : le fer*). La symbolique astrologique traditionnelle associe au scorpion les notions de sexualité masculine, de destruction, d'occultisme, de mysticisme et d'intuition. Comme contrepoids à son venin, on évoque son pouvoir de guérison et le fait qu'il est encore considéré comme un symbole de résurrection spirituelle. Ce signe porteur de danger est ainsi investi d'une double acception puisqu'il est à la fois le signe de la mutation et le symbole de la victoire sur la mort. – Voir Sauterelle.

SEIN Sur les images religieuses, la poitrine féminine est représentée sans connotation érotique apparente sur les images de la *Maria lactans* (la « Vierge* allaitant ») montrant la mère* de Dieu donnant le sein à l'Enfant Jésus. Saint Bernard de Clairvaux (1090-1153) se vit ainsi, au cours d'une de ses visions, boire le lait* spirituel qui coulait du sein de Marie*. Beaucoup plus rarement (et par exemple sur des tableaux du Jugement dernier, du XVe au XVIIe siècle), on voit Marie présenter à son fils le sein qui l'a nourri afin de l'inciter à la clémence avant de rendre son jugement, tandis que lui-même offre à tous les regards les plaies qui témoignent de sa Passion. — Certaines martyres à qui on coupa les seins, telle sainte Agathe qui mourut en Sicile, en 251, ont pour attribut des seins sculptés sur une coupe. — Dans l'Antiquité, le sein maternel apparaît notamment sur la célèbre statue de la Diane* d'Éphèse, l'Artémis* *polymastos* (« Artémis aux multiples seins »), mère de l'univers qui nour-

Marie allaitant l'Enfant : gravure (~1503, A. Dürer).

rit l'humanité ; Macrobe la décrit comme une *natura* aux multiples poitrines. On a pourtant récemment émis l'idée que les seins en forme de grappes de raisins de cette Artémis d'Éphèse représenteraient en réalité des testicules de taureaux* sacrifiés. On se retrouverait alors devant le très vieux complexe mythologique qui alliait le taureau à la Déesse toute-puissante, ainsi qu'on le trouve dans les bucranes de Çatal Hüyük, associés à la souveraine de l'univers, dans la civilisa-

La Sagesse nourrit au sein les sages : miniature du XVe s.

*Diane d'Éphèse (Artémis polymaste) :
sculpture en marbre du Ier s.*

*1. Déméter allaitant Triptolème : gravure
(1618, « Atalanta Fugiens », M. Maier).*

*2. La Terre nourricière : gravure
(1618, « Atalanta Fugiens », M. Maier).*

tion hittite, ou dans l'ancienne civilisation crétoise (voir Pasiphaé). Quelle que
soit l'interprétation que l'on donne de
cette représentation, c'est l'aspect éminemment féminin de la maternité divine
qui est ainsi mis en valeur – les testicules
de taureaux coupés renvoyant à l'évidence à l'idée de castration, et par là d'accession de la virilité à un utérus symbolique, comme on en retrouve l'idée avec
le sacrifice des galles dans le culte de
Cybèle*. Il faut relever, dans cette optique,
que le temple de l'Artémis d'Éphèse était
pourvu d'un collège de hiérodules, de
prostituées* sacrées, comme l'Ishtar* de
Mésopotamie ou l'Aphrodite* de Chypre,
ou du mont Éryx en Sicile. — La symbolique de la Chine ancienne n'accorde
qu'une place mineure à la poitrine féminine. En revanche, une poitrine masculine très développée, ayant un peu la
forme d'un sein, était considérée comme

un symbole de bonheur. Wen-wang, le
fondateur de la dynastie Chou, aurait
même eu quatre seins. Voir Caritas.

SEL (en latin *sal*, en grec *hals*, et « Sym-
posion » chez Platon) Le sel est, sous la
forme de sel de cuisine, considéré
comme un minéral indispensable au
goût, qui sert aussi à la conservation
de la nourriture périssable. Le latin *sal*
veut dire aussi plaisanterie, *salsus*
(« salé ») signifiant ironique. Homère
considérait le sel comme une substance
divine ; il était employé dans les sacrifices expiatoires ou durant les Mystères
en signe de purification symbolique. On
mettait déjà dans l'ancienne Rome du sel
sur les lèvres des nourrissons, afin de
les protéger des dangers. Les mythes
syriens rapportent que l'homme a appris
l'usage du sel des dieux eux-mêmes. Une
ancienne déesse lituanienne, Gabija,
était la maîtresse du feu* sacré, en l'honneur duquel on jetait du sel dans les
flammes. Les démons sont censés détes-
ter le sel, et certaines légendes relativement récentes qui ont trait au sabbat
des sorcières* rapportent que, lors du
banquet qu'elles donnent à cette occasion, aucun plat n'est salé. Dans la *Bible*,
le sel est un moyen symbolique d'établir

l'alliance entre Dieu et son peuple (« Sur toute offrande que tu présenteras, tu mettras du sel ; tu n'omettras jamais le sel de l'alliance de ton Dieu sur ton offrande » – *Lévitique* II, 13). Dans le *Deuxième Livre des Rois*, Élisée purifie une source* en y jetant du sel et Jésus, dans le « Sermon sur la montagne », nomme ses disciples le « sel de la terre », cependant que saint Jérôme, docteur de l'Église (348-420), appelle le Christ lui-même « sel de la délivrance » qui pénètre le ciel* et la terre*. C'est dans les mêmes idées de purification et d'incorruptibilité que la mythologie shinto du Japon fait appel au sel qu'elle relie principalement aux jumeaux* cosmogoniques Izanagi et Izanami. C'est avec du sel, en effet, qu'Izanagi forme la première île existante, de même que c'est avec lui qu'il se purifie lorsqu'il revient du royaume des morts où il avait voulu aller rejoindre sa femme (livre du *Kojiki*). — L'effet corrosif du sel est connu depuis toujours ; les Romains, après la destruction de Carthage, parsemèrent du sel sur toutes ses ruines pour les rendre à jamais stériles, comme le fit, dans la *Bible*, Abimélec pour la ville de Sichem (*Livre des Juges* IX, 45). En Inde, on considérait le sel comme un stimulant interdit aux ascètes et aux jeunes couples, de même qu'aux brahmanes lors de certaines cérémonies sacrificielles. Le langage alchimique* n'assimile pas le sel à la substance concrète que l'on désigne de ce nom, mais à un troisième principe originel avec Sulphur* et Mercurius, qui présente la qualité « d'agripper » (cette idée est probablement apparue chez Paracelse en premier). Le *sal* a encore d'autres valeurs symboliques, par exemple en tant que *sal sapientiae*, le « sel de la sagesse ». L'expression « avec un grain de sel » (du latin *cum grano salis*) signifie qu'il ne faut jamais prendre quelque chose qu'avec précaution et réserve. Cette locution tire son origine d'une recette de contrepoison mentionnée par Pline l'Ancien, et que l'on ne pouvait prendre qu'avec un grain de sel. « Se transformer en statue de sel » vient de l'histoire survenue à la femme de Loth, lors de la destruction de Sodome* et Gomorrhe.

SEPT Le sept est le nombre* sacré le plus important après le trois dans les traditions des civilisations orientales. Dans les littératures sumérienne et akkadienne, on trouve sept démons représentés par sept points qui apparaissent dans la constellation* des Pléiades. Chez les Juifs, le septenaire oriental se manifeste dans le chandelier* à sept branches (la Menorah) qui renvoie à la division de la révolution lunaire* en vingt-huit jours (4 x 7), ainsi qu'aux sept planètes*. Dans l'*Apocalypse* de saint Jean, le sept représente de la même façon un élément structurant du texte (sept églises, sept cornes de la bête, sept coupes de la colère dans le « livre à sept sceaux »). Une scène célèbre de l'*Ancien Testament,* fondée sur le septenaire, a trait également aux destructions accomplies grâce à la colère

Symbologies alchimiques :
les trois agents, les sept phases
et les sept planètes-métaux.

La Philosophie
et les sept arts libéraux :
miniature du XIIᵉ s.

Sept anges avec sept trompettes :
miniature (manuscrit de l'Apocalypse).

divine : sept prêtres munis de sept
cornes* de bélier* (*schofar*, voir Trompette) firent le tour des remparts de Jéricho six jours durant. Le septième jour,
« ils tournèrent sept fois autour de la
ville » et lorsque les Israélites poussèrent
une grande clameur les remparts de la
ville tombèrent (*Livre de Josué* VI, 6-20).
— Dans le mazdéisme perse, on vénérait
sept « saints immortels » (*Amesha Spen-
tas*) : le bon esprit, la meilleure justice, le
royaume de dieu désiré, la pieuse humilité, la parfaite santé, l'immortalité rajeu-
nie, l'obéissance vigilante. — Au Moyen
Âge, on appréciait de même en Europe
les séries reposant sur l'usage de ce
nombre : il y avait sept dons du Saint-
Esprit, représentés à l'époque gothique
sous la forme de colombes*, sept vertus*, sept arts et sciences, sept sacrements, sept âges de la vie humaine, sept
péchés capitaux, sept prières adressées
au Seigneur dans le Notre-Père. On peut
même se demander si ce n'est pas sous

le poids de cette tradition, qu'on en est
venu à reconnaître tout naturellement
sept nuances dans l'arc-en-ciel et, dans
la même veine, à la suite des travaux
de Newton (1642-1727) en optique, à
admettre la décomposition de la lumière,
quand on la fait traverser un prisme, en
sept couleurs fondamentales. On sait en
effet aujourd'hui que toute couleur correspond à une longueur d'onde, et que le
spectre lumineux est de ce point de vue
totalement continu, ne connaissant de
bornes que dans les couleurs en deçà ou
au-delà desquelles l'œil ne peut plus physiquement les saisir (le rouge* et l'infra-
rouge, le violet* et l'ultra-violet). — En
Chine, le sept en tant que nombre impair
était associé au principe masculin yang
(voir Yin et Yang), mais il représentait
la succession des années de la vie chez
la femme ; au bout de deux fois sept ans,
commence « la vie yin » (première menstruation), qui se termine après sept fois
sept ans (ménopause). Sept fois sept
jours intervenaient aussi dans le culte
des morts puisque sept jours après le
décès (jusqu'au quarante-neuvième
jour), on donnait des fêtes oblatives à
la mémoire du défunt. Le septième jour
du septième mois avait lieu une grande
fête pour les jeunes femmes et les jeunes
filles. La série des sept planètes est, en
Chine, moins traditionnelle que la série
plus ancienne qui comporte seulement
cinq* planètes et que l'on attribue à des
influences indiennes. Voir Dieux du bonheur. On peut encore citer les exemples
suivants : dans la pensée indienne classique, le mont Meru avait sept faces (six
plus le centre) et l'énergie cosmique (kundalini) devait monter dans le yoga à travers les centres subtils ou chakras* de
l'axe vertébral de la sushumna au

Les sept dieux
dans la barque
de la fortune :
gravure japonaise.

*Les sept âges
de l'homme :
miniature
(manuscrit du XIIIᵉ s.).*

nombre de sept (six chakras correspondant au « corps » du yogi tandis que le septième était le « lotus* aux mille pétales ») ; dans l'islam, le *Coran* est susceptible de sept interprétations correspondant à ses sept significations, on doit faire sept fois le tour de la Kaaba à la Mecque et, dans une variante de l'ismaélisme, les imams de l'occultation sont au nombre de six suivis du septième imam de la Résurrection ; enfin chez les Amérindiens précolombiens, le Dieu-Sept complète les six soleils cosmiques et correspond aux sept étoiles de la Grande Ourse chez les Mayas. Il suffira peut-être de remarquer que, à travers ce foisonnement d'images et de symboles, le sept répond à quelques thématiques ou à quelques règles de composition très précises : soit il est en relation avec les quatre phases du mois lunaire (lune croissante, pleine lune, lune décroissante et lune noire), ainsi que c'est généralement le cas pour l'islam (voir aussi Croissant) ; soit il est en relation avec le nombre des cieux et les sept planètes* traditionnelles de l'astrologie* (avant que l'astronomie moderne n'en découvre trois autres : voir Neptune, Pluton et Uranus) : ce sont alors les sept cercles de l'enfer* ou du paradis* de Dante dans La Divine Comédie ou les sept encoches taillées dans les bouleaux* du chamanisme sibérien (voir aussi Échelle) ; soit il est le nombre qui unifie six éléments antérieurs en les dépassant, comme nous l'avons déjà vu à plusieurs reprises, et comme on le retrouve dans la création biblique du monde où Dieu se reposa le septième jour, signifiant par là le couronnement de son travail (voir aussi le sceau* de Salomon), soit il est enfin la somme du trois (voir Nombres) et du quatre*, de la trinité* et de la quaternité, indiquant de ce fait la totalité de l'univers dans la dialectique du dynamisme qui

le parcourt avec le développement de sa manifestation : union du ciel et de la terre, du masculin et du féminin, comme par exemple dans *Le Talmud*, où Adam* reçoit son âme* à la quatrième heure et se « divise » en Adam et Ève à la septième, ou chez les Dogons du Mali où la perfection humaine est sous le signe du sept parce que l'homme est trois et la femme quatre (homme 3 + femme 4 : humanité 7). Bien entendu, ces diverses significations se sont souvent entremêlées, créant de ce fait une infinité de sens possibles : les sept jours de la semaine chrétienne portent les noms de dieux antiques liés à l'astrologie (lundi, jour de la Lune ; mardi jour de Mars, etc.), tandis que le sceau* de Salomon* correspond à la fois aux sept planètes et à la

La Philosophie protège les sept arts libéraux : gravure de 1508.

structuration en 6 éléments* extérieurs plus l'élément central qui est l'or. Ce que l'on peut toutefois remarquer du point de vue arithmologique, c'est que le sept lunaire est inscrit dans la série 7 - 14 - 28 et éventuellement 42 (un mois lunaire plus sa moitié – voir l'exemple d'Osiris à Nombres), tandis que le sept relié à la divination, à l'Au-delà et à l'unité trouve sa plus haute perfection dans sa puissance carrée, c'est-à-dire le 49 : il y a 49 tiges d'achillée dans le *I-Ching,* de même que 49 est le nombre axial du *Bardö Thodol* (« Le Livre des morts tibétain »). En arithmosophie, enfin, le sept participe à la fois du principe lunaire (puisque 1 + 2 + 3 + 4 + 5 + 6 + 7 = 28), et du principe de l'unité à travers le dix ou la *tétrakthys* de Pythagore puisque 28 donne 2 + 8 = 10 et 10 = 1 + 0 = 1. — L'expression de mégère désigne une épouse querelleuse (Xanthippe, la femme de Socrate) et peut renvoyer à la « septième maison » de l'horoscope (mariage) où une aspectation défavorable prédit la dispute, à moins qu'elle ne renvoie plus généralement au sept d'un ancien jeu de cartes qui représentait le Diable* et qui pouvait couper toutes les autres cartes. L'*Évangile selon Saint Luc* (VIII, 2) mentionne aussi à ce propos Marie Madeleine « dont étaient sortis sept démons ».

SERPENT Le serpent est un animal symbolique à l'interprétation extrêmement ambiguë et souvent contradictoire. Il est si riche de significations diverses qu'il ne saurait être question de vouloir en faire ici la description intégrale. On suivra donc avec profit tous les renvois indiqués et on lira les rubriques correspondantes où sont développées les caractéristiques principales du serpent

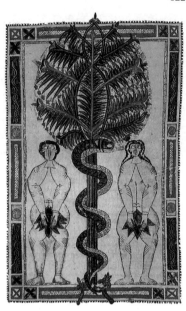

Adam et Ève tentés par le serpent : miniature (Xe s., Apocalypse).

selon telle ou telle acception, ou selon tel ou tel symbole auquel il participe ou se trouve relié. On ne trouvera donc dans cette rubrique que des indications essentielles ou le signal de pistes à explorer plus avant selon le mode que nous venons d'indiquer. Pour pénétrer dans le symbolisme général du serpent, il convient toutefois de comprendre dès le départ que, s'il fait souvent partie de couples d'opposés* (comme le serpent

Le serpent Mehen protège Osiris de l'attaque du serpent Ankhet et des dieux Hekenet et Shepes : peinture de la tombe de Toutmosis III à Thèbes (XVe s. av. J.-C.).

et l'oiseau*), il est lui-même, à son essence, un couple d'opposés aux dimensions cosmiques qui réunit les valeurs du jour et de la nuit, du bien et du mal, de la vie et de la mort, du masculin et du féminin. Peut-être, à cet égard, est-il d'abord l'ouroboros*, le serpent qui se mord la queue de l'alchimie, primordial (*materia prima*) et terminal (matière sublimée dans l'esprit), androgyne* et, pour tout dire, à la fois unique et multiple selon l'antique axiome *hen ta panta* : l'Un-toutes-les-choses. Parfaite illustration de la *coïncidentia oppositorum*, de l'unité du chaos* et du cosmos*, du « sans-forme » et du manifesté, le serpent appelle quasi nécessairement, aussitôt qu'il prend une signification précise dans tel ou tel mythe, la signification inverse qui lui est tout aussi légitime : leçon qu'on ne doit oublier à aucun prix si on ne veut pas mutiler l'herméneutique qui s'applique à son image. — Cela admis, on constate que, dans de nombreuses cultures, le serpent symbolise les enfers* et le royaume des morts, probablement à cause de son mode de vie caché dans les replis de la terre*, mais aussi en raison de sa faculté apparente à se rajeunir lors de la mue qui introduit l'idée de renaissance. Il se déplace en rampant, se glisse hors des œufs* comme le fait l'oiseau* et peut souvent tuer par sa morsure venimeuse. Il représente donc à la fois un présage de vie et de mort ; il n'existe d'ailleurs guère de civilisations qui ne se soient pas intéressées au serpent. — Dans la *Bible*, le serpent est l'incarnation du Diable* au paradis* terrestre mais il est aussi le « serpent d'airain » que Moïse* érige dans le désert et que l'exégèse chrétienne a souvent considéré comme l'annonce du Sauveur crucifié. Le bâton d'Aaron se

Le serpent à plumes Quetzalcoatl attaque un Indien : gravure du XVIᵉ s.

transforme aussi en serpent au détriment des magiciens égyptiens. Le serpent qui ceint la terre (Jörmungadr, Midgard) est un symbole germanique de la mer circulaire qui entourait la terre, analogue, dans l'Égypte ancienne, au géant Apophis qui menaçait la barque du dieu du Soleil*. On peut voir là la figuration du chaos originel, ou de l'inconscient primordial et le plus profond qui menace toujours d'engloutir l'ordre et la lumière* de la conscience. On est aussi renvoyé à l'antique équivalence de la mer et de la

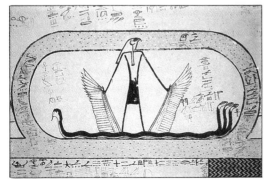

Le dieu de la mort Sokaris ouvre les ailes du serpent à trois têtes : peinture de la tombe de Toutmosis III à Thèbes (XVᵉ s. av. J.-C.).

Adam et Ève tentés par le serpent : miniature éthiopienne du XVIIIᵉ s.

Adam et Ève tentés par l'Esprit du Mal : miniature persane du XVIᵉ s.

mère* qui range le serpent du côté des vieilles religions de la grande déesse. Il semble d'ailleurs que, chronologiquement et historiquement, ce sont là ses premières apparitions, de même que, dans la vie de chacun, le serpent dépend d'abord en effet de l'archétype* maternel. C'est ainsi que la Déesse cosmogonique de la Mésopotamie est un serpent, ou un dragon* aquatique du nom de Tiamat. Elle enfante tous les dieux, et il faut que son fils Marduk l'affronte les armes à la main pour la terrasser et ordonner l'univers à partir des différents morceaux de son corps. Mère originelle sortie des eaux primordiales dont elle est en quelques sorte la figure, le serpent est ici, dans le même processus, la *materia prima et confusa*, la matière fondamentale avec laquelle se bâtit le monde (il faut d'ailleurs rappeler que les deux mots mère et matière ont la même étymologie – *mater* et *materia* en latin – la *materia* est ce qui a trait à la *mater*). On retrouve le même scénario dans le développement psychique de chacun, où le « héros » doit combattre et tuer le dragon aquatique (la mère archétypique) pour accéder à son statut adulte, découvrir son trésor personnel que gardait le serpent et délivrer son âme* (son *anima*, dirait Jung). C'est après avoir vaincu Tiamat que Marduk peut ainsi s'unir à sa sœur et amante Zarpanitou ; parce qu'il n'a pas affronté mais seulement endormi le dragon qui veillait sur la Toison d'or*,

Jason ne peut échapper à son sort et Tristan* n'a vraiment accès à Iseut qu'après avoir tué la guivre qui semait la ruine et la désolation au cœur même de l'Irlande : double union des contraires des valeurs spirituelles et des valeurs terrestres ou existentielles d'une part, de la signification cosmique et universelle et, à l'opposé, de la signification la plus particulière et la plus personnelle de la figure du serpent. — Que le serpent soit ainsi profondément féminin, la Grande Mère des dieux, Coatlicue, au Mexique, nous l'enseigne (*coatl* signifie le serpent en nahua, et une statue fameuse la montre formée de deux serpents aux crocs dardés dressés l'un vers l'autre), de même que les prêtresses de la Crète ancienne représentées avec un serpent dans chaque main. Enfin, une conception mythique largement répandue autrefois et minutieusement rapportée par Frazer dans *Le Rameau d'or*, voulait que le vagin des vierges* soit un nid de serpents : d'où l'origine de ce qu'on a plus tard appelé le « droit de cuissage », c'est-à-dire la coutume qui voulait que, lorsqu'une vierge se mariait, elle était déflorée par le chaman ou le chef de tribu avant de partager la couche de son mari. Le sens de ce rite était alors clair car, investis d'une puissance sacrée, ces personnages étaient les seuls qui pouvaient affronter le danger mortel de la première union. — Dans ce contexte maternel et féminin, le serpent, toutefois, changeait de signification en même temps que la déesse qu'il incarnait, lorsque l'homme avait passé l'épreuve que représentait le meurtre du dragon ; on passait alors de la mauvaise à la bonne mère, de la mère de mort à la mère de vie, de la mère sombre à la mère de lumière : Kali* la noire, sous son aspect de Durga la dévoreuse, devient la déesse compatissante et la shakti de Shiva*, jusqu'à être la Nirvana-Shakti du yoga lorsqu'on atteint au chakra* suprême, le « lotus* aux mille pétales ». Le serpent devient alors l'énergie primordiale à l'essence féminine et, dans le contexte indien de l'adoration de la Mère divine (voir par exemple la *Devi-Mahatmya* : la « Célébration de la grande déesse »), il se présente comme le serpent Kundalini qui est lové au bas de la colonne vertébrale, énergie à la fois spirituelle et matérielle en l'homme, que l'on doit éveiller afin de lui faire remonter l'axe de la sushumna et de ses six chakras, jusqu'à atteindre le troisième œil* au-delà duquel on atteint à l'union parfaite de Shiva*-Shakti dans le « sansforme », c'est-à-dire au-delà du stade de l'androgyne*. On remarquera à ce propos que le serpent Kundalini, enroulé sur lui-même au pied de la colonne vertébrale, présente la même image que le serpent Vasuki enroulé autour du mont Meru (lui-même axe du monde*) ou que le serpent Ananta des anneaux duquel s'élève la colonne qui est le centre* et le support de l'univers : nous avons là l'équivalent symbolique, psycho-spirituel ou franchement cosmogonique, de l'association du yoni* cylindrique d'où s'élève le lingam* de lumière (voir aussi Shiva, auquel est lié Ananta comme il l'est à Vishnou*). — Dans ce symbolisme du serpent comme complément du phallus divin, nous avons l'évolution même des religions de la Déesse où celle-ci, de nature syzygique et profondément hermaphrodite (Aphrodite* est ainsi dédoublée en Aphroditos – voir la notion de « parents combinés » de Mélanie Klein quant à l'archéologie de la psyché enfantine), va avoir de plus en plus tendance à se schizer et, par prise d'indépendance de sa composante masculine, de son *animus* qui aspire à une existence objective, à admettre un parèdre (passage par exemple au Proche-Orient du taureau* lunaire de la Mère à l'érection d'un dieu-taureau) ou un fils issu d'elle qui, dans un inceste* sacré, va devenir son amant afin de reformer un couple androgynique différencié. Pris dans cette nouvelle dia-

lectique, le serpent, tout en restant un animal consacré de la déesse, va glisser du côté de cet *animus* et revêtir de ce fait une signification phallique. Plutarque rapporte ainsi dans sa *Vie d'Alexandre**, que la mère de celui-ci, Olympias, avait été prêtresse des Mystères féminins de l'île de Samothrace (c'est-à-dire prostituée* sacrée), et qu'elle « attirait près d'elle de grands serpents privés qui se glissaient souvent parmi les lierres dont les femmes se couvrent dans de telles cérémonies, et hors des vases sacrés qu'elles y portent, et s'entortillaient sur leurs javelines et leurs thyrses* en épouvantant les hommes ». Sur la même pente mythique, à la suite de l'oracle rendu par la pythie* de Delphes, elle part faire un sacrifie à Zeus-Amon dans la ville de Thèbes en Égypte, où le roi des dieux la possède sous la forme d'un serpent – à moins que, selon le Pseudo-Callisthène, elle ne se fasse engrosser par le pharaon déchu Nectanébo qui, « par sa science magique, se donna l'apparence d'un serpent énorme ; le soir venu, il pénétra dans la chambre à coucher où Olympias l'attendait voilée, étendue sur le lit… L'apparition posa son sceptre, prit place, consomma le mariage puis, posant ses mains sur les seins de la reine : « Réjouis-toi, femme, car tu as conçu de moi un mâle qui vengera tes injures et qui sera un roi maître de l'univers ». — Ce cas est d'autant plus intéressant (surtout que l'histoire réelle est bien évidemment retravaillée et réinterprétée à partir de schèmes mythiques prégnants), que le culte orgiastique de Samothrace avait

Mahomet soumet un gigantesque serpent : miniature turque du XVIIIe s.

aussi adopté la figure de Dionysos*, dieu à la constitution essentiellement androgyne, d'abord dieu des femmes et des bacchantes*, présidant plus tard à des mystères d'initiation féminine (voir les fresques de la villa des Mystères à Pompéi), et dont le serpent était l'un des attributs primordiaux : nous avons ainsi, comme à l'état naturel, la transformation du serpent-mère en serpent-fils et androgyne, puis le passage au serpent masculin qui, renversant l'image de la vulve qui entoure le phallus, devient au contraire l'image du phallus qui se dresse, fécondant et génésique. — Ce passage, d'ailleurs, ne s'est pas toujours fait facilement : Zeus doit lutter contre Typhon, fils de la colère d'Héra, élevé par le serpent Python, lui-même dragon redoutable et ascendant de l'Hydre* et de la Chimère* ; il ne peut le vaincre, alors que tous les Olympiens se sont enfuis en Égypte, qu'avec l'aide d'Athéna* au cours d'une véritable guerre* cosmique entre puissances célestes et chtoniennes – de même que, pour s'installer à Delphes, Apollon* doit d'abord tuer le serpent Python qui y vivait et régnait sur les oracles que prodiguait la Terre-Mère (voir Pythie). L'affrontement avec le serpent ou le dragon n'est plus ici un élément du processus d'initiation, mais il marque le passage d'un sentiment religieux à un autre. — On remarquera d'autre part, à propos de la pythie, le rapport établi entre le serpent et la divination : si la pythie est en fait, par son nom même, la « prêtresse serpente » qui continue de vaticiner sous le gouvernement d'Apollon, c'est par la salive* de serpents que Cassandre* et son frère Hélénos deviennent des devins, que Melampous est capable de comprendre le « langage des oiseaux », et c'est à la vue de serpents en train de s'accoupler que Tirésias, le plus grand voyant de la Grèce (voir Œdipe et Cécité), devient physiquement aveugle, acquérant ainsi le don de double vue tandis qu'il est transformé pour un temps en une femme, devenant de la sorte psychiquement androgyne. Renforçant cette leçon, dans des variantes de son histoire, Tirésias connaît cette transformation parce qu'il a aperçu la nudité* de la déesse (voir aussi Artémis), ou bien parce que, ayant à trancher une querelle entre Zeus et Héra pour savoir qui, de l'homme ou de la femme, connaît la vraie jouissance, il a répondu que c'était la femme, s'attirant ainsi la vengeance du roi des dieux : façon explicite de dire qu'il

Le bâton d'Aaron transformé en serpent : miniature du XIVᵉ s.

connaissait l'un des plus dangereux secrets de la Mère, de ces secrets que les hommes sont en général incapables de supporter. (Nous ne sommes pas très loin des considérations de Jacques Lacan sur la jouissance féminine, et de sa fameuse phrase sur la « Femme qui n'existe pas », c'est-à-dire sur la Femme comme un Tout que rien ne vient limiter). — De cette évolution historique, on ne peut inférer cependant que le serpent, de nature féminine et vulvaire, est devenu de façon univoque un symbole masculin et phallique. Au vrai, comme la pythie continuait de prodiguer ses oracles à Delphes sous les auspices d'Apollon, comme la Mère divine, déjà attestée dans la civilisation de Mohenjo-Daro avant les invasions indo-européennes, continue à être vénérée en Inde à côté des dieux ouraniens des *Védas*, et parfois mélangée à eux comme Dionysos s'était taillé sa place entre Cybèle* et Aphrodite d'un côté et les Olympiens de l'autre, empruntant d'ailleurs des deux régimes à la fois, le serpent véhicule encore aujourd'hui, selon les contextes, des valeurs et une signification féminines, masculines ou androgynes : on ne peut donc jamais interpréter directement son apparition, mais on doit la rapporter à son environnement psychique, mythique et religieux, et la considérer à l'intérieur de la dynamique dans laquelle elle s'inscrit, avant de décider à quel domaine elle appartient. Ainsi en va-t-il par exemple de la culture de l'Inde où la multivalence du serpent apparaît dans toute son extension. En effet, les créatures en forme de serpent, les demi-dieux Nagas, y jouent un rôle important en tant que « gardiens des trésors* de la terre ». Ces démons bénéfiques sont fréquemment représentés sous la forme d'hommes à corps de serpent qui gardent l'entrée des temples. Selon le mythe, des serpents venimeux furent en revanche capturés et anéantis par « Garuda, l'oiseau solaire au plumage doré » qui rappelait un griffon*. Néanmoins, le serpent était, avec la vache* et le singe*, l'animal le plus vénéré en Inde, surtout en raison de sa mue (qui symbolisait le renouvellement de la vie), et à cause de sa proximité avec l'élément vital qu'est l'eau* (fécondité). Le dieu Vishnou* est couché sur le serpent du monde (fonction maternelle et cosmogonique), tandis que, comme nous l'avons déjà vu, les dieux et les titans enroulèrent le corps du serpent Vasuki autour du Meru, la montagne* du monde, lorsqu'ils barattèrent la mer de lait* pour en tirer du beurre. La déesse-cobra Manasâ régnait sur la terre pendant le sommeil de Vishnou et les créatures serpentines sont aussi l'incarnation symbolique courante des énergies divines et de leurs manifestations. (Kundalini, voir ci-dessus). — D'une façon plus générale et en même temps plus détaillée, on notera que si dans notre époque moderne, on souligne surtout l'aspect négatif du serpent, et le danger qu'il représente en raison de sa morsure venimeuse, d'où la fonction positive qui est dévolue aux animaux tueurs de serpents (aigle*, cigogne*, faucon*), les anciens mythes lui reconnaissaient pourtant aussi un aspect positif et mystérieux dans la mesure où il se trouvait en relation avec la terre et le monde des enfers et où, en tant que serpent domestique, il pouvait représenter la bénédiction accordée par les âmes des ancêtres (les serpents nourris au lait jouent souvent un grand rôle dans de nombreuses

légendes populaires). Il apparaît également dans la croyance en la guérison et en la résurrection (serpent d'Esculape*, dédié au dieu de la médecine Asclépios ; voir Caducée). Dans l'Égypte ancienne, l'uraeus, le cobra en colère, se dressait sur la couronne* du pharaon; il crachait du venin contre les ennemis de ce dernier et entourait également le disque des dieux solaires. — Dans les civilisations précolombiennes, le serpent (le *coatl* aztèque) incarne le cinquième jour du calendrier. Sa valeur augurale, pour tous ceux qui sont nés sous ce signe, est essentiellement négative, car il passe pour ne pas avoir de demeure et pour être très pauvre. C'est pourquoi les hommes nés sous ce signe sont marchands ambulants ou guerriers, et sont contraints d'errer sans avoir de domicile fixe. Quetzalcoatl*, la divinité parée des plumes vertes de l'oiseau Quetzal, a en revanche une signification éminemment religieuse, dans la mesure où il réunit en lui les qualités symboliques de l'oiseau et du serpent considérés comme un couple d'opposés*, du ciel* et de la terre*. Le nom maya de Quetzalcoatl est *Kukulcan*. La polarité oiseau/serpent est également représentée dans les armoiries de la ville de Mexico (en aztèque : *Tenochtitlan*) sur lesquelles figure un aigle assis sur un cactus, tenant un serpent dans ses serres. Cette combinaison est un symbole universel de l'union des contraires (*cf.* M. Lurker, *Aigle et serpent*, 1983). — Le *Physiologus*, qui remonte aux premiers temps de la chrétienté, offre quant à lui de curieuses interprétations du serpent qui renvoient tout d'abord à son « rajeunissement » lors de la mue (l'homme doit également se dépouiller de la « vieillesse du monde » et aspirer, rajeuni, à la vie éternelle) ; l'ouvrage raconte ensuite que le serpent, lorsqu'il

Vishnou allongé sur le serpent du monde : planche (temple de Siddevara, Bengale).

boit à la source, conserve soigneusement son venin à l'intérieur de sa cavité buccale pour garder à l'eau sa pureté (de même, l'homme qui entreprend de se régénérer pour acquérir l'éternité doit-il abandonner le venin de ses péchés). Il est dit encore que le serpent ne mord que les individus habillés et recule devant les personnes nues* ; aussi l'homme doit-il ôter la « feuille de figuier du plaisir », qui est l'habit du vieil homme, et « être nu de péchés » afin que le Malin ne puisse pas l'attaquer. Enfin un serpent menacé ne protège que sa tête et livre le reste de son corps : l'homme doit seulement protéger sa tête, c'est-à-dire Christ, mais sacrifier son corps comme l'ont fait les martyrs. — En Chine, le serpent (*shĕ*) est le cinquième signe du zodiaque et passe pour rusé et dangereux. — Les fleuves* furent souvent représentés sous la forme de serpents à cause de leur cours sinueux cependant que la possession d'une peau de serpent est censée procurer la richesse; les rêves de serpent ont, en Chine, une signification généralement sexuelle – le corps du serpent y est assimilé au pénis, sa tête triangulaire au sexe féminin. — Dans les civilisations d'Afrique du Sud-Est, les boas incarnaient, comme le montrent d'anciennes peintures rupestres, la pluie* et l'eau en général; ils apparaissent souvent – comme dans les mythes – sous forme d'animaux fabuleux et cornus. Les peintures rupestres d'Afrique orientale semblent suggérer aussi l'idée d'une représentation de la terre recouverte de collines et de promontoires rocheux (ser-

Shiva, sous forme d'un serpent, nourri par une femme : miniature indienne.

pent terrestre avec des sinuosités verticales) (H. Kolmer). — Dans la mythologie japonaise, le dieu des tempêtes* Susano-o tua le boa à huit têtes Yamato-no-orochi après un combat acharné, découvrit dans sa queue un glaive sacré, délivra la princesse Inada-hime qui avait été jusque-là retenue prisonnière par le monstre et l'épousa. Au Japon, le vent des tempêtes est non seulement censé détruire (il ravagea les rizières sacrées qui avaient été plantées par la déesse solaire Amaterasu), mais aussi purifier ; c'est pourquoi Susano-o a pu sans doute jouer le rôle d'un tueur de serpents. — Le serpent enroulé autour de l'arbre du paradis terrestre qui poussa Ève*, la mère primitive, à la désobéissance, se nommait Samael dans la légende juive médiévale (à l'instar de Lucifer, le prince des Ténèbres). On lui prête ces pensées : « Si je parle à l'homme, il ne m'écoutera pas, car il est difficile d'infléchir l'esprit d'un homme. Voilà pourquoi je préfère m'adresser d'abord à la femme dont l'esprit est plus superficiel. Je sais qu'elle m'écoutera car la femme prête attention à chacun ! » On retrouve ici, quoique d'une façon implicite, la profonde liaison du serpent avec la nature féminine, renforcée encore par l'interprétation courante qui fut ensuite donnée par l'imagination des exégètes au fruit défendu de l'arbre de la connaissance sous les espèces de la pomme*, alors que le texte de la *Genèse* ne spécifie pas quel était ce fruit : la pomme étant reliée aux deux thèmes de la science sacrée et de la

Serpent : plat (1530-1540, Iznik, Turquie).

femme, le schème fondamental serpent – femme/mère – science/divination s'en trouvait d'autant renforcé dans une évaluation péjorative et une misogynie évidente (voir aussi la figure de Lilith) sans doute due à la lutte sans merci que les Hébreux durent sans cesse soutenir en terre de Canaan, après la fin de l'Exode, contre les divinités autochtones, et en particulier la grande déesse Astarté. C'est d'autre part ce lien du serpent avec Ève qui explique, dans le renversement sémantique de *Eva* en *Ave* et la rédemption de la Mère primitive par la Mère du Christ venu racheter le péché originel et assurer le salut de l'humanité, que Marie* soit traditionnellement représentée comme écrasant la tête d'un serpent : la Vierge* ne symbolise plus dès lors que le versant lumineux de l'archétype maternel et, en remportant la victoire sur le serpent chtonien, institue la division qui courra pendant des siècles entre la Vierge et la prostituée (tombée peu à peu du rang de hiérodule comme l'était Olympias aux serpents, à celui de la prostituée profane, comprise littéralement). — La pratique psychanalytique voit d'habitude dans le serpent, comme dans tous les reptiles, outre sa connotation sexuelle, un animal qui remonte aux origines de la terre et qui, selon la formule d'Ernst Aeppli, « habite dans une région de la nature que l'on ne peut concevoir... Il offre une image des énergies les plus archaïques. Il symbolise également, en psychologie expérimentale, l'énergie psychique elle-même. L'homme qui rencontre en rêve un serpent affronte des forces issues des profondeurs de l'âme, étrangères au moi, aussi anciennes que l'est cet animal venu de la nuit des temps » : nous retrouvons là ce que nous indiquions dès le début, à savoir l'adéquation du serpent avec la puissance cosmogonique elle-même, avec le chaos générateur, et, en dernière analyse, avec l'inconscient le plus profond qu'il personnifie en le manifestant. — Dans les expressions du langage courant, le serpent joue d'habitude un rôle très négatif marqué par toute la tradition chrétienne : « être rusé comme un serpent » ; « c'est un vrai serpent » ; « avoir un cœur de serpent » ou une « langue de vipère », etc. Dans les sculptures médiévales, une femme nue avec un serpent à chaque sein représente la nourrice des vices* *Luxuria* et *Voluptas*, tandis que l'expression déjà connue dans l'Antiquité, « méchant comme un serpent », traduit la soif de réussite qui n'est obtenue que par la ruse et la fausseté.

SEUIL   Le seuil relève, à l'instar de la porte* considérée comme symbole du passage entre le monde intérieur et le monde extérieur, de certains rites particuliers. Dans de nombreuses civilisations, le seuil est en effet censé être habité par un esprit tutélaire, « le gardien du seuil », que l'on ne doit pas offenser. On fait franchir le seuil à la mariée en la portant dans ses bras lorsqu'elle pénètre pour la première fois dans le foyer conju-

*Le « gardien du seuil »
chasse les démons :
peinture japonaise
de 1391.*

gal – vraisemblablement pour faire comprendre au gardien qu'elle fait désormais partie de la demeure. Le gardien a le pouvoir d'éloigner les intrus indésirables, par exemple les créatures démoniaques ou les sorcières*. Au Japon, on répand à son intention du sel* sur le seuil afin qu'il chasse les esprits des morts. En Égypte, on gravait souvent un pentacle* sur le seuil de la maison (mais plus fréquemment sur le linteau de la porte). Les prêtres israélites portaient, sur les pans de leur robe, des clochettes d'or dont « le son se fera entendre quand il entrera devant le Seigneur dans le sanctuaire et quand il en sortira; ainsi il ne mourra pas » (*Exode* XXVIII, 34-35). L'entrée et la sortie étaient ainsi clairement annoncées afin de ne pas surprendre les puissances surnaturelles. Dagon, la divinité des moissons vénérée par les Philistins, avait un temple* à Aschdod dont il ne fallait pas fouler le seuil mais le gravir (*Premier Livre de Samuel* V, 5 ; cf. *Sophonie* I, 9 : mise en garde contre le franchissement du seuil selon la coutume païenne). — Dans les expressions populaires, le seuil a une signification symbolique d'une grande importance (« au seuil de l'âge adulte » ; « ne plus poser le pied sur le seuil de quelqu'un » ; « au seuil de la conscience », etc.), qui se rattache apparemment à cette même croyance au gardien du seuil ainsi qu'à des rites archaïques de passage. Les statuettes de gardiens figurés sous la forme de dieux tutélaires ou d'animaux surnaturels (par exemple de chiens-lions*) flanquent souvent le seuil des sanctuaires. Voir Janus.

SHIVA D'abord attribut de la divinité Rudra, Shiva devint, au temps des *Upanishads,* l'une des figures du Brahman, l'Absolu et l'Indifférencié divin dont la transcendance le place au-delà de toutes les catégories du langage et de toutes les représentations possibles. Le lingam* est son signe, et consiste à l'origine dans la colonne* de feu* qui a manifesté le divin : « Qu'on regarde cette colonne, qu'on la touche ou qu'on en fasse l'objet de sa méditation, elle délivre des renaissances (de la transmigration de l'âme*) tous les êtres vivants » (*Shiva-Purana*) ; tandis que le yoni* représente sa manifestation visible. En combinant le lingam et le yoni, ce qu'il est convenu d'appeler le « Shiva-lingam » totalise donc à la fois le visible et l'invisible, le transcendant et l'immanent, l'Absolu et le sensible, le masculin et le féminin dans une majeure

Shiva Nataraja : le danseur cosmique qui engendre et détruit les mondes. Inde du sud, XIᵉ s. Musée Guimet.

conjonction* des opposés qui, derrière sa composition, renvoie à l'en-deçà de toute conception et de toute forme quelle qu'elle soit. Lorsque Shiva « s'incarne », le lingam et le yoni deviennent les figures du Shiva manifesté et de sa shakti, à la fois sa féminité et son énergie intérieures. Cette shakti a reçu de multiples noms comme Kali*, Durga, Gauri, etc., mais elle est surtout représentée comme Sati, première épouse du dieu, qui est « celle qui apparaît dans toute existence » (immanence absolue), ou comme Parvati, elle-même réincarnation de Sati. Shiva est d'autre part le dieu de la danse* (Shiva Nataraja : Shiva, roi* de la danse), en particulier de la danse cosmique où, entouré d'un cercle de flammes, il fait naître les mondes sous ses pieds avant de les faire disparaître. On le représente enfin parfois sous la forme d'un androgyne*, mi-homme, mi-femme, afin de signifier ce jeu constant qui évolue et s'involue entre le repos et le mouvement, l'univers et l'homme, l'indifférencié et l'existence des choses singulières, la fusion initiale et finale et la division du divin sous l'image du couple.

SIBYLLES Dans le langage actuel, on nomme sibyllins des discours obscurs ou des présages auguraux par référence aux prophétesses de l'Antiquité dont le

*1. La sibylle phrygienne :
gravure de Lucas de Leyde.*

*2. La sibylle et l'empereur Auguste :
gravure (XVᵉ s., Maître E.S.).*

nombre et le séjour varient d'un auteur à l'autre. En fait, on dénombre le plus souvent dix sibylles : la chaldéenne ; l'hébraïque et la perse; celle de Delphes, fille d'Apollon* ; l'italique ou cimmérienne ; celle d'Érythrée, qui, dit-on, émigra à Cumes ; la sibylle kymérienne du nom d'Amalthéia ou Hérophile ; celle de l'Hellespont à Marpessos ; la phrygienne et la tiburtine dénommées Albunea ou Aniena. — La sibylle de Cumes est la plus fréquemment mentionnée ; on prétend qu'elle conduisit Énée aux enfers et qu'elle vécut mille ans après avoir émigré d'Érythrée, en Asie Mineure, en Italie. Ses oracles étaient inspirés, comme ceux de la pythie* de Delphes, par le dieu Apollon. Ses trois derniers « livres », qui étaient conservés au temple Capitolin à Rome, brûlèrent en 83 av. J.-C. ; ils traitaient de l'interprétation des présages, des catastrophes, des monstres, des processions et des sacrifices. Les sibylles ont été immortalisées sur les fresques de la chapelle Sixtine. — Les *Oracles sibyllins* sont, par contre, des sentences hexamétriques du Vᵉ siècle, et consiste dans l'annonce, dans un contexte chrétien, de grands malheurs à venir.

SIEGFRIED Siegfried est un personnage légendaire de la *Chanson des Niebelungen* qui incarne le type idéal du jeune héros germanique et qui évoque notamment, par dérivation, le romantisme allemand du XIXᵉ siècle et le cycle de *L'Anneau des Niebelungen* de Wagner. — Dans l'état le plus ancien de l'*Edda* scandinave, qui est antérieur à la chanson, le héros se nomme Sigurd. Fils de Sigmund et de Hjördis, il tue le dragon* Fafnir dont il mange ensuite le cœur*, ce qui lui permet de comprendre le langage des oiseaux* ; plus tard, il fait la connaissance de la Walkyrie* Brunehilde dont il fait la conquête pour le roi Gunnar, puis il épouse Gudrun, la sœur de celui-ci, mais est assassiné pendant son sommeil par Gutthorm, le demi-frère de Gunnar. — Dans la tradition danoise, le héros se nomme Sivard ; il délivre la fière Bryniel retenue prisonnière dans une montagne de verre. Les livres populaires allemands évoquent un « Siegfried à la cuirasse » dont la peau se couvre, après qu'il s'est baigné dans le sang* du dragon, d'une cuirasse qui le rend invulnérable. D'anciennes ballades héroïques le représentent en train de terrasser des géants* et des dragons. — La fascination exercée sur le peuple allemand par ce motif épique du jeune héros investi de caractéristiques « solaires », et qui doit périr à la suite d'une infâme forfaiture, a toujours été très grande – d'autant que, après sa mort, Siegfried est vengé grâce aux intrigues fomentées par sa veuve (Kriemhilde dans la version courante), au prix de la vie de milliers d'hommes. Dans l'une des variantes de l'ancienne *Edda*, reprise ensuite par la *Chanson des Niebelungen*, apparaît le personnage d'Attila*, le roi des Huns, à qui est mariée Kriemhilde, dans un puissant mélange de données historiques et d'éléments légendaires : « Sigurd fut tué au sud du Rhin / le corbeau* cria haut et fort du haut de son arbre : / C'est sur vous qu'Attila rougira le fer / la félonie fera périr le meurtrier ! » (*Le vieux chant de Sigurd*, 5).

SINGE (en grec *pithêkos*, en latin *simia*) Le monde antique connaissait différents types de singes originaires d'Afrique et d'Asie du Sud, que les artistes de foire dressaient parfois pour les utiliser lors de représentations théâtrales. Le mot « singe » était à l'époque une injure, ces animaux étant pris comme des symboles de méchanceté et de laideur. Il n'était pas rare cependant d'avoir un singe comme animal domestique « exotique ». On racontait d'autre part que posséder un œil* de singe rendait invisible et que, si l'on répandait de l'urine de singe sur la porte de son ennemi, celui-ci serait haï de tous. — Les habitants de l'Égypte ancienne éprouvaient un grand respect pour les singes (surtout pour les hamadryas) ; les tribus nubiennes s'acquittaient de leurs dettes envers leurs vainqueurs en leur donnant des singes, et on racontait au sujet de ces derniers qu'ils comprenaient le langage humain et en savaient plus que de nombreux élèves. Les cris des babouins à l'aube étaient perçus comme la prière que ces pieux animaux adressaient au dieu du Soleil montant à l'horizon. Thot (*Tjehuti*), le dieu de la Sagesse, était certes le plus souvent représenté avec une tête d'ibis*, mais on le rencontre aussi sous la forme d'un vieux babouin blanc assis dans le dos d'une personne qui écrit afin de surveiller son travail. — Le singe était également un animal sacré dans l'Inde ancienne, comme le montre l'adoration du roi-singe Hanuman qui, dans l'épopée du *Ramayana,* est l'assistant et le ministre le plus puissant de Rama. Il y est le symbole de la force, de la fidélité et du dévouement. La Chine réserva elle aussi de nombreux honneurs au singe. En Chine du Sud et

Singes jouant :
miniature indienne de 1570.

Hanuman et sa suite devant Rama :
miniature indienne du XVIe s.

*Le singe diabolique fumant du tabac :
gravure de 1618.*

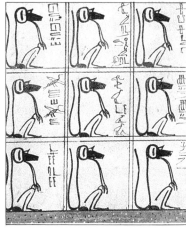

*Singes : figures du «Livre de l'Au-delà»,
peinture tombale égyptienne.*

au Tibet, certaines familles se flattent d'avoir pour aïeux des singes qui auraient enlevé des femmes et dont ils auraient eu des enfants. Le peuple tibétain pensait d'ailleurs descendre lui-même d'un singe primordial, avatar d'Avalotikesvara, dont ils finiront par faire un boddhisattva. L'un des singes les plus connus est Sun-Wu-k'ung dont on raconte qu'il accompagna le pèlerin bouddhiste Hsüan-tsang lors de son voyage en Inde, à la recherche des textes sacrés du canon bouddhique, et qu'il accomplit pendant cette expédition divers actes héroïques, mais aussi plus d'un tour pendable. Dans la même parenté d'esprit, où apparaissent à la fois la plus grande fantaisie, pour ne pas dire le pouvoir de la tromperie, et la gravité de la sagesse, on parlait aussi du roi-singe Souen Hing-tcho qui atteignit à la fin de sa vie à la bouddhéité. On peut se demander si on n'est pas là en fait

devant la résurgence de la grande figure du Mercure* à la trop belle parole, enfantin, menteur et voleur, qui cache néanmoins la science profonde d'Hermès*, telle que Jung l'a si souvent analysée et qui trouve sa correspondance aussi bien dans la symbolique astrologique* des Gémeaux que dans le « grand lapin » ou le « grand lièvre* » des Ojibwas et des Winnebagos d'Amérique qui se présente d'abord comme un *trickster* (un faiseur de tours) avant de devenir Menebuch, le héros civilisateur (Jung et l'ethnologue Radin ont d'ailleurs expressément fait le rapprochement dans leur livre conjoint *Le Fripon divin*). Par ailleurs, le singe est souvent représenté tenant à la main la « pêche* de la longévité ». En raison d'une analogie phonétique, les images qui montrent un singe assis dans un pin sylvestre ou sur un cheval expriment le désir de monter dans la hiérarchie sociale. Le

*Un singe
tenu en laisse
par un mendiant
demande l'aumône
à saint Fortunat :
miniature
(XIIe s., «Dialogues»,
saint Grégoire
le Grand).*

L'ours et les singes : miniature arabe (XIVe s., « Livre des Fables »).

singe est le neuvième signe du zodiaque chinois. — Le symbole du singe apparaît également dans les calendriers du Mexique ancien où il correspond au onzième jour (en aztèque *Ozomatli*, en maya *Batz*). Le singe y était considéré comme le dieu de la Danse, et ceux qui étaient nés sous ce signe étaient supposés devenir bateleurs, amuseurs publics, danseurs ou chanteurs. Le Mexique ancien établit également une relation symbolique entre le singe et le vent, mais ce point n'a jamais pu être totalement éclairci. Dans les mythes qui racontent la fin du monde, la deuxième ère, aussi appelée « Soleil » (soleil du vent), s'achève chez les Aztèques par des tourbillons dévastateurs ; les hommes sont alors transformés en singes. — Le singe est perçu d'une façon très négative dans l'iconographie chrétienne, où il apparaît comme une caricature de l'homme et comme le symbole de la vanité (il est souvent représenté un miroir à la main), de l'avarice et de l'impudeur. Des singes enchaînés sont une allégorie du Diable* vaincu. Ils sont aussi le symbole des hommes grossiers et sans aucune retenue, image certainement liée au texte du *Physiologus* des débuts de l'ère chrétienne. Le singe y est décrit comme un être mauvais doté d'un penchant certain pour l'imitation. Pour le capturer, l'homme fait semblant de se mettre de la glu dans les yeux, puis il se cache. Le singe descend de son arbre et se colle les yeux pour l'imiter; le chasseur n'a plus alors qu'à l'attraper avec sa corde. « Ainsi nous chasse également le grand chasseur, le Diable. Il… apporte avec lui la glu du péché, aveugle les yeux et rend aussi aveugle l'esprit de l'homme, il prépare une corde en y faisant un nœud coulant, et il corrompt l'homme dans son corps et son âme. » — Pour la psychanalyse, le singe est souvent un signe d'insécurité, de doute sur soi-même, ainsi qu'un symbole d'impudeur. Dans le langage imagé des rêves, il représente « ce qui est semblable à l'homme sans être encore humain », mais est sur le point de le devenir ; « lorsque quelqu'un rêve d'un singe, il se rapproche de cette possibilité en l'abordant cependant d'une façon dévaluée » (Aeppli). — Ces dernières années, on a vu arriver en Occident de nombreuses sculptures asiatiques représentant trois singes qui se ferment l'un la bouche, l'autre les yeux et le troisième les oreilles, à l'instar des trois singes du Jingoro, au temple de Nikko. L'interprétation populaire en est que « le mieux est de ne rien voir, ne rien dire et ne rien entendre », mais elle est inexacte. La véritable signification de cette mimique est en effet la suivante : « ne rien regarder, ne rien écouter et ne rien dire de mauvais ». Il s'agit probablement à l'origine d'espions envoyés par les dieux sur terre afin de se renseigner sur les faits et gestes des hommes. C'est pour conjurer cet espionnage céleste que les singes sont représentés aveugles, sourds et muets. Au Japon, on explique aussi cette attitude par les propriétés du mot *sarce* qui signifie à la fois « singe » et « ne rien faire », et symbolise le refus délibéré de toute action mauvaise.

SIRÈNE Sirène, ondine*, mélusine*, vouivre… Toute nymphe* aquatique qui apparaît sous les traits d'une belle femme à la longue chevelure d'or et à la queue ondoyante de poisson*, est consacrée par l'imagerie populaire comme une redoutable séductrice dont le chant ensorcèle et conduit l'homme à sa perte. — L'étymologie grecque *seirazein* veut dire « attacher avec une corde » et signifie que leur chant enchaîne, mais rappelle aussi (et sans doute Homère a-t-il joué sur le mot dans l'*Odyssée*) cette corde dont Ulysse se fit arrimer à un mât par ses compagnons afin de résister à leur séduction. Même si l'amour malheureux de *La Petite Sirène* d'Andersen lui offre une forme de rédemption, puisqu'elle acquiert son humanité au prix des pires souffrances, la sirène apparaît le plus souvent comme une sorte de démon femelle dont la queue de poisson n'est qu'une forme déguisée du serpent* qui perd l'humanité (voir aussi Lilith). Bien des serpents enroulés autour de l'arbre* de la Connaissance sont d'ail-leurs représentés au Moyen Âge avec une tête et un buste de femme. C'est là que l'on peut sans doute le mieux saisir le pouvoir de métamorphose de l'imaginaire chrétien, puisque le motif de la queue de poisson (ou de serpent) est un avatar postclassique. À l'origine, en effet, les sirènes étaient ailées. Sur les tombes égyptiennes, elles apparaissent comme des oiseaux à tête et à pieds humains, figurant les âmes* des morts au moment de leur séparation d'avec le corps. Homère, qui les fait vivre « dans une île, au rivage tout blanchi d'ossements humains », non loin de Charybde et de Scylla (*Odyssée*, XII) ne dit rien de leur nature. Ovide suggère en revanche dans *Les Métamorphoses* (Livre V) qu'elles auraient obtenu leurs ailes à force de prières sous prétexte d'aller chercher, sur la terre entière, la fille de Déméter*, Perséphone, enlevée par Hadès. Elles sont liées de fait dans l'histoire grecque aux cultes préolympiens, souvent à des déesses-mères* et, comme telles, peu à peu dépossédées de leurs prérogatives et inversées en démons. Comme elles avaient osé prétendre qu'elles chantaient aussi bien que les Muses*, Héra leur fit disputer un concours et donna le prix à ses Muses : c'est pourquoi celles-ci apparaissent parfois avec une plume sur la tête, arrachée par leur victoire aux ailes des sirènes. D'autre part, un ancien oracle leur avait prédit qu'elles subsisteraient tant qu'elles réussiraient à charmer les navigateurs, mais qu'elles périraient si l'un d'eux leur résistait. C'est ainsi qu'Orphée*, qui accompagnait l'expédition des Argonautes, l'emporta sur leur chant grâce à la supériorité de sa lyre*. Les sirènes, dit-on, se seraient suicidées, mais elles étaient quand même encore là quand, une génération plus tard, Ulysse parvint à son tour à leur résister grâce aux conseils de Circé, attaché au mât de son navire et ayant bouché à la cire les oreilles de ses compagnons. On prétend qu'elles se seraient transformées en rochers. Leurs noms varient, mais la plus célèbre, Parthénopé, serait venue s'échouer sur les bords de l'Adriatique, près de Capri, donnant naissance à la cité parthénopéenne – Naples

– dont le chant n'est plus à vanter. Pour ce qui est de la transformation de la sirène-oiseau en sirène-poisson par l'imaginaire chrétien, on peut y retrouver un exemple des échanges entretenus avec les courants hermétistes. Dans ses *Demeures philosophales*, Fulcanelli rappelle que la sirène est un grand symbole alchimique qui évoque « l'union du soufre naissant – le poisson – avec le mercure* commun – la Vierge* (voir Lait), c'est-à-dire le travail du Grand Œuvre lui-même. Il faut rappeler à ce propos que l'axe Vierge/Poissons est en astrologie* traditionnelle un axe de signes mutables Terre et Eau, qui préside aux transformations et se croise à la perpendiculaire avec l'autre axe de signes mutables Sagittaire-Feu/Gémeaux-Air. La Vierge et les Gémeaux, chacun selon ses distinctions propres, sont dominés par Mercure tandis que le Sagittaire et les Poissons le sont par Jupiter*. Au-delà de cette première dialectique, et de cette première complémentarité entre les deux axes, on notera que chacun d'eux comporte un signe double (Poissons et Gémeaux), et un signe à la double nature humaine et animale, le centaure* du Sagittaire avec son buste d'homme et son corps de cheval* faisant pendant à la sirène vierge au corps de poisson qui fut plus tard remplacée, sans doute sous l'influence du mythe de Perséphone, par une jeune fille qui porte dans ses bras une gerbe de blé*. Ainsi trouvons-nous réunis sur cette croix* la nature mercurielle, la royauté de Jupiter, la dualité des principes et les quatre éléments* dont se compose l'univers, sous le chef de l'incessante métamorphose. D'autant plus que, des Poissons à la Vierge, on passe des doubles poissons à la femme-poisson, tandis que, du Sagittaire aux Gémeaux, on passe de l'homme-cheval à l'homme double, comme si le trajet à accomplir était celui qui mène de l'animal de la mer (de la mère et de l'inconscient) à l'homme de l'air (du conscient et de l'esprit) en passant par le stade intermédiaire que l'on doit d'abord atteindre afin de s'en extraire ensuite. À l'image du travail alchimique auquel il correspond si profondément, on constate comme ces deux axes et les deux hybrides qu'ils comportent, évoquent le travail de transformation de la matière qui conduit à l'unité cosmique de l'Œuvre – c'est-à-dire, dans la transposition psychique des symboles, à l'unité de Soi. *La Petite Sirène* d'Andersen qui, pour l'amour d'un prince, accepte de perdre sa queue de poisson pour aller danser avec de vraies jambes au prix de mille souffrances, ne symbolise pas autre chose, en fin de compte, que le prix à payer par la condition humaine pour transformer son animalité primitive (la *materia prima*) et accéder de la sorte à la pleine existence et à la verticalité : sortir de la grande mer de l'Inconscient, pour tenir les pieds sur terre en gardant la tête tournée vers les cieux.

SIX Six est un nombre de moindre importance symbolique. On désigne la création du monde par le nom d'*Hexameron* (création en six jours), car le « septième jour, Dieu se reposa après avoir achevé l'œuvre qu'il avait faite » (*Genèse* II, 3). Saint Augustin considérait, de ce point de vue, le six comme significatif parce qu'il représente la somme des trois premiers nombres (1 + 2 + 3) – mais sans en tirer d'autre conclusion. Dans l'*Évangile selon saint Matthieu* (XXV, 35-37), la description des six œuvres de la miséricorde relève de la série de symboles relativement rares en Europe qui sont fondés sur ce nombre. Le seul symbole vraiment important fondé sur le six est l'hexagramme*, l'étoile du « sceau* de Salomon* » composée de deux triangles* et comportant six pointes correspondant aux sept planètes* moins le soleil. Encore faut-il considérer alors que, le soleil étant

Étoile à six pointes et fleurs à six pétales : miniature indienne.

au centre*, il occupe la septième position, instituant le sept* comme l'unité du six qui symboliserait alors la multiplicité de la création. Il en va de même avec la structuration de l'espace quand, aux quatre points cardinaux (voir Nord/sud et Orient/occident), on ajoute l'axe vertical qui relie le zénith au nadir et qui passe par le centre de la croix* que forment les points cardinaux eux-mêmes : on a ainsi six directions indiquant la totalité de l'univers manifesté, tandis que le centre en indique l'unité, à la fois source et but, en tant que septième dimension. — En Chine, le premier empereur* connu, Shi Huang-ti (221-210 av. J.-C.), fondateur de l'empire du Milieu, préférait l'ordre fondé sur le six et divisa l'empire en trente-six provinces militaires (36 = 6^2) ayant chacune un gouverneur civil à sa tête : la dynastie suivante des Han introduisit en revanche un ordre fondé sur le neuf*. Parallèlement à l'ordre des éléments qui prédominait en Chine et qui était fondé sur le cinq*, il existe également un ordre composé à partir du six : six parties du corps (tête, tronc, deux bras et deux jambes) ; six sentiments (la colère, la douleur, la haine, la joie, le plaisir, l'amour) ; six fleuves*, six grands rois*. Aux « cinq points cardinaux* » (quatre plus le centre, correspondant aux cinq éléments traditionnels de la culture chinoise), on en ajoutait alors un sixième qui était l'axe vertical (voir Haut/bas). On s'aperçoit tout de suite cependant que ce six déguisait en réalité un sept selon le même processus que plus haut, puisque cet axe vertical reliait évidemment lui aussi le zénith au nadir. Le centre de valeur cinq devenait de ce fait, dans ce nouveau diagramme, un centre de valeur sept par rapport aux six directions qui étaient indiquées.

SODOME Dans l'*Ancien Testament*, Sodome et Gomorrhe étaient les noms de deux villes cananéennes du bassin du Jourdain qui, dit-on, furent détruites à la suite d'un châtiment divin ; elles sont également mentionnées par Strabon (58 av. J.-C.-19) et par Tacite (55-120). Aucune preuve archéologique de l'existence de ces villes impies de la mer Morte (appelée dans la littérature rabbinique « mer de Sodome ») n'a été découverte jusqu'ici. Dans la *Genèse*, est dénoncée la corruption des mœurs des habitants de Sodome qui avaient coutume de pratiquer l'homosexualité avec les étrangers ; voilà pourquoi « le Seigneur fit pleuvoir sur

Loth devant les portes de Sodome ; deux Anges arrivent devant la maison de Loth : miniature tchécoslovaque (~1340, « Bible de Velislav »).

Sodome et Gomorrhe du soufre et du feu. Cela venait du ciel et du Seigneur. Il bouleversa ces villes, tout le district, tous les habitants des villes et la végétation du sol. La femme de Loth regarda en arrière et elle devint une colonne de sel*… Une fumée montait de la terre comme la fumée d'une fournaise » (*Genèse* XIX, 24, 28). Sodome est ainsi devenue le symbole d'une ville dépravée comme le devint aussi Babylone*. L'explication donnée à la dépravation des mœurs de Sodome dans le recueil de nouvelles des *Gesta Romanorum* (vers 1300) est singulière, car on y lit que l'appétit immodéré, c'est-à-dire la débauche, « incita les Sodomites au péché… L'athéisme des Sodomites vient de ce qu'ils avaient trop de pain et en étaient rassasiés… Prions donc le Seigneur de conserver ici-bas une tempérance telle qu'elle nous permette d'être invités à son banquet au ciel ». — Lorsqu'Adit, la femme de Loth, se fut retournée pour contempler la ville une dernière fois malgré l'interdiction du Seigneur, elle fut transformée, nous dit la légende judaïque, en une statue de sel qui se trouve encore au même endroit aujourd'hui. « Les bœufs* de cette région viennent la lécher tous les jours jusqu'à ce qu'il ne reste plus que les orteils de ses pieds*, mais le matin ce qu'ils avaient léché la veille est de nouveau là » (E. ben Gorion, 1980).

SOLEIL   Comme pour les couleurs ou pour le symbole du serpent, par exemple, nous ne tenterons pas ici de donner une liste exhaustive des différentes significations ou des différentes valeurs qui ont pu être celles du soleil à travers tous les temps et toutes les cultures. On suivra de ce fait soigneusement les renvois, qui indiquent autant de manifestations de ce symbole, par ailleurs universel. Évidemment attaché à l'idée de lumière*, le soleil se trouve aussi partout et toujours dans un couple d'opposés* avec la lune*, et nombre de mythes racontent leurs amours contrariées où l'on voit l'astre du jour sans cesse courir en vain après celui de la nuit pour enfin s'unir à lui. Cette image est d'ailleurs si forte que l'alchimie* a fait de la conjonction* du soleil et de la lune, de *Sol* et de *Luna*, l'expression même de son mystère (voir par exemple les planches du *Rosarie des philosophes*). — De nombreuses religions rattachent le concept du Dieu céleste à celui du soleil qui détruit les ténèbres (voir Obscurité) (pour Babylone : « celui qui illumine l'obscurité, éclaire le ciel, anéantit le mal en haut comme en bas … Tous les princes sont heureux de te regarder, tous les dieux t'acclament… »). Le culte du soleil dédié en Égypte à Amon-Ra fut transformé par le pharaon Aménophis IV (Akhenaton, 1365-1348 av. J.-C., voir Aton) en un système monothéiste (« tu apparais dans ta beauté à l'endroit lumineux du ciel, soleil vivant, qui, le premier, commença à vivre… »). Dans l'*Ancien Testament* – contrairement au culte des païens – le soleil est seulement considéré comme l'un des deux « luminaires » que Dieu plaça dans le firmament lors de la Genèse. Dans l'iconographie chrétienne, le soleil qui se lève toujours à l'est est le symbole de l'immortalité et de la résurrection ; sur une mosaïque du IVe siècle, le Christ est ainsi assimilé à Hélios, porteur d'une auréole et juché sur le char* du soleil, ou au juge du monde auréolé d'un nimbe*. Puisque le Christ est également un *Chronocrator* (un « maître du temps »), on le rattache volontiers, notamment dans l'art roman, à l'astre qui rythme la durée du jour. — Les symboles graphiques du soleil sont, outre le cercle entouré de rayons, le cercle* pourvu d'un point central et « la roue* solaire » partagée par une croix* axiale. — On a l'habitude de nos jours de considérer le soleil comme éminemment masculin, mais il

*La création du Soleil au centre
de l'univers : illustration de 1617.*

*Motif solaire sur un manteau en peau
de bison de la tribu des Pieds Noirs.*

n'en a pas toujours été ainsi. Non seulement, aujourd'hui encore, il est de genre féminin en allemand (*die Sonne*), mais il en allait autrefois ainsi dans tout le groupe des langues celto-germaniques, et particulièrement dans l'irlandais ancien. Ainsi d'ailleurs à Tara, la capitale à la fois temporelle et spirituelle de l'Irlande préchrétienne, cinquième province et centre de l'île divisée en quatre* royaumes, la chambre réservée aux femmes dans le palais royal était appelée la *grianan,* la « chambre du soleil », cependant que le nom de Grainne, la fille du grand roi d'Irlande qui épousa Finn* et connut avec Diarmaid des aventures amoureuses qui sont à l'évidence le dou-

blet de celles de Tristan* et Iseut, signifie lui-même le soleil. Il est à remarquer sur ce point que l'image du soleil va alors souvent de pair avec elle du cygne*, dans la même ambivalence sexuelle qui peut la tirer, suivant les contextes, du côté masculin ou féminin. Le soleil au féminin n'était pas, d'autre part, l'apanage de cette seule aire de culture. L'Arabie du Sud antique le connaissait de la même façon. Quand il part à la recherche de la capitale de la reine de Saba qu'il localise au Yémen, André Malraux (1900-1976), ne pense-t-il pas de la sorte : « J'aime les inscriptions qui se rapportent aux dieux troublants » : le Dieu-Lune* Sin, masculin – il est féminin dans les

*Symbole de l'Intip Raymi, fête du Soleil
inca : gravure du XVIᵉ s.*

*Symbole du Coya Raymi, fête
de la mère Lune inca : gravure du XVIᵉ s.*

autres mythologies –, Dat-Badan, la Déesse-Soleil, et Ouzza, Dieu-Vénus* masculin... On rêve à la sexualité du peuple qui conçut Vénus comme un homme, vit dans le Soleil le signe féminin de la fécondité, et dans la Lune un père clément et pacificateur... Quelle sexualité trouble ou pure fit penser au rebours des autres cette race disparue qui, dans sa légende que ne confirme aucun fait historique, dit avoir été toujours gouvernée par des reines ? » (*Antimémoires*). Cette dernière phrase, dans son intuition profonde, doit retenir l'attention – car n'y aurait-il pas une liaison entre ce soleil féminin, dispensateur de vie, et un certain thème de la souveraineté* où, à l'instar de la première Mésopotamie où le dieu Sin était aussi un « homme de la lune », ou bien de l'Irlande où toute royauté ne se légitimait que de l'accouplement du roi* avec la Déesse brillante du pouvoir, la légitimité passait par le contact avec l'absolu divin du Féminin et du Maternel ? Le même schème reparaît dans des contextes aussi différents que celui des grandes civilisations de conquérants comme Gengis Khan, légendairement descendant d'une déesse du Soleil, ou que la culture japonaise où la déesse du Soleil, Amatérasu, elle-même fille du dieu du Ciel Isanagi, est considérée comme à la souche, à la fois spirituellement et concrètement, de toute la lignée des empereurs* (*mikado*), depuis le fond des âges jusqu'à aujourd'hui. On sait d'ailleurs que le Japon se désigne lui-même comme le « Pays du soleil levant ». — Dans les régions menacées par la sécheresse, le soleil ardent, au lieu d'être source de vie, peut prendre en revanche des aspects ambivalents voire négatifs puisqu'il devient principe de destruction par le feu* ; ou bien pour pouvoir continuer sa course dans le ciel et acquérir ainsi une nouvelle force vitale il doit être fortifié grâce au sang* de sacrifices humains qui étaient en usage dans le Mexique précolombien (voir Balle, Char, Guerre, Jeu et Roi). Le soleil, menacé de destruction, marquait les âges du monde en disparaissant périodiquement pour donner naissance à un nouveau soleil et à un nouvel univers. Les Aztèques expliquaient de la sorte que l'humanité actuelle vivait sous le gouvernement du cinquième soleil. Son dieu principal en est Huitzilipochtli, le grand soleil de midi*. — La plus importante civilisation ancienne à avoir vénéré le soleil fut sans nul doute

Anges tenant une ampoule avec Neptune, le Soleil et la Lune.

celle du Pérou où il était considéré comme l'ancêtre divin des Incas. Garcilaso de la Vega (1539-1616) décrit ainsi le temple du Soleil de la capitale Cuzco : « Les quatre murs étaient revêtus de bas en haut de plaques et de verrous en or. Sur la partie avant [se trouvait] ce que nous appelons le maître-autel et [ici] se trouvait la statue du soleil composée d'une plaque en or deux fois plus épaisse que les autres plaques qui recouvraient les murs. La statue, avec son visage rond et ses rayons et flammes ignés, était réalisée en un seul morceau, ainsi que les peintres la représentent. Elle était si

Le Soleil et la Lune : symboles astrologiques de l'ancien Mexique.

Le Soleil et la Lune dans les mains de la Sagesse hermétique (XVIᵉ s., traité d'alchimie).

grande qu'elle occupait toute la partie antérieure du temple entre les deux murs... Des deux côtés de l'effigie du soleil se trouvaient les fils du soleil, c'est-à-dire les corps des rois morts embaumés – on ignore comment – de telle façon qu'on les aurait crus vivants. Ils étaient assis sur leurs sièges d'or posés sur des poutres d'or, où ils avaient coutume de s'asseoir... [Les portes du temple] étaient des sortes de portails revêtus d'or. Sur les côtés extérieurs du temple se trouvait une corniche en or composée de madriers larges de plus d'une aune qui entouraient le temple tout entier comme une couronne. » L'assimilation du soleil et de l'or s'était apparemment imposée en Amérique du Sud andine comme nulle part ailleurs, et l'association d'idées entre l'immutabilité du « métal précieux » et la momification y est aussi manifeste que dans le cas du temple péruvien de la Lune où les ancêtres féminins de la race des seigneurs étaient conservés « embaumés » et vénérés au milieu de l'argent*.
— Cette complémentarité du soleil et de la lune, signalée dès l'abord, trouve sans doute ses domaines d'élection, outre l'alchimie, dans les pays d'Extrême-Orient. Comme le yang, en effet, est solaire et masculin, le yin* est lunaire et féminin.

Ils ne sont cependant pas radicalement séparés mais, dans un mouvement de métamorphose incessant (voir Taï-ghi-tu), ils se transforment perpétuellement l'un dans l'autre dans la mesure où chacun contient la potentialité de l'autre. De plus, dans l'alchimie taoïste, et selon le principe de la *coïncidentia oppositorum*, le yang peut devenir l'essence du yin, le soleil l'essence de la lune, et réciproquement – correspondant l'un au « feu aqueux » et l'autre à « l'eau ignée » de l'alchimie occidentale. Il en va de même en Inde où, d'une part, Vishnou* est le soleil et Shiva* la lune, tandis que, d'autre part, quand on le considère sous l'angle de son androgynie* fondamentale, Shiva est soleil en tant que masculin et lune en tant que féminin (shakti). Dans le premier cas, on aboutit à la représentation luni-solaire de Harihara (mi-soleil, mi-lune, mi-Vishnou, mi-Shiva) ; dans le second cas, on se dirige vers la pratique du yoga où, autour de l'axe vertébral de la sushumna le long duquel remonte le serpent* Kundalini de chakra* en chakra, s'enroulent les deux nadis, l'une lunaire (*idā*) et l'autre solaire (*pingāla*). Au bout de l'exercice, lorsqu'a été percé le troisième œil*, on aboutit au Sahasrara-chakra, le « lotus* aux mille pétales », où il n'y a plus Shiva ni shakti, mais dans l'union suprême du principe même de Shiva et de Nirvana-Shakti, la remontée en deçà de l'androgyne*, l'entrée dans le « sans-forme » d'où sont issus le soleil et la lune. Comme le yoga consiste de ce fait dans l'union puis la fusion de ces deux astres (le soleil se dit *ha*, la lune se dit *ta*, d'où l'appellation de *Hata-yoga* : le yoga du soleil et de la lune), les pratiques du tantrisme, comme dans le cas de l'alchimie taoïste, en inversent parfois le sens pour rendre encore mieux compte des transformations subtiles du yogi : dans le *Kundalini-yoga*, par exemple, Shiva peut devenir lunaire et Shakti solaire, et il en va tout autant dans le yoga sexuel du tantrisme de « la main gauche* » où la femme lunaire doit devenir une femme de feu et de soleil pour qu'on puisse arriver jusqu'à la *maithuna* (la libération par l'étreinte). — S'il est difficile de faire du soleil, comme le fait parfois une psychanalyse trop facile, le symbole par excellence du pouvoir paternel, ni même celui du masculin (le soleil est pour les Dogons la grande matrice cosmique que féconde le sperme mâle, les nomades de Mongolie l'appellent la « mère-soleil » – et Jung s'est manifestement trompé

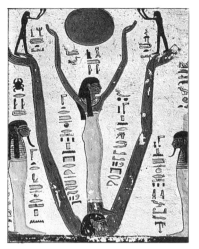

La naissance de disque solaire :
peinture (tombe de Ramsès VI, Thèbes).

quand, dans son séminaire sur le *Kundalini-yoga*, il conclut à une erreur – de transcription ? – au moment où il tombe sur un soleil féminin), il n'en reste pas moins que, dans toutes les occurrences, il renvoie à l'idée de la manifestation spirituelle et de la victoire de la lumière sur les ténèbres – cette victoire pouvant par ailleurs se littéraliser dans la victoire des armes selon le même processus qui transforme la guerre* de l'esprit en guerre malheureusement trop humaine : ainsi en va-t-il de Mithra* et de son *sol invictus* qui, au plus fort de la diffusion de son culte dans l'empire romain, gouvernait aussi bien l'initiation* la plus pure

qu'il était le dieu préféré des légionnaires qui montaient à la bataille en invoquant son pouvoir. De la même façon peut se comprendre alors le thème du « soleil de minuit » que l'on retrouve chez nombre de mystiques, en particulier de la Perse musulmane, puisque ce soleil que ne peuvent voir que les yeux de feu des visionnaires est de nature évidemment spirituelle, et qu'en répandant autour de lui la « nuit lumineuse » où l'âme peut se confier, il témoigne de la ténèbre du *Deus asbsconditus* qui luit pourtant doucement tout autour du pèlerin qui a trouvé son orient.* Beaucoup plus mystérieuse, en revanche, est l'oxymore symbolique inverse, à savoir celle du « soleil noir » : non plus la lumière qui ruisselle en sourdant de l'obscurité* de Dieu, mais la source de lumière, au contraire, qui produit de la ténèbre. Au mieux – ou au moins mal – c'est le soleil occulté durant le temps de la nuit que connaissaient les Aztèques, et qui, au lieu de poursuivre sa navigation dans l'Au-delà pour resurgir à l'aurore comme le croyaient les Égyptiens, est en passe de mourir si on n'assure pas convenablement sa résurrection : il n'est pas le symétrique, mais l'exact contraire du soleil de midi (le dieu Huitzilipochtli), et en tant que tel le maléfice, la menace de la mort, l'annonce de la destruction finale de l'univers dans la mesure où chaque soleil cosmique (au sens de la Création ou de ce que les Grecs appelaient l'*Aiôn*), est appelé à s'abîmer dans une catastrophe universelle. Pour les alchimistes, le *sol niger*, le soleil noir, équivaut à la *materia prima*, la matière première et chaotique où sont enfermées et déchues les dernières étincelles de l'esprit qu'il s'agit de sauver en rédimant la

Dieu place
dans le firmament
le Soleil et la Lune :
fresque (XIᵉ s.,
église abbatiale
de Saint-Savin).

nature. En rester au soleil noir, c'est acquiescer à la perte, à l'informe et, d'une certaine façon, à la damnation ; c'est admettre la fragmentation dans le sein des ténèbres matricielles. Comme le soleil, d'autre part, est souvent assimilé au lion*, roi des animaux (le soleil est alors le roi des astres et, par comparaison, il est le symbole du roi des hommes – motif qui a couru jusqu'à Louis XIV et son appellation de Roi-Soleil), il peut être aussi bien dévoré par le lion dans un désastre cosmique : Savitri, dieu solaire, est aussi le dieu des ténèbres en Inde où le *Rig-Véda* fait mention du terrible soleil noir, tandis que le soleil noir chinois, du nom de Ho, se soumet au yin, au féminin, au nocturne. Le royaume des morts, la fragmentation de l'esprit, l'engloutissement de la vie : le soleil noir ne fait référence qu'à la disparition de l'homme, de l'âme, de l'esprit, des dieux et du cosmos dans une nuit originelle grouillante de fantasmes. Il est de ce point de vue le symbole de la mélancolie (c'est-à-dire de « l'humeur noire »), que Gérard de Nerval a su le mieux exprimer dans son sonnet du *Desdichado* : « Je suis le ténébreux, le veuf, l'inconsolé, / Le prince d'Aquitaine à la tour abolie ; / Ma seule étoile est morte, et mon luth constellé / Porte le soleil noir de la mélancolie » (*Les Chimères*). Ainsi relié à Saturne* dévorant ses propres enfants – mais aussi le temps et la vie en tant que

Les sphères célestes, les planètes, le Soleil et la Lune au centre de l'univers : miniature du XIe s.

Cronos*/Chronos* – et dont la mélancolie est l'humeur préférée, le soleil noir finit par indiquer l'état de dissolution extrême où il ne reste plus d'alternative à l'homme que de plonger dans les ténèbres sans fond (à la limite, le suicide) ou d'entreprendre le travail de remembrement, de réunion de la lumière dispersée en autant de *scintillae* dont on finira par extraire la lumière triomphante du Soleil véritable – comme si cette épreuve aux limites, qui se joue aux frontières de la vie et de la mort, et souvent de la psychose, était la condition nécessaire pour l'évolution de l'âme. (On remarquera à ce propos que nous ne sommes pas très loin ici de la dissociation qui marque le début de certaines initiations chamaniques, ou du thème étrange dans le manichéisme d'un Dieu démembré et « éclaté » en autant de morceaux que d'étincelles de lumière étouffées par la matière). — En astrologie, enfin, malgré l'héliocentrisme de la science moderne, le soleil est encore aujourd'hui considéré comme l'une des « planètes* » à cause de sa révolution apparente autour de la terre qui détermine la durée de l'année. On l'y considère comme le « luminaire principal » doté des attributs « masculin, chaud et dominant ». La position du soleil dans un signe du zodiaque* (voir Étoiles) indique sous quel « signe » naît un homme. Le soleil a sa « maison diurne » dans le signe du Lion*, il est en « exaltation » dans celui du Bélier*, en chute dans celui du Verseau. La couleur solaire est le jaune

Apollon archer, dieu du Soleil : gravure de 1647.

orangé, ses pierres précieuses* sont le diamant*, le rubis*, la topaze, la chrysolithe et l'hyacinthe. Selon la symbolique traditionnelle, le soleil gouverne les rois, l'autorité paternelle, la place de l'homme dans le monde, la gloire et la victoire, le cœur*, l'énergie et la vitalité. — Dans le système maçonnique*, le soleil et la lune sont « les deux luminaires du monde physique, les emblèmes du premier et du deuxième surveillant et signifient que chaque maçon et chaque frère libre et juste doit chercher la lumière véritable aussi bien le jour que la nuit et ne doit jamais séjourner dans les ténèbres du vice » (Baurnjöpel, 1793). — Dans l'iconographie, le soleil est généralement représenté comme un dieu portant une couronne de rayons autour de la tête, ou comme un disque à visage humain auréolé de rayons. Les peintures rupestres asiatiques de la préhistoire montrent fréquemment des personnages humains avec une « roue* solaire » en guise de tête, entourée de pointes et partagée par une croix*, cependant que chaque segment contient des points (renvoi à une division annuelle du calendrier ?). Dans l'art rupestre d'Afrique du Nord, on voit aussi apparaître des images de taureaux* et de béliers qui portent un disque sur la tête et qui sont appelés « béliers du soleil » ou « taureaux du soleil » ; elles sont analogues et comparables aux images cultuelles égyptiennes mais de date plus récente. — En héraldique, le soleil, que l'on représente soit par un visage soit par un disque, porte souvent en alternance des rayons droits et des rayons flamboyants.

SOMA   Boisson sacrée des *Védas* et des *Upanishads*, le soma est le breuvage qui fait accéder à l'ivresse* sacrée et à l'immortalité : « Nous avons bu le soma, / Nous sommes devenus immortels ; / Arrivés à la lumière, / Nous avons trouvé les dieux ! » chante ainsi le *Rig-Véda*. Ses origines sont multiples, puisqu'il est produit, selon les versions et les textes, par le barattage de l'océan primitif (il rejoint alors le thème du lait) ; par la fermentation du miel* pur (il renvoie alors à l'hydromel* des anciens Celtes et Scandinaves), à moins qu'il ne soit directement extrait de l'arbre* de la lune* dont il représente la sève et le suc. Il peut enfin, comme *haoma*, jaillir chez les Perses d'une source qui coule au centre même du jardin* primordial, du *Paradaïza* (le paradis*). Il est l'archétype de

la boisson des dieux qui peut se prêter à toutes les dérivations et à toutes les manifestations matérielles (le lait et l'hydromel, mais aussi l'« eau de vie » et, de là, le vin) qui le rattachent dans tous les cas à un monde maternel, pour ne pas dire matriciel. Apporté aux hommes par l'aigle* Sandharva, il finit par être déifié chez les Indiens qui en firent le dieu Soma, l'intermédiaire de la communion de l'âme avec le divin, c'est-à-dire de la découverte de l'identité foncière de l'atman avec le Brahman.

SOMNUS   Somnus, le rêve (chez les Grecs Morphée, d'où la morphine) est le dieu des Songes. L'assimilation des noms latins et grecs est contestée, étant donné qu'il s'agit plutôt d'un personnage poétique que d'un personnage réellement mythologique. Dans *Les Métamorphoses* d'Ovide, le dieu des Songes tient mille fils dans ses mains, ce qui caractérise la diversité des visions oniriques. En poésie, Morphée personnifie les visions anthropomorphes, tandis qu'Icelos ou Phobetor procurent les rêves où apparaissent des animaux ; Phantasus apparaît enfin dans les rêves sous la forme d'un objet inanimé quelconque. L'expression : « être dans les bras de Morphée » signifie que l'on est en train de dormir et, éventuellement, de rêver. Voir Hypnos.

SOPHIA   La conception du philosophe, c'est-à-dire l'« ami de la sagesse », que nous avons héritée des Grecs, remonte vraisemblablement à Pythagore. Dans les doctrines gnostiques, la *Pistis Sophia* était vénérée comme une personne d'origine divine et chez les chrétiens, comme la sagesse divine sacrée (*Hagia Sophia*) ; la sagesse humaine n'est ici qu'un reflet symbolique de la sagesse divine et ne peut jamais l'égaler. L'hagiographie chrétienne vénère sainte Sophie (en latin, *sapientia*) comme la mère de *Fides* (la foi), de *Caritas** (la charité, c'est-à-dire l'amour du prochain) et de *Spes* (l'espérance), dont la légende raconte qu'elles furent martyrisées sous l'empereur Hadrien (117-138). La foi, l'espérance et la charité, les filles de la sagesse, représentent les trois vertus théologales. — Au-delà de ces interprétations, la figure de Sophia apparaît comme beaucoup plus complexe, et beaucoup plus riche d'enseignements, aussi bien dans les doctrines néo-platoniciennes que dans la gnose traditionnelle ou la théologie de l'Église orthodoxe. Chez les néo-plato-niciens, Sophia est en effet assimilée à l'âme* du monde, réalité intermédiaire entre notre monde sensible et le pur monde de l'intelligible. C'est une telle vue que reprend au IXᵉ siècle le théologien irlandais Scot Erigène qui fait de Sophia, en tant que Sagesse divine, la puissance de manifestation de Dieu, le « plan » de sa création, et par là même la rectrice de l'*Unus Mundus*, c'est-à-dire du monde médiateur entre l'homme et la divinité, de même qu'entre la matière et l'intelligence pure, où la matière se trouve encore dans un état spirituel, et où l'esprit se trouve déjà dans un état matérialisé : autrement dit, un royaume de la matière subtile que peut seule saisir la puissance de l'âme. Cette doctrine fut condamnée par l'Église catholique comme hétérodoxe. La théologie orthodoxe, et particulièrement la théologie russe depuis la seconde moitié du XIXᵉ siècle (depuis Boulgakov et Soloviev jusqu'à Florenski et, à l'époque contemporaine, Paul Evdomikov), a développé des considérations assez voisines, faisant de la Sophia la manifestation de l'énergie divine qui irrigue l'humanité et concourt à son salut. Comme l'écrivait Soloviev dans *La Russie et l'Église universelle*, « c'est en contemplant dans sa pensée éternelle la Sainte Vierge, le Christ et l'Église, que Dieu a donné son approbation absolue à la Création entière en la proclamant *tob meod, valde bona* (« entièrement bonne »). C'était là le motif de la grande joie qu'éprouvait la Sagesse divine au sujet des fils de l'Homme... Elle contemplait sous cette forme son incarnation future et, dans les enfants d'Adam*, ses propres enfants ; et elle se réjouissait en voyant qu'ils justifiaient le plan de la création qu'elle offrait à Dieu : *Et justificata est Sapientia a filiis suis* (*Évangile selon saint Luc* VII, 35 – « la Sagesse est justifiée par ses fils »)... Cette triple réalisation de la Sagesse essentielle dans l'humanité est une vérité religieuse que la chrétienté orthodoxe professe dans sa doctrine et manifeste dans son culte. » — La conception de la Sophia chez les gnostiques, quoique parente de cette ligne de pensée néoplatonicienne, en diffère cependant du point de vue ontologique. En effet, dès le premier grand gnostique, Simon le Magicien, qui vivait au temps du Christ puis de la prédiction de Pierre, la Sophia est envisagée comme *ennoia*, comme pensée de Dieu, qui a chuté du ciel* et causé dans cette chute la création sensible et historique dans laquelle nous vivons. Il est ainsi d'abord question d'un drame survenu à l'intérieur du monde divin, du déroulement d'une « hiéro-histoire » (une histoire sacrée se développant à l'intérieur du plérôme), drame dont nous sommes issus et qui nous impose comme tâche, pour le salut universel, de rédimer la Sophia dans sa déchéance (voir Hélène) et de l'aider à retrouver sa place légitime dans le sein de la divinité. Avec d'infinies variantes, c'est le même schéma que reproduisaient tous les gnostiques, particulièrement ceux d'Alexandrie comme Valentin et Basilide. Et si la Sophia est en exil dans notre univers, il convient de mettre un terme à son odysée malheureuse : « Et [des dominations et des puissances – voir Ange] elle souffrit toutes sortes d'outrages, / Tellement qu'elle ne pouvait remonter vers son Père, / Mais demeurait emprisonnée dans un corps humain, / Et à travers les âges, comme de vase en vase, / Elle se réincarnait en corps féminins successifs » (*Hymne de Simon*, cité dans l'*Adversus Haereses* de saint Irénée de Lyon). Alors la Sophia retrouvera sa gloire et habitera de nouveau la demeure qui est la sienne au sein de l'unique multiplicité du principe, du dieu inconnu (le *theos agnotos*, ce que la mystique rhénane appellera la « Déité » ou Jacob Boehme l'*Absconditum*), du néant suressentiel à partir duquel s'est déployé le monde de l'esprit : « Elle avait à l'origine sa demeure dans le treizième Éon. Le désir du monde supérieur de la lumière lui fit lever les yeux vers la lumière des hauteurs. Elle s'attira ainsi la haine des Archontes des douze Éons ; il faut entendre par là les maîtres du ciel, les maîtres des fixes qui correspondent aux douze signes du zodiaque. C'est entre le ciel et le domaine de la lumière, dans le lieu intermédiaire, hors du monde limité par le ciel des astres, qu'habite la Sophia... » (*Pistis Sophia*).

SORCIÈRES Il ne faut pas associer la figure de la sorcière telle qu'on la rencontre dans les légendes, les contes et les mythes, aux atrocités des chasses aux sorcières du Moyen Âge et de la Renaissance en Europe. D'innombrables peuples exotiques croient, eux aussi, aux sorcières et au caractère démoniaque de certaines femmes, considérées comme cannibales, magiciennes, meurtrières et destructrices de la puissance masculine (par exemple à l'aide de leur vagin pourvu

Sorcières volant à cheval sur une fourche : gravure (« Traité des femmes malignes, appelées sorcières »).

ou de la mère* qui risque de l'engloutir et, lorsque cette terreur est vécue littéralement, c'est-à-dire passée à l'acte, la volonté de le combattre qui va jusqu'à le dénier, autrement dit la tentative de se débarrasser de ces femmes en les exterminant purement et simplement par le feu* si une première tentative a échoué avec l'eau*, considérée comme l'élément pur par excellence. Pour la psychanalyse jungienne, la sorcière est l'incarnation imaginaire de la « face obscure de l'anima, du côté féminin de l'homme » pas encore dégagé de l'archétype de la mère, et représenté par exemple par la déesse noire* Kali de la mythologie indienne ou par la sorcière Rangda du théâtre dramatique indonésien. Les symboles associés à cette figure sont le plus souvent en Occident les oiseaux de nuit* (hibou* ou petite chouette*) en qui la sorcière elle-même peut se transformer, les crapauds*, les serpents* et les chats* noirs ; elle est caractérisée soit par son extraordinaire beauté, soit au contraire par sa laideur repoussante, et bien souvent également par sa nudité* lors de rituels célébrés sur des montagnes* isolées sous la présidence du Diable qui prend, pour cette occasion, la forme d'un bouc*.

de dents ; en latin, *vagina dentata*). Ces images de sorcières symbolisent toute la force négative de la femme, telle qu'elle est fantasmée par l'homme dans son besoin de réassurance sexuelle et d'identité masculine – comme si l'homme (Tout psychique limité par le signifiant « phallus » pour Lacan, ce qui fait que « l'Homme existe ») éprouvait une frayeur d'ordre quasi sacré devant l'infinie jouissance féminine (la Femme étant, toujours selon Lacan, le Tout que rien ne vient limiter, ce qui fait que la « Femme n'existe pas » – mais, à la limite, « surexiste » peut-être ? Ce qui ne veut pas dire par ailleurs que « les femmes » n'existent pas...). Cette « étrangeté » du féminin est d'ailleurs tellement forte que Freud le considérait comme un « continent noir » dont on ne pouvait presque rien dire – d'où la question angoissée de la psychanalyse : « Qu'est-ce que veulent donc les femmes ? » ; observant, malgré tout, le versant d'ombre et de féminin mélangés de sa propre métapsychologie, il en arriva d'ailleurs parfois à parler de celle-ci comme d'une sorcière... D'où la peur, et parfois la terreur psychique de l'homme devant l'« abîme* » de la femme

La sorcière maléfique, sous les traits d'une mégère vieille et laide, enlève les enfants qui ne sont pas sages : estampe allemande du XVIIIe s.

Cette image de la sorcière élaborée et transmise par la tradition européenne n'est qu'un cas particulier de la peur quasi universelle des hommes devant le sexe féminin ; cette crainte se manifeste dans d'autres civilisations sous des formes différentes (dans le Japon ancien, les figures féminines démoniaques se transformaient en renards* alors qu'elles prennent dans les tribus sibériennes la forme de loups*, etc.). L'Inquisition a renforcé ces idées en élaborant autour des sorcières des théories pseudo-scientifiques qui servaient de légitimation à ses pratiques meurtrières. — Avec le courant romantique du XIXᵉ siècle, qui a réévalué le féminin et a parfois même exalté jusqu'à redécouvrir certaines des plus anciennes intuitions des religions de la déesse-mère (la « fiancée » de Novalis ou le culte d'Isis rapporté par Nerval dans les premières pages de *Sylvie*), la figure de la sorcière a été réexaminée avec une réelle sympathie, par exemple par Michelet (1798-1874) qui, dans son étude du même nom, en fait le témoin de la survivance des croyances populaires malgré le triomphe du christianisme et du profond besoin d'inspiration psychique et religieuse qui s'exprimait ainsi dans le contact maintenu avec les forces obscures et maternelles de la Nature. Est-ce pour rien d'ailleurs que bien des intuitions de *La Sorcière* se retrouvent aussi dans un autre de ses plus grands livres, *La Mer* ? — Au cours des dernières années, la sorcière est devenue le symbole de certains courants au sein du mouvement féministe, non seulement en signe de protestation contre la domination sociale de l'homme, mais aussi pour affirmer la spécificité absolue de la nature féminine (mouvement *wiccan* aux États-Unis, le mot *wiccan* dérivant de *witch*, la sorcière).

SOUFFLE Produit par le phénomène d'expiration, le souffle est la manifestion même de la vie chez tous les êtres qui vivent des échanges de l'air*. Comme tel, il est le plus souvent considéré comme la manifestation du Principe créateur : Dieu « insuffle » la vie à la matière inanimée. « Dieu forma l'homme de la poussière de la terre et lui souffla dans les narines le souffle de la vie ». (*Genèse* II, 7). De même, « embryon des eaux et des plantes adorables », le dieu védique Agni, le feu* initial, l'Oblateur qui assure les liaisons entre les mondes dieux et des hommes, « souffle à travers les forêts » et « siffle sur les eaux » (*Hymne à Agni, Rig-Véda,* I, 58) ; c'est aussi un souffle qui donne naissance à l'œuf* cosmique évoqué par les chants des mêmes *Védas*. Dans l'un des mythes orphiques de la Création, la Nuit* aux ailes noires fut courtisée par le Vent* qui déposa en son sein un œuf d'argent dont sortit Éros, celui qui mit en marche l'univers. Même symbolique encore chez les Dogons du Mali où la semence de la création est engendrée par la parole du dieu Amma, donc portée par son souffle (voir Placenta). Si le souffle divin crée la vie, il l'entretient aussi. Dans l'islam, « l'Expir divin » (*anfâs*) de l'Esprit universel (*ar-Rûh*) permet le « renouvellement de la Création à chaque souffle ». Le soufisme, quant à lui, met en relation l'Expir avec la Parole divine : de même que les lettres* et les sons qui constituent le Livre* sont analogues aux archétypes qui se reflètent dans le cosmos, le souffle qui véhicule les sons est analogue au principe divin. L'Expir divin est donc le complément dynamique et féminin de l'Ordre divin de la Parole. (Il faut se rappeler en effet que le mot qui désigne à la fois l'esprit et le souffle, *ruah* chez les Hébreux, *ruh* chez les Arabes, est du genre féminin dans les langues sémitiques : d'une certaine façon, le souffle est l'énergie qui permet à la parole de se manifester). Le souffle est alors en quelque sorte l'équivalent de la « Nature universelle » et joue un rôle analogue à la Shakti des hindous (voir Kali et Shiva), la Mère* divine elle-même universelle qui est la somme de toutes les énergies, qui préexiste à toute autre force et dont on cherche à intégrer la puissance par les exercices du yoga qui visent précisément à discipliner le souffle. — Le souffle *Qi* ou *chi*, joue aussi un grand rôle en Chine : « En nous s'ébattent le souffle et le sang*. » Porté par le yin et le yang, il faut en affiner la substance et le discipliner afin d'apprendre à respirer avec l'ensemble des « ouvertures » du corps et d'éviter les désordres physiques et mentaux qui résulteraient de son accumulation dans une seule région et de l'arrêt de sa circulation. « La puissance de vie atteint son maximum lorsque rien n'entrave l'endosmose du microscosme et du macrocosme », en dit Marcel Granet (*La Pensée chinoise*). Les exercices pratiqués dans le Tai-chi chinois sont donc tout aussi stricts que les techniques respiratoires (*prânâyâmâ*) du Hatha-yoga, lui-même lié à un certain nombre de postures (*âsanas*) très pré-

cisément définies. Il s'agit là pour les hindous de favoriser la méditation en apai-
sant le mental qui a toujours tendance
à l'ébullition, et de provoquer l'éveil de
la Kundalini (voir Serpent) par l'ouverture des chakras*. Ce qui signifie aussi
bien de faire descendre en soi le pouvoir
de la shakti afin de la faire remonter le
long de l'axe vertébral. La répétition
rituelle du nom de Dieu par les soufis,
l'émission incantatoire par les Indiens du
mantra* *Aum* primordial, qui reposent
également sur une discipline du souffle,
ne visent d'ailleurs pas autre chose que
l'accueil en soi-même de la divinité ainsi
évoquée. — La Grèce antique, pour sa
part, accordait une certaine importance
à l'exercice du souffle ou *pneuma*. Platon,
dans le *Timée*, montre que la partie mortelle de l'âme*, séparée de l'âme immortelle, est située dans le thorax et que le
poumon sert en quelque sorte d'édredon
au cœur, lui apportant l'air qui rafraîchit
ses accès de colère. Dans son *Commentaire* d'Héraclite, Hippocrate montre
aussi que le professeur de gymnastique,
par les exercices du souffle, contraint
et purifie le feu qui est contenu dans la
nourriture de même, dit-il, que les forgerons* contraignent le fer par le souffle
(ici le soufflet de la forge). — Outre sa
fonction première de création puis de
régulation de la vie, le souffle, maîtrisé,
a un rôle fondamental en musique* avec
les instruments à vent, en particulier les
flûtes* dont jouent Hermès*, Athéna*,
Dionysos* ou le dieu Pan*. En Chine également, ce souffle lié à la musique apparaît comme l'élément premier du rythme
dont l'émission engendre le couple du
yin et du yang, les trois modes poétiques,
les quatre emblèmes de la danse*, les
cinq sons primordiaux, les six tubes
musicaux, les sept notes, les huit vents
(huit instruments de matière différente)
et les neuf chants – selon l'ordre hiérarchique si spécifique à la Chine où l'ordre
du monde est toujours un univers clos
en mouvement perpétuel. — Être habité
par le souffle divin est le sort des prophètes, des sibylles* et, par la suite, de
tous les poètes inspirés sur lesquels
passe le souffle ou battent les ailes du
génie, ceux qui, emportés par de « très
grands vents sur toutes faces du
monde », écoutent « l'arbre du langage
peuplé d'oracles » (Saint-John Perse).
Comme les héros bibliques qui réussissent des exploits après avoir reçu l'esprit
(*spiritus*) de Dieu – ainsi de Samson « qui
déchire un lion comme s'il eût déchiré

un chevreau » (*Livre des Juges* XIV, 6) –,
la pythie* de Delphes ne peut répondre
aux questions qu'on lui pose qu'habitée
par le souffle d'Apollon, tout autant que
par les vapeurs qui se dégagent de la cre-
vasse que surmonte son trépied, autrement dit par les exhalaisons, par le
souffle chtonien de l'ancienne déesse-
mère. De même, la sibylle de Cumes,
interrogée par Énée, « cherche à secouer
de sa poitrine le dieu tout-puissant, avant
que les issues de la demeure s'ouvrent
par centaines et apportent les réponses
de la prophétesse sur les souffles de l'air »
(*Énéide* VI, 80-85). À la Renaissance,
Rabelais reprendra sur le mode de l'ironie cette idée de la femme-tube qui laisse
passer en elle le souffle divin, avec la
consultation de la sibylle de Panzoust
par Panurge, qui veut savoir s'il doit se
marier. Pour ponctuer son message,
celle-ci « se recoursa robbe, cotte et che-
mise jusques aux escelles, et leurs mons-
troit son cul... Par le sambre guoy deboys,
dit Panurge, voy là le trou de la Sibylle »
(*Tiers Livre*, XVII). Ici, nous avons affaire
à l'évidence à cette tradition inversée où
le souffle « supra personnel » n'est plus
celui de l'Esprit qui « souffle sur les eaux »,
mais celui du Dieu inférieur, du démiurge,
de Satan, bref, du souffle du bas qui s'oppose au souffle du haut*. C'est alors
qu'apparaissent les rituels d'adoration
des sabbats où l'on pratiquait le « baise-
cul » ou le « baiser anal » d'un Diable à
forme de bouc* – rituels repris dans les
carnavals par la tradition du « péten-
gueule » (pet-en-gueule) qu'on accomplissait sous le patronage de saint Blaise,
le patron des souffles, et qu'a étudiée
Claude Gaignebet. Comme l'anus, en
effet, par où sortent les excréments*, est
le symétrique de la bouche* par laquelle
entrent les aliments, le pet devient ainsi
l'inversion dérisoire du souffle de l'esprit,
l'expiration flatulente qui s'oppose à l'inspiration sacrée. Cette image, cependant,
comme dans le symbolisme de la naissance anale, peut elle-même s'inverser et
illustrer l'un des schèmes fondamentaux
de l'imagination humaine : le corps conçu
en effet comme un tube traversé par les
souffles apparaît en alchimie*, chez Paracelse par exemple, mais aussi, dit celui-
ci, chez les Templiers qui mettaient en
contact les deux extrémités du tube,
reproduisant de la sorte l'image de l'Ou-
robouros* et soulignant la circulation
cosmogonique des souffles qui transportent les âmes qui se transforment et
renaissent éternellement ; tandis qu'à tra-

vers le tube humain lui-même, « le souffle du monde fait gonfler les bulles que les philosophes latins comparent volontiers à l'homme pour sa fragilité : *Homo Bullus* » (C. Gaignebet, *Art profane et religion populaire*). Parvenu à ce point, on se rend compte aisément que le souffle offre l'ambivalence de toutes les sécrétions humaines ou animales (voir Salive), et peut aussi se révéler mortel comme dans l'haleine fétide ou enflammée des dragons* et des monstres qui peuplent tout autant les contes* que les tréfonds de notre psychisme. C'est pourquoi il faut protéger à tout prix le souffle de ses proches : les Chinois qui accordaient une si grande importance à la magie des souffles, souhaitaient que le premier et le dernier souffle de chacun fussent poussés et rendus au sein de sa famille, puisqu'on peut agir sur autrui, disaient-ils, dès le moment qu'on possède une part ou un résidu de sa substance.

SOURCE Les sources étaient tenues dans nombre de cultures antiques pour des lieux particulièrement sacrés, en partie parce que les eaux* fertilisantes ne tombent pas seulement du ciel* sous la forme de pluie*, mais qu'elles sont aussi des « eaux profondes », dispensées par les divinités souterraines. Nymphes, fées ou autres êtres surnaturels peuplant les sources étaient adorés, le plus souvent en association avec des cultes de divinités de la guérison et de la purification. Ces divinités sont généralement des figures féminines qui apparaissent d'habitude sous une forme triple, et qui étaient associées aux concepts de fécondité, de postérité et de mariage (il en allait ainsi chez les Grecs et les Romains – qui avaient une fête des Sources appelée Fontilania –, de même que chez les Celtes et les Germains). En Chine et au Japon, on trouvait souvent de petits sanctuaires à proximité des sources. Le mot chinois signifiant source, *ch'uän*, peut se combiner avec les mots pur et eau, et comporte le même radical que le mot origine. La *Bible* mentionne les quatre* fleuves* du paradis*, issus d'une source bienfaisante qui symbolise la vie éternelle et la renaissance. La Jérusalem* céleste représente, dans l'*Apocalypse* de saint Jean, la source de la vie du nouveau paradis. Pour l'herméneutique biblique, qui conçoit les événements de l'*Ancien Testament* comme annonçant la vie de Jésus, la source qui jaillit dans le désert, sous l'action de Moïse*, symbolise la plaie au flanc du Christ, dont le sang*, ainsi que l'eau baptismale, porte en lui la rédemption de l'humanité. L'*Adoration de l'Agneau mystique* de Van Eyck conservé à Gand, montre la source céleste se diviser en sept fleuves qui correspondent aux sept* dons du Saint-

La source céleste et l'Agneau mystique :
panneau central (polyptyque de Gand, Jan Van Eyck).

*1. Deux chevaux s'abreuvant
à la source où pousse l'arbre de vie :
carreau de marbre (X^e-XIe s.).*

*2. L'ange indique à l'apôtre Jean
la source de la vie : miniature du XIVe s.*

tée comme le symbole positif de « l'eau de la vie ». « Quand l'arbre et la source apparaissent dans le rêve, c'est que le rêveur se rapproche d'une vie plus sereine, car il s'agit d'une fontaine de jouvence » (E. Aeppli). Un motif mythologique courant reprend cette dernière association en y ajoutant encore la présence de la pierre*. C'est là, d'habitude, l'indication d'une idée parmi les plus primitives du temple, où se marient l'ascension de l'arbre vers le ciel, le flux de l'eau qui symbolise l'existence temporelle, et la stabilité, pour ne pas dire l'éternité du roc. Cette association des trois symboles s'est presque toujours retrouvée à travers les siècles dans l'art des jardins*, marquant ainsi la relation de ces derniers avec l'image terrestre du paradis* de Dieu ; on la retrouve notamment dans le roman de *Tristan* et Iseut* où les amants se retrouvent la nuit dans un verger enchanté doté d'une fontaine dont l'eau tombe dans une vasque de pierre, et que surplombe la silhouette d'un pin.

Esprit. Voir Puits. — Les *Gesta Romanorum*, recueil de récits du Moyen Âge (vers 1300), racontent nombre d'histoires au sujet de « sources merveilleuses ». L'une de ces histoires parle, par exemple, d'une source en Sicile qui rend les femmes stériles fécondes, ou d'une autre qui, à l'inverse, rend les femmes fécondes stériles. « Interprétation : la première source doit nous faire penser au Christ qui rendit fécond un pécheur infertile, faisant ainsi œuvre de charité. L'autre source symbolise le Diable, qui s'oppose à la première et conduit l'homme bon à une mauvaise fin... Il existe en Épire une source qui est censée éteindre les flambeaux* embrasés et rallumer les flambeaux éteints. Interprétation : le Christ éteint les flambeaux embrasés, c'est-à-dire les puissants de ce monde, et embrase les flambeaux éteints, c'est-à-dire les pauvres dont le monde s'était retiré. » Dans la symbolique des rêves, la source est souvent, à proximité d'un arbre*, interpré-

SOURIS   La souris joue un rôle considérable dans la croyance populaire traditionnelle, ainsi que dans la symbolique qui s'y rapporte. Elle passe souvent pour un symbole de l'âme*, à cause de sa manière de se déplacer, à peine perceptible et fugitive, et qui rappelle la façon dont la vie quitte le corps humain. La zoologie antique mentionnait l'effet de répulsion que la souris exerce sur l'éléphant*, et pensait que les souris procréaient en

*Vendeur de mort-aux-rats : estampe
populaire italienne du XVIIe s.*

Chat donnant la chasse aux souris : miniature (XVe s., « Der Edelstein », U. Boner).

se léchant mutuellement. On croyait aussi, en Égypte, que les souris naissaient dans le limon du Nil, et que leur vie se développait en fonction des phases de la lune*. Comme la souris est un animal peureux et qui vit dans les lieux obscurs, on lui attribuait des pouvoirs démoniaques et prophétiques. Quand les souris dansaient ou sifflaient, c'était le signe précurseur d'une tempête* ; quand elles rongeaient des objets de culte, c'était le signe que le destin s'apprêtait à frapper d'une façon imminente. En raison de leur convoitise et de leur lascivité réputées, les souris étaient représentées sur les pièces de monnaie avec la déesse de l'Amour, Aphrodite* (Vénus*). C'est sans doute dans le même ordre d'idées que, dans l'argot moderne du français, on désigne les femmes sous le nom, autrement incompréhensible, de souris. Un auteur inconnu de l'Antiquité, que l'on a

longtemps cru être Homère*, écrivit une parodie épique, intitulée *La Guerre des grenouilles et des souris (Batrachomyomachie)*. On pensait aussi que la souris, animal des morts, avait le pouvoir de quitter puis de réintégrer, durant son rêve, le corps du dormeur. Dans la croyance islamique, les souris sont considérées comme les réceptacles des âmes de toute la lignée israélite. L'aspect le plus négatif de la souris consiste en ce qu'elle ne se contente pas de détruire les vivres (l'Apollon* sminthien avait pour fonction dans l'Antiquité de protéger les vivres des souris), mais que, à l'instar du rat, elle propage aussi les épidémies. C'est pourquoi on fit de la souris le symbole des puissances hostiles et démoniaques. Une image courante du délirium tremens est de voir des souris blanches (chez les Aztèques, les gens ivres voyaient « 400 lapins »). « La petite souris, écrit Aeppli,

La fabuleuse grande bataille des souris et des chats : estampe populaire française de 1610.

La « grande bataille des chats contre les souris » : estampe populaire italienne du XVIe s.

qui apparaît çà et là dans le rêve, représente souvent une puissance hostile, mais elle peut aussi avoir un caractère inoffensif, quand elle se rapporte à un petit nom de la langue amoureuse inconsciente... Dans les rêves d'adolescents, la souris symbolise l'organe sexuel féminin. L'autre aspect de ce rongeur, secret, est beaucoup plus étendu... » En effet, une multitude de souris signifie que « le spirituel en nous, dissocié en parts dispersées et voraces, erre dans les régions obscures de notre vie ». (Voir Rat.) Dans les bandes dessinées ou dans les dessins animés modernes, la souris est toujours représentée comme un animal rusé, dont l'astuce lui permet de se défendre contre un ennemi qui lui est pourtant théoriquement supérieur, le chat*. Elle rappelle ainsi implicitement l'histoire du jeune David* qui vainquit le géant* Goliath. On a aussi retrouvé sur certains papyrus égyptiens la description d'une guerre opposant les souris aux chats.

SOUVERAINETÉ   Le pouvoir a longtemps été considéré comme devant être consacré par les puissances divines pour affirmer sa légitimité. Dans de nombreuses cultures, cette reconnaissance se fait par l'intermédiaire de mariages* sacrés (hiérogamies) où, en s'accouplant avec l'énergie de la déesse-mère* et tutélaire, le roi devient son amant et accède de la sorte au titre de fils ou de parèdre. À travers cet inceste* symbolique, c'est la fécondité du royaume et la fertilité de son sol qui sont d'abord recherchées – fécondité qui représente le premier devoir du souverain. Il s'agissait ainsi, en Mésopotamie, par la mise en scène du désir et de l'amour consommé, d'assurer la fécondation des matrices par « l'eau du cœur » (le sperme) – et il convenait

pour ce faire, comme nous en avons les témoignages pour la très ancienne Uruk, de répéter les ardentes noces de la déesse Inanna et de l'antique roi Dummuzi. Les chants sacerdotaux sont d'ailleurs explicites. Soulevée de passion, Inanna chante : « Quant à moi, à ma vulve, à mon tertre rebondi, / Moi, jouvencelle, qui me labourera ? / Ma vulve, ce terrain humide que je suis, / Moi, reine, qui y mettra ses bœufs* de labour ? » À quoi on lui répond : « Ô Inanna, c'est le roi qui te labourera, / C'est Dummuzi qui te labourera ! » Et la déesse d'exulter : « Laboure-moi donc la vulve, ô homme de mon cœur ! » C'est l'expression de ce désir et l'union qui en résultait que le roi réel devait répéter pour son propre compte, sans doute avec une prêtresse d'Inanna qui en jouait le rôle, et en quoi on considérait que la déesse était incarnée pour la circonstance. Lorsque les royaumes sumériens disparurent et que le pays fut passé entre les mains de populations sémites (Akkadiens d'abord puis, plus tard, Babyloniens), le même rite demeura avec les divinités Ishtar* et Tammuz, avant de s'étendre à tout un ensemble de couples divins dont les hiérogamies semblent avoir rythmé le calendrier liturgique. Le but de ces unions n'était pas tant d'assurer la fertilité des terres et l'abondance des récoltes, que de ratifier la souveraineté du roi. — Dans un tout autre horizon, et pourrait-on dire, presque à l'opposé géographique, on retrouve l'équivalent de ces pratiques, tout du moins dans l'esprit si ce n'est exactement dans les formes, à l'intérieur du monde celte. En adoptant, semble-t-il, tout un substrat de croyances antérieures à leur invasion de l'Irlande, et plus particulièrement le culte de la déesse-mère sous le nom de Danu ou d'Anu (d'où le nom de *Tuatha dé Danann* : le « peuple de Danu », qu'ils donnèrent à leurs prédécesseurs sur l'île), les Celtes développèrent eux aussi une conception de la souveraineté où la légitimité du roi ne pouvait être garantie que par ses noces avec la divinité maternelle qui régnait, en le protégeant, sur le territoire concerné (la déesse Anu, tutélaire de la province de Munster, apparaît ainsi dans le comté Kerry sous les espèces de deux collines surnommées « les seins d'Anu »). Comme dans le cas d'Ishtar, ces puissances féminines gouvernent d'ailleurs en même temps, dans une sexualité souvent anarchique, et dépassant les cadres moraux et légaux des humains, les forces naturelles qui assurent la fertilité de la terre et l'esprit guerrier qui en garantit l'intégrité – le sol de la province, du royaume ou de l'Irlande étant lui-même compris comme « le corps » de la Mère (voir Maeve). Ces rituels ont survécu jusque tard dans notre culture, jusqu'au XIIe siècle. Le chroniqueur Geraldus Cambrensis, dans sa *Typographia Hibernica*, rapporte que, pour assurer sa légitimité, le roi de Kenelcunils devait s'accoupler, au vu de ses soldats, avec une jument

*Déesse-mère
de Saint Pourgain-sur-Besbre :
terre cuite. Musée des Antiquités
de Saint-Germain-en-Laye.*

blanche – incarnation évidente de l'ancienne déesse chevaline Macha. Les rois d'Irlande, cependant, et particulièrement les « rois suprêmes » qui résident à Tara, ne doivent pas seulement garantir la prospérité de l'île, ils doivent aussi la gouverner avec sagesse et mesure. Ils doivent donc être capables de discernement, et d'un discernement d'ordre spirituel. C'est à cet aspect du pouvoir que semble se rapporter l'épisode légendaire de la « demoiselle hideuse ». Un jour qu'ils vont à l'aventure, les cinq* fils d'Eochaid, roi suprême de Tara, rencontrent une vieille « aux yeux noircis et rougis par la fumée, au nez camus et aux narines béantes, au ventre fripé et à la peau malsaine ». Cette vieille leur demande de l'embrasser. Les quatre premiers frères refusent, et seul Niall, le plus jeune, accepte. Alors la vieille se transforme en une jeune femme à la beauté éclatante (« sa peau était de neige, ses dents étaient de perles et sa bouche rouge comme le fruit du sorbier »), et ce dialogue s'échange entre eux : « Femme, voici une infinité de charmes ! dit le jeune homme. Elle lui répondit : En vérité, tu dis juste ! Et qui es-tu ? poursuivit-il. Je suis la Loi souveraine, répondit-elle. Et elle ajouta : Futur roi de Tara, je suis la Loi souveraine... Va maintenant, dit-elle encore, va retrouver tes frères, et prends avec toi de l'eau. Que le royaume et la puissance suprême soient tiens et à ta descendance à jamais » (*Silva Gadelica*).

SPHÈRE La sphère est le volume engendré par la rotation d'un cercle* autour de son diamètre. Comme le cercle était considéré comme la figure parfaite dans le plan, la sphère le fut aussi, autrefois, pour ce qui était de l'espace. C'est pourquoi on imaginait, dans l'ancienne astronomie, que chaque planète* était fixée sur une sphère particulière qui tournait autour de la Terre*, cependant que les étoiles* les plus lointaines, ou étoiles fixes, étaient attachées à une sphère qui, à force de toucher à l'éternelle immobilité du divin, était elle-même immobile (sphère des fixes). Témoins indubitables de l'harmonie générale et de l'organisation du monde sensible en un cosmos* ordonné, ces sphères tournaient dans le ciel* en émettant une musique* mélodieuse. C'est ainsi que le soldat pamphylien du mythe d'Er chez Platon (*La République*, vol. X), lorsqu'il contempla le système des sept* planètes et des étoiles fixes, vit sur chacune d'elles une

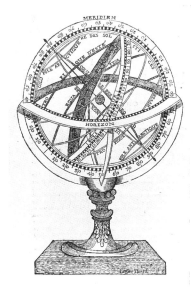

Sphère armillaire, ou représentation en trois dimensions des principales structures du cosmos, avec la Terre au centre et les principaux cercles de la sphère.

sirène « qui émettait un son aux multiples modulations; et les huit composèrent ensemble une seule harmonie ». C'est Pythagore*, le premier, qui imposa cette conception et, d'après le philosophe mystique musulman Shirazi (début du XIVᵉ siècle), c'est à la suite d'un voyage où il découvrit l'âme* du monde et ses sphères spirituelles, archétypes de celles qui structurent les cieux sensibles, qu'il inventa la musique : « Il revint ensuite à son corps de matière, et c'est d'après ce qu'il avait entendu qu'il détermina les rapports harmoniques et paracheva la science de la musique » (*Commentaire au Livre de la sagesse orientale* de Sohrawardi). — Sur le plan spirituel, et dans la lignée hermético-platonicienne, l'âme immortelle de l'homme décrit après le trépas une ascension à travers ces sphères où elle abandonne à chacune le pouvoir qui lui est attribué jusqu'à sa purification suprême (voir par exemple le *Pimander*, traité du *Corpus Hermeticum* – voir Hermès) ; tandis que, sur le plan de la psyché, C.G. Jung interprète ainsi ce voyage : « L'ascension à travers les sphères planétaires revenait donc, en

quelque sorte, à se dépouiller des qualités de caractère indiquées par l'horoscope, une libération régressive de l'emprise du caractère imprimé par les archontes. » Au terme de ce périple où l'homme s'est ainsi défait de tous les obstacles et bout où il est venu à bout de ses complexes autonomes (processus d'individuation), « quiconque a traversé toutes les sphères est libéré de toute contrainte, il a remporté la couronne* de la victoire et est devenu tel un dieu » (apparition au centre de l'âme de ce que Jung appelle le Soi, c'est-à-dire l'*imago Dei* – cf. *Mysterium Conjunctionis*). — On comprend ainsi comment la sphère relève d'abord de l'ordre intellectuel et, au-delà, de l'ordre spirituel qui gouverne et inspire le monde terrestre et sensible. C'est pourquoi, dans la mesure où il est intelligible à l'homme, l'univers a la forme d'une sphère (correspondant à l'idée du cercle qui le structure, et qui est une « idée » de l'intellect divin) ; c'est pourquoi aussi il est animé par une âme du monde qui, épiphanisée dans l'espace où se déploie cet univers, est elle-même sphérique (voir le texte du *Timée*). De même, dans *Le Banquet*, les androgynes* originels décrits par Aristophane ont la forme d'une sphère, puisqu'ils sont antérieurs à leur division par les dieux, et donc antérieurs à la manifestation sensible de l'humanité dans l'ordre de la sexuation. De ce point de vue, la sphère indique aussi la totalité de l'être ou des choses en tant qu'elle n'est pas incarnée, qu'elle n'est que potentielle par rapport à leur réalisation, ou qu'elle est la forme intelligible de leur matérialité manifestée. D'où la même dialectique dans le passage de la sphère au cube* que dans celui du cercle au carré* ou du trois vers le quatre*, alors que la sphère relève de la trinité (Platon indique bien comment elle est le déploiement du trois à l'intérieur duquel elle prend place, de même que Kepler, dans le *Mysterium cosmographicum*, explique encore à la fin du XVIᵉ siècle que la sphère du cosmos est l'image de la Trinité chrétienne : le soleil* au centre* comme Père, la surface comme Fils et le rayon comme Saint-Esprit) ; le cube relève de la quaternité, c'est-à-dire de l'unité qui orchestre la multiplicité du monde sensible, autrement dit, il symbolise l'incarnation, la manifestation, la Création déployée.

SPHINX   Le sphinx est le nom grec d'un être mixte, demi-homme demi-lion*. Il est surtout célèbre grâce à la monumentale

*Akhénaton,
sous l'apparence
du sphinx,
adore le dieu du Soleil
Aton : relief
(XIVe av. J.-C.,
Tell al-Amarna).*

sculpture du site de Gizeh, en Égypte, (57 m de long) qui représente le pharaon Kephren (vers 2600 av. J.-C.) dont le corps de lion, symbolise l'invincibilité. D'autres rois* de l'Égypte ancienne ont été représentés sous cette forme – par exemple Sésostris III et Amenemhat III (XIIe dynastie, vers 2000-1700 av. J.-C.) – qui permet au souverain de se démarquer d'autant mieux du reste de l'humanité. Les reines furent, en revanche, rarement représentées sous cette forme. Le sphinx féminin de la tradition grecque tirait son origine d'un motif fabuleux tout à fait différent. On le représentait souvent ailé et toujours sous les traits d'une femme, d'une démone de la mort qui attendait au bord du chemin, posant des énigmes au passant et dévorant tous ceux qui ne pouvaient les résoudre jusqu'à ce qu'Œdipe* en triomphe grâce à son habileté et à la puissance de sa parole. Il symbolise ainsi l'énigme que l'humanité doit résoudre,

Sphinx avec amphore : revers d'une tétradrachme (412-334 av. J.-C., Chio).

car il provoque la personne interrogée pour lui faire découvrir le sens de son existence. C'est dans cette acception qu'on a considéré le sphinx à l'époque maniériste et baroque ; on l'a fréquemment représenté en peinture et en sculpture sous les traits d'une femme-lion à la poitrine généreuse et au sourire mystérieux.

SPIRALE   Symbole graphique très ancien et très répandu, la spirale s'apparente au cercle* ou à un système de cercles concentriques qu'on ne peut pas toujours distinguer au premier abord des spirales elles-mêmes. Théoriquement, ces deux figures sont très différentes, mais il est possible que des « cercles concentriques », tracés en allant du centre vers la périphérie, dans un mouvement très rapide, se transforment en spirales et puissent être alors interprétés de la même manière. En principe, la spirale est un système dynamique qui se concentre ou se développe selon que le mouvement est centrifuge ou centripète. Le motif de la spirale peut avoir été inspiré à l'origine par l'observation des turbulences (des flux tourbillonnants) de l'eau* courante mais aussi par celle des remous qui se produisent lorsque l'eau, ou un tout autre liquide, s'écoule par une ouverture vers le bas. Dans chaque cas, elles peuvent indiquer une immersion dans les « eaux de la mort » (voir Au-delà), ce qui expliquerait pourquoi ces signes furent souvent gravés sur les pierres tombales mégalithiques de la préhistoire. On peut également penser qu'ils permettaient d'établir une relation avec les mouvements des astres dans le ciel*, durant la nuit. Il n'est d'ailleurs pas rare d'observer que de semblables pétroglyphes sont effleurés et traversés par les rayons du soleil* qui s'infiltrent à travers les fentes des édifices, notamment aux jours de solstice. Mais comme le soleil disparaît tous les soirs à l'ouest, dans la mer*, pour réapparaître le lendemain matin à l'est, il est possible que l'apposition de ces signes ait également un rapport avec l'idée déjà évoquée de « mort et renaissance ». En tant que telle, la spirale renverrait alors aussi bien à l'ordre cosmique de la croissance et de la décroissance du soleil et du jour selon le rythme des saisons (le solstice d'hiver représente le point d'origine chez les Mayas dont la cosmologie se développe selon le motif de la spirale), qu'à la danse du yin* et du yang chinois qui ne cessent de s'engendrer l'un l'autre, le vieux yang de l'été se transformant et mourant dans le jeune yin de l'automne, et le vieux yin de l'hiver faisant de même avec le jeune yang du printemps (voir Éléments). On remarquera d'ailleurs ici que la croissance du yang solaire se produit également à partir du jour du solstice d'hiver. — En fait, étant reliée aux images de l'eau et de la mer ainsi qu'à celles de l'Au-delà et de l'origine qui s'y trouvent contenues, la spirale semble avoir d'abord été un symbole spécifiquement féminin, rattaché au cycle lunaire dans sa croissance et sa décroissance perpétuelles, souvent manifesté dans les coquilles* et les coquillages qui lui correspondent et, en dernière instance, représentant la vulve même de la Déesse comme on peut le relever sur ce qu'il est convenu d'appeler les Vénus* paléolithiques. Forme de la vie, de la fécondité et du caractère cyclique du temps et du cosmos, elle devient comme le « plan d'organisation »

Figurine anthropomorphe ornée de spirales et de labyrinthes : art préhistorique de la Dacie.

du changement et du pouvoir de métamorphose qui fait que tout se transforme toujours dans sa manifestation sans changer dans son être. Est-ce pour rien d'ailleurs que la spirale est étroitement reliée au nombre d'or, nombre irrationnel touchant à l'infini, et qu'elle exprime de ce fait la perfection du mouvement et de la genèse sans fin de la même ligne ? (voir la partie consacrée au nombre d'or, à la spirale et à la suite de Fibonacci à la fin de l'entrée Nombres). — Le symbole de la double spirale, d'autre part,

Intérieur d'un vase et cruche avec décorations spiraliformes : art préhistorique de la Dacie.

*Spirales avec rubans entremêlés :
miniature irlandaise (VIIIᵉ-IXᵉ s.).*

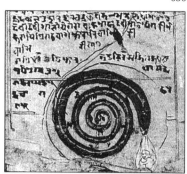

*Spirale : miniature
(codex de médecine indienne).*

est particulièrement intéressant dans la mesure où il réunit les deux mouvements possibles de la spirale, le déploiement et l'enroulement (« évolution et involution »). On peut y lire aussi bien « le devenir et la disparition » que la réversibilité de ce processus. C'est en ce sens qu'on peut interpréter la double spirale qui apparaît sur le triangle* ventral d'une statuette thrace de déesse-mère de l'époque néolithique. Dans la statuaire romane, les doubles spirales étaient parfois repro-duites dans les plis des vêtements du Christ, marquant ainsi son double mouvement d'incarnation et d'assomption, et expliquant en la développant selon sa dynamique propre, sa nature humaine et sa nature divine réunies et unifiées au plus profond à travers sa naissance par l'intermédiaire de la Vierge* Marie*. De la même façon, et dans le même symbolisme foncièrement maternel, le serpent* Vasuki enroulé autour du mont Meru et que tirent à tour de rôle les devas et les asuras pour baratter la « mer de lait » (symbole du yoni* d'où s'élance et où pénètre en même temps le lingam* : mais on remarquera que c'est le yoni, c'est la vulve, qui est ici activé et en mouvement, traduisant le fait que l'énergie est d'abord féminine), ce serpent forme donc une double spirale, tandis que l'enroulement en sens inverse des deux nadis autour de

*Scène de chasse
ornée de « cercles
de vagues »
et de spirales :
décoration
d'une stèle funéraire
mycénienne.*

l'axe vertébral de la sushumna à la base de laquelle dort la Kundalini, l'Énergie, la shakti primordiale qu'il s'agit d'éveiller, reproduit la même figure selon le même schéma de l'évolution et de l'involution, des courants cosmiques opposés dont la conjonction* s'opère sous le chef de la puissance féminine. (Voir aussi Caducée.) — Dans les tombes mégalithiques, des spirales apparaissent enfin sous la forme de trois cercles concentriques imbriqués les uns dans les autres. Il a été jusqu'à ce jour impossible de reconstituer la signification de ce dessin. Le rapport symbolique entre la spirale et le labyrinthe* demeure également hypothétique, bien que la notion de « chemin ardu menant vers l'intérieur puis vers l'extérieur » révèle une relation avec la symbolique du « meurs et deviens ! »

Danse macabre de squelettes : gravure de M. Wolgemut.

SQUELETTE   Dans les civilisations à rituels chamaniques, les squelettes humains sont les symboles de la décomposition psychique de la personne qui subit une initiation préludant à un état de transe. Des représentations analogues peuvent également symboliser l'ascèse et le renoncement. Le plus souvent, les squelettes sont des symboles de mort* en même temps que de survie, puisque les os échappent à la décomposition de la chair et peuvent se conserver dans des conditions favorables pendant des millénaires. Les représentations du Jugement dernier (voir Fin du monde) reproduisent souvent des squelettes qui sortent de leurs tombes. — On les retrouve aussi dans l'iconographie alchimique où ils annoncent la résurrection et la renaissance de la matière première (*materia prima*) après l'œuvre au noir (*nigredo*) et la putréfaction (*putrefactio*). Au contraire de cette interprétation, le squelette est surtout, d'une façon courante, une métaphore imagée de la mort dont les attributs, le sablier* et la faux (ou la faucille*) symbolisent, notamment dans les représentations de la danse macabre*, l'idée qu'« en plein cœur de la vie nous sommes entourés par la mort » (*media*

Le Squelette enlève le fou : gravure (1494, « La Nef des fous », Sébastien Brant).

La Mort : gravure (« Sermon sur l'art du bien mourir », Savonarole).

vita in morte sumus). Le thème iconographique de la danse macabre s'est surtout développé aux époques des grandes épidémies comme la peste.

STUPA Monument bouddhique qui a d'abord vu le jour en Inde, le stupa est en principe édifié sur une relique du Bouddha, renvoyant de la sorte au monument originel que celui-ci avait demandé qu'on édifiât sur ses cendres. Se répandant ensuite dans l'ensemble des pays que le bouddhisme avait conquis, le stupa est peu à peu devenu le symbole du Bouddha en personne. Il est formé d'un carré* de base qui représente les vêtements pliés du Bouddha, d'une coupole ou demi-sphère* renversée qui symbolise son bol de mendiant, et enfin d'un pinacle ou d'un pilier vertical qui sort de l'ensemble en le dominant, et qui représente le bâton du Bouddha. Ces structures représentent tout aussi bien la terre et le monde manifesté (le carré), l'œuf* du monde, la matrice originelle et le ciel (la demi-sphère renversée qui couvre la terre), et l'axe du monde* qui les relie (le pilier) et qui permet à l'homme de s'affranchir de sa condition terrestre en s'élançant dans le vide de l'éther. Chaque stupa, d'autre part, correspond à un mandala* qui, au lieu d'être dessiné, aurait été construit en volume. Tout le symbolisme du stupa se retrouve particulièrement dans le gigantesque temple de Borobudur, à Java, qui est lui-même, dans sa totalité, un unique et immense stupa, et qui se divise, à partir du stupa qui se dresse au centre et au sommet du monument, en une multitude de stupas décroissants au fur et à mesure que l'on descend les terrasses : on a ainsi, à partir du centre, une suite de 1, puis 16, 24, 32… jusqu'à 1472 stupas, dont la somme se veut une « représentation » de l'infini – de l'in-fini. Dans la correspondance du stupa avec le mandala, on notera d'autre part que de nombreux temples bouddhiques sont construits sur des compositions numériques 1 + 4, 1 + 8, 1 + 16, et 1 + 32 qui sont précisément celles des mandalas.

SULPHUR ET MERCURIUS L'alchimie* et les thèmes du soufre et du mercure* étant omniprésents dans cet ouvrage, on recherchera ces entrées dans l'index pour embrasser la totalité de leur symbolisme. Il suffira donc de rappeler ici que *Sulphur* (le soufre) et *Mercurius* (le mercure) désignent deux

1. L'esprit mercurius et l'âme sulphur, seigneurs de la matière : planche (XVIIᵉ s.).

2. Mercure, soufre et sel ; les trois agents de l'Œuvre, symbolisés par les trois têtes du dragon.

essences primordiales comprises comme un couple d'opposés* et selon lequel toute matière se compose de ces deux éléments* : de « l'igné » et du « volatil », à des degrés de pureté et dans une proportion de mélange différents. Tant que la fabrication de l'or*, au sens littéral du terme, fut considérée comme le but à atteindre, il fallait purifier ces deux essences de base et augmenter leur teneur en mercure volatil. Paracelse (1493-1541) et Basile Valentin ajoutèrent comme troisième élément « philosophique » le sel* qui devait constituer la « palpabilité » : lorsque le bois se

Les symboles alchimiques de sulphur et mercurius.

consume, la flamme vient du soufre, le mercure s'élève dans la fumée, le sel reste dans la cendre*. Ce concept pseudo-élémentaire rappelle, sur le mode de l'analogie, celui des physiciens atomistes selon lequel la matière se compose en grande partie de protons, d'électrons et de neutrons. C'est seulement à l'époque moderne qu'il fut abandonné lorsqu'il s'avéra, à la suite des progrès de la chimie scientifique, que l'élément réel qu'est le soufre est absent des métaux vraiments purs.

SVASTIKA Le svastika (ou croix* gammée) est une forme particulière de croix, malheureusement connue aujourd'hui

pour avoir été le symbole du nazisme. En fait, le svastika apparaît dans de nombreuses civilisations de l'Ancien et du Nouveau Monde; on peut le concevoir comme la mutation d'un système de coordonnées dans la forme d'un cercle*. Les extrémités de sa croix indiquent en effet un mouvement rotatif (« dynamisation »). Ce symbole suggère, par exemple, l'idée du retour des saisons de l'année solaire. Il peut apparaître sous une forme orientée aussi bien à gauche qu'à droite, et, dans ce double mouvement, il n'est pas sans rappeler le symbolisme de la spirale*, la respiration universelle de la vie et de la mort, de l'évolution et de l'involution. On le rencontre aux environs de 2000 av. J.-C. dans la civilisation préaryenne de Mohenjo-Daro (Indus) ; en Chine, sous le nom de *wan-tsu*, il symbolise la quadruple orientation des points cardinaux. Depuis 700 environ, il traduit également le nombre* 10 000 (« infini »). Chez les bouddhistes et les hindous, on le considère comme le « sceau* sur le cœur* de Bouddha », tout autant que, dans son mouvement de rotation autour de son centre* immobile, comme le Dharma-chakra*, la roue* de la loi. C'est dans une acception similaire qu'il renvoie aux nagas et au serpent* Vasuki enroulé autour de la base du mont Meru, que les divinités tirent de part et d'autre pour baratter la « mer de lait » (l'assimilation à la spirale* est ici

1. Boudha assis sur le lotus avec un svastika sur la poitrine : détail d'une peinture japonaise de la période Kamakura.

2. Svastika et David dans la représentation d'un usurier juif : détail d'une miniature, « Cantiques de la Vierge Marie » du roi de Castille, Alphonse le Sage.

Svastika-labyrinthe avec une étoile en son centre : monnaie (Vᵉ-IVᵉ s. av. J.-C.).

Svastika : avers d'un statère corinthien (540-520 av. J.-C.).

évidente), en même temps qu'il est l'emblème de Ganesha, le dieu à tête d'éléphant*, qui est le maître de la sagesse. Au Tibet, c'est un symbole de chance et il joue le rôle de talisman. Dans la religion indienne du jaïnisme, ses quatre branches désignent les niveaux d'existence des mondes divin, humain, animal et infernal. Dans le bassin méditerranéen, des crochets à l'extrémité de sa croix étaient éventuellement enroulés ou brisés en forme de méandres. Parce qu'il représente le quadruplement de la lettre grecque *gamma*, on le désigna aussi du nom de croix gammée (*crux gammata*). Chez les Germains, on représente l'amulette du « marteau* de Thor » sous la forme de cette croix gammée. On trouve plus rarement le svastika dans les civilisations précolombiennes d'Amérique. — Le rôle qu'il a joué en tant que symbole politique* du régime national-socialiste vient en grande partie de la survalorisation romantique de l'« aryanité » au tournant du siècle, ainsi que de confuses considérations occultistes qui avaient cours dans l'entourage de Hitler. De 1935 à 1945 la croix gammée placée sous l'aigle* impériale (noire* sur fond blanc*) devint ainsi le symbole du Troisième Reich, comme elle apparaissait (noire sur blanc et entourée de rouge : le pouvoir de la mort descendu de Thulé et engendrant le sang*) dans les bannières nazies ou les brassards de la S.S. On prétend même que, dans leurs délires d'un ésotérisme noir, certains dignitaires nazis envoyèrent en 1938 une ambassade officieuse au Tibet pour y retrouver les « Grands Ancêtres » et leur faire valider la croix gammée du régime. — Les sectes gnostiques de l'Antiquité portaient enfin comme symbole secret une sorte de svastika recourbé aux angles, comparable en cela à la triskèle* qui serait devenue une quaternité.

Svastika-labyrinthe : dessin d'un sceau égyptien en schiste (IIIᵉ millénaire av. J.-C.).

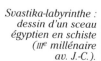

T

TABOU   Le tabou représente toute chose interdite pour une raison religieuse – une chose que l'on ne doit pas toucher, que l'on ne doit pas regarder et, par extension, que l'on ne doit pas faire. D'origine polynésienne (*tabu* ou *tapu*), le mot est étroitement apparenté à *tapa*, qui signifie les menstrues. Le tabou était donc étroitement lié au cycle lunaire de la femme, et à sa perte de sang* qui était considérée comme essentiellement impure. On retrouve là le motif si profondément ancré dans la psychologie masculine de la peur des « mystères féminins » qui, plongeant trop avant dans le sacré, devaient être inversés de sens afin de pouvoir être maîtrisés (voir Sorcières) : de multiples cultures ont ainsi isolé les femmes durant leurs périodes de règles. Esther Harding (*Les Mystères de la femme*) fait aussi remarquer que le sabbat, le septième jour de la semaine, vient du babylonien *sabattu* qui signifiait « le mauvais jour d'Ishtar ». Le sabbat était donc observé le jour des règles de la déesse. En fait, « il n'était observé au début qu'une fois par mois, puis il le fut peu à peu chaque partie du cycle lunaire », créant de la sorte la notion de semaine sur laquelle nous vivons encore, comme étant le quart du mois lunaire de vingt-huit jours (voir Sept). L'interdiction ainsi posée sur la femme en période menstruelle, qui a toutes les chances de remonter jusqu'à la préhistoire et à l'adoration des « Vénus » paléolithiques, dut s'appliquer par la suite à toutes les régions du sacré avec lequel il était particulièrement dangereux d'être en contact par l'un quelconque des cinq sens. C'est cette notion du tabou qui a été reprise à la fin du XIXe et au début du XXe siècle, et que Freud a empruntée à l'ethnologie de son époque pour écrire *Totem et Tabou*, ce livre où il décrit la « horde originaire », le meurtre du père* par ses fils afin de s'approprier la mère*, et le repas cannibalique qui s'ensuit (sorte d'eucharistie littérale), fondant dès lors par réversion l'interdit de la mère et posant les prémisses du futur complexe d'Œdipe*. La notion de tabou est encore assez forte pour que, à l'époque de l'expressionnisme allemand, Murnau en fasse à la fois le sujet et le titre de l'un de ses plus beaux films où il retrouve (inconsciemment) le tabou posé sur la femme, qui mène, lorsqu'il est brisé, à la mort dans la mer (dans la Mère, dans le numineux de l'inconscient).

TAÏ-GHI-TU   Le nom est beaucoup moins connu que le symbole graphique lui-même, qui représente le jeu d'échanges perpétuels entre les deux grands principes chinois, le yin* et le yang. Il s'agit d'un grand cercle partagé par une sinusoïde en forme de S, qui symbolise le dragon* ou le serpent* primordial, principe de l'énergie. D'un côté du S, le yang apparaît en blanc mais contient en son centre un petit cercle noir, yin, tandis que de l'autre côté, le yin noir contient de la même façon un petit cercle blanc yang. Cette interpénétration de chacun des éléments par son contraire, évoque l'idée fondamentale pour la pensée chinoise de la mutation incessante de toutes choses. En plein cœur de l'hiver, au moment du solstice, alors que le yin, féminin, noir et passif est à son maximum, le yang, actif, lumineux et masculin commence à remonter... Et inversement. Toute situation, qu'elle soit glorieuse ou décevante, n'est ainsi jamais acquise et contient forcément les germes de son développement futur pour « l'homme sage » qui sait les voir. C'est ce qu'explique le « Livre des mutations » (le *I-Ching**) qui développe selon un système de soixante-quatre hexagrammes* toutes les combinaisons possibles du jeu du yin et du yang. Dans la vision de la Chine impériale, on pourrait traduire « Taï-ghi-tu » par « l'image du Faîte suprême » ou, dans un sens plus moderne suggéré par Cyrille Javary, fondateur du Centre Djohi pour l'étude du *I-Ching,* par « l'image du grand retournement ». (On se reportera particulièrement aux rubriques Éléments et Hexagramme).

TAO   Contrairement à ce qu'on croit souvent, le tao n'est pas une notion spécifiquement taoïste, mais plus généralement chinoise, dont on retrouve l'usage tout autant dans le taoïsme, en

effet, religion à la fois anarchiste et ésotérique (voir Alchimie), issue du chamanisme antique, que dans le confucianisme, philosophie de la loi, de l'ordre
et de la juste position de l'homme. Le
mot chinois *tao* désigne la voie que l'on
doit suivre, qui régule toute activité à
l'intérieur de la loi universelle du changement. En tant que tel, il se rapporte
évidemment au jeu du yin* et du yang
sans qu'il puisse s'y confondre : il serait
plutôt le chemin qu'ils empruntent dans
leurs incessantes métamorphoses ou,
pour adopter un vocabulaire occidental,
le principe logique qui préside à leur jeu.

*Représentation du Yin et du Yang
sous la forme du Taï-Ghi-Tu.*

À la fois antérieur et intérieur à toute
chose, il serait, en même temps, la
source de la voie, la voie elle-même, la
conformité à la voie sur laquelle on
marche, et le but de cette voie. Devant
une telle polysémie, on renonce pratiquement aujourd'hui à traduire ce mot,
d'autant plus qu'il se charge de significations annexes comme celle de la vertu
(c'est-à-dire le fait même de se conformer à la voie) – et de bien d'autres
encore. Le tao est ainsi, dans le système
confucéen, à la base du *I-Ching**, et c'est
lui qui préside, d'une façon immanente,
aux transformations successives des
deux hexagrammes* de base qui mènent
aux soixante-quatre situations archétypes de ce livre. Dans le taoïsme, il est
considéré comme le principe de toutes
choses et, dans l'alchimie qui y correspond, comme l'« état antérieur au
monde » et l'« état postérieur au monde ».
De ce fait, on ne peut rien en dire, mais
seulement tenter de se transformer soi-
même pour atteindre à ce « vide » essentiel. Encore faut-il comprendre que ce
vide n'est pas une simple absence mais
désigne, comme par exemple le « néant »
ou le « rien » de la théologie négative,
ce qui est en deçà et au-delà de toute réa-

lité nommable et de toute désignation.
Comme l'exprime Lao-tseu dans le *Tao-
te-king*, le tao est en effet antérieur à la
Mère dont sont sorties les « dix mille
choses » (encore que cette mère soit
aussi le tao), et il n'est ni l'être ni le non-
être. Il est donc négation et négation de
la négation, cependant que l'alchimie
taoïste l'appelle « le Grand Xiang ». Le
mot *xiang* en chinois signifie la figure,
l'image et le symbole, mais il faut savoir
alors que le terme de « Grand » signifie
chez Lao-tseu comme chez Tchouang-
tseu ce qui inclut son contraire. Autrement dit, les *xiangs* représentant l'état
intermédiaire entre les êtres matériels
et le « sans-forme », le tao, en tant que
« Grand Xiang » est le « Xiang sans xiang »,
il est l'indicible vérité qui fait des xiangs
des simulacres alors même qu'ils sont
réels et qu'ils gouvernent toutes les
configurations terrestres possibles.
Comme le dit le *Grand Appendice au
I-Ching* : « [Le tao] a établi les xiangs pour
exprimer sa pensée qui ne peut l'être
complètement par la parole » – à condition que l'on sache bien qu'il faut aussi
que « lorsqu'on a accédé à l'image, on
oublie la parole », et que « lorsqu'on a
accédé à la pensée, on oublie l'image »
(*Zhou Yi lueli* de Wang-bi), de sorte qu'on
aboutisse à une pensée pure que nous
sommes, de toute façon, incapables de
penser.

TAROT Des théories fantastiques attribuent l'origine du Tarot aux mystères
égyptiens tandis que les historiens le
font remonter à une encyclopédie iconographique italienne destinée à l'éducation de la jeunesse, que l'on aurait
associée au XIVe siècle, à Venise, aux jeux
de cartes numériques espagnols. Les
noms des vingt-deux lames, appelées
« Arcanes majeurs », semblent être en
rapport avec l'iconographie médiévale
et renvoient pour la plupart à des images
archétypiques extrêmement fortes, de
sorte que la psyché s'y trouve facilement
mobilisée. Ce qui explique aussi bien,
si on n'y fait pas attention, le glissement
souvent constaté du côté des sciences
occultes. — Les « Arcanes majeurs » sont
les suivants : 0 – le Fou (aussi appelé le
Mat, en anglais *the Fool*, rattaché à l'élément air). Le Fou est traditionnellement
interprété comme l'origine des Arcanes,
mais aussi comme leur fin ou leur couronnement : il est alors l'arcane XXII –
mais il est sans doute plus intéressant
de le numéroter comme « zéro* » puis-

Le Jugement, le Pendu et le Monde :
cartes XX, XII et XXI des « Arcanes majeurs » dans les Tarots de Marseille.

qu'il devient le symbole de l'évolution et de l'involution, de la matrice* originelle des nombres* tout autant que de l'« état » où ceux-ci n'existent plus. Il représente le vagabond en chemin autant que le fou du roi, c'est-à-dire celui qui recherche la vérité et qui, à ce titre, peut tout dire. Sa folie est donc une sagesse supérieure, et le zéro/vingt-deux traduit la ronde infinie de la création (le vingt-deux en revient au zéro) en même temps que son secret : le zéro est aussi l'infini comme l'En-Sof de la cabbale est le vide absolu de l'infini divin. I – Le Magicien, le Prestidigitateur (le Bateleur, *the Magician*, Mercure*). Le Magicien ou le bateleur est le Un qui joue : il est d'une certaine façon le Créateur de mondes qui ne sont pourtant qu'illusions (voir Jeu) et appellent de ce fait au processus de la vraie connaissance. II – La Grande Prêtresse ou la Papesse (*the High Priestess*, la Lune*). On se reportera pour cet arcane à la rubrique qui lui est consacrée. III – La Souveraine ou l'Impératrice (*the Empress*, Vénus*). Correspondant à l'Athéna* des Grecs et portant l'aigle* sur son écu, l'Impératrice représente le conscient de la raison devant l'inconscient de la Papesse. Elle gouverne la réalisation harmonieuse des choses, elle est la reine du monde qu'elle domine par ses capacités de discernement. IV – Le Sou-

verain ou l'Empereur (*the Emperor*, le Sagittaire). Complémentaire de l'Impératrice, l'Empereur est son médiateur auprès du monde : il réalise toutes ses virtualités et il est l'exécutant des plans divins vis-à-vis de l'univers et des hommes. V – Le Grand Prêtre ou le Pape (*the Pope* ou *the Hierophant,* le Taureau*). Initiateur comme la Papesse, guide des hommes dans leur évolution spirituelle, il symbolise le pouvoir de médiation en même temps que le mariage de la terre et du ciel. VI – L'Amoureux ou la Résolution (*the Lover*, les Gémeaux*). Jeune homme hésitant entre deux femmes, l'une blonde habillée en bleu et l'autre brune habillée en rouge, l'Amoureux est le bateleur décoiffé qui, descendu sur la terre, se trouve au carrefour* et doit choisir entre voie céleste et voie terrestre, entre la dualitude qui se réunifie et la dualité qui divise. VII – Le Chariot ou le Char Triomphal (*the Chariot,* le Sagittaire). Debout sur son char*, l'Amoureux a choisi sa voie, celle de la spiritualité mais celle aussi, de ce fait, de la guerre* contre soi-même : il gouverne la prise de conscience et la route vers les sommets. VIII – La Justice ou Justitia (*Justice,* la Balance*). Assise sur son trône*, l'épée* dans une main et la balance* dans l'autre, la Justice se tient dans l'axe du monde* d'où elle équilibre toutes choses et réalise l'unité des deux plateaux de sa balance. IX – L'Hermite (*the Hermit*, Saturne*). Mélange, sans doute, de l'ermite et d'Hermès*, l'Hermite marche solitaire en tenant une lampe qu'il cache par un pan de sa robe : sur le chemin intérieur qu'il poursuit, la lumière* qu'il trouve lui est réservée et ne peut ête divulguée sans dommage. Maître de l'hermétique et de l'ésotérique, il est donc l'être en voie de réalisation. X – La Roue de la Fortune (*the Wheel of Fortune*, Jupiter*). La Roue* de la Fortune* où l'on aperçoit le cycle de l'évolution et de l'involution (l'homme que la roue fait descendre, celui qu'elle fait remonter et celui, couronné, qui se tient au-dessus d'elle), peut aussi bien représenter le zodiaque* que la « roue du monde » des adeptes de la Rose-Croix ; elle inclut la vie et la mort, elle est le hasard et le destin, elle représente le karma dont on doit s'évader pour trouver la réalisation de son Soi. XI – La Force (*the Strength*, le lion*). Représentée par une jeune femme qui domine la puissance du lion*, libérée de tout décor, c'est-à-dire dans une nudité* qui indique l'essence même de la force spirituelle, la Force est une figure de la Vierge* qui symbolise la possession de la sagesse et la maîtrise de soi. XII – Le Pendu ou l'Épreuve (*the Hanged Man*, l'Eau*). Le Pendu, suspendu par les pieds et la tête en bas, symbolise l'homme qui a renoncé aux illusions du monde et se soumet au sacrifice* qui le fait accéder au niveau spirituel. XIII – La Mort (*Death*, le Scorpion*). Voir les considérations sur cette lame à la rubrique Nombres, dans la partie consacrée au chiffre treize. XIV – La Tempérance ou l'Harmonisation (*Temperance*, le Verseau). Après « l'œuvre au noir » (*nigredo*) de l'arcane XIII, la Mort, la Tempérance représente la phase suivante de l'« œuvre au blanc » (*albedo*) de l'alchimie* traditionnelle. C'est la régénération de la vie, la renaissance annoncée, la purification par l'eau* qui est versée d'un vase dans un autre. XV – Le Diable* (*the Devil*, le Capricorne*). Voir Diable. XVI – La Tour* frappée par la foudre (La Maison-Dieu, *the Lightening-Struck Tower*, Mars*).Voir la rubrique consacrée à la Tour. XVII – L'Étoile (*the Star*, Vénus*). L'Étoile reprend la figure de la lame XIV, la Tempérance, mais cette fois-ci nue (voir Nudité) et versant l'eau de ses vases dans la mer : symbole de la vérité profonde des choses, elle met les éner-

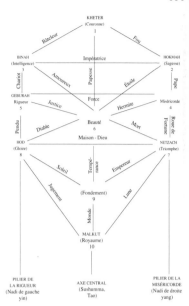

gies qu'elle détient en circulation, incarnant de ce fait la pulsation même du cosmos*. Surmontée de sept* étoiles et d'une double étoile flamboyante (Vénus*) qui réunit les contraires (sa couleur rouge* et sa couleur jaune*, le matin et le soir, Hesper et Vesper – voir aussi Quetzalcoatl pour ce symbolisme vénusien), elle est le trait d'union entre la terre et le ciel, et elle prodigue la chance aux hommes (« être né sous une bonne étoile ») selon le bon ordre de l'univers. XVIII – La Lune (*the Moon*, le Cancer*). Trônant dans les cieux, éclairant la terre et se reflétant dans les eaux sous l'espèce de l'écrevisse* (le Cancer), la Lune réunit les trois niveaux de la création et, comme l'astre réel qui réfléchit la lumière du Soleil*, elle réfléchit sur le monde la lumière de la Conscience supérieure. XIX – Le Soleil* (*the Sun*, le soleil). Signe de l'intelligence et de la Conscience cosmiques dont il répand les rayons aux trois couleurs du Tarot (le bleu*, le jaune et le rouge), c'est-à-dire sur la totalité visible et invisible de la création qu'il gouverne, le Soleil surplombe des jumeaux* (les Gémeaux) qui annoncent le *rebis* (« la chose double » : la conjonction* des opposés, l'or, la pierre philosophale), et corrrespond donc à « l'œuvre au rouge », la *rubedo* des alchimistes. XX – Le Jugement (dernier), la Résurrection (la Trompette ou le Jugement, *Judgment,* le feu*). Mettant en scène la résurrection des corps et des âmes, ou le processus de la renaissance spirituelle après la mort symbolique des religions à mystères, de la tradition hermétique ou de l'alchimie, cette lame indique la fin des épreuves, la rénovation intérieure, la communion avec le divin. XXI – Le Monde (*the World* ou *the Universe,* Saturne*). Aboutissement du Tarot avant de retourner au zéro du Bateleur, le Monde représente un androgyne* qui danse* à l'intérieur d'une guirlande ovoïde (voir Œuf) cependant que les quatre* figures des évangélistes occupent les coins de la lame (le taureau de saint Luc ; le lion de saint Marc ; l'aigle de saint Jean et l'ange* de saint Matthieu). L'unité suprême est ici atteinte par la conjonction des contraires (l'androgyne) à l'intérieur de l'œuf primordial où se déroule la danse cosmique de Shiva, cependant que la lame tout entière est structurée comme un mandala* : le Bateleur est arrivé au bout de la voie, il a atteint l'uni-totalité et, selon le principe même de Shiva Nataraja qu'il incarne, il ne lui reste plus qu'à revenir au « Néant-Infini ». — Il va sans dire qu'il ne s'agit ici que de considérations élémentaires sur chacune de ces lames, et qu'on ne peut vraiment en pénétrer le sens profond qu'à force de méditer dessus. Il est d'ailleurs important de tenir compte à la fois de la répartition des couleurs, des valeurs zodiacales ou planétaires qui sont attachées à chaque lame et de la signification intrinsèque du nombre qui lui est affecté. On notera d'autre part que les équivalences astrologiques qui sont ici données sont parfois remplacées par des rapports différents (la Vierge au lieu de Saturne pour l'Hermite, le Sagittaire au lieu du Verseau pour la Tempérance, les Poissons au lieu du Cancer pour la Lune, etc.). Le jeu des correspondances est en effet, au total, assez compliqué pour se prêter à une polysémie très variable. — La spéculation ésotérique rattache également ces lames aux « canaux » (voies) qui, dans la cabbale juive, relient entre eux les dix Séphiroth. C'est ainsi que le canal de la lettre Beth et la lame correspondante I (le Bateleur) relient Kether (la Couronne*) à Binah (l'Intelligence), le canal de la lettre Aleph relie Kether à Hokhmah (la sagesse) et correspond au 0 du Tarot, le Fou, etc. On se retrouve alors devant l'axe du monde* que flanquent les deux piliers (voir Pieu) de la Rigueur et de la Miséricorde – que l'on peut faire aussi bien correspondre aux deux nadis qui entourent la sushumna dans le yoga, ou au principe du yin* et du yang que gouverne le tao*. On aboutit de la sorte au tableau (page de gauche) : — Les quatre couleurs des « Arcanes mineurs » se nomment Épées*, Bâtons, Coupes et Deniers, qui correspondent en Espagne à l'ensemble pique, cœur, carreau et trèfle auquel nous sommes accoutumés, et sont rattachées par analogie (dans cet ordre) aux quatre éléments* de l'air*, du feu*, de l'eau* et de la terre*.

TAUREAU   Dans les cavernes* du paléolithique, les grands taureaux sauvages (bisons et aurochs) peints à proximité de chevaux* constituaient le motif le plus généralement représenté. Il s'agissait là d'un couple d'opposés*, puisque d'après les interprétations récentes des historiens, ce qui était ainsi mis en jeu,

Scène de chasse avec bœufs sauvages et cervidés : gravure rupestre (Covacha de los Moros, Espagne).

c'était la polarité sexuelle, psychique et religieuse du féminin (taureau) et du masculin (cheval). Cette conception peut nous étonner aujourd'hui, mais il faut sans doute bien voir que la puissance génésique de cet animal n'était envisagée que dans sa valeur maternelle, à une époque où, apparemment, l'homme n'avait pas encore découvert son rôle et sa fonction dans le processus de reproduction. On peut aussi penser que le taureau, par sa puissance et sa stature massive, évoquait, de la même façon, l'aspect redoutable de la nature qu'on ne savait pas encore dominer. Il est d'ailleurs remarquable qu'au néolithique, au moment où apparaissent l'agriculture et l'élevage, le taureau soit toujours associé à la figure de la déesse-mère* alors prégnante, que ce soit en Turquie (à Çatal Hüyük), ou au Proche-Orient, en Mésopotamie, particulièrement dans la région de Mureybet. Le taureau paraît alors avoir symbolisé, soit le versant masculin de la Déesse considérée comme androgyne* (ce que Jung appellerait son *animus*, ou ce que la psychanalyse freudienne désigne comme « Mère au pénis », renvoyant à la « scène originaire » telle qu'elle a ensuite été décrite et étudiée par Mélanie Klein), soit ce versant autonomisé qui accède alors à la dignité de compagnon et de parèdre de la Mère. La représentation de ses cornes*, ou bucrane, joue alors un grand rôle, d'autant qu'elles rappellent un croissant* de lune*, ou servent de berceau à cet astre. On retrouve d'ailleurs la même thématique jusque dans l'Inde la plus ancienne, et singulièrement dans la culture de Mohenjo Daro où le culte du taureau semble avoir été en liaison avec des collèges de prêtresses et de danseuses. Ce n'est que plus tard que le taureau est devenu un dieu à part entière, généralement lié aux orages et

aux tempêtes, incarnant les forces dynamiques de la fécondité et de la nature. Il reste alors cependant en relation étroite avec la figure de la femme à qui il obéit ou dont il occupe la place d'amant divin. C'est ainsi qu'Ishtar*, lorsqu'elle veut se venger de Gilgamesh qui a refusé ses avances, demande au dieu-taureau d'envoyer un « taureau du ciel* » sur terre afin de laver cet affront : « Anu envoya un taureau du ciel / à Uruk… / à son premier éternuement, il tue / trois cents guerriers… » — Cette conception du taureau céleste sera confortée par l'arrivée des Indo-Européens au panthéon presque exclusivement ouranien, mais elle s'était déjà largement répandue au cours des millénaires à travers tout l'Orient. Lorsque Ménès, le premier pharaon « historique », unifie la Basse et la Haute- Égypte, il le fait en partie sur la base du culte du taureau Hap, ou Apis, indentifiant dès lors les cultes taurin et royal dans une synthèse qui va traverser les siècles. Bien des siècles plus tard, sous la XVIIIe dynastie, lorsque Toutmosis Ier publie son édit de couronnement, il déclare ainsi : « Mes titres seront les suivants : « Taureau puissant qui s'élève comme une flamme, le plus vaillant de tous, … le dispensateur de vie. » Le culte du taureau devint alors assez prégnant pour que, avant de succomber souvent aux cultes païens de Canaan (Baal et Anat ou Astarté), les Hébreux, quittant l'Égypte, et en l'absence de Moïse*, sacrifient à un culte du Veau d'or. Les écrits apocalyptiques bien postérieurs en portent d'ailleurs encore la marque, comme dans le *Livre de Hénoch* (IIe siècle av. J.-C.), où Hénoch, le père de Mathusalem, décrit ainsi à son fils la vision qu'il a eue de la création d'Adam* et Ève*, puis de l'engendrement de leurs enfants : « D'Adam, il dit : Et vois, une vache* jaillit de la terre, et cette vache était blanche.

Taureau : détail de la décoration d'un cratère chypriote (XIIIe s. av. J.-C., Enkomi).

Le dieu Gélas à corps de taureau : avers d'une tétradrachme (420-415 av. J.-C.).

Le dieu-fleuve Achéloos à tête de taureau (490-470 av. J.-C.).

D'Ève : Ensuite jaillit une génisse. De Caïn* et d'Abel : La génisse noire frappa la génisse rouge et la poursuivit sur la terre. De Noé et de ses fils : Puis la vache blanche, qui devint un homme, sortit du bateau et les trois vaches avec lui… » Ici, on le voit, l'humanité est à la fois l'épouse et la fille du Seigneur suprême, sous les traits d'un taureau divin. — Cette même figure est très répandue en Grèce, où Zeus se métamorphose souvent dans cet animal afin d'enlever les mortelles qu'il convoite (Europe, lo qu'il transforme en vache, etc.). Neptune* y était aussi un taureau marin qui, comme tel, se rattache particulièrement à l'ancienne religion crétoise où l'on retrouve la relation entre la Déesse et le taureau. Des «cornes* de consécration» surmontaient le palais de Cnossos, tandis que le roi légendaire de Crète, Minos, était tenu pour le fils de Zeus-taureau et d'Europe. C'est pourtant au taureau marin de Neptune que se donne sa femme, Pasiphaé*, comme si ce taureau issu des vagues, c'est-à-dire à la fois des profondeurs de l'inconscient et d'un royaume en définitive à connotation maternelle, était – psychiquement et religieusement – plus légitime. On est ainsi renvoyé vers les plus antiques scénarios de souveraineté* où le roi-taureau devait s'accoupler avec le principe féminin (voir aussi Prostituée). — Dans une puissante synthèse religieuse, le taureau en vint à être rattaché en même temps aux idées primordiales de fertilité, puis de mort et de renaissance. C'est à de telles conceptions que renvoient les tauroboles, ou sacrifices de taureaux, qui trouvent leur dernière expression et leur signification

spirituelle profonde dans la religion de Mithra*, tandis qu'en Inde le taureau, emblème du dieu Indra, est surtout et d'abord la monture de Shiva*. Comme ce dernier est d'essence lunaire par rapport au Vishnou solaire, son taureau est affecté de la même connotation, et ses cornes équivalent aux croissants* de cet astre. Répondant au nom de Nandi, il symbolise l'ordre cosmique sur lequel règne son maître. Assez proche de cette signification, le taureau des *Védas*, Vrishabha, est celui qui supporte la création et qui la met en mouvement comme s'il se tenait au milieu de la roue* cosmique. — Chez les Celtes, on retrouve en revanche, au moins pour partie, l'opposition entre le taureau et le cheval. Dans la *Maladie de Cuchulainn*, en effet, l'un des épisodes principaux de la *Tain Bô Cualgné* (ce que l'on traduit généralement en français par « La Razzia des vaches de Cooley » – ce qui montre bien assez que l'opposition majeure n'est pas celle du taureau et de la vache), un rite d'investiture royale nous fait assister consécutivement au sacrifice* d'un taureau, puis à celui d'un cheval, chacun ayant une signification particulière. Le taureau retrouve d'ailleurs là, d'une façon déguisée, sa relation avec le féminin et le maternel, puisqu'il est signe de souveraineté* (placée en Irlande sous les auspices de la Déesse), et qu'il correspond à la caste guerrière en tant que celle-ci obéit au roi (voir aussi Ours) comme « chef militaire passif », reflet en cela de la même déesse souveraine (Morrigane, Bodb et Macha) qui inspire les armées et préside aux batailles. C'est là le motif même de « La Razzia des vaches de Cooley » où la guerre* qui oppose le Connaught à l'Ulster porte sur la possession d'un taureau brun et d'un taureau blanc qui symbolisent chacun l'une de ces provinces. Il faut noter que cette guerre est déclenchée par la volonté de la reine Medb du Connaught (voir Maeve), qui est elle-même une figure de la souveraineté royale. — La *corrida* espagnole, ou course de taureaux, ne peut sans doute être vraiment comprise que dans cette perspective qui lui donne alors tout son sens. En effet, renouant, par-delà les siècles, avec les jeux taurins de la Crète antique où, dans le courant du culte, des gymnastes accomplissaient des sauts et des danses avec l'animal sacré, elle représente d'abord une forme ritualisée d'affrontement avec le symbole même de la nature brute, renvoyant aussi bien à la virilité exacerbée du taureau qu'à la place mythologique qu'il occupait auprès de la vieille déesse-mère. Comme l'écrit un chroniqueur espagnol, « l'Andalousie sacrifie encore, de la sorte, à la figure de la Mère antique, en même temps qu'elle l'exorcise de ses peurs ancestrales. Ces rites du sang et de la mort sont l'expression artistique de la condition de l'homme, où il cherche à échapper à son destin en l'accomplissant jusqu'au bout ». — Dans la symbolique astrologique (voir Étoile), le taureau est le second signe du zodiaque* et représente un « signe de terre » ; les personnes nées sous ce signe sont marquées par la lourdeur, l'attachement à la terre, la stabilité et la vitalité. Le signe se situe entre le 21 avril et le 21 mai et Vénus y a sa « maison nocturne », ce qui rappelle les relations qu'entretenait, dans la mythologie classique, le dieu-taureau avec la déesse de l'Amour. Les légendes astrologiques grecques voient, dans le taureau céleste, le Minotaure, fils de Pasiphaé et du taureau de Neptune, mais aussi ce bœuf sauvage qui ravagea jadis les champs de Marathon et qui fut tué par Thésée. Sur le dos de l'animal céleste se trouve l'amas nébuleux des Pléiades*, les sept* filles d'Atlas* poursuivies par le chasseur Orion (voir Scorpion) avant qu'elles ne soient métamorphosées en colombes* puis en étoiles. L'œil clair du taureau céleste est l'étoile fixe Aldébaran. Voir Cornes.

TELL Selon la tradition, Guillaume Tell était un chasseur du village de Bürglen qui fut contraint par le bailli Gessler, qui était au service des Habsbourg, de tirer

Guillaume Tell s'apprête à tirer à l'arbalète : gravure (1707, Maître D.S.).

à l'arbalète sur une pomme placée sur la tête de son jeune fils. Tell réussit, mais ne tarda pas à tuer le bailli donnant ainsi le signal du soulèvement contre la domination autrichienne, qui allait préluder à la fondation de la Confédération helvétique. — On a fait ressortir récemment que le motif du chasseur qui tire par contrainte sur son fils est beaucoup plus ancien que l'époque à laquelle cet épisode se serait déroulé en Suisse. Saxo Grammaticus (vers 1200) attribue par exemple ce tir à un certain Toko, et la *Thidreks-Saga* nordique à un nommé Egill. Dans la légende écossaise, le tireur se nomme William Cloudesly. Ce n'est qu'au XIVe siècle qu'un *Chant de Tell* expose le sujet tel que nous le connaissons aujourd'hui. La légende est sortie de son cadre proprement helvétique grâce au *Guillaume Tell* de Schiller (1804) ainsi qu'à l'opéra de Rossini composé en 1829 dans l'esprit du *Risorgimento* italien. Tell devint alors un personnage qui symbolisait un héros de la liberté loyal et intrépide. — Le chapeau du bailli juché en haut d'une perche représente du reste en droit un vieux symbole du pouvoir exercé par le chef suprême ou par celui qui rend la justice en dehors de tout esprit d'arbitraire ou de tyrannie.

TEMPÊTE Les mythes, et la symbolique en général, font une distinction entre la tempête et le souffle du vent* ; la tempête est en effet considérée comme une manifestation de la colère de Dieu ou comme une médiatrice de

*Tempête provoquée
par un sortilège
des sorcières du vent :
gravure (1555,
« Historia »,
Olaus Magnus).*

sa volonté. Son action destructrice, par exemple celle du dieu Susano-o au Japon ou de Hurakan chez les Mayas des régions montagneuses (d'où provient le mot « ouragan »), peut être enrayée grâce à des rites d'apaisement. D'autre part, la tempête apportant souvent la pluie* indispensable à la vie, ses personnifications sont très ambivalentes (le dieu babylonien des Tempêtes, Adad – Haddad en syrien –, est également appelé « le maître de l'abondance » parce qu'il pourvoit à la fertilité du pays). Les dieux des tempêtes sont souvent les mêmes que ceux de la foudre* et du tonnerre*. Les Maruts indiens, esprits de l'orage et de la tempête qui accompagnent le dieu Indra, fracassent avec leurs haches* de combat les châteaux de nuages* pour que la pluie puisse tomber. Chez les Germains, la tempête était souvent rattachée à l'armée de Wotan, armée d'esprits qualifiée plus tard de « chasse infernale » et conduite par un criminel impie. Dans les régions alpines, il était courant de répandre pendant la tempête de la farine et des miettes de pain afin de l'apaiser (le fait de « nourrir le vent » fut condamné par les chasseurs de sorcières* comme un acte diabolique). L'emblématique baroque compare la tempête aux coups du destin et au malheur terrestre : « Lorsque retentissent l'orage, la tempête et la turbulence, / la colombe se cache dans un rocher élevé. / Puis, lorsque le monde s'abat sur les dévots, / ils sont en sécurité et protégés dans les stigmates du Christ » (Hohberg, 1675).

TEMPLE   La racine grecque du mot temple est *temenos*, domaine séparé, espace réservé au culte et coupé du monde profane par des murs. Dans une acception symbolique, ces murs de séparation, bien qu'ils soient nécessaires pour protéger le sanctuaire de la profanation, et réciproquement, pour préserver ceux qui souhaitent se maintenir

*Le Christ
sur une mer
tempétueuse :
miniature
(Xe s., « Évangéliaire »
d'Otton III).*

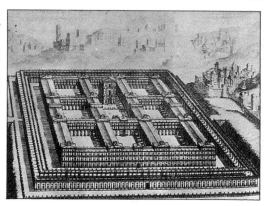

Le temple de Salomon où étaient gardés, dans le « sancta », les objets de culte et, dans le « sancta santorum », l'Arche d''alliance : gravure de 1725.

à l'abri des forces qui s'y déploient, doivent être cependant supprimés si on veut que le plus grand nombre bénéficie de ce rayonnement intérieur. Nous nous trouvons en fait ici à deux niveaux de réflexion différents mais complémentaires : d'une part, une interprétation littérale, qui s'attache aux murs réels et concrets des anciens temples, et qui renvoie à ce que Rudolph Otto appelait le *mysterium tremendum*, l'« effroi attaché au sacré » (l'équivalent en est, chez les Hébreux, l'interdiction de toucher à l'Arche* d'alliance, sous peine d'être foudroyé par sa puissance) ; d'autre part,

une lecture herméneutique où le temple devient comme le cœur figuré de l'univers, d'où irradie la lumière du dieu qu'on y honore. Le temple, en tant que construction, est généralement inspiré par le modèle cosmologique en cours dans la culture dont il relève, et reproduit symboliquement l'ordre cosmique tel qu'on se le représente (voir Axe du monde, Omphalos, Croix, Carré). C'est la fonction même des plus grands temples d'Asie, qu'ils soient de tradition bouddhique ou védique, et c'est pourquoi tous ces temples ont une structure de mandala* où s'érige la montagne cos-

L'Arche d'alliance dans le temple de Dieu avec la Femme, le Fils et le Dragon.

Enfants juifs sortant du temple avec leurs parents : miniature du XIVe s.

*La présentation de
Jésus au temple :
relief (1196-1216,
Benedetto Antelami,
baptistère, Parme).*

mique (le mont Meru), en même temps qu'ils correspondent à de gigantesques stupas* dans la tradition propre du bouddhisme. Dans le même ordre d'idées, les temples (ziggourats) mésopotamiens en forme de pyramides à degrés (voir Babel, Tour) portent fréquemment des noms dont la traduction révèle leur caractère de montagnes divines, de centres du monde et de lieux de communication entre les mondes divin et humain : « maison des fondements du ciel et de la terre » (Babylone) ; « temple des sept gardiens du ciel et de la terre » (Birs Nimrud) ; « maison de la montagne de l'univers ». Le nom du maître-autel du Temple de Salomon*, *ar'el,* est lui-même dérivé de l'akkadien *arallû,* mot à double sens désignant aussi bien l'« enfer » que la « montagne divine ». L'autel du Temple de Jérusalem*, aussi bien que la pierre* Schetija qui se trouvait au-dessous, furent donc probablement conçus comme une montagne symbolique et un ombilic du monde. La construction de ce temple a commencé en 966 av. J.-C., et, pris dans son ensemble, il était considéré dans le symbolisme judaïque comme l'image idéale de la terre. Le vestibule (*Ulam*) correspondait à la mer*, le sanctuaire (*Hekal*) à la terre ferme, l'obscur Saint des Saints (*Debir)* au ciel*. Dans la perfection qui lui était ainsi attribuée, et qui reproduisait à l'évidence la structure cosmologique que les Hébreux prêtaient à un univers créé par les mains du Seigneur en personne, il faut rappeler que, avant que Salomon le bâtisse, son plan avait été révélé par inspiration divine à David, et que, construit pour abriter et glorifier en même temps l'Arche* d'alliance, son

symbolisme géométrique était chargé d'exprimer les différentes relations des éléments entre eux. Le Saint des Saints, en particulier, consistait en un cube* où l'autel en bois d'acacia*, l'endroit où reposait l'Arche, était carré*, ce qui faisait du sanctuaire la projection en volume de l'autel lui-même – de sorte que l'Arche trônait sur la figure qui l'entourait pourtant symboliquement. — Ce Temple de Salomon en est venu, dans la tradition des bâtisseurs du Moyen Âge, à représenter le prototype d'un corps de doctrines, désigné comme le modèle idéal pour la construction d'un « Temple spirituel de l'humanité » (ou de « l'amour universel du prochain ») ; il doit accueillir une humanité pacifiée, « une humanité qui doit le construire et qui lui est identique. Car on ne peut com-

*Le Christ devant le temple
de la Sagesse : miniature du XIᵉ s.*

Temple de Rome et Auguste à Pergame : avers d'un cistophore (19-18 av. J.-C.).

Le plus grand temple du Mexique : gravure du XVIIIᵉ s.

prendre l'esprit qui a présidé à la construction du Temple que lorsque le Temple et l'humanité sont assimilés l'un à l'autre » (Lehnhoff-Posner). D'où l'apparition primitive de l'idéal maçonnique* où les outils (équerre*, compas*, triangle*, marteau*, etc.) sont symboliquement rattachés à l'édification de ce temple en l'honneur du « Grand Architecte de l'Univers », l'individu devant être intégré dans la société des bâtisseurs à titre de « pierre* cubique ». On désigne également la pièce où se déroulent les tenues des loges du nom de « temple » – voir Montagne. Dans la symbolique chrétienne, l'homme est lui-même conçu par ailleurs comme le « temple de Dieu » ; on dit encore : « Nous devons aller dans le Christ, qui est le temple véritable… Le temple de Dieu est le Verbe de Dieu qui a pris forme; dans le temple du Saint-Esprit, on enseigne la parole de Dieu… Nous devons pénétrer dans le temple de Jésus-Christ en dépit de toutes les défenses dressées par le Diable » (Jakob Boehme, 1575-1624). Cette assimilation du Christ au Temple (c'est-à-dire aussi de l'endroit où, par le phénomène de la transsubstantiation, l'hostie* et le vin* deviennent eux-mêmes le corps et le sang* de Jésus au moment de l'Eucharistie), explique d'autre part le plan des églises chrétiennes qui affectent la forme d'une croix : comme le Christ en gloire sur le portail des cathédrales prévenait que l'on entrait dans son royaume, c'est le temple tout entier qui est métaphoriquement le corps de Jésus crucifié,

cependant que l'autel occupe la place du cœur du divin martyr. D'autre part, les églises étaient toujours tournées vers l'orient, ce qui revenait à dire que la tête du Dieu incarné indiquait la direction de Jérusalem où « il était mort, était descendu aux enfers et était ressuscité le troisième jour », et que le Temple renvoyait à la Ville qui était ainsi considérée comme le centre* du monde.

TERRE Dans de nombreuses représentations anciennes du monde, la terre est incarnée par une déesse-mère* (en grec *Gaia*, en latin *Tellus*, chez les Germains *Nerthus*, en Polynésie *Papa*) et beaucoup plus rarement par un être masculin (en Égypte *Geb*). « Salut à toi, Terre, mère des hommes : grandis dans les bras de Dieu, emplis-toi de fruits pour le bien de l'humanité » (Eschyle, 525-456 av. J.-C.). Les « noces* sacrées » (*hieros gamos*) entre le Ciel* et la Terre sont l'objet de nombreux mythes et rites archaïques et apparaissent en particulier dans les cultes destinés à lutter contre la stérilité ainsi que dans les mystères grecs de la déesse Déméter*. C'est que la Terre est considérée comme l'origine de toute fécondité et de la richesse qui en découle. C'est elle qui enfante à la fois les hommes et les moissons – à tel point que le blé*, par exemple, est souvent devenu le symbole du jeune dieu associé à la terre, qui naît, pousse, meurt et renaît au rythme des saisons. Cette fonction générique est d'ailleurs si prégnante dans l'imagination humaine que, dans nombre de cultures, le sillon tracé par le laboureur est l'équivalent de la vulve, s'il n'est même ontologiquement la même chose (par exemple dans les *Védas*), et qu'un enfant n'est considéré comme véritablement né que lorsque, après être sorti du ventre de sa mère, il a été déposé sur la surface de la Terre – signifiant par là qu'il est à la fois un petit d'homme dans sa condition existentielle (né de sa mère de chair), et le fils de la Mère archétypale qui sera ainsi appelé dans sa vie, à travers une initiation* rituelle ou tout simplement endopsychique (individuation), à devenir le *puer aeternus* qu'il est déjà par essence. C'est de cette intuition très profonde qu'est née l'alchimie* elle-même (tout est l'enfant de la *materia prima*, et l'adepte ne la travaille que pour devenir lui-même un *filius philosophorum*), de la même façon que le chaman des Indiens Cherokees tout autant que le mathématicien Jérôme Cardan au XVIe siècle, croient ou affirment tous les deux que la terre est la mère des pierres précieuses*, qu'elle mûrit les métaux dans son sein et que c'est elle, dans les processus de croissance qui sont les siens, qui transforme le cristal* en diamant* – comme l'embryon en fœtus puis en bébé prêt à naître. C'est aussi de la Terre que les hommes renaîtront, comme le fait annuellement la végétation, et il est significatif à cet égard que le mot français « cimetière » vienne directement du grec *koimeterion* qui signifie la « chambre nuptiale » : la mort* est le retour à la Terre, elle est un inceste* sacré qui nous promet la naissance. — Pour les Chinois, la terre avait une forme de carré* et était comparée à une voiture protégée par le baldaquin* rond du ciel. Le mot signifiant « le ciel et la terre » (*t'ien-ti*) désignait l'ensemble du cosmos cependant qu'on pensait que les quatre* coins de la terre étaient plantés de poteaux ou d'arbres gardés par des êtres surnaturels; pour les Mayas du Yucatan, il s'agissait de quatre kapokiers ou bombax (*Yaxché, Ceiba pentandra*) tandis qu'un axe du monde* (*axis mundi*) ou un arbre* du monde s'élevait à l'endroit sacré du centre. Aux quatre régions du monde (ou aux cinq régions lorsque le centre est considéré comme un lieu sacré à part entière) sont associées des couleurs bien définies. Les tremblements de terre sont toujours considérés comme l'expression de forces qui viennent perturber l'ordre du cosmos et doivent donc être combattues. Le souhait d'une terre solide et inébranlable apparaît *a contrario* dans la valeur prêtée symboliquement à la pierre* et au rocher*. Les plans des temples* reflètent souvent, sous une forme architecturale, la structure idéale de la terre. — Dans la théorie antique des analogies, l'élément terre correspondait au mélancolique, à la « bile noire* », à l'automne et à la rate (en anglais *spleen*), tandis qu'elle était associée dans la Chine ancienne au centre, au chiffre deux, à la couleur jaune, au bœuf et à la saveur sucrée. — Sainte Hildegarde de Bingen (1098-1179) décrit ainsi dans son œuvre, *De operatione Dei,* sa propre vision symbolique de la terre : « La terre vivante est l'Église. À travers le message des apôtres, elle met au monde le fruit de la justice communiquée à l'origine par les apôtres à leurs disciples. Les apôtres doivent aussi être l'herbe verte et pleine de vie de la foi, une herbe qu'ils ont obte-

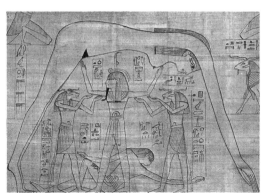

*Shu,
dieu de l'air sec,
soutient le corps
de Nut,
déesse du ciel.
Derrière Shu,
on voit Geb,
l'Homme-Terre
et époux de Nut,
attendant
pour engendrer
les divinités
du ciel osiriaque :
papyrus
de Greenfield.*

nue en semant la parole de Dieu. Et d'après la loi de Dieu, ils doivent aussi être des arbres et donner des fruits ; dans leurs graines jamais la luxure ni l'adultère ne pénètrent, ils mettent au monde des enfants selon le juste mode de la reproduction. » — Dans l'Antiquité, la « déesse sacrée Tellus qui nous offre les fruits de la nature » était représentée comme tenant à la main une corne d'abondance* et, dans le texte souvent recopié de la *Medicina antiqua*, les hommes l'implorent de leur donner des herbes médicinales dans lesquelles ils pourront trouver les forces nécessaires à apaiser les souffrances de l'humanité. Le texte « païen », commençant par les mots *Dea sancta Tellus*, fut corrigé au Moyen Âge et débute depuis lors par *Deo sancto*, mais le reste du texte n'a pas été modifié. — La terre joue aussi un grand rôle dans la tradition islamique en tant que substance dont étaient faits les premiers hommes. Allah aurait envoyé ses anges chercher de la terre de sept couleurs* différentes. La terre refusa tout d'abord de donner ainsi une part d'elle-même et seul l'ange* de la mort put remplir sa mission en volant des fragments de chacune des couleurs. Après la mort des hommes, la terre recevra à nouveau ce qui lui a été dérobé. Allah créa alors Adam* et c'est de lui que viennent les différentes races humaines : les blancs*, les noirs*, les bruns*, les jaunes*, les verts* (les indiens d'Asie à la peau olivâtre), les demi-noirs (les Nubiens) et les rouges* (les peuples « sauvages »). — Dans les textes médiévaux, la sub-

La déesse Nerthus sur un char traîné par des bœufs : gravure du XIXᵉ s.

stance de laquelle est fait Adam* est appelée *limus*, ce qui fut traduit par la suite en allemand par les mots *Lehm* (glaise, argile) ou *Leim* (glu). Sainte Hildegarde de Bingen raconte que la terre argileuse et humide est devenue chair et sang* en « mijotant » sur le feu* de l'âme. La terre glaise est, dans de nombreux mythes concernant la création du monde, la matière à partir de laquelle les divinités auraient créé l'homme ; c'est notamment le cas du dieu à tête de bélier Knoum de l'Égypte antique ou de la déesse Aruru de l'épopée babylonienne de Gilgamesh, qui donne forme aux premiers hommes en utilisant des méthodes de poterie datant vraisemblablement de l'ère néolithique. Comme la terre se trouve ainsi à l'origine – et selon le principe qui veut que le début et la fin de toutes choses, si elles nous apparaissent existentiellement séparées par l'écoulement du temps et la longueur de notre vie, sont en fait, ontologiquement, la même réalité – la terre se retrouve aussi être le but de la quête de l'homme. L'origine est la fin, comme la fin est l'origine (voir Ouroboros) ; et le contraire de la mort n'est pas la vie, mais la naissance : car, comme la naissance nous a fait passer de la vie véritable à la vie sur cette terre (voir Léthé), la mort est de fait, symboliquement, une renaissance qui nous fait accéder à nouveau à la même vie réelle de l'âme. On retrouve ici le sens profond du mot cimetière et la même différence entre la terre où nous vivons et la valeur archétypale de la Terre, que la différence déjà signalée entre la mère de chair et l'archétype de la Mère. Tout homme cherche alors sa Terre promise, comme les Hébreux cherchaient la leur

Zeus combat un géant en présence de Gaia : intérieur d'une coupe d'Aristophane (IVᵉ s. av. J.-C.).

*Thanatos et Hypnos transportent le corps d'un héros défunt :
peinture d'un cratère à figures rouges d'Euphron (~515 av. J.-C).*

où s'incarnerait l'Alliance avec Dieu : et de même que derrière Jérusalem* se profilait le symbole du gouvernement de Yahvé, toute Terre sainte, toute Terre d'immortalité est celle où se déploie le divin, le « Principe », bref la vraie Vie par rapport à la vie que nous menons sur cette « terre d'ici-bas », « vallée de larmes » pour les uns, illusion et maya pour les autres. C'est pourquoi le bouddhisme « de la Terre pure » se règle sur l'existence de cette Terre occidentale que gouverne Amida ou que les anciens Irlandais espéraient bien se rendre à Tirna-nog, la « Terre des Vivants ». Autrement dit, faisant de nous des vivants, la Terre nous promet de nous faire aussi des Vivants.

THANATOS Thanatos, personnage symbolisant la mort dans la Grèce antique, est le frère jumeau d'Hypnos* (Somnus), le songe, et le fils de la Nuit* (Nyx*). Dans l'art et la littérature euro-

péens, on le représente sous les traits d'un jeune homme ailé à l'air sérieux, qui tient une torche* éteinte ou en train de s'éteindre. On nourrissait de lui une conception très négative et on disait que même les dieux le haïssaient. On pensait qu'il conduisait les âmes* des morts aux enfers (Au-delà*), quand les Érinnyes* ne s'en chargeaient pas elles-mêmes. Chez Euripide (vers 480-406 av. J.-C.), Thanatos doit aller chercher dans sa tombe l'âme d'Alceste, qui s'est sacrifiée pour son époux Admetos, afin de la conduire dans l'Hadès, mais Héraclès* le terrasse et ramène Alceste dans le monde des vivants (cet épisode a inspiré des opéras de Lully et de Gluck, ainsi qu'un oratorio de Haendel).

THÉ La légende bouddhiste raconte comment Bodhidharma (en japonais : Daruma), qui souhaitait échapper à la somnolence durant sa méditation, s'étant coupé les paupières et les ayant

*Cérémonie du thé
dans le jardin (roji)
de la maison du thé
(cha-shitsu) :
peinture
(1769, Horunobu).*

Transport du thé par voie terrestre : peinture chinoise du XIXᵉ s.

laissé tomber à terre, aurait donné naissance à la plante dont la propriété est, précisément, de tenir éveillé. Des traditions chinoises attribuent la découverte du thé à un certain Lu-Yü (vers 800) qui serait éclos d'un œuf*. La cérémonie japonaise du thé remonte à l'an 1286 et on l'attribue au moine Shomei qui importa de Chine l'usage du thé ainsi que de tous les ustensiles qui s'y rattachent. La cérémonie du thé se déroule dans un jardin* (*roji*) où se trouve le pavillon du thé (*chahitsu*) ; elle doit s'accomplir dans un état de recueillement et de concentration intérieure en vue d'atteindre à l'harmonie universelle. Le sentiment de quiétude et d'accomplissement que l'on éprouve alors doit, selon la philosophie du zen, continuer d'influer sur la vie quotidienne de tous les participants. L'esthétique des coupes à thé (en japonais *chawan*) doit donc être simple (*wabi*) quant à la forme et à la couleur. Les coupes à thé de Kyoto, peintes en noir* et en rouge*, revêtent aux yeux des collectionneurs une valeur particulière.

THOT Dieu de la sagesse et des pouvoirs magiques, Thot était, dans la plus ancienne mythologie égyptienne, chargé de remplir les fonctions de juge lorsque se rassemblaient les tribunaux divins – fonction dans laquelle il pouvait d'ailleurs être parfois remplacé par Maat, l'incarnation de l'ordre cosmique, et donc la manifestation, à la fois, de la rectitude des choses et du cœur, et de l'harmonie du cosmos* – c'est-à-dire, conjointement, de la justesse et de la justice qui ne vont pas l'une sans l'autre. L'un des

épisodes les plus connus où l'on voit Thot dans ce rôle, est celui où Isis* et Horus viennent se plaindre auprès des dieux de l'assassinat d'Osiris par son frère Seth. Lors du jugement des défunts, alors que ceux-ci comparaissaient devant Osiris en tant que souverain des enfers*, et dans le rituel de la « pesée du cœur », quand on posait sur une balance* le cœur du mort qui ne devait pas être plus lourd que le simple poids d'une plume de Maat (voir Autruche), c'est Thot qui consignait le résultat de

Thot à tête d'ibis et au disque lunaire, accompagnant le pharaon dans son voyage dans l'Au-delà : tombe de Sethos Iᵉʳ à Abydos.

la pesée effectuée par Anubis (voir Psychostasie). Scribe divin, Thot à tête d'ibis* est l'inventeur de l'écriture, et comme suprême magicien, au moins dans la théologie de Memphis, le maître de la magie sonore, et donc l'un des créateurs du monde par la puissance de sa voix et de son verbe. « Immobile, je dois contempler ton visage, ô Thot ! / Ne sois donc ni trop dur ni trop cruel avec moi ! / Regarde ! Tous les dieux remettent entre tes mains, / Pour des millions d'années à venir, / Leurs trônes, ô Thot ! pour que tu puisses en disposer ! » (*Le Livre des morts*, « Prière pour ne pas mourir pour la deuxième fois »). — À l'époque hellénistique, après la conquête de l'Égypte par Alexandre le Grand*, et sous la dynastie des Lagides qui favorise ouvertement un syncrétisme religieux gréco-égyptien, Thot va être de plus en plus assimilé à Hermès* dans son rôle de psychopompe (« conducteur des âmes* ») et de maître des mystères. L'assimilation est définitivement accomplie dans le *Corpus Hermeticum* qui se veut à la fois l'héritier de toute la tradition du Nil, de la philosophie grecque et des mystères orientaux. Comme Thot-Hermès, ou comme Hermès Trismégiste, le dieu est alors l'initiateur de la gnose (de la connaissance véritable) en même temps que le maître de l'alchimie* et de toutes les pratiques de théurgie. La ville originelle de Thot, Khmonou, devient Hermopolis et Toth est ainsi honoré à Dendérah, sous le règne de l'empereur* Néron (37-68) : « Thot, le deux fois grand, le plus ancien, ... le souverain dieu, créateur du Bien, ... seigneur du Temps, roi des années, scribe des annales de l'Ennéade ! »

THULÉ   Thulé, ou plutôt l'*ultima Thule* comme on la désignait dans l'Antiquité latine, était le pays légendaire qui marquait les limites du monde dans la direction du nord*. Contrée fabuleuse où régnait un jour sans fin au solstice d'été et une nuit permanente au solstice d'hiver (ce qui correspond d'ailleurs en effet aux caractéristiques saisonnières des pays les plus au septentrion de l'Europe : nord de la Norvège, de la Suède ou de la Finlande), Thulé fut souvent assimilée au pays de l'Hyperborée d'où provenait l'ambre* et où Apollon*, sous son aspect delphien, se rendait tous les ans en compagnie de sa sœur Artémis* et de leur mère Latone. Ainsi se trouvent réunis les deux thèmes d'un outre-monde, ou d'un

Au-delà* qui touche au nôtre, et d'une tradition primordiale correspondant à l'origine de la « science sacrée » (selon la légende irlandaise, les Tuatha-Dé-Danann, ou peuple de la déesse Danu ou Anu – c'est-à-dire le peuple de la déesse-mère* qui avait précédé les Gaëls et possédait les clefs de la Connaissance – provenaient d'îles situées au nord ; Latone elle-même était censée, selon certaines versions de son histoire, être née en Hyperborée et Pythagore*, découvreur et dépositaire à la fois des secrets des lois de l'univers, était souvent tenu pour être la réincarnation – voir Métempsychose – d'un ancien Hyperboréen). — Au XXᵉ siècle, le mythe de Thulé a été en partie récupéré par l'idéologie « secrète » du nazisme qui voulait y voir l'un des symboles de l'origine de la « race germanique », et l'une des preuves de la supériorité intrinsèque des Aryens qui seraient tous venus de cet « Autre Monde » de nature pagano-mystique. Récupération d'autant plus abusive que Thulé n'est mentionnée par aucun texte que nous possédions, ni germanique, ni scandinave, et ne pouvait donc relever, dans cette perspective, que d'une affabulation, pour ne pas dire d'un délire plus ou moins « occultisant ».

THYRSE   Le thyrse est un attribut de Dionysos*, le dieu de l'Ivresse et de l'Extase qui, en tant que créateur du cep de vigne*, voyageait à travers tous les pays du monde. Son cortège portait le thyrse – un bâton entouré de feuilles de vigne et de lierre*, et surmonté d'une pomme de pin* – comme s'il s'était agi d'un

Dionysos tient dans la main gauche un thyrse : coupe du Vᵉ s. av. J.-C.

sceptre*. Dans ce contexte, et étant donné le caractère orgiaque du culte de Dionysos, le thyrse est généralement interprété comme un symbole phallique. À l'origine, le bâton était une tige de férule (en latin *ferula*) qui pouvait atteindre plusieurs mètres de haut. On prétend que Prométhée* déroba jadis, au moyen de cette tige, le feu* de l'Olympe, sous forme d'une étincelle* incandescente, pour l'apporter aux hommes; dans les écoles, le thyrse servait de baguette de discipline, d'où son nom de « férule » en français.

TIARE   La tiare est la couronne* papale. La Grèce antique désigna sous ce terme tout d'abord la coiffure perse qui se terminait en général par un bonnet en pointe, puis celle des rois perses ornée de pointes et d'étoiles. La tiare de Mithra*, bien qu'originaire du même pays, a une forme différente et comporte un voile pour cacher la bouche; on voit Darius III la porter sur la mosaïque de Pompéi qui représente sa bataille décisive contre Alexandre*. Le bonnet phrygien, symbole de la souveraineté populaire pendant la Révolution française, peut être considéré comme l'équivalent d'une tiare dont il dérive peut-être à l'origine. Il était autrefois la coiffure des servants de Cybèle*. Au Moyen Âge s'imposa la tiare papale à trois niveaux, symbole du *triregnum,* de la royauté sur le ciel*, la terre* et les enfers*, ou sur les trois continents, l'Asie, l'Europe et l'Afrique (colonisée par les descendants des fils de Noé* : Sem, Japhet et Cham).

Darius III portant la tiare, mosaïque pompéienne de la bataille d'Alexandre.

Selon une autre interprétation, les trois niveaux de la tiare se rapportent aux Églises souffrante, combattante et triomphante. C'est sous cette forme qu'on l'a représentée depuis le pape Urbain V (mort en 1370), mais elle est également l'attribut de saints plus anciens, tels que saint Pierre et Grégoire Ier ou sainte Sophie*. Les papes qui se démettaient de leur charge en cours de règne ou les saints qui renonçaient à leur dignité,

Constantin offre la tiare à saint Sylvestre : fresque (XIIIe s., oratoire de saint Sylvestre, couvent des Santi Quattro Coronati, Rome).

Dieu avec la tiare, symbole de
l'Église : gravure (1511, A. Dürer).

sont représentés avec une tiare posée
à terre. Sur les tableaux qui représentent
la Trinité*, Dieu le Père* porte, quant à
lui, une tiare à cinq* niveaux.

TIGRE Le tigre ne fut connu dans l'Occident antique qu'à partir de l'expédition
d'Alexandre le Grand* en Inde. Son nom
tigris vient d'un mot iranien *thigra* (acéré,
pointu). Avec la panthère* et le lynx*,
il est l'attribut du dieu de l'Ivresse Dionysos* et se trouve probablement en
relation symbolique avec le dieu du vent
Zéphyr et la déesse-mère* de Phrygie,

Cybèle*. C'est dans la même relation à
Dionysos qu'il aurait donné son nom à
l'un des deux grands fleuves* de la Mésopotamie, l'autre étant l'Euphrate. Selon
Plutarque, en effet, le dieu se serait transformé en tigre pour posséder la nymphe
Alphésibée sur la rive du fleuve, et ce
serait de leur union que serait né Médès
– qui donna son nom au peuple des
Mèdes. Une autre légende affirme que
Dionysos était originaire de l'Inde mystérieuse. À Rome, le tigre apparaît pour
la première fois sous la forme de cadeau
offert par des plénipotentiaires indiens
à Auguste en l'an 19. Dans la symbolique
de l'Antiquité, le tigre est toujours relié
à l'Orient d'où il vient. — En Chine, c'était
l'animal symbolique du troisième signe
du zodiaque et il correspondait approximativement aux Gémeaux (voir Jumeaux). Par respect, on évitait souvent
de prononcer son nom (*hu*) qui signifie
« roi des montagnes* » ou « grand animal
rampant ». Sa signification positive vient
de ce qu'il chassait et dévorait les sangliers qui ravageaient les champs. Sa
vitalité et son énergie firent de lui l'animal yang de l'est tandis que les tigres
blancs albinos furent associés au yin*
(ainsi qu'à l'automne et à l'ouest*).
« Tigre blanc » est par ailleurs un terme
infamant qui désigne des femmes que-
relleuses, même si on donnait aussi ce
nom aux cinq guerriers légendaires qui
veillaient sur la Chine. On prétendait que
les démons devaient être eux-mêmes terrifiés par les tigres, et c'est pourquoi on
dressait fréquemment des statues de
tigre sur les tombes et qu'on en posait
des images sur le montant des portes.
Les dieux protecteurs étaient souvent
représentés en train de chevaucher des

Le départ de Durga
le tigre, après qu'il a
sauvé l'univers
des démons :
dessin indien du XVIIIᵉ s.

tigres. En Chine du Sud prédominait l'idée du « tigre-garou », renvoyant à une éventuelle métamorphose de l'homme en tigre. D'autre part, dans l'alchimie taoïste, le tigre forme un couple d'opposés* avec le dragon* – ce dernier désignant le plomb*, le yin et l'obscurité*, alors que le tigre renvoie au mercure*, à la chaleur et à la lumière. Pour bien entendre ce symbolisme, néanmoins, il faut comprendre que « cette équivalence signifie qu'il ne s'agit pas des animaux tigre et dragon, mais qu'il ne s'agit pas non plus des animaux héraldiques de l'est et de l'ouest traditionnels en Chine… Ainsi, « dragon et tigre » prennent un sens propre qui indique que les sens traditionnels ne sont pas écartés, mais intégrés et subsumés dans une configuration totale qui inclut « dragontigre », « plomb-mercure », « foie-poumon », mais aussi les trigrammes (voir Hexagramme) Li et Kan, ce qui désigne le yin dans le yang et le yang dans le yin. Ce couple indique aussi que le propos n'est pas de traiter comme il est habituel du yin et du yang, ni du « jeune yin » et du « jeune yang », mais de leur matériau propre, qui est le contenu du yang et celui du yin, à savoir l'élément contraire, de traiter donc du processus de conjonction* des contraires » (I. Robinet, *Introduction à l'alchimie intérieure taoïste*). — Les bestiaires médiévaux célèbrent « l'amour maternel » de la tigresse et racontent que les chasseurs s'en servent à leur profit. Ils jettent un miroir* rond sur le sol et, lorsque la tigresse s'y mire, elle croit y apercevoir l'un de ses petits qu'elle tente alors d'allaiter. Les personnes poursuivies par une tigresse peuvent aussi se tirer d'affaire à l'aide de ce stratagème.

TILL L'ESPIÈGLE Le personnage historique ayant donné naissance à Till l'Espiègle (Till Eulenspiegel) serait originaire des environs de Brunswick et aurait été enterré en 1350 à Mölln. Il fut choisi pour être le héros d'un recueil de récits populaires qui se moquent des orgueilleuses corporations des petites villes, en particulier lorsque Till exécute des ordres formulés de façon imagée en les prenant au pied de la lettre. Till, Dyl, Tyll, Tile (voir Guillaume Tell) était un prénom répandu chez les paysans de cette époque tandis que *Ulenspiegel* (c'est de là que vient le mot français « espiègle ») est visiblement un surnom dérivé de *ulen* (essuyer, nettoyer) et *spiegel* (qui dési-

*Till l'Espiègle :
frontispice de la première
édition imprimée de l'œuvre (1515).*

gnait le postérieur dans la langue des chasseurs) ; le nom *Eulenspiegel* signifie donc « l'essuie-cul ». Les « tours d'Eulenspiegel » sont aujourd'hui devenus proverbiaux ; cette figure a par ailleurs été une large source d'inspiration pour de nombreux romans, ballades, comédies et poèmes symphoniques (Richard Strauss, Reznicek). Dans l'œuvre de Charles De Coster *Thyl Ulenspiegel et l'agneau Goedzak*, le héros est un rebelle qui se révolte contre la domination des Espagnols aux Pays-Bas. — Le rôle de l'Eulenspiegel, c'est-à-dire du farceur, s'est perpétué dans le théâtre populaire et dans les spectacles de marionnettes sous la forme du Guignol et du Polichinelle importés d'Italie et réinterprétés dans les espaces flamands et allemands – deux personnages qui s'opposent avec beaucoup de ruse et d'esprit aux forces qui leur sont officiellement supérieures. Dans la commedia dell'arte, l'équivalent de ce rôle est tenu par Arlecchino (Arlequin).

TILLEUL Sous les climats tempérés de l'hémisphère Nord, il existe environ soixante variétés de cet arbre à feuilles caduques. Le tilleul est l'arbre du village par excellence qui dispense son ombre

Tilleul sur un sceau médiéval de la ville de Lindau, sur le lac de Constance.

sur la place principale où se tiennent toutes les réunions. Dans la mythologie germanique, le tilleul avait été consacré à l'origine à la déesse Freya ; il passait pour écarter la foudre*, et il était l'insigne des juridictions locales. Très largement utilisé dans l'art poétique depuis le trouvère Walther von der Vogelweide, le tilleul est ainsi devenu le symbole même de la communauté villageoise qu'il reste depuis. Appelé *lipa* dans les pays slaves, le tilleul y était très apprécié pour son miel. Ce qu'on appelle communément les « fleurs de tilleul », qui servent à préparer une tisane sudorifique ou, selon les cas, sédative, sont en fait des inflorescences entières, dont les avant-feuilles ressemblent à des ailes*. D'après le principe des quatre sèves, sainte Hildegarde de Bingen (1098-1179) considérait le tilleul (*Tilia*) comme un végétal « très chaud » : « Toute sa chaleur tient dans ses racines, d'où elle remonte dans les branches, puis dans les feuilles. Le tilleul symbolise la fragilité. La poudre que l'on tire de ses racines guérit les affections cardiaques, si on en saupoudre son pain. » Le tilleul a aussi la propriété de rendre les yeux* clairs : dans ce but, on se couvre les paupières et le visage de feuilles de tilleul fraîches au moment de s'endormir. — L'art héraldique représente souvent le tilleul sous la forme de feuilles stylisées qui ressemblent à des cœurs : certains écussons portent une croix dont les branches sont ornées de ce motif.

TITANS   Les Titans apparaissent aux tout premiers moments de la théogonie grecque, car ils représentent la troisième génération des fils de Gaïa, la Terre, et d'Ouranos, le Ciel : après les monstres Hécatonchires aux cent bras et les Cyclopes* à l'œil* unique qui sont précipités dans le Tartare, mais avant leurs sœurs les Titanes avec lesquelles ils s'unirent (voir Inceste) pour engendrer sur terre les eaux nourricières, ils comptent de multiples puissances célestes, dont le Soleil* et la Lune*, et quelques futurs grands rebelles…. (*cf. Bibliothèque* d'Apollodore, I, 1-2 ; Hésiode, *Théogonie* ; Homère, *Odyssée*, IX). La création, ou la théogonie, se serait arrêtée là si Gaïa, lassée de l'appétit sexuel sans limites de son époux, n'avait décidé d'en finir et de faire appel à l'aide du plus jeune des Titans, Cronos* (voir Saturne), qui émascule son père. Des gouttes de sang qui en tombent sur terre naissent alors les Géants* que devra affronter Héraclès*, mais aussi les terribles Érynnies*, tandis que le sperme ouranien, au contact de l'Océan, donne naissance à Aphrodite*. — Cet épisode de la castration d'Ouranos par son fils pose le problème de la légitimité du souverain : celle-ci doit-elle être fondée sur un acte de violence que l'on répéterait à l'infini ? Ayant détrôné son père, en effet, le Titan Cronos veut empêcher ses propres fils de le détrôner à son tour et les dévore à leur naissance : les Grecs ont alors recours au seul élément qui leur semble pouvoir contrecarrer l'usage de la force brute dans la lutte pour le pouvoir : la *métis*, c'est-à-dire la ruse, l'intelligence « oblique », qui joue un si grand rôle dans leur civilisation (Hermès*, Athéna*, Ulysse et tant d'autres), et qui chemine « comme un fil rouge à travers toute la trame des mythes grecs de souveraineté* ». Devant le « cannibalisme » de son époux, la déesse Rhéa imagine en effet de lui faire avaler une pierre à la place de son dernier-né, sauvant de la sorte Zeus (voir Jupiter) – lequel détrône son père et délivre ses frères en faisant ingurgiter à Cronos un philtre dont la déesse Métis lui a donné l'idée, et qui force Cronos à vomir tout ce qu'il conservait dans son estomac. Il s'en faut pourtant de beaucoup que le pouvoir de Zeus soit ainsi assuré : il doit ensuite affronter ses « oncles », les Titans, qui lui disputent la domination du monde – nouvelle confrontation entre la force primitive de ceux-ci et l'intelligence de celui-là. En fait, le combat reste indécis pendant dix longues années, et il faut à Zeus recourir à de nouveaux alliés en faisant appel aux Cent-Bras ainsi qu'aux Cyclopes qui lui apportent la foudre* et auxquels il donne le statut divin, constituant ainsi, peu à peu, le camp des dieux olympiens. Devant le principe de l'usage pur de la violence qui est celui des Titans se structure ainsi un nouvel ordre qui introduit la notion de complexité, puisque s'y ajoutent et s'y mélangent le jeu des alliances et des récompenses qui les accompagnent, l'usage de la force et celui de la ruse, bref tout un ensemble sur lequel se construit désormais le monde des dieux et qui servira de modèle au monde terrestre de la Cité et de la culture. — Si le Titan Cronos, toutefois, a été détrôné, il n'en continue pas moins d'exister. Fils du Ciel et de la Terre, donc archétype primordial de la vie et de la mort, il finit par s'identifier avec la puissance du Temps, avec ce Chronos* qu'on représente habituellement sous les traits d'un vieillard qui dévore inexorablement les Heures* comme il dévorait ses enfants pour assurer son pouvoir. Si les dieux olympiens, immortels, échappent définitivement à sa tutelle, il n'en va pas de même des hommes qui en connaissent au contraire tout le poids. Peut-être est-ce là la raison qui permet d'expliquer que, dans les mythes orphiques, les Titans donnent naissance aux hommes en mélangeant de la terre à des cendres* (*titanos* signifie en grec la chaux vive) ? En relation avec ce motif, les Titans sont d'ailleurs réduits eux-mêmes en cendres, dans la théologie d'Orphée*, par Zeus qui veut les châtier du meurtre de son fils Dionysos*. Dionysos, en effet, a été démembré par les Titans, puis bouilli et rôti afin de donner lieu à un repas sacrificiel. En réservant ce sort aux Titans, les Orphiques remettent ainsi en question le sacrifice* sanglant de type alimentaire. Allant encore plus loin, ils proscrivent l'usage de la viande, se servant de ces nouvelles conduites alimentaires comme d'une forme de protestation contre les systèmes politico- religieux qui dominaient alors dans les cités (VIᵉ siècle avant notre ère). Dans la mesure où l'orphisme, à travers certains de ses mystères, constituera par la suite l'une des bases de certains rites chrétiens, on retrouve à nouveau, quoique d'une façon différente, toute l'importance de l'ordre nouveau qui s'impose en niant l'ordre ancien des Titans. D'autant plus que Dionysos lui-même, dont le cœur avait été pré-

servé, accède à la renaissance (son nom signifie : le « deux-fois-né ») et que ce développement des cultes dionysiaques ne sera pas moins important que la diffusion de l'orphisme (voir Bacchantes). — Au total, les Titans apparaissent donc comme des puissances fondatrices, images de l'énergie et de la force primordiales, souvent aveugles, parfois grossièrement régulatrices (castration d'Ouranos), mais qu'il faut de toute façon savoir toujours dépasser, soit dans la création de la Loi, soit dans une spiritualisation progressive qui transforme la force brute dans la force de l'âme*.

TOISON D'OR   La Toison d'or* dont la conquête motive la longue et difficile expédition des Argonautes en Colchide – c'est à dire vers l'orient* – offre, selon Jung, l'un des « innombrables synonymes de la conquête de l'impossible », mais aussi (et en même temps ?) l'image tout aussi prégnante de la longue suite d'épreuves que tout être humain doit affronter dans sa vie pour accéder à l'immortalité du héros. Au départ, l'histoire de la Toison d'or est celle de Jason (surnommé « le guérisseur » parce qu'il avait été élevé par le Centaure* Chiron qui connaissait l'art de la médecine). Jason défie le roi Pélias, fils de Poséidon (voir Neptune), dont il veut reprendre le trône. Celui-ci lui demande en échange de délivrer son pays d'une malédiction qui l'accable en allant conquérir cette toison d'or qui est celle d'un bélier* sacré qu'Hermès* avait « aurifiée » et dont Zeus avait fait don à une reine qui voulait sauver son fils du sacrifice* auquel il était promis : ce bélier avait emporté l'adolescent au-delà du Pont-Euxin, dans le pays de Colchide que baignait la mer Noire (c'était le pays le plus à l'est qui fût connu du temps d'Homère). Une fois ainsi sauvé, le jeune prince avait sacrifié en retour le bélier à Zeus avant d'en suspendre la toison, soit dans un arbre* (comme Odin dans l'arbre cosmogonique ou le Christ sur l'arbre de la croix*), soit à l'intérieur d'une caverne* où la gardait un dragon*. Dans l'interprétation qu'il donne de ce mythe, Strabon, l'un des plus grands historiens-géographes de l'Antiquité, explique que les Argonautes qui pénétrèrent dans la mer Noire allaient en fait chercher l'or alluvial du fleuve Phase – l'actuel Rion –, que les habitants de la Colchide ramassaient comme des toisons déposées dans le lit du fleuve. On saisit là pourquoi l'expédition des Argonautes a servi bien plus tard de référent mythique aux multiples voyages de conquête ou de ruée vers l'or, qu'il s'agisse de l'épopée irlandaise et chrétienne du *Voyage de saint Brandan*, ou des multiples voyages vers l'Eldorado de l'Amérique. Telle qu'elle est rapportée par Apollonios de Rhodes (IIIᵉ siècle av. J.-C.), par Pindare dans sa quatrième *Ode*, ou par Ovide dans *Les Métamorphoses* (Livre VII), la conquête de la Toison commence par la construction d'un bateau qui se fait avec l'aide d'Athéna* et d'Orphée*, dont la lyre* convainc les arbres de se prêter de bonne grâce à la fabrication de la nef Argo, laquelle porte une branche du chêne* sacré de Zeus, qui est dotée du don de la parole prophétique. Parmi l'équipage qui embarque alors, on trouve, outre Jason et Orphée en personne, Héraclès*, les jumeaux* Castor et Pollux, et encore Atalante, la Vierge chasseresse entre toutes. Après une première escale dans l'île de Lemnos qu'ils repeuplent, les Argonautes doivent affronter les rochers Symplégades qui se tiennent à l'entrée du Bosphore et qui avaient la réputation de se rapprocher au passage des navires afin de les empêcher de continuer leur voyage. Une colombe* néanmoins les aide à traverser l'obstacle, tandis que la lyre d'Orphée leur permet de vaincre aussi les Sirènes*. Après de multiples péripéties et grâce à l'amour de Médée, la fille du roi de Colchide, qui lui procure un philtre grâce auquel il endort le dragon, Jason con-quiert enfin la Toison d'or et accède au trône qu'il convoitait en compagnie de Médée qu'il a ramenée avec lui et dont il a fait sa femme. Contrairement au vrai héros, cependant, Jason n'a pas affronté le dragon ni ne l'a tué : en se contentant de l'endormir, il a rusé avec l'épreuve cruciale de l'initiation* et le trésor* dont il s'empare ne lui appartient pas de bon droit. En fait, le dragon devient alors comme son dragon intérieur – ce qui explique la fin tragique de l'histoire : Jason se détourne de Médée dans le dessein d'épouser Créüse, la fille de Sisyphe – et Médée se venge en tuant leurs deux fils puis en se débarrassant de Sisyphe et de sa fille avant de retourner son poignard contre elle-même (voir les tragédies d'Eschyle VIᵉ-Vᵉ siècle av. J.-C. et de Sénèque, en latin, au Iᵉʳ siècle). — Négligeant cette dernière leçon et ne s'attachant qu'à l'histoire même de la conquête, certains courants de l'alchimie* en ont repris les péripéties comme autant de représentations des différentes

étapes de leur travail. C'est cette correspondance que suggère par exemple le bas-relief de l'hôtel Lallemant à Bourges tel qu'il est décrit par Fulcanelli, et où la Toison d'or apparaît suspendue dans un bois de chênes, gardée par le dragon. Fulcanelli explique que « ce chêne donne le *kermès*, que la gaye science rapporte à Hermès », lequel est, rappelons-le, l'auteur de la Toison du Bélier, – de ce Bélier qui est aussi le signe astronomique qui correspond au soufre, minéral fondamental du composé de l'Œuvre. Ce kermès a la propriété de teindre en rouge*, la couleur qui gouverne le stade ultime de l'Œuvre (« œuvre au rouge » ou *rubedo*). De la même façon, Médée donne à Jason un flacon de liqueur de crocus caucasien, dont il s'enduit le corps pour se protéger du feu que jettent les naseaux des taureaux* qu'il doit mettre au labour avant d'affronter le dragon. « Grâce au kermès, le vieux chêne hermétique sert de mère au mercure secret de l'Œuvre. » Dès lors, le mariage de Jason avec Médée devient un symbole des Noces* alchimiques, de l'union du Roi et de la Reine, de l'Or du Soleil et de l'Argent de la Lune d'Hécate dont Médée était la prêtresse. On saisit alors toute la portée symbolique qui est conférée au voyage de Jason, à la fois descente dans les profondeurs de la matière, apprentissage de la Connaissance et conquête de l'unité substantielle de l'Être selon les modèles inlassablement repris par les hermétistes.

TONNEAU DES DANAÏDES   Le « tonneau des Danaïdes » est le symbole, devenu aujourd'hui proverbial, d'une tâche irréalisable qui est perçue, en quelque sorte, comme une punition des enfers. Les Danaïdes, filles de Danaos, le roi d'Argos, avaient assassiné leurs époux. Elles furent condamnées dans le monde souterrain à verser de l'eau* dans un tonneau sans fond avec des cruches percées. Voir Au-delà.

TONNERRE   Presque toutes les civilisations antiques voient dans le tonnerre un moyen utilisé par les êtres célestes pour indiquer leur présence ; ce sont ces mêmes êtres qui sont d'ailleurs bien sûr à l'origine de la foudre*. On en trouve encore l'exemple dans la façon dont se manifeste la voix de Dieu dans la *Bible* (*Livre de Job* XXXVII, 2-5 : « Écoutez, écoutez donc vibrer sa voix, et le grondement qui sort de sa

Le dieu du tonnerre :
paravent japonais peint du XVIIᵉ s.

bouche. Sous tous les cieux il le réper-
cute et sa foudre frappe les extrémités
de la terre. Puis son rugissement retentit, sa majesté tonne à pleine voix, et il
ne retient plus les éclairs dès que sa voix
s'est fait entendre »). Le tonnerre est souvent interprété comme un signe de la
colère divine à la suite d'un bouleversement de l'ordre cosmique ; il en allait
ainsi chez les Celtes, et particulièrement
chez les Gaulois où le grand Taranis en
était le maître. Toutefois, ce bouleversement du ciel et des éléments était

généralement dû à la mauvaise conduite
des hommes, qui provoquaient ainsi la
colère du dieu. C'est à ce motif que se
rattache d'évidence l'image universellement connue de ces Gaulois qui ne
craignaient qu'une chose au monde : que
« le ciel ne leur tombât sur la tête » – c'est-
à-dire que le dieu ne les punît de leurs
mauvaises actions. Pour leur part, les
Indiens d'Amérique du Nord y entendent
le battement des ailes d'oiseaux surréels,
de même qu'en Sibérie, les Yakoutes y
voient un canard mythique ; d'autres
peuples de l'extrême nord de l'Asie se le
représentent comme une oie* ou un
aigle*. Pour les Germains, c'est le bruit
du marteau* Mjölnir (c'est-à-dire le
« broyeur ») que le dieu Thor jette sur les
géants*. Le tonnerre revêtait diverses
significations pour les anciens Chinois :
il pouvait être un « rire du ciel* », le roulement de tambours surnaturels, les cris
d'un démon céleste aux cheveux roux ou
le roulement de la voiture tirée dans le
ciel par les âmes des défunts. Les dieux
du tonnerre sont parfois représentés
avec une seule jambe (Tezcatlipoca chez
les Aztèques, Hurakan chez les Mayas
Quichés – d'où vient le mot *hurricane*, et
chez nous ouragan). Puisqu'il est lié à la
pluie, c'est-à-dire puisqu'il gouverne la
vie de la végétation et renvoie donc
à un ensemble agro-lunaire où prédomine la notion de fécondité, le tonnerre
est chez les Aztèques l'attribut du dieu
Tlaloc, correspondant au maître des saisons, l'Illapa des Incas que l'on représente d'habitude par la constellation de
la Grande Ourse*. — Les habitants d'Eu-

L'oiseau du tonnerre, double aigle
stylisé : peinture des Indiens Haida.

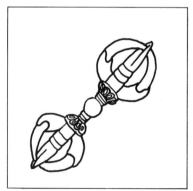

Sceau du tonnerre :
vajra lamaïque du Tibet.

Le dieu du tonnerre et la déesse
de la foudre foudroient un coupable :
estampe chinoise.

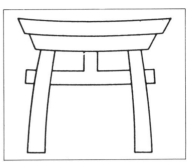

Torii, porte placée à l'entrée
des temples shintoïstes au Japon.

rope centrale voient dans les fossiles de bélemnites, les restes du « carreau de la foudre » (en raison de la synonymie du mot allemand *Donnerkeil*), et ces mêmes fossiles sont considérés dans certaines régions comme des haches de l'époque néolithique que les maîtres de maison conservent sous leur toit pour se protéger des dommages du mauvais temps. — Le dieu du tonnerre, des éclairs et du temps est très souvent aussi le maître du ciel, comme Zeus Kérauros dans la Grèce antique ou Perun chez les peuples slaves, dont le symbole est une massue. — La « cale du tonnerre » désigne, en Inde et au Tibet, un objet rituel (en indien *vajra*, en tibétain *djordje*), aussi appelé « sceptre de diamant* », qu'on utilise dans le bouddhisme tantrique pour « morceler l'ignorance et libérer la connaissance » (il s'agissait à l'origine de l'arme du dieu du Ciel védique avec laquelle il réduisait en morceaux les nuages afin de laisser s'en échapper l'eau* de la pluie*). Dans l'iconographie japonaise, le dieu du Tonnerre est représenté par le dieu Raijin peint en rouge, entouré d'une couronne de huit tambours. D'une façon générale, le tonnerre est considéré comme une manifestation grandiose et concrète du ciel qui d'un côté menace l'homme, et de l'autre le protège face à ses ennemis. Voir Orage.

TORII   Le mot *torii* désigne au Japon la porte* qui marque l'entrée des sanctuaires et qui circonscrit par sa forme le domaine du sacré; cette porte est le plus souvent réalisée dans un bois peint en rouge*, plus rarement en pierre* (et récemment en béton). Des fils composés de paille de riz entortillée y sont fréquemment pendus; ils sont censés ne rien laisser pénétrer de profane dans l'enceinte du temple (Shimenawa) ; les torii sont aussi ornés de bandelettes de papier blanc* qui symbolisent la pureté. Le plus souvent, des « chiens-lions* » (Karashishi) en flanquent l'entrée.

Divinité
celte
anthropomorphe
avec des torques :
statue en pierre
(Ier s. av. J.-C.,
Euffigneix,
France).

TORQUE   Le torque désigne un collier en usage chez les Celtes, qui servait
d'emblème à l'adulte et au guerrier. Il ne
s'agit pas d'un anneau fermé sur le cou,
mais d'un collier ouvert sur la poitrine,
dont les extrémités sont souvent ornées
de têtes d'animaux, parfois aussi de
visages humains stylisés. Sur la foi de
témoignages antiques, on a longtemps
cru que le torque devait accompagner
l'homme dans son tombeau, mais de
nombreuses campagnes de fouilles
récentes ont montré qu'il n'en était rien.
En fait, le torque n'était pas l'apanage
de la caste des guerriers, et on s'est
aperçu que les dieux ou les héros semi-
divins le portaient souvent eux aussi. On
peut également voir sur les images en
relief du chaudron* de Gundestrup, la
figure d'Esus-Cernunnos, le dieu à la
ramure de cerf*, avec l'un de ces torques.
(cf. p. 685).

TORTUE   La tortue incarne généralement la force tranquille et la résistance
à toutes les attaques. « Elle a quelque
chose du silence profond des origines de
la vie qui, en cas de danger, est capable
de se recroqueviller en elle-même » (Aeppli). Dans la cosmologie chinoise, on
mentionne l'animal de l'ère primitive, Ao,
la tortue de mer* aux dimensions de l'univers sur le dos de laquelle reposait la
terre*. Dans les pratiques correspondantes de magie, les statues de tortues
en pierre qui portaient des plaques sur
le dos servaient à assurer la stabilité du
cosmos, tandis qu'à la charnière de la
préhistoire (néolithique, époque du
bronze) et de l'histoire la plus reculée de
la Chine, on se servait de la carapace de
tortue comme moyen divinatoire parce
que les vingt-quatre marques qui bor-
daient sa carapace correspondaient au
nombre des divisions du calendrier
agraire. On y portait des pointes de feu
et les dessins produits par les craquelures qui s'ensuivaient devaient être

*Vishnou sous son second avatar,
Kurma la tortue : gravure du XIXᵉ s.*

interprétés. C'est l'accumulation de ces
dessins, leur soigneux archivage et leur
étude comparative qui se trouve à l'origine de l'établissement du *I-Ching**. En
étroite relation avec le ciel dont la partie
supérieure de sa carapace imite la courbure, la tortue en était aussi la messagère : c'est elle qui a apporté le lo-chou
où se résume l'organisation de l'univers.
On prétend qu'un Aoshan (une « mon-
tagne-Ao ») se trouvait aussi dans les Îles
fortunées*. L'animal était présenté lui-
même comme un mangeur de feu* et ses
représentations placées au faîte des maisons devaient protéger des incendies.
Dans le système chinois d'analogies symboliques, la tortue était l'un des cinq* animaux sacrés du septentrion et incarnait
l'eau* et l'hiver. En raison de sa longévité,
la tortue symbolisait la « longue vie », et
par son invulnérabilité, l'ordre immuable
des choses. La tortue revêt pourtant

*1. Tortue dans
les anneaux
d'un dragon :
dessin chinois
du VIIIᵉ s.*

*2. Ao, la tortue
marine tenant
la Terre sur son
dos : gravure
du XIXᵉ s.*

1   2

*Figure avec une paire d'ailes
et une tortue, symbole de la tranquille
sollicitude.*

aussi une signification négative en raison
de la croyance populaire selon laquelle
elle n'apparaît que sous sa forme femelle
(*kui*) et doit s'accoupler avec des ser-
pents*. Elle ne possède donc aucune
pudeur (*kui* signifie également pénis). —
En Inde, la tortue passait pour être le
second avatar* de Vishnou*, et passait
de toute façon, comme la tortue Ao de
Chine, et dans la généralisation de l'avatar divin, pour être la Kurma qui portait
l'Inde sur son dos, ainsi que, aux époques
primordiales, le serpent* Ananta. Animal
cosmogonique, sa longévité touchait à
l'immortalité et lui permettait ainsi d'assurer la pérennité de l'univers. — Dans
l'Antiquité européenne, la tortue était
considérée, à cause de ses œufs* innombrables, comme un symbole de fécondité; elle symbolisait par sa « réserve
silencieuse » un amour vertueux, et sa
longévité faisait d'elle l'incarnation d'une
irréductible vitalité. Dans la patristique,
l'animal « vivant dans la vase » symbolisait l'attachement à la terre, mais saint
Ambroise (environ 340-397) fit observer
que l'on pouvait fabriquer un instrument
de musique à sept cordes avec sa carapace et que ce dernier produisait un son
réjouissant pour le cœur. Dans l'Antiquité, on faisait déjà appel à la fonction
protectrice de la carapace de tortue lors
de certains rites magiques (par exemple
pour protéger de la grêle et des sorts)
et les yeux* de tortue sertis dans de l'or*
servaient d'amulettes contre le mauvais
œil. Il faut enfin signaler que la carapace
de la tortue servit à Hermès* pour cons-

truire la première cithare, et que comme
la tortue vivante aidait à maintenir le bon
ordre du monde en contrecarrant les pratiques de magie et d'envoûtement, la tortue morte devint, par la musique qu'on
en tirait, le témoin du bon ordre des
sphères* dont sa carapace pouvait être
le symbole : « Vivante, tu te protégeras
contre la magie malfaisante ; mais, une
fois morte, tu pourras chanter fort bien »
(*Hymne à Hermès*).

TOTEM   En ethnologie, on entend d'habitude sous ce terme un esprit protecteur surnaturel ou l'ancêtre d'un groupe
(le totem du clan) représenté le plus souvent sous la forme d'un animal. On trouve
encore aujourd'hui des totems, ou
pieux* totémiques sculptés dans un
tronc d'arbre chez les Indiens d'Amérique
du Nord, sur la côte Pacifique (Tlingits,
Haidas, Tsinshians, Kwakiutls). La majo-
rité d'entre eux était pourvue, près de
leur base, d'une ouverture ovale qui figurait la porte qui conduisait au lieu des
cérémonials – mais que l'on a rarement
conservée. Les sculptures représentent
les animaux héraldiques du clan, c'est-à-
dire les symboles des différents esprits
animaux qui interviennent dans les
mythes du groupe concerné : ours*, cor-
beau*, aigle*, baleine* tueuse, castor etc.
— Les tribus égyptiennes, réunies plus

*Totem tribal
des Haida.
L'animal
totémique
du clan
est le vautour.*

tard en districts ou en circonscriptions administratives, possédaient elles aussi, à l'origine, de semblables sculptures d'animaux gravées sur des perches comparables à des étendards, et munies de poutres transversales, que l'on désignait du nom « d'animal héraldique-totem » (taureau*, vache*, oryx, etc.), sans que l'on connaisse réellement les mythes qui y correspondaient à l'époque. — On connaissait encore dans l'Antiquité européenne de semblables animaux héraldiques, que l'on interprète souvent comme « un reliquat des fétiches d'animaux primitifs » (E. Stemplinger) ; la légende rapporte à cet égard que ce sont des animaux sacrés qui ont souvent indiqué les chemins conduisant aux sanctuaires futurs. On prétend qu'Apollon, sous l'aspect du corbeau qui lui était consacré, guida de la sorte, vers 630 av. J.-C., les habitants de l'île de Théra (Santorin) vers Cyrène. Deux corbeaux indiquèrent également à Alexandre* le Grand le chemin qui menait au sanctuaire de Jupiter* Ammon. Au IVe siècle av. J.-C., un pic se posa sur le drapeau* du guide des Picentiens en train d'émigrer. Énée et ses compagnons se laissèrent guider par des colombes* pour fonder la colonie de Kyme. Les fondateurs d'Épidaure suivirent pour leur part un serpent*, les Samnites un taureau, les Hirpiens un loup*, tandis que c'est un lièvre* qui indiqua l'endroit où la ville de Boies devait être construite ; un essaim d'abeilles* montra enfin le chemin au héros béotien Trophonios lorsqu'il découvrit la grotte* des oracles qui porte encore son nom. De fait, la persistance de cette imagerie animale semble surtout marquer l'enracinement de l'imagination humaine au plus profond de l'inconscient – de même que tous les symboles thériomorphes en général –, mais où elle rencontre paradoxalement, dans un couple d'opposés*, l'affirmation d'une haute valeur spirituelle. Les totems des Indiens d'Amérique du Nord, déjà évoqués, en sont d'ailleurs le témoignage encore vivant, puisqu'ils surgissent de la terre* pour monter vers le ciel*, et que si leur forme est animale, leur structure même est le symbole d'une hiérarchisation des plans qui renvoie *in fine* à l'existence universelle d'un grand Esprit, ou Manitou*.

TOUR   En symbolique, la tour évoque l'idée d'un axe du monde* compris comme un « lien unissant le ciel* et la terre* ». La tour de Babel* (voir Baby-

Tour : « Qui éclaire comme un incendie » : gravure de 1702.

lone), dont il est question dans la *Bible*, symbolise l'orgueil humain qui veut s'élever jusqu'au ciel, et dont la destruction par la colère divine provoque la dispersion de l'humanité et l'apparition d'une multitude de langages différents les uns des autres. Il semble de fait qu'il se soit agi là d'une volonté surhumaine de bâtir un axe du monde* qui n'existait plus depuis la chute de l'homme du paradis* – mais qui ne pouvait évidemment réussir puisque l'entreprise avait été décidée et menée sans l'assentiment du Seigneur. C'est là, d'ailleurs, l'une des origines et des marques du monothéisme : l'axe du monde sera en effet réalisé et sanctifié par le Temple* de Jérusalem* construit sous Salomon* pour garder l'Arche* d'alliance - mais cette alliance est celle de Dieu avec un peuple particulier (le peuple élu) qui est chargé de témoigner de la vérité du « Seigneur Unique » qui s'est révélé à lui. Contrairement à la tour de Babel qui devint plus tard, dans la civilisation chrétienne, le référent universel de la présomption humaine et un signe de malheur, le phare, c'est-à-dire la tour qui s'élève au-dessus des flots, possède une signification positive sans exception dans l'art chrétien où il est fréquemment représenté car, grâce à sa lumière*, il indique la bonne direction à la barque* de la vie ; on trouve également le thème de la tour fortifiée qui protège le croyant contre les assauts de l'enfer (on lit dans un cantique : « Une demeure pleine de gloire regarde loin par-delà les terres… En vérité, elle est magnifiquement couronnée d'une puissante tour de défense. ») Dans les litanies, Marie* est appelée « la tour de David » ou « la tour d'ivoire » qui, à l'instar de l'Église tout entière, indique le chemin qui conduit au ciel. Dans le texte périchrétien rédigé vers 140, *Pastor Hermae* (« Le Berger d'Hermas »), l'Église est comparée à « une grande tour construite avec de somptueuses pierres de taille et qui domine les eaux ». C'est seulement au Moyen Âge que l'on construisit d'authentiques clochers reliés à l'église elle-même afin de propager le son des cloches*. Au début, ils étaient en effet isolés des églises et faisaient fonction de beffrois. — On interprète la lame du Tarot* « la Tour » (« la Maison-Dieu ») des Arcanes majeurs, comme un édifice frappé par la foudre* d'où tombent des gens – ce qui désigne la présomption humaine – comme il en va de la tour de Babel. — En héraldique, des tours crénelées munies de portails et de grilles sont souvent représentées dans les armes des villes, surtout lorsque le nom de celles-ci se termine en -bourg. Selon Böckler (1688), on peut les interpréter comme des renvois à des châteaux et des forteresses que le propriétaire des armoiries « a soit gravis le premier ou que les commandants ont défendus avec la bravoure d'un chevalier… On peut aisément en conclure que la tour représentée sur un écusson désigne des personnes de grand mérite ». — En tant qu'attribut de saints, la tour est associée à Bernard d'Aoste, Léocadie de Tolède

La Tour (frappée par la foudre) : carte des Tarots de Charles VI de France.

et Barbara (qui fut incarcérée par son père dans une tour). Les tours qui servent de prison (tour de la faute, tour de la faim, etc.) apparaissent souvent dans les légendes (tour des souris*) et dans les contes de fées*. — Il faut noter qu'en Chine, le symbolisme de la tour est surtout présent dans la « Tour des influences heureuses » qui avait été bâtie

Ville avec des maisons-tours : peinture (1335-1340, Ambrogio Lorenzetti).

Sainte Barbara et la tour, symbole de son martyre : miniature du XVe s.

par Wen-wang. Étroitement reliée au ciel qu'elle permettait d'étudier en tant qu'observatoire, elle était aussi le canal par lequel les bonnes influences célestes descendaient sur la terre pour y répandre la félicité : elle était le point de rencontre de l'élévation de l'esprit et de la descente du bon ordre cosmique – d'une certaine façon, une tour de Babel réussie, mais dans un pays dont toute la philosophie était fondée sur l'immanence, c'est-à-dire aussi sur l'autosuffisance de l'univers en son ensemble.

TRAVAIL   Dans les idées et le langage de la franc-maçonnerie*, le travail est un concept d'une dimension symbolique particulière. Il désigne la participation des loges à l'édification du « Temple* de la philanthropie universelle » ou « Temple de l'humanité » ; le maître allume tout d'abord la bougie située sur la « colonne* de la sagesse » en disant : « Que la sagesse dirige ces travaux », ce sur quoi le premier et le deuxième surveillants allument les autres lumières et déclarent : « Que la force les guide » et : « Que la beauté les achève. » Ce travail des loges ou travail du Temple, qui vise à l'élaboration d'un monument idéal, est porteur (selon A. Horneffer) de bénédiction spirituelle. « C'est un mystère qui fait naître

une fraternisation spirituelle. L'activité liée à un culte libère et élève l'âme*, de même que l'activité artistique. Elle sert le Dieu qui est en nous et contribue ainsi, indirectement, à la divinisation du monde. »

TRÈFLE   (en anglais *shamrock*) Le trèfle est le symbole de la conscience nationale irlandaise. Les druides de l'époque préchrétienne utilisaient déjà le trèfle à des fins symboliques, et il devint plus tard l'emblème de la Trinité*. Il fut aussi attribué à saint Patrick, qui avait tué un serpent* avec un bâton en forme de feuille de trèfle. On considère aujourd'hui le trèfle à quatre feuilles comme un porte-bonheur. L'interprétation courante de cette superstition est superficielle : comme le trèfle à quatre* feuilles est rare, le fait d'en trouver un est tenu pour un signe de chance; au fil du temps, on a d'ailleurs fini par considérer que c'était la feuille elle-même qui portait chance. La symbolique originelle du trèfle se rapporte en réalité à la croissance vigoureuse de cette plante, qui est le signe d'une vie pleine et ardente. Le « trèfle vert* » a joué un rôle important dans la poésie lyrique amoureuse du Moyen Âge, qui considérait que la proximité du trèfle rendait un lieu propice à l'amour. Pour donner plus de valeur à un acte, on l'accomplissait aussi sous les auspices d'un trèfle vert. Le trèfle avait d'abord été employé comme plante tombale, en référence à l'idée de la résurrection. Il constituait de même, et par anticipation, un symbole de départ, et on l'associait souvent à la rose* (symbole de l'amour) et à la violette* (fleur qui arbore la couleur de la pénitence).

TRÉSOR   L'homme qui voulait devenir riche facilement, fût-ce au prix de sa vie, tentait souvent autrefois de découvrir des trésors en récitant des formules magiques. De nombreuses légendes évoquent de semblables trésors qui, sur le point d'être découverts, furent de nouveau engloutis dans la terre*. C'est dans la symbolique antique qu'il faut chercher l'origine de cette quête de l'or* caché ; selon elle, en effet, les « trésors » représentent certaines des facultés spirituelles que l'homme à la recherche de la vérité et de la connaissance acquiert pas à pas, comme le suggèrent par exemple les mystères des gnostiques. — Cette conception, de fait, est très antérieure à l'époque même du gnosticisme, et se révèle dès le mythe de Jason et de la conquête de la Toison* d'or – de la même façon qu'on la retrouve, dans un contexte différent, dans le thème de l'Or du Rhin de la mythologie germanique tardive. L'or ou le trésor sont généralement gardés par un dragon*, par un géant* ou par un animal qui tient le même rôle symbolique. La conquête du trésor représente alors l'épreuve initiatique que doit passer le héros pour découvrir sa vérité intérieure ou, plus largement, la vérité dérobée du monde régi par les dieux. C'est par référence au trésor que l'on trouve par exemple, dans les textes gnostiques de Nag-Hammadi, un *Hymne de la perle**, de la même façon que les hymnes manichéens du Fayoum, connus sous le nom de *Psaumes des errants*, prétendent qu'on ne recouvre le trésor de l'esprit qu'après avoir vaincu le démon de la chair (« C'est la plainte d'une vierge* qui crie : peut-être est-ce vers Dieu qu'elle crie. / La plainte d'une continente : peut-être est-ce vers les anges qu'elle crie. / La plainte d'une femme mariée : peut-être est-ce vers le Diable*. » Et plus loin : « La plainte d'une vierge : vers l'aigle*. / La plainte d'une continente : vers la colombe*. / La plainte d'une femme mariée : vers le dragon. » Et enfin : « La plainte d'une vierge : vers l'esprit. / La plainte d'une continente : vers l'âme*. / La plainte d'une femme mariée : vers le corps »). Certains de ces anciens textes, toutefois, passant de ce que l'on pourrait appeler une « magie spirituelle » à une magie qui se voulait opérative (envisagée par exemple

pour entrer en relation avec le monde des esprits), prétendaient que l'on pouvait se soumettre les puissances détentrices des secrets de la vie intérieure, en prononçant des paroles mystérieuses et en traçant des signes géométriques, à peu près comparables aux syllabes émises dans certaines techniques de méditation et aux diagrammes des yantras*. Il est possible qu'une conception littérale, ignorante de la symbolique de ces doctrines ésotériques, soit à l'origine des pratiques auxquelles recourrent les chercheurs de trésors modernes et dans lesquelles les incantations et les pentacles magiques jouent également un grand rôle.

TRIADE   Les triades féminines sont caractéristiques du mode de pensée antique. La représentation sous la forme de triades est en effet très répandue chez les puissances féminines, alors qu'on trouve peu de groupes de trois dieux. C'est le cas notamment des Grâces*, des Heures*, des Parques*, des Gorgones* et des Grées, ainsi que des Érinnyies* et des Euménides. Le groupe des neuf Muses peut aussi être considéré comme une structure triple renforcée, puisque le nombre neuf est le résultat de la multiplication de trois par lui-même. Certains mythologues ont essayé récemment de voir dans la déesse de la Nuit* et de la Magie, Hécate, une triade, (la petite fille, la femme, la vieille femme), mais cette idée n'apparaît pas clairement sous cette forme dans les sources antiques (voir Fuseau). En revanche, l'interprétation d'une triple

Brahma,
Shiva et Vishnou :
la « Trimurti » hindouiste,
gravure du XIXe s.

Les trois visages de Vishnou
le créateur : gravure du XIXᵉ s.

Hécate, selon le rythme lunaire (lune* montante, lune pleine, lune descendante) est beaucoup plus convaincante dans la mesure où elle renvoie à nombre d'éléments mythologiques attachés à cette déesse. La force en est d'ailleurs suffisante pour qu'on l'ait vu reparaître en plein milieu du XXᵉ siècle, par exemple dans l'œuvre du poète Pierre-Jean Jouve (1887-1976). C'est apparemment le même principe qui a prévalu chez de nombreux peuples celtes, et en particulier chez les anciens Irlandais. On trouve en effet chez eux, sous le thème de la souveraineté* guerrière, la grande figure de la Morrigan qui se présente aussi comme Bodb, la corneille*, et comme Macha, la plaine. En fait, selon le même principe de multiplication, il y a aussi trois Morrigan, trois Bodb et trois Macha à qui sont attribuées des qualités spécifiques. Macha est ainsi, par exemple, une voyante, une guerrière et la femme d'un très riche propriétaire foncier – ce qui renvoie à l'évidence à la tri-fonctionnalité indo-européenne telle qu'elle a été étudiée par Georges Dumézil (1898-1986), sous les espèces des classes religieuse, guerrière et productive. Il faut bien comprendre cependant que ces trois figures n'en font qu'une : chacune a son existence propre quant à ses attributions et à la fonction qu'elle remplit, mais elle participe de la même unité fondamentale qui la fait être trois en une.

Cette caractéristique fondamentale de la triade féminine la soumit d'ailleurs aux sarcasmes de saint Augustin (354-430) qui demandait comment l'on pouvait raisonnablement concevoir une telle divinité qui était trois et une en même temps ! – remarque peut-être étonnante sous la plume d'un théologien de la Trinité*… Toujours est-il que cette conception était autrefois assez répandue pour qu'on ait vu les habitants du sud de l'Europe centrale vénérer, à l'époque romaine, trois sortes de mères (*Matres, Matronae, Matrae*). Le culte de triades féminines s'est d'autre part perpétué dans les régions alpines sous la forme de trois saintes légendaires, les « trois Beth », ainsi appelées en raison de leurs noms, Ainbeth, Wilbeth et Warbeth (elles se nomment aussi parfois Catherine, Barbara et Lucie et il en existe d'autres variantes). C'est peut-être la symbolique des triades féminines qui a influé sur l'idée des Nornes des Germains du Nord qui, telles les Parques, tissent le fil du destin. — On retrouve le concept de la triade dans la figure indienne de la Trimurti composée de Brahma, de Shiva* et de Vishnou*, et souvent comparée à tort à la Trinité chrétienne. C'est en fait là le résultat des efforts des théologiens indiens soucieux de combler le fossé qui s'était creusé entre les adeptes de Shiva et ceux de Vishnou. La conception bouddhiste de la connaissance (Bodhi) est représentée de façon plus abstraite par la figure de Trikaya (corps triple) composée du Dharmakaya (« le Corps de la Loi », c'est-à-dire la Vraie Nature de bouddha, l'être véritable), du Nirmanakaya (« le Corps de la transformation », la forme historique dans laquelle s'incarnent les bouddhas) et du Samboghakaya (« le Corps de jouissance », le corps des bouddhas qui se sont retirés dans les « paradis de Bouddha »). C'est de cette figure qu'est issue l'image symbolique des « trois joyaux » (Triratna) : le Bouddha (l'Éveillé), le Dharma (la vérité qu'il a révélée) et le Sangha (la communauté des bouddhistes), interprétés par les jaïnistes comme l'action juste, la foi juste et la connaissance juste. — On trouve en alchimie de très nombreuses triades (souvent dissimulées sous des symboles de la Trinité) destinées à illustrer la division du monde en *corpus, anima* et *spiritus* (le corps, l'âme, l'esprit – ou encore Sal, Sulphur* et Mercurius). Voir Noir.

TRIANGLE Le triangle est l'une des figures symboliques les plus élémentaires dans son aspect géométrique : c'est le moyen le plus simple de définir une aire et de former une figure à partir de lignes droites. Tout triangle n'a pas pourtant, réciproquement, une signification symbolique. Les fouilles menées à Lepenshi Vir sur le Danube, parmi des vestiges qui remontent jusqu'à l'âge de pierre, ont permis de découvrir des blocs de pierre* taillés en triangles, et certains motifs triangulaires gravés dans des os y seraient encore plus anciens. De nombreuses explications s'offrent au chercheur en symbolique, mais il semble que les plus anciens triangles que l'on connaisse renvoient d'abord à celui du pubis féminin dont la pointe est tournée vers le bas et à partir duquel se dessine parfois une ligne verticale. Le triangle apparaît souvent à des époques plus récentes sur les céramiques comme motif décoratif; les triangles dont la pointe est tournée vers le bas sont traditionnellement interprétés comme des symboles aquatiques (par association avec la goutte d'eau qui tombe – voir Eau), tandis que ceux dont la pointe est tournée vers le haut sont vus comme des symboles liés au feu* (par association avec la flamme*). Imbriqués l'un dans l'autre, ils forment un couple d'opposés* et dessinent l'étoile* à six* branches (*sigillum Salomonis*, l'Hexagramme*) – voir à la partie sceau* de la rubrique consacrée à Salomon. Par rapport à leurs valeurs de sexuation (masculin et féminin), ils peuvent aussi désigner l'androgyne* réalisé, puisque les deux figures se sont confondues jusqu'à ne plus en former qu'une. Le sens de cette imbri-

La « Trimurti » hindouiste enclose dans un triangle : gravure du XIXᵉ s.

cation est différent en Inde : alors que le triangle « normal » représente Shiva*, c'est-à-dire tout ce qui s'y rattache ou lui est équivalent (le lingam*, en particulier), et le triangle inversé sa shakti (c'est-à-dire sa capacité féminine d'énergie et, en toute généralité, le yoni*), leur composition en étoile à six branches désigne d'abord l'équilibre atteint des deux composantes de la divinité et, par voie de conséquence, la manifestation harmonieuse de l'énergie qui se répand sur le monde. L'Inde a d'autre part favorisé un autre type de conjonction des deux triangles inversés, à savoir le triangle féminin qui surmonte le masculin, le contact s'établissant par leurs deux sommets qui se touchent : c'est alors le *bindu*, non plus l'expansion de la manifestaiton, mais son germe ou sa semence engendrés par l'attouchement presque imperceptible, au sommet de leurs propres potentialités, de Shiva et de Shakti. —

« Cœur de Hrungnir » résultant de trois triangles entremêlés : époque viking.

Le Soleil, la Lune et Mercure, symbole de sainteté, dans le triangle alchimique.

La Trinité comme triangle ouvre les portes du Paradis aux quarante martyrs.

Dans un tout autre contexte symbolique, on trouve également, dans certains rituels, l'usage d'un triangle inscrit dans le cercle magique destiné à invoquer les esprits. Le triangle peut aussi être interprété en un sens détourné comme un trèfle à trois feuilles, c'est-à-dire, généralement, comme un symbole masculin. Dans le système des pythagoriciens, la lettre *delta* symbolisait la naissance cosmique en raison de sa forme triangulaire, tandis qu'elle représente pour les hindous la déesse Durga (voir Kali), à la fois source de vie et incarnation de la féminité. — Aux débuts de l'ère chrétienne, les manichéens utilisaient le triangle comme symbole de la Trinité*, et c'est pourquoi saint Augustin (354-430) se refusait à lui accorder cette signification. Cette figure (la main, la tête et le nom de Dieu, correspondant au Père, au Fils et au Saint-Esprit, auxquels vient s'ajouter un œil) finit cependant par s'imposer en tant que tel ; l'« œil* de Dieu », inscrit dans le triangle, apparaît surtout à l'époque baroque, ainsi que dans la symbolique de la franc-maçonnerie où il est l'« œil omniprésent », inscrit dans le « delta lumineux ». On trouve également, dans *Le Zohar*, cette assertion : « Les deux yeux de Dieu et ses fronts forment dans le ciel un triangle, et ils se reflètent également dans l'eau sous la forme d'un triangle. » Avant même les débuts du christianisme, le philosophe Xénocrate

(339-314 av. J.-C.) avait d'ailleurs qualifié le triangle équilatéral de « divin », le triangle isocèle de « démoniaque » et le triangle scalène d'« humain » (imparfait). — Le caractère fascinant de l'harmonie des nombres*, telle qu'elle fut mise en évidence par Pythagore* à travers l'étude des propriétés du triangle rectangle, est décrit de la façon suivante par A. Kœstler (1963) : « Il n'existe, à vue d'œil, aucune relation particulière entre la longueur des côtés d'un triangle rectangle ; mais si l'on construit sur chaque côté un carré, l'aire des deux plus petits carrés correspond exactement à celle du plus grand. Puisqu'il était possible, en se plongeant dans la théorie des nombres, de découvrir des lois à la structure parfaite, jusqu'alors inaccessibles au regard humain, n'était-il pas légitime d'espérer pouvoir de la même manière – c'est-à-dire à l'aide des nombres – tous les mystères de l'univers ? » En référence à ce mode de pensée à la fois symbolique et mathématique, la franc-maçonnerie utilise volontiers le triangle rectangle pythagoricien : il est souvent représenté avec des côtés de longueur de 3, 4 et 5 unités de mesure sur les tapis d'initiation, afin de répondre d'une façon parfaite à la célèbre équation $a^2 + b^2 = c^2$, où a, b et c représentent chacun des côtés du triangle (ici : $3^2 + 4^2 = 5^2$, ou 9 + 16 = 25). Ce triangle a des carrés dessinés sur chacun de ses côtés, et il est appelé tout simplement « Pythagore ». Les francs-maçons y voient le « 47e problème d'Euclide » et il est le symbole du « Maître de la chaise », de même que l'insigne de l'Ancien Maître. Les deux autres triangles auxquels se réfère avec prédilection la Maçonnerie sont d'une part le « triangle sublime » dont l'angle au sommet est de 36° et les deux angles de base de 72° (triangle isocèle « de feu » dont la pointe désigne le ciel et la base la terre), et d'autre part le « delta lumineux », lui-même hérité de la tradition pythagoricienne, à la valeur angulaire de 108° au sommet et de 36° pour les deux angles de base (triangle aussi isocèle dont la pointe désigne l'homme et la base le ciel). Cette symbolique des nombres est fondée sur les rapports de 36, 72 et 108 (respectivement 1/5°, 2/5° et 3/5° des 180° de l'angle plat ou de la somme des angles de tout triangle), qui indiquent respectivement le ciel, la terre et l'homme. Le « delta lumineux », d'autre part, qui fait de l'homme le fils du ciel, introduit un rapport de 3/2 (1, 5) entre l'angle du sommet et la somme des angles de base, et un rapport de 5/3 (environ 1,65) entre la longueur de la base et celle de chacun des côtés, renvoyant de la sorte au nombre d'or à la valeur exacte de 1,618, et à la valeur approchée de 1,5 à 1,6 dans ses applications concrètes en architecture ou en décoration. — Dans la Chine ancienne, le triangle était un symbole féminin autour duquel ne s'est cependant développé aucun système théorique. L'hexagramme formé à partir de deux triangles équilatéraux représente, dans le tantrisme tibétain, « le feu masculin pénétrant la féminité ». — Dans les recueils d'images du Mexique ancien, on retrouve un symbole triangulaire, semblable à un grand A, qui correspond au concept d'« année ». — L'architecture et la peinture occidentales ont beaucoup utilisé de motifs en liaison avec la figure du triangle, en particulier lorsque les thèmes abordés étaient en rapport avec l'idée de la Trinité.

TRIDENT   Cette lance destinée à la pêche et pourvue de trois pointes en forme de flèches, est le symbole et l'attribut du dieu de la Mer*, Poséidon (pour

Poséidon avec son trident, et trident représenté sur un bouclier : avers et revers d'une monnaie grecque.

les Romains Neptune*). — Dans la symbolique religieuse indienne, il correspond au dieu Shiva* en symbolisant ses trois aspects (la Création, l'Être, la Destruction), ou encore le passé, le présent et le futur. C'est pourquoi les adeptes se peignent un trident sur le front. L'ancien dieu indien du Feu, Agni (on retrouve ce mot dans le mot latin signifiant feu*, *ignis*), est représenté à cheval sur un taureau* avec un trident à la main.

TRINITÉ   (en latin, *trinitas*) Le concept de la Trinité occupe une place centrale dans la théologie chrétienne. Il ne faut pas le confondre avec celui de triade*. Il s'agit ici en effet du dogme de l'unité divine se manifestant sous trois formes personnelles et elles-mêmes uniques quoique essentiellement identiques – Dieu le Père*, le Fils Jésus-Christ et le Saint-Esprit. Ce dogme est apparu à l'époque de la lutte contre l'arianisme (concile de Nicée en 325). Il donna naissance en Occident à la doctrine hérétique du trithéisme (« triple foi »), qui valut à Roscelin de Compiègne d'être condamné en 1092. L'interprétation aujourd'hui couramment admise de la Trinité, surtout depuis les célèbres sermons de saint Bernard de Clairvaux (1090-1153), est que le troisième terme, ou Saint-Esprit, est la relation d'amour qui unit réciproquement le Père et le Fils – cet amour se manifestant toutefois comme personne agissante, et s'étant imposé de façon médiate (c'est-à-dire par le truchement de Marie*), lors de la conception du Christ. Comme l'écrit saint Bernard : « L'Esprit est le baiser du Père et du Fils. » La tentation s'est par ailleurs souvent manifestée d'appliquer le shéma trinitaire à l'histoire de l'humanité. Le Père régissant en effet l'*Ancien Testament*, et le Fils le *Nouveau Testament*, certains théologiens ou mystiques ont inféré une troisième période, encore à venir, qui serait celle du Saint-Esprit, c'est-à-dire du pur Amour et de l'Esprit réalisé. C'est Joachim de Flore (1130-1202), au Moyen Âge, qui constitua définitivement cette doctrine que l'Église refusa toutefois de retenir. Dans l'art plastique, la Trinité fut tout d'abord représentée sous la forme de trois personnes assises l'une à côté de l'autre, mais une décision de l'Église, au Xe siècle, interdit de figurer l'Esprit-Saint sous une forme humaine. Il prit ainsi dès lors la forme d'une colombe* – ou bien la Trinité fut représentée sur le modèle

La Trinité sous l'apparence de trois jeunes figures, assises côte à côte.

La Trinité chrétienne comme symbole alchimique.

de prototypes antiques comme une tête à trois visages fondus les uns dans les autres. On se retrouvait dès lors très proche de la conception de la triade, ce qui explique pourquoi, quelques siècles plus tard, ce type d'image fut formellement condamné par l'Église. Le triangle* tourné vers le bas et accompagné de l'« œil* de Dieu » est aussi un symbole courant de la Trinité. — Pour la psychanalyse jungienne, le trois est un symbole masculin, signe de développement dynamique de l'esprit, auquel vint s'ajouter le dogme de l'Assomption de Marie

La Trinité au paradis terrestre : miniature du XVe s.

La Trinité couronnant Marie : gravure de 1550.

1. La Trinité en un seul corps avec trois visages : peinture roumaine sur verre.

2. La Trinité : le Père, le Fils et le Saint-Esprit (colombe) : gravure de 1492.

1. Trinité : « Un seul honneur pour trois » : gravure de 1702.

2. Trinité : « Trin avec une seule lumière » : gravure de 1702.

(1er novembre 1950) pour donner la figure entière et parfaite du quatre* (voir Carré) – autrement dit, de la totalité réalisée. — Entre autres symboles traditionnels de la Trinité, on peut citer également : trois cercles* sécants ; trois cercle* tangents représentés à l'intérieur d'un autre cercle qui les contient tous ; le trèfle* à trois feuilles ; la croix* en forme de tau aux branches égales ; la croix en forme de Y ; trois sarments sur un cep de vigne; une balance* avec trois poids ; trois lièvres* dont les oreilles forment un triangle ; trois poissons*, trois lions* ou trois aigles* avec une seule

tête. On trouve souvent des images représentant Dieu le Père tenant dans ses bras la croix sur laquelle est figuré le Christ, tandis que l'Esprit-Saint se tient au-dessus de lui sous les traits d'une colombe. La « quaternité », qui inclut également Marie, est souvent considérée comme le couronnement de la mère de Dieu ; elle apparaît fréquemment dans l'art religieux de la deuxième moitié du xvᵉ siècle. — Le pape Urbain VIII interdit

Trinité : « Et pourtant il est un » : gravure de 1702.

en 1628 la représentation traditionnelle de la Trinité sous la forme d'un Dieu aux trois visages qu'il jugeait hérétique, et telle qu'on la trouvait sur de nombreuses statues du Moyen Âge. Cette décision fut prise en réponse aux sarcasmes des protestants qui dénonçaient dans de telles images le « cerbère catholique ».

TRISCÈLE   Le triscèle est la tripartition d'un cercle* analogue à la quadripartition du svastika* avec ses branches

« Triscèle » : avers d'un statère (450-420 av. J.-C., Lycie).

recourbées. Les triscèles sont notamment représentés sur des récipients d'argile préhistoriques qui remontent à l'époque des champs d'urnes, cependant que des combinaisons de spirales* ornent les parois des mégalithes irlandais de l'âge du bronze. Les triscèles sont aussi figurés par trois jambes humaines pliées au genou, notamment sur des pièces pamphyliennes ou sur les armes de la ville d'Agrigente en Sicile. De même, des jambes sanglées constituent les armes de l'île de Man avec la devise *Stabit quocumque jeceris* (« Il se tiendra debout où qu'on le jette »). Les armes de la ville de Füssen (Bavière) présentent également trois jambes. Comme dans le cas du svastika, l'association dans ce symbole de la rotation et de la giration, par un effet de « dynamisation » directionnelle, est prédominante. Les formes trifoliées des vitraux gothiques ne se rattachent pas au triscèle mais à la Trinité*. Il est toutefois à noter que des vitraux médiévaux présentent parfois trois lièvres* se poursuivant, dont les oreilles forment au centre un triangle*.

TRISTAN   Traditionnellement considérée comme l'archétype de la passion et de l'amour en Occident *(cf. L'Amour et l'Occident* de Denis de Rougemont), la légende de *Tristan et Iseut* a pourtant suscité, sitôt qu'elle fut exploitée par la littérature au XIIe siècle, une très forte opposition qui voulait en dénier les effets ravageurs : ainsi Chrétien de Troyes (v.1135 - v.1183) écrivit un *Tristan* aujourd'hui perdu, mais qui était d'abord un « anti-Tristan », sentiment qu'il soutiendra dans l'ensemble de son œuvre, et en particulier dans son roman *Cligès*. — Héritières d'un vieux fonds celte (on en retrouve de nombreux doublets dans la mythologie irlandaise, et singulièrement dans l'histoire de Diarmaid et de Grainne – voir Finn), les aventures de Tristan et d'Iseut s'articulent autour de quelques thèmes primordiaux : l'amour du jeune homme pour la femme de son oncle (thème voilé de l'inceste*) ; la position lunaire du héros et solaire de l'amante (voir Lune et Soleil) ; le soutien sans cesse apporté par Dieu contre les lois des hommes et même de l'Église ; les scénarios d'initiation et l'illumination par le philtre ; enfin l'immortalité de l'amour que symbolise le mariage* de la rose* et de la vigne qui ont été plantées sur leurs tombes. Un examen attentif des motifs mythologiques qui affleurent dans l'his-

Tristan buvant le philtre d'amour sur la nef qui le ramène en Cornouailles avec Iseut : « Messire Lancelot du Lac » *de Gautier de Moap, XVᵉ s. Bibliothèque Nationale de France.*

toire fait ressortir à quel point Tristan dépend psychologiquement du régime féminin et de la figure de la Mère* (combat contre le Morholt et le dragon* d'Irlande, traversée de la mer* dans une barque* sans voile au seul son de la harpe*, présentation de l'Irlande comme une « île aux fées », c'est-à-dire une île fortunée*), cependant que son emblème, le sanglier*, l'oppose mythiquement à son oncle Marc aux oreilles de cheval (March signifie le cheval* en ancien celtique), dans un système d'opposition comparable à celui du taureau* et du

cheval qui eut cours durant le paléolithique. Outre les reprises de l'histoire de Thésée (dragon qui réclame un tribut de jeunes gens, motif des voiles noires* ou blanches*), mais d'un Thésée qui aurait définitivement trouvé son Ariane*, des mythologues ont pu voir dans ces aventures des renvois ou des similitudes avec l'ancienne religion d'Aphrodite* et d'Adonis*. — Constamment refoulée, l'histoire de Tristan et Iseut a tout aussi constamment fait retour dans notre culture, que ce soit dans le *Roméo et Juliette* de Shakespeare, ou bien sûr dans l'opéra de Wagner, *Tristan et Isolde*.

TROMPETTE   La trompette est issue d'un ancien instrument juif appelé le « schofar » (une corne de bélier*), qui égayait les marches dans le désert et dont on sonnait à l'approche des ennemis. Cet instrument retentit aussi sur le mont Sinaï, au moment de la révélation divine. Le schofar servait également à annoncer leur liberté aux esclaves. D'après la tradition, cette corne rappelait le bélier sacrifié sur l'ordre de Dieu par Abraham* à la place de son fils Isaac. Seuls les Juifs croyants pouvaient, selon la légende, tirer des sons de cette corne. Le schofar produisait « selon un certain ordre de succession, des sons qui invitent, qui appellent, des sons brisés, retentissants ou plaintifs » (de Vries, 1986) et il était en métal (en argent*). Dans l'iconographie chrétienne, les anges annoncent le Jugement dernier

Les murs de Jéricho tombent au son des trompettes hébraïques : gravure (Bible allemande du XVIIIᵉ s.).

Au son de la quatrième trompette, la troisième partie du Soleil, de la Lune et des étoiles s'obscurcirent : miniature (XIVᵉ s., manuscrit de l'Apocalypse).

selon l'*Apocalypse* de saint Jean au moyen de trompettes (voir Fin du monde). C'est de là que vient l'expression « trompeter quelque chose ». De grandes cornes recourbées, représentées sur certaines images rupestres de l'âge du bronze des pays nordiques, faisaient apparemment partie d'un culte.

TRÔNE (en grec *thronos*) Aussi loin que puissent remonter les témoignages, il semble que toutes les sociétés d'avant notre ère contemporaine (où les traces en subsistent encore à l'évidence), se sont servis de ces sièges rituellement consacrés, exhaussés au-dessus de l'humanité moyenne, où s'asseyaient les chefs, les rois* ou les empereurs* afin, non seulement de marquer leur prééminence, mais de montrer qu'ils étaient plus près du ciel* dont ils retiraient leur pouvoir. Au gré de cette métaphore, le trône finit par acquérir en lui-même une valeur absolue, désignant dans de nombreuses langues le pouvoir suprême qu'il finissait par personnifier, et particulièrement le pouvoir divin. C'est ainsi que, en Inde, le *padmasana*, ou trône de lotus*, attribué au dieu Vishnou*, désigne l'harmonie cosmique dans l'équilibre et la rencontre de tous les éléments, tandis que le trône de Shiva*, ou le trône aux lions (*simhasana*), permet, dans un symbolisme complémentaire, de prendre son envol vers la Connaissance à partir de cette harmonie cosmique dont on a dominé les énergies. Dans la même fonction médiatrice entre les hommes et le ciel, le trône de diamant* de Bouddha se dresse sous l'arbre* de la Boddhi (à la fois donc sur l'axe du monde* et au centre* de l'univers), recouvert d'un bal-daquin* qui figure le ciel et au-dessus des empreintes que le pied* de Bouddha a laissées sur la terre. C'est encore la même idée que l'on retrouve dans l'islam, où le trône est l'intermédiaire entre le monde créé et l'absolu du Seigneur : Dieu est alors le « Seigneur du trône », et celui-ci renvoie simultanément à la transcendance divine inexprimable et à la totale manifestation dans la plus grande gloire. Participant ainsi des deux règnes, ou les reflétant l'un et l'autre, il peut devenir le symbole de l'esprit ou de

Saint Jean à genoux devant le trône de Dieu entouré des saints.

Le Christ sur le trône : miniature
(Xe s., « Codex de Gérone »).

l'âme* du monde. — Chez Homère*, ce sont aussi bien les dieux que les rois et les nobles qui sont assis sur des trônes; on pouvait aussi, autrefois, installer des trônes vides qu'on destinait aux dieux en tant qu'ils représentaient des « sièges potentiels » pour des êtres surnaturels dont la présence demeurait invisible. Dès le VIIe siècle av. J.-C., les trônes grecs furent ornés, sous l'influence orientale, avec une somptuosité particulière. Parmi les trônes divins célèbres, on peut compter celui d'Apollon* à Amyklai et celui de Zeus sur la sculpture de Phidias à Olympie. À Rome, on destinait les trônes à l'empereur et à la déesse Roma (ou *Rhomé*, en grec, « la Force »), et on leur rendait – avec la couronne* et le sceptre* – les honneurs divins. — Dans la *Bible*, de nombreux passages se rapportent au trône de Dieu. Le roi Salomon* se fit faire « un grand trône d'ivoire qu'il revêtit d'or* affiné » (*Premier Livre des Rois* X, 18), et qui était censé le représenter sur terre. Jésus promet aux apôtres qu'ils seront assis sur douze trônes pour juger les douze tribus d'Israël « quand le fils de l'Homme siègera sur son trône de gloire » (*Évangile selon saint Matthieu* XIX, 28). On lit de même dans l'*Apocalypse* de saint Jean : « Alors je vis un grand trône blanc et celui qui y siégeait : devant sa face la terre et le ciel s'enfuirent sans laisser de traces ». — Au Moyen Âge, le trône de Salomon était considéré comme un symbole

marial (l'ivoire représentait la pureté ; l'or, la divinité qui enveloppe et les marches* qui y conduisent, les vertus*). Le trône de Pierre (*Cathedra Sancti Petri*) est le premier symbole de la papauté, en référence d'une part à l'ancien trône impérial, datant de l'époque où l'empire romain s'était converti sous la décision de Constantin (env. 280-337), et, d'autre part, à ce trône apostolique évoqué par le Christ, puisque le pape, évêque de Rome, est lui-même le successeur de Pierre, le premier des apôtres. Le motif iconographique privilégié de l'église orientale était celui de la préparation du trône (étimasie) pour le retour du Christ lors du Jugement dernier. — Dans les civilisations non européennes, on connaît surtout le « trône en forme de paon* » du chah de Perse et en Afrique occidentale, le « trône d'or » des Ashantis.

TRUELLE   Dans la franc-maçonnerie*, la truelle est mise en relation avec le grade de compagnon : elle symbolise la « pierre* dégrossie », c'est-à-dire l'homme qui a dépassé le stade d'apprenti. Elle signifie symboliquement que l'on peut désormais étaler le mortier du travail, consolidé et ordonné par l'alliance. Alors que les autres outils symboliques de la franc-maçonnerie appartiennent plutôt à l'attirail du tailleur de pierre, la truelle (en allemand *Kelle*, en anglais *trowel*) est l'outil qui joint solidement les « pierres à bâtir » entre elles, et qui participe ainsi à la construction du Temple*. Plusieurs loges utilisent la truelle, qui sert à « maçonner », pour apposer le sceau du silence vis-à-vis des personnes qui sont extérieures au groupe (« les profanes »). La truelle se porte ainsi garante de la « discipline de l'Arcane », qui est « le secret contenu dans un coffre » (en latin *arca*). — Il existe aussi de petites truelles

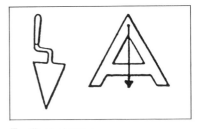

Truelle et niveau :
symboles maçonniques de la Loge.

d'or et d'argent, que l'on distribue en mémoire de certaines réunions. Baurnjöpel (1793) raconte que les agents des loges portent une truelle et une clé* « du côté du cœur… la première, qui brille du plus vif éclat, est faite de l'or le plus pur ; la seconde est faite d'ivoire ».

TURQUOISE   La turquoise, pierre ornementale bleu*-vert*, symbolise en occident, selon sa teinte, soit la planète Jupiter* (vert), soit la planète Vénus* (bleu) ; elle est considérée comme la pierre du mois correspondant au signe du Sagittaire. Le nom « turquoise » renvoie à sa provenance présumée, à savoir le domaine turco-oriental. Elle était cen-sée protéger les souverains des mauvaises influences. — Au Mexique également, la turquoise (en aztèque *xihuitl*) faisait partie des pierres les plus appréciées dont la valeur n'était surpassée que par celle du jade*. Des mosaïques turquoise ornaient le diadème des rois* ainsi que leur bouclier de parade. Le dieu du Feu* se nommait « le Maître de la turquoise » (Xiuhtecutli). La turquoise bleu ciel symbolisait l'unité du feu céleste (soleil*) et du feu terrestre. Elle était ornée du « serpent* turquoise » (Xiuhcoatl), qui constitue également son « second Moi », dans la mesure où le roi aztèque était considéré comme son homologue terrestre.

U

URANUS La symbolique attachée à la planète* Uranus apparaît tôt dans les systèmes d'interprétation astrologique*, à partir du moment où elle fut découverte en 1781 par l'astronome Herschel peu avant la Révolution française – d'où la liaison que les astrologues font souvent entre les deux événements et le caractère d'« Éveilleur » qu'ils attribuent à cette planète. Uranus est la première des planètes « transsaturniennes » (qui se tiennent au-delà de Saturne*), et c'est sans doute pourquoi elle fut aussi découverte la première (voir Neptune et Pluton). L'astrologie traditionnelle n'avait tenu compte jusqu'alors que des sept* planètes visibles à l'œil nu du système solaire, ce qui avait eu pour effet de renforcer considérablement le rôle néfaste souvent attribué à Saturne, la dernière planète de l'ancien système. Les planètes transsaturniennes sont souvent mises en relation avec les mouvements du collectif, que celui-ci soit conscient ou inconscient, bien que les astrologues en tiennent aussi soigneusement compte dans l'interprétation des thèmes individuels, s'efforçant d'y voir la capacité de chacun à se mettre à l'unisson de l'évolution globale de la société, ainsi qu'à se plier à la dominante propre de ces planètes (Neptune, la dissolution et l'infini ; Pluton, la « mort et renaissance » ; Uranus, la différenciation et le renouvellement). — Conformément à l'image du dieu Ouranos de la mythologie grecque, père de Cronos* – Saturne (voir Titans) –, qui lui a donné son nom, Uranus symbolise aussi le ciel, l'espace aérien et, en quelque sorte, le premier appel de la conscience vers l'infini que Neptune introduit définitivement, bref, vers ce qui se situe au-delà du temps humain rythmé par Chronos* et qui fait preuve à cet égard d'une capacité d'invention qui régénère ce temps. C'est la planète de l'Éveil, elle est rouge* car liée au feu*, mais elle est aussi liée à l'air du signe du Verseau dont elle a la « maîtrise » avec son fils Saturne. Elle est, de ce point de vue, comme un grand souffle de liberté qui apporte la libération des tutelles, qui suscite les mouvements d'indépendance, qui préside à tout ce qui est innovation, progrès, révolution, remise en cause radicale de sa propre existence. Son mode d'action est souvent fulgurant : on lui associe la foudre* céleste, l'éclair et l'arc-en-ciel* qui relie le macrocosme au microcosme. Sa relation avec le collectif lui ouvre également un champ d'action privilégié dans tout ce qui est d'ordre politique, de tendance progressiste, dans tout ce qui cherche à repenser les structures sociales afin de les dégager des anciens modèles. Dans « Le Livre des mutations » chinois (voir *I-Ching*), Uranus serait à mettre en rapport avec le trigramme de « l'Éveilleur ». La révolution d'Uranus autour du soleil est de 84 ans, ce qui se traduit dans les rythmes astrologiques par des cycles de 7 ans pour chacun des douze signes. En 1989, Uranus entrait ainsi dans le signe du Capricorne*, qui est dominé par Saturne, gouverneur des structures traditionnelles des pouvoirs forts : en cette année du Bicentenaire de la Révolution française, on vit s'écrouler le Mur de Berlin et les anciens systèmes basculer. Uranus entre dans son propre signe, le Verseau, en 1996.

V

VACHE Alors que la valeur symbolique du taureau* est ambivalente, celle de la vache est toujours positive. La vache symbolise en effet la force maternelle et nourricière de la Terre ; ses cornes et sa féminité en font un attribut du monde lunaire (les Sumériens établissaient par exemple une correspondance entre le lait de vache et la lumière de la lune*). Dans le mythe germanique de la Création, la vache Audhumbla a léché des blocs de glace pleins de sel* d'où s'est dégagé le père des dieux, Bor, et elle est le premier être vivant à être issu du Ginnungagap (voir Chaos). Dans l'ancienne Égypte, on adorait la déesse du Ciel, Hathor, sous les traits d'une femme à tête de vache. La vache représentait aussi la voûte céleste (quand elle n'était pas représentée par « la femme du ciel », Nut), et son ventre portait les étoiles. La déesse Isis* prenait aussi quelquefois l'apparence d'une vache. La « vache sacrée » indienne est célèbre : son lait constituait, dans les temps préhistoriques, une nourriture sacrée, et la vache était un symbole de fécondité et d'abondance (Prithivi, Aditi). La même vache Aditi, opposée au taureau* Nandi, avait aussi pour attribut de réaliser les vœux des humains. Le rôle passif de la vache est à considérer au premier chef chez les anciens peuples d'éleveurs, car il explique son absence dans les mythes et les épopées. Du point de vue de la symbolique analytique, E. Aeppli dit de la vache qu'elle est « un animal bon, de faible dynamisme mais de grande endurance... Sa chaleur simple, sa patiente gestation en font le symbole même de la Terre-Mère*, l'expression du maternel végétatif... La vache se maintient toujours dans le rythme de son humble nature. La vache a une valeur sacrée originelle qui lui est propre. C'est tout cela que signifie en Inde le culte de la vache sacrée ».

VAUTOUR Les différentes espèces de vautours (vautour des agneaux, vautour fauve, vautour moine, percnoptère stercoraire, etc.) ne sont pas distinguées les unes des autres en symbolique. Les vautours sont moins « nobles » que les aigles* car ils sont connus seulement comme mangeurs de charognes : les Ibères et les Perses leur donnaient en pâture les cadavres (en particulier ceux de personnes déchues), et c'est encore le cas aujourd'hui au Tibet ou dans les dakhmas perses (les « tours* du silence »). — Seule l'Égypte ancienne vouait un véritable culte au vautour, surtout sous la forme de Nechbet, la déesse des vautours d'Elkab en Haute-Égypte. Un vautour est souvent représenté au-dessus

Les sept vaches sacrées et le taureau céleste : peinture pariétale dans la tombe de Néfertari à Thèbes.

*Vautour
avec coq
et huppe :
planche
(XIVᵉ s., « Livre
des animaux »,
al-Gahiz).*

de la tête du pharaon comme pour le protéger, et la reine portait la « coiffure du faucon ». Nechbet était la patronne des naissances et de la maternité en général (voir Mère) ; les vautours prêtent aussi leurs traits à la déesse Courage et ils ornent, avec le serpent, la couronne du roi. — Les hommes de l'Antiquité ont observé que les vautours suivaient souvent les mouvements des armées et en ont déduit que ces oiseaux possédaient des dons prophétiques : on racontait qu'ils commençaient à se regrouper trois jours à l'avance sur les lieux des batailles à venir. Zeus peut également prendre les traits du vautour, et dans l'*Iliade* d'Homère (VII, 59), Apollon* et Athéna* sont deux vautours assis sur un arbre. Le démon du monde souterrain, Aurynomos, était représenté assis sur un vautour empaillé, et ce sont des vautours qui viennent dévorer le foie de Prométhée*. Chez les Romains, le vautour était consacré au dieu de la Guerre et le tuer était un sacrilège. Son rôle d'oracle à Augurium, par exemple lors de la création de Rome, vient sans doute de traditions étrusques. — On pensait que la naissance des vautours n'était pas la conséquence d'un acte sexuel et que la femelle était fécondée par le vent* d'est. C'est pourquoi les chrétiens firent de l'oiseau le symbole de la Vierge* Marie*. Le texte du *Physiologus,* datant des origines de l'ère chrétienne, raconte que le vautour s'envole pour l'Inde lorsqu'il est « enceint » pour aller y chercher la pierre* de la naissance. Celle-ci est creuse et abrite à l'intérieur un cœur de pierre palpitant (ce récit rejoint l'image traditionnelle de la « pierre d'aigle », *Aètes*). « Lorsque la femelle sent les premières contractions, elle prend la pierre, s'assoit dessus et met au monde son petit sans douleur. » La signification symbolique de ce récit est la suivante : « Toi aussi, homme enceint de l'Esprit-Saint, prends la pierre de la naissance spirituelle – que les maçons ont travaillée pour lui donner une forme carrée – et assieds-toi sur elle... pour donner naissance à l'esprit du salut... Car la pierre de la naissance de l'esprit est en réalité le Seigneur Jésus-Christ, sculpté sans la main de l'homme, c'est-à-dire mis au monde par une vierge sans semence humaine. Et de même que la pierre de la naissance porte en elle une autre pierre qui palpite, le corps du seigneur porte en lui la divinité qui résonne. » — En Inde, le vautour est la monture de Shani ou Manda, la personnification de la planète Saturne* généralement représentée sous les traits d'un être vieux, laid et infirme. Dans le Mexique ancien, le vautour était le seizième des vingt signes des jours (Cozcacuauhtli) et on racontait qu'il pouvait devenir très vieux car le vautour roi (*Sarcorhamphus papa*) est chauve.

*Vautour : pendentif en or et émaux
(XVIIIᵉ dynastie,
tombe de Toutankhamon, Thèbes).*

VENT En symbolique, les vents sont d'abord des manifestations surnaturelles qui trahissent les intentions des dieux. Dans les régions où les vents soufflent avec régularité dans la même direction (bora, sirocco), le processus de personnification est quasiment général. Dans la Grèce antique, par exemple, le rude vent du nord, Borée, dérobe la fille du roi* athénien Oreithyia et l'enlève dans son pays, la Thrace, tandis que Zéphyr, le doux vent de l'ouest, va chercher Psyché pour Éros, le jeune dieu de l'Amour*. On accordait moins d'attention au vent du sud (Notos) et de l'est (Euros), qu'on représentait le plus souvent ailés, alors que Borée avait des « pieds de serpent* ». Le vent était par ailleurs la façon dont Zeus se manifestait dans son grand sanctuaire oraculaire de Dodone, en Grèce du Nord. Soit qu'on dût interpréter son bruissement dans les feuilles* des chênes*, soit qu'on pratiquât ce qu'on appelait la consultation par l'airain* : un bassin en bronze était placé sur une colonne*, tandis qu'une statue d'enfant se dressait à côté, qui tenait à la main un fouet formé de trois petites chaînes de métal. Dès que le vent se levait, il agitait ces chaînettes qui venaient frapper le bronze et le faisaient résonner. Le bruit qui en résultait était

tenu pour la voix du dieu – et on disait par extension, dans l'Antiquité, à propos des grands orateurs, qu'ils ressemblaient au bassin de Dodone. Une famille sacerdotale, les Selles, était chargée d'expliciter les réponses divines qui, retranscrites en vers hexamètre, commençaient toujours par la formule : « L'esprit de Zeus indique… » — En Chine, le vent (feng) fut vénéré dès l'origine comme un dieu-oiseau*, peut-être comme une forme primitive du Phénix*. On distinguait aussi et on nommait les vents d'après leur orientation. Feng-shin est la science du « vent et de l'eau* », le point géomantique qu'on choisissait en fonction des circonstances naturelles pour l'emplacement des édifices. Feng a également un sens figuré de caresse et de rumeur. Le devin est appelé le « miroir* du vent ». — En Iran et dans l'Islam, le vent œuvre comme un principe d'ordre cosmique dans l'architecture de l'univers. Dans l'Égypte ancienne, le vent rafraîchissant du nord vient de la gorge du dieu Amon et le nom du dieu sumérien Enlil signifie « Monsieur le vent ». Dans les textes de Philon de Byblos (140-60 av. J.-C.), qui se rattachent à des conceptions syriennes, le « vent obscur qui s'accouple avec lui-même » plane au-dessus du chaos*. Au Mexique, on met

Les vents poussent la barque du Christ sur la mer de Galilée : gravure de 1491.

Les « quatre vents » sous forme de têtes ailées d'anges : gravure (1497-1498, A. Dürer).

Le dieu du vent Borée enlève Orisia :
gravure du XVIIᵉ s.

le vent (*Ehecatl*) en relation avec le dieu
Quetzalcoatl* qui, lorsqu'il est ainsi
conçu, porte un masque pourvu d'un
bec. — Dans la *Bible*, la symbolique du
vent est tout à fait remarquable : le mot
ruach (du genre féminin) signifie également esprit, souffle* et respiration. Au
commencement du monde, la *ruach* de
Dieu plane sur les eaux primitives, et le
vent féconde la mer comme le Verbe va
faire surgir l'ensemble de la création. Il
semble y avoir là un schème organisateur fondamental de l'imagination
humaine, que l'on retrouve encore, par
exemple, dans un tout autre horizon,
dans la scène finale de *Tristan* et Isolde*
de Wagner, lorsqu'Isolde agonisante
chante au cours de la vision du corps
transfiguré de son amant : « Sont-ce les
ondes / de brises suaves ? /... Comme ils
se gonflent / et m'enivrent / par l'haleine
du monde... » Il y a là en même temps
comme une annonce du thème de la
Sophia* (celle que certains gnostiques
appelleront « Notre-Dame le Saint-
Esprit »), et celui combiné de l'âme* du
monde qui est autant *spiritus* qu'*anima*.
La description de la révélation divine
vécue par le prophète Élie dans le *Premier Livre des Rois* renvoie, d'autre part,
à un autre registre de la symbolique du
vent : « Voici, le Seigneur va passer : il y
eut devant le Seigneur un vent fort et
puissant qui érodait les montagnes et
fracassait les rochers ; le Seigneur n'était
pas le vent. Après le vent, il y eut un
tremblement de terre ; le Seigneur n'était
pas le tremblement de terre. Après le
tremblement de terre, il y eut le feu* ;
le Seigneur n'était pas le feu. Et après
le feu, le bruissement d'un souffle ténu.
Alors en l'entendant, Élie se voila le
visage avec son manteau ; il sortit et se
tint à l'entrée de la caverne. Une voix
s'adressa à lui : « Pourquoi es-tu ici,
Élie ? » (XIX, 11-13). La *Bible* renferme
ainsi de nombreux passages où s'établit
la comparaison entre le vent* et le
souffle divin. Dans le *Nouveau Testament*,
on lit que « le vent soufle où il veut, et

L'hémisphère
oriental
du planisphère
de Stabius entouré
par les vents :
gravure
(~1515, A. Dürer).

*La rose des vents : miniature
(« De natura rerum », Isidore de Séville).*

tu entends sa voix, mais tu ne sais ni d'où il vient ni où il va. Ainsi en est-il de quiconque est né de l'Esprit. » (*Évangile selon saint Jean* III, 8). De même trouve-t-on dans les légendes juives (E. ben Gorion, 1980) que « deux choses existent sans avoir été créées, le vent et l'eau. Elles étaient là au commencement, car il est dit : « Le souffle de Dieu planait sur les eaux. » Dieu est unique, il n'en existe nul autre que lui, tel est également le vent … Tu ne peux le saisir, tu ne peux le frapper, ni le brûler, ni le disperser… Le monde entier est plein de vent, le vent seul porte le monde ; il est ce qu'il y a de plus sublime, il était là au commencement des choses. » Le mot grec *pneuma* désignait, lui aussi, à l'origine, autant le souffle du vent que l'Esprit de Dieu ; dans le rite du baptême, souffler sur l'enfant rappelle la transmission du souffle vital à Adam*. « Les quatre* vents » de l'Antiquité, auxquels on a donné les noms des quatre points cardinaux, sont gouvernés par quatre anges* dans l'*Apocalypse* de saint Jean (VII, 1-3), cependant que, dans les gravures de Dürer illustrant la même Apocalypse, ils sont symbolisés par des têtes d'anges ailées en train de souffler. — Au contraire de ce vent « reconnaissable à ses conséquences mais cependant invi-

sible », à ce souffle de la divinité, les expressions populaires s'attachent beaucoup plus à la réalité concrète du vent, à sa mobilité et à son inconstance – toutes notions que l'on retrouve dans des expressions comme celle, emblématique, de « tourner comme une girouette » (sous l'effet du vent). C'est cette acception qui a été très largement reprise à l'époque baroque, où le vent, aussi bien en peinture qu'en poésie, est devenu le symbole majeur de l'impermanence, de la fuite éternelle des choses et de la légèreté de l'homme : « De plume* molle en sera l'édifice / En l'air fondé sur les ailes du vent », chante ainsi Jacques Davy du Perron du *Temple de l'Inconstance* dont il rêve, de même que sa prêtresse en « écrira sur des feuilles légères / Les vers qu'alors sa fureur chantera, / Puis à son gré le vent les emportera / Deçà delà ses chansons mensongères ». Une antithèse majeure peut alors s'établir entre ce vent « muable et vagabond » et le vent venu de Dieu comme son souffle, qui rend bien compte de la double pente imaginaire de ce thème : « Voix sans poumons, corps invisibles, / Lutins volants, char* des oiseaux, / Vieux courriers, postillons nouveaux, / Sur terre* et sur mer* si sensibles… / Vents qui dans un cours inconstant, / Naissez, et mourez, chaque instant, / Mes jours ne sont qu'un vent qui passe. / Mon corps fait naufrage en la mort*, / Mais Dieu, du souffle de sa grâce, / Pousse mon âme dans le port » (Laurent Drelincourt).

VÉNUS   Vénus, l'Aphrodite* des Grecs, est également appelée, en Occident, *Phosphoros* ou *Lucifer* (la « porteuse de lumière* »). Cet astre peut être aussi bien l'étoile du soir que l'étoile du matin, mais n'apparaît jamais à l'horizon dans le courant de la nuit. À Rome, Vénus désignait le charme et le désir physique ; la déesse régnait sur le printemps (la fête des *Veneralia* tombait le 1er avril) cependant que le mythe grec la faisait naître de l'écume sur la côte de l'île de Chypre (son nom d'Aphrodite vient de *aphros* : écume) et on lui attribuait le cuivre* comme métal (en latin *cuprum*). Son surnom d'« Anadyomène » signifie « celle qui sort de l'eau ». L'origine du culte rendu à cette déesse de l'Amour est antérieure à l'époque grecque ; selon Platon, on distinguait une Vénus populaire (*Aphrodite Pandemia*) et une Vénus céleste (*Aphrodite Urania*). Elle était également la gar-

Vénus avec les signes zodiacaux
du Taureau et de la Balance :
gravure de 1499.

Le bain de Vénus : gravure
d'un anonyme ferrarais (XVᵉ s.).

dienne de la fécondité (*Venus Genitrix* à Rome). C'est en tant que telle qu'elle était tenue pour être à l'origine de la famille de Jules César (voir Empereur), cependant que, trahissant ainsi son aspect de déesse orientale, elle était desservie par un collège de hiérodules, ou prostituées* sacrées, au mont Éryx en Sicile. Il faut noter d'ailleurs que les prostituées de Rome participaient officiellement à certaines de ses fêtes et aux cérémonies qui les marquaient. — En astrologie, Vénus est une planète* incontestablement féminine qui a son domicile dans les signes de la Balance* (maison diurne) et du Taureau* (maison nocturne) ; ses caractéristiques sont « la douceur, la sensualité, la maternité ; elle est encline à la joie et à la musique, elle aime l'harmonie et l'altruisme » ; dans l'horoscope, elle est le « petit bénéfique » (*benefactor*) qui accélère l'imagination et « contraint à l'amour ». Ses couleurs

Rites en l'honneur
de Vénus :
gravure (1499,
« Hypnerotomachia
Poliphili »).

Vénus : « Elle suit et précède » : gravure.

sont le rose et le bleu* pâle, ses pierres précieuses l'aigue-marine, le saphir* clair, le corail* rouge clair, le lapis-lazuli et la turquoise* bleu ciel. — En Chine, on associait à la planète Vénus le blanc* (la couleur de la mort), l'automne (saison pendant laquelle on peut facilement voir l'étoile du soir), le sexe masculin, et « l'élément » métal, ce qui donne une symbolique astrologique radicalement différente de celle de l'Occident. — Les Mayas du Yucatan considéraient la planète avec une attention particulière et le *Codex Dresdensis* accorde une place importante au calcul de sa trajectoire en tant qu'étoile double puisqu'elle est à la fois du matin et du soir. Cinq années vénusiennes, soit 2920 jours, correspondent à huit années solaires ; pendant cette période, la planète apparaît cinq fois comme étoile du matin et cinq dieux différents lui sont associés. La première apparition de Vénus comme étoile du matin était considérée comme un présage maléfique, car l'étoile « darde ses lances sur les êtres vivants ». D'autres conceptions avaient cours dans les régions montagneuses du Mexique où la planète était associée à la divinité Quetzalcoatl* (le « serpent* à plumes* »). Au Pérou, la planète Vénus se nommait *Chasca* ce qui, selon le chroniqueur inca Garcilaso de la Vega, signifie « aux cheveux longs et frisés ». On la vénérait comme un page du dieu Soleil* qui tantôt le précède de peu et tantôt le suit. — Dans la littérature ancienne consacrée

à l'art préhistorique, on désignait aussi du nom de Vénus les sculptures (statuettes et reliefs rupestres) du paléolithique, dans la mesure où toutes les représentations connues de cette sorte renvoient à des déesses-mères*, ou, selon les interprétations, à des mères ancestrales du clan dont les formes plantureuses n'étaient que l'hypertrophie symbolique des organes de reproduction et d'allaitement : elles exaltaient les notions d'abondance et de fertilité.

VERT   Comme la plupart des couleurs, le vert possède en symbolique divers aspects qui vont du « vert mousse » profond, à la signification positive, au « vert vif » à la signification négative. Dans la symbolique populaire, le vert est la couleur de l'espoir, et les rêves où il apparaît sont interprétés, en Chine et dans d'autres pays, d'une façon très positive. « Là où pousse le vert, cela signifie tout simplement la nature, la croissance positive, … le sentiment du printemps. (Le vert est d'ailleurs en Chine la couleur associée au printemps et à l'élément* bois, qui sort de la terre noire* de l'hiver et prépare le rouge* de l'été). D'autre part, quand le Diable apparaît sous les traits de l'« être vert », cela renvoie simplement aux dieux antiques de la végétation » (Aeppli). Sur un vitrail de la cathédrale de Chartres qui représente la Tentation de Jésus, on voit ainsi, par exemple, un Diable à la peau et aux gros yeux verts. Au Moyen Âge, où il était devenu difficile et coûteux de se procurer les pigments qui permettaient de fabriquer des habits verts, cette couleur devenue instable prit, comme le jaune*, une mauvaise réputation : les fous étaient habillés de jaune et de vert. Par ailleurs, « l'homme vert » qui apparaît dans les contes est souvent sinistre, et l'image en durera jusque chez les romantiques allemands. Les comédiens refusent, même encore aujourd'hui, de s'habiller de vert. Cette superstition serait due au fait que les teintures qui permettaient de fixer la couleur verte sur les vêtements contenaient autrefois des substances dangereuses pour la peau (de l'arsenic ?). Pierre Henry a composé pour sa part une musique électro-acoustique sur le thème de *La Mort verte* – qui représente dans ce cas la perte du rouge dû au sang*. Comme le rouge est lié au feu, le vert l'est à l'eau. Trop de vert nuit donc au rouge comme l'eau éteint le feu. Le soldat de Rimbaud qui dort « pâle dans son lit vert » a « deux trous rouges au côté droit » (*Le Dormeur du val*). Aussi ne s'étonne-t-on pas d'apprendre que le vert peut remplir une fonction de menace : « L'apparition trop prononcée de la couleur verte au cours d'un rêve est le signe que la personne est dominée par des forces naturelles négatives » (Aeppli). Pour la symbolique chrétienne, le vert est « à égale distance du bleu du Ciel et du rouge de l'enfer... C'est une couleur centrale et médiane, apaisante, rafraîchissante, humaine, c'est la couleur de la contemplation et de l'attente de la résurrection » (Heinz-Mohr). La croix* du Christ est ainsi souvent représentée en vert comme symbole de l'espoir de la délivrance ; de façon analogue, le Graal* est d'un vert émeraude* tandis que le trône* du juge de la fin du monde serait fait de jaspe vert, « environné d'un arc-en-ciel qui avait l'aspect d'une émeraude » (*Apocalypse* de saint Jean IV, 3). La couleur verte occupe une place toute particulière dans les livres de sainte Hildegarde de Bingen (1098-1179) qui parle sans cesse de la *viriditas* (la verdure, la force de la germination) et porte une grande estime à l'émeraude en raison de sa couleur* : elle « apparaît le matin au lever du soleil. C'est là que le vert de la terre et de l'herbe brille de toute sa fraîcheur car l'air est encore frais et le soleil déjà chaud, et les herbes aspirent alors toute la couleur verte avec autant d'ardeur que l'agneau tétant le lait. La chaleur du jour suffit à peine à chauffer ce vert et à le nourrir... L'émeraude est un remède précieux contre toutes les faiblesses et les maladies de l'homme car elle est conçue par le soleil et sa matière vient du vert de l'air ». L'émeraude est aussi la « lumière verte » que les Aztèques associaient à l'oiseau Quetzal aux plumes vertes, qui était symbole de fertilité. De la même manière, l'émeraude était réputée en Europe pour faciliter les accouchements, voire même, puisque le vert est la couleur de Vénus* (Aphrodite*), pour favoriser les amours. — Elle joue encore un grand rôle dans l'hermétisme : la *Table d'émeraude* léguée par Hermès* contient le secret de tous les êtres et de la relation entre le microcosme et le macrocosme : « Ce qui est en haut est comme ce qui est en bas. » La tradition rapporte qu'une émeraude serait tombée du front de Lucifer. Aussi, comme toute lumière qui perce les ténèbres du mystère et de la Création, l'émeraude a en réalité une réputation

ambiguë. Selon d'anciennes croyances égyptiennes, elle permettait, quand on la plaçait sur la langue, de parler avec les esprits. Conversation à double tranchant ! Par ailleurs, et malgré toute leur beauté, les colliers ou les bagues d'émeraude sont réputés porter malheur. À vrai dire, explique Michel Pastoureau dans le *Dictionnaire des couleurs de notre temps*, « le vert est la couleur du destin, de la bonne et de la mauvaise fortune, de la précarité des choses ». D'où son ambivalence constante. Vert, dans la langue populaire signifie immature, mais « se mettre au vert » se rapporte au besoin de renouveau. Le vert est la couleur des tapis de jeu, des « verts prés » des tournois et des ordalies, des terrains de football, de la « langue verte » – cet argot qui était à l'origine la langue des joueurs. Si, par analogie aux phénomènes de la végétation, la verdeur désigne, en français, les capacités sexuelles de l'homme (d'où le sobriquet de « Vert Galant » donné à Henri IV), le vert se rapporte de toute façon à l'amour car il est la couleur de la chance et de l'éphémère qui passe comme la jeunesse. Il est aussi la liberté du passage par rapport au rouge de l'interdit (feux de signalisation contemporaine). En politique, les Verts, issus des courants alternatifs, placent les thèmes de la vie proche de la nature et du refus d'un monde hypertechnologique au centre de leur réflexion et de leur engagement. — Le vert est aussi, dans l'islam, la couleur du prophète et des bienheureux car, « dans les Jardins* de l'Éden où coulent les ruisseaux, seront parés de bracelets d'or, vêtus d'habits verts, de soie et de brocart » (*Coran*, sourate XVIII). Le vert est la couleur mystique par excellence et seuls les saints et les visionnaires pouvaient parvenir aux villes d'émeraude situées dans les ténèbres, contiguës à la montagne du Qâf dont le sommet est lui-même un rocher d'émeraude. Aucun homme ne peut y arriver sans l'aide de son ange, car il faut d'abord passer quatre mois dans les ténèbres. C'est pourquoi, dans le soufisme comme dans l'ésotérisme chiite, la *visio smaragdina*, la perception de cette couleur d'émeraude, représente le point ultime à atteindre dans la méditation. Quand on y parvient, apparaissent « le monde du Malakut – l'ésotérique des Cieux visibles, le monde des *Kerubim* – des Noms divins tous les cieux spirituels, les sept plans de l'être qui ont leurs homologues dans l'homme de lumière et qui s'irisent dans l'arc-en-ciel* de la *visio smaragdina* » (Henry Corbin, *L'Homme de lumière dans le soufisme iranien*). — Dans la symbolique chinoise traditionnelle des couleurs, le vert et le blanc* forment un couple d'opposés* semblable à celui du rouge et du blanc dans l'alchimie* occidentale. Le dragon* vert y symbolise en effet le principe du yin*, du plomb et de l'eau* tandis que le tigre* blanc symbolise le yang, le mercure et le feu. Dans l'alchimie européenne, le dragon ou le lion* verts symbolisent un dissolvant puissant comme par exemple l'« eau royale » (*Aqua regia*), et il est désigné par un triangle* féminin pointé vers le bas auquel est associé un R. On dit de lui qu'il « ouvre et ferme les sept* sceaux* indissolubles des sept esprits métalliques et [qu'il] tourmente les corps jusqu'à ce qu'il les ait entièrement perfectionnés ». Il s'agit en fait du vitriol*, considéré aussi comme « le seul corps immonde, mais qui permet de joindre les teintures entre le soleil et la lune ». Ce corps apparaît au début du travail de l'Œuvre, juste après l'œuvre au noir, sans qu'il soit toujours cité. On notera à ce propos qu'une grande partie du travail alchimique de Newton a précisément consisté dans « la chasse au lion vert ». En raison du caractère disparate de la symbolique des couleurs, le dragon vert peut cependant représenter le mercure dans certains autres textes, comme c'est parfois le cas en Chine, contrairement à l'usage courant.

VERTUS   La religion chrétiennne reconnaît trois vertus théologales : la foi, l'espérance et la charité, et quatre vertus cardinales : le courage, la justice, la sagesse et la tempérance qui, réunies, forment une heptade. Les vertus théologales, *Fides, Spes* et *Caritas**, sont les filles de sainte *Sophia** (la Sagesse) et leurs attributs les plus importants sont, pour la foi : un cœur* en flammes, une croix*, une chandelle et un livre* (la *Bible*) ; pour l'espérance : une ancre*, une colombe*, une barque*, un étendard*, une corne d'abondance* ; pour la charité (dans son acception d'amour du prochain) : un chrisme*, un agneau*, des enfants, un pélican* et

1., 2., 3. et 4. :
Foi, Espérance, Justice, Tempérance.

5., 6. et 7. :
Prudence, Force et Charité:
les vertus cardinales et théologales dans
les gravures de Lucas de Leyde, 1511.

du pain*. Les attributs des quatre vertus cardinales sont, pour le courage (*fortitudo*) : une armure de chevalier*, une peau de lion*, une épée* et un bouclier, la colonne* de Samson, un drapeau* ; pour la justice (*justitia*) : une balance*, une équerre*, un globe terrestre, un livre de lois ; pour la sagesse (*prudentia*) : un serpent* (« soyez avisés comme le serpent »), un miroir*, un flambeau*, un cercueil (*memento mori*) ; pour la tempérance (*temperantia*) : deux récipients pour mélanger l'eau* et le vin*, un chameau* et un éléphant* comme montures, un sablier* et un moulin* à vent. — D'autres vertus sont également personnifiées : la patience (*patientia*) par un bœuf* ; la douceur (*mansuetudo*) par un agneau* ; l'humilité (*humilitas*) par une colombe ; l'obéissance (*obœdientia*) par un chameau* ; la persévérance (*perseverantia*) par une poule* en train de couver ; la chasteté (*castitas*) par un lys* ou une licorne* et la paix (*pax*) ou la concorde (*concordia*) par un rameau d'olivier ou un couple de colombes. Tous ces personnages sont le plus souvent représentés sous les traits de jeunes femmes vêtues de longs habits qui combattent parfois les vices* (*psychomachies*). Les plantes généralement admises comme symboles de vertus sont le cèdre (l'humilité), le palmier* (*Sophia*, la sagesse), le cyprès (la piété, *pietas*), le sarment de vigne* (la tempérance), le rosier et ses épines* (le courage). Ces combinaisons et ces attributs ne sont pas reproduits d'une façon uniforme, et on les voit souvent varier, tant dans la sculpture gothique qu'en peinture.

VÊTEMENTS   Au commencement, selon la *Bible*, Adam* et Ève étaient nus au paradis. Ce n'est que lorsqu'ils eurent fauté, c'est-à-dire lorsque, sur les conseils du serpent*, ils eurent goûté au fruit (voir Pomme) de l'arbre* de la Connaissance, qu'ils « connurent qu'ils étaient nus » et qu'ils allèrent se cacher dans les buissons. Exilés sur la terre*, ils durent désormais s'habiller, ce qui signifie que l'humanité dut apprendre à maîtriser toutes les techniques qui permettent de fabriquer des habits (filage, tissage, teinture, chasse* aux animaux à fourrure, etc.). En bref, l'homme a dû passer de l'état de nature (bienheureuse) à l'état de culture. À la suite de la dispersion liée à la tour* de Babel, on peut penser aussi que les peuples finirent par s'habiller différemment : on savait quasiment d'un coup d'œil, dans l'Antiquité, de quel pays ou de quelle région était originaire un homme en considérant sa façon de s'habiller. Les stratifications fonctionnelles et sociales firent historiquement le reste : selon la tripartition chère à Dumézil, il est, de fait, par exemple, dans les sociétés indo-européennes que les rois et les prêtres (fonction sacerdotale), les guerriers (fonction militaire), les travailleurs (fonction productrice), portaient des vêtements spécifiques à leurs activités. D'ailleurs, de façon générale, et dans toutes les sociétés, il semble bien que l'on retrouve ces distinctions puisque le chaman asiatique ou le sorcier africain portent des pièces d'habillement qui leur sont réservées, et que les guerriers ou les soldats revêtent, selon les époques et les lieux, des casaques, des tuniques, des cuirasses, des armures, des tenues, bref, d'une manière ou d'une autre, des « uniformes » qui les distinguent à coup sûr. On est même allé encore beaucoup plus loin puisque, non seulement les esclaves ont toujours dû s'habiller d'une façon qui les distinguait du reste de la société, mais la tendance a presque toujours été, à l'intérieur d'une même fonction, à différencier les rôles et les états : le grand brahmane ne s'habille pas de la même façon qu'un renonçant en Inde, un évêque qu'un simple curé en Occident, ni d'ailleurs le clergé séculier que le clergé régulier (moines) – de même qu'un officier a traditionnellement droit à des signes distinctifs par rapport à ses soldats, ou que, dans la classe productrice, et jusqu'au début de ce siècle, un bourgeois disposait de ses codes vestimentaires, différents de ceux d'un artisan ou d'un paysan. C'est sans aucun doute, d'ailleurs, un des signes les plus importants de l'époque moderne que la tendance accentuée à l'uniformisation de l'habillement : on ne reconnaît plus un ecclésiastique qu'à la petite croix* qu'il porte au revers de son veston, et les différences sociales ne se marquent plus, le plus souvent, que par la qualité des étoffes ou certains détails dans la coupe des habits. — L'explication de l'existence du vêtement n'est pas la même partout : si, dans la *Bible*, elle est due à l'apparition d'un sentiment de honte et, corrélativement, de pudeur, l'ethnologue Lévy-Bruhl signalait des tribus africaines où la nudité* était si naturelle que c'est le port du pagne, que cherchaient à imposer les Blancs, qui paraissait au contraire particulièrement licencieux parce qu'il attirait, en les cachant, toute l'attention sur les parties génitales auxquelles on ne faisait normalement pas attention. — Dans les sociétés traditionnelles, le port du vêtement, ou la décision de ne pas en porter, était donc affecté d'une forte charge symbolique. C'est ainsi que, dans le jaïnisme, les *Digambaras* (littéralement : « ceux qui sont vêtus d'espace ») se distinguaient des autres sages, et indiquaient de ce fait qu'ils avaient choisi une autre voie en vivant dans un état de nudité rituelle. De la même façon, après avoir été initiés, de nombreux chamans sibériens revêtaient des habits de femme qui témoignaient au vu de tous qu'ils avaient accédé au statut d'androgynes*. C'était une conception très

proche qui régissait les coutumes des galles (prêtres de la religion de Cybèle*) qui, après s'être châtrés en public lors de festivités orgiastiques en rappel du sacrifice* d'Attis, se vêtaient eux aussi d'habits féminins : ils signifiaient ainsi, en témoignage du plus haut mystère divin, qu'ils étaient désormais à la fois androgynes et, par la castration, en deçà de l'androgynie, dans cet état d'unité spirituelle où la sexuation n'existe plus – ou pas encore. C'est l'écho de tels mythologèmes, même si on en a d'habitude perdu le sens du point de vue du conscient, qui préside aux déguisements du Carnaval, et particulièrement à l'inversion vestimentaire des sexes qui y est opérée : rappel et réactivation de la période cosmogonique où régnait encore le chaos*, où tout était donc encore possible – et par là même, regénération du temps « usé » et création d'un nouveau dans le temps même du carnaval. — Le choix du vêtement comportait alors le choix d'une manière de vivre : Nietzsche rappelait par exemple que, dans l'Antiquité classique, on ne s'habillait pas de la même façon selon qu'on était platonicien, stoïcien ou épicurien (il en allait de même pour la nourriture et le comportement). Chaque habit, plus, chaque pièce particulière du vêtement avait une valeur et une signification très précises : les prêtres d'Isis* étaient revêtus de robes blanches afin de « dire » la probité et la rectitude de leur cœur que réclamait la déesse, la bande de pourpre sur la toge blanche désignait à Rome les sénateurs, l'empereur* de Chine portait une tunique au bas carré* (symbole de la terre) et au col rond (symbole du ciel dans la dialectique du cercle* et du carré), s'affirmant de la sorte comme le médiateur nécessaire entre ces deux ordres de réalité. Le vêtement, de la sorte, finissait par dépasser de loin son simple rôle fonctionnel : il s'identifiait à celui qui le portait et rendait visible son essence. — Les dieux eux-mêmes, par ailleurs, incarnaient cette symbolique : si le Christ est représenté nu sur la croix, c'est bien qu'il a été dépouillé de tous les signes de la gloire et que c'est dans l'angoisse de son humanité vécue jusqu'à l'extrême (« Père, père, pourquoi m'as-tu abandonné ? ») qu'il subit le sacrifice*. Si les dieux grecs sont eux aussi généralement nus ou presque – mais c'est qu'ils sont au-dessus de la condition humaine –, certaines divinités du panthéon ne sau-

raient pourtant l'être : ainsi d'Artémis*
qu'il est au contraire mortel de contempler dans sa nudité (Actéon* fut dévoré
par ses chiens* quand il la surprit au
bain). Nous touchons là néanmoins au
thème et à la symbolique singulière de
la nudité féminine et maternelle qu'on
ne saurait apercevoir : au-delà de l'interprétation analytique dans le cadre du
complexe d'Œdipe* (Freud lui-même,
quand il évoque dans sa correspondance
le jour où il a surpris la nudité de sa
mère, ne peut le dire dans sa langue et
fait appel au latin : « J'ai vu *matrem
nudam* », écrit-il), il faut bien constater
en effet que toutes les grandes déesses
se signalent par la richesse de leur vêtement qui témoigne de leur surabondante
fécondité, mais qui voile en même temps
leur essence, c'est-à-dire la puissance du
chaos* et de l'abîme* de jouissance qui est
le leur : Chalchiuhtlicue, déesse de l'Eau,
est au Mexique « Celle qui a une jupe de
pierre verte* », comme la Mère suprême,
Coatlicue, est « Celle qui a une jupe de
serpents ». Le principe de la shakti se
cache en Inde derrière le voile de la
maya, tandis qu'Isis portait en Égypte un
voile aux sept couleurs*, qu'Ishtar portait à Babylone le manteau* qu'on appelait *kaukanès*, symbole de la végétation
et de la nature, la Fortuna étrusque un
manteau multicolore dont se revêtaient
les rois* au début de l'histoire de Rome
pour assurer la richesse de la ville, et
la Tanit de Carthage le *zaimph* aux pouvoirs miraculeux. Il faut d'ailleurs noter
l'association quasi constante au spectre
des couleurs : le vêtement représente ici
le chatoiement et la multiplicité du
monde (dans le cas de Kali*, son statut
d'apparence et d'illusion), qui recouvrent
le secret primordial en tant que les couleurs « naissent » du noir* et se confondent, toutes mélangées, dans le blanc* :
la déesse est à la fois ténèbres et lumière
dans une puissante conjonction* d'un
couple d'opposés* ontologique, elle est
la source et la fin de toute chose, elle est
l'en-deçà et l'au-delà de tout ce qui existe,
elle est l'Indifférencié et le « sans-forme »
d'où naissent et où se résorbent les différenciations et les formes particulières
qui sont les marques de la condition
humaine.

VIERGE   Selon une interprétation imposée par le christianisme, la Vierge, jeune
fille chaste et célibataire, est le symbole
d'une relation asexuée au surnaturel. Il
ne s'agit pas en fait de motivations

*Représentation de la constellation
de la Vierge : gravure.*

morales, mais de la croyance en un idéal
d'abstinence magique. On exigeait des
vestales et des voyantes (les sibylles*)
de l'ancienne Rome une virginité limitée

*Scène de l'Annonciation à la Vierge :
la conception virginale, « Livre d'heures »
du XVᵉ s. Bibliothèque Mazarine.*

dans le temps, mais qui représentait la condition essentielle pour pouvoir communiquer avec la divinité. On a cru de beaucoup de dieux, de héros et de souverains qu'ils étaient nés de vierges, comme Hébé, la déesse grecque de la Chasse, comme Persée, Alexandre le Grand*, Gengis Khan, Lao-tseu et, dans l'ancien Mexique, le dieu Quetzalcoatl* (voir Serpent). La légende imposée par la propagande officielle, telle que la rapporte encore Suétone, prétendait aussi que l'empereur Auguste avait été conçu par sa mère vierge après qu'elle eut été visitée, d'une façon miraculeuse, par un serpent du temple d'Apollon*. C'est de la même façon que la vestale Rhéa Silvia aurait conçu Remus et Romulus, les fondateurs de Rome, avec Mars*, le dieu de la Guerre. Les théologiens considéraient que ces mythes préfiguraient le récit de la conception du Christ. — Un examen plus approfondi et l'histoire des religions suggèrent pourtant une tout autre interprétation. Si la mère d'Alexandre était réputée vierge au moment où elle reçut la visite du dieu, elle était aussi, au même moment, prêtresse d'un culte orgiastique à Samothrace où elle jouait peu ou prou le rôle d'une courtisane sacrée (voir Prostituée). De la même manière, lorsque la mythologie nous dit que Remus et Romulus, abandonnés, furent allaités et protégés par une louve, il faut se rappeler que louve (*lupa* en latin) était le nom des prostituées, d'où dérive le mot de lupanar, « la maison des louves ». Lorsqu'Acca Larentia, l'épouse d'un berger*, les recueillit par la suite, elle était elle-même une prostituée, compagne d'Héraclès* selon certaines légendes, et les jours de fête qui lui étaient consacrés à Rome, les *Larentalia*, réservaient une place de choix aux prostituées. Il semble donc qu'un rite

de prostitution sacrée soit sous-jacent à ces différentes histoires, d'autant que la grande vestale, sous la royauté romaine initiale, devait s'accoupler au roi pour lui conférer sa légitimité – tout en demeurant mythologiquement vierge. On est ainsi renvoyé vers le *hieros gamos*, l'« union mystique » ou le « mariage* sacré » du souverain avec la hiérodule (esclave attachée au service du temple) qui incarnait, sur terre, la puissance de la grande déesse féminine. C'était le mythe fondateur de la royauté des Mésopotamiens, tel qu'on le retrouve par exemple dans les amours d'Inanna avec le berger Dummuzi ou d'Ishtar* avec Tammuz. Ishtar déclare dans l'un de ses hymnes : « Je suis la prostituée compatissante » – signifiant par là un éros féminin cosmogonique et salvateur. Dans l'ancienne mythologie du Proche et du Moyen-Orient, cette prostitution sacrée était censée « virginiser » la femme qui s'y adonnait, la faisant accéder, si l'on peut dire, à la « virginité du monde ». — Les vierges au sens moderne, celles qui, littéralement, n'avaient pas connu d'homme, étaient ressenties en revanche comme douées de pouvoirs surnaturels, et investies d'une force qui pouvait mettre en danger celui qui s'en approchait. Représentant en effet l'ordre primitif de l'univers, elles ne pouvaient supporter d'être vues dans leur nudité, c'est-à-dire dans leur intégrité spirituelle (c'est l'histoire d'Artémis* qui transforme en cerf* Actéon* qui l'a aperçue au bain*), et on pensait que leur vagin était rempli de serpents*. Il était donc particulièrement périlleux de vouloir les déflorer. C'est là l'origine de la coutume du droit de cuissage, par lequel le seigneur était le premier à coucher avec la nouvelle épouse de l'un de ses serviteurs. Remontant

Procession des Saintes Vierges : fresque (XIᵉ s., basilique de Castel sant'Elia, Nepi)

*Vestales accomplissant un sacrifice :
relief romain d'époque impériale.*

*Annonciation à la Vierge Marie :
gravure (1503, A. Dürer).*

jusque dans la nuit des temps, l'explication en était que le seigneur était investi d'un pouvoir magique, et qu'il était le seul de la sorte à pouvoir briser la virginité de la mariée, affrontant et surmontant les dangers auquel son homme lige ou son serf aurait sans doute succombé. — Ce sont de tels mythologèmes que le christianisme a repris, en les réaménageant selon une nouvelle dimension spirituelle et en leur donnant une interprétation théologique spécifique. Marie* conçoit du fait de la visite de l'Esprit et, au moins pour les catholiques et les orthodoxes (les protestants admettent en effet qu'après la conception du Christ, elle a pu avoir des rapports normaux avec Joseph*), reste vierge à jamais. Le Moyen Âge a représenté cette force divine de conception sous la forme d'une colombe* enveloppée de lumière*, qui touche la tête ou l'oreille* de Marie. C'est ainsi que les fenêtres* et les cristaux* (voir Pierres précieuses) qui se laissent traverser par la lumière sont des symboles de la Vierge Marie. L'ancien Pérou avait aussi ses vierges sacrées, comme le rapporte le chroniqueur inca Garcilaso de la Vega (1539-1616) : « Ces vierges passaient toute leur vie dans un isolement total, sans jamais renoncer à leur virginité... On faisait en sorte que ces femmes du Soleil*

ne s'habituent pas à être vues du commun des mortels. Cet isolement était tel que l'Inca lui-même se refusait à jouir de son privilège... qui était de pouvoir les voir et leur parler... L'occupation principale de ces vierges du Soleil était de filer [voir Quenouille] et de tisser... Elles tissaient de leurs mains, et en grande quantité, pour le Soleil, leur époux. Mais ce dernier ne pouvait porter les parures qu'elles avaient confectionnées : elles les en-voyaient à l'Inca, qu'elles considéraient comme le descendant légitime et naturel du Soleil... Comme ces objets avaient été produits des mains des Coyas, les femmes du Soleil, et qu'ils lui étaient destinés par des femmes qui, en raison de leur état, étaient du même sang que lui, on les adorait. » Quand une vierge du Soleil était surprise à entretenir une relation impure avec un mortel, on la punissait en l'enterrant vivante. Son soupirant était pendu, et son lieu de naissance anéanti. Les peuples primitifs croient à un pouvoir qui rendrait les vierges supérieures aux femmes mariées. Le spécialiste des contes F. Karlinger commente ainsi le mythe des aborigènes australiens, qui traite de la constellation des Pléiades* : « Les deux Pléiades que Wurunnah a épousées ne brillent pas autant que celles qui sont restées vierges.

La croyance en une supériorité (ici en éclat) des vierges sur les femmes mariées est prépondérante chez la plupart des peuples exotiques. » Voir Mère. — La Vierge (en latin *virgo*, en grec *parthenos*) a aussi donné son nom au sixième signe du zodiaque* (voir Étoile), régi par le soleil entre le 23 août et le 22 septembre. Les abeilles*, le renard* et les gallinacés entretiennent un rapport magique avec ce signe qui, avec le Taureau* et le Capricorne*, fait partie des signes de terre. La symbolique astrologique traditionnelle prête aux natifs de ce signe des qualités comme la disposition au sacrifice, la froideur et la clarté intellectuelle, la disposition à l'ignorance de leurs possibilités, et celle à transformer la substance primitive (la *materia prima* de l'alchimie*, car la Vierge est dominée par Mercure*, voir Sulphur et Mercurius). Dans la légende des étoiles, transmise par Aratos au IIIe siècle av. J.-C. dans son poème didactique intitulé *Phainomena*, la Vierge astrale personnifie la Justice (en grec *Diké*) : elle vivait parmi les hommes au temps de l'âge d'or*, mais elle a plus tard déployé ses ailes* pour s'envoler dans le ciel, car les mœurs terrestres étaient devenues trop grossières ; elle n'est maintenant plus visible que sous la forme d'une constellation lointaine. Ce n'est donc pas par hasard si le signe du zodiaque qui suit la Vierge est celui de la Balance*.

VILLE   La ville ne consiste pas seulement dans une simple accumulation d'édifices fixes : elle se définit d'abord comme un centre* organisé, à la fois religieux et civil. En langage symbolique, la ville est l'image microcosmique de structures cosmiques agencées selon un système de coordonnées avec, au centre, la projection terrestre du pivot céleste (omphalos*, mundus*, axe du monde*). C'est là que se trouve souvent le sanctuaire du dieu protecteur de la ville (en chinois : *ch'eng-huan-shen*), d'un héros poliade, d'une divinité locale qui a le rang d'un roi*. Cette évolution ne se constate pas seulement dans la ville grecque mais aussi en Mésopotamie et en Égypte. Il semble même, en fait, que la ville ait très vite abandonné son rôle d'image du mandala* céleste pour devenir elle-même un mandala ou son équivalent, et symboliser ainsi le centre du monde vivant. C'est pourquoi la plupart des villes anciennes sont carrées*, traversées par deux voies principales qui se croisent à angle droit

en leur milieu et joignent ainsi les quatre* portes qui désignent le plus souvent les points cardinaux* (c'est le cas d'Angkor et de Pékin en Extrême-Orient, mais aussi de Jésuralem*, d'Héliopolis – la cité du Soleil* – ou de la *Roma quadrata* dont le plan sera reproduit dans tous les camps militaires latins). À partir d'un certain degré d'élaboration théologique ou spirituelle, et dans un phénomène de réversion par rapport à son origine mythique, la ville centrale trouvera ensuite son pendant eschatologique dans la ville proprement divine : Ayodhya est en Inde la ville des dieux dont le centre est le Brahmapura, c'est-à-dire la demeure de Brahma, tandis que l'*Apocalypse* de saint Jean introduit le thème de la Jérusalem céleste gouvernée par l'agneau* de Dieu, thème qui sera repris, amplifié et généralisé à l'organisation même du cosmos et au salut de l'humanité par saint Augustin dans *La Cité de Dieu*, à travers la distinction qu'il établit entre la Cité terrestre et la Cité céleste que l'on doit s'efforcer de gagner. — Lorsqu'on fonde des villes destinées à s'étendre et à devenir les capitales d'un royaume ou d'un empire, le dieu protecteur de cette ville devient souvent le dieu de l'État qui s'édifie ainsi et qui inclut les gardiens d'autres villes dans

La cité du Mal : miniature (XIe s., Commentaire à l'Apocalypse du Beatus de Liébana).

La cité de Dieu avec anges,
prophètes et un groupe de bohémiens :
miniature (1200, « Cité de Dieu »,
saint Augustin).

son panthéon (voir par exemple le rôle de Thèbes dans l'Égypte antique). Chez les chrétiens, le saint patron d'une ville joue souvent, sous une forme affaiblie, le rôle jadis dévolu à ses anciens dieux protecteurs. — En Occident, Jérusalem* est la ville idéale et son antithèse est Babylone* que l'on rapprochera plus tard de la Rome païenne. Au Moyen Âge, dès que s'impose définitivement la notion de la « cité de Dieu », les tabernacles et les reliquaires sont fréquemment décorés de murailles et de tourelles analogues à celles d'une ville, tandis que, dans l'imagination moderne, reprenant le vieil antagonisme entre la ville et la campagne, toute ville devient très vite une « nouvelle Babylone » où, par contraste avec la vie saine et naturelle, se concentrent les maux, les vices et se développe une existence coupée de ses racines. On en trouvera des exemples chez des auteurs du XXᵉ siècle aussi variés que Drieu la Rochelle, Ernst von Salomon (*Les Réprouvés*) ou même le Malraux de *La Condition humaine* (description de la Shangaï prérévolutionnaire). Avec le motif d'*Héliopolis*, titre qu'il donne à l'un de ses romans, Ernst Jünger retrouve au contraire le thème de la ville centrale, dépositaire de la

Connaissance – mais marquée par le modernisme, c'est-à-dire, en même temps, par la tentation du chaos* qu'induit le travail négatif de la contradiction, comme si c'était là l'aboutissement nécessaire de l'utopie de la ville idéale et communautaire qui avait pris naissance avec l'italien Campanella (1568-1639) et sa *Cité du Soleil*, qui transportait la ville des dieux sur terre et affirmait finalement que le salut ne résidait pas dans une quelconque transcendance, mais dans la volonté immanente des hommes. — En tant que symbole psychique, la ville incarne le centre vital de l'âme* humaine auquel l'on ne peut parvenir qu'après une longue pérégrination, lorsqu'un degré élevé de maturité psychique a été atteint, et lorsque la porte menant au centre spirituel de l'existence est franchie en toute connaissance de cause. Autrement dit, la ville apparaît d'abord comme le symbole de la Mère* (ainsi Cybèle* est représentée avec une couronne de murs sur la tête, et c'est à elle que font appel les Romains, au plus fort des guerres contre Carthage, quand il s'agit de sauver la Cité), puis, quand la puissance de la Mère a été intégrée dans le juste rapport qu'on établit avec elle (thème de l'inceste* sacré), comme le symbole de la fiancée de Dieu où apparaît l'archétype du Soi, de l'*imago Dei*, du centre à la fois vide et plein de la psyché auquel parvient l'homme individué – ou, en langage religieux, l'« élu » ou le « libéré » (voir à ce sujet l'analyse psychologique de la Jérusalem céleste dans *Réponse à Job* de Jung).

VIN Dans la symbolique traditionnelle, le vin n'est qu'assez rarement mis en relation avec l'ébriété, à moins qu'il ne s'agisse d'une ivresse mystique, et donc métaphorique (voir Ivresse), qui le révèle dans toute sa splendeur de « boisson spirituelle », de breuvage plein de feu* vital. La coutume, en usage dans certaines confréries religieuses (voir Dionysos – Bacchus*), de boire au contraire, très concrètement, du vin en grande quantité, relevait d'une pratique cultuelle et devait provoquer l'union avec le dieu de l'Extase. Le vin était réputé pour briser nombre de sortilèges, pour démasquer les mensonges (*In vino veritas*), et il pouvait également être bu par les défunts lorsqu'on le versait sur la terre* en guise de libation. En tant que « sang* de la vigne », il renvoyait à ce principe vital compris d'une façon spi-

Dionysos avec une coupe de vin :
revers d'une tétradrachme
(420-403 av. J.-C., Naxos).

Moine tirant du vin
au tonneau :
miniature médiévale.

rituelle et, d'un point de vue purement symbolique, il est évident que c'est en partie de ce thème que dérive l'institution chrétienne de l'Eucharistie. — La culture de la vigne est très ancienne en Orient et en Égypte (elle est attestée dès 3000 av. J.-C. sous le nom d'*erpi* ; les raisins noirs étaient appelés « les yeux d'Horus »). Lors des fêtes, le vin ne devait surtout jamais manquer (*cf.* le premier miracle de Jésus lors des noces de Cana et le changement de l'eau en vin). La symbolique médiévale reproduit souvent la parabole selon laquelle le Christ est le cep de vigne tandis que ses disciples représentent la vigne elle-même. La croix et l'arbre* de vie sont fréquem-

ment représentés sous cette forme, tandis que la vendange symbolise le Jugement dernier. Boire du vin à s'en soûler était fermement condamné, parce qu'on y voyait un rappel de l'ivresse de Noé* et de l'irrespect de son fils Cham qui préfigurait l'attitude des soldats qui arrêtèrent Jésus au mont des Oliviers. Dans le recueil médiéval des *Gesta Romanorum* (vers 1300), on dit que « Noé trouva un pied de vigne sauvage qu'on appela Labrusca – d'après les lisières [*labra*] des champs et des chemins. Mais comme ce vin était aigre, il prit le sang* de quatre animaux, un lion*, un agneau*, un porc* et un singe*, les mélangea à la terre et en fit de l'engrais qu'il déposa

Vendange et foulage du raisin :
peinture pariétale dans la tombe de Nakht à Thèbes.

*La vendange, symbole du Jugement
dernier : miniature du XIᵉ s.*

*Vendange et foulage du vin :
miniature (XIᵉ s., Apocalypse).*

sur les racines de ce pied de vigne sauvage. Le vin fut adouci par ce sang… Par l'effet du vin, de nombreuses personnes se changèrent en lions, en raison de leur colère, et perdirent alors la mémoire. Quelques-unes se changèrent en agneaux à cause de leur pudeur, d'autres en singes par suite de leur curiosité et de la gaieté inconvenante qu'ils affichent ». Le texte ne dit rien de plus au sujet des conséquences « porcines » de l'ivresse puisqu'on supposait apparemment que tout le monde connaissait ce type d'effet dont nous n'avons plus aujourd'hui aucune idée. — Pour sainte Hildegarde de Bingen (1098-1179), le vin a une aussi grande importance comme remède que comme symbole. Elle part également du récit biblique sur Noé et écrit : « La terre, qui auparavant avait été gâtée par le sang d'Abel [voir Caïn], produisait la sève nouvelle du vin et la sagesse recommença son œuvre. » Abuser du vin renverse évidemment la valeur de son pouvoir mais la force qu'il recèle demeure un grand secret. « Le blé et la vigne poussent en vertu d'une force germinative [*viriditas*, verdeur – d'où vient l'expression « vril » utilisée dans la littérature ésotérique depuis E. Bulwer-Lytton, 1871] que l'homme ne peut voir. » Cette force est également à l'œuvre lorsque le pain et le vin sont transformés lors de

l'Eucharistie en chair et en sang de Jésus-Christ. « Le vin est par conséquent la nouvelle sève de la terre, une sève qui recèle la vie et la mort. » Au contraire du christianisme, l'islam nourrit une attitude ambiguë à l'égard du vin. Des légendes racontent que l'archange* Dschibril (Gabriel) qui conduisit Adam* et sa femme, que l'on ne nomme pas expressément, hors du jardin* du paradis*, eut pitié des bannis et leur tendit un cep de vigne qui provenait du jardin désormais fermé. Selon une autre version, son bâton aurait été humecté par les larmes de pitié qu'il aurait versées à cette occasion, et aurait germé ; ses fruits auraient eu la forme de ces larmes, ils auraient été ronds et sucrés. Mais Iblis, le Diable*, aurait maudit cette plante, ce qui explique pourquoi le vin se présente dès l'origine comme un don malfaisant des anges. Aujourd'hui encore, il est strictement interdit à tous les fidèles de boire, mais au paradis les élus boiront en revanche « du vin cacheté avec du musc qui éveille leur désir de sorte qu'ils l'appellent de leurs vœux. Puis on mélange le vin avec l'eau de la source Tasmin à laquelle boivent les proches d'Allah, ses amis ». D'un fleuve du paradis coule « le vin que trouvent exquis tous ceux qui boivent, mais qui ne rend pas ivre ». À la différence de

Jésus change l'eau en vin durant les noces de Cana : miniature du XIIᵉ s.

cette conception exotérique, le vin était au contraire exalté chez les mystiques musulmans comme le symbole de l'accès à l'amour de la divinité et à l'extase unitive qui l'accompagne. Dans un parallèle à la proposition qui veut que le Connaissant, le Connu et la Connaissance ou que l'Amant, l'Aimé et l'Amour ne soient en réalité que les facettes apparentes de la même et unique Réalité fondamentale (voir, par exemple, *Le Jasmin des fidèles d'amour* de Ruzbehan), le vin devient alors le symbole même de l'Unification : « Je suis le vin, le buveur et l'échanson » déclare ainsi Bistami (IXᵉ siècle), tandis que Rumi, le grand soufi, déclare : « Avant qu'il y eût en ce monde un jardin, une vigne et du raisin, notre âme était déjà enivrée du vin immortel. » — C'est dans une conception parente que l'alchimie* se sert à son tour de la symbolique du vin. Dès l'Alexandrie tardive, en effet, les alchimistes appellent parfois Hermès* le Vendangeur, tandis que leurs successeurs désigneront leur pratique comme celle du « pressage de la vendange » – puisqu'il faut extraire l'élixir de son enveloppe comme on extrait le jus du raisin, et qu'à la fin du travail, après la phase de *rubedo* (l'œuvre au rouge*), cet élixir lui-même, dans sa nature révélée (ce qu'on appellera plus tard « l'élixir de longue vie » – substitut dans le langage courant de l'immortalité acquise par le *filius philosophorum*), est d'un rouge profond comme l'est le vin lui-même. — Dans la symbolique des rêves* telle qu'elle est comprise par la psychanalyse, l'apparition du vin indique généralement, selon Aeppli, la rencontre

Noé ivre, avec ses fils Sem, Cham et Japhet : gravure du Maître de Cologne (XVᵉ s.)

Le pressoir mystique :
peinture roumaine sur verre du XIXᵉ s.

avec un contenu psychique important de la personnalité cachée. « L'expérience religieuse a élevé le vin au rang de symbole du sang de Dieu. Dans le vin se trouve un agent excitant de l'esprit qui l'aide à triompher de la pesanteur terrestre et à donner des ailes à l'imagination… Lorsqu'en rêve, du vin doré ou rouge foncé luit dans une coupe, l'expérience vécue est positive ou significative. Le miracle du vin est, sur le plan psychique, un miracle divin de la vie qui renvoie à la transsubstantiation de l'être terrestre et végétatif en esprit subtil. » — Au Japon, l'alcool de riz, le saké, correspond au vin en Occident ; il s'agit en fait d'une sorte de bière qui a un haut degré d'alcool (12 à 16°). Il sert de boisson rituelle lors des mariages et pour le nouvel an, et on le boit aussi dans de petites coupes en bois peintes de laque rouge lors de la conclusion des traités. — En tant que dérivé ou concentré du vin, l'alcool – dont le principe, identifié par l'alchimie, a reçu le nom d'« eau de vie », qu'il garde encore dans notre langage courant – représente la puissante synthèse d'un couple d'opposés*. Se présentant comme un liquide qui brûle, et plus généralement, pour l'imagination, comme de « l'eau* qui brûle », il réalise en effet la conjonction* de deux éléments* en principe antagonistes. Il faut se rappeler à cet égard que les anciens Mexicains appelaient la guerre « de l'eau-feu ». Par sa sublimation alchimique, l'alcool se présente au contraire comme la solution de cette antithèse. Alliant les qualités matérielles et spirituelles, sub-

stantielles et volatiles, féminines et masculines, génitrices et salvatrices, de chacun de ses deux éléments imaginaires, il renvoie aussi au thème de l'androgyne* divin et, à travers lui, à la thématique de l'éternité : la boisson des dieux est, dans de nombreuses religions, un alcool spécial, que ce soit le soma* des divinités hindoues ou l'ambroisie des Olympiens.

VIOLET Le violet est un mélange de bleu* et de rouge* et symbolise traditionnellement la spiritualité en relation avec le sang* du sacrifice*. Dans l'usage liturgique, il est rattaché aux concepts de pénitence, d'expiation et de recueillement. Les couleurs* fondamentales, réunies à proportion égale, représentent l'union de la sagesse et de l'amour ; dans les peintures de la Passion, le Rédempteur porte un manteau* violet. Le violet est également la couleur de l'Église pendant la période de recueillement de l'Avent qui conduit à la fête de Noël. — Une nuance analogue, quoique tendant davantage vers le rouge, est la pourpre des manteaux des empereurs de l'Antiquité et des vêtements d'apparat des riches ou des puissants (pourpre cardinalice), que l'on obtenait, à l'origine, à partir de la sécrétion de deux espèces d'escargots marins selon un procédé extrêmement onéreux. Dans l'Antiquité et au Moyen Âge, le suc du lichen des teinturiers (*rocella tinctoria*, en espagnol *orchilla*) fut plus tard utilisé pour obtenir une pourpre de substitution que l'on récoltait principalement sur les côtes des îles Canaries (Îles fortunées*). Voir Améthyste.

VIOLETTE (en latin *Viola odorata*, en grec *Ionia*) La violette est une fleur* qui, dans le langage populaire, incarne la modestie à cause de sa petite taille. Selon le mythe grec, des crocus, des roses*, des jacinthes et des violettes poussaient dans le champ où Hadès, le dieu des Enfers*, enleva Perséphone. Chez les Romains, pour le jour des morts qu'on appelait le jour des violettes (*Dies violaris*), on ornait les tombes avec ces fleurs. Au cours des banquets, on en portait des couronnes car on prétendait que les violettes avaient un effet « rafraîchissant ». On leur attribuait de la sorte la capacité d'apaiser les maux de tête. — L'ancienne croyance populaire recommandait d'avaler les trois premières violettes que l'on découvrait à l'orée d'un bois comme remède prophylactique.

C'est Hohberg (1675) qui composa le poème allégorique suivant : « L'herbe souvent recouvre entièrement la violette de mars, / mais son parfum agréable la révèle néanmoins. / Le dévot est parfois caché dans un coin, /mais il se réserve pour recueillir en temps utile tous les honneurs. » La couleur bleue mélangée de rouge de la fleur, que l'on a associée à la fidélité et à la constance, a fait d'elle un gage d'amour très prisé. Au Moyen Âge, la découverte de la première violette donnait lieu à des fêtes printanières exubérantes et à des danses en plein air. (Voir Violet.)

VISHNOU   Vishnou, l'un des grands dieux du panthéon hindou, forme une triade* avec Brahma, le fonds indifférencié d'où éclôt la création, et avec Shiva* le divin danseur qui crée et détruit les mondes au rythme de ses pas. Entre la naissance et la mort*, Vishnou est celui qui maintient l'univers, tandis que, dans d'autres versions de son mythe, il est d'abord le « Narayama », le dieu plongé dans la méditation qui, dans l'intervalle des périodes cosmiques (kalpas), flotte sur l'océan de l'éternité, allongé sur un serpent*. À son réveil, un lotus* d'or* jaillit de son nombril (voir Omphalos), et Brahma sort de ce lotus pour façonner de nouveau l'univers qu'il fait émaner de son sein. — D'une certaine façon, Vishnou compose avec Shiva un couple d'opposés*, celui du dynamisme et du repos, de l'activité et de la passivité bienheureuse. Ne pouvant pas, la plupart du temps, agir par lui-même à cause de cette suprême tranquillité qui l'habite, Vishnou se manifeste sur terre par dix avatars* différents, chacun correspondant à un *yuga* (âge cosmique) différent. Alors que Çakyamuni, le Bouddha, est souvent considéré comme étant le neuvième avatar connu, la plus populaire des manifestations de Vishnou est Krishna, le dieu à la peau noire*, à la fois guerrier et berger, qui est le héros central de la grande épopée du *Mahabharata*. C'est lui le conducteur, en particulier, du char* du prince Arjuna, et son instructeur spirituel dans la *Bhagavad-Gita* : « Je suis le rite, je suis le sacrifice, je suis l'offrande et l'herbe rituelle; c'est moi qui suis la prière et le beurre clarifié, je suis le feu*, je suis la libation... Entre toutes les créatures, je ne fais aucune différence, aucune ne m'est en haine, aucune ne m'est chère; mais ceux qui s'attachent à moi avec

Krishna, avatar de Vishnou, se regardant dans un miroir en compagnie de Radha. National Museum de New-Delhi.

dévotion, ceux-là sont en moi et moi en eux. Même un grand criminel, s'il m'adore sans partage, doit être considéré comme un juste; car sa croyance est vraie. » De ce point de vue, Krishna est donc le libérateur, le maître de la Connaissance ou, comme on l'a parfois appelé, le « Sauveur noir ». Dans une autre veine, et sous son aspect pastoral, il est aussi le « Seigneur des âmes* », ce que mettent en scène ses amours avec Radha, la jeune et belle gardienne de vaches. Dans des strophes où la sensualité et la sexualité les plus brûlantes se mêlent aux réalités spirituelles les plus hautes (mais ces deux ordres de réalité n'en forment en définitive qu'un seul en Inde – voir Lingam et Yoni), le *Gita-Govinda*, écrit par le poète mystique Jayadéva au XIIe siècle, raconte ainsi, à travers les péripéties des infidélités de Krishna puis de sa réunion avec Radha, la souffrance puis la joie de l'âme à la recherche du principe divin qui l'oriente : « Il est dompté par ses deux bras, / écrasé par ses seins. / Il est déchiré par ses ongles / et Sa bouche est mordue / par les dents de l'amante avide / affolée par l'amour ! / Les lourdes cuisses [de Radha] le contraignent / à céder au désir, / et sa main saisit Ses cheveux / pour mieux Le retenir ! / Il boit le nectar à ses lèvres / et s'en enivre enfin, / au paroxysme de l'amour. / Ah ! Qu'elles sont étranges / les voies suivies par la passion !... / Et lorsqu'arrive le matin, / Il la voit sur le lit : / elle a le dos strié de rouge, / les yeux cernés de noir, / sa bouche a perdu ses couleurs, / ses cheveux sont défaits, / ses vêtements éparpillés ; / et ce spectacle merveilleux / proclamant la victoire / du dieu d'Amour, l'enchante encore, / réveillant son désir / pour de nouveaux combats plaisants ! » — Un épisode étrange de la lutte des dieux et des démons pour la possession de l'*amrita,* la boisson d'immortalité, après le barattage de la mer* de lait* qu'avait conseillé Narayama (donc Vishnou en personne), rapporte d'autre part que, pour détourner l'attention des démons qui s'étaient emparés du vase où reposait la précieuse boisson, Vishnou prit l'apparence de Mohini, la plus voluptueuse des prostituées* : « Son ventre s'effaçait sous le poids de ses seins, / Auxquels la jeunesse épanouie donnait leur perfection. / Des abeilles*, attirées par le parfum de ses lèvres, / Bourdonnaient devant ses yeux troublés. / Ses cheveux s'ornaient de jasmin en fleur / Des joyaux couvraient son col et sa gorge ; / Des bracelets entouraient ses bras… » (*Bhagavata-Pourana*). Non seulement, à cette vue, les démons enflammés de désir se laissent subjuguer, mais Shiva en personne est foudroyé par l'amour : il demande à Mohini-Vishnou de l'épouser, ce que celui-ci promet de faire (et qu'il fait effectivement) au cours d'une de ses prochaines « incarnations » – comme si se complétaient là les mythologies et les philosophies vishnouïte et shivaïte, dans une conjonction* divine de l'activité et de la passivité essentielles.

VITROL Le vitriol, qui est à l'heure actuelle un terme générique désignant les sulfates solubles des métaux lourds (tels que le cuivre, le fer et le zinc entre autres), est en revanche, en alchimie*, le symbole qui sert à désigner l'union du haut* et du bas. Il est formé à partir des initiales de la phrase latine : *Visita interiora terrae, rectificando invenies occultum lapidem,* c'est-à-dire : « Explore l'intérieur de la terre et en rectifiant tu trouveras la pierre* cachée [la pierre philosophale]. » On peut aussi trouver des variantes de cette phrase dans les écrits alchimiques, avec la fin suivante : *invenietis occultum lapidem, veram medicinam* (« et vous trouverez la pierre cachée, la vraie médecine »). Il faut bien entendu comprendre cette phrase dans son sens allégorique, car elle indique un processus de purification au cours duquel le bas et l'inférieur doivent s'élever vers les régions de l'esprit. Dans cette fonction « décapante », le vitriol est aussi appelé le « lion* vert* » qui intervient généralement après la phase de *nigredo,* l'œuvre au noir. Il est à ce titre l'une des formes de manifestation de la matière mercurielle et se trouve être l'une des clefs* fondamentales de la transmutation alchimique. Considéré de ce fait comme « catholique » au sens originel de ce terme, c'est-à-dire comme universel, on lui donne aussi le nom, comme facteur du but à atteindre, d'« émeraude* des Sages ».

VOIE LACTÉE « Voie lactée, ô sœur lumineuse / Des blancs ruisseaux de Chanaan », écrivait Apollinaire dans « La chanson du Mal-Aimé » (*Alcools*), tandis que, dans un célèbre tableau du Tintoret, Hercule (voir Héraclès), le fils d'Alcmène, cramponné à la gorge de Junon, fait jaillir de celle-ci des fusées laiteuses qui éclatent en étoiles* dans la voûte azurée. Source d'inspiration pour les poètes et les peintres, la Voie lactée, cette « route céleste », apparaît dans pratiquement toutes les mythologies. Dans le *Rig-Véda,* les « panthanô-devayânâs » sont les chemins que suivent les dieux pour venir sur terre assister aux sacrifices* ; c'est aussi la route que suivent les âmes* pour aller dans l'Autre Monde – en tant que chemin de Yama, dieu des Morts, ou en tant que celui d'Aryomar, le souverain du monde des bienheureux. C'est la même conception que l'on retrouve dans une croyance populaire slave indiquée par Grimm, selon laquelle les âmes s'échappaient de leurs corps sous forme d'oiseaux*, la Voie lactée devenant ainsi « le chemin des oiseaux ». Il en va de même chez les Kirghiz, les Finnois et les Lapons, tandis que les Scandinaves l'appellent aussi « le chemin de l'hiver » ou « le chemin du vent* ». La présence du lait dans ces nuages* célestes est due selon la mythologie gréco-latine, à l'allaitement d'Héraclès par Héra sous la surveillance d'Hermès* (la déesse, furieuse de la voracité du nourrisson, lui arrache le sein, d'où la formation des étoiles par les gouttes du lait divin ainsi dispersé), alors qu'elle est liée en Inde à la figure de la Vache* conductrice des âmes : après leur avoir fait traverser la rivière Vâitarani et le Pont des Morts, celle-ci les accompagne sur le chemin de Yama. — En Chine, la Voie lactée est « la Rivière céleste » qui se situe au sud-est et se déverse avec les fleuves terrestres dans l'abîme du Ta-ho. C'est dans cette eau que, chaque jour, la Mère* des Soleils* et la Mère des Lunes* vont laver leurs enfants comme des nouveaux-nés avant qu'ils ne se montrent à nouveau dans le ciel. On la dit aussi bordée à sa droite par la constellation de l'Aigle, à sa gauche par celle de la Lyre, qui se rapportent aux deux personnages mythiques de la Tisserande et du Bouvier. La Tisserande, fille de l'Auguste de jade*, avait été mariée par son père au Bouvier mais, toute à son amour, en avait oublié de tisser des vêtements pour l'Auguste. Celui-ci la punit en exilant les époux de part et d'autre de la voie lactée, d'où ils ne peuvent plus se rencontrer qu'une fois par an ou par mois selon les versions. — Lévi-Strauss souligne que chez les Amérindiens la Voie lactée est le plus souvent la contrepartie nocturne de l'arc-en-ciel* et qu'elle a été formée comme la plupart des étoiles, c'est-à-dire à la suite d'« actes de gloutonnerie » (le soleil engendre une fille « folle de miel » tandis que les premiers mangeurs de manioc cru se changent en étoiles). — Pour les Indiens Mocovis, la Voie lactée représente les « cendres de l'arbre* du monde, brûlé après qu'une vieille femme l'avait abattu ». La Voie lactée apparaît ainsi comme en négatif, puisqu'elle est le résultat d'un sacrifice* ou d'une perte. Il en va encore de même chez les Indiens Tukunas où le fourmilier apparaît « comme un sac de charbon dans la Voie lactée » : les zones vides d'étoiles de la Voie y symbolisent en effet le combat entre le fourmilier et le jaguar tandis que les Bororos appellent la Voie lactée des « cendres d'étoiles ». — Dans le *Popol-Vuh* des Mayas, la Voie lactée est le « grand serpent* blanc » que connaissent aussi les Aztèques. Ce serpent est dévoré chaque jour par l'aigle du Soleil, tandis que les Incas en font le fleuve du Ciel où le dieu Tonnerre* puise la pluie. — À partir du Moyen Âge, la chrétienté, quant à elle, a fait de cet immense anneau de matière lumineuse qui se détache sur le firmament noir avec ses îles et ses rochers, l'image privilégiée du chemin de Saint-Jacques que suivaient les pèlerins pour aller à Compostelle.

Femme musulmane voilée : miniature arabe (XIIIe s.).

VOILE Le voile symbolise en général l'aliénation ou le renoncement au monde extérieur, la modestie et la vertu. Autrefois, les femmes et les jeunes filles se rendaient voilées aux offices, indiquant ainsi qu'elles se détournaient de la vanité terrestre. Les religieuses étaient de même voilées, d'où l'expression « prendre le voile » pour signifier l'entrée dans la vie monastique. Dans la vêture courtoise du Moyen Âge, le voile était aussi répandu et il s'est perpétué jusqu'à aujourd'hui dans le voile de la mariée et les voiles de deuil de la veuve. En Orient, les femmes ont le devoir de n'apparaître que voilées en public afin de ne pas susciter la convoitise des étrangers et de réserver leurs charmes à leur mari, ce qui a évidemment induit une certaine discrimination sociale à leur égard. Chez les Touaregs, les hommes aussi se voilent le visage, pour se protéger des tempêtes de sable, tandis que, comme chez beaucoup de populations berbères, les femmes n'ont pas l'obligation de se voiler. — On considère souvent comme des voiles le brouillard ou les couches de nuages* et « voiler quelque chose » indique que l'on cache la vérité. Plus profondément, le voile peut être l'attribut de la divinité, derrière lequel elle se dérobe tout en invitant à le soulever pour découvrir son principe si on sait s'en montrer digne. C'est ainsi qu'Isis*, par exemple, portait un « voile à sept* couleurs » (voir

Vêtement) à la riche descendance : il semble bien en effet qu'en ait dérivé à travers les siècles le voile bleu* dont on dote généralement la Vierge* Marie* tout aussi bien que ce qu'on appelle aujourd'hui la fameuse « danse* des voiles ». Si celle-ci est purement considérée de nos jours comme un spectacle à connotation érotique, son origine semble remonter à un rituel religieux où l'érotisme était avant tout « sacré », et dont la fin introduisait à la nudité* abyssale du Féminin et du Maternel. Une conception très proche est celle qu'ont les hindous du « voile de la maya », le monde des phénomènes dans lequel nous vivons, la manifestation du Principe qui nous en cache la réalité pure. La maya est cependant le résultat d'un acte d'amour sans lequel l'homme n'existerait pas, ni n'aurait conscience qu'il existe une Réalité voilée – comme elle peut être l'action de la Shakti suprême ou de la Grande Mère* divine. Le voile est donc nécessaire à l'existence, de même qu'il invite au dévoilement de la Vérité l'homme en quête de sagesse ou de la réalisation de soi-même (identité de l'Atman et du Brahman, « Tu es Cela »). — Cette notion d'un voile qui dérobe la splendeur de la Vérité est évidemment à l'origine du véritable ésotérisme, c'est-à-dire de toute doctrine professant qu'il existe une lumière cachée derrière les textes, les mots ou les symboles, et qu'il importe de dévoiler cette lumière en la rendant apparente. Ici, l'ésotérique est donc ce qui est « dedans » et invisible, l'exotérique ce qui est « dehors » et directement visible. Pour passer de l'un à l'autre, il faut aussi passer du regard des « yeux de chair » à celui des « yeux de feu » et de la vision sensible à la vision du visionnaire. Dans le renversement induit par cette quête d'ordre mystique, le caché devient alors apparent tandis que l'apparent se cache à son tour. Cette doctrine a été poussée quasiment jusqu'à la perfection par les courants soufis et ce qu'il est convenu d'appeler la « gnose » musulmane qui a vu le jour en Perse. Le *hijab* – le voile des femmes arabes – trouve alors son vrai sens, à savoir le voile dont Dieu s'est lui-même caché en le multipliant comme à l'infini (le *Coran* parle de soixante-dix mille voiles de lumière et de ténèbres) ; il s'agit là du monde des apparences et l'opposé en est le *kashf*, c'est-à-dire le dévoilement opéré par le mystique. Toute réalité est dès lors soumise à un processus herméneutique, à une interprétation d'ordre elle-même mystique (*tawil*), qui sépare et découvre dans leur réalité ontologique le caché et l'apparent, le *zahir* et le *batin*. — Par ailleurs, de même que, dans beaucoup de religions, on ne peut supporter de voir sans préparation l'essence ou la nudité du divin, sous peine d'être foudroyé (voir, chez les Grecs, l'aventure d'Actéon* avec Artémis* ou celle de Sémélé, la mère de Dionysos*), le voile est aussi ce qui protège l'homme et dont la divinité la revêtu afin de tamiser sa propre lumière : « Ce n'est pas Dieu qui porte un voile, déclare ainsi Hallaj, ce sont les créatures qu'il a voilées » – et à propos du « voile du nom » : « [Dieu] a revêtu [les hommes, lorsqu'Il les a créés] du voile de leur nom, et ils existent, mais s'Il leur manifestait les sciences de Sa Puissance, ils s'évanouiraient, et s'Il leur découvrait la réalité, ils mourraient. » — Dans l'Europe chrétienne, le voile est l'attribut de sainte Ludmilla qui fut étranglée avec un voile et de la margravesse Agnès d'Autriche dont on retrouva longtemps après sa mort le voile emporté par le vent, découverte légendaire qui est à l'origine de la fondation par saint Léopold de l'abbaye de Klosterneuburg à l'endroit même où la découverte eut lieu.

W

*Trois Walkyries chevauchant
de rapides destriers : gravure du XIXe s.*

WALKYRIES   Dans les mythes germaniques, les Walkyries, *Valkyrijar*, sont les personnifications symboliques de la mort du guerrier en pleine bataille. Écuyères du dieu Odin, elles rassemblent autour de lui les combattants valeureux qui ne redoutent pas la mort pour en faire ses alliés lors du combat final du Ragnarök (voir Fin du monde) ; et chevauchant de rapides coursiers à travers les nuées, elles les conduisent au Walhalla, le séjour dans l'Au-delà* des guerriers trépassés. Les noms des Walkyries dans l'*Edda* sont Skuld (« la dernière des Nornes* qui apporte la mort »), Brunehilde (Brynhild), Göll (« celle qui appelle »), Gondul (la « louve »), Hrist (la « tempête »), Mist (le « brouillard ») et Thrud (la « puissance »). Les défunts ainsi rassemblés au Walhalla s'appellent *Einherjar* (« simples guerriers ») ; ils s'entraînent quotidiennement au combat et peuvent, s'ils en sortent indemnes, participer chaque soir à des festins. Cette conception fait ressortir la haute considération que l'on avait chez les anciens Germano-Scandinaves de la mort au combat (analogue à la mort fleurie ou aux pierres sacrificielles chez les Aztèques du Mexique), mais aussi l'intrépidité dont il fallait faire preuve pour participer à une bataille au cours de laquelle tous les dieux et leurs auxiliaires devaient périr avant qu'une ère nouvelle analogue au paradis* ne s'amorce après le Ragnarök (« Gimle » dans le ciel* du Sud). — La Walkyrie Brunehilde, qui joue un rôle tragique dans la *Chanson des Niebelungen* et cause la perte de Siegfried*

Chefs iroquois autour d'un grand « wampum » : gravure de 1724.

qui avait combattu, invisible, pour obtenir sa main à l'intention du roi Gunther, est devenue une figure proverbiale à la suite des opéras de Wagner. On attribue en effet aux femmes robustes une « stature à la Brunehilde ».

WAMPUM   Le wampum des Indiens de la côte est des États-Unis est beaucoup moins connu en Europe que le calumet* de la paix et le tomahawk (hache de guerre*). Chez les tribus iroquoises, les ceintures wampum sont faites de rondelles de soies de porc-épic tressées à la manière d'une mosaïque et décorées en partie avec des perles* de coquillages fluviaux (telle est d'ailleurs la signification originelle du mot « wampum »). Les ambassadeurs les portaient en signe de reconnaissance, et ces ceintures avaient une fonction analogue au caducée*

antique. « Des ceintures ou des bandeaux de différentes longueurs et de modèles fort variés servaient de simples documents ; des chaînes avec divers agencements de perles claires et foncées servaient à se rappeler les légendes, les événements historiques et les traités. On formait des spécialistes qui devaient se souvenir de la signification d'un certain nombre de chaînes et de ceintures afin d'être capables, lorsqu'on venait les leur montrer, de dire ce qu'on avait « dessiné » sur le wampum. Ces hommes étaient des bibliothèques vivantes, capables de raconter une longue histoire en égrenant les perles sous leurs doigts » (La Farge, 1960). À l'époque coloniale, les Blancs utilisaient comme moyen de paiement des ceintures wampum réalisées à partir de perles en porcelaine qu'ils avaient fait venir d'Europe.

Y

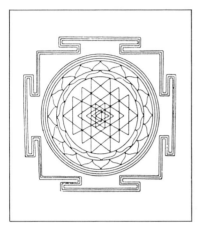

Le « shri-yantra », composé de triangles, de cercles et de traits de bordures.

YANTRA   Dans la symbolique traditionnelle de l'Inde, mais tout autant à notre époque, le yantra est un support graphique particulièrement apprécié de la méditation, il se compose de signes géométriques proportionnés dont le centrage rappelle la symbolique des mandalas*. Un yantra est en général formé de triangles*, de carrés* et de cercles* imbriqués qui, d'une part, véhiculent des contenus conscients à la signification connue et qui, d'autre part, interpellent directement les structures psychiques inconscientes. Le « shri-yantra » surtout est célèbre : sa pointe est dirigée vers le haut et les triangles ingénieusement imbriqués vers le bas renvoient à un couple d'opposés* philosophique ; ils sont encadrés par des feuilles de lotus* et circonscrits par des lignes concentriques à l'intérieur d'une structure carrée plus large. Il sert plus particulièrement à la méditation et il doit conduire, si l'on s'y est préparé psychologiquement de la façon adéquate, à un sentiment aigu de détachement vis-à-vis de toutes les contingences et du jeu gratuit de la « maya » (illusion métaphysique).

YIN-YANG   Dans la symbolique chinoise, le yin et le yang composent la représentation d'un couple d'opposés* cosmique. Le yin symbolise en effet la féminité, le nord, le froid, l'ombre*, la terre*, la passivité et l'humidité tandis que le yang symbolise la virilité, le ciel* le sud, la sainteté, l'activité, la sécheresse et l'empereur*. La représentation symbolique de ces deux éléments se fonde sur le cercle*, image de l'Un primordial (*t'ai-chi*) d'où provient la polarité en yin et yang – une conception philosophique que l'on fait remonter à Chu-Hsi (1130-1200). La séparation des deux pôles est engendrée par la bissection du cercle sous la forme d'un S, la moitié yin se voyant attribuer l'aspect nocturne, donc noir et la moitié yang l'aspect diurne donc blanc. Pour exprimer la dépendance réciproque des deux moitiés, on trouve un centre obscur dans la partie yang du cercle et dans la partie yin un centre clair (chacun de ces centres étant de nouveau représenté sous une forme sphérique). On montre ainsi qu'il ne s'agit pas d'un antagonisme entre la lumière* et les ténèbres, visant à la domination de l'un des deux principes, mais plutôt de l'expression d'une complémentarité essentielle de l'un par rapport à l'autre (voir Taï-ghi-tu). En effet, chacun des deux éléments graphiques pénètre l'autre par rapport à un diamètre qu'on imaginerait vertical, de même que chaque élément, par sa pointe, semble venir mourir dans l'autre, ou au contraire en naître selon la façon dont on regarde. Ainsi, au-delà même de la conjonction* d'opposés, le principe yang garde toujours du yin en lui et réciproquement, et ces deux principes se trouvent dans un état de perpétuel mouvement qui les fait sans cesse échanger leur place : le Taï-ghi-tu, qui symbolise l'action du Tao*, doit être aussi regardé comme une roue* qui tournerait indéfiniment. Cette image de la roue est d'ailleurs directement utilisée dans une autre représentation du jeu* du yin et du yang qu'on appelle « la roue de Lao-tseu » (voir Nœud). Il s'agit en fait de ce que, dans la topologie moderne, on appelle un « ruban de Möbius », c'est-à-dire d'un ruban ou d'un anneau qui, par torsion sur lui-même dans l'espace, offre la particularité de n'avoir qu'une seule face : si on essaie de le décrire, par exemple avec la pointe d'un crayon, on aura vite fait de s'apercevoir que la ligne ainsi tracée se boucle sur elle-même en passant alternativement à « l'intérieur » et à « l'extérieur » du ruban, et qu'on peut donc cheminer indéfiniment sur la route ainsi offerte. Si on pose alors, par exemple, que l'intérieur est yin et l'extérieur yang, cela signifie évidemment qu'il n'y a jamais de yin absolu ni de yang absolu, puisque l'intérieur va se transformer en extérieur et inversement, c'est-à-dire le yin en yang et le yang en yin. D'autre part, si l'on fait un arrêt à n'importe quel moment pris au hasard dans ce chemin parcouru, on constate, localement, la présence de deux faces en tant que yin et yang. Ce qui revient à dire que le yin et le yang se présentent comme différents à n'importe quel moment ou dans n'importe quel aspect de la vie sensible, dans n'importe quel phénomène – mais que cette différence n'est que toute relative et qu'elle n'existe (quoiqu'elle existe réellement au niveau qui est le nôtre), que dans la mesure où on a précisément isolé ce phénomène de la globalité où il se produit et du dynamisme général dans lequel il est emporté.

Roue de Lao-tseu

Au fond, seul le Tao est absolu, et sa première manifestation consiste dans la règle de transformation qu'il impose ainsi au yin et au yang qui le manifestent de seconde main dans une relativité radicale. Il ne faut pourtant pas en conclure, dans une conception occidentale des choses, que le yin et le yang ne seraient qu'une illusion, une simple apparence : ils existent pleinement et totalement du point de vue de la réalité phénoménale, tous les hommes en sont eux-mêmes formés, et si leur relativité est « ontologiquement » radicale par rapport au Tao dont ils sont issus et qui les gouverne, elle n'est en revanche que l'expression d'un principe et du mouvement de métamorphose dans le monde qui est celui de la manifestation du Tao. C'est que le yin et le yang sont aussi par ailleurs des énergies, qui spécifient l'énergie primordiale du Tao, le *Chi* – qui se manifeste en retour dans les énergies yang du ciel et les énergies yin de la terre : c'est alors un « cosmogramme » qui se dessine de la sorte, étant bien entendu que le ciel et la terre participent de la même unité de l'univers, mais que les énergies yang y produisent les énergies invisibles qui animent toutes les choses, alors que les énergies yin se condensent en matière. Ce qu'on exprime aussi bien en déclarant que les énergies yang du ciel se « manifestent » moins alors que les énergies yin de la terre se « manifestent », par nature, beaucoup plus. — C'est de la polarité et du jeu du yin et du yang qu'émane l'existence des cinq éléments* (le bois, le feu, la terre, le métal et l'eau, le bois et le feu étant gouvernés par le yang, le métal et l'eau par le yin, et la terre, comme cinquième élément, se trouvant au centre* des quatre autres), et c'est de leur action combinée que procède la diversité du monde visible, de ce que la tradition taoïste appelle les « dix mille choses ». Toute chose quelle qu'elle soit relève en effet du yin et du yang, que ce soient la ronde des saisons, les organes du corps humain, les couleurs ou la musique : un vaste réseau de correspondances se crée de la sorte, auquel absolument rien n'échappe (on se reportera à la rubrique Éléments pour trouver un tableau systématisé des plus importantes de ces correspondances). D'où la nécessité de comprendre ces relations et d'y adhérer pour s'inscrire dans le « bon ordre » de l'univers, et d'où, comme le macrocosme et le microcosme se répondent l'un à l'autre – c'est-à-dire aussi bien le « corps du monde » que le corps de l'homme –, la même nécessité qui s'impose pour rester en bonne santé et assurer à la fois l'équilibre et la libre circulation dans le corps humain des énergies yang internes (qu'on appelle génériquement « l'énergie ») et les énergies yin qui y répondent (le sang). La médecine, dans cette conception, consiste à respecter l'harmonie du cos-

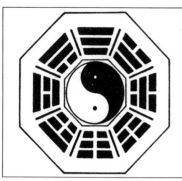

Le « yin-yang », symbole de la totalité cosmique, entouré par huit trigrammes.

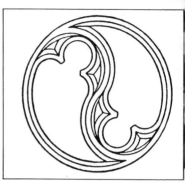

Détail de fenêtre gothique rappelant le motif asiatique du « yin-yang ».

mos – comme on pourrait dire aussi bien que l'harmonie de l'univers est la grande médecine du Tao. — Dans leur phénomène d'alternance qui les fait indéfiniment croître pour s'affirmer, puis décroître afin de laisser la place à leur élément complémentaire, le yin et le yang suivent un processus cyclique qui les fait aussi passer par la jeunesse et la vieillesse : le printemps où tout renaît est ainsi considéré comme jeune yang, l'été où tout fleurit et où règne la chaleur est vieux yang – puis l'été s'épuise, la sève diminue et apparaît le jeune yin de l'automne qui connaît son apothéose dans les longues nuits et le froid de l'hiver, vieux yin, d'où resurgira le jeune yang dans la reverdure qui s'installe, etc. En notant d'autre part que, puisque le métal, par exemple, correspond à l'automne, cela veut dire que le métal est aussi jeune yin, ou que, puisque le foie humain correspond au bois, et que le bois correspond au jeune yang, le foie et le bois sont tous deux jeune yang (se reporter à nouveau à Éléments). — Dans le Taï-ghi-tu, enfin, chaque petit cercle intérieur signifiait que le yin se cache au plus fort du yang, et que le yang se cache au plus fort du yin – ce qui explique d'ailleurs que chacun puisse ainsi tout le temps surgir de l'homme. Afin d'en comprendre toutes les implications, qui mènent à leur tour à une infinie complexité par l'apparition de son contraire en chacune des deux « énergies », on considérera par exemple leur répartition « géographique » dans une figure géométrique quelconque (nous avons ici choisi le cercle pour la commodité de la représentation). Quand on sait que,

traditionnellement, le haut est classé comme yang et le bas comme yin (ciel et terre), tandis que la gauche est yang et la droite yin (masculin et féminin), on aboutit au schéma 1 (page 733). Soit une sous-classification en quatre catégories en suivant la rotation du cercle : yang de yang, yin de yang, yin de yin, yang de yin ; il suffit de changer un élément dans la première paire, puis de changer à chaque fois l'élément demeuré stable dans cette transformation pour obtenir une nouvelle paire — ce qui amène d'autre part la transformation de la dernière paire « yang de yin » en la première paire : « yang de yang » et indique de la sorte la circularité du phénomène qui peut se poursuivre indéfiniment. Si on répète maintenant la même opération sur le quadruplet obtenu (il suffit de remplacer le cercle par un homme chez lequel on cherchera le rapport de l'énergie et du sang dans chacune des quatre parties de son corps), on obtiendra évidemment le schéma 2 (page 733), que l'on pourrait répéter pour chacune des trois autres parties du schéma 1. D'où les différenciations successives du yin et du yang que nous reprenons dans le schéma 3 (page 733) que l'on pourrait étendre à son tour à l'infini en considérant à chaque fois la présence du yin dans le yang et du yang dans le yin. On notera que la règle logique de permutation demeure la même que dans le premier cas tout en pouvant décrire deux chaînes différentes : yang de yang de yang → yin de yang de yang → yin de yang de yang → yin de yin de yang → yin de yin de yin → yang de yin de yin → yang de yang de yin → yang de yang de yang, ou : yang de yang de yang

	Gauche/Yang		Droite/Yin
Haut/ Yang	Yang de Yang		Yin de Yang
Bas/ Yin	Yang de Yin		Yin de Yin

Yang de Yang	Énergie (Yang) : Yang de Yang de Yang Sang (yin) : Yin de Yang de Yang

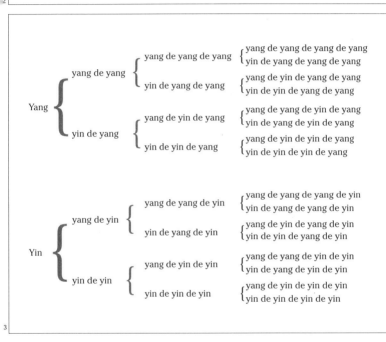

→ yang de yin de yang → yang de yin de yin → yin de yin de yin → yin de yang de yin → yin de yang de yang → yang de yang de yang. — À toutes ces notions de base sur lesquelles elle se fonde (comme d'ailleurs l'ensemble de la pensée chinoise) l'alchimie* taoïste, dans sa volonté d'atteindre au Tao originaire, c'est-à-dire à l'« état antérieur aux choses » et à l'« état postérieur aux choses », soit avant et après toute spécification, avant et après toute manifestation, avant même l'existence de l'Un – ou de l'être – que Lao-tseu appelle la « Mère* des dix mille choses » (et donc de nature yin), dans sa quête de l'indicible fondateur dont on ne peut rien dire sinon qu'il n'est « ni être, ni non-être » (Tao-te-king*), l'alchimie taoïste a donc fini par ajouter les notions complémentaires de Grand Yang et de Grand Yin – l'adjectif « grand » indiquant ici la privation : le Yang sans Yang et le Yin sans Yin. Selon Peng Xiao, rapporte I. Robinet (*Introduction à l'alchimie intérieure taoïste*), « l'Essence de l'Un véritable, essence yin (ou Grand Yin), est identifiée au Plomb* véritable ou Plomb noir qui, en s'unissant au Grand Yang, donne le Cinabre* divin ». Le but de l'alchimie est de « parfaire sa forme corpo-

Le mythique empereur Fu-hi tenant le « t'ai-chi » avec le symbole du « yin-yang».

relle pour entrer dans le Sans-Forme » et devenir un Immortel divin au lieu d'un mort qui est un revenant et relève du Yin. On voit poindre les condamnations que font les alchimistes des méthodes quiétistes : la quiétude « gelée » est disparition et néant ; c'est la voie des immortels terrestres inférieurs qui « purifient le Yin ». Au contraire, les Immortels divins deviennent Yang pur et prisent le Sans-Forme. Les premiers « purifient le *you* (l'existence, l'image du tigre* yang) merveilleux qui est dans le véritable *wu* (non-existence, image du dragon* yin) » ; les seconds, au contraire, purifient la non-existence merveilleuse qui est dans l'existence véritable et sortent de la sphère du yin et du yang, de Qian et de Kun (les deux trigrammes de base du *I-Ching** qui sont yang et yin purs), ainsi que des « nombres* ». « Pour parvenir à ce but, on joue systématiquement sur toutes les polarités du yin et du yang en procédant à des renversements constants qui conduisent à autant de *coïncidentia oppositorum* : « Pour résumer, le renversement est celui de la perspective de départ : d'une part, l'apparence, l'intuition immédiate des choses visibles, l'identité des êtres : le yin et le yang purs (Kun et Qian), chacun aux deux pôles. Puis, un déplacement intervient qui renverse la première saisie intuitive, « naïve », et qui déconstruit le principe d'identité : l'objet n'est plus

identique à lui-même (pur), il contient en lui son contraire (Li et Kan aux deux pôles), l'unité devient double ; et comme c'est ce contraire enclos qui compte comme véritable identité, il est identifié par son contraire. S'opère comme un changement de signe algébrique, « un échange des rôles syntaxiques » : le sujet devient objet, le maître devient l'invité ; les valeurs sont renversées et c'est son contraire qui définit le concept : le principe yang est représenté par une jeune fille et le principe yin par un jeune garçon. Ce changement de signe algébrique (positif-négatif) préside à une déconstruction qui prépare une reconstruction (le Cinabre, l'immortalité) » – autrement dit, l'identité se définissant dès lors par son déplacement et son adéquation à l'Autre (le yang est yin), l'identité majeure qui confère l'immortalité devient celle du « yang sans yang » et du « yin sans yin », la suprême fusion des opposés où l'être et le non-être coïncident dans le « ni-être-ni-non-être », dans la vraie existence qui est celle de la non-existence, et dans la non-existence véritable qui est celle de l'existence. — Dans les hexagrammes* du *I-Ching*, le « Livre des mutations », qui est pour sa part d'inspiration confucéenne, le yin est symbolisé par une ligne brisée, le yang par une ligne continue. L'engendrement des 64 hexagrammes qui représentent la totalité de l'ordre cosmique s'y fait de la même manière que la division perpétuelle du yin et du yang que nous avons vu plus haut : le yang ⚊ donne le yang de yang ⚌ et le yin de yang ⚎, de même que le yin ⚋ donne le yin de yin ⚏ et le yang de yin ⚍. Une nouvelle spécification donne les huit trigrammes de base (yang de yang de yang ☰, etc.) – et cette opération six fois répétée se traduit par les 64 configurations différentes des rapports entre eux du yin et du yang. Cependant, alors que, selon le processus indiqué plus haut, on pourrait encore continuer à volonté, la méthode de construction des hexagrammes par transformations graphiques réciproques des lignes brisées et continues se clôt sur le chiffre de soixante-quatre, lui-même puissance carrée des huit trigrammes de base (pour plus de précision, voir Hexagramme). C'est que la visée du *I-Ching* n'est en rien celle de l'alchimie taoïste – même s'il a existé un courant d'échanges entre les deux traditions, et que le taoïsme s'est en particulier emparé du symbolisme du

I-Ching en le réinterprétant à sa manière : le *I-Ching* vise d'abord à la justice, à la justesse, et à l'accord intérieur le plus profond avec le flux des événements, tandis que l'alchimie travaille à la transformation de l'homme et à l'identification avec la source même de ce flux auquel il s'agit d'échapper en l'assumant jusque dans son essence même. — Dans les anciens sanctuaires troglodytes, on trouve des pierres « yang et yin », la première devant être sèche, la seconde humide. Lors des pluies violentes de l'été, les énergies de la pierre yang sont réveillées par l'eau qui tombe du ciel, tandis que celles de la pierre yin le sont par la chaleur afin d'engendrer de la sorte un équilibre harmonieux. Les nombres impairs sont attribués au yang, les nombres pairs au yin. — En japonais, c'est le couple *in/yo* qui correspond au système polaire yin/yang.

YONI   Le yoni est le nom indien de l'organe génital féminin (matrice* ou vulve). Il est rarement représenté seul sous la forme d'un triangle* dont la pointe est en bas (triangle pubien); en revanche, on rencontre souvent dans le culte de Shiva*, pour exprimer la complémentarité du yoni et du symbole phallique (lingam*), un anneau* qui entoure le fût d'une colonne*, ce qui renvoie à la dualité des deux principes primordiaux masculin et féminin (Shiva-Shakti). Ces représentations en pierre* de lingam-yoni peuvent se composer aussi d'une colonne arrondie au sommet, et qui repose sur des bourrelets sphériques, eux-mêmes posés sur un socle carré*. Le serpent* de la Kundalini, de l'énergie sexuelle vitale que l'on rattache aux représentations du yoni, se love, en repos au bas de la colonne vertébrale. Lorsqu'il est activé par les techniques corporelles adéquates (yoga), il monte de chakra* en chakra jusqu'à sortir par le troisième œil* spirituel qui s'ouvre au milieu du front (le sixième chakra, l' « Ajna-chakra »), où il représente l'énergie pure de la divinité qui fait accéder l'homme à la plus haute connaissance – celle-ci étant manifestée par le septième chakra appelé « Sahasrara » ou « siège de Shiva », sous la forme d'un lotus* à mille pétales.

Deux personnages rendent hommage au « lingam-yoni » : relief (IIᵉ-IIIᵉ s., Mathura).

Z

ZÉRO On attribue traditionnellement l'invention du zéro aux Mayas qui, pour transcrire leur système de notation à base 20 dans une numérotation à étages, imaginent le zéro auquel ils donnent une forme semblable à un coquillage* ou à une coquille d'escargot. Ils ne lui donnent pas pour autant de valeur mathématique opératoire et, dans son *Histoire universelle des chiffres,* Georges Ifrah souligne qu'il faut « bien se garder de donner au zéro des Mayas une identité fonctionnelle avec notre zéro actuel », puisque ce dernier apparaît comme « le concept le plus fondamental des mathématiques abstraites ». En réalité, il faut attendre le Moyen Âge pour que le zéro apparaisse en Occident, transmis par les Arabes qui lui donnent son nom (*zeroh* signifie cercle*), mais qui l'ont eux-mêmes reçu de l'Inde dont les savants avaient été les premiers à franchir ce pas décisif qui conduisait à l'ultime perfectionnement de la notation numérique, puisque les Indiens l'utilisent avec toutes ses possibilités opératoires dès le Ve siècle av. J.-C. Il n'existe pas moins de dix-huit termes sanscrits pour exprimer ce concept du zéro, se rapportant généralement à « l'atmosphère », à « l'immensité de l'espace », au « vide » ou au « ciel », tandis qu'il en existe aussi deux symboles graphiques : « le petit cercle », qui figure le ciel, et le *bindu* (point de rencontre entre les deux triangles* disposés de façon opposée et pointe à pointe de Shiva* et de Shakti), qui se rapporte à l'univers dans sa forme encore non manifestée, avant sa transformation dans le monde des apparences (*rūpadhātu*). Dans la philosophie indienne, cet univers incréé est néanmoins doté d'une énergie créatrice qui est capable de tout engendrer, le point bindu étant un « point causal », ce qui explique que, se traduisant en zéro, il n'en fasse pas une simple notation de position, mais un « zéro opérateur ». L'importance accordée par les hindous à cette notion du non-être transparaît d'ailleurs dans la *sunya* qui désigne tout à la fois le vide, l'espace, l'éther, le non-produit, le non-existant, l'absent, le néant. Notion d'autant plus féconde qu'elle est abstraite : Georges Ifrah souligne que le mot *sunya* et ses divers synonymes servaient à marquer l'absence des unités d'un certain ordre décimal, faisant ainsi précisément du zéro un opérateur arithmétique : si on l'ajoutait à la fin d'une représentation numérique, la valeur de celle-ci était multipliée par la base décimale (ce que n'avaient pas su faire les Mayas). Les philosophes musulmans portaient un intérêt particulier à ce « non-être », à ce « non-existant », à ce « néant créateur » – qu'ils appelaient parfois le « Néant Suressentiel » pour exprimer l'abîme* du Dieu caché (voir aussi Voile) –, bref, à ces « énergies divines incréées » qui étaient toutefois immanentes au monde, dans une conjonction* d'opposés de la transcendance et de l'immanence qui était à son tour la figure de ce qui précédait l'être et le non-être. Ils se sont ainsi fait le relais de la diffusion du zéro indien vers l'Occident : exprimant le *deus absconditus*, l'« Un-qui-n'est-pas », celui-ci pouvait permettre de penser, par exemple, la Déité d'avant Dieu de Maître Eckhart, ou le Dieu insondable et infini qui ne se laisse appréhender par l'entendement humain, chez Nicolas de Cuse, que sous la figure de la *coïncidentia oppositorum*.

ZODIAQUE Le zodiaque est constitué par la bande circulaire de la sphère* céleste que le soleil* semble décrire tout autour de la terre en traversant tour à tour les douze constellations majeures qui s'y suivent, avant de revenir à son point de départ. Cette conception suppose bien entendu une représentation géocentrique du système solaire, c'est-à-dire où l'ensemble des planètes* tournent autour de la terre* qui occupe le centre* du cercle*. Ce qui indique assez que le zodiaque, comme l'astrologie* dans son ensemble, ne saurait relever d'une science objective (qui est évidemment héliocentrique), mais d'un réseau de représentations symboliques où l'on peut aussi bien lire la circumambulation des archétypes* autour du Soi que la roue* du temps qui tourne sans cesse et dont

l'homme occupe le centre. Ainsi peut-on comprendre, par exemple, que Johannes Kepler, fondateur de l'astronomie moderne, et qui édicte ses trois lois à partir de la conception héliocentrique de l'univers, soit capable en même temps de théoriser l'astrologie et éventuellement d'établir des horoscopes en s'appuyant sur le système géocentrique qu'il répudie par ailleurs sans appel. D'autre part, dans sa révolution apparente le long du zodiaque, le soleil rétrograde progressivement de constellation en constellation selon le phénomène de la précession des équinoxes : au moment de l'équinoxe du printemps, le soleil ne se retrouve plus actuellement dans la constellation du Bélier* qui est censée gouverner cette période, mais dans celle des Poissons* avant de passer bientôt dans celle du Verseau (voir Grande Année). Ce phénomène connu dès l'Antiquité, fondateur de ce que l'on a appelé l'« astrologie historique », incline d'autant plus à penser le zodiaque de façon symbolique que ce qui compte alors à l'évidence est le « zodiaque des signes », non celui des « constellations réelles ».
— Pour ce qui est de la structuration interne et numérique du zodiaque, on se reportera à la rubrique Symboles astrologiques où il est largement expliquée. Cette structuration est elle-même chargée d'une très forte symbolique des nombres*, ce qui explique pourquoi les douze signes entre lesquels est divisé le zodiaque ont très souvent été considérés comme étant eux-mêmes des symboles : « Les apôtres ont été substitués aux douze signes du zodiaque : comme la génération est réglée par ceux-ci, la régénération est dirigée par ceux-là » (citation du gnostique Théodote, commenté et combattu par Clément d'Alexandrie dans son traité des *Extraits de Théodote*). —
Par la conception cyclique du temps qui lui est fondamentale, il semble que le zodiaque soit lié dans son essence à une vision féminine du monde et du cours de la vie : et si l'on parle de la roue* du zodiaque, c'est que le terme lui-même signifie en grec « la roue de la vie ». Apparemment conçu aux époques où les déesses-mères* étaient religieusement dominantes, le zodiaque est en effet, à l'origine, lunaire* et « ce n'est que tardivement qu'il aurait acquis une signification solaire : les anciens Arabes l'appellent « ceinture d'Ishtar* » et les

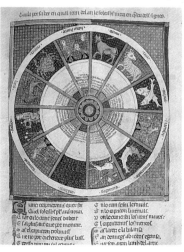

Les douze signes du zodiaque : « *Bréviaire d'amour* », fin XIIIe-début XIVe s. Bibliothèque royale de l'Escorial.

Babyloniens « maisons de la Lune ». La roue n'a d'ailleurs pris que très tardivement une acception solaire : lorsque pour des raisons techniques elle s'est munie de rayons... Primitivement, la roue zodiacale, comme celle du calendrier, est une roue lunaire, de bois plein, renforcée par un triangle* ou un quadrillage de madriers [voir Carré], ce qui lui donne des subdivisions internes arithmologiquement significatives » (G. Durand, *Structures anthropologiques de l'imaginaire*). Ces structures jouent entre elles selon les rythmes du trois et du quatre* qui donnent le douze (voir des explications plus détaillées à Symboles astrologiques). On comprend dès lors sans doute mieux pourquoi l'astrologie engendre tout un système de correspondances où « tout répond à tout » et où tout, en même temps, s'inscrit dans un grand Tout parfaitement unitaire : « Tout est dans Tout, et Tout est dans tout. » On retrouve là l'équivalent de l'uni-totalité de l'alchimie* qui s'enracine dans la *materia prima* féminine, dans le chaos* maternel des éléments. Dans la course éternelle des astres qui repassent toujours dans les mêmes positions, dans le tournoiement de la roue qui s'engendre indéfiniment dans la plus profonde identité à soi-même, nous sommes ainsi renvoyés à l'image de l'ouroboros* : « En tant que lieu de réunion cyclique des contraires, l'ouroboros est peut-être le prototype de la roue zodiacale primitive, l'animal-mère du zodiaque. L'itinéraire du soleil était primitivement représenté par un serpent* portant sur son dos les signes zodiacaux comme le montre le *Codex vaticanus* » (G. Durand, *ibidem*), d'autant plus que le serpent était lui-même à l'origine l'animal symbolique de la grande déesse-mère. — Pour ce qui est de la signification générale des signes du zodiaque, on se reportera dans l'ordre aux entrées suivantes : Bélier, Taureau, Jumeaux (pour Gémeaux), Écrevisse (pour Cancer), Lion, Vierge, Balance, Scorpion, Centaure (pour Sagittaire), Ondines (pour Verseau) et Poissons.

BIBLIOGRAPHIE

La bibliographie ci-après ne cherche pas à être exhaustive. La matière est en effet si riche qu'il faudrait un volume entier si l'on voulait en dresser un inventaire complet. Nous avons donc préféré indiquer soit des ouvrages de base, soit des ouvrages qui, par leur originalité, ouvriront éventuellement au lecteur des pistes inattendues de recherche et de réflexion.

Après les principaux titres français, nous avons parfois mentionné des livres parus en langue allemande ou en langue anglaise – parce que nous les jugions fondamentaux et que, pour une raison ou une autre, ils n'ont pas encore été traduits chez nous. Nous avons renoncé, en revanche, à mentionner des ouvrages publiés avant le début de ce siècle, sauf s'ils ont été au minimum reproduits en fac-similé.

INDEX DES REGROUPEMENTS PAR MATIÈRE

1. Symbolique générale et histoire des religions
2. Psychanalyse
3. Symbolique graphique ou géométrique
4. Folklore
5. Contes
6. Nombres et couleurs
7. Alchimie
8. Astrologie et divination
9. Franc-maçonnerie
10. Héraldique
11. Pays et êtres légendaires
12. Magie
13. Personnages historiques
14. Symbolisme animal
15. Végétaux
16. Expressions et langage
17. Préhistoire
18. Egypte
19. Mésopotamie
20. Méditerranée, Antiquité grecque et latine
21. Celtes, Germains et Scandinaves
22. Christianisme en général
23. Moyen Age européen
24. Les Temps modernes en Occident
25. Judaïsme
26. Islam
27. Gnose et hermétisme
28. Chine, Tibet et Japon
29. Inde
30. Divers Asie et chamanisme
31. Afrique noire
32. Monde précolombien
33. Indiens d'Amérique du Nord, Amérique du Nord et du Sud en général

1. SYMBOLIQUE GÉNÉRALE ET HISTOIRE DES RELIGIONS

G. BACHELARD, *L'Air et les songes,* José Corti,1943, Le Livre de Poche.
L'Eau et les rêves, J. Corti, 1942, Le Livre de Poche.
La Psychanalyse du feu, J. Corti,1938.
La Terre et les rêveries du repos, J. Corti, 1948.
La Terre et les rêveries de la volonté, J. Corti, 1948.

J. J. BACHOFEN, *Du règne de la mère au patriarcat,* Éditions de l'Aire, 1980.

Y. BONNEFOY (dir.), *Dictionnaire des mythologies,* Flammarion,1994.

P. BRUNEL (dir.), *Dictionnaire des mythes littéraires,* Le Rocher, 1994.

R. CAILLOIS, *L'Homme et le sacré,* Gallimard, 1950.

J. CAMPBELL et B. MOYERS, *Puissance du mythe,* J'ai Lu, 1991.

E. CASSIRER, *La Philosophie des formes symboliques,* Éd. de Minuit, 1972.

J. CHEVALIER et A. GHEERBANT, *Dictionnaire des symboles,* R. Laffont, coll. " Bouquins ".

J. R. CONRAD, *Le Culte du taureau,* Payot, 1978.

G. DUMEZIL, *Mythe et épopée, I et II,* Gallimard, 1973.

G. DURAND, *Les Structures anthropologiques de l'imaginaire,* Dunod, 12e édition, 1992.

M. ÉLIADE, *Histoire des croyances et des idées religieuses,* Payot, 1976 et sq.
Images et symboles, Gallimard, 1952.
Mythes, rêves et mystères, Gallimard, 1957.
Aspects du mythe, Gallimard, 1963.

J. G. FRAZER, *Le Rameau d'or,* R. Laffont, coll. " Bouquins ", 1981.

R. GRAVES, *La Déesse blanche,* Le Rocher, 1979.

R. GUÉNON, *Symboles de la science sacrée,* Gallimard, 1988.

M. HULIN, *La Mystique sauvage,* P. U. F. , 1993.

E. O. JAMES, *Le Culte de la Déesse-mère,* Le Mail, 1989.

C. G. JUNG, *Métamorphoses de l'âme et ses symboles,* Georg et Cie, 1953, Le Livre de Poche.
Psychologie et religion, Buchet Chastel, 1960.

C. LÉVI-STRAUSS, *La Pensée sauvage,* Plon, 1962.

M. MESLIN, *L'Expérience humaine du divin,* Le Cerf, 1988.

P. POUPARD (dir.), *Dictionnaire des religions,* P. U. F. , 1984.

J. RIES, *Le Mythe et sa signification,* Ed. de Louvain la Neuve, 1982.

J. SERVIER, *Les Techniques de l'invisible,* Le Rocher, 1994.

R. STEINER, *La Science de l'occulte,* Triades, 1988.

2. PSYCHANALYSE

E. AEPPLI, *Les Rêves et leur interprétation,* Payot, 1954.

S. FREUD, *L'Avenir d'une illusion,* P. U. F., 1971.
Malaise dans la civilisation, P. U. F. , 1971.
La Science des rêves, Payot, 1950.
Totem et tabou, Payot, 1947.

J. J. GOUX, *Œdipe philosophe,* Aubier, 1990.

R. GRINNELL, *Psychanalyse et alchimie,* Albin Michel, 1994.

E. HARDING, *Les Mystères de la femme,* Payot, 1953.

C. G. JUNG, *L'Homme à la découverte de son âme,* Albin Michel.

E. NEUMANN, *Die Grosse Mutter,* Olten/Fribourg, 1974.

R. de SAUSSURE, *Le Miracle grec : étude psychanalytique sur la civilisation hellénique,* Denoël, 1939.

P. SOLIÉ, *La Femme essentielle, Mythanalyse de la Grande-Mère et de ses fils-amants,* Seghers, 1981.
Le Sacrifice, Albin Michel, 1988.

3. SYMBOLIQUE GRAPHIQUE OU GÉOMÉTRIQUE.

R. BEGEY, *La Géométrie sacrée ou la magie des formes,* Le Rocher, 1995.
Labyrinthes, Hatier, 1983.

P. SANTARCANGELI, *Le Livre des labyrinthes, histoire d'un mythe et d'un symbole,* Gallimard, 1974.

R. J. THIBAUD, *Le Jeu de l'oie, Pratique d'un labyrinthe initiatique et divinatoire,* Dervy, 1995.

4. FOLKLORE

P. CANAVAGGIO, *Dictionnaire des superstitions et des croyances populaires*, Marabout, 1977.

H. DONTENVILLE, *La Mythologie française*, Payot, 1948.

P. SAINTYVES, *Les Saints successeurs des dieux, Essai de mythologie chrétienne*, Nourry, 1907.

P. SEBILLOT, *Le Folklore de France*, Imago, 1982 et sq.

A. VAN GENNEP, *Manuel du folklore français contemporain*, Picard, 1937 et sq.

5. CONTES

B. BETTELHEIM, *Psychanalyse des contes de fées*, R. Laffont, 1976.

J. COURTÈS, *Le Conte populaire : poétique et mythologie*, P. U. F. , 1986.

M. L. von FRANZ, *L'Interprétation des contes de fées*, La Fontaine de Pierre, 1978.
Interprétation d'un conte : L'Âne d'or, La Fontaine de Pierre, 1978.
La Femme dans les contes de fées, La Fontaine de Pierre, 1978.
L'Ombre et le mal dans les contes de fées, Éditions Jacqueline Renard, 1990.
La Voie de l'individuation dans les contes de fées, La Fontaine de Pierre, 1978.

J. et W. GRIMM, *Les Contes*, Flammarion, 1967.

C. PERRAULT, *Contes*, Garnier, 1967, Le Livre de Poche.

V. PROPP, *Morphologie du conte*, Le Seuil, 1968.
Les Racines historiques du conte merveilleux, Gallimard, 1983.

C. VELAY-VALLANTIN, *Histoire des contes*, Fayard, 1992.

6. NOMBRES ET COULEURS

□□□ *La Couleur* (collectif), Le Léopard d'or, 1995.

T. CRUMP, *Anthropologie des nombres*, Le Seuil, 1995.

M. L. von FRANZ, *Nombre et temps*, La Fontaine de Pierre, 1978.

M. GHIKA, *Le Nombre d'or*, Gallimard, 1931.

M. H. GOBERT, *Les Nombres sacrés et l'origine des religions*, Stock, 1982.

G. IFRAH, *Histoire universelle des chiffres*, R. Laffont, coll. " Bouquins ", 1994.

M. PASTOUREAU, *Dictionnaire des couleurs de notre temps*, Bonneton, 1992.

J. RIBARD (Voir section 23).

R. L. ROUSSEAU, *Les Couleurs*, Flammarion, 1950.
Le Langage des couleurs, Dangles, 1989.

7. ALCHIMIE

M. BERTHELOT, *Collection des anciens alchimistes grecs*, Paris, 1887-1888.

F. BONARDEL, *Philosopher par le feu* (Anthologie de textes alchimiques), Le Seuil, 1995.

E. CANSELIET, *Alchimie*, J.-J. Pauvert, 1967.

H. CORBIN, *L'Alchimie comme art hiératique*, L'Herne, 1986.

M. ÉLIADE, *Forgerons et alchimistes*, Payot, 1956.

N. FLAMEL, *Écrits alchimiques*, Les Belles Lettres, 1992.

M. L. von FRANZ, *Aurora consurgens*, La Fontaine de Pierre, 1982.
L'Imagination active en alchimie, Éditions Jacqueline Renard, 1989.

B. GORCEIX, *Alchimie*, Fayard, 1980.

HERMES TRISMEGISTE, *La Table d'émeraude*, Les Belles Lettres, 1994.

C. G. JUNG, *Mysterium Conjunctionis*, Albin Michel, 1980 et 1982.
Psychologie et alchimie, Buchet Chastel, 1970.
Psychologie du transfert, Albin Michel, 1980.
Les Racines de la conscience, Buchet Chastel, 1971, Le Livre de Poche.

S. KLOSSOWSKI DE ROLA, *Le Jeu d'or, Figures hiéroglyphiques et emblèmes hermétiques dans la littérature alchimique du XVIIe siècle*, Herscher, 1988.
La Tourbe des philosophes, Dervy, 1993.

J. van LENNEP, *Alchimie*, Dervy, 1985.

J. LINDSAY, *Les Origines de l'alchimie dans l'Egypte gréco-romaine*, Le Rocher, 1986.

P. LORY, *Alchimie et mystique en terre d'Islam*, Verdier, 1989.

8. ASTROLOGIE ET DIVINATION

□□□ *L'Astrologie*, Cahiers de l'Hermétisme, Albin Michel, 1985.

L. AURIGEMMA, *Le Signe zodiacal du scorpion*, Mouton, 1976.

S. BERNO, *Tarot et psychologie des profondeurs*, Dangles, 1995.

□□□ *Encyclopédie de la divination*, Tchou, 1965.

M. L. von FRANZ, *La Psychologie de la divination*, Albin Michel, 1995.

S. R. KAPLAN, *La Grande Encyclopédie du tarot*, Sand, 1978.

W. KNAPPICH, *Histoire de l'astrologie*, Ph. Lebaud, 1986.

S. de MAILLY-NESLE, *L'Astrologie*, La Martinière, 1994.

Méditations sur les 22 Arcanes majeurs du tarot, Aubier, 1980.

PTOLÉMÉE, *Manuel d'astrologie, La Tétrabible*, Les Belles Lettres, 1993.

J. P. RONECKER, *Théorie et pratique de la géomancie*, Dangles, 1991.

D. RUDHYAR, *Astrologie de la personnalité*, Librairie de Médicis, 1984.

M. SENARD, *Le Zodiaque, clef de l'ontologie appliquée à la psychologie*, Éditions traditionnelles, 1978.

S. SIMON, *Le Tarot*, Nathan, 1986.

□□□ *Yi-King, Le Yi-King mot à mot*, Question de, Albin Michel, 1994.

□□□ *Yi-King, Les Mutations du Yi-King*, Question de, Albin Michel, 1994.

9. FRANC-MAÇONNERIE

P. CHEVALLIER, *Histoire de la franc-maçonnerie française*, Fayard, 1974.

D. DIGOU (dir.), *Dictionnaire de la franc-maçonnerie*, P. U. F. , 1991.

R. GUÉNON, *Études sur la franc-maçonnerie et le compagnonnage*, Éditions traditionnelles, 1985.

W. K. MACNULTY, *La Franc-maçonnerie : voyage à travers les rites et les symboles*, Le Seuil, 1993.

P. NAUDON, *La Franc-maçonnerie*, P. U. F. , 1990.

L. NEFONTAINE, *La Franc-maçonnerie : une fraternité révélée*, Gallimard, 1994.

H. TORT-NOUGUÈS, *L'Idée maçonnique : essai sur une philosophie de la franc-maçonnerie*, Albin Michel, 1995.

F. TRISTAN (dir.), *La Franc-maçonnerie, documents fondateurs*, Cahiers de l'Herne, 1992.

10. HÉRALDIQUE

G. A. BOCKLER, *Ars Heraldica, Das ist : Hoch-edle Teutsche Adels-Kunst*, Nuremberg, 1688. Reprint Graz (Autriche), 1981.

L. BOULY DE LESDAIN, *Études héraldiques*, Le Léopard d'or, 1983.

J. C. MAROL, *Blason : langue vivante*, Dangles, 1993.

11. PAYS ET ÊTRES LÉGENDAIRES

□□□ *L'Androgyne*, Cahiers de l'Hermétisme, Albin Michel, 1986.

EILHART von OBERG, *Tristrant*, U. G. E. , 1986.

M. ÉLIADE, *Méphistophélès et l'androgyne*, Gallimard, 1962.

B. HELL, *Le Sang noir – chasse et mythe du sauvage en Europe*, Flammarion, 1994.

□□□ *La Légende arthurienne, le Graal et la Table Ronde*, R. Laffont, coll. " Bouquins ", 1989.

J. LIBIS, *Le Mythe de l'androgyne*, Berg International, 1980.

PLATON, *Critias* et *Timée*, Les Belles Lettres.

O. RANK, *Le Mythe de la naissance du héros*, Payot, 1983.

R. STENMAN, *L'Atlantide et les continents disparus*, Hachette, 1981.

□□□ *Tristan et Iseut, Les Poèmes français et la saga norroise*, Le Livre de Poche, Hachette, 1989.

□□□ *Tristan et Yseut* (comprenant les textes et traductions de Béroul et de Thomas, *Folies d'Oxford et de Berne, Lai du chèvrefeuille, Saga norroise*, et divers autres textes), Gallimard, La Pléiade, 1995.

12. MAGIE

I. P. COULIANO, *Eros et magie à la Renaissance*, Flammarion, 1984.

H. HUBERT et M. MAUSS, *Esquisse d'une théorie générale de la magie*, Alcan, 1903.

□□□ *Manuel de magie égyptienne*, Les Belles Lettres, 1995.

D. P. WALKER, *La Magie spirituelle et angélique, de Ficin à Campanella*, Albin Michel, 1988.

13. PERSONNAGES HISTORIQUES

J. BENOIST-MECHIN, *Alexandre le Grand ou le rêve dépassé*, Librairie Académique Perrin, 1976.
Cléopâtre ou le rêve évanoui, Librairie Académique Perrin, 1977.
Frédéric de Hohenstaufen ou le rêve excommunié, Librairie Académique Perrin, 1980.

J. CARCOPINO, *César*, P. U. F. , 1990.

E. FAURE, *Napoléon*, L'Herne, 1964.

P. FAURE, *Alexandre*, Fayard, 1985.

E. FLAMMARION, *Cléopâtre, Vie et mort d'un pharaon*, Gallimard, 1993.

P. M. MARTIN, *Antoine et Cléopâtre*, Albin Michel, 1990.

M. PACAUT, *Frédéric Barberousse*, Fayard, 1990.

R. PERNOUD, *Vie et mort de Jeanne d'Arc*, Hachette, 1953.

A. WEIGALL, *Cléopâtre*, Payot, 1934.

14. SYMBOLISME ANIMAL

□□□ *Bestiaires du Moyen Âge*, Stock, 1980.

L. CHARBONNEAUX-LASSAY, *Le Bestiaire du Christ*, Arché (Milan), 1974.

J. P. CLEBERT, *Dictionnaire du symbolisme animal*, Albin Michel, 1971.

M. M. DAVY, *L'Oiseau et sa symbolique*, Albin Michel, 1995.

V. H. DEBIDOUR, *Le Bestiaire sculpté en France*, Arthaud, 1961.

A. de GUBERNATIS, *Mythologie zoologique*, Arché (Milan), 1987.

Dom P. MIQUEL, *Dictionnaire symbolique des animaux*, Le Léopard d'or, S.d.

J. PRIEUR, *Les Animaux sacrés dans l'Antiquité*, Éd. Ouest-France, 1984.

J. RIBARD (Voir section 23).

J. P. RONECKER, *Le Symbolisme animal*, Dangles, 1994.

A. SIGANOS, *Les Mythologies de l'insecte*, Klincksieck, 1985.

F. UNTERKIRCHER, *Tiere, Glaube, Aberglaube. Die Schönsten Miniaturen aus dem Bestiarium*, Graz (Autriche), 1986.

T. H. WHITE, *The Book of Beasts. A Translation from a Latin Bestiary of the 12th Century*, New York, 1954.

15. VÉGÉTAUX

J. BROSSE, *Les Arbres de France; histoire et légendes*, C. de Bartillat, 1990.
Mythologie des arbres, Plon, 1992.

M. CAZENAVE, *Arbres*, photos F. Horvat, Imprimerie Nationale,1994.

A. de GUBERNATIS, *La Mythologie des plantes ou les légendes du règne végétal*, Arché (Milan), 1976.

G. de LORRIS et J. de MEUN, *Le Roman de la Rose*, Honoré Champion, 1965 et 1970, Le Livre de Poche.

J. M. PELT, *Les Plantes : amours et civilisations végétales*, Fayard, 1981.
Fleurs, fêtes et saisons, Fayard, 1988.

J. RIBARD (Voir section 23).

16. EXPRESSIONS ET LANGAGE

C. DUNETON, *Le Bouquet des expressions imagées*, Le Seuil, 1990.
La Puce à l'oreille, Balland, 1985, Le Livre de Poche.

17. PRÉHISTOIRE

G. CAMPS, *La Préhistoire*, Librairie Académique Perrin, 1982.

C. CARENOU, *La Religion dolménique*, Paul Geuthner, 1935.

J. GUILAINE, *La Mer partagée ; La Méditerranée avant l'écriture, 7000-2000 avant Jésus-Christ*, Hachette, 1994.
La Préhistoire d'un continent à l'autre, Larousse, 1989.

A. LEROI-GOURHAN (dir.), *Dictionnaire de la préhistoire*, P. U. F., 1988.
Milieu et technique, Albin Michel, 1973.
Préhistoire de l'art occidental, Mazenod, 1965.

Les Religions de la préhistoire,
P. U. F., 1964.

C. LOUBOUTIN, *Au néolithique,*
Les premiers paysans du monde,
Gallimard, 1990.

J. P. MOHEN, *Le Monde des mégalithes,*
Casterman, 1989.

18. L'ÉGYPTE

E. HORNUNG, *Les Dieux*
de l'Égypte. L'un et le multiple,
Le Rocher, 1995.

□□□ *Le Livre des morts des*
anciens Égyptiens, Stock, 1978.

□□□ *Le Livre des morts, papyrus*
égyptiens (1420-1100 av. J.-C.),
Seghers, 1978.

D. MEEKS et C. FAVARD-MEEKS, *La Vie*
quotidienne des dieux égyptiens,
Hachette, 1993.

S. MORENZ, *La Religion égyptienne,*
Payot, 1962.

19. MÉSOPOTAMIE

J. BOTTERO, *Mésopotamie. L'Ecriture,*
la raison et les dieux, Gallimard, 1987.
La Religion babylonienne, P. U. F., 1962.

J. BOTTERO et S. N. KRAMER, *Lorsque les*
dieux faisaient l'homme – Mythologie
mésopotamienne, Gallimard, 1989.

□□□ *L'Épopée de Gilgamesh,*
Gallimard, 1992.

E. O. JAMES, *Mythes et rites dans*
le Proche-Orient ancien, Payot, 1960.

S. N. KRAMER, *L'Histoire commence à*
Sumer, Arthaud, 1986.
Le Mariage sacré, Berg International, 1983.

H. MAC CALL, *Mythes de la*
Mésopotamie, Le Seuil, 1994.

20. MÉDITERRANÉE, ANTIQUITÉ GRECQUE ET LATINE

a) Textes

APULÉE, *L'Âne d'or,*

HÉRODOTE, *Histoires,*

HÉSIODE, *Théogonie,*
Rivages, 1993, et Arléa, 1995.

HOMÈRE, *Iliade* et *Odyssée,*
Gallimard/Pléiade.

□□□ *Hymnes homériques*
(sous le titre : *Des dieux et des héros*),
Arléa, 1993.

JAMBLIQUE, *Les Mystères d'Égypte.*

*LUCIEN de Samosate, *La Déesse*
syrienne, Janick, 1947.

ORPHÉE, *Poèmes magiques et*
cosmologiques, Imprimerie
Nationale, 1995.

OVIDE, *Les Métamorphoses*
(multiples éditeurs).

PLATON, *Banquet, Critias, Phédon,*
Phèdre, Timée et *La République,*
Gallimard/Pléiade.

PLUTARQUE, *Dialogues pythiques*
et *Sur Isis et Osiris.*

*PROCLUS, *Hymnes et prières,* Arfuyen,
1994. Oeuvres en cours de traduction.

PYTHAGORE, *Les Vers d'or.*

□□□*Les Présocratiques,*
Gallimard / Pléiade.

SOPHOCLE, *Trilogie d'Œdipe,*
Le Livre de Poche / Hachette.

*TUSCULUM – *Lexikon griechischer*
und lateinischer Autoren,
Reinbek, 1974.

N. B. : Tous ces textes, sauf exception
signalée (*), sont disponibles en bilingue
aux Éditions des Belles Lettres. Nous avons
aussi indiqué les éditions alternatives.

b) Études

L. BURN, *Les Mythes grecs,* Le Seuil, 1994.

P. CHUVIN, *La Mythologie grecque.*
Des premiers hommes à
l'apothéose d'Héraklès, Fayard, 1992.

M. DÉTIENNE, *Dionysos mis à mort,*
Gallimard, 1977.

P. DIEL, *Le Symbolisme dans la*
mythologie grecque, Payot, 1952.

E. R. DODDS, *Les Grecs et l'irrationnel,*
Flammarion, 1977.

R. GRAVES, *Les Mythes grecs,*
Hachette, 1983.

P. GRIMAL, *La Civilisation romaine,*
Arthaud, 1960.
Dictionnaire de la mythologie
grecque et romaine, P. U. F., 1951.

P. LÉVÊQUE et L. SECHAN,
Les Grandes Divinités de la Grèce,
Armand Colin, 1990.

W. OTTO, *Les Dieux de la Grèce,*
Payot, 1981.

R. v. RANKE-GRAVES, *Griechische Mythologie*, Reinbek, 1965.

D. SABATUCCI, *Essai sur le mysticisme grec*, Flammarion, 1982.

J. SIRINELLI, *Les Enfants d'Alexandre. La littérature et la pensée grecques, 334 av. J.-C. – 519 ap. J.-C.*, Fayard, 1993.

J. P. VERNANT, *Mythe et pensée chez les Grecs*, La Découverte, 1990.
Mythe et religion en Grèce ancienne, Le Seuil, 1990.

J. P. VERNANT et P. VIDAL-NAQUET, *Mythe et tragédie en Grèce ancienne*, Maspero, 1972.

Œdipe et ses mythes, Complexe, 1988.

21. CELTES, GERMAINS ET SCANDINAVES

BENEDEIT, *Le Voyage de saint Brandan*, U. G. E. , 1984.

R. BOYER, *La Saga de Sigurdr ou la parole donnée*, Le Cerf, 1989.
Yggdrasill, La Religion des anciens Scandinaves, Payot, 1991.

B. CUNLIFFE, *L'Univers des Celtes*, Le Fanal, 1981.

G. DUMÉZIL, *Mythes et dieux des Germains*, P. U. F. , 1953.

R. GRAVES, *Les Mythes celtes*, Le Rocher, 1995.

C. J. GUYONVARC'H, *Textes mythologiques irlandais*, Ogam-Celticum, 1980.

F. LE ROUX et C. J. GUYONVARC'H, *La Souveraineté guerrière de l'Irlande*, Ogam-Celticum, 1983.

P. MAC CANA, *Celtic Mythology*, Hamlyn (Londres), 1970.

J. MARKALE, *Les Celtes*, Payot, 1973.
L'Épopée celtique d'Irlande, Payot, 1971.
Les Grands bardes gallois, Picollec, 1981.

G. MURPHY, *Early Irish Lyrics*, Clarendon Press (Oxford), 1956.

□□□ *Récits et poèmes celtiques*, Stock, 1981.

RENAULD-KRANTZ, *Anthologie de la poésie nordique ancienne*, Gallimard, 1964.

A. REES et B. REES, *Celtic Heritage*, Thames and Hudson, Londres, 1961.

22. CHRISTIANISME EN GÉNÉRAL

H. CORBIN, *Le Paradoxe du monothéisme*, L'Herne, 1981, Le Livre de Poche.

O. CULLMAN, *La Nativité et l'arbre de Noël*, Le Cerf, 1993.

H. DANIEL-ROPS, *Jésus en son temps*, Fayard, 1945.

G. DELEURY, *Les Fêtes de Dieu. La foi, l'histoire, les mythes*, P. Lebaud, 1994.

C. G. JUNG, *Aïon*, Albin Michel, 1983.
Réponse à Job, Buchet Chastel, 1971.

N. LEMAITRE, M. T. QUINSON, V. SOT, *Dictionnaire culturel du christianisme*, Le Cerf, 1993.

J. POTIN, *Jésus. L'Histoire vraie*, Le Centurion, 1994.

E. URECH, *Dictionnaire des symboles chrétiens*, Delachaux et Niestlé, 1972.

N. B. : Les textes des Pères de l'Église peuvent être consultés dans la double série. *Patrologie grecque* et *Patrologie latine*, Éditions Migne.

23. MOYEN ÂGE EUROPÉEN

SAINT BERNARD, *Œuvres*, Aubier 1945 – et *Œuvres complètes*, Le Cerf (en cours).

H. de BINGEN, *Le Livre des Œuvres divines*, Albin Michel, 1982.

N. de CUSE, *De la docte ignorance*, Trédaniel, 1979.
Le Tableau ou la vision de Dieu, Le Cerf, 1986.

R. de GOURMONT, *Le Latin mystique*, Le Rocher, 1990.

L. HARF-LANCNER, *Les Fées au Moyen Âge*, Honoré Champion, 1984.

E. JUNG et M. L. von FRANZ, *La Légende du Graal*, Albin Michel, 1988.

J. LE GOFF, *L'Imaginaire médiéval*, Gallimard, 1985.

J. RIBARD, *Littérature et symbolisme*, Honoré Champion, 1984.

J. de VORAGINE, *La Légende dorée*, Garnier-Flammarion, 1967.

Voir aussi la section 11.

24. LES TEMPS MODERNES EN OCCIDENT

ANGELUS SILESIUS, *L'Errant chérubinique*, Arfuyen, 1993.

A. BEGUIN, *L'Âme romantique et le rêve*, J. Corti, 1991, Le Livre de Poche.

J. BOEHME, *Mysterium Magnum*, Aubier, 1945.

B. T. DOBBS, *Les Fondements de l'alchimie de Newton*, Trédaniel, 1981.
The Janus Faces of Genius : The Role of Alchemy in Newton's Thought, Cambridge University Press (G. B.), 1991.

B. EASLEA, *Science et philosophie : une révolution – 1450-1750 – Descartes, Copernic, Kepler*, Ramsay, 1980.

A. FAIVRE, *Accès de l'ésotérisme occidental*, Gallimard, 1986.

A. HENCKEL et A. SCHONE, *Emblemata. Handbuch der Sinn bildkunst des XVI und XVII Jahrhunderts*, Stuttgart, 1967.

W. H. von HOHBERG, *Lust- und Arzneygarten des Königlischen Propheten Davids*, 1675. Reprint Graz (Autriche), 1969 – Instrumentaria Artium.

C. G. JUNG, *Aspects du drame contemporain*, Georg et Cie, 1948.

J. KEPLER, *Le Secret du monde*, Les Belles Lettres, 1984.

A. KOYRE, *Du monde clos à l'univers infini*, Gallimard, 1973.

A. NEHER, *Faust et le Maharal de Prague*, P. U. F. , 1987.

A. RESZLER, *Mythes politiques modernes*, P. U. F. , 1981.

G. SIMON, *Kepler, astronome, astrologue*, Gallimard, 1979.

R. WESTFALL, *Newton*, Flammarion, 1994.

E. WIND, *Mystères païens de la Renaissance*, Gallimard, 1992.

F. A. YATES, *La Philosophie occulte à l'époque élisabéthaine*, Dervy, 1987.

25. JUDAÏSME

J. BOTTÉRO, *Naissance de Dieu – La Bible et l'historien*, Gallimard, 1986.

GIKATILA, *Le Mariage de David et Bethsabée*, Éditions de l'Éclat, 1994.

Z. ben Shimon HALEVI, *L'Arbre de vie*, Albin Michel, 1994.

G. SCHOLEM, *La Kabbale et sa symbolique*, Payot, 1966.
Les Grands courants de la mystique juive, Payot, 1950.
Le Zohar : le livre de la splendeur, Le Seuil, 1980.

C. SUARÈS, *Le Saphir yetsira*, Mont Blanc, 1970.

26. ISLAM

M. CHEBEL, *Dictionnaire des symboles musulmans*, Albin Michel, 1995.

H. CORBIN, *Corps spirituel et Terre céleste*, Buchet Chastel, 1979.
En Islam iranien, 4 vol. , Gallimard, 1978.
L'Imagination créatrice dans le soufisme d'Ibn' Arabi, Flammarion, 1976.
Temple et contemplation, Flammarion, 1980.

V. S. CURTIS, *Mythes perses*, Le Seuil, 1994.

R. GUÉNON, *Aperçus sur l'ésotérisme islamique et le taoïsme*, Gallimard, 1992.

T. IZUTSU, *Unicité de l'existence et création perpétuelle en mystique islamique*, Les Deux Océans, 1980.

RUZBEHAN, *Le Jasmin des Fidèles d'amour*, Verdier, 1991.

SHABESTARI, *La Roseraie du Mystère*, Sindbad, 1991.

D. SHAYEGAN, *Hindouisme et soufisme*, Albin Michel, 1995.

SOHRAWARDI, *L'Archange empourpré*, Fayard, 1976.
Le Livre de la sagesse orientale, Verdier, 1986.

27. GNOSE ET HERMÉTISME

I. P. COULIANO, *Les Gnoses dualistes d'Occident*, Plon, 1990.

J. DORESSE, *L'Évangile selon Thomas*, Le Rocher, 1986.
Les Livres secrets des Gnostiques d'Égypte, Le Rocher, 1984.

J. DUVERNOY, *La Religion des Cathares*, Privat, 1976.

A. FAIVRE, *Accès de l'ésotérisme occidental*, Gallimard, 1986.

R. P. FESTUGIÈRE, *La Révélation d'Hermès Trismégiste*, 3 vol., Les Belles Lettres, 1981.

J. JAMES, *The Music of the Spheres ; Music, Science and the natural Order of the Universe*, Grove Press (New York), 1993.

H. LEISEGANG, *La Gnose*, Payot, 1951.

□□□ *Psaumes de l'exil – Écrits manichéens du Fayoum*, Le Cerf, 1994.

H. C. PUECH, *En quête de la gnose*, 2 vol. , Gallimard, 1978.

G. QUISPEL, *Le Livre secret de l'Apocalypse*, Albin Michel, 1981.

H. ROUSSEAU, *Le Dieu du mal*, P. U. F. , 1963.

M. SLADEK, *L'Étoile d'Hermès*, Albin Michel, 1993.

□□□ *Sophia et l'Âme du monde*, Cahiers de l'Hermétisme, Albin Michel, 1983.

Voir aussi les sections 24 et 26.

28. CHINE, TIBET ET JAPON.

□□□ *Le Bardö-Thodol, Livre des morts tibétains*, avec commentaire de C. G. Jung, Maisonneuve, 1987.

CHOGYAM TRUNGPA, *Mandala, un chaos ordonné*, Le Seuil, 1994.

FONG YEOU-LAN, *Précis d'histoire de la philosophie chinoise*, Le Mail, 1985.

M. GRANET, *La Civilisation chinoise*, Albin Michel, 1930.
La Pensée chinoise, Albin Michel, 1994.

R. EVANS-WENTZ, *Le Yoga tibétain et les doctrines secrètes, ou les sept livres de la sagesse du Grand Sentier*, Maisonneuve, 1987.

E. HERRIGEL, *Le Zen dans l'art chevaleresque du tir à l'arc*, Dervy, 1970.

G. HERRIGEL, *La Voie des fleurs*, Derain, 1957.

F. JULLIEN, *Figures de l'immanence ; Pour une lecture philosophique du Yi-King*, Grasset 1993, Le Livre de Poche.

C. G. JUNG, *Commentaire sur le mystère de la Fleur d'or*, Albin Michel, 1979.
Psychologie et orientalisme, Albin Michel, 1985.

LAO TSEU, *Tao Tö King, Le Livre de la voie et de la vertu*, Maisonneuve, 1975.

□□□ *Les Quatre Livres : "Grande Étude, Invariable Milieu, Entretien de Confucius et de ses disciples, le Mencius"*, Cathasia, 1949.

H. MASPERO, *Les Religions chinoises*, P. U. F. , 1967.

I. ROBINET, *Introduction à l'alchimie intérieure taoïste*, Le Cerf, 1995.

K. SCHIPPER, *Le Corps taoïste*, Fayard, 1982.

SHINRAN, *Sur le vrai bouddhisme de la Terre pure*, Le Seuil, 1994.

TCHOUANG-TSEU, *Œuvres (Le Rêve du papillon)*, Albin Michel, 1994.

G. TUCCI, *Théorie et pratique du mandala*, Fayard, 1974.

29. INDE

J. ASSAYAG, *La Colère de la déesse décapitée*, Éditions du CNRS, 1992.

□□□ *Bhagavad-Gita*, Le Seuil, 1977 et Arléa, 1992.

□□□ *Célébration de la Grande Déesse (Dévi-mahatmya)*, Les Belles Lettres, 1975.

A. DANIÉLOU, *Le Polythéisme hindou*, Buchet Chastel, 1975.
Shiva et Dionysos, Fayard, 1979.

G. DELEURY, *Les Grands Mythes de l'Inde*, Fayard, 1992.

M. ÉLIADE, *Le Yoga, immortalité et liberté*, Payot, 1960.

P. FEUGA, *Tantrisme*, Dangles, 1994.

R. GUÉNON, *Introduction générale à l'étude des doctrines hindoues*, Guy Trédaniel, 1983.

JAYADEVA, *Gita-Govinda*, Le Rocher, 1991.

A. MOOKERJEE et M. KHANNA, *La Voie du Tantra*, Le Seuil, 1978.

Swami NITYABODHĀNANDA, *Mythes et religions de l'Inde*, Maisonneuve et Larose, 1987.

PATANJALI, *Yoga sutras*, Le Rocher, 1986.

RAMPRASAD, *Chants à Kali*, Les Belles Lettres, 1982.

□□□ *Sept Upanishads*, Le Seuil, 1981.

□□□ *Shiva, le Seigneur-du-Sommeil*, Sources, 1981.

J. VARENNE, *Le Yoga et la tradition hindoue*, Denoël, 1973.

H. ZIMMER, *Maya ou le rêve cosmique dans la mythologie hindoue*, Fayard, 1987.

30. DIVERS ASIE ET CHAMANISME

M. ÉLIADE, *Le Chamanisme et les techniques de l'extase*, Payot, 1951.

R. HAMAYON, *La Chasse à l'âme, esquisse d'une théorie du chamanisme sibérien*, Ed. de l'Université de Nanterre, 1990.

M. PERRIN, *Le Chamanisme*, P. U. F., 1995.

31. AFRIQUE NOIRE

C. CALAME-GRIAULE, *Ethnologie et langage. La parole chez les Dogons*, Gallimard, 1965.

G. DIETERLEN, *Essai sur la religion bambara*, P. U. F., 1951.

M. GRIAULE, *Dieu d'eau*, Le Chêne, 1948.

☐☐☐ *Kaïdara*, Julliard, 1969.

☐☐☐ *La Femme, la Vache, la Foi*, Julliard, 1967.

M. LEIRIS, *L'Afrique fantôme*, Gallimard.

T. OBENGA et K. ESSOME, *Les Dieux et l'Afrique*, L'Harmattan, 1993.

L. V. THOMAS et R. LUNEAU, *Les Religions d'Afrique noire*, Stock, 1973.

32. MONDE PRÉCOLOMBIEN

C. DUVERGER, *La Fleur létale – Économie du sacrifice aztèque*, Le Seuil, 1979.

☐☐☐ *Le Livre de Chilam-Balam*, Denoël, 1955.

M. LEON-PORTILLA, *La Pensée aztèque*, Le Seuil, 1985.

☐☐☐ *Les Chants de Nezahualcoyotl*, Obsidiane, 1985.

☐☐☐ *Pop Wuh, le Livre des événements*, Gallimard, 1990.

B. de SAHAGUN, *Le Tonalamatl ou le Calendrier divinatoire des anciens Mexicains*, Le Mail, 1989.

J. SOUSTELLE, *Les Quatre Soleils*, Plon, 1967.
L'Univers des Aztèques, Hermann, 1979.

K. TAUBE, *Mythes aztèques et mayas*, Le Seuil, 1995.

33. INDIENS D'AMÉRIQUE DU NORD, AMÉRIQUE DU NORD ET AMÉRIQUE DU SUD EN GÉNÉRAL

R. BASTIDE, *Images du Nordeste mystique en noir et blanc*, Pandora, 1978.

C. CASTANEDA, *L'Herbe du diable et la petite fumée*, 10/18, 1975.

J. CAZENEUVE, *Les Dieux dansent à Cibola – Le Shalako des Indiens Zunis*, Gallimard, 1957.

M. EDMONDS et E. E. CLARK, *Légendes indiennes – Les voix du vent*, Le Rocher, 1995.

C. LÉVI-STRAUSS, *Tristes Tropiques*, Plon, 1984.

A. MÉTRAUX, *Religions et magies indiennes d'Amérique du Sud*, Gallimard, 1967.

P. RADIN, *Le Fripon divin* (avec C. G. Jung et K. Kerenyi), Georg et Cie, 1958.

Index des symboles, personnages, auteurs et concepts symboliques

Les entrées de l'Encyclopédie sont en majuscules dans l'Index.

Index des œuvres citées

Sources des illustrations

Achevé d'imprimer en décembre 2007 en Italie par
«La Tipografica Varese S.p.A.»
Varese
N° d'editeur : 97012
Dépôt légal 1ʳᵉ publication : novembre 2000
Edition 07 – décembre 2007
LIBRAIRIE GENERALE FRANÇAISE – 31 rue de Fleurus – 75278 Paris cedex 06